世界の物語・お話絵本 登場人物索引
1953-1986(ロングセラー絵本ほか)

An Index

Of

The characters

In

Foreign Story Picturebooks

Translated into Japanese
1953-1986

Compiled by DB-Japan Co., Ltd.

© 2009 by DB-Japan Co., Ltd.
Printed in Japan

刊行にあたって

　日本の翻訳絵本は、戦後ヨーロッパやアメリカの絵本を中心に翻訳刊行されていたが、1960年代になるとアジアやアフリカなどの地域性豊かな絵本や中東、中南米、オセアニア各国など様々な国の絵本が紹介・刊行されるようになり、近年においては出版点数の増加とともに様々な内容・形態の絵本が刊行されるようになった。国際的な絵本原画展や絵本コンクールなども盛んになり、翻訳絵本の刊行はますますの進展を見せている。昨今では、各地の小学校、幼稚園・保育所、図書館、児童館、書店などにおいて絵本の読み聞かせやお話会が頻繁に行われており、海外の絵本に対する評価は一段と高まっている。

　小社は先に「日本の物語・お話絵本登場人物索引」「世界の物語・お話絵本登場人物索引」「日本の物語・お話絵本登場人物索引　1953-1986(ロングセラー絵本ほか)」を刊行したが、本書はその姉妹版にあたるものである。国内で翻訳刊行された様々な海外の絵本(赤ちゃん絵本、もじ・かずを学ぶ絵本、遊びの絵本、詩・うたの絵本、食べ物絵本、しかけ絵本、科学絵本、ナンセンス絵本、テレビ・アニメキャラクター絵本など)の中から名作や昔話、家族や子どもたちの生活を描いたお話、クリスマスのお話、いぬ、ねこ、くまなど絵本では子どもたちの生活を親しみやすく描くために数多く登場する擬人化された動物たちのお話など物語・お話絵本を選択・収集してそれらの作品に登場する主な登場人物(動物)を採録した人物索引である。

　本書はある特定の人物が登場する海外の絵本を知りたい、あるいはお話の名前を忘れたが、「デイジー」という少女が登場する絵本があったが、そのお話をもう一度読んでみたいなどという読者の要求に答えるための索引である。採録の対象は海外の絵本全般の中の物語・お話絵本として、1953年(昭和28年)～1986年(昭和61年)の34年間に国内で翻訳刊行された海外の物語・お話絵本2,243点に登場する主な登場人物のべ5,157人を採録した。前版の「世界の物語・お話絵本登場人物索引」の遡及版であり、名作絵本・ロングセラー絵本を中心に収集・採録した登場人物索引である。児童文学ファンの読書案内としてだけでなく、図書館員のレファレンスツールや絵本の読み聞かせやお話会などの参考資料としても大いにご活用頂ければうれしい限りです。

　不十分な点もあるかと思われますが、お気付きの点などご教示頂ければ幸いです。

2009年2月

　　　　　　　　　　　　　　　　　　　　　　　　　ＤＢジャパン

凡　　例

1. **本書の内容**
　　本書は国内で翻訳刊行された海外の物語・お話絵本に登場する主な登場人物を採録した人物索引である。

2. **採録の対象**
　　1953年(昭和28年)～1986年(昭和61年)の34年間に国内で翻訳刊行された海外作家の物語・お話絵本2,243点に登場する主な登場人物のべ5,157人を採録した。その中には作品の中で主要と思われる人物である男、女の子、お父さん、おばあちゃんなどの呼び名やいぬ、ねこ、くま、きつね、ねずみなど絵本では子どもたちの生活を親しみやすく描くために数多く登場する擬人化された動物名、また人形、植物名なども採録した。

3. **記載項目**
　　登場人物名見出し　/　人物名のよみ
　　身分・特長・肩書・職業　/　登場する絵本名/　作者名；画家名；訳者名　/　出版者(叢書名)　/　刊行年月
　　(例)
　　　　ぶた(パール)
　　　　あるひがっこうからかえるとちゅうのもりでまじょのかごからおっこちたものいうほねをひろったぶたのむすめ　「ものいうほね」　ウィリアム・スタイグ作；せたていじ訳　評論社(児童図書館・絵本の部屋)　1978年6月

　　1) 登場人物に別名がある場合は( )に別名を付し、見出しに副出した。また、いぬ、ねこ、くま、きつね、ねずみなど絵本では見出し数の頻度数が多い動物名については名前を( )に付し、見出しに副出した。
　　　　(例)　くま(アーネスト)

　　2) 同絵本名が複数刊行されている場合は、出版者(叢書名)/ 刊行年月を列記した。

4. **排列**
　　1) 登場人物名の姓名よみ下しの五十音順とした。「ヴァ」「ヴィ」「ヴォ」はそれぞれ「バ」「ビ」「ボ」とみなし、「ヲ」は「オ」、「ヂ」「ヅ」は「ジ」「ズ」とみなして排列した。
　　2) 濁音・半濁音は清音、促音・拗音はそれぞれ一字とみなして排列し、

長音符は無視した。

登場人物名目次

【あ】

アイオガ	1
アイダ	1
アー・イタイはかせ	1
あいたたせんせい	1
あいたた先生　あいたたせんせい	1
アイドーター	1
アイノ	1
アオガエル	1
あおくん	1
あおさぎ（まほうつかい）	2
青しっぽ　あおしっぽ	2
あおどり（とり）	2
青ねずみ（ねずみ）　あおねずみ（ねずみ）	2
あおひめ	2
あおむし	2
アカ	2
赤毛の娘さん　あかげのむすめさん	2
アガサ	2
あかずきん	3
赤ずきん　あかずきん	3
あかずきんちゃん	3
あかちゃん	3
赤っ毛先生　あかっけせんせい	4
アガーテ	4
あかなす	4
アカハシボソキツツキ	4
赤鼻さん　あかはなさん	4
あかひげ	4
赤ヒゲ　あかひげ	4
あかひげスタコラ	4
秋　あき	4
アクティル	4
アクブ	4
あくま	5
悪魔　あくま	5
アケイラ	5
アーサー	5
アーサー	6
アサ	6
アザラシ（オーリー）	6
海豹（ソクラート）　あざらし（そくらーと）	6
あしか（あーすけ）	6
アシャンテ族　あしゃんてぞく	7
あーすけ	7
アソリーナ	7
アダおばさん	7
あだむ	7
アーチー	7
アーチボルド	7
アーチボルド	8
あつがりや	8
アツーク	8
アップルおじさん	8
アップルグリーンさん	8
アテナ	8
アデリ	8
アデリーヌ	8
アデレードおばさん	8
アナ	9
あなぐま	9
あなぐま（アルバート）	9
アナグマ（オコリンボさん）	10
あなぐま（グローリア）	10
あなぐま（フランシス）	10
アナグマ・トミー	10
アナトール	10
アナトール	11
アナ・マライア	11
アナンシ	11
アナンセ	11
アニー	11
アーニィ	11
アニカ	11
アニータ	12
アニーちゃん	12
アーネスト	12
アーネストおじさん	12
あねとおとうと（きょうだい）	13
あねむすめ	13
あーのるど	13
あーはちゃん	13

あひる	13
あひる	14
あひる（くわっこ）	14
あひる（ジマイマ）	14
あひる（ジマイマ・パトルダック）	14
あひる（ダッキー・ラッキーくん）	14
あひる（ダブダブ）	14
あひる（ダフネ）	14
アヒル（ドリス）	14
あひる（ドレーク・パドルダック）	14
あひる（バーサ）	15
あひる（ぽんく）	15
あひる（までろん）	15
あひる（マルゲリータ）	15
あひる（メアリー・アリス）	15
あひる（レベッカ）	15
あひるちゃん	15
あひるのこ	15
あひるのこ	16
あひるの子　あひるのこ	16
アプー	16
あぶくぼうや	16
アブドラ・アル−マモン　あぶどらあるまもん	16
アブリコソフ兄弟　あぶりこそふきょうだい	16
あべこべくん	16
アベラール	16
アベラール	17
アベル	17
アボットさん	17
アーマ	17
アマコサ	17
あまのがわ	17
アマラ	17
あめ	17
雨ひめさま　あめひめさま	17
アモク	18
あらいぐま	18
あらいぐま（ウェイ・アッチャ）	18
あらいぐま（フィル）	18
あらいぐま（リトル・ラクーン）	18
アライグマじいさん	18
アラジン	19
アラスカ・ピート	19
アラネア	19
アラン・ミッツ	19
あり	19
あり（アンガス）	19
アリグザンダー	20
アリくん	20
アリザール	20
アリス	20
アリス	21
アリーヌ	21
アーリー・バード	21
アリ・ババ	21
あるきどり（とり）	21
アルジュノ	21
あるちゅーる	21
アルチュール	22
アルチュール	23
アルノー	23
アルバート	23
アルビココ	23
アルビナ	24
アルビン	24
アルフィー	24
アルフォンス	24
アルフォンス	25
アルフレッド	25
アル−フワリズミー　あるふわりずみー	25
アルメット	25
アルーン	25
アルン	25
アレクサンドル	25
アレクサンドル	26
アレック	26
アロア	26
アロイス	27
アン	27
アンガス	27
アンジェリーナ	27
アンジェリーナ	28
アンジェロ	28

アンジェロ・デュパ	28
アンソニー・ウーさん	28
アンディ	28
あんでるす	28
アントニー	28
アントニオ	28
アントニーナ	28
アンドリュー	29
アンドルー	29
アンドルーシク	29
アンドレ	29
アンドレース	29
アントレック坊や　あんとれっくぼうや	29
アントワネット	30
アンナ	30
アンナカーリン	30
アンネ	30
アンヘリータ	30

【い】

イエス	30
イエス	31
イエス・キリスト	31
イエスさま	31
イエスパー	31
イエスパー	31
イエッテ	31
イエティ	32
イェルトルードおばさん	32
イカ	32
いかけや	32
いかさま師　いかさまし	32
イカロス	32
いきもの（生物）　いきもの（せいぶつ）	32
いきもの（どうぶつ）	32
イグナ	32
イグナツ	32
イグワナ	33
イコマ族　いこまぞく	33
イゴール王子　いごーるおうじ	33
イザベラ	33
イザベル	33
イジーおじ	33
イシス	33
イジドーア	33
石なげじょうず　いしなげじょうず	33
イスカ	33
イーゼグリム	33
いたち（ウィニー）	34
いたち（ウィリアム）	34
いたち（ウィンキー）	34
いたち（ドミニク）	34
一月　いちがつ	34
いぬ	34
いぬ	35
いぬ	36
いぬ	37
犬　いぬ	37
犬　いぬ	38
犬（アカ）　いぬ（あか）	38
いぬ（アルバート）	38
犬（アルフレッド）　いぬ（あるふれっど）	38
いぬ（アンガス）	38
いぬ（アンナ）	38
犬（イエスパー）　いぬ（いぇすぱー）	38
いぬ（イノ）	38
いぬ（ウィリー）	38
いぬ（ウィリー）	39
いぬ（ウインクル）	39
いぬ（ウノ）	39
いぬ（ウラックス）	39
いぬ（ウラックス）	40
いぬ（オスカー）	40
いぬ（オットー）	40
いぬ（オヤスミ）	40
いぬ（カレブ）	40
いぬ（キッレ）	40
いぬ（グレタ）	40
いぬ（クロ）	40
いぬ（くんくん）	40
いぬ（くんくん）	41
イヌ（クンターブント）	41
犬（ケップ）　いぬ（けっぷ）	41

いぬ(コンピチコ・キャリコ)	41
いぬ(サンダー)	41
いぬ(ジップ)	41
いぬ(ジム)	41
いぬ(ジューク)	41
いぬ(ジュヌビエーヌ)	41
イヌ(ジョン・ブラウン)	41
いぬ(シンプ)	42
いぬ(ストーカー)	42
犬(スノーウィ) いぬ(すのーうぃ)	42
犬(センゲ) いぬ(せんげ)	42
いぬ(セントバーナード)	42
いぬ(ソーセージ)	42
いぬ(タウザー)	43
いぬ(タルーク)	43
いぬ(チャーフカ)	43
犬(チョーンシィ) いぬ(ちょーんしぃ)	43
犬(ツッキー) いぬ(つっきー)	43
いぬ(ティンカー)	44
いぬ(ディンゴ)	44
いぬ(テッド)	44
いぬ(でゅっく)	44
いぬ(トム)	44
いぬ(ナップ)	44
いぬ(ナルシス)	44
いぬ(ニーナ)	44
いぬ(ノイジー)	45
犬(ノック) いぬ(のっく)	45
犬(ノンノン) いぬ(のんのん)	45
いぬ(パタプフ)	45
いぬ(パトー)	45
いぬ(パトラシェ)	45
犬(パトラシェ) いぬ(ぱとらしぇ)	46
いぬ(ハリー)	46
いぬ(ぱんく)	46
いぬ(ピエロ)	46
いぬ(ビクトリア)	46
犬(ピクルズ) いぬ(ぴくるず)	46
いぬ(ピック)	47
いぬ(ビリー)	47
いぬ(ビンゴ)	47
いぬ(ファニー)	47
いぬ(フィップス)	47
いぬ(プム)	47
いぬ(ブランディ)	48
犬(フリッツ) いぬ(ふりっつ)	48
いぬ(プルートン)	48
いぬ(プレッツェル)	48
いぬ(フレッド)	48
いぬ(ブロチェック)	49
いぬ(ヘクターくん)	49
いぬ(ヘクラ)	49
いぬ(ベース)	49
いぬ(ペペ)	49
いぬ(ペレ)	49
いぬ(ベロ)	49
いぬ(ベンジー)	49
いぬ(ベンジャミン)	49
いぬ(ボジャー)	50
犬(ポシャン) いぬ(ぽしゃん)	50
いぬ(ボス)	50
犬(ボス) いぬ(ぼす)	50
犬(ポトム) いぬ(ぽとむ)	50
いぬ(ボブ)	50
いぬ(マーフィー)	50
いぬ(マーフィじゅんさ)	50
犬(マルチパン) いぬ(まるちぱん)	50
いぬ(ミーナ)	51
犬(ミラリク) いぬ(みらりく)	51
いぬ(ミンミ)	51
犬(メソメソ) いぬ(めそめそ)	51
いぬ(めちゃいぬ)	51
犬(めちゃ犬) いぬ(めちゃいぬ)	51
犬(モジャ) いぬ(もじゃ)	51
いぬ(ヤン)	51
犬(ユリク) いぬ(ゆりく)	51
犬(ロディゴ) いぬ(ろでぃご)	52
犬(ローラ) いぬ(ろーら)	52
いぬ(わんきち)	52
イノ	52
いのしし(グロンクルさん)	52
いのしし(ブランブルズ)	52
いばら	52
いばらひめ	53
いばら姫 いばらひめ	53

イヴァール	53	ウイレットさん	60
イブ	53	ウィンキー	60
妹　いもうと	53	ウインクル	60
いもむし	53	ウィンディ	60
イーヨー	53	ウインドミル	60
イーヨー	54	ウェイ・アッチャ	60
イーライ	54	ウェルレッド王子　うぇるれっどおうじ	60
いるか	54	ウェンデリン	60
イルゼビル	54	ウォーター	61
イルマン夫人　いるまんふじん	54	ウォーレス	61
イレーヌス	54	ウォーレンさん	61
いろどろぼう	54	ウグイス	61
イワン	55	ウグイス（チチとチッチイ）	61
イワンおうじ	55	ウゲ族　うげぞく	61
イワン王子　いわんおうじ	56	うさぎ	61
インク先生　いんくせんせい	56	うさぎ	62
インゲ	56	うさぎ	63
インジ	56	うさぎ	64
いんであん	56	ウサギ	65
インディアン	56	うさぎ（赤っ毛先生）　うさぎ（あかっけせんせい）	65
インディアン	57		
インディアンのむすめ（むすめ）	57	うさぎ（アボットさん）	65
イン・トオル（トオル）	57	うさぎ（アレック）	65
インドラ	57	うさぎ（うさこちゃん）	66
		うさぎ（うさちゃん）	66
【う】		うさぎ（オーソン）	67
		うさぎ（がにまた）	67
うう	57	うさぎ（ぎざみみ）	67
ウィグ	57	うさぎ（キャプシーヌ）	67
ウィケット・ドラゴン	57	ウサギ（キラクニィ・シャベロー）	67
ウィニー	57	うさぎ（グレー・ラビット）	67
ウィリー	57	うさぎ（グレー・ラビット）	68
ウィリー	58	うさぎ（くろいうさぎ）	68
ウイリー	58	うさぎ（グローリア）	68
ウィリアム	58	うさぎ（コラン）	69
ウィリアム	59	うさぎ（サムエレ）	69
ウィリアムおじさん	59	うさぎ（ジャッキー）	69
ウィリアム・テル（テル）	59	うさぎ（ジャック）	69
ウィリス	59	うさぎ（ジョー）	69
ウィル	59	うさぎ（しろいうさぎ）	69
ウィルキィ	59	うさぎ（スポッティ）	69
ウィルフレッド	59	うさぎ（ダッコッコ）	69
ウィルフレッド	60	うさぎ（チム）	69

(5)

うさぎ（チム）	70	うさぎのおばさん	77
ウサギ（チモレオン）	70	うさこちゃん	77
うさぎ（ティンカー）	70	うさこちゃん	78
うさぎ（ティンカー）	71	うさちゃん	78
うさぎ（ドクターせんせい）	71	うし	78
ウサギ（トム）	71	うし（カナリー）	78
うさぎ（ナイチンゲールさん）	71	うし（クローバ）	78
うさぎ（ニッキー）	71	うし（クローバー）	79
うさぎ（ヌース）	71	うし（ジャスミン）	79
ウサギ（ハロルド）	71	うし（チカラ）	79
うさぎ（ハンス・カリポリカリ）	71	うし（にっこう）	79
うさぎ（ビクター）	72	うし（ふぇるじなんど）	79
うさぎ（ピーター）	72	うし（ブーコトラ）	79
うさぎ（ぴょん）	72	うし（ヘンドリカ）	79
うさぎ（ピョンチェク）	72	うし（マイロス）	79
うさぎ（ビリー）	72	うし（ミリィ）	79
うさぎ（ブラウンさん）	72	うし（ミリイ）	79
兎（フリズリ） うさぎ（ふりずり）	72	うし（ムーラ）	79
ウサギ（フリドーリン）	73	うし（ムーラ）	80
うさぎ（フルー）	73	ウージェニー	80
うさぎ（フロプシー）	73	うしかい	80
うさぎ（ふわおくさん）	73	ウシガエル	80
うさぎ（ふわふわさん）	73	ウスズミ	80
うさぎ（ヘアー）	73	うすのろさん（あかなす）	80
うさぎ（ヘアー）	74	うずら	80
うさぎ（ベティ）	74	うそつき	80
うさぎ（ベンジャミン）	74	うそつき	81
うさぎ（ベンジャミン・バニー）	74	ウッレ	82
うさぎ（ベンジャミン・バニー）	75	ウノ	82
うさぎ（ポラン）	75	うま	82
うさぎ（ホワイティ）	75	馬 うま	82
うさぎ（みみお）	75	馬 うま	83
うさぎ（モリス）	75	馬（アサ） うま（あさ）	83
うさぎ（ラピー）	75	うま（あまのがわ）	83
うさぎ（ランドルフ）	75	うま（カクタス）	83
うさぎ（ランペ）	75	馬（キャリコ） うま（きゃりこ）	83
うさぎ（ルー）	75	うま（クライド）	83
ウサギ（ルー）	76	うま（コブラ）	83
うさぎ（ロージー）	76	うま（ジッポ）	83
うさぎ（ローズ）	76	うま（しろ）	83
うさぎ（ロップイアおじさん）	76	うま（ジンギス）	83
うさぎ（ロマラン）	77	うま（ストロー）	84
うさぎさん	77	うま（デイジー）	84

馬（トビー）　うま（とびー）	84
うま（パットくん）	84
うま（ピーター）	84
うま（ひめこ）	84
うま（フェルディナンド）	84
馬（ブランディ）　うま（ぶらんでぃ）	84
馬（フロッキー）　うま（ふろっきー）	84
馬（フロリアン）　うま（ふろりあん）	84
うま（ポニー）	85
うま（ホールファグレ）	85
うま（ホールファグレカー）	85
うま（モモ）	85
うま（ルシール）	85
うま（ロバート）	85
海　うみ	85
うみがめ（かめ）	85
海へび（サイラス）　うみへび（さいらす）	86
ウラックス	86
ウルサイくん	86
ウルズス王　うるずすおう	86
ウルズラ	87
ウルスリ	87
ウルフ	87
ウルマひめ	87
ウンギオーネ船長　うんぎおーねせんちょう	87
運転手　うんてんしゅ	87
ウンフ	87

【え】

エイブ	88
エイミー	88
エイミィ	88
エウェ族　えうぇぞく	88
えかきさん	88
エーゴン	88
えすきもー	88
エゼキエル・ダブ	89
エッタ	89
エド	89
エドゥアルド	89
エドガー・トムキャット	89
エドワード	89
エドワード	90
エドワール	90
エナノ	90
エビ	90
エベネザーじいさん	90
エマ	90
エマおばさん	90
エミー	90
エミー	91
エミリー	91
エミリーさん	91
エミリーちゃん	92
エミリー・パーカー	92
エミール	92
エーモス	93
エラ	93
エリア	93
エリザベス	93
エリシュカ	93
エリック	93
エリック	94
エーリッヒ	94
エルウッドさん	94
エルザ	94
エルシー	94
エルジンばあさん（バッタのエルジン）	94
エルス	94
エルマー	94
エルミナ王女　えるみなおうじょ	95
エルミンカ	95
エレナ	95
エレーナひめ	95
エレーナ姫　えれーなひめ	96
エロイーズさん	96
エロミール	96
エンゼル	96
えんとつそうじやさん	96
えんぴつ	96
えんまさま	96

【お】

おうさま	96
おうさま	97
王さま　おうさま	98
おうさまざる(さる)	98
おうじ	99
おうじ	100
王子　おうじ	100
おうじ(ろじゃー)	100
おうじさま	101
王子さま　おうじさま	101
おうじょ	101
おうじょ	102
王女　おうじょ	102
おうじょ(リドゥシュカ)	102
おうじょさま	102
王女さま　おうじょさま	102
オウム(オッテリア)	102
おうむ(パパガヨ)	103
おうむ(ポリーアンドリュー)	103
オオウミガラス	103
おおとこ	103
大男　おおおとこ	103
大男　おおおとこ	104
大男の子ども　おおおとこのこども	104
おおおとこのこども(こども)	104
おおかみ	104
おおかみ	105
おおかみ	106
おおかみ	107
おおかみ	108
オオカミ	109
おおかみ(アケイラ)	109
おおかみ(イーゼグリム)	109
おおかみ(ウルフ)	109
おおかみ(がおうがおう)	109
おおかみ(ブランカ)	109
おおかみ(ブルビ)	109
おおかみ(マリオ)	109
おおかみ(モバート)	109
おおかみ(ロボ)	110
おおかみ(ロボー)	110
オオカミの王様　おおかみのおうさま	110
大ぐい　おおぐい	110
大グマ(クマ)　おおぐま(くま)	110
おおくまくん	110
オオシカ(シドウィック)	110
オオヅノ	110
おおやまねこ(やまねこ)	110
おかあさん	110
おかあさんとこども	111
おかあさんねこ(ねこ)	111
オカシイさん	111
おかしのぼうや	111
オーガスト	111
おかねもち	111
おかみさん	111
おきさき	111
おきさき(むすめ)	111
おきさき(むすめ)	112
おくさん	112
オクト	112
オコリンボさん	112
オーサ	112
おじい	112
おじいさん	112
おじいさん	113
おじいさん(せんちょう)	113
おじいさんとおばあさん	114
おじいさんとまご(おとこのこ)	114
おじいちゃん	114
おじいちゃんとおばあちゃん	114
おじいちゃんポッポ	115
オージーグ	115
おじさん	115
おしゃかさま	115
おじゃがちゃん	115
オシャベリさん	115
オシリス	115
オスカー	115
オセッカイくん	116
オーソン	116
オーター	116
オタ	116

オタマジャクシ（アルフォンス）	116
おたまじゃくし（たまーら）	116
おだんごぱん	116
おーちゃん	116
おつきさま	117
お月さま　おつきさま	117
オッケ	117
オッコー・トロイミエ	117
オッテリア	117
オットー	117
おっとせい	117
おっとせい	118
オデット	118
おとうさんとむすこ	118
おとうと（おとこのこ）	118
おとこ	118
おとこ	119
男　おとこ	119
おとこたち	119
男たち　おとこたち	119
おとこのこ	119
おとこのこ	120
おとこのこ	121
おとこのこ	122
おとこのこ	123
おとこのこ	124
おとこの子　おとこのこ	124
男の子　おとこのこ	125
おとこのこ（こども）	125
男の子（少年）　おとこのこ（しょうねん）	125
男の子（ラット）　おとこのこ（らっと）	125
おとこのことおんなのこ	125
男の子と女の子　おとこのことおんなのこ	125
男の子と女の子　おとこのことおんなのこ	126
おとこのことおんなのこ（こども）	126
男のひと　おとこのひと	126
男の人　おとこのひと	126
踊り子　おどりこ	126
おに	126
オニ	127
鬼　おに	127
おに（ダウォコ）	127
おにいさん	127
おにんぎょう（にんぎょう）	127
おばあ	128
おばあさん	128
おばあさん	129
おばあちゃん	129
おばあちゃん（オマ）	129
おばけ	129
おばさん	129
おばさん	130
おひげちゃん	130
おひさま	130
おひさまぼうや	130
おひとよし	130
おひめさま	130
おひめさま	131
お姫さま　おひめさま	131
おひゃくしょう	132
おひゃくしょうさん	132
お百姓さん　おひゃくしょうさん	132
おふろおばけ（おばけ）	132
オマ	132
オマル	132
おやこ（おとうさんとむすこ）	132
おやじさん	133
オヤスミ	133
おやゆびこぞう	133
おやゆびトム（トム）	133
おやゆびひめ	133
おやゆびひめ	134
おやゆび姫　おやゆびひめ	134
オーラ	134
おらがくん	134
オランウータン（ウォーレス）	134
オーランドー	135
オーリー	135
オリックス（イルマン夫人）　おりっくす（いるまんふじん）	135
オリックス（ヘルマン氏）　おりっくす（へるまんし）	135
オリバー	135

おりひめ	136
オルガンつくりのわかもの（わかもの）	136
オルタンス	136
オルリック	136
オーレ	136
オレッグ	136
おれまーい	136
オロカさん	137
オーロックス	137
オーロラひめ	137
おんどり（にわとり）	137
おんどり（にわとり）	138
おんなのこ	138
おんなのこ	139
おんなのこ	140
おんなのこ	141
おんなの子　おんなのこ	141
女の子　おんなのこ	142
女の子　おんなのこ	143
おんなのひと	143
女のひと　おんなのひと	143
女の人　おんなのひと	143

【か】

カ　か	143
か（ぴいぴい）	143
蚊（ラモック）　か（らもっく）	143
かあさん	143
カイ	144
かいぐんたいしょう	144
カイサ	144
かいじゅう	144
かいじゅうくん	145
かいぞく	145
カイツブリ（リューリャ）	145
カイト	145
かいぶつ	145
ガイヤ	145
かえる	145
かえる	146
カエル	147
蛙　かえる	147
カエル（アーサー）	147
かえる（アントニーナ）	147
かえる（ウィリー）	147
かえる（おうじ）	147
カエル（ガップ）	147
かえる（がまくん）	147
かえる（くわっくわっ）	147
かえる（ジェレミー）	147
かえる（ジェレミー・フィッシャー）	147
かえる（ジャクソンさん）	148
カエル（チイおばさん）	148
かえる（フランツ）	148
かえる（ホップさん）	148
かえる（るーた）	148
かえる（ワシリーサ）	148
かえるくん	148
かえるの王　かえるのおう	148
かえるひめ	148
がおうがおう	148
かがくしゃ	148
ガーガメル	149
ガーガメル	150
カガヤクヒトミ	150
がくしゃねずみ	150
学生　がくせい	150
カクタス	150
影ぼっこ　かげぼっこ	150
かささぎ	150
ガザージ氏　がざーじし	150
かじや	150
カス	150
ガス	151
ガズ	151
カーステン	151
カスパー・シュリッヒ	151
カスパール王子　かすぱーるおうじ	151
カスペル	151
ガズラー	151
かぜ	151
風ふき男　かぜふきおとこ	152
ガ族　がぞく	152
カタグ	152
かたつむり	152

かたつむり(ショルシ)	152	ガブガブ	159
かたつむり(ちびかたつむり)	152	ガブラ	159
かたつむり(どん)	152	ガブリエリザちゃん	159
かたつむり(まいまいくん)	152	カプリス	159
カタリンちゃん	152	ガブリーロ	159
カチェリンカ	153	カボ	160
カチューシカおばさん	153	がまがえる(かえる)	160
がちょう	153	がまくん	160
がちょう(グーシー・ルーシーさん)	153	かみさま	160
がちょう(ちびさん)	154	カーミット	160
がちょう(チャールズ)	154	カムサ王　かむさおう	160
がちょう(ペチューニア)	154	カムトサン	160
がちょうのたまご(たまご)	155	ガムドロップ号　がむどろっぷごう	160
カッケ	155	かめ	161
かっこう	155	かめ	162
ガッシーちゃん	155	かめ(クレオパトラ)	162
ガップ	155	かめ(シーコ)	162
カッレ(カール)	155	かめ(シャルロット)	162
カティ	155	カメ(トーマス)	163
カディション	155	かめ(トランキラ)	163
カトリン	155	カメレオン	163
ガートルード	155	カメレオン(クロード)	163
かなづちさん	156	かも	163
カナリー	156	かも(カッケ)	164
カナリヤ	156	かも(カンカン)	164
カナリヤ(アイドーター)	156	かも(クイユー)	164
カニ	156	かも(クロップ)	164
カニ(カーミット)	156	かも(プルッフ)	164
がにまた	156	かも(フレーシュ)	164
かねもち	156	かも(ベジョーヌ)	164
かねもちのおくさん(おくさん)	156	かも(ヘレネ)	164
かば	156	かも(マラードさん)	164
カバ	157	かも(ロック)	164
かば(アガーテ)	157	かもしか	164
かば(エーゴン)	157	かもつたち	165
かば(タンカー)	157	かもめ	165
かば(ビクトール)	157	カモメ(マルタ)	165
かば(ヒッポ)	157	火よう日の精　かようびのせい	165
かば(ヒルダさん)	158	がらがらどん	165
カバ(フリネック)	158	ガラゴロン	165
かば(ベロニカ)	158	からす	165
かば(ホレーショ)	158	カラス	166
かば(マダム・ヒッポ)	159	からす(クロウ)	166

カラス(ジャック)	166	カンガルー(カンガ)	172
カラス(ハンス)	166	かんがるー(きっぷ)	172
からす(ハンツ)	166	かんがるー(きむ)	172
カラス(ミヤマガラス)	166	カンガルー(ルー)	172
カラス(リヒャルト)	166	カンカン	172
カラバ	166	カングル・ワングル	172
カラバこうしゃく	167	カンサおう	172
カラバ侯爵　からばこうしゃく	167	かんた	172
カラバスこうしゃく	167	かんな	172
カラバ伯爵　からばはくしゃく	168	カンハー	173
ガラバンきょう	168	ガンバコルタ	173
カーリー	168	ガンピーさん	173
かりうど	168		
カーリーおばさん	168	【き】	
ガリガリ	168		
カリス	168	き　き	173
ガリバー	169	木　き	173
カリフラワー	169	きいちゃん	173
カリヤ	169	きいろいぼうしのおじさん	174
カーリン	169	きいろちゃん	174
カール	169	キオスクおばさん	174
カルアシ・カアチャン	169	きかんしゃ	174
カルアシ・チミー	169	機関車　きかんしゃ	174
カルイタ	169	きかんぼぼうや(ぼうや)	174
カールおうじ	169	きき耳　ききみみ	175
ガルガンチュワ	169	きこり	175
カルディー	169	キザイア	175
カルロ	170	ぎざみみ	175
かれい	170	ギーゼラ	175
カレブ	170	きたかぜ	175
カーレン	170	キーちゃん	175
カレン	170	キチョウメンさん	176
かわ	170	きつつき	176
川　かわ	170	切ってくれ　きってくれ	176
かわうそ	170	キッド	176
かわうそ(オーター)	171	きつね	176
カワウソさん	171	きつね	177
かわせみ(マルタン)	171	きつね	178
かわせみ(マルチーヌ)	171	きつね	179
川のみほし　かわのみほし	171	きつね(カタグ)	179
カンガ	171	きつね(こんこんぎつね)	179
カンガルー	171	きつね(スノーイ・ラッフ)	179
カンガルー(アベラール)	171	きつね(スノーイ・ラッフ)	180

きつね（セバスチャン）	180	巨人　きょじん	186
きつね（ドミノ）	180	キラクニィ・シャベロー	186
きつね（トルース）	180	ギーリア	186
きつね（バジル・ブラッシュ）	180	キリン	186
きつね（バジルブラッシュ）	181	きりん（オルタンス）	186
キツネ（パンクラス）	181	キリン（ギーゼラ）	186
きつね（フィクシットさん）	181	キリン（グレイス）	186
きつね（フォクシー・ロクシー）	181	キリン（ジルダ）	186
きつね（フォックスおくさま）	181	きりん（セシリー）	186
きつね（フロッシーさん）	181	きりん（パルミーラ）	187
きつね（マックス）	181	きりん（ルイーゼ）	187
きつね（ライネケ）	181	キリン（レオポルト）	187
きつね（リアグ）	182	きりんくん	187
きつね（リーナ）	182	ギルドン	187
キツネ（ルールー）	182	キレイさん	187
キツネどん	182	銀色の馬（馬）ぎんいろのうま（うま）	187
きっぷ	182	キンキラケ	187
キッレ	182	キングバード	187
キティ	182	キンドリー夫人　きんどりーふじん	187
キティー	183	ぎんねず	188
きのこ	183	きんのさかな（さかな）	188
キビタン	183	金の鳥　きんのとり	188
貴婦人　きふじん	183	キンバンデ族　きんばんでぞく	188
きむ	183		
キャス	183	【く】	
キャプシーヌ	183		
キャプテン	183	グアダルーペカラカラ	188
ギャラード	183	クアッガ	188
キャリコ	183	くいしんぼう	188
キャロル	184	くいしんぼくん	189
キャンディ	184	クイユー	189
ぎょうじゃ	184	グウェン女王　ぐぅぇんじょおう	189
きょうだい	184	くうき	189
きょうだい（おとこのことおんなのこ）	184	くうちゃん（くも）	189
きょうりゅう	184	九月姫　くがつひめ	189
きょうりゅう	185	くじゃく	189
きょうりゅう（ガラゴロン）	185	くじゃくせんにょ	189
きょうりゅう（ドラヒム）	185	くじら	189
きょうりゅう（ドラヒン）	185	クジラ	190
きょうりゅう（ニョロロン）	185	くじら（アンヘリータ）	190
きょうりゅうくん	185	鯨（ウージェニー）くじら（うーじぇにー）	190
きょじん	185		
巨人　きょじん	185		

(13)

くじら（ボーリス）	190	くま（サリバン）	199
鯨（ユージェニ）　くじら（ゆーじぇに）	190	くま（ジャック）	199
クジラ男　くじらおとこ	190	くま（ジョン）	199
グーシー・ルーシーさん	190	くま（ジョン）	200
くすぐりくん	190	くま（スピール）	200
グスタフ	190	くま（セーラ）	200
くずひげ	191	くま（ちびくま）	200
クズリ	191	くま（ちびくまくん）	200
くだものや	191	くま（チャールズ）	201
グッドカインドおくさん	191	くま（テッド）	201
くつや	191	くま（テディ）	201
くつやさん	191	くま（ナスターシャ・ペトローブナ）	201
くつ屋さん　くつやさん	191	くま（ナバー）	201
くつやのおじさん（マイクル）	192	くま（ヌーヌー）	201
クニット	192	くま（ヌーヌー）	202
クーニベルト	192	くま（バッバ）	202
クヌータ	192	くま（パディントン）	202
くねくねむし（むし）	192	くま（パパぐまとママぐま）	203
クノフ	193	くま（バリエ）	203
グビドン公　ぐびどんこう	193	くま（バルー）	203
くま	193	くま（バンセス）	203
くま	194	くま（ビーディーくん）	203
くま	195	クマ（プー）	203
クマ	196	クマ（プー）	204
くま（アーネスト）	196	くま（ブウル）	205
くま（アーネスト）	197	くま（ブッバ）	205
くま（アレック）	197	くま（ブラウン）	205
くま（アンドリュー）	197	クマ（ブラン）	205
くま（ウイリー）	197	クマ（ブルース）	205
くま（ウィリアム）	197	くま（ブルッシュ）	205
くま（ウィリアム）	198	くま（ブルン）	205
くま（ウルズス王）　くま（うるずすおう）	198	くま（ブルン）	206
くま（ウルズラ）	198	くま（フローラ）	206
くま（エリック）	198	くま（ふわふわくん）	206
くま（おおくまくん）	198	くま（ベアくん）	206
くま（オーガスト）	198	くま（ぺち）	206
くま（オタ）	198	くま（ぺち）	207
くま（くんちゃん）	198	くま（ペチュラおばさん）	207
くま（くんちゃん）	199	くま（ベティ）	207
くま（こぐまくん）	199	くま（ベリンダ）	207
くま（コーちゃん）	199	くま（ポルカ）	207
くま（ころ）	199	くま（ママヌルスおばさん）	207
		くま（マリエット）	208

項目	ページ
くま(ミーシャ)	208
くま(ミシュートカ)	208
くま(ミハイル・イワノビッチ)	208
くま(もっく)	208
くま(ルイーズ)	208
くま(ルイーズ)	209
くま(ルーシー)	209
くま(ロバート)	209
くま(ワーブ)	209
クマ王　くまおう	209
くまおとこ	209
くまくん	210
クマくん	211
くまさん	211
くまさん	212
くも	212
クモ(アナンシ)	212
クモ(アラネア)	212
クモ(石なげじょうず)　くも(いしなげじょうず)	212
クモ(川のみほし)　くも(かわのみほし)	212
くも(くまさん)	213
雲(コロンビーヌ)　くも(ころんびーぬ)	213
クモ(ざぶとん)	213
クモ(じけんみつけ)	213
くも(シュピティ)	213
クモ(てじなし)	213
クモ(どうろつくり)	213
クライド	213
グライムズさん	213
クラウス	213
クラースさん	213
クラせんせい	214
クラッグ	214
グラボー	214
クララ	214
グラント大佐　ぐらんとたいさ	214
グランプスさん	214
グーリアラ	215
クリクター	215
グリグリ	215
グリーシカ	215
クリシュナ	215
クリス	215
クリスタ	215
クリスティナ	215
クリストフ	215
クリストフ	216
クリストファー	216
クリストファー・ロビン	216
クリストファー・ロビン	216
クリストファー・ロビン	217
クリストファー・ロビン	217
クリストリープ	217
クリストル	217
クリスマスジネズミ	217
グリゼット	217
グリファトンきょうじゅ	217
グリンチ	218
グリンバルト	218
グリーンマン	218
グルーバーさん	218
グルーバー先生　ぐるーばーせんせい	218
グルマンさん	218
くるみわり	218
クルミン	218
グルン	219
クレア	219
グレイス	219
クレイブンおじさま	219
クレオパトラ	219
クレグ	219
グレタ	219
グレーテル	219
グレーテル	220
クレマンチーヌ	220
くれよん	221
グレー・ラビット	221
グレー・ラビット	222
クロ	222
くろいうさぎ	222
黒いさかな(さかな)　くろいさかな(さかな)	222

黒い羊（羊） くろいひつじ（ひつじ）	222	ケチイさん	227
クロウ	222	ケチンボさん	227
クロウ	223	けちんぼジャック	227
くろうま（うま）	223	ケッカ	228
クロカジール	223	ケップ	228
クロクノワ	223	ケート	228
クロチルデさん	223	ケブラ	228
クロッカス	223	ケーブルカー	228
クロップ	223	けむし	228
クロディーヌ	223	毛虫（キーちゃん） けむし（きーちゃん）	228
クロード	223		
クロード	224	毛虫（シマくん） けむし（しまくん）	228
くろどり（とり）	224	けもの	228
黒猫（猫） くろねこ（ねこ）	224	ゲラルディーネ	228
クローバ	224	ゲルダ	229
クローバー	224	ケーレブ	229
クローバ・ヒプル	224		
くろひげ	224	【こ】	
クロフトさん	224		
クロムウェル	224	コアラ（ピクニック）	229
グローリア	224	こいぬ（いぬ）	229
グローリア	225	こいぬ（いぬ）	230
グロンクルさん	225	子いぬ（いぬ） こいぬ（いぬ）	230
くわっくわっ	225	こうさぎ（うさぎ）	230
くわっこ	225	皇帝 こうてい	230
クワル	225	コウテイペンギン	231
くんくん	225	こうのとり	231
クン族 くんぞく	225	こうのとり（ヤコブ）	231
クンターブント	225	こうふくのおうじ（おうじ）	231
くんちゃん	226	こうま（うま）	231
クンツ	226	こうもり	231
		小鬼（あくま） こおに（あくま）	231
【け】		小鬼（タラウェイ） こおに（たらうぇい）	231
ケイ	226	こぎつね（きつね）	231
ケイティ	227	ごきぶりゴン	232
けいてぃー	226	こぐま（くま）	232
ケイト	227	子ぐま（くま） こぐま（くま）	232
けいとう	227	こぐまくん	232
ゲオルク	227	こくりこ	232
けーしぇ・こーるちゃん	227	こけっこう	232
ケース	227	こけももかあさん	232
ケダモノ	227	コサ族 こさぞく	232

こじか（しか）	232	こびと（ジェラルド）	241
こじか（シカ）	233	コブタ	241
コシチェイ	233	コブタ（ブタ）	241
コスチェイ	233	コブタ（ブタ）	242
コーちゃん	233	こぶたくん（ぶた）	242
コッキィ	233	コブラ	242
コットン	233	ゴブリン	242
コーディリア	233	こまどり	243
こども	233	こまどり（ロビンさん）	243
こども	234	こまどり（ロビンふさい）	243
子ども　こども	234	ゴーム	243
子ども　こども	235	ゴメスさん	243
子供　こども	235	こやぎ	243
子どもたち　こどもたち	235	子やぎ　こやぎ	243
子どもの漁師　こどものりょうし	235	こやぎ（やぎ）	243
ことり（とり）	235	子やぎ（やぎ）　こやぎ（やぎ）	244
小鳥（トリ）　ことり（とり）	236	コヨーテ（せぐろ）	244
小鳥（鳥）　ことり（とり）	236	コヨーテ（ティトオ）	244
小鳥のおくさん（鳥）　ことりのおくさん（とり）	236	コーラ	244
		コラン	244
ゴードン	236	コランさん	244
コナコナさん	236	ゴリウォッグ	244
こなひきのおやこ	237	コーリャ	244
こなや	237	ゴリラ	244
こなやのむすこ（カラバこうしゃく）	237	ゴリラ（ガス）	245
こなやのむすこ（カラバスこうしゃく）	237	ゴリラ（ガートルード）	245
粉屋のむすこ（カラバ伯爵）　こなやのむすこ（からばはくしゃく）	237	ゴリラ（ジュリアス）	245
		ゴリラ（ちびちび）	245
粉屋のむすこ（伯爵）　こなやのむすこ（はくしゃく）	237	ゴリラ（バナナ・ゴリラ）	245
		ゴリラ（ランコー）	245
こなやのむすめ（むすめ）	237	コリン	245
コーニー	237	コル	245
五にんきょうだい（きょうだい）　ごにんきょうだい（きょうだい）	237	コルネリウス	245
		コルネリウス・ヴァン・チューリップ	245
こねこ（ねこ）	237	こるねりゅうす	245
コーネリアス	238	こるねりゅーす	246
ゴネリル	238	こるねりゆす	246
こひつじ（ひつじ）	238	コレン	246
こびと	238	ころ	246
こびと	239	ゴロツキーさん	246
こびと	240	コロンビーヌ	246
小人　こびと	240	こんこんぎつね	246
小人　こびと	241	ごんた	246

(17)

コンテッサ	246	サムエレ	252
コンピチコ・キャリコ	247	さむがりや	252
コンピューター	247	サムくん	252
こんぼう	247	サムソン	252
コンラート	247	サムソン	253
		サム・トロリー	253

【さ】

さい	247	サモせんちょう	253
サイ（シロベエ）	247	サモファせんちょう	253
サイ（ノルベルト）	247	サラ	253
さい（らたくせ）	247	サラー	253
サイアラス	247	ザラザラくん	253
ザイト	247	サリー	253
サイド先生　さいどせんせい	248	サリー（おんなのこ）	254
サイのおくさん	248	ざりがに	254
サイモン	248	ざりがに（かんた）	254
サイラス	248	ざりがに（ブロック）	254
さかな	248	サリバン	254
さかな	249	サリンカ	254
さかな（きいちゃん）	249	さる	254
サカナ（シュッペ）	249	さる	255
さかな（スイミー）	249	さる（アルビココ）	255
さかな（パッチワーク・キバキバ・フィッシュ）	249	さる（ジニー）	255
		さる（じょーじ）	255
さかな（ハラルド）	249	さる（じょーじ）	256
さかな（バルバーロ）	249	さる（ぜひーる）	256
さごじょう	249	さる（ゼフィール）	256
さすらい	249	さる（パンプルムーズ）	256
さすらい	250	さる（ミンキー）	256
サデウォ	250	サルくん	257
さとうがしのブー	250	サルタン王　さるたんおう	257
ザドック	250	さーるちゃん	257
サー・ハンドル	251	サルヴァーニ	257
サー・ハンドルー	251	サン	257
サー・ハンドル（フォールコン）	251	三月のかぜ（かぜ）　さんがつのかぜ（かぜ）	257
ザビーネ	251		
サビン	251	さんぞうほうし	257
ざぶとん	251	サンタ	257
サミーくん	251	サンダー	257
サム	251	サンタおじさん	258
サム	252	サンタ・クロース	258
サムエル	252	サンタクロース	258
		サンタさん	259
		サンタじいさま	259

サンタのおじいさん	259	しか	265
サンドリヨン	259	鹿(オオヅノ)　しか(おおずの)	265
さんにんぐみ	259	しか(トペル)	265
さんにんのむすこ(むすこ)	259	しか(へらじか)	265
三人のむすめ(むすめ)　さんにんのむすめ(むすめ)	259	シギ	265
ザンパーノおじさん	259	ジーク	265
さんびきのくま(くま)	259	ジーク	266
三びきのくま(くま)　さんびきのくま(くま)	259	ジーグフリード	266
三びきのこぶた(ぶた)　さんびきのこぶた(ぶた)	260	じけんみつけ	266
		シーコ	266
		シジュ	266
三びきのやぎ(やぎ)　さんびきのやぎ(やぎ)	260	しずく	266
		シスター	266
サンボ	260	したて屋　したてや	267
		仕たて屋　したてや	267
【し】		仕立屋　したてや	267
		7にんのこども　しちにんのこども	267
シー	261	七にんのこども　しちにんのこども	267
ジアワ	261	七ひきのこやぎ(やぎ)　しちひきのこやぎ(やぎ)	267
しあわせくん	261		
しあわせの王子(王子)　しあわせのおうじ(おうじ)	261	しちめんちょう	267
		しちめんちょう(ターキー・ラーキーおじさん)	267
じいさん	261		
じいさんとばあさん	262	しちょうさん	267
ジェイク	262	市長さん　しちょうさん	268
ジェイク(のどきりジェイク)	262	じっさま	268
ジェイン	262	ジップ	268
ジェコブ	262	ジップくん	268
ジエ族　じえぞく	262	ジッポ	268
ジェニー	262	シドウィック	268
ジェニー王女　じぇにーおうじょ	262	じどうしゃ	268
ジェニファー	263	シドニーちゃん	268
ジェームス	263	シドニーちゃん	269
ジェームズ	263	シドニー・ヒーバー	269
ジェラルディン	263	シートン	269
ジェラルド	264	ジニー	269
ジェレミ	264	ジーノ	269
ジェレミー	264	シーバースさん	269
ジェレミー・フィッシャー	264	シバの女王　しばのじょおう	269
ジェーン	264	ジープ	269
シオドア	264	ジプシーかあさん	269
しか	264	ジプシーの若者(若者)　じぷしーのわかもの(わかもの)	269

(19)

シプリヤン	270	ジュアン	277
しまい	270	秀才　しゅうさい	277
ジマイマ	270	秀才　しゅうさい	278
ジマイマ・パトルダック	270	十字軍の子供(子供)　じゅうじぐんのこども(こども)	278
しまうま(ツィツィ)	270		
シマくん	270	十二月　じゅうにがつ	278
シマシマくん	270	じゅうににんのつきのきょうだい	278
しまのせびろをきたしんし(しんし)	270	12のつき　じゅうにのつき	278
ジミー	270	10人ぐみの子ども(子ども)　じゅうにんぐみのこども(こども)	279
シム	271		
ジム	271	ジューク	279
シメ	271	シュゼット	279
シモーヌばあさん	271	シュチーナさん	279
ジャイアント	271	シュッペ	279
ジャイアント・ハンマーさん(ハンマーさん)	271	ジュディ	279
		シュテッフェル	279
シャイラ	272	シュテパンじいさん	279
シャウン	272	シュテファン	279
シャオアル	272	シュヌー	280
ジャガー	272	ジュヌビエーヌ	280
じゃがいもくん	272	シュヌール	280
シヤカン	272	シュピティ	280
ジャクソンさん	272	シューベルト	280
しゃくとりむし	272	ジュリー	280
ジャコウネズミ	272	ジュリアス	280
ジャコウネズミ(ハービー)	272	ジュリアン	280
ジャコウネズミ(ミルドレッド)	272	ジュリアン	281
ジャスマンさん	273	ジュリアンおじいさん	281
ジャスミン	273	シューリク	281
ジャッカル(エイブ)	273	シュリメイゼル	281
ジャッキー	273	ジュール	281
ジャック	273	ジュルルジュスト一世　じゅるるじゅすといっせい	281
ジャック	274		
ジャック(けちんぼジャック)	274	シュン・ユー	281
ジャック・トロッター	275	ジョー	281
ジャック・ラティ(ラティ)	275	ジョー	282
シャーリー	275	ジョーイじいさん	282
シャルロット	275	ジョイス	282
シャーロット	275	しょうがパンこぞう	282
ジャン	275	しょうじょ	282
ジャン	276	少女　しょうじょ	282
ジャンボ	276	じょうすけ	282
ジャンル	276	しょうにん	283

しょうねん	283	ジルベルト	290
少年　しょうねん	283	シレソレちゃん	290
しょうねん（おとこのこ）	283	シロ	290
しょうぼうしょちょうさん	283	白あり　しろあり	290
精霊さま　しょうりょうさま	283	しろいうさぎ	290
女王　じょおう	284	しろいうさぎ（うさぎ）	291
ショクチュウショクブツ（ガブリエリザちゃん）	284	白馬　しろうま	291
		しろうま（うま）	291
じょーじ	284	しろくま	291
ジョージー	285	白熊（イヴァール）しろくま（いばーる）	291
ジョージいさん	285		
ジョージさん	285	しろひげ	291
ジョシュアくん	285	白ひめ　しろひめ	291
ジョジョ	285	シロベエ	291
ジョゼフ	285	しろへび（へび）	291
ジョセフィーヌ	286	ジンギス	291
ジョセフィン	286	しんし	291
ジョセフおじいさん	286	紳士　しんし	292
ショーティさん	286	ジンジャー	292
ジョナサン	286	シンディ	292
ジョニー	286	シンデレラ	292
ジョニー	287	シンデレラ	293
ジョニー・オーチャードくん	287	シンドバッド	293
ジョバンニ	287	シンプ	293
ジョバンニさん	287	シンプキン	293
ジョビスカおばさん	287		
ショピノさん	287	【す】	
ジョリー	287		
ショルシ	287	スー	293
ジョン	287	スイートピーさん	293
ジョン	288	スイミー	293
ジョン・ギルピン	288	すえっ子（カラバ侯爵）すえっこ（からばこうしゃく）	294
ジョーンズせんせい	288		
ジョン・ニー	288	すえっこむすこ（カラバこうしゃく）	294
ジョン・ブラウン	289	すえのむすこ（カラバこうしゃく）	294
しらないひと	289		
しらゆきひめ	289	スカーロイ	294
白雪ひめ　しらゆきひめ	289	スカーローイ	294
白雪姫　しらゆきひめ	289	スカンク	294
ジル	290	スガンさん	294
ジルダ	290	すーきー	295
シルベスター	290	スキレル	295
シルベットちゃん	290	スキレル	296
		スキントさん	296

(21)

スク	296
スクィンジ夫人　すくいんじふじん	296
スクルット	296
すくるーびやすぴっぷ（ぴっぷ）	296
スコット	296
スコットランド急行　すこっとらんどきゅうこう	297
すごみやスチンカー（スチンカー）	297
スーザン	297
スザン	297
スザンナ	297
スザンネ	297
スージー	297
スーシオ	297
すずき	297
すずの兵隊　すずのへいたい	298
すずのへいたいさん	298
すずめ	298
すずめ（エーリッヒ）	298
すずめ（チック）	298
すずめ（チリカ）	298
すずめ（ハンス）	298
すずめ（フランツ）	299
スタンレイ	299
スチュアート	299
スチンカー	299
スティーブン	299
ステップニー	299
ステファニー	299
ステファン	299
ステラ	299
ステラーカイギュウ	299
ステーン	300
ストーカー	300
スト族　すとぞく	300
ストロー	300
スナウト少佐　すなうとしょうさ	301
すな売り　すなうり	301
すなっぴい	301
スナップくん	301
スナッフルおばあさん	301
すにっぴい	301
スニーロックじいさん	301
スノーイ・ラッフ	301
スノーイ・ラッフ	302
スノーウィ	302
スノズル	302
スパークリー	302
スパッカトット大佐　すぱっかとっとたいさ	302
スパルタコさん	303
スバンス氏　すばんすし	303
スピール	303
スピロス	303
スプーンおばさん	303
スペックルおばさん	303
スペックルおばさん	304
スーホ	304
スーホー	304
スホ	304
スポッティ	304
スマイスのおくさん	304
スマッジ	304
スマッシャー	304
スマーフェット	304
スマーフェット	305
スマーフェット	306
スミスさん	306
スメリーせんせい	306
スモールさん	306
スモールさん	307
すやすやひめ	307
スリッパぼうや（おとこのこ）	307
スリュム	307
ズールさん	307
スルースふじん	307
ズル族　ずるぞく	307

【せ】

セアラ・ジェーン	308
生物　せいぶつ	308
聖ペテロ　せいぺてろ	308
セイヤーくん	308
セイラ	308
せぐろ	308

セシ	308	ゾウ	315
セシリー	308	象　ぞう	315
せっけんばあさん	308	ぞう（アプー）	315
ゼッピー	308	ぞう（あるちゅーる）	315
セト	309	ぞう（あるちゅーる）	316
ゼド	309	ぞう（あるちゅーる）	317
セバスチャン	309	ぞう（アレクサンドル）	317
セピア	309	ぞう（あれくさんどる）	318
セピョリ	309	ぞう（ウンフ）	318
ぜひーる	309	ぞう（エルマー）	318
ゼフィランせんせい	309	ゾウ（オスカー）	318
ゼフィール	309	ぞう（カイト）	318
ゼフィール	310	象（カリフラワー）　ぞう（かりふらわー）	318
ゼペットじいさん	310		
せみ	310	ぞう（カルロ）	318
セム	310	ぞう（コルネリウス）	318
せむしのこうま（うま）	310	ぞう（こるねりゅうす）	318
せむしの小馬（馬）　せむしのこうま（うま）	310	ぞう（こるねりゅーす）	319
		ぞう（こるねりゆす）	319
セーラ	310	ぞう（セレスト）	319
セーラ	311	ぞう（セレスト）	320
セラファン	311	ゾウ（トト）	320
セラフィーヌ	311	ぞう（とびー）	320
ゼラルダ	311	ぞう（トビアス）	320
セリーナ	311	ぞう（とみー）	320
セレスタン	311	ぞう（ばばーる）	320
セレスタン	312	ぞう（ばばーる）	321
セレスティーヌ	312	ぞう（ババール）	322
せれすと	312	象（ヒダエモン）　ぞう（ひだえもん）	322
せれすと	313	ぞう（フローラ）	323
センゲ	313	ぞう（ふろーら）	324
せんちょう	313	ぞう（ホートン）	324
船長　せんちょう	314	ぞう（ポム）	324
船長おじいさん（おじいさん）　せんちょうおじいさん（おじいさん）	314	ぞう（ぽむ）	325
		ぞう（マリーゴールド）	325
セントバーナード	314	象（モチ）　ぞう（もち）	325
せんにょ	314	ぞう（モリス）	325
仙女　せんにょ	314	ぞう（レレブム）	325
せんにょさま	314	ゾウガメ（ロンサム・ジョージ）	325
【そ】		ぞうさん	325
		ゾウさん	326
ぞう	314	象さん　ぞうさん	326
		ぞうのおじさん	326

ソクラート	326
ゾーシャ	326
ソーセージ	326
ソニア	326
そばかすくん	326
ソーバン	326
ソフィ	326
ソフィ	327
ソフィア	327
ソフィーさん	327
ソフィさん	327
ソープニイさん	327
そめものや	328
ソール	328
ソレル	328
そんごくう	328
そんちょうさん	328
ソンドラック	328

【た】

たいしょう	328
ダイダロス	328
たいよう	329
太陽　たいよう	329
たいようの王さま　たいようのおうさま	329
たいようのかみ	329
タイラー先生　たいらーせんせい	330
ダーウィン王さま（王さま）　だーうぃんおうさま（おうさま）	330
ダウォコ	330
タウザー	330
タエテナシ	330
タエマナシ王子　たえまなしおうじ	330
たか	331
たきぎ男　たきぎおとこ	331
ターキー・ラーキーおじさん	331
ダグラス	331
たけむすめ	331
たこ	331
たこ（エミール）	331
たこ（オクト）	332

たこ（セピア）	332
ダスティ・ダッグウッド	332
タチアナ姫　たちあなひめ	332
ターちゃん	332
ダチョウ	332
だちょう（フルフル）	332
ダッキー・ラッキーくん	332
ダック	332
ダック	333
ダッコッコ	333
タッソー	333
ダッド	333
たつのおとしご（シー）	333
たつのおとしご（ホー）	333
たっぷすさん	333
ダドレー	333
ダドーン王　だどーんおう	333
だにー	333
ダニー	334
タニウチュカ	334
ダニエレ	334
ターニャ	334
ダニーロ	334
たぬき（グリンバルト）	334
タビタ・トゥィチット	334
ダフィ	334
ダブダブ	334
ダフネ	335
たまご	335
玉ねぎさん　たまねぎさん	335
たまーら	335
タム	335
タラウェイ	335
タルーク	335
タルケ	335
ダルベン	335
タレッシュ	335
ダーン	336
だん	336
タンカー	336
ダンカン	336
ダンコ	337

たんじょう日どり（とり）　たんじょうびどり（とり）	337
タンタン	337

【ち】

チイおばさん	337
ちいさいおうち	338
小さい男の子（男の子）　ちいさいおとこのこ（おとこのこ）	338
小さな帽子の男　ちいさなぼうしのおとこ	338
小さなムック（ムック）　ちいさなむっく（むっく）	338
チェチギじいさん	338
チカラ	338
ちからもち	338
力持ち　ちからもち	338
力持ち　ちからもち	339
チカラモチさん	339
チキート	339
チギレグモ	339
チチとチッチイ	339
チック	339
ちっぽけなおばあさん（おばあさん）	339
チッポケ・マチアス（マチアス）	339
チネルフェ	339
チビ	340
ちび（おとこのこ）	340
ちびうさぎ（うさぎ）	340
ちびおに	340
ちびかたつむり	340
ちびきかんしゃ	340
ちびくま	340
ちびくまくん	340
ちびくろ・サンボ（サンボ）	340
ちびくろ・さんぼ（さんぼ）	341
ちびくろサンボ（サンボ）	341
ちびくん	341
ちび三郎　ちびさぶろう	341
ちびさん	341
ちびしょうぼうしゃ	341
ちびちび	341
ちびちゃん	342
ちびっこ（おとこのこ）	342
ちびっ子（女の子）　ちびっこ（おんなのこ）	342
ちびっこかえる（かえる）	342
ちびとら	342
ちびとらくん	342
チビのしたてや	342
ちびの仕立屋（仕立屋）　ちびのしたてや（したてや）	342
チビムーロン	342
チビムーロン	343
ちびやぎ（やぎ）	343
ちびローラー	343
ちびわにくん	343
チミー・ウィリー	343
チム	343
チム	344
チモレオン	344
チモレオン	345
茶色うさぎ（うさぎ）　ちゃいろうさぎ（うさぎ）	345
ちゃいろのうさぎ（うさぎ）	345
チャガ族　ちゃがぞく	345
チャーフカ	345
ちゃぼ（バンタム）	345
チャマコ	345
チャーリー	345
チャーリー・サンド	346
チャールズ	346
チャン	346
張 三　ちゃん・さん	346
チャンティクリア	346
チャンパ	347
チャンプサン（チャン）	347
ちゅうこさん	347
ちゅうたくん	347
ちゅうちゅう	347
チュウチュウおくさん	347
チュークチューク	347
チューコさん	347
ちゅーたくん	347
チューチョック	347

チュッパ	347	ディコン	352
チューリップ	348	デイジー	352
チュルルタン（こびと）	348	ディーゼル	353
チョウチョ（フレッド）	348	ティッチ	353
ちょうちょ（フローリアン）	348	ティトオ	353
ちょうちょう	348	ディヴァインちゃん	353
チョコねずみ	348	デイビー	353
チョコレート・ムース	349	デイブ	353
ちょはっかい	349	ティファニーちゃん	353
チョーンシィ	349	ディミトリ	353
チラノ	349	ティム	353
チリカ	349	ティム	354
チルチル	349	ティム（トロル）	354
チン・クワル（クワル）	349	ティムおじさん	354
チンパンジー（アーサー）	350	ティモシー	354
チンパンジー（バイオレット）	350	ディラン	354
		ティリー	354
【つ】		ティンカー	355
		ディンキー	355
ツィツィ	350	ティンクル	355
つき	350	ディンゴ	355
月おとこ　つきおとこ	350	ディンゴ	356
月のこども　つきのこども	350	テオ	356
つきのぼうや	350	テオドール	356
つきのむすめ	350	でかさん	357
ツグミヒゲ王さま　つぐみひげおうさま	351	デキナイさん	357
		てじなし	357
ツッキー	351	デック	357
ツノトカゲ（フレッド）	351	デッタ	357
つばめ	351	テッド	357
ツビーベル	351	鉄砲男　てっぽうおとこ	357
つぼ	351	てっぽうのうまいおとこ	357
つぼみひめ	351	鉄砲の名人　てっぽうのめいじん	357
強い男　つよいおとこ	351	テディ	357
ツル	352	デディ	358
ツルツルくん	352	デヴァキ	358
ツントさん	352	デービー	358
		デビー	358
【て】		でぶ王　でぶおう	358
		デブキ	358
ティアック	352	デメトリ	358
ティオーナ	352	デューク（おじいちゃんポッポ）	358
ティギー・ウィンクル	352	でゅっく	358

テュルラ	359	トト	365
デラ	359	トード	365
テリー	359	ドードー	365
テル	359	ドードー（デディ）	365
デルク	359	ドナルド	365
テレサ	359	ドナルド	366
テレザ	360	トーニオ	366
てんこちゃん	360	トニーク	366
テントウムシ	360	トニーノ	366
てんとうむし（アデリ）	360	トービー	366
天馬　てんま	360	トビー	366
		トビアス	367
【と】		トフスラン	367
		トペル	367
トアレグ族　とあれぐぞく	360	トマ	367
トインクルベリ	360	トーマス	367
どうけし	360	トーマス	368
とうさん	360	トマス	368
とうさん	361	トミー	368
どうぞく	361	トミー	369
どうつぶ	361	トミー・ナマケンボ	369
どうぶつ	361	ドミニク	369
どうぶつ	362	ドミノ	370
どうぶつ	363	トミー・フリッタ	370
動物　どうぶつ	363	トム	370
どうぶつ（グルン）	363	トム	371
どうろつくり	364	トム・サム	371
ドエンデ	364	トム・チット・トット	371
トオル	364	トムテ	372
トキ（ニッポン嬢）とき（にっぽんじょう）	364	トムテン	372
		トム猫　とむねこ	372
ドクターせんせい	364	トーヤ	372
ドクトル・バン・デル・ダンケル	364	トュンヒェおじさん	372
ドケッチさん	364	とら	372
トケビ	364	とら	373
とこや	364	トラー	373
ドゴン族　どごんぞく	364	とら（エゼキエル・ダブ）	373
とさかちゃん	364	とら（シヤカン）	373
としがみさま	365	トラ（ジュリアス）	374
どじょう（じょうすけ）	365	とら（ちびとら）	374
ドスンくん	365	とら（ちびとらくん）	374
トッド	365	トラ（トラー）	374
ドーテちゃん	365	とら（ボーンさん）	374

(27)

とら（ラファエル・ダブ）	374	ドレーク・パドルダック	381
ドーラおばさん	375	トレシーかあさん	381
ドラゴン	375	トレバー	381
ドラヒム	375	ドレーリア	381
ドラヒン	375	ドロセルマイアおじさん	381
トラブロフ	375	ドロッセルマイエルおじさん	382
トランキラ	375	トロットおばさん	382
とり	375	どろにんぎょう（にんぎょう）	382
とり	376	どろぼう	382
とり	377	ドロミテの王子　どろみてのおうじ	382
鳥　とり	377	トロール	382
鳥　とり	378	トロル	382
鳥（アーマ）　とり（あーま）	378	トロル	383
とり（アーリー・バード）	378	どん	383
鳥（ウグイス）　とり（うぐいす）	378	ドン・アロンゾ	383
とり（ウルズラ）	378	トンカチーン・トテモジャナイおばさん	383
とり（オデット）	378	ドーン・チョーレチャ	383
とり（キビタン）	378	トントゥ	384
とり（ケッカ）	378	どん・ぺどろ	384
とり（シプリヤン）	379	とんぼ（ドレーリア）	384
とり（でかさん）	379	とんまくん	384
とり（トリオくん）	379		
とり（トリコおくさん）	379	【な】	
とり（ネポムーク）	379		
とり（ぴるり）	379	ナイチンゲール	384
とり（フィリップ）	379	ナイチンゲールさん	384
とり（まっくろネリノ）	379	ナイルソンさん	384
とり（みそさざい）	379	なおして・なおしたせんせい	384
とり（メイジー）	380	ながすね	384
とり（ろびん）	380	ながながぼうず	385
鳥（ロベルト）　とり（ろべると）	380	ながれぼし	385
トリオくん	380	ナクロ	385
トリコおくさん	380	ナゲル	385
ドリス	380	ナジョーク船長　なじょーくせんちょう	385
ドリトル先生　どりとるせんせい	380	ナスターシャ・ペトローブナ	385
トリーネ	380	ナスレディン	385
トーリン	380	ナーゾオ	385
ドール	380	ナップ	385
ドール	381	ナトキン	386
ドルジェ	381	七ひきのこやぎ（こやぎ）　ななひきのこやぎ（こやぎ）	386
トルース	381		
ドルーンきょう	381	七ひきの子やぎ（子やぎ）　ななひきのこやぎ（こやぎ）	386
ドレイク	381		

ナナブシュ	386
ナネット	386
ナバー	386
なまいきくん	386
なまけもの	386
なまけもの	387
なまけもの	388
ナマリの兵隊　なまりのへいたい	388
ナーヤ	388
ナラちゃん	388
ナルシス	388

【に】

にーお	388
ニコ	388
ニコラ	388
ニコラ	389
ニコライ	389
ニコラス	389
ニコレット	389
ニコロ	389
西の人びと　にしのひとびと	389
ニッキー	390
にっこう	390
ニッポン嬢　にっぽんじょう	390
ニーナ	390
ニャコロン	390
ニヤメ	390
にゃんこ	390
にゃんこ	391
にゃんぼう	391
ニョロロン	391
にわとり	391
にわとり	392
にわとり	393
ニワトリ	394
にわとり（アイダ）	394
にわとり（青しっぽ）　にわとり（あおしっぽ）	394
にわとり（アルビナ）	394
にわとり（エッタ）	394
にわとり（こけっこう）	394
にわとり（コッキィ）	394
にわとり（スペックルおばさん）	394
にわとり（スペックルおばさん）	395
にわとり（たいしょう）	395
にわとり（チャンティクリア）	395
にわとり（てんこちゃん）	395
にわとり（とさかちゃん）	395
にわとり（ナネット）	395
ニワトリ（ニコ）	395
にわとり（のっぽちゃん）	395
にわとり（パートレット）	395
にわとり（バン）	395
にわとり（ひよこ）	396
にわとり（フランツ）	396
にわとり（ヘニー・ペニーおばさん）	396
にわとり（めんどりかあさん）	396
人魚（コーラ）　にんぎょ（こーら）	396
人魚（フローラ）　にんぎょ（ふろーら）	396
人魚（ベラ）　にんぎょ（べら）	396
にんぎょう	397
人形　にんぎょう	397
にんぎょひめ	397
人魚姫　にんぎょひめ	397
にんげん	398
ニンニクガエル（ルイ）	398

【ぬ】

ヌース	398
ぬすっと	398
ヌッタ	398
ヌーヌー	398
ぬまこぞう	398
ぬまじじさま	398
ぬまばばさま	399
ぬまむすめ	399
ぬりえさん	399
ヌング	399
ヌングワマ	399

【ね】

ねえさんといもうと（しまい）	399

ねこ	399	ねこ(ジンジャー)	410
ねこ	400	ねこ(シンディ)	410
ねこ	401	ねこ(シンプキン)	410
ねこ	402	ねこ(タビタ・トウィチット)	410
ねこ	403	ねこ(チュッパ)	410
ネコ	404	ねこ(ティンクル)	410
猫　ねこ	404	ねこ(トム)	410
猫　ねこ	405	ねこ(トム)	411
ねこ(あかずきんちゃん)	405	猫(トム猫)　ねこ(とむねこ)	411
ねこ(あかひげスタコラ)	405	ねこ(どん・ぺどろ)	411
ねこ(アーサー)	405	ねこ(ニコレット)	411
ねこ(アリス)	405	猫(ニャコロン)　ねこ(にゃころん)	411
ねこ(アンガス)	405	ねこ(にゃんこ)	411
ねこ(アントワネット)	405	ねこ(にゃんぼう)	412
ねこ(エイブ)	406	ねこ(ねる)	412
ねこ(エドガー・トムキャット)	406	ねこ(パイパー・ポー)	412
ねこ(エドワード)	406	ねこ(パジャ)	412
ねこ(エリザベス)	406	ねこ(ハックル)	412
ねこ(おひげちゃん)	407	ねこ(バーニー)	412
ねこ(オーランドー)	407	ねこ(ハーマン)	413
ねこ(ガズラー)	407	ねこ(バレンティン)	413
ねこ(カプリス)	407	ねこ(バングス)	413
ねこ(カーリン)	407	ねこ(パンジー)	413
ねこ(キティ)	407	ねこ(パンプキン)	413
ねこ(キティ)	408	ねこ(ピックルズ)	413
ねこ(キティー)	408	ねこ(ぴっち)	413
ねこ(キャンディ)	408	ねこ(ビディ)	413
ねこ(クリストファー)	408	ねこ(ヒルダ)	413
ねこ(クレア)	408	ねこ(ピン)	413
ねこ(グレイス)	408	ねこ(ファジィ)	414
ねこ(ケイト)	408	ねこ(フォレ)	414
ねこ(コットン)	408	ねこ(プス)	414
ねこ(ごんた)	408	ねこ(ブランシュ)	414
ねこ(サム)	408	ねこ(プルフ)	414
ねこ(サム)	409	ねこ(ベイブ)	414
ねこ(サムソン)	409	猫(ペサ)　ねこ(ぺさ)	414
猫(サラ)　ねこ(さら)	409	ねこ(ペリクレ)	414
ねこ(シスター)	409	ねこ(ヘンリー)	414
ねこ(シュヌー)	409	ねこ(ポーかあさん)	414
ネコ(シュヌール)	409	ねこ(ボジャ)	415
ねこ(ジョセフィーヌ)	409	ねこ(マウリ)	415
ねこ(ジョナサン)	410	ねこ(マック)	415
猫(ジルベルト)　ねこ(じるべると)	410	ネコ(まよなかネコ)	415

ねこ(ミーオラ)	415	ねずみ(アンソニー・ウーさん)	423
ねこ(ミス・キャット)	415	ねずみ(ウィルフレッド)	423
ねこ(ミッセ)	415	ねずみ(ウィルフレッド)	424
ねこ(みどり)	415	ねずみ(ウォーター)	424
ねこ(ミトン)	415	ねずみ(エイミィ)	424
ねこ(ミミー)	415	ねずみ(エドゥアルド)	424
猫(ミム) ねこ(みむ)	416	ねずみ(エーモス)	424
ねこ(ミュー)	416	ねずみ(エロイーズさん)	424
ねこ(ミュウ)	416	ねずみ(がくしゃねずみ)	425
ねこ(ムスティ)	416	ねずみ(カーリー)	425
ねこ(メオ)	416	ねずみ(ガリガリ)	425
ねこ(モグ)	416	ねずみ(ザドック)	425
ねこ(モグ)	417	ねずみ(サムエル)	425
ねこ(モード)	417	ねずみ(ジェニー)	425
ねこ(モペット)	417	ねずみ(ジェラルディン)	425
ねこ(モペットちゃん)	417	ねずみ(シオドア)	425
猫(モリイ) ねこ(もりい)	417	ねずみ(シャーロット)	426
猫(ヤーコプ) ねこ(やーこぷ)	417	ねずみ(ジョニー)	426
ねこ(ラルフ)	418	ねずみ(スー)	426
ねこ(リジンカ)	418	ねずみ(スタンレイ)	426
ねこ(リトル・グレイ)	418	ねずみ(ステファニー)	426
ねこ(リリ)	418	ねずみ(すなっぴい)	426
ねこ(ルリ)	418	ねずみ(すにっぴい)	426
ねこ(ロレッタ)	418	ねずみ(セレスティーヌ)	426
ねこ(ワーシカ)	418	ねずみ(セレスティーヌ)	427
ネコじい	418	ねずみ(ダスティ・ダッグウッド)	427
ネシカ	418	ねずみ(チミー・ウィリー)	427
ねずお	418	ねずみ(チム)	427
ネズくん	419	ねずみ(ちゅうこさん)	427
ねずこ	419	ねずみ(ちゅうたくん)	428
ねずみ	419	ねずみ(チュウチュウおくさん)	428
ねずみ	420	ねずみ(チューコさん)	428
ねずみ	421	ねずみ(ちゅーたくん)	428
ネズミ	422	ねずみ(チョコねずみ)	428
ねずみ(アクティル)	422	ねずみ(ティモシー)	428
ねずみ(アーサー)	422	ねずみ(ドケッチさん)	428
ねずみ(アーチー)	422	ねずみ(トニーノ)	428
ねずみ(アップルおじさん)	422	ねずみ(トム・サム)	428
ねずみ(アップルおじさん)	423	ねずみ(トラブロフ)	428
ねずみ(アナ・マライア)	423	ねずみ(ねずお)	429
ねずみ(アーニィ)	423	ネズミ(ネズくん)	429
ねずみ(アン)	423	ねずみ(ねずこ)	429
ねずみ(アンジェリーナ)	423	ねずみ(ノラ)	429

ネズミ（ハツカネズミ）	429	ねずみせんせい	435
ねずみ（バルナバス）	429	ねずみのかいぞく	435
ねずみ（ハンカ・マンカ）	429	ねっこぼっこ	435
ねずみ（ハンフリー）	429	ネッシー	435
ねずみ（ハンフリー）	430	ネッドくん	435
ねずみ（ピーターキン）	430	ネディ	435
ねずみ（ぴちこちゃん）	430	ネポムーク	435
ねずみ（ピップ）	430	ねむりひめ（おうじょ）	435
ねずみ（ピピン）	430	ねむりひめ（おひめさま）	435
ねずみ（ピピンちゃん）	430	ねむりひめ（おひめさま）	436
ねずみ（ヒューゴ）	430	ネーモ船長　ねーもせんちょう	436
ねずみ（ピンキー）	431	ねる	436
ねずみ（フラックス）	431	ネルロ	436
ねずみ（プリムローズ）	431	ネロ	436
ねずみ（フレデリック）	431	ネロさん	436
ねずみ（プンパーニッケル）	431		
ねずみ（ベルさん）	431	【の】	
ねずみ（ぺれす）	431		
ねずみ（ヘンリー）	431	ノア	437
ねずみ（ヘンリー）	432	ノアはかせ	437
ねずみ（ポッドくん）	432	ノイジー	437
ねずみ（ポピー・アイブライト）	432	ノウジョウさん	437
ネズミ（マウスキン）	432	のこぎり	437
ねずみ（マーサ）	432	ノック	437
ねずみ（マックス）	432	のっぽくん	438
ねずみ（マンフレッド）	432	のっぽちゃん	438
ネズミ（ミーちゃん）	433	のどきりジェイク	438
ねずみ（ミック）	433	ノネズミ	438
ねずみ（メアリー）	433	のねずみ（ねずみ）	438
ねずみ（メリッサ）	433	ノーバディ	438
ねずみ（もじゃもじゃベン）	433	のばら	438
ねずみ（もりねずみだんしゃく）	433	ノーベル	438
ねずみ（ユージェニー）	433	のみ	438
ねずみ（ユリンカ）	433	のみ（ぴょんた）	439
ねずみ（ヨーニー）	434	のみ（ぴんこ）	439
ねずみ（ラスプーチン）	434	ノラ	439
ねずみ（ラット）	434	乗合い馬車　のりあいばしゃ	439
ねずみ（リリィ）	434	ノルじいさん	439
ねずみ（ルーシー）	434	ノルブ	439
ねずみ（レオポルド）	434	ノルベルト	439
ねずみ（ローダ）	434	のんきはかせ	439
ねずみくん	434	ノンノン	439
ねずみくん	435		

【は】

ばあさん	439
はい色うさぎ（うさぎ）　はいいろうさぎ（うさぎ）	440
灰色うさぎ（うさぎ）　はいいろうさぎ（うさぎ）	440
バイオリン弾き　ばいおりんひき	440
バイオレット	440
灰かぶり　はいかぶり	440
ばいきん	440
ハイジ	440
ヴァイ族　ばいぞく	440
パイパー・ポー	440
ハイリブ	440
ハインリッヒ	440
バウアーさん	441
バウィ	441
パウィ	441
ハウサ族　はうさぞく	441
パウル	441
バウレ族　ばうれぞく	441
ハエ	441
はえ（ぶーんぶん）	441
パオリーノ	441
パガイナ	441
博士　はかせ	442
ばかむすこ（わかもの）	442
バギーラ	442
伯爵　はくしゃく	442
ハクションくん	442
白鳥　はくちょう	442
白鳥（オデット）　はくちょう（おでっと）	442
白馬　はくば	442
ぱくんぱくん	442
ハゲタカ（ベラ）	442
パコ	443
バーサ	443
はさみ	443
はさみさん	443
パーシー	443
パーシー	444
バーシム	444
パジャ	444
はしりおとこ	444
走り男　はしりおとこ	444
バジル・ブラッシュ	444
バジル・ブラッシュ	445
バジルブラッシュ	445
バス	445
バスティ	445
バーソロミュー・カビンズ	445
はたお	445
はたおり女　はたおりおんな	445
パタコトン氏　ぱたことんし	445
はたねずみ（グラント大佐）　はたねずみ（ぐらんとたいさ）	446
はたねずみ（スナウト少佐）　はたねずみ（すなうとしょうさ）	446
はたねずみ（ベリティ）	446
パタプフ	446
ぱたぽん	446
はち	447
バチッチャ・パローディ	447
ハツカネズミ	447
はつかねずみ（ティム）	447
ハツカネズミ（ハーベイ）	447
ハツカネズミ（ハーベイ）	448
はつかねずみ（ヘレン）	448
ハックル	448
ハッサン	448
ばった	448
バッタ	449
バッタのエルジン	449
バッチイじん	449
パッチワーク・キバキバ・フィッシュ	449
パットくん	449
バッパ	449
発明家　はつめいか	449
発明家　はつめいか	450
バーティー	450
パティ	451
パディントン	451
バーテク	451
はと	452

バート	452
パトー	452
はと（アリグザンダー）	452
はと（アルノー）	452
バート・ダウじいさん	453
ハドック船長　はどっくせんちょう	453
パトラシェ	453
バートラム王さま　ばーとらむおうさま	453
パトリック	453
パートレット	454
ハナ	454
はないきのつよいおとこ	454
花さくリラの仙女　はなさくりらのせんにょ	454
パナシ	454
ハナジロ	454
バーナード	454
バーナード王子　ばーなーどおうじ	454
バナナ・ゴリラ	454
バナナゴリラ	454
バナナじいさん	454
バーナビー・ジョーンズ	455
はなやかさん	455
バーニー	455
ハヌマン	455
羽ペンさん　はねぺんさん	455
パパ	455
パパガヨ	455
ハバククぼうや	456
パパぐまとママぐま	456
バーバズー	456
パパスマーフ	456
パパスマーフ	457
ハバードおばさん	457
ハバードばあさん	457
バーバパパ	457
バーバパパ	458
バーバパパ	459
バーバピカリ	459
バーバブラボー	459
バーバベル	459
バーバママ	459
バーバママ	460
バーバモジャ	460
バーバ・ヤガー	460
ババヤガー	460
ババリハばあさん	460
バーバリブ	460
ばばーる	460
ばばーる	461
ババール	462
ババール	463
ハービー	463
パブロ	463
ハーベイ	463
バベティン	463
パホーム	464
パーマーさん	464
ハーマン	464
ハム	464
ハムスター	464
ハムスター（ヘラクレス）	464
はや足　はやあし	464
はらいっぱい	465
バライロガモ	465
バラバラくん	465
ハラルド	465
バランティヌ	465
ハリー	466
ハリー	467
バリエ	467
ハリエットおばさん	467
ハリエットさん	467
ハリーおじさん	467
はりねずみ	467
はりねずみ（アルチュール）	467
はりねずみ（アルチュール）	468
はりねずみ（イジドーア）	468
ハリネズミ（ウィリー）	468
はりねずみ（クンクン）	468
はりねずみ（スナッフルおばあさん）	468
ハリネズミ（ティギー・ウィンクル）	468
はりねずみ（ピッキー）	469
はりねずみ（ヒュー）	469
はりねずみ（ヒルダ）	469

はりねずみ（ファジペグ）	469	ハンス（おとこのこ）	475
はりねずみ（ブラウンさん）	469	ハンス・カリポリカリ	475
はりねずみ（ブラウンさん）	470	ハンス=ブンティング　はんすぶんてぃんぐ	475
はりねずみ（ブラッシ）	470		
はりねずみ（ヘイゼル）	470	バンセス	475
はりねずみ（ヘッジ）	470	バンセス	476
はりねずみ（ヘンリイ）	470	ハンダ	476
はりねずみ（ホリイ）	470	パンダ	476
はりねずみ（ポワンチュ）	470	パンダ（ノーバディ）	476
バルー	471	パンダ（パンディ）	476
パール	471	パンダ（パンディ）	477
バルサザール	471	パンダぼうや	477
バルジー	471	バンタム	477
ヴァルデマール	471	ハンツ	477
バルトーズ母さん　ばるとーずかあさん	471	バンティ	477
		パンディ	477
バルナバス	471	パンディ	478
バルバーロ	471	バンティングおばさん	479
バルマレイ	471	パンプキン	479
パルミーラ	471	パンプキンさん	479
パーレ	472	ハンフリー	479
ハーレィ	472	パンプルムーズ	479
ハーレキン	472	バンブレック	480
バレンティさん	472	ハンマーさん	480
バンンティさん	472	パンやのおじさん	480
バレンティン	472		
はろるど	472	【ひ】	
はろるど	473		
ハワイオーオー	473	ひ　ひ	480
バン	473	ピア	480
パン	473	ヒアワーサ	480
ハンカ・マンカ	473	ぴいぴい	480
ハンク	473	ピエリノ	480
ぱんく	473	ピエール	480
バングス	474	ピエロ	481
パンクラス	474	火おとこ　ひおとこ	481
パンケーキ	474	ビーカー教授　びーかーきょうじゅ	481
ぱんけん（いぬ）	474	東の人びと　ひがしのひとびと	481
バンコ	474	ひかり	481
パンジー	474	光　ひかり	481
はんじさん	474	ひかりのせい	482
ハンス	474	ピグウィグ	482
ハンス	475	ビクター	482

ビクトリア	482	ぴっち	489
ビクトール	482	ひっぱりおじさん	489
ピクニク	482	ピッピ	489
ピクルズ	482	ピップ	490
ピケット	482	ぴっぷ	490
ひげはかせ	483	ヒッポ	490
ピーコ	483	ビディ	490
ひこうき	483	ビーディーくん	490
ビースト（おうじ）	483	ビーテック	490
ピゼッティさん	483	ピート	490
ピーター	483	人喰い鬼（鬼） ひとくいおに（おに）	490
ピーター	484	人食いオニ（オニ） ひとくいおに（おに）	491
ピーター	485	人食い鬼（鬼） ひとくいおに（おに）	491
ピーター	486	ピトシャン・ピトショ	491
ヒダエモン	486	ビトリン	491
ヒタキ	486	ピノキオ	491
ピーターキン	486	ピノッキオ	491
ピーター・サム	486	火の鳥 ひのとり	491
ピーター・サム（スチュアート）	486	ビーバー	491
ピーター・ティー・フーパー	486	ビーバー	492
ピーター・ペニー	486	ビーバー（アルフィー）	492
ぴちこちゃん	487	ビーバー（ブービー）	492
ピッキー	487	ひばり	492
ピック	487	ヒヒ	492
ピッグさん	487	ひひ（ゼフィランせんせい）	492
ビック・ビル（バス）	487	ピピン	492
ピックル	487	ピピン	493
ピックルズ	487	ピピンちゃん	493
ピッコロ	487	ピープ	493
ひつじ	488	ビフィックせんせい	493
羊 ひつじ	488	ビフスラン	493
ひつじ（クラッグ）	488	ヒプルさん	493
ひつじ（ぱたぽん）	488	ピーブルス	493
羊（ビュフォード） ひつじ（びゅふぉーど）	488	ひめこ	493
ひつじ（ボルケ）	488	ビモ	493
ひつじ（ミューデューリュー）	488	ヒュー	493
ひつじ（ムクゲのムクちゃん）	489	ヒューゴ	493
ひつじ（ローズ）	489	ビューティ	494
ひつじ（ローチェスター）	489	ビュフォード	494
ひつじかい	489	豹（アモク） ひょう（あもく）	494
羊かい ひつじかい	489	豹（オレッグ） ひょう（おれっぐ）	494
ヒツジちゃん	489	ひょう（バギーラ）	494

ひょう（ペーター）	494	ピンピー	500
ひよこ	494		
ひよこ	495	【ふ】	
ひよこ（ジーノ）	495		
ひよこ（ネディ）	495	プー	501
ひよこ（ピーコ）	495	プー	502
ひよこ（ピッコロ）	495	ファクシミリさん	502
ひよこ（ピープ）	495	ファジィ	502
ひよこ（リキン）	495	ファジペグ	502
ひよこちゃん	495	ファジペグ	503
ひよっこちゃん	495	ファニー	503
ぴょん	496	ファヌぼうや	503
ぴょんた	496	ファリドンぼうや	503
ピョンチェク	496	ファリボルぼうや	503
ビリー	496	ファンガスくん	503
ビリィ	496	ファンテ族　ふぁんてぞく	503
ぴりい	497	ファンファン	503
ビル	497	ファンファン	504
ピルー	497	フィクシットさん	504
ピルエット	497	フィッツェブッツェ	504
ビルエル	497	フィッティヒさん	504
ビルおじさん	497	フィップス	504
ヒルダ	497	フィディプス	504
ヒルダ	498	フィデリン王　ふぃでりんおう	504
ヒルダさん	498	フィフィ	505
ヒルダーブルツおばさん	498	フィフィネラ	505
ヒルディリドばあさん	498	フィリップ	505
ピールとっつあん	498	フィリップぼうず	505
ビルビル兄弟　びるびるきょうだい	498	フィリポ	505
ぴるり	498	フィル	505
ピレリル	498	ふぃーんちゃん	505
ピロ	499	ブウル	505
ピン	499	ふえふき	506
ピンキー	499	笛ふき　ふえふき	506
ピンキー・ブウ	499	ふえふきおとこ	506
ぴんく	499	笛ふき男　ふえふきおとこ	506
ビングル	499	フェリクス	506
ビンゴ	499	ふぇるじなんど	506
ぴんこ	499	フェルディナンド	506
ぴんご	499	フォクシー・ロクシー	507
ぴんご	500	フォックスおくさま	507
ぴーんちゃん	500	フォールコン	507
ヒンツ	500	フォレ	507

ブキヨウさん	507	ぶた（ピンキー・ブウ）	516
フクロ	507	ぶた（ぴんく）	516
ふくろう	508	ぶた（ブーくん）	516
フクロウ（ウスズミ）	508	ぶた（プーくん）	516
ふくろう（オリバー）	509	ぶた（フランブルさん）	516
ふくろう（サム）	509	ぶた（フリッツ）	517
フクロウ（フクロ）	509	ぶた（フロッシーちゃん）	517
フクロウ（ブラウンじいさま）	509	ぶた（ペザント）	517
フクロウ（ムーダ）	509	ぶた（ペニー）	517
ふくろう（リトルアウル）	509	ぶた（ベルタ）	517
フクロウはかせ	509	ぶた（ヘン・ウェン）	517
フクロウはかせ	510	ぶた（ポーくん）	517
フクロオオカミ	510	ぶた（ボリス）	517
ふくろねずみ（ジェラルディン）	510	ぶた（マティルダ）	517
ふくろねずみ（ユージン）	510	ぶた（リリーひめ）	518
ふくろねずみ（ランドルフ）	511	ぶた（ルンルン・ブウ）	518
ブーくん	511	ぶた（ローザおばさん）	518
プーくん	511	ぶた（ロジーヌ）	518
ブーコトラ	511	ぶた（ローランド）	518
フーゴ・ノットナーゲ	511	ぶた（ワルデマール）	518
ふしあわせくん	511	プタナ	518
ふしぎな子　ふしぎなこ	511	ふたりのおとこ	518
プス	511	プッシュミプルユー	519
ぶた	511	プッテ	519
ぶた	512	ぶってくれ	519
ブタ	513	ブッパ	519
ブタ	514	プップ	519
ぶた（あぶくぼうや）	514	ふとっちょさん	519
ぶた（インゲ）	514	ふなのり	519
ぶた（ガブガブ）	514	船乗り　ふなのり	519
ぶた（グルマンさん）	514	フーバク王さま　ふーばくおうさま	519
ぶた（グルマンさん）	515	ブービー	519
ぶた（さとうがしのブー）	515	ぶびおうさま	520
ぶた（ソレル）	515	プム	520
ぶた（ダッド）	515	冬　ふゆ	520
ぶた（ダドレー）	515	ぷよ	520
ぶた（チビ）	515	ぷよぷよ	520
ぶた（パーマーさん）	515	ブラー	520
ぶた（パール）	515	フライング・スコッツマン	521
ぶた（ヴァルデマール）	515	プラウェートサンドーン（おしゃかさま）	521
ぶた（ピグウィグ）	515	ブラウニー	521
ぶた（ピッグさん）	516	ブラウン	521
ぶた（ピックル）	516	ブラウンさん	521

ブラウンじいさま	521	ブルーノ	529
ブラーケル夫妻　ぶらーけるふさい	521	ブルーノおじさん	529
フラックス	522	ブルビ	529
ブラッシ	522	プルフ	529
フラボーおやかた	522	フルフル	529
フラム	522	ブルーベリーのとうさん	529
ブラン	522	ブルモドキ	529
ブランカ	522	プルモドキ	529
ブランケット	522	フルリーナ	529
フランシス	522	フルリーナ	530
フランシス	523	ブルン	530
フランシーヌ	523	フレイヤ	530
ブランシュ	523	フレーシュ	530
フランソワ	523	プレッツェル	530
フランソワくん	523	フレッド	531
フランソワくん	524	フレデリック	531
フランソワぼうや	524	フレデリック	532
フランツ	524	ブレリオ・パパ（ルイ・ブレリオ）	532
ブランディ	525	プロスペ	532
フランビーさん	525	ブロチェック	532
フランブルさん	525	フロッキー	532
ブランブルズ	525	ブロック	532
プーリア	525	フロッシーさん	532
フリーサ	525	フロッシーちゃん	532
フリーサ	526	フロプシー	532
フリズリ	526	ブローボック	533
フリッカリー	526	ふろーら	533
フリック	526	フローラ	534
フリッツ	526	フローラちゃん	534
フリドーリン	527	フローリアン	534
フリネック	527	フロリアン	534
プリム	527	フローリムンド	534
プリムさん	527	フローレンス・ナイチンゲール（ナイチンゲール）	534
プリムローズ	528	ふわおくさん	535
ブリンジャマティ	528	ふわふわくん	535
フルー	528	ふわふわさん	535
ブルース	528	プンクマインチャ	535
ブルたいしょう	528	プントデウォ	535
フルダー・フラム	528	プンパーニッケル	535
プルッシュ	528	フンブ	535
プルッフ	528	ぶーんぶん	535
フルディーネ	528	フンボルト	535
プルートン	529		

(39)

【へ】

ヘアー	536
ヘアー	537
ベアくん	537
ヘイゼル	537
へいたい	537
兵隊　へいたい	537
へいたい（くまおとこ）	538
ベイブ	538
ベオウルフ	538
ペギー	538
ペギー・ドイチュラント	538
ヘクター	538
ヘクターくん	538
ヘクター・プロテクター	538
ヘクラ	539
ベーコンさん	539
ペサ	539
ペサラク	539
ペザント	539
ベジョーヌ	539
ベース	539
ヘスター嬢　へすたーじょう	539
へそまがり	539
へそまがり	540
へそまがり	541
ペーター	541
ペーター・フリーゼ	541
ぺち	541
ぺち	542
ペチューニア	542
ペチューニア	543
ペチュラおばさん	543
ペツェッティーノ	543
ベック	543
ペッグ	543
ベックさん	543
ヘッジ	544
ベッドフォード公爵夫人　べっどふぉーどこうしゃくふじん	544
ベティ	544
ベーてちゃん	544
ぺてんし	544
ぺてん師　ぺてんし	545
ペドリト	545
ペトル	545
ペドロ	545
ペトロニウス	545
へなへなおばけ	545
ペニー	545
ベニト・バドグリオ	545
ペニナ	546
ヘニー・ペニーおばさん	546
ぺにろいやる	546
へび	546
へび（カリヤ）	546
蛇（グーリアラ）　へび（ぐーりあら）	546
へび（クリクター）	546
へび（クリストフ）	546
へび（クリストフ）	547
へび（シャイラ）	547
ペピート	547
ヘビの王さま　へびのおうさま	547
ペペ	547
ヘムレン	547
ベラ	547
ヘラクレス	548
へらじか	548
ペリカン	548
ペリカン（ぺれ）	548
ペリカン（ぺれ）	549
ペリクレ	549
ベリティ	549
ベリンダ	549
ベリンダ	550
ベルイおばさん	550
ベルウッドおじいさん	550
ヘルガ	550
ベルさん	550
ペールさん	550
ベルタ	550
ヘルツライデ	550
へるなんど	550
ベルはかせ	550

(40)

ヘルベルト	551	ぼうや	560
ヘルマン氏　へるまんし	551	ぼうや（おとこのこ）	560
ぺれ	551	ぼうや（こども）	560
ペレ	552	ぼうやのきし	560
ペレさん	552	ポゥリー	560
ぺれす	552	ポウンくん	560
ヘレナ	552	ホエミン姫　ほえみんひめ	560
ヘレネ	552	ホオダレムクドリ	560
ヘレン	552	ポーかあさん	561
べろ	552	ポーくん	561
ヘロデ	552	ポコ	561
ヘロデ	553	ポゴ	561
ベロニカ	553	ほしのあかちゃん	561
ベン	553	星の子　ほしのこ	561
ベン	554	星の少女（少女）　ほしのしょうじょ（しょうじょ）	561
ベンアリ	554		
ヘン・ウェン	554	ボジャ	561
ペンギン（クリスティナ）	554	ボジャー	561
ペンギン（コウテイペンギン）	555	ホジャどん（ナスレディン）	562
ペンギン（ぴんご）	555	ポシャン	562
ペンギン（ヘクター）	555	ボス	562
ペンギン（ヘクター）	556	ボス・レディ	562
ベンさん	556	ホセン	562
ベンジー	556	ほたる	562
ベンジャミン	556	ほたる（ひかり）	562
ベンジャミン・バニー	556	ほたる（ミア）	562
ヘンゼル	556	ほたる（ミオ）	562
ヘンゼル	557	ボタンくん	563
ヘンドリカ	557	ポッターおじさん	563
ヘンリー	557	ポッチリちゃん	563
ヘンリー	558	ボッツォ	563
ヘンリイ	559	ポッドくん	563
ヘンリエッタ	559	ホットケーキ	563
ヘンリーくん	559	ホップさん	563
		ポツポツちゃん	563
【ほ】		ボッラ	563
		ボディル	564
ホー	559	ボドさん	564
ボーア	559	ボドニック	564
ホイッティカーさん	559	ポトム	564
ぼうし	559	ホートン	564
ぼうしうり	559	ボナミー	564
ぼうしおとこ	559	ボニー	564

ポニー	564	ボンドラートシェクさん	570
ほね	565	【ま】	
ボーバ	565		
ホピ	565	マイク	570
ポピー・アイブライト	565	マイク・マリガン	570
ポピティ	565	マイクル	571
ボビーぼうや	565	マイケル	571
ボブ	565	マイケルさん	571
ホプシー	565	まいまいくん	571
ホフストラおじさん	565	マイロス	571
ホブ・ノブ	565	マウスキン	571
ポブル	566	マウリ	572
ボボじいさん	566	マウルス	572
ポム	566	マーガレット・バーンステイブル	572
ポム	567	マギー	572
ポムおばさん	567	マクス	572
ポラン	567	マクナイマ	572
ポリーアンドリュー	567	マグノリアおじさん	572
ホリイ	567	マクハミッシュ	572
ポリィ	567	マクフェせんちょう	573
ボーリス	567	マクブラッケンはくしゃくふさい	573
ボリス	567	マグレガーさん	573
ボリスおじさん	567	マーサ	573
ポール	568	マサイ族 まさいぞく	573
ボルカ	568	マーシャ	573
ポルカ	568	マーシャ	574
ボルケ	568	マシャボアヌさん	574
ポルコ	568	マシュー	574
ボルテおばさん	568	魔術師 まじゅつし	574
ホールファグレ	568	まじょ	574
ホールファグレ	569	魔女 まじょ	574
ホールファグレカー	569	魔女 まじょ	575
ホレイショ	569	マス	575
ホレーショ	569	マスおじさん	575
ホレーナ	569	マスクマン	575
ホワイティ	569	マスターさん	575
ホワイトはかせ	569	マセルボーム王子 ませるぼーむおうじ	575
ポワンチュ	569	マダム・ヒッポ	575
ホン・ギルドン（ギルドン）	570	マチアス	575
ぽんく	570	マチルド	576
ボーンさん	570	マーチン	576
ホンツァ	570		
ポンド族 ぽんどぞく	570		

マッチうりの少女（女の子）　まつうりのしょうじょ（おんなのこ）	576
マック	576
マックス	576
マックス	577
マックフィーせんちょう	577
まっくろネリノ	577
マッチうりのしょうじょ（おんなのこ）	577
マッチ売りの少女（少女）　まっちうりのしょうじょ（しょうじょ）	577
マット	577
マットリー王妃　まっとりーおうひ	577
マティアス	578
マディケン	578
マティルダ	578
マーティン	578
マテオくん	578
マーテル	578
までろん	578
マトウ	578
マドライナ	579
マトリョーシカちゃん	579
マドレーヌ	579
マービ	579
マーフィー	579
マーフィじゅんさ	579
マブウ	580
まほうつかい	580
まほう使い　まほうつかい	580
魔法つかい　まほうつかい	581
魔法使い　まほうつかい	581
まほうつかいのおじいさん	581
まほうつかいのおばあさん	581
マホメット	581
ママ	581
ママヌルスおばさん	581
まま母　ままはは	582
ままむすめ	582
マーヤ	582
まよなかネコ	582
マラードさん	582
マリー	582
マリー	583
マリア	583
マリア	584
マリア・シヌクァン	584
マリアじょおう	584
マリアン	584
マリアンちゃん	584
マリエット	584
マリオ	584
マリオン	585
マリーゴールド	585
マリーちゃん	585
マリーナ	585
マリヤ	585
マリヤさん	586
マーリャン	586
マリールイズ	586
マーリン	586
マリンカ	586
マール	586
マルク	587
マルグリットおばさん	587
マルゲリータ	587
マルコ	587
マルコ（おとこのこ）	587
マルーシカ	587
マルーシャ	587
マルセル	587
マルタ	587
マルタ	588
マルタン	588
マルチーナ	588
マルチーヌ	588
マルチーヌ	589
マルチパン	589
マルチン	589
マルティネス	589
マルティン	589
マルテさん	589
マルビンヒェン	589
マーレン	590
マングース（マリールイズ）	590
マンフレッド	590
マンボ	590

マンモス	590	みどりのさる（さる）	595
マンヤ	590	ミドリノ・ミドリーナ	595
		ミトン	595
【み】		ミーナ	596
		ミーニィおじさんとおばさん	596
ミア	590	ミハイル	596
ミイロコンゴウ	591	ミハイル・イワノビッチ	596
ミオ	591	ミハーリおじさん	596
ミーオラ	591	ミヒル	596
ミキ	591	みふうずら（うずら）	596
ミグー（イエティ）	591	ミミ	596
ミシェル	591	ミミー	596
ミシェル・モラン	591	みみお	596
ミーシカ	591	みみず（ローリー）	597
ミーシャ	591	みみずく	597
ミーシャ	592	みみずく（ビルエル）	597
ミシュートカ	592	みみずく（プロスペ）	597
みず	592	みみずくさん	597
みずうみのせい	592	ミム	598
ミス・キャット	592	ミヤマガラス	598
みずくぐり	592	ミュー	598
ミス・クラベル	592	ミュウ	598
ミス・クラベル	593	ミューデューリュー	598
ミスター・ハンバーガー	593	ミュンヒハウゼン	598
ミスタ・ハンプティ・ダンプティ	593	ミラ	598
みずのしずく（しずく）	593	ミラベルちゃん	598
みそさざい	593	ミラリク	598
ミダスおう	593	ミラン王　みらんおう	598
ミチ	593	ミリィ	599
ミーちゃん	593	ミリイ	599
ミチル	593	ミルドレッド	599
ミチル	594	ミンカ	599
ミッキー	594	ミンキー	599
ミック	594	ミンミ	599
ミッセ	594		
ミッチー	594	【む】	
みつばち	594		
ミツバチ	595	むかで（サイアラス）	599
みつばち（アデリーヌ）	595	ムクゲのムクちゃん	599
みつばち（ビリー）	595	むく鳥（マルティネス）　むくどり（まるてぃねす）	599
みつばち（ミッチー）	595		
みどり	595	ムクムク	599
みどりいろのバス（バス）	595	ムクムク	600

むし	600	メチャクチャくん	605
むし（ちびちゃん）	600	メディシンマン	605
虫（ビングル）　むし（びんぐる）	600	メドロック	605
ムース（チョコレート・ムース）	600	メーベル（ケーブルカー）	605
むすこ	600	メリー	606
むすこ（カラバこうしゃく）	600	メリッサ	606
ムスタファ	600	メリーナ	606
ムスティ	601	メルコン	606
むすめ	601	メルリック	606
むすめ	602	めんどり	606
娘　むすめ	602	めんどり（にわとり）	606
むすめ（おきさき）	602	めんどり（にわとり）	607
むすめ（おんなのこ）	602	めんどりかあさん	607
ムーダ	602	めんどりコッコ（にわとり）	607
むちゃくちゃさん	602	めんどり社長　めんどりしゃちょう	608
ムック	602	めんどりとおんどり（にわとり）	608
ムッシュー・ラクルート	602		
ムーラ	603	【も】	
村びと　むらびと	603		
村人　むらびと	603	モーガン船長　もーがんせんちょう	608
		モグ	608
【め】		モクモク	608
		もぐら	608
メアリー	603	もぐら（グラボー）	609
メアリー・アリス	603	もぐら（スキントさん）	609
メアリ・アン	603	もぐら（ハナジロ）	609
メアリー・アン	603	もぐら（ハリー）	609
メアリーアン	603	モグラ（ボリスおじさん）	609
メアリー・レノックス	604	モグラ（モード）	610
メイジー	604	もぐら（モール）	610
メイゼル	604	もぐら（モールディ）	610
メイビス	604	もぐら（ラウラ）	610
めうし	604	もぐら（ラウラ）	611
めうし（うし）	604	モーグリ	611
メオ	604	もじ	611
メオール兄弟　めおーるきょうだい	604	モジャ	611
メガネウ	604	もじゃもじゃベン	611
女神（マリア・シヌクァン）　めがみ（まりあしぬくぁん）	605	モズの兄弟（チュークチューク）　もずのきょうだい（ちゅーくちゅーく）	611
めがみさま	605	モチ	611
メソメソ	605	もっく	611
めちゃいぬ	605	モード	611
めちゃ犬　めちゃいぬ	605	ものしりさん	611

モバート	612	ヤコブ	617
モービー・ディク	612	ヤーコプ	617
モペット	612	ヤーコプ	618
モペットちゃん	612	ヤソダ	618
もみの木　もみのき	612	ヤチ	618
モモ	612	ヤツェク	618
モリイ	612	やどやのしゅじん	618
モーリス	612	やにゅう	618
モリス	612	ヤペテ	618
モリス・マックガーク	613	やまあらし	618
モーリツ	613	やまあらし（エミリー）	619
モーリッツ	613	山犬（ガイヤ）　やまいぬ（がいや）	619
モリッツ	613	やまうずら	619
もりねずみだんしゃく	613	やまうずら（ブラウニー）	619
モール	613	やまうずら（レッド・ラッフ）	619
モールしんぷさん	613	ヤマタカボウさん	619
モールディ	613	やまねこ	619
モールディ	614	やまねずみ	619
モンダミン	614	やーら	619
モンティー	614	やん	620
モンヤ	614	ヤンコ	620
		ヤンシー	620

【や】

やぎ	614	【ゆ】	
やぎ	615	ユアン	620
ヤギ（アカ）	615	勇者　ゆうしゃ	620
やぎ（アリーヌ）	615	ゆきだるま	620
やぎ（がらがらどん）	616	ゆきのじょおう	621
やぎ（グリゼット）	616	雪の女王　ゆきのじょおう	621
やぎ（ジョセフィン）	616	ゆきむすめ	621
ヤギ（シロ）	616	ユージェニ	621
やぎ（ゼッピー）	616	ユージェニー	621
ヤギ（チビ）	616	ユージン	621
やぎ（テレザ）	616	ユダ	621
やぎ（ドーン・チョーレチャ）	616	ゆめうりおじさん	621
やぎ（ビケット）	616	ゆめくい小人（小人）ゆめくいこびと（こびと）	622
やぎ（びりい）	616		
やぎ（ブランケット）	617	ゆめみくん	622
やきにくぞく	617	ユリ	622
やきものや	617	ユーリア	622
ヤクブ	617	ユリアさん	622
ヤーコブ	617	ユリク	622

ユリシーズ・モリソン（キャプテン）	622	ライオン（ラオ）	628
ユリンカ	622	ライオン（レオポルト）	628
		ライオン（レオポルド）	628
【よ】		ライオン王　らいおんおう	629
		ライオンくん	629
ヨアヒム	622	ライオンのおうさま	629
ヨアヒム	623	ライネケ	630
ヨアヒム・キレイズキ	623	ライル	630
ようせい	623	ラウラ	630
妖精　ようせい	623	ラオ	630
ようせい（フィフィネラ）	623	ラクダ	631
ヨーザ	623	らくだ（クーニベルト）	631
ヨセフ	623	ラクダ（ハンフリー）	631
ヨセフ	624	ラクーン	631
ヨセフさん	624	ラゴプス・スコティカス	631
ヨタカ	624	ラシーヌさん	631
ヨナ	624	ラジュ	631
ヨナス	624	ラース	631
ヨーニー	625	ラスプーチン	632
四人きょうだい（きょうだい）　よにんきょうだい（きょうだい）	625	ラタ	632
		らたくせ	632
4にんのこども（こども）　よにんのこども（こども）	625	ラチ	632
		ラッセ	632
ヨリンゲル	625	ラット	632
ヨリンデ	625	ラティ	632
ヨルバ族　よるばぞく	625	ラ・ディケラディじいさん	632
よろこびくん	625	ラニー	632
		ラバ	633
【ら】		ラビ	633
		ラピー	633
らいおん	625	ラファエル・ダブ	633
ライオン	626	ラプンゼル	633
ライオン	627	ラプンツェル	633
ライオン（アロイス）	627	ラヴェルさん	633
ライオン（イーライ）	627	ラポウィンザ	634
ライオン（グスタフ）	627	ラマ（カルイタ）	634
らいおん（ノーベル）	627	ラモック	634
ライオン（ファリドンぼうや）	627	ラモル	634
ライオン（ファリボルぼうや）	628	ラルフ	634
ライオン（フランソワぼうや）	628	ラン	634
ライオン（ヘンリー）	628	ランコー	634
ライオン（ポゴ）	628	ランチーユさん	634
ライオン（ミラベルちゃん）	628	ランディさん	634

ランドルフ	634	リースヒェン	641
ランドルフ	635	リーゼ	641
ランパ	635	リゼッテおばあちゃん	641
ランフー	635	リゼット	641
ランペ	635	りぜっとおばあさん	641
ランペルスティルトスキン	635	リタ	641
		リチャード	641
【り】		リッポ	641
		リドゥシュカ	641
リー	635	リトルアウル	642
リアおう	635	リトル・グレイ	642
リアグ	635	リトル・ラクーン	642
リーガン	635	リーナ	642
リキン	636	リナ	642
リーサ	636	リーニ	642
リサ	636	リーニアス	642
リーザ	636	リーニアス	643
リザ	636	リヒムート・フォン・アンドホト	643
リサベット	636	リヒャルト	643
リージンカ	636	リヤばあさん	643
リジンカ	637	りゅう	643
りす	637	りゅうおう	643
リス（カルアシ・カアチャン）	637	龍王　りゅうおう	644
リス（カルアシ・チミー）	638	リューリャ	644
りす（ぎんねず）	638	漁師　りょうし	644
りす（グリグリ）	638	漁師のおじいさん（おじいさん）　りょうしのおじいさん（おじいさん）	644
りす（クロクノワ）	638		
りす（スキレル）	638	料理女　りょうりおんな	644
りす（スキレル）	639	リョコウバト	644
りす（スバンス氏）　りす（すばんすし）	639	リョーリおばさん	644
りす（ダニエレ）	639	リーラちゃん	644
りす（トインクルベリ）	639	リラの精　りらのせい	644
りす（ナトキン）	639	リラベル	644
りす（はたお）	640	リリ	645
りす（パナシ）	640	リリー	645
りす（ハリエットおばさん）	640	リリィ	645
りす（ハリエットさん）	640	リリーひめ	645
りす（ピルエット）	640	りんごのき（き）	645
りす（フォレ）	640		
りす（フラム）	640	【る】	
りす（ホプシー）	640		
リス（マール）	640	ルー	645
りす（ルタン）	640	ルー	646

ルイ	646
ルーイ	647
ルイス	647
ルイーズ	647
ルイスおじさん	647
ルイーゼ	647
ルイゼ	648
ルイ・ブレリオ	648
ルーシー	648
ルシアひめ	648
ルーシー・ブラウン	648
ルシール	648
ルシンダ	649
るーた	649
ルタン	649
ルッツ	649
ルドビックおじさん	649
ルーパン	649
ルピナスさん	649
ルリ	649
ルールー	649
ルンルン・ブウ	650

【れ】

レア	650
レイチェル	650
レオナール	650
レオポルト	650
レオポルド	651
レキシス	651
レグリィ	651
レックス	651
レッド・フォックス	651
レッド・ラッカム	651
レッド・ラッフ	651
レーナ	651
レナ	651
レノーア	651
レベッカ	651
レムペル先生　れむぺるせんせい	652
レモネードぼうや	652
レレブム	652

レンディレ族　れんでぃれぞく	652
レンペルせんせい	652

【ろ】

老人　ろうじん	652
ろうそくさん	652
老兵士　ろうへいし	652
ロキシー	652
六人の男たち（男たち）ろくにんのおとこたち（おとこたち）	653
ロサおばさん	653
ローザおばさん	653
ロザリアおばさん	653
ロザリーおばあさん	653
ロザリーナ	653
ロザリーヌ	653
ロザリンド	653
ロージー	653
ロジ族　ろじぞく	653
ロジーヌ	654
ろじゃー	654
ローズ	654
ローズおばあさん	654
ロスミタル公爵　ろすみたるこうしゃく	654
ロゼット	654
ローダ	654
ロチ	654
ローチェスター	654
ロック	655
ロッタちゃん	655
ロッテンマイアさん	655
ロップイアおじさん	655
ロディゴ	655
ロトイオ	655
ロード・ハリー	655
ロナルド・モーガン	655
ろば	655
ろば	656
ろば	657
ロバ（イーヨー）	657
ろば（ウインドミル）	657
ろば（エドワール）	657

ろば(エベネザーじいさん)	657	ワージク	664
ろば(カディション)	657	わしさん	664
ロバ(シルベスター)	658	ワシリーサ	664
ろば(テオドール)	658	ワスレルさん	664
ろば(マルコ)	658	ワダイ族 わだいぞく	664
ロバ(ロゼット)	658	わたげちゃん	664
ロバちゃん	658	わに	664
ロバート	658	わに	665
ロバート	659	わに(キッド)	665
ロバのおうじ	659	ワニ(クロカジール)	665
ロビン	659	ワニ(クロッカス)	665
ロビンさん	659	ワニ(クロッカス)	666
ロビンソン・クルーソー	659	わに(クロムウェル)	666
ロビンソンさん	659	わに(コーネリアス)	666
ロビンふさい	659	わに(ちびわにくん)	666
ロベルト	659	わに(ベオウルフ)	666
ロベルト	660	ワニ(ヘンリー)	666
ロボ	660	ワニ(モンティー)	666
ロボー	660	ワニ(ライル)	666
ロマラン	660	ワニ(ライル)	667
ロモ	660	わに(ワーウィック)	667
ローラ	660	わに(ワーニ・ワニーイッチ・ワンスキー)	667
ローラ	661		
ローランド	661	ワニさん	667
ローリー	661	ワーニャ	667
ローリー王子 ろーりーおうじ	661	ワーニャ・ワシリョーク	667
ロール	662	ワーニ・ワニーイッチ・ワンスキー	668
ロレッタ	662	ワーブ	668
ロロ	662	ワーユ	668
ロロ王さま ろろおうさま	662	ワラ＝クリスタラさん わらくりすたらさん	668
ロンサム・ジョージ	662	わらのうし(うし)	668
【わ】		ワラの男 わらのおとこ	668
		ワーリャ	668
わいずまんはかせ	662	ワルター	668
ワーウィック	662	ワルデマール	668
わかもの	662	ワルデマール	669
わかもの	663	わんきち	669
若者 わかもの	663	ワング一兄弟 わんぐーきょうだい	669
わかもの(カラバこうしゃく)	663	王小 わん・しゃお	669
ワゲニア族 わげにあぞく	663	ワン・シャオアル(シャオアル)	669
ワシ	663	ワンセスラス	669
ワーシカ	663	ワンちゃん	669

わんぱくおに	669
ワンプ	669

【ん】

ンダカ族　んだかぞく	669

【あ】

アイオガ
シベリアの北のほうにすむ遊牧民のラというおとこのこどもではたらかずにじぶんのうつくしいかおばかりながめていたなまけもののむすめ 「がちょうになったむすめ-アムールの民話」 D.ナギーシキン再話；G.パヴリシン絵；宮川やすえ訳　岩崎書店（新・創作絵本18）1980年8月

アイダ
おもりをしていたあかちゃんのいもうとをゴブリンたちにさらわれたおんなのこ 「まどのそとのそのまたむこう」 モーリス・センダック作・絵；脇明子訳　福音館書店　1983年4月

アイダ
パンプキンのうじょうのめんどり 「めうしのジャスミン」 ロジャー・デュボアザン作・絵；乾侑美子訳　佑学社　1979年1月

アー・イタイはかせ
アフリカでひとくいおにのバルマレイにたべられそうになっていたターニャとワーニャをひこうきにのってたすけにきたしんせつなおいしゃ 「おおわるもののバルマレイ」 コルネイ・チュコフスキー作；マイ・ミトウリッチ絵；宮川やすえ訳　らくだ出版　1974年12月

あいたたせんせい
どうぶつたちみんなをなおしてくれるやさしいおいしゃさん 「あいたたせんせい」 コルネイ・チュコフスキー原作；松谷さやか再話；安泰絵　フレーベル館（キンダーおはなしえほん傑作選9）1976年5月

アいたた先生　あいたたせんせい
どうぶつたちがびょうきになるとやってくるとてもやさしいおいしゃさん 「アいたた先生」 コルネイ・チュコフスキー作；樹下節訳　理論社（ソビエト傑作絵本シリーズ）1977年2月

アイドーター
かばのビクトールとともだちになったカナリヤ 「かばのビクトール」 ギ・クーンハイエ作；マリー＝ジョゼ・サクレ・絵；佐々木元訳　フレーベル館　1982年7月

アイノ
もりのみずうみのうつくしいみずうみのせいにさそわれてみずのなかにはいっていっておさかなになってしまったおんなのこ 「おさかなになったおんなのこ-せかいのはなし（フィンランド）」 森本ヤス子文；伊藤悌夫絵　コーキ出版（絵本ファンタジア36）1977年6月

アオガエル
しずかもりにくらしていたアライグマじいさんのなかまの5ひきのアオガエル 「アライグマじいさんと15ひきのなかまたち」 ビル・ピート作・絵；山下明生訳　佼成出版社（ピートの絵本シリーズ1）1981年9月

あおくん
おともだちのなかでとおりのむこうのおうちのきいろちゃんがいちばんなかよしのこども 「あおくんときいろちゃん」 レオ・レオーニ作；藤田圭雄訳　至光社（ブッククラブ国際版絵本）1967年1月

あおさ

あおさぎ（まほうつかい）
とってもしりたがりやのかめをせなかにのせてそらへつれていったあおさぎにばけたまほうつかい 「かめのこうらにはなぜひびがあるの-ブラジルのはなし」 石堂清倫文；赤星亮衛絵 コーキ出版（絵本ファンタジア3） 1977年8月

青しっぽ　あおしっぽ
青い目の男の子のペサラクが父さんにねだって買ってもらったおんどり 「青い目のペサラク」 ジャヴァード・モジャービー作；ファルシード・メスガーリ絵；桜田方子；猪熊葉子訳 ほるぷ出版 1984年11月

あおどり（とり）
かなしんでいるひとをたのしくしてあげられるというふしぎなちからがあったあおいはねのちいさいことり 「ちいさな青いとり」 竹田裕子文；ヨゼフ・フラバチ絵 岩崎書店（世界の絵本4） 1976年1月

青ねずみ（ねずみ）　あおねずみ（ねずみ）
いつもじぶんたちをたべようとしていた白いふくろうがサーカスにうられたのをしってたすけてあげようとした青いはつかねずみ 「白いふくろうと青いねずみ」 ジャン・ジュベール文；ミッシェル・ゲー絵；榊原晃三訳 国土社 1980年10月

あおひめ
イジーおうじのいいなずけのおひめさま 「ちいさな青いとり」 竹田裕子文；ヨゼフ・フラバチ絵 岩崎書店（世界の絵本4） 1976年1月

あおむし
あたたかいにちようびのあさにおなかがぺっこぺこでたまごからうまれてきたちっぽけなあおむし 「はらぺこあおむし」 エリック・カール作エリック・カール作；もりひさし訳 偕成社 1976年5月

アカ
スイスのたかい山のなかの村でヤギかいの少年マウルスがシュチーナおばあさんからあずかっているヤギ 「マウルスと三びきのヤギ」 アロワ・カリジェ文・絵；大塚勇三訳 岩波書店 1969年11月

アカ
夫のケーレブが魔女に魔法をかけられて犬のすがたになったとはしらずに女房のケートが家でかうことにした赤茶色の犬 「ケーレブとケート」 ウィリアム・スタイグ作；あそうくみ訳 評論社（児童図書館・絵本の部屋） 1980年6月

赤毛の娘さん　あかげのむすめさん
男の人のフリュートをいつもこっそりきいていた赤毛の娘さん 「鳥のうたにみみをすませば」 オタ・ヤネチェック絵；フランチシェック・ネピル文；金山美莎子訳 佑学社（おはなし画集シリーズ4） 1980年9月

アガサ
かわったペットがほしくてどうぶつのおいしゃさんをしているおばあちゃんにてがみをかいたおんなのこ 「うちにパンダがきたら……」 ルース・オーバック作；益田慎；東一哉訳 アリス館牧新社 1981年4月

あかずきん
あかいびろうどのずきんがとてもよくにあうのでみんなからあかずきんとよばれていたかわい
いおんなのこ 「あかずきん」グリム原作；大塚勇三訳；宮脇公実画 福音館書店 1962年
11月

あかずきん
あかいビロードのずきんがとてもよくにあったのでみんなからあかずきんとよばれるように
なったとてもかわいいおんなのこ 「あかずきん」矢崎節夫文；鬼藤あかね絵 フレーベル
館（せかいむかしばなし10） 1986年2月

あかずきん
あかいビロードのずきんがとてもよくにあって年中こればかりかぶっていたので「あかずき
ん」とよばれるようになった女の子 「あかずきん」グリム作；矢川澄子訳；純子デイビス絵
小学館（世界のメルヘン絵本8） 1978年3月

あかずきん
おばあさんからもらったまっかなずきんがなんともよくにあって「あかずきん」としかよばれな
くなった小さなかわいらしい女の子 「グリム あかずきん」リスベート・ツヴェルガー画；池田
香代子訳 冨山房 1983年11月

赤ずきん　あかずきん
おばあさんにもらった赤いビロードのずきんがとてもよくにあうので赤ずきんとよばれるように
なったちいさな女の子 「赤ずきん」バーナディット・ワッツ絵；生野幸吉訳 岩波書店
1978年7月；岩波書店（岩波の子どもの本） 1976年12月

あかずきんちゃん
おばあさんがつくってくれたあかいぼうしをいつもかぶっていたのでみんなに「あかずきん
ちゃん」とよばれていたかわいいおんなのこ 「あかずきん」水野二郎画；天神しずえ文 ひ
かりのくに（世界名作えほん全集5） 1966年1月

あかずきんちゃん
ずきんつきのあかいマントをきていたちっちゃなねこのおんなのこ 「こねこのあかずきん
ちゃん」リチャード・スキャナー作；吉田純子訳 ブック・ローン出版（スキャリーおじさんの
どうぶつえほん7） 1984年8月

あかずきんちゃん
やさしいおばあさんがつくってくれたあかいずきんがとってもよくにあうおんなのこ 「あかず
きんちゃん」谷真介文；赤坂三好絵 あかね書房（えほんせかいのめいさく1） 1981年5月

あかちゃん
うばぐるまにどうぶつたちみんなをのせてあげたあかちゃん 「おせおせうばぐるま」ミッ
シェル・ゲ作・絵；かわぐちけいこ訳 福音館書店（世界傑作絵本シリーズ・フランスの絵本）
1985年11月

あかちゃん
トレシーかあさんのおなかのなかにいるあかちゃん 「あかちゃんでておいで！」マヌシュ
キン作；ヒムラー絵；松永ふみ子訳 偕成社 1977年1月

あかつ

赤っ毛先生　あかっけせんせい
うさぎのルーがピアノのレッスンをうけることになった町いちばんの音楽家の先生の大うさぎ　「ピアノのおけいこ」ナタリー・ナッツ文；モニック・フェリ絵；なだいなだ訳　講談社（うさぎのルー絵本1）　1985年5月

アガーテ
かばのエーゴンのともだちのかわいい女の子のかば　「かばのエーゴンとアガーテ」J.マーシャル作・画；桂芳樹訳　小学館（世界の創作童話12）　1980年2月

あかなす
たっぷすおばあさんがいぬとあひるとぶたといっしょにくらしていたいえのもちぬしではるばるろんどんからやってきておばあさんをおいだしたおい　「もりのおばあさん」ヒュウ・ロフティング文；光吉夏弥訳；横山隆一絵　岩波書店（岩波の子どもの本）　1954年9月

アカハシボソキツツキ
グアダルーペ島の糸杉林にすんでいた鳥で絶滅してしまった動物　「ドードーを知っていますか－わすれられた動物たち」ショーン・ライス絵；ポール・ライス；ピーター・メイリー文；斉藤たける訳　福武書店　1982年10月

赤鼻さん　あかはなさん
雪の中でこごえていたサーカスの男の子をひきとった村の修道院のぶどう酒倉の係のブラザー　「天国のサーカスぼうや」ジョバンニ・ボネット作；ジーノ・ガビオリ絵；えびなひろ文　女子パウロ会　1981年1月

あかひげ
ワーリャというむすめにたのまれていじわるおうにとらえられているあきのめがみのマーシャをたすけるしごとをした四にんのこびとのひとり　「四人のこびと」パウストフスキー作；サゾーノフ絵；宮川やすえ訳　岩崎書店（母と子の絵本36）　1977年4月

赤ヒゲ　あかひげ
のろわれた森の領主で美しい少女オデットを白鳥にかえてしまった魔法使い　「白鳥の湖－ドイツ民話」ルドゥミラ・イジンツォバー絵；竹村美智子訳　佑学社（名作バレー物語シリーズ）　1978年11月

あかひげスタコラ
ジョビスカおばさんのきにいりのねこ　「あしゆびのないポブル」エドワード・リア文；ケビン・マディソン絵；にいくらとしかず訳　篠崎書林　1978年7月

秋　あき
いろんな色をまぜあわせて森をそめていく絵かきの秋　「鳥のうたにみみをすませば」オタ・ヤネチェック絵；フランチシェック・ネピル文；金山美莎子訳　佑学社（おはなし画集シリーズ4）　1980年9月

アクティル
いとこのアーニィとサイクリングにでかけたねずみ　「ロケットじてんしゃのぼうけん」インガ・モーア作・絵；すぎもとよしこ訳　らくだ出版　1983年11月

アクブ
ベツレヘムの馬小屋でうまれたばかりのイエスさまをみつけた羊飼いの少年　「三つのクリスマス」ナリニ・ジャヤスリヤ作；竹中正夫訳　日本基督教団出版局　1982年8月

あさ

あくま
おばあさんにあたまから金のかみの毛を三本ひきぬかれたあくま 「あくまの三本の金のかみの毛-グリム童話」 ナニー・ホグロギアン再話・絵；芦野あき訳 ほるぷ出版 1985年5月

あくま
パホームというおひゃくしょうさんがとちさえじゆうになったらあくまだってこわくはないぞとはなしていたのをきいていた1ぴきのあくま 「ひとはどれだけのとちがいるか-トルストイ(ロシア)のはなし」 米川和夫文；水氣隆義絵 コーキ出版(絵本ファンタジア9) 1977年4月

あくま
びんぼうなきこりのおべんとうのパンのかけらをぬすんだのでおおきなあくまたちにおこられたちいさなあくま 「パンのかけらとちいさなあくま-リトワニア民話」 内田莉莎子再話；堀内誠一画 福音館書店 1979年11月

あくま
へいたいのわかものにクマのかわを七ねんのあいだぬがなかったらおおがねもちにしてやるといったあくま 「くまおとこ-グリムどうわより」 フェリクス・ホフマン画；酒寄進一訳 福武書店 1984年7月

あくま
むかしポーランドのクラコフにいたひとりの魔術師が呪文をとなえてよびだしたあくま 「月へいった魔術師」 クリスチーナ・トゥルスカ作；矢川澄子訳 評論社(児童図書館・絵本の部屋) 1978年12月

あくま
リトルボロの村はずれにすむかじ屋のジャックがあくまも顔まけのけちんぼだといううわさをききつけておこって地ごくからやってきたあくま 「けちんぼジャックとあくま」 エドナ・バース文；ポール・ガルドン絵；湯浅フミエ訳 ほるぷ出版 1979年3月

あくま
冬のあいだ谷間の村の一家に次から次へといたずらをしでかした小鬼ども 「あくまっぱらい！」 ゲイル・E.ヘイリー作；芦野あき訳 ほるぷ出版 1980年5月

悪魔　あくま
フランスのロアール川の岸べにあるボージャンシーという町の人たちが橋がなくて困っているのを知って市長さんに一晩で橋をかけてあげませうと申し出た悪魔 「猫と悪魔」 ジェイムズ・ジョイス作；ジェラルド・ローズ画；丸谷才一訳 小学館 1976年5月

アケイラ
インドのジャングルでにんげんのこモーグリをそだててくれたおおかみのなかまのかしら 「ジャングル・ブック」 キップリング原作；林陽子文；清水勝絵 世界出版社(ABCブック) 1969年9月

アーサー
いもうとのバイオレットをつれてまんがのざっし"スーパーコミックス"のセールスマンになろうとしたチンパンジー 「アーサーといもうと」 リリアン・ホーバン作；光吉夏弥訳 文化出版局 1979年12月

あさ

アーサー
かがくしゃにつかまえられて月へいくうちゅうカプセルのなかにいれられたねずみ 「ねずみのアーサー月へいく？」 グレアム・オークリー作・絵；亀山龍樹訳 ポプラ社（世界のほんやくえほん6） 1977年6月

アーサー
そうぞうしいまちのせいかつがいやになってなかまたちといなかでしゅうまつをすごすことにしたねずみ 「ねずみのアーサーそらをとぶ」 グレアム・オークリー作・絵；亀山龍樹訳 ポプラ社（世界のほんやくえほん7） 1977年9月

アーサー
ともだちはだれもめがねをかけていないのにめがねをかけることになったどうぶつのおとこのこ 「アーサーのめがね」 マーク・ブラウン作・絵；上野瞭訳 佑学社 1981年4月

アーサー
なかまたちとすんでいたきょうかいのものおきべやのやねをなおすためにはいゆうになることにしたねずみ 「ねこのサムソンみなみのしまへ」 グレアム・オークリー作・絵；亀山龍樹訳 ポプラ社（世界のほんやくえほん5） 1976年12月

アーサー
まいにちがっこうのいきかえりにみんなとワニのモンティーのせなかにのせてもらって川をわたっていたカエルの男の子 「モンティー」 ジェイムズ・スティーブンソン作；麻生九美訳 評論社（児童図書館・絵本の部屋） 1980年6月

アーサー
まちのきょうかいにすんでいたねずみのアーサーと大のなかよしだったきょうかいねこ 「ねずみのアーサーとなかまたち」 グレアム・オークリー作・絵；亀山龍樹訳 ポプラ社（世界のほんやくえほん4） 1976年11月

アーサー
まちのきょうかいにすんでいてほかにねずみが1ぴきもいなかったのでさびしかったねずみ 「ねずみのアーサーとなかまたち」 グレアム・オークリー作・絵；亀山龍樹訳 ポプラ社（世界のほんやくえほん4） 1976年11月

アサ
イエスさまがうまれたベツレヘムの馬小屋にいた白い小馬 「三つのクリスマス」 ナリニ・ジャヤスリヤ作；竹中正夫訳 日本基督教団出版局 1982年8月

アザラシ（オーリー）
海岸でひとりの水兵におやからはなされて動物屋に売られた小さいアザラシ 「海のおばけオーリー」 M.H.エッツ文・絵；石井桃子訳 岩波書店 1974年7月

海豹（ソクラート）　あざらし（そくらーと）
浜辺の集落の首領の年をとった海豹 「雪国の豹オレッグ」 ジャン=クロード・ブリスビル文；ダニエル・ブール絵；串田孫一訳 集英社 1980年12月

あしか（あーすけ）
あしかじまからへんなにおいのするうみにとびこんでせきゆほりのいどからながれだしたどろどろのあぶらのなかにはいってしまったあしか 「あしかのあーすけ」 ドン・フリーマン作；西園寺祥子訳 ほるぷ出版 1979年3月

アシャンテ族　あしゃんてぞく
アフリカの部族の人びと　「絵本アフリカの人びと－26部族のくらし」　レオ・ディロン；ダイアン・ディロン絵；マーガレット・マスグローブ文；西江雅之訳　偕成社　1982年1月

あーすけ
あしかじまからへんなにおいのするうみにとびこんでせきゆほりのいどからながれだしたどろどろのあぶらのなかにはいってしまったあしか　「あしかのあーすけ」　ドン・フリーマン作；西園寺祥子訳　ほるぷ出版　1979年3月

アソリーナ
森の中で迷子になってとめてもらったおばあさんの家で魔法使いが美少女を小さくしていれた水晶の箱をみつけたお針子　「水晶の箱－みたがりやのアソリーナ」　アデラ・トゥーリン文；ネッラ・ボスニア絵；岸田今日子訳　文化出版局　1982年6月

アダおばさん
てつどうがもうはしっていないたそがれえきにすんでいたなんにんかのとしよりでとてもびんぼうなひとたちのひとりのおばさん　「たそがれえきのひとびと」　チャールズ・キーピング文・絵；わたなべひさよ訳　らくだ出版　1983年11月

あだむ
かみさまがいぶというおんなのこといっしょにおつくりになったおとこのこ　「にんげんがうまれたころのおはなし」　リスル・ウェイル作；村松加代子訳　ほるぷ出版　1979年3月

アダム
イブとともにかみさまがつくったさいしょの人間でかみさまのいいつけをやぶったのでエデンの園から出された男　「十字架ものがたり」　ブライアン・ワイルドスミス作・絵；わたなべひさよ訳　らくだ出版　1983年11月

アーチー
かっているいきものをもちよってみせあういきものくらべにねこをつれていこうとおもったおとこのこ　「いきものくらべ！」　エズラ・ジャック・キーツ作・画；木島始訳　偕成社（キーツの絵本）　1979年7月

アーチー
ねずみのティモシーとジェニーのふたりにうまれた5にんのこどものおとこのこ　「ねずみのティモシー」　マルチーヌ・ブラン作・絵；矢川澄子訳　偕成社　1975年8月

アーチー
ピーターにあいにいくとちゅうでみしらぬねこに「やあ、ねこくん！」とこえをかけたらゆくさきざきについてこられたおとこのこ　「やあ、ねこくん！」　エズラ・ジャック・キーツ作・画；木島始訳　偕成社（キーツの絵本）　1978年12月

アーチー
ピーターのともだちのおとこのこ　「ピーターのめがね」　エズラ・ジャック・キーツ作・画；木島始訳　偕成社（キーツの絵本）　1975年11月

アーチボルド
ちいさなきかんしゃちゅうちゅうのひっぱるきゃくしゃにのっていたしゃしょうさん　「いたずらきかんしゃちゅうちゅう」　バージニア・リー・バートン文・絵；むらおかはなこ訳　福音館書店（世界傑作絵本シリーズ・アメリカの絵本）　1961年8月

あちほ

アーチボルド
まいにちくってねむることしかかんがえないとんだなまけものなのであるひぼうけんずきのあかいほっぺたがおっこちておもてへでていってしまったちびさん 「アーチボルドのほっぺた」ビネッテ・シュレーダー作;矢川澄子訳 ほるぷ出版 1979年7月

あつがりや
イ族の村にすんでいたとしよりのふうふが池のほとりにすんでいた白いかみの老人からさずかった九人の子どもの一人 「王さまと九人のきょうだい-中国の民話」君島久子訳;赤羽末吉絵 岩波書店 1969年11月

アツーク
とおいきたのくにのツンドラにいきるかりうどの子 「アツーク-ツンドラの子」ミッシャ・ダムヤン作;ジャン・カスティ絵;尾崎賢治訳 ペンギン社 1978年2月

アップルおじさん
ねずみの男の子ウィルフレッドをつれて山登りをしたねずみのおじさん 「ウィルフレッドの山登り」ジル・バークレム作;岸田衿子訳 講談社(のばらの村のものがたり) 1986年1月

アップルおじさん
のばらの村のりんごの木の家にすむねずみ、村の食べ物をしまうきりかぶぐらの番人 「春のピクニック」ジル・バークレム作;岸田衿子訳 講談社(のばらの村のものがたり) 1981年5月

アップルグリーンさん
おくさんのたんじょうびのプレゼントにまっしろなこねこをかったおとこのひと 「ベロニカとバースデープレゼント」ロジャー・デュボアザン作・絵;神宮輝夫訳 佑学社(かばのベロニカシリーズ5) 1979年5月

アテナ
ギリシャのうみべのまちでにいさんのタッソーとしょくどうではたらいてりょうしのおとうさんをたすけていたおんなのこ 「うみべのまちのタッソー」ウイリアム・パパズ絵・文;バートン・サプリー作;じんぐうてるお訳 らくだ出版 1971年11月

アデリ
はるがきてはなよめさんをさがしにでかけたてんとうむし 「はるをむかえたてんとうむしのアデリ」マルセル・ベリテ作;C.H.サランビエ絵;黒木義典訳 板谷和雄文 ブックローン出版(ファランドールえほん13) 1984年1月

アデリーヌ
ナターンのもりにすむケーキづくりのめいじんのみつばち 「みつばちのアデリーヌ」アラン・グレ文;ルイ・カン絵;いはらじゅんこ訳 ペンタン(ナターンのもりのなかまたち2) 1984年10月

アデレードおばさん
てつどうがもうはしっていないたそがれえきにすんでいたなんにんかのとしよりでとてもびんぼうなひとたちのひとりのおばさん 「たそがれえきのひとびと」チャールズ・キーピング文・絵;わたなべひさよ訳 らくだ出版 1983年11月

アナ
クリスマスにおやまのなかのおじいさんのうちへあそびにいったみつごのおてんばむすめのひとり 「みつごのおてんばむすめ もうすぐクリスマス」 メルセ・コンパニュ文；ルゼ・カプデヴィラ絵；辻昶；竹田篤司訳 DEMPAペンタン 1986年11月

アナ
クリスマスのおやすみにおやまのなかのおじいさんのうちへあそびにいったみつごのおてんばむすめのひとり 「みつごのおてんばむすめ もうすぐクリスマス」 メルセ・コンパニュ文；ルゼ・カプデヴィラ絵；辻昶；竹田篤司訳 ペンタン 1985年11月

アナ
こどもたちでオーケストラをつくろうとしたみつごのおてんばむすめのひとり 「みつごのおてんばむすめ ちびっこオーケストラ」 メルセ・コンパニュ文；ルゼ・カプデヴィラ絵；辻昶；竹田篤司訳 DEMPAペンタン 1986年11月

アナ
なつやすみにいとこのマルタとルイスのうちへいったみつごのおてんばむすめのひとり 「みつごのおてんばむすめ すてきないろのまち」 メルセ・コンパニュ文；ルゼ・カプデヴィラ絵；辻昶；竹田篤司訳 DEMPAペンタン 1986年11月

アナ
なつやすみにいとこのマルタとルイスのうちへいったみつごのおてんばむすめのひとり 「みつごのおてんばむすめ すてきないろのまち」 メルセ・コンパニュ文；ルゼ・カプデヴィラ絵；辻昶；竹田篤司訳 ペンタン 1985年11月

あなぐま
はるになってじめんのなかからかおをだしたあなぐま 「みんなめをさまして」 アッティリオ・カッシネリ絵；カレン・グントルプ作；岸田衿子訳 ひかりのくに（アッティリオとカレンのえほん） 1972年1月

あなぐま
みずうみのそばのくさむらからでてきてじゃがいもがやかれていたふらいぱんにとびかかりはなをやけどしたかわいそうなあなぐま 「あなぐまのはな」 パウストフスキー作；ワルワラ・ブブノワ画；内田莉莎子案 福音館書店 1960年1月

あなぐま
もりのようふくやにいた5にんのしょくにんのひとりでうらをつけるめいじんのあなぐま 「もりのようふくや」 オクターフ・パンク＝ヤシ文；エウゲーニー・M.ラチョフ絵；うちだりさこ訳 福音館書店 1962年5月

あなぐま（アルバート）
あなぐまのフランシスのともだちのあなぐまのおとこのこ 「ジャムつきパンとフランシス」 ラッセル・ホーバン作；リリアン・ホーバン絵；松岡享子訳 好学社 1972年1月

あなぐま（アルバート）
あなぐまのフランシスのともだちのあなぐまのおとこのこ 「フランシスのおともだち」 ラッセル・ホーバン作；リリアン・ホーバン絵；松岡享子訳 好学社 1972年1月

あなく

アナグマ（オコリンボさん）
むらのおみせのおこりっぽいアナグマのしゅじん 「つきよのぼうけん」 シンシア・パターソン；ブライアン・パターソン作・絵；三木卓訳　金の星社（フォックスウッドものがたり2）　1986年7月

あなぐま（グローリア）
あなぐまのフランシスのいもうと 「フランシスとたんじょうび」 ラッセル・ホーバン作；リリアン・ホーバン絵；松岡享子訳　好学社　1972年1月

あなぐま（グローリア）
おねえさんのフランシスにやきゅうをしてあそんでもらえなかったちいさいあなぐまのおんなのこ 「フランシスのおともだち」 ラッセル・ホーバン作；リリアン・ホーバン絵；松岡享子訳　好学社　1972年1月

あなぐま（フランシス）
いもうとがうまれてうちのなかのいろんなことがおもうようにいかなくなったのでいえでをしようとおもったあなぐまのおんなのこ 「フランシスのいえで」 ラッセル・ホーバン作；リリアン・ホーバン絵；松岡享子訳　好学社　1972年1月

あなぐま（フランシス）
いもうとのグローリアのおたんじょうびのプレゼントをするためにおかしやさんにいっておかしをかったあなぐまのおんなのこ 「フランシスとたんじょうび」 ラッセル・ホーバン作；リリアン・ホーバン絵；松岡享子訳　好学社　1972年1月

あなぐま（フランシス）
いもうとのグロリアとあそんでやらずにともだちのアルバートとやきゅうをしようとおもったあなぐまのおんなのこ 「フランシスのおともだち」 ラッセル・ホーバン作；リリアン・ホーバン絵；松岡享子訳　好学社　1972年1月

あなぐま（フランシス）
おかあさんがつくってくれたごはんやおべんとうをたべずにジャムをつけたパンばかりたべていたあなぐまのおんなのこ 「ジャムつきパンとフランシス」 ラッセル・ホーバン作；リリアン・ホーバン絵；松岡享子訳　好学社　1972年1月

あなぐま（フランシス）
めをつむってもねむれなくてなにかがでてきたりするようなきがしてなんどもおとうさんやおかあさんのところにいったあなぐまのおんなのこ 「おやすみなさいフランシス」 ラッセル・ホーバン文；ガース・ウイリアムズ絵；松岡享子訳　福音館書店　1966年7月

アナグマ・トミー
うさぎのベンジャミンとフロプシーの子どもたちをさらっていったアナグマ 「キツネどんのおはなし」 ビアトリクス・ポター作・絵；いしいももこ訳　福音館書店（ピーターラビットの絵本13）　1974年2月

アナトール
クレマンチーヌとセレスタンの友だちのスイス人の男の人 「山小屋の冬休み」 ビショニエ文；ロバン；オトレオー絵；山口智子訳　文化出版局（クレマンチーヌとセレスタン）　1983年11月

アナトール
クレマンチーヌとセレスタンの友だちの男の人 「森の中のピクニック」ビショニエ文；ロバン；オトレオー絵；山口智子訳　文化出版局（クレマンチーヌとセレスタン）1983年11月

アナトール
夏休みを浜べの家ですごすクレマンチーヌとセレスタンのせわをしたスイス人の若い男の人 「あたらしい友だち」ビショニエ文；ロバン；オトレオー絵；山口智子訳　文化出版局（クレマンチーヌとセレスタン）1983年7月

アナ・マライア
大ねずみのサムエルのおかみさんのばあさんねずみ 「ひげのサムエルのおはなし」ビアトリクス・ポター作・絵；いしいももこ訳　福音館書店（ピーターラビットの絵本14）1974年2月

アナンシ
ながいたびにでてあぶないめにあったところを6ぴきのむすこたちにたすけられてうちへかえったクモ 「アナンシと6ぴきのむすこ－アフリカ民話より」ジェラルド・マクダーモット作；代田昇訳　ほるぷ出版　1980年11月

アナンセ
ある日空の王者が持っているお話を買いとってやろうとかんがえついたクモ男 「おはなしおはなし－アフリカ民話より」ゲイル・E.ヘイリー作；芦野あき訳　ほるぷ出版　1976年9月

アニー
あかいてぶくろをかたっぽなくしてゆきのうえをさがしてあるいたおんなのこ 「あかいてぶくろみなかった？」スティーブン・ケロッグ作・絵；岸田衿子訳　偕成社　1978年3月

アニー
おとこのこがだいすきだったねこのバーニーのおそうしきにきてくれたとなりのおんなのこ 「ぼくはねこのバーニーがだいすきだった」ジュディス・ボースト作；エリック・ブレグバッド絵；中村妙子訳　偕成社　1979年4月

アニー
きれいなにじがほしいといつもおもっていてあるひにじがでているくらいもりのなかにはいっていったおんなのこ 「アニーのにじ」ロン・ブルックス作・絵；岸田理生訳　偕成社　1979年1月

アニー
クリスマスのあくる日あたらしいおもちゃとひきかえにごみすてばにすてられてにんぎょうのくまのテディとあったにんぎょうの女の子 「クリスマスのあたらしいおともだち」ジェイムズ・スティーブンスン文・絵；谷本誠剛訳　国土社　1982年11月

アーニィ
いとこのアクティルとサイクリングにでかけたねずみ 「ロケットじてんしゃのぼうけん」インガ・モーア作・絵；すぎもとよしこ訳　らくだ出版　1983年11月

アニカ
めうしのマイロスをみはるためにひとりでまきばまでいったとてもおりこうなおんなのこ 「おりこうなアニカ」エルサ・ベスコフ作・絵；いしいとしこ訳　福音館書店（世界傑作絵本シリーズ・スウェーデンの絵本）1985年5月

あにた

アニータ
村からすこしはなれた谷間の部落にすんでいた八人家族のふたごのきょうだいの女の子「鳥たちの木-ドミニカ共和国」カンディド・ビド文・絵;山本真梨子訳　蝸牛社(かたつむり文庫)　1984年12月

アニーちゃん
ひろいひろいのはらのむこうにあったちいさなうちにおばあさんとこねこのミュウといっしょにくらしていたおんなのこ「なべなべ　おかゆをにておくれ」ルットミラ・コーバ作・絵;西内ミナミ文　学習研究社(国際版せかいのえほん6)　1984年1月

アーネスト
アメリカからくるペチュラおばさんのためにごちそうをよういしたくま「ふたりのおきゃくさま」ガブリエル・バンサン作;森比左志訳　ブックローン出版(くまのアーネストおじさんシリーズ)　1985年11月

アーネスト
いいドレスにきがえたねずみのおんなのこのセレスティーヌをつれてしゃしんやへいったくまのおじさん「ふたりでしゃしんを」ガブリエル・バンサン作;森比左志訳　ブック・ローン出版(くまのアーネストおじさんシリーズ)　1983年3月

アーネスト
こねずみのセレスティーヌといっしょにくらしているくまのおじさん「かえってきたおにんぎょう」ガブリエル・バンサン作;森比左志訳　ブックローン出版(くまのアーネストおじさん)　1983年3月

アーネスト
どしゃぶりのあめのひでもこねずみのセレスティーヌといっしょにおべんとうをもってピクニックにでかけたくまのおじさん「あめのひのピクニック」ガブリエル・バンサン作;森比左志訳　ブック・ローン出版(くまのアーネストおじさん)　1983年5月

アーネスト
ねずみのおんなのこセレスティーヌのおともだちをよんでクリスマス・パーティーをひらいてあげたくま「セレスティーヌのクリスマス」ガブリエル・バンサン作;森比左志訳　ブックローン出版(くまのアーネストおじさんシリーズ)　1983年11月

アーネスト
びじゅつかんではたらきたくなってねずみのおんなのこセレスティーヌをつれてびじゅつかんにいったくま「まいごになったセレスティーヌ」ガブリエル・バンサン作;森比左志訳　ブックローン出版(くまのアーネストおじさんシリーズ)　1985年11月

アーネスト
やねのあまもりをなおすおかねをつくるためにまちかどでバイオリンをひいたくまのおじさん「ふたりはまちのおんがくか」ガブリエル・バンサン作;森比左志訳　ブック・ローン出版(くまのアーネストおじさんシリーズ)　1983年3月

アーネストおじさん
てつどうがもうはしっていないたそがれえきにすんでいたなんにんかのとしよりでとてもびんぼうなひとたちのひとりのおじさん「たそがれえきのひとびと」チャールズ・キーピング文・絵;わたなべひさよ訳　らくだ出版　1983年11月

あねとおとうと（きょうだい）
やまおくの一けんやでおかあさんのかえりをまっているときにやってきたトラにたべられそうになりうらのおおきなやなぎのきにのぼってかくれたおさないあねとおとうと 「ヘンニムとタルニム」 チョン・スクヒャン絵；いとうみを訳　鶏林館書店　1978年6月

あねむすめ
森にたき木をひろいにきたままむすめのねえさん 「森は生きている 12月のものがたり」 マルシャーク作；エリョーミナ絵；斎藤公子編　青木書店（斎藤公子の保育絵本）　1986年12月

あーのるど
うちでいぬやねこやくまやへびやきょうりゅうをかってもいい？となんかいもおかあさんにきいたおとこのこ 「あーのるどのおねがい」 スティーブン・ケロッグ作；至光社編集部訳　至光社（ブッククラブ国際版絵本）　1976年1月

あーはちゃん
みんなでそろってようちえんにでかけたこ 「ようちえん」 ディック・ブルーナ文・絵；いしいももこ訳　福音館書店（子どもがはじめてであう絵本）　1968年11月

あひる
あるはれたひにおかあさんのすからぶらりとさんぽにでたさんばのあひるのこ 「あひるのさんぽ」 ロン・ロイ作；ポール・ガルドン絵；谷川俊太郎訳　瑞木書房　1981年9月

あひる
かあさんにわとりとさわのひよこをせなかにのせておがわをわたったかあさんあひるとさんわのこども 「おがわをわたろう」 ナンシー・タフリ絵；ミラ・ギンズバーグ文；宗方あゆむ訳　福武書店　1983年12月

あひる
スコッチ・テリアのこいぬのアンガスをつついておどかしたあひる 「アンガスとあひる」 マージョリー・フラック作・絵；瀬田貞二訳　福音館書店（世界傑作絵本シリーズ・アメリカの絵本）　1974年7月

あひる
そらがおちてきたことをめんどりたちといっしょにおうさまにしらせにいったくわっくわっあひる 「たいへんたいへん－イギリス昔話」 渡辺茂男訳；長新太絵　福音館書店　1968年4月

あひる
ポーランドの山の中にくらしていたまずしいきこりのわかものバーテクのだいじなともだちのあひる 「きこりとあひる」 クリスティナ・トゥルスカ作・絵；遠藤育枝訳　佑学社（ヨーロッパ創作絵本シリーズ26）　1979年3月

あひる
みっかかんもかくれたままのおひさまをさがすたびにでたひよこたちについていったあひる 「そらにかえれたおひさま」 ミラ・ギンズバーグ文；ホセ・アルエーゴ；エーリアン・デューイ絵；さくまゆみこ訳　アリス館　1984年1月

あひる
めんどりかあさんがこむぎをはたけにまくのをてつだおうとはしなかったあひる 「めんどりとこむぎつぶ－イギリス民話」 安泰絵；小出正吾文　フレーベル館（キンダーおはなしえほん傑作選21）　1978年4月

あひる

あひる
めんどりやおんどりやねこやいぬがじぶんのだといったたまごからでてきたあかんぼあひる「ふしぎなたまご」ディック・ブルーナ文・絵；石井桃子訳　福音館書店（子どもがはじめてであう絵本）　1964年6月

あひる
小鳥といいあいをしたあひる「ピーターとおおかみ」セルゲイ・プロコフィエフ作；アラン・ハワード絵；小倉朗訳　岩波書店　1975年11月

アヒル
池へ行く道でキツネに出会った2わの姉妹のアヒル「ローベルおじさんのどうぶつものがたり」アーノルド・ローベル作；三木卓訳　文化出版局　1981年5月

あひる（くわっこ）
がちょうのたまごとほかのどうぶつたちとりょこうにでかけたあひる「がちょうのたまごのぼうけん」エバ・ザレンビーナ作；内田莉莎子訳；太田大八画　福音館書店　1985年4月

あひる（ジマイマ）
おくさんのあひる「こねこのトムのおはなし」ビアトリクス・ポター作・絵；いしいももこ訳　福音館書店（ピーターラビットの絵本4）　1971年11月

あひる（ジマイマ・パトルダック）
じぶんのたまごはじぶんでかえしたいとおもってばしょをさがしにいったあひる「あひるのジマイマのおはなし」ビアトリクス・ポター作・絵；いしいももこ訳　福音館書店（ピーターラビットの絵本11）　1973年1月

あひる（ダッキー・ラッキーくん）
そらがおちてきたのをおうさまにしらせにいくといったひよこのひよっこちゃんについていってあげたあひる「そらがおちる!?どうぶつむらはおおさわぎ」リチャード・スキャリー作；吉田純子訳　ブック・ローン出版（スキャリーおじさんのどうぶつえほん2）　1979年5月

あひる（ダブダブ）
ドリトル先生のおとものあひる「ドリトル先生とかいぞく」ヒュー・ロフティング；アル・パーキンス作；フィリップ・ウェンド絵；滑川道夫文　日本パブリッシング（ビギナーブックシリーズ）　1969年1月

あひる（ダフネ）
ゆかいななかまと「長ぐつ号」にのりこんでぼうけんのたびへと出発した六ぴきの動物たちの一ぴき「長ぐつ号の大ぼうけん-シンガポール」キャサリン・チャパード文；チュア・アイ・ミー絵；崎岡真紀子，荒川豊子訳　蝸牛社（かたつむり文庫）　1984年12月

アヒル（ドリス）
まいにちがっこうのいきかえりにみんなとワニのモンティーのせなかにのせてもらって川をわたっていたアヒルの女の子「モンティー」ジェイムズ・スティーブンソン作；麻生九美訳　評論社（児童図書館・絵本の部屋）　1980年6月

あひる（ドレーク・パドルダック）
おすのあひる「こねこのトムのおはなし」ビアトリクス・ポター作・絵；いしいももこ訳　福音館書店（ピーターラビットの絵本4）　1971年11月

あひる(バーサ)
スイートピーさんふさいののうじょうにすむあひるでワニのクロッカスのともだち 「ワニのクロッカスおおよわり」 ロジャー・デュボアザン作・絵；今江祥智、島武子訳 佑学社（アメリカ創作絵本シリーズ15） 1980年8月

あひる(バーサ)
ともだちになったワニのクロッカスをおひゃくしょうのスイートピーさんのいえのなやにかくれてすめるようにしてやったあひる 「ボクはワニのクロッカス」 ロジャー・デュボアザン作・絵；今江祥智訳 佑学社（アメリカ創作絵本シリーズ14） 1980年6月

あひる(ぽんく)
たっぷすおばあさんといぬのぱんくとぶたのぴんくといっしょにいえからおいだされることになったあひる 「もりのおばあさん」 ヒュウ・ロフティング文；光吉夏弥訳；横山隆一絵 岩波書店（岩波の子どもの本） 1954年9月

あひる(まどろん)
まりーちゃんとなかよしのあひる 「まりーちゃんとおおあめ」 フランソワーズ文・絵；木島始訳 福音館書店（世界傑作絵本シリーズ・アメリカの絵本） 1968年6月

あひる(マルゲリータ)
とおくへいってみたくてうらにわからでていったあひるのこ 「あひるのぼうけん」 アッティリオ・カシネリ絵；カレン・グントルプ作；岸田衿子訳 ひかりのくに（アッティリオとカレンのえほん） 1973年1月

あひる(メアリー・アリス)
かぜをひいてでんわでじこくをしらせるしごとをやすんだあひるのおじょうさん 「メアリー・アリス いまなんじ？」 ジェフリー・アレン作；ジェームズ・マーシャル絵；小沢正訳 あかね書房（あかねせかいの本4） 1981年2月

あひる(レベッカ)
おくさんのあひる 「こねこのトムのおはなし」 ビアトリクス・ポター作・絵；いしいももこ訳 福音館書店（ピーターラビットの絵本4） 1971年11月

あひるちゃん
うまれたばかりのひよこちゃんとならんでさんぽにいったあひるのあかちゃん 「あひるちゃんとひよこちゃん」 ステーエフ作；小林純一文；二俣英五郎絵 いかだ社 1973年7月

あひるのこ
あとからついてくるひよこといっしょにさんぽにいったあひるのこ 「ひよことあひるのこ」 ミラ・ギンズバーグ文；ホセ・アルエーゴ；エーリアン・アルエーゴ絵；さとうとしお訳 アリス館 1983年4月

あひるのこ
あひるのおかあさんからいちばんさいごにうまれたおおきいからだでいいろでだれにもにてないあひるのこ 「みにくいあひるのこ」 森山京文；岡田嘉夫絵 フレーベル館（アンデルセンのえほん2） 1986年11月

あひる

あひるのこ
あひるのおかあさんからうまれたこどもたちのなかで一わだけおおきくてみにくいかっこうをしていたみにくいあひるのこ 「みにくいあひるのこ」 アンデルセン作；秋晴二文；石鍋芙佐子絵 いずみ書房（ポケット絵本3） 1974年8月

あひるの子　あひるのこ
あひるのおかあさんがだいていたいちばんしまいの大きなたまごからうまれたからだのはねがはいいろでみにくい大きなあひるの子 「みにくいあひるのこ」 アンデルセン原作；須知徳平文；清沢治絵 世界出版社（ABCブック） 1970年1月

あひるの子　あひるのこ
あひるの巣からいちばん最後にかえったなんとも並はずれて大きなひな 「みにくいあひるの子」 ハンス・クリスチャン・アンデルセン作；スベン・オットー・S.絵；木村由利子訳 ほるぷ出版 1979年7月

あひるの子　あひるのこ
かあさんあひるがあたためていたたまごからさいごにうまれたからだが大きくてぶかっこうなみにくいあひるの子 「みにくいあひるの子」 ハンス・クリスチャン・アンデルセン作；ヨゼフ・パレチェク絵；山内清子訳 偕成社 1984年3月

アプー
もりのなかでおとうさんとくらすラジュというおとこのこのともだちのぞう 「ぼくとアプー」 ジャグデシュ・ジョシー作；渡辺茂男訳 講談社 1984年5月

あぶくぼうや
あかちゃんのときにリゼットというおんなのこにひろわれてそだてられおおきくなってもりへかえっていったのぶた 「あぶくぼうやのぼうけん」 シートン原作；小林清之介文；伊藤悌夫絵 チャイルド本社（チャイルド絵本館・シートン動物記Ⅱ-5） 1985年8月

アブドラ・アル-マモン　あぶどらあるまもん
西暦820年のイスラム帝国をおさめていたかしこい王でバグダッドを学問と発明の都にしようとした人、王子オマルの父 「イスラムの王子」 キャロル・バーカー作；宮副裕子訳 ほるぷ出版 1979年3月

アブリコソフ兄弟　あぶりこそふきょうだい
豹のオレッグを追っていたふたりの猟師 「雪国の豹オレッグ」 ジャン=クロード・ブリスビル文；ダニエル・プール絵；串田孫一訳 集英社 1980年12月

あべこべくん
なにからなにまでみんなあべこべのちょっとかわったひと 「あべこべくん」 ロジャー・ハーグレーヴス作；たむらりゅういち訳 評論社（みすた・ぶっくす8） 1976年7月

アベラール
こぶねのなかでねむってしまってめをさますとインドのかいがんにいたのでポケットのなかからなんでもかんでもとりだしてつかいながらかえってきたカンガルー 「アベラールどこへいく-ちょっとかわったカンガルーのおはなし2」 ブリューノ・カシエ作；やまぐちともこ訳 冨山房 1981年5月

アベラール
なんでもかんでもしまってあるじぶんのポケットのなかからじてんしゃをだしてきてせかいじゅうにいってかえってきたカンガルー 「アベラールのさがしもの-ちょっとかわったカンガルーのおはなし1」 ブリューノ・カシエ作；やまぐちともこ訳　冨山房　1980年2月

アベル
いつもくよくよととりこしぐろうばかりしていたむらの三人のおひゃくしょうの一人 「ふうがわりなたまご-三人のおひゃくしょうのはなし2」 ソニア・レヴィティン作；ジョン・ラレック絵；清水真砂子訳　佑学社（アメリカ創作絵本シリーズ8）　1979年12月

アベル
そらの月をみて月はじぶんのだといいあらそいをはじめた三人のおひゃくしょうの一人 「月はだれのもの-三人のおひゃくしょうのはなし1」 ソニア・レヴィティン作；ジョン・ラレック絵；清水真砂子訳　佑学社（アメリカ創作絵本シリーズ7）　1979年12月

アボットさん
うさぎむらではゆうめいなたまごにえをかくめいじんのうさぎ 「こうさぎたちのクリスマス」 エイドリアン・アダムズ作・絵；乾侑美子訳　佑学社（アメリカ創作絵本シリーズ11）　1979年11月

アーマ
フローリアンにたのまれて風の子リーニの鈴をぬすんだフクロウのムーダをさがしにいった大きな鳥 「風の子リーニ」 ベッティーナ・アンゾルゲ作；とおやまあきこ訳　福武書店　1985年9月

アマコサ
ジュバという一族をななし山のふもとの緑の土地につれていったとしとった長で黒人の予言者 「三つめのおくりもの」 ジャン・カルー文；レオ・ディロン；ダイアン・ディロン絵；山口房子訳　ほるぷ出版　1984年10月

あまのがわ
シャーロットがかっているしろいうま 「シャーロットとしろいうま」 ルース・クラウス文；モーリス・センダック絵；小玉知子訳　冨山房　1978年11月

アマラ
ニルヴァーニエンの王さまを蛇にかえてその婚約者のヘルツライデ姫をじぶんの息子と結婚させた魔女 「小さな王さま」 フリッツ・フォン・オスティーニ文；ハンス・ペラル絵；中川浩訳　ほるぷ出版　1986年6月

あめ
ぽつんとふりだしたときにおんなのこにであっておんなのこのうちまでいっしょにいったあめ 「おんなのことあめ」 ミレナ・ルケショバー文；ヤン・クドゥラーチェク絵；竹田裕子訳　ほるぷ出版　1977年3月

雨ひめさま　あめひめさま
大きな森のうしろにすんでいて雨をふらせる美しい女の人 「雨ひめさまと火おとこ」 テオドール・シュトルム作；ヤン・クドゥラーチェク絵；塩屋竹男訳　佑学社（世界の名作童話シリーズ）　1978年10月

あもく

アモク
豹の王子オレッグがいない間に王を殺し王座についた性悪ないとこの豹 「王子オレッグ故郷に帰る」 ジャン=クロード・ブリスビル文；ダニエル・ブール絵；篠沢秀夫訳　集英社　1982年12月

あらいぐま
パンプキンさんののうじょうのがちょうのペチューニアをたべようとしてもりのさんぽにさそったあらいぐま 「ペチューニアすきだよ」 ロジャー・デュボアザン作・絵；乾侑美子訳　佑学社（がちょうのペチューニアシリーズ4）　1978年6月

あらいぐま
まえむきになってあるくちびのざりがにたちといっしょにあらうのをやめてあるきだしたあらいぐま 「ちびのざりがに」 セレスティーノ・ピアッティ；ウルズラ・ピアッティ作・絵；おかもとはまえ訳　佑学社（ヨーロッパ創作絵本シリーズ6）　1978年4月

あらいぐま
よるをみたいとおもったのにおかあさんにまんげつになるまでまちなさいといわれたあらいぐまのぼうや 「まんげつのよるまでまちなさい」 マーガレット・ワイズ・ブラウン作；ガース・ウイリアムズ絵；松岡享子訳　ペンギン社　1978年7月

あらいぐま（ウェイ・アッチャ）
かぞくのみんなとはなれてたべものをさがしにいってわなにかかってしまったげんきなあらいぐまのこども 「キルダーがわのあらいぐま」 シートン原作；小林清之介文；清水勝絵　チャイルド本社（チャイルド絵本館・シートン動物記4）　1984年7月

あらいぐま（フィル）
ナターンのもりにすむひどいなまけもののあらいぐま 「あらいぐまのフィル」 アラン・グレ文；ルイ・カン絵；つじとおる訳　DEMPAペンタン（ナターンのもりのなかまたち4）　1986年4

あらいぐま（リトル・ラクーン）
おかあさんがシマリスおばさんといっしょにおでかけしているあいだ二ひきのこりすのおもりをたのまれたあらいぐま 「おかあさんはおでかけ」 リリアン・ムーア作；ジョーヤ・フィアメンギ絵；神宮輝夫訳　偕成社（創作こども文庫14）　1977年8月

あらいぐま（リトル・ラクーン）
まんげつのよるにひとりでおがわまでざりがにをとりにいった小さなあらいぐま 「ぼく、ひとりでいけるよ」 リリアン・ムーア作；ジョーヤ・フィアメンギ絵；神宮輝夫訳　偕成社（創作こども文庫）　1976年6月

あらいぐま（リトル・ラクーン）
もりのむこうにあるというひろいせかいをみにいってにんげんのうちのなかにはいっていったあらいぐまのこども 「もりのむこうになにがあるの？」 リリアン・ムーア作；ジョーヤ・フィアメンギ絵；神宮輝夫訳　偕成社（創作こども文庫）　1980年7月

アライグマじいさん
かいじゅうブルドーザーがしずかもりにやってきてなかまたちともりをでていかなければならなくなったアライグマのおじいさん 「アライグマじいさんと15ひきのなかまたち」 ビル・ピート作・絵；山下明生訳　佼成出版社（ピートの絵本シリーズ1）　1981年9月

あり

アラジン
アラビアのまほうつかいにだまされてほらあなにはいってまほうのランプをとりにいったおとこのこ 「アラジンとまほうのランプ」 山本忠敬画;新谷峰子文 ひかりのくに(世界名作えほん全集15) 1966年1月

アラジン
あるひアフリカのまほうつかいにだまされてほらあなへはいってまほうのランプをとりにいったおとこのこ 「アラジンとまほうのランプ-せかいのはなし(アラビア)」 山主敏子文;宇田川佑子絵 コーキ出版(絵本ファンタジア34) 1979年6月

アラジン
わるいまほうつかいにだまされてたにまのあなぐらのおくにまほうのランプをとりにいかせられたわかもの 「アラジンとまほうのランプ-アラビアン・ナイトより」 岩崎京子文;市川恒夫絵 世界出版社(ABCブック) 1967年1月

アラジン
東洋のある国の都に住んでいた貧乏なわかもので魔法使いにだまされて地の底におりていって魔法のランプを手にいれた男 「アラジンと魔法のランプ」 ルジェック・クビシタ再話;イージー・ビェホウネク絵;井口百合香訳 佑学社(世界の名作童話シリーズ) 1978年2月

アラスカ・ピート
ふなのりになりたいチムがボーイとしてのりこんだマクフェせんちょうのきせんのせんいん 「チムともだちをたすける」 エドワード・アーディゾーニ文・絵;瀬田貞二訳 福音館書店(世界傑作絵本シリーズ・イギリスの絵本) 1979年6月

アラネア
はげしい雨がふってきたある夜に水にながされて一けんのいえのうらぐちについたクモ 「アラネア-あるクモのぼうけん」 J.ワグナー文;R.ブルックス絵;大岡信訳 岩波書店 1979年2月

アラン・ミッツ
ヘスター嬢から頼まれて犬のフリッツを散歩につれていった少年 「魔術師ガザージ氏の庭で」 クリス・バン・オールスバーグ作;辺見まさなお訳 ほるぷ出版 1981年2月

あり
いずみでおぼれそうになってはとにたすけられたあり 「いそっぷのおはなし」 中川正文訳;長新太絵 福音館書店 1963年11月

あり
ふゆのしたくをするためになつのはたけでいちにちじゅうはたらいていたありたち 「せみとあり」 エブ・タルレ作・絵;間所ひさこ文 学習研究社(国際版せかいのえほん3) 1984年1月

あり(アンガス)
ゆかいななかまと「長ぐつ号」にのりこんでぼうけんのたびへと出発した六ぴきの動物たちの一ぴき 「長ぐつ号の大ぼうけん-シンガポール」 キャサリン・チャパード文;チュア・アイ・ミー絵;崎岡真紀子;荒川豊子訳 蝸牛社(かたつむり文庫) 1984年12月

ありく

アリグザンダー
まちのたかいたてものにとじこめられたかばのベロニカをたすけてくれたはと 「ひとりぼっちのベロニカ」 ロジャー・デュボアザン作・絵；神宮輝夫訳　佑学社（かばのベロニカシリーズ3）　1978年11月

アリくん
かわのなかのかれきのえだにつかまっていたところをゾウさんにぶじつれもどしてもらったアリくん 「アリくんとゾウさん」 ビル・ピート作・絵；山下明生訳　佼成出版社（ピートの絵本シリーズ5）　1982年1月

アリザール
しろいこうまのジッポをまほうのちからをもつうまだといっておおがねもちのむすめパガイナへのおくりものにしようとしたおおがねもちのしょうにん 「白いこうま」 ラジスラフ・ドゥボルスキー文；赤松倭久子訳；カレル・フランタ絵　岩崎書店（世界の絵本6）　1976年1月

アリス
あかとあおときいろの3しょくのえのぐをつかっていろんないろのはなのえをかいたねこ 「アリスとパトー えのコンクール」 エリザベス・ミラー；ジェイン・コーエン文；ヴィクトリア・チェス絵；西園寺知子訳　文化出版局　1982年9月

アリス
あめがふりつづいてかべがたおれたぶたのロジーヌのいえをもとどおりにするのをてつだったねこ 「アリスとパトー あたらしいいえづくり」 エリザベス・ミラー；ジェイン・コーエン文；ヴィクトリア・チェス絵；西園寺知子訳　文化出版局　1982年9月

アリス
いなかのむらからロンドンにでたしょうねんデックがはたらくことになったおかねもちのうちのむすめ 「デックとねこ」 ベラ・サウスゲイト再話；エリック・ウインター絵；秋晴二；敷地松二郎訳編　アドアンゲン　1974年6月

アリス
とってもふしぎな夢をみたちっちゃな女の子 「おとぎの"アリス"」 ルイス・キャロル文；ジョン・テニエル絵；高山宏訳　ほるぷ出版（ほるぷクラシック絵本）　1986年2月

アリス
ともだちのいぬのパトーとふたりだけでくらすのにすこしたいくつしてパーティーをひらくことにしたねこ 「アリスとパトー めちゃくちゃパーティ」 エリザベス・ミラー；ジェイン・コーエン文；ヴィクトリア・チェス絵；西園寺知子訳　文化出版局　1982年9月

アリス
ふゆのよるスーパーにおかいものにいったママをベッドのなかでくまちゃんといっしょにまっていたおんなのこ 「ママはやくかえってきて」 ルイス・バウム作；スーザン・バーレイ絵；佐伯靖子訳　フレーベル館　1986年2月

アリス
へんとうせんのしゅじゅつをしていっしゅうかんびょういんにいることになったねこのおんなのこ 「アリスとパトー アリスのびょうき」 エリザベス・ミラー；ジェイン・コーエン文；ヴィクトリア・チェス絵；西園寺知子訳　文化出版局　1982年9月

あるち

アリス
犬のローラとエミールと三人だけの汽車のたびをしてパリのおじいちゃんのところへいった女の子 「まっくろローラーおふろのぼうけん」 フィリップ・デュマ文・絵；末松氷海子訳 国土社(ローラのぼうけんえほん4) 1982年6月

アリス
大きくてくろい犬のローラがかわれている家の女の子 「まっくろローラーどろぼうたいじ」 フィリップ・デュマ文・絵；末松氷海子訳 国土社(ローラのぼうけんえほん3) 1980年7月

アリス
大きくてくろい犬のローラがかわれている家の女の子 「まっくろローラーパリへのたび」 フィリップ・デュマ文・絵；末松氷海子訳 国土社(ローラのぼうけんえほん2) 1980年6月

アリス
大きくてくろい犬のローラがかわれている家の女の子 「まっくろローラー海のぼうけん」 フィリップ・デュマ文・絵；末松氷海子訳 国土社(ローラのぼうけんえほん1) 1980年6月

アリーヌ
夏休みにひつじかいのおじさんの村へあそびにいったファンファン少年たちが山のぼくじょうへつれていったひつじたちのなかにいた子やぎ 「ファンファンとやぎ」 ピエール・プロブスト文・絵；那須辰造訳 講談社(世界の絵本フランス) 1971年6月

アーリー・バード
ともだちになってくれるくねくねむしをさがしにでかけたはやおきどりのこども 「アーリー・バードとくねくねむし」 リチャード・スキャリー作；國眼隆一訳 ブックローン出版(スキャリーおじさんのどうぶつえほん6) 1984年8月

アリ・ババ
40人のとうぞくどもがほらあなにかくしたたからものをぬすんだおとこのこ 「アリババと40人のとうぞく」 ロバート・マン文；エマニュエル・ルザッティ絵；湯浅フミエ訳 ほるぷ出版 1979年2月

あるきどり(とり)
ある島でいつも列をつくっておなじほうをむいてきちんとならんであるいていたあるきどりたち 「一わだけはんたいにあるいたら……」 グンナル・ベーレフェルト作・絵；ビヤネール多美子訳 偕成社 1984年7月

アルジュノ
マナヒラン国のある村にやってきたアスティノ国のパンダワ5王子の3ばんめの王子 「ビモのおにたいじージャワの影絵しばい」 ヌロールスティッヒサーリン・スラムット再話；ノノ・スグルノー絵；松本亮訳 ほるぷ出版 1985年3月

あるちゅーる
おおきなもりからぞうのばばーるがくらすにんげんたちのまちへやってきたいとこのぞう 「ぞうさんばばーる」 ジャン・ド・ブリューノフ原作；鈴木力衛訳 岩波書店(岩波の子どもの本) 1956年12月

あるちゅーる
ぞうのばばーるおうさまのいとこ 「ババールと子どもたち」 ジャン・ド・ブリューノフ原作；那須辰造訳 講談社(フランス生まれのババール絵本5) 1966年1月

あるち

あるちゅーる
ぞうのばばーるおうさまのいとこ 「ババールの旅行」 ジャン・ド・ブリューノフ原作；那須辰造訳　講談社（フランス生まれのババール絵本3）　1965年12月

あるちゅーる
ぞうのばばーるおうさまのいとこ 「王さまババール」 ジャン・ド・ブリューノフ原作；那須辰造訳　講談社（フランス生まれのババール絵本2）　1965年11月

あるちゅーる
ぞうのばばーるの3びきのこどもたちといっしょにぴくにっくにいったぞう 「ババールのピクニック」 ローランド・ド・ブリューノフ原作；那須辰造訳　講談社（フランス生まれのババール絵本6）　1966年1月

あるちゅーる
まちでくらすことになったぞうのばばーるのところへやってきたいとこのぞうのおとこのこ 「ぞうさんババール」 ジャン・ド・ブリューノフ原作；那須辰造訳　講談社（フランス生まれのババール絵本1）　1965年11月

アルチュール
エミリーちゃんのうちにいるはりねずみ 「エミリーちゃん」 ドミティーユ・ドゥ・プレサンセ作；箕浦万里子訳　偕成社　1976年5月

アルチュール
エミリーちゃんのうちにいるはりねずみ 「エミリーちゃんとアルチュール」 ドミティーユ・ドゥ・プレサンセ作；箕浦万里子訳　偕成社　1976年5月

アルチュール
おおきなもりをでてぞうのババールのいるまちへいいったいとこのぞう 「ぞうのババール」 ジャン・ド・ブリュノフ作；矢川澄子訳　評論社（評論社の児童図書館・絵本の部屋）　1974年10月

アルチュール
ぞうのおうさまババールとでかけたうみべのまちのひこうじょうからひこうきにのってしまったぞうのこども 「ババールといたずらアルチュール」 ロラン・ド・ブリュノフ作；矢川澄子訳　評論社（評論社の児童図書館・絵本の部屋　ぞうのババール6）　1975年6月

アルチュール
ぞうのおうさまババールのいとこ 「ババールくるまでピクニック」 L.ド・ブリュノフ作；しまづさとし訳；おのかずこ文　評論社（ミニ・ババール7）　1976年3月

アルチュール
ぞうのおうさまババールのいとこ 「ババールとりのしまへ」 ロラン・ド・ブリュノフ作；矢川澄子訳　評論社（評論社の児童図書館・絵本の部屋　ぞうのババール7）　1975年10月

アルチュール
ぞうのおうさまババールのいとこ 「ババールのおにわ」 L.ド・ブリュノフ作；しまづさとし訳；おのかずこ文　評論社（ミニ・ババール6）　1976年3月

あるひ

アルチュール
ぞうのおうさまババールのいとこ 「ババールのおんがくかい」 L.ド・ブリュノフ作;しまづさとし訳;おのかずこ文 評論社(ミニ・ババール2) 1975年12月

アルチュール
ぞうのおうさまババールのいとこ 「ババールのひっこし」 ロラン・ド・ブリュノフ作;矢川澄子訳 評論社(評論社の児童図書館・絵本の部屋 ぞうのババール10) 1975年10月

アルチュール
ぞうのババールのいとこ 「ババールひこうきにのる」 L.ド・ブリュノフ作;しまづさとし訳;おのかずこ文 評論社(ミニ・ババール12) 1976年4月

アルチュール
ぞうのババール王さまのいとこ 「ババール王さまのかんむり」 ロラン・ド・ブリュノフ作・絵;渡辺茂男文 日本パブリッシング(ビギナーブックシリーズ) 1969年1月

アルチュール
ぞうのまちセレストビルにすむぞうのおうさまババールのいとこ 「こんにちはババールいっか」 ローラン・ド・ブリュノフ作;久米穣訳 講談社(講談社のピクチュアブック5) 1979年7月

アルノー
わがやへむかってだれよりもはやくだれよりもちからづよくとぶでんしょばと 「でんしょばとアルノー」 シートン原作;小林清之介文;たかはしきよし絵 チャイルド本社(チャイルド絵本館・シートン動物記5) 1984年8月

アルバート
あなぐまのフランシスのともだちのあなぐまのおとこのこ 「ジャムつきパンとフランシス」 ラッセル・ホーバン作;リリアン・ホーバン絵;松岡享子訳 好学社 1972年1月

アルバート
あなぐまのフランシスのともだちのあなぐまのおとこのこ 「フランシスのおともだち」 ラッセル・ホーバン作;リリアン・ホーバン絵;松岡享子訳 好学社 1972年1月

アルバート
スミスさんとむすめのスマッジといっしょにこうえんにさんぽにいったいぬ 「こうえんのさんぽ」 アンソニー・ブラウン作・絵;谷川俊太郎訳 佑学社(ヨーロッパ創作絵本シリーズ34) 1980年2月

アルビココ
わにのクロムウェルが丘の下に大きななべをおいて丘の上からソリすべりをしてくるかめのクレオパトラをスープにしてたべようとするのをみていてじゃましたさる 「かめのスープはおいしいぞ」 アンドレ・オデール文;トミー・ウンゲラー絵;池内紀訳 ほるぷ出版 1985年5月

アルビココ
わにのワーウィックののどにひっかかったひつじのひげをとってやった青いさる 「わにのワーウィック」 アンダー・ホディア文;トミー・アンゲラー絵;平賀悦子訳 講談社(世界の絵本アメリカ) 1972年2月

あるひ

アルビナ
ひよこのときにピエリノというおとこのこにかわれておおきくなっていなかへいくことになっためんどり 「げんきかい？アルビナ」 アントネラ・ボリゲール＝サベリ作；友近百合枝訳 ほるぷ出版 1979年3月

アルビン
きょうはおてつだいデーにしたおとこのこ 「アルビンのわくわくおてつだい」 ウルフ・ロフグレン作・絵；木村由利子訳 フレーベル館 1982年5月

アルビン
もうすぐいちねんせいになるこでなにがきたってへいちゃらなおとこのこ 「アルビンはスーパーマン？」 ウルフ・ロフグレン作・絵；木村由利子訳 フレーベル館 1982年5月

アルビン
ルドビックおじさんのかさをひらいたらそらにとんでいったおとこのこ 「アルビンとそらとぶかさ」 ウルフ・ロフグレン作・絵；木村由利子訳 フレーベル館 1982年5月

アルビン
ルドビックおじさんのブンブンじてんしゃをかしてもらったおとこのこ 「アルビンとブンブンじてんしゃ」 ウルフ・ロフグレン作・絵；木村由利子訳 フレーベル館 1982年5月

アルフィー
テムズがわのかわしもにあるちいさなとおりにすむふなのりのバンティというおじいさんからむかしのぼうけんのはなしをきくのがすきだったおとこのこ 「アルフィーとフェリーボート」 チャールズ・キーピング絵・文；じんぐうてるお訳 らくだ出版 1971年11月

アルフィー
ナターンのもりにすむビーバー 「りすのピルエット」 アラン・グレ文；ルイ・カン絵；いはらじゅんこ訳 ペンタン（ナターンのもりのなかまたち1） 1984年10月

アルフォンス
たんじょうびにルイスがスコットランドにすんでいるおじさんからおくってもらったふしぎなオタマジャクシ 「ふしぎなオタマジャクシ」 スティーブン・ケロッグ作；鈴木昌子訳 ほるぷ出版 1980年3月

アルフォンス
パパがあそんでくれないのでだいくどうぐをつかってひとりでヘリコプターをつくった五さいのおとこのこ 「アルフォンスのヘリコプター」 グニッラ・ベリィストロム作；山内清子訳 偕成社（アルフォンスのえほん） 1981年12月

アルフォンス
ほかのことばかりしていてほいくえんにいくしたくがなかなかできなかったおとこのこ 「パパ、ちょっとまって！」 グニッラ・ベリィストロム作；山内清子訳 偕成社（アルフォンスのえほん） 1981年7月

アルフォンス
ほかのひとにはみえないモルガンというひみつのともだちをもっているおとこのこ 「ひみつのともだちモルガン」 グニッラ・ベリィストロム作；山内清子訳 偕成社（アルフォンスのえほん） 1982年9月

アルフォンス
よるになってもちっともねむくならなくてなんどもパパをよんだ四さいのおとこのこ 「おやすみアルフォンス！」 グニッラ・ベリィストロム作；山内清子訳 偕成社（アルフォンスのえほん） 1981年2月

アルフレッド
あかんぼうのときからおもちゃのくまのふわふわくんとずっとともだちのおとこのこ 「ふわふわくんとアルフレッド」 ドロシー・マリノ文・絵；石井桃子訳 岩波書店（岩波の子どもの本） 1977年6月

アルフレッド
ドラゴンたいじにでかけたきつねのバジルが馬のかわりにのった犬 「ゆかいなバジル ドラゴンたいじ」 ピーター・ファーミン作・絵；黒沢ひろし訳 金の星社 1980年6月

アル-フワリズミー　あるふわりずみー
イスラム帝国の王子オマルに歴史を教えたものしりの老人 「イスラムの王子」 キャロル・バーカー作；宮副裕子訳 ほるぷ出版 1979年3月

アルメット
うちもおやもなくてマッチをうってくらしていたとってもびんぼうなこであるふゆのばんにねがったものがなにもかもそらからふってきた少女 「マッチ売りの少女アルメット」 トミー・アンゲラー文・絵；谷川俊太郎訳 集英社 1982年12月

アルーン
旅の人につれられて山へいった象のモチをたずねてダムの工事場までいったインドの男の子 「村にダムができる」 クレーヤ・ロードン文；ジョージ・ロードン絵；光吉夏弥訳 岩波書店（岩波の子どもの本） 1954年9月

アルン
むかし月なんてなかったときにワイのまちでカシの木にぶらさげてあったランプをどろぼうした4人きょうだいのいちばん上のおとこ 「月はどうしてできたか-グリム童話より」 ジェームズ・リーブズ文；エドワード・アーディゾーニ絵；矢川澄子訳 評論社（児童図書館・絵本の部屋） 1979年4月

あれくさんどる
ぴくにっくにいったぞうのばばーるの3びきのこどもたちの1ぴき 「ババールのピクニック」 ローランド・ド・ブリューノフ原作；那須辰造訳 講談社（フランス生まれのババール絵本6） 1966年1月

アレクサンドル
ぞうのおうさまババールといっしょにとりのしまへいった3にんのこどもたちのひとり 「ババールとりのしまへ」 ロラン・ド・ブリュノフ作；矢川澄子訳 評論社（評論社の児童図書館・絵本の部屋 ぞうのババール7） 1975年10月

アレクサンドル
ぞうのおうさまババールといっしょにボンヌトロップじょうへひっこした3にんのこどもたちのひとり 「ババールのひっこし」 ロラン・ド・ブリュノフ作；矢川澄子訳 評論社（評論社の児童図書館・絵本の部屋 ぞうのババール10） 1975年10月

あれく

アレクサンドル
ぞうのおうさまババールのみつごのこどものひとり 「ババールくるまでピクニック」 L.ド・ブリュノフ作;しまづさとし訳;おのかずこ文 評論社(ミニ・ババール7) 1976年3月

アレクサンドル
ぞうのおうさまババールのみつごのこどものひとり 「ババールのおにわ」 L.ド・ブリュノフ作;しまづさとし訳;おのかずこ文 評論社(ミニ・ババール6) 1976年3月

アレクサンドル
ぞうのくにでだれもしらなかったほらあなをみつけたぞうのおうさまババールのこども 「ババールとグリフアトンきょうじゅ」 ロラン・ド・ブリュノフ作;矢川澄子訳 評論社(評論社の児童図書館・絵本の部屋 ぞうのババール9) 1975年10月

アレクサンドル
ぞうのババールとスキーへいったみつごのこどものひとり 「ババールスキーじょうへ」 L.ド・ブリュノフ作;しまづさとし訳;おのかずこ文 評論社(ミニ・ババール4) 1975年12月

アレクサンドル
ぞうのババールのはしかにかかったみつごのこどものひとり 「ババールとおいしゃさん」 L.ド・ブリュノフ作;しまづさとし訳;おのかずこ文 評論社(ミニ・ババール1) 1975年12月

アレクサンドル
ぞうのババール王さまのこども 「ババール王さまのかんむり」 ロラン・ド・ブリュノフ作・絵;渡辺茂男文 日本パブリッシング(ビギナーブックシリーズ) 1969年1月

アレクサンドル
なつやすみにうみべへでかけたぞうのおうさまババールの3にんのこどもたちのひとり 「ババールといたずらアルチュール」 ロラン・ド・ブリュノフ作;矢川澄子訳 評論社(評論社の児童図書館・絵本の部屋 ぞうのババール6) 1975年6月

アレクサンドル
はくらんかいでほかのけものたちとなかよくなったぞうのおうさまババールのこども 「ババールのはくらんかい」 ロラン・ド・ブリュノフ作;矢川澄子訳 評論社(評論社の児童図書館・絵本の部屋 ぞうのババール8) 1975年10月

アレック
いとこのくんちゃんといっしょにキャンプにいったくまのおとこのこ 「くんちゃんのもりのキャンプ」 ドロシー・マリノ作;間崎ルリ子訳 ペンギン社 1983年1月

アレック
うさぎのルーの学校にいるいじめっ子のわるいうさぎ 「いじめっ子なんかこわくない」 ナタリー・ナッツ文;モニック・フェリ絵;なだいなだ訳 講談社(うさぎのルー絵本2) 1985年5月

アロア
ネルロのなかよしであかいふうしゃのあるかねもちのこなやのむすめ 「フランダースのいぬ」 ウィーダ原作;有馬志津子文;辰巳まさえ絵 世界出版社(ABCブック) 1970年1月

アロア
ネルロの友だちで村いちばんのお金持ちの風車の家の女の子 「フランダースの犬」 ウィーダ原作;立原あゆみ著 集英社(ファンタジーメルヘン) 1983年7月

あんし

アロイス
なにかといっては戦争をはじめる人間に腹をたて子どもたちのために動物たちで会議をひらいたライオン 「どうぶつ会議」 エーリヒ・ケストナー文；ワルター・トリヤー絵；光吉夏弥訳 岩波書店（岩波の子どもの本） 1954年12月

アン
くつのなかにすんでいたねずみのかぞくのおんなのこ 「くつのなかのねずみ」 ロドニー・ペッペ作・絵；小沢正訳 フレーベル館 1984年9月

アン
くつのなかにすんでかごつくりをしごとにしていたねずみのかぞくのおんなのこ 「そらとぶバスケット」 ロドニー・ペッペ作・絵；小沢正訳 フレーベル館 1985年9月

アンガス
あるひうちのなかにいたこねこをまるみっかかんおいかけてすごしたスコッチ・テリアのこいぬ 「アンガスとねこ」 マージョリー・フラック作・絵；瀬田貞二訳 福音館書店（世界傑作絵本シリーズ・アメリカの絵本） 1974年10月

アンガス
あるひおもてにとびだしてあひるのいるところへいったスコッチ・テリアのこいぬ 「アンガスとあひる」 マージョリー・フラック作・絵；瀬田貞二訳 福音館書店（世界傑作絵本シリーズ・アメリカの絵本） 1974年7月

アンガス
ちがうばしょやちがうものがしりたくなりあるひうちのまえのおおどおりへでていったスコッチ・テリアのこいぬ 「まいごのアンガス」 マージョリー・フラック作・絵；瀬田貞二訳 福音館書店（世界傑作絵本シリーズ・アメリカの絵本） 1974年10月

アンガス
パリにいってモナ・リザどろぼうをつかまえたとびきりりこうなねこ 「アンガスとモナ・リザ」 ジャクリーン・クーパー作・絵；恩地三保子訳 佑学社 1982年5月

アンガス
ゆかいななかまと「長ぐつ号」にのりこんでぼうけんのたびへと出発した六ぴきの動物たちの一ぴき 「長ぐつ号の大ぼうけん－シンガポール」 キャサリン・チャパード文；チュア・アイ・ミー絵；崎岡真紀子；荒川豊子訳 蝸牛社（かたつむり文庫） 1984年12月

アンジェリーナ
いとこのヘンリーをつれておまつりにいったバレエのすきなねずみのおんなのこ 「アンジェリーナとおまつり」 ヘレン・クレイグ絵；キャサリン・ホラバード文 大日本絵画（かいがのえほん） 1985年1月

アンジェリーナ
バレエがすきでバレエがっこうにいれてもらいゆうめいなバレリーナになったねずみのおんなのこ 「バレエのすきなアンジェリーナ」 ヘレン・クレイグ絵；キャサリン・ホラバード文 大日本絵画（かいがのえほん） 1985年1月

あんし

アンジェリーナ
バレエがっこうにいっているねずみのおんなのこ 「アンジェリーナのクリスマス」 ヘレン・クレイグ絵;キャサリン・ホラバード文;きたむらまさお訳 大日本絵画(かいがのえほん) 1986年1月

アンジェリーナ
リリーバレエがっこうでおうじょさまをおまねきしてひらくはっぴょうかいのしゅやくになりたかったねずみのおんなのこ 「アンジェリーナとおうじょさま」 ヘレン・クレイグ絵;キャサリン・ホラバード文 大日本絵画(かいがのえほん) 1986年1月

アンジェロ
イタリアのピエトラビアンカの町にある美術館の庭園にあった大理石像の天使でロザリーヌという女の子に口紅をつけてもらってよみがえった男の子 「アンジェロとロザリーヌ」 ベッティーナ作;矢川澄子訳 文化出版局 1978年5月

アンジェロ・デュパ
ろばのエドワールにワルツをおしえた飼い主の老楽士 「ろばくん一代記」 フィリップ・デュマ作;矢川澄子訳 文化出版局 1981年2月

アンソニー・ウーさん
シューシュコの町のくつやのおじさんの家にねこのミーオラと犬のロディゴといっしょにくらしていたねずみ 「ねずみのウーくん」 マリー・ホール・エッツ作;田辺五十鈴訳 冨山房 1983年11月

アンディ
がっこうへいくとちゅうでサーカスからにげだしたらいおんにあってらいおんのあしにささったふといとげをぬいてあげたおとこのこ 「アンディとらいおん」 ジェームズ・ドーハーティ文・絵;村岡花子訳 福音館書店(世界傑作絵本シリーズ・アメリカの絵本) 1961年8月

あんでるす
おかあさんがあんでくれたとてもきれいなぼうしをもっていたおとこの子 「おかあさんだいすき」 マージョリー・フラック文・絵;大沢昌助絵;光吉夏弥訳 岩波書店(岩波の子どもの本) 1954年4月

アントニー
ちいさいおとうとにむっつになったらやっつけてやるぞとおもわれているおにいちゃん 「アントニーなんかやっつけちゃう」 ジュディス・ヴィオースト文;アーノルド・ローベル絵;渡辺茂男訳 文化出版局 1979年12月

アントニオ
おとなになったらうちゅうひこうしになりたいおとこのこ 「おとなになったら…」 イワン・ガンチェフ作・絵;間所ひさこ文 学習研究社(国際版せかいのえほん11) 1985年1月

アントニーナ
おまつりにあつまってくるどうぶつたちにいいものをもっていくためにあなだらけのボートをなおしたかえる 「すてきなおみやげ」 アッティリオ・カッシネリ絵;カレン・グントルプ作;岸田衿子訳 ひかりのくに(アッティリオとカレンのえほん) 1972年1月

アンドリュー
あついなつの日にうみにでかけたテディベアのくま 「うみへいこうよ」 スザンナ・グレッツ作・絵;各務三郎訳 岩崎書店(テディベアのえほん1) 1984年8月

アンドリュー
かぜをひいたウィリアムのせわをしてあげたテディベアのくま 「かぜひいちゃった」 スザンナ・グレッツ作・絵;各務三郎訳 岩崎書店(テディベアのえほん8) 1985年3月

アンドリュー
みどり通りのあたらしいうちにひっこしたテディベアのくま 「ひっこしおおさわぎ」 スザンナ・グレッツ作・絵;各務三郎訳 岩崎書店(テディベアのえほん2) 1984年10月

アンドリュー
雨の日にうちのなかでうちゅう船ごっこをしたテディベアのくま 「雨の日のうちゅうせんごっこ」 スザンナ・グレッツ作・絵;各務三郎訳 岩崎書店(テディベアのえほん3) 1984年10月

アンドルー
子どもたちだけでおじいちゃんのところへやきたてのチョコレートケーキをとどけるおつかいのたびにでたおとこのこ 「ねらわれたチョコレートケーキ」 デビッド・マクフェイル文・絵;吉田新一訳 国土社 1980年11月

アンドルーシク
カチューシカおばさんがつくったけしつぶクッキーをみはっているようにいわれたのにやってきたがちょうにクッキーをぜんぶあげてしまった男の子 「けしつぶクッキーとアンドルーシク」 マージェリー・クラーク作;モード・ピーターシャム;ミスカ・ピーターシャム絵;渡辺茂男訳 ペンギン社(絵本童話けしつぶクッキーシリーズ) 1984年10月

アンドルーシク
カチューシカおばさんにたのまれた戸のみはりをしなかったのでけしつぶクッキーのにおいをかいだどうぶつたちにだいどころにはいりこまれてしまった男の子 「おちゃのおきゃくさま」 マージェリー・クラーク作;モード・ピーターシャム;ミスカ・ピーターシャム絵;渡辺茂男訳 ペンギン社(絵本童話けしつぶクッキーシリーズ) 1984年10月

アンドレ
ひとやどうぶつをいじめるおうさまにほえたいぬといっしょにつかまえられてちかろうにいれられたかじやのおとこ 「いしょうをぬいだおうさま」 サリー・シーダ作;リータ・ヴァン・ビルゼン絵;まつしろよういち訳 佑学社(ヨーロッパ創作絵本シリーズ11) 1978年5月

アンドレース
お百姓のむすこ、マーレンの小さいときからの友だち 「雨ひめさまと火おとこ」 テオドール・シュトルム作;ヤン・クドゥラーチェク絵;塩屋竹男訳 佑学社(世界の名作童話シリーズ) 1978年10月

アントレック坊や　あんとれっくぼうや
タタス・バルトーズ父さんとママ・バルトーズ母さんの赤ちゃんで朝から晩まで泣いてばかりいた坊や 「九つの泣きべそ人形-ポーランドの民話より」 アン・ペロウスキー文;チャールス・ミコライカ絵;岩田みみ訳 ほるぷ出版 1982年11月

あんと

アントワネット
ねこのアンガスのまたいとこでパリのねこ通りにすむとびきり頭のいいねこ「アンガスとモナ・リザ」ジャクリーン・クーパー作・絵；恩地三保子訳　佑学社　1982年5月

アンナ
アムステルダムのうんがのほとりにたつおうちのなかであるひぬいものにつかうゆびぬきをかくしてあそぶことにしたさんにんきょうだいのおんなのこ「ゆびぬきをさがして」フィオナ・フレンチ文・絵；かたおかひかる訳　らくだ出版　1983年11月

アンナ
ある日なかまたちとお気にいりの「いばらひめ」のお話を劇にしようということになった女の子「劇をしようよ」モニカ・レイムグルーパー作；大島かおり訳　ほるぷ出版　1981年12月

アンナ
みどりのはやしやひろいはたけにかこまれたいえでいつもひとりだったのでかみえのぐでかいてきりぬいたこいぬをともだちにしたおんなのこ「アンナのともだち」アーヒム・ブレーガー作；ミシェル・サンバン絵；かしわぎみつ訳　佑学社　1978年5月

アンナ
楽しい夢をみたこいぬ「ナイト・ブック−夜、おきていたら…？」マウリ・クンナス作；稲垣美晴訳　偕成社　1985年1月

アンナカーリン
生まれたときから口もきけずからだも自由に動かせない心身障害児の姉妹のおねえさん「だれがわたしたちをわかってくれるの」トーマス・ベリイマン作；ビヤネール多美子訳　偕成社　1979年1月

アンネ
ブルーノーをいえにしょうたいしたしんゆう「こづつみになってたびをしたブルーノーのはなし」アーヒム・ブローガー作；ギーゼラ・カーロウ絵；与田静訳　偕成社　1982年2月

アンヘリータ
ひろすぎるうみをでてまちへいったちびくじらのおんなのこ「ちびくじらのぼうけん」ロロ・リコ・デアルバ作；ホセ・ラモン・サンチェス絵；やなぎやけいこ訳　ポプラ社（世界のほんやくえほん8）　1977年9月

【い】

イエス
エデンの園を出されたアダムが天使からおくられたいのちの木がシロアム川の橋となりその橋からつくられた十字架にはりつけにされた人「十字架ものがたり」ブライアン・ワイルドスミス作・絵；わたなべひさよ訳　らくだ出版　1983年11月

イエス
ベツレヘムのうまごやでマリアというなまえのむすめからうまれたかみの子のあかちゃん「クリスマスのはじまり」レイチェル・ビリントン作；バーバラ・ブラウン絵；太田愛人訳　佑学社　1983年11月

イエス
ベツレヘムのちいさなうまごやでうまれたかみさまのこども 「クリスマスってなあに」 ディック・ブルーナ作；舟崎靖子訳 講談社 1982年10月

イエス
マリヤというむすめが神のことばのとおりにうんだひとびとの救い主となるおとこの子 「クリスマスのものがたり」 フェリクス・ホフマン作；しょうのこうきち訳 福音館書店（世界傑作絵本シリーズ・日本とスイスの絵本） 1975年10月

イエス・キリスト
神からつかわされた天使ガブリエルのお告げによりおとめマリアがベツレヘムという町で産んだ救い主 「クリスマス物語」 ヤン・ピアンコフスキー絵；小畑進訳 講談社（講談社の翻訳絵本） 1985年11月

イエスさま
ベツレヘムのうまごやでおうまれになったすくいぬし 「きよしこのよる」 チェレスティーノ・ピアッティ絵 日本基督教団出版局 1979年8月

イエスさま
ベツレヘムのうまごやのなかでうまれたヨセフさんとマリヤさんのあかちゃんでかみのみこのイエスさま 「うまごやでうまれたイエスさま」 フィリス・ブランネン絵；いのちのことば社社会教育部編 いのちのことば社 1978年11月

イエスさま
ベツレヘムのまちのうまごやでマリヤさんからうまれたかみさまのこども 「クリスマスおめでとう」 トミー・デ・パオラ絵 聖文舎 1982年11月

イエスさま
ベツレヘムの町で生まれた救い主の赤ちゃん 「星と船と王さまたち」 シュチェパーン・ザヴジェル作；加藤常昭訳 日本基督教団出版局 1984年6月

イエスさま
ベツレヘムの馬小屋でうまれた神の子 「三つのクリスマス」 ナリニ・ジャヤスリヤ作；竹中正夫訳 日本基督教団出版局 1982年8月

イェスパー
ある日タクシーのりばにやってきてなんでも屋さんのおじいさんのいえの犬になりタクシーにのせてもらうのをたのしみにしていた犬 「タクシーのすきな犬」 スベン・オットー作；奥田継夫；木村由利子訳 評論社（児童図書館・絵本の部屋） 1979年12月

イェスパー
森でトロルのいることをしんじてトロルのことばかりしゃべっていたので三びきのトロルをよろこばせたきょうだいのにいさん 「三びきのかなしいトロル」 マリー・ブランド作・絵；奥田継夫；木村由利子訳 岩崎書店（新・創作絵本24） 1981年8月

イエッテ
オッコーという男の子が魔法のカモメにつれられていった魔法の国にいた女の子 「オッコーと魔法のカモメ」 ベッティーナ・アンゾルゲ作；とおやまあきこ訳 福武書店 1984年5

いえて

イエティ
ヒマラヤで墜落した飛行機に乗っていた少年チャンがほらあなの中ででであった雪男 「タンタンチベットをゆく」エルジェ作；川口恵子訳 福音館書店（タンタンの冒険旅行5） 1983年11月

イェルトルードおばさん
ちいさないえにおやなしごのウィグといっしょにすんでいるおばさん 「クリスマス・トムテン-スウェーデンのサンタクロース」ヴィクトール・リュードベリィ作；ハーラルド・ヴィベリィ絵；岡本浜江訳 佑学社 1982年12月

イカ
ななし山の雲をつきぬけていただきにたち想像力というおくりものをもちかえってジュバ族の長となったわかもの 「三つめのおくりもの」ジャン・カルー文；レオ・ディロン；ダイアン・ディロン絵；山口房子訳 ほるぷ出版 1984年10月

いかけや
パトリックというわかものにふしぎなバイオリンをひいてもらってせきとさむけがとまりげんきになったいかけや 「ふしぎなバイオリン」クェンティン・ブレイク文・絵；たにかわしゅんたろう訳 岩波書店（岩波の子どもの本） 1976年9月

いかさま師　いかさまし
ある日のことはたおり職人になりすまして王さまのところにやってまいりましたふたりのいかさま師 「はだかの王さま」アンデルセン作；ドロテー・ドゥンツェ絵；ウィルヘルム・きくえ訳 太平社 1986年5月

イカロス
とうさんのダイダロスといっしょにとりのはねでつくったつばさをつけてそらをとんだおとこのこ 「イカロスのぼうけん-ギリシア神話」三木卓再話，井上悟画 福音館書店 1971年9月

いきもの（生物）　いきもの（せいぶつ）
地球じょうにうまれたいきもの 「せいめいのれきし」バージニア・リー・バートン文・絵；いしいももこ訳 岩波書店 1964年12月

いきもの（どうぶつ）
じかんがすぎるとしんでいってまたあたらしくうまれかわるいきもの 「みんなわけがあるんだよ-子供といっしょに自然を考える絵本」アンネ・ヴァン・デア・エッセン作；エティエンヌ・ドゥルセール絵；いしずかひでき訳 篠崎書林 1978年5月

イグナ
せかいじゅうでいちばんきれいなまちにすみねこのマックといっしょにもりへさんぽにでかけたおんなのこ 「あしたはわたしのたんじょうび」ガンチェフ作・絵；佐々木田鶴子訳 偕成社 1982年6月

イグナツ
あるちいさなまちにすんでいていつもじてんしゃのきょくのりをれんしゅうしていたゆかいなおとこのひと 「イグナツとちょうちょう」クラウス・ボーン作；ヨゼフ・パレチェク絵；いぐちゆりか訳 佑学社（ヨーロッパ創作絵本シリーズ4） 1978年4月

イグワナ
あるあさカがとんでもない大うそをついたのでみみにせんをしていってしまったイグワナ 「どうして力はみみのそばでぶんぶんいうの？」ヴェルナ・アールデマ文;レオ・ディロン;ダイアン・ディロン絵;八木田宜子訳 ほるぷ出版 1977年10月

イコマ族　いこまぞく
アフリカの部族の人びと 「絵本アフリカの人びと-26部族のくらし」レオ・ディロン;ダイアン・ディロン絵;マーガレット・マスグローブ文;西江雅之訳　偕成社　1982年1月

イゴール王子　いごーるおうじ
ダドーン王のひとりむすこの王子 「金のニワトリ」エレーン・ポガニー文;ウイリー・ポガニー絵;光吉夏弥訳　岩波書店(岩波の子どもの本)　1954年4月

イザベラ
スペインのやまのなかのむらではちをかっていたおばあさんとくらしていたさんにんのまごむすめのひとり 「つきよのぱくんぱくん」ウリセス・ウェンセル絵;わたりむつこ文　学習研究社(国際版せかいのえほん8)　1985年1月

イザベル
町にすむおばちゃまから大きな人形の家をおくってもらった大牧場主のバーネル家の三人姉妹の姉 「人形の家」キャサリン・マンスフィールド原作;藤沢友一絵・反案　岩崎書店(新・創作絵本25)　1981年8月

イジーおうじ
おしろのおひめさまにあいにいくところをわるいくろどりにつかまったおうじさま 「ちいさな青いとり」竹田裕子文;ヨゼフ・フラバチ絵　岩崎書店(世界の絵本4)　1976年1月

イシス
文明をつくりあげたみどりの神でエジプトの王オシリスの妹で妻 「オシリスの旅-エジプトの神話」ジェラルド・マクダーモット作;神宮輝夫訳　ほるぷ出版　1978年10月

イジドーア
動物たちの学校時代の同窓写真にうつったはりねずみ 「ぼくたちを忘れないで」フリーデル・シュミット;ヴァルトラウト・ランケ作;森村桂訳　CBS・ソニー出版　1978年8月

石なげじょうず　いしなげじょうず
クモのアナンシの6ぴきのむすこたちの5ばんめのむすこ 「アナンシと6ぴきのむすこ-アフリカ民話より」ジェラルド・マクダーモット作;代田昇訳　ほるぷ出版　1980年11月

イスカ
ヒタキにじぶんのくちばしのじまんをしたとり 「くちばし」ビアンキ作;田中かな子訳;薮内正幸絵　福音館書店　1965年10月

イーゼグリム
わるいことばかりしているきつねのライネケをうったえたおおかみ 「きつねのさいばん」ゲーテ原作;二反長半文;山田三郎絵　世界出版社(ABCブック)　1970年1月

いたち

いたち（ウィニー）
小さな谷間の家にすんでいた三びきの悪いたちの一ぴき 「グレー・ラビットいたちにつかまる」 アリスン・アトリー作；マーガレット・テンペスト絵；神宮輝夫；河野純三訳 評論社（児童図書館・絵本の部屋 グレー・ラビット4） 1979年11月

いたち（ウィリアム）
小さな谷間の家にすんでいた三びきの悪いたちの一ぴき 「グレー・ラビットいたちにつかまる」 アリスン・アトリー作；マーガレット・テンペスト絵；神宮輝夫；河野純三訳 評論社（児童図書館・絵本の部屋 グレー・ラビット4） 1979年11月

いたち（ウィンキー）
小さな谷間の家にすんでいた三びきの悪いたちの一ぴき 「グレー・ラビットいたちにつかまる」 アリスン・アトリー作；マーガレット・テンペスト絵；神宮輝夫；河野純三訳 評論社（児童図書館・絵本の部屋 グレー・ラビット4） 1979年11月

いたち（ドミニク）
オークアプルの森にやってきたいたちの旅音楽師 「いたちのドミニクさん」 ジェニー・パートリッジ作；神宮輝夫訳 ティビーエス・ブリタニカ（オークアプルの森のおはなし5） 1982年8月

一月　いちがつ
白いオーバーをきて白いぼうしをかぶった一月の月のおじいさん 「森は生きている 12月のものがたり」 マルシャーク作；エリョーミナ絵；斎藤公子編 青木書店（斎藤公子の保育絵本） 1986年12月

いぬ
あるひおじいさんのいえにひょっこりやってきてうちじゅうのみんなにたいせつにされていたのにまたいえをでていってしまったこいぬ 「ちいさないぬ」 デサンカ・マキシモヴィッチ作；ユゼフ・ウィルコン絵；佐々木元訳 フレーベル館 1983年7月

いぬ
いけにうかんでいたまるいものをめんどりのようにあたためてやろうとしたしりたがりやのこいぬ 「しりたがりやのこいぬとたまご」 イバ・ヘルツィーコバー作；ズデネック・ミレル絵；千野栄一訳 偕成社 1976年7月

いぬ
いごこちのいいちいさないえにおとなしいあかいめんどりとねことねずみといっしょにすんでいたいぬ 「おとなしいめんどり」 ポール・ガルドン作；谷川俊太郎訳 瑞木書房 1980年8月

いぬ
いぬのだいきらいなジミーがおたんじょうびにもらったいぬ 「あっちへいけよ」 ヌッドセット作；ボンサル絵；岡本浜江訳 偕成社 1977年6月

いぬ
おひさまがくもをつくるためにおさらのみずをとってしまったのでふうせんにつかまっておひさまのところまでいったしりたがりやのこいぬ 「しりたがりやのこいぬとおひさま」 イバ・ヘルツィーコバー作；ズデネック・ミレル絵；千野栄一訳 偕成社 1974年12月

いぬ

いぬ
かりうどがうちおとしたかもをとりにいくたびにそれをしまにはこびきずついたかもにパンをやっていたいぬ 「いぬとかりうど」 ブライアン・ワイルドスミス文・絵;きくしまいくえ訳 らくだ出版 1983年4月

いぬ
こねこたちといっしょにあそんだこいぬ 「きみこねこだろ？」 エズラ・J.キーツ作;西園寺祥子訳 ほるぷ出版 1976年3月

いぬ
さんぽにいってくさい水たまりにとびこんじゃったうちのいぬ 「うちのいぬ」 ヘレン・オクセンバリー作・絵;なかむらくみこ訳 ほるぷ出版(はじめてのえほん9) 1985年3月

いぬ
じゅうたんのうえでねているときにニャーンといっただれかをさがしにそとへでていったこいぬ 「ニャーンといったのはだれ」 ウラジミール・ステーエフ作;西郷竹彦訳 偕成社 1969年6月

いぬ
にくをくわえてかわをわたっていてみずにうつっているじぶんのすがたをみたいぬ 「いそっぷのおはなし」 中川正文訳;長新太絵 福音館書店 1963年11月

いぬ
ねずみをたべたねこをおどしたいぬ 「ジャックはいえをたてたとさ」 ポール・ガルドン絵;大庭みな子訳 佑学社(ポール・ガルドン昔話シリーズ3) 1979年11月

いぬ
のはらにおちていたまっしろいたまごをじぶんのだといったいぬ 「ふしぎなたまご」 ディック・ブルーナ文・絵;石井桃子訳 福音館書店(子どもがはじめてであう絵本) 1964年6月

いぬ
のみのぴょんたとぴんこのうちになりふたりにたすけられてどろぼうをやっつけたおくびょうなばんけん 「のみさんおおてがら」 ロバート・タロン文・絵;山本けい子訳 ぬぷん児童図書出版(でかとちび2) 1984年3月

いぬ
ばあさんとくらしていたいぬ 「トンチンカンばあさん」 レンナルト・ヘルシング再話;イブ・スパング・オルセン絵;奥田継夫訳 ほるぷ出版 1984年9月

いぬ
ハバードおばさんがかわいがっているいぬ 「ハバートおばさんといぬ-マザー・グース」 アーノルド・ローベル絵;岸田衿子絵 文化出版局 1980年4月

いぬ
ハバードばあさんがだいすきないぬ 「ハバードばあさんといぬ-マザーグースより」 ポール・ガルドン絵;中山知子訳 佑学社(ポール・ガルドン昔話シリーズ8) 1980年5月

いぬ

いぬ
ひとりの一年生の少年をすきになって少年をしゅじんにすることにしたのらいぬのこいぬ
「のらいぬとふたりのしゅじん」 クラーラ・ヤルンコバー作；ヤン・レビーシュ絵；柏木美津訳
佑学社(チェコスロバキアの創作絵本シリーズ3) 1978年9月

いぬ
ブレーメンの町の楽隊の四ひきの動物たちの一ぴき 「ブレーメンの楽隊-グリム童話」 スベン・オットー絵；矢川澄子訳 評論社(児童図書館・絵本の部屋) 1978年12月

いぬ
ほねをひきだしへかくしてにげだしたねこをあちこちさがしたいぬ 「ねこはどこ？」 エレイン・リバモア作；湯浅フミエ訳 ほるぷ出版 1980年10月

いぬ
マックスがおまるのなかにほうりなげたぬいぐるみのくまちゃんをたすけだしたこいぬ 「マックスのくまちゃん」 バルブロ・リンドグレン作；エヴァ・エリクソン絵；おのでらゆりこ訳 佑学社 1982年10月

いぬ
マックスのだいすきなクッキーをとったこいぬ 「マックスのクッキー」 バルブロ・リンドグレン作；エヴァ・エリクソン絵；おのでらゆりこ訳 佑学社 1982年10月

いぬ
マリンカがはらっぱでなくしたあかいボールをみつけてボールあそびをはじめた三びきのこいぬたち 「ボールさんどこへいったの」 竹田裕子文；ヨゼフ・パレチェック絵 岩崎書店(世界の絵本) 1976年1月

いぬ
みつばちのうちにあったはちみつをたべてはちのむれにおいかけられてからだじゅうをさされたしりたがりやのこいぬ 「しりたがりやのこいぬとみつばち」 イバ・ヘルツィーコバー作；ズデネック・ミレル絵；千野栄一訳 偕成社 1974年12月

いぬ
みどりのはやしやひろいはたけにかこまれたいえでいつもひとりだったアンナがかみにえのぐでかいてきりぬいてともだちにしたこいぬ 「アンナのともだち」 アーヒム・ブレーガー作；ミシェル・サンバン絵；かしわぎみつ訳 佑学社 1978年5月

いぬ
みんなでなかよくあそぶおおきいいぬとちいさいいぬ 「おおきいいぬ ちいさいいぬ」 ピー・ディー・イーストマン作・絵；坂西志保文 日本パブリッシング(ビギナーブック) 1968年1月

いぬ
ライオンとトラとあたまのうえにりんごをなんこのせられるかきょうそうしたいぬ 「あたまのうえにりんごがいくつ？」 セオ・レスィーグ作；ロイ・マッキー絵；田村隆一訳 ペンギン社 1977年9月

いぬ

いぬ
ライオンとトラとりんごを十こあたまのうえにのせてあそんだいぬ 「みんなのあたまにりんごが十こ」 セオ・レスィーグ作;ロイ・マッキィー絵;坂西志保文　日本パブリッシング(ビギナーブック)　1968年1月

いぬ
ろばとねことおんどりといっしょにブレーメンのまちのおんがくたいにやとってもらおうとでかけたいぬ 「ブレーメンのおんがくたい－グリム童話」 ハンス・フィッシャー絵;せたていじ訳　福音館書店　1964年4月

いぬ
ろばとねことおんどりといっしょにブレーメンのまちへいっておんがくたいをつくろうとしたいぬ 「ブレーメンの音楽隊」 若菜珪画;中村美佐子文　ひかりのくに(世界名作えほん全集10)　1966年1月

いぬ
ろばとねことおんどりとブレーメンに行って町のがくたいにはいろうと思ったいぬ 「ブレーメンのまちのがくたい」 グリム文;中村浩三訳;赤星亮衛絵　小学館(世界のメルヘン絵本13)　1978年8月

いぬ
ろばとねことおんどりと四ひきでブレーメンのまちへいっておんがくたいにはいろうとしたいぬ 「ブレーメンのおんがくたい」 三越左千夫文;小沢良吉絵　フレーベル館(せかいむかしばなし8)　1985年12月

いぬ
ろばとねことにわとりの四にんでブレーメンへいっておんがくたいにはいるつもりだったいぬ 「ブレーメンのおんがくたい－グリム童話より」 ポール・ガルドン絵;大庭みな子訳　佑学社　1979年6月

いぬ
子いぬをほしいとおもっていた男の子と女の子にひろわれたいたずらな子いぬ 「子いぬのかいかたしってるかい？」 モーリス・センダック;マシュー・マーゴーリス作;モーリス・センダック絵;山下明生訳　偕成社　1980年11月

イヌ
クリスマスイブに紳士がつかまえたタクシーにとび乗ってきたイヌ 「おかしなおかしなクリスマス」 プレヴェール作;E.アンリケ絵;宗左近訳　文化出版局　1981年6月

犬　いぬ
おじさんとおばさんとくらすジャックという男の子といっしょにのはらの中のいえにすんでいたうさぎをおいかけるのが大すきな犬 「もしもまほうがつかえたら」 モーリス・センダック画;ロバート・グレイブズ文;原もと子訳　冨山房　1984年4月

犬　いぬ
家がないので公園でねむっていたとてもまずしい年よりの犬 「ローベルおじさんのどうぶつものがたり」 アーノルド・ローベル作;三木卓訳　文化出版局　1981年5月

いぬ

犬　いぬ
象の鼻をかんだ犬「ルック・アット・ザ・ウィンドウ」ウィルヘルム・シュローテ作；マリ・クリスチーヌ訳　エイプリル・ミュージック　1978年11月

犬（アカ）　いぬ（あか）
夫のケーレブが魔女に魔法をかけられて犬のすがたになったとはしらずに女房のケートが家でかうことにした赤茶色の犬「ケーレブとケート」ウィリアム・スタイグ作；あそうくみ訳　評論社（児童図書館・絵本の部屋）　1980年6月

いぬ（アルバート）
スミスさんとむすめのスマッジといっしょにこうえんにさんぽにいったいぬ「こうえんのさんぽ」アンソニー・ブラウン作・絵；谷川俊太郎訳　佑学社（ヨーロッパ創作絵本シリーズ34）　1980年2月

犬（アルフレッド）　いぬ（あるふれっど）
ドラゴンたいじにでかけたきつねのバジルが馬のかわりにのった犬「ゆかいなバジル　ドラゴンたいじ」ピーター・ファーミン作・絵；黒沢ひろし訳　金の星社　1980年6月

いぬ（アンガス）
あるひうちのなかにいたこねこをまるみっかかんおいかけてすごしたスコッチ・テリアのこいぬ「アンガスとねこ」マージョリー・フラック作・絵；瀬田貞二訳　福音館書店（世界傑作絵本シリーズ・アメリカの絵本）　1974年10月

いぬ（アンガス）
あるひおもてにとびだしてあひるのいるところへいったスコッチ・テリアのこいぬ「アンガスとあひる」マージョリー・フラック作・絵；瀬田貞二訳　福音館書店（世界傑作絵本シリーズ・アメリカの絵本）　1974年7月

いぬ（アンガス）
ちがうばしょやちがうものがしりたくなりあるひうちのまえのおおどおりへでていったスコッチ・テリアのこいぬ「まいごのアンガス」マージョリー・フラック作・絵；瀬田貞二訳　福音館書店（世界傑作絵本シリーズ・アメリカの絵本）　1974年10月

いぬ（アンナ）
楽しい夢をみたこいぬ「ナイト・ブック－夜、おきていたら…？」マウリ・クンナス作；稲垣美晴訳　偕成社　1985年1月

犬（イェスパー）　いぬ（いぇすぱー）
ある日タクシーのりばにやってきてなんでも屋さんのおじいさんのいえの犬になりタクシーにのせてもらうのをたのしみにしていた犬「タクシーのすきな犬」スベン・オットー作；奥田継夫；木村由利子訳　評論社（児童図書館・絵本の部屋）　1979年12月

いぬ（イノ）
アメリカのかたいなかテネシーのふかーい大きな森でくらしていたじっさまの三びきのいぬのいっぴき「しりっぽおばけ」ジョアンナ・ガルドン再話；ポール・ガルドン絵；代田昇訳　岩崎書店（新・創作絵本9）　1979年9月

いぬ（ウィリー）
ピーターのうちのいぬ「ピーターのいす」エズラ・ジャック・キーツ作・画；木島始訳　偕成社（キーツの絵本）　1969年10月

いぬ

いぬ（ウィリー）
ピーターのうちのいぬ「ピーターのくちぶえ」エズラ・ジャック・キーツ作・画；木島始訳　偕成社（キーツの絵本）1974年2月

いぬ（ウィリー）
ピーターのうちのいぬ「ピーターのてがみ」エズラ・ジャック・キーツ作・画；木島始訳　偕成社（キーツの絵本）1974年7月

いぬ（ウィリー）
ピーターのうちのいぬ「ピーターのめがね」エズラ・ジャック・キーツ作・画；木島始訳　偕成社（キーツの絵本）1975年11月

いぬ（ウィリー）
ピーターのうちのいぬ「やあ、ねこくん！」エズラ・ジャック・キーツ作・画；木島始訳　偕成社（キーツの絵本）1978年12月

いぬ（ウインクル）
はなのあたまがしろいナップといっしょににわでほりだしたいっぽんのほねをじぶんのほねだといったしっぽのさきがしろいいぬ「ナップとウインクル」ウィリアム・リプキンド；ニコラス・モードヴィノフ作；河津千代訳　アリス館牧新社　1976年11月

いぬ（ウノ）
アメリカのかたいなかテネシーのふかーい大きな森でくらしていたじっさまの三びきのいぬの一ぴき「しりっぽおばけ」ジョアンナ・ガルドン再話；ポール・ガルドン絵；代田昇訳　岩崎書店（新・創作絵本9）1979年9月

いぬ（ウラックス）
スウェーデンのげんしじんヘーデンホスおやこのいぬ「アメリカりょこう」バッティル・アルムクビスト絵・文；やまのうちきよこ訳　徳間書店（げんしじんヘーデンホスシリーズ5）1974年10月

いぬ（ウラックス）
スウェーデンのげんしじんヘーデンホスおやこのいぬ「イギリスりょこう」バッティル・アルムクビスト絵・文；やまのうちきよこ訳　徳間書店（げんしじんヘーデンホスシリーズ8）1974年11月

いぬ（ウラックス）
スウェーデンのげんしじんヘーデンホスおやこのいぬ「うちゅうりょこう」バッティル・アルムクビスト絵・文；やまのうちきよこ訳　徳間書店（げんしじんヘーデンホスシリーズ6）1974年8月

いぬ（ウラックス）
スウェーデンのげんしじんヘーデンホスおやこのいぬ「エジプトりょこう」バッティル・アルムクビスト絵・文；やまのうちきよこ訳　徳間書店（げんしじんヘーデンホスシリーズ2）1974年9月

いぬ（ウラックス）
スウェーデンのげんしじんヘーデンホスおやこのいぬ「げんしじんヘーデンホスおやこ」バッティル・アルムクビスト絵・文；やまのうちきよこ訳　徳間書店（げんしじんヘーデンホスシリーズ1）1974年8月

いぬ

いぬ(ウラックス)
スウェーデンのげんしじんヘーデンホスおやこのいぬ 「バナナボート」 バッティル・アルムクビスト絵・文;やまのうちきよこ訳 徳間書店(げんしじんヘーデンホスシリーズ4) 1974年10月

いぬ(ウラックス)
スウェーデンのげんしじんヘーデンホスおやこのいぬ 「マジョルカりょこう」 バッティル・アルムクビスト絵・文;やまのうちきよこ訳 徳間書店(げんしじんヘーデンホスシリーズ7) 1974年11月

いぬ(オスカー)
アニーがなくしたてぶくろのかたっぽをいっしょにさがしたいぬ 「あかいてぶくろみなかった?」 スティーブン・ケロッグ作・絵;岸田衿子訳 偕成社 1978年3月

いぬ(オットー)
サーカスだんをでてじぶんたちだけでサーカスをはじめた六にんのはんらんぐみの一ぴきのいぬ 「ごうじょっぱりのピエロ」 ミッシャ・ダムヤン作;ギアン・カスティ絵;山室静訳 佑学社(ヨーロッパ創作絵本シリーズ5) 1978年4月

いぬ(オヤスミ)
ヘルマンさんというおとこのひとにかわれていたにひきのいぬのいっぴきでよくたべてよくねむりどんどんおおきくなったいぬ 「いぬのオヤスミ、だいかつやく」 クルト・バウマン作;ラルフ・ステッドマン絵;ながはまひろし訳 佑学社(ヨーロッパ創作絵本シリーズ2) 1978年3月

いぬ(カレブ)
ニュー・ハンプシャーのにしがわバーモントのひがしがわにあるコーギビルというむらにすんでいるコーギ犬のブラウン一家のこども 「コーギビルのむらまつり」 タシャ・テューダー作;渡辺茂男訳 冨山房 1976年7月

いぬ(キッレ)
楽しい夢をみたこいぬ 「ナイト・ブック−夜、おきていたら…?」 マウリ・クンナス作;稲垣美晴訳 偕成社 1985年1月

いぬ(グレタ)
どうながのダックスフントのプレッツェルがだいすきなむかいのいえのいぬ 「どうながのプレッツェル」 マーグレット・レイ文;H.A.レイ絵;わたなべしげお訳 福音館書店(世界傑作絵本シリーズ・アメリカの絵本) 1978年10月

いぬ(クロ)
ヘルマンさんというおとこのひとによくたべてよくねむるオヤスミといういぬといっしょにかわれていたゆうしゅうなばんけん 「いぬのオヤスミ、だいかつやく」 クルト・バウマン作;ラルフ・ステッドマン絵;ながはまひろし訳 佑学社(ヨーロッパ創作絵本シリーズ2) 1978年3月

いぬ(くんくん)
きいろいいえがかじになったのをしょうぼうしょにしらせにいったこいぬ 「くんくんとかじ」 ディック・ブルーナ文・絵;松岡享子訳 福音館書店 1972年2月

いぬ

いぬ（くんくん）
まいごのおんなのこのすーきーをみつけてあげたちいさなちゃいろのこいぬ　「こいぬのくんくん」　ディック・ブルーナ文・絵；松岡享子訳　福音館書店（子どもがはじめてであう絵本）　1972年7月

イヌ（クンターブント）
村のまずしいわかものイワンが命をたすけていっしょに家にすむことになったイヌ　「魔法のゆびわ－ロシア民話」　ミハル・ロンベルグ絵；柏木美津ני訳　佑学社（世界の名作童話シリーズ）　1979年1月

犬（ケップ）　いぬ（けっぷ）
あひるのジマイマをだましたきつねをつかまえようとしたばん犬　「あひるのジマイマのおはなし」　ビアトリクス・ポター作・絵；いしいももこ訳　福音館書店（ピーターラビットの絵本11）　1973年1月

いぬ（コンピチコ・キャリコ）
アメリカのかたいなかテネシーのふかーい大きな森でくらしていたじっさまの三びきのいぬの一ぴき　「しりっぽおばけ」　ジョアンナ・ガルドン再話；ポール・ガルドン絵；代田昇訳　岩崎書店（新・創作絵本9）　1979年9月

いぬ（サンダー）
くまがりにつかわれるいぬたちのリーダー　「わんぱくビリー」　シートン原作；小林清之介文；若菜等絵　チャイルド本社（チャイルド絵本館・シートン動物記Ⅱ-3）　1985年6月

いぬ（ジップ）
たびげいにんのみかづきざでたいこをたたいているいぬ　「みかづきいちざのものがたり」　アイリーン・ハース作・絵；うちだりさこ訳　福音館書店（世界傑作絵本シリーズ・アメリカの絵本）　1981年11月

いぬ（ジム）
もりへはいったままかえってこなくなったとしよりのおとうさんをさがしにいったこいぬ　「ちいさないぬのゆめ…でした」　ルース・ボーンスタイン作；奥田継夫訳　ほるぷ出版　1981年8月

いぬ（ジューク）
サミーくんにいぬやでかわれていなかのうちへつれてってもらいはじめて土の上をはしったいぬ　「あなほりいちばん」　アル・パーキンス作；エリック・ガーニー絵；飯沢匡文　日本パブリッシング（ビギナーブックシリーズ）　1968年1月

いぬ（ジュヌビエーヌ）
あるひかわにおちたマドレーヌをたすけたいぬ　「マドレーヌといぬ」　ルドウィッヒ・ベーメルマンス作・画；瀬田貞二訳　福音館書店（世界傑作絵本シリーズ・アメリカの絵本）　1973年5月

イヌ（ジョン・ブラウン）
だいすきなローズおばあさんとふたりでくらしていたいえのそとにいたまっくろけのネコをなかにいれてやろうとしなかったイヌ　「まっくろけのまよなかネコよおはいり」　J.ワグナー文；R.ブルックス絵；大岡信訳　岩波書店　1978年11月

いぬ

いぬ(シンプ)
だれもひきとってくれないみっともないこいぬでサーカスのピエロにひろわれてきょくげいのたいほうだまになったいぬ 「たいほうだまシンプ」 ジョン・バーニンガム作;大川弘子訳 ほるぷ出版 1978年3月

いぬ(ストーカー)
テムズがわのかわしもにあるとおりにやってきてふるぼけたちくおんきでレコードをかけておかねをもらっていたバンティじいさんのいぬ 「アルフィーとフェリーボート」 チャールズ・キーピング絵・文;じんぐうてるお訳 らくだ出版 1971年11月

犬(スノーウィ) いぬ(すのーうぃ)
少年ルポライターのタンタンの愛犬 「ふしぎな流れ星」 エルジェ作;川口恵子訳 福音館書店(タンタンの冒険旅行2) 1983年4月

犬(スノーウィ) いぬ(すのーうぃ)
少年ルポライターのタンタンの愛犬 「黒い島のひみつ」 エルジェ作;川口恵子訳 福音館書店(タンタンの冒険旅行1) 1983年4月

犬(スノーウィ) いぬ(すのーうぃ)
少年ルポライターの愛犬 「なぞのユニコーン号」 エルジェ作;川口恵子訳 福音館書店(タンタンの冒険旅行3) 1983年10月

犬(スノーウィ) いぬ(すのーうぃ)
少年記者タンタンの愛犬 「タンタンチベットをゆく」 エルジェ作;川口恵子訳 福音館書店(タンタンの冒険旅行5) 1983年11月

犬(スノーウィ) いぬ(すのーうぃ)
少年記者タンタンの愛犬 「ななつの水晶球」 エルジェ作;川口恵子訳 福音館書店(タンタンの冒険旅行6) 1985年10月

犬(スノーウィ) いぬ(すのーうぃ)
少年記者タンタンの愛犬 「レッド・ラッカムの宝」 エルジェ作;川口恵子訳 福音館書店(タンタンの冒険旅行4) 1983年10月

犬(スノーウィ) いぬ(すのーうぃ)
少年記者タンタンの愛犬 「太陽の神殿」 エルジェ作;川口恵子訳 福音館書店(タンタンの冒険旅行7) 1985年10月

犬(センゲ) いぬ(せんげ)
チベットの少年ドルジェといっしょにラサまでのじゅんれいのたびをした犬 「ドルジェのたび-チベットの少年のはなし」 ペマ・ギャルポ話;金田卓也文・絵 偕成社 1985年5月

いぬ(セントバーナード)
あかいボールでフットボールをしようとしていた三びきのこいぬたちをあいてにしてやったおおきなおおきなセントバーナード 「ボールさんどこへいったの」 竹田裕子文;ヨゼフ・パレチェック絵 岩崎書店(世界の絵本) 1976年1月

いぬ(ソーセージ)
おんなのこのおとなりのいぬがうんだこいぬ 「こいぬがうまれるよ」 ジョアンナ・コール文;ジェローム・ウェクスラー写真;つぼいいくみ訳 福音館書店 1982年11月

いぬ（タウザー）
おうさまにたのまれてかいぶつガブラをくにからおいだしたいぬ「タウザーのかいぶつたいじ」トニー・ロス作；山脇恭訳　ペンタン（タウザーの本）　1985年10月

いぬ（タウザー）
おばけやしきといわれるふるいいえにはいっていったいぬ「タウザーのおばけだぞー！」トニー・ロス作；山脇恭訳　ペンタン　1985年10月

いぬ（タウザー）
かわのほとりのいえにふねからじょうりくしてきたジャコウネズミたちをおいはらったいぬ「タウザーのなつやすみだいすき」トニー・ロス作；山脇恭訳　ペンタン（タウザーの本）　1985年10月

いぬ（タウザー）
だれにもかれにもあっかんべえをしていたのでばちがあたってかおがあっかんべえをしたままになってしまったいぬ「タウザーのあっかんべえ！」トニー・ロス作；山脇恭訳　ペンタン（タウザーの本）　1985年10月

いぬ（タウザー）
ねこのにゃんこにおたんじょうびのプレゼントにおつきさまがほしいといわれたいぬ「タウザーのおくりもの」トニー・ロス作；山脇恭訳　ペンタン（タウザーの本）　1985年10月

いぬ（タウザー）
まじょをきからたすけおろしてあげてまほうのりんごをもらったいぬ「タウザーとまほうのりんご」トニー・ロス作；山脇恭訳　ペンタン（タウザーの本）　1985年10月

いぬ（タルーク）
ツンドラの子アツークがかりうどのおとうさんからもらったこいぬ「アツーク-ツンドラの子」ミッシャ・ダムヤン作；ジャン・カスティ絵；尾崎賢治訳　ペンギン社　1978年2月

いぬ（チャーフカ）
よるになってもねむれなくてへやのそとへでてきたマーシャにいぬごやをかしてあげるよといったいぬ「マーシャよるのおさんぽ」ガリーナ・レーベジェワ作；みやしたひろこ訳　新読書社　1983年12月

犬（チョーンシィ）　いぬ（ちょーんしぃ）
クリスマスのあくる日あたらしいおもちゃとひきかえにごみすてばにすてられていたくまのテディとにんぎょうのアニーをじぶんのうちへつれていってやったのら犬「クリスマスのあたらしいおともだち」ジェイムズ・スティーブンスン文・絵；谷本誠剛訳　国土社　1982年11月

犬（ツッキー）　いぬ（つっきー）
フランスの小学生の女の子バランティヌがデパートでみつけてツッキーという名前をつけたのら犬「バランティヌと小犬のツッキー」ボリス・モアサール文；ミシェル・ゲイ絵；末松氷海子訳　文化出版局　1981年12月

犬（ツッキー）　いぬ（つっきー）
フランスの小学生の女の子バランティヌのうちでかっている犬「バランティヌの夏休み」ボリス・モアサール文；ミシェル・ゲイ絵；末松氷海子訳　文化出版局　1983年5月

いぬ

いぬ（ティンカー）
しょうぼうしのスモールさんといっしょにちいさいしょうぼうじどうしゃにのるいぬ 「ちいさいしょうぼうじどうしゃ」 ロイス・レンスキー文・絵；わたなべしげお訳 福音館書店（世界傑作絵本シリーズ・アメリカの絵本） 1970年11月

いぬ（ディンゴ）
じどうしゃがだいすきでいつもじどうしゃにのっているいぬ 「ディンゴはじどうしゃがだいすき」 リチャード・スキャリー作；國眼隆一訳 ブックローン出版（スキャリーおじさんのどうぶつえほん13） 1982年5月

いぬ（ディンゴ）
じどうしゃがだいすきでいつもじどうしゃにのっているいぬ 「ゆかいなゆかいなあわてんぼう」 リチャード・スキャリー作；國眼隆一訳 ブックローン出版（スキャリーおじさんのどうぶつえほん7） 1980年1月

いぬ（ディンゴ）
らんぼうなうんてんをするぼうそうぞくのいぬ 「ピックルのじどうしゃりょこう」 リチャード・スキャリー作；國眼隆一訳 ブックローン出版（スキャリーおじさんのどうぶつえほん10） 1984年8月

いぬ（テッド）
でかいいぬのフレッドのおともだちのちびいぬ 「でかワン・ちびワンものがたり」 P.D.イーストマン作；久米穣訳 講談社（講談社のピュクチュアブック1） 1979年5月

いぬ（でゅっく）
さんたくろーすをさがすぞうのばばーるについていったちいさないぬ 「ババールとサンタクロース」 ジャン・ド・ブリューノフ原作；那須辰造訳 講談社（フランス生まれのババール絵本4） 1965年12月

いぬ（トム）
かいぬしのおとこのことだいのなかよしのおおきいいぬ 「ぼくのいぬトム」 アルセア作；ニタ・スーター絵 偕成社 1978年9月

いぬ（ナップ）
しっぽのさきがしろいウインクルといっしょににわでほりだしたいっぽんのほねをじぶんのほねだといったはなのあたまがしろいいぬ 「ナップとウインクル」 ウィリアム・リプキンド；ニコラス・モードヴィノフ作；河津千代訳 アリス館牧新社 1976年11月

いぬ（ナルシス）
ナターンのもりのなかまでけいさつけんになりたかったいぬ 「いぬのナルシス」 アラン・グレ文；ルイ・カン絵；しょうじかずこ訳 DEMPAペンタン（ナターンのもりのなかまたち7） 1986年4月

いぬ（ニーナ）
どうぶつえんのおりにいれられたペンギンのヘクターをせなかにのせてもりへつれてかえろうとしたいぬ 「ヘクターとクリスティナ」 ルイーゼ・ファティオ作；ロジャー・デュボアザン絵；岡本浜江訳 佑学社 1978年6月

いぬ（ノイジー）
がちょうのペチューニアのいるのうじょうのなかまのいぬ「ペチューニアごようじん」ロジャー・デュボアザン作・絵；松岡享子訳　佑学社（がちょうのペチューニアシリーズ2）1978年11月

犬（ノック）　いぬ（のっく）
おねぼうなおとこの子ニコライが目をさますのをてつだってやった黒犬「おねぼうニコライ」マリー・ブランド作・絵；奥田継夫；木村由利子訳　岩崎書店（新・創作絵本29）1982年11月

犬（ノンノン）　いぬ（のんのん）
ジークぼうやの家でかうことになった犬「家族の歌」エイミイ・アーリック作；ロバート・アンドルー・パーカー絵；今江祥智訳　偕成社　1983年8月

いぬ（パタプフ）
マルチーヌがかっているいぬ「マルチーヌひこうきでりょこう」ジルベール・ドラエイ作；マルセル・マルリエ絵；黒木義典訳；板谷和雄文　ブック・ローン出版（ファランドールえほん22）1981年1月

いぬ（パタプフ）
マルチーヌがかっているいぬ「マルチーヌれっしゃでりょこう」ジルベール・ドラエイ作；マルセル・マルリエ絵；黒木義典訳；板谷和雄文　ブック・ローン出版（ファランドールえほん23）1981年1月

いぬ（パトー）
あかとあおときいろの3しょくのえのぐをつかってえをかくのをやまあらしのエミリーにおしえてもらうことになったいぬ「アリスとパトー　えのコンクール」エリザベス・ミラー；ジェイン・コーエン文；ヴィクトリア・チェス絵；西園寺知子訳　文化出版局　1982年9月

いぬ（パトー）
あめがふりつづいてかべがたおれたぶたのロジーヌのいえをもとどおりにするのをてつだったいぬ「アリスとパトー　あたらしいいえづくり」エリザベス・ミラー；ジェイン・コーエン文；ヴィクトリア・チェス絵；西園寺知子訳　文化出版局　1982年9月

いぬ（パトー）
ともだちのねこのアリスとふたりだけでくらすのにすこしあきくつしてパーティーをひらくことにしたいぬ「アリスとパトー　めちゃくちゃパーティ」エリザベス・ミラー；ジェイン・コーエン文；ヴィクトリア・チェス絵；西園寺知子訳　文化出版局　1982年9月

いぬ（パトー）
ねこのアリスがいっしゅうかんびょういんにいることになってもいっしゅうかんてなんのことかわからなかったいぬ「アリスとパトー　アリスのびょうき」エリザベス・ミラー；ジェイン・コーエン文；ヴィクトリア・チェス絵；西園寺知子訳　文化出版局　1982年9月

いぬ（パトラシェ）
ネルロがおじいさんとふたりでみちばたにたおれていたのをたすけてあげたいぬ「フランダースのいぬ」ウィーダ原作；有馬志津子文；辰巳まさえ絵　世界出版社（ABCブック）1970年1月

いぬ

犬（パトラシェ） いぬ（ぱとらしぇ）
ネルロがフランダースの夏のお祭りの日にひろった老犬 「フランダースの犬」ウィーダ原作；立原あゆみ著　集英社（ファンタジーメルヘン）　1983年7月

いぬ（ハリー）
うみでなみにまきこまれてかいそうがすっぽりかぶさってしまいうみのそこからでてきたおばけだとおもわれてしまったいぬ 「うみべのハリー」ジーン・ジオン文；マーガレット・ブロイ・グレアム絵；わたなべしげお訳　福音館書店（世界傑作絵本シリーズ・アメリカの絵本）　1967年6月

いぬ（ハリー）
おたんじょうびのプレゼントにおばあちゃんからとどいたばらのもようのセーターがきにいらなかったいぬ 「ハリーのセーター」ジーン・ジオン文；マーガレット・ブロイ・グレアム絵；わたなべしげお訳　福音館書店（世界傑作絵本シリーズ・アメリカの絵本）　1983年5月

いぬ（ハリー）
おとなりのおばさんがおおきなこえでうたうのをやめさせようといろいろなことをやってみたいぬ 「ハリーのだいかつやく」ジーン・ジオン作；マーガレット・ブロイ・グレアム絵；森比左志訳　ペンギン社　1982年2月

いぬ（ハリー）
おふろにはいるのがだいきらいでそとへぬけだしてどろだらけになったいぬ 「どろんこハリー」ジーン・ジオン文；マーガレット・ブロイ・グレアム絵；わたなべしげお訳　福音館書店（世界傑作絵本シリーズ・アメリカの絵本）　1964年3月

いぬ（ぱんく）
たっぷすおばあさんとあひるのぽんくとぶたのぴんくといっしょにいえからおいだされることになったいぬ 「もりのおばあさん」ヒュウ・ロフティング文；光吉夏弥訳；横山隆一絵　岩波書店（岩波の子どもの本）　1954年9月

いぬ（ピエロ）
アメリカからいえにやってきたブランディというコンクールでなんどもゆうしょうしているかわいいいぬとともだちになったいぬ 「アメリカからきたいぬのブランディ」マリアンヌ・サンクレール作；フィリップ・サランビエ絵；黒木義典訳；板谷和雄文　ブックローン出版（ファランドールえほん5）　1984年1月

いぬ（ビクトリア）
スマイスのおくさんとむすこのチャールズといっしょにこうえんにさんぽにいったいぬ 「こうえんのさんぽ」アンソニー・ブラウン作・絵；谷川俊太郎訳　佑学社（ヨーロッパ創作絵本シリーズ34）　1980年2月

犬（ピクルズ） いぬ（ぴくるず）
小さいかわいらしいざっかやのおみせをやっていたテリアしゅのりょう犬 「「ジンジャーとピクルズや」のおはなし」ビアトリクス・ポター作・絵；いしいももこ訳　福音館書店（ピーターラビットの絵本12）　1973年1月

いぬ

いぬ(ピック)
ふゆがきていけにこおりがはったのでジョセフおじいさんにスケートあそびにつれていって
もらったこいぬ 「はじめてのふゆをむかえるフォレ」 リュシェンヌ・エールビル作;マルセ
ル・マルリエ絵;黒木義典訳;板谷和雄文 ブックローン出版(ファランドールえほん2)
1984年1月

いぬ(ビリー)
くまがりにつかわれるいぬのなかでいつもげんきないたずらっこのいぬ 「わんぱくビリー」
シートン原作;小林清之介文;若菜等絵 チャイルド本社(チャイルド絵本館・シートン動物
記Ⅱ-3) 1985年6月

いぬ(ビンゴ)
カナダのしぜんのなかできままにそだちやがてやせいてきないぬへとせいちょうしたいぬ
「めいけんビンゴ」 シートン原作;小林清之介文;伊藤悌夫絵 チャイルド本社(チャイルド
絵本館・シートン動物記3) 1984年6月

いぬ(ファニー)
おじょうさんととてもなかよしのこいぬ 「ちいさなよるのおんがくかい」 リブシェ・パレチコ
バー作;ヨゼフ・パレチェック絵;竹下文子訳 フレーベル館 1981年11月

いぬ(フィップス)
おじさんからもらったネクタイにすずをつけてもらってとくいになったこいぬ 「こいぬのフィッ
プス」 モルゲンシュテルン詩;ボーダル絵;虎頭恵美子訳 偕成社 1977年1月

いぬ(プム)
ぼうけんずきのファンファン少年の友だちのいぬ 「ファンファンとこうのとり」 ピエール・プロ
ブスト文・絵;那須辰造訳 講談社(世界の絵本フランス) 1971年5月

いぬ(プム)
ぼうけんずきのファンファン少年の友だちのいぬ 「ファンファンとみどりのさる」 ピエール・
プロブスト文・絵;那須辰造訳 講談社(世界の絵本フランス) 1971年3月

いぬ(プム)
ぼうけんずきのファンファン少年の友だちのいぬ 「ファンファンとやぎ」 ピエール・プロブス
ト文・絵;那須辰造訳 講談社(世界の絵本フランス) 1971年6月

いぬ(プム)
ぼうけんずきのファンファン少年の友だちのいぬ 「ファンファンとやまかじ」 ピエール・プロ
ブスト文・絵;那須辰造訳 講談社(世界の絵本フランス) 1971年7月

いぬ(プム)
ぼうけんずきの少年ファンファンの友だちのいぬ 「ファンファンとおおかみ」 ピエール・プ
ロブスト文・絵;那須辰造訳 講談社(世界の絵本フランス) 1971年8月

いぬ(プム)
ぼうけんずきの少年ファンファンの友だちのいぬ 「ファンファンとふね」 ピエール・プロブ
スト文・絵;那須辰造訳 講談社(世界の絵本フランス) 1971年3月

いぬ

いぬ（ブランディ）
いぬのピエロのいえにアメリカからやってきたコンクールでなんどもゆうしょうしているかわいいいぬ「アメリカからきたいぬのブランディ」マリアンヌ・サンクレール作；フィリップ・サランビエ絵；黒木義典訳；板谷和雄文　ブックローン出版（ファランドールえほん5）1984年1月

犬（フリッツ）　いぬ（ふりっつ）
犬が大きらいな魔術師のガザージ氏の邸宅の庭にはいっていったヘスター嬢の愛犬「魔術師ガザージ氏の庭で」クリス・バン・オールスバーグ作；辺見まさなお訳　ほるぷ出版　1981年2月

いぬ（プルートン）
バルサザール王の王子イレーヌスといちばんなかよしの子いぬ「クリスマスのおくりもの」コルネリス・ウィルクスハウス作；リタ・ヴァン・ビルゼン絵；高村喜美子訳　講談社　1978年11月

いぬ（プレッツェル）
せかいいちどうながのダックスフントでドッグショーでゆうしょうしたいぬ「どうながのプレッツェル」マーグレット・レイ文；H.A.レイ絵；わたなべしげお訳　福音館書店（世界傑作絵本シリーズ・アメリカの絵本）1978年10月

いぬ（フレッド）
7ひきのテディベアのくまたちとくらすいぬ「うみへいこうよ」スザンナ・グレッツ作・絵；各務三郎訳　岩崎書店（テディベアのえほん1）1984年8月

いぬ（フレッド）
7ひきのテディベアのくまたちとくらすいぬ「かいものいっぱい」スザンナ・グレッツ作・絵；各務三郎訳　岩崎書店（テディベアのえほん4）1984年10月

いぬ（フレッド）
7ひきのテディベアのくまたちとくらすいぬ「かぜひいちゃった」スザンナ・グレッツ作・絵；各務三郎訳　岩崎書店（テディベアのえほん8）1985年3月

いぬ（フレッド）
7ひきのテディベアのくまたちとくらすいぬ「ひっこしおおさわぎ」スザンナ・グレッツ作・絵；各務三郎訳　岩崎書店（テディベアのえほん2）1984年10月

いぬ（フレッド）
7ひきのテディベアのくまたちとくらすいぬ「雨の日のうちゅうせんごっこ」スザンナ・グレッツ作・絵；各務三郎訳　岩崎書店（テディベアのえほん3）1984年10月

いぬ（フレッド）
うさぎの子のジャックがふくをきせてともだちのフレッドだといってうちにいれたいぬ「ぼくがほんとにほしいもの」バイロン・バートン作・絵；海輪聡訳　ポプラ社（世界のほんやくえほん2）1976年10月

いぬ（フレッド）
ちびいぬのテッドのおともだちのでかいいぬ「でかワン・ちびワンものがたり」P.D.イーストマン作；久米穣訳　講談社（講談社のピクチュアブック1）1979年5月

いぬ(ブロチェック)
トニークというおとこのこといっしょにきからおちてみえなくなったせいようなしをさがしたいぬ 「おっこちたせいようなし」 エドゥアルト・ペチシュカ作;千野栄一訳;森茂子絵 福音館書店 1984年10月

いぬ(ヘクターくん)
ロバのロバちゃんのおともだちのいぬ 「ロバのロバちゃん」 ロジャー・デュボアザン文・絵;厨川圭子訳 偕成社 1969年5月

いぬ(ヘクラ)
おそろしいりょうけん 「ぎんぎつねものがたり(後編)」 シートン原作;小林清之介文;日隈泉絵 チャイルド本社(チャイルド絵本館・シートン動物記10) 1985年1月

いぬ(ヘクラ)
おそろしいりょうけん 「ぎんぎつねものがたり(前編)」 シートン原作;小林清之介文;日隈泉絵 チャイルド本社(チャイルド絵本館・シートン動物記9) 1984年12月

いぬ(ベース)
マーヤというおんなのこのなかよしでひよこのピーコがきてからあそんでもらえなくなったいぬ 「ピーコはすてきなおともだち」 メルセ・C.ゴンザレス作;アグスティ・A.サウリ絵;浜祥子文 学習研究社(国際版せかいのえほん22) 1985年1月

いぬ(ペペ)
サーカスのきょくげいしペレさんのいぬ 「ちいさなよるのおんがくかい」 リブシェ・パレチコバー作;ヨゼフ・パレチェック絵;竹下文子訳 フレーベル館 1981年11月

いぬ(ペレ)
おうさまやおうじょさまといっしょにもりへさんぽにいったいぬ 「おうじょさまのぼうけん」 エルサ・ベスコフ作・絵;石井登志子訳 フレーベル館 1985年4月

いぬ(ベろ)
こねこのぴっちがかわれていたりぜっとおばあさんのうちのいぬ 「こねこのぴっち」 ハンス・フィッシャー文・絵;石井桃子訳 岩波書店(岩波の子どもの本) 1954年12月

いぬ(ベロ)
リゼッテおばあちゃんがかっていたどうぶつたちのなかの一ぴきのいぬ 「たんじょうび」 ハンス・フィッシャー文・絵;おおつかゆうぞう訳 福音館書店(世界傑作絵本シリーズ・スイスの絵本) 1965年10月

いぬ(ベンジー)
うちのひとたちがたびをするのにのっていったふねにそっくりなおおきなふねにのりこんでしまったいぬ 「ベンジーのふねのたび」 マーガレット・ブロイ・グレアム作;渡辺茂男訳 福音館書店(世界傑作絵本シリーズ・アメリカの絵本) 1980年4月

いぬ(ベンジャミン)
まいにちまいにち1ねんに365かいもたんじょうびプレゼントのつつみをひらくことになったいぬ 「1ねんに365のたんじょう日-プレゼントをもらったベンジャミンのおはなし」 ジュディ・バレット作;ロン・バレット絵;松岡享子訳 偕成社 1978年8月

いぬ

いぬ(ボジャー)
山でひとりでキャンプをしようとしたクリストファーについてきたいぬ 「ひとりぼっちのキャンプ」 キャロル・カリック作；ドナルド・カリック絵；渡辺安佐子訳 岩崎書店（新・創作絵本 19） 1980年12月

犬(ポシャン)　いぬ(ぽしゃん)
カスパー・シュリッヒじいさんに池に投げこまれたのをパウルとペーターのきょうだいにたすけられて家につれていってもらった子犬 「いたずら子犬ポシャンとポトム」 ヴィルヘルム・ブッシュ文・絵；上田真而子訳 岩波書店 1986年4月

いぬ(ボス)
こぐまのミーシャのともだちのいぬ 「かえってきたミーシャ」 チェスワフ・ヤンチャルスキ文；ズビグニエフ・ルィフリツキ絵；坂倉千鶴訳 ほるぷ出版 1985年5月

犬(ボス)　いぬ(ぼす)
ぬいぐるみのこぐまのミーシャがいったヤツェクとゾーシャのうちの小犬 「ミーシャのぼうけん」 チェスワフ・ヤンチャルスキ文；ズビグニエフ・ルィフリツキ絵；坂倉千鶴訳 ほるぷ出版 1985年5月

犬(ポトム)　いぬ(ぽとむ)
カスパー・シュリッヒじいさんに池に投げこまれたのをパウルとペーターのきょうだいにたすけられて家につれていってもらった子犬 「いたずら子犬ポシャンとポトム」 ヴィルヘルム・ブッシュ文・絵；上田真而子訳 岩波書店 1986年4月

いぬ(ボブ)
しらないいぬがもっていたきれいなボールをレタスばたけにかくしてしまったいぬ 「すてきなボール」 アッティリオ・カッシネリ絵；カレン・グントルプ作；岸田衿子訳 ひかりのくに（アッティリオとカレンのえほん） 1973年1月

いぬ(マーフィー)
ビジー町のけいかんのいぬ 「スカーリーおじさんの はたらく人たち」 リチャード・スカーリー文；稲垣達朗訳 評論社（児童図書館・絵本の部屋） 1982年6月

いぬ(マーフィじゅんさ)
ビジータウンのいぬのじゅんさ 「おしゃべりおばけパン」 リチャード・スキャリー作；國眼隆一訳 ブック・ローン出版（スキャリーおじさんのどうぶつえほん13） 1984年8月

いぬ(マーフィじゅんさ)
ビジータウンのいぬのじゅんさ 「サンタさんのいそがしい1にち」 リチャード・スキャリー作；國眼隆一訳 ブック・ローン出版（スキャリーおじさんのどうぶつえほん15） 1984年8月

いぬ(マーフィじゅんさ)
ビジータウンのいぬのじゅんさ 「しっぱいしっぱいまたしっぱい」 リチャード・スキャリー作；國眼隆一訳 ブック・ローン出版（スキャリーおじさんのどうぶつえほん8） 1980年1月

犬(マルチパン)　いぬ(まるちぱん)
ピンピーぼうやのうちにやってきた大きいのにおくびょうな犬 「ピンピーとおくびょう犬」 G.R.パウケット作；H.ランゲンファス画；桂芳樹訳 小学館（世界の創作童話16） 1980年11月

いぬ（ミーナ）
おじいさんにおこられていえをでていってであっただれかにすきになってもらおうとしたさびしがりやのいぬ 「さびしがりやのミーナ」 ハンス・ペーターソン文；エレーナ・エルムクヴィスト絵；たせまり訳 文化出版局 1982年8月

犬（ミラリク） いぬ（みらりく）
グリーンランドのイカミウットの町に住むマスという男の子が六歳の誕生日にもらったそり犬の小犬 「マスとミラリク－グリーンランドの絵本」 スベン・オットー作；奥田継夫；木村由利子訳 評論社（児童図書館・絵本の部屋） 1979年12月

いぬ（ミンミ）
楽しい夢をみたこいぬ 「ナイト・ブック－夜、おきていたら…？」 マウリ・クンナス作；稲垣美晴訳 偕成社 1985年1月

犬（メソメソ） いぬ（めそめそ）
スザンナと友だちになった思いがけない人たちのなかのひとりヘムレンの犬 「ムーミン谷へのふしぎな旅」 トーベ・ヤンソン作；小野寺百合子訳 講談社 1980年4月

いぬ（めちゃいぬ）
こころをいれかえておりこうさんになろうとおもってうちのアリをたいじしてやることにきめためちゃいぬ 「やったぜめちゃいぬ」 フランク・ミュール作；ジョーゼフ・ライト絵；舟崎克彦訳 佑学社（ヨーロッパ創作絵本シリーズ37） 1980年9月

いぬ（めちゃいぬ）
みんなにめちゃいぬというよびかたをやめさせてほんとうのなまえのプリンスとしてあつかってもらいたいとかんがえたこいぬ 「めちゃいぬおうじ」 フランク・ミュール作；ジョーゼフ・ライト絵；舟崎克彦訳 佑学社（ヨーロッパ創作絵本シリーズ38） 1981年5月

犬（めちゃ犬） いぬ（めちゃいぬ）
うつくしいアフガン犬のかあさんとはちがってめちゃくちゃなことばかりしている小犬 「ぼくはめちゃ犬」 フランク・ミュール作；ジョーゼフ・ライト絵；舟崎克彦訳 佑学社（ヨーロッパ創作絵本シリーズ23） 1979年1月

犬（モジャ） いぬ（もじゃ）
クッデルバッハの町でハンスといっしょにやさしい犬どろぼうのフーゴのてつだいをしたけむくじゃらの犬 「やさしい犬どろぼうのお話」 K.ブランドリ；B.シュタウファー作；H.アルテンブルガー画；渡辺和雄訳 小学館（世界の創作童話9） 1979年12月

いぬ（ヤン）
マリアンちゃんのつくったおもちゃのようなふねにのってかわをくだってちいさいしまにいったいぬ 「ピクニックにいかない？」 マグリット・ヘイマン作・絵；関根栄一文 エミール館 1979年11月

犬（ユリク） いぬ（ゆりく）
年頃のねこリジンカが好きになった近所のはずかしがりやの犬 「森と牧場のものがたり」 ヨセフ・ラダ絵；ヴィエラ・プロヴァズニコヴァー文；さくまゆみこ訳 佑学社（おはなし画集シリーズ2） 1980年6月

いぬ

犬（ロディゴ）　いぬ（ろでぃご）
シューシュコの町のくつやのおじさんの家にねずみのウーさんとねこのミーオラといっしょにくらしていた犬「ねずみのウーくん」マリー・ホール・エッツ作；田辺五十鈴訳　冨山房　1983年11月

犬（ローラ）　いぬ（ろーら）
アリスがたんじょう日のプレゼントにもらったまっくろな毛糸だまみたいな子犬できゅうに大きくなったニューファンドランド種の犬「まっくろローラ−海のぼうけん」フィリップ・デュマ文・絵；末松氷海子訳　国土社（ローラのぼうけんえほん1）　1980年6月

犬（ローラ）　いぬ（ろーら）
アリスとエミールと三人だけの汽車のたびをしてパリのおじいちゃんのところへいった大きなしろい犬「まっくろローラ−おふろのぼうけん」フィリップ・デュマ文・絵；末松氷海子訳　国土社（ローラのぼうけんえほん4）　1982年6月

犬（ローラ）　いぬ（ろーら）
アリスとエミールのおもりをしてふたりをパリまでつれていった大きくてくろいニューファンドランド犬「まっくろローラ−パリへのたび」フィリップ・デュマ文・絵；末松氷海子訳　国土社（ローラのぼうけんえほん2）　1980年6月

犬（ローラ）　いぬ（ろーら）
アリス一家のかい犬でピクニックにいった海でほらあなにいたどろぼうだんをつかまえた大きな犬「まっくろローラ−どろぼうたいじ」フィリップ・デュマ文・絵；末松氷海子訳　国土社（ローラのぼうけんえほん3）　1980年7月

いぬ（わんきち）
がちょうのたまごとほかのどうぶつたちとりょこうにでかけたいぬ「がちょうのたまごのぼうけん」エバ・ザレンビーナ作；内田莉莎子訳；太田大八画　福音館書店　1985年4月

イノ
アメリカのかたいなかテネシーのふかーい大きな森でくらしていたじっさまの三びきのいぬのいっぴき「しりっぽおばけ」ジョアンナ・ガルドン再話；ポール・ガルドン絵；代田昇訳　岩崎書店（新・創作絵本9）　1979年9月

いのしし（グロンクルさん）
ビジータウンのいつもごきげんななめのいのししのおじさん「サンタさんのいそがしい1にち」リチャード・スキャリー作；國眼隆一訳　ブック・ローン出版（スキャリーおじさんのどうぶつえほん15）　1984年8月

いのしし（ブランブルズ）
あまりおしゃれをしないいのしし「ディンゴはじどうしゃがだいすき」リチャード・スキャリー作；國眼隆一訳　ブックローン出版（スキャリーおじさんのどうぶつえほん13）　1982年5月

いのしし（ブランブルズ）
あまりおしゃれをしないいのしし「ゆかいなゆかいなあわてんぼう」リチャード・スキャリー作；國眼隆一訳　ブックローン出版（スキャリーおじさんのどうぶつえほん7）　1980年1月

いばら
こうもりとうと三にんで商売をすることになったいばら「イソップものがたり」ハイジ・ホルダー絵；三田村信行文　偕成社　1983年11月

いばらひめ
いばらのかきのなかにあったおしろに百年このかたねむりつづけている美しいおひめさま 「いばらひめ-グリム童話より」 エロール・ル・カイン絵;矢川澄子訳 ほるぷ出版 1975年9月

いばらひめ
いばらのかきのなかにあるおしろに百年このかたねむりつづけているおひめさま 「いばらひめ-グリム童話」 スベン・オットー絵;矢川澄子訳 評論社(児童図書館・絵本の部屋) 1978年12月

いばらひめ
いばらの垣の中にあるお城に百年このかたねむりつづけている美しいおひめさま 「いばらひめ」 グリム作;矢川澄子訳 篠原勝之絵 小学館(世界のメルヘン絵本21) 1979年11月

いばら姫　いばらひめ
魔女にのろいをかけられていばらのしげった森のおくのお城に百年のあいだねむっている美しいお姫さま 「ねむれる森の美女」 ペロー原作;オタ・ヤネチェク絵;高橋ひろゆき文 佑学社(名作バレー物語シリーズ) 1978年11月

イヴァール
猟師の罠にかかって傷を負った豹のオレッグを介抱してやった白熊 「雪国の豹オレッグ」 ジャン=クロード・ブリスビル文;ダニエル・ブール絵;串田孫一訳 集英社 1980年12月

いぶ
かみさまがあだむというおとこのこといっしょにおつくりになったおんなのこ 「にんげんがうまれたころのおはなし」 リスル・ウェイル作;村松加代子訳 ほるぷ出版 1979年3月

イブ
アダムとともにかみさまがつくったさいしょの人間でかみさまのいいつけをやぶったのでエデンの園から出された女 「十字架ものがたり」 ブライアン・ワイルドスミス作・絵;わたなべひさよ訳 らくだ出版 1983年11月

妹　いもうと
「わたし」の耳がきこえない妹 「わたしの妹は耳がきこえません」 ジーン・W.ピーターソン作;デボラ・レイ絵;土井美代子訳 偕成社 1982年11月

妹　いもうと
赤ちゃんをつれてひとりぐらしの「私」の家にいっしょに住もうといってやってきた妹 「妹はクレイジー」 M.B.ゴフスタイン作・絵;落合恵子訳 アテネ書房 1980年5月

いもむし
風車小屋でひとりでくらすこなひきのハンスのぼうしのへりに毎日いるようになった小さないもむし 「ひとりぼっちのハンス」 バーナデット・ワッツ絵・文;宮下啓三訳 講談社(世界の絵本スイス) 1972年3月

イーヨー
クマのプーさんの森の友だちのロバ 「クマのプーさん」 A.A.ミルン文;E.H.シェパード絵;石井桃子訳 岩波書店 1968年12月

いよ

イーヨー
クマのプーの森の友だちの灰色ロバ「イーヨーのあたらしいうち」A.A.ミルン文；E.H.シェパード絵；石井桃子訳　岩波書店（クマのプーさんえほん9）1982年9月

イーヨー
クマのプーの森の友だちの灰色ロバ「イーヨーのたんじょうび」A.A.ミルン文；E.H.シェパード絵；石井桃子訳　岩波書店（クマのプーさんえほん4）1982年6月

イーヨー
クマのプーの森の友だちの灰色ロバ「トラー木にのぼる」A.A.ミルン文；E.H.シェパード絵；石井桃子訳　岩波書店（クマのプーさんえほん11）1983年2月

イーヨー
クマのプーの森の友だちの灰色ロバ「プーのたのしいパーティー」A.A.ミルン文；E.H.シェパード絵；石井桃子訳　岩波書店（クマのプーさんえほん8）1982年9月

イーヨー
クマのプーの森の友だちの灰色ロバ「フクロのひっこし」A.A.ミルン文；E.H.シェパード絵；石井桃子訳　岩波書店（クマのプーさんえほん15）1983年2月

イーライ
としをとっておくびょうになりのこりかすのほねをハゲタカどもといっしょにしゃぶるありさまになったライオン「イーライじいさんのすてきなともだち」ビル・ピート作・絵；山下明生訳　佼成出版社（ピートの絵本シリーズ13）1986年2月

いるか
うみべのちいさなむらのこリッポとメリーナをせなかにのせてうみのなかまでつれていってあげたいるか「いるかのうみ」ティツィアーノ・チペレッティ作；ミシェル・サンバン絵；安藤美紀夫訳　佑学社（ヨーロッパ創作絵本シリーズ32）1979年9月

イルゼビル
海のちかくの大きなわれがめに住んでいた漁師のおかみさん「漁師とおかみさん-グリム童話」モニカ・レイムグルーバー絵；寺岡悧訳　ほるぷ出版　1985年2月

イルマン夫人　いるまんふじん
動物たちの最後の楽園ないない谷にくらしているアラビアオリックスの詩人ヘルマン氏の奥さん「ないない谷の物語1　ようこそないない谷へ」インマ・ドロス；ハリー・ギーレン文；マイケル・ジュップ絵；舟崎克彦訳　ブック・ローン出版　1982年11月

イレーヌス
バルサザール王についておくりものをもってかみさまの子にあいにいった王子「クリスマスのおくりもの」コルネリス・ウィルクスハウス作；リタ・ヴァン・ビルゼン絵；高村喜美子訳　講談社　1978年11月

いろどろぼう
つめたい白いっしょくのけしきのなかにたつ白いとうのなかにいたいろとりどりのきみょないろどろぼうのおとこ「ヒューゴといろどろぼう」トニー・ロス作・絵；やまだよしこ訳　篠崎書林　1978年7月

イワン
あるむらにすんでいたおひゃくしょうの三にんのむすこたちのいちばんしたのばかでのんきもののむすこ 「せむしのこうま」 ラズーチン原作；たかしよいち文；瀬川康男絵　世界出版社（ABCブック）　1970年1月

イワン
ある村にすんでいたおじいさんの3人のむすこのすえのむすこのおばかさんで魔法のせむしの小馬を手に入れた若もの 「せむしの小馬」 エルショフ作；コチェルギン絵；福井研介訳　新読書社（ソビエトの子どもの本）　1986年11月

イワン
ある日はたけのなかからおおきな青銅のつりがねをみつけだしたおひゃくしょう 「みどり色のつりがね」 プロイスラー文；ホルツィング絵；中村浩三訳　偕成社　1980年3月

イワン
おじいさんの三人のむすこの三ばんめのむすこで「イワンのばか」とよばれていた若者 「銀色の馬－ロシアの民話」 マーブリナ絵；ばばともこ訳　新読書社　1983年12月

イワン
ふたりのにいさんに「ばかのイワン」とよばれていたおとこでせむしのこうまをもっていたわかもの 「せむしのこうま」 石部正信画；新谷峰子文　ひかりのくに（世界名作えほん全集4）　1966年1月

イワン
ヘビの王さまの娘の命をたすけたお礼に王さまから魔法のゆびわをもらった村のまずしいわかもの 「魔法のゆびわ－ロシア民話」 ミハル・ロンベルグ絵；柏木美津訳　佑学社（世界の名作童話シリーズ）　1979年1月

イワン
ベレンディおうのにわからきんのりんごをぬすんでいたひのとりをつかまえにでかけた三にんのむすこのなかのいちばんしたのおうじ 「はいいろのおおかみ」 アレクセイ・トルストイ再話；タチアーナ・マヴリナ絵；宮川やすえ文　らくだ出版（世界の絵本シリーズ ソ連編5）　1975年2月

イワン
むかしロシアにいたかねもちのおひゃくしょうの三にんのむすこのすえっこのばかでなまけものだったむすこ 「きんのたまご」 ソコロフきょうだい原作；中村融文；センバ・太郎絵　世界出版社（ABCブック）　1970年2月

イワン
冬のあいだ小鬼どもに次から次へといたずらをされた谷間の村の一家のわかもの、ピーターのにいさん 「あくまっぱらい！」 ゲイル・E.ヘイリー作；芦野あき訳　ほるぷ出版　1980年5月

イワンおうじ
たかとわしとからすとけっこんした三にんのいもうとをさがしにでかけてうつくしいマリアじょおうとけっこんしたおうじ 「マリアじょおう」 アレクサンドラ・アファナーシェフ録話；タチアーナ・マヴリナ絵；宮川やすえ再話　らくだ出版（世界の絵本シリーズ ソ連編5）　1975年2月

いわん

イワン王子　いわんおうじ
ある王国の3人の王子のいちばんしたで王さまにいわれてかえるをおきさきにした王子 「かえるの王女-ロシアのむかしばなし」 タチャーナ・マーヴリナ作・絵；松谷さやか訳　ほるぷ出版　1984年11月

イワン王子　いわんおうじ
ベレンディ王の果樹園にやってきては金のリンゴをぬすんでいた火の鳥を見つけるようにめいじられた三人の王子の一番下の王子 「火の鳥-ロシアの民話」 I.イェルショフ；K.イェルショワ絵；坂本市郎訳　新読書社　1982年11月

イワン王子　いわんおうじ
自分が生まれおちたその日から花よめにするようにさだめられた美しいワシリーサ姫をさがす旅にでた王子 「火の鳥」 ルジェック・マニャーセック絵；高橋ひろゆき文　佑学社（名作バレー物語シリーズ）　1978年12月

インク先生　いんくせんせい
フェリクスとクリストリープ兄妹の家にやってきたおそろしい家庭教師 「ふしぎな子」 E.T.A.ホフマン文；リスベート・ツヴェルガー画；矢川澄子訳　冨山房　1985年12月

インゲ
にわにほかのこどもがいないのでこざかなのハラルドとことりのフィリップと3にんであそんだこぶたちゃん 「いっしょにあそぼうよ」 フリードリヒ・カール・ヴェヒター文・絵；尾崎賢治訳　アリス館　1983年3月

インゲ
ひとりでいるよりほかのこといっしょにあそぶほうがおもしろいのにとおもっていたぶたのおんなのこ 「いっしょにあそぼうよ」 フリードリヒ・カール・ヴェヒター文・絵；尾崎賢治訳　アリス館　1978年4月

インジ
たくさんの持参金をもってハンサムなラースと結婚しようとしたトロールのおへちゃのむすめ 「ヘルガの持参金」 トミー・デ・パオラ作；ゆあさふみえ訳　ほるぷ出版　1981年9月

いんであん
こねこのねるがさかなのせなかにのっていったくににいたいんであんのおじさんたち 「こねこのねる」 ディック・ブルーナ文・絵；石井桃子訳　福音館書店（子どもがはじめてであう絵本）　1968年11月

インディアン
アメリカたいりくの北のほうの大きな森や川やこおりのへいげんが広がっているところにすんでいた人びと 「ムースの大だいこ-カナダ・インディアンのおはなし」 秋野和子再話；秋野亥左牟画　福音館書店　1986年3月

インディアン
スウェーデンのげんしじんヘーデンホスおやこをかんげいしたこころやさしいインディアン 「アメリカりょこう」 バッティル・アルムクビスト絵・文；やまのうちきよこ訳　徳間書店（げんしじんヘーデンホスシリーズ5）　1974年10月

インディアン
むかしアメリカのアリゲーターというちいさなむらにすんでいたインディアンとよばれるひとたち 「とうもろこしおばあさん-アメリカ・インディアン民話」 秋野和子再話;秋野亥左牟画 福音館書店 1982年8月

インディアンのむすめ(むすめ)
うまをかいバッファローをおってくらすアメリカ・インディアンの村にいたうまがだいすきなむすめ 「野うまになったむすめ」 ポール・ゴーブル作;神宮輝夫訳 ほるぷ出版 1980年7月

イン・トオル(トオル)
金庫山のふもとにすむおじいさんとおばあさんのはたけにみのった銀の豆からでてきたはたらきものの女の子 「金の瓜と銀の豆」 チャオ・エンイ文;ホー・ミン絵;君島久子訳 ほるぷ出版 1980年8月

インドラ
1000のめをもったかみがみのおう 「おひさまをほしがったハヌマン-インドの大昔の物語「ラーマーヤナ」より」 A.ラマチャンドラン文・絵;松居直訳 福音館書店 1973年6月

【う】

う
こうもりといばらと三にんで商売をすることになったう 「イソップものがたり」 ハイジ・ホルダー絵;三田村信行文 偕成社 1983年11月

ウィグ
クリスマスにこびとのおじいさんトムテンといっしょにプレゼントをくばったおやなしごのおとこのこ 「クリスマス・トムテン-スウェーデンのサンタクロース」 ヴィクトール・リュードベリィ作;ハーラルド・ヴィベリ絵;岡本浜江訳 佑学社 1982年12月

ウィケット・ドラゴン
円卓のくにのジェニー王女をさらったいじわるなやつ 「ティンカーとタンカーえんたくのくにへ」 リチャード・スカーリー作;小野和子訳 評論社(ティンカーとタンカーの絵本4) 1978年11月

ウィニー
小さな谷間の家にすんでいた三びきの悪いたちの一ぴき 「グレー・ラビットいたちにつかまる」 アリスン・アトリー作;マーガレット・テンペスト絵;神宮輝夫;河野純三訳 評論社(児童図書館・絵本の部屋 グレー・ラビット4) 1979年11月

ウィリー
どぶねずみギャングにゆうかいされてはつかねずみのティムにたすけてもらったかえる 「ティムといかだのきゅうじょたい」 ジュディ・ブルック作;牧田松子訳 冨山房 1979年8月

ウィリー
ピーターのうちのいぬ 「ピーターのいす」 エズラ・ジャック・キーツ作・画;木島始訳 偕成社(キーツの絵本) 1969年10月

うぃり

ウィリー
ピーターのうちのいぬ 「ピーターのくちぶえ」 エズラ・ジャック・キーツ作・画;木島始訳 偕成社(キーツの絵本) 1974年2月

ウィリー
ピーターのうちのいぬ 「ピーターのてがみ」 エズラ・ジャック・キーツ作・画;木島始訳 偕成社(キーツの絵本) 1974年7月

ウィリー
ピーターのうちのいぬ 「ピーターのめがね」 エズラ・ジャック・キーツ作・画;木島始訳 偕成社(キーツの絵本) 1975年11月

ウィリー
ピーターのうちのいぬ 「やあ、ねこくん!」 エズラ・ジャック・キーツ作・画;木島始訳 偕成社(キーツの絵本) 1978年12月

ウィリー
フォックスウッドのむらにすむなかよし3にんぐみのハリネズミのおとこのこ 「いっとうしょうはだあれ」 シンシア・パターソン;ブライアン・パターソン作・絵;三木卓訳 金の星社(フォックスウッドものがたり3) 1986年12月

ウィリー
フォックスウッドのむらにすむなかよし3にんぐみのハリネズミのおとこのこ 「つきよのぼうけん」 シンシア・パターソン;ブライアン・パターソン作・絵;三木卓訳 金の星社(フォックスウッドものがたり2) 1986年7月

ウィリー
フォックスウッドのむらにすむなかよし3にんぐみのハリネズミのおとこのこ 「レモネードはいかが」 シンシア・パターソン;ブライアン・パターソン作・絵;三木卓訳 金の星社(フォックスウッドものがたり1) 1986年7月

ウイリー
あしたからがっこうへいくおとこのこがねむれなくてずっとはなしかけていたぬいぐるみのくま 「あした、がっこうへいくんだよ」 ミルドレッド・カントロウィッツ文;ナンシー・ウィンスロー・パーカー絵;せたていじ訳 評論社(児童図書館・絵本の部屋) 1981年9月

ウィリアム
あついなつの日にうみにでかけたテディベアのくま 「うみへいこうよ」 スザンナ・グレッツ作・絵;各務三郎訳 岩崎書店(テディベアのえほん1) 1984年8月

ウィリアム
うまになってもスカンクになってもなんになってもおかあさんにみつけられてしまったおとこのこ 「どれがぼくかわかる?」 カーラ・カスキン文・絵;與田静訳 偕成社 1970年7月

ウィリアム
かいものリストをかいてスーパーマーケットにいったテディベアのくま 「かいものいっぱい」 スザンナ・グレッツ作・絵;各務三郎訳 岩崎書店(テディベアのえほん4) 1984年10月

ウィリアム
かぜをひいてねたきりになったテディベアのくま「かぜひいちゃった」スザンナ・グレッツ作・絵；各務三郎訳　岩崎書店(テディベアのえほん8)　1985年3月

ウィリアム
なんでもできるデキナイさんがもりへさんぽにいってあったおとこのこ「デキナイさん」ロジャー・ハーグレーヴス作；おのかずこ訳　評論社(みすた・ぶっくす14)　1985年12月

ウィリアム
みどり通りのあたらしいうちにひっこしたテディベアのくま「ひっこしおおさわぎ」スザンナ・グレッツ作・絵；各務三郎訳　岩崎書店(テディベアのえほん2)　1984年10月

ウィリアム
雨の日にうちのなかでうちゅう船ごっこをしたテディベアのくま「雨の日のうちゅうせんごっこ」スザンナ・グレッツ作・絵；各務三郎訳　岩崎書店(テディベアのえほん3)　1984年10月

ウィリアム
小さな谷間の家にすんでいた三びきの悪いたちの一ぴき「グレー・ラビットいたちにつかまる」アリスン・アトリー作；マーガレット・テンペスト絵；神宮輝夫；河野純三訳　評論社(児童図書館・絵本の部屋　グレー・ラビット4)　1979年11月

ウィリアムおじさん
てつどうがもうはしっていないたそがれえきにすんでいたなんにんかのとしよりでとてもびんぼうなひとたちのひとりのおじさん「たそがれえきのひとびと」チャールズ・キーピング文・絵；わたなべひさよ訳　らくだ出版　1983年11月

ウィリアム・テル(テル)
むかしスイスというくにのおおきなみずうみのそばにすんでいたゆみのじょうずなかりうど「ウィリアム・テル」シラー原作；村山知義文；永井潔絵　世界出版社(ABCブック)　1970年2月

ウィリス
ネス湖を出てロンドンにやってきた怪獣ネッシーの身上ばなしを聞いてやり女王さまに言上してやったスコットランドのへっぽこ詩人「ネス湖のネッシー大あばれ」テッド・ヒューズ作；ジェラルド・ローズ絵；丸谷才一訳　小学館　1980年12月

ウィル
なかよしのピーターがひっこしてしまったロバートの学校にきたてん校生「ひっこしした子してきた子」アリキ文・絵；青木信義訳　ぬぷん児童図書出版(ぬぷん絵本シリーズ4)　1983年4月

ウィルキィ
えをかくのがとてもすきであるときおおきくてまるいちきゅうのえをかきたいようやくさきやどうぶつたちをかいていったおとこのこ「ウィルキィのちきゅう」エディス・サッチャー・ハード作；クレメント・ハード絵；みやけおきこ訳　トモ企画　1984年1月

ウィルフレッド
アップルおじさんたちといっしょにのばらの村のむこうの山ハイ・ヒルズに行ったねずみの男の子「ウィルフレッドの山登り」ジル・バークレム作；岸田衿子訳　講談社(のばらの村のものがたり)　1986年1月

ういる

ウィルフレッド
のばらの村のしでの木の家のねずみの男の子 「春のピクニック」 ジル・バークレム作;岸田衿子訳　講談社(のばらの村のものがたり)　1981年5月

ウィルフレッド
もりねずみだんしゃくのかしの木やかたの上のほうにひみつの屋根うら部屋をみつけたねずみの男の子 「ひみつのかいだん」 ジル・バークレム作;岸田衿子訳　講談社(のばらの村のものがたり)　1983年11月

ウイレットさん
どうろそうじのおじさん 「まどのむこう」 チャールズ・キーピング絵・文;いのくまようこ訳　らくだ出版　1971年11月

ウィンキー
小さな谷間の家にすんでいた三びきの悪いたちの一ぴき 「グレー・ラビットいたちにつかまる」 アリスン・アトリー作;マーガレット・テンペスト絵;神宮輝夫・河野純三訳　評論社(児童図書館・絵本の部屋　グレー・ラビット4)　1979年11月

ウインクル
はなのあたまがしろいナップといっしょににわでほりだしたいっぽんのほねをじぶんのほねだといったしっぽのさきがしろいいぬ 「ナップとウインクル」 ウィリアム・リプキンド;ニコラス・モードヴィノフ作;河津千代訳　アリス館牧新社　1976年11月

ウィンディ
まいしゅうどようびにパパがむかえにきてくれてパパのアパートへいくのをたのしみにしているおんなのこ 「わたしのパパ」 ジャネット・ケインズ文;ロナルド・ハイムラー絵;代田昇訳　岩崎書店(新・創作絵本5)　1979年1月

ウインドミル
クレタ島の高台の村ではたらいていたちからもちのろばで風がぱったりとやんでうごかなくなった風車をつよいいきのちからでまわしたのでウインドミル(風車)とよばれるようになったろば 「ろばのウインドミル」 マイケル・ボンド作;トニー・カッタネオ絵;代田昇訳　ほるぷ出版　1976年3月

ウェイ・アッチャ
かぞくのみんなとはなれてたべものをさがしにいってわなにかかってしまったげんきなあらいぐまのこども 「キルダーがわのあらいぐま」 シートン原作;小林清之介文;清水勝絵　チャイルド本社(チャイルド絵本館・シートン動物記4)　1984年7月

ウェルレッド王子　うぇるれっどおうじ
ピックル＝パイが大すきな王さまの国のおひめさまのけっこんあいてにえらばれた三人の王子さまのひとり 「王さまのすきなピックル＝パイ」 ジョリー・ロジャー・ブラッドフィールド文;飯沢匡訳　講談社(世界の絵本アメリカ)　1971年4月

ウェンデリン
あかいぼうしにあかいふくをきてステッキをもってとおくまでおでかけをしたおとこのこ 「ウェンデリンはどこかな？」 ヴィルフリード・ブレヒャー文・絵;前川康男訳　偕成社　1969年10月

ウォーター
とてもおしゃれなかわねずみ 「グレー・ラビットスケートにゆく」 アリスン・アトリー作；マーガレット・テンペスト絵；神宮輝夫；河野純三訳 評論社(児童図書館・絵本の部屋 グレー・ラビット1) 1978年12月

ウォーター
とてもおしゃれなかわねずみ 「グレー・ラビットのスケッチ・ブック」 アリスン・アトリー作；マーガレット・テンペスト絵；河野純三訳 評論社(児童図書館・絵本の部屋 グレー・ラビット10) 1982年11月

ウォーレス
にんげんのすることならなんでもやってみたくなってときどきどうぶつえんからにげだしていくオランウータン 「ウォーレスはどこに？」 ヒラリー・ナイト絵・文；木島始訳 講談社(講談社の翻訳絵本) 1983年11月

ウォーレンさん
いなかのむらからロンドンにでたしょうねんデックがはたらくことになったおかねもちのうちのひと 「デックとねこ」 ベラ・サウスゲイト再話；エリック・ウインター絵；秋晴二；敷地松二郎訳編 アドアンゲン 1974年6月

ウグイス
シャムの王さまの末のお姫さまの九月姫が死んでしまったオウムのかわりにかった歌がじょうずなウグイス 「九月姫とウグイス」 サマセット・モーム文；光吉夏弥訳；武井武雄絵 岩波書店(岩波の子どもの本) 1954年12月

ウグイス(チチとチッチイ)
スイスの山おくのカンテルドンという村にすむビトリンとバベティンの家のうしろのメギの木に巣をつくったちいさいウグイスたち 「ナシの木とシラカバとメギの木」 アロイス・カリジェ文・絵；大塚勇三訳 岩波書店 1970年11月

ウゲ族　うげぞく
アフリカの部族の人びと 「絵本アフリカの人びと-26部族のくらし」 レオ・ディロン；ダイアン・ディロン絵；マーガレット・マスグローブ文；西江雅之訳 偕成社 1982年1月

うさぎ
ある日たまごからかえったばかりのひよこにであってひよこのおとうさんになったうさぎ 「ともだちできたかな？」 M.W.ブラウン作；L.ワイスガード絵；各務三郎訳 岩崎書店(えほん・ドリームランド26) 1984年7月

うさぎ
ある日のこと外からうさぎ工場に送りこまれてきた小さな茶色うさぎ 「うさぎの島」 イエルク・シュタイナー文；イエルク・ミュラー絵；大島かおり訳 ほるぷ出版 1984年12月

うさぎ
イースターにせかいじゅうの子どもたちにたまごをとどけるイースターうさぎになった二十一ぴきの野うさぎの子どものおかあさんうさぎ 「かあさんうさぎと金のくつ」 ドボーズ・ヘイワード原作；加藤久子文；富永秀夫絵 女子パウロ会 1980年3月

うさぎ

うさぎ
いえをでてどこかへいってみたくなりかあさんうさぎに「ぼくにげちゃうよ」といったこうさぎ 「ぼくにげちゃうよ」 マーガレット・ワイズ・ブラウン文；クレメント・ハード絵；岩田みみ訳 ほるぷ出版 1976年9月

うさぎ
うさぎ工場でもう長いことくらしている年とった大きな灰色うさぎ 「うさぎの島」 イエルク・シュタイナー文；イエルク・ミュラー絵；大島かおり訳 ほるぷ出版 1984年12月

うさぎ
うつくしいにわにすみとしよりうさぎからにんじんはたべていいがりんごはたべないようにといわれていたこうさぎたち 「うさぎたちのにわ」 レオ・レオニ作；谷川俊太郎訳 好学社 1977年9月

うさぎ
えんぴつとはさみにかみからつくってもらってにんじんもたべさせてもらったにひきのうさぎ 「うさぎをつくろう」 レオ・レオニ作；谷川俊太郎訳 好学社 1982年7月

うさぎ
おおきいおにいちゃんにぜったいおいつけないとおもっていたおとうとのうさぎのこ 「おにいちゃん」 ロバート・クラウス作；八木田宜子訳 さ・え・ら書房 1981年12月

うさぎ
かめとかけっこをしてみることになったうさぎ 「うさぎとかめ-イソップ寓話より」 ポール・ガルドン絵；木島始訳 佑学社(ポール・ガルドン昔話シリーズ) 1980年4月

うさぎ
かめときょうそうしたうさぎ 「イソップものがたり」 ハイジ・ホルダー絵；三田村信行文 偕成社 1983年11月

うさぎ
くさむらでかんむりをみつけたのでおうさまをきめてそのかんむりをかぶせようとしたうさぎのくにのうさぎたち 「うさぎのくに」 デニーズ・トレッツ作；アラン・トレッツ絵；中川健蔵訳 ペンギン社 1981年10月

うさぎ
けっこんしてあたらしいせいかつをはじめてすぐにけんかをはじめたにひきのうさぎ 「にんじんケーキ」 ノニー・ホグローギアン作；乾侑美子訳 評論社(児童図書館・絵本の部屋) 1979年11月

うさぎ
こおりのうちがとけてなくなったきつねにおしかけられてじぶんのきのかわのいえからおいだされたうさぎ 「うさぎとおんどりときつね」 レーベデフ文・絵；うちだりさこ訳 岩波書店(岩波の子どもの本) 1977年11月

うさぎ
つるのひゃくさいのたんじょうびにがまがえるときつねといっしょにでかけたのにおそくなったのでごちそうがもらえなかったうさぎ 「がまがえるのちえ-朝鮮の寓話」 チョ・チオ文；チョン・チョル絵；リ・クムオク訳 朝鮮青年社 1976年8月

うさぎ

うさぎ
てっぽうでうたれてあらあらしいひげもつきたったしっぽもなくしたわるいうさぎ 「こわいわるいうさぎのおはなし」 ビアトリクス・ポター作・絵;いしいももこ訳 福音館書店(ピーターラビットの絵本6) 1971年11月

うさぎ
ともだちのカエルのいえにいくとちゅうでもぐらのトンネルをみつけてもぐらのベッドのなかでねむってしまった7ひきのこうさぎ 「7ひきのこうさぎ」 ジョン・ベッカー文;バーバラ・クーニー絵;岸田衿子訳 文化出版局 1982年9月

うさぎ
ぬけたはでなにかをつくろうかとかんがえたりはのかみさまのおつかいのフェアリーさんにあげようかとおもったりしたこうさぎ 「はがぬけたとき こうさぎは…」 ルーシー・ベイト文;ディアン・ド・グロート絵;河津千代訳 アリス館牧新社 1979年11月

うさぎ
のろまなかめとかけっこをしてにんじんばたけでひとやすみしてねこんでしまったうさぎ 「うさぎとかめ」 ラ・フォンテーヌ文;ブライアン・ワイルドスミス絵;わたなべしげお訳 らくだ出版 1983年2月

うさぎ
パパとママがニンジンとりにでかけたのでいもうとのダッコッコとふたりだけでおるすばんをしたうさぎのおとこのこ 「ぼくとちいさなダッコッコ」 ウルフ・ニルソン作;エヴァ・エリクソン絵;掛川恭子訳 佑学社 1984年10月

うさぎ
ハムスターからふかふかのけでくつをつくってほしいとたのまれたうさぎのおかあさん 「すずめのまほう」 ニクレビチョーバ作;内田莉莎子文;山中冬児絵 偕成社(世界おはなし絵本20) 1971年1月

うさぎ
はるになったのであたらしいいえをさがしはじめたちゃいろのうさぎ 「ちゃいろうさぎとしろいうさぎ いっしょにすもうね」 マーガレット・W.ブラウン文;ガース・ウィリアムズ絵;中川健蔵訳 文化出版局 1984年10月

うさぎ
はるになってあたらしいいえをさがしていたちゃいろのうさぎをつちのなかのいえにいれてあげたしろいうさぎ 「ちゃいろうさぎとしろいうさぎ いっしょにすもうね」 マーガレット・W.ブラウン文;ガース・ウィリアムズ絵;中川健蔵訳 文化出版局 1984年10月

うさぎ
ふっかつさいにはるのおつかいでたまごをくばるうさぎたち 「うさぎのはる」 フライホルト絵;モルゲンシュテルン詩;佐久間彪訳 福武書店 1983年3月

うさぎ
ふゆのおうちをさがそうとしてもぐらあなホテルやとがりねずみのいえをたずねていったかあさんうさぎと子うさぎ 「すてきなおうちはどこかしら」 M.D.クイッツ作;L.コーリー画;立原えりか訳 小学館(世界の創作童話11) 1980年2月

うさぎ

うさぎ
まえむきになってあるくちびのざりがにたちといっしょにゆうかんになってあるきだしたうさぎ 「ちびのざりがに」 セレスティーノ・ピアッティ;ウルズラ・ピアッティ作・絵;おかもとはまえ訳 佑学社(ヨーロッパ創作絵本シリーズ6) 1978年4月

うさぎ
みっかかんもかくれたままのおひさまをさがすたびにでたひよこたちについていったうさぎ 「そらにかえれたおひさま」 ミラ・ギンズバーグ文;ホセ・アルエーゴ;エーリアン・デューイ絵;さくまゆみこ訳 アリス館 1984年1月

うさぎ
もりにこやをたててすんでいたがあるひやってきたきつねにうちからおいだされたしろうさぎ 「うさぎのいえ-ロシア民話」 内田莉莎子再話;丸木俊画 福音館書店 1969年2月

うさぎ
もりのどうぶつたちがいどをほるのをてつだわなかったのにいどのみずをのみにきたいたずらうさぎ 「いたずらうさぎのぼうけん-アメリカむかし話」 前田三恵子文;瀬川康男絵 偕成社 1966年12月

うさぎ
もりのようふくやにいた5にんのしょくにんのひとりでぼたんつけのめいじんのうさぎ 「もりのようふくや」 オクターフ・パンク=ヤシ文;エウゲーニー・M.ラチョフ絵;うちだりさこ訳 福音館書店 1962年5月

うさぎ
ゆきのなかでみつけたかぶをひとつだけたべてもうひとつはろばのいえにおいていってあげたこうさぎ 「しんせつなともだち」 フアン・イーチュン作;君島久子訳;村山知義画 福音館書店 1965年4月

うさぎ
肉屋行きのうさぎをふとらせているうさぎ工場から逃げだしてちびうさぎといっしょに外へ出た大きなはい色のうさぎ 「うさぎのぼうけん」 イェルク・ミュラー絵;イェルク・シュタイナー文;佐々木元訳 すばる書房 1978年5月

うさぎ
肉屋行きのうさぎをふとらせているうさぎ工場から逃げだしてはい色うさぎといっしょに外へ出たちびうさぎ 「うさぎのぼうけん」 イェルク・ミュラー絵;イェルク・シュタイナー文;佐々木元訳 すばる書房 1978年5月

うさぎ
畑をたがやしてくれたものにはお牛をいっとうやろうといったジャガーの畑をたがやしてお牛をもらったうさぎ 「ジャガーにはなぜもようがあるの?-ブラジルの民話」 アンナ・マリア・マチャード再話;ジアン・カルビ絵;ふくいしげき訳 ほるぷ出版 1983年8月

ウサギ
あるばんながながぼうずだといういやーなやつがいえにはいってドアをしめたのでいえのなかにはいれなくなったウサギ 「ウサギのいえにいるのはだれだ?-アフリカ・マサイ族民話より」 ヴェルナ・アールデマ文;レオ・ディロン;ダイアン・ディロン絵;八木田宜子訳 ほるぷ出版 1980年5月

うさぎ

ウサギ
クマのプーの森の友だちのウサギ 「ウサギまいごになる」 A.A.ミルン文;E.H.シェパード絵;石井桃子訳 岩波書店(クマのプーさんえほん13) 1983年2月

ウサギ
クマのプーの森の友だちのウサギ 「カンガとルー森にくる」 A.A.ミルン文;E.H.シェパード絵;石井桃子訳 岩波書店(クマのプーさんえほん5) 1982年6月

ウサギ
クマのプーの森の友だちのウサギ 「プーあなにつまる・ふしぎなあしあと」 A.A.ミルン文;E.H.シェパード絵;石井桃子訳 岩波書店(クマのプーさんえほん2) 1982年6月

ウサギ
クマのプーの森の友だちのウサギ 「プーのほっきょくたんけん」 A.A.ミルン文;E.H.シェパード絵;石井桃子訳 岩波書店(クマのプーさんえほん6) 1982年9月

ウサギ
クマのプーの森の友だちのウサギ 「フクロのひっこし」 A.A.ミルン文;E.H.シェパード絵;石井桃子訳 岩波書店(クマのプーさんえほん15) 1983年2月

ウサギ
しずかもりにくらしていたアライグマじいさんのなかまの6ぴきのウサギ 「アライグマじいさんと15ひきのなかまたち」 ビル・ピート作・絵;山下明生訳 佼成出版社(ピートの絵本シリーズ1) 1981年9月

ウサギ
なかまのどうぶつたちをパーティーさそったのにききまちがえられてしまったウサギ 「びっくりパーティー」 パット・ハッチンス作・絵;舟崎克彦訳 ポプラ社(世界のほんやくえほん10) 1977年12月

ウサギ
森のどうぶつたちがみんなでいどをほるのを手つだわなかったのにいどの水をぬすんでのんだやんちゃウサギ 「やんちゃウサギ-アメリカ昔話」 木島始訳;山内ふじ江絵 小学館(世界のメルヘン絵本9) 1978年4月

うさぎ(赤っ毛先生)　うさぎ(あかっけせんせい)
うさぎのルーがピアノのレッスンをうけることになった町いちばんの音楽家の先生の大うさぎ 「ピアノのおけいこ」 ナタリー・ナッツ文;モニック・フェリ絵;なだいなだ訳 講談社(うさぎのルー絵本1) 1985年5月

うさぎ(アボットさん)
うさぎむらではゆうめいなたまごにえをかくめいじんのうさぎ 「こうさぎたちのクリスマス」 エイドリアン・アダムズ作・絵;乾侑美子訳 佑学社(アメリカ創作絵本シリーズ11) 1979年11月

うさぎ(アレック)
うさぎのルーの学校にいるいじめっ子のわるいうさぎ 「いじめっ子なんかこわくない」 ナタリー・ナッツ文;モニック・フェリ絵;なだいなだ訳 講談社(うさぎのルー絵本2) 1985年5月

うさぎ

うさぎ(うさこちゃん)
うさぎのふわふわさんとふわおくさんのあいだにうまれたうさぎのあかちゃん 「ちいさなうさこちゃん」 ディック・ブルーナ文・絵;石井桃子訳 福音館書店(子どもがはじめてであう絵本) 1964年6月

うさぎ(うさこちゃん)
おおきくなったらじてんしゃにのっておでかけしたいなとおもったうさぎのおんなのこ 「うさこちゃんとじてんしゃ」 ディック・ブルーナ文・絵;石井桃子訳 福音館書店(子どもがはじめてであう絵本) 1984年1月

うさぎ(うさこちゃん)
たんじょうびにたのしいぱーてぃーをひらいてもらったうさぎのおんなのこ 「うさこちゃんのたんじょうび」 ディック・ブルーナ文・絵;石井桃子訳 福音館書店(子どもがはじめてであう絵本) 1982年5月

うさぎ(うさこちゃん)
とうさんとかあさんといっしょにゆうえんちへいってあそんだうさぎのおんなのこ 「うさこちゃんとゆうえんち」 ディック・ブルーナ文・絵;石井桃子訳 福音館書店(子どもがはじめてであう絵本) 1982年5月

うさぎ(うさこちゃん)
とうさんとどうぶつえんにいったうさぎのおんなのこ 「うさこちゃんとどうぶつえん」 ディック・ブルーナ文・絵;石井桃子訳 福音館書店(子どもがはじめてであう絵本) 1964年6月

うさぎ(うさこちゃん)
とうさんのふわふわさんとうみにいったうさぎのおんなのこ 「うさこちゃんとうみ」 ディック・ブルーナ文・絵;石井桃子訳 福音館書店(子どもがはじめてであう絵本) 1964年6月

うさぎ(うさこちゃん)
ひこうしのおじさんといっしょにひこうきにのったうさぎのおんなのこ 「うさこちゃんひこうきにのる」 ディック・ブルーナ文・絵;石井桃子訳 福音館書店(子どもがはじめてであう絵本) 1982年5月

うさぎ(うさこちゃん)
びょういんににゅういんしたうさぎのおんなのこ 「うさこちゃんのにゅういん」 ディック・ブルーナ文・絵;石井桃子訳 福音館書店(子どもがはじめてであう絵本) 1982年5月

うさぎ(うさこちゃん)
まいあさおともだちとがっこうへいくうさぎのおんなのこ 「うさこちゃんがっこうへいく」 ディック・ブルーナ文・絵;石井桃子訳 福音館書店(子どもがはじめてであう絵本) 1985年1月

うさぎ(うさこちゃん)
ゆきのひにそとへでてさむくてないていることりにあったうさぎのおんなのこ 「ゆきのひのうさこちゃん」 ディック・ブルーナ文・絵;石井桃子訳 福音館書店(子どもがはじめてであう絵本) 1964年6月

うさぎ(うさちゃん)
たったひとりでおさんぽにいってかわにおっこちたちびっこうさぎ 「うさちゃんたいへん」 リロ・フロム作;飯吉光夫訳 ほるぷ出版 1985年9月

うさぎ

うさぎ（オーソン）
うさぎむらではゆうめいなたまごにえをかくめいじんのうさぎのアボットさんのむすこ 「こうさぎたちのクリスマス」 エイドリアン・アダムズ作・絵；乾侑美子訳 佑学社（アメリカ創作絵本シリーズ11） 1979年11月

うさぎ（がにまた）
おひゃくしょうがおっことしたつぼへはしってきてはえやかやねずみたちといっしょにくらしはじめたあんちゃんうさぎ 「ちいさなお城」 A.トルストイ再話；E.ラチョフ絵；宮川やすえ訳 岩崎書店（えほん・ドリームランド14） 1982年2月

うさぎ（ぎざみみ）
いけにちかいくさはらにわたおうさぎのおかあさんとすんでいたこうさぎ 「ぎざみみぼうや」 シートン原作；小林清之介文；たかはしきよし絵 チャイルド本社（チャイルド絵本館・シートン動物記Ⅱ-1） 1985年4月

うさぎ（キャプシーヌ）
ひとりぼっちののうさぎフルーとともだちになっていっしょにすむことになっためすのうさぎ 「のうさぎのフルー」 リダ文；ロジャンコフスキー絵；いしいももこ；おおむらゆりこ訳 福音館書店（世界傑作絵本シリーズ21） 1964年9月

ウサギ（キラクニィ・シャベロー）
アメリカぜんこくほうそうビックリテレビきょくのニュースキャスターのウサギ 「アメリカンラビット」 S.マスコウィッツ作；舟崎克彦訳 角川書店 1982年12月

うさぎ（グレー・ラビット）
もりのはずれの小さな家にりすのスキレルと大うさぎのヘアーといっしょにすんでいたはいいろうさぎ 「グレー・ラビットいたちにつかまる」 アリソン・アトリー作；マーガレット・テンペスト絵；神宮輝夫；河野純三訳 評論社（児童図書館・絵本の部屋 グレー・ラビット4） 1979年11月

うさぎ（グレー・ラビット）
もりのはずれの小さな家にりすのスキレルと大うさぎのヘアーといっしょにすんでいたはいいろうさぎ 「グレー・ラビットスケートにゆく」 アリソン・アトリー作；マーガレット・テンペスト絵；神宮輝夫；河野純三訳 評論社（児童図書館・絵本の部屋 グレー・ラビット1） 1978年12月

うさぎ（グレー・ラビット）
もりのはずれの小さな家にりすのスキレルと大うさぎのヘアーといっしょにすんでいたはいいろうさぎ 「グレー・ラビットと旅のはりねずみ」 アリソン・アトリー作；マーガレット・テンペスト絵；河野純三訳 評論社（児童図書館・絵本の部屋 グレー・ラビット8） 1981年5月

うさぎ（グレー・ラビット）
もりのはずれの小さな家にりすのスキレルと大うさぎのヘアーといっしょにすんでいたはいいろうさぎ 「グレー・ラビットのおたんじょうび」 アリソン・アトリー作；マーガレット・テンペスト絵；河野純三訳 評論社（児童図書館・絵本の部屋 グレー・ラビット7） 1982年9月

うさぎ（グレー・ラビット）
もりのはずれの小さな家にりすのスキレルと大うさぎのヘアーといっしょにすんでいたはいいろうさぎ 「グレー・ラビットのクリスマス」 アリソン・アトリー作；マーガレット・テンペスト絵；河野純三訳 評論社（児童図書館・絵本の部屋 グレー・ラビット5） 1982年11月

うさぎ

うさぎ（グレー・ラビット）
もりのはずれの小さな家にりすのスキレルと大うさぎのヘアーといっしょにすんでいたはいいろうさぎ 「グレー・ラビットのスケッチ・ブック」 アリスン・アトリー作；マーガレット・テンペスト絵；河野純三訳 評論社（児童図書館・絵本の部屋 グレー・ラビット10） 1982年11月

うさぎ（グレー・ラビット）
もりのはずれの小さな家にりすのスキレルと大うさぎのヘアーといっしょにすんでいたはいいろうさぎ 「グレー・ラビットパーティをひらく」 アリスン・アトリー作；マーガレット・テンペスト絵；神宮輝夫；河野純三訳 評論社（児童図書館・絵本の部屋 グレー・ラビット2） 1978年12月

うさぎ（グレー・ラビット）
もりのはずれの小さな家にりすのスキレルと大うさぎのヘアーといっしょにすんでいたはいいろうさぎ 「グレー・ラビットパンケーキをやく」 アリスン・アトリー作；マーガレット・テンペスト絵；河野純三訳 評論社（児童図書館・絵本の部屋 グレー・ラビット12） 1983年3月

うさぎ（グレー・ラビット）
もりのはずれの小さな家にりすのスキレルと大うさぎのヘアーといっしょにすんでいたはいいろうさぎ 「ねずみのラットのやっかいなしっぽ」 アリスン・アトリー作；マーガレット・テンペスト絵；神宮輝夫；河野純三訳 評論社（児童図書館・絵本の部屋 グレー・ラビット3） 1979年11月

うさぎ（グレー・ラビット）
もりのはずれの小さな家にりすのスキレルと大うさぎのヘアーといっしょにすんでいたはいいろうさぎ 「もぐらのモールディのおはなし」 アリスン・アトリー作；マーガレット・テンペスト絵；河野純三訳 評論社（児童図書館・絵本の部屋 グレー・ラビット6） 1982年9月

うさぎ（グレー・ラビット）
もりのはずれの小さな家にりすのスキレルと大うさぎのヘアーといっしょにすんでいたはいいろうさぎ 「大うさぎのヘアーかいものにゆく」 アリスン・アトリー作；マーガレット・テンペスト絵；河野純三訳 評論社（児童図書館・絵本の部屋 グレー・ラビット11） 1981年5月

うさぎ（グレー・ラビット）
もりのはずれの小さな家にりすのスキレルと大うさぎのヘアーといっしょにすんでいたはいいろうさぎ 「大うさぎのヘアーとイースターのたまご」 アリスン・アトリー作；マーガレット・テンペスト絵；河野純三訳 評論社（児童図書館・絵本の部屋 グレー・ラビット9） 1983年3月

うさぎ（くろいうさぎ）
ひろいもりのなかでしろいうさぎといちにちじゅうたのしくあそんでいたのにかんがえごとをしてかなしそうなかおをするようになったくろいうさぎ 「しろいうさぎとくろいうさぎ」 ガース・ウイリアムズ文・絵；まつおかきょうこ訳 福音館書店（世界傑作絵本シリーズ・アメリカの絵本） 1965年6月

うさぎ（グローリア）
ちゃいろうさぎのティンカーのいとこ 「ティンカーとタンカーせいぶをゆく」 リチャード・スカーリー作；小野和子訳 評論社（ティンカーとタンカーの絵本2） 1975年12月

うさぎ

うさぎ（コラン）
ふたごのおとうとのポランといっしょにあしのわるいおじいちゃんのためのきかいをつくってあげたのうさぎのこ 「のうさぎむらのコランとポラン」 アラン・ブリオ作・絵；安藤美紀夫；斎藤広信協力　岩崎書店（岩崎創作絵本6）　1983年12月

うさぎ（サムエレ）
やまのうえからこおったおがわのうえをすべりおちてきたりすのダニエレをたすけてあげたうさぎ 「りすとこおり」 アッティリオ・カッシネリ絵；カレン・グントルプ作；岸田衿子訳　ひかりのくに（アッティリオとカレンのえほん）　1972年1月

うさぎ（ジャッキー）
あしのはやいジャックうさぎのなかでもとくにあしのはやいうさぎでおそろしいドッグ・レースにだされてもけっしていぬにはつかまらなかったうさぎ 「はやあしうさぎ」 シートン原作；小林清之介文；若菜等絵　チャイルド本社（チャイルド絵本館・シートン動物記Ⅱ-8）　1984年11月

うさぎ（ジャック）
かあさんにいぬをかってはだめといわれたのでいぬにふくをきせてともだちのフレッドだといってうちにいれたうさぎの子 「ぼくがほんとにほしいもの」 バイロン・バートン作・絵；海輪聡訳　ポプラ社（世界のほんやくえほん2）　1976年10月

うさぎ（ジョー）
かりうどにおいかけられていたのをライオンくんにたすけてもらったうさぎ 「うさぎがいっぱい」 ルイーゼ・ファティオ作；ロジャー・デュボアザン絵；今江祥智；遠藤育枝訳　佑学社（ごきげんなライオン8）　1979年5月

うさぎ（しろいうさぎ）
ひろいもりのなかでくろいうさぎといちにちじゅうたのしくあそんでいたしろいうさぎ 「しろいうさぎとくろいうさぎ」 ガース・ウイリアムズ文・絵；まつおかきょうこ訳　福音館書店（世界傑作絵本シリーズ・アメリカの絵本）　1965年6月

うさぎ（スポッティ）
まっしろなうさぎのこどもたちのなかでひとりだけからだじゅうにちゃいろのもようがあってあおいめをしたうさぎ 「おかえりなさいスポッティ」 マーグレット・E.レイ文；H.A.レイ絵；中川健蔵訳　文化出版局　1984年9月

うさぎ（ダッコッコ）
パパとママがニンジンとりにでかけたのでおにいさんうさぎといっしょにおるすばんをしたいもうとうさぎ 「ぼくとちいさなダッコッコ」 ウルフ・ニルソン作；エヴァ・エリクソン絵；掛川恭子訳　佑学社　1984年10月

うさぎ（チム）
ぼうけんずきのファンファン少年の友だちのうさぎ 「ファンファンとこうのとり」 ピエール・プロブスト文・絵；那須辰造訳　講談社（世界の絵本フランス）　1971年5月

うさぎ（チム）
ぼうけんずきのファンファン少年の友だちのうさぎ 「ファンファンとみどりのさる」 ピエール・プロブスト文・絵；那須辰造訳　講談社（世界の絵本フランス）　1971年3月

うさぎ

うさぎ（チム）
ぼうけんずきのファンファン少年の友だちのうさぎ 「ファンファンとやぎ」ピエール・プロブスト文・絵；那須辰造訳 講談社（世界の絵本フランス） 1971年6月

うさぎ（チム）
ぼうけんずきのファンファン少年の友だちのうさぎ 「ファンファンとやまかじ」ピエール・プロブスト文・絵；那須辰造訳 講談社（世界の絵本フランス） 1971年7月

うさぎ（チム）
ぼうけんずきの少年ファンファンの友だちのうさぎ 「ファンファンとおおかみ」ピエール・プロブスト文・絵；那須辰造訳 講談社（世界の絵本フランス） 1971年8月

うさぎ（チム）
ぼうけんずきの少年ファンファンの友だちのうさぎ 「ファンファンとふね」ピエール・プロブスト文・絵；那須辰造訳 講談社（世界の絵本フランス） 1971年3月

ウサギ（チモレオン）
世界りょこうをしてアジアへ行ったウサギ 「チモレオン アジアへ行く」ジャック・ガラン絵；ダニエル・フランソワ文；久米みのる訳 金の星社（チモレオンの世界りょこう2） 1974年11月

ウサギ（チモレオン）
世界りょこうをしてアフリカへ行ったウサギ 「チモレオン アフリカへ行く」ジャック・ガラン絵；ダニエル・フランソワ文；久米みのる訳 金の星社（チモレオンの世界りょこう1） 1974年10月

ウサギ（チモレオン）
世界りょこうをしてアメリカへ行ったウサギ 「チモレオン アメリカへ行く」ジャック・ガラン絵；ダニエル・フランソワ文；久米みのる訳 金の星社（チモレオンの世界りょこう3） 1974年11月

ウサギ（チモレオン）
世界りょこうをしてオーストラリアへ行ったウサギ 「チモレオン オセアニアへ行く」ジャック・ガラン絵；ダニエル・フランソワ文；久米みのる訳 金の星社（チモレオンの世界りょこう4） 1974年12月

ウサギ（チモレオン）
世界りょこうをしてヨーロッパへ行ったウサギ 「チモレオン ヨーロッパへ行く」ジャック・ガラン絵；ダニエル・フランソワ文；久米みのる訳 金の星社（チモレオンの世界りょこう5） 1974年12月

うさぎ（ティンカー）
ともだちのかばのタンカーとふたりでくるまにのってしごとさがしのたびにでたちゃいろうさぎ 「やってきたティンカーとタンカー」リチャード・スカーリー作；小野和子訳 評論社（児童図書館・絵本の部屋） 1975年12月

うさぎ（ティンカー）
なかよしのかばのタンカーとふたりでアフリカへめずらしいちょうちょうをさがしにいったうさぎ 「ティンカーとタンカーアフリカへ」リチャード・スカーリー作；小野和子訳 評論社（ティンカーとタンカーの絵本6） 1978年11月

うさぎ

うさぎ(ティンカー)
なかよしのかばのタンカーとふたりでうちゅうせんをつくってつきりょこうをすることにしたうさぎ 「ティンカーとタンカーのうちゅうせん」 リチャード・スカーリー作；小野和子訳 評論社（ティンカーとタンカーの絵本3） 1975年12月

うさぎ(ティンカー)
なかよしのかばのタンカーとふたりでせいぶへたびをしたちゃいろうさぎ 「ティンカーとタンカーせいぶをゆく」 リチャード・スカーリー作；小野和子訳 評論社(ティンカーとタンカーの絵本2) 1975年12月

うさぎ(ティンカー)
なかよしのかばのタンカーとふたり王女のけっこんしきにしょうたいされて円卓のくにへいったうさぎ 「ティンカーとタンカーえんたくのくにへ」 リチャード・スカーリー作；小野和子訳 評論社(ティンカーとタンカーの絵本4) 1978年11月

うさぎ(ドクターせんせい)
びょういんのうさぎのおいしゃさん 「ニッキーおいしゃさんへ」 リチャード・スキャリー作；吉田純子訳 ブック・ローン出版(スキャリーおじさんのどうぶつえほん4) 1984年8月

ウサギ(トム)
まいにちがっこうのいきかえりにみんなとワニのモンティーのせなかにのせてもらって川をわたっていたウサギの男の子 「モンティー」 ジェイムズ・スティーブンソン作；麻生九美訳 評論社(児童図書館・絵本の部屋) 1980年6月

うさぎ(ナイチンゲールさん)
うさぎのおいしゃさんドクターせんせいのびょういんのかんごふさん 「ニッキーおいしゃさんへ」 リチャード・スキャリー作；吉田純子訳 ブック・ローン出版(スキャリーおじさんのどうぶつえほん4) 1984年8月

うさぎ(ニッキー)
おいしゃさんのドクターせんせいのびょういんへいったうさぎのおとこのこ 「ニッキーおいしゃさんへ」 リチャード・スキャリー作；吉田純子訳 ブック・ローン出版(スキャリーおじさんのどうぶつえほん4) 1984年8月

うさぎ(ヌース)
でんしゃのなかにわすれられてしまったぬいぐるみのこぐまのバンスとともだちになったうさぎのぬいぐるみ 「バンセスのともだち」 ヤン・モーエセン作・絵；矢崎節夫訳 フレーベル館 1985年1月

ウサギ(ハロルド)
ちっちゃいころからあしがにょきにょきのびだしてウシくらいおおきくなったでかウサギ 「ひとりぼっちのでかウサギ」 ビル・ピート作・絵；山下明生訳 佼成出版社(ピートの絵本シリーズ9) 1982年5月

うさぎ(ハンス・カリポリカリ)
ゆうめいになりたくてみんなとちがったことをすることにしたうさぎ 「スーパーうさぎ」 ヘルメ・ハイネ作・絵；矢川澄子訳 佑学社(ヨーロッパ創作絵本シリーズ31) 1979年6月

うさぎ

うさぎ(ビクター)
うさぎのおんなのこモリスのおにいさん 「モリスのまほうのふくろ」 ローズマリー・ウエルズ作；大庭みな子訳 文化出版局 1977年11月

うさぎ(ピーター)
アナグマ・トミーにさらわれた子どもたちをさがしてキツネどんのいえにいってしまったうさぎ 「キツネどんのおはなし」 ビアトリクス・ポター作・絵；いしいももこ訳 福音館書店(ピーターラビットの絵本13) 1974年2月

うさぎ(ピーター)
おかあさんときょうだいたちといっしょに大きなもみの木のしたにすんでいたいたずらっこのうさぎ 「ピーターラビットのおはなし」 ビアトリクス・ポター作・絵；いしいももこ訳 福音館書店(ピーターラビットの絵本1) 1971年11月

うさぎ(ピーター)
おかあさんときょうだいといっしょに大きなもみの木のしたにすんでいたいたずらっこのうさぎ 「ベンジャミン・バニーのおはなし」 ビアトリクス・ポター作・絵；いしいももこ訳 福音館書店(ピーターラビットの絵本2) 1971年11月

うさぎ(ぴょん)
かあさんにおるすばんをするようにいわれたのにもりにはいってまいごになってしまったうさぎのこ 「もりでひとりぼっち」 ボリスラフ・ストエフ作・.絵；高村喜美子文 学習研究社(国際版せかいのえほん24) 1985年1月

うさぎ(ピョンチェク)
こぐまのミーシャのともだちのうさぎ 「かえってきたミーシャ」 チェスワフ・ヤンチャルスキ文；ズビグニエフ・ルィフリツキ絵；坂倉千鶴訳 ほるぷ出版 1985年5月

うさぎ(ピョンチェク)
ぬいぐるみのこぐまのミーシャがいったヤツェクとゾーシャのうちのうさぎ 「ミーシャのぼうけん」 チェスワフ・ヤンチャルスキ文；ズビグニエフ・ルィフリツキ絵；坂倉千鶴訳 ほるぷ出版 1985年5月

うさぎ(ビリー)
じぶんのえがかきたかったのにあひるやいぬやぞうやみんながてつだってへんてこなえになったのでなきだしてしまったうさぎ 「なにをかこうかな」 マーグレット・レイ；H.A.レイ作；中川健蔵訳 文化出版局 1984年9月

うさぎ(ブラウンさん)
かぞくのなかでひとりだけからだじゅうにちゃいろのもようがあるのでいえをでたうさぎのスポッティがもりのなかであったちゃいろのもようのうさぎ 「おかえりなさいスポッティ」 マーグレット・E.レイ文；H.A.レイ絵；中川健蔵訳 文化出版局 1984年9月

兎(フリズリ) うさぎ(ふりずり)
豹のオレッグのいるところを猟師に教えた臆病者の兎 「雪国の豹オレッグ」 ジャン=クロード・ブリスビル文；ダニエル・ブール絵；串田孫一訳 集英社 1980年12月

うさぎ

ウサギ（フリドーリン）
海辺にたつうつくしい庭のある家にすむマルビンヒェンという女の子といっしょに雲の風船にのって旅をしたウサギ 「空をとんだマルビンヒェン」 ベッティーナ・アンゾルゲ作；とおやまあきこ訳 福武書店 1986年5月

うさぎ（フルー）
おとうさんはきつねにたべられておかあさんはおちちをのませてくれたあとでどこかへいってしまってひとりぼっちになってしまったのうさぎ 「のうさぎのフルー」 リダ文；ロジャンコフスキー絵；いしいももこ；おおむらゆりこ訳 福音館書店（世界傑作絵本シリーズ21） 1964年9月

うさぎ（フロプシー）
こどもたちをおひゃくしょうのマグレガーさんにふくろにいれられてしまったうさぎ 「フロプシーのこどもたち」 ビアトリクス・ポター作・絵；いしいももこ訳 福音館書店（ピーターラビットの絵本3） 1971年11月

うさぎ（ふわおくさん）
かわいいあかちゃんにうさこちゃんとなをつけたうさぎのかあさん 「ちいさなうさこちゃん」 ディック・ブルーナ文・絵；石井桃子訳 福音館書店（子どもがはじめてであう絵本） 1964年6月

うさぎ（ふわふわさん）
かわいいあかちゃんにうさこちゃんとなをつけたうさぎのとうさん 「ちいさなうさこちゃん」 ディック・ブルーナ文・絵；石井桃子訳 福音館書店（子どもがはじめてであう絵本） 1964年6月

うさぎ（ヘアー）
もりのはずれの小さな家にはいいろうさぎのグレー・ラビットといっしょにすんでいた大うさぎ 「グレー・ラビットいたちにつかまる」 アリスン・アトリー作；マーガレット・テンペスト絵；神宮輝夫；河野純三訳 評論社（児童図書館・絵本の部屋 グレー・ラビット4） 1979年11月

うさぎ（ヘアー）
もりのはずれの小さな家にはいいろうさぎのグレー・ラビットといっしょにすんでいた大うさぎ 「グレー・ラビットスケートにゆく」 アリスン・アトリー作；マーガレット・テンペスト絵；神宮輝夫；河野純三訳 評論社（児童図書館・絵本の部屋 グレー・ラビット1） 1978年12月

うさぎ（ヘアー）
もりのはずれの小さな家にはいいろうさぎのグレー・ラビットといっしょにすんでいた大うさぎ 「グレー・ラビットと旅のはりねずみ」 アリスン・アトリー作；マーガレット・テンペスト絵；河野純三訳 評論社（児童図書館・絵本の部屋 グレー・ラビット8） 1981年5月

うさぎ（ヘアー）
もりのはずれの小さな家にはいいろうさぎのグレー・ラビットといっしょにすんでいた大うさぎ 「グレー・ラビットのおたんじょうび」 アリスン・アトリー作；マーガレット・テンペスト絵；河野純三訳 評論社（児童図書館・絵本の部屋 グレー・ラビット7） 1982年9月

うさぎ（ヘアー）
もりのはずれの小さな家にはいいろうさぎのグレー・ラビットといっしょにすんでいた大うさぎ 「グレー・ラビットのクリスマス」 アリスン・アトリー作；マーガレット・テンペスト絵；河野純三訳 評論社（児童図書館・絵本の部屋 グレー・ラビット5） 1982年11月

うさぎ

うさぎ（ヘアー）
もりのはずれの小さな家にはいいろうさぎのグレー・ラビットといっしょにすんでいた大うさぎ 「グレー・ラビットのスケッチ・ブック」 アリスン・アトリー作；マーガレット・テンペスト絵；河野純三訳 評論社（児童図書館・絵本の部屋 グレー・ラビット10） 1982年11月

うさぎ（ヘアー）
もりのはずれの小さな家にはいいろうさぎのグレー・ラビットといっしょにすんでいた大うさぎ 「グレー・ラビットパーティをひらく」 アリスン・アトリー作；マーガレット・テンペスト絵；神宮輝夫；河野純三訳 評論社（児童図書館・絵本の部屋 グレー・ラビット2） 1978年12月

うさぎ（ヘアー）
もりのはずれの小さな家にはいいろうさぎのグレー・ラビットといっしょにすんでいた大うさぎ 「グレー・ラビットパンケーキをやく」 アリスン・アトリー作；マーガレット・テンペスト絵；河野純三訳 評論社（児童図書館・絵本の部屋 グレー・ラビット12） 1983年3月

うさぎ（ヘアー）
もりのはずれの小さな家にはいいろうさぎのグレー・ラビットといっしょにすんでいた大うさぎ 「ねずみのラットのやっかいなしっぽ」 アリスン・アトリー作；マーガレット・テンペスト絵；神宮輝夫；河野純三訳 評論社（児童図書館・絵本の部屋 グレー・ラビット3） 1979年11月

うさぎ（ヘアー）
もりのはずれの小さな家にはいいろうさぎのグレー・ラビットといっしょにすんでいた大うさぎ 「もぐらのモールディのおはなし」 アリスン・アトリー作；マーガレット・テンペスト絵；河野純三訳 評論社（児童図書館・絵本の部屋 グレー・ラビット6） 1982年9月

うさぎ（ヘアー）
もりのはずれの小さな家にはいいろうさぎのグレー・ラビットといっしょにすんでいた大うさぎ 「大うさぎのヘアーかいものにゆく」 アリスン・アトリー作；マーガレット・テンペスト絵；河野純三訳 評論社（児童図書館・絵本の部屋 グレー・ラビット11） 1981年5月

うさぎ（ヘアー）
もりのはずれの小さな家にはいいろうさぎのグレー・ラビットといっしょにすんでいた大うさぎ 「大うさぎのヘアーとイースターのたまご」 アリスン・アトリー作；マーガレット・テンペスト絵；河野純三訳 評論社（児童図書館・絵本の部屋 グレー・ラビット9） 1983年3月

うさぎ（ベティ）
うさぎのおんなのこモリスのしたのおねえさん 「モリスのまほうのふくろ」 ローズマリー・ウエルズ作；大庭みな子訳 文化出版局 1977年11月

うさぎ（ベンジャミン）
アナグマ・トミーにさらわれた子どもたちをさがしてキツネどんのいえにいってしまったうさぎ 「キツネどんのおはなし」 ビアトリクス・ポター作・絵；いしいももこ訳 福音館書店（ピーターラビットの絵本13） 1974年2月

うさぎ（ベンジャミン・バニー）
いたずらっこのうさぎピーターのいとこのうさぎ 「ベンジャミン・バニーのおはなし」 ビアトリクス・ポター作・絵；いしいももこ訳 福音館書店（ピーターラビットの絵本2） 1971年11月

うさぎ

うさぎ（ベンジャミン・バニー）
おとなになっていとこのフロプシーとけっこんしたうさぎ 「フロプシーのこどもたち」 ビアトリクス・ポター作・絵；いしいももこ訳　福音館書店（ピーターラビットの絵本3）　1971年11月

うさぎ（ポラン）
ふたごのにいさんのコランといっしょにあしのわるいおじいちゃんのためのきかいをつくってあげたのうさぎのこ 「のうさぎむらのコランとポラン」 アラン・ブリオ作・絵；安藤美紀夫；斎藤広信協力　岩崎書店（岩崎創作絵本6）　1983年12月

うさぎ（ホワイティ）
ちゃいろのもようのうさぎのブラウンさんのこどもたちのなかでひとりだけまっしろだったこうさぎ 「おかえりなさいスポッティ」 マーグレット・E.レイ文；H.A.レイ絵；中川健蔵訳　文化出版局　1984年9月

うさぎ（みみお）
たべものさがしをてつだってやっているともだちのうさぎ 「くまのもっくはおなかがぺこぺこ」 イワン・ガンチェフ作；やまわききょう訳　DEMPA／ペンタン　1986年7月

うさぎ（モリス）
クリスマスツリーのしたにふしぎなふくろのはいったプレゼントのはこをみつけたうさぎのおんなのこ 「モリスのまほうのふくろ」 ローズマリー・ウエルズ作；大庭みな子訳　文化出版局　1977年11月

うさぎ（ラピー）
かぞくおおすぎるのでひとりになったらすきなことができてたのしいだろうなとおもってひとりではやしのなかへでかけたこうさぎ 「ひとりぼっちになりたかったうさぎ」 ソフィ・ジャンヌ作；C.H.サランビエ絵；黒木義典訳；板谷和雄文　ブックローン出版（ファランドールえほん3）　1984年1月

うさぎ（ランドルフ）
ちゃいろうさぎのティンカーのおじさん 「ティンカーとタンカーせいぶをゆく」 リチャード・スカーリー作；小野和子訳　評論社（ティンカーとタンカーの絵本2）　1975年12月

うさぎ（ランペ）
わるいことばかりしているきつねのライネケをうったえたうさぎ 「きつねのさいばん」 ゲーテ原作；二反長半文；山田三郎絵　世界出版社（ABCブック）　1970年1月

うさぎ（ルー）
あたらしい家にひっこす日に大しんゆうのくまのぬいぐるみのテディーをすてられてしまったうさぎのおとこの子 「おひっこしとぬいぐるみ」 ナタリー・ナッツ文；モニック・フェリ絵；なだいなだ訳　講談社（うさぎのルー絵本3）　1985年5月

うさぎ（ルー）
あるばんへやにかいぶつがはいってきたとおもってパパとママのへやへにげていったうさぎのおとこの子 「こわーいゆめ」 ナタリー・ナッツ文；モニック・フェリ絵；なだいなだ訳　講談社（うさぎのルー絵本5）　1985年6月

うさぎ

うさぎ（ルー）
なかよしのエロディーの家におとまりすることになったうさぎの男の子 「はじめてのおとまり」 ナタリー・ナッツ文；モニック・フェリ絵；なだいなだ訳　講談社（うさぎのルー絵本6）　1985年6月

うさぎ（ルー）
パパやママがむちゅうになってじぶんのこともわすれてしまうでんわが大きらいなあまえんぼうのうさぎの男の子 「でんわなんか大きらい」 ナタリー・ナッツ文；モニック・フェリ絵；なだいなだ訳　講談社（うさぎのルー絵本4）　1985年6月

うさぎ（ルー）
音楽ずきのパパにピアノをかってもらい町いちばんの先生のレッスンをうけることになったうさぎの男の子 「ピアノのおけいこ」 ナタリー・ナッツ文；モニック・フェリ絵；なだいなだ訳　講談社（うさぎのルー絵本1）　1985年5月

うさぎ（ルー）
学校にひとりいじめっ子がいておひるになるたびにおべんとうをとられてしまううさぎの男の子 「いじめっ子なんかこわくない」 ナタリー・ナッツ文；モニック・フェリ絵；なだいなだ訳　講談社（うさぎのルー絵本2）　1985年5月

ウサギ（ルー）
フォックスウッドのむらにすむなかよし3にんぐみのウサギのおとこのこ 「いっとうしょうはだあれ」 シンシア・パターソン；ブライアン・パターソン作・絵；三木卓訳　金の星社（フォックスウッドものがたり3）　1986年12月

ウサギ（ルー）
フォックスウッドのむらにすむなかよし3にんぐみのウサギのおとこのこ 「つきよのぼうけん」 シンシア・パターソン；ブライアン・パターソン作・絵；三木卓訳　金の星社（フォックスウッドものがたり2）　1986年7月

ウサギ（ルー）
フォックスウッドのむらにすむなかよし3にんぐみのウサギのおとこのこ 「レモネードはいかが」 シンシア・パターソン；ブライアン・パターソン作・絵；三木卓訳　金の星社（フォックスウッドものがたり1）　1986年7月

うさぎ（ロージー）
きょうだいのなかでひとりだけからだじゅうにちゃいろのもようがあるスポッティのことがだいすきなしろいこうさぎ 「おかえりなさいスポッティ」 マーグレット・E.レイ文；H.A.レイ絵；中川健蔵訳　文化出版局　1984年9月

うさぎ（ローズ）
うさぎのおんなのこモリスのおねえさん 「モリスのまほうのふくろ」 ローズマリー・ウエルズ作；大庭みな子訳　文化出版局　1977年11月

うさぎ（ロップイアおじさん）
オークアプルの森の品評会にだす畑のキャベツをイモムシにたべられたたれみみうさぎのおじさん 「うさぎのロップイアさん」 ジェニー・パートリッジ作；神宮輝夫訳　ティビーエス・ブリタニカ（オークアプルの森のおはなし7）　1982年8月

うさぎ（ロマラン）
キツネにつかまらないようにすみかのつちのなかにたくさんのとおりみちをつくっておいたつちをほるめいじんのうさぎ「うさぎのロマラン」アラン・グレ文；ルイ・カン絵；いはらじゅんこ訳　ペンタン（ナターンのもりのなかまたち3）1984年10月

うさぎさん
おかあさんのおたんじょうびにおかあさんのすきなものをあげたいおんなのこをてつだってあげたうさぎさん「うさぎさんてつだってほしいの」シャーロット・ゾロトウ文；モーリス・センダック絵；小玉知子訳　冨山房　1974年11月

うさぎのおばさん
おおきなみどりのおへやのなかでちいさいこえで"しずかにおし"といっているうさぎのおばさん「おやすみなさいおつきさま」マーガレット・ワイズ・ブラウン作；クレメント・ハード絵；せたていじ訳　評論社（児童図書館・絵本の部屋）1979年9月

うさこちゃん
うさぎのふわふわさんとふわおくさんのあいだにうまれたうさぎのあかちゃん「ちいさなうさこちゃん」ディック・ブルーナ文・絵；石井桃子訳　福音館書店（子どもがはじめてであう絵本）1964年6月

うさこちゃん
おおきくなったらじてんしゃにのっておでかけしたいなとおもったうさぎのおんなのこ「うさこちゃんとじてんしゃ」ディック・ブルーナ文・絵；石井桃子訳　福音館書店（子どもがはじめてであう絵本）1984年1月

うさこちゃん
たんじょうびにたのしいぱーてぃーをひらいてもらったうさぎのおんなのこ「うさこちゃんのたんじょうび」ディック・ブルーナ文・絵；石井桃子訳　福音館書店（子どもがはじめてであう絵本）1982年5月

うさこちゃん
とうさんとかあさんといっしょにゆうえんちへいってあそんだうさぎのおんなのこ「うさこちゃんとゆうえんち」ディック・ブルーナ文・絵；石井桃子訳　福音館書店（子どもがはじめてであう絵本）1982年5月

うさこちゃん
とうさんとどうぶつえんにいったうさぎのおんなのこ「うさこちゃんとどうぶつえん」ディック・ブルーナ文・絵；石井桃子訳　福音館書店（子どもがはじめてであう絵本）1964年6月

うさこちゃん
とうさんのふわふわさんとうみにいったうさぎのおんなのこ「うさこちゃんとうみ」ディック・ブルーナ文・絵；石井桃子訳　福音館書店（子どもがはじめてであう絵本）1964年6月

うさこちゃん
ひこうしのおじさんといっしょにひこうきにのったうさぎのおんなのこ「うさこちゃんひこうきにのる」ディック・ブルーナ文・絵；石井桃子訳　福音館書店（子どもがはじめてであう絵本）1982年5月

うさこ

うさこちゃん
びょういんににゅういんしたうさぎのおんなのこ 「うさこちゃんのにゅういん」 ディック・ブルーナ文・絵；石井桃子訳 福音館書店（子どもがはじめてであう絵本） 1982年5月

うさこちゃん
まいあさおともだちとがっこうへいくうさぎのおんなのこ 「うさこちゃんがっこうへいく」 ディック・ブルーナ文・絵；石井桃子訳 福音館書店（子どもがはじめてであう絵本） 1985年1月

うさこちゃん
ゆきのひにそとへでてさむくてないていることりにあったうさぎのおんなのこ 「ゆきのひのうさこちゃん」 ディック・ブルーナ文・絵；石井桃子訳 福音館書店（子どもがはじめてであう絵本） 1964年6月

うさちゃん
たったひとりでおさんぽにいってかわにおっこちたちびっこうさぎ 「うさちゃんたいへん」 リロ・フロム作；飯吉光夫訳 ほるぷ出版 1985年9月

うし
おいしいくさをみんなにごちそうしてあげたくてともだちのどうぶつたちみんなをモーモーまきばへまねいたうし 「モーモーまきばのおきゃくさま」 マリー・ホール・エッツ文・絵；山内清子訳 偕成社 1969年8月

うし
ねこをおどしたいぬをひとつきしためうし 「ジャックはいえをたてたとさ」 ポール・ガルドン絵；大庭みな子訳 佑学社（ポール・ガルドン昔話シリーズ3） 1979年11月

うし
ひつじかいからひをけしてくれないかわのみずをのんでしまっておくれよとたのまれたうし 「ひつじかいとうさぎ-ラトビア民話」 うちだりさこ再話；スズキコージ画 福音館書店 1975年9月

うし
びんぼうなくらしのおじいがおばあにたのまれてつくったわらのうし 「わらのうし-ウクライナ民話より」 A.ネチャーエフ再話；田中かな子訳；小沢良吉絵 フレーベル館（キンダーおはなしえほん傑作選19） 1978年2月

うし
中国のあたらしいこよみのためにえらばれた12しゅるいのどうぶつたちのなかではじめのどうぶつになろうとしたうし 「ね、うし、とら……十二支のはなし-中国民話より」 ドロシー・バン・ウォアコム文；エロール・ル・カイン絵；辺見まさなお訳 ほるぷ出版 1978年12月

うし（カナリー）
パンプキンのうじょうのめうし 「めうしのジャスミン」 ロジャー・デュボアザン作・絵；乾侑美子訳 佑学社 1979年1月

うし（クローバ）
パンプキンのうじょうのめうし 「めうしのジャスミン」 ロジャー・デュボアザン作・絵；乾侑美子訳 佑学社 1979年1月

うし

うし（クローバー）
パンプキンさんの農場にいためうし「みんなのベロニカ」ロジャー・デュボアザン作・絵；神宮輝夫訳　佑学社（かばのベロニカシリーズ2）1978年1月

うし（ジャスミン）
はなやはねかざりのいっぱいついたぼうしをかぶったパンプキンのうじょうのめうし「めうしのジャスミン」ロジャー・デュボアザン作・絵；乾侑美子訳　佑学社　1979年1月

うし（チカラ）
まま母にじゃま者あつかいにされていた男の子のなかよしのおうし「男の子とチカラ—グルジアの民話」かんざわとらお訳；小宮山量平編　理論社　1973年4月

うし（にっこう）
インドのボヌールというまちのちかくのおちゃばたけばかりのちゃつみぶらくにいたなまけもののタレッシュのうし「なまけもののタレッシュ」ウイリアム・パパズ絵・文；じんぐうてるお訳　らくだ出版（オックスフォードえほんシリーズ10）1971年11月

うし（ふぇるじなんど）
まきばでしずかにはなのにおいをかいでいるのがすきだったのにもうぎゅうとまちがえられてすぺいんのまどりーどでとうぎゅうにだされたうし「はなのすきなうし」マンロー・リーフお話；ロバート・ローソン絵；光吉夏弥訳　岩波書店（岩波の子どもの本）1954年12月

うし（ブーコトラ）
まずしいおじいさんとおばあさんにかわれていてトロルにさらわれてしまっためうし「めうしのブーコトラ—アイスランドの民話」フリングル・ヨウハンネスソン絵；すがわらくにしろ訳　ほるぷ出版　1981年5月

うし（ヘンドリカ）
オランダのはたけのなかでくらしていためうしでまきばのうらをながれるうんがにういていた大きなはこにのって町へいったうし「うんがにおちたうし」フィリス・クラシロフスキー作；ピーター・スパイアー絵；みなみもとちか訳　ポプラ社（世界のほんやくえほん3）1967年2

うし（マイロス）
アニカのおとうさんとおかあさんがまきばでかっているめうし「おりこうなアニカ」エルサ・ベスコフ作・絵；いしいとしこ訳　福音館書店（世界傑作絵本シリーズ・スウェーデンの絵本）1985年5月

うし（ミリィ）
どこかべつのところへいきたくてのはらをでていきサーカスのショーをみせてもらっためうし「めうしとサーカス」アッティリオ・カッシネリ絵；カレン・グントルプ作；岸田衿子訳　ひかりのくに（アッティリオとカレンのえほん）1973年1月

うし（ミリィ）
まきばのめうし「あさごはんのさかな」アッティリオ・カッシネリ絵；カレン・グントルプ作；岸田衿子訳　ひかりのくに（アッティリオとカレンのえほん）1972年1月

うし（ムーラ）
スウェーデンのげんしじんヘーデンホスおやこのうし「アメリカりょこう」バッティル・アルムクビスト絵・文；やまのうちきよこ訳　徳間書店（げんしじんヘーデンホスシリーズ5）1974年10月

うし

うし（ムーラ）
スウェーデンのげんしじんヘーデンボスおやこのうし 「マジョルカりょこう」 バッティル・アルムクビスト絵・文；やまのうちきよこ訳 徳間書店（げんしじんヘーデンボスシリーズ7） 1974年11月

ウージェニー
仲がいい豹の王子オレッグを背中に乗せてアフリカの国へ連れて行っためすの青鯨 「王子オレッグ故郷に帰る」 ジャン＝クロード・ブリスビル文；ダニエル・ブール絵；篠沢秀夫訳 集英社 1982年12月

うしかい
あまのがわへみずあびにきたてんにょのおりひめのきものをかくしてしまってじぶんのつまになってもらったうしかい 「たなばた」 君島久子再話；初山滋画 福音館書店（こどものとも傑作集） 1983年6月

うしかい
天から川におりてきて水あびをしていたてんにょのおりひめのころもをとってしまってじぶんのつまにしたうしかい 「うしかいとおりひめ－中国民話」 君島久子訳；丸木俊絵 偕成社 1977年6月

ウシガエル
しずかもりにくらしていたアライグマじいさんのなかまのウシガエル 「アライグマじいさんと15ひきのなかまたち」 ビル・ピート作・絵；山下明生訳 佼成出版社（ピートの絵本シリーズ1） 1981年9月

ウスズミ
プリデインの国からぬすまれた白ぶたヘン・ウェンをおって死の国へいった男コルをたすけたフクロウ 「コルと白ぶた」 ロイド・アリグザンダー作；エバリン・ネス絵；神宮輝夫訳 評論社（児童図書館・絵本の部屋） 1980年1月

うすのろさん（あかなす）
たっぷすおばあさんがいぬとあひるとぶたといっしょにくらしていたいえのもちぬしではるばるろんどんからやってきておばあさんをおいだしたおい 「もりのおばあさん」 ヒュウ・ロフティング文；光吉夏弥訳；横山隆一絵 岩波書店（岩波の子どもの本） 1954年9月

うずら
すのうえをかけてたまごをわったうまのところにわけをききにいったみふうずらのとうさんとかあさん 「われたたまご－フィリピン民話」 小野かおる再話・絵 福音館書店 1972年8月

うそつき
背丈が30センチくらいの青い肌をした森の精スマーフのうそつきスマーフ 「100人めのスマーフ」 ペヨ作；村松定史訳；小川悦子編 セーラー出版（スマーフ物語6） 1985年10月

うそつき
背丈が30センチくらいの青い肌をした森の精スマーフのうそつきスマーフ 「オリンピックスマーフ」 ペヨ作；村松定史訳；小川悦子編 セーラー出版（スマーフ物語14） 1986年10月

うそつき
背丈が30センチくらいの青い肌をした森の精スマーフのうそつきスマーフ 「キングスマーフ」 ペヨ作；村松定史訳；小川悦子編 セーラー出版（スマーフ物語2） 1985年10月

うそつき

うそつき
背丈が30センチくらいの青い肌をした森の精スマーフのうそつきスマーフ 「コスモスマーフ」 ペヨ作;村松定史訳;小川悦子編 セーラー出版(スマーフ物語9) 1986年4月

うそつき
背丈が30センチくらいの青い肌をした森の精スマーフのうそつきスマーフ 「さすらいのスマーフ」 ペヨ作;村松定史訳;小川悦子編 セーラー出版(スマーフ物語8) 1986年4月

うそつき
背丈が30センチくらいの青い肌をした森の精スマーフのうそつきスマーフ 「スマーフコント集」 ペヨ作;村松定史訳;小川悦子編 セーラー出版(スマーフ物語11) 1986年6月

うそつき
背丈が30センチくらいの青い肌をした森の精スマーフのうそつきスマーフ 「スマーフシンフォニー」 ペヨ作;村松定史訳;小川悦子編 セーラー出版(スマーフ物語5) 1985年10

うそつき
背丈が30センチくらいの青い肌をした森の精スマーフのうそつきスマーフ 「スマーフスープと大男」 ペヨ作;村松定史訳;小川悦子編 セーラー出版(スマーフ物語13) 1986年8月

うそつき
背丈が30センチくらいの青い肌をした森の精スマーフのうそつきスマーフ 「スマーフと不思議なタマゴ」 ペヨ作;村松定史訳;小川悦子編 セーラー出版(スマーフ物語4) 1985年12月

うそつき
背丈が30センチくらいの青い肌をした森の精スマーフのうそつきスマーフ 「スマーフ語戦争」 ペヨ作;村松定史訳;小川悦子編 セーラー出版(スマーフ物語12) 1986年8月

うそつき
背丈が30センチくらいの青い肌をした森の精スマーフのうそつきスマーフ 「ベビースマーフ」 ペヨ作;村松定史訳;小川悦子編 セーラー出版(スマーフ物語15) 1986年10月

うそつき
背丈が30センチくらいの青い肌をした森の精スマーフのうそつきスマーフ 「怪鳥クラッカラス」 ペヨ作;村松定史訳;小川悦子編 セーラー出版(スマーフ物語7) 1986年2月

うそつき
背丈が30センチくらいの青い肌をした森の精スマーフのうそつきスマーフ 「見習いスマーフ」 ペヨ作;村松定史訳;小川悦子編 セーラー出版(スマーフ物語10) 1986年6月

うそつき
背丈が30センチくらいの青い肌をした森の精スマーフのうそつきスマーフ 「黒いスマーフ」 ペヨ作;村松定史訳;小川悦子編 セーラー出版(スマーフ物語1) 1985年10月

うそつき
背丈が30センチくらいの青い肌をした森の精スマーフのうそつきスマーフ 「恋人スマーフェット」 ペヨ作;村松定史訳;小川悦子編 セーラー出版(スマーフ物語3) 1985年10月

うつれ

ウッレ
おりこうなアニカをさかなつりにさそったほらふきウッレとよばれるおとこのこ 「おりこうなアニカ」 エルサ・ベスコフ作・絵；いしいとしこ訳 福音館書店（世界傑作絵本シリーズ・スウェーデンの絵本） 1985年5月

ウノ
アメリカのかたいなかテネシーのふかーい大きな森でくらしていたじっさまの三びきのいぬの一ぴき 「しりっぽおばけ」 ジョアンナ・ガルドン再話；ポール・ガルドン絵；代田昇訳 岩崎書店（新・創作絵本9） 1979年9月

うま
アメリカのニュー・メキシコしゅうのそうげんをじゆうにすばらしいはやさではしるくろうま 「はしれ！くろうま」 シートン原作；小林清之介文；清水勝絵 チャイルド本社（チャイルド絵本館・シートン動物記Ⅱ-4） 1985年7月

うま
あるあさもりのまんなかにあったじぶんのりんごのきからすっかりなくなっていたりんごをくまとさがしにいったこうま 「りんごどろぼうはだーれ？」 ジーグリット・ホイック作；佐々木田鶴子訳 偕成社 1982年7月

うま
うまにのってとおくの山までいってしまったアメリカ・インディアンのむすめのまえにあらわれたおおしくてうつくしい野うまのかしら 「野うまになったむすめ」 ポール・ゴーブル作；神宮輝夫訳 ほるぷ出版 1980年7月

うま
とおいところへいきたかったマーチンといっしょにとおいところへいこうとしたとしよりのうま 「とおいところへいきたいな」 モーリス・センダック作；神宮輝夫訳 冨山房 1978年11月

うま
ばかでのんきもののイワンがじぶんのうちのはたけをあらしていたしろいうまをゆるしてやったかわりにもらったせむしのこうま 「せむしのこうま」 ラズーチン原作；たかしよいち文；瀬川康男絵 世界出版社（ABCブック） 1970年1月

うま
ふたりのにいさんに「ばかのイワン」とよばれていたわかものがもっていたせむしのこうま 「せむしのこうま」 石部正信画；新谷峰子文 ひかりのくに（世界名作えほん全集4） 1966年1月

うま
みちばたにすてられていたのをやさしいせんにょにひろってもらったおもちゃのしろいこうま 「うまにのったお人形」 アイヒンガー絵；ボリガー文；矢川澄子訳 メルヘン社 1981年9月

馬 うま
3人兄弟のすえのむすこのイワンが手に入れた魔法のせむしの小馬 「せむしの小馬」 エルショフ作；コチェルギン絵；福井研介訳 新読書社（ソビエトの子どもの本） 1986年11月

馬　うま
おじいさんのむぎ畑をあらして「イワンのばか」とよばれていた三ばんめのむすこにつかまったがにがしてもらった銀色の馬　「銀色の馬−ロシアの民話」　マーブリナ絵；ばばともこ訳　新読書社　1983年12月

馬　うま
ろばに荷物をぜんぶもたせて主人といっしょにたびをしていた馬　「イソップものがたり」　ハイジ・ホルダー絵；三田村信行文　偕成社　1983年11月

馬（アサ）　うま（あさ）
イエスさまがうまれたベツレヘムの馬小屋にいた白い小馬　「三つのクリスマス」　ナリニ・ジャヤスリヤ作；竹中正夫訳　日本基督教団出版局　1982年8月

うま（あまのがわ）
シャーロットがかっているしろいうま　「シャーロットとしろいうま」　ルース・クラウス文；モーリス・センダック絵；小玉知子訳　冨山房　1978年11月

うま（カクタス）
カウボーイのスモールさんがかわいがっているうま　「カウボーイのスモールさん」　ロイス・レンスキー文・絵；わたなべしげお訳　福音館書店（世界傑作絵本シリーズ）　1971年10月

馬（キャリコ）　うま（きゃりこ）
西部のサボテン州にいたカウボーイのハンクの馬であたまはめっぽうきれて足のはやさはとびきりだった馬　「名馬キャリコ」　バージニア・リー・バートン絵・文；せたていじ訳　岩波書店（岩波の子どもの本）　1979年11月

うま（クライド）
ゆうかんなガラバンきょうというわかいきしがのっていたおくびょうないくさうま　「こしぬけうまのだいかつやく」　ビル・ピート作・絵；山下明生訳　佼成出版社（ピートの絵本シリーズ8）　1982年4月

うま（コブラ）
ギリシャのかいがんのちいさなまちでみずたんくをつんだにばしゃでまいにちまちまでのみみずをはこぶしごとをしていたネロさんのうま　「ネロさんのはなし」　テオドール・パパズ文；ウイリアム・パパズ絵；じんぐうてるお訳　らくだ出版（オックスフォードえほんシリーズ8）　1971年1月

うま（ジッポ）
おおがねもちのアリザールというしょうにんがおおがねもちのむすめのパガイナへのおくりものにしようとしたしろいこうま　「白いこうま」　ラジスラフ・ドゥボルスキー文；赤松倭久子訳；カレル・フランタ絵　岩崎書店（世界の絵本6）　1976年1月

うま（しろ）
ひつじかいのわかものスーホーとなかのよいともだちのようなはくば　「そうげんにひびくこと−モンゴルのはなし」　百田弥栄子文；畑農照雄絵　コーキ出版（絵本ファンタジア6）　1977年7月

うま（ジンギス）
もりばんのかぞくのしょうねんミンカがそだてたやせいのうまタルパーンのははのないこうま　「しょうねんとやせいのうま」　ヨゼフ・ヴィルコン作；木村光一訳　図書文化　1978年7月

うま

うま（ストロー）
パンプキンさんの農場にいたうま「みんなのベロニカ」ロジャー・デュボアザン作・絵；神宮輝夫訳　佑学社（かばのベロニカシリーズ2）　1978年1月

うま（デイジー）
うまごやのなかであかちゃんをうんだ「わたし」のうま「わたしのデイジーがあかちゃんをうんだの」サンディ・ラビノビッツ作・絵；箕浦万里子訳　偕成社　1982年5月

馬（トビー）　うま（とびー）
イギリスのリトル・スノーリング村で年とったしょうぼう夫のサムじいさんの小さなしょうぼうしゃを引いていた小馬「小さなしょうぼうしゃ」グレアム・グリーン文；エドワード・アーディゾーニ絵；阿川弘之訳　チャイルド本社　1975年11月

うま（パットくん）
ロバのロバちゃんのおともだちのうま「ロバのロバちゃん」ロジャー・デュボアザン文・絵；厨川圭子訳　偕成社　1969年5月

うま（ピーター）
オランダのはたけのなかでくらしていたうしのヘンドリカに町の話をしたうま「うんがにおちたうし」フィリス・クラシロフスキー作；ピーター・スパイアー絵；みなみもとちか訳　ポプラ社（世界のほんやくえほん3）　1967年2月

うま（ひめこ）
ロンドンのあるまちにじいちゃんとすんでいたシャウンというおとこのこだいのなかよしだったとなりのにぐるまひきのうま「となりのうまとおとこのこ」チャールズ・キーピング絵・文；せたていじ訳　らくだ出版　1971年11月

うま（フェルディナンド）
サーカスだんをでてじぶんたちだけでサーカスをはじめた六にんのはんらんぐみの一ぴきのうま「ごうじょっぱりのピエロ」ミッシャ・ダムヤン作；ギアン・カスティ絵；山室静訳　佑学社（ヨーロッパ創作絵本シリーズ5）　1978年4月

馬（ブランディ）　うま（ぶらんでぃ）
食りょう品店のポッターおじさんの店でかわれていた小馬「小さな乗合い馬車」グレアム・グリーン文；エドワード・アーディゾーニ絵；阿川弘之訳　文化出版局（グレアム・グリーンの乗りもの絵本）　1976年3月

馬（フロッキー）　うま（ふろっきー）
風の子リーニと男の子フローリアンをのせてリーニがぬすまれたまほうの鈴をさがしにいったまっ白な子馬「風の子リーニ」ベッティーナ・アンゾルゲ作；とおやまあきこ訳　福武書店　1985年9月

馬（フロリアン）　うま（ふろりあん）
百姓のクラースさんのいえにきたわかくて力もちのあかいトラクターのマクスとなかよしになりたかった年よりの馬「こんにちはトラクター・マクスくん」ビネッテ・シュレーダー文・絵；矢川澄子訳　岩波書店　1973年12月

うまか

うま(ポニー)
フィリポのいえのとなりのロザリアおばさんのところのかわいそうなとしよりうま 「フィリポのまほうのふで」 ミッシヤ・ダムヤン作；ヤーノシュ絵；藤田圭雄訳 佑学社(ヨーロッパ創作絵本シリーズ21) 1978年12月

うま(ホールファグレ)
スウェーデンのげんしじんヘーデンホスおやこのうま 「エジプトりょこう」 バッティル・アルムクビスト絵・文；やまのうちきよこ訳 徳間書店(げんしじんヘーデンホスシリーズ2) 1974年9月

うま(ホールファグレ)
スウェーデンのげんしじんヘーデンホスおやこのうま 「げんしじんヘーデンホスおやこ」 バッティル・アルムクビスト絵・文；やまのうちきよこ訳 徳間書店(げんしじんヘーデンホスシリーズ1) 1974年8月

うま(ホールファグレ)
スウェーデンのげんしじんヘーデンホスおやこのうま 「マジョルカりょこう」 バッティル・アルムクビスト絵・文；やまのうちきよこ訳 徳間書店(げんしじんヘーデンホスシリーズ7) 1974年11月

うま(ホールファグレカー)
スウェーデンのげんしじんヘーデンホスおやこのうま 「アメリカりょこう」 バッティル・アルムクビスト絵・文；やまのうちきよこ訳 徳間書店(げんしじんヘーデンホスシリーズ5) 1974年10月

うま(モモ)
子どもたちといっしょにおじいちゃんのところへやきたてのチョコレートケーキをとどけるおつかいのたびにでた子うま 「ねらわれたチョコレートケーキ」 デビッド・マクフェイル文・絵；吉田新一訳 国土社 1980年11月

うま(ルシール)
はたけしごとでどろだらけなのにあきてまちへいったひにおひゃくしょうさんのおくさんにぼうしやくつやドレスをかってもらったうま 「ルシールはうま」 アーノルド・ローベル作；岸田衿子訳 文化出版局 1974年10月

うま(ロバート)
ばらのはなのにおいをかぐとくしゃみがでるのでのうじょうをでてまちへしごとをさがしにいったこうま 「ロバートのはなとばらのはな」 ジョーン・ハイルブロナー作；ピー・ディー・イーストマン絵；神宮輝夫訳 日本パブリッシング(ビギナーシリーズ) 1969年1月

海 うみ
ひとりの船長のわかいおよめさんをお城につれていってしまった殿さまを城といっしょにのみこんでおよめさんをたすけた海 「海の水が塩からいわけは…」 セビヨ作；I.ドジョワ絵；なだいなだ訳 文化出版局(フランスの傑作絵本) 1981年6月

うみがめ(かめ)
かめたちがなかよくくらすちいさなしまへあがってきておよげることをじまんしたうみがめ 「そらをとんだかめ」 ユルク・フラー文・絵；尾崎賢治訳 アリス館牧新社 1976年9月

うみへ

海へび（サイラス）　うみへび（さいらす）
海のむこうの新大陸をめざしてでかけたサクラソウ号という船のうしろからついていって嵐や海賊からまもってやった大海へび「海へびサイラスくんがんばる」ビル・ピート作；今江祥智訳　ほるぷ出版　1976年9月

ウラックス
スウェーデンのげんしじんヘーデンホスおやこのいぬ「アメリカりょこう」バッティル・アルムクビスト絵・文；やまのうちきよこ訳　徳間書店（げんしじんヘーデンホスシリーズ5）1974年10月

ウラックス
スウェーデンのげんしじんヘーデンホスおやこのいぬ「イギリスりょこう」バッティル・アルムクビスト絵・文；やまのうちきよこ訳　徳間書店（げんしじんヘーデンホスシリーズ8）1974年11月

ウラックス
スウェーデンのげんしじんヘーデンホスおやこのいぬ「うちゅうりょこう」バッティル・アルムクビスト絵・文；やまのうちきよこ訳　徳間書店（げんしじんヘーデンホスシリーズ6）1974年8月

ウラックス
スウェーデンのげんしじんヘーデンホスおやこのいぬ「エジプトりょこう」バッティル・アルムクビスト絵・文；やまのうちきよこ訳　徳間書店（げんしじんヘーデンホスシリーズ2）1974年9月

ウラックス
スウェーデンのげんしじんヘーデンホスおやこのいぬ「げんしじんヘーデンホスおやこ」バッティル・アルムクビスト絵・文；やまのうちきよこ訳　徳間書店（げんしじんヘーデンホスシリーズ1）1974年8月

ウラックス
スウェーデンのげんしじんヘーデンホスおやこのいぬ「バナナボート」バッティル・アルムクビスト絵・文；やまのうちきよこ訳　徳間書店（げんしじんヘーデンホスシリーズ4）1974年10月

ウラックス
スウェーデンのげんしじんヘーデンホスおやこのいぬ「マジョルカりょこう」バッティル・アルムクビスト絵・文；やまのうちきよこ訳　徳間書店（げんしじんヘーデンホスシリーズ7）1974年11月

ウルサイくん
ばくだんみたいなこえでまったくもううるさいひと「ウルサイくん」ロジャー・ハーグレーヴス作；おのかずこ訳　評論社（みすた・ぶっくす23）1985年12月

ウルズス王　うるずすおう
こぐまのぺちたちがのった船マリーごうにガソリンをわけてくれたくまの王さま「くまのおうじょ」カルラ・ハンセン；ウィルヘルム・ハンセン原作；水木しげる訳　フレーベル館（こぐまのぺちの絵本2）1972年8月

ウルズラ
くまの王さまウルズス王のおうじょ 「くまのおうじょ」 カルラ・ハンセン；ウィルヘルム・ハンセン原作；水木しげる訳 フレーベル館（こぐまのぺちの絵本2） 1972年8月

ウルズラ
ぞうのおうさまババールたちをとりのしまへまねいたとりのくにのおきさき 「ババールとりのしまへ」 ロラン・ド・ブリュノフ作；矢川澄子訳 評論社（評論社の児童図書館・絵本の部屋 ぞうのババール7） 1975年10月

ウルスリ
スイスの山の村にすむ男の子でフルリーナのおにいさん 「アルプスのきょうだい」 ゼリーナ・ヘンツ文；アロワ・カリジェ絵；光吉夏弥訳 岩波書店（岩波の子どもの本） 1954年9月

ウルスリ
山のむすめフルリーナのにいさん 「フルリーナと山の鳥」 ゼリーナ・ヘンツ文；アロワ・カリジェ絵；大塚勇三訳 岩波書店 1974年12月

ウルスリ
小さな山の村にすみ冬のあいだ家畜の小屋のせわをしている男の子 「大雪」 ゼリーナ・ヘンツ文；アロイス・カリジェ絵；生野幸吉訳 岩波書店 1965年12月

ウルスリ
冬をおいだし春をむかえるスイスの村の鈴行列のおまつりに大きい鈴がもちたくて山の夏小屋までひとりでとりにいった男の子 「ウルスリのすず」 ゼリーナ・ヘンツ文；アロワ・カリジェ絵；大塚勇三訳 岩波書店 1973年12月

ウルフ
ぶたのピッグさんのうちにベビーシッターのおばさんだといってやってきたおおかみ 「こぶたのおるすばん」 メアリー・レイナー作・絵；岡本浜江訳 偕成社 1979年12月

ウルマひめ
雲の王のうつくしいむすめ 「たいようの木のえだ―ジプシーの昔話」 フィツォフスキ再話；内田莉莎子訳；堀内誠一画 福音館書店 1985年11月

ウンギオーネ船長　うんぎおーねせんちょう
カリブ海の海賊の巣トルトゥーガ島にいた悪名高い海賊の頭 「ロビンと海賊」 エルマンノ・リベンツィ文；アデルキ・ガッローニ絵；河島英昭訳 ほるぷ出版 1979年3月

運転手　うんてんしゅ
クリスマスイブに紳士がつかまえて乗ったタクシーの運転手 「おかしなおかしなクリスマス」 プレヴェール作；E.アンリケ絵；宗左近訳 文化出版局 1981年6月

ウンフ
あかいサドルの3りんしゃをもっていたまどそうじやのぞう 「まどそうじやのぞうのウンフ」 アン・ホープ作；エリザベス・ハモンド絵；いしいももこ訳 福音館書店（世界傑作絵本シリーズ・イギリスの絵本） 1979年11月

【え】

えいふ

エイブ
ビジータウンのいたずらっこのふたごのこねこ 「サンタさんのいそがしい1にち」 リチャード・スキャリー作；國眼隆一訳 ブック・ローン出版（スキャリーおじさんのどうぶつえほん15） 1984年8月

エイブ
動物たちの最後の楽園ないない谷のエチオピアジャッカルの巡査 「ないない谷の物語1 ようこそないない谷へ」 インマ・ドロス；ハリー・ギーレン文；マイケル・ジュップ絵；舟崎克彦訳 ブック・ローン出版 1982年11月

エイミー
ピーターがはじめててがみをかいておたんじょうかいによんだおんなのこ 「ピーターのてがみ」 エズラ・ジャック・キーツ作・画；木島始訳 偕成社（キーツの絵本） 1974年7月

エイミィ
オークアプルの森のいたずらっ子のふたごのねずみ 「りすのハリエットさん」 ジェニー・パートリッジ作；神宮輝夫訳 ティビーエス・ブリタニカ（オークアプルの森のおはなし8） 1982年8月

エイミィ
オークアプルの森のふたごの子ねずみ 「はりねずみのスナッフルおばあさん」 ジェニー・パートリッジ作；神宮輝夫訳 ティビーエス・ブリタニカ（オークアプルの森のおはなし6） 1982年8月

エイミィ
オークアプルの森のもりねずみのふたごの子ねずみ 「かえるのホップさん」 ジェニー・パートリッジ作；神宮輝夫訳 ティビーエス・ブリタニカ（オークアプルの森のおはなし3） 1982年7月

エウェ族　えうぇぞく
アフリカの部族の人びと 「絵本アフリカの人びと-26部族のくらし」 レオ・ディロン；ダイアン・ディロン絵；マーガレット・マスグローブ文；西江雅之訳 偕成社 1982年1月

えかきさん
とくべつきにいっていたとてもきれいなことりのえをおかねもちにうってしまったびんぼうなえかきさん 「えかきさんとことり」 マックス・ベルジュイス作；長谷川四郎訳 ほるぷ出版 1979年4月

エーゴン
かばのアガーテのともだちのやさしい男のかば 「かばのエーゴンとアガーテ」 J.マーシャル作・画；桂芳樹訳 小学館（世界の創作童話12） 1980年2月

えすきもー
あたらしいふねにのってしゅっぱつしたちいさなふなのりがついたくちにすんでいたえすきもーのかぞく 「ちいさなふなのりのぼうけん」 ディック・ブルーナ文・絵；舟崎靖子訳 講談社（ブルーナの幼児えほん2） 1981年10月

エゼキエル・ダブ
ボートをかいこんでむすこのラファエルとうみにのりだしぼうけんのたびをしたとら「とらくんうみをわたる」リチャード・アダムス文；ニコラ・ベーリー絵；由良君美訳　ほるぷ出版　1978年2月

エッタ
エミリー・パーカーがかっていたペットのめんどり「わたしのかわいいめんどり」アリス・プロペンセン；マーチン・プロペンセン作；岸田衿子訳　ほるぷ出版　1976年9月

エド
アムステルダムのうんがのほとりにたつおうちのなかであるひぬいものにつかうゆびぬきをかくしてあそぶことにしたさんにんきょうだいのおとこのこ「ゆびぬきをさがして」フィオナ・フレンチ文・絵；かたおかひかる訳　らくだ出版　1983年11月

エドゥアルド
ねずみのレオポルドのむすめのユリンカをおよめにほしいといったねずみ「ねずみのレオポルド」リブシエ・パルチコバー文；ヨゼフ・パレチェック絵；千野栄一訳　フレーベル館　1981年7月

エドガー・トムキャット
コーギビルのむらまつりのやぎレースにでるじぶんのやぎがどんなにすごいかということをむらじゅうにふれまわっていたねこ「コーギビルのむらまつり」タシャ・テューダー作；渡辺茂男訳　冨山房　1976年7月

エドワード
いつもよりはやくでかけていってからっぽのがっこうについたねこのおとこのこ「きょうはおやすみだよ」フランツ・ブランデンバーグ作；アリキ・ブランデンバーグ絵；かつおきんや訳　アリス館牧新社　1976年3月

エドワード
だいすきなおばあちゃんのたんじょうびにおいわいのうたをつくってあげたねこのおとこのこ「おばあちゃんのたんじょうび」フランツ・ブランデンバーグ作；アリキ・ブランデンバーグ絵；かつおきんや訳　アリス館　1975年12月

エドワード
なかまの五だいといっしょに車庫でくらしていたちびの機関車「三だいの機関車」ウィルバート・オードリー作；レジナルド・ドールビー絵；桑原三郎；清水周裕訳　ポプラ社（汽車のえほん1）　1973年11月

エドワード
ねこのエリザベスのきょうだいでびょうきになったねこのおとこのこ「あたしもびょうきになりたいな！」フランツ・ブランデンベルク作；アリキ・ブランデンベルク絵；福本友美子訳　偕成社　1983年7月

エドワード
まよなかにめをさましてあいているベッドでだれかがねているおとをきいたこねこ「どろぼうだ　どろぼうよ」フランツ・ブランデンバーグ文；アリキ絵；かつおきんや訳　アリス館牧新社　1976年10月

えとわ

エドワード
もうとしをとっていてはしるとガチャンガチャンおとがする青い機関車 「青い機関車エドワード」 ウィルバート・オードリー作;レジナルド・ドールビー絵;桑原三郎;清水周裕訳 ポプラ社(汽車のえほん9) 1974年4月

エドワード
支線をはしる青い機関車 「大きな機関車たち」 ウィルバート・オードリー作;ガンバー・エドワーズ;ピーター・エドワーズ絵;桑原三郎;清水周裕訳 ポプラ社(汽車のえほん21) 1980年10月

エドワード
島からイギリス本島につれていかれてみんなにみせられた八だいの機関車の一だい 「八だいの機関車」 ウィルバート・オードリー作;ジョン・ケニー絵;桑原三郎;清水周裕訳 ポプラ社(汽車のえほん12) 1974年8月

エドワール
飼い主で楽士のアンジェロ・デュパ老人が死んでしまったので耳をすっぽりぼうしでかくして町へいったろば 「ろばくん一代記」 フィリップ・デュマ作;矢川澄子訳 文化出版局 1981年2月

エナノ
おんぼろ小屋にすんでいたおばあさんが小屋のすみにしまっておいたタマゴからうまれた小さな息子であるとき王さまの宮殿にいき王さまと力くらべをした若者 「エナノの宮殿-メキシコの民話」 ルイス・スアレス絵;とみながまこと訳 ほるぷ出版 1982年11月

エビ
あるあらしの日にカニといっしょに海に船出したエビ 「ローベルおじさんのどうぶつものがたり」 アーノルド・ローベル作;三木卓訳 文化出版局 1981年5月

エベネザーじいさん
ぶたのおひゃくしょうのパーマーさんのやといでばしゃをひいているろばのじいさん 「ばしゃでおつかいに」 ウィリアム・スタイグ作;せたていじ訳 評論社(児童図書館・絵本の部屋) 1976年12月

エマ
おばさんにもらったりっぱなそうがんきょうをつかってまほうつかいになったようにおもったおんなのこ 「エマのまほうのめがね」 マリー・ブランド文・絵;河津千代訳 アリス館牧新社 1976年2月

エマおばさん
てつどうがもうはしっていないたそがれえきにすんでいたなんにんかのとしよりでとてもびんぼうなひとたちのひとりのおばさん 「たそがれえきのひとびと」 チャールズ・キーピング文・絵;わたなべひさよ訳 らくだ出版 1983年11月

エミー
いつもひとりぼっちでしゃぼんだまであそんでいたマリーとともだちになったおんなのこ 「きえないでしゃぼんだま」 ルーク・コープマン作・絵;わたりむつこ文 エミール館 1979年11月

エミー
おとうとがはしかになったのでじぶんのかおにもえのぐであかいぶつぶつをかいたおんなのこ 「はしかになりたがったエミー」 グニラ・ボルデ作;たかむらきみこ訳 偕成社(エミーちゃんシリーズ) 1977年1月

エミー
おとうとってきらいなときもあるけどかわいいときもあってやっぱりだいすきなおんなのこ 「おとうとはだいすきよ」 グニラ・ボルデ作;たかむらきみこ訳 偕成社(エミーちゃんシリーズ) 1977年1月

エミー
そうじきをつかっていろんなものをすいこんでみたおんなのこ 「おそうじできるよ」 グニラ・ボルデ作;たかむらきみこ訳 偕成社(エミーちゃんシリーズ) 1977年1月

エミー
にこにこいいかおをしたりめそめそなきがおになったりするおんなのこ 「いいかお わるいかお」 グニラ・ボルデ作;たかむらきみこ訳 偕成社(エミーちゃんシリーズ) 1977年1月

エミー
はがいたくなってはいしゃさんへいったおんなのこ 「はいしゃさんへ」 グニラ・ボルデ作;たかむらきみこ訳 偕成社(エミーちゃんシリーズ) 1977年1月

エミー
ピーターとなかよしのおないどしのおんなのこ 「ピーターとエミーはちがうよ」 グニラ・ボルデ作;たかむらきみこ訳 偕成社(エミーちゃんシリーズ) 1977年1月

エミー
ほいくえんにはいることになったおんなのこ 「ほいくえんなんていきたくない」 グニラ・ボルデ作;たかむらきみこ訳 偕成社(エミーちゃんシリーズ) 1977年1月

エミー
まいあさほいくえんにいくのをたのしみにしているおんなのこ 「たのしいほいくえん」 グニラ・ボルデ作;たかむらきみこ訳 偕成社(エミーちゃんシリーズ) 1977年1月

エミリー
あかとあおときいろの3しょくのえのぐをつかってえをかくのをいぬのパトーにおしえることになったやまあらし 「アリスとパトー えのコンクール」 エリザベス・ミラー;ジェイン・コーエン文;ヴィクトリア・チェス絵;西園寺知子訳 文化出版局 1982年9月

エミリー
こぐまのくまくんにできたおともだちの女の子 「くまくんのおともだち」 E.H.ミナリック文;モーリス・センダック絵;まつおかきょうこ訳 福音館書店(はじめてよむどうわ3) 1972年6月

エミリーさん
ロンドンのまちにあるあたらしいアパートのいちばん上のかいにすみふるいアパートのちかしつにすむラティという男からうつくしい色の小鳥をかったおばあさん 「エミリーさんとまぼろしの鳥」 チャールズ・キーピング作;八木田宜子訳 ほるぷ出版 1979年5月

えみり

エミリーちゃん
あるひもりへさんぽにでかけてまいごになってしまったあかいぼうしのおんなのこ 「エミリーちゃん」 ドミティーユ・ドゥ・プレサンセ作;箕浦万里子訳 偕成社 1976年5月

エミリーちゃん
いなくなったはりねずみのアルチュールをうちじゅうさがしたあかいぼうしのおんなのこ 「エミリーちゃんとアルチュール」 ドミティーユ・ドゥ・プレサンセ作;箕浦万里子訳 偕成社 1976年5月

エミリーちゃん
おうちにとまりにきたいとこのシドニーちゃんとあそんだあかいぼうしのおんなのこ 「エミリーちゃんとシドニーちゃん」 ドミティーユ・ドゥ・プレサンセ作;箕浦万里子訳 偕成社 1976年10月

エミリーちゃん
おにいさんのステファンといとこのシドニーちゃんとみんなでちょうちょとりにいったあかいぼうしのおんなのこ 「エミリーちゃんとちょうちょ」 ドミティーユ・ドゥ・プレサンセ作;箕浦万里子訳 偕成社 1976年10月

エミリー・パーカー
めんどりのエッタと犬のラルフと猫のマックスの3匹のペットをかっていた女の子 「わたしのかわいいめんどり」 アリス・プロペンセン;マーチン・プロペンセン作;岸田衿子訳 ほるぷ出版 1976年9月

エミール
うみにもぐっていたサモせんちょうをたすけてあげてせんちょうのいえでくらすことになったしんせつなたこ 「たことせんちょう」 トミー・ウンゲラー原作・画;ウエザヒル翻訳委員会訳 ウエザヒル出版社 1966年6月

エミール
うみのそこでさめにおそわれていたサモファせんちょうをたすけてせんちょうのうちでいっしょにくらすことになったたこ 「エミールくんがんばる」 トミー・ウンゲラー作;今江祥智訳 文化出版局 1975年6月

エミール
犬のローラとアリスと三人だけの汽車のたびをしてパリのおじいちゃんのところへいった男の子 「まっくろローラーおふろのぼうけん」 フィリップ・デュマ文・絵;末松氷海子訳 国土社 (ローラのぼうけんえほん4) 1982年6月

エミール
大きくてくろい犬のローラがかわれている家の男の子 「まっくろローラーどろぼうたいじ」 フィリップ・デュマ文・絵;末松氷海子訳 国土社(ローラのぼうけんえほん3) 1980年7月

エミール
大きくてくろい犬のローラがかわれている家の男の子 「まっくろローラーパリへのたび」 フィリップ・デュマ文・絵;末松氷海子訳 国土社(ローラのぼうけんえほん2) 1980年6月

エミール
大きくてくろい犬のローラがかわれている家の男の子 「まっくろローラー海のぼうけん」 フィリップ・デュマ文・絵;末松氷海子訳 国土社(ローラのぼうけんえほん1) 1980年6月

エーモス
ふねからおちてうみにういているときにたすけてくれたくじらのボーリスといちばんのしんゆうになったねずみ 「ねずみとくじら」 ウィリアム・スタイグ作；せたていじ訳 評論社（児童図書館・絵本の部屋） 1976年12月

エラ
まちからずーっとはなれたかわのそばにたっていたこなひきごやのシュテパンじいさんのまごのおんなのこ 「しまうまになったマルコ」 イヴァン・ガンチェフ作・絵；佐々木元訳 フレーベル館 1982年10月

エリア
びょうきになりかみさまにたすけてもらうためにまちへいこうとしたトビアスがとちゅうであったかみさまのおつかいのおとこ 「どれいになったエリア」 シンガー文；フラスコーニ絵；いのくまようこ訳 福音館書店（世界傑作絵本シリーズ） 1971年12月

エリザベス
いつもよりはやくでかけていってからっぽのがっこうについたねこのおんなのこ 「きょうはおやすみだよ」 フランツ・ブランデンバーグ作；アリキ・ブランデンバーグ絵；かつおきんや訳 アリス館牧新社 1976年3月

エリザベス
だいすきなおばあちゃんのたんじょうびにプレゼントをつくってあげたねこのおんなのこ 「おばあちゃんのたんじょうび」 フランツ・ブランデンバーグ作；アリキ・ブランデンバーグ絵；かつおきんや訳 アリス館 1975年12月

エリザベス
びょうきになってベッドでごはんをたべたりおばあちゃんに本をよんでもらったりしているエドワードがうらやましくなったねこのおんなのこ 「あたしもびょうきになりたいな！」 フランツ・ブランデンベルク作；アリキ・ブランデンベルク絵；福本友美子訳 偕成社 1983年7月

エリザベス
まよなかにめをさましてあいているベッドでだれかがねているおとをきいたこねこ 「どろぼうだ どろぼうよ」 フランツ・ブランデンバーグ文；アリキ絵；かつおきんや訳 アリス館牧新社 1976年10月

エリシュカ
ヤクブとゆきだるまをつくってあそんだむらのおんなのこ 「ゆきのおうま」 ミレナ・ルケショバー文；ヤン・クドゥラーチェク絵；千野栄一訳 ほるぷ出版 1984年4月

エリック
おおおとこがすむというにんげんとうへいこうとしたスルースふじんにつれられてボートにのっていったちいさなおとこのこ 「大男の島のおおきなたからもの」 テエ・チョンキン作・絵；西内ミナミ文 エミール館 1979年11月

エリック
学校のバザーにだすために石のぶんちんやいろいろなものをつくったくまの男の子 「こぐまの学校のバザー」 ミシェル・カートリッジ作；せなあつこ訳 偕成社 1982年8月

えりつ

エリック
竹うまあそびがだいすきなビン王こくのバートラム王さまのおともをしていたおこしょうの子ども 「王さまの竹うま」 ドクター・スース作・絵;渡辺茂男訳 偕成社 1983年8月

エーリッヒ
ゆきのひにぴったりとよりそってきにとまっていた三ばのすずめの一わ 「三ばのすずめ」 スージー・ボーダル絵;クリスティアン・モルゲンシュテルン詩;虎頭恵美子訳 偕成社 1977年1月

エルウッドさん
ねずみがのっていってしまったじまんのローラースケートをどこまでもおっかけていった男の人 「にげだしたローラー・スケート」 ジョン・ヴァーノン・ロード文・絵;安西徹雄訳 アリス館牧新社 1976年7月

エルザ
すてきなしょうをきるとつよくておそろしくなるおうさまにつかまえられたかじやのアンドレのしっかりもののむすめ 「いしょうをぬいだおうさま」 サリー・シーダ作;リータ・ヴァン・ビルゼン絵;まつしろよういち訳 佑学社(ヨーロッパ創作絵本シリーズ11) 1978年5月

エルシー
くらいもりのなかでトロルにあってちえでまかしたおんなのこ 「トロルのもり」 エドワード・マーシャル作;ジェイムズ・マーシャル絵;ももゆりこ訳 さ・え・ら書房 1983年6月

エルジンばあさん(バッタのエルジン)
とおい昔オーストラリアでガイヤという大きな山犬をつかっては人間をつかまえてたべていたおばあさん 「大きな悪魔のディンゴ」 ディック・ラウジィ作・絵;白石かずこ訳 集英社 1980年12月

エルス
牧場主のバーネル家の三姉妹と同じ学校にかよう女の子でまずしくてのけものにされている姉妹の妹 「人形の家」 キャサリン・マンスフィールド原作;藤沢友一絵・反案 岩崎書店(新・創作絵本25) 1981年8月

エルマー
ぞうのむれのなかでみんなとちがってつぎはぎのまだらのいろをしていたのでいつもみんなにわらわれていたぞう 「ぞうのエルマー」 デイビッド・マッキー文・絵;安西徹雄訳 アリス館 1985年4月

エルマー
ぞうをみんなまだらいろにぬったいたずらずきのまだらいろのぞう 「またまたぞうのエルマー」 デイビッド・マッキー文・絵;安西徹雄訳 アリス館牧新社 1977年3月

エルマー
動物たちの学校時代の同窓写真にうつったぞう 「ぼくたちを忘れないで」 フリーデル・シュミット;ヴァルトラウト・ランケ作;森村桂訳 CBS・ソニー出版 1978年8月

エルミナ王女　えるみなおうじょ
花むこを決めるコンクールに優勝した詩人のローランドとの結婚をいやがった気位の高い王女 「スノウローズ」 サンドラ・ラロッシュ絵;ミシェル・ラロッシュ文;中山知子訳 西村書店 1986年3月

えれな

エルミンカ
アントンおじさんのおみやげの大きな赤いブーツをはいておなじいろのはたけのトマトたちにみせにいった女の子 「エルミンカと赤いブーツ」 マージェリー・クラーク作；モード・ピーターシャム；ミスカ・ピーターシャム絵；渡辺茂男訳 ペンギン社(絵本童話けしつぶクッキーシリーズ) 1984年10月

エルミンカ
カチューシカおばさんにおちゃによばれてアンドルーシクのうちにきた女の子 「おちゃのおきゃくさま」 マージェリー・クラーク作；モード・ピーターシャム；ミスカ・ピーターシャム絵；渡辺茂男訳 ペンギン社(絵本童話けしつぶクッキーシリーズ) 1984年10月

エレナ
クリスマスにおやまのなかのおじいさんのうちへあそびにいったみつごのおてんばむすめのひとり 「みつごのおてんばむすめ もうすぐクリスマス」 メルセ・コンパニュ文；ルゼ・カプデヴィラ絵；辻昶；竹田篤司訳 DEMPAペンタン 1986年11月

エレナ
クリスマスのおやすみにおやまのなかのおじいさんのうちへあそびにいったみつごのおてんばむすめのひとり 「みつごのおてんばむすめ もうすぐクリスマス」 メルセ・コンパニュ文；ルゼ・カプデヴィラ絵；辻昶；竹田篤司訳 ペンタン 1985年11月

エレナ
こどもたちでオーケストラをつくろうとしたみつごのおてんばむすめのひとり 「みつごのおてんばむすめ ちびっこオーケストラ」 メルセ・コンパニュ文；ルゼ・カプデヴィラ絵；辻昶；竹田篤司訳 DEMPAペンタン 1986年11月

エレナ
スペインのやまのなかのむらではちをかっていたおばあさんとくらしていたさんにんのまごむすめのひとり 「つきよのぱくんぱくん」 ウリセス・ウェンセル絵；わたりむつこ文 学習研究社(国際版せかいのえほん8) 1985年1月

エレナ
なつやすみにいとこのマルタとルイスのうちへいったみつごのおてんばむすめのひとり 「みつごのおてんばむすめ すてきないろのまち」 メルセ・コンパニュ文；ルゼ・カプデヴィラ絵；辻昶；竹田篤司訳 DEMPAペンタン 1986年11月

エレナ
なつやすみにいとこのマルタとルイスのうちへいったみつごのおてんばむすめのひとり 「みつごのおてんばむすめ すてきないろのまち」 メルセ・コンパニュ文；ルゼ・カプデヴィラ絵；辻昶；竹田篤司訳 ペンタン 1985年11月

エレーナひめ
おしろの王様のむすめで世界中で一番うつくしいおひめさま 「銀色の馬-ロシアの民話」 マーブリナ絵；ばばともこ訳 新読書社 1983年12月

エレーナひめ
ダルマートおうのしろにいたうつくしいひめ 「はいいろのおおかみ」 アレクセイ・トルストイ再話；タチアーナ・マヴリナ絵；宮川やすえ文 らくだ出版(世界の絵本シリーズ ソ連編5) 1975年2月

えれな

エレーナ姫　えれーなひめ
ダルマト王の美しい姫「火の鳥-ロシアの民話」I.イェルショフ；K.イェルショワ絵；坂本市郎訳　新読書社　1982年11月

エロイーズさん
もりのどうぶつたちにすみたいおうちをつくってあげるてんさいねずみ「だれのおうちかな？」ジョージ・メンドーサ作；ドリス・スミス絵；福原洋子訳　フレーベル館　1983年1月

エロミール
ちびでよわむしのヨーザの父さんでちからもちの炭やき「ヨーザとまほうのバイオリン」ヤーノシュ作；矢川澄子訳　偕成社　1981年5月

エンゼル
雲のうえから地上におりると地面をたがやして音楽のたねをまいたちいさな男の子の天使「音楽のたねをまいた天使-コロンビア」パトリシア・デュラン文・絵；小林孝子訳　蝸牛社（かたつむり文庫）　1984年12月

えんとつそうじやさん
小さなむらにおくさんとすんでいたしごともおかねもすこししかないえんとつそうじやさんでふたりにあかちゃんがうまれたひと「くるまずきのコンラート」H.マンツ作；W.ホフマン画；渡辺和雄訳　小学館（世界の創作童話18）　1981年8月

えんぴつ
はさみといっしょにかみをつかってにひきのうさぎをつくったえんぴつ「うさぎをつくろう」レオ・レオニ作；谷川俊太郎訳　好学社　1982年7月

えんぴつ
ボーバのつくえのうえにすんでいたーぽんのえんぴつ「こねずみとえんぴつ」ステーエフ作・絵；松谷さやか訳　福音館書店（世界傑作童話シリーズ）　1982年9月

えんまさま
おそなえをけちけちしていたおひゃくしょうのはたけにいねがみのらないようにするまほうをかけたえんまさま「おひゃくしょうとえんまさま-中国民話」君島久子再話；佐藤忠良画　福音館書店　1969年9月

【お】

おうさま
あたらしいようふくがだいすきでつぎからつぎへとあたらしいようふくをつくらせていたとてもおしゃれなおうさま「はだかの王さま」深沢邦朗画；天神しずえ文　ひかりのくに（世界名作えほん全集2）　1966年1月

おうさま
おきにいりのすてきないしょうをきるとつよくなりひとをいじめるおそろしいおうさまにもなったおうさま「いしょうをぬいだおうさま」サリー・シーダ作；リータ・ヴァン・ビルゼン絵；まつしろよういち訳　佑学社（ヨーロッパ創作絵本シリーズ11）　1978年5月

おうさま

おうさま
おしゃれがだいすきでひまさえあればかがみにむかっていたおうさま 「はだかのおうさま」 H.C.アンデルセン原作;ウルフ・ロフグレン絵;木村由利子訳 フレーベル館(アンデルセンのおはなし1) 1983年6月

おうさま
おんがくをきかせるたびをつづけていたライオンのレオポルドとおばけのホレイショがいったふるいおしろのおうさま 「レオポルドたびにでる」 ラルス・トリアー絵・文;すぎやまじゅんこ訳 らくだ出版(デンマークのえほん2) 1977年6月

おうさま
ガンジスがわをのぼってヒマラヤのやまおくのかわのきしべにはえているマンゴーのきのみをとりにきたおうさま 「ヒマラヤのおうさまざる-インドのはなし」 山主敏子文;島田睦子絵 コーキ出版(絵本ファンタジア48) 1982年8月

おうさま
じぶんをきんやぎんどころかしおよりもあいしているといったおうじょのリドゥシュカにはらをたておしろからおいだしたおうさま 「しおとおひめさま」 シュチェパーン・ザブジェル作・絵;しおやたけお訳 佑学社(ヨーロッパ創作絵本シリーズ9) 1978年5月

おうさま
だいじんのりこうなむすめがきにいっておきさきにすることにしたおうさま 「りこうなおきさき」 ガスター原作;いわさきちひろ絵;立原えりか文 講談社(いわさきちひろ・おはなしえほん3) 1984年9月

おうさま
とてもかしこいだいじんのむすめとちえくらべをしてとうとうおきさきにすることにしたひとりのおうさま 「りこうなおきさき」 ガスター原作;光吉夏弥文;岩崎ちひろ絵 世界出版社(ABCブック) 1970年1月

おうさま
なによりもあたらしいふくやうつくしいガウンがだいすきだったおうさま 「はだかのおうさま」 アンデルセン作;こわせたまみ文;村上勉絵 フレーベル館(キンダーおはなしえほん傑作選23) 1978年6月

おうさま
まずしいおひゃくしょうさんをだましてなんでもでてくるまほうのたまをとりあげたおうさま 「ふたつのまほうのたま」 オルガ・プロセンク作・絵;山口ちずこ文 学習研究社(国際版せかいのえほん18) 1985年1月

おうさま
むかしとおいみやこにいたまいにち五へんも十ぺんもきものをきかえるおうさま 「はだかのおうさま」 アンデルセン作;与田凖一文;小野かおる絵 偕成社(世界おはなし絵本21) 1972年1月

おうさま
よるベッドのうえでとびはねるのがすきなおうさま 「王さまはとびはねるのがすき」 ヘルメ・ハイネ作・絵;松代洋一訳 佑学社(オーストリア創作絵本シリーズ1) 1978年3月

おうさ

王さま　おうさま
ある日ひつじかいの少年ボルカが月のみずうみをみつけ宝石をもちかえったのをしったよくばりの王さま「月のみずうみ」イワン・ガンチェフ作・絵;岡しのぶ訳　偕成社　1982年5月

王さま　おうさま
おひめさまのけっこんあいてに三人の王子をえらんでテストをすることにしたピックル=パイが大すきな王さま「王さまのすきなピックル=パイ」ジョリー・ロジャー・ブラッドフィールド文;飯沢匡訳　講談社(世界の絵本アメリカ)　1971年4月

王さま　おうさま
ごじぶんのお金はみなお召しものにお使いになっていつも美しく着かざっておられましたおしゃれな王さま「はだかの王さま」アンデルセン作;ドロテー・ドゥンツェ絵;ウィルヘルム・きくえ訳　太平社　1986年5月

王さま　おうさま
じぶんの国の空から雨でもゆきのようでもないウーベタベタをふらせようとしたディド王こくの王さま「ふしぎなウーベタベタ」ドクタースース作;渡辺茂男訳　日本パブリッシング　1969年1月

王さま　おうさま
チーズのにおいをかぎつけてくにじゅうからおしろにやってきたねずみたちをおいだそうとしたチーズがだいこうぶつの王さま「王さまとチーズとねずみ」ナンシー・ガーニー;エリック・ガーニー作・絵;渡辺茂男訳　ペンギン社　1984年1月

王さま　おうさま
王女のすやすやひめがみるこわいゆめをとりのぞいてくれるものをさがすためにたびにでたまどろみ国の王さま「ゆめくい小人」ミヒャエル・エンデ作;アンネゲルト・フックスフーバー絵;佐藤真理子訳　偕成社　1981年11月

王さま　おうさま
新しいきれいな服が何よりもすきでいつもきれいに着かざっていられた王さま「はだかの王さま」アンデルセン作;山室静訳;佐野洋子絵　小学館(世界のメルヘン絵本29)　1970年12月

王さま　おうさま
新しく生まれた救い主の王さまイエスさまをさがしにいった三人の王さま「星と船と王さまたち」シュチェパーン・ザヴジェル作;加藤常昭訳　日本基督教団出版局　1984年6月

王さま　おうさま
眠れない病にかかって森の魔法使いの小人に眠らせてもらおうとした年とった王さま「眠れぬ王さま」スヴェトスラフ・ミンコフ文;ルーメン・スコルチェフ絵;松永緑彌訳　ほるぷ出版　1982年10月

おうさまざる(さる)
ヒマラヤのやまおくのガンジスがわのきしべにはえていたマンゴーのきのみをねらってやまからおりてきたさるのむれをつれているおうさまざる「ヒマラヤのおうさまざる-インドのはなし」山主敏子文;島田睦子絵　コーキ出版(絵本ファンタジア48)　1982年8月

おうじ
あるひのことまほうつかいにもりのなかのたかいとうにとじこめられたうつくしいラプンゼルのうたをきいたひとりのおうじ「ラプンゼル」ベラ・サウスゲイト再話;エリック・ウインター絵;秋晴二;敷地松二郎訳編 アドアンゲン 1974年6月

おうじ
あるまちのまんなかにたっていたたかい石のはしらの上にたっていてこうふくのおうじとよばれていたぞう「こうふくなおうじ」ワイルド原作;松谷みよ子文;安井淡絵 世界出版社 (ABCブック) 1970年1月

おうじ
いじわるなようせいにまほうをかけられてかえるにされていたおうじ「おうじょとかえる」ベラ・サウスゲイト再話;キャペルディ絵;秋晴二;敷地松二郎訳編 アドアンゲン 1974年6月

おうじ
いじわるなようせいにまほうをかけられてけだもののすがたにされていたおうじ「ビューティとビースト」ベラ・サウスゲイト再話;エリック・ウインター絵;秋晴二;敷地松二郎訳編 アドアンゲン 1974年6月

おうじ
いつもせかいじゅうでいちばんすぐれたほんとうのおうじょとけっこんしたいとおもっていたひとりのおうじ「おうじょとまめ」ベラ・サウスゲイト再話;エリック・ウインター絵;秋晴二;敷地松二郎訳編 アドアンゲン 1974年6月

おうじ
いばらにかこまれたふるいおしろでねむりつづけているねむりひめのはなしをきいてやってきたわかいおうじ「ねむりのもりのひめ」グリム作;佐藤義美文;佐藤忠良絵 偕成社(世界おはなし絵本11) 1971年1月

おうじ
こうていへいかのおひめさまにけっこんをもうしこんでもあおうともしてもらえなかったのでおしろへいってぶたばんにやとってもらうことにしたちいさなくにのおうじ「ぶたばんのおうじ」 ハンス・クリスチャン・アンデルセン作;ビョーン・ウィンブラード絵;山内清子訳 ほるぷ出版 1978年6月

おうじ
せかいいちおおきなくにのおひめさまとけっこんしたくておしろのぶたかいになったちいさなくにのおうじ「ぶたかいのおうじ」H.C.アンデルセン原作;ウルフ・ロフグレン絵;木村由利子訳 フレーベル館 1983年6月

おうじ
ふかいうみのそこにあったにんぎょのおしろのいちばんしたのにんぎょひめがあらしのばんにたすけたおうじ「にんぎょひめ」立原えりか文;牧野鈴子絵 チャイルド本社(チャイルド絵本館-アンデルセン童話5) 1986年8月

おうじ
ふかいうみのそこにあるおしろにすんでいたにんぎょのおうさまのいちばんとし下のひめがあらしのうみからたすけたおうじ「にんぎょひめ」森山京文;岡田嘉夫絵 フレーベル館 (アンデルセンのえほん1) 1986年7月

おうし

おうじ
もりのおくのとうにとじこめられたラプンツェルのうたごえをききつけておもわずうまをとめてきききほれたひとりのおうじ 「ながいかみのラプンツェル-グリム童話」 フェリクス・ホフマン絵；せたていじ訳　福音館書店（世界傑作絵本シリーズ）　1970年4月

王子　おうじ
エジプトの王さまが神さまたちからさずかった子でワニかヘビか犬にころされる運命をさだめられた王子 「運命の王子-古代エジプトの物語」 リーセ・マニケ文・絵；大塚勇三訳　岩波書店　1984年10月

王子　おうじ
ドラゴンにさらわれたおひめさまを助けにいってはずかしがり屋のドラゴンにあった元気のいい王子 「はずかしがりやのドラゴン」 シンドラ・シュトルナート文；マリー・ジョゼ・サクレ絵；佐々木元訳　文化出版局　1985年5月

王子　おうじ
王さまのリンゴをたべたりゅうをおってふかい井戸のなかへおりていき二人の兄の王子に井戸のなかにほっておかれた一ばん下の王子 「王さまのリンゴの木-ギリシャの民話」 ソフィア・ザランボウカ再話・絵；いけざわなつき訳　ほるぷ出版　1982年11月

王子　おうじ
海のいちばん深いところにあった人魚の王さまのお城にいた6人の姫の末の姫があらしの海から助けた王子 「人魚姫」 アンデルセン原作；津雲むつみ著　集英社　1983年4月

王子　おうじ
皇帝の王女にけっこんをもうしこんでもあってもらえずごてんでぶたばんのしごとをすることになったちいさなくにの王子 「ぶたばんのおうじ」 アンデルセン作；ヨゼフ・パレチェク絵；山内清子訳　偕成社（アンデルセン童話2）　1980年1月

王子　おうじ
町の広場の高い台の上にそびえていた「しあわせの王子」とひとびとからよばれていた王子さまのどうぞう 「しあわせのおうじ」 オスカー・ワイルド原作；水沢泱絵；槇晧志文　フレーベル館（キンダーおはなしえほん傑作選24）　1978年4月

王子　おうじ
魔女にのろいをかけられていばらのしげった森のおくのお城で百年のあいだねむっているいばら姫をすくいにいった王子 「ねむれる森の美女」 ペロー原作；オタ・ヤネチェク絵；高橋ひろゆき文　佑学社（名作バレー物語シリーズ）　1978年11月

王子　おうじ
魔女に森のなかの塔にとじこめられたうつくしいラプンツェルのうた声に心をうごかされた王子 「ラプンツェル」 バーナディット・ワッツ絵；相良守峯訳　岩波書店　1985年7月

おうじ（ろじゃー）
やまのうえにあったおうさまのしろからたにのまんなかにあったおにのしろへおにをやっつけにいったおうじ 「ぺにろいやるのおにたいじ」 吉田甲子太郎訳；山中春雄画　福音館書店　1957年6月

おうじさま
ある老人からいばらのもりのおしろでねむりつづけているおひめさまのはなしをきいてあいにいったおうじさま「ねむりひめ」オーウィック・ハットン文・絵；大島かおり訳　偕成社　1982年11月

おうじさま
まほうつかいにもりのおくの塔にとじこめられたラプンツェルのうたごえにこころをゆりうごかされたおうじさま「ラプンツェル」グリム原作；バーナデット・ワッツ文・絵；大島かおり訳　佑学社（ヨーロッパ創作絵本シリーズ24）1979年2月

王子さま　おうじさま
いちばんりっぱな国のお姫さまに結婚をもうしこむことにしてお城のぶた飼いになった小さな国の王子さま「ぶた飼いの王子さま」アンデルセン作；ドロテー・ドゥンツェ絵；ウィルヘルム・きくえ訳　太平社　1986年11月

王子さま　おうじさま
いばらの垣の中にあるお城に百年このかたねむりつづけている美しいいばらひめにあいにきた王子さま「いばらひめ」グリム作；矢川澄子訳；篠原勝之絵　小学館（世界のメルヘン絵本21）1979年11月

王子さま　おうじさま
おきさきさまにふさわしいほんもののお姫さまらしいお姫さまをさがしていた一人の王子さま「えんどう豆の上にねむったお姫さま」ハンス・クリスチャン・アンデルセン作；ドロテー・ドゥンツェ絵；ウィルヘルム・きくえ訳　太平社　1984年12月

王子さま　おうじさま
ふかいうみのそこにあったにんぎょのおしろのいちばん小さなひめがあらしのうみからたすけた王子さま「にんぎょひめ」アンデルセン原作；立原えりか文；沢田重隆絵　講談社（講談社の絵本23）1979年9月

王子さま　おうじさま
ふかい海のそこにたっていたおしろのにんぎょの王さまのいちばん下のひめがあらしの海からたすけだした王子さま「にんぎょひめ」アンデルセン原作；初山滋絵；与田凖一文　フレーベル館（キンダーおはなしえほん傑作選25）1978年4月

王子さま　おうじさま
ほしいものはなんでもそろっていてたいくつでしかたがない王子さま「たいくつした王子さま」ルイス・デ・オルナ作・絵；大島かおり訳　佑学社（ヨーロッパ創作絵本シリーズ14）1978年8月

王子さま　おうじさま
上から下まで布ぎれですっぽりとつつまれたかわったおひめさまと結婚するために何とかして返事をしてもらおうとした王子さま「しずかなふしぎな王女さま」リタ・ヴァン・ビルゼン絵；エヴリーヌ・パスガン文；山口智子訳　メルヘン社　1981年9月

おうじょ
いじわるなとしよりのようせいにのろいをかけられてもりのなかのおしろで百ねんもねむりつづけていたおうじょ「ねむりひめ」ベラ・サウスゲイト再話；エリック・ウインター絵；秋晴二；敷地松二郎訳編　アドアンゲン　1974年6月

おうし

おうじょ
おしろのちかくにあったもりのいずみのなかにきんいろのたまをおとしてしまったおうじょ「おうじょとかえる」ベラ・サウスゲイト再話；キャペルディ絵；秋晴二；敷地松二郎訳編　アドアンゲン　1974年6月

おうじょ
ひとりのおうじがいつもけっこんしたいとおもっていたせかいじゅうでいちばんすぐれたほんとうのおうじょ「おうじょとまめ」ベラ・サウスゲイト再話；エリック・ウインター絵；秋晴二；敷地松二郎訳編　アドアンゲン　1974年6月

王女　おうじょ
ちいさなくにの王子がけっこんをもうしこんでもあってみようともしなかった皇帝の王女「ぶたばんのおうじ」アンデルセン作；ヨゼフ・パレチェク絵；山内清子訳　偕成社（アンデルセン童話2）　1980年1月

王女　おうじょ
ワニかヘビか犬にころされる運命をさだめられたエジプトの王子が旅にでてであったナハリンの王のむすめ「運命の王子-古代エジプトの物語」リーセ・マニケ文・絵；大塚勇三訳　岩波書店　1984年10月

おうじょ（リドゥシュカ）
おうさまをきんやぎんどころかしおよりもあいしているといったのでしおをひとにぎりもたされておしろからおいだされたおうじょ「しおとおひめさま」シュチェパーン・ザブジェル作・絵；しおやたけお訳　佑学社（ヨーロッパ創作絵本シリーズ9）　1978年5月

おうじょさま
あるひおうさまやいぬのペレといっしょににわからでてもりへさんぽにいったおうじょさま「おうじょさまのぼうけん」エルサ・ベスコフ作・絵；石井登志子訳　フレーベル館　1985年4月

王女さま　おうじょさま
アジアの高原の国で草原をうまでかけめぐりおむこさんこうほたちをつぎつぎにレスリングのしあいでなげとばしていた王女さま「王さまのうま」マイケル・フォアマン作；神宮輝夫訳　ほるぷ出版　1980年1月

王女さま　おうじょさま
大きな大きな国のきのよい太った王さまで夜ねむれなくなりどんどん太ってしまった王女さま「ねむれない王女さま」ジタ・ユッカー絵；ウルスラ・フォン・ヴィーゼ作；ウィルヘルム・きくえ訳　太平社　1984年8月

オウム（オッテリア）
いつもにわでねているフェルディナンドといっしょのオウム「アルビンとそらとぶかさ」ウルフ・ロフグレン作・絵；木村由利子訳　フレーベル館　1982年5月

オウム（オッテリア）
いつもにわでねているフェルディナンドといっしょのオウム「アルビンとブンブンじてんしゃ」ウルフ・ロフグレン作・絵；木村由利子訳　フレーベル館　1982年5月

おうむ（パパガヨ）
よるのどうぶつたちをおそれさせていたつきをくういぬのおばけをおおごえでさけんでおっぱらってやったいたずらずきのおうむ 「いたずらおうむパパガヨ」 ジェラルド・マクダーモット作;辺見まさなお訳 ほるぷ出版 1985年7月

おうむ（ポリーアンドリュー）
シューシュコの町でねずみのウーさんたちとくらすくつやのおじさんの家にきたおねえさんのドーラおばさんがつれていたおうむ 「ねずみのウーくん」 マリー・ホール・エッツ作;田辺五十鈴訳 冨山房 1983年11月

オオウミガラス
もともとペンギンという名前だった鳥で絶滅してしまった動物 「ドードーを知っていますか—わすれられた動物たち」 ショーン・ライス絵;ポール・ライス;ピーター・メイリー文;斉藤たける訳 福武書店 1982年10月

おおおとこ
いさましいチビのしたてやとちからくらべをしたおおおとこ 「いさましいチビのしたてや」 グリム原作;清水三枝子文;赤星亮衛絵 世界出版社（ABCブック） 1969年12月

おおおとこ
ジャックがにわにまめからはえてくものなかまでとどいているまめのきをのぼっていくとてっぺんにあったくににいたおおおとこ 「ジャックと豆の木」 石田武雄画;新谷峰子文 ひかりのくに（世界名作えほん全集1） 1966年1月

おおおとこ
六にんのごうけつのひとりですごいちからもちのおおおとこ 「六にんのごうけつ」 滝原章助画;中村美佐子文 ひかりのくに（世界名作えほん全集11） 1966年1月

大男　おおおとこ
あるあさジムがまどのそとにはえていたおそろしくのっぽの木をのぼっていってくものうえにたつおしろであった大男 「ジムとまめの木」 レイモンド・ブリッグズ作;矢川澄子訳 評論社（児童図書館・絵本の部屋） 1978年8月

大男　おおおとこ
ある町にどこからかやってきて町の人たちを自分のためにはたらかせた足のみじかい大男 「足のみじかい大男」 H.ハノーバー作;U.フュルスト画;稲野強訳 小学館（世界の創作童話7） 1979年7月

大男　おおおとこ
くいしんぼくんがほらあなのなかにはいっていくとおおきなへやにいた大男 「くいしんぼくん」 ロジャー・ハーグレーヴス作;たむらりゅういち訳 評論社（みすた・ぶっくす6） 1979年4月

大男　おおおとこ
ジャックがにわにおちたまめからめがでて空高くのびたまめの木をのぼっていくと天の国にいた大男 「ジャックとまめのき」 武井武雄絵;柴野民三文 フレーベル館（キンダーおはなしえほん傑作選22） 1978年4月

おおお

大男　おおおとこ
ジャックがふしぎなまめがめをだしてのびた木をどんどんのぼっていったてっぺんのくもの上のおしろにいたらんぼうものの大男　「ジャックと豆の木－イギリスむかし話」　間所ひさこ文；山下芳郎絵　講談社（講談社の絵本21）　1979年8月

大男　おおおとこ
ひとうちで七ひきもはえをやっつけた自分のいさましさを世界じゅうに知らせようと世の中へでていったちびの仕立屋がであった大男　「ゆうかんなちびの仕立屋さん－グリム童話より」　スベン・オットー絵；矢川澄子訳　評論社（児童図書館・絵本の部屋）　1982年4月

大男　おおおとこ
運だめしのたびにでた小さなしたて屋の男に力くらべをしようといった大男　「いっぱつで七ごろし－グリムどうわより」　ヴィクター・アンブラス作・絵；きくしまいくえ訳　らくだ出版　1983年11月

大男　おおおとこ
村長の家ではたらいてお金をもらったフリックの目の前にあらわれたぼろぼろのきものをきた大男　「ふしぎなバイオリン－ノルウェー昔話」　山内清子訳；小沢良吉絵　小学館（世界のメルヘン絵本15）　1978年10月

大男の子ども　おおおとこのこども
ぐらぐら石の上でシーソーをした大男の子どもたち　「鳥のうたにみみをすませば」　オタ・ヤネチェック絵；フランチシェック・ネピル文；金山美莎子訳　佑学社（おはなし画集シリーズ4）　1980年9月

おおおとこのこども（こども）
あるひはがいたくなってしかたなしにはいしゃへでかけたおおおとこのこども　「おおおとこのこどものはなし」　ツウィフェロフ原作；宮川やすえ訳・文；かみやしん絵　国土社（やっちゃん絵本3）　1982年3月

おおおとこのこども（こども）
とうさんがせかいじゅうからもってきてくれたおもちゃでまいにちあそんでいたやまよりもおおきいおおおとこのこども　「おもちゃのまち」　ツウィフェロフ原作；宮川やすえ訳・文；かみやしん絵　国土社（やっちゃん絵本2）　1983年11月

おおかみ
あかずきんがもりのなかでであったわるおおかみ　「あかずきん」　矢崎節夫文；鬼藤あかね絵　フレーベル館（せかいむかしばなし10）　1986年2月

おおかみ
あかずきんがもりのなかでぱったりあったおそろしいおおかみ　「あかずきん」　グリム原作；大塚勇三訳；宮脇公実画　福音館書店　1962年11月

おおかみ
あかずきんが森の中であったわるいおおかみ　「グリム あかずきん」　リスベート・ツヴェルガー画；池田香代子訳　冨山房　1983年11月

おおかみ
あかずきんが森の中で出会ったわるもののおおかみ　「あかずきん」　グリム作；矢川澄子訳；純子デイビス絵　小学館（世界のメルヘン絵本8）　1978年3月

おおかみ
あかずきんちゃんがもりのなかであったわるいおおかみ 「あかずきん」 水野二郎画；天神しずえ文　ひかりのくに(世界名作えほん全集5)　1966年1月

おおかみ
あかずきんちゃんがもりへはいっていくときのかげからでてきたわるいおおかみ 「あかずきんちゃん」 谷真介文；赤坂三好絵　あかね書房(えほんせかいのめいさく1)　1981年5月

おおかみ
あるひまきばでろばがのんびりくさをたべていたところへのっそりあらわれたおおかみ 「おおかみとろば ほか3ぺん-イソップ(ギリシャ)のはなし」 前田豊美文；門口達美絵　コーキ出版(絵本ファンタジア15)　1977年11月

おおかみ
アルプスのまきばでかわれていたきかんぼのちびやぎをもりのなかでつかまえてたべようとしたおおかみ 「おおかみとちびやぎ」 ミッシャ・ダムヤン作；マックス・ヴェルジュイス絵；芦野あき訳　佑学社　1986年9月

おおかみ
あるふゆのゆうぐれきこりのいえにはいっていってあたまににたったスープをかけられたおおかみ 「きこりとおおかみ-フランス民話」 山口智子再話；堀内誠一画　福音館書店　1977年2月

おおかみ
おうのにわからきんのりんごをぬすんでいたひのとりをつかまえにいったイワンおうじをたすけたはいいろのおおかみ 「はいいろのおおかみ」 アレクセイ・トルストイ再話；タチアーナ・マヴリナ絵；宮川やすえ文　らくだ出版(世界の絵本シリーズ ソ連編5)　1975年2月

おおかみ
おかあさんがよるりょうにでかけていったあとそとにいってみたくてほらあなをぬけだした4ひきのこどもおおかみ 「はじめてのぼうけん-こどもおおかみのはなし」 ギュンター・シュパング文；ヨゼフ・ヴィルコン絵；多田裕美訳　図書文化　1977年10月

おおかみ
おかあさんのやぎのるすのあいだに七ひきのこやぎをたべようといえにやってきたおおかみ 「七ひきの子やぎ」 若菜珪画；深沢邦朗文　ひかりのくに(世界名作えほん全集7)　1966年1月

おおかみ
おかあさんぶたからおおきくなったのでそとでじぶんたちのうちをつくりなさいといわれてうちをでた三びきのこぶたをたべようとしたおおかみ 「三びきのこぶた」 ベラ・サウスゲイト再話；ロバート・ラムレイ絵；秋晴二；敷地松二郎訳編　アドアンゲン　1974年6月

おおかみ
おかあさんぶたからじぶんのちからでくらしておくれといわれてうちをでた三びきのこぶたをたべようとやってきたおおかみ 「三びきのこぶた」 J.ジェイコブス原作；加藤輝男文；菊池貞雄；浦田又治絵　ポプラ社(オールカラー名作絵本6)　1983年11月

おおか

おおかみ
おかあさんぶたにいわれてみんなそれぞれべつべつのいえをつくった三びきのこぶたのきょうだいをたべようといえにやってきたおおかみ 「三びきのこぶた」 岩本康之亮画;中村美佐子文　ひかりのくに(世界名作えほん全集8)　1966年1月

おおかみ
おかあさんやぎがでかけているあいだに七ひきのこやぎたちのうちにやってきたわるもののおおかみ 「おおかみと七ひきのこやぎ-グリム童話」 フェリクス・ホフマン絵;せたていじ訳　福音館書店(世界傑作絵本シリーズ・スイスの絵本)　1967年4月

おおかみ
おばあさんのいえへさきまわりをしてねこのあかずきんちゃんをまちぶせしたおおかみ 「こねこのあかずきんちゃん」 リチャード・スキャナー作;吉田純子訳　ブック・ローン出版(スキャリーおじさんのどうぶつえほん7)　1984年8月

おおかみ
おばあさんぶたからめいめいじぶんのしあわせをみつけにさがしにいっとくれといわれた三びきのこぶたのいえにやってきたおおかみ 「三びきのこぶた」 与田準一文;赤星亮衛絵　フレーベル館(せかいむかしばなし2)　1985年7月

おおかみ
きつねにだまされてかわのこおりのあなにしっぽをいれてひとばんじゅうすわってさかなをつろうとしたおおかみ 「きつねとおおかみ」 ブラートフ再話;エフゲーニ・M.ラチョフ絵;遠藤のり子訳　らくだ出版(世界の絵本シリーズ ソ連編3)　1975年2月

おおかみ
こやぎをつかまえたおおかみ 「イソップのおはなし」 イソップ作;山中恒文;佐藤忠良絵　偕成社(世界おはなし絵本28)　1972年1月

おおかみ
しゅじんにたべられそうになってにげだしてもりのなかにうちをたてたやぎのびりいたちをおどろかそうとしたおおかみ 「やぎのびりいとふとったなかまたち」 ノニー・ホグローギアン作;金井直訳　文化出版局　1973年10月

おおかみ
とてもおいしいたべもののゆめをみてねぐらからそとにでていったおおかみ 「すばらしいゆめをみたおおかみ」 アン・ロックウェル文・絵;こうのみつこ訳　アリス館牧新社　1976年7月

おおかみ
ながいながいじぶんのかげをながめてらいおんなんかにまけるものかとおもったおおかみ 「いそっぷのおはなし」 中川正文訳;長新太絵　福音館書店　1963年11月

おおかみ
ハリーというおとこのこがすんでいたむらのそばのやまのはんたいがわにいてむらのひとたちをたべていたおおかみ 「おおかみがきた!」 イソップ原作;トニー・ロス絵;小沢正訳　フレーベル館　1986年9月

おおかみ
ピーターとなかよしのことりにつかまえられてどうぶつえんへつれていかれたおおかみ 「ピーターとおおかみ」 プロコフィエフ作;内田莉莎子文;三好碩也絵　偕成社　1966年8

おおかみ
ひつじかいからもりへにげていったうさぎをつかまえておくれよとたのまれたおおかみ 「ひつじかいとうさぎ-ラトビア民話」 うちだりさこ再話;スズキコージ画 福音館書店 1975年9月

おおかみ
ひどいけがをしてひつじにみずをくんできておくれとたのんだおおかみ 「いそっぷのおはなし」 中川正文訳;長新太絵 福音館書店 1963年11月

おおかみ
フランスの山のなかからこどもたちへのクリスマスプレゼントをさがしに町へでかけていった白おおかみのおとうさん 「おおかみのクリスマス」 ミッシェル・ゲイ作・絵;やましたはるお訳 佑学社 1982年12月

おおかみ
ぼうけんずきの少年ファンファンと三びきの友だちが村のかりゅうどのおじさんたちからたすけたおなかぺこぺこのおおかみ 「ファンファンとおおかみ」 ピエール・プロブスト文・絵;那須辰造訳 講談社(世界の絵本フランス) 1971年8月

おおかみ
まきばのくさのなかにすをつくったひばりからもぐらをおいはらってほしいとたのまれたもりのおおかみ 「くった のんだ わらった-ポーランド民話」 内田莉莎子再話;佐々木マキ画 福音館書店 1976年7月

おおかみ
まよなかのくらいみちをさんぽにでかけたはりねずみのかぞくにこっそりしのびよった二ひきのおおかみ 「しずかなおはなし」 サムイル・マルシャーク文;ウラジミル・レーベデフ絵;うちだりさこ訳 福音館書店 1963年12月

おおかみ
めぶたによのなかへだしてもらった三びきのこぶたがつくったいえにやってきたおおかみ 「三びきのこぶた」 石井桃子訳;太田大八絵 福音館書店 1973年5月

おおかみ
もりからでてきたおおきなはいいろおおかみ 「ピーターとおおかみ-セルゲイ・プロコフィエフの音楽童話より」 エルナ・フォークト絵;山本太郎訳 佑学社 1984年7月

おおかみ
もりのくまとちいさなみそさざいをばかにしてからかったおおかみ 「ことりにまけたくま-グリム」 グリム原作;浜田廣介文;山田三郎絵 偕成社(ひろすけ絵本7) 1965年11月

おおかみ
もりのどうぶつたちのためにいろいろなきのみやほしくさをあつめてきてびょういんをひらいたおおかみ 「やさしいおおかみ」 ペーター・ニックル作;ユゼフ・ウィルコン絵;佐々木元訳 フレーベル館 1983年1月

おおかみ
もりのなかでみつけたひよこのジーノをほらあなのなかのうちへつれていったおおかみ 「ひよことおおかみ」 アッティリオ・カッシネリ絵;カレン・グントルプ作;岸田衿子訳 ひかりのくに(アッティリオとカレンのえほん) 1972年1月

おおか

おおかみ
もりのようふくやにいた5にんのしょくにんのひとりでぽけっとをぬうめいじんのおおかみ 「もりのようふくや」 オクターフ・パンク=ヤシ文;エウゲーニー・M.ラチョフ絵;うちだりさこ訳 福音館書店 1962年5月

おおかみ
やまみちでマトウというわかものがもぐりこんだほらあなにきてないしょばなしをはじめた3びきのけもの たちの1びきのおおかみ 「けものたちのないしょばなし-アフガニスタンのはなし」 君島久子文;谷川彰絵 コーキ出版(絵本ファンタジア2) 1977年4月

おおかみ
ろばがくさをたべているととびかかってきたおおかみ 「いそっぷのおはなし」 中川正文訳;長新太絵 福音館書店 1963年11月

おおかみ
自分がおおかみだということを知らない子どものおおかみでだんだんおおきくなってなかよしの動物たちからこわがられるようになったおおかみ 「ぼくはおおかみだ」 クロード・ブージョン作;末松氷海子訳 文化出版局 1985年9月

おおかみ
七ひきのこやぎたちのうちにやってきたわるいおおかみ 「おおかみと七ひきのこやぎ」 稗田宰子文;花之内雅吉絵 フレーベル館(せかいむかしばなし6) 1985年10月

おおかみ
七ひきの子やぎたちの家にやってきたわるもののおおかみ 「おおかみと七ひきの子やぎ-グリム童話より」 スベン・オットー絵;矢川澄子訳 評論社(児童図書館・絵本の部屋) 1980年2月

おおかみ
森のなかからでてきたおおきなはいいろのおおかみ 「ピーターとおおかみ」 セルゲイ・プロコフィエフ作;アラン・ハワード絵;小倉朗訳 岩波書店 1975年11月

おおかみ
川へ行って氷のあなにしっぽをたらしておくと魚がかかってくるときつねにいわれてだまされたおおかみ 「きつねとおおかみ」 A.トルストイ文;田中かな子訳;長野博一絵 小学館(世界のメルヘン絵本18) 1979年1月

おおかみ
年をとったかあさんぶたに外へ出してもらった三びきのこぶたがたてたうちにやってきたおおかみ 「三びきのこぶた」 ジェイコブズ作;鈴木佐知子訳;小野かおる絵 小学館(世界のメルヘン絵本5) 1978年2月

オオカミ
イワン王子の馬を食べてしまった罪ほろぼしに王子を背中にのせてくれたオオカミ 「火の鳥-ロシアの民話」 I.イェルショフ;K.イェルショワ絵;坂本市郎訳 新読書社 1982年11月

オオカミ
うら庭にはえたリンゴの木のふりをしてメンドリをたべようとしたオオカミ 「ローベルおじさんのどうぶつものがたり」 アーノルド・ローベル作;三木卓訳 文化出版局 1981年5月

オオカミ
赤ずきんが森のなかでであったわるもののふるオオカミ「赤ずきん」バーナディット・ワッツ絵;生野幸吉訳　岩波書店　1978年7月;岩波書店(岩波の子どもの本)　1976年12月

オオカミ
冬の森の雪の原っぱにあらわれたオオカミ「森は生きている 12月のものがたり」マルシャーク作;エリョーミナ絵;斎藤公子編　青木書店(斎藤公子の保育絵本)　1986年12月

オオカミ
道にまよってじぶんのすみかのほらあなにはいりこんできたインディアンのきょうだいのチギレグモとカガヤクヒトミをいえまでつれてかえってくれたハイイロオオカミ「オオカミのうた」ポール・ゴーブル・ドロシー・ゴーブル作;大中弥生子訳　ほるぷ出版　1981年3月

おおかみ(アケイラ)
インドのジャングルでにんげんのこモーグリをそだててくれたおおかみのなかまのかしら「ジャングル・ブック」キップリング原作;林陽子文;清水勝絵　世界出版社(ABCブック)　1969年9月

おおかみ(イーゼグリム)
わるいことばかりしているきつねのライネケをうったえたおおかみ「きつねのさいばん」ゲーテ原作;二反長半文;山田三郎絵　世界出版社(ABCブック)　1970年1月

おおかみ(ウルフ)
ぶたのピッグさんのうちにベビーシッターのおばさんだといってやってきたおおかみ「こぶたのおるすばん」メアリー・レイナー作・絵;岡本浜江訳　偕成社　1979年12月

おおかみ(がおうがおう)
おひゃくしょうがおっことしたつぼへやってきてはえやかやねずみたちといっしょにくらしはじめたおおかみ「ちいさなお城」A.トルストイ再話;E.ラチョフ絵;宮川やすえ訳　岩崎書店(えほん・ドリームランド14)　1982年2月

おおかみ(ブランカ)
アメリカの大平原カランポーでいちばんつよくてかしこいおおかみおうロボのおくさんのしろいおおかみ「おおかみおうロボ」シートン原作;小林清之介文;日隈泉絵　チャイルド本社(チャイルド絵本館・シートン動物記2)　1984年4月

おおかみ(ブルビ)
のうじょうのねこプルフのともだちのやさしいおおかみ「はりねずみポワンチュのおてがら」J.ボダル作;CH.サランビエ絵;黒木義典訳;板谷和雄文　ブック・ローン出版(ファランドールえほん8)　1981年1月

おおかみ(マリオ)
おもちゃのようなふねにのってかわをくだってきたマリアンちゃんとどうぶつたちがついたちいさいしまにいたおおかみ「ピクニックにいかない?」マグリット・ヘイマン作・絵;関根栄一文　エミール館　1979年11月

おおかみ(モバート)
ビジーランドこくのぶたのリリーひめをさらったどろぼうのおやぶんのおおかみ「ペザントくんのかいじゅうたいじ」リチャード・スキャリー作;國眼隆一訳　ブック・ローン出版(スキャリーおじさんのどうぶつえほん9)　1984年8月

おおか

おおかみ(ロボ)
アメリカの大平原カランポーで5ひきのけらいをつれてまいばんぼくじょうのめうしをころしていたおおかみおう「おおかみおうロボ」シートン原作;小林清之介文;日隈泉絵 チャイルド本社(チャイルド絵本館・シートン動物記2) 1984年4月

おおかみ(ロボー)
メキシコのくにの北のほうにあったカランポーとよばれていたこうげんにすんでいたりっぱな王さまおおかみ「おおかみおうロボー」シートン原作;西沢正太郎文;武部本一郎絵 世界出版社(ABCブック) 1969年12月

オオカミの王様　おおかみのおうさま
ともだちの魔法使いにたのまれて雪のなかをあるくちびの男の子オーレをつれにきたオオカミの王様「冬のオーレ」ベッティーナ・アンゾルゲ作;とおやまあきこ訳 福武書店 1983年10月

大ぐい　おおぐい
冒険のたびにでてばかむすこの空とぶ船にのりこんだ七人の仲間たちの一人「空とぶ船と世界一のばか―ロシアのむかしばなし」アーサー・ランサム文;ユリー・シュルヴィッツ絵;神宮輝夫訳 岩波書店 1970年11月

大グマ(クマ)　おおぐま(くま)
森の王さまだったのにサーカスの綱わたりの少女に恋をして自分からサーカス団のダンサーになった大グマ「大グマと綱わたりの少女」ジャン=クロード・ブリスビル文;ダニエル・ブール絵;新庄嘉章訳 集英社 1980年12月

おおくまくん
にわにうえてみたたねからできたおおきなかぼちゃのなかにひっこししてともだちのこぐまくんとうみにでていったくま「かぼちゃひこうせんぷっくらこ」レンナート・ヘルシング文;スベン・オット一絵;奥田継夫;木村由利子訳 アリス館牧新社 1976年10月

オオシカ(シドウィック)
虫のビングルやブングルどりやキツツキたちをじぶんのつのにのせてやったおひとよしのオオシカ「おひとよしのオオシカ」ドクタースース作;渡辺茂男訳 偕成社 1985年4月;日本パブリッシング 1969年1月

オオヅノ
プリデインの国からぬすまれた白ぶたヘン・ウェンをおって死の国へいった男コルをたすけた雄鹿「コルと白ぶた」ロイド・アリグザンダー作;エバリン・ネス絵;神宮輝夫訳 評論社(児童図書館・絵本の部屋) 1980年1月

おおやまねこ(やまねこ)
こどもたちのえさをもとめてもりのこやにあらわれたおおやまねこ「しょうねんとおおやまねこ」シートン原作;小林清之介文;伊藤悌夫絵 チャイルド本社(チャイルド絵本館・シートン動物記12) 1985年3月

おかあさん
ウィリアムのことならなんでもしっているおかあさん「どれがぼくかわかる？」カーラ・カスキン文・絵;與田静訳 偕成社 1970年7月

110

おかあさんとこども
どうぶつやにんげんのおかあさんとこども 「おかあさんとこども」 H.A.レイ作;石竹光江訳 文化出版局(じぶんでひらく絵本1) 1970年10月

おかあさんねこ(ねこ)
まちじゅうのねこたちがあつまるちいさないちばのあるたかだいにやってきて5ひきのこねこをうんだおかあさんねこ 「五ひきの子ねこ」 イオン・ドルツェ作;アレクサーンドル・フメリニツキー絵;岸田泰政,岸田かつ子訳 理論社(ソビエト絵本傑作シリーズ) 1976年1月

オカシイさん
ティーポットのいえにすんでくつのかたちをしたおかしなくるまにのったひと 「オカシイさん」 ロジャー・ハーグレーヴス作;おのかずこ訳 評論社(みすた・ぶっくす18) 1985年12

おかしのぼうや
おじいさんとおばあさんのうちのだいどころのとからおもてへにげだしたおかしのぼうや 「おかしのぼうや」 ベラ・サウスゲイト再話;ロバート・ラムレイ絵;秋晴二,敷地松二郎訳編 アドアンゲン 1974年6月

オーガスト
にんげんになりたいというこぐまのテッドににんげんのすることをおしえてやったあたまのいいとしよりぐま 「にんげんってたいへんだね」 フィリップ・レスナー文;クロスビー・ボンサル絵;べっくさだのり訳 アリス館 1978年4月

おかねもち
あさからばんまでちょうちょうのせわばかりしているとってもかわったおかねもち 「イグナツとちょうちょう」 クラウス・ボーン作;ヨゼフ・パレチェク絵;いぐちゆりか訳 佑学社(ヨーロッパ創作絵本シリーズ4) 1978年4月

おかねもち
まずしくてもとてもほがらかなくつやさんのとなりにすんでいたおかねもち 「おかねもちとくつやさん」 ラ・フォンテーヌ文;ブライアン・ワイルドスミス絵;わたなべしげお訳 らくだ出版 1983年2月

おかみさん
いちばでたくさんのこぶたをかってかえったのになまけもののおひゃくしょうがねてばかりいるのでひとりでこぶたたちのせわをすることになったおかみさん 「りんごのきにこぶたがなったら」 アニタ・ローベル絵;アーノルド・ローベル文;佐藤凉子訳 評論社(児童図書館・絵本の部屋) 1980年7月

おきさき
王さまのおきさきにむかえられて毎日五かせずつ糸をつむぐようめいじられたなまけもののむすめ 「トム・チット・トット」 ジェイコブズ文;吉田新一訳;鈴木康司絵 小学館(世界のメルヘン絵本10) 1978年4月

おきさき(むすめ)
おうさまがきにいっておきさきにすることにしただいじんのりこうなむすめ 「りこうなおきさき」 ガスター原作;いわさきちひろ絵;立原えりか文 講談社(いわさきちひろ・おはなしえほん3) 1984年9月

おきさ

おきさき（むすめ）
おうさまとちえくらべをしてとうとうおきさきになったとてもかしこいだいじんのむすめ 「りこうなおきさき」 ガスター原作；光吉夏弥文；岩崎ちひろ絵 世界出版社（ABCブック） 1970年1月

おくさん
むかしオランダのうみべのまちにおったいちばんのおおがねもちでたいへんよくばりでいばりんぼうだったうつくしいおくさん 「うみからもどってきたゆびわ－オランダのはなし」 植田敏郎文；梶鮎太絵 コーキ出版（絵本ファンタジア1） 1977年9月

オクト
すみかにしていたいわあながふさがれてしまったのであたらしいすみかをさがしにでかけたたこ 「たこのオクト」 エブリン・ショー文；ラルフ・カーペンティア絵；杉浦宏訳 文化出版局 1978年4月

オコリンボさん
むらのおみせのおこりっぽいアナグマのしゅじん 「つきよのぼうけん」 シンシア・パターソン；ブライアン・パターソン作・絵；三木卓訳 金の星社（フォックスウッドものがたり2） 1986年7月

オーサ
生まれたときから口もきけずからだも自由に動かせない心身障害児の姉妹の妹 「だれがわたしたちをわかってくれるの」 トーマス・ベリイマン作；ビヤネール多美子訳 偕成社 1979年1月

おじい
おばあにたのまれてわらのうしをつくりうしのおなかにまつやにをいっぱいつめこんだおじい 「わらのうし－ウクライナ民話より」 A.ネチャーエフ再話；田中かな子訳；小沢良吉絵 フレーベル館（キンダーおはなしえほん傑作選19） 1978年2月

おじいさん
ある島にくらす男の子でヴァイオリンをひいてみたいと夢みてきたクリスにひきかたをおしえてくれたおじいさん 「ヴァイオリン」 R.T.アレン文；G.パスティック写真；藤原義久；藤原千鶴子訳 評論社（児童図書・絵本の部屋） 1981年6月

おじいさん
ある日まずしい小さないえにとめてもらったみすぼらしいみなりのたびのおじいさん 「おじいさんのおくりもの－ロシアのむかしばなし」 M.ブラートフ再話；松谷さやか訳；田代三善絵 ひくまの出版（幼年絵本シリーズ・あおいうみ10） 1984年5月

おじいさん
いままでだれもみたことがないおおきなかぶをひきぬこうとしたおじいさん 「おおきなかぶ」 ベラ・サウスゲイト再話；ロバート・ラムレイ絵；秋晴二；敷地松二郎訳編 アドアンゲン 1974年6月

おじいさん
うみのすぐそばのこわれかけたいえにすんでいてあみにかかったきんのさかなをうみにかえしてやったおれいにねがいをきいてもらったおじいさん 「きんのさかな」 矢崎節夫文；かみやしん絵 フレーベル館（せかいむかしばなし7） 1985年11月

おしい

おじいさん
おとこのこと やまのゆきのなかにうずもれたたくさんのひとびとのゆめのかけらをほりだしてたにまにあつめていたおじいさん 「ゆめのくに」 マイケル・フォーマン作・絵;佐野洋子訳 フレーベル館 1985年2月

おじいさん
おばあさんにねこが一ぴきほしいといわれてさがしにいきひゃくまんびきのねこをぞろぞろつれてかえったおじいさん 「100まんびきのねこ」 ワンダ・ガアグ文・絵;いしいももこ訳 福音館書店(世界傑作絵本シリーズ・アメリカの絵本) 1961年1月

おじいさん
おばあさんへのおくりものをかうためにまちへでかけていったおじいさん 「おじいさんのおくりもの」 ヤン・アルダ作;イジー・トゥルンカ絵;保川亜矢子訳 ほるぷ出版 1984年12月

おじいさん
ザビーネとペーターの船のりをしていたおじいさん 「船長おじいさんこんにちは」 K.ゼール作・画;稲野強訳 小学館(世界の創作童話1) 1979年5月

おじいさん
とてつもなくおおきいかぶをぬこうとしたおじいさん 「おおきなかぶ-ロシア民話」 内田莉莎子訳;佐藤忠良画 福音館書店 1962年5月

おじいさん
パリのチュイルリーこうえんのきのうえのすからおちてきたことりをいえにつれてかえってオデットというなまえをつけてやったおじいさん 「ことりのオデット」 ケイ・フェンダー文;フィリップ・デュマ画;山口智子訳 冨山房 1984年10月

おじいさん
まちではこぐるまをおしてアイスクリームをうっていたおじいさん 「アイスクリーム かんながかんなをつくったはなし」 マルシャーク文;レーベデフ絵;うちだりさこ訳 岩波書店 1978年4月

おじいさん
ロッホナガーという山のふもとの湖のそばのほら穴にひとりで住んでいたおじいさん 「ロッホナガーのおじいさん」 チャールズ英皇太子殿下作;サー・ヒューキャッソン英王立美術院院長;宮本昭三郎訳 サンケイ出版 1981年7月

おじいさん
中国の河のほとりにすんでいた漁師で網の中に子どもの漁師が彫りこまれた白玉の皿をひきあげたおじいさん 「ふしぎな皿の小さな漁師」 チャン・スージエ文;ワン・ジファ絵;漆原寿美子訳 ほるぷ出版 1981年6月

おじいさん(せんちょう)
おおきなきんにおそわれたみやこからたからをとりにでていったふねのせんちょうでおいおいなきながらみやこにもどってきたろうじん 「なみだのこうずい」 ペーター・ブレンナー作;アダム・ヴュルツ絵;山室静訳 佑学社 1978年5月

おしい

おじいさんとおばあさん
うちのだいどころのとからおもてへにげだしたおかしのぼうやをおいかけたおじいさんとおばあさん 「おかしのぼうや」 ベラ・サウスゲイト再話；ロバート・ラムレイ絵；秋晴二，敷地松二郎訳編　アドアンゲン　1974年6月

おじいさんとまご（おとこのこ）
みずうみのきのしたでのじゅくをしたおじいさんとまごのおとこのこ 「よあけ」 ユリー・シュルヴィッツ作・画；瀬田貞二訳　福音館書店　1977年6月

おじいちゃん
あまりがっこうがすきではなかったティモシーにいろんなはなしをしてくれるおじいちゃん 「ティモシーとおじいちゃん」 ロン・ブルックス作；村松定史訳　偕成社　1981年8月

おじいちゃん
おばあちゃんがしんでひとりぼっちになって「ぼく」のうちにしばらくあそびにきたおじいちゃん 「おじいちゃんだいすき」 W.ハラント作；C.O.ディモウ絵；若林ひとみ訳　あかね書房（あかねせかいの本10）　1984年12月

おじいちゃん
おんなのこのおじいちゃん 「おじいちゃん」 ジョン・バーニンガム作；谷川俊太郎訳　ほるぷ出版　1985年8月

おじいちゃん
こどものころおじいさまのいえへとまりにいってベッドのしたになにかいるとおもってこわくなったおじいちゃん 「ベッドのまわりはおばけがいっぱい」 ジェイムズ・スティーブンソン作・絵；岡本浜江訳　佑学社　1984年1月

おじいちゃん
たんじょうしたまごむすめのためにいろんなことをしてやったおじいちゃん 「おじいちゃんといっしょに」 アリキ作・絵；代田昇訳　佑学社（アメリカ創作絵本シリーズ13）　1981年2月

おじいちゃん
みんながいそいでもけっしていそがないでおとこのこといつもゆっくりさんぽしているおじいちゃん 「ゆっくりおじいちゃんとぼく」 ヘレン・バックレイ作；ポール・ガルドン絵；大庭みな子訳　佑学社（アメリカ創作絵本シリーズ4）　1979年10月

おじいちゃん
メアリーアンとルイのいつも「それでいいのだ」としかいわないおじいちゃん 「それでいいのだ！」 ジェイムズ・スティーブンソン作；麻生九美訳　評論社（児童図書館・絵本の部屋）　1979年11月

おじいちゃん
森にひとりですんでいるリナのおじいちゃん 「おじいちゃんにあいに」 ハンス・ピーターソン文；スベン・オットー絵；奥田継夫，木村由利子訳　アリス館牧新社　1976年11月

おじいちゃんとおばあちゃん
まいしゅうくるまごのおんなのことあそんですごすおじいちゃんとおばあちゃん 「おじいちゃんとおばあちゃん」 ヘレン・オクセンバリー作・絵；なかむらくみこ訳　ほるぷ出版（はじめてのえほん7）　1985年3月

おじいちゃんポッポ
ずっとむかし小さな鉄道の車庫でくらしていたが山くずれがおこってゆくえふめいになっていた小さな機関車 「きえた機関車」 ウィルバート・オードリー作；ガンバー・エドワーズ；ピーター・エドワーズ絵；桑原三郎；清水周裕訳　ポプラ社（汽車のえほん25）　1981年2月

オージーグ
せかいがいちねんじゅうさむいふゆだったときのことそらのうえにあるというあたたかいなつをなかよしのどうぶつたちととりにいったかりうど 「なつをとりにいったかりうどーアメリカインディアンのはなし」 光延哲郎文；中村有希絵　コーキ出版（絵本ファンタジア10）　1977年6月

おじさん
ぼうやの5つのたんじょうびにあたらしいうわぎをつくってやろうとおもってもりのようふくやへでかけていったおじさん 「もりのようふくや」 オクターフ・パンク＝ヤシ文；エウゲーニー・M.ラチョフ絵；うちだりさこ訳　福音館書店　1962年5月

おじさん
小さないえにひとりですんでいてあるばんばんごはんをたべおわったあとおさらをあらわずにいてそれからはいつもあらわなかったおじさん 「おさらをあらわなかったおじさん」 フィリス・クラジラフスキー文；バーバラ・クーニー絵；光吉夏弥訳　岩波書店（岩波の子どもの本）　1978年4月

おしゃかさま
チェットドンという国のサンチャイ王の子で人びとにほどこしをしてなんでもあげてしまうので王国からヒマラヤの森へついほうされた人でのちのおしゃかさま 「おしゃかさまものがたりータイの民話」 パニヤ・チャイヤカム絵；いわきゆうじろう訳　ほるぷ出版　1982年11月

おじゃがちゃん
おばあさんが少女のころたいせつにしていたお人形 「火よう日のおはなし」 デイジー・ムラースコバー作；千野栄一訳　偕成社　1981年7月

オシャベリさん
だれでもかれでもかおさえみればなんでもかんでもはなしかけるとにかくよくしゃべるひと 「オシャベリさん」 ロジャー・ハーグレーヴス作；おのかずこ訳　評論社（みすた・ぶっくす20）　1985年12月

オシリス
文明をつくりあげたみどりの神でエジプトの王 「オシリスの旅ーエジプトの神話」 ジェラルド・マクダーモット作；神宮輝夫訳　ほるぷ出版　1978年10月

オスカー
アニーがなくしたてぶくろのかたっぽをいっしょにさがしたいぬ 「あかいてぶくろみなかった？」 スティーブン・ケロッグ作・絵；岸田衿子訳　偕成社　1978年3月

オスカー
なにかといっては戦争をはじめる人間に腹をたて子どもたちのために動物たちで会議をひらいたゾウ 「どうぶつ会議」 エーリヒ・ケストナー文；ワルター・トリヤー絵；光吉夏弥訳　岩波書店（岩波の子どもの本）　1954年12月

おせつ

オセッカイくん
じぶんのみのまわりのどんなことでもしりたがりかんけいないことにいちいちはなをつっこんでしまうひと「オセッカイくん」ロジャー・ハーグレーヴス作；たむらりゅういち訳　評論社（みすた・ぶっくす2）　1976年5月

オーソン
うさぎむらではゆうめいなたまごにえをかくめいじんのうさぎのアボットさんのむすこ「こうさぎたちのクリスマス」エイドリアン・アダムズ作・絵；乾侑美子訳　佑学社（アメリカ創作絵本シリーズ11）　1979年11月

オーター
おかあさんのたんじょう日にプレゼントをしようとおもって川へさかなをとりにいったかわうそぼうや「プレゼントはなあに」A.トムパート作；J.ウォルナー画；矢崎節夫訳　小学館（世界の創作童話13）　1980年4月

オーター
まつぼっくりがどこにいっちゃったかわからなくなってしまったかわうそのぼうや「ぼくってわすれんぼう」A.トムパート作；J.ウォルナー画；矢崎節夫訳　小学館（世界の創作童話14）　1970年4月

オタ
森番のおじいさんとともだちになりときどきにわの木からくだものをもらっていたくま「くまのオタ」イヴァン・ガンチェフ作・絵；森谷正次郎訳　佑学社（ヨーロッパ創作絵本シリーズ15）　1978年11月

オタマジャクシ（アルフォンス）
たんじょうびにルイスがスコットランドにすんでいるおじさんからおくってもらったふしぎなオタマジャクシ「ふしぎなオタマジャクシ」スティーブン・ケロッグ作；鈴木昌子訳　ほるぷ出版　1980年3月

おたまじゃくし（たまーら）
ともだちになったどじょうのじょうすけからあるひあしのあるものはきらいだよといわれたおたまじゃくしのおんなのこ「おたまじゃくしのたまーら」マイケル・バナード作；吉田新一訳；竹山博絵　福音館書店　1982年6月

おだんごぱん
おじいさんとおばあさんからにげだしてみちをころころころがっていったおだんごぱん「おだんごぱん」ブラートフ再話；エフゲーニ・M.ラチョフ絵；遠藤のり子訳　らくだ出版（世界の絵本シリーズ ソ連編4）　1975年1月

おだんごぱん
かまどからとりだされておかれていたまどからころがりだしておもてへでていったおだんごぱん「おだんごぱん」瀬田貞二訳；井上洋介画　福音館書店　1966年5月

おーちゃん
11にんのなかまのオーケストラのしきしゃ「おーちゃんのおーけすとら」ディック・ブルーナ文・絵；松岡享子訳　福音館書店　1985年1月

おつきさま
よぞらからしたをみていけのなかにもうひとりのおつきさまがいるとおもったおつきさま「つきのぼうや」イブ・スパング・オルセン作・絵；やまのうちきよこ訳　福音館書店（世界傑作絵本シリーズ・デンマークの絵本）　1975年10月

お月さま　おつきさま
たいようにあんないしてもらってまだいちどもみたことがなかったしたのせかいのいろいろなものをみせてもらったお月さま「お月さまのさんぽ」ブライアン・ワイルドスミス文・絵；わたなべひさよ訳　らくだ出版　1983年11月

お月さま　おつきさま
漁師の父さんとふたりで暮らすジョンを助けてあげて父さんが嵐の夜に海におとしたスピリット（勇気ある魂）をいっしょに探しにいったお月さま「ジョンのお月さま」カルム・ソーレ・バンドレル文・絵；熊井明子訳　集英社　1983年5月

オッケ
たかいかしの木のてっぺんにある小さな家でおかあさんとくらしているどんぐり坊や「どんぐりのぼうけん」エルサ・ベスコフ作；石井登志子訳　文化出版局　1983年8月

オッコー・トロイミエ
ある朝トュンヒェおじさんがひとりですんでいる島に空からふってきた男の子「オッコーと魔法のカモメ」ベッティーナ・アンゾルゲ作；とおやまあきこ訳　福武書店　1984年5月

オッテリア
いつもにわでねているフェルディナンドといっしょのオウム「アルビンとそらとぶかさ」ウルフ・ロフグレン作・絵；木村由利子訳　フレーベル館　1982年5月

オッテリア
いつもにわでねているフェルディナンドといっしょのオウム「アルビンとブンブンじてんしゃ」ウルフ・ロフグレン作・絵；木村由利子訳　フレーベル館　1982年5月

オットー
サーカスだんをでてじぶんたちだけでサーカスをはじめた六にんのはんらんぐみの一ぴきのいぬ「ごうじょっぱりのピエロ」ミッシャ・ダムヤン作；ギアン・カスティ絵；山室静訳　佑学社（ヨーロッパ創作絵本シリーズ5）　1978年4月

おっとせい
ともだちのこぐまのぺちたちといっしょにマリーごうという船にのってせかいいっしゅうのたびにでたおっとせい「ゆめのくにへいく」カルラ・ハンセン；ウィルヘルム・ハンセン原作；水木しげる訳　フレーベル館（こぐまのぺちの絵本4）　1972年8月

おっとせい
ともだちのこぐまのぺちたちといっしょにマリーごうという船をつくってせかいいっしゅうのたびにでたおっとせい「かめじまのぺち」カルラ・ハンセン；ウィルヘルム・ハンセン原作；水木しげる訳　フレーベル館（こぐまのぺちの絵本6）　1972年8月

おっとせい
ともだちのこぐまのぺちたちといっしょにマリーごうという船をつくってせかいいっしゅうのたびにでたおっとせい「くまのおうじょ」カルラ・ハンセン；ウィルヘルム・ハンセン原作；水木しげる訳　フレーベル館（こぐまのぺちの絵本2）　1972年8月

おっと

おっとせい
ともだちのこぐまのぺちたちといっしょにマリーごうという船をつくってせかいいっしゅうのたびにでたおっとせい「すずきのおやこ」カルラ・ハンセン;ウィルヘルム・ハンセン原作;水木しげる訳 フレーベル館(こぐまのぺちの絵本3) 1972年8月

おっとせい
ともだちのこぐまのぺちたちといっしょにマリーごうという船をつくってせかいいっしゅうのたびにでたおっとせい「とざんかぺち」カルラ・ハンセン;ウィルヘルム・ハンセン原作;水木しげる訳 フレーベル館(こぐまのぺちの絵本8) 1972年8月

おっとせい
ともだちのこぐまのぺちたちといっしょにマリーごうという船をつくってせかいいっしゅうのたびにでたおっとせい「ぺちとぴらみっど」カルラ・ハンセン;ウィルヘルム・ハンセン原作;水木しげる訳 フレーベル館(こぐまのぺちの絵本5) 1972年8月

おっとせい
ともだちのこぐまのぺちたちといっしょにマリーごうという船をつくってせかいいっしゅうのたびにでたおっとせい「ぺちのほっきょくたんけん」カルラ・ハンセン;ウィルヘルム・ハンセン原作;水木しげる訳 フレーベル館(こぐまのぺちの絵本7) 1972年8月

おっとせい
ともだちのこぐまのぺちたちといっしょにマリーごうという船をつくってせかいいっしゅうのたびにでたおっとせい「まりーごうのしんすい」カルラ・ハンセン;ウィルヘルム・ハンセン原作;水木しげる訳 フレーベル館(こぐまのぺちの絵本1) 1972年8月

オデット
こうえんのきのうえのすからおちてちかてつのかいだんをおりようとしていたおじいさんのぼうしのうえにおちたことり「ことりのオデット」ケイ・フェンダー文;フィリップ・デュマ画;山口智子訳 冨山房 1984年10月

オデット
ジーグフリード王子が森でであって恋をした美しい少女で赤ヒゲとよばれる魔法使いに白鳥にかえられてしまった少女「白鳥の湖-ドイツ民話」ルドゥミラ・イジンツォバー絵;竹村美智子訳 佑学社(名作バレー物語シリーズ) 1978年11月

おとうさんとむすこ
あるひまちへろばをうりにいったひゃくしょうのおやこ「ろばうりおやこ-イソップ絵本」中谷千代子文・絵 講談社 1970年5月

おとうと(おとこのこ)
じぶんがむっつになったらおにいちゃんのアントニーなんかやっつけてやるとおもっているおとこのこ「アントニーなんかやっつけちゃう」ジュディス・ヴィオースト文;アーノルド・ローベル絵;渡辺茂男訳 文化出版局 1979年12月

おとこ
きをきりたおしせきたんをほってこうじょうでもせるものをどんどんもしてつくったロケットでちきゅうをすててほしへいったおとこ「ごみかすせかいのきょうりゅうたち」マイケル・フォアマン作;せたていじ訳 評論社(児童図書館・絵本の部屋) 1978年4月

おとこ

おとこ
むかしあるところにりっぱないえとひろいぼくじょうをもっていたひとりのおとこ 「あるふゆのものがたり」 マックス・ボリガー作；ベアトリックス・シェーレン絵；藤田圭雄訳　フレーベル館　1981年12月

おとこ
むかしむかしさばくのへりの五色の山のふもとにすんでいたおとこでそらからときどきふってくるあめをあつめてゆみのかたちにまげてにじをつくったおとこ 「にじにのるおとこ」 ジェイン・ヨーレン文；マイケル・フォアマン絵；神宮輝夫訳　ほるぷ出版　1975年9月

男　おとこ
クリスマスイブに紳士がつかまえたタクシーに乗りこんできた男 「おかしなおかしなクリスマス」 プレヴェール作；E.アンリケ絵；宗左近訳　文化出版局　1981年6月

男　おとこ
小さな家に6にんのこどもたちとすんでいるのががまんできなくなってラビのところにちえをかりにいったまずしい不幸な男 「ありがたいこってす」 マーゴット・ツェマック作；渡辺茂男訳　ほるぷ出版　1980年4月

おとこたち
エチオピアのアディ・ニハァスというむらをでて12にんでまちへいったかえりみちににんずうをかぞえてみたがじぶんをかぞえなかったので11にんしかいないとおもってしまったおとこたち 「むらの英雄-エチオピアのむかしばなし」 渡辺茂男文；西村繁男絵　ペンギン社　1983年2月

おとこたち
じぶんたちはふしぎなぬのでばかにはみえないふくをぬうしたてやですといっておうさまをだましたふたりのおとこたち 「はだかのおうさま」 アンデルセン作；こわせたまみ文；村上勉絵　フレーベル館（キンダーおはなしえほん傑作選23）　1978年6月

男たち　おとこたち
よくこえた土地にすみつきかねもちになって六にんの兵隊をやとった六にんの男たち 「六にんの男たち」 デイビッド・マッキー作；中村浩三訳　偕成社　1975年9月

おとこのこ
あかんぼのいもうとをワゴンにのせてだれかもらってくれる人をさがしにでかけた男の子 「ぼくあかんぼなんかほしくなかったのに」 マーサ・アレクサンダー作・絵；岸田衿子訳　偕成社　1980年2月

おとこのこ
あさおきてからのうじょうのなかやそとであったどうぶつたちのまねをしてあるいたりはねたりしたおとこのこ 「あるあさ、ぼくは…」 マリー・ホール・エッツ作；間崎ルリ子訳　ペンギン社　1981年4月

おとこのこ
あしたからがっこうへいくのにねむれなくてぬいぐるみのくまにずっとはなしかけていたおとこのこ 「あした、がっこうへいくんだよ」 ミルドレッド・カントロウィッツ文；ナンシー・ウィンスロー・パーカー絵；せたていじ訳　評論社（児童図書館・絵本の部屋）　1981年9月

おとこ

おとこのこ
あるばんまどのそとではがいたくてうなっていたくまをへやのなかにいれてはをしらべてやったおとこのこ 「はのいたいくま」 デイビッド・マクフェイル文・絵;清水真砂子訳 アリス館牧新社 1976年2月

おとこのこ
あるひわゴムのはしをベッドのわくにひっかけてへやのそとへでていってみたぼうや 「わゴムはどのくらいのびるかしら？」 マイク・サーラー文;ジェリー・ジョイナー絵;岸田衿子訳 ほるぷ出版 1976年9月

おとこのこ
いえのそばにおおきな木があるといいなあとおもっているおとこのこ 「木はいいなあ」 ジャニス・メイ・ユードリイ作;マーク・シーモント絵;西園寺祥子訳 偕成社 1976年1月

おとこのこ
うちじゅうでドライブにいってレッカーしゃでうちへかえったおとこのこ 「ドライブにいこう」 ヘレン・オクセンバリー作・絵;なかむらくみこ訳 ほるぷ出版(はじめてのえほん5) 1983年12月

おとこのこ
うちのなかにいろんなおばけがいるといってもママにそんなものいるはずないっていわれるおとこのこ 「おばけなんかいないってさ」 ジュディス・ボースト作;ケイ・コラオ絵;いしいみつる訳 ぬぷん児童図書出版(ぬぷん絵本シリーズ3) 1982年11月

おとこのこ
おうさまとおきさきさまにしょうたいされたひにどうぶつえんのどうぶつたちをつれていったおとこのこ 「ともだちつれてよろしいですか」 ビアトリス・シェンク・ドゥ・レニア文;ベニ・モントレソール絵;渡辺茂男訳 冨山房 1974年11月

おとこのこ
おおきいいぬのトムとだいのなかよしのおとこのこ 「ぼくのいぬトム」 アルセア作;ニタ・スーター絵 偕成社 1978年9月

おとこのこ
おおきいおにいさんがいるちいさいおとこのこ 「ぼくのおにいさん」 アルセア作;ニタ・スーター絵 偕成社 1978年9月

おとこのこ
おおきなりんごのきとなかよしになったちびっこ 「おおきな木」 シエル・シルヴァスタイン作・絵;ほんだきんいちろう訳 篠崎書林 1976年11月

おとこのこ
おかあさんにおつかいをたのまれてベーコンわすれちゃだめよといわれたおとこのこ 「ベーコンわすれちゃだめよ！」 パット・ハッチンス作・絵;渡辺茂男訳 偕成社 1977年9

おとこのこ
おかあさんにもうすぐあかちゃんがうまれるおとこのこ 「あかちゃんがうまれる」 アニュエス・ロザンスチエール文・絵;庄司洋子訳 草土文化 1978年12月

おとこのこ
おきにいりのどうけもののにんぎょうがきゅうにつまらなくなってまどからほうりだしてしまったぼうや 「カスペルとぼうや」 ミヒャエル・エンデ文;ロスビータ・クォードフリーク画;矢川澄子訳 ほるぷ出版 1977年10月

おとこのこ
おさんぽしているうちにきのしたでおひるねしてしまったおとこのこ 「ゆめってとてもふしぎだね」 ウィリアム・ジェイ・スミス文;ドン・アルムクィスト絵;那須辰造訳 偕成社(世界の新しい絵本) 1969年10月

おとこのこ
おじいさんとやまのゆきのなかにうずもれたたくさんのひとびとのゆめのかけらをほりだしてたにまにあつめていたおとこのこ 「ゆめのくに」 マイケル・フォーマン作・絵;佐野洋子訳 フレーベル館 1985年2月

おとこのこ
おとうさんにうそをついたのでウソのばけものがそばにきてだんだんおおきくなるのがわかったおとこのこ 「ぼくうそついちゃった」 マージョリー・ワインマン・シャーマット作;デーヴィッド・マクフェイル絵;大庭みな子訳 佑学社(アメリカ創作絵本シリーズ16) 1980年10月

おとこのこ
おなかがいたくなっておいしゃさんにふうせんみたいにふくらんだおなかのなかをしらべてもらったおとこのこ 「ママ、ママ、おなかがいたいよ」 レミー・チャーリップ作・絵;つぼいいくみ訳 福音館書店(世界傑作絵本シリーズ・アメリカの絵本) 1981年11月

おとこのこ
おばあちゃんからでんわがかかってきてひとりででかけたおとこのこ 「ぼくはあるいた まっすぐまっすぐ」 マーガレット・ワイズ・ブラウン作;坪井郁美文;林明子絵 ペンギン社 1984年11月

おとこのこ
おふろおばけのせんめんだいにめいれいされたたわしたちにおいかけられたおふろぎらいのおとこのこ 「おふろおばけ」 チュコフスキー作;メシュコーワ絵;ばばともこ訳 新読書社 1983年3月

おとこのこ
おふろばをそらいろにぬったりだいどころをきいろにぬったりてんじょうはみどりいろにぬったりしたいとおもっていたおとこのこ 「おふろばをそらいろにぬりたいな」 ルース・クラウス文;モーリス・センダック絵;大岡信訳 岩波書店(岩波の子どもの本) 1979年9月

おとこのこ
おまじないをとなえるとけむくじゃらのおおぐまになりみんなからこわがられてなんでもできるようになるおとこのこ 「ぼくはおおきなくまなんだ」 ヤーノシュ作;楠田枝里子訳 文化出版局 1979年8月

おとこのこ
おもちゃのくまからほんとうのくまになったくまくんといっしょにトランペットとコントラバスのえんそうをしてふたりでロシアいきのたびにでたおとこのこ 「もりのえんそうかい」 マイケル・ブロック文;パスケール・オーラマンド絵;はらしょう訳 アリス館牧新社 1977年3月

おとこ

おとこのこ
がっこうへのいきかえりにとおるマルベリーどおりでおもしろいはなしをつくったおとこのこ「マルベリーどおりのふしぎなできごと」ドクタースース作;渡辺茂男訳 日本パブリッシング 1969年1月

おとこのこ
かみのぼうしをかぶりらっぱをもってもりへさんぽにでかけたおとこのこ「もりのなか」マリー・ホール・エッツ文・絵;まさきるりこ訳 福音館書店(世界傑作絵本シリーズ・アメリカの絵本) 1963年12月

おとこのこ
かめやあひるやねこなどのどうぶつごやをつくったおとこのこ「どうぶつごやをつくったら」ヘレン・パーマー作;リン・フェイマン絵;岸田衿子文 日本パブリッシング(ビギナーシリーズ) 1970年1月

おとこのこ
きれいなにじをつかまえてじぶんのものにしてやろうとおもっておもてへとびだしていったおとこのこ「みつけたぞ ぼくのにじ」ドン・フリーマン文・絵;大岡信訳 岩波書店 1977年6月

おとこのこ
さんぽにいってください水たまりにとびこんじゃったいぬをつれてかえったおとこのこ「うちのいぬ」ヘレン・オクセンバリー作・絵;なかむらくみこ訳 ほるぷ出版(はじめてのえほん9) 1985年3月

おとこのこ
じぶんがむっつになったらおにいちゃんのアントニーなんかやっつけてやるとおもっているおとこのこ「アントニーなんかやっつけちゃう」ジュディス・ヴィオースト文;アーノルド・ローベル絵;渡辺茂男訳 文化出版局 1979年12月

おとこのこ
じぶんにあひるのあしやしかのつのやぞうのはながあったらいいなとおもったおとこのこ「ぼくのあしがあひるのあしだったら」セオ・レスィーグ作;ビー・トビィー絵;横山泰三文 日本パブリッシング(ビギナーブックシリーズ) 1968年1月

おとこのこ
じぶんのかぞくをしょうかいしたおとこのこ「ぼくのかぞく」ドゥシャン・ロール作;ヘレナ・ズマトリーコバ絵;千野栄一訳 福音館書店 1984年8月

おとこのこ
せんすいせんにのってかいていりょこうをしたおとこのこ「かいていりょこう」フレッド・フレガー;マージョリー・フレガー作;ウォード・ブラケット絵;神宮輝夫文 日本パブリッシング(ビギナーシリーズ) 1969年1月

おとこのこ
ぞうさんのせなかにのってまちにでかけていったわんぱくちび「ちょうだい!」エルフリーダ・ヴァイポント作;レイモンド・ブリッグズ絵;こばやしただお訳 篠崎書林 1977年9月

おとこのこ
だいすきなねこのバーニーがしんじゃってとてもかなしんだおとこのこ 「ぼくはねこのバーニーがだいすきだった」 ジュディス・ボースト作；エリック・ブレグバッド絵；中村妙子訳 偕成社 1979年4月

おとこのこ
たいようのかみがとばしたいのちのやをうけたむすめからうまれておとうさんをさがしにいったおとこのこ 「太陽へとぶ矢」 ジェラルド・マクダーモット作；神宮輝夫訳 ほるぷ出版 1975年11月

おとこのこ
だれかにじぶんのすがたをみてほしいとおもいいちばでうられていたおおきなスリッパをはいてあるきだしたちいさなとうめいにんげんのおとこのこ 「ちいさなスリッパぼうや」 マンフレッド・キーバー文；モニカ・レイムグルーバー絵；楠田枝里子訳 ほるぷ出版 1976年9月

おとこのこ
チェコのイゼラがわのかわなかじまビーストルチカにすんでいてふゆになってかわにこおりがはるとつばさをつけてがっこうへとんでいったしょうねん 「そらとぶしょうねん」 ミロスラフ・ヤーグル作・絵；千野栄一訳 フレーベル館 1985年1月

おとこのこ
ちびおにとわんぱくおにとへなへなおばけのさんびきのちいさなわるものにこわがられていたおとこのこ 「こわーいおはなし」 トーネ・ジョンストン作；トミー・デ・パオラ絵；三木卓訳 佑学社（アメリカ創作絵本シリーズ20） 1981年3月

おとこのこ
なにもしゃべらなくてもかあさんやともだちやどうぶつたちときもちをつたえあっているおとこのこ 「きこえるきこえる」 マリー・ホール・エッツ文・絵；ふなざきやすこ訳 らくだ出版 1981年12月

おとこのこ
なやのなかにいたノネズミのあかちゃんをうちにつれてかえったおとこのこ 「てのりノネズミ」 フェイス・マックナルティ作；マーク・サイモント絵；きじまはじめ文 さ・え・ら書房 1981年11月

おとこのこ
にじをのぼっていってくまのかたちのくもにあったおとこのこ 「くものくまさん」 レスリー・ウィリアムズ文；カルム・ソレ・ヴェンドレル絵；舟崎克彦訳 ほるぷ出版 1983年9月

おとこのこ
ニンジンのたねをまいてめがでるのをまっていたおとこのこ 「ぼくのにんじん」 ルース・クラウス作；クロケット・ジョンソン絵；渡辺茂男訳 ペンギン社 1980年9月

おとこのこ
パパとママがりこんしてパパとはわかれてくらしているおとこのこ 「ぼくとパパはわかれている-りこんってなんだろう」 アニュエス・ロザンスチエール文・絵；庄司洋子訳 草土文化 1984年4月

おとこ

おとこのこ
パパとママとはじめてレストランにいったおとこのこ 「レストランのおしょくじ」 ヘレン・オクセンバリー作・絵；なかむらくみこ訳　ほるぷ出版（はじめてのえほん2）　1983年11月

おとこのこ
ひつじかいのおじいさんからきかされていたもうすぐおいでになるというすくいぬしのためにまいにちふえのけいこをしていたまごのおとこのこ 「ひつじかいのふえ－クリスマスえほん」 マックス・ボッリガー作；ステパン・ザヴィール絵；村上博子文　女子パウロ会　1982年8月

おとこのこ
ふしぎなママとくらすふつうのおとこのこ 「ママがもんだい」 バベット・コール作；南本史訳　あかね書房（あかねせかいの本14）　1986年3月

おとこのこ
まいにちぬいぐるみのくまくんといっしょにじてんしゃのりにでかけるおとこのこ 「くまくんのじてんしゃ」 エミリー・ウォレン・マクラウド文；デイビッド・マクフェイル絵；清水真砂子訳　アリス館牧新社　1976年2月

おとこのこ
ママとびょういんにいってけんこうしんだんをしたおとこのこ 「けんこうしんだん」 ヘレン・オクセンバリー作・絵；なかむらくみこ訳　ほるぷ出版（はじめてのえほん6）　1983年12月

おとこのこ
みずうみのきのしたでのじゅくをしたおじいさんとまごのおとこのこ 「よあけ」 ユリー・シュルヴィッツ作・画；瀬田貞二訳　福音館書店　1977年6月

おとこのこ
みんながいそいでもけっしていそがないでおじいちゃんといつもゆっくりさんぽしているおとこのこ 「ゆっくりおじいちゃんとぼく」 ヘレン・バックレイ作；ポール・ガルドン絵；大庭みな子訳　佑学社（アメリカ創作絵本シリーズ4）　1979年10月

おとこのこ
めをつむってとりやりんごのきやゆきだるまやいろんなものにへんしんしてみたおとこのこ 「へんしんへんしん」 ヘルメ・ハイネ作・絵；矢川澄子訳　佑学社　1979年10月

おとこのこ
もりのびょうきになったりんごのきをたすけてくれたおとこのこたち 「もりのどうぶつかいぎ」 ホフマン作；山主敏子文；柿本幸造絵　偕成社　1966年12月

おとこのこ
りすがおとしたたねからでてきためをみつけてうえかえたおとこのこ 「りすがたねをおとした」 ハリス・ペティ作；渡部洋子訳　ペンギン社　1978年7月

おとこの子　おとこのこ
ふしぎなことがいっぱいあって「かぜはやんだら、どこへいくの?」とおかあさんにきいた小さなおとこの子 「かぜはどこへいくの」 シャーロット・ゾロトウ作；ハワード・ノッツ絵；松岡享子訳　偕成社　1981年4月

男の子　おとこのこ
あるところにいたよくみずうみのきしにすわってさかなをつっていたつりのすきな男の子「少年と大きなさかな」マックス・フェルタイス絵・文;植田敏郎訳　講談社(世界の絵本スイス)　1971年9月

男の子　おとこのこ
たった一本のスプーンで海をからっぽにしたかった男の子「海をからっぽにしたかった男の子」ジョルジュ・レモアーヌ絵;マドレイヌ・レイ文;かいずみのる訳　エミール館(フランスのオリジナル絵本)　1981年9月

男の子　おとこのこ
ひどくいじわるなまま母にじゃま者あつかいにされていた男の子「男の子とチカラ―グルジアの民話」かんざわとらお訳;小宮山量平編　理論社　1973年4月

男の子　おとこのこ
わがままな巨人の庭にはいりこんできたこどもたちのなかでひとりだけ小さすぎて木の枝に手がとどかず泣いていた男の子「わがままな巨人」オスカー・ワイルド文;ジョアンナ・アイルズ絵;生野幸吉訳　集英社　1982年5月

男の子　おとこのこ
道ばたのみぞでぼうしをひろった小さい男の子「三月のかぜ」イネス・ライス文;ブラディミール・ボブリ絵;神宮輝夫訳　講談社(世界の絵本アメリカ)　1972年3月

おとこのこ(こども)
じぶんだけしってるうちがあるおとこのこ「うちがいっけんあったとさ」ルース・クラウス文;モーリス・センダック絵;わたなべしげお訳　岩波書店　1978年11月

男の子(少年)　おとこのこ(しょうねん)
森を散歩するのがすきで木の国へ旅することを思いついた男の子「木の国の旅」ル・クレジオ作;H.ギャルロン絵;大岡信訳　文化出版局　1981年7月

男の子(ラット)　おとこのこ(らっと)
マレーシアにあるスズの採鉱地区のどまんなかペラ州モンタバレーの村カンポンでゴム園をもつ家の男の子「カンポンのガキ大将」ラット作;荻島早苗、末吉美栄子訳　晶文社　1984年12月

おとこのことおんなのこ
あるなつのあさとても早くおきてはじめて日の出を見たおとこのことおんなのこのきょうだい「ぼくたちとたいよう」アリス・E.グッディ文;アドリエンヌ・アダムズ絵;友田早苗訳　文化出版局　1982年7月

おとこのことおんなのこ
おにわのすなばでさばくごっこをしたおとこのことおんなのこ「さばくごっこしようよ!」インガー・サンドベリ文;ラッセ・サンドベリ絵;木村由利子訳　アリス館牧新社　1976年11月

男の子と女の子　おとこのことおんなのこ
いたずらな子いぬをかうことになりふしぎなひとに子いぬのかいかたをおしえてもらうことになった男の子と女の子「子いぬのかいかたしってるかい?」モーリス・センダック;マシュー・マーゴーリス作;モーリス・センダック絵;山下明生訳　偕成社　1980年11月

おとこ

男の子と女の子　おとこのことおんなのこ
おひゃくしょうさんが目のまえでころそうとしたこぶたをお父さんとと3人でもらってマンションにつれてかえった男の子と女の子　「かわいいこぶた」　ウルフ・ニルソン作；エヴァ・エリクソン絵；木村由利子訳　佑学社　1984年9月

おとこのことおんなのこ（こども）
そとにでてゆきのなかでいっぱいあそんだおとこのことおんなのこ　「ゆき,ゆき」　ロイ・マッキー；P.D.イーストマン作・絵；岸田衿子訳　ペンギン社　1984年1月

男のひと　おとこのひと
金曜日の夜したくをして町のフィルハーモニック・ホールの舞台にはいってきたオーケストラのメンバーの105人の女のひとと男のひと　「オーケストラの105人」　カーラ・カスキン作；マーク・サイモント絵；岩谷時子訳　ジー・シー・プレス　1985年9月

男の人　おとこのひと
さびしそうにフリュートを吹いていた男の人　「鳥のうたにみみをすませば」　オタ・ヤネチェック絵；フランチシェック・ネピル文；金山美莎子訳　佑学社（おはなし画集シリーズ4）　1980年9月

踊り子　おどりこ
一本足のナマリの兵隊がおよめさんにしたいとおもった紙でできたバレエの踊り子　「ナマリの兵隊」　ハンス・アンデルセン文；マーシア・ブラウン絵；光吉夏弥訳　岩波書店（岩波の子どもの本）　1954年4月

おに
きのはしのしたにすんでいてはしをわたろうとするものをぱくりとたべてしまうおに　「三びきのやぎ」　ベラ・サウスゲイト再話；ロバート・ラムレイ絵；秋晴二；敷地松二郎訳編　アドアンゲン　1974年6月

おに
ジャックがまほうのまめがひとばんのうちにおおきくなってそらたかくのびたまめのきをのぼっていったてっぺんのおしろにいたひとくいおに　「ジャックとまめのき」　ベラ・サウスゲイト再話；エリック・ウインター絵；秋晴二；敷地松二郎訳編　アドアンゲン　1974年6月

おに
ジャックがまほうのまめがめをだしてぐんぐんのびたまめのきをのぼってそらのうえにつくとおおきないえにいたひとくいおに　「ジャックとまめのき-せかいのはなし（イギリス）」　山主敏子文；近藤薫美子絵　コーキ出版（絵本ファンタジア33）　1978年6月

おに
たにのまんなかにあったしろにすみやまのうえのおうさまのしろのひとたちをこわがらせていたおに　「ぺにろいやるのおにたいじ」　吉田甲子太郎訳；山中春雄画　福音館書店　1957年6月

オニ
ジャックがふしぎな魔法の豆が芽を出してぐんぐんのびた豆の木をのぼって行くと空の上のお城にいた人食いオニ　「ジャックと豆の木-イギリス民話」　しらいしあい著　集英社　1983年4月

オニ
ピトシャン・ピトショというおとこのこをふくろにつめていえにかえるとちゅうでにげられてしまったオニ 「ふくろにいれられたおとこのこ-フランス民話」 山口智子再話;堀内誠一画 福音館書店 1982年10月

鬼　おに
おやゆびトムたち七人の子どもが森で道にまよってゆきついた家にすんでいた人食い鬼 「おやゆびトム-ペロー童話」 リディア・ポストマ文・絵;矢川澄子訳 福音館書店(世界傑作絵本シリーズ・オランダの絵本) 1984年4月

鬼　おに
ジャックがまほうの豆がめを出して空までのびた豆の木をずんずんのぼっていったてっぺんにあったうちにいた人くい鬼 「ジャックと豆の木」 ジェイコブズ作;乾侑美子訳;菊池貞雄絵 小学館(世界のメルヘン絵本22) 1979年11月

鬼　おに
ジャックが魔法のマメつぶがめをだして大きくなったマメの木をどんどんのぼっていった空のうえのお城のいえにいたひとくい鬼 「ジャックとマメの木」 ジョセフ・ジェイコブス作;ヤン・ピアンコフスキー絵;内海宜子訳 ほるぷ出版(ふぇありい・ぶっく) 1985年11月

鬼　おに
むかしむかし美しい森に住んでいた虹を食べてしまう体の色が虹と同じ7色の7匹の鬼たち 「虹伝説」 ウル・デ・リコ作;津山紘一訳 小学館 1981年2月

鬼　おに
腹ぺこのときにおいしいお料理をつくってくれたお百姓さんの娘のゼラルダをじぶんの住むお城につれていった人喰い鬼 「ゼラルダと人喰い鬼」 トミー・ウンゲラー作;たむらりゅういち;あそうくみ訳 評論社(児童図書館・絵本の部屋) 1977年9月

おに(ダウォコ)
マナヒラン国のある村の村人たちをおびやかしていた悪いおに 「ビモのおにたいじ-ジャワの影絵しばい」 ヌロールスティッヒサーリン・スラムット再話;ノノ・スグルノ絵;松本亮訳 ほるぷ出版 1985年3月

おにいさん
ちいさいおとこのこのおおきなおにいさん 「ぼくのおにいさん」 アルセア作;ニタ・スーター絵 偕成社 1978年9月

おにんぎょう(にんぎょう)
かいがんにわすれていかれたのをやさしいせんにょひろってもらったおにんぎょう 「うまにのったお人形」 アイヒンガー絵;ボリガー文;矢川澄子訳 メルヘン社 1981年9月

おにんぎょう(にんぎょう)
もちぬしのおんなの子はポケットにつっこんだとおもったがスーパーの冷凍庫のはこのあいだにおとしたちいさいおにんぎょう 「まいごになったおにんぎょう」 A.アーディゾーニ文;E.アーディゾーニ絵;石井桃子訳 岩波書店(岩波の子どもの本) 1983年11月

おはあ

おばあ
とってもびんぼうだったのでおじいにたのんでわらのうしをつくってもらってのはらへつれていったおばあ 「わらのうし-ウクライナ民話より」 A.ネチャーエフ再話;田中かな子訳;小沢良吉絵 フレーベル館(キンダーおはなしえほん傑作選19) 1978年2月

おばあさん
ある日七人の子どもたちがほうきやぼろきれでかいじゅうにへんそうしてしのびこんだ「魔女の庭」にあらわれたやさしそうなおばあさん 「魔女の庭」 リディア・ポストマ作;熊倉美康訳 偕成社 1983年4月

おばあさん
いたずらおばけにだまされてもたのしかったといってわらっていたびんぼうでもようきなおばあさん 「いたずらおばけ-イギリス民話」 瀬田貞二再話;和田義三画 福音館書店 1978年2月

おばあさん
いちばでかったこぶたがさくをとびこえようとしないのでだれかにてつだってもらおうとおもったおばあさん 「おばあさんとこぶた」 ベラ・サウスゲイト再話;ロバート・ラムレイ絵;秋晴二;敷地松二郎訳編 アドアンゲン 1974年6月

おばあさん
インディアンとよばれるひとたちがすむアメリカのアリゲーターというちいさなむらにやってきてとうもろこしをつたえてくれたおばあさん 「とうもろこしおばあさん-アメリカ・インディアン民話」 秋野和子再話;秋野亥左牟画 福音館書店 1982年8月

おばあさん
おうちのなかでみつけたぎんかをもってこぶたをかいにいちばにでかけたおばあさん 「おばあさんとこぶた-民話より」 ポール・ガルドン絵;大庭みな子訳 佑学社(ポール・ガルドン昔話シリーズ2) 1979年6月

おばあさん
じぶんのうちのむぎばたけにヤギがはいりこんででていかないのでないているおばあさん 「ガラスめだまときんのつののヤギ-白ロシア民話」 田中かな子訳;スズキコージ画 福音館書店 1985年1月

おばあさん
バルトーズさんの家にやってきて赤ちゃんを泣きやませるのには九つの泣きべそ人形を作ればいいといったもの知りのおばあさん 「九つの泣きべそ人形-ポーランドの民話より」 アン・ペロウスキー文;チャールス・ミコライカ絵;岩田みみ訳 ほるぷ出版 1982年11月

おばあさん
ひとり公園のベンチにこしかけて少女のころたいせつにしていたお人形のことを思っていたおばあさん 「火よう日のおはなし」 デイジー・ムラースコバー作;千野栄一訳 偕成社 1981年7月

おばあさん
もりでおなかをすかせてないていたおんなのこにおいしいオートミールがにえるまほうのおなべをあげたおばあさん 「まほうのおなべ」 ポール・ガルドン再話・絵;田中とき子訳 岩崎書店(えほん・ドリームランド3) 1980年9月

おばあさん
子どもがひとりもいなくてさびしさのあまりタマゴをひとつ小屋のすみにしまっておいたらある朝タマゴがわれて息子がうまれたおばあさん 「エナノの宮殿-メキシコの民話」 ルイス・スアレス絵；とみながまこと訳 ほるぷ出版 1982年11月

おばあさん
小さないえにもうじき七さいになるカイサとふたりですんでいるおばあさん 「ぴちぴちカイサとクリスマスのひみつ」 リンドグレーン作；ヴィークランド絵；山内清子訳 偕成社 1977年12月

おばあさん
森の中のいっけん家にともにくらしていた三びきのくまがさんぽしているまに家にやってきたちっぽけなおばあさん 「三びきのくま」 ジェイコブズ文；鈴木佐知子訳；岩村和朗絵 小学館（世界のメルヘン絵本11） 1978年6月

おばあさん
毎年春のさいしょの日がくるとベランダにしきものをしいてとしがみさまにあおうとしてまっていたおばあさん 「赤ひげのとしがみさま」 ファリード・ファルジャーム；ミーム・アザード再話；ファルシード・メスガーリ絵；桜田方子；猪熊葉子訳 ほるぷ出版 1984年9月

おばあちゃん
サリーのうちのちかくにひとりですんでいるおばあちゃん 「おばあちゃんとわたし」 シャーロット・ゾロトウ作；ジェームズ・スチブンソン絵；掛川恭子訳 あかね書房（あかねせかいの本15） 1986年7月

おばあちゃん
毎朝五時に目をさまして湖にボートをこぎだしてつりに行くおばあちゃん 「おばあちゃんの魚つり」 M.B.ゴフスタイン作・絵；落合恵子訳 アテネ書房 1980年4月

おばあちゃん（オマ）
夏休みに「わたし」がいったアルザスのオマってよんでるおばあちゃん 「アルザスのおばあさん」 プーパ・モントフィエ絵・文；末松氷海子訳 西村書店 1986年8月

おばけ
おふろぎらいのおとこのこのまえにママのへやからとびだしてきたせんめんだいのおやぶんのおふろおばけ 「おふろおばけ」 チュコフスキー作；メシュコーワ絵；ばばともこ訳 新読書社 1983年3月

おばけ
きんかのはいったつぼやぎんのかたまりやおおきないしにばけておばあさんをだましたいたずらおばけ 「いたずらおばけ-イギリス民話」 瀬田貞二再話；和田義三画 福音館書店 1978年2月

おばさん
にわとりをかっているおばさん 「ひよこのかずはかぞえるな」 イングリ・ドーレア；エドガー・パーリン・ドーレア作；せたていじ訳 福音館書店（世界傑作絵本シリーズ・アメリカの絵本） 1978年2月

おはさ

おばさん
めんどりがうんだたまごをまちにうりにいくとちゅうでたいへんなおかねもちになっていくゆめをみたおちょうしやのおばさん 「おおきなおとしもの」 H.C.アンデルセン原作；ジャン・ウォール文；レイ・クルツ絵；友近百合枝訳　ほるぷ出版　1979年1月

おひげちゃん
4つの女の子のうちにいたはいいろのしまもようのこねこ 「こねこのおひげちゃん」 マルシャーク文；レーベデフ絵；うちだりさこ訳　岩波書店(岩波の子どもの本)　1978年9月

おひさま
うちのなかでねむっていたこいぬのおさらのみずをとってしまってくもをつくったおひさま 「しりたがりやのこいぬとおひさま」 イバ・ヘルツィーコバー作；ズデネック・ミレル絵；千野栄一訳　偕成社　1974年12月

おひさま
はいいろのくもにそらからおいだされてみっかもねむっていたのをたずねてきたひよこたちにおこされたおひさま 「そらにかえれたおひさま」 ミラ・ギンズバーグ文；ホセ・アルエーゴ；エーリアン・デューイ絵；さくまゆみこ訳　アリス館　1984年1月

おひさま
ひどいかぜをひいたので3人のみならいおひさまぼうやにまちをきれいないろにぬるしごとをさせたおひさま 「おひさまがかぜをひいたら」 アーネ・オンガーマン作；木村由利子訳　文化出版局　1980年4月

おひさまぼうや
かぜをひいたおひさまのかわりにまちをきれいないろにぬるしごとをすることになった3人のみならいのおひさまぼうや 「おひさまがかぜをひいたら」 アーネ・オンガーマン作；木村由利子訳　文化出版局　1980年4月

おひとよし
むらにいたさんにんのきょうだいのさんばんめのおひとよしでもりであったおじいさんからもらったきんのがちょうをかかえてしあわせをさがすたびにでたわかもの 「きんのがちょう」 エブ・タルレ作・絵；伊東史子文　学習研究社(国際版せかいのえほん14)　1985年1月

おひめさま
いばらのいけがきのむこうにあるしろに100ねんのあいだねむっているこのうえなくうつくしいおひめさま 「ねむりひめ-グリム童話」 フェリクス・ホフマン絵；せたていじ訳　福音館書店(世界傑作絵本シリーズ・スイスの絵本)　1963年10月

おひめさま
いばらのもりのおくにあったおしろに百ねんものあいだねむりつづけているおひめさま 「ねむりひめ」 オーウィック・ハットン文・絵；大島かおり訳　偕成社　1982年11月

おひめさま
おしろのまちにいたびょうきのわらわないおひめさま 「きんのがちょう」 エブ・タルレ作・絵；伊東史子文　学習研究社(国際版せかいのえほん14)　1985年1月

130

おひめ

おひめさま
たいへんな美人でしたけれどうぬぼれやでだれが結婚をもうしこんできてもみんなははねつけてしまいおまけにあいてをばかにしてからかったおひめさま「つぐみのひげの王さま-グリム童話」フェリックス・ホフマン絵;大塚勇三訳 ペンギン社 1978年10月

おひめさま
ちいさなくにのおうじがけっこんしたいとおもったせかいいちおおきなくにのおひめさま「ぶたかいのおうじ」H.C.アンデルセン原作;ウルフ・ロフグレン絵;木村由利子訳 フレーベル館 1983年6月

おひめさま
ちいさなくにのおうじがけっこんをもうしこんでもあおうともしなかったおひめさま「ぶたばんのおうじ」ハンス・クリスチャン・アンデルセン作;ビョーン・ウィンブラード絵;山内清子訳 ほるぷ出版 1978年6月

おひめさま
どうしてもおんがくのリズムにあわせておどることができないおひめさま「ダンスのできないおひめさま」ツウィフェロフ原作;宮川やすえ訳・文;かみやしん絵 国土社(やっちゃん絵本4) 1982年11月

おひめさま
まじょにまほうをかけられていばらにかこまれたふるいおしろのなかでねむりつづけているうつくしいおひめさま「ねむりのもりのひめ」グリム作;佐藤義美文;佐藤忠良絵 偕成社(世界おはなし絵本11) 1971年1月

おひめさま
もりのいずみへあそびにでかけてきんのまりをいずみにおとしてしまったおひめさま「かえるのおうさま-グリム(ドイツ)のはなし」前田豊美文;阿部克雄絵 コーキ出版(絵本ファンタジア13) 1977年7月

おひめさま
上から下まで布ぎれですっぽりとつつまれていていつもだまって結婚あいての王子さまをヴェールのあいだから片方の目だけでみていたおひめさま「しずかなふしぎな王女さま」リタ・ヴァン・ビルゼン絵;エヴリーヌ・パスガン文;山口智子訳 メルヘン社 1981年9月

おひめさま
魔女にのろいをかけられていばらの垣根のむこうにあるお城に100年ものあいだねむっているうつくしいおひめさま「ねむりひめ-グリム童話」ヤン・ピアンコフスキー絵;内海宜子訳 ほるぷ出版(ふぇありい・ぶっく) 1985年11月

お姫さま　おひめさま
一人の王子さまがさがしていたおきさきさまにふさわしいほんもののお姫さまらしいお姫さま「えんどう豆の上にねむったお姫さま」ハンス・クリスチャン・アンデルセン作;ドロテー・ドゥンツェ絵;ウィルヘルム・きくえ訳 太平社 1984年12月

お姫さま　おひめさま
小さな国の王子さまが結婚をもうしこむことにしたいちばんりっぱな国のお姫さま「ぶた飼いの王子さま」アンデルセン作;ドロテー・ドゥンツェ絵;ウィルヘルム・きくえ訳 太平社 1986年11月

おひや

おひゃくしょう
あさからばんまではたらいているのにどういうわけかむらいちばんのびんぼうにんだったひとりのおひゃくしょう 「びんぼうこびと-ウクライナ民話」 内田莉莎子再話；太田大八画 福音館書店 1971年1月

おひゃくしょう
いちばでたくさんのこぶたをかってかえったのにおかみさんにせわをさせてじぶんはねてばかりいたなまけもののおひゃくしょう 「りんごのきにこぶたがなったら」 アニタ・ローベル絵；アーノルド・ローベル文；佐藤凉子訳 評論社 (児童図書館・絵本の部屋) 1980年7月

おひゃくしょう
おそなえをけちけちしていたのでえんまさまにはたけにいねがみのらないようにするまほうをかけられたおひゃくしょう 「おひゃくしょうとえんまさま-中国民話」 君島久子再話；佐藤忠良画 福音館書店 1969年9月

おひゃくしょうさん
かぜにふかれてとんでいったふるいちゃいろのぼうしをおいかけていったおひゃくしょうさん 「わたしのぼうしをみなかった？」 ジョン・ノドゼット原作；フリッツ・シーベル画；ウエザヒル翻訳委員会訳 ウエザヒル出版社 1966年7月

おひゃくしょうさん
もりのなかであったふしぎなおじいさんがもっていたまほうのたまとにわとりをとりかえたまずしいおひゃくしょうさん 「ふたつのまほうのたま」 オルガ・プロセンク作・絵；山口ちずこ文 学習研究社 (国際版せかいのえほん18) 1985年1月

お百姓さん　おひゃくしょうさん
日本とおなじようにあさはやくからはたらいてみんなのためにお米をつくるタイのお百姓さん 「タイのお百姓さん-タイ」 クリク・ユーンプン文・絵；黒木悠訳 蝸牛社 (かたつむり文庫) 1984年12月

おふろおばけ (おばけ)
おふろぎらいのおとこのこのまえにママのへやからとびだしてきたせんめんだいのおやぶんのおふろおばけ 「おふろおばけ」 チュコフスキー作；メシュコーワ絵；ばばともこ訳 新読社 1983年3月

オマ
夏休みに「わたし」がいったアルザスのオマってよんでるおばあちゃん 「アルザスのおばあさん」 プーパ・モントフィエ絵・文；末松氷海子訳 西村書店 1986年8月

オマル
イスラム帝国をおさめていたカリフのアブドラ・アルーマモンの子で勇敢なベドウィン族にあこがれベドウィン族にあずけられた王子 「イスラムの王子」 キャロル・バーカー作；宮副裕子訳 ほるぷ出版 1979年3月

おやこ (おとうさんとむすこ)
あるひまちへろばをうりにいったひゃくしょうのおやこ 「ろばうりおやこ-イソップ絵本」 中谷千代子文・絵 講談社 1970年5月

おやじさん
おかみさんのやりかたがきにいらないといってはおこってばかりいておかみさんのかわりにうちのしごとをすることにしたおやじさん 「しごとをとりかえたおやじさん-ノルウェーの昔話」 山越一夫再話；山崎英介画 福音館書店 1974年11月

オヤスミ
ヘルマンさんというおとこのひとにかわれていたにひきのいぬのいっぴきでよくたべてよくねむりどんどんおおきくなったいぬ 「いぬのオヤスミ、だいかつやく」 クルト・バウマン作；ラルフ・ステッドマン絵；ながはまひろし訳 佑学社（ヨーロッパ創作絵本シリーズ2） 1978年3月

おやゆびこぞう
まずしい百姓のおかみさんに生まれたほんのおやゆびほどの大きさしかないちっぽけな子 「おやゆびこぞう-グリム童話より」 スベン・オットー絵；矢川澄子訳 評論社（児童図書館・絵本の部屋） 1981年12月

おやゆびこぞう
子どもがないまずしいおひゃくしょうの夫婦に生まれたせのたかさがおやゆびくらいしかない子ども 「おやゆびこぞう-グリム童話」 フェリックス・ホフマン絵；大塚勇三訳 ペンギン社 1979年7月

おやゆびこぞう
子どものいないまずしいおひゃくしょうさんのふうふに生まれた大きさが親指くらいしかなかった男の子 「おやゆびこぞう」 グリム作；小沢俊夫訳；こさかしげる絵 小学館（世界のメルヘン絵本25） 1970年6月

おやゆびトム（トム）
こどものなかったおとうさんとおかあさんがかみさまにおねがいしてやっとできたおとなのおやゆびほどのおおきさのこども 「おやゆびトム」 若菜珪画；中村美佐子文 ひかりのくに（世界名作えほん全集17） 1966年1月

おやゆびトム（トム）
まずしい木こり夫婦の七人のむすこの末のむすこでうまれたときに父さんのおやゆびほどだったのでくおやゆびトム>とよばれていた男の子 「おやゆびトム-ペロー童話」 リディア・ポストマ文・絵；矢川澄子訳 福音館書店（世界傑作絵本シリーズ・オランダの絵本） 1984年4月

おやゆびひめ
あかちゃんがほしいとおもっていたおんなのひとがまほうつかいにもらったたねをまいてさかせたはなのうえにいたおやゆびほどのおおきさのおんなのこ 「おやゆびひめ-アンデルセン（デンマーク）のはなし」 前田豊美文；牧野鈴子絵 コーキ出版（絵本ファンタジア12） 1977年11月

おやゆびひめ
こどものいないおくさんがまほうつかいからもらったたねをまくとさいたはなのなかからでてきたおやゆびのようにちいさなおんなのこ 「おやゆび姫」 岩崎ちひろ画；天神しずえ文 ひかりのくに（世界名作えほん全集14） 1966年1月

おやゆ

おやゆびひめ
こどものいないおくさんがまほうつかいからもらった一つぶのたねをまくとさいたはなのなかからでてきたおやゆびのようにちいさなおんなのこ 「おやゆび姫」 久保田煕画；天神しずえ文 ひかりのくに（世界名作えほん全集14） 1966年1月

おやゆびひめ
ひとりのおんなのひとがまほうつかいからもらったおおむぎのつぶをまくとめがでてひらいたはなのまんなかにすわっていたかわいらしいおやゆびほどのおんなのこ 「おやゆびひめ」 アンデルセン作；間所ひさこ文；岩本康之亮絵 ひさかたチャイルド（ひさかた絵本館1） 1981年9月

おやゆびひめ
ひとりぽっちのおんなのひとがまほうつかいからもらったたねをまくとたちまちさいたはなのなかにすわっていたちいさなかわいいおんなのこ 「おやゆびひめ」 アンデルセン原作；いわさきちひろ絵；立原えりか文 講談社（いわさきちひろ・おはなしえほん1） 1984年9月

おやゆびひめ
まほうつかいのおばあさんがもっていたたねからできたはなのなかからでてきたちいさなおんなのこ 「おやゆびひめ」 アンデルセン原作；谷真介文；赤坂三好絵 あかね書房（えほんせかいのめいさく2） 1976年12月

おやゆびひめ
小さな子どもをほしがっていた女のひとが魔法使いのおばあさんからさずかった親指ぐらいの背丈しかなかったかわいらしい女の子 「おやゆびひめ-アンデルセン童話」 リスベス・ツヴェルガー絵；佐久間彪訳 かど創房 1982年12月

おやゆび姫　おやゆびひめ
子どもをほしがっていたある女の人が魔女からもらった麦のつぶをまくとさいた花のまん中のめしべの上にすわっていた親指よりも小さな女の子 「おやゆび姫」 アンデルセン原作；石原すずえ文 集英社 1983年8月

おやゆび姫　おやゆびひめ
子どもをほしがっていたある女の人が魔女にもらった麦のつぶをまくとさいた大きな花のまん中にすわっていた親指よりも小さなかわいい女の子 「おやゆび姫」 アンデルセン原作；石原すずえ著 集英社 1983年8月

オーラ
ほっきょくにちかい国ノルウェーの森のまん中にあった小さなうちにいた子でぎょうしょう人と北へむかってたびをした男の子 「オーラのたび」 ドーレア夫妻作；吉田新一訳 福音館書店（世界傑作絵本シリーズ・アメリカの絵本） 1983年3月

おらがくん
じぶんかってな子 「みんなの世界」 マンロー・リーフ文・絵；光吉夏弥訳 岩波書店（岩波の子どもの本） 1953年12月

オランウータン（ウォーレス）
にんげんのすることならなんでもやってみたくなってときどきどうぶつえんからにげだしていくオランウータン 「ウォーレスはどこに？」 ヒラリー・ナイト絵・文；木島始訳 講談社（講談社の翻訳絵本） 1983年11月

オーランドー
おくさんのグレイスと三びきのこねこをつれてキャンプにいったとってもきれいなママレード色のねこ 「ねこのオーランドー」 キャスリーン・ヘイル作・画；脇明子訳 福音館書店（世界傑作絵本シリーズ・イギリスの絵本） 1982年7月

オーリー
ちいさなきかんしゃちゅうちゅうにせきたんとみずをやっていたきかんじょし 「いたずらきかんしゃちゅうちゅう」 バージニア・リー・バートン文・絵；むらおかはなこ訳 福音館書店（世界傑作絵本シリーズ・アメリカの絵本） 1961年8月

オーリー
海岸でひとりの水兵におやからはなされて動物屋に売られた小さいアザラシ 「海のおばけオーリー」 M.H.エッツ文・絵；石井桃子訳 岩波書店 1974年7月

オリックス（イルマン夫人）　おりっくす（いるまんふじん）
動物たちの最後の楽園ないない谷にくらしているアラビアオリックスの詩人ヘルマン氏の奥さん 「ないない谷の物語1 ようこそないない谷へ」 インマ・ドロス；ハリー・ギーレン文；マイケル・ジュップ絵；舟崎克彦訳 ブック・ローン出版 1982年11月

オリックス（ヘルマン氏）　おりっくす（へるまんし）
動物たちの最後の楽園ないない谷にくらしているアラビアオリックスの詩人 「ないない谷の物語1 ようこそないない谷へ」 インマ・ドロス；ハリー・ギーレン文；マイケル・ジュップ絵；舟崎克彦訳 ブック・ローン出版 1982年11月

オリバー
イングランドの鉄道でスクラップにされるところをにげだした機関車 「機関車のぼうけん」 ウィルバート・オードリー作；ガンバー・エドワーズ；ピーター・エドワーズ絵；桑原三郎；清水周裕訳 ポプラ社（汽車のえほん23） 1980年11月

オリバー
イングランドの鉄道にいたときスクラップにされそうになりにげだしてきた機関車 「機関車オリバー」 ウィルバート・オードリー作；ガンバー・エドワーズ；ピーター・エドワーズ絵；桑原三郎；清水周裕訳 ポプラ社（汽車のえほん24） 1980年12月

オリバー
おしばいをするのがだいすきでおおきくなったらはいゆうになるだろうとママにいわれていたふくろうの子 「オリバーくん」 ロバート・クラウス文；J.アルエゴ；A.デュウェイ絵；長谷川四郎訳 ほるぷ出版 1977年12月

オリバー
ちいさなおばけのジョージーがすんでいたホイッティカーさんのいえのふくろう 「おばけのジョージー」 ロバート・ブライト作・絵；光吉夏弥訳 福音館書店（世界傑作絵本シリーズ・アメリカの絵本） 1978年6月

オリバー
ボニーといっしょにあそんでもいばってばかりいるおにいちゃん 「だれかあたしとあそんで」 マーサ・アレクサンダー作・絵；岸田衿子訳 偕成社 1980年4月

おりひ

おりひめ
あまのがわへみずあびにきてうしかいにきものをかくされてしまってうしかいのつまになったてんにょ「たなばた」君島久子再話；初山滋画　福音館書店（こどものとも傑作集）1983年6月

おりひめ
天から川におりてきて水あびをしていてうしかいにころもをとられてしまってうしかいのつまになったてんにょ「うしかいとおりひめ-中国民話」君島久子訳；丸木俊絵　偕成社　1977年6月

オルガンつくりのわかもの（わかもの）
こころのうつくしいひとがやってくるとひとりでになりだすふしぎなオルガンをつくるひとりのわかもの「ふしぎなオルガン」レアンダー原作；稲垣昌子文；池田浩彰絵　世界出版社（ABCブック）1969年12月

オルタンス
豹の王子オレッグを助ける何でも見えるが頭のすこし鈍いきりん「王子オレッグ故郷に帰る」ジャン＝クロード・ブリスビル文；ダニエル・ブール絵；篠沢秀夫訳　集英社　1982年12月

オルリック
まきばへいかないで一日中うちのことをやっているおかみさんとしごとをかわることにした男「るすばんをしたオルリック」デイビッド・マッキー文・絵；はらしょう訳　アリス館牧新社　1976年3月

オーレ
アルビンのともだちのおとこのこ「アルビンはスーパーマン？」ウルフ・ロフグレン作・絵；木村由利子訳　フレーベル館　1982年5月

オーレ
とうさんもかあさんもいないちびの男の子であたらしい村をさがして雪におおわれたモミの森をあるいていた子「冬のオーレ」ベッティーナ・アンゾルゲ作；とおやまあきこ訳　福武書店　1983年10月

オレッグ
北の国のきびしい寒さの中で猟師に追われ罠にかかって肩にひどい傷を負い逃げまわっていた豹「雪国の豹オレッグ」ジャン＝クロード・ブリスビル文；ダニエル・ブール絵；串田孫一訳　集英社　1980年12月

オレッグ
毛皮の国での留学をおえて自分の王国に戻り性悪ないとこのアモクが王座にいることを知った豹の王子「王子オレッグ故郷に帰る」ジャン＝クロード・ブリスビル文；ダニエル・ブール絵；篠沢秀夫訳　集英社　1982年12月

おれまーい
とおいみなみのひろいうみにぽつんとうかんでいるさとわぬしまにいたちからのつよいこども「おによりつよいおれまーい-サトワヌ島民話」土方久功再話・画　福音館書店　1975年7月

オロカさん
いつもちょっとかんがえがたりないひと「オロカさん」ロジャー・ハーグレーヴス作;おのかずこ訳 評論社(みすた・ぶっくす16) 1985年12月

オーロックス
ヨーロッパの森にすんでいた大きな野牛で絶滅してしまった動物「ドードーを知っていますか-わすれられた動物たち」ショーン・ライス絵;ポール・ライス;ピーター・メイリー文;斉藤たける訳 福武書店 1982年10月

オーロラひめ
悪魔の妖精にのろいをかけられて森の中のお城で100年間ねむりつづけたおひめさま「ねむりひめ」フランチェスカ・クレスピー絵;リンダ・ジェニングス文;山川京子訳 西村書店 1986年3月

おんどり(にわとり)
あるひうさぎのこやにやってきてうさぎをうちからおいだしたきつねをおっぱらってやったおんどり「うさぎのいえ-ロシア民話」内田莉莎子再話;丸木俊画 福音館書店 1969年2月

おんどり(にわとり)
いぬが二ひきかかってもくまがかかってもおいだせなかったきつねをうさぎのいえからおいだしてやったおんどり「うさぎとおんどりときつね」レーベデフ文・絵;うちだりさこ訳 岩波書店(岩波の子どもの本) 1977年11月

おんどり(にわとり)
いぬとたびにでてきのうえにとまってやすむことにしたおんどり「いそっぷのおはなし」中川正文訳;長新太絵 福音館書店 1963年11月

おんどり(にわとり)
がちょうといっしょにいえをでてへいのうえとくさちではどっちがいいばしょ?とどうぶつたちにきいてまわったおんどり「ねぇ、キティおしえてよ」ミラ・ギンズバーグ作;ロジャー・デュボアザン絵;新井有子訳 ペンギン社 1979年2月

おんどり(にわとり)
そらがおちてきたことをめんどりといっしょにおうさまにしらせにいったおんどり「たいへんたいへん-イギリス昔話」渡辺茂男訳;長新太絵 福音館書店 1968年4月

おんどり(にわとり)
にわのどうぶつたちにじぶんがこけこっこーとなくからおひさまがのぼるんだといっていばっていたおんどり「ちいさなピープ」ジャック・ケント作;石沢泰子訳 ペンタン 1985年9月

おんどり(にわとり)
ブレーメンの町の楽隊の四ひきの動物たちの一ぴき「ブレーメンの楽隊-グリム童話」スベン・オットー絵;矢川澄子訳 評論社(児童図書館・絵本の部屋) 1978年12月

おんどり(にわとり)
まいにちときのこえをあげてあさのたいようをおこしていたうつくしいおんどり「おんどりとぬすっと」アーノルド・ローベル作;アニータ・ローベル絵;うちだりさこ訳 偕成社 1982年8月

おんと

おんどり(にわとり)
もりのなかにねことすんでいたおんどり 「ねことおんどりときつね」 ブラートフ再話；ユーリ・ヴァスネッツオフ絵；松谷さやか訳 らくだ出版(世界の絵本シリーズ ソ連編1) 1975年1月

おんどり(にわとり)
やねのうえまでとんでみたそのよるにきょうかいのとうのうえにたつきんいろのとりになるゆめをみたおんどり 「コケコッコー」 ラインホルト・エーアハルト文；ベルナデッテ・ワッツ絵；長谷川四郎訳 ほるぷ出版 1976年9月

おんどり(にわとり)
ろばといぬとねこといっしょにブレーメンのまちのおんがくたいにやとってもらおうとでかけたおんどり 「ブレーメンのおんがくたい―グリム童話」 ハンス・フィッシャー絵；せたていじ訳 福音館書店 1964年4月

おんどり(にわとり)
ろばといぬとねこといっしょにブレーメンのまちへいっておんがくたいをつくろうとしたおんどり 「ブレーメンの音楽隊」 若菜珪画；中村美佐子文 ひかりのくに(世界名作えほん全集10) 1966年1月

おんどり(にわとり)
ろばといぬとねことブレーメンに行って町のがくたいにはいろうと思ったおんどり 「ブレーメンのまちのがくたい」 グリム文；中村浩三訳；赤星亮衛絵 小学館(世界のメルヘン絵本13) 1978年8月

おんどり(にわとり)
ろばといぬとねこと四ひきでブレーメンのまちへいっておんがくたいにはいろうとしたおんどり 「ブレーメンのおんがくたい」 三越左千夫文；小沢良吉絵 フレーベル館(せかいむかしばなし8) 1985年12月

おんどり(にわとり)
土のなかにうまっていた大きなダイヤをほりだしたおんどり 「イソップものがたり」 ハイジ・ホルダー絵；三田村信行文 偕成社 1983年11月

オンドリ(ニワトリ)
父親がしんでこれから農場で朝のお日さまをよぶしごとをすることになったわかいオンドリ 「ローベルおじさんのどうぶつものがたり」 アーノルド・ローベル作；三木卓訳 文化出版局 1981年5月

おんなのこ
あしたはもうおしょうがつというばんにゆきがふっているというのにまちのとおりをはだしであるいていたマッチうりのおんなのこ 「マッチうりのしょうじょ」 アンデルセン原作；竹崎有斐案；初山滋画 福音館書店 1956年1月

おんなのこ
あめがふってきたのでたくさんのどうぶつたちをじぶんのあかいかさのなかにいれてあげたおんなのこ 「あかいかさ」 ロバート・ブライト作；清水真砂子訳 ほるぷ出版 1975年10月

おんなのこ
あめのひでうちにいるおんなのこ 「あめのひ」 ユリー・シュルヴィッツ作・画；矢川澄子訳 福音館書店(世界傑作絵本シリーズ・アメリカの絵本) 1972年9月

おんなのこ
あるなつのこととてもやさしそうな小さなくもをみつけてともだちになった小さなおんなのこ 「くもとともだちになったおんなのこのおはなし」 ベルトラン・リュイエ作;ミラ・ブータン絵;多田智満子訳 偕成社 1978年7月

おんなのこ
あるひおとうとにのはらにおはながさきはじめたらたくさんつんであげるわねといったおんなのこ 「のはらにおはながさきはじめたら」 シャーロット・ゾロトウ文;ガース・ウィリアムス絵;きやまともこ訳 福武書店 1984年2月

おんなのこ
うちのちかくにおばあちゃんがひとりですんでいるおんなのこ 「おばあちゃんとわたし」 シャーロット・ゾロトウ作;ジェームズ・スチブンソン絵;掛川恭子訳 あかね書房(あかねせかいの本15) 1986年7月

おんなのこ
おかあさんにもうすぐあかちゃんがうまれるおとこのことなかよしのおんなのこ 「あかちゃんがうまれる」 アニュエス・ロザンスチエール文・絵;庄司洋子訳 草土文化 1978年12月

おんなのこ
おかあさんのおたんじょうびにおかあさんのすきなものをあげたくてうさぎさんにてつだってもらったおんなのこ 「うさぎさんてつだってほしいの」 シャーロット・ゾロトウ文;モーリス・センダック絵;小玉知子訳 冨山房 1974年11月

おんなのこ
おじいちゃんのうちへあそびにいったおんなのこ 「おじいちゃん」 ジョン・バーニンガム作;谷川俊太郎訳 ほるぷ出版 1985年8月

おんなのこ
おとうさんもおかあさんもしんでしまっていまはもうゆっくりやすめるへやもあたたかなベッドもないひとりぼっちのおんなのこ 「ほしのぎんかーグリム童話」 シュチェパーン・ザブジェル絵;佐々木元訳 フレーベル館 1983年11月

おんなのこ
きょうからようちえんにいったおんなのこ 「ようちえん」 ヘレン・オクセンバリー作・絵;なかむらくみこ訳 ほるぷ出版(はじめてのえほん4) 1983年12月

おんなのこ
さむいさむいいちがつのあるひのことままははにいいつけられてもりへまつゆきそうをとりにいったおんなのこ 「じゅうにのつき(ロシア民話)」 マルシャーク再話;宮川やすえ訳・文;上野紀子絵 ひさかたチャイルド(ひさかた絵本館9) 1981年12月

おんなのこ
じぶんでかおをあらってようふくをきておとうさんにようちえんまでおくってもらうおんなのこ 「いってきまーす」 アルセア作;ニタ・スーター絵 偕成社 1978年9月

おんなのこ
だいすきなおじいちゃんとおばあちゃんのところへまいしゅうあそびにいくおんなのこ 「おじいちゃんとおばあちゃん」 ヘレン・オクセンバリー作・絵;なかむらくみこ訳 ほるぷ出版(はじめてのえほん7) 1985年3月

おんな

おんなのこ
ちいさなさかながいたいけのそばにたってとりたちにぱんをやっていたおんなのこ 「ちいさなさかな」 ディック・ブルーナ文・絵;石井桃子訳 福音館書店(子どもがはじめてであう絵本) 1964年6月

おんなのこ
とうさんとかあさんをはやくなくしてすむいえもからだをやすめるねどこもなかったちいさなむすめ 「ほしのぎんか」 グリム作;坂本知恵子絵;酒寄進一訳 福武書店 1986年1月

おんなのこ
なんにちもあめのふらないひがつづいたロシアのいなかできのひしゃくをもってみずをさがしにでかけたおんなのこ 「七つのほしのものがたり-ロシア民話より」 西本鶏介文;佐藤忠良絵 フレーベル館(キンダーおはなしえほん傑作選33) 1978年12月

おんなのこ
にわにあったいっぽんのかれきをていれしたらりんごがどっさりなったのでひともどうぶつもみんなよんでりんごまつりをひらいたおんなのこ 「りんごまつりにいらっしゃい」 ルース・オーバック作・絵;厨川圭子訳 偕成社 1981年7月

おんなのこ
のろいのことばでからすになった七にんのにいさんたちをたすけだそうとおもったおんなのこ 「七わのからす-グリム童話」 フェリクス・ホフマン絵;せたていじ訳 福音館書店(世界傑作絵本シリーズ) 1971年4月

おんなのこ
はじめてダンスのおけいこにいったおんなのこ 「ダンスのおけいこ」 ヘレン・オクセンバリー作・絵;なかむらくみこ訳 ほるぷ出版(はじめてのえほん1) 1983年11月

おんなのこ
パパとママがりこんしたおとこのことなかよしのおんなのこ 「ぼくとパパはわかれている-りこんってなんだろう」 アニュエス・ロザンスチエール文・絵;庄司洋子訳 草土文化 1984年4月

おんなのこ
はるのあさにおかあさんとさんぽにでかけたちっちゃいおんなのこ 「いち、に、のさんぽ」 シャーロット・ゾロトウ作;シンディ・ウィーラー絵;三宅興子訳 トモ企画 1983年1月

おんなのこ
ぽつんとふってきたあめとうちまでいっしょにかえったのにひとりでいえのなかへはいってしまったおんなのこ 「おんなのことあめ」 ミレナ・ルケショバー文;ヤン・クドゥラーチェク絵;竹田裕子訳 ほるぷ出版 1977年3月

おんなのこ
ママのおきゃくさまのソープニイさんがいるあいだいいこにしていたおんなのこ 「おきゃくさま」 ヘレン・オクセンバリー作・絵;なかむらくみこ訳 ほるぷ出版(はじめてのえほん8) 1985年3月

おんなのこ
まよなかになるときゅうにちいさくなってそばでねているにんぎょうたちといっしょにそとへあそびにでていくおんなのこ 「まよなかのぼうけん」 フィリップ・デュマ作・絵；山口智子訳 福音館書店（世界傑作絵本シリーズ・フランスの絵本） 1982年2月

おんなのこ
もしも～だったら、どれがいい？ときくおんなのこ 「ねえ、どれがいい？」 ジョン・バーニンガム作；まつかわまゆみ訳 評論社（児童図書館・絵本の部屋） 1983年12月

おんなのこ
もりであったおばあさんにおいしいオートミールがにえるまほうのおなべをもらったおんなのこ 「まほうのおなべ」 ポール・ガルドン再話・絵；田中とき子訳 岩崎書店（えほん・ドリームランド3） 1980年9月

おんなのこ
もりのいずみでみすぼらしいおばあさんのすがたになったせんにょにみずをのませてあげておくりものをしてもらったおんなのこ 「せんにょのおくりもの-ペロー（フランス）のはなし」 小出正吾文；安久利徳絵 コーキ出版（絵本ファンタジア14） 1977年10月

おんなのこ
もりのなかにあったさんびきのくまのいえのなかへはいってみたちいさなおんなのこ 「三びきのくま」 阪田寛夫文；太田大八絵 フレーベル館（せかいむかしばなし5） 1985年9月

おんなのこ
もりのなかのこやになかよくくらしていた3びきのくまがいないあいだにこやにはいりこんだおんなのこ 「3びきのくま-イギリスのはなし」 山室静文；フミ・ハヤシ絵 コーキ出版（絵本ファンタジア11） 1977年4月

おんなのこ
もりへあそびにいってみちにまよってしまいさんぽにでかけていた3びきのくまのいえにはいったおんなのこ 「3びきのくま」 トルストイ作；バスネツォフ絵；おがさわらとよき訳 福音館書店（世界の傑作絵本シリーズ・ソビエトの絵本） 1962年5月

おんなのこ
ゆきがふっている一ねんのいちばんおしまいのひにぼうしもかぶらないではだしであるいていたマッチうりのおんなのこ 「マッチうりのしょうじょ」 アンデルセン原作；馬場正男文；菊池貞雄；浦田又治絵 ポプラ社（オールカラー名作絵本8） 1983年2月

おんなのこ
ゆめのなかでまどのそとをはしっていくきしゃにのってせかいじゅうにいったおんなのこ 「きしゃがはしるよ、まどのそと」 ウェンディ・ケッセルマン文；トニー・チェン絵；八木田宜子訳 ほるぷ出版 1985年4月

おんなの子　おんなのこ
スーパーの冷凍庫のはこのあいだにおっこちていたおにんぎょうのためにあたたかいものをぬってあげたおんなの子 「まいごになったおにんぎょう」 A.アーディゾーニ文；E.アーディゾーニ絵；石井桃子訳 岩波書店（岩波の子どもの本） 1983年11月

おんな

女の子　おんなのこ
あめがふってきたはまべでひとりであめにぬれてあそんだ女の子　「わたしと雨のふたりだけ」　ジョアン・ライダー作;ドナルド・カリック絵;田中とき子訳　岩崎書店(新・創作絵本15)　1980年3月

女の子　おんなのこ
ある日森のおくで道がわからなくなってしまい森の主である小人にひみつのほら穴にはこんでゆかれたちいさな女の子　「いなくなった少女と小人-ガーナ」　ヤオ・ボアチ・ガナッタ文・絵;若林千鶴子訳　蝸牛社(かたつむり文庫)　1984年12月

女の子　おんなのこ
のろいをかけられて七わのからすになってしまったにいさんたちをもとのすがたにもどしてあげようとおもった女の子　「グリム 七わのからす」　リスベート・ツヴェルガー画;池田香代子訳　冨山房　1985年4月

女の子　おんなのこ
はいいろのしまもようのこねこをかっていた4つの女の子　「こねこのおひげちゃん」　マルシャーク文;レーベデフ絵;うちだりさこ訳　岩波書店(岩波の子どもの本)　1978年9月

女の子　おんなのこ
ぶらんこをこいでいたらそらのくもとお日さまと月があたまにおちてきていっしょにのった女の子　「ぶらんこをこいだら…」　フラン・マヌシュキン作;トマス・ディ・グラッジャー絵;松永ふみこ訳　偕成社　1982年6月

女の子　おんなのこ
まいあさわたしはあたらしいものになるのよといってうたをうたうちいちゃな女の子　「わたしは生きてるさくらんぼ-ちいちゃな女の子のうた」　デルモア・シュワルツ文;バーバラ・クーニー絵;白石かずこ訳　ほるぷ出版　1981年4月

女の子　おんなのこ
夏休みにお兄ちゃんとパリからアルザスのおばあちゃんの家へいった女の子　「アルザスのおばあさん」　プーパ・モントフィエ絵・文;末松氷海子訳　西村書店　1986年8月

女の子　おんなのこ
家が火事でやけてしまってかあさんとアパートにひっこした女の子　「かあさんのいす」　ベラ・B.ウィリアムズ作・絵;佐野洋子訳　あかね書房(あかねせかいの本8)　1984年7月

女の子　おんなのこ
綱わたりの少女に恋をした大グマが自分からはいったサーカス団にいた親のない子供で大グマとなかよしになった女の子　「大グマと綱わたりの少女」　ジャン=クロード・ブリスビル文;ダニエル・ブール絵;新庄嘉章訳　集英社　1980年12月

女の子　おんなのこ
耳がきこえない妹がいる女の子　「わたしの妹は耳がきこえません」　ジーン・W.ピーターソン作;デボラ・レイ絵;土井美代子訳　偕成社　1982年11月

女の子　おんなのこ
小さかったころうちにやってきたまっかな目をしたあかちゃんドラゴンといっしょにすごした女の子　「赤い目のドラゴン」　リンドグレーン文;ヴィークランド絵;ヤンソン由実子訳　岩波書店　1986年12月

女の子　おんなのこ
雪がふっていた大みそかの夕方にまちの通りをはだしで歩いていたマッチうりの小さな女の子「マッチうりの少女」アンデルセン作；山室静訳；渡辺藤一絵　小学館（世界のメルヘン絵本6）1978年2月

おんなのひと
ひとよりもとくべつふとっているのがかなしいおんなのひと「おおきくてもちいさくても……」エリザベス・ボルヒェルス文；マリア・エンリカ・アゴスティネリ画；長谷川四郎訳　ほるぷ出版　1979年3月

女のひと　おんなのひと
金曜日の夜したくをして町のフィルハーモニック・ホールの舞台にはいってきたオーケストラのメンバーの105人の男のひとと女のひと「オーケストラの105人」カーラ・カスキン作；マーク・サイモント絵；岩谷時子訳　ジー・シー・プレス　1985年9月

女の人　おんなのひと
小さな女の子だったときに父さんに作ってもらった箱舟をずっと持っていた女の人「私のノアの箱舟」M.B.ゴフスタイン作・絵；落合恵子訳　アテネ書房　1980年6月

【か】

カ
あるあさイグワナにとんでもない大うそをついてイグワナをいらいらさせたカ「どうしてカはみみのそばでぶんぶんいうの？」ヴェルナ・アールデマ文；レオ・ディロン；ダイアン・ディロン絵；八木田宜子訳　ほるぷ出版　1977年10月

か（ぴいぴい）
おひゃくしょうがおっことしたつぼへとんできてはえといっしょにくらしはじめたか「ちいさなお城」A.トルストイ再話；E.ラチョフ絵；宮川やすえ訳　岩崎書店（えほん・ドリームランド14）1982年2月

蚊（ラモック）　か（らもっく）
かにのアリマンゴにしかえしをするために刀をふりまわしてアラヤト山の平和をみだした蚊「アラヤト山の女神-フィリピンの民話」ヴィルヒリオ・S.アルマリオ再話；アルベルト・E.ガモス絵；あおきひさこ訳　ほるぷ出版　1982年11月

かあさん
いくさをおっぱじめた東の国と西の国のあいだにあった谷間でじゃがいもをつくってふたりのむすことくらしていたひとりのかあさん「じゃがいもかあさん」アニータ・ローベル作；今江祥智訳　偕成社　1982年7月

かあさん
家が火事でやけてしまって女の子とアパートにひっこしたかあさん「かあさんのいす」ベラ・B.ウィリアムズ作・絵；佐野洋子訳　あかね書房（あかねせかいの本8）1984年7月

かい

カイ
あるまちのむかいあったいえのやねうらべやにすんでいたとてもなかよしだったふたりのこどものおとこのこ 「ゆきのじょおう-デンマークのはなし」 三田村信行文；高木真知子絵 コーキ出版(絵本ファンタジア45) 1981年12月

カイ
ある大きな町にすんでいたまるでほんとうの兄弟のようになかよしだったふたりのまずしい子どもの男の子 「雪の女王」 ハンス・C.アンデルセン原作；ナオミ・ルイス文；エロール・ル・カイン絵；内海宜子訳 ほるぷ出版 1981年1月

かいぐんたいしょう
かいぐんをやめたあとすみついたしずかな村でどちらがつよいかかしこいかとしょうぶをしはじめたふたりのなだかいかいぐんたいしょう 「だからだれもいなくなった」 デビッド・マッキー作；今江祥智訳 ほるぷ出版 1979年4月

カイサ
小さないえにおばあさんとふたりですんでいるもうじき七さいになるげんきな女の子 「ぴちぴちカイサとクリスマスのひみつ」 リンドグレーン作；ヴィークランド絵；山内清子訳 偕成社 1977年12月

かいじゅう
あるばんマックスがおおかみのぬいぐるみをきてふねにのっていったところにいたかいじゅうたち 「かいじゅうたちのいるところ」 モーリス・センダック作；神宮輝夫訳 冨山房 1975年12月

かいじゅう
あるひもりのなかからでてきたところをたいほされてまちへつれていかれたひをふくかいじゅう 「こころのやさしいかいじゅうくん」 マックス・ベルジュイス作；楠田枝里子訳 ほるぷ出版 1978年5月

かいじゅう
いえからでてきた7ひきのいたずらかいじゅう 「7ひきのいたずらかいじゅう」 モーリス・センダック作；なかがわけんぞう訳 好学社 1980年8月

かいじゅう
うちゅうをとびながらであったほしをかたっぱしからたべてうちゅうせんのレーダーにうつったちきゅうのトミーぼうやをたべようとしたかいじゅう 「おまえをたべちゃうぞーっ！」 トニー・ロス作・絵；神鳥統夫訳 岩崎書店(えほん・ワンダーランド6) 1986年5月

かいじゅう
ちいさなおひめさまをさらっておしろのなかにとじこめたかいじゅう 「かいじゅうなんかこわくない」 デニーズ・トレッツ文；アラン・トレッツ絵；田谷多枝子訳 偕成社 1969年12月

かいじゅう
ルイスのうちのおふろにはいっていたみどりの大きなかいじゅう 「かいじゅうがおふろにいるよ」 キャスリーン・スティーブンス作；レイ・ボーラー絵；各務三郎訳 岩崎書店(えほん・ドリームランド19) 1982年8月

かえる

かいじゅうくん
たくさんのひをふいてまちじゅうにでんきをおくっていたこころのやさしいかいじゅう「ぬすまれたかいじゅうくん」マックス・ベルジュイス作;楠田枝里子訳 ほるぷ出版 1978年8月

かいぞく
心のやさしい発明ずきなかいぞくのおとこのニニコラスを手ばなそうとしなかったなかまのかいぞくたち「ちっちゃなかいぞく」デニス・トレ;アレイン・トレ絵・文;麻生九美訳 評論社(児童図書館・絵本の部屋) 1979年10月

カイツブリ(リューリャ)
むかしせかいが海ばかりでけものも鳥もみんな水の上にすんでいたときしまをつくるために海のそこから土をとってきたもぐりの名人のカイツブリ「ちびっこリューリャ」ビアンキ原作;小沢良吉絵;稲垣敏行文 フレーベル館(世界のお話絵本選集・ソビエト編) 1970年1月

カイト
うたをうたうのがすきなぞうのぼうや「うたのすきなぞう」ギーナ・ルック=ポーケ文;モニカ・レイムグルーバー絵;藤田圭雄訳 ほるぷ出版 1985年2月

かいぶつ
にわでバーナードをペロリとたべてうちのなかへはいっていったかいぶつ「いまは だめ」デイビッド・マッキー文・絵;はらしょう訳 アリス館 1983年3月

かいぶつ
めっぽうあたまのいい男の子ゼドにたいじされた4ひきのかいぶつたち「ゼドとかいぶつのちえくらべ」ペギー・パリッシュ文;ポール・ガルドン絵;谷本誠剛訳 国土社 1981年11月

ガイヤ
とおい昔のオーストラリアで主人のエルジンばあさんにつかわれて人間をつかまえていた悪魔のように大きい山犬ディンゴ「大きな悪魔のディンゴ」ディック・ラウジィ作・絵;白石かずこ訳 集英社 1980年12月

かえる
ある日のことすんでいたいどの水がみんななくなってしまってまだはねる力のあるうちにせかいのはてをみておこうといどのてっぺんにむかってしゅっぱつしたかえる「せかいのはてってどこですか?」アルビン・トレッセルト作;ロジャー・デュボアザン絵;三木卓訳 佑学社 1979年3月

かえる
いけのなかでなかよしだったこざかなをおいておたまじゃくしからかえるになりきしにはいあがっていったかえる「さかなはさかな」レオ・レオニ作;谷川俊太郎訳 好学社 1975年1月

かえる
おうさまをくださいとかみさまにおねがいしてみたぬまのかえるたち「イソップのおはなし」イソップ作;山中恒文;佐藤忠良絵 偕成社(世界おはなし絵本28) 1972年1月

かえる
おうちになりそうなどのあなもほかのどうぶつたちでまんいんでおいだされたかえる「どれがぼくのおうちになるのかな?」ロン・マリス文・絵;はらしょう訳 アリス館 1983年4月

かえる

かえる
おひめさまがもりのいずみにおとしてしまったきんのまりをもってきてくれたかえる 「かえるのおうさま−グリム(ドイツ)のはなし」 前田豊美文;阿部克雄絵 コーキ出版(絵本ファンタジア13) 1977年7月

かえる
しりたがりやのこいぬにいけであたためられてたまごからかえったかえるたち 「しりたがりやのこいぬとたまご」 イバ・ヘルツィーコバー作;ズデネック・ミレル絵;千野栄一訳 偕成社 1976年7月

かえる
つるのひゃくさいのたんじょうびにうさぎときつねといっしょにでかけたのにおそくなったのでごちそうがもらえなかったがまがえる 「がまがえるのちえ−朝鮮の寓話」 チョ・チオ文;チョン・チョル絵;リ・クムオク訳 朝鮮青年社 1976年8月

かえる
とうもろこしどろぼうをつかまえにきたおひゃくしょうさんのむすこたちにいっしょにつれていってくださいといったかえる 「とうもろこしどろぼう−メキシコ民話」 西本鶏介文;武井武雄絵 フレーベル館(キンダーおはなしえほん傑作選17) 1978年2月

かえる
なにがなんでもわによりおおきくなってしかえしをしたいとおもったかえる 「おおきなりすとちいさなさい」 ミッシャ・ダムヤン作;ラルフ・ステッドマン絵;大島かおり訳 佑学社(ヨーロッパ創作絵本シリーズ29) 1979年3月

かえる
ぬまのなかのたまごからうまれてかあさんもとうさんもしらないのでとうさんやかあさんがほしくてたまらないちびっこかえる 「ちびっこかえる」 ツウィフェロフ原作;宮川やすえ訳・文;かみやしん絵 国土社(やっちゃん絵本5) 1983年5月

かえる
まえむきになってあるくちびのざりがにたちといっしょにひなたにでてあるきだしたひきがえる 「ちびのざりがに」 セレスティーノ・ピアッティ;ウルズラ・ピアッティ作・絵;おかもとはまえ訳 佑学社(ヨーロッパ創作絵本シリーズ6) 1978年4月

かえる
みずのなかでさかなにたべられずにながれていった4つのたまごからうまれた4ひきのゆかいなかえるたち 「ゆかいなかえる」 ジュリエット・キープス文・絵;いしいももこ訳 福音館書店(世界傑作絵本シリーズ・アメリカの絵本) 1964年7月

かえる
太陽のけっこんをよろこんだかえるたち 「イソップものがたり」 ハイジ・ホルダー絵;三田村信行文 偕成社 1983年11月

カエル
ウサギのいえのなかにはいっていたながながぼうずといういやーなやつをおどかしておいだしてやったカエル 「ウサギのいえにいるのはだれだ?−アフリカ・マサイ族民話より」 ヴェルナ・アールデマ文;レオ・ディロン;ダイアン・ディロン絵;八木田宜子訳 ほるぷ出版 1980年5月

かえる

カエル
黄金のいっぱいつまったほらあながあるというにじのねもとへ行った3びきのカエル 「ローベルおじさんのどうぶつものがたり」 アーノルド・ローベル作；三木卓訳 文化出版局 1981年5月

蛙　かえる
寝ぼうの蛙 「ルック・アット・ザ・ウィンドウ」 ウィルヘルム・シュローテ作；マリ・クリスチーヌ訳 エイプリル・ミュージック 1978年11月

カエル（アーサー）
まいにちがっこうのいきかえりにみんなとワニのモンティーのせなかにのせてもらって川をわたっていたカエルの男の子 「モンティー」 ジェイムズ・スティーブンソン作；麻生九美訳 評論社（児童図書館・絵本の部屋） 1980年6月

かえる（アントニーナ）
おまつりにあつまってくるどうぶつたちにいいものをもっていくためにあなだらけのボートをなおしたかえる 「すてきなおみやげ」 アッティリオ・カッシネリ絵；カレン・グントルプ作；岸田衿子訳 ひかりのくに（アッティリオとカレンのえほん） 1972年1月

かえる（ウィリー）
どぶねずみギャングにゆうかいされてはつかねずみのティムにたすけてもらったかえる 「ティムといかだのきゅうじょたい」 ジュディ・ブルック作；牧田松子訳 冨山房 1979年8月

かえる（おうじ）
いじわるなようせいにまほうをかけられてかえるにされていたおうじ 「おうじょとかえる」 ベラ・サウスゲイト再話；キャペルディ絵；秋晴二、敷地松二郎訳編 アドアンゲン 1974年6月

カエル（ガップ）
ケイというおとこのこにあみでつかまえられてマーマレードのびんにいれられてしまったカエル 「ガップとケイ」 イルゼ・ロス作；多田裕美訳 図書文化 1978年7月

かえる（がまくん）
かえるくんのともだちのがまがえる 「ふたりはともだち」 アーノルド・ローベル作；三木卓訳 文化出版局 1972年11月

かえる（くわっくわっ）
おひゃくしょうがおっことしたつぼへとんできてはえとかとねずみといっしょにくらしはじめたかえる 「ちいさなお城」 A.トルストイ再話；E.ラチョフ絵；宮川やすえ訳 岩崎書店（えほん・ドリームランド14） 1982年2月

かえる（ジェレミー）
まほうつかいになるべんきょうをしていたトマスという少年のともだちのひきがえる 「きりの中のまほう」 マーガレット・M.キンメル作；トリナ・S.ハイマン絵；三木卓訳 偕成社 1980年8月

かえる（ジェレミー・フィッシャー）
さかなをつりにいっておおきなマスにたべられそうになったかえる 「ジェレミー・フィッシャーどんのおはなし」 ビアトリクス・ポター作・絵；いしいももこ訳 福音館書店（ピーターラビットの絵本17） 1983年6月

かえる

かえる（ジャクソンさん）
いけがきの根もとのほりのなかにすんでいてぬれたからだでねずみのチュウチュウおくさんのいえにはいってくるかえる 「のねずみチュウチュウおくさんのおはなし」ビアトリクス・ポター作・絵；いしいももこ訳　福音館書店（ピーターラビットの絵本8）　1972年5月

カエル（チイおばさん）
こびとのチュルルタン村のそばのカエル沼にすむカエルのおばさん 「こびとの村のカエルじけん」A.シャープトン文；G.ミューラー絵；岸田今日子訳　文化出版局　1984年3月

かえる（フランツ）
動物たちの学校時代の同窓写真にうつったかえる 「ぼくたちを忘れないで」フリーデル・シュミット；ヴァルトラウト・ランケ作；森村桂訳　CBS・ソニー出版　1978年8月

かえる（ホップさん）
オークアプルの森のかえるのおじさん 「かえるのホップさん」ジェニー・パートリッジ作；神宮輝夫訳　ティビーエス・ブリタニカ（オークアプルの森のおはなし3）　1982年7月

かえる（るーた）
おたまじゃくしからかえるになったたまーらがともだちになったわかいおすのとのさまがえる 「おたまじゃくしのたまーら」マイケル・バナード作；吉田新一訳；竹山博絵　福音館書店　1982年6月

かえる（ワシリーサ）
ある王国の3人の王子のいちばんしたのイワン王子がおきさきにしたかえるの皮をかぶったかしこい王女 「かえるの王女−ロシアのむかしばなし」タチャーナ・マーヴリナ作・絵；松谷さやか訳　ほるぷ出版　1984年11月

かえるくん
がまがえるのがまくんのともだちのかえる 「ふたりはともだち」アーノルド・ローベル作；三木卓訳　文化出版局　1972年11月

かえるの王　かえるのおう
きこりのバーテクがのばらのしげみでうごきできなくなったのをたすけてあげたかえるの王 「きこりとあひる」クリスティナ・トゥルスカ作・絵；遠藤育枝訳　佑学社（ヨーロッパ創作絵本シリーズ26）　1979年3月

かえるひめ
王さまのあたらしいお妃のむすめでいじわるでよくばりでヒキガエルそっくりだったおひめさま 「青い小鳥」マリー・ドォルノワ作；ミルコ・ハナーク絵；乾侑美子訳　佑学社（世界の名作童話シリーズ）　1978年2月

がおうがおう
おひゃくしょうがおっことしたつぼへやってきてはえやかやねずみたちといっしょにくらしはじめたおおかみ 「ちいさなお城」A.トルストイ再話；E.ラチョフ絵；宮川やすえ訳　岩崎書店（えほん・ドリームランド14）　1982年2月

かがくしゃ
つきへむかってとびたったうちゅうせんにあんないやくのちいさなコンピューターとのっていた3にんのかがくしゃ 「つきのはなぞの」ラルフ・ステッドマン作；北村順治訳　ほるぷ出版　1979年5月

ガーガメル
森のはずれの一軒家で暮らしている悪い魔法使い 「100人めのスマーフ」 ペヨ作;村松定史訳;小川悦子編 セーラー出版(スマーフ物語6) 1985年10月

ガーガメル
森のはずれの一軒家で暮らしている悪い魔法使い 「オリンピックスマーフ」 ペヨ作;村松定史訳;小川悦子編 セーラー出版(スマーフ物語14) 1986年10月

ガーガメル
森のはずれの一軒家で暮らしている悪い魔法使い 「キングスマーフ」 ペヨ作;村松定史訳;小川悦子編 セーラー出版(スマーフ物語2) 1985年10月

ガーガメル
森のはずれの一軒家で暮らしている悪い魔法使い 「コスモスマーフ」 ペヨ作;村松定史訳;小川悦子編 セーラー出版(スマーフ物語9) 1986年4月

ガーガメル
森のはずれの一軒家で暮らしている悪い魔法使い 「さすらいのスマーフ」 ペヨ作;村松定史訳;小川悦子編 セーラー出版(スマーフ物語8) 1986年4月

ガーガメル
森のはずれの一軒家で暮らしている悪い魔法使い 「スマーフコント集」 ペヨ作;村松定史訳;小川悦子編 セーラー出版(スマーフ物語11) 1986年6月

ガーガメル
森のはずれの一軒家で暮らしている悪い魔法使い 「スマーフシンフォニー」 ペヨ作;村松定史訳;小川悦子編 セーラー出版(スマーフ物語5) 1985年10月

ガーガメル
森のはずれの一軒家で暮らしている悪い魔法使い 「スマーフスープと大男」 ペヨ作;村松定史訳;小川悦子編 セーラー出版(スマーフ物語13) 1986年8月

ガーガメル
森のはずれの一軒家で暮らしている悪い魔法使い 「スマーフと不思議なタマゴ」 ペヨ作;村松定史訳;小川悦子編 セーラー出版(スマーフ物語4) 1985年12月

ガーガメル
森のはずれの一軒家で暮らしている悪い魔法使い 「スマーフ語戦争」 ペヨ作;村松定史訳;小川悦子編 セーラー出版(スマーフ物語12) 1986年8月

ガーガメル
森のはずれの一軒家で暮らしている悪い魔法使い 「ベビースマーフ」 ペヨ作;村松定史訳;小川悦子編 セーラー出版(スマーフ物語15) 1986年10月

ガーガメル
森のはずれの一軒家で暮らしている悪い魔法使い 「怪鳥クラッカラス」 ペヨ作;村松定史訳;小川悦子編 セーラー出版(スマーフ物語7) 1986年2月

ガーガメル
森のはずれの一軒家で暮らしている悪い魔法使い 「見習いスマーフ」 ペヨ作;村松定史訳;小川悦子編 セーラー出版(スマーフ物語10) 1986年6月

かかめ

ガーガメル
森のはずれの一軒家で暮らしている悪い魔法使い 「黒いスマーフ」 ペヨ作;村松定史訳;小川悦子編 セーラー出版(スマーフ物語1) 1985年10月

ガーガメル
森のはずれの一軒家で暮らしている悪い魔法使い 「恋人スマーフェット」 ペヨ作;村松定史訳;小川悦子編 セーラー出版(スマーフ物語3) 1985年10月

カガヤクヒトミ
あにのチギレグモとおかのたんけんにでかけ道にまよってハイイロオオカミのすみかのほらあなにはいりこんだインディアンのむすめ 「オオカミのうた」 ポール・ゴーブル;ドロシー・ゴーブル作;大中弥生子訳 ほるぷ出版 1981年3月

がくしゃねずみ
まちのきょうかいにすんでいたねずみのアーサーといっしょにくらすことになったねずみたちの1ぴき 「ねずみのアーサーとなかまたち」 グレアム・オークリー作・絵;亀山龍樹訳 ポプラ社(世界のほんやくえほん4) 1976年11月

学生　がくせい
食料品屋でページをちぎりとられた古い詩の本を買いとって屋根裏べやで読みふけっていた学生 「小人のすむところ」 H.C.アンデルセン作;イブ・スパング・オルセン絵;木村由利子訳 ほるぷ出版 1984年12月

カクタス
カウボーイのスモールさんがかわいがっているうま 「カウボーイのスモールさん」 ロイス・レンスキー文・絵;わたなべしげお訳 福音館書店(世界傑作絵本シリーズ) 1971年10月

影ぼっこ　かげぼっこ
夜になるとたき火のそばにあらわれてひとのうしろにそっと立ついたずら好きの妖精 「影ぼっこ」 ブレーズ・サンドラール文;マーシャ・ブラウン絵;尾上尚子訳 ほるぷ出版 1983年12月

かささぎ
みっかかんもかくれたままのおひさまをさがすたびにでたひよこたちについていったかささぎ 「そらにかえれたおひさま」 ミラ・ギンズバーグ文;ホセ・アルエーゴ;エーリアン・デューイ絵;さくまゆみこ訳 アリス館 1984年1月

ガザージ氏　がざーじし
森をぬけたところにたつ大邸宅にすんでいた犬が大きらいな魔術師 「魔術師ガザージ氏の庭で」 クリス・バン・オールスバーグ作;辺見まさなお訳 ほるぷ出版 1981年2月

かじや
スコットランドのむらにすみあるひようせいにむすこをつれていかれたかじや 「かじやとようせい―スコットランドの昔話」 三宅忠明再話;荻太郎画 福音館書店 1978年12月

カス
ふしぎなバイオリンをひくパトリックというわかものといっしょにみちをあるいていったおんなのこ 「ふしぎなバイオリン」 クェンティン・ブレイク文・絵;たにかわしゅんたろう訳 岩波書店(岩波の子どもの本) 1976年9月

ガス
めずらしいちょうちょうがいるゴリラのくにのボス 「ティンカーとタンカーアフリカへ」 リチャード・スカーリー作；小野和子訳 評論社(ティンカーとタンカーの絵本6) 1978年11月

ガズ
まほうつかいのメルリックのいとこでふしぎなしまにすんでいるまほうつかい 「まほうつかいとドラゴン」 デイビッド・マッキー文・絵；安西徹雄訳 アリス館牧新社 1981年2月

ガズ
まほうつかいのメルリックのいとこでふしぎなしまにすんでいるまほうつかい 「まほうつかいとペットどろぼう」 デイビッド・マッキー文・絵；安西徹雄訳 アリス館牧新社 1979年8月

ガズ
まほうつかいのメルリックのいとこでふしぎなしまにすんでいるまほうつかい 「まほうをわすれたまほうつかい」 デイビッド・マッキー文・絵；安西徹雄訳 アリス館牧新社 1976年11月

カーステン
キオスクおばさんと友達になった6人の子供たちのひとり 「キオスクおばさんのひみつ」 イブ・スパン・オルセン作；木村由利子訳 文化出版局 1979年1月

カスパー・シュリッヒ
子犬のポシャンとポトムを池にすてたこころのつめたいじいさん 「いたずら子犬ポシャンとポトム」 ヴィルヘルム・ブッシュ文・絵；上田真而子訳 岩波書店 1986年4月

カスパール王子　かすぱーるおうじ
お城にあいさつにやってきてたいへん気位が高くてわがままな王女のゲラルディーネに口ごたえした王子 「砂糖菓子の王子」 フィオナ・ムーディー絵・文；高木あき子訳 西村書店 1986年3月

カスペル
ぼうやのおきにいりのどうけもののちいさなぬいぐるみのにんぎょう 「カスペルとぼうや」 ミヒャエル・エンデ文；ロスビータ・クォードフリーク画；矢川澄子訳 ほるぷ出版 1977年10月

ガズラー
あるところにいたとびきりのおおぐらいのぶちねこでくってもくってもはらいっぱいになったためしがないねこ 「はらぺこガズラー」 ハアコン・ビョルクリット作；掛川恭子訳 ほるぷ出版 1978年6月

かぜ
ちいさなしろいくものただひとりのしりあいだったのにいつもいそがしくしていてちいさなくもをあいてにしてやらなかったかぜ 「ちいさなくも」 ジャン・ルーイ・シュバリエ・ボゼ作；リュト・アンホフ絵；石川晴子；間崎ルリ子訳 ブック・ローン出版 1983年4月

かぜ
道ばたのみぞでぼうしをひろった小さい男の子を「おうい！」ってよんでやってきた三月のかぜの男の人 「三月のかぜ」 イネス・ライス文；ブラディミール・ボブリ絵；神宮輝夫訳 講談社(世界の絵本アメリカ) 1972年3月

かせふ

風ふき男　かぜふきおとこ
都にのりこんできた六人組の一人で鼻息をふっかけて七台の風車を回す男 「天下無敵六人組」グリム作;C.ラポワント絵;宗左近訳　文化出版局　1980年12月

ガ族　がぞく
アフリカの部族の人びと 「絵本アフリカの人びと-26部族のくらし」レオ・ディロン;ダイアン・ディロン絵;マーガレット・マスグローブ文;西江雅之訳　偕成社　1982年1月

カタグ
きびしいほっきょくのだいしぜんのなかでちからづよくいきぬくほっきょくぎつね 「ほっきょくぎつねものがたり」シートン原作;小林清之介文;藤岡奈保子絵　チャイルド本社(チャイルド絵本館・シートン動物記Ⅱ-11)　1986年2月

かたつむり
ゆきのなかでめをさましてはなをくんくんさせたかたつむり 「はなをくんくん」ルース・クラウス文;マーク・サイモント絵;きじまはじめ訳　福音館書店(世界傑作絵本シリーズ・アメリカの絵本)　1967年3月

かたつむり(ショルシ)
動物たちの学校時代の同窓写真にうつったかたつむり 「ぼくたちを忘れないで」フリーデル・シュミット;ヴァルトラウト・ランケ作;森村桂訳　CBS・ソニー出版　1978年8月

かたつむり(ちびかたつむり)
せかいいちおおきなうちがほしいなとおもってうちをどんどんおおきくしておとぎのおしろみたいにしてしまったかたつむり 「せかいいちおおきなうち」レオ・レオニ作;谷川俊太郎訳　好学社　1978年1月

かたつむり(どん)
おもくてじゃまなからからぬけだしてだいすきなきのこをたべにいったかたつむり 「ああよかった」イレナ・ラチェック作・絵;鈴木悦夫文　学習研究社(国際版せかいのえほん13)　1985年1月

かたつむり(まいまいくん)
えかきさんにたのんでじぶんのからにてんてんのもようをかいてもらったかたつむり 「もようをつけたかたつむり」オルガ・プロセンク作・絵;寺村輝夫文　学習研究社(国際版せかいのえほん14)　1984年1月

かたつむり(まいまいくん)
きれいなもようがついているちょうやてんとうむしがうらやましくてじぶんももようがほしいなあとおもったかたつむり 「もようをつけたかたつむり」オルガ・プロセンク作・絵;寺村輝夫文　学習研究社(国際版せかいのえほん5)　1984年1月

カタリンちゃん
なつやすみにいなかのリョーリおばさんとミハーリおじさんとズールさんのところへいったおんなのこ 「カタリンのなつやすみ」ヘルメ・ハイネ作・絵;矢川澄子訳　佑学社(ヨーロッパ創作絵本シリーズ36)　1980年8月

カチェリンカ
ねこがやいたビスケットでなまえがみんなカチェリンカの三人のおんなのこ 「おかしのくに」 タチアーナ・アレクセーブナ・マブリナ文・絵;みやかわやすえ訳 福音館書店(世界傑作絵本シリーズ) 1971年9月

カチューシカおばさん
アンドルーシクのけしつぶクッキーをやくのがとくいなおばさん 「おちゃのおきゃくさま」 マージェリー・クラーク作;モード・ピーターシャム,ミスカ・ピーターシャム絵;渡辺茂男訳 ペンギン社(絵本童話けしつぶクッキーシリーズ) 1984年10月

カチューシカおばさん
ふかふかのはねぶとんとクッキーの上にふりかけるけしつぶ五ポンドのはいった大きなふくろをさげて船にのってアンドルーシクのうちにやってきたおばさん 「けしつぶクッキーとアンドルーシク」 マージェリー・クラーク作;モード・ピーターシャム;ミスカ・ピーターシャム絵;渡辺茂男訳 ペンギン社(絵本童話けしつぶクッキーシリーズ) 1984年10月

がちょう
アンドルーシクのうちにふかふかのはねぶとんのはねをぜんぶかえせといってやってきた大きなみどりいろのがちょう 「けしつぶクッキーとアンドルーシク」 マージェリー・クラーク作;モード・ピーターシャム;ミスカ・ピーターシャム絵;渡辺茂男訳 ペンギン社(絵本童話けしつぶクッキーシリーズ) 1984年10月

がちょう
おんどりといっしょにいえをでてへいのうえとくさちではどっちがいいばしょ?とどうぶつたちにきいてまわったがちょう 「ねぇ、キティおしえてよ」 ミラ・ギンズバーグ作;ロジャー・デュボアザン絵;新井有子訳 ペンギン社 1979年2月

がちょう
そらがおちてきたことをめんどりたちといっしょにおうさまにしらせにいったぐわぐわがちょう 「たいへんたいへん—イギリス昔話」 渡辺茂男訳;長新太絵 福音館書店 1968年4月

がちょう
ねんにいちどのいちの日がせまったよるにバンジョーをひきながらうたうぐうたらラバにおこされたおひゃくしょうのがちょう 「どじだよバンジョーラバ」 ライオネル・ウィルソン文;ハロルド・バースン絵;清水真砂子訳 アリス館牧新社 1979年4月

がちょう
ひとのものをなんでもほしがるとってもばかな一わのがちょう 「ひとまねがちょう」 ステーエフ作;西郷竹彦文;山田三郎絵 偕成社 1966年8月

がちょう
もりのなかでいっしょにジョギングをしていたきつねにばかにされながらきのしたじきになったりしたきつねをなんどもたすけてやったがちょう 「がちょうときつね」 ジャック・ケント作;石沢泰子訳 ペンタン 1985年9月

がちょう(グーシー・ルーシーさん)
そらがおちてきたのをおうさまにしらせにいくといったひよこのひよっこちゃんたちについていってあげたがちょう 「そらがおちる!?どうぶつむらはおおさわぎ」 リチャード・スキャリー作;吉田純子訳 ブック・ローン出版(スキャリーおじさんのどうぶつえほん2) 1979年5月

かちよ

がちょう（ちびさん）
あるばんベッドからとびだしていけにいってきつねにつかまったがちょうのこ「おつきさんどうしたの」E.M.プレストン文；B.クーニー絵；岸田衿子訳　岩波書店（岩波の子どもの本）1979年9月

がちょう（チャールズ）
がちょうのおじょうさんのペチューニアがだいすきなかわむこうのウインディのうじょうのおすがちょう「ペチューニアのクリスマス」ロジャー・デュボアザン作・絵；乾侑美子訳　佑学社（がちょうのペチューニアシリーズ7）　1978年12月

がちょう（ペチューニア）
あらいぐまにだまされていっしょにもりへさんぽにいったがちょう「ペチューニアすきだよ」ロジャー・デュボアザン作・絵；乾侑美子訳　佑学社（がちょうのペチューニアシリーズ4）1978年6月

がちょう（ペチューニア）
かわむこうののうじょうのかなあみのなかにいただいすきなおすがちょうのチャールズをたすけようとしたがちょうのおじょうさん　「ペチューニアのクリスマス」ロジャー・デュボアザン作・絵；乾侑美子訳　佑学社（がちょうのペチューニアシリーズ7）　1978年12月

がちょう（ペチューニア）
じぶんのところにないものばかりほしがってのうじょうのさくのむこうへでていったがちょう「ペチューニアごようじん」ロジャー・デュボアザン作・絵；松岡享子訳　佑学社（がちょうのペチューニアシリーズ2）　1978年11月

がちょう（ペチューニア）
そらをとんでいてくろいくもにまきこまれのうじょうのあるいなかからおおきなとかいまでいってしまったいってしまったがちょう「ペチューニアのだいりょこう」ロジャー・デュボアザン作・絵；松岡享子訳　佑学社（がちょうのペチューニアシリーズ3）　1978年7月

がちょう（ペチューニア）
パンプキンさんのうちのなかからペチューニアのことをうたっているきれいなうたごえをきいたがちょう「ペチューニアのうた」ロジャー・デュボアザン作・絵；乾侑美子訳　佑学社（がちょうのペチューニアシリーズ5）　1978年7月

がちょう（ペチューニア）
パンプキンさんの農場にいためすがちょう「みんなのベロニカ」ロジャー・デュボアザン作・絵；神宮輝夫訳　佑学社（かばのベロニカシリーズ2）　1978年1月

がちょう（ペチューニア）
ほんをもっているのでかしこいんだとおもいこみとくいになってくびがどんどんのびていったがちょう「おばかさんのペチューニア」ロジャー・デュボアザン作・絵；松岡享子訳　佑学社（がちょうのペチューニアシリーズ1）　1978年12月

がちょう（ペチューニア）
川のそこでたからのはこをみつけたといってパンプキン農場の動物たちからおねだりをされたがちょう「ペチューニアのたからもの」ロジャー・デュボアザン作・絵；乾侑美子訳　佑学社（がちょうのペチューニアシリーズ6）　1978年8月

がちょうのたまご(たまご)
おんどりやあひるやざりがにやねこやいぬとりょこうにでかけたがちょうのたまご 「がちょうのたまごのぼうけん」 エバ・ザレンビーナ作;内田莉莎子訳;太田大八画 福音館書店 1985年4月

カッケ
子がものプルッフのきょうだい 「かものプルッフ」 リダ文;ロジャンコフスキー絵;いしいももこ;おおむらゆりこ訳 福音館書店(世界傑作絵本シリーズ23) 1964年12月

かっこう
ことりのケッカのこどもたちといっしょにすのなかにいたおおきなかっこうのこども 「かっこうのこども」 アッティリオ・カッシネリ絵;カレン・グントルプ作;岸田衿子訳 ひかりのくに(アッティリオとカレンのえほん) 1973年1月

ガッシーちゃん
にんぎょうしばいのにんぎょう 「にんぎょうしばい」 エズラ・ジャック・キーツ作・画;木島始訳 偕成社 1977年7月

ガップ
ケイというおとこのこにあみでつかまえられてマーマレードのびんにいれられてしまったカエル 「ガップとケイ」 イルゼ・ロス作;多田裕美訳 図書文化 1978年7月

カッレ(カール)
夏のあいだおじいちゃんの家にあずけられることになってスウェーデンの森の自然を虫めがねで観察した男の子 「ぼくの観察日記」 アストリッド・B.スックスドルフ作・写真;木村由利子訳 偕成社 1983年4月

カティ
ともだちのくまのママヌルスおばさんのびょうきをなおすためにモーブのはなをとりにアンデスのやまにのぼっていったインディオのおんなのこ 「モーブのはなをさがすホピとカティ」 F.クレナル作;アンドリ絵;黒木義典訳;板谷和雄文 ブック・ローン出版(ファランドールえほん13) 1981年1月

カディション
マルチーヌのとなりにすむジュリアンじいさんがかわいがっているろば 「マルチーヌとさびしがりやのろば」 ジルベール・ドラエイ作;マルセル・マルリエ絵;曽我四郎訳 ブック・ローン出版(ファランドールコレクション) 1982年5月

カトリン
けちんぼのおんなのひと 「かなづちスープ」 ユルゲン・ヴルフ作・絵;楠田枝里子訳 佑学社 1979年4月

ガートルード
めずらしいちょうちょうがいるゴリラのくにのボスのむすめ 「ティンカーとタンカーアフリカへ」 リチャード・スカーリー作;小野和子訳 評論社(ティンカーとタンカーの絵本6) 1978年11月

かなす

かなづちさん
雪の中でこごえていたサーカスの男の子をひきとった村の修道院のちょうこく作りをしているブラザー 「天国のサーカスぼうや」 ジョバンニ・ボネット作;ジーノ・ガビオリ絵;えびなひろ文 女子パウロ会 1981年1月

カナリー
パンプキンのうじょうのめうし 「めうしのジャスミン」 ロジャー・デュボアザン作・絵;乾侑美子訳 佑学社 1979年1月

カナリヤ
ロンドンというおおきなまちのなかにあるしあわせどおりのことりやのみせにいたきんいろのカナリヤ 「しあわせどおりのカナリヤ」 チャールズ・キーピング絵・文;よごひろこ訳 らくだ出版 1971年1月

カナリヤ(アイドーター)
かばのビクトールとともだちになったカナリヤ 「かばのビクトール」 ギ・クーンハイエ作;マリー=ジョゼ・サクレ・絵;佐々木元訳 フレーベル館 1982年7月

カニ
あるあらしの日にエビといっしょに海に船出したカニ 「ローベルおじさんのどうぶつものがたり」 アーノルド・ローベル作;三木卓訳 文化出版局 1981年5月

カニ(カーミット)
モンテレー湾の桟橋の鼻さきにあった岩の山のほら穴のなかにひとりでくらしていたわがままでけちなじいさんカニ 「カニのふしぎなおくりもの」 ビル・ピート文・絵;田村隆一訳 岩波書店 1975年7月

がにまた
おひゃくしょうがおっことしたつぼへはしってきてはえやかやねずみたちといっしょにくらしはじめたあんちゃんうさぎ 「ちいさなお城」 A.トルストイ再話;E.ラチョフ絵;宮川やすえ訳 岩崎書店(えほん・ドリームランド14) 1982年2月

かねもち
やねのうえでききみみをたてていたおおどろぼうにうそのはなしをきかせていっぱいくわしてやったかねもち 「だまされたおおどろぼう」 ハロルド・バースン文・絵;清水真砂子訳 アリス館牧新社 1975年12月

かねもちのおくさん(おくさん)
むかしオランダのうみべのまちにおったいちばんのおおがねもちでたいへんよくばりでいばりんぼうだったうつくしいおくさん 「うみからもどってきたゆびわ―オランダのはなし」 植田敏郎文;梶鮎太絵 コーキ出版(絵本ファンタジア1) 1977年9月

かば
かばがだいすきなおとこの子のロバートのあとをついてくるようになったかばたち 「ロバートのふしぎなともだち」 マーガレット・マヒー文;スティーブン・ケロッグ絵;内田莉莎子訳 ほるぷ出版 1978年11月

かば
なにをやってもうまくいかないのでひとやすみすることにしたかばのおとこのこ 「ぼちぼちいこか」 マイク・セイラー作;ロバート・グロスマン絵;今江祥智訳 偕成社 1980年7月

カバ
パウルのうちのまどにながれこんできたナイル川といっしょにはいってきたカバ 「きょうはカバがほしいな」 ヴィルヘルム・シュローテ絵;エリザベス・ボルヒャース文;武井直紀訳 偕成社 1980年3月

カバ
レストランへ行ったくいしんぼのカバ 「ローベルおじさんのどうぶつものがたり」 アーノルド・ローベル作;三木卓訳 文化出版局 1981年5月

かば（アガーテ）
かばのエーゴンのともだちのかわいい女の子のかば 「かばのエーゴンとアガーテ」 J.マーシャル作・画;桂芳樹訳 小学館（世界の創作童話12） 1980年2月

かば（エーゴン）
かばのアガーテのともだちのやさしい男のかば 「かばのエーゴンとアガーテ」 J.マーシャル作・画;桂芳樹訳 小学館（世界の創作童話12） 1980年2月

かば（タンカー）
ともだちのちゃいろうさぎのティンカーとふたりでくるまにのってしごとさがしのたびにでたかば 「やってきたティンカーとタンカー」 リチャード・スカーリー作;小野和子訳 評論社（児童図書館・絵本の部屋） 1975年12月

かば（タンカー）
なかよしのうさぎのティンカーとふたりでアフリカへめずらしいちょうちょうをさがしにいったかば 「ティンカーとタンカーアフリカへ」 リチャード・スカーリー作;小野和子訳 評論社（ティンカーとタンカーの絵本6） 1978年11月

かば（タンカー）
なかよしのうさぎのティンカーとふたりでうちゅうせんをつくってつきりょこうをすることにしたかば 「ティンカーとタンカーのうちゅうせん」 リチャード・スカーリー作;小野和子訳 評論社（ティンカーとタンカーの絵本3） 1975年12月

かば（タンカー）
なかよしのうさぎのティンカーとふたり王女のけっこんしきにしょうたいされて円卓のくにへいったかば 「ティンカーとタンカーえんたくのくにへ」 リチャード・スカーリー作;小野和子訳 評論社（ティンカーとタンカーの絵本4） 1978年11月

かば（タンカー）
なかよしのちゃいろうさぎのティンカーとふたりでせいぶへたびをしたかば 「ティンカーとタンカーせいぶをゆく」 リチャード・スカーリー作;小野和子訳 評論社（ティンカーとタンカーの絵本2） 1975年12月

かば（ビクトール）
アフリカのジャングルでうまれたかばでからだにちっちゃなはねがありそらをとぶことができるかば 「かばのビクトール」 ギ・クーンハイエ作;マリー=ジョゼ・サクレ・絵;佐々木元訳 フレーベル館 1982年7月

かば（ヒッポ）
あるひおかあさんのそばをはなれていってわににしっぽをかみつかれたかばのこども 「ちいさなヒッポ」 マーシャ・ブラウン作;内田莉莎子訳 偕成社 1984年1月

かは

かば(ヒルダさん)
おおきなからだのかば「ディンゴはじどうしゃがだいすき」リチャード・スキャリー作;國眼隆一訳 ブックローン出版(スキャリーおじさんのどうぶつえほん13) 1982年5月

かば(ヒルダさん)
おおきなからだのかば「ゆかいなゆかいなあわてんぼう」リチャード・スキャリー作;國眼隆一訳 ブックローン出版(スキャリーおじさんのどうぶつえほん7) 1980年1月

かば(ヒルダさん)
ビジーランドこくのおしろのりょうりにんのかば「ペザントくんのかいじゅうたいじ」リチャード・スキャリー作;國眼隆一訳 ブック・ローン出版(スキャリーおじさんのどうぶつえほん9) 1984年8月

カバ(フリネック)
ちゃいろがわのカバむらでたのしくくらしていたのにあるひみっともないすがたのカバにうまれたことがいやになったちびでぶカバくん「ちびでぶカバくん」リブシェ・パレチコバー作;ヨゼフ・パレチェック絵;千野栄一訳 フレーベル館 1981年9月

かば(ベロニカ)
アップルグリーンさんのトラックからにげだしてきたこねこのキャンディとなかよしになったパンプキンさんののうじょうのかば「ベロニカとバースデープレゼント」ロジャー・デュボアザン作・絵;神宮輝夫訳 佑学社(かばのベロニカシリーズ5) 1979年5月

かば(ベロニカ)
あるひにんげんたちがジャングルにやってきてクレーンでつりあげられきせんにのせられてアメリカにやってきたかば「ひとりぼっちのベロニカ」ロジャー・デュボアザン作・絵;神宮輝夫訳 佑学社(かばのベロニカシリーズ3) 1978年11月

かば(ベロニカ)
きつねにおいかけられたうさぎやいたちにねらわれたきじのひなどりたちやみんなをたすけてやったパンプキンのうじょうのかば「ベロニカはにんきもの」ロジャー・デュボアザン作・絵;神宮輝夫訳 佑学社(かばのベロニカシリーズ4) 1979年4月

かば(ベロニカ)
パンプキンさんの農場にやってきたかば「みんなのベロニカ」ロジャー・デュボアザン作・絵;神宮輝夫訳 佑学社(かばのベロニカシリーズ2) 1978年1月

かば(ベロニカ)
みんなとちがうめだつかばになりたくてまちへいきやおやさんのやさいをぜんぶたべてろうやにいれられたかば「かばのベロニカ」ロジャー・デュボアザン作・絵;神宮輝夫訳 佑学社 1978年12月

かば(ホレーショ)
ジャングルの川をでてまちへいきピアニストのピゼッティさんといっしょにえんそうしてにんきものになったかば「まちへいったかばのホレーショ」マイケル・フォアマン作・絵;竹村美智子訳 佑学社(ヨーロッパ創作絵本シリーズ3) 1978年3月

かば（マダム・ヒッポ）
アフリカの真ん中にある小さな村のまわりを流れていた川の水を飲み干してしまったという大きなカバ 「ヌング少年とマダムヒッポのお話」 バベット・コール作；兼高かおる訳　CBS・ソニー出版　1979年4月

ガブガブ
ドリトル先生のおとものぶた 「ドリトル先生とかいぞく」 ヒュー・ロフティング；アル・パーキンス作；フィリップ・ウェンド絵；滑川道夫文　日本パブリッシング（ビギナーブックシリーズ）1969年1月

ガブラ
いぬのタウザーをおいかけてきたいぬつつきがすきなかいぶつ 「タウザーのかいぶつたいじ」 トニー・ロス作；山脇恭訳　ペンタン（タウザーの本）1985年10月

ガブリエリザちゃん
ショクブツがくしゃのホワイトはかせにつかまえられてけんきゅうしつにうえかえられたおにくがこうぶつのショクチュウショクブツ 「ガブリエリザちゃん」 H.A.レイ作；今江祥智訳　文化出版局　1982年11月

カプリス
ぼうけんずきのファンファン少年の友だちのねこ 「ファンファンとこうのとり」 ピエール・プロブスト文・絵；那須辰造訳　講談社（世界の絵本フランス）1971年5月

カプリス
ぼうけんずきのファンファン少年の友だちのねこ 「ファンファンとみどりのさる」 ピエール・プロブスト文・絵；那須辰造訳　講談社（世界の絵本フランス）1971年3月

カプリス
ぼうけんずきのファンファン少年の友だちのねこ 「ファンファンとやぎ」 ピエール・プロブスト文・絵；那須辰造訳　講談社（世界の絵本フランス）1971年6月

カプリス
ぼうけんずきのファンファン少年の友だちのねこ 「ファンファンとやまかじ」 ピエール・プロブスト文・絵；那須辰造訳　講談社（世界の絵本フランス）1971年7月

カプリス
ぼうけんずきの少年ファンファンの友だちのねこ 「ファンファンとおおかみ」 ピエール・プロブスト文・絵；那須辰造訳　講談社（世界の絵本フランス）1971年8月

カプリス
ぼうけんずきの少年ファンファンの友だちのねこ 「ファンファンとふね」 ピエール・プロブスト文・絵；那須辰造訳　講談社（世界の絵本フランス）1971年3月

ガブリーロ
3人兄弟のすえのむすこのイワンの兄さん 「せむしの小馬」 エルショフ作；コチェルギン絵；福井研介訳　新読書社（ソビエトの子どもの本）1986年11月

カボ
ななし山のいちばん高くまでのぼり美というおくりものをもってかえってきたジュバ族のわかもの「三つめのおくりもの」ジャン・カルー文;レオ・ディロン;ダイアン・ディロン絵;山口房子訳 ほるぷ出版 1984年10月

がまがえる（かえる）
つるのひゃくさいのたんじょうびにうさぎときつねといっしょにでかけたのにおそくなったのでごちそうがもらえなかったがまがえる「がまがえるのちえ-朝鮮の寓話」チョ・チオ文;チョン・チョル絵;リ・クムオク訳 朝鮮青年社 1976年8月

がまくん
かえるくんのともだちのがまがえる「ふたりはともだち」アーノルド・ローベル作;三木卓訳 文化出版局 1972年11月

かみさま
この世でにんげんがかってなことをするようになったので洪水をおこしてにんげんをほろぼしてしまおうとおもったかみさま「ノアのはこぶね」オーウィック・ハットン文・絵;岩崎京子訳 偕成社 1982年4月

かみさま
だれでもがおもいおすがたをみたいとねがうかみさま「かみさまのほん」フローレンス・メアリ・フィッチ作;レオナード・ワイスガード絵;たにかわしゅんたろう訳 福音館書店（世界傑作絵本シリーズ・アメリカの絵本）1969年11月

かみさま
なんにもなかったところにいろいろなどうぶつたちをつくりあだむというおとこのこといぶというおんなのこをおつくりになったかみさま「にんげんがうまれたころのおはなし」リスル・ウェイル作;村松加代子訳 ほるぷ出版 1979年3月

カーミット
モンテレー湾の桟橋の鼻さきにあった岩の山のほら穴のなかにひとりでくらしていたわがままでけちなじいさんカニ「カニのふしぎなおくりもの」ビル・ピート文・絵;田村隆一訳 岩波書店 1975年7月

カムサ王　かむさおう
インドのマドラという国をおさめていた暴君「クリシュナ物語」パンドパダヤイ・ラマナンダ文・絵;若林千鶴子訳 蝸牛社（かたつむり文庫）1984年12月

カムトサン
ずるくておくびょうでけちんぼうなことで有名な大臣「メイゼルとシュリメイゼル-運をつかさどる妖精たちの話」アイザック・B.シンガー文;マーゴット・ツェマック画;木庭茂夫訳 冨山房 1976年11月

ガムドロップ号　がむどろっぷごう
イギリスのある町にすむビルおじさんのゆうめいなクラシックカー「ガムドロップ号」バル・ビロ絵・文;久米穣訳 講談社（世界の絵本イギリス）1971年8月

かめ
あるばんそらへいってみようとけっしんしてあるきはじめたとってもしりたがりやのかめ 「かめのこうらにはなぜひびがあるの-ブラジルのはなし」 石堂清倫文;赤星亮衛絵 コーキ出版(絵本ファンタジア3) 1977年8月

かめ
あるひちいさないけからにわにさんぽにでてとなりのいたずらこねことであったかめ 「いたずらこねこ」 バーナディン・クック文;レミイ・シャーリップ絵;まさきるりこ訳 福音館書店(世界傑作絵本シリーズ・アメリカの絵本) 1964年11月

かめ
うさぎとかけっこをしてみることになったかめ 「うさぎとかめ-イソップ寓話より」 ポール・ガルドン絵;木島始訳 佑学社(ポール・ガルドン昔話シリーズ) 1980年4月

かめ
うさぎとかけっこをしてやすまずあるきつづけたのでひとやすみしてねこんでしまったうさぎにかったかめ 「うさぎとかめ」 ラ・フォンテーヌ文;ブライアン・ワイルドスミス絵;わたなべしげお訳 らくだ出版 1983年2月

かめ
うさぎときょうそうしたかめ 「イソップものがたり」 ハイジ・ホルダー絵;三田村信行文 偕成社 1983年11月

かめ
かめたちがなかよくくらすちいさなしまへあがってきておよげることをじまんしたうみがめ 「そらをとんだかめ」 ユルク・フラー文・絵;尾崎賢治訳 アリス館牧新社 1976年9月

かめ
きれいないろになりたくてしろくまとくじらとわにといっしょにきれいなどうぶつたちのいるくにへたびにでたかめ 「どうぶつたちのおめしかえ」 パスカル・アラモン作;矢川澄子訳 福武書店 1982年3月

かめ
つるのたんじょうびにごちそうがなくなってからやってきたがまがえるとうさぎときつねにおもちをひときれだしたかめ 「がまがえるのちえ-朝鮮の寓話」 チョ・チオ文;チョン・チョル絵;リ・クムオク訳 朝鮮青年社 1976年8月

かめ
ともだちのこぐまのぺちたちといっしょにマリーごうという船をつくってせかいいっしゅうのたびにでたかめ 「かめじまのぺち」 カルラ・ハンセン;ウィルヘルム・ハンセン原作;水木しげる訳 フレーベル館(こぐまのぺちの絵本6) 1972年8月

かめ
ともだちのこぐまのぺちたちといっしょにマリーごうという船をつくってせかいいっしゅうのたびにでたかめ 「くまのおうじょ」 カルラ・ハンセン;ウィルヘルム・ハンセン原作;水木しげる訳 フレーベル館(こぐまのぺちの絵本2) 1972年8月

かめ

かめ
ともだちのこぐまのぺちたちといっしょにマリーごうという船をつくってせかいいっしゅうのたびにでたかめ「すずきのおやこ」カルラ・ハンセン；ウィルヘルム・ハンセン原作；水木しげる訳　フレーベル館（こぐまのぺちの絵本3）1972年8月

かめ
ともだちのこぐまのぺちたちといっしょにマリーごうという船をつくってせかいいっしゅうのたびにでたかめ「とざんかぺち」カルラ・ハンセン；ウィルヘルム・ハンセン原作；水木しげる訳　フレーベル館（こぐまのぺちの絵本8）1972年8月

かめ
ともだちのこぐまのぺちたちといっしょにマリーごうという船をつくってせかいいっしゅうのたびにでたかめ「ぺちとぴらみっど」カルラ・ハンセン；ウィルヘルム・ハンセン原作；水木しげる訳　フレーベル館（こぐまのぺちの絵本5）1972年8月

かめ
ともだちのこぐまのぺちたちといっしょにマリーごうという船をつくってせかいいっしゅうのたびにでたかめ「ぺちのほっきょくたんけん」カルラ・ハンセン；ウィルヘルム・ハンセン原作；水木しげる訳　フレーベル館（こぐまのぺちの絵本7）1972年8月

かめ
ともだちのこぐまのぺちたちといっしょにマリーごうという船をつくってせかいいっしゅうのたびにでたかめ「まりーごうのしんすい」カルラ・ハンセン；ウィルヘルム・ハンセン原作；水木しげる訳　フレーベル館（こぐまのぺちの絵本1）1972年8月

かめ
ともだちのこぐまのぺちたちといっしょにマリーごうという船をつくってせかいいっしゅうのたびにでたかめ「ゆめのくにへいく」カルラ・ハンセン；ウィルヘルム・ハンセン原作；水木しげる訳　フレーベル館（こぐまのぺちの絵本4）1972年8月

かめ
ひろいうみのうえにぽつんとあるちいさなしまにくらしていてうみのなかをおよげたらいいなとおもっていたかめたち「そらをとんだかめ」ユルク・フラー文・絵；尾崎賢治訳　アリス館牧新社　1976年9月

かめ（クレオパトラ）
丘の上からソリすべりをしてワニのクロムウェルとベオウルフが丘の下においた大きななべにいれられそうになっためすのかめ「かめのスープはおいしいぞ」アンドレ・オデール文；トミー・ウンゲラー絵；池内紀訳　ほるぷ出版　1985年5月

かめ（シーコ）
動物たちの学校時代の同窓写真にうつったかめ「ぼくたちを忘れないで」フリーデル・シュミット；ヴァルトラウト・ランケ作；森村桂訳　CBS・ソニー出版　1978年8月

かめ（シャルロット）
きつねのパンクラスとかけっこをすることになったかめ「かめのシャルロット」アラン・グレ文；ルイ・カン絵；しょうじかずこ訳　DEMPAペンタン（ナターンのもりのなかまたち6）1986年4月

カメ(トーマス)
トラのジュリアスたちとみんなでジャングルをでてりょこうをしてさばくのオアシスまでいったカメ 「しんせつなラクダのハンフリー」 ダイアン・エルソン文・絵;河津千代訳 アリス館牧新社 1975年12月

かめ(トランキラ)
いだいなどうぶつの王さまレオ28世のけっこんしきにひるもよるもあるきつづけていったかめ 「がんばりやのかめトランキラ」 ミヒャエル・エンデ文;マリー=ルイーゼ・ブリッケン絵;虎頭恵美子訳 ほるぷ出版 1979年3月

カメレオン
それぞれじぶんのいろがあるほかのどうぶつたちのようにじぶんのいろをもちたいとおもいずうっとはっぱのうえでくらそうとおもったカメレオン 「じぶんだけのいろ」 レオ=レオニ作;谷川俊太郎訳 好学社 1975年1月

カメレオン(クロード)
スコットランドからきたたんけんかをだますためにタータンチェックのもようにへんしんしてもとにもどれなくなってしまったカメレオン 「いたずらクロードのへんしん」 エドワード・マクラクラン文・絵;谷本誠剛訳 国土社 1980年9月

かも
あきにきつねにつばさをおられたのでなかまといっしょにとんでいけなかったかも 「かもときつね」 ビアンキ作;内田莉莎子訳;山田三郎画 福音館書店 1962年4月

かも
いけがすっかりかわいてしまってみずのあるいけをめざしてあるきだしたかあさんがもと10わのこがも 「こがものだいりょこう」 シートン原作;小林清之介文;藤岡奈保子絵 チャイルド本社(チャイルド絵本館・シートン動物記6) 1984年9月

かも
ことりとわるぐちごっこをはじめたかも 「ピーターとおおかみ-セルゲイ・プロコフィエフの音楽童話より」 エルナ・フォークト絵;山本太郎訳 佑学社 1984年7月

かも
レノアというおんなのこがなかよしになったこうえんのかもたち 「かもさんどんぐりとシチューをおあがり」 ルース・オーバック作・絵;厨川圭子訳 偕成社 1978年12月

カモ
おおきなモミの木のてっぺんにあったからっぽのワシの巣でたまごをうむことにしたかあさんガモ 「カモのかあさん」 ルド・モリッツ作;ダグマル・チェルナー絵;長田京子訳 佑学社(チェコスロバキアの創作絵本シリーズ5) 1978年11月

カモ
ヒタキにじぶんのくちばしのじまんをしたとり 「くちばし」 ビアンキ作;田中かな子訳;薮内正幸絵 福音館書店 1965年10月

カモ
まいごのひよこをみんなでさがしたかあさんガモ 「さがしてさがしてみんなでさがして」 ナンシー・タフリ作;とうまゆか訳 福武書店 1986年1月

かも

かも(カッケ)
子がものプルッフのきょうだい 「かものプルッフ」 リダ文；ロジャンコフスキー絵；いしいももこ；おおむらゆりこ訳 福音館書店(世界傑作絵本シリーズ23) 1964年12月

かも(カンカン)
子がものプルッフのきょうだい 「かものプルッフ」 リダ文；ロジャンコフスキー絵；いしいももこ；おおむらゆりこ訳 福音館書店(世界傑作絵本シリーズ23) 1964年12月

かも(クイユー)
子がものプルッフのきょうだい 「かものプルッフ」 リダ文；ロジャンコフスキー絵；いしいももこ；おおむらゆりこ訳 福音館書店(世界傑作絵本シリーズ23) 1964年12月

かも(クロップ)
子がものプルッフのきょうだい 「かものプルッフ」 リダ文；ロジャンコフスキー絵；いしいももこ；おおむらゆりこ訳 福音館書店(世界傑作絵本シリーズ23) 1964年12月

かも(プルッフ)
かあさんがものプルメットに生まれた八わの子がもたちの一わ 「かものプルッフ」 リダ文；ロジャンコフスキー絵；いしいももこ；おおむらゆりこ訳 福音館書店(世界傑作絵本シリーズ23) 1964年12月

かも(フレーシュ)
子がものプルッフのきょうだい 「かものプルッフ」 リダ文；ロジャンコフスキー絵；いしいももこ；おおむらゆりこ訳 福音館書店(世界傑作絵本シリーズ23) 1964年12月

かも(ベジョーヌ)
子がものプルッフのきょうだい 「かものプルッフ」 リダ文；ロジャンコフスキー絵；いしいももこ；おおむらゆりこ訳 福音館書店(世界傑作絵本シリーズ23) 1964年12月

かも(ヘレネ)
すごいくちばしやつのやつばさやあしをもったどうぶつになったゆめをみた子がも 「もしもかいぶつになれたら」 S.バウアークラムス作・画；森下研訳 小学館(世界の創作童話19) 1982年8月

かも(マラードさん)
すをつくるばしょをさがしておくさんといっしょにボストンのまちのすてきないけがあるこうえんにまいおりたかも 「かもさんおとおり」 ロバート・マックロスキー文・絵；わたなべしげお訳 福音館書店 1965年5月

かも(ロック)
みぎあしとひだりあしのおおきさがちがうのでみずのなかでぐるぐるおよぐことしかできなくてみんなからわらわれていたこがも 「かものこぐるぐる」 ブライアン・ワイルドスミス作・絵；すぎやまじゅんこ訳 らくだ出版(オックスフォードえほんシリーズ25) 1976年5月

かもしか
世の中を見てみたいとおもって旅に出たお針子のアソリーナが森の中のおばあさんの家であった悲しい目をしたかもしか 「水晶の箱-みたがりやのアソリーナ」 アデラ・トゥーリン文；ネッラ・ボスニア絵；岸田今日子訳 文化出版局 1982年6月

かもつたち
まっ黒いじょうききかんしゃにひかれてぎょうれつしてはしっていったいろんないろのかもつたち 「はしれ！かもつたちのぎょうれつ」 ドナルド・クリューズ作；たむらりゅういち文　評論社（児童図書館・絵本の部屋）　1980年7月

かもめ
ひろいうみのうえにぽつんとあるちいさなしまでかめたちとたのしくくらしていたかもめたち 「そらをとんだかめ」 ユルク・フラー文・絵；尾崎賢治訳　アリス館牧新社　1976年9月

カモメ（マルタ）
空からうつくしい島におちてきたオッコー・トロイミエという男の子に魔法の国をみせてくれた魔法のカモメ 「オッコーと魔法のカモメ」 ベッティーナ・アンゾルゲ作；とおやまあきこ訳　福武書店　1984年5月

火よう日の精　かようびのせい
火よう日のあさこうえんのベンチにひとりさみしそうにぽつんとこしかけていたおばあさんののとなりにまいおりた火よう日の精 「火よう日のおはなし」 デイジー・ムラースコバー作；千野栄一訳　偕成社　1981年7月

がらがらどん
やまのくさばでふとろうとやまへのぼっていくとちゅうにたにがわのはしでおおきなトロルにたべられそうになった三びきのやぎ 「三びきのやぎのがらがらどん-北欧民話」 マーシャ・ブラウン絵；せたていじ訳　福音館書店　1965年7月

ガラゴロン
たったひとりで森の中にすんでいた首の長いきょうりゅうニョロロンがはじめてみたほかのきょうりゅうでかみなりみたいな足音のきょうりゅう 「ニョロロンとガラゴロン」 ヘレン・ピアス作；マイケル・フォアマン絵；河野一郎訳　講談社（講談社の翻訳絵本）　1984年10月

からす
おんなのこのにいさんたちがのろいのことばでなった七わのからす 「七わのからす-グリム童話」 フェリクス・ホフマン絵；せたていじ訳　福音館書店（世界傑作絵本シリーズ）　1971年4月

からす
とりの王さまのたいかんしきの日においわいのあいさつをすることになりほかのとりたちのはねをぬすんできかざっていったからす 「はねはねはれのはねかざり」 ミッシャ・ダムヤン作；スージー・ボーダル絵；中山知子訳　佑学社（ヨーロッパ創作絵本シリーズ12）　1978年7

からす
女の子の七人のにいさんたちがのろいをかけられてなってしまったからす 「グリム 七わのからす」 リスベート・ツヴェルガー画；池田香代子訳　冨山房　1985年4月

からす
毎月あつまって会議をひらいているのに意見がまとまらないからすたち 「鳥のうたにみみをすませば」 オタ・ヤネチェック絵；フランチシェック・ネピル文；金山美莎子訳　佑学社（おはなし画集シリーズ4）　1980年9月

からす

カラス
いちばんいいものを身につけて町へ行くとちゅうのクマに流行のせんたんを教えたカラス 「ローベルおじさんのどうぶつものがたり」 アーノルド・ローベル作；三木卓訳 文化出版局 1981年5月

カラス
つめたいこおりにおおわれたほっきょくにゆきごやをたててすみしろくまやおおかみをだましていたりこうなカラス 「りこうなカラス」 赤松倭久子文；バラ・ヘインゾバー絵 岩崎書店 (世界の絵本5) 1976年1月

カラス
冬の森の雪の原っぱにあらわれたカラス 「森は生きている 12月のものがたり」 マルシャーク作；エリョーミナ絵；斎藤公子編 青木書店 (斎藤公子の保育絵本) 1986年12月

からす (クロウ)
ひこうきにのっていぬのディンゴとレースをしたからす 「ディンゴはじどうしゃがだいすき」 リチャード・スキャリー作；國眼隆一訳 ブックローン出版 (スキャリーおじさんのどうぶつえほん13) 1982年5月

からす (クロウ)
ひこうきにのっていぬのディンゴとレースをしたからす 「ゆかいなゆかいなあわてんぼう」 リチャード・スキャリー作；國眼隆一訳 ブックローン出版 (スキャリーおじさんのどうぶつえほん7) 1980年1月

カラス (ジャック)
ゆめのなかでジョンというおとこの子になってジョンのへやでボートをつくってへやに水道の水をいっぱいだしておぼれそうになったカラス 「カラスのジャック」 ディーター・シューベルト作；田村隆一訳 ほるぷ出版 1985年9月

カラス (ハンス)
フリッツという男の子がつかまえて家にもってかえったいたずらものの子ガラス 「いたずらカラスのハンス」 ヴィルヘルム・ブッシュ文・絵；上田真而子訳 岩波書店 1986年4月

からす (ハンツ)
ブルーノがかっているからす 「こづつみになってたびをしたブルーノのはなし」 アーヒム・ブローガー作；ギーゼラ・カーロウ絵；与田静訳 偕成社 1982年2月

カラス (ミヤマガラス)
まいとしおなじ木にむれをなしていきるミヤマガラス 「カラスの四季」 デボラ・キング作・絵；串田孫一訳 佑学社 (ヨーロッパ創作絵本シリーズ40) 1981年5月

カラス (リヒャルト)
自分の力をためす冒険の旅にでて世界でいちばん強いカラスになったカラス 「カラスのリヒャルト」 ヘルメ・ハイネ作；北杜夫訳 CBS・ソニー出版 1979年4月

カラバ
びんぼうなこなやのおとうさんがしんでねこをわけてもらった三にんのむすこのすえっこ 「ながぐつをはいたねこ」 石部虎二画；新谷峰子文 ひかりのくに (世界名作えほん全集13) 1966年1月

からばこうしゃく
まずしいこなひきのおとうさんがなくなってねこいっぴきだけがのこされたさんにんきょうだいのおとうと、からばこうしゃくはねこがしゅじんにつけたなまえ 「ながぐつをはいたねこ」 香山美子文；佐野洋子絵　ひさかたチャイルド（ひさかた絵本館7）　1981年10月

カラバこうしゃく
あるこなひきがしんでざいさんとしてねこしかもらえなかった一番下の弟、カラバこうしゃくはねこがかってにしゅじんにつけた名前　「長ぐつをはいたねこ」　ペロー作；榊原晃三訳；村上勉絵　小学館（世界のメルヘン絵本2）　1978年1月

カラバこうしゃく
こなひきがしんでねこいっぴきをざいさんとしてもらったいちばんしたのむすこ、カラバこうしゃくはねこがむすこにつけたなまえ 「ながぐつをはいたねこ」 ペロー原作；三木卓文；井上洋介絵　世界出版社（ABCブック）　1969年12月

カラバこうしゃく
こなやの3にんむすこのいちばんしたのむすこでいさんとしてねこをもらったわかもの、カラバこうしゃくはねこがしゅじんをよんだなまえ 「ながぐつをはいたねこ」 ポール・ガルドン作；寺岡襄訳　ほるぷ出版　1978年10月

カラバこうしゃく
こなやのおじさんがしんでねこ一ぴきをのこされた三ばんめのすえっこむすこ、カラバこうしゃくはねこがしゅじんにつけたかったなまえ 「ながぐつをはいたねこ」 稗田宰子文；赤坂三好絵　フレーベル館（せかいむかしばなし9）　1986年1月

カラバこうしゃく
こなやのおとうさんがしんだときにねこ1ぴきしかもらえなかった3ばんめのむすこ、カラバこうしゃくはねこがしゅじんにつけたなまえ 「ながぐつをはいたねこ-フランスのはなし」 一色義子文；村田恵理子絵　コーキ出版（絵本ファンタジア49）　1982年10月

カラバこうしゃく
こなやのおとうさんがなくなってねこいっぴきだけがのこったさんにんむすこのいちばんしたのわかもの、カラバこうしゃくはねこがしゅじんをよんだなまえ 「ながぐつをはいたねこ」 ペロー作；高橋克雄写真・文　小学館（メルヘンおはなし絵本8）　1983年7月

カラバこうしゃく
びんぼうなこなひきのおとうさんがしんだときにねこをもらったすえのむすこ、カラバこうしゃくはねこがしゅじんにつけたなまえ 「ながぐつをはいたねこ」 ペロー作；辻昶文；三好碩也絵　偕成社（世界おはなし絵本17）　1972年10月

カラバ侯爵　からばこうしゃく
粉屋がしぬとネコいっぴきだけをのこされた3人のむすこのすえっ子、「カラバ侯爵」はネコがすえっ子をよぶことにした名前 「ながぐつをはいたネコ」 ヤン・ピアンコフスキー絵；内海宜子訳　ほるぷ出版（ふぇありぃ・ぶっく）　1985年11月

カラバスこうしゃく
びんぼうなこなやがしんだときにねこ一ぴきをもらった三ばんめのむすこ、カラバスこうしゃくはねこがしゅじんにつけたなまえ 「ながぐつをはいたねこ」 ベラ・サウスゲイト再話；エリック・ウインター絵；秋晴二；敷地松二郎訳編　アドアンゲン　1974年6月

からは

カラバ伯爵　からばはくしゃく
粉屋が死んでいさんのおすネコ1ぴきをわけられた3にんむすこの末っ子、カラバ伯爵はネコが主人をよんだ名前 「長ぐつをはいたねこ」 ハンス・フィッシャー文・絵；矢川澄子訳 福音館書店(世界傑作絵本シリーズ・スイスの絵本)　1980年5月

ガラバンきょう
おくびょうないくさうまクライドのしゅじんのゆうかんなわかいきし 「こしぬけうまのだいかつやく」 ビル・ピート作・絵；山下明生訳　佼成出版社(ピートの絵本シリーズ8)　1982年4月

カーリー
森のどうぶつたちのくつをなおしてやっているちいさな茶ねずみ 「靴屋のカーリーとハッピー・リターン号」 マーガレット・テンペスト作；寺岡恂訳　ほるぷ出版　1982年10月

カーリー
森のどうぶつたちのくつをなおしてやっているちいさな茶ねずみ 「靴屋のカーリーとロビン夫妻」 マーガレット・テンペスト作；寺岡恂訳　ほるぷ出版　1982年10月

カーリー
森のどうぶつたちのくつをなおしてやっているちいさな茶ねずみ 「靴屋のカーリーと大雪の日」 マーガレット・テンペスト作；寺岡恂訳　ほるぷ出版　1982年10月

カーリー
森のどうぶつたちのくつをなおしてやっているちいさな茶ねずみ 「靴屋のカーリーと妖精の靴」 マーガレット・テンペスト作；寺岡恂訳　ほるぷ出版　1982年10月

かりうど
じぶんのりょうけんがうちおとされてきずついたかもをしまにはこんでパンをやっていたのをみたかりうど 「いぬとかりうど」 ブライアン・ワイルドスミス文・絵；きくしまいくえ訳　らくだ出版　1983年4月

かりうど
もりへかりにでかけたひとりのかりうど 「いそっぷのおはなし」 中川正文訳；長新太絵　福音館書店　1963年11月

カーリーおばさん
きやつたがもつれあったジャングルのようなにわのあるうちにすんでいてこどもたちにこわがられているおばさん 「カーリーおばさんのふしぎなにわ」 ルース・クラフト作；アイリーン・ハース絵；岸田衿子訳　あかね書房(あかねせかいの本6)　1981年6月

ガリガリ
おひゃくしょうがおっことしたつぼへはしってきてはえとかといっしょにくらしはじめたねずみ 「ちいさなお城」 A.トルストイ再話；E.ラチョフ絵；宮川やすえ訳　岩崎書店(えほん・ドリームランド14)　1982年2月

カリス
北極海に落ちた隕石のかけらを手に入れるため調査隊の船オーロラ号に乗った天文台の所長 「ふしぎな流れ星」 エルジェ作；川口恵子訳　福音館書店(タンタンの冒険旅行2)　1983年4月

かるて

ガリバー
りょこうがだいすきでふねでとおいみなみのくにへいくところあらしにまきこまれてこびとのくにへいったおいしゃさん 「ガリバー旅行記」 石田武雄画;中村美佐子文 ひかりのくに(世界名作えほん全集6) 1966年1月

カリフラワー
豹の王子オレッグの父王の親友だった老哲学者の象 「王子オレッグ故郷に帰る」 ジャン=クロード・ブリスビル文;ダニエル・ブール絵;篠沢秀夫訳 集英社 1982年12月

カリヤ
クリシュナをヤムナ川の底にまきこんでころそうとした毒へび 「クリシュナ物語」 パンドパダヤイ・ラマナンダ文・絵;若林千鶴子訳 蝸牛社(かたつむり文庫) 1984年12月

カーリン
動物たちの学校時代の同窓写真にうつったねこ 「ぼくたちを忘れないで」 フリーデル・シュミット;ヴァルトラウト・ランケ作;森村桂訳 CBS・ソニー出版 1978年8月

カール
夏のあいだおじいちゃんの家にあずけられることになってスウェーデンの森の自然を虫めがねで観察した男の子 「ぼくの観察日記」 アストリッド・B.スックスドルフ作・写真;木村由利子訳 偕成社 1983年4月

カルアシ・カアチャン
クルミを木のうろにためこんでいたハイイロリスのカルアシ・チミーのおくさん 「カルアシ・チミーのおはなし」 ビアトリクス・ポター作・絵;いしいももこ訳 福音館書店(ピーターラビットの絵本18) 1983年6月

カルアシ・チミー
クルミを木のうろにためこんでいたふとったハイイロリス 「カルアシ・チミーのおはなし」 ビアトリクス・ポター作・絵;いしいももこ訳 福音館書店(ピーターラビットの絵本18) 1983年6月

カルイタ
村のチャンビ家のひとりむすこペドリトがカルイタというなまえをつけてそだてたつよくかしこいラマ 「カルイタの伝説-ボリビア」 アナ・マリア・デル・カルピオ文;デリオ・カルレス絵;金田直子訳 蝸牛社(かたつむり文庫) 1984年12月

カールおじ
おんがくをきかせるたびをつづけていたライオンのレオポルドとおばけのホレイショがいったふるいおしろのおうじ 「レオポルドたびにでる」 ラルス・トリアー絵・文;すぎやまじゅんこ訳 らくだ出版(デンマークのえほん2) 1977年6月

ガルガンチュワ
そらにもとどくおおおとこ 「ガルガンチュワものがたり」 ラブレー原作;山内宏之文;吉崎正巳絵 世界出版社(ABCブック) 1970年1月

カルディー
山にのぼる鉄道をはしる機関車 「山にのぼる機関車」 ウィルバート・オードリー作;ガンバー・エドワーズ;ピーター・エドワーズ絵;桑原三郎;清水周裕訳 ポプラ社(汽車のえほん19) 1980年9月

かるろ

カルロ
シルデックの町にいたいつもいっしょにあそぶ五人のなかよしの子どもたちの一人 「いたずらっ子とおまわりさん」 P.バイスマン作;D.ズイラッフ画;桂芳樹訳 小学館(世界の創作童話5) 1979年7月

カルロ
みんなのからだはあおいのにひとりだけあかいのでなかまはずれにされたちびっこぞう 「ちびっこぞうのカルロ」 G.ヘルツ作;エーベルハルト;エルフリーデ画;渡辺和雄訳 小学館(世界の創作童話20) 1983年7月

かれい
海のちかくの大きなわれがめにおかみさんと住んでいた漁師がある日のことつりあげたが水にはなしてやった口のきけるかれい 「漁師とおかみさん-グリム童話」 モニカ・レイムグルーバー絵;寺岡襄訳 ほるぷ出版 1985年2月

カレブ
ニュー・ハンプシャーのにしがわバーモントのひがしがわにあるコーギビルというむらにすんでいるコーギ犬のブラウン一家のこども 「コーギビルのむらまつり」 タシャ・テューダー作;渡辺茂男訳 冨山房 1976年7月

カーレン
くつやでおうじょさまのはくようなあかいダンスぐつをかってもらってきょうかいへいくときにもはいていったおんなのこ 「あかいくつ」 アンデルセン作;神沢利子文;いわさきちひろ絵 偕成社 1981年9月;偕成社 1968年8月

カレン
キオスクおばさんと友達になった6人の子供たちのひとり 「キオスクおばさんのひみつ」 イブ・スパン・オルセン作;木村由利子訳 文化出版局 1979年1月

かわ
ひつじかいからこんぼうをやいてくれないひをけしておくれよとたのまれたかわ 「ひつじかいとうさぎ-ラトビア民話」 うちだりさこ再話;スズキコージ画 福音館書店 1975年9月

川　かわ
さむい北国の山おくの森でうまれてげんきいっぱいながれていったちいさい川 「川はながれる」 アン・ランド文;ロジャンコフスキー絵;掛川恭子訳 岩波書店(岩波の子どもの本) 1978年11月

かわうそ
かりうどのオージーグととてもなかよしだったどうぶつたちのなかのかわうそ 「なつをとりにいったかりうど-アメリカインディアンのはなし」 光延哲郎文;中村有希絵 コーキ出版(絵本ファンタジア10) 1977年6月

かわうそ
空がレースにみえるビムロスの夜にひとばんじゅううたいつづけるかわうそたち 「空がレースにみえるとき」 エリノア・ランダー・ホロウィッツ文;バーバーラ・クーニー画;白石かずこ訳 ほるぷ出版 1976年9月

かわうそ(オーター)
おかあさんのたんじょう日にプレゼントをしようとおもって川へさかなをとりにいったかわうそぼうや 「プレゼントはなあに」 A.トムパート作;J.ウォルナー画;矢崎節夫訳 小学館(世界の創作童話13) 1980年4月

かわうそ(オーター)
まつぼっくりがどこにいっちゃったかわからなくなってしまったかわうそのぼうや 「ぼくってわすれんぼう」 A.トムパート作;J.ウォルナー画;矢崎節夫訳 小学館(世界の創作童話14) 1970年4月

カワウソさん
ボートレースにでるハリネズミのウィリーたちのなかまになってくれたカワウソのセンチョウさん 「いっとうしょうはだあれ」 シンシア・パターソン;ブライアン・パターソン作・絵;三木卓訳 金の星社(フォックスウッドものがたり3) 1986年12月

かわせみ(マルタン)
小さな谷間にすみついたかわせみ 「かわせみのマルタン」 リダ文;ロジャンコフスキー絵;いしいももこ;おおむらゆりこ訳 福音館書店(世界傑作絵本シリーズ25) 1965年4月

かわせみ(マルチーヌ)
かわせみのマルタンのつま 「かわせみのマルタン」 リダ文;ロジャンコフスキー絵;いしいももこ;おおむらゆりこ訳 福音館書店(世界傑作絵本シリーズ25) 1965年4月

川のみほし　かわのみほし
クモのアナンシの6ぴきのむすこたちの3ばんめのむすこ 「アナンシと6ぴきのむすこ-アフリカ民話より」 ジェラルド・マクダーモット作;代田昇訳 ほるぷ出版 1980年11月

カンガ
いつのまにか森にやってきたカンガルー親子のかあさん 「カンガとルー森にくる」 A.A.ミルン文;E.H.シェパード絵;石井桃子訳 岩波書店(クマのプーさんえほん5) 1982年6月

カンガ
クマのプーの森の友だちのカンガルー 「プーのほっきょくたんけん」 A.A.ミルン文;E.H.シェパード絵;石井桃子訳 岩波書店(クマのプーさんえほん6) 1982年9月

カンガルー
学校でわるさをする子どものカンガルー 「ローベルおじさんのどうぶつものがたり」 アーノルド・ローベル作;三木卓訳 文化出版局 1981年5月

カンガルー(アベラール)
こぶねのなかでねむってしまってめをさますとインドのかいがんにいたのでポケットのなかからなんでもかんでもとりだしてつかいながらかえってきたカンガルー 「アベラールどこへいく-ちょっとかわったカンガルーのおはなし2」 ブリューノ・カシエ作;やまぐちともこ訳 冨山房 1981年5月

カンガルー(アベラール)
なんでもかんでもしまってあるじぶんのポケットのなかからじてんしゃをだしてきてせかいじゅうにいってかえってきたカンガルー 「アベラールのさがしもの-ちょっとかわったカンガルーのおはなし1」 ブリューノ・カシエ作;やまぐちともこ訳 冨山房 1980年2月

かんか

カンガルー（カンガ）
いつのまにか森にやってきたカンガルー親子のかあさん 「カンガとルー森にくる」A.A.ミルン文；E.H.シェパード絵；石井桃子訳 岩波書店（クマのプーさんえほん5） 1982年6月

カンガルー（カンガ）
クマのプーの森の友だちのカンガルー 「プーのほっきょくたんけん」A.A.ミルン文；E.H.シェパード絵；石井桃子訳 岩波書店（クマのプーさんえほん6） 1982年9月

かんがるー（きっぷ）
おかあさんのいうことをきかないでまいごになったかんがるーのふたご 「まいごのふたご」アイネス・ホーガン文；石井桃子訳；野口彌太郎絵 岩波書店（岩波の子どもの本） 1954年4月

かんがるー（きむ）
おかあさんのいうことをなんでもきくいい子のかんがるーのふたご 「まいごのふたご」アイネス・ホーガン文；石井桃子訳；野口彌太郎絵 岩波書店（岩波の子どもの本） 1954年4月

カンガルー（ルー）
いつのまにか森にやってきたカンガルー親子の坊や 「カンガとルー森にくる」A.A.ミルン文；E.H.シェパード絵；石井桃子訳 岩波書店（クマのプーさんえほん5） 1982年6月

カンガルー（ルー）
トラのトラーと木にのぼったカンガの子ども 「トラー木にのぼる」A.A.ミルン文；E.H.シェパード絵；石井桃子訳 岩波書店（クマのプーさんえほん11） 1983年2月

カンカン
子がものプルッフのきょうだい 「かものプルッフ」リダ文；ロジャンコフスキー絵；いしいももこ；おおむらゆりこ訳 福音館書店（世界傑作絵本シリーズ23） 1964年12月

カングル・ワングル
かおが見えないほどおおきなけがわのぼうしをかぶってクランペティの木のうえにひとりですんでいた男 「カングル・ワングルのぼうし」エドワード・リア文；ヘレン・オクセンバリー絵；新倉俊一訳 ほるぷ出版 1975年10月

カンサおう
むかしインドにいたちからがつよくかんしゃくもちのわるいおうさま 「クリシュナのつるぎ―インドの説話」秋野葵巨矢文；秋野不矩絵 岩崎書店（ものがたり絵本14） 1969年1月

かんた
がちょうのたまごとほかのどうぶつたちとりょこうにでかけたざりがに 「がちょうのたまごのぼうけん」エバ・ザレンビーナ作；内田莉莎子訳；太田大八画 福音館書店 1985年4月

かんな
としをとったのであとつぎをつくろうとしていもうとののこぎりにたのんでもりの木をきってもらったかんな 「アイスクリーム かんながかんなをつくったはなし」マルシャーク文；レーベデフ絵；うちだりさこ訳 岩波書店 1978年4月

カンハー
人びとへのほどこしをやめようとしなかったのでチェットドン王国からついほうされたプラウェートサンドーン王につれられてヒマラヤの森へいった王女 「おしゃかさまものがたり-タイの民話」 パニヤ・チャイヤカム絵;いわきゆうじろう訳　ほるぷ出版　1982年11月

ガンバコルタ
「船乗り新聞」の特派員のバチッチャと同じ船でアフリカへ行った有名な探険家 「バチッチャのふしぎなアフリカ探険」 エルマンノ・リベンツィ文;アデルキ・ガッローニ絵;河島英昭訳　ほるぷ出版　1975年10月

ガンピーさん
じどうしゃにのってドライブにおでかけしてとちゅうでこどもたちやうさぎやねこたちもいっしょにのせてはしったおとこのひと 「ガンピーさんのドライブ」 ジョン・バーニンガム作;光吉夏弥訳　ほるぷ出版　1978年4月

ガンピーさん
ふねにのってでかけてこどもたちやうさぎやねこやいぬたちをつぎつぎにのせてあげたひと 「ガンピーさんのふなあそび」 ジョン・バーニンガム作;光吉夏弥訳　ほるぷ出版　1976年9月

【き】

き
かわいいちびっことなかよしになったおおきなりんごのき 「おおきな木」 シエル・シルヴァスタイン作・絵;ほんだきんいちろう訳　篠崎書林　1976年11月

木　き
つぎつぎにどうぶつたちがやってきてうろをおうちにした木 「おうち」 ビアンキ原作;網野菊文;川上四郎絵　フレーベル館(キンダーおはなしえほん傑作選26)　1978年4月

木　き
もりの中でじぶんがいちばんりっぱな木だとおもいもりのいきものたちをだれもちかよらせなかった木 「木はいつもだめといった」 レオ・プライス作・絵;むらかみひろこ文　女子パウロ会　1982年7月

木　き
森を散歩するのがすきな男の子がくちぶえをふくとすこしずつ話しはじめた森の中の木という木 「木の国の旅」 ル・クレジオ作;H.ギャルロン絵;大岡信訳　文化出版局　1981年7月

木　き
畑や野原にそびえている王さまのような木 「鳥のうたにみみをすませば」 オタ・ヤネチェック絵;フランチシェック・ネピル文;金山美莎子訳　佑学社(おはなし画集シリーズ4)　1980年9月

きいちゃん
いけからでてそとがみたいとおもいどらねこのごんたにつれていってもらったちいさいさかな 「おさかなのかち」 ロバート・タロン文・絵;山本けい子訳　ぬぷん児童図書出版(でかとちび3)　1984年4月

きいろ

きいろいぼうしのおじさん
あふりかにいたこざるのじょーじをふねにのせてまちのどうぶつえんへつれていってくれたなかよしのおじさん 「ひとまねこざるときいろいぼうし」 H.A.レイ文・絵；光吉夏弥訳　岩波書店　1983年9月；岩波書店(岩波の子どもの本)　1966年11月

きいろいぼうしのおじさん
こざるのじょーじがいっしょにくらしているなかよしのおじさん 「ひとまねこざるびょういんへいく」 マーガレット・レイ文；H.A.レイ絵；光吉夏弥訳　岩波書店　1984年3月；岩波書店(岩波の子どもの本)　1968年12月

きいろいぼうしのおじさん
こざるのじょーじをあふりかからつれてきてなかよしのおじさん 「ひとまねこざる」 H.A.レイ文・絵；光吉夏弥訳　岩波書店　1983年9月；岩波書店(岩波の子どもの本)　1954年12月

きいろいぼうしのおじさん
しりたがりやのこざるのじょーじといっしょにくらしているなかよしのきいろいぼうしのおじさん 「じてんしゃにのるひとまねこざる」 H.A.レイ文・絵；光吉夏弥訳　岩波書店　1983年9月；岩波書店(岩波の子どもの本)　1956年1月

きいろちゃん
あおくんがおともだちのなかでいちばんなかよしのとおりのむこうのおうちのこども 「あおくんときいろちゃん」 レオ・レオーニ作；藤田圭雄訳　至光社(ブッククラブ国際版絵本)　1967年1月

キオスクおばさん
デンマークのコペンハーゲンの街の広場のまん中にあるキオスクで雑誌や新聞を売っているおばさん 「キオスクおばさんのひみつ」 イブ・スパン・オルセン作；木村由利子訳　文化出版局　1979年1月

きかんしゃ
にしへむかっておおきなあおいうみにつくまでいっしょにはしりつづけた2だいのちいさなきかんしゃ 「せんろはつづくよ」 M.W.ブラウン文；J.シャロー絵；与田準一訳　岩波書店(岩波の子どもの本)　1979年2月

機関車　きかんしゃ
ちびの発明家チッポケ・マチアスがつくったちいさくて雪のようにまっしろなおじょうさん機関車 「ラ・タ・タ・タム–ちいさな機関車のふしぎな物語」 ペーター・ニクル文；ビネッテ・シュレーダー絵；矢川澄子文　岩波書店　1975年7月

きかんぼぼうや(ぼうや)
あぶないことがだいすきであるひだいどころのとだなからもちだしたはこをボートにしてうみにでようとおもったきかんぼぼうや 「きかんぼぼうやのうみのたび」 バルブロ・リンドグレン作；エヴァ・エリクソン絵；小野寺百合子訳　佑学社　1984年10月

きかんぼぼうや(ぼうや)
あぶないことならなんでもだいすきでとってもやさしいママのこごとなんかいっこうにきかないきかんぼぼうや 「ママときかんぼぼうや」 バルブロ・リンドグレン作；エヴァ・エリクソン絵；小野寺百合子訳　佑学社　1981年5月

きき耳　ききみみ
冒険のたびにでたばかむすこの空とぶ船にのりこんだ七人の仲間たちの一人　「空とぶ船と世界一のばか-ロシアのむかしばなし」　アーサー・ランサム文；ユリー・シュルヴィッツ絵；神宮輝夫訳　岩波書店　1970年11月

きこり
あるふゆのゆうぐれいえのなかにはいってきたおおかみのあたまににたったスープをかけたきこり　「きこりとおおかみ-フランス民話」　山口智子再話；堀内誠一画　福音館書店　1977年2月

きこり
おべんとうにもっていたちいさなパンのかけらをちいさなあくまにぬすまれてしまったびんぼうなきこり　「パンのかけらとちいさなあくま-リトワニア民話」　内田莉莎子再話；堀内誠一画　福音館書店　1979年11月

きこり
てっぽうではとにねらいをつけたときうたなければなんでもほしいものをさしあげますとはとにいわれたきこり　「きこりとはと」　マックス・ベルジュイス作・絵；佐々木元訳　フレーベル館　1981年4月

きこり
もりのこびとにたのまれてきをきらなかったおれいに三つのねがいをかなえてもらったきこり　「三つのねがい-民話より」　ポール・ガルドン絵；中山知子訳　佑学社（ポール・ガルドン昔話シリーズ6）　1979年8月

キザイア
町にすむおばちゃまから大きな人形の家をおくってもらった大牧場主のバーネル家の三人姉妹のやさしい妹　「人形の家」　キャサリン・マンスフィールド原作；藤沢友一絵・反案　岩崎書店（新・創作絵本25）　1981年8月

ぎざみみ
いけにちかいくさはらにわたおうさぎのおかあさんとすんでいたこうさぎ　「ぎざみみぼうや」　シートン原作；小林清之介文；たかはしきよし絵　チャイルド本社（チャイルド絵本館・シートン動物記Ⅱ-1）　1985年4月

ギーゼラ
動物たちの学校時代の同窓写真にうつったキリン　「ぼくたちを忘れないで」　フリーデル・シュミット；ヴァルトラウト・ランケ作；森村桂訳　CBS・ソニー出版　1978年8月

きたかぜ
たいようとふたりでたびびとがきているコートをどちらがぬがせることができるかためしてみたきたかぜ　「きたかぜとたいよう」　ラ・フォンテーヌ文；ブライアン・ワイルドスミス絵；わたなべしげお訳　らくだ出版　1969年1月

キーちゃん
仲間たちが頂上目指して登っている毛虫でできた柱を登っている途中でしま模様の毛虫のシマくんに会った黄色の毛虫　「もっと、なにかが…」　トリーナ・パウルス絵・文；片山厚；宮沢邦子訳　篠崎書林　1983年2月

きちよ

キチョウメンさん
なにもかもきちんときれいになっていないとぜったいにきがすまないそれはもうきちょうめんなひと「キチョウメンさん」ロジャー・ハーグレーヴス作；おのかずこ訳　評論社（みすた・ぶっくす22）1985年12月

きつつき
もりのおくのとなりの木にひっこしてきたふくろうからコツコツ木をつつくおとがやかましいといわれたきつつき「ふくろうときつつき」ブライアン・ワイルドスミス作・絵；さのまみこ訳　らくだ出版　1976年10月

きつつき
木の上でりすとおしゃべりをしたきつつき「鳥のうたにみみをすませば」オタ・ヤネチェック絵；フランチシェック・ネピル文；金山美莎子訳　佑学社（おはなし画集シリーズ4）1980年9月

キツツキ
ヒタキにじぶんのくちばしのじまんをしたとり「くちばし」ビアンキ作；田中かな子訳；薮内正幸絵　福音館書店　1965年10月

切ってくれ　きってくれ
イ族の村にすんでいたとしよりのふうふが池のほとりにあらわれた白いかみの老人からさずかった九人の子どもの一人「王さまと九人のきょうだい−中国の民話」君島久子訳；赤羽末吉絵　岩波書店　1969年11月

キッド
3にんのギャングたちのおやぶんのわに「ティンカーとタンカーせいぶをゆく」リチャード・スカーリー作；小野和子訳　評論社（ティンカーとタンカーの絵本2）1975年12月

きつね
あきににがしたかもをゆきのうえでまたみつけてやろうとしたきつね「かもときつね」ビアンキ作；内田莉莎子訳；山田三郎画　福音館書店　1962年4月

きつね
あちこちたべものをさがしまわったあげくやっとぶどうだなにぶどうをみつけたきつね「イソップものがたり」ハイジ・ホルダー絵；三田村信行文　偕成社　1983年11月

きつね
あるばんひとりでいけにきたがちょうのこをつかまえてたべようとしたきつね「おつきさんどうしたの」E.M.プレストン文；B.クーニー絵；岸田衿子訳　岩波書店（岩波の子どもの本）1979年9月

きつね
あるひもりにすんでいたうさぎのこやにやってきてうさぎをうちからおいだしたきつね「うさぎのいえ−ロシア民話」内田莉莎子再話；丸木俊画　福音館書店　1969年2月

きつね
ある谷間の森の近くにあった小さな家にかわれていたおんどりのチャンティクリアをおせじにのせてさらった悪がしこいきつね「チャンティクリアときつね」バーバラ・クーニー文・絵；平野敬一訳　ほるぷ出版　1975年10月

きつね
ある日ひつじかいの少年ボルカがみつけた月のみずうみがある谷そこにいた銀ぎつね
「月のみずうみ」 イワン・ガンチェフ作・絵;岡しのぶ訳 偕成社 1982年5月

きつね
いつもなんとかめんどりをつかまえたいとそればかりかんがえていたずるいきつねのこ 「ずるいきつねとめんどり」 ベラ・サウスゲイト再話;ロバート・ラムレイ絵;秋晴二;敷地松二郎訳編 アドアンゲン 1974年6月

きつね
おおかみがいなくなったもりでどうぶつたちをつぎつぎにたべていたきつね 「やさしいおおかみ」 ペーター・ニックル作;ユゼフ・ウィルコン絵;佐々木元訳 フレーベル館 1983年1月

きつね
おじいさんとおばあさんのうちのだいどころのとからにげだしたおかしのぼうやがあったずるがしこいきつね 「おかしのぼうや」 ベラ・サウスゲイト再話;ロバート・ラムレイ絵;秋晴二;敷地松二郎訳編 アドアンゲン 1974年6月

きつね
おじいさんをだましてとったさかなをくれといったおおかみにかわのこおりのあなにしっぽをいれてすわっているとさかながつれるとおしえたきつね 「きつねとおおかみ」 ブラートフ再話;エフゲーニ・M.ラチョフ絵;遠藤のり子訳 らくだ出版(世界の絵本シリーズ ソ連編3) 1975年2月

きつね
おじいちゃんのところへチョコレートケーキをとどけるおつかいのたびにでた子どもたちのまえにあらわれたきつね 「ねらわれたチョコレートケーキ」 デビッド・マクフェイル文・絵;吉田新一訳 国土社 1980年11月

きつね
おなかがへってのどがかわいてたまらなかったきつね 「いそっぷのおはなし」 中川正文訳;長新太絵 福音館書店 1963年11月

きつね
おひゃくしょうがおっことしたつぼへやってきてはえやかやねずみたちといっしょにくらしはじめたきつね 「ちいさなお城」 A.トルストイ再話;E.ラチョフ絵;宮川やすえ訳 岩崎書店(えほん・ドリームランド14) 1982年2月

きつね
かあさんぎつねにいつかせかいのはてまでいってくるわといったこぎつね 「こぎつねせかいのはてにゆく」 アン・トムパート文;ジョン・ウォルナー絵;芦野あき訳 ほるぷ出版 1979年8月

きつね
かまどからにげだしてきたしょうがパンこぞうにせなかにのせてかわをわたらせてやるといったきつね 「しょうがパンこぞう」 リチャード・スキャナー作;吉田純子訳 ブック・ローン出版(スキャリーおじさんのどうぶつえほん8) 1984年8月

きつね

きつね
じぶんのこおりのいえがとけてなくなったのでうさぎのいえにおしかけてうさぎをおいだしたきつね 「うさぎとおんどりときつね」 レーベデフ文・絵;うちだりさこ訳 岩波書店(岩波の子どもの本) 1977年11月

きつね
じめんをほってすあなをつくったねずみをたべようとしたきつねのだんな 「きつねとねずみ」 ビアンキ作;内田莉莎子訳;山田三郎画 福音館書店 1967年3月

きつね
そらがおちてきたとおもっておうさまにしらせようとしたひよこのリキンをじぶんのあなへつれていったきつね 「ひよこのリキン」 ベラ・サウスゲイト再話;ロバート・ラムレイ絵;秋晴二;敷地松二郎訳 アドアンゲン 1974年6月

きつね
つるのひゃくさいのたんじょうびにがまがえるとうさぎといっしょにでかけたのにおそくなったのでごちそうがもらえなかったきつね 「がまがえるのちえ－朝鮮の寓話」 チョ・チオ文;チョン・チョル絵;リ・クムオク訳 朝鮮青年社 1976年8月

きつね
ひろいせけんへでていってころころころがってったパンがであったきつね 「パンはころころ－ロシアのものがたり」 マーシャ・ブラウン作;八木田宜子訳 冨山房 1976年12月

きつね
まどからおもてへころがっていってうさぎやおおかみからもにげだしてきたおだんごぱんをたべてしまったきつね 「おだんごぱん」 瀬田貞二訳;井上洋介画 福音館書店 1966年5月

きつね
まふゆのよるにおなかがすいてのうじょうのとりごやにやってきたきつね 「きつねとトムテ」 カール＝エリック・フォーシュルンド詩;ハラルド・ウィーベリ絵;山内清子訳 偕成社 1981年4月

きつね
みずうみでぐるぐるまわっておよいでいるこがものロックをじっとみていたのでめがまわってたおれてしまったきつね 「かものこぐるぐる」 ブライアン・ワイルドスミス作・絵;すぎやまじゅんこ訳 らくだ出版(オックスフォードえほんシリーズ25) 1976年5月

きつね
もりのなかでいっしょにジョギングをしていたがちょうをばかにしながらなんどもがちょうにたすけてもらったきつね 「がちょうときつね」 ジャック・ケント作;石沢泰子訳 ペンタン 1985年9月

きつね
もりのなかでものいうほねをみつけたぶたのむすめのパールをいえにつれてかえってたべようとしたきつね 「ものいうほね」 ウィリアム・スタイグ作;せたていじ訳 評論社(児童図書館・絵本の部屋) 1978年6月

きつね
もりのなかにねことすんでいたおんどりをさらっていこうとたくらんだきつね 「ねことおんどりときつね」 ブラートフ再話；ユーリ・ヴァスネッツオフ絵；松谷さやか訳 らくだ出版（世界の絵本シリーズ ソ連編1） 1975年1月

きつね
もりのはずれのいえにたった1わですんでいたかわいいめんどりをつかまえてたべようとしたきつね 「かわいいめんどり-イギリスとタジクの民話から」 木島始作；羽根節子絵 福音館書店 1967年7月

きつね
やまみちでマトウというわかものがもぐりこんだほらあなにきてないしょばなしをはじめた3びきのけものたちの1ぴきのきつね 「けものたちのないしょばなし-アフガニスタンのはなし」 君島久子文；谷川彰絵 コーキ出版（絵本ファンタジア2） 1977年4月

きつね
よいてんきのひにおおきなもりからさんぽにやってきてたきぎひろいのおばあさんのミルクをのんでしまいおばあさんにしっぽをきりとられてしまったきつね 「きょうはよいてんき」 ナニー・ホグロギアン作；芦野あき訳 ほるぷ出版 1976年9月

きつね
川へ行って氷のあなにしっぽをたらしておくと魚がかかってくるといっておおかみをだましたきつね 「きつねとおおかみ」 A.トルストイ文；田中かな子訳；長野博一絵 小学館（世界のメルヘン絵本18） 1979年1月

キツネ
2わの姉妹のアヒルが池へ行く道で出会ったキツネ 「ローベルおじさんのどうぶつものがたり」 アーノルド・ローベル作；三木卓訳 文化出版局 1981年5月

キツネ
フクロネズミやウサギやクマや子どもたちのひみつを見てはコホンとせきばらいをしていった赤毛のキツネ 「キツネがコッホン」 マーガレット・W.ブラウン文；ガース・ウィリアムズ絵；内海まお訳 評論社（児童図書館・絵本の部屋） 1984年7月

きつね（カタグ）
きびしいほっきょくのだいしぜんのなかでちからづよくいきぬくほっきょくぎつね 「ほっきょくぎつねものがたり」 シートン原作；小林清之介文；藤岡奈保子絵 チャイルド本社（チャイルド絵本館・シートン動物記Ⅱ-11） 1986年2月

きつね（こんこんぎつね）
そらがおちてきたことをおうさまにしらせにいっためんどりたちをだましてたべようとしたこんこんぎつね 「たいへんたいへん-イギリス昔話」 渡辺茂男訳；長新太絵 福音館書店 1968年4月

きつね（スノーイ・ラッフ）
ぎんぎつねのドミノのおよめさんになったかわいいめすぎつね 「ぎんぎつねものがたり（前編）」 シートン原作；小林清之介文；日隈泉絵 チャイルド本社（チャイルド絵本館・シートン動物記9） 1984年12月

きつね

きつね(スノーイ・ラッフ)
ぎんぎつねのドミノのやさしいおよめさん 「ぎんぎつねものがたり(後編)」シートン原作；小林清之介文；日隈泉絵　チャイルド本社(チャイルド絵本館・シートン動物記10)　1985年1月

きつね(セバスチャン)
たびまわりのかしゅになったぶたのローランドをきゅうでんへつれていってあげようといってだましたきつね 「ぶたのめいかしゅローランド」ウィリアム・スタイグ作；瀬田貞二訳　評論社(児童図書館・絵本の部屋)　1975年10月

きつね(ドミノ)
カナダのやまのなかでつよくたくましくそだってゆきののはらでかわいいめすぎつねにであったぎんぎつね 「ぎんぎつねものがたり(前編)」シートン原作；小林清之介文；日隈泉絵　チャイルド本社(チャイルド絵本館・シートン動物記9)　1984年12月

きつね(ドミノ)
カナダのやまのなかでやさしいおよめさんといっしょにしあわせにくらしていたぎんぎつね 「ぎんぎつねものがたり(後編)」シートン原作；小林清之介文；日隈泉絵　チャイルド本社(チャイルド絵本館・シートン動物記10)　1985年1月

きつね(トルース)
ねこのプルフがかわれているのうじょうのにわとりをとろうとしていたきつね 「はりねずみポワンチュのおてがら」J.ボダル作；CH.サランビエ絵；黒木義典訳；板谷和雄文　ブック・ローン出版(ファランドールえほん8)　1981年1月

きつね(バジル・ブラッシュ)
としよりをたすけたり子どもたちのせわをしたりみんなのためによくつくしたのでくんしょうをもらうことになったせわずきなきつね 「ゆかいなバジル くんしょうをもらう」ピーター・ファーミン作・絵；黒沢ひろし訳　金の星社　1980年3月

きつね(バジル・ブラッシュ)
ともだちのもぐらのハリーとインドのジャングルへいったはたらきもののきつね 「ゆかいなバジル ジャングルへいく」ピーター・ファーミン作・絵；黒沢ひろし訳　金の星社　1979年2月

きつね(バジル・ブラッシュ)
ともだちのもぐらのハリーと海でたからさがしをしたゆかいなきつね 「ゆかいなバジル たからさがし」ピーター・ファーミン作・絵；黒沢ひろし訳　金の星社　1979年6月

きつね(バジル・ブラッシュ)
ともだちのもぐらのハリーと海へいったはたらきもののきつね 「ゆかいなバジル うみへいく」ピーター・ファーミン作・絵；黒沢ひろし訳　金の星社　1980年2月

きつね(バジル・ブラッシュ)
ともだちのもぐらのハリーにいえをたててあげたしんせつなきつね 「ゆかいなバジル いえをたてる」ピーター・ファーミン作・絵；黒沢ひろし訳　金の星社　1979年9月

きつね(バジル・ブラッシュ)
ともだちのもぐらのハリーをけらいにして犬のアルフレッドにのってドラゴンたいじにでかけたかしこいきつね 「ゆかいなバジル ドラゴンたいじ」ピーター・ファーミン作・絵；黒沢ひろし訳　金の星社　1980年6月

きつね

きつね(バジルブラッシュ)
ともだちのもぐらのハリーと川のそばでキャンプをしようとふねででかけたおしゃれなきつね 「ゆかいなバジル ふねをこぐ」 ピーター・ファーミン作・絵；黒沢ひろし訳 金の星社 1980年2月

きつね(パンクラス)
かめのシャルロットとかけっこをすることになったきつね 「かめのシャルロット」 アラン・グレ文；ルイ・カン絵；しょうじかずこ訳 DEMPAペンタン(ナターンのもりのなかまたち6) 1986年4月

キツネ(パンクラス)
ナターンのもりにすむキツネ 「うさぎのロマラン」 アラン・グレ文；ルイ・カン絵；いはらじゅんこ訳 ペンタン(ナターンのもりのなかまたち3) 1984年10月

きつね(フィクシットさん)
しゅうりのめいじんのきつね 「ディンゴはじどうしゃがだいすき」 リチャード・スキャリー作；國眼隆一訳 ブックローン出版(スキャリーおじさんのどうぶつえほん13) 1982年5月

きつね(フィクシットさん)
しゅうりのめいじんのきつね 「ゆかいなゆかいなあわてんぼう」 リチャード・スキャリー作；國眼隆一訳 ブックローン出版(スキャリーおじさんのどうぶつえほん7) 1980年1月

きつね(フォクシー・ロクシー)
そらがおちてきたのをおうさまにしらせにいこうとしたひよこのひよっこちゃんやめんどりやあひるたちみんなをたべてしまったきつね 「そらがおちる!?どうぶつむらはおおさわぎ」 リチャード・スキャリー作；吉田純子訳 ブック・ローン出版(スキャリーおじさんのどうぶつえほん2) 1979年5月

きつね(フォックスおくさま)
しっぽが九ほんもあってえんじのビロードみたいなけがわをきていただんなさんのフォックスさんがなくなったのでへやにこもってないていたきれいなめギツネ 「フォックスおくさまのむこえらび」 コリン夫妻文；エロール・ル・カイン絵；矢川澄子訳 ほるぷ出版 1983年6月

きつね(フロッシーさん)
きつねのふじんけいかん 「ピックルのじどうしゃりょこう」 リチャード・スキャリー作；國眼隆一訳 ブックローン出版(スキャリーおじさんのどうぶつえほん10) 1984年8月

きつね(マックス)
きたのおかにすんでいためぎつねからうまれてひとりだちしたげんきもののきつね 「おおきくなれ きつねさん」 マーガレット・レーン作；ケネス・リリー絵；高橋健文 学習研究社(学研の傑作絵本) 1983年7月

きつね(ライネケ)
どうぶつのくにのみんなにわるいことばかりしていてさいばんにかけられることになったきつね 「きつねのさいばん」 ゲーテ原作；二反長半文；山田三郎絵 世界出版社(ABCブック) 1970年1月

きつね

きつね（リアグ）
いさましいほっきょくぎつねのカタグとけっこんしためすぎつね 「ほっきょくぎつねものがたり」 シートン原作；小林清之介文；藤岡奈保子絵 チャイルド本社（チャイルド絵本館・シートン動物記Ⅱ-11） 1986年2月

きつね（リーナ）
いたずらがだいすきでのうじょうへいってどうぶつたちをからかったきつね 「きつねのいたずら」 アッティリオ・カッシネリ絵；カレン・グントルプ作；岸田衿子訳 ひかりのくに（アッティリオとカレンのえほん） 1972年1月

キツネ（ルールー）
ふたりで森の中へにげていこうとしたマリーという女の子と森のネコをとめたかしこいキツネ 「マリーと森のねこ」 ダニエル・ブール絵；ジャック・シェセックス文；山口智子訳 メルヘン社 1980年12月

キツネどん
アナグマ・トミーにるすにしたいえにはいられてしまったキツネ 「キツネどんのおはなし」 ビアトリクス・ポター作・絵；いしいももこ訳 福音館書店（ピーターラビットの絵本13） 1974年2月

きっぷ
おかあさんのいうことをきかないでまいごになったかんがるーのふたご 「まいごのふたご」 アイネス・ホーガン文；石井桃子訳；野口彌太郎絵 岩波書店（岩波の子どもの本） 1954年4月

キッレ
楽しい夢をみたこいぬ 「ナイト・ブック-夜、おきていたら…？」 マウリ・クンナス作；稲垣美晴訳 偕成社 1985年1月

キティ
いえのがちょうとおんどりにへいのうえとくさちではどっちがいいばしょ？ときかれてもにわのハンモックでねていたおんなのこ 「ねぇ、キティおしえてよ」 ミラ・ギンズバーグ作；ロジャー・デュボアザン絵；新井有子訳 ペンギン社 1979年2月

キティ
いつもかもつれっしゃのどんじりをはしっていたあかいかしゃ 「にげだしたどんじりかしゃ」 ビル・ピート作・絵；山下明生訳 佼成出版社（ピートの絵本シリーズ6） 1982年2月

キティ
ねこさんかぞくのおんなのこ 「ディンゴはじどうしゃがだいすき」 リチャード・スキャリー作；國眼隆一訳 ブックローン出版（スキャリーおじさんのどうぶつえほん13） 1982年5月

キティ
ねこさんかぞくのおんなのこ 「ねこあかちゃんのたんじょうび」 リチャード・スキャリー作；國眼隆一訳 ブックローン出版（スキャリーおじさんのどうぶつえほん12） 1984年8月

キティ
ねこさんかぞくのおんなのこ 「ゆかいなゆかいなあわてんぼう」 リチャード・スキャリー作；國眼隆一訳 ブックローン出版（スキャリーおじさんのどうぶつえほん7） 1980年1月

キティー
とおくはなれたうまれこきょうのニューヨークのうらまちをめざしてあるきつづけたねこ 「のらねこキティー」 シートン原作;小林清之介文;太田大八絵 チャイルド本社(チャイルド絵本館・シートン動物記7) 1984年10月

きのこ
あるひねずみのシオドアがみつけたただひとことしゃべるだけのおおきなあおいきのこ 「シオドアとものいうきのこ」 レオ・レオニ作;谷川俊太郎訳 ペンギン社 1977年9月

キビタン
さがしているものをすぐにみつけだすことができるとってもよいめをしたことり 「キビタン-かくれんぼ絵本」 ジタ・ユッカー絵;クルト・バウマン作;ウィルヘルム・きくえ訳 太平社 1984年5月

貴婦人　きふじん
真夜中だというのに街の広場でおどっていた貴婦人たち 「せむしのバイオリン弾き」 ジャン・クラブリー絵;松代洋一訳 ペンタン(ルートヴィヒ・ベヒシュタインの童話) 1986年3月

きむ
おかあさんのいうことをなんでもきくいい子のかんがるーのふたご 「まいごのふたご」 アイネス・ホーガン文;石井桃子訳;野口彌太郎絵 岩波書店(岩波の子どもの本) 1954年4月

キャス
むかし月なんてなかったときにワイのまちでカシの木にぶらさげてあったランプをどろぼうした4人きょうだいの3ばんめのおとこ 「月はどうしてできたかーグリム童話より」 ジェームズ・リーブズ文;エドワード・アーディゾーニ絵;矢川澄子訳 評論社(児童図書館・絵本の部屋) 1979年4月

キャプシーヌ
ひとりぼっちのうさぎフルーとともだちになっていっしょにすむことになっためすのうさぎ 「のうさぎのフルー」 リダ文;ロジャンコフスキー絵;いしいももこ;おおむらゆりこ訳 福音館書店(世界傑作絵本シリーズ21) 1964年9月

キャプテン
ロンドンの街をさまよい歩いていたジョン・ニーという男の子としゃべる猫モリイを家に住ませてくれた船乗りの男 「おしゃべり猫モリイ」 ルドウィック・アシュケナージー作;ディーター・ウィズミュラー絵;中山千夏訳 CBS・ソニー出版 1979年1月

ギャラード
おばあちゃんのベッドフォード公爵夫人とくらす女の子 「ベッドフォード公爵夫人のいたずらおばけワンセスラス」 ルイ・ブール構成;ダニエル・ブール絵;岸田今日子訳 集英社 1980年12月

キャリコ
西部のサボテン州にいたカウボーイのハンクの馬であたまはめっぽうきれて足のはやさはとびきりだった馬 「名馬キャリコ」 バージニア・リー・バートン絵・文;せたていじ訳 岩波書店(岩波の子どもの本) 1979年11月

きやろ

キャロル
ねこのアンガスをつれて飛行機にのってパリにいった女の子 「アンガスとモナ・リザ」 ジャクリーン・クーパー作・絵;恩地三保子訳 佑学社 1982年5月

キャンディ
アップルグリーンさんのトラックからにげだしてまよいこんだパンプキンさんののうじょうでかばのベロニカにあったこねこ 「ベロニカとバースデープレゼント」 ロジャー・デュボアザン作・絵;神宮輝夫訳 佑学社(かばのベロニカシリーズ5) 1979年5月

ぎょうじゃ
からすからねずみをたすけてやってまほうでつぎつぎにおおきなどうぶつにかえていきとらにまでかえてしまったインドのぎょうじゃ 「あるひねずみが…」 マーシャ・ブラウン作;八木田宜子訳 冨山房 1975年8月

きょうだい
いくさをおっぱじめた東の国と西の国のあいだにあった谷間でかあさんとじゃがいもをつくってくらしていたふたりのきょうだい 「じゃがいもかあさん」 アニータ・ローベル作;今江祥智訳 偕成社 1982年7月

きょうだい
おとうさんにわかれをつげて町をでていってそれぞれしごとのうでをみがいた四人きょうだい 「うできき四人きょうだい―グリム童話」 フェリクス・ホフマン画;寺岡寿子訳 福音館書店 1983年8月

きょうだい
むかしシナにすんでいたとてもよくにていてだれがだれやらくべつがつかなかった五にんのきょうだい 「シナの五にんきょうだい」 クレール・H.ビショップ文;クルト・ヴィーゼ絵;いしいももこ訳 福音館書店(世界傑作絵本シリーズ・アメリカの絵本) 1961年1月

きょうだい
やまおくの一けんやでおかあさんのかえりをまっているときにやってきたトラにたべられそうになりうらのおおきなやなぎのきにのぼってかくれたおさないあねとおとうと 「ヘンニムとタルニム」 チョン・スクヒャン絵;いとうみを訳 鶏林館書店 1978年6月

きょうだい(おとこのことおんなのこ)
あるなつのあさとても早くおきてはじめて日の出を見たおとこのことおんなのこのきょうだい 「ぼくたちとたいよう」 アリス・E.グッディ文;アドリエンヌ・アダムズ絵;友田早苗訳 文化出版局 1982年7月

きょうりゅう
いまから2おく年いじょうもむかしこのちきゅう上にたくさんすんでいたきょうりゅうたち 「きょうりゅうたち」 ペギー・パリッシュ文;アーノルド・ローベル絵;杉浦宏訳編 文化出版局 1976年7月

きょうりゅう
ごみかすがつみかさなってあつくなったのでねむっていたじめんのしたからおきてでてきたきょうりゅうたち 「ごみかすせかいのきょうりゅうたち」 マイケル・フォアマン作;せたていじ訳 評論社(児童図書館・絵本の部屋) 1978年4月

きよし

きょうりゅう
スコットランドのあれののほらあなにマンモスといっしょになんまんねんもくらしあるひダンマウジーのおしろにひっこそうとしていったきょうりゅう 「おしろのすきなかいじゅうたち」 ロビン・ワイルド;ジョセリン・ワイルド作・絵;あしのあき訳　佑学社(ヨーロッパ創作絵本シリーズ13)　1978年7月

きょうりゅう
はくぶつかんにきたダニーというおとこのこをのせてそとへあそびにいったいきたきょうりゅう 「きょうりゅうくんとさんぽ」 シド・ホフ作;乾侑美子訳　ペンギン社　1980年5月

きょうりゅう(ガラゴロン)
たったひとりで森の中にすんでいた首の長いきょうりゅうニョロロンがはじめてみたほかのきょうりゅうでかみなりみたいな足音のきょうりゅう 「ニョロロンとガラゴロン」 ヘレン・ピアス作;マイケル・フォアマン絵;河野一郎訳　講談社(講談社の翻訳絵本)　1984年10月

きょうりゅう(ドラヒン)
もりからでてきてモリッツとクリスタのペットになったさいごのきょうりゅうドラヒンがあるひであったもういっぴきのきょうりゅう 「ドラヒンのおもいでばなし」 アッヒム・ブレーガー文;ギゼーラ・カロー絵;古川柳子訳　文化出版局　1981年12月

きょうりゅう(ドラヒン)
おしろづきのきょうりゅうだったのにべつのにんげんたちがやってきてまちができてからはもりにみをかくしさいごのいっぴきになってしまったきょうりゅう 「ドラヒンのおもいでばなし」 アッヒム・ブレーガー文;ギゼーラ・カロー絵;古川柳子訳　文化出版局　1981年12月

きょうりゅう(ニョロロン)
たったひとりで森の中にすんでいてはじめてほかのきょうりゅうをみた首の長いきょうりゅう 「ニョロロンとガラゴロン」 ヘレン・ピアス作;マイケル・フォアマン絵;河野一郎訳　講談社(講談社の翻訳絵本)　1984年10月

きょうりゅうくん
「おきなさい!」っておかあさんにいわれたらすぐおきるきょうりゅうくん 「きょうりゅうくんはするよ・しないよ」 シド・ホフ作;こだまともこ訳　文化出版局　1985年7月

きょじん
おかのうえのふるいおしろにすむきょじんまつりにでかけていったおおきなきょじんとちいさなきょじん 「きょじんのおまつり」 マックス・ボリガー文;モニカ・レイムグルーバー絵;田中希代子訳　ほるぷ出版　1978年1月

巨人　きょじん
じぶんの庭にこどもたちがはいってきてあそぶのを許さなかったわがままな巨人 「わがままな巨人」 オスカー・ワイルド文;ジョアンナ・アイルズ絵;生野幸吉訳　集英社　1982年5月

巨人　きょじん
ジャックがまほうのまめをうえてのびてのびて雲をつっきりのびたまめのつるをのぼってたどりついたふしぎな国にいた巨人 「ジャックとまめのつる」 トニー・ロス作;田村隆一訳　文化出版局　1981年7月

きよし

巨人　きょじん
むかしフィンランドにいた巨人 「巨人のはなし-フィンランドのむかしばなし」 マルヤ・ハルコネン再話；ペッカ・ヴオリ絵；坂井玲子訳　福武書店　1985年9月

巨人　きょじん
森や谷まにすんでいた巨人たち 「巨人ものがたり」 デビッド・L.ハリソン文；フィリップ・フィックス絵；久保覚訳　ほるぷ出版　1976年9月

キラクニィ・シャベロー
アメリカぜんこくほうそうビックリテレビきょくのニュースキャスターのウサギ 「アメリカンラビット」 S.マスコウィッツ作；舟崎克彦訳　角川書店　1982年12月

ギーリア
猫のヤーコプとくらしている主人の「あいつ」のうちにやってきた女の人 「猫のヤーコプの恋」 トーマス・ヘルトナー作；スヴェン・ハルトマン絵；犬養智子訳　CBSソニー出版　1978年10月

ギーリア
猫のヤーコプとくらしている主人の「あいつ」のうちにやってきた女の人 「猫のヤーコプ魔法と子ねこ」 トーマス・ヘルトナー作；スヴェン・ハルトマン絵；犬養智子訳　CBSソニー出版　1982年4月

キリン
あるひばったりであったちびのネズミとどっちがえらいかのだいろんそうをはじめたキリン 「のっぽとちび」 バーバラ・ブレナー文；トミー・ウンゲラー絵；山根瑞世訳　ほるぷ出版　1978年12月

きりん（オルタンス）
豹の王子オレッグを助ける何でも見えるが頭のすこし鈍いきりん 「王子オレッグ故郷に帰る」 ジャン＝クロード・ブリスビル文；ダニエル・ブール絵；篠沢秀夫訳　集英社　1982年12月

キリン（ギーゼラ）
動物たちの学校時代の同窓写真にうつったキリン 「ぼくたちを忘れないで」 フリーデル・シュミット；ヴァルトラウト・ランケ作；森村桂訳　CBS・ソニー出版　1978年8月

キリン（グレイス）
トラのジュリアスたちとみんなでジャングルをでてりょこうをしてさばくのオアシスまでいったキリン 「しんせつなラクダのハンフリー」 ダイアン・エルスン文・絵；河津千代訳　アリス館牧新社　1975年12月

キリン（ジルダ）
動物たちの大王ジュルルジュスト一世の肖像画を描くことになった女流前衛画家のキリン 「ジュルルジュスト王国で起きた不思議な出来事」 マックス・ギャバン作；遠藤周作訳　エイプリル・ミュージック　1978年6月

きりん（セシリー）
うちのものもともだちもみんなとおいくにのどうぶつえんへつれられていってしまいひとりぼっちになったときに9ひきのさるたちにあったきりん 「きりんのセシリーと9ひきのさるたち」 H.A.レイ文・絵；光吉夏弥訳　メルヘン社　1981年8月

きりん（パルミーラ）
にんげんのふくをきてまちへいったしりたがりやのどうぶつえんのきりん 「パルミーラまちへいく」 ロゼール・カプデビラ作・.絵；小沢正文　学習研究社（国際版せかいのえほん12）1985年1月

きりん（ルイーゼ）
サーカスだんをでてじぶんたちだけでサーカスをはじめた六にんのはんらんぐみの一ぴきのきりん 「ごうじょっぱりのピエロ」 ミッシャ・ダムヤン作；ギアン・カスティ絵；山室静訳　佑学社（ヨーロッパ創作絵本シリーズ5）　1978年4月

キリン（レオポルト）
なにかといっては戦争をはじめる人間に腹をたて子どもたちのために動物たちで会議をひらいたキリン 「どうぶつ会議」 エーリヒ・ケストナー文；ワルター・トリヤー絵；光吉夏弥訳　岩波書店（岩波の子もの本）　1954年12月

きりんくん
ねずみがすんでるぼうしをかぶってかっこいいせびろではなにばらをくっつけたおかしなきりんくん 「おかしなおかしなきりんくん」 シェル・シルバースタイン作；ふじたたまお訳　実業之日本社（せかいのえほんアメリカ）　1976年9月

ギルドン
朝鮮のくにがまだ李朝じだいとよばれていたなん百ねんもむかしにいたうまれつきふしぎなちからがそなわったおとこのこ 「洪吉童（ほんぎるどん）」 洪永佑文・絵　朝鮮青年社（朝鮮名作絵本シリーズ1）　1982年10月

キレイさん
金持ちの商人の3人のむすめの末のむすめで気立ても器量もよいむすめ 「美女と野獣」 ローズマリー・ハリス再話；エロール・ル・カイン絵；矢川澄子訳　ほるぷ出版　1984年10月

銀色の馬（馬）　ぎんいろのうま（うま）
おじいさんのむぎ畑をあらして「イワンのばか」とよばれていた三ばんめのむすこにつかまったがにがしてもらった銀色の馬 「銀色の馬―ロシアの民話」 マーブリナ絵；ばばともこ訳　新読書社　1983年12月

キンキラッケ
もりのおくの三びきのくまさんのおうちへはいこんでベッドでねてしまったきんきらのかみのけのおんなのこ 「キンキラッケと三びきのくま」 トニー・ロス作・絵；安西徹雄訳　アリス館牧新社　1979年11月

キングバード
王さま鳥といっても名ばかりの小さなヒタキの仲間で子どもたちをばかにしたクマとたたかうことになった鳥 「クマとキングバード―グリム童話」 グリム兄弟原作；クリス・コノバー画；掛川恭子訳　ほるぷ出版　1981年7月

キンドリー夫人　きんどりーふじん
トーマスにハンカチをふってくれた一日じゅうねたきりの夫人 「機関車トービーのかつやく」　ウィルバート・オードリー作；レジナルド・ドールビー絵；桑原三郎；清水周裕訳　ポプラ社（汽車のえほん7）　1974年4月

ぎんねず
りすのはたおといっしょにくらすことになっためすのりす 「はたおりすのぼうけん」 シートン原作;小林清之介文;若菜等絵　チャイルド本社(チャイルド絵本館・シートン動物記1) 1984年5月

きんのさかな(さかな)
うみのすぐそばのこわれかけたいえにおばあさんとすんでいたおじいさんのあみにかかったきんのさかな 「きんのさかな」 矢崎節夫文;かみやしん絵　フレーベル館(せかいむかしばなし7)　1985年11月

きんのさかな(さかな)
うみのそばにすんでいたじいさんがじびきあみでとったがうみへにがしてやった口をきくきんのさかな 「きんのさかなのものがたり」 プーシキン作;コナシェヴィチ絵;いじゅういんとしたか訳　新読書社　1983年3月

きんのさかな(さかな)
うみのそばのこやにくらしていたじいさんがあるひあみでひきあげたものをいうきんのさかな 「きんのさかな」 アレクサンドル・プーシキン作;ヴェー・コナシェビチ画;宮川やすえ訳　ほるぷ出版　1979年3月

金の鳥　きんのとり
イワン王子がくだものがたわわにみのる美しい庭でつかまえた金いろのはねをもった鳥 「火の鳥」 ルジェック・マニャーセック絵;高橋ひろゆき文　佑学社(名作バレー物語シリーズ)　1978年12月

キンバンデ族　きんばんでぞく
アフリカの部族の人びと 「絵本アフリカの人びと-26部族のくらし」 レオ・ディロン;ダイアン・ディロン絵;マーガレット・マスグローブ文;西江雅之訳　偕成社　1982年1月

【く】

グアダルーペカラカラ
グアダルーペ島にすんでいた足が長い茶色のタカで絶滅してしまった動物 「ドードーを知っていますか-わすれられた動物たち」 ショーン・ライス絵;ポール・ライス;ピーター・メイリー文;斉藤たける訳　福武書店　1982年10月

クアッガ
アフリカ南部の平原にすんでいた半分だけのシマウマで絶滅してしまった動物 「ドードーを知っていますか-わすれられた動物たち」 ショーン・ライス絵;ポール・ライス;ピーター・メイリー文;斉藤たける訳　福武書店　1982年10月

くいしんぼう
イ族の村にすんでいたとしよりのふうふが池のほとりにあらわれた白いかみの老人からさずかった九人の子どもの一人 「王さまと九人のきょうだい-中国の民話」 君島久子訳;赤羽末吉絵　岩波書店　1969年11月

くいしんぼくん
たべるのがなによりすきでたべればたべるほどふとる子 「くいしんぼくん」 ロジャー・ハーグレーヴス作；たむらりゅういち訳 評論社（みすた・ぶっくす6） 1979年4月

クイユー
子がものプルッフのきょうだい 「かものプルッフ」 リダ文；ロジャンコフスキー絵；いしいももこ；おおむらゆりこ訳 福音館書店（世界傑作絵本シリーズ23） 1964年12月

グウェン女王　ぐうぇんじょおう
ロロ王さまとなかよしの女王 「ロロ王さまとあそぼうよ」 デービッド・マッキー絵・文；山口文生訳 評論社（児童図書館・絵本の部屋） 1985年8月

くうき
じぶんにいろがついていたらどんなによのなかたのしいだろうなとおもったくうき 「わたしはくうき」 サンチェス；パチェーコ作；カラタユ絵；中山知子；菊池亘訳 文研出版（文研世界の絵本 科学の絵本） 1976年3月

くうちゃん（くも）
くろくもたちのせかいからぬけだしてそらのたびをつづけたがさびしくなってしたへおりてきてかわいたじめんにあめをふらせつづけてやったくも 「オアシスになったくうちゃん」 デイブ・リーセン作；高橋経画；横林紘美訳 岩崎書店（ファミリーえほん22） 1979年7月

九月姫　くがつひめ
シャム（いまのタイ国）の王さまのとてもすなおなやさしいせいしつの末のお姫さま 「九月姫とウグイス」 サマセット・モーム文；光吉夏弥訳；武井武雄絵 岩波書店（岩波の子どもの本） 1954年12月

くじゃく
うつくしいくじゃくせんにょのおでしになりたくてやってきたくじゃくたちのなかにいたきだてのやさしい小さなくじゃく 「くじゃくのはなび」 鍾子芒作；君島久子訳；丸木俊絵 偕成社（創作こども文庫10） 1976年7月

くじゃくせんにょ
ある日のことふかいみどりの森にどこからともなくやってきたくじゃくのすがたをしたうつくしいせんにょ 「くじゃくのはなび」 鍾子芒作；君島久子訳；丸木俊絵 偕成社（創作こども文庫10） 1976年7月

くじら
おかあさんくじらといっしょにいきのしかたやおよぎかたをおぼえたあかちゃんのざとうくじら 「くじらのこもりうた」 フローレンス・ストレンジ作；辺見まさなお訳 ほるぷ出版 1979年9月

くじら
きれいないろになりたくてしろくまとかめとわにといっしょにきれいなどうぶつたちのいるくにへたびにでたくじら 「どうぶつたちのおめしかえ」 パスカル・アラモン作；矢川澄子訳 福武書店 1982年3月

くじら
海で突風にふかれていた漁師のパートじいさんとふるい舟をいっときだけのみこんでやったくじら 「沖釣り漁師のバート・ダウじいさん」 ロバート・マックロスキー作；渡辺茂男訳 ほるぷ出版 1976年9月

くしら

クジラ
5人組の男の子たちがはいっていったふしぎな庭にすんでいたもの知りのクジラ 「ふしぎな庭」 イージー・トゥルンカ作；井出弘子訳 ほるぷ出版 1979年2月

クジラ
なつがちかづいたのでなんきょくのうみへながいりょこうをしたナガスクジラ 「クジラの大りょこう」 イリアン・ロールス作・画；小田英智文 偕成社（どうぶつのくらし3 おはなし編） 1980年3月

クジラ
ボートにのって川をくだってうみにでてきたハインリッヒというおじいさんとともだちになったクジラ 「クジラくん！」 ブローガー作；カーロウ絵；よだしずか訳 偕成社 1975年12月

くじら（アンヘリータ）
ひろすぎるうみをでてまちへいったちびくじらのおんなのこ 「ちびくじらのぼうけん」 ロロ・リコ・デアルバ作；ホセ・ラモン・サンチェス絵；やなぎやけいこ訳 ポプラ社（世界のほんやくえほん8） 1977年9月

鯨（ウージェニー） くじら（うーじぇにー）
仲がいい豹の王子オレッグを背中に乗せてアフリカの国へ連れて行っためすの青鯨 「王子オレッグ故郷に帰る」 ジャン＝クロード・ブリスビル文；ダニエル・ブール絵；篠沢秀夫訳 集英社 1982年12月

くじら（ボーリス）
ふねからおちてうみにういていたねずみのエーモスをせなかにのせてアフリカのぞうげかいがんまではこんでやったくじら 「ねずみとくじら」 ウィリアム・スタイグ作；せたていじ訳 評論社（児童図書館・絵本の部屋） 1976年12月

鯨（ユージェニ） くじら（ゆーじぇに）
豹のオレッグを好きになった鯨 「雪国の豹オレッグ」 ジャン＝クロード・ブリスビル文；ダニエル・ブール絵；串田孫一訳 集英社 1980年12月

クジラ男　くじらおとこ
冒険のたびにでたばかむすこの空とぶ船にのりこんだ七人の仲間たちの一人 「空とぶ船と世界一のばか―ロシアのむかしばなし」 アーサー・ランサム文；ユリー・シュルヴィッツ絵；神宮輝夫訳 岩波書店 1970年11月

グーシー・ルーシーさん
そらがおちてきたのをおうさまにしらせにいくといったひよこのひよっこちゃんたちについていってあげたがちょう 「そらがおちる!?どうぶつむらはおおさわぎ」 リチャード・スキャリー作；吉田純子訳 ブック・ローン出版（スキャリーおじさんのどうぶつえほん2） 1979年5月

くすぐりくん
てあたりしだいにながーいながーいうででひとをコチョコチョくすぐる子 「くすぐりくん」 ロジャー・ハーグレーヴス作；たむらりゅういち訳 評論社（みすた・ぶっくす10） 1985年12月

グスタフ
サーカスだんをでてじぶんたちだけでサーカスをはじめた六にんのはんらんぐみの一ぴきのライオン 「ごうじょっぱりのピエロ」 ミッシャ・ダムヤン作；ギアン・カスティ絵；山室静訳 佑学社（ヨーロッパ創作絵本シリーズ5） 1978年4月

くずひげ
ワーリャというむすめにたのまれていじわるおうにとらえられているあきのめがみのマーシャをたすけるしごとをした四にんのこびとのひとり 「四人のこびと」 パウストフスキー作；サゾーノフ絵；宮川やすえ訳　岩崎書店(母と子の絵本36) 1977年4月

クズリ
かりうどのオージーグととてもなかよしだったどうぶつたちのなかのクズリ 「なつをとりにいったかりうど-アメリカインディアンのはなし」 光延哲郎文；中村有希絵　コーキ出版(絵本ファンタジア10) 1977年6月

くだものや
4がつばかのひにしまのせびろをきたしんしにプラスチックのあおいりんごをうりつけたくだものや 「きえたりんご」 ヤン・レーフ作；渡辺茂男訳　講談社(講談社のピクチュアブック10) 1979年11月

グッドカインドおくさん
のらねこのピックルズにまいにちたべものをくれてしょうぼうしのジョーにあわせてくれたおくさん 「しょうぼうねこ」 エスター・アベリル作；藤田圭雄訳　文化出版局　1974年10月

くつや
ある日金もちのやしきの前を通りかかってからよくばりになっておひゃくしょうたちのくつを作るのをやめて上とうのくつしかしゅうぜんしないことにきめたくつや 「よくばりくつや」 トニー・ロス作；こだまともこ訳　文化出版局　1982年4月

くつや
ダンスのできないおひめさまにちょうちょうのかざりのついたくつをつくってあげたくつや 「ダンスのできないおひめさま」 ツウィフェロフ原作；宮川やすえ訳・文；かみやしん絵　国土社(やっちゃん絵本4) 1982年11月

くつやさん
となりにすむおかねもちからたくさんのきんかをもらってからきんかのことがしんぱいでしごとができなくなってしまったくつやさん 「おかねもちとくつやさん」 ラ・フォンテーヌ文；ブライアン・ワイルドスミス絵；わたなべしげお訳　らくだ出版　1983年2月

くつやさん
まいにちまじめにはたらくのですがちっともおかねがたまらないしょうじきもののくつやさん 「くつやとこびと-せかいのはなし(ドイツ)」 岡上鈴江文；片桐三紀子絵　コーキ出版(絵本ファンタジア41) 1980年9月

くつやさん
むかしあるところにいたはたらきものだったがどうしたわけかいつもびんぼうだったくつやさん 「こびととくつやさん」 ベラ・サウスゲイト再話；ロバート・ラムレイ絵；秋晴二；敷地松二郎訳編　アドアンゲン　1974年6月

くつ屋さん　くつやさん
あるときひとりの商人がブーツを買ったお金のかわりにおしつけて行った宝くじが一等賞になったベルリンの街のくつ屋さん 「ドアにはられた幸運」 ジャン・クラブリー絵；松代洋一訳　ペンタン(ルートヴィヒ・ベヒシュタインの童話) 1986年3月

くつや

くつやのおじさん(マイクル)
シューシュコの町でねずみのウーさんと犬のロディゴとねこのミーオラといっしょにくらしていたくつやのおじさん 「ねずみのウーくん」 マリー・ホール・エッツ作;田辺五十鈴訳　冨山房　1983年11月

クニット
森の中の一けん家でたったひとりでくらしていたとてもさびしがりやのトロールの男の子 「さびしがりやのクニット」 トーベ・ヤンソン作;山室静訳　講談社(世界の絵本フィンランド) 1971年2月

クーニベルト
動物たちの学校時代の同窓写真にうつったらくだ 「ぼくたちを忘れないで」 フリーデル・シュミット;ヴァルトラウト・ランケ作;森村桂訳　CBS・ソニー出版　1978年8月

クヌータ
あざらしのかわでふねをつくってイギリスりょこうをしたスウェーデンのヘーデンホスおやこのママ 「イギリスりょこう」 バッティル・アルムクビスト絵・文;やまのうちきよこ訳　徳間書店(げんしじんヘーデンホスシリーズ8)　1974年11月

クヌータ
いかだにのってアメリカりょこうをしたスウェーデンのげんしじんヘーデンホスおやこのママ 「アメリカりょこう」 バッティル・アルムクビスト絵・文;やまのうちきよこ訳　徳間書店(げんしじんヘーデンホスシリーズ5)　1974年10月

クヌータ
うちゅうせんをつくってうちゅうりょこうをしたスウェーデンのげんしじんヘーデンホスおやこのママ 「うちゅうりょこう」 バッティル・アルムクビスト絵・文;やまのうちきよこ訳　徳間書店(げんしじんヘーデンホスシリーズ6)　1974年8月

クヌータ
バナナボートにのってカナリアしょとうにいったスウェーデンのヘーデンホスおやこのママ 「バナナボート」 バッティル・アルムクビスト絵・文;やまのうちきよこ訳　徳間書店(げんしじんヘーデンホスシリーズ4)　1974年10月

クヌータ
ひこうきにのってマジョルカりょこうをしたスウェーデンのげんしじんヘーデンホスおやこのママ 「マジョルカりょこう」 バッティル・アルムクビスト絵・文;やまのうちきよこ訳　徳間書店(げんしじんヘーデンホスシリーズ7)　1974年11月

クヌータ
むかしスウェーデンのみずうみのほとりにすんでいたげんしじんヘーデンホスおやこのママ 「げんしじんヘーデンホスおやこ」 バッティル・アルムクビスト絵・文;やまのうちきよこ訳　徳間書店(げんしじんヘーデンホスシリーズ1)　1974年8月

くねくねむし(むし)
はやおきどりのこどもアーリー・バードのともだちになったくねくねしたむし 「アーリー・バードとくねくねむし」 リチャード・スキャリー作;國眼隆一訳　ブックローン出版(スキャリーおじさんのどうぶつえほん6)　1984年8月

くま

クノフ
まちはずれのがらくたがすてられているみどりのはらっぱでツビーベルとゆめのくにごっこをしてあそんだおとこのこ 「とべとりとべ」 ヤーノシュ作;楠田枝里子訳 文化出版局 1979年8月

グビドン公　ぐびどんこう
ほまれ高いサルタン王の息子 「サルタン王ものがたり」 プーシキン作;ゾートフ絵;斎藤公子編 青木書店(斎藤公子の保育絵本) 1985年5月

くま
あさおきてからみずうみにつりにいくまでなんでもパパとおなじようにやったこぐま 「なんでもパパといっしょだよ」 フランク・アッシュ絵・文;山口文生訳 評論社(児童図書館・絵本の部屋) 1985年11月

くま
あるあさもりのまんなかにあったこうまのりんごのきからすっかりなくなっていたりんごをこうまとさがしにいったくま 「りんごどろぼうはだーれ？」 ジーグリット・ホイック作;佐々木田鶴子訳 偕成社 1982年7月

くま
あるばんおとこのこのいえのまどのそとではがいたくてうなっていたくま 「はのいたいくま」 デイビッド・マクフェイル文・絵;清水真砂子訳 アリス館牧新社 1976年2月

くま
おかあさんにふゆごもりをしなさいといわれてもまだねむたくなくてもりへあそびにでかけたこぐま 「くまくんおやすみ」 アデレイド・ホール文;シンディ・ゼッカース絵;中野完二訳 文化出版局 1976年11月

くま
おかあさんのたんじょうびにあげるものをさがしにきたダニーにすてきなおくりものをおしえてくれたくま 「くまさんにきいてごらん」 M.フラック作;木島始訳;おのかほる画 福音館書店 1958年5月

くま
おかあさんのたんじょう日にあげるものをみつけにきただにーにいいことをおしえてあげたくま 「おかあさんだいすき」 マージョリー・フラック文・絵;大沢昌助絵;光吉夏弥訳 岩波書店(岩波の子どもの本) 1954年4月

くま
おじいちゃんのところへチョコレートケーキをとどけるおつかいのたびにでた子どもたちのまえにあらわれたくま 「ねらわれたチョコレートケーキ」 デビッド・マクフェイル文・絵;吉田新一訳 国土社 1980年11月

くま
おひさまをぱっくりのみこんでしまったくいしんぼうのわにからおひさまをとりかえしたおじいさんぐま 「ぬすまれたおひさま」 コルネイ・チュコフスキー作;ユーリ・ヴァスネッツオフ絵;松谷さやか訳 らくだ出版(世界の絵本シリーズ ソ連編2) 1975年1月

くま

くま
かあさんがいびきをかきだしたのでおきあがってほかのへやにねにいこうとしたくまのとうさん 「ワー、たまらん！」 ジル・マーフィ作；まつかわまゆみ訳　評論社（児童図書館・絵本の部屋）　1983年11月

くま
くらいほらあなにあきておおきなかしのきのなかにすてきなうちをつくったこぐま 「きのなかのいえ」 アッティリオ・カッシネリ絵；カレン・グントルプ作；岸田衿子訳　ひかりのくに（アッティリオとカレンのえほん）　1972年1月

くま
サーカスのリングのなかをオートバイにのってぐるぐるまわっていたのをおとこの子にばかにされてオートバイにのったまま町へはしりこんでいったくま 「くまのオートバイのり」 ライナー・チムニク作・絵；大塚勇三訳　佑学社（ヨーロッパ創作絵本シリーズ20）　1978年11月

くま
サリーがこけももつみにいったやまのむこうがわからこけももをたべにやってきたおかあさんぐまとこぐま 「サリーのこけももつみ」 ロバート・マックロスキー文・絵；石井桃子訳　岩波書店　1986年5月；岩波書店（岩波の子どもの本）　1976年12月

くま
ジョニーくんがもりのおくでみつけてうちののうじょうにつれてかえったこぐま 「おおきくなりすぎたくま」 リンド・ワード文・画；渡辺茂男訳　ほるぷ出版　1985年1月；福音館書店　1969年10月

くま
ひつじかいからかわのみずをのんでくれないうしをくっちまっておくれとたのまれたくま 「ひつじかいとうさぎ-ラトビア民話」 うちだりさこ再話；スズキコージ画　福音館書店　1975年9月

くま
むらのおんなのこたちともりへきのこやいちごをとりにきたマーシャをつかまえたくま 「マーシャとくま」 E.ラチョフ絵；M.ブラトフ再話；うちだりさこ訳　福音館書店（世界傑作絵本シリーズ・ソビエトの絵本）　1963年5月

くま
もりのおおかみとちいさなみそさざいをばかにしてからかったくま 「ことりにまけたくま-グリム」 グリム原作；浜田廣介文；山田三郎絵　偕成社（ひろすけ絵本7）　1965年11月

くま
もりのなかにあったいえにすんでいたおおきいのとちゅうくらいのとちいさいさんびきのくま 「三びきのくま」 阪田寛夫文；太田大八絵　フレーベル館（せかいむかしばなし5）　1985年9月

くま
もりのなかのこやになかよくくらしていたちいさいからだのちびぐまとちゅうぐまのからだのちゅうぐまとおおきなからだのでかぐまの3びきのくま 「3びきのくま-イギリスのはなし」 山室静文；フミ・ハヤシ絵　コーキ出版（絵本ファンタジア11）　1977年4月

くま

くま
もりのなかのちいさなうちにかぞくでしずかにしあわせにくらしていた三びきのくま 「キンキラッケと三びきのくま」トニー・ロス作・絵;安西徹雄訳 アリス館牧新社 1979年11月

くま
もりのなかのちいさなうちにすんでいたおとうさんおかあさんとこどもの三びきのくま 「しょうじょと三びきのくま」ベラ・サウスゲイト再話;エリック・ウインター絵;秋晴二、敷地松二郎訳編 アドアンゲン 1974年6月

くま
もりのようふくやにいた5にんのしょくにんのひとりでそでをぬうめいじんのくま 「もりのようふくや」オクターフ・パンク=ヤシ文;エウゲーニー・M.ラチョフ絵;うちだりさこ訳 福音館書店 1962年5月

くま
やまのふもとのむらにすんでいたちいさいのとちゅうくらいのとつののあるおおきなひつじの3びきをたべようとしたくま 「3びきのひつじとくま」マルセル・ベリテ作;C.H.サランビエ絵;黒木義典訳;板谷和雄文 ブックローン出版(ファランドールえほん10) 1984年1月

くま
ゆきのなかでめをさましてはなをくんくんさせたくま 「はなをくんくん」ルース・クラウス文;マーク・サイモント絵;きじまはじめ訳 福音館書店(世界傑作絵本シリーズ・アメリカの絵本) 1967年3月

くま
レッド・フォックスというインディアンのおとこのこがさかなつりをしていたカヌーにのりこんできてともだちのくまたちものせたくま 「カヌーはまんいん」ナサニエル・ベンチリー文;アーノルド・ローベル絵;三木卓訳 文化出版局 1978年12月

くま
魚つりにでかけて友だちのちびとらにてがみをかいたこぐま 「とらくんへのてがみ」ヤーノシュ作;野口純江訳 文化出版局 1982年9月

くま
山にとんできたききゅうのかごにはいってそらをとんでいきまちにおりて仮装のくまとまちがえられたくま 「ききゅうにのったくま」ブライアン・ワイルドスミス文・絵;すぎもとよしこ訳 らくだ出版 1983年11月

くま
森の中のいっけん家にともにくらしていた小さなちびくまと中くらいの中くまととっても大きな大ぐまの三びきのくま 「三びきのくま」ジェイコブズ文;鈴木佐知子訳;岩村和朗絵 小学館(世界のメルヘン絵本11) 1978年6月

くま
赤いトラックに乗って村にやってきたサーカスのザンパーノおじさんにつなでつながれてげいをみせていたおおきなくま 「くまのサーカス ザンパーノ」ヤノッシュ絵・文;さくまゆみこ訳 アリス館牧新社 1978年1月

くま

くま
冬眠しているあいだに森がつぶされて工場がたちおきると工場の労働者にされてしまったくま 「ぼくはくまのままでいたかったのに……」 イエルク・シュタイナー文;イエルク・ミュラー絵;大島かおり訳 ほるぷ出版 1978年10月

くま
白ありにとりつかれてしまったもりの木をたすけてあげようとした子ぐま 「木はいつもだめといった」 レオ・プライス作・絵;むらかみひろこ文 女子パウロ会 1982年7月

クマ
いちばんいいものを身につけて町へ行くとちゅうでカラスに流行のせんたんを教えてもらったクマ 「ローベルおじさんのどうぶつものがたり」 アーノルド・ローベル作;三木卓訳 文化出版局 1981年5月

クマ
小さな鳥のキングバード一家をばかにして空をとぶ鳥や虫たちの軍とたたかうことになったクマ 「クマとキングバード–グリム童話」 グリム兄弟原作;クリス・コノバー画;掛川恭子訳 ほるぷ出版 1981年7月

クマ
森の王さまだったのにサーカスの綱わたりの少女に恋をして自分からサーカス団のダンサーになった大グマ 「大グマと綱わたりの少女」 ジャン=クロード・ブリスビル文;ダニエル・ブール絵;新庄嘉章訳 集英社 1980年12月

くま（アーネスト）
アメリカからくるペチュラおばさんのためにごちそうをよういしたくま 「ふたりのおきゃくさま」 ガブリエル・バンサン作;森比左志訳 ブックローン出版（くまのアーネストおじさんシリーズ） 1985年11月

くま（アーネスト）
いいドレスにきがえたねずみのおんなのこのセレスティーヌをつれてしゃしんやへいったくまのおじさん 「ふたりでしゃしんを」 ガブリエル・バンサン作;森比左志訳 ブック・ローン出版（くまのアーネストおじさんシリーズ） 1983年3月

くま（アーネスト）
こねずみのセレスティーヌといっしょにくらしているくまのおじさん 「かえってきたおにんぎょう」 ガブリエル・バンサン作;森比左志訳 ブックローン出版（くまのアーネストおじさん） 1983年3月

くま（アーネスト）
どしゃぶりのあめのひでもこねずみのセレスティーヌといっしょにおべんとうをもってピクニックにでかけたくまのおじさん 「あめのひのピクニック」 ガブリエル・バンサン作;森比左志訳 ブック・ローン出版（くまのアーネストおじさん） 1983年5月

くま（アーネスト）
ねずみのおんなのこセレスティーヌのおともだちをよんでクリスマス・パーティーをひらいてあげたくま 「セレスティーヌのクリスマス」 ガブリエル・バンサン作;森比左志訳 ブックローン出版（くまのアーネストおじさんシリーズ） 1983年11月

くま(アーネスト)
びじゅつかんではたらきたくなってねずみのおんなのこセレスティーヌをつれてびじゅつかんにいったくま「まいごになったセレスティーヌ」ガブリエル・バンサン作;森比左志訳 ブックローン出版(くまのアーネストおじさんシリーズ) 1985年11月

くま(アーネスト)
やねのあまもりをなおすおかねをつくるためにまちかどでバイオリンをひいたくまのおじさん「ふたりはまちのおんがくか」ガブリエル・バンサン作;森比左志訳 ブック・ローン出版(くまのアーネストおじさんシリーズ) 1983年3月

くま(アレック)
いとこのくんちゃんといっしょにキャンプにいったくまのおとこのこ「くんちゃんのもりのキャンプ」ドロシー・マリノ作;間崎ルリ子訳 ペンギン社 1983年1月

くま(アンドリュー)
あついなつの日にうみにでかけたテディベアのくま「うみへいこうよ」スザンナ・グレッツ作・絵;各務三郎訳 岩崎書店(テディベアのえほん1) 1984年8月

くま(アンドリュー)
かぜをひいたウィリアムのせわをしてあげたテディベアのくま「かぜひいちゃった」スザンナ・グレッツ作・絵;各務三郎訳 岩崎書店(テディベアのえほん8) 1985年3月

くま(アンドリュー)
みどり通りのあたらしいうちにひっこしたテディベアのくま「ひっこしおおさわぎ」スザンナ・グレッツ作・絵;各務三郎訳 岩崎書店(テディベアのえほん2) 1984年10月

くま(アンドリュー)
雨の日にうちのなかでうちゅう船ごっこをしたテディベアのくま「雨の日のうちゅうせんごっこ」スザンナ・グレッツ作・絵;各務三郎訳 岩崎書店(テディベアのえほん3) 1984年10月

くま(ウイリー)
あしたからがっこうへいくおとこのこがねむれなくてずっとはなしかけていたぬいぐるみのくま「あした、がっこうへいくんだよ」ミルドレッド・カントロウィッツ文;ナンシー・ウィンスロー・パーカー絵;せたていじ訳 評論社(児童図書館・絵本の部屋) 1981年9月

くま(ウィリアム)
あついなつの日にうみにでかけたテディベアのくま「うみへいこうよ」スザンナ・グレッツ作・絵;各務三郎訳 岩崎書店(テディベアのえほん1) 1984年8月

くま(ウィリアム)
かいものリストをかいてスーパーマーケットにいったテディベアのくま「かいものいっぱい」スザンナ・グレッツ作・絵;各務三郎訳 岩崎書店(テディベアのえほん4) 1984年10月

くま(ウィリアム)
かぜをひいてねたきりになったテディベアのくま「かぜひいちゃった」スザンナ・グレッツ作・絵;各務三郎訳 岩崎書店(テディベアのえほん8) 1985年3月

くま(ウィリアム)
みどり通りのあたらしいうちにひっこしたテディベアのくま「ひっこしおおさわぎ」スザンナ・グレッツ作・絵;各務三郎訳 岩崎書店(テディベアのえほん2) 1984年10月

くま

くま(ウィリアム)
雨の日にうちのなかでうちゅう船ごっこをしたテディベアのくま「雨の日のうちゅうせんごっこ」スザンナ・グレッツ作・絵;各務三郎訳 岩崎書店(テディベアのえほん3) 1984年10月

くま(ウルズス王) くま(うるずすおう)
こぐまのぺちたちがのった船マリーごうにガソリンをわけてくれたくまの王さま「くまのおうじょ」カルラ・ハンセン;ウィルヘルム・ハンセン原作;水木しげる訳 フレーベル館(こぐまのぺちの絵本2) 1972年8月

くま(ウルズラ)
くまの王さまウルズス王のおうじょ「くまのおうじょ」カルラ・ハンセン;ウィルヘルム・ハンセン原作;水木しげる訳 フレーベル館(こぐまのぺちの絵本2) 1972年8月

くま(エリック)
学校のバザーにだすために石のぶんちんやいろいろなものをつくったくまの男の子「こぐまの学校のバザー」ミシェル・カートリッジ作;せなあつこ訳 偕成社 1982年8月

くま(おおくまくん)
にわにうえてみたたねからできたおおきなかぼちゃのなかにひっこしてともだちのこぐまくんとうみにでていったくま「かぼちゃひこうせんぷっくらこ」レンナート・ヘルシング文;スベン・オットー絵;奥田継夫;木村由利子訳 アリス館牧新社 1976年10月

くま(オーガスト)
にんげんになりたいというこぐまのテッドににんげんのすることをおしえてやったあたまのいいとしよりぐま「にんげんってたいへんだね」フィリップ・レスナー文;クロスビー・ボンサル絵;べっくさだのり訳 アリス館 1978年4月

くま(オタ)
森番のおじいさんとともだちになりときどきにわの木からくだものをもらっていたくま「くまのオタ」イヴァン・ガンチェフ作・絵;森谷正次郎訳 佑学社(ヨーロッパ創作絵本シリーズ15) 1978年11月

くま(くんちゃん)
いとこのアレックといっしょにキャンプにいったくまのおとこのこ「くんちゃんのもりのキャンプ」ドロシー・マリノ作;間崎ルリ子訳 ペンギン社 1983年1月

くま(くんちゃん)
おとうさんのはたけしごとのおてつだいをしたくまのおとこのこ「くんちゃんのはたけしごと」ドロシー・マリノ作;間崎ルリ子訳 ペンギン社 1983年1月

くま(くんちゃん)
なんにもすることがなくてそとへでていってじぶんであそびをいっぱいみつけたくまのおとこのこ「くんちゃんはおおいそがし」ドロシー・マリノ作;間崎ルリ子訳 ペンギン社 1983年1月

くま(くんちゃん)
にじがでたひににじのねもとにうまっているというきんのつぼをみつけにいったくまのおとこのこ「くんちゃんとにじ」ドロシー・マリノ作;間崎ルリ子訳 ペンギン社 1984年2月

くま(くんちゃん)
みなみのくにへとんでいくとりたちといっしょにあたたかいところへわたっていこうとしておかのうえまでのぼっていったくまのおとこの子 「くんちゃんのだいりょこう」 ドロシー・マリノ文・絵;石井桃子訳　岩波書店　1986年5月;岩波書店　1977年11月

くま(くんちゃん)
ゆきのうえにたべものをまいてことりやうさぎやりすたちにパーティーをしてあげたくまのおとこのこ 「くんちゃんとふゆのパーティー」 ドロシー・マリノ作;新井有子訳　ペンギン社　1981年11月

くま(くんちゃん)
一ねんせいになってはじめてがっこうにいったくまのおとこのこ 「くんちゃんのはじめてのがっこう」 ドロシー・マリノ作;間崎ルリ子訳　ペンギン社　1982年4月

くま(こぐまくん)
にわにうえてみたたねからできたおおきなかぼちゃのなかにひっこししてともだちのおおくまくんとうみにでていったくま 「かぼちゃひこうせんぷっくらこ」 レンナート・ヘルシング文;スベン・オット一絵;奥田継夫;木村由利子訳　アリス館牧新社　1976年10月

くま(コーちゃん)
せんたくやさんにつれていかれたときにずぼんにつけるポケットがほしくなってきれをさがしにいってしまったにんぎょうのくま 「コーちゃんのポケット」 ドン・フリーマン作;西園寺祥子訳　ほるぷ出版　1982年10月

くま(ころ)
こうえんでシーソーにのってむこうにすわってくれるあいてをまっていたこぐま 「こぐまとシーソー」 ヘレナ・ベフレロヴァ作;内田莉莎子訳;なかのひろたか絵　福音館書店　1986年4月

くま(サリバン)
ナターンのもりからみんなをにげださせてみんながためたごちそうをたべようとたくらんだくま 「みみずくのプロスペ」 アラン・グレ文;ルイ・カン絵;つじとおる訳　DEMPAペンタン(ナターンのもりのなかまたち5)　1986年4月

くま(サリバン)
ナターンのもりのなかまたちをおそってきたくま 「みつばちのアデリーヌ」 アラン・グレ文;ルイ・カン絵;いはらじゅんこ訳　ペンタン(ナターンのもりのなかまたち2)　1984年10月

くま(ジャック)
りょうしにそだてられさまざまなけいけんをへてタラクやまのくまおうとよばれるようになったはいいろぐま 「タラクやまのくまおう」 シートン原作;小林清之介文;清水勝絵　チャイルド本社(チャイルド絵本館・シートン動物記Ⅱ-12)　1986年3月

くま(ジョン)
あついなつの日にうみにでかけたテディベアのくま 「うみへいこうよ」 スザンナ・グレッツ作・絵;各務三郎訳　岩崎書店(テディベアのえほん1)　1984年8月

くま(ジョン)
かいものリストをかいてスーパーマーケットにいったテディベアのくま 「かいものいっぱい」 スザンナ・グレッツ作・絵;各務三郎訳　岩崎書店(テディベアのえほん4)　1984年10月

くま

くま(ジョン)
かぜをひいたウィリアムのせわをしてあげたテディベアのくま 「かぜひいちゃった」 スザンナ・グレッツ作・絵;各務三郎訳 岩崎書店(テディベアのえほん8) 1985年3月

くま(ジョン)
みどり通りのあたらしいうちにひっこしたテディベアのくま 「ひっこしおおさわぎ」 スザンナ・グレッツ作・絵;各務三郎訳 岩崎書店(テディベアのえほん2) 1984年10月

くま(ジョン)
雨の日にうちのなかでうちゅう船ごっこをしたテディベアのくま 「雨の日のうちゅうせんごっこ」 スザンナ・グレッツ作・絵;各務三郎訳 岩崎書店(テディベアのえほん3) 1984年10月

くま(スピール)
きょうだいのマリエットといっしょにゆきだるまをつくったくまのおとこのこ 「ゆきだるまさんだいすき-マリエットとスピール」 イレーヌ・シュバルツ文;フレデリック・ステール絵;いしづちひろ訳 文化出版局 1985年11月

くま(スピール)
きょうだいのマリエットとブルーベリーつみにいったくまのおとこのこ 「ブルーベリーつみならまかせて」 イレーヌ・シュバルツ文;フレデリック・ステール絵;いしづちひろ訳 文化出版局 1985年9月

くま(セーラ)
かいものリストをかいてスーパーマーケットにいったテディベアのくまのおんなの子 「かいものいっぱい」 スザンナ・グレッツ作・絵;各務三郎訳 岩崎書店(テディベアのえほん4) 1984年10月

くま(セーラ)
かぜをひいたウィリアムのせわをしてあげたテディベアのくまのおんなの子 「かぜひいちゃった」 スザンナ・グレッツ作・絵;各務三郎訳 岩崎書店(テディベアのえほん8) 1985年3月

くま(セーラ)
みどり通りのあたらしいうちにひっこしたテディベアのくまのおんなの子 「ひっこしおおさわぎ」 スザンナ・グレッツ作・絵;各務三郎訳 岩崎書店(テディベアのえほん2) 1984年10月

くま(セーラ)
雨の日にうちのなかでうちゅう船ごっこをしたテディベアのくまのおんなの子 「雨の日のうちゅうせんごっこ」 スザンナ・グレッツ作・絵;各務三郎訳 岩崎書店(テディベアのえほん3) 1984年10月

くま(ちびくま)
おおきなきのみきをくりぬいてつくったいえにすんでいたくまさんいっかのおとこのこ 「くまさんいつかあかちゃんうまれる」 スタン・ベレンスタイン;ジャン・ベレンスタイン作;渡辺茂男訳 講談社(講談社のピクチュアブック2) 1979年5月

くま(ちびくまくん)
なかよしのちびとらくんとふたりであこがれのくにパナマへたびだったちびのくま 「パナマってすてきだな」 ヤーノシュ作・絵;矢川澄子訳 あかね書房(あかねせかいの本3) 1979年9月

くま

くま(チャールズ)
あついなつの日にうみにでかけたテディベアのくま 「うみへいこうよ」 スザンナ・グレッツ作・絵;各務三郎訳 岩崎書店(テディベアのえほん1) 1984年8月

くま(チャールズ)
かいものリストをかいてスーパーマーケットにいったテディベアのくま 「かいものいっぱい」 スザンナ・グレッツ作・絵;各務三郎訳 岩崎書店(テディベアのえほん4) 1984年10月

くま(チャールズ)
かぜをひいたウィリアムのせわをしてあげたテディベアのくま 「かぜひいちゃった」 スザンナ・グレッツ作・絵;各務三郎訳 岩崎書店(テディベアのえほん8) 1985年3月

くま(チャールズ)
みどり通りのあたらしいうちにひっこしたテディベアのくま 「ひっこしおおさわぎ」 スザンナ・グレッツ作・絵;各務三郎訳 岩崎書店(テディベアのえほん2) 1984年10月

くま(チャールズ)
雨の日にうちのなかでうちゅう船ごっこをしたテディベアのくま 「雨の日のうちゅうせんごっこ」 スザンナ・グレッツ作・絵;各務三郎訳 岩崎書店(テディベアのえほん3) 1984年10月

くま(テッド)
くまにあきちゃってにんげんになりたいなとしよりぐまのオーガストといったこぐま 「にんげんってたいへんだね」 フィリップ・レスナー文;クロスビー・ボンサル絵;べっくさだのり訳 アリス館 1978年4月

くま(テディ)
クリスマスのあくる日あたらしいおもちゃとひきかえにごみすてばにすてられてにんぎょうの女の子アニーとあったにんぎょうのくま 「クリスマスのあたらしいおともだち」 ジェイムズ・スティーブンスン文・絵;谷本誠剛訳 国土社 1982年11月

くま(ナスターシャ・ペトローブナ)
もりのなかにあったいえにすんでいた3びきのくまの1ぴきのおかあさんぐま 「3びきのくま」 トルストイ作;バスネツォフ絵;おがさわらとよき訳 福音館書店(世界の傑作絵本シリーズ・ソビエトの絵本) 1962年5月

くま(ナバー)
中の森にあるはちのすをどうしても手にいれたくてよるの森にはいっていったこぐま 「はちみつはちみつ」 ウィリアム・リプキンド作;ロジャー・デュボアザン絵;掛川恭子訳 佑学社 (アメリカ創作絵本シリーズ17) 1980年11月

くま(ヌーヌー)
ニコラとマリーといっしょにいなかへいったくま 「くまのヌーヌーいなかへいく」 クロード・レイデュ文;ポール・デュラン絵;木村庄三郎訳 講談社(世界の絵本フランス) 1971年10月

くま(ヌーヌー)
ニコラとマリーとポールといっしょに海へいったくま 「くまのヌーヌー海へいく」 クロード・レイデュ文;ポール・デュラン絵;木村庄三郎訳 講談社(世界の絵本フランス) 1971年10月

くま

くま(ヌーヌー)
ねむりのかみさまのおてつだいをしてニコラとマリーのいえに空からおりてきたくま 「くまのヌーヌーとこやへいく」 クロード・レイデュ文;ポール・デュラン絵;木村庄三郎訳 講談社(世界の絵本フランス) 1971年10月

くま(バッバ)
しごとがだいきらいななまけものでいっしょにくらすくまのブッバといつもけんかをしているくま 「なまけもののくまさん-ロシア民話より」 マリア・ポリューシュキン再話;ディアン・ド・グロート絵;河津千代訳 アリス館牧新社 1977年4月

くま(パディントン)
ウインザーガーデンズ32ばんちのにわのあるうちにブラウンさんいっかとすんでいるくま 「パディントンのにわつくり」 マイケル・ボンド作;フレッド・バンベリー絵;中村妙子訳 偕成社(パディントン絵本2) 1973年11月

くま(パディントン)
うまれてはじめてサーカスをみにいったくま 「パディントン サーカスへ」 マイケル・ボンド作;フレッド・バンベリー絵;中村妙子訳 偕成社(パディントン絵本3) 1973年12月

くま(パディントン)
こうえんのやがいてんらんかいをみてからにわでえをかきはじめたくま 「パディントンのてんらんかい」 マイケル・ボンド文;デイビッド・マッキー絵;かんどりのぶお訳 アリス館(えほんくまのパディントン3) 1985年11月

くま(パディントン)
どうぶつえんにサンドイッチをもっていったくま 「パディントンとどうぶつえん」 マイケル・ボンド文;デイビッド・マッキー絵;かんどりのぶお訳 アリス館(えほんくまのパディントン2) 1985年10月

くま(パディントン)
ブラウンさんいっかとゆうえんちへいったくま 「パディントンとゆうえんち」 マイケル・ボンド文;デイビッド・マッキー絵;かんどりのぶお訳 アリス館(えほんくまのパディントン4) 1985年11月

くま(パディントン)
ブラウンさんのかぞくとうみべへあそびにいってなないろのアイスクリームをたべたくま 「パディントンのアイスクリーム」 マイケル・ボンド文;デイビッド・マッキー絵;かんどりのぶお訳 アリス館(えほんくまのパディントン1) 1985年10月

くま(パディントン)
ペルーのやまおくからふなぞこにかくれてきてパディントンえきについたくま 「くまのパディントン」 マイケル・ボンド作;フレッド・バンベリー絵;中村妙子訳 偕成社(パディントン絵本1) 1973年11月

くま(パディントン)
ロンドンのスーパーへかいものにいったくま 「パディントンのかいもの」 マイケル・ボンド作;フレッド・バンベリー絵;中村妙子訳 偕成社(パディントン絵本4) 1973年12月

くま

くま（パパぐまとママぐま）
おおきなきのみきをくりぬいてつくったいえにすんでいたくまさんいっかのパパとママ 「くまさんいっかあかちゃんうまれる」 スタン・ベレンスタイン；ジャン・ベレンスタイン作、渡辺茂男訳 講談社（講談社のピクチュアブック2） 1979年5月

くま（バリエ）
りょうしにうたれてソニアのいえのまえでたおれていたくま 「しっているのはソニアだけ」 マリー・ジョゼ・サクレ作・.絵；寺村輝夫文 学習研究社（国際版せかいのえほん9） 1985年1月

くま（バルー）
インドのジャングルでおおかみにそだてられたにんげんのこモーグリをかわいがってくれたくま 「ジャングル・ブック」 キップリング原作；林陽子文；清水勝絵 世界出版社（ABCブック） 1969年9月

くま（バンセス）
たかいまどからしたにおちてしまったかわいいぬいぐるみのこぐま 「バンセスきをつけて」 ヤン・モーエセン作・絵；矢崎節夫訳 フレーベル館 1985年2月

くま（バンセス）
マリーがもっているかわいいぬいぐるみのこぐま 「バンセスのクリスマス」 ヤン・モーエセン作・絵；矢崎節夫訳 フレーベル館 1984年11月

くま（バンセス）
マリーにでんしゃのなかにわすれられてしまったかわいいぬいぐるみのこぐま 「バンセスのともだち」 ヤン・モーエセン作・絵；矢崎節夫訳 フレーベル館 1985年1月

くま（ビーディーくん）
セイヤーくんというおとこのこがもっていたおもちゃのくまであるひいえでしてそとのほらあなへいったくま 「くまのビーディーくん」 ドン・フリーマン作；松岡享子訳 偕成社 1976年2月

クマ（プー）
ある日コブタとお茶をごちそうになるためにみんなに会いにいったクマのプー 「コブタのおてがら」 A.A.ミルン文；E.H.シェパード絵；石井桃子訳 岩波書店（クマのプーさんえほん14） 1983年2月

クマ（プー）
ある日ほかになにもすることがないのでなにかしようとおもったクマのプー 「クマのプーさん」 A.A.ミルン文；E.H.シェパード絵；石井桃子訳 岩波書店 1968年12月

クマ（プー）
ある日森のなかを歩いていて穴につまったクマのプー 「プーあなにつまる・ふしぎなあしあと」 A.A.ミルン文；E.H.シェパード絵；石井桃子訳 岩波書店（クマのプーさんえほん2） 1982年6月

クマ（プー）
ウサギとコブタとカンガの子どものルー坊を捕獲する計画をたてたクマのプー 「カンガとルー森にくる」 A.A.ミルン文；E.H.シェパード絵；石井桃子訳 岩波書店（クマのプーさんえほん5） 1982年6月

くま

クマ(プー)
クリストファー・ロビンが見たというゾゾをつかまえる決心をしたクマのプー 「プーのゾゾがり」A.A.ミルン文;E.H.シェパード絵;石井桃子訳 岩波書店(クマのプーさんえほん3) 1982年6月

クマ(プー)
クリストファー・ロビンにお茶の会をひらいてもらったクマのプー 「プーのたのしいパーティー」A.A.ミルン文;E.H.シェパード絵;石井桃子訳 岩波書店(クマのプーさんえほん8) 1982年9月

クマ(プー)
クリストファー・ロビンのおとうさんにハチミツとりのはなしをしてもらったクマのプー 「プーのはちみつとり」A.A.ミルン文;E.H.シェパード絵;石井桃子訳 岩波書店(クマのプーさんえほん1) 1982年6月

クマ(プー)
コブタとウサギと三人でトラーを探検につれていったクマのプー 「ウサギまいごになる」A.A.ミルン文;E.H.シェパード絵;石井桃子訳 岩波書店(クマのプーさんえほん13) 1983年2月

クマ(プー)
みんなで北極を探検しにいったクマのプー 「プーのほっきょくたんけん」A.A.ミルン文;E.H.シェパード絵;石井桃子訳 岩波書店(クマのプーさんえほん6) 1982年9月

クマ(プー)
森のみんなとフクロのあたらしい家をさがしたクマのプー 「フクロのひっこし」A.A.ミルン文;E.H.シェパード絵;石井桃子訳 岩波書店(クマのプーさんえほん15) 1983年2月

クマ(プー)
大洪水で水にかこまれてしまったコブタの救助にいったクマのプー 「コブタと大こうずい」A.A.ミルン文;E.H.シェパード絵;石井桃子訳 岩波書店(クマのプーさんえほん7) 1982年9月

クマ(プー)
年とった灰色ロバのイーヨーに家をたててやったクマのプー 「イーヨーのあたらしいうち」A.A.ミルン文;E.H.シェパード絵;石井桃子訳 岩波書店(クマのプーさんえほん9) 1982年9月

クマ(プー)
年とった灰色ロバのイーヨーのお誕生日のお祝いをしたクマのプー 「イーヨーのたんじょうび」A.A.ミルン文;E.H.シェパード絵;石井桃子訳 岩波書店(クマのプーさんえほん4) 1982年6月

クマ(プー)
木にのぼったトラーとルーとみんなでおろしたクマのプー 「トラー木にのぼる」A.A.ミルン文;E.H.シェパード絵;石井桃子訳 岩波書店(クマのプーさんえほん11) 1983年2月

クマ(プー)
夜にやってきたトラのトラーと朝ごはんをたべたクマのプー 「トラーのあさごはん」A.A.ミルン文;E.H.シェパード絵;石井桃子訳 岩波書店(クマのプーさんえほん10) 1982年9月

くま

くま（ブウル）
ま冬に森の穴のなかで生まれた子ぐま 「くまのブウル」 リダ文；ロジャンコフスキー絵；いしいももこ；おおむらゆりこ訳　福音館書店（世界傑作絵本シリーズ24）　1965年2月

くま（ブッバ）
しごとがだいきらいななまけものでいっしょにくらすくまのバッバといつもけんかをしているくま 「なまけもののくまさん-ロシア民話より」 マリア・ポリューシュキン再話；ディアン・ド・グロート絵；河津千代訳　アリス館牧新社　1977年4月

くま（ブラウン）
どうぶつのくにのおうさまらいおんからきつねのライネケをひっぱってくるようにいわれたくま 「きつねのさいばん」 ゲーテ原作；二反長半文；山田三郎絵　世界出版社（ABCブック）　1970年1月

クマ（ブラン）
エミリーのうちのねこミューとなかよしのぬいぐるみでくるまからおちてはたけのかかしにされていたクマ 「ねこのミューとブラン」 メグ・ラザーフォード作・絵；矢崎節夫訳　フレーベル館　1986年1月

クマ（ブルース）
まじょのロキシーをおこらせたのでまほうにかけられてカエルみたいなちいさなクマになってしまったいたずらグマ 「まほうにかかったいたずらグマ」 ビル・ピート作・絵；山下明生訳　佼成出版社（ピートの絵本シリーズ4）　1981年4月

くま（プルッシュ）
子ぐまのブウルとポルカのかあさんぐま 「くまのブウル」 リダ文；ロジャンコフスキー絵；いしいももこ；おおむらゆりこ訳　福音館書店（世界傑作絵本シリーズ24）　1965年2月

くま（ブルン）
シャベルやくまでやボールやバケツなどをいっぱいもってあそびにいったこぐま 「こぐまのブルン あそびにいく」 ダニエル・ブール作；たくまひがし訳　みみずくぷれす　1982年6月

くま（ブルン）
スキップもナイフできるのも靴ひもをむすぶのもできるようになったこぐま 「こぐまのブルン ぼくできるよ」 ダニエル・ブール作；たくまひがし訳　みみずくぷれす　1982年6月

くま（ブルン）
ひとりできがえをしたこぐま 「こぐまのブルン きがえ」 ダニエル・ブール作；たくまひがし訳　みみずくぷれす　1982年6月

くま（ブルン）
ペンキとチョコレートでよごれちゃっておふろにはいったこぐま 「こぐまのブルン おふろ」 ダニエル・ブール作；たくまひがし訳　みみずくぷれす　1982年6月

くま（ブルン）
ママといっしょにケーキをつくったこぐま 「こぐまのブルン ケーキづくり」 ダニエル・ブール作；たくまひがし訳　みみずくぷれす　1982年6月

くま

くま（ブルン）
めがさめてさいしょにママをよんだこぐま「こぐまのブルン あまえんぼ」ダニエル・ブール作;たくまひがし訳 みみずくぷれす 1982年6月

くま（フローラ）
ペトルががっこうのかえりみちにひろってフローラといううなまえをつけたぬいぐるみのくま「ぼくのくまくんフローラ」デイジー・ムラースコバー作・絵;千野栄一訳 偕成社 1979年7

くま（ふわふわくん）
あかんぼうのときからともだちのアルフレッドがいっしょにあそんでくれなくなったのでおおきな木のたかいところまでのぼっていってしまったおもちゃのくま「ふわふわくんとアルフレッド」ドロシー・マリノ文・絵;石井桃子訳 岩波書店（岩波の子どもの本）1977年6月

くま（ベアくん）
いいところをしっているというパパにつれられてピクニックにしゅっぱつしたこぐま「ベアくんのピクニック」スタン・ベレンスタイン;ジャン・ベレンスタイン作・絵;今江祥智文 日本パブリッシング 1969年1月

くま（ベアくん）
なつやすみにうみへいってパパにあんぜんをまもるきまりをおしえてもらったこぐま「ベアくんのなつやすみ」スタン・ベレンスタイン;ジャン・ベレンスタイン作・絵;緒方安雄文 日本パブリッシング 1969年1月

くま（ベアくん）
パパにおしえてもらってじてんしゃののりかたのべんきょうをしたこぐま「ベアくんじてんしゃのけいこ」スタン・ベレンスタイン;ジャン・ベレンスタイン作・絵;横山隆一文 日本パブリッシング 1968年1月

くま（ベアくん）
ボーイスカウトの本をもってパパとキャンプにいったこぐま「ベアくんのボーイスカウト」スタン・ベレンスタイン;ジャン・ベレンスタイン作・絵;小堀杏奴文 日本パブリッシング 1968年1月

くま（ぺち）
ともだちのペリカンのぺれとペンギンのぴんごたちといっしょにマリーごうという船をつくってせかいいっしゅうのたびにでたこぐま「かめじまのぺち」カルラ・ハンセン;ウィルヘルム・ハンセン原作;水木しげる訳 フレーベル館（こぐまのぺちの絵本6）1972年8月

くま（ぺち）
ともだちのペリカンのぺれとペンギンのぴんごたちといっしょにマリーごうという船をつくってせかいいっしゅうのたびにでたこぐま「くまのおうじょ」カルラ・ハンセン;ウィルヘルム・ハンセン原作;水木しげる訳 フレーベル館（こぐまのぺちの絵本2）1972年8月

くま（ぺち）
ともだちのペリカンのぺれとペンギンのぴんごたちといっしょにマリーごうという船をつくってせかいいっしゅうのたびにでたこぐま「すずきのおやこ」カルラ・ハンセン;ウィルヘルム・ハンセン原作;水木しげる訳 フレーベル館（こぐまのぺちの絵本3）1972年8月

くま(ぺち)
ともだちのペリカンのぺれとペンギンのぴんごたちといっしょにマリーごうという船をつくってせかいいっしゅうのたびにでたこぐま「とざんかぺち」カルラ・ハンセン；ウィルヘルム・ハンセン原作；水木しげる訳　フレーベル館（こぐまのぺちの絵本8）　1972年8月

くま(ぺち)
ともだちのペリカンのぺれとペンギンのぴんごたちといっしょにマリーごうという船をつくってせかいいっしゅうのたびにでたこぐま「ぺちとぴらみっど」カルラ・ハンセン；ウィルヘルム・ハンセン原作；水木しげる訳　フレーベル館（こぐまのぺちの絵本5）　1972年8月

くま(ぺち)
ともだちのペリカンのぺれとペンギンのぴんごたちといっしょにマリーごうという船をつくってせかいいっしゅうのたびにでたこぐま「ぺちのほっきょくたんけん」カルラ・ハンセン；ウィルヘルム・ハンセン原作；水木しげる訳　フレーベル館（こぐまのぺちの絵本7）　1972年8月

くま(ぺち)
ともだちのペリカンのぺれとペンギンのぴんごたちといっしょにマリーごうという船をつくってせかいいっしゅうのたびにでたこぐま「まりーごうのしんすい」カルラ・ハンセン；ウィルヘルム・ハンセン原作；水木しげる訳　フレーベル館（こぐまのぺちの絵本1）　1972年8月

くま(ぺち)
ともだちのペリカンのぺれとペンギンのぴんごたちといっしょにマリーごうという船をつくってせかいいっしゅうのたびにでたこぐま「ゆめのくにへいく」カルラ・ハンセン；ウィルヘルム・ハンセン原作；水木しげる訳　フレーベル館（こぐまのぺちの絵本4）　1972年8月

くま(ペチュラおばさん)
くまのアーネストのうちにアメリカからやってきたおばさん「ふたりのおきゃくさま」ガブリエル・バンサン作；森比左志訳　ブックローン出版（くまのアーネストおじさんシリーズ）　1985年11月

くま(ベティ)
ゆかいななかまと「長ぐつ号」にのりこんでぼうけんのたびへと出発した六ぴきの動物たちの一ぴき「長ぐつ号の大ぼうけん－シンガポール」キャサリン・チャパード文；チュア・アイ・ミー絵；崎岡真紀子；荒川豊子訳　蝸牛社（かたつむり文庫）　1984年12月

くま(ベリンダ)
ピクニックにでかけてふうせんやさんからもらったふうせんをもちおねえさんのルーシーとたかいきのうえまでいったくまのおんなのこ「ベリンダのふうせん」エミリー・ブーン作・絵；こわせたまみ訳　フレーベル館　1986年5月

くま(ポルカ)
ま冬に森の穴のなかで生まれた子ぐま「くまのブウル」リダ文；ロジャンコフスキー絵；いしいももこ；おおむらゆりこ訳　福音館書店（世界傑作絵本シリーズ24）　1965年2月

くま(ママヌルスおばさん)
インディオのこどものホピとカティのともだちのくまのおばさん「モーブのはなをさがすホピとカティ」F.クレナル作；アンドリ絵；黒木義典訳；板谷和雄文　ブック・ローン出版（ファランドールえほん13）　1981年1月

くま

くま(マリエット)
きょうだいのスピールとブルーベリーつみにいったくまのおんなのこ 「ブルーベリーつみならまかせて」 イレーヌ・シュバルツ文；フレデリック・ステール絵；いしづちひろ訳 文化出版局 1985年9月

くま(マリエット)
きょうだいのマリエットといっしょにゆきだるまをつくったくまのおんなのこ 「ゆきだるまさんだいすき-マリエットとスピール」 イレーヌ・シュバルツ文；フレデリック・ステール絵；いしづちひろ訳 文化出版局 1985年11月

くま(ミーシャ)
だれもかってくれないのでおもちゃやのたなにずうっといてしんぱいで右の耳がたれさがってしまったぬいぐるみのこぐま 「ミーシャのぼうけん」 チェスワフ・ヤンチャルスキ文；ズビグニエフ・ルィフリツキ絵；坂倉千鶴訳 ほるぷ出版 1985年5月

くま(ミーシャ)
大きな町をでてゾーシャとヤツェクのうちへかえってきたこぐま 「かえってきたミーシャ」 チェスワフ・ヤンチャルスキ文；ズビグニエフ・ルイフリツキ絵；坂倉千鶴訳 ほるぷ出版 1985年5月

くま(ミシュートカ)
もりのなかにあったいえにすんでいた3びきのくまの1ぴきのちいさなくまのこ 「3びきのくま」 トルストイ作；バスネツォフ絵；おがさわらとよき訳 福音館書店(世界の傑作絵本シリーズ・ソビエトの絵本) 1962年5月

くま(ミハイル・イワノビッチ)
もりのなかにあったいえにすんでいた3びきのくまの1ぴきのおとうさんぐま 「3びきのくま」 トルストイ作；バスネツォフ絵；おがさわらとよき訳 福音館書店(世界の傑作絵本シリーズ・ソビエトの絵本) 1962年5月

くま(もっく)
たべものさがしがとってもへたなくま 「くまのもっくはおなかがぺこぺこ」 イワン・ガンチェフ作；やまわききょう訳 DEMPA/ペンタン 1986年7月

くま(ルイーズ)
かいものリストをかいてスーパーマーケットにいったテディベアのくまのおんなの子 「かいものいっぱい」 スザンナ・グレッツ作・絵；各務三郎訳 岩崎書店(テディベアのえほん4) 1984年10月

くま(ルイーズ)
かぜをひいたウィリアムのせわをしてあげたテディベアのくまのおんなの子 「かぜひいちゃった」 スザンナ・グレッツ作・絵；各務三郎訳 岩崎書店(テディベアのえほん8) 1985年3月

くま(ルイーズ)
みどり通りのあたらしいうちにひっこしたテディベアのくまのおんなの子 「ひっこしおおさわぎ」 スザンナ・グレッツ作・絵；各務三郎訳 岩崎書店(テディベアのえほん2) 1984年10月

くまお

くま（ルイーズ）
雨の日にうちのなかでうちゅう船ごっこをしたテディベアのくまのおんなの子 「雨の日のうちゅうせんごっこ」 スザンナ・グレッツ作・絵；各務三郎訳 岩崎書店（テディベアのえほん3） 1984年10月

くま（ルーシー）
ピクニックにでかけてふうせんやさんからもらったふうせんをもちいもうとのベリンダとたかいきのうえまでいったくまのおんなのこ 「ベリンダのふうせん」 エミリー・ブーン作・絵；こわせたまみ訳 フレーベル館 1986年5月

くま（ルーシー）
学校のバザーにだすために石のぶんちんやいろいろなものをつくったくまの女の子 「こぐまの学校のバザー」 ミシェル・カートリッジ作；せなあつこ訳 偕成社 1982年8月

くま（ロバート）
あついなつの日にうみにでかけたテディベアのくま 「うみへいこうよ」 スザンナ・グレッツ作・絵；各務三郎訳 岩崎書店（テディベアのえほん1） 1984年8月

くま（ロバート）
かいものリストをかいてスーパーマーケットにいったテディベアのくま 「かいものいっぱい」 スザンナ・グレッツ作・絵；各務三郎訳 岩崎書店（テディベアのえほん4） 1984年10月

くま（ロバート）
かぜをひいたウィリアムのせわをしてあげたテディベアのくま 「かぜひいちゃった」 スザンナ・グレッツ作・絵；各務三郎訳 岩崎書店（テディベアのえほん8） 1985年3月

くま（ロバート）
みどり通りのあたらしいうちにひっこしたテディベアのくま 「ひっこしおおさわぎ」 スザンナ・グレッツ作・絵；各務三郎訳 岩崎書店（テディベアのえほん2） 1984年10月

くま（ロバート）
雨の日にうちのなかでうちゅう船ごっこをしたテディベアのくま 「雨の日のうちゅうせんごっこ」 スザンナ・グレッツ作・絵；各務三郎訳 岩崎書店（テディベアのえほん3） 1984年10月

くま（ワーブ）
はいいろぐまのかあさんもきょうだいたちもころされてひとりぼっちでいきていかなければならないこぐま 「はいいろぐまワーブ」 シートン原作；小林清之介文；滝波明生絵 チャイルド本社（チャイルド絵本館・シートン動物記Ⅱ-2） 1985年5月

クマ王　くまおう
ウリュー山のクマ王 「ほしになったりゅうのきば-中国民話」 君島久子再話；赤羽末吉画 福音館書店 1963年11月

くまおとこ
あくまにクマのかわを七ねんのあいだぬがなかったらおおがねもちにしてやるといわれてやってみることにしたへいたい 「くまおとこ-グリムどうわより」 フェリクス・ホフマン画；酒寄進一訳 福武書店 1984年7月

くまく

くまくん
あおいずぼんをはきピンクのエプロンをつけたちゃいろのくまくん 「くまくん」 ヘアツ作;クランテ絵;木村由利子訳　偕成社(くまくんえほん)　1978年11月

くまくん
いつもいぬのわんくんといっしょにさんぽにいくくまくん 「くまくんのさんぽ」 ミシュリーヌ・ベルトラン作;リーズ・マラン絵;辻昶訳　ペンタン(くまくんの絵本)　1985年12月

くまくん
いろんなおもちゃであそんだくまくん 「くまくんのおもちゃばこ」 ミシュリーヌ・ベルトラン作;リーズ・マラン絵;辻昶訳　ペンタン(くまくんの絵本)　1985年12月

くまくん
えぷろんをかけておひるごはんをたべたくまくん 「くまくんのおひるごはん」 ミシュリーヌ・ベルトラン作;リーズ・マラン絵;辻昶訳　ペンタン(くまくんの絵本)　1985年12月

くまくん
エミリーという女の子のおともだちができたこぐま 「くまくんのおともだち」 E.H.ミナリック文;モーリス・センダック絵;まつおかきょうこ訳　福音館書店(はじめてよむどうわ3)　1972年6月

くまくん
おかのてっぺんでトロッコをみつけてのってみたくまくん 「くまくんのトロッコ」 ブライアン・ワイルドスミス作・絵;はぎようこ訳　らくだ出版　1976年5月

くまくん
おたんじょうびにぷれぜんとをもらったくまくん 「くまくんのたんじょうび」 ミシュリーヌ・ベルトラン作;リーズ・マラン絵;辻昶訳　ペンタン(くまくんの絵本)　1985年12月

くまくん
おにわでおはなやことりやむしをみたくまくん 「くまくんのにわのともだち」 ミシュリーヌ・ベルトラン作;リーズ・マラン絵;辻昶訳　ペンタン(くまくんの絵本)　1985年12月

くまくん
おもちゃばこからきかんしゃとかしゃをだしてにんぎょうたちをのせたくまくん 「くまくんのおもちゃばこ」 ヘアツ作;クランテ絵;木村由利子訳　偕成社(くまくんえほん)　1978年11月

くまくん
おもちゃやでかわれてつれていかれたおとこのこのうちでほんとうのくまになりトランペットをふくおとこのこといっしょにバイオリンをえんそうするようになったくま 「もりのえんそうかい」 マイケル・ブロック文;パスケール・オーラマンド絵;はらしょう訳　アリス館牧新社　1977年3月

くまくん
かごをもっていちばへおつかいにいったくまくん 「くまくんのかいもの」 ミシュリーヌ・ベルトラン作;リーズ・マラン絵;辻昶訳　ペンタン(くまくんの絵本)　1985年12月

くまくん
くらくてしずかなよるのおへやでほんをもっていすのそばにすわっていたくまくん 「どこにいるの、くまくん」 ロン・マリス文・絵;はらしょう訳　アリス館　1986年2月

くまくん
どうぶつえんのくまのおりにあたらしくやってきてライオンくんとほえてうなりあったくまくん 「ともだちはくまくん」ルイーゼ・ファティオ作;ロジャー・デュボアザン絵;今江祥智;遠藤育枝訳 佑学社(ごきげんなライオン5) 1979年5月

くまくん
とおくのうみへさかなとりにいっていたおとうさんがかえってきたくまくん 「かえってきたおとうさん」E.H.ミナリック;モーリス・センダック絵;まつおかきょうこ訳 福音館書店(はじめてよむどうわ2) 1972年6月

くまくん
ぱじゃまにきがえておまるにのったあとてをあらっておやすみなさいをしたくまくん 「くまくんのおやすみなさい」ミシュリーヌ・ベルトラン作;リーズ・マラン絵;辻昶訳 ペンタン(くまくんの絵本) 1985年12月

くまくん
まいにちおとこのこといっしょにじてんしゃのりにでかけるぬいぐるみのくまくん 「くまくんのじてんしゃ」エミリー・ウォレン・マクラウド文;デイビッド・マクフェイル絵;清水真砂子訳 アリス館牧新社 1976年2月

くまくん
まいにちはをみがいてまいばんおふろにはいるくまくん 「くまくんのきれいにしようね！」ミシュリーヌ・ベルトラン作;リーズ・マラン絵;辻昶訳 ペンタン(くまくんの絵本) 1985年12月

クマくん
ある夏の夜にお月さまをかじってみたくなり冬までかかってつくりつづけたロケットにのりこんだクマくん 「かじってみたいな、お月さま」フランク・アッシュ絵・文;山口文生訳 評論社(児童図書館・絵本の部屋) 1985年7月

クマくん
ある夜お月さまにたんじょう日のおくりものをあげたいなとおもい山のちょうじょうにのぼっていったクマくん 「ぼく、お月さまとはなしたよ」フランク・アッシュ絵・文;山口文生訳 評論社(児童図書館・絵本の部屋) 1985年1月

クマくん
がけからおっこちたヒツジちゃんをたすけに海にもぐっていったクマのにんぎょう 「もぐるぞもぐるぞどこまでも」スミス夫妻作;今江祥智訳 ほるぷ出版 1985年10月

クマくん
サルくんとヒツジちゃんとながいながいすべりだいをすべったクマのにんぎょう 「すべるぞすべるぞどこまでも」スミス夫妻作;今江祥智訳 ほるぷ出版 1982年3月

くまさん
さむいふゆにきのえだのうえのほうにひとりぼっちでひっかかっていたけいとのくまさん 「ふゆのくまさん」ルース・クラフト文;エリック・ブレッグバッド絵;やまだしゅうじ訳 アリス館牧新社 1976年2月

くまさん
ちいさいしまにともだちをみつけにきたくまさん 「くまさんのともだち」ウィルヘルム・シューローテ作・絵;矢崎節夫訳 フレーベル館 1982年1月

くまさ

くまさん
にじをのぼっていったおとこのこがあったシャレばかりいってるくまのかたちのくも 「くものくまさん」 レスリー・ウィリアムズ文;カルム・ソレ・ヴェンドレル絵;舟崎克彦訳 ほるぷ出版 1983年9月

くまさん
やまにすむわしさんとどなりあいをはじめしずかにくらすへらじかくんのうちのまわりをさわがせたくま 「へいわなへらじか」 マイケル・フォアマン作;せたていじ訳 評論社(児童図書館・絵本の部屋) 1977年12月

クマさん
森のはずれのいざかやでひらかれたかそうパーティーに山番のかっこうでいったクマさん 「ダンスパーティーへいったくま」 P.ハックス作;W.シュメーグナー画;渡辺和雄訳 小学館(世界の創作童話3) 1979年5月

くも
あるなつのこととてもやさしそうな小さなおんなのこをみつけてともだちになった小さなくも 「くもとともだちになったおんなのこのおはなし」 ベルトラン・リュイエ作;ミラ・ブータン絵;多田智満子訳 偕成社 1978年7月

くも
くろくもたちのせかいからぬけだしてそらのたびをつづけたがさびしくなってしたへおりてきてかわいたじめんにあめをふらせつづけてやったくも 「オアシスになったくうちゃん」 デイブ・リーセン作;高橋経画;横林紘美訳 岩崎書店(ファミリーえほん22) 1979年7月

くも
ひろいそらにひとりぼっちでいたのがさびしくてないてあめをふらせていたちいさなしろいくも 「ちいさなくも」 ジャン・ルイーシュバリエ・ボゼ作;リュト・アンホフ絵;石川晴子;間崎ルリ子訳 ブック・ローン出版 1983年4月

クモ(アナンシ)
ながいたびにでてあぶないめにあったところを6ぴきのむすこたちにたすけられてうちへかえったクモ 「アナンシと6ぴきのむすこ-アフリカ民話より」 ジェラルド・マクダーモット作;代田昇訳 ほるぷ出版 1980年11月

クモ(アラネア)
はげしい雨がふってきたある夜に水にながされて一けんのいえのうらぐちについたクモ 「アラネア-あるクモのぼうけん」 J.ワグナー文;R.ブルックス絵;大岡信訳 岩波書店 1979年2月

クモ(石なげじょうず)　くも(いしなげじょうず)
クモのアナンシの6ぴきのむすこたちの5ばんめのむすこ 「アナンシと6ぴきのむすこ-アフリカ民話より」 ジェラルド・マクダーモット作;代田昇訳 ほるぷ出版 1980年11月

クモ(川のみほし)　くも(かわのみほし)
クモのアナンシの6ぴきのむすこたちの3ばんめのむすこ 「アナンシと6ぴきのむすこ-アフリカ民話より」 ジェラルド・マクダーモット作;代田昇訳 ほるぷ出版 1980年11月

くも(くまさん)
にじをのぼっていったおとこのこがあったシャレばかりいってるくまのかたちのくも「くものくまさん」レスリー・ウィリアムズ文;カルム・ソレ・ヴェンドレル絵;舟崎克彦訳 ほるぷ出版 1983年9月

雲(コロンビーヌ) くも(ころんびーぬ)
たかいところからしたにおろしてほしくて子ねずみのラスプーチンにたすけてもらおうとしたちび雲「ちいさな雲とねずみ君」ポール・アレン作;ミリアム・デュルゥ絵;三間由紀子訳 ジー・シー・プレス 1985年9月

クモ(ざぶとん)
クモのアナンシの6ぴきのむすこたちのすえむすこ「アナンシと6ぴきのむすこ-アフリカ民話より」ジェラルド・マクダーモット作;代田昇訳 ほるぷ出版 1980年11月

クモ(じけんみつけ)
クモのアナンシの6ぴきのむすこたちの1ばんめのむすこ「アナンシと6ぴきのむすこ-アフリカ民話より」ジェラルド・マクダーモット作;代田昇訳 ほるぷ出版 1980年11月

くも(シュピティ)
動物たちの学校時代の同窓写真にうつったくも「ぼくたちを忘れないで」フリーデル・シュミット;ヴァルトラウト・ランケ作;森村桂訳 CBS・ソニー出版 1978年8月

クモ(てじなし)
クモのアナンシの6ぴきのむすこたちの4ばんめのむすこ「アナンシと6ぴきのむすこ-アフリカ民話より」ジェラルド・マクダーモット作;代田昇訳 ほるぷ出版 1980年11月

クモ(どうろつくり)
クモのアナンシの6ぴきのむすこたちの2ばんめのむすこ「アナンシと6ぴきのむすこ-アフリカ民話より」ジェラルド・マクダーモット作;代田昇訳 ほるぷ出版 1980年11月

クライド
ゆうかんなガラバンきょうというわかいきしがのっていたおくびょうないくさうま「こしぬけうまのだいかつやく」ビル・ピート作・絵;山下明生訳 佼成出版社(ピートの絵本シリーズ8) 1982年4月

グライムズさん
あそびあいてがいなかったルーシー・ブラウンがこうえんであったひとりぼっちでさびしそうなおじいさん「ルーシーのしあわせ」エドワード・アーディゾーニ作;多田ひろみ訳 冨山房 1976年2月

クラウス
町の公園にすむかしこいふくろうがいつもながめていたアパートの男の子で公園の番人のマイアーさんのむすこ「かしこいふくろう」ライナー・チムニク;ハンネ・アクスマン作・絵;大塚勇三訳 佑学社(ヨーロッパ創作絵本シリーズ27) 1979年2月

クラースさん
年とった馬のフロリアンのかわりにわかくて力もちのあかいトラクターのマクスをかった百姓のおじいさん「こんにちはトラクター・マクスくん」ビネッテ・シュレーダー文・絵;矢川澄子訳 岩波書店 1973年12月

くらせ

クラせんせい
まほうつかいのメルリックのまほうのせんせいでやまのてっぺんにすんでいるまほうつかい「まほうつかいとペットどろぼう」デイビッド・マッキー文・絵；安西徹雄訳　アリス館牧新社　1979年8月

クラせんせい
まほうつかいのメルリックのまほうのせんせいでやまのてっぺんにすんでいるまほうつかい「まほうつかいのまほうくらべ」デイビッド・マッキー文・絵；安西徹雄訳　アリス館牧新社　1978年4月

クラせんせい
まほうつかいのメルリックのまほうのせんせいでやまのてっぺんにすんでいるまほうつかい「まほうをわすれたまほうつかい」デイビッド・マッキー文・絵；安西徹雄訳　アリス館牧新社　1976年11月

クラッグ
ガンダーみねのいわやまにすんでいたすばらしいまきづのをもったおおづのひつじ「やまのおうじゃクラッグ」シートン原作；小林清之介文；日隈泉絵　チャイルド本社（チャイルド絵本館・シートン動物記Ⅱ-10）1986年1月

グラボー
まちはずれのはらっぱにやってきたパワーショベルにつかみあげられてなげおとされてにげだしたもぐら「もぐらのグラボー」ルイズ・ムルシェツ作・絵；山室静訳　実業之日本社（せかいのえほんスイス）1972年1月

クララ
クリスマスにおじさんから木の実をわる兵隊のくるみわり人形をプレゼントしてもらった女の子「くるみわり人形」ホフマン原作；ダグマル・ベルコバー絵；高橋ひろゆき文　佑学社（名作バレー物語シリーズ）1978年11月

クララ
フランクフルトのゼーゼマン氏の大きなお屋敷のお嬢さま「アルプスの少女」スピリ原作；沖倉利津子著　集英社（ファンタジーメルヘン）1983年6月

グラント大佐　ぐらんとたいさ
オークアプルの森のかげろうやしきにくらしているはたねずみの大佐「いたちのドミニクさん」ジェニー・パートリッジ作；神宮輝夫訳　ティビーエス・ブリタニカ（オークアプルの森のおはなし5）1982年8月

グラント大佐　ぐらんとたいさ
オークアプルの森のかげろうやしきにくらすはたねずみの大佐「はたねずみのグラント大佐」ジェニー・パートリッジ作；神宮輝夫訳　ティビーエス・ブリタニカ（オークアプルの森のおはなし2）1982年7月

グランプスさん
ワニのライルといっしょにくらすプリムさん一家のきんじょの人でライルを動物園におくってしまった男の人「ワニのライル、動物園をにげだす」バーナード・ウェーバー作；小杉佐恵子訳　大日本図書（ワニのライルのおはなし2）1984年7月

グーリアラ
とおい昔自分の仲間をみつけにオーストラリアを南から北へとよこぎって旅をつづけた虹色の大蛇 「大きなにじへび」 ディック・ラウジィ作・絵;白石かずこ訳 集英社 1980年12月

クリクター
フランスのちいさなまちにすむボドさんというふじんのうちにブラジルにいるむすこからたんじょうびのおいわいにおくられてきただいじゃのこども 「へびのクリクター」 トミー・ウンゲラー作;中野完二訳 文化出版局 1974年3月

グリグリ
あるはやしのなかににいさんのクロクノワとすんでいたあそぶのがだいすきなりす 「りすのきょうだいクロクノワとグリグリ」 マドレーヌ・ラーヨン作;フィリップ・サランビエ絵;黒木義典訳;板谷和雄文 ブックローン出版(ファランドールえほん9) 1984年1月

グリーシカ
ばかのイワンのむすこ 「きんのたまご」 ソコロフきょうだい原作;中村融文;センバ・太郎絵 世界出版社(ABCブック) 1970年2月

クリシュナ
インドにいたカンサというわるいおうさまをほろぼすようにとビシュヌのかみさまがデブキというおんなのひとにうませたこども 「クリシュナのつるぎ-インドの説話」 秋野葵巨矢文;秋野不矩絵 岩崎書店(ものがたり絵本14) 1969年1月

クリシュナ
暴君のカムサ王がおさめるインドのマドラという国のひとびとにしあわせをもたらすためにこの世にあらわれた神さま 「クリシュナ物語」 パンドパダヤイ・ラマナンダ文・絵;若林千鶴子訳 蝸牛社(かたつむり文庫) 1984年12月

クリス
ある島にくらす男の子でお母さんとコンサートにいった日からずっとヴァイオリンをひいてみたいと夢みてきた子 「ヴァイオリン」 R.T.アレン文;G.パスティック写真;藤原義久;藤原千鶴子訳 評論社(児童図書館・絵本の部屋) 1981年6月

クリスタ
もりのなかからまちにでてきたさいごのいっぴきのきょうりゅうドラヒンをペットにしたおんなのこ 「ドラヒンのおもいでばなし」 アッヒム・ブレーガー文;ギゼーラ・カロー絵;古川柳子訳 文化出版局 1981年12月

クリスティナ
どうぶつえんのおりのなかでペンギンのヘクターといっしょにくらすことになったかわいいペンギン 「ヘクターとクリスティナ」 ルイーゼ・ファティオ作;ロジャー・デュボアザン絵;岡本浜江訳 佑学社 1978年6月

クリストフ
なかよしのマングースのおんなの子のマリールイズとけんかをした水玉もようのみどりのへび 「マリールイズとクリストフ」 ナタリー・サヴェジ・カールソン作;ホセ・アルエゴ;アリアンヌ・デューイ絵;やましたはるお訳 佑学社(アメリカ創作絵本シリーズ1) 1979年6月

くりす

クリストフ
マルチーヌがあそびにいったいなかのルシおばさんのいえのとなりにすんでいるおとこのこ 「マルチーヌおばさんのいえへ」 ジルベール・ドラエイ作;マルセル・マルリエ絵;黒木義典訳;板谷和雄文 ブック・ローン出版(ファランドールえほん18) 1980年9月

クリストフ
マングースのおんなの子マリールイズのともだちのいたずらっ子のへび 「マリールイズ、ママきらい」 ナタリー・サヴェジ・カールソン作;ホセ・アルエゴ;アリアンヌ・デューイ絵;たけむらみちこ訳 佑学社(アメリカ創作絵本シリーズ9) 1979年9月

クリストファー
あるなつのあさとても早くおきて日の出を見にいったきょうだいについていったねこ 「ぼくたちとたいよう」 アリス・E.グッディ文;アドリエンヌ・アダムズ絵;友田早苗訳 文化出版局 1982年7月

クリストファー
おとうさんとおかあさんと山のいえにいったばんにひとりでそとでキャンプをしたおとこのこ 「ひとりぼっちのキャンプ」 キャロル・カリック作;ドナルド・カリック絵;渡辺安佐子訳 岩崎書店(新・創作絵本19) 1980年12月

クリストファー・ロビン
クマのプーと友だちの男の子 「カンガとルー森にくる」 A.A.ミルン文;E.H.シェパード絵;石井桃子訳 岩波書店(クマのプーさんえほん5) 1982年6月

クリストファー・ロビン
クマのプーさんの友だちの男の子 「クマのプーさん」 A.A.ミルン文;E.H.シェパード絵;石井桃子訳 岩波書店 1968年12月

クリストファー・ロビン
クマのプーと友だちの男の子 「イーヨーのあたらしいうち」 A.A.ミルン文;E.H.シェパード絵;石井桃子訳 岩波書店(クマのプーさんえほん9) 1982年9月

クリストファー・ロビン
クマのプーと友だちの男の子 「ウサギまいごになる」 A.A.ミルン文;E.H.シェパード絵;石井桃子訳 岩波書店(クマのプーさんえほん13) 1983年2月

クリストファー・ロビン
クマのプーと友だちの男の子 「コブタと大こうずい」 A.A.ミルン文;E.H.シェパード絵;石井桃子訳 岩波書店(クマのプーさんえほん7) 1982年9月

クリストファー・ロビン
クマのプーと友だちの男の子 「トラーのあさごはん」 A.A.ミルン文;E.H.シェパード絵;石井桃子訳 岩波書店(クマのプーさんえほん10) 1982年9月

クリストファー・ロビン
クマのプーと友だちの男の子 「トラー木にのぼる」 A.A.ミルン文;E.H.シェパード絵;石井桃子訳 岩波書店(クマのプーさんえほん11) 1983年2月

クリストファー・ロビン
クマのプーと友だちの男の子 「プーあなにつまる・ふしぎなあしあと」 A.A.ミルン文；E.H.シェパード絵；石井桃子訳　岩波書店（クマのプーさんえほん2）　1982年6月

クリストファー・ロビン
クマのプーと友だちの男の子 「プーのゾゾがり」 A.A.ミルン文；E.H.シェパード絵；石井桃子訳　岩波書店（クマのプーさんえほん3）　1982年6月

クリストファー・ロビン
クマのプーと友だちの男の子 「プーのたのしいパーティー」 A.A.ミルン文；E.H.シェパード絵；石井桃子訳　岩波書店（クマのプーさんえほん8）　1982年9月

クリストファー・ロビン
クマのプーと友だちの男の子 「プーのはちみつとり」 A.A.ミルン文；E.H.シェパード絵；石井桃子訳　岩波書店（クマのプーさんえほん1）　1982年6月

クリストファー・ロビン
クマのプーと友だちの男の子 「プーのほっきょくたんけん」 A.A.ミルン文；E.H.シェパード絵；石井桃子訳　岩波書店（クマのプーさんえほん6）　1982年9月

クリストファー・ロビン
クマのプーと友だちの男の子 「フクロのひっこし」 A.A.ミルン文；E.H.シェパード絵；石井桃子訳　岩波書店（クマのプーさんえほん15）　1983年2月

クリストリープ
むかし小さな村にすんでいたブラーケルさんという貴族夫妻のふたりの子どもの妹の女の子 「ふしぎな子」 E.T.A.ホフマン文；リスベート・ツヴェルガー画；矢川澄子訳　冨山房　1985年12月

クリストル
ひとざとはなれたふかいゆきのなかのいえにねこのシュヌーやぶたやにわとりたちといっしょにすんでいたおんなのこ 「クリストルのこねこ」 マルタ・コチ絵；ヘルマン・ハスリンガー文；楠田枝里子訳　ほるぷ出版　1980年1月

クリスマスジネズミ
インド洋にうかぶ島にすんでいたジネズミで絶滅してしまった動物 「ドードーを知っていますか―わすれられた動物たち」 ショーン・ライス絵；ポール・ライス；ピーター・メイリー文；斉藤たける訳　福武書店　1982年10月

グリゼット
きんのつのをもっているのがじまんでサーカスへいってにんきものになろうとしためすのやぎ 「きんのつのをもったやぎ」 アンリ・コルネリュス作；エリザベト・イバノブスキ絵；黒木義典訳；板谷和雄文　ブック・ローン出版（ファランドールえほん11）　1981年1月

グリファトンきょうじゅ
ぞうのおうさまババールとなかよしのおばあさんのにいさんで大むかしのマンモスのおしろをはっけんしただいがくきょうじゅ 「ババールとグリファトンきょうじゅ」 ロラン・ド・ブリュノフ作；矢川澄子訳　評論社（評論社の児童図書館・絵本の部屋 ぞうのババール9）　1975年10月

くりん

グリンチ
だれそれむらのこどもたちがさわぐクリスマスが大きらいだったいじわるなじいさん 「いじわるグリンチのクリスマス」ドクタースース作；渡辺茂男訳 日本パブリッシング 1971年1月

グリンバルト
わるいことばかりしているきつねのライネケのおいのたぬき 「きつねのさいばん」ゲーテ原作；二反長半文；山田三郎絵 世界出版社（ABCブック） 1970年1月

グリーンマン
森にすみ季節をめぐらせ森でまよった子どもたちをまもってくれていると村人たちにいいつたえられているひと 「グリーンマン」ゲイル・E.ヘイリー作；芦野あき訳 ほるぷ出版 1981年10月

グルーバーさん
くまのパディントンがかいたえをかってくれたともだちのおじさん 「パディントンのてんらんかい」マイケル・ボンド文；デイビッド・マッキー絵；かんどりのぶお訳 アリス館（えほんくまのパディントン3） 1985年11月

グルーバー先生　ぐるーばーせんせい
オーストリアの小さな村オーバンドルフの学校の先生で教会のモールしんぷさんのかいた「きよしこの夜」のことばにメロディーをつけた人 「クリスマスのうた-きよしこの夜」ジーノ・ガビオリ絵；リーノ・ランジオ作；わきたあきこ文 女子パウロ会 1978年9月

グルマンさん
おおぐいのせかいチャンピオンのぶた 「ディンゴはじどうしゃがだいすき」リチャード・スキャリー作；國眼隆一訳 ブックローン出版（スキャリーおじさんのどうぶつえほん13） 1982年5月

グルマンさん
おおぐいのせかいチャンピオンのぶた 「ゆかいなゆかいなあわてんぼう」リチャード・スキャリー作；國眼隆一訳 ブックローン出版（スキャリーおじさんのどうぶつえほん7） 1980年1月

くるみわり
クリスマス・イブにマリーがもらったかたいくるみをかみわってくれるくるみわりにんぎょう 「くるみわりにんぎょう」ホフマン原作；金山美穂子文；司修絵 世界出版社（ABCブック） 1970年1月

くるみわり
クリスマスにクララがプレゼントしてもらった木の実をわる兵隊のくるみわり人形 「くるみわり人形」ホフマン原作；ダグマル・ベルコバー絵；高橋ひろゆき文 佑学社（名作バレー物語シリーズ） 1978年11月

クルミン
ブラジルの大きなもりのおくにすむヤチというなまえのおんなのこがとうもろこしでつくったにんぎょう 「ヤチのおにんぎょう-ブラジル民話より」C.センドレラ文；グロリア・カラスサン・バイベ絵；長谷川四郎訳 ほるぷ出版 1976年9月

グルン
スパルタコさんがさかなつりにいったみずうみでであったみたこともないグルングルンとなくどうぶつ 「スパルタコさんのふしぎなともだち」 ピエロ・ヴェントゥーラ作・絵;櫻井しづか訳 フレーベル館 1981年7月

クレア
自分自身のすみかをみつけようとしてすんでいた酪農場から車にもぐりこんでロンドンにでていった子ねこ 「郵便局員ねこ」 ゲイル・E.ヘイリー作 芦野あき訳 ほるぷ出版 1979年12月

グレイス
とってもきれいなママレード色のねこオーランドーのおくさんのねこ 「ねこのオーランドー」 キャスリーン・ヘイル作・画;脇明子訳 福音館書店(世界傑作絵本シリーズ・イギリスの絵本) 1982年7月

グレイス
トラのジュリアスたちとみんなでジャングルをでてりょこうをしてさばくのオアシスまでいったキリン 「しんせつなラクダのハンフリー」 ダイアン・エルスン文・絵;河津千代訳 アリス館牧新社 1975年12月

クレイブンおじさま
インドで両親が亡くなったメアリーをひきとったイギリスのヨークシャーのおじさま 「ひみつの花園」 バーネット原作;市川ジュン著 集英社(ファンタジー・メルヘン) 1983年7月

クレオパトラ
丘の上からソリすべりをしてワニのクロムウェルとベオウルフが丘の下においた大きななべにいれられそうになっためすのかめ 「かめのスープはおいしいぞ」 アンドレ・オデール文;トミー・ウンゲラー絵;池内紀訳 ほるぷ出版 1985年5月

クレグ
トレシーかあさんのおなかにいるあかちゃんのおにいさん 「あかちゃんでておいで!」 マヌシュキン作;ヒムラー絵;松永ふみ子訳 偕成社 1977年1月

グレタ
どうながのダックスフントのプレッツェルがだいすきなむかいのいえのいぬ 「どうながのプレッツェル」 マーグレット・レイ文;H.A.レイ絵;わたなべしげお訳 福音館書店(世界傑作絵本シリーズ・アメリカの絵本) 1978年10月

グレーテル
あるばんシュテファンとゆめのふねにのってなまけもののくにへやってきたおんなのこ 「なまけもののくに たんけん」 ハインリッヒ・マリア・デンネボルク作;ホルスト・レムケ絵;柏木美津訳 佑学社 1978年3月

グレーテル
ある大きな森のそばに住んでいた貧しいきこりのふたりの子どもの女の子 「ヘンゼルとグレーテル-グリム童話」 リスベス・ツヴェルガー絵;佐久間彪訳 かど創房 1981年3月

グレーテル
ある大きな森のはずれに暮らしていた貧しいきこりの一家の女の子 「ヘンゼルとグレーテル-グリム童話」 スーザン・ジェファーズ絵;大庭みな子訳 ほるぷ出版 1983年4月

くれて

グレーテル
ある大きな森の入り口にすんでいたまずしい木こりのふたりの子どもの女の子 「ヘンゼルとグレーテル」 グリム兄弟文;植田敏郎訳;安井淡絵 小学館(世界のメルヘン絵本1) 1978年1月

グレーテル
ある大きな森の入口にすんでいたまずしい木こりのふたりの子どもの女の子 「ヘンゼルとグレーテル」 バーナディット・ワッツ絵;相良守峯訳 岩波書店 1985年7月

グレーテル
おおきなもりのそばにすんでいたまずしいきこりのふたりのこどものおんなのこ 「ヘンゼルとグレーテル」 グリム作;高橋克雄写真・文 小学館(メルヘンおはなし絵本2) 1982年12月

グレーテル
おおきなもりのはずれにすんでいたまずしいきこりのふたりのこどもたちのいもうと 「ヘンゼルとグレーテル」 山室静文;松村太三郎絵 フレーベル館(せかいむかしばなし1) 1985年6月

グレーテル
まんげつのよるこどもべやのまどのまえにとまったほらふききかんしゃにシュテッフェルとふたりでのってでかけたおんなのこ 「ほらふききかんしゃ」 ハインリッヒ・マリア・デンネボルク作;ホルスト・レムケ絵;おおしまかおり訳 佑学社 1978年3月

グレーテル
大きな森のはずれにすんでいたびんぼうなきこりのふたりの子どもの女の子 「ヘンゼルとグレーテル」 ヤン・ピアンコフスキー絵;内海宜子訳 ほるぷ出版(ふぇありい・ぶっく) 1985年11月

クレマンチーヌ
セレスタンといっしょにスイスのアナトールの山小屋へスキーをしにいった女の子 「山小屋の冬休み」 ビショニエ文;ロバン;オトレオー絵;山口智子訳 文化出版局(クレマンチーヌとセレスタン) 1983年11月

クレマンチーヌ
セレスタンといっしょに夏休みをすごした浜べの家でアナトールという男の人と友だちになった女の子 「あたらしい友だち」 ビショニエ文;ロバン;オトレオー絵;山口智子訳 文化出版局(クレマンチーヌとセレスタン) 1983年7月

クレマンチーヌ
セレスタンといっしょに春休みを田舎のポムおばさんの家ですごした女の子 「ポムおばさんの家」 ビショニエ文;ロバン;オトレオー絵;山口智子訳 文化出版局(クレマンチーヌとセレスタン) 1983年7月

クレマンチーヌ
セレスタンといっしょに友だちのアナトールたちと田舎のポムおばさんの家に泊まりにいった女の子 「森の中のピクニック」 ビショニエ文;ロバン;オトレオー絵;山口智子訳 文化出版局(クレマンチーヌとセレスタン) 1983年11月

くれよん
はこからとびだしてしろいがようしのうえにつぎつぎにえをかいていった8しょくのくれよんたち 「くれよんのはなし」 ドン・フリーマン作;西園寺祥子訳 ほるぷ出版 1976年10月

グレー・ラビット
もりのはずれの小さな家にりすのスキレルと大うさぎのヘアーといっしょにすんでいたはいいろうさぎ 「グレー・ラビットいたちにつかまる」 アリスン・アトリー作;マーガレット・テンペスト絵;神宮輝夫;河野純三訳 評論社(児童図書館・絵本の部屋 グレー・ラビット4) 1979年11月

グレー・ラビット
もりのはずれの小さな家にりすのスキレルと大うさぎのヘアーといっしょにすんでいたはいいろうさぎ 「グレー・ラビットスケートにゆく」 アリスン・アトリー作;マーガレット・テンペスト絵;神宮輝夫;河野純三訳 評論社(児童図書館・絵本の部屋 グレー・ラビット1) 1978年12月

グレー・ラビット
もりのはずれの小さな家にりすのスキレルと大うさぎのヘアーといっしょにすんでいたはいいろうさぎ 「グレー・ラビットと旅のはりねずみ」 アリスン・アトリー作;マーガレット・テンペスト絵;河野純三訳 評論社(児童図書館・絵本の部屋 グレー・ラビット8) 1981年5月

グレー・ラビット
もりのはずれの小さな家にりすのスキレルと大うさぎのヘアーといっしょにすんでいたはいいろうさぎ 「グレー・ラビットのおたんじょうび」 アリスン・アトリー作;マーガレット・テンペスト絵;河野純三訳 評論社(児童図書館・絵本の部屋 グレー・ラビット7) 1982年9月

グレー・ラビット
もりのはずれの小さな家にりすのスキレルと大うさぎのヘアーといっしょにすんでいたはいいろうさぎ 「グレー・ラビットのクリスマス」 アリスン・アトリー作;マーガレット・テンペスト絵;河野純三訳 評論社(児童図書館・絵本の部屋 グレー・ラビット5) 1982年11月

グレー・ラビット
もりのはずれの小さな家にりすのスキレルと大うさぎのヘアーといっしょにすんでいたはいいろうさぎ 「グレー・ラビットのスケッチ・ブック」 アリスン・アトリー作;マーガレット・テンペスト絵;河野純三訳 評論社(児童図書館・絵本の部屋 グレー・ラビット10) 1982年11月

グレー・ラビット
もりのはずれの小さな家にりすのスキレルと大うさぎのヘアーといっしょにすんでいたはいいろうさぎ 「グレー・ラビットパーティをひらく」 アリスン・アトリー作;マーガレット・テンペスト絵;神宮輝夫;河野純三訳 評論社(児童図書館・絵本の部屋 グレー・ラビット2) 1978年12月

グレー・ラビット
もりのはずれの小さな家にりすのスキレルと大うさぎのヘアーといっしょにすんでいたはいいろうさぎ 「グレー・ラビットパンケーキをやく」 アリスン・アトリー作;マーガレット・テンペスト絵;河野純三訳 評論社(児童図書館・絵本の部屋 グレー・ラビット12) 1983年3月

くれら

グレー・ラビット
もりのはずれの小さな家にりすのスキレルと大うさぎのヘアーといっしょにすんでいたはいいろうさぎ 「ねずみのラットのやっかいなしっぽ」 アリソン・アトリー作;マーガレット・テンペスト絵;神宮輝夫;河野純三訳 評論社(児童図書館・絵本の部屋 グレー・ラビット3) 1979年11月

グレー・ラビット
もりのはずれの小さな家にりすのスキレルと大うさぎのヘアーといっしょにすんでいたはいいろうさぎ 「もぐらのモールディのおはなし」 アリソン・アトリー作;マーガレット・テンペスト絵;河野純三訳 評論社(児童図書館・絵本の部屋 グレー・ラビット6) 1982年9月

グレー・ラビット
もりのはずれの小さな家にりすのスキレルと大うさぎのヘアーといっしょにすんでいたはいいろうさぎ 「大うさぎのヘアーかいものにゆく」 アリソン・アトリー作;マーガレット・テンペスト絵;河野純三訳 評論社(児童図書館・絵本の部屋 グレー・ラビット11) 1981年5月

グレー・ラビット
もりのはずれの小さな家にりすのスキレルと大うさぎのヘアーといっしょにすんでいたはいいろうさぎ 「大うさぎのヘアーとイースターのたまご」 アリソン・アトリー作;マーガレット・テンペスト絵;河野純三訳 評論社(児童図書館・絵本の部屋 グレー・ラビット9) 1983年3月

クロ
ヘルマンさんというおとこのひとによくべてよくねむるオヤスミといういぬといっしょにかわれていたゆうしゅうなばんけん 「いぬのオヤスミ、だいかつやく」 クルト・バウマン作;ラルフ・ステッドマン絵;ながはまひろし訳 佑学社(ヨーロッパ創作絵本シリーズ2) 1978年3月

くろいうさぎ
ひろいもののなかでしろいうさぎといちにちじゅうたのしくあそんでいたのにかんがえごとをしてかなしそうなかおをするようになったくろいうさぎ 「しろいうさぎとくろいうさぎ」 ガース・ウイリアムズ文・絵;まつおかきょうこ訳 福音館書店(世界傑作絵本シリーズ・アメリカの絵本) 1965年6月

黒いさかな(さかな)　くろいさかな(さかな)
お母さんとすんでいた家を出て小川の終りをみつけに行ったちいさな黒いさかな 「ちいさな黒いさかな」 サマド・ベヘランギー作;ファルシード・メスガーリ絵;香川優子訳 ほるぷ出版 1984年11月

黒い羊(羊)　くろいひつじ(ひつじ)
あしたはクリスマスという雪の夜にほらあなにいた生まれたばかりの赤ちゃんをふさふさした毛のはえたせなかにのせてあげた黒い羊 「黒い羊のおくりもの」 ジタ・ユッカー絵;エリザベート・ヘック作;ウィルヘルム・きくえ訳 太平社 1985年11月

クロウ
ひこうきにのっていぬのディンゴとレースをしたからす 「ディンゴはじどうしゃがだいすき」 リチャード・スキャリー作;國眼隆一訳 ブックローン出版(スキャリーおじさんのどうぶつえほん13) 1982年5月

クロウ
ひこうきにのっていぬのディンゴとレースをしたからす 「ゆかいなゆかいなあわてんぼう」 リチャード・スキャリー作;國眼隆一訳 ブックローン出版(スキャリーおじさんのどうぶつえほん7) 1980年1月

くろうま(うま)
アメリカのニュー・メキシコしゅうのそうげんをじゆうにすばらしいはやさではしるくろうま 「はしれ！くろうま」 シートン原作;小林清之介文;清水勝絵 チャイルド本社(チャイルド絵本館・シートン動物記Ⅱ-4) 1985年7月

クロカジール
アフリカのナイルがわのむこうからゴリラにつれられてやってきてひどいギャングのバルマレイをぱくりとのみこんだワニ 「おおわるもののバルマレイ」 コルネイ・チュコフスキー作;マイ・ミトウリッチ絵;宮川やすえ訳 らくだ出版 1974年12月

クロクノワ
あるはやしのなかにおとうとのグリグリとすんでいたはたらくことがすきなりす 「りすのきょうだいクロクノワとグリグリ」 マドレーヌ・ラーヨン作;フィリップ・サランビエ絵;黒木義典訳;板谷和雄文 ブックローン出版(ファランドールえほん9) 1984年1月

クロチルデさん
町の公園にすむかしこいふくろうがいつもながめていたアパートの人でふとったアイロンかけのおばさん 「かしこいふくろう」 ライナー・チムニク;ハンネ・アクスマン作・絵;大塚勇三訳 佑学社(ヨーロッパ創作絵本シリーズ27) 1979年2月

クロッカス
あひるのバーサとともだちになりおひゃくしょうのスイートピーさんのいえのなやにかくれてすむことになったワニ 「ボクはワニのクロッカス」 ロジャー・デュボアザン作・絵;今江祥智訳 佑学社(アメリカ創作絵本シリーズ14) 1980年6月

クロッカス
スイートピーさんふさいののうじょうにすむワニでロじゅうむしばだらけになってしまったワニ 「ワニのクロッカスおおよわり」 ロジャー・デュボアザン作・絵;今江祥智;島武子訳 佑学社(アメリカ創作絵本シリーズ15) 1980年8月

クロップ
子がものプルッフのきょうだい 「かものプルッフ」 リダ文;ロジャンコフスキー絵;いしいももこ;おおむらゆりこ訳 福音館書店(世界傑作絵本シリーズ23) 1964年12月

クロディーヌ
バーバママをさがすたびにでたおばけのバーバパパについていったおんなのこ 「バーバパパたびにでる」 アネット・チゾン;タラス・テイラー作;やましたはるお訳 講談社(講談社のバーバパパえほん1) 1975年8月

クロード
スコットランドからきたたんけんかをだますためにタータンチェックのもようにへんしんしてもとにもどれなくなってしまったカメレオン 「いたずらクロードのへんしん」 エドワード・マクラクラン文・絵;谷本誠剛訳 国土社 1980年9月

くろと

クロード
大地主アーチボルドのひとり息子で狩にでかけた森の中で服も馬も持ち去られてしまいつたの葉っぱを身につけてほら穴にすみつくようになった男 「グリーンマン」 ゲイル・E.ヘイリー作;芦野あき訳 ほるぷ出版 1981年10月

くろどり(とり)
おおきなからだにものをいわせてひとのものをぬすむいじのわるいくろどり 「ちいさな青いとり」 竹田裕子文;ヨゼフ・フラバチ絵 岩崎書店(世界の絵本4) 1976年1月

黒猫(猫) くろねこ(ねこ)
大きな農家にいた猫たちの中で一番チビでいつもお腹をすかせていたのである日北のほうからやってきた鳥に羽根をもらってアフリカへ飛んでいこうとおもった黒猫 「空を飛んだ黒猫」 エミール・ゾフィ文;レベッカ・ベルリンガー絵;富野養二郎訳 みみずくぷれす 1982年12月

クローバ
パンプキンのうじょうのめうし 「めうしのジャスミン」 ロジャー・デュボアザン作・絵;乾侑美子訳 佑学社 1979年1月

クローバー
パンプキンさんの農場にいためうし 「みんなのベロニカ」 ロジャー・デュボアザン作・絵;神宮輝夫訳 佑学社(かばのベロニカシリーズ2) 1978年1月

クローバ・ヒプル
ワニのライルとくらすプリムさん一家のジョシュアくんのクラスに転校してきた女の子 「ワニのライルとなぞの手紙」 バーナード・ウェーバー作;小杉佐恵子訳 大日本図書(ワニのライルのおはなし4) 1984年8月

くろひげ
ワーリャというむすめにたのまれていじわるおうにとらえられているあきのめがみのマーシャをたすけるしごとをした四にんのこびとのひとり 「四人のこびと」 パウストフスキー作;サゾーノフ絵;宮川やすえ訳 岩崎書店(母と子の絵本36) 1977年4月

クロフトさん
でかウサギのハロルドをなやにとめてくれたしんせつなのうふ 「ひとりぼっちのでかウサギ」 ビル・ピート作・絵;山下明生訳 佼成出版社(ピートの絵本シリーズ9) 1982年5月

クロムウェル
おじさんのベオウルフといっしょにくらしているおとなしくてよいわに 「わにのワーウィック」 アンダー・ホディア文;トミー・アンゲラー絵;平賀悦子訳 講談社(世界の絵本アメリカ) 1972年2月

クロムウェル
叔父のベオウルフと丘の下に大きななべをおいて丘の上からソリすべりをしてくるかめのクレオパトラをスープにしてたべようとしたわに 「かめのスープはおいしいぞ」 アンドレ・オデール文;トミー・ウンゲラー絵;池内紀訳 ほるぷ出版 1985年5月

グローリア
あなぐまのフランシスのいもうと 「フランシスとたんじょうび」 ラッセル・ホーバン作;リリアン・ホーバン絵;松岡享子訳 好学社 1972年1月

グローリア
おねえさんのフランシスにやきゅうをしてあそんでもらえなかったちいさいあなぐまのおんなのこ 「フランシスのおともだち」 ラッセル・ホーバン作;リリアン・ホーバン絵;松岡享子訳 好学社 1972年1月

グローリア
ちゃいろうさぎのティンカーのいとこ 「ティンカーとタンカーせいぶをゆく」 リチャード・スカーリー作;小野和子訳 評論社(ティンカーとタンカーの絵本2) 1975年12月

グロンクルさん
ビジータウンのいつもごきげんななめのいのししのおじさん 「サンタさんのいそがしい1にち」 リチャード・スキャリー作;國眼隆一訳 ブック・ローン出版(スキャリーおじさんのどうぶつえほん15) 1984年8月

くわっくわっ
おひゃくしょうがおっことしたつぼへとんできてはえとかとねずみといっしょにくらしはじめたかえる 「ちいさなお城」 A.トルストイ再話;E.ラチョフ絵;宮川やすえ訳 岩崎書店(えほん・ドリームランド14) 1982年2月

くわっこ
がちょうのたまごとほかのどうぶつたちとりょこうにでかけたあひる 「がちょうのたまごのぼうけん」 エバ・ザレンビーナ作;内田莉莎子訳;太田大八画 福音館書店 1985年4月

クワル
金庫山のふもとにすむおじいさんとおばあさんのはたけにみのった金いろの瓜の中からでてきたはたらきものの男の子 「金の瓜と銀の豆」 チャオ・エンイ文;ホー・ミン絵;君島久子訳 ほるぷ出版 1980年8月

くんくん
きいろいいえがかじになったのをしょうぼうしょにしらせにいったこいぬ 「くんくんとかじ」 ディック・ブルーナ文・絵;松岡享子訳 福音館書店 1972年2月

くんくん
まいごのおんなのこのすーきーをみつけてあげたちいさなちゃいろのこいぬ 「こいぬのくんくん」 ディック・ブルーナ文・絵;松岡享子訳 福音館書店(子どもがはじめてであう絵本) 1972年7月

クンクン
もりのなかのいえがたきぎにされてしまってあたらしいいえをたてることになったはりねずみ 「がんばりやのクンクン」 ダフネ・フォーンス=ブラウン作;フランセス・サッチャー絵;笹川真理子訳 フレーベル館 1982年8月

クン族　くんぞく
アフリカの部族の人びと 「絵本アフリカの人びと-26部族のくらし」 レオ・ディロン;ダイアン・ディロン絵;マーガレット・マスグローブ文;西江雅之訳 偕成社 1982年1月

クンターブント
村のまずしいわかものイワンが命をたすけていっしょに家にすむことになったイヌ 「魔法のゆびわ-ロシア民話」 ミハル・ロンベルグ絵;柏木美津ب訳 佑学社(世界の名作童話シリーズ) 1979年1月

くんち

くんちゃん
いとこのアレックといっしょにキャンプにいったくまのおとこのこ 「くんちゃんのもりのキャンプ」ドロシー・マリノ作;間崎ルリ子訳　ペンギン社　1983年1月

くんちゃん
おとうさんのはたけしごとのおてつだいをしたくまのおとこのこ 「くんちゃんのはたけしごと」ドロシー・マリノ作;間崎ルリ子訳　ペンギン社　1983年1月

くんちゃん
なんにもすることがなくてそとへでていってじぶんであそびをいっぱいみつけたくまのおとこのこ 「くんちゃんはおおいそがし」ドロシー・マリノ作;間崎ルリ子訳　ペンギン社　1983年1月

くんちゃん
にじがでたひににじのねもとにうまっているというきんのつぼをみつけにいったくまのおとこのこ 「くんちゃんとにじ」ドロシー・マリノ作;間崎ルリ子訳　ペンギン社　1984年2月

くんちゃん
みなみのくにへとんでいくとりたちといっしょにあたたかいところへわたっていこうとしておかのうえまでのぼっていったくまのおとこの子 「くんちゃんのだいりょこう」ドロシー・マリノ文・絵;石井桃子訳　岩波書店　1986年5月;岩波書店　1977年11月

くんちゃん
ゆきのうえにたべものをまいてことりやうさぎやりすたちにパーティーをしてあげたくまのおとこのこ 「くんちゃんとふゆのパーティー」ドロシー・マリノ作;新井有子訳　ペンギン社　1981年11月

くんちゃん
一ねんせいになってはじめてがっこうにいったくまのおとこのこ 「くんちゃんのはじめてのがっこう」ドロシー・マリノ作;間崎ルリ子訳　ペンギン社　1982年4月

クンツ
ねむれない王女さまがいる国にすむ農夫の二ばんめの息子で王女さまに本でよんだことをきかせてねむらせようとした若者 「ねむれない王女さま」ジタ・ユッカー絵;ウルスラ・フォン・ヴィーゼ作;ウィルヘルム・きくえ訳　太平社　1984年8月

【け】

ケイ
カエルのガップをあみでつかまえてマーマレードのびんにいれたおとこのこ 「ガップとケイ」イルゼ・ロス作;多田裕美訳　図書文化　1978年7月

けいてぃー
じぇおぽりすというまちのおやくしょのどうろかんりぶではたらいていたつよくてあかいとらくたー 「はたらきもののじょせつしゃけいてぃー」バージニア・リー・バートン文・絵;いしいももこ訳　福音館書店(世界傑作絵本シリーズ・アメリカの絵本)　1978年3月

ケイティ
ふるぼけたバスを家にしているマギーという女の子のともだち 「マギーとかいぞく」 エズラ・ジャック・キーツ作;木島始訳 ほるぷ出版 1982年9月

ケイト
マーヤというおんなのこのなかよしでひよこのピーコがきてからあそんでもらえなくなったくろねこ 「ピーコはすてきなおともだち」 メルセ・C.ゴンザレス作;アグスティ・A.サウリ絵;浜祥子文 学習研究社(国際版せかいのえほん22) 1985年1月

けいとう
ばらのはながうらやましくてならなかったけいとう 「いそっぷのおはなし」 中川正文訳;長新太絵 福音館書店 1963年11月

ゲオルク
スザンネという小さな女の子をしばらくあずかることになったうちの男の子 「かわいいスザンネ」 ハナ・ゼリノバー作;ラディスラフ・ネッセルマン絵;柏木美津訳 佑学社(チェコスロバキアの創作絵本シリーズ4) 1978年9月

けーしぇ・こーるちゃん
みんなでそろってようちえんにでかけたこ 「ようちえん」 ディック・ブルーナ文・絵;いしいももこ訳 福音館書店(子どもがはじめてであう絵本) 1968年11月

ケース
ある日ほうきやぼろきれでかいじゅうにへんそうして「魔女の庭」にしのびこんだ七人の子どもたちのひとりの男の子 「魔女の庭」 リディア・ポストマ作;熊倉美康訳 偕成社 1983年4月

ケダモノ
御殿にすむおそろしい怪物で庭のバラをぬすんだ商人にむすめをさしだすようにといった怪物 「美女と野獣」 ローズマリー・ハリス再話;エロール・ル・カイン絵;矢川澄子訳 ほるぷ出版 1984年10月

ケチイさん
金持ちの商人の3人のむすめの上のむすめでよくばりで見栄っぱりなむすめ 「美女と野獣」 ローズマリー・ハリス再話;エロール・ル・カイン絵;矢川澄子訳 ほるぷ出版 1984年10月

ケチンボさん
たいへんなおかねもちなのにぜったいにおかねをつかわない手におえないけちんぼなひと 「ケチンボさん」 ロジャー・ハーグレーヴス作;たむらりゅういち訳 評論社(みすた・ぶっくす24) 1985年12月

けちんぼジャック
リトルボロの村はずれにすんでいたものすごいけちんぼのかじ屋である夜に実は聖ペテロだというおじいさんを家にいれてやった男 「けちんぼジャックとあくま」 エドナ・バース文;ポール・ガルドン絵;湯浅フミエ訳 ほるぷ出版 1979年3月

けつか

ケッカ
じぶんのこどもたちといっしょにすのなかにいたかっこうのこもとべるようになるまでそだててあげたことり 「かっこうのこども」 アッティリオ・カッシネリ絵；カレン・グントルプ作；岸田衿子訳 ひかりのくに(アッティリオとカレンのえほん) 1973年1月

ケップ
あひるのジマイマをだましたきつねをつかまえようとしたばん犬 「あひるのジマイマのおはなし」 ビアトリクス・ポター作・絵；いしいももこ訳 福音館書店(ピーターラビットの絵本11) 1973年1月

ケート
大工のケーレブの女房で魔女に魔法をかけられて犬のすがたになった夫をしらずにかうことにしたはたおり女 「ケーレブとケート」 ウィリアム・スタイグ作；あそうくみ訳 評論社(児童図書館・絵本の部屋) 1980年6月

ケブラ
とうちゃんのハンダに学校へいくのに馬を買ってほしいといったむすこ 「馬のたまご-バングラデシュの民話」 ビプラダス・バルア再話；アブル・ハシム・カーン絵；田島伸二訳 ほるぷ出版 1985年5月

ケーブルカー
アメリカにしかいがんのサンフランシスコの町のさかみちをはしっている小さなケーブルカー 「ちいさいケーブルカーのメーベル」 バージニア・リー・バートン作；桂宥子；石井桃子訳 ペンギン社 1980年2月

けむし
あいうえおのきのうえでてをつないではっぱのうえにことばをつくっていたもじたちにぶんをつくることをおしえたけむし 「あいうえおのき」 レオ・レオニ作；谷川俊太郎訳 好学社 1975年1月

毛虫(キーちゃん)　けむし(きーちゃん)
仲間たちが頂上目指して登っている毛虫でできた柱を登っている途中でしま模様の毛虫のシマくんに会った黄色の毛虫 「もっと、なにかが…」 トリーナ・パウルス絵・文；片山厚；宮沢邦子訳 篠崎書林 1983年2月

毛虫(シマくん)　けむし(しまくん)
仲間たちが頂上目指して登っている毛虫でできた柱を登っている途中で黄色の毛虫のキーちゃんに会ったしまの毛虫 「もっと、なにかが…」 トリーナ・パウルス絵・文；片山厚；宮沢邦子訳 篠崎書林 1983年2月

けもの
とりたちとせんそうをはじめたけものたち 「イソップのおはなし」 イソップ作；山中恒文；佐藤忠良絵 偕成社(世界おはなし絵本28) 1972年1月

ゲラルディーネ
お城のコックに手伝ってもらって砂糖菓子の王子をつくったたいへん気位が高くてわがままな王女 「砂糖菓子の王子」 フィオナ・ムーディー絵・文；高木あき子訳 西村書店 1986年3月

ゲルダ
あるまちのむかいあったいえのやねうらべやにすんでいたとてもなかよしだったふたりのこどものおんなのこ 「ゆきのじょおう−デンマークのはなし」 三田村信行文；高木真知子絵 コーキ出版（絵本ファンタジア45） 1981年12月

ゲルダ
ある大きな町にすんでいたまるでほんとうの兄弟のようになかよしだったふたりのまずしい子どもの女の子 「雪の女王」 ハンス・C.アンデルセン原作；ナオミ・ルイス文；エロール・ル・カイン絵；内海宜子訳 ほるぷ出版 1981年1月

ケーレブ
はたおりケートの大工の夫である日森の中で魔女に魔法をかけられて犬になってしまった男 「ケーレブとケート」 ウィリアム・スタイグ作；あそうくみ訳 評論社（児童図書館・絵本の部屋） 1980年6月

【こ】

コアラ（ピクニク）
コアラのにんぎょうをいっぱいつくってまちへうりにいったコアラのおとこのこ 「にんぎょう いかが」 ガブリエル・バンサン絵；森比左志文 ブックローン出版（ちいさなコアラシリーズ） 1984年11月

コアラ（ピクニク）
へいの下でかおをあらったりかみをとかしていたのをこどもたちにみられたコアラのおとこのこ 「ねえこっちむいて」 ガブリエル・バンサン絵；森比左志訳 ブックローン出版（ちいさなコアラピクニクシリーズ） 1984年11月

コアラ（ピクニク）
ゆきのうえのあしあとをみながらロザリーおばあさんのうちまでてぶくろをとどけてあげたコアラのおとこのこ 「またきていい」 ガブリエル・バンサン絵；森比左志訳 ブックローン出版（ちいさなコアラピクニクシリーズ） 1984年11月

こいぬ（いぬ）
いけにうかんでいたまるいものをめんどりのようにあたためてやろうとしたしりたがりやのこいぬ 「しりたがりやのこいぬとたまご」 イバ・ヘルツィーコバー作；ズデネック・ミレル絵；千野栄一訳 偕成社 1976年7月

こいぬ（いぬ）
おひさまがくもをつくるためにおさらのみずをとってしまったのでふうせんにつかまっておひさまのところまでいったしりたがりやのこいぬ 「しりたがりやのこいぬとおひさま」 イバ・ヘルツィーコバー作；ズデネック・ミレル絵；千野栄一訳 偕成社 1974年12月

こいぬ（いぬ）
こねこたちといっしょにあそんだこいぬ 「きみこねこだろ？」 エズラ・J.キーツ作；西園寺祥子訳 ほるぷ出版 1976年3月

こいぬ

こいぬ(いぬ)
じゅうたんのうえでねているときにニャーンといっただれかをさがしにそとへでていったこいぬ 「ニャーンといったのはだーれ」ウラジミール・ステーエフ作;西郷竹彦訳 偕成社 1969年6月

こいぬ(いぬ)
ひとりの一年生の少年をすきになって少年をしゅじんにすることにしたのらいぬのこいぬ 「のらいぬとふたりのしゅじん」クラーラ・ヤルンコバー作;ヤン・レビーシュ絵;柏木美津訳 佑学社(チェコスロバキアの創作絵本シリーズ3) 1978年9月

こいぬ(いぬ)
みつばちのうちにあったはちみつをたべてはちのむれにおいかけられてからだじゅうをさされたしりたがりやのこいぬ 「しりたがりやのこいぬとみつばち」イバ・ヘルツィーコバー作;ズデネック・ミレル絵;千野栄一訳 偕成社 1974年12月

子いぬ(いぬ)　こいぬ(いぬ)
子いぬをほしいとおもっていた男の子と女の子にひろわれたいたずらな子いぬ 「子いぬのかいかたしってるかい?」モーリス・センダック;マシュー・マーゴーリス作;モーリス・センダック絵;山下明生訳 偕成社 1980年11月

こうさぎ(うさぎ)
いえをでてどこかへいってみたくなりかあさんうさぎに「ぼくにげちゃうよ」といったこうさぎ 「ぼくにげちゃうよ」マーガレット・ワイズ・ブラウン文;クレメント・ハード絵;岩田みみ訳 ほるぷ出版 1976年9月

こうさぎ(うさぎ)
ともだちのカエルのいえにいくとちゅうでもぐらのトンネルをみつけてもぐらのベッドのなかでねむってしまった7ひきのこうさぎ 「7ひきのこうさぎ」ジョン・ベッカー文;バーバラ・クーニー絵;岸田衿子訳 文化出版局 1982年9月

こうさぎ(うさぎ)
ぬけたはでなにかをつくろうかとかんがえたりはのかみさまのおつかいのフェアリーさんにあげようかとおもったりしたこうさぎ 「はがぬけたとき こうさぎは…」ルーシー・ベイト文;ディアン・ド・グロート絵;河津千代訳 アリス館牧新社 1979年11月

皇帝　こうてい
あたらしいこよみのためにはんぶん神さまではんぶんにんげんのシュン・ユーに12しゅるいのどうぶつをえらばせた中国の皇帝 「ね、うし、とら……十二支のはなし-中国民話より」ドロシー・バン・ウォアコム文;エロール・ル・カイン絵;辺見まさなお訳 ほるぷ出版 1978年12月

皇帝　こうてい
おひゃくしょうのイワンがみつけたおおきなつりがねをきゅうでんにもっていこうとした皇帝 「みどり色のつりがね」プロイスラー文;ホルツィング絵;中村浩三訳 偕成社 1980年3月

皇帝　こうてい
昔中国の世界一立派な宮殿にすんでいた皇帝 「中国皇帝のナイチンゲール」H.C.アンデルセン作;G.ルモワーヌ絵;なだいなだ訳 文化出版局(フランスの傑作絵本) 1980年12月

コウテイペンギン
ふゆがくるとなんきょくたいりくにあつまってきてたまごをうみひなをそだててなつはうみにいってくらすコウテイペンギン 「なんきょくのペンギン」 イリアン・ロールス作・画；小田英智文　偕成社（どうぶつのくらし2おはなし編）1980年3月

こうのとり
ぼうけんずきの少年ファンファンが村の家のえんとつのすにあった二つのたまごをあひるにたのんでかえしてもらったこうのとり 「ファンファンとこうのとり」 ピエール・プロブスト文・絵；那須辰造訳　講談社（世界の絵本フランス）1971年5月

こうのとり（ヤコブ）
みなみのくにでふゆをすごすためにおかあさんとはじめてのながいたびをしたこうのとりのぼうや 「こうのとりぼうや はじめてのたび」 イワン・ガンチェフ作；佐々木田鶴子訳　偕成社　1985年5月

こうふくのおうじ（おうじ）
あるまちのまんなかにたっていたかい石のはしらの上にたっていてこうふくのおうじとよばれていたぞう 「こうふくなおうじ」 ワイルド原作；松谷みよ子文；安井淡絵　世界出版社（ABCブック）1970年1月

こうま（うま）
あるあさもりのまんなかにあったじぶんのりんごのきからすっかりなくなっていたりんごをくまとさがしにいったこうま 「りんごどろぼうはだーれ？」 ジーグリット・ホイック作；佐々木田鶴子訳　偕成社　1982年7月

こうもり
いばらとうと三にんで商売をすることになったこうもり 「イソップものがたり」 ハイジ・ホルダー絵；三田村信行文　偕成社　1983年11月

こうもり
せんそうをはじめたとりとけものどちらからもみかたになっておくれといわれたこうもり 「イソップのおはなし」 イソップ作；山中恒文；佐藤忠良絵　偕成社（世界おはなし絵本28）1972年1月

小鬼（あくま）　こおに（あくま）
冬のあいだ谷間の村の一家に次から次へといたずらをしでかした小鬼ども 「あくまっぱらい！」 ゲイル・E.ヘイリー作；芦野あき訳　ほるぷ出版　1980年5月

小鬼（タラウェイ）　こおに（たらうぇい）
トローヴの郷士ラヴェルさんにやとわれたなまけものの娘ダフィによばれてかわりに羊毛を編んだり紡いだりしてあげた小鬼 「ダフィと小鬼」 ハーヴ・ツェマック文；マーゴット・ツェマック画；木庭茂夫訳　冨山房　1977年10月

こぎつね（きつね）
かあさんぎつねにいつかせかいのはてまでいってくるわといったこぎつね 「こぎつねせかいのはてにゆく」 アン・トムパート文；ジョン・ウォルナー絵；芦野あき訳　ほるぷ出版　1979年8月

こきふ

ごきぶりゴン
どうぶつたちをながいひげでおどかしてしまいにもりとのはらのおうになったごきぶり 「ごきぶりゴン」 コルネイ・チュコフスキー作；樹下節訳　理論社（ソビエト絵本傑作シリーズ） 1976年1月

こぐま（くま）
おかあさんにふゆごもりをしなさいといわれてもまだねむたくなくてもりへあそびにでかけたこぐま 「くまくんおやすみ」 アデレイド・ホール文；シンディ・ゼッカース絵；中野完二訳　文化出版局 1976年11月

こぐま（くま）
くらいほらあなにあきておおきなかしのきのなかにすてきなうちをつくったこぐま 「きのなかのいえ」 アッティリオ・カッシネリ絵；カレン・グントルプ作；岸田衿子訳　ひかりのくに（アッティリオとカレンのえほん） 1972年1月

こぐま（くま）
魚つりにでかけて友だちのちびとらにてがみをかいたこぐま 「とらくんへのてがみ」 ヤーノシュ作；野口純江訳　文化出版局 1982年9月

子ぐま（くま）　こぐま（くま）
白ありにとりつかれてしまったもりの木をたすけてあげようとした子ぐま 「木はいつもだめといった」 レオ・ブライス作・絵；むらかみひろこ文　女子パウロ会 1982年7月

こぐまくん
にわにうえてみたたねからできたおおきなかぼちゃのなかにひっこししてともだちのおおくまくんとうみにでていったくま 「かぼちゃひこうせんぷっくらこ」 レンナート・ヘルシング文；スベン・オットー絵；奥田継夫；木村由利子訳　アリス館牧新社 1976年10月

こくりこ
はなさえみてればいつでもしあわせなちいさいきし 「こくりこ」 ミシェル・マリオネット絵；藤田圭雄文　至光社（ブッククラブ国際版絵本） 1983年1月

こけっこう
がちょうのたまごやほかのどうぶつたちとりょこうにでかけたおんどり 「がちょうのたまごのぼうけん」 エバ・ザレンビーナ作；内田莉莎子訳；太田大八画　福音館書店 1985年4月

こけももかあさん
はちみつこけももをつくるこけももかあさん 「ブルーベリーもりでのプッテのぼうけん」 エルサ・ベスコフ作・絵；ルゼ・カプデヴィラ絵；おのでらゆりこ訳　福音館書店（世界傑作絵本シリーズ・スウェーデンの絵本） 1977年5月

コサ族　こさぞく
アフリカの部族の人びと 「絵本アフリカの人びと－26部族のくらし」 レオ・ディロン；ダイアン・ディロン絵；マーガレット・マスグローブ文；西江雅之訳　偕成社 1982年1月

こじか（しか）
あるひおんなのこといつもえをかいているおじいちゃんのふたりでつくったえほんのおはなしにでてくるこじか 「ロザリンドとこじか」 エルサ・ベスコフ作・絵；石井登志子訳　フレーベル館 1984年8月

こじか(シカ)
ゆきがふったひにだれかがいえにおいていってくれたかぶをうさぎのいえにもっていってあげたこじか 「しんせつなともだち」フアン・イーチュン作;君島久子訳;村山知義画 福音館書店 1965年4月

コシチェイ
うつくしいマリアじょおうがものおきにいれてくさりでしばっていたけちでいじわるなじじい「マリアじょおう」アレクサンドラ・アファナーシェフ録話;タチアーナ・マヴリナ絵;宮川やすえ再話 らくだ出版(世界の絵本シリーズ ソ連編5) 1975年2月

コスチェイ
ワシリーサ姫を自分の花よめにしようとさらった不死身の魔法つかい 「火の鳥」ルジェック・マニャーセック絵;高橋ひろゆき文 佑学社(名作バレー物語シリーズ) 1978年12月

コーちゃん
せんたくやさんにつれていかれたときにずぼんにつけるポケットがほしくなってきれをさがしにいってしまったにんぎょうのくま 「コーちゃんのポケット」ドン・フリーマン作;西園寺祥子訳 ほるぷ出版 1982年10月

コッキィ
こぐまのミーシャのともだちのにわとり「かえってきたミーシャ」チェスワフ・ヤンチャルスキ文;ズビグニエフ・ルイフリツキ絵;坂倉千鶴訳 ほるぷ出版 1985年5月

コッキィ
ぬいぐるみのこぐまのミーシャがいったヤツェクとゾーシャのうちの赤毛のおんどり 「ミーシャのぼうけん」チェスワフ・ヤンチャルスキ文;ズビグニエフ・ルィフリツキ絵;坂倉千鶴訳 ほるぷ出版 1985年5月

コットン
パンプキンさんの農場にいたねこ 「みんなのベロニカ」ロジャー・デュボアザン作・絵;神宮輝夫訳 佑学社(かばのベロニカシリーズ2) 1978年1月

コーディリア
リアおうがくにをゆずることにした三にんのおうじょの三にんめのしょうじきなむすめ 「リアおう」シェークスピア原作;小津次郎文;箕田源二郎絵 世界出版社(ABCブック) 1969年11月

こども
あるひはがいたくなってしかたなしにはいしゃへでかけたおおおとこのこども 「おおおとこのこどものはなし」ツヴィフェロフ原作;宮川やすえ訳・文;かみやしん絵 国土社(やっちゃん絵本3) 1982年3月

こども
おとうさんに「いいことってどんなこと?わるいことってどんなこと?」ってきいたぼうや 「いいってどんなこと？わるいってどんなこと？」マヤコフスキー作;キリロフ・ヴェ絵;松谷さやか訳 新読書社(ソビエトの子どもの本) 1981年11月

こども

こども
クリスマスのばんにそりにのったサンタ・クロースがさらわれて大ロケットにいれられたのをみてぜんせかいにつたえたこどもたち 「そりぬすみ大さくせん」 マイケル・フォアマン作;せたていじ訳 評論社(児童図書館・絵本の部屋) 1978年6月

こども
クリスマスのばんのまよなかにねむれなくてベッドをぬけだしてクリスマス・ツリーのあるへやへおりていった4にんのこどもたち 「クリスマス・イブ」 マーガレット・W.ブラウン文;ベニ・モントレソール絵;矢川澄子訳 ほるぷ出版 1976年9月

こども
さむいふゆにきのえだのうえのほうにひとりぼっちでひっかかっていたけいとのくまさんをいえにつれてかえってあげたこどもたち 「ふゆのくまさん」 ルース・クラフト文;エリック・ブレッグバッド絵;やまだしゅうじ訳 アリス館牧新社 1976年2月

こども
じぶんだけしってるうちがあるおとこのこ 「うちがいっけんあったとさ」 ルース・クラウス文;モーリス・センダック絵;わたなべしげお訳 岩波書店 1978年11月

こども
そとにでてゆきのなかでいっぱいあそんだおとこのとおんなのこ 「ゆき,ゆき」 ロイ・マッキー;P.D.イーストマン作・絵;岸田衿子訳 ペンギン社 1984年1月

こども
とうさんがせかいじゅうからもってきてくれたおもちゃでまいにちあそんでいたやまよりもおおきいおおおとこのこども 「おもちゃのまち」 ツウィフェロフ原作;宮川やすえ訳・文;かみやしん絵 国土社(やっちゃん絵本2) 1983年11月

こども
なつの月夜にあそぶこどもたち 「月夜のこどもたち」 ジャニス・メイ・アドレー文;モーリス・センダク絵;岸田衿子訳 講談社(講談社の翻訳絵本) 1983年12月;講談社(世界の絵本 アメリカ) 1972年6月

こども
のはらしんでいたとりをみつけてもりのなかにうめてやったこどもたち 「ちいさなとりよ」 M.W.ブラウン文;R.シャーリップ絵;与田準一訳 岩波書店(岩波の子どもの本) 1978年11月

こども
よるになってみなねむたいこどもたち 「おやすみなさいのほん」 マーガレット・ワイズ・ブラウン文;ジャン・シャロー絵;いしいももこ訳 福音館書店(世界傑作絵本シリーズ・アメリカの絵本) 1962年1月

子ども こども
10人そろってゆめをみた10人ぐみの子どもたち 「10人の子どもたち」 B.ブンツェル作・画;桂芳樹訳 小学館(世界の創作童話8) 1979年9月

子ども　こども
ジャイアントのにわにまよいこんでつかまえられてゆうはんのごちそうにされそうになったふたりの子ども「巨人（ジャイアント）にきをつけろ！」エリック・カール作；森比左志訳　偕成社　1982年12月

子ども　こども
フランスの子どもたち「子どもの景色」M.ブーテ・ド・モンヴェル絵；アナトール・フランス文；石沢小枝子訳　ほるぷ出版（ほるぷクラシック絵本）　1986年4月

子供　こども
1939年ポーランドにあった戦争のあと両親をなくして隊伍をくんで街道を下っていった五十人のドイツ人やポーランド人やユダヤ人の子供たち「子供の十字軍」ベルトルト・ブレヒト作；長谷川四郎訳；高頭祥八画　リブロポート　1986年1月

子どもたち　こどもたち
夏のさかりを島ですごす一家の子どもたち「すばらしいとき」ロバート・マックロスキー文・絵；わたなべしげお訳　福音館書店（世界傑作絵本シリーズ・アメリカの絵本）　1978年7月

子どもの漁師　こどものりょうし
中国の河のほとりにすんでいた漁師のおじいさんがひきあげた網の中にあった白玉の皿に彫りこまれていた子どもの漁師で生きて動き出した子ども「ふしぎな皿の小さな漁師」チャン・スージエ文；ワン・ジファ絵；漆原寿美子訳　ほるぷ出版　1981年6月

ことり（とり）
たまごからでてきてすぐに木からおちてしまっておかあさんをさがしにいったことり「おかあさんはどこ？」ピー・ディー・イーストマン作・絵；渡辺茂男文　日本パブリッシング（ビギナーブック）　1968年1月

ことり（とり）
ともだちのピーターとおおかみをつかまえたことり「ピーターとおおかみ－セルゲイ・プロコフィエフの音楽童話より」エルナ・フォークト絵；山本太郎訳　佑学社　1984年7月

ことり（とり）
ピーターとふたりでおおかみをつかまえたなかよしのことり「ピーターとおおかみ」プロコフィエフ作；内田莉莎子文；三好碩也絵　偕成社　1966年8月

ことり（とり）
びんぼうなえかきさんがかいたえのなかのきれいなとりでえをかったおかねもちのおやしきのまどからとびたっていったことり「えかきさんとことり」マックス・ベルジュイス作；長谷川四郎訳　ほるぷ出版　1979年4月

ことり（とり）
まっくろくろのちいさいいぬのいるぼくじょうへあそびにいったきいろいことり「きいろいことり」ディック・ブルーナ文・絵；いしいももこ訳　福音館書店（子どもがはじめてであう絵本）　1964年6月

コトリ（トリ）
お月さまをかじってみたくなったクマくんがロケットをつくるのをてつだった友だちのコトリ「かじってみたいな、お月さま」フランク・アッシュ絵・文；山口文生訳　評論社（児童図書館・絵本の部屋）　1985年7月

ことり

小鳥(トリ)　ことり(とり)
くり林に遠足に行ってくりの実からはりねずみが生まれるのだとおもった小鳥の学校の先生と生徒たち 「鳥のうたにみみをすませば」オタ・ヤネチェック絵;フランチシェック・ネピル文;金山美莎子訳　佑学社(おはなし画集シリーズ4) 1980年9月

小鳥(鳥)　ことり(とり)
ピーターとおおかみをつかまえた小鳥 「ピーターとおおかみ」セルゲイ・プロコフィエフ作;アラン・ハワード絵;小倉朗訳　岩波書店 1975年11月

小鳥のおくさん(鳥)　ことりのおくさん(とり)
小鳥のお医者さんに食べすぎだとおこられた巣ごもりちゅうの小鳥のおくさん 「鳥のうたにみみをすませば」オタ・ヤネチェック絵;フランチシェック・ネピル文;金山美莎子訳　佑学社(おはなし画集シリーズ4) 1980年9月

ゴードン
うぬぼれやでよくもめごとをおこすやっかいな三だいの機関車の一だい 「やっかいな機関車」ウィルバート・オードリー作;レジナルド・ドールビー絵;桑原三郎;清水周裕訳　ポプラ社(汽車のえほん5) 1973年12月

ゴードン
なかまの五だいといっしょに車庫でくらしていたいばりんぼうの機関車 「三だいの機関車」ウィルバート・オードリー作;レジナルド・ドールビー絵;桑原三郎;清水周裕訳　ポプラ社(汽車のえほん1) 1973年11月

ゴードン
ヘンリーだけがしんがたになっておもしろくない機関車 「みどりの機関車ヘンリー」ウィルバート・オードリー作;レジナルド・ドールビー絵;桑原三郎;清水周裕訳　ポプラ社(汽車のえほん6) 1973年12月

ゴードン
手におえない機関車だったがふとっちょのきょくちょうにきびしくしつけられてやくにたつようになった大きな機関車 「大きな機関車ゴードン」ウィルバート・オードリー作;レジナルド・ドールビー絵;桑原三郎;清水周裕訳　ポプラ社(汽車のえほん8) 1974年4月

ゴードン
島からイギリス本島につれていかれてみんなにみせられた八だいの機関車の一だい 「八だいの機関車」ウィルバート・オードリー作;ジョン・ケニー絵;桑原三郎;清水周裕訳　ポプラ社(汽車のえほん12) 1974年8月

ゴードン
本線をはしる大きな機関車 「大きな機関車たち」ウィルバート・オードリー作;ガンバー・エドワーズ;ピーター・エドワーズ絵;桑原三郎;清水周裕訳　ポプラ社(汽車のえほん21) 1980年10月

コナコナさん
ウルサイくんがかいものにいったパンやさん 「ウルサイくん」ロジャー・ハーグレーヴス作;おのかずこ訳　評論社(みすた・ぶっくす23) 1985年12月

こなひきのおやこ
あるひこなひきがろばにまたがっておひゃくしょうさんのところへこなをとどけたこなひきのおやこ 「こなひきのおやことろば-イソップ物語」 オイゲン・ソプコ絵；佐々木元訳 フレーベル館 1984年9月

こなや
こどもをろばにのせてろばをうりにいったこなやのおとうさん 「イソップのおはなし」 イソップ作；山中恒文；佐藤忠良絵 偕成社(世界おはなし絵本28) 1972年1月

こなやのむすこ(カラバこうしゃく)
こなやの3にんむすこのいちばんしたのむすこでいさんとしてねこをもらったわかもの、カラバこうしゃくはねこがしゅじんをよんだなまえ 「ながぐつをはいたねこ」 ポール・ガルドン作；寺岡襄訳 ほるぷ出版 1978年10月

こなやのむすこ(カラバスこうしゃく)
びんぼうなこなやがしんだときにねこ一ぴきをもらった三ばんめのむすこ、カラバスこうしゃくはねこがしゅじんにつけたなまえ 「ながぐつをはいたねこ」 ベラ・サウスゲイト再話；エリック・ウインター絵；秋晴二、敷地松二郎訳編 アドアンゲン 1974年6月

粉屋のむすこ(カラバ伯爵) こなやのむすこ(からばはくしゃく)
粉屋が死んでおとうさんのおすネコ1ぴきをわけられた3にんむすこの末っ子、カラバ伯爵はネコが主人をよんだ名前 「長ぐつをはいたねこ」 ハンス・フィッシャー文・絵；矢川澄子訳 福音館書店(世界傑作絵本シリーズ・スイスの絵本) 1980年5月

粉屋のむすこ(伯爵) こなやのむすこ(はくしゃく)
粉屋が死ぬと一ぴきのねこを遺産としてわけられた三人むすこの末っ子、伯爵はねこがあるじをでっちあげたよび名 「長ぐつをはいたねこ-グリム童話より」 スベン・オットー絵；矢川澄子訳 評論社(児童図書館・絵本の部屋) 1980年12月

こなやのむすめ(むすめ)
おうさまからあしたのあさまでにわらをつむいできんのいとをつくるようにいわれたこなやのむすめ 「ランペルスティルトスキン」 ベラ・サウスゲイト再話；エリック・ウインター絵；秋晴二、敷地松二郎訳編 アドアンゲン 1974年6月

コーニー
とおくはなれたもりのこやにいもうとたちとすんでいたげんきなわかもの 「しょうねんとおおやまねこ」 シートン原作；小林清之介文；伊藤悌夫絵 チャイルド本社(チャイルド絵本館・シートン動物記12) 1985年3月

五にんきょうだい(きょうだい) ごにんきょうだい(きょうだい)
むかしシナにすんでいたとてもよくにていてだれがだれやらくべつがつかなかった五にんのきょうだい 「シナの五にんきょうだい」 クレール・H.ビショップ文；クルト・ヴィーゼ絵；いしいももこ訳 福音館書店(世界傑作絵本シリーズ・アメリカの絵本) 1961年1月

こねこ(ねこ)
こいぬといっしょにあそんだこねこたち 「きみこねこだろ？」 エズラ・J.キーツ作；西園寺祥子訳 ほるぷ出版 1976年3月

こねり

コーネリアス
ほかのわにたちのようにはわずにたってあるきであったさるにさかだちとしっぽでぶらさがるのもおしえてもらったわに「コーネリアス」レオ・レオニ作;谷川俊太郎訳 好学社 1983年9月

ゴネリル
リアおうがくにをゆずることにした三にんのおうじょのいちばんうえのむすめ「リアおう」シェークスピア原作;小津次郎文;箕田源二郎絵 世界出版社(ABCブック) 1969年11月

こひつじ(ひつじ)
みんなはしろいのにじぶんだけくろいのがいやでむれからにげだしてもりのなかにかくれたくろいこひつじ「くろいひつじ」エレオノーレ・シュミット作・絵;大島かおり訳 佑学社(ヨーロッパ創作絵本シリーズ) 1978年5月

こびと
あるひなまいきくんがおおきないえのにわをあるいていると花だんのすみっこにいたこびと「なまいきくん」ロジャー・ハーグレーヴス作;たむらりゅういち訳 評論社(みすた・ぶっくす9) 1976年7月

こびと
おおきなもりのむこうのほうにじぶんのこどもたちやばったたちといっしょにすんでいたくさはらのこびとたち「くさはらのこびと」エルンスト・クライドルフ文・絵;おおつかゆうぞう訳 福音館書店(世界傑作絵本シリーズ・スイスの絵本) 1970年9月

こびと
おひとよしのジョンにおかねをもらったおれいにふしぎなバイオリンをあげたこびと「うかれバイオリン」滝原章助画;中村美佐子文 ひかりのくに(世界名作えほん全集18) 1966年1月

こびと
おりこうなアニカがまきばであったこびとのおとうさんとおかあさんと五にんのこどもたち「おりこうなアニカ」エルサ・ベスコフ作・絵;いしいとしこ訳 福音館書店(世界傑作絵本シリーズ・スウェーデンの絵本) 1985年5月

こびと
きこりにきをきらないでおくれとたのんだおれいに三つのねがいをかなえてあげたもりのこびと「三つのねがい-民話より」ポール・ガルドン絵;中山知子訳 佑学社(ポール・ガルドン昔話シリーズ6) 1979年8月

こびと
こころのやさしいフレッドがどうかをあげたおれいにバイオリンをくれたこびと「うかれバイオリン-イギリスみんわ」三上蕃文;池田龍雄絵 世界出版社(ABCブック) 1970年1月

こびと
こびとのチュルルタン村にすむこびとたち「こびとの村のカエルじけん」A.シャープトン文;G.ミューラー絵;岸田今日子訳 文化出版局 1984年3月

こびと
しらゆきひめがもりのおくでみつけたちいさないえにいた七にんのこびとたち「しらゆきひめ」谷真介文;赤坂三好絵 あかね書房(えほんせかいのめいさく3) 1977年5月

こびと
しらゆきひめがもりのおくのちいさないえでいっしょにくらしたしちにんのこびと 「しらゆきひめ(グリム童話)」 大石真文;深沢邦朗絵 ひさかたチャイルド(ひさかた絵本館3) 1981年9月

こびと
しらゆきひめがもりのなかでみつけたちいさないえの七にんのこびとたち 「しらゆきひめ」 与田凖一文;岡田嘉夫絵 フレーベル館(せかいむかしばなし3) 1985年7月

こびと
しらゆきひめがもりのなかでみつけた一けんのいえにいた七にんのこびとたち 「しらゆき姫」 駒宮録郎画;中村美佐子文 ひかりのくに(世界名作えほん全集4) 1966年1月

こびと
しらゆきひめが森の中のいえでいっしょにくらすようになった7にんのこびとたち 「しらゆきひめ-グリム童話」 ヤン・ピアンコフスキー絵;内海宜子訳 ほるぷ出版(ふぇありい・ぶっく) 1985年11月

こびと
ふかいふかいもりのおくでたのしくくらしていたこびとたち 「もりのこびとたち」 エルサ・ベスコフ作・絵;おおつかゆうぞう訳 福音館書店(世界傑作絵本シリーズ・スウェーデンの絵本) 1981年5月

こびと
ペチャクチャ谷のチュルルタン村にすむこびとたち 「こびとの村のおひさまワイン」 A.シャプートン文;G.ミューラー絵;岸田今日子訳 文化出版局 1984年3月

こびと
ペチャクチャ谷のチュルルタン村にすむこびとたち 「こびとの村のひっこしさわぎ」 A.シャプートン文;G.ミューラー絵;岸田今日子訳 文化出版局 1985年4月

こびと
まいばんびんぼうなくつやさんのしごとばにはいってきてくつをつくってくれたふたりのこびと 「こびととくつやさん」 ベラ・サウスゲイト再話;ロバート・ラムレイ絵;秋晴二;敷地松二郎訳編 アドアンゲン 1974年6月

こびと
まほうのもりにジョンというおおきなおとこのことすんでいたたくさんのこびとたちでジョンがしぜんにおどりはじめるまほうのおんがくをじょうずにひいたこびとたち 「おおきなジョン」 アーノルド・ローベル原作・画;ウエザヒル翻訳委員会訳 ウエザヒル出版社 1966年5月

こびと
まよなかにどこからかとしをとったくつやのふうふのみせにやってきてくつをつくってくれたはだかんぼうのふたりのこびと 「こびとのくつや」 グリム作;高橋克雄写真・文 小学館(メルヘンおはなし絵本4) 1983年3月

こびと
まよなかになるとあらわれてまずしいくつやのためにくつをぬってくれたふたりのはだかのこびと 「こびとのくつや-グリムえほん」 立原えりか文;小林与志絵 ひさかたチャイルド(ひさかた絵本館5) 1981年9月

こひと

こびと
まよなかになるとまずしいくつやさんにとびこんできてくつをつくってくれたふたりのはだかのこびと 「くつやとこびと－せかいのはなし(ドイツ)」 岡上鈴江文；片桐三紀子絵 コーキ出版(絵本ファンタジア41) 1980年9月

こびと
むかしケルンのまちでよるになるとやってきてなまけもののまちのひとたちのしごとをかわりにやってあげていたおおぜいのこびとたち 「ケルンのこびと」 アウグスト・コーピッシュ文；ゲアハルト・オーバーレンダー絵；佐々木田鶴子訳 ほるぷ出版 1982年9月

こびと
むらいちばんのびんぼうにんのおひゃくしょうのうちにすんでいたびんぼうこびと 「びんぼうこびと－ウクライナ民話」 内田莉莎子再話；太田大八画 福音館書店 1971年1月

こびと
よなかになるとまずしいくつやさんにやってきてくつをつくってくれたふたりのかわいいはだかのこびと 「くつやさんとはだかのこびと」 グリム兄弟文；カトリン・ブラント絵；塩谷太郎訳 講談社(世界の絵本ドイツ・スイス) 1971年6月

こびと
森の中の大きなもみの木の下にあつまってクリスマスのおまつりをしたチュルルタン村のこびとたち 「こびとの村のクリスマス」 A.シャプートン文；G.ミューラー絵；岸田今日子訳 文化出版局 1984年11月

小人　こびと
サーカスに出ようとおもってサーカスの団長のところへ行った小人 「鳥のうたにみみをすませば」 オタ・ヤネチェック絵；フランチシェック・ネピル文；金山美莎子訳 佑学社(おはなし画集シリーズ4) 1980年9月

小人　こびと
フィンランドのコルバトントリという山のふもとの村でサンタクロースとくらして子どもたちへのプレゼントを用意する仕事をしている小人たち 「サンタクロースと小人たち」 マウリ・クンナス作；稲垣美晴訳 偕成社 1982年1月

小人　こびと
ふるい森のおくにすみ森でこまっているものたちをたすけてやっていた魔法使いの小人 「眠れぬ王さま」 スヴェトスラフ・ミンコフ文；ルーメン・スコルチェフ絵；松永緑彌訳 ほるぷ出版 1982年10月

小人　こびと
子どもをおどかすこわいゆめをたべるという月の光ににた小人 「ゆめくい小人」 ミヒャエル・エンデ作；アンネゲルト・フックスフーバー絵；佐藤真理子訳 偕成社 1981年11月

小人　こびと
七年ごとに自分たちのいとこの七人の小人を雪あらしの中たずねてくる白雪姫にあいにいった三人の小人 「ふゆのはなし」 エルンスト・クライドルフ文・絵；おおつかゆうぞう訳 福音館書店(世界傑作絵本シリーズ・スイスの絵本) 1971年3月

小人　こびと
食料品屋に住みついておかゆやバターをもらっていた小人「小人のすむところ」H.C.アンデルセン作;イブ・スパング・オルセン絵;木村由利子訳　ほるぷ出版　1984年12月

小人　こびと
森の中の小さな家の持ち主の七人の小人たち「白雪姫と七人の小人たち-グリム」ナンシー・エコーム・バーカート画;八木田宜子訳　冨山房　1975年6月

小人　こびと
白雪ひめが大きな森の中で見つけてはいっていった小さな家のあるじたちの七人の小人たち「白雪ひめと七人のこびと-グリム童話より」スベン・オットー絵;矢川澄子訳　評論社（児童図書館・絵本の部屋）1979年9月

小人　こびと
野山に棲んでいる妖精たち「妖精たち小人たち」エルンスト・クライドルフ作;矢川澄子訳　童話屋　1982年11月

こびと(ジェラルド)
サンタといっしょにシルベスターさんのうちにやってきたこびと「ドタバタ・クリスマス」スティーヴン・クロール作;トミー・デ・パオラ絵;岸田衿子訳　佑学社　1981年12月

コブタ
クマのプーの森の友だちのコブタ「トラー木にのぼる」A.A.ミルン文;E.H.シェパード絵;石井桃子訳　岩波書店（クマのプーさんえほん11）1983年2月

こぶた(ぶた)
こぶたをかいにいちばにでかけたおばあさんによばれてもしらんかおをしていたこぶた「おばあさんとこぶた-民話より」ポール・ガルドン絵;大庭みな子訳　佑学社（ポール・ガルドン昔話シリーズ2）1979年6月

こぶた(ぶた)
やわらかいどろんこのなかにしずんでいくのがなによりもすきであるひおおきなまちでまだやわらかいせめんとのなかにしずんでいったこぶた「どろんここぶた」アーノルド・ローベル作;岸田衿子訳　文化出版局　1971年11月

コブタ(ブタ)
クマのプーさんの森の友だちのコブタ「クマのプーさん」A.A.ミルン文;E.H.シェパード絵;石井桃子訳　岩波書店　1968年12月

コブタ(ブタ)
クマのプーの森の友だちのコブタ「イーヨーのあたらしいうち」A.A.ミルン文;E.H.シェパード絵;石井桃子訳　岩波書店（クマのプーさんえほん9）1982年9月

コブタ(ブタ)
クマのプーの森の友だちのコブタ「イーヨーのたんじょうび」A.A.ミルン文;E.H.シェパード絵;石井桃子訳　岩波書店（クマのプーさんえほん4）1982年6月

コブタ(ブタ)
クマのプーの森の友だちのコブタ「ウサギまいごになる」A.A.ミルン文;E.H.シェパード絵;石井桃子訳　岩波書店（クマのプーさんえほん13）1983年2月

こふた

コブタ（ブタ）
クマのプーの森の友だちのコブタ 「カンガとルー森にくる」 A.A.ミルン文；E.H.シェパード絵；石井桃子訳　岩波書店（クマのプーさんえほん5）　1982年6月

コブタ（ブタ）
クマのプーの森の友だちのコブタ 「コブタと大こうずい」 A.A.ミルン文；E.H.シェパード絵；石井桃子訳　岩波書店（クマのプーさんえほん7）　1982年9月

コブタ（ブタ）
クマのプーの森の友だちのコブタ 「コブタのおてがら」 A.A.ミルン文；E.H.シェパード絵；石井桃子訳　岩波書店（クマのプーさんえほん14）　1983年2月

コブタ（ブタ）
クマのプーの森の友だちのコブタ 「トラーのあさごはん」 A.A.ミルン文；E.H.シェパード絵；石井桃子訳　岩波書店（クマのプーさんえほん10）　1982年9月

コブタ（ブタ）
クマのプーの森の友だちのコブタ 「プーあなにつまる・ふしぎなあしあと」 A.A.ミルン文；E.H.シェパード絵；石井桃子訳　岩波書店（クマのプーさんえほん2）　1982年6月

コブタ（ブタ）
クマのプーの森の友だちのコブタ 「プーのたのしいパーティー」 A.A.ミルン文；E.H.シェパード絵；石井桃子訳　岩波書店（クマのプーさんえほん8）　1982年9月

コブタ（ブタ）
クマのプーの森の友だちのコブタ 「プーのほっきょくたんけん」 A.A.ミルン文；E.H.シェパード絵；石井桃子訳　岩波書店（クマのプーさんえほん6）　1982年9月

コブタ（ブタ）
クマのプーの森の友だちのコブタ 「フクロのひっこし」 A.A.ミルン文；E.H.シェパード絵；石井桃子訳　岩波書店（クマのプーさんえほん15）　1983年2月

コブタ（ブタ）
クマのプーの森の友だちの男の子 「プーのゾゾがり」 A.A.ミルン文；E.H.シェパード絵；石井桃子訳　岩波書店（クマのプーさんえほん3）　1982年6月

こぶたくん（ぶた）
学校でリチャードが大のお気に入りだったきょうしつのとだなのなかにいれられたこぶたくん 「とだなのなかのこぶたくん」 ヘレン・E.バックレイ作；ロブ・ハワード絵；今江祥智訳　佑学社　1984年11月

コブラ
ギリシャのかいがんのちいさなまちでみずたんくをつんだにばしゃでまいにちまちまでのみみずをはこぶしごとをしていたネロさんのうま 「ネロさんのはなし」 テオドール・パパズ文；ウイリアム・パパズ絵；じんぐうてるお訳　らくだ出版（オックスフォードえほんシリーズ8）　1971年1月

ゴブリン
アイダがおもりをしていたあかちゃんのいもうとをさらったゴブリンたち 「まどのそとのそのまたむこう」 モーリス・センダック作・絵；脇明子訳　福音館書店　1983年4月

こまどり
ねこやきつねにさそわれてもだまされずにおうさまのおしろへクリスマスのうたをうたいにいったこまどり 「こまどりのクリスマス-スコットランド民話」 渡辺茂男訳；丸木俊子画 福音館書店 1960年12月

こまどり（ロビンさん）
はつかねずみのティムがのったひこうせんをひっぱってくれたこまどり 「ティムとひこうせん」 ジュディ・ブルック作；牧田松子訳 冨山房 1979年8月

こまどり（ロビンふさい）
森のくつやの茶ねずみカーリーにひなのペクシーの皮のゆりかごをつくってもらったこまどりのふさい 「靴屋のカーリーとロビン夫妻」 マーガレット・テンペスト作；寺岡恂訳 ほるぷ出版 1982年10月

ゴーム
ロッホナガーという山のふもとに住むおじいさんをケルンという住みかに招いた人なつっこい小人たち 「ロッホナガーのおじいさん」 チャールズ英皇太子殿下作；サー・ヒューキャッソン英王立美術院院長；宮本昭三郎訳 サンケイ出版 1981年7月

ゴメスさん
つぼづくりのめいじんでペドロとマリアのとうさん 「クリスマスのつぼ」 ジャック・ケント作・絵；清水真砂子訳 ポプラ社（世界のほんやくえほん9） 1977年11月

こやぎ
かあさんやぎがおつかいにいくときおおかみにきをつけるようにといわれた七ひきのこやぎ 「おおかみと七ひきのこやぎ」 稗田宰子文；花之内雅吉絵 フレーベル館（せかいむかしばなし6） 1985年10月

こやぎ
むかしあるところにいたおかあさんやぎがどのおかあさんにもまけないくらいかわいがっていた七ひきのこやぎたち 「おおかみと七ひきのこやぎ-グリム童話」 フェリクス・ホフマン絵；せたていじ訳 福音館書店（世界傑作絵本シリーズ・スイスの絵本） 1967年4月

子やぎ　こやぎ
年とっためやぎがまるで人間のおかあさんそっくりにかわいがっていた七ひきの子やぎ 「おおかみと七ひきの子やぎ-グリム童話より」 スベン・オットー絵；矢川澄子訳 評論社（児童図書館・絵本の部屋） 1980年2月

こやぎ（やぎ）
おかあさんがとめたのにもりへでかけたわがままこやぎ 「わがままこやぎ」 ミハルコフ作；宮川やすえ訳・文；小沢良吉絵 ひさかたチャイルド（ひさかたメルヘン25） 1982年9月

こやぎ（やぎ）
おかあさんのやぎのいうことをきかないでもりにいったこやぎ 「もりはおおさわぎ」 ミハルコフ作；浜田廣介文；佐藤忠良絵 偕成社（ひろすけ絵本10） 1965年12月

こやぎ（やぎ）
まちはずれのあきちにすみとなりのじどうしゃすてばをうろつくばんけんにひるもよるもおびえていためすのこやぎ 「めすのこやぎとおそろしいいぬ」 チャールズ・キーピング作；渡辺茂男訳 ほるぷ出版 1976年9月

こやき

子やぎ(やぎ)　こやぎ(やぎ)
お母さんのいうことをきかないでさんぽにでかけたきかんきの子やぎ 「やぎさんなかないで」 ミハルコフ作;ボラティンスキー絵;岡上理穂訳　福武書店　1986年7月

コヨーテ(せぐろ)
おそろしいにんげんのてからこどもたちをまもるためにたたかうコヨーテのおとうさん 「コヨーテのティトオ」 シートン原作;小林清之介文;建石修志絵　チャイルド本社(チャイルド絵本館・シートン動物記Ⅱ-9)　1985年12月

コヨーテ(ティトオ)
おそろしいにんげんのてからこどもたちをまもるためにたたかうコヨーテのおかあさん 「コヨーテのティトオ」 シートン原作;小林清之介文;建石修志絵　チャイルド本社(チャイルド絵本館・シートン動物記Ⅱ-9)　1985年12月

コーラ
ふかいふかい海のそこにすんでいたうたがひどくへたな3人のちいさな人魚のひとり 「3人のちいさな人魚」 デニス・トレ;アレイン・トレ絵・文;麻生九美訳　評論社(児童図書館・絵本の部屋)　1979年9月

コラン
いもうとのマリオンとふたりでおるすばんをしたよるにたずねてきたおおきなゆきにんぎょうとあそんだおとこのこ 「ゆきのよるのおるすばん」 マイレ作;フィリップ・サランビエ絵;川口志保子訳　ブック・ローン出版(ファランドールコレクション)　1982年5月

コラン
ふたごのおとうとのポランといっしょにあしのわるいおじいちゃんのためのきかいをつくってあげたのうさぎのこ 「のうさぎむらのコランとポラン」 アラン・ブリオ作・絵;安藤美紀夫;斎藤広信協力　岩崎書店(岩崎創作絵本6)　1983年12月

コランさん
はたけのつちのなかにすんでいたもぐらたちをおいだしたおひゃくしょう 「もぐらくんがんばる」 マリー・ジョゼ・サクレ作・.絵;面谷哲郎文　学習研究社(国際版せかいのえほん20)　1985年1月

ゴリウォッグ
クリスマス・イブのばんに目をさました人形のペギーとセアラといっしょにあそんだ黒い小おにの人形 「二つのオランダ人形の冒険」 フローレンス・K.アプトン絵;バーサ・H.アプトン文;百々佑利子訳　ほるぷ出版　1985年12月

コーリャ
なつに弟のシューリクとおじいさんのうちにいってさかなつりをしようとした一年生の男の子 「シューリクのまほう」 エヌ・ノーソフ作;イ・セミョーノフ絵;福井研介訳　新読書社　1982年1月

ゴリラ
ゴリラがだいすきなおんなのこのハナがもらったおもちゃのゴリラでまよなかにほんもののゴリラなったゴリラ 「すきですゴリラ」 アントニー・ブラウン作・絵;山下明生訳　あかね書房(あかねせかいの本12)　1985年12月

ゴリラ（ガス）
めずらしいちょうちょうがいるゴリラのくにのボス 「ティンカーとタンカーアフリカへ」 リチャード・スカーリー作；小野和子訳 評論社（ティンカーとタンカーの絵本6） 1978年11月

ゴリラ（ガートルード）
めずらしいちょうちょうがいるゴリラのくにのボスのむすめ 「ティンカーとタンカーアフリカへ」 リチャード・スカーリー作；小野和子訳 評論社（ティンカーとタンカーの絵本6） 1978年11月

ゴリラ（ジュリアス）
サーカスにでるどうぶつをさがしにおとうさんとアフリカにきたデイビーとともだちになってアメリカへいくことになったゴリラ 「ゴリラのジュリアス」 シド・ホフ作；乾侑美子訳 文化出版局 1983年12月

ゴリラ（ちびちび）
かわいくてみんなからすかれていたちいさなゴリラ 「ちびゴリラのちびちび」 ルース・ボーンスタイン作；岩田みみ訳 ほるぷ出版 1978年8月

ゴリラ（バナナ・ゴリラ）
やおやからバナナをぬすんだゴリラ 「スカーリーおじさんの はたらく人たち」 リチャード・スカーリー文；稲垣達朗訳 評論社（児童図書館・絵本の部屋） 1982年6月

ゴリラ（ランコー）
スコットランドのキルトッホ沖の黒島で国際的なニセ札偽造団のアジトで飼われていたゴリラ 「黒い島のひみつ」 エルジェ作；川口恵子訳 福音館書店（タンタンの冒険旅行1） 1983年4月

コリン
メアリーがひきとられたイギリスのヨークシャーのおじさまの息子で病弱で寝たきりの男の子 「ひみつの花園」 バーネット原作；市川ジュン著 集英社（ファンタジー・メルヘン） 1983年7月

コル
死の国アヌーブンのアローン王にぬすまれた白ぶたヘン・ウェンをさがす旅にでたプリデインの国の男 「コルと白ぶた」 ロイド・アリグザンダー作；エバリン・ネス絵；神宮輝夫訳 評論社（児童図書館・絵本の部屋） 1980年1月

コルネリウス
ぞうのおうさまになったババールがそうりだいじんにしたとしよりのぞう 「ぞうのババール」 ジャン・ド・ブリュノフ作；矢川澄子訳 評論社（評論社の児童図書館・絵本の部屋） 1974年10月

コルネリウス・ヴァン・チューリップ
海賊にさらわれたロビン少年を助けたオランダの発明家 「ロビンと海賊」 エルマノ・リベンツィ文；アデルキ・ガッローニ絵；河島英昭訳 ほるぷ出版 1979年3月

こるねりゅうす
にんげんたちのまちからおおきなもりへかえってきたぞうのばばーるをあたらしいおうさまにえらんだとしよりのぞう 「ぞうさんばばーる」 ジャン・ド・ブリューノフ原作；鈴木力衛訳 岩波書店（岩波の子どもの本） 1956年12月

こるね

こるねりゆーす
まちからもりへかえってきたぞうのばばーるをおうさまにえらんだとしよりのぞう「ぞうさんババール」ジャン・ド・ブリューノフ原作;那須辰造訳　講談社(フランス生まれのババール絵本1)　1965年11月

こるねりゆす
ぞうのくにでいちばんちえのあるとしよりのぞう「王さまババール」ジャン・ド・ブリューノフ原作;那須辰造訳　講談社(フランス生まれのババール絵本2)　1965年11月

こるねりゆす
ぞうのばばーるおうさまのだいじん「ババールと子どもたち」ジャン・ド・ブリューノフ原作;那須辰造訳　講談社(フランス生まれのババール絵本5)　1966年1月

こるねりゆす
ぞうのばばーるおうさまのだいじん「ババールの旅行」ジャン・ド・ブリューノフ原作;那須辰造訳　講談社(フランス生まれのババール絵本3)　1965年12月

コレン
きけんなロボットのくにをとおってともだちのナノがいるシーランドにあそびにいったおとこのこ「ロボットのくに」フィリップ・ケレン作・絵;土屋政雄訳　エミール館　1981年1月

ころ
こうえんでシーソーにのってむこうにすわってくれるあいてをまっていたこぐま「こぐまとシーソー」ヘレナ・ベフレロヴァ作;内田莉莎子訳;なかのひろたか絵　福音館書店　1986年4月

ゴロツキーさん
とってもきそくただしくやすむことをしらないおまわりさんのヨアヒムがおきにいりだったけいさつのしょちょう「おまわりさんのヨアヒム」クルト・バウマン作;デヴィッド・マッキー絵;松代洋一訳　佑学社(ヨーロッパ創作絵本シリーズ17)　1978年9月

コロンビーヌ
たかいところからしたにおろしてほしくて子ねずみのラスプーチンにたすけてもらおうとしたちび雲「ちいさな雲とねずみ君」ポール・アレン作;ミリアム・デュルゥ絵;三間由紀子訳　ジー・シー・プレス　1985年9月

こんこんぎつね
そらがおちてきたことをおうさまにしらせにいっためんどりたちをだましてたべようとしたこんこんぎつね「たいへんたいへん-イギリス昔話」渡辺茂男訳;長新太絵　福音館書店　1968年4月

ごんた
いけからでてそとがみたいとおもっていたちいさいさかなのきいちゃんをだましてそとにつれだしたどらねこ「おさかなのかち」ロバート・タロン文・絵;山本けい子訳　ぬぷん児童図書出版(でかとちび3)　1984年4月

コンテッサ
ぼうしがあばれ馬からたすけた大公の義妹「ぼうし」トミー・ウンゲラー作;たむらりゅういち;あそうくみ訳　評論社(児童図書館・絵本の部屋)　1977年9月

コンピチコ・キャリコ
アメリカのかたいなかテネシーのふかーい大きな森でくらしていたじっさまの三びきのいぬの一ぴき「しりっぽおばけ」ジョアンナ・ガルドン再話；ポール・ガルドン絵；代田昇訳　岩崎書店(新・創作絵本9)　1979年9月

コンピューター
つきへむかってとびたったうちゅうせんに3にんのかがくしゃとのっていたあんないやくのコンピューター「つきのはなぞの」ラルフ・ステッドマン作；北村順治訳　ほるぷ出版　1979年5月

こんぼう
ひつじかいからうさぎをつかまえてくれないおおかみをぶんなぐっておくれよとたのまれたこんぼう「ひつじかいとうさぎ－ラトビア民話」うちだりさこ再話；スズキコージ画　福音館書店　1975年9月

コンラート
小さなむらにすんでいたえんとつそうじやさんとおくさんにうまれたあかちゃんでくるまがすきなこ「くるまずきのコンラート」H.マンツ作；W.ホフマン画；渡辺和雄訳　小学館(世界の創作童話18)　1981年8月

【さ】

さい
あるひなにもかもがさかさまになってちっぽけなさいになりいばっていたことをこうかいしたさい「おおきなりすとちいさなさい」ミッシャ・ダムヤン作；ラルフ・ステッドマン絵；大島かおり訳　佑学社(ヨーロッパ創作絵本シリーズ29)　1979年3月

サイ(シロベエ)
動物たちの最後の楽園ないない谷にくらしているシロサイ「ないない谷の物語1　ようこそないない谷へ」インマ・ドロス／ハリー・ギーレン文；マイケル・ジュップ絵；舟崎克彦訳　ブック・ローン出版　1982年11月

サイ(ノルベルト)
動物たちの学校時代の同窓写真にうつったサイ「ぼくたちを忘れないで」フリーデル・シュミット；ヴァルトラウト・ランケ作；森村桂訳　CBS・ソニー出版　1978年8月

さい(らたくせ)
いじわるなさい「ババールの旅行」ジャン・ド・ブリューノフ原作；那須辰造訳　講談社(フランス生まれのババール絵本3)　1965年12月

サイアラス
森のくつやの茶ねずみカーリーにくつをちゅうもんしたむかで「靴屋のカーリーとハッピー・リターン号」マーガレット・テンペスト作；寺岡襄訳　ほるぷ出版　1982年10月

ザイト
木をきりたおし森をほろぼしてしまった町でにわにいろんなしゅるいのこどもの木をうえて町をたすけたおとこの子「さいごの木」シュチェパーン・ザブジェル作・絵；柏木美津訳　佑学社(ヨーロッパ創作絵本シリーズ16)　1978年8月

さいと

サイド先生　さいどせんせい
村のコーラン塾の先生「カンポンのガキ大将」ラット作；荻島早苗，末吉美栄子訳　晶文社　1984年12月

サイのおくさん
お店のウインドーに見つけた1着のドレスを試しに着たサイのおくさん「ローベルおじさんのどうぶつものがたり」アーノルド・ローベル作；三木卓訳　文化出版局　1981年5月

サイモン
えをかくのがすきでチョークをポケットにしのばせみちみちへいにらくがきもするおとこのこ「チョークランドのサイモン」エドワード・マクラクラン文・絵；奥田継夫訳　アリス館牧新社　1979年7月

サイラス
海のむこうの新大陸をめざしてでかけたサクラソウ号という船のうしろからついていって嵐や海賊からまもってやった大海へび「海へびサイラスくんがんばる」ビル・ピート作；今江祥智訳　ほるぷ出版　1976年9月

さかな
いけのなかでぱんのかけらをさがしておよいでいたちいさなさかな「ちいさなさかな」ディック・ブルーナ文・絵；石井桃子訳　福音館書店（子どもがはじめてであう絵本）1964年

さかな
うみのすぐそばのこわれかけたいえにおばあさんとすんでいたおじいさんのあみにかかったきんのさかな「きんのさかな」矢崎節夫文；かみやしん絵　フレーベル館（せかいむかしばなし7）1985年11月

さかな
うみのそばにすんでいたじいさんがじびきあみでとったがうみへにがしてやった口をきくきんのさかな「きんのさかなのものがたり」プーシキン作；コナシェヴィチ絵；いじゅういんとしたか訳　新読書社　1983年3月

さかな
うみのそばのこやにくらしていたじいさんがあるひあみでひきあげたものをいうきんのさかな「きんのさかな」アレクサンドル・プーシキン作；ヴェー・コナシェビチ画；宮川やすえ訳　ほるぷ出版　1979年3月

さかな
お母さんとすんでいた家を出て小川の終りをみつけに行ったちいさな黒いさかな「ちいさな黒いさかな」サマド・ベヘランギー作；ファルシード・メスガーリ絵；香川優子訳　ほるぷ出版　1984年11月

さかな
つりのすきな男の子がみずうみでつりあげた大きなさかな「少年と大きなさかな」マックス・フェルタイス絵・文；植田敏郎訳　講談社（世界の絵本スイス）1971年9月

さかな
どんどん大きくなったさかな「ルック・アット・ザ・ウィンドウ」ウィルヘルム・シュローテ作；マリ・クリスチーヌ訳　エイプリル・ミュージック　1978年11月

さかな
なかよしのおたまじゃくしがかえるになってよのなかをみにいったようにじぶんもよのなかをみてやろうといけのなかからとびあがったさかな 「さかなはさかな」 レオ・レオニ作；谷川俊太郎訳　好学社　1975年1月

さかな(きいちゃん)
いけからでてそとがみたいとおもいどらねこのごんたにつれていってもらったちいさいさかな 「おさかなのかち」 ロバート・タロン文・絵；山本けい子訳　ぬぷん児童図書出版(でかとちび3)　1984年4月

サカナ(シュッペ)
おばあちゃんがあんでくれたけいとのつばさでそらをとんでおつきさまのところまでいったあかいサカナのぼうや 「けいとのつばさ」 キキ・ラドヴィッツ作；ヘルメ・ハイネ絵；矢川澄子訳　佑学社(ヨーロッパ創作絵本シリーズ35)　1980年7月

さかな(スイミー)
ひろいうみにくらしていたちいさなさかなのきょうだいたちのなかでみんなあかいのに一ぴきだけまっくろなかしこいさかな 「スイミー」 レオ・レオニ作；谷川俊太郎訳　好学社　1969年1月

さかな(パッチワーク・キバキバ・フィッシュ)
すいそうのなかにいたとりわけでっかいつぎはぎうお 「パッチワーク・フィッシュ」 S.マスコウィッツ作；舟崎克彦訳　角川書店　1984年7月

さかな(ハラルド)
いけにほかのこどもがいないのでこぶたのインゲとことりのフィリップと3にんであそんださかなくん 「いっしょにあそぼうよ」 フリードリヒ・カール・ヴェヒター文・絵；尾崎賢治訳　アリス館　1983年3月

さかな(ハラルド)
ひとりでいるよりほかのこといっしょにあそぶほうがおもしろいのにとおもっていたさかなのこ 「いっしょにあそぼうよ」 フリードリヒ・カール・ヴェヒター文・絵；尾崎賢治訳　アリス館　1978年4月

さかな(バルバーロ)
めいれいばかりしておもいのままにさかなたちをうごかすおやぶんさかな 「おやぶんさかなバルバーロ」 オタ・ヤネチェク絵；木島始詩　佑学社　1983年11月

さごじょう
てんじくにおきょうをうけとりにいくえらいおぼうさんのさんぞうほうしのでしになったかっぱのばけもの 「さいゆうき」 ごしょうおん作；奥野信太郎文；渡辺学絵　世界出版社(ABCブック)　1969年11月

さすらい
背丈が30センチくらいの青い肌をした森の精スマーフの村から旅立っていくスマーフ 「オリンピックスマーフ」 ペヨ作；村松定史訳；小川悦子編　セーラー出版(スマーフ物語14)　1986年10月

さすら

さすらい
背丈が30センチくらいの青い肌をした森の精スマーフの村から旅立っていくスマーフ 「スマーフコント集」 ペヨ作；村松定史訳；小川悦子編　セーラー出版（スマーフ物語11）　1986年6月

さすらい
背丈が30センチくらいの青い肌をした森の精スマーフの村から旅立っていくスマーフ 「スマーフスープと大男」 ペヨ作；村松定史訳；小川悦子編　セーラー出版（スマーフ物語13）　1986年8月

さすらい
背丈が30センチくらいの青い肌をした森の精スマーフの村から旅立っていくスマーフ 「スマーフと不思議なタマゴ」 ペヨ作；村松定史訳；小川悦子編　セーラー出版（スマーフ物語4）　1985年12月

さすらい
背丈が30センチくらいの青い肌をした森の精スマーフの村から旅立っていくスマーフ 「スマーフ語戦争」 ペヨ作；村松定史訳；小川悦子編　セーラー出版（スマーフ物語12）　1986年8月

さすらい
背丈が30センチくらいの青い肌をした森の精スマーフの村から旅立っていくスマーフ 「ベビースマーフ」 ペヨ作；村松定史訳；小川悦子編　セーラー出版（スマーフ物語15）　1986年10月

さすらい
背丈が30センチくらいの青い肌をした森の精スマーフの村から旅立っていくスマーフ 「黒いスマーフ」 ペヨ作；村松定史訳；小川悦子編　セーラー出版（スマーフ物語1）　1985年10月

さすらい
背丈が30センチくらいの青い肌をした森の精スマーフの村から旅立っていくスマーフ 「恋人スマーフェット」 ペヨ作；村松定史訳；小川悦子編　セーラー出版（スマーフ物語3）　1985年10月

サデウォ
マナヒラン国のある村にやってきたアスティノ国のパンダワ5王子のふたごの王子 「ビモのおにたいじ―ジャワの影絵しばい」 ヌロールスティッヒサーリン・スラムット再話；ノノ・スグルノー絵；松本亮訳　ほるぷ出版　1985年3月

さとうがしのブー
ケーキやさんでふとったおばさんにチョコレートのねずみとふたりかわれたがたべられたくなくておさらからふたりでにげだしたさとうがしのこぶた 「たべられたくなかったチョコねずみとさとうがしのブーのぼうけん」 イリーナ・ヘイル作・絵；熊谷伊久栄訳　偕成社　1981年9月

ザドック
町じゅうのねずみたちを力で支配していたねずみの国の王 「風のうた―ニュージーランド」 シェリル・ジョーダン文・絵；片山和子；平野東海子訳　蝸牛社（かたつむり文庫）　1984年12月

サー・ハンドル
森のなかのみずうみにつうじている小さな鉄道がかったあたらしい二だいの機関車の一だい 「四だいの小さな機関車」 ウィルバート・オードリー作；レジナルド・ドールビー絵；桑原三郎；清水周裕訳　ポプラ社（汽車のえほん10）　1974年7月

サー・ハンドル
森のなかのみずうみにつうじている小さな鉄道をはしる小さな機関車 「ゆうかんな機関車」 ウィルバート・オードリー作；ジョン・ケニー絵；桑原三郎；清水周裕訳　ポプラ社（汽車のえほん17）　1980年8月

サー・ハンドルー
スカーローイがしゅうりにだされていたあいだつらいしごとがふえてたいへんだった機関車 「小さなふるい機関車」 ウィルバート・オードリー作；ジョン・ケニー絵；桑原三郎；清水周裕訳　ポプラ社（汽車のえほん14）　1974年10月

サー・ハンドル（フォールコン）
山くずれがおこってゆくえふめいになったデュークとむかしいっしょにはたらいていてほっそりじゅうやく鉄道にきてあたらしいなまえをもらった機関車 「きえた機関車」 ウィルバート・オードリー作；ガンバー・エドワーズ；ピーター・エドワーズ絵；桑原三郎；清水周裕訳　ポプラ社（汽車のえほん25）　1981年2月

ザビーネ
ペーターといっしょに港のかいがん通りにある船長だったおじいさんの家にいった女の子 「船長おじいさんこんにちは」 K.ゼール作・画；稲野強訳　小学館（世界の創作童話1）　1979年5月

サビン
ある日ほうきやぼろきれでかいじゅうにへんそうして「魔女の庭」にしのびこんだ七人の子どもたちのひとりの女の子 「魔女の庭」 リディア・ポストマ作；熊倉美康訳　偕成社　1983年4月

ざぶとん
クモのアナンシの6ぴきのむすこたちのすえむすこ 「アナンシと6ぴきのむすこ-アフリカ民話より」 ジェラルド・マクダーモット作；代田昇訳　ほるぷ出版　1980年11月

サミーくん
いぬのジュークをいぬやでかっていなかのうちへつれてってくれたおとこのこ 「あなほりいちばん」 アル・パーキンス作；エリック・ガーニー絵；飯沢匡文　日本パブリッシング（ビギナーブックシリーズ）　1968年1月

サム
いたずらほたるのひかりとそらにいろんなじをかいてあそんだふくろう 「サムといたずらほたる」 ピー・ディー・イーストマン作・絵；小堀杏奴文　日本パブリッシング（ビギナーシリーズ）　1968年1月

サム
おとなりのトムとだいのなかよしだったのにまちいちばんのにわをつくろうとしてトムとはりあうようになったおとこ 「トムとサム」 パット・ハッチンス作；木村由利子訳　ほるぷ出版　1976年9月

さむ

サム
じてんしゃでもサッカーボールでもなんでもいつもジェレミーにじまんされている男の子 「どうだ いかすだろ！」 アンソニー・ブラウン作・絵；山下明生訳 あかね書房（あかねせかいの本11） 1985年3月

サム
どんなむずかしいじけんでもぶたのダッドとふたりですぐにかいけつするめいたんてい 「スーパーマーケットじけん」 リチャード・スカーリー作・画；稲岡達子訳 偕成社（スカーリーおじさんのたんてい絵本） 1973年12月

サム
ぶたのピッグさんのけっこんのおいわいのプレゼントをまもるためにきせんのサリーごうにのりこんだゆうめいなたんていのねこ 「めいたんていサムとダドレー」 リチャード・スカリー作；渡辺茂男訳 講談社（講談社のピクチュアブック7） 1979年9月

サム
へんてこりんなうそっこのはなしばかりしている女の子 「へんてこりんなサムとねこ」 エヴァリン・ネス作・絵；猪熊葉子訳 佑学社（アメリカ創作絵本シリーズ24） 1981年10月

サムエル
こねこのトムをつかまえてねこまきだんごをつくろうとしたひげの大ねずみ 「ひげのサムエルのおはなし」 ビアトリクス・ポター作・絵；いしいももこ訳 福音館書店（ピーターラビットの絵本14） 1974年2月

サムエレ
やまのうえからこおったおがわのうえをすべりおちてきたりすのダニエレをたすけてあげたうさぎ 「りすとこおり」 アッティリオ・カッシネリ絵；カレン・グントルプ作；岸田衿子訳 ひかりのくに（アッティリオとカレンのえほん） 1972年1月

さむがりや
イ族の村にすんでいたとしよりのふうふが池のほとりにあらわれた白いかみの老人からさずかった九人の子どもの一人 「王さまと九人のきょうだい-中国の民話」 君島久子訳；赤羽末吉絵 岩波書店 1969年11月

サムくん
おたんじょうびにおじいちゃまからじぶんにぴったりのいすをもらったおとこのこ 「おたんじょうびおめでとう！」 パット・ハッチンス作；渡辺茂男訳 偕成社 1980年11月

サムソン
かがくしゃにつかまえられて月へいくうちゅうカプセルのなかにいれられたねずみのアーサーとハンフリーをたすけにでたねこ 「ねずみのアーサー月へいく？」 グレアム・オークリー作・絵；亀山龍樹訳 ポプラ社（世界のほんやくえほん6） 1977年6月

サムソン
ねずみたちといっしょにすんでいたきょうかいのものおきべやのやねをなおすためにはいゆうになることにしたねこ 「ねこのサムソンみなみのしまへ」 グレアム・オークリー作・絵；亀山龍樹訳 ポプラ社（世界のほんやくえほん5） 1976年12月

サムソン
まちのせいかつがいやになっていなかでしゅうまつをすごすことにしたねずみたちをまもるためにいっしょにでかけたねこ「ねずみのアーサーそらをとぶ」グレアム・オークリー作・絵；亀山龍樹訳　ポプラ社（世界のほんやくえほん7）1977年9月

サム・トロリー
イギリスのリトル・スノーリング村で小馬のトビーに引かせるちびのしょうぼうしゃをもっていたしょうぼう夫のおじいさん「小さなしょうぼうしゃ」グレアム・グリーン文；エドワード・アーディゾーニ絵；阿川弘之訳　チャイルド本社　1975年11月

サモせんちょう
うみにもぐってそこをさんぽしているときにしんせつなたこのエミールにたすけてもらったせんちょう「たことせんちょう」トミー・ウンゲラー原作・画；ウエザヒル翻訳委員会訳　ウエザヒル出版社　1966年6月

サモファせんちょう
うみのそこでさめにおそわれていたところをたすけてくれたたこのエミールをうちにしょうたいしたせんちょう「エミールくんがんばる」トミー・ウンゲラー作；今江祥智訳　文化出版局　1975年6月

サラ
猫のヤーコプの子猫「猫のヤーコプ魔法と子ねこ」トーマス・ヘルトナー作；スヴェン・ハルトマン絵；犬養智子訳　CBSソニー出版　1982年4月

サラー
みどりの森やうつくしい花ぞのがかべにあるおへやをもっている女の子「サラーのおへや」D.オーゲル作；M.センダック画；藤沢房俊訳　小学館（世界の創作童話2）1979年5月

ザラザラくん
からだが四かくくなってしまったおとこのこ「ザラザラくん、どうしたの？」バージニア・A.イエンセン作；きくしまいくえ訳　偕成社　1983年1月

ザラザラくん
なかよしのバラバラくんとかくれんぼをしてあそんだおとこのこ「これ、なあに？」バージニア・A.イエンセン；ドーカス・W.ハラー作；くまがいいくえ訳　偕成社　1979年1月

サリー
おかあさんとこけももをつみにいってやまのむこうがわにいたおかあさんぐまをおかあさんととりちがえてしまったおんなのこ「サリーのこけももつみ」ロバート・マックロスキー文・絵；石井桃子訳　岩波書店　1986年5月；岩波書店（岩波の子どもの本）1976年12月

サリー
ジムとどうぶつえんにきておじさんがどうぶつたちにおひるごはんをたべさせるところをみたおんなのこ「さあたべようね」H.A.レイ作；石竹光江訳　文化出版局（じぶんでひらく絵本2）1970年10月

サリー
大きい子になってあかちゃんのときの歯がぐらぐらしてぬけかかっている女の子「海べのあさ」マックロスキー文・絵；石井桃子訳　岩波書店　1978年7月

さり

サリー（おんなのこ）
うちのちかくにおばあちゃんがひとりですんでいるおんなのこ 「おばあちゃんとわたし」 シャーロット・ゾロトウ作；ジェームズ・スチブンソン絵；掛川恭子訳 あかね書房（あかねせかいの本15） 1986年7月

ざりがに
あるひたまにはまえむきにあるきたいとかわのきしべのいわのかげからはいだしてまえむきになってあるきだしたちびのざりがに 「ちびのざりがに」 セレスティーノ・ピアッティ；ウルズラ・ピアッティ作・絵；おかもとはまえ訳 佑学社（ヨーロッパ創作絵本シリーズ6） 1978年4月

ざりがに（かんた）
がちょうのたまごとほかのどうぶつたちとりょこうにでかけたざりがに 「がちょうのたまごのぼうけん」 エバ・ザレンビーナ作；内田莉莎子訳；太田大八画 福音館書店 1985年4月

ざりがに（ブロック）
やさしいひのやまにみまもられてとりやどうぶつたちみんながしあわせにくらしていたしまにいたへそまがりのざりがに 「ひのやま」 イヴァン・ガンチェフ作・絵；佐々木元訳 フレーベル館 1981年8月

サリバン
ナターンのもりからみんなをにげださせてみんながためごちそうをたべようとたくらんだくま 「みみずくのプロスペ」 アラン・グレ文；ルイ・カン絵；つじとおる訳 DEMPAペンタン（ナターンのもりのなかまたち5） 1986年4月

サリバン
ナターンのもりのなかまたちをおそってきたくま 「みつばちのアデリーヌ」 アラン・グレ文；ルイ・カン絵；いはらじゅんこ訳 ペンタン（ナターンのもりのなかまたち2） 1984年10月

サリンカ
村はずれの家にすんでいた木ぼり職人のフレデリックのしごとぶりをみるのがだいすきだった女の子 「サリンカときんのことり」 アーサー・ショレイ文；ベルナデッテ・ワッツ絵；もきかずこ訳 ほるぷ出版 1979年11月

さる
どうぶつえんをにげだしてファンファン少年と三びきの友だちといっしょにアフリカたんけんにいったみどり色の小さなおながざる 「ファンファンとみどりのさる」 ピエール・プロブスト文・絵；那須辰造訳 講談社（世界の絵本フランス） 1971年3月

さる
ヒマラヤのやまおくのガンジスがわのきしべにはえていたマンゴーのきのみをねらってやまからおりてきたさるのむれをつれているおうさまざる 「ヒマラヤのおうさまざる-インドのはなし」 山主敏子文；島田睦子絵 コーキ出版（絵本ファンタジア48） 1982年8月

さる
ぼうしのぎょうしょうにんがおおきなきにもたれてねむっているあいだにいろいろなぼうしをかぶってきのうえにいたさるたち 「おさるとぼうしうり」 エズフィール・スロボドキーナ作・絵；まつおかきょうこ訳 福音館書店 1970年2月

さる
わににだまされてせなかにのせられてたべられそうになったさる 「さるとわに」 ポール・ガルドン作;北村順治訳 ほるぷ出版 1976年9月

さる
帽子をかぶって貴婦人のようにきどって歩きライオン王の美容師に取りたてられてお城一番の貴婦人となったさる 「森と牧場のものがたり」 ヨセフ・ラダ絵;ヴィエラ・プロヴァズニコヴァー文;さくまゆみこ訳 佑学社(おはなし画集シリーズ2) 1980年6月

サル
なかよしともだちのゾウとトリとでだれかをたいしょうにえらぼうとしてもだれにきめればいいのかわからなかったサル 「だれがいちばんとしうえ?-スリランカの仏教説話」 スマナ・ディサーナーヤカー絵;ティローカスンダリ・カーリヤワサム再話;のぐちただし訳 ほるぷ出版 1983年11月

さる(アルビココ)
わにのクロムウェルが丘の下に大きななべをおいて丘の上からソリすべりをしてくるかめのクレオパトラをスープにしてたべようとするのをみていてじゃましたさる 「かめのスープはおいしいぞ」 アンドレ・オデール文;トミー・ウンゲラー絵;池内紀訳 ほるぷ出版 1985年5月

さる(アルビココ)
わにのワーウィックののどにひっかかったひつじのひげをとってやった青いさる 「わにのワーウィック」 アンダー・ホディア文;トミー・アンゲラー絵;平賀悦子訳 講談社(世界の絵本アメリカ) 1972年2月

さる(ジニー)
アメリカのどうぶつえんでらんぼうなさるとしていくがかりたちからきらわれていたさる 「あばれざるジニー」 シートン原作;小林清之介文;小林与志絵 チャイルド本社(チャイルド絵本館・シートン動物記Ⅱ-7) 1985年10月

さる(じょーじ)
あふりかできいろいぼうしをかぶったおじさんにつかまえられてふねにのせられたしりたがりやのこざる 「ひとまねこざるときいろいぼうし」 H.A.レイ文・絵;光吉夏弥訳 岩波書店 1983年9月;岩波書店(岩波の子どもの本) 1966年11月

さる(じょーじ)
どうぶつえんのそとへにげだしてめんどうをおこしたしりたがりやのこざる 「ひとまねこざる」 H.A.レイ文・絵;光吉夏弥訳 岩波書店 1983年9月;岩波書店(岩波の子どもの本) 1954年12月

さる(じょーじ)
なかよしのきいろいぼうしのおじさんといっしょにくらしているとてもしりたがりやのこざるでおじさんにじてんしゃをかってもらったさる 「じてんしゃにのるひとまねこざる」 H.A.レイ文・絵;光吉夏弥訳 岩波書店 1983年9月;岩波書店(岩波の子どもの本) 1956年1月

さる(じょーじ)
なかよしのきいろいぼうしのおじさんのはめえのかけらをのみこんでびょういんにゅういんしたしりたがりやのこざる 「ひとまねこざるびょういんへいく」 マーガレット・レイ文;H.A.レイ絵;光吉夏弥訳 岩波書店 1984年3月;岩波書店(岩波の子どもの本) 1968年12月

さる

さる(ジョージ)
もりの木がきられてしまったのでおかあさんとすむところをみつけにでかけた8ひきのこざるたちのなかのとてもりこうでしりたがりやのこざる 「きりんのセシリーと9ひきのさるたち」 H.A.レイ文・絵;光吉夏弥訳 メルヘン社 1981年8月

さる(じょーじ)
わいずまんはかせのじっけんのてつだいでちいさなうちゅうろけっとにのりこんだしりたがりやのこざる 「ろけっとこざる」 H.A.レイ文・絵;光吉夏弥訳 岩波書店(岩波の子どもの本) 1984年3月;岩波書店(岩波の子どもの本) 1959年12月

さる(ぜひーる)
ぞうのばばーるおうさまのともだちのさる 「王さまババール」 ジャン・ド・ブリューノフ原作;那須辰造訳 講談社(フランス生まれのババール絵本2) 1965年11月

さる(ぜひーる)
ぞうのばばーるの3びきのこどもたちといっしょにぴくにっくにいったさる 「ババールのピクニック」 ローランド・ド・ブリューノフ原作;那須辰造訳 講談社(フランス生まれのババール絵本6) 1966年1月

さる(ゼフィール)
ぞうのおうさまババールのともだちのさる 「ババールのひっこし」 ロラン・ド・ブリュノフ作;矢川澄子訳 評論社(評論社の児童図書館・絵本の部屋 ぞうのババール10) 1975年10月

さる(ゼフィール)
ぞうのくににやってきたさる 「ババールくるまでピクニック」 L.ド・ブリュノフ作;しまづさとし訳;おのかずこ文 評論社(ミニ・ババール7) 1976年3月

さる(ゼフィール)
ぞうのくににやってきたさる 「ババールのおんがくかい」 L.ド・ブリュノフ作;しまづさとし訳;おのかずこ文 評論社(ミニ・ババール2) 1975年12月

さる(ゼフィール)
ぞうのババール王さまのともだちのさる 「ババール王さまのかんむり」 ロラン・ド・ブリュノフ作・絵;渡辺茂男文 日本パブリッシング(ビギナーブックシリーズ) 1969年1月

さる(ゼフィール)
ぞうのまちセレストビルにすむぞうのおうさまババールのなかよしのさる 「こんにちはババールいっか」 ローラン・ド・ブリュノフ作;久米穣訳 講談社(講談社のピクチュアブック5) 1979年7月

さる(パンプルムーズ)
もりの木がきられてしまったのですむところがなくなってしまった8ひきのこざるたちのおかあさん 「きりんのセシリーと9ひきのさるたち」 H.A.レイ文・絵;光吉夏弥訳 メルヘン社 1981年8月

さる(ミンキー)
ゆかいななかまと「長ぐつ号」にのりこんでぼうけんのたびへと出発した六ぴきの動物たちの一ぴき 「長ぐつ号の大ぼうけん-シンガポール」 キャサリン・チャパード文;チュア・アイ・ミー絵;崎岡真紀子,荒川豊子訳 蝸牛社(かたつむり文庫) 1984年12月

サルくん
がけからおっこちたヒツジちゃんをたすけに海にもぐっていったサルのにんぎょう 「もぐるぞもぐるぞどこまでも」 スミス夫妻作;今江祥智訳 ほるぷ出版 1985年10月

サルくん
クマくんとヒツジちゃんとながいながいすべりだいをすべったサルのにんぎょう 「すべるぞすべるぞどこまでも」 スミス夫妻作;今江祥智訳 ほるぷ出版 1982年3月

サルタン王　さるたんおう
ほまれ高い王 「サルタン王ものがたり」 プーシキン作;ゾートフ絵;斎藤公子編 青木書店(斎藤公子の保育絵本) 1985年5月

さーるちゃん
みんなでそろってようちえんにでかけたこ 「ようちえん」 ディック・ブルーナ文・絵;いしいももこ訳 福音館書店(子どもがはじめてであう絵本) 1968年11月

サルヴァーニ
月の国のひめに恋をした北イタリアのドロミテの王子に月の王国へいく方法をおしえたこびとたち 「ドロミテの王子」 トミー・デ・パオラ作;湯浅フミエ訳 ほるぷ出版 1985年6月

サン
むかしあるむらにいた子どもがいないじいさまとばあさまが山のてっぺんからおちてきた大きな石の中にいた子をいえにつれてかえり大きくなってサン(えいゆう)となづけたわかもの 「ほしになったりゅうのきば－中国民話」 君島久子再話;赤羽末吉画 福音館書店 1963年11月

三月のかぜ(かぜ)　さんがつのかぜ(かぜ)
道ばたのみぞでぼうしをひろった小さい男の子を「おうい!」ってよんでやってきた三月のかぜの男の人 「三月のかぜ」 イネス・ライス文;ブラディミール・ボブリ絵;神宮輝夫訳 講談社(世界の絵本アメリカ) 1972年3月

さんぞうほうし
てんじくにおきょうをうけとりにいくえらいおぼうさん 「さいゆうき」 ごしょおん作;奥野信太郎文;渡辺学絵 世界出版社(ABCブック) 1969年11月

サンタ
シルベスターさんのうちにやってきてソリからおっこちてはなをぶつけたりえんとつをころげおちたりクリスマス・ツリーにぶつかったりしたサンタ 「ドタバタ・クリスマス」 スティーヴン・クロール作;トミー・デ・パオラ絵;岸田衿子訳 佑学社 1981年12月

サンタ
なつやすみにくるまにそりをつけてとんでフランスにいったサンタ 「サンタのたのしいなつやすみ」 レイモンド・ブリッグズ作・絵;こばやしただお訳 篠崎書林 1976年7月

サンダー
くまがりにつかわれるいぬたちのリーダー 「わんぱくビリー」 シートン原作;小林清之介文;若菜等絵 チャイルド本社(チャイルド絵本館・シートン動物記Ⅱ-3) 1985年6月

さんた

サンタおじさん
クリスマスイブにプレゼントをくばりにまちへいくとちゅうでひとやすみしてねむってしまったサンタクロース 「サンタおじさんのいねむり」 ルイーズ・ファチオ作;前田三恵子文;柿本幸造絵 偕成社 1969年12月

さんたくろーす
ぞうのばばーるがよーろっぱにさがしにいってぼへみあのもりのおくでみつけたほんとうのさんたくろーす 「ババールとサンタクロース」 ジャン・ド・ブリューノフ原作;那須辰造訳 講談社(フランス生まれのババール絵本4) 1965年12月

サンタ・クロース
クリスマス・イブのばんにどろぼうたちにさらわれてそりにのったまま大ロケットにいれられたサンタ・クロースたち 「そりぬすみ大さくせん」 マイケル・フォアマン作;せたていじ訳 評論社(児童図書館・絵本の部屋) 1978年6月

サンタ・クロース
クリスマス・イブのよるにぼくじょうにきてちいさなろばにあしをいためたトナカイのかわりにそりをひいてほしいとたのんだサンタ・クロース 「ちいさなろば」 ルース・エインワース作;石井桃子訳;酒井信義画 福音館書店 1979年12月

サンタ・クロース
クリスマスになるとまちじゅうにいるにせのサンタをやっつけることにきめたサンタ・クロース 「クリスマスはサンタ・クロースのひげだらけ」 ロジャー・デュボアザン作・絵;岸田衿子訳 佑学社 1978年12月

サンタクロース
クリスマスのさむいひにプレゼントをくばったサンタクロース 「さむがりやのサンタ」 レイモンド・ブリッグズ作・絵;すがはらひろくに訳 福音館書店(世界傑作絵本シリーズ・イギリスの絵本) 1974年10月

サンタクロース
クリスマスのまえのばんにとなかいたちのひくそりにのってやってきたこびとのサンタクロースのおじいさん 「クリスマスのまえのばん」 クレメント・ムーア作;渡辺茂男訳;大沢昌助画 福音館書店 1959年12月

サンタクロース
クリスマスのまえのばんに八とうのトナカイがひっぱるそりにのってやってきたこびとのサンタクロースのおじいさん 「クリスマスのまえのばん-サンタクロースがやってきた」 クレメント・クラーク・ムア詩;タシャ・チューダー絵;中村妙子訳 偕成社 1980年11月

サンタクロース
ひいらぎのしたにおちていたのをはつかねずみのティムにひろわれてうちにつれていってもらったケーキのかざりのサンタクロース 「ティムとサンタクロース」 ジュディ・ブルック作;牧田松子訳 冨山房 1980年12月

サンタクロース
フィンランドのコルバトントリという山のふもとの村で小人たちやトナカイとくらしている白いひげのおじいさん 「サンタクロースと小人たち」 マウリ・クンナス作;稲垣美晴訳 偕成社 1982年1月

サンタさん
クリスマスにビジータウンのこどもたちにプレゼントをとどけにきたサンタさん 「サンタさんのいそがしい1にち」 リチャード・スキャリー作;國眼隆一訳 ブック・ローン出版(スキャリーおじさんのどうぶつえほん15) 1984年8月

サンタじいさま
クリスマスを何日かあとにひかえたある日ずっとつかってきたおもちゃをいれるふるぼけたかわぶくろをそとへほうりだしてかぜにとばしてしまったサンタのじいさま 「クリスマスにはやっぱりサンタ」 ビル・ピート作・絵;今江祥智訳 ほるぷ出版 1979年11月

サンタのおじいさん
クリスマスのまえのばんにこどもたちのいるうちにやってきたサンタのおじいさん 「あすはたのしいクリスマス」 クレメント・ムーア文;トミー・デ・パオラ絵;金関寿夫訳 ほるぷ出版 1981年11月

サンドリヨン
まま母に家の中のつらくていやな仕事をみんなやらされてサンドリヨン(灰かぶりむすめ)とよばれていた気だてのよいむすめ 「サンドリヨン」 ペロー文;そやややすこ訳;三好碩也絵 小学館(世界のメルヘン絵本17) 1978年12月

さんにんぐみ
やまのかくれがにうばったたからをはこびこんでいたくろマントにくろいぼうしのさんにんぐみのどろぼう 「すてきな三にんぐみ」 トミー・アンゲラー作;今江祥智訳 偕成社 1969年12月

さんにんのむすこ(むすこ)
とうもろこしばたけにはいったどろぼうをつかまえにいったおかねもちのおひゃくしょうさんのさんにんのむすこ 「とうもろこしどろぼう メキシコ民話」 西本鶏介文;武井武雄絵 フレーベル館(キンダーおはなしえほん傑作選17) 1978年2月

三人のむすめ(むすめ)　さんにんのむすめ(むすめ)
じいさんにいわれておひさまとおつきさまとおおがらすのよめさんになった三人のむすめ 「およめにいった三人のむすめ」 マブリナ絵;ブラートフ再話;宮川やすえ訳 岩崎書店(ファミリーえほん14) 1978年11月

ザンパーノおじさん
赤いトラックに乗って村にやってきておおきなくまよりつよいところをみせていたサーカスのおじさん 「くまのサーカス ザンパーノ」 ヤノッシュ絵・文;さくまゆみこ訳 アリス館牧新社 1978年1月

さんびきのくま(くま)
もりのなかにあったいえにすんでいたおおきいのとちゅうくらいのとちいさいさんびきのくま 「三びきのくま」 阪田寛夫文;太田大八絵 フレーベル館(せかいむかしばなし5) 1985年9月

三びきのくま(くま)　さんびきのくま(くま)
森の中のいっけん家にともにくらしていた小さなちびくまと中くらいの中くまととっても大きな大ぐまの三びきのくま 「三びきのくま」 ジェイコブズ文;鈴木佐知子訳;岩村和朗絵 小学館(世界のメルヘン絵本11) 1978年6月

さんひ

三びきのこぶた（ぶた）　さんびきのこぶた（ぶた）
あるときたべものがなくなっておばあさんぶたからめいめいじぶんのしあわせをみつけにさがしにいっとくれといわれた三びきのこぶた「三びきのこぶた」与田準一文；赤星亮衛絵　フレーベル館（せかいむかしばなし2）　1985年7月

三びきのこぶた（ぶた）　さんびきのこぶた（ぶた）
おかあさんぶたからおおきくなったのでそとでじぶんたちのうちをつくりなさいといわれてうちをでた三びきのこぶた「三びきのこぶた」ベラ・サウスゲイト再話；ロバート・ラムレイ絵；秋晴二；敷地松二郎訳編　アドアンゲン　1974年6月

三びきのこぶた（ぶた）　さんびきのこぶた（ぶた）
おかあさんぶたからじぶんのちからでしあわせにくらしておくれといわれてうちをでることにした三びきのこぶた「三びきのこぶた」J.ジェイコブス原作；加藤輝男文；菊池貞雄；浦田又治絵　ポプラ社（オールカラー名作絵本6）　1983年11月

三びきのこぶた（ぶた）　さんびきのこぶた（ぶた）
めぶたにじぶんではたらいてたべていくようにといわれてよのなかへだしてもらった三びきのこぶた「三びきのこぶた」石井桃子訳；太田大八絵　福音館書店　1973年5月

三びきのこぶた（ぶた）　さんびきのこぶた（ぶた）
年をとったかあさんぶたにしあわせをさがしておいでと外へ出してもらった三びきのこぶた「三びきのこぶた」ジェイコブズ作；鈴木佐知子訳；小野かおる絵　小学館（世界のメルヘン絵本5）　1978年2月

三びきのやぎ（やぎ）　さんびきのやぎ（やぎ）
かわのむこうにはえているおいしそうなくさをたべたくておにがすんでいるはしをわたってみた三びきのやぎ「三びきのやぎ」ベラ・サウスゲイト再話；ロバート・ラムレイ絵；秋晴二；敷地松二郎訳編　アドアンゲン　1974年6月

さんぽ
じゃんぐるへさんぽにでかけてとらたちにきれいなきものやかさをとられてしまったおとこの子「ちびくろ・さんぼ」へれん・ばんなーまん文；ふらんく・どびあす絵；光吉夏弥訳　岩波書店（岩波の子どもの本）　1953年12月

サンボ
あたらしいふくをきてジャングルへさんぽにでかけたちいさなおとこのこ「ちびくろサンボのぼうけん」バンナーマン原作；神宮輝夫文；瀬川康男絵　偕成社　1966年7月

サンボ
ジャングルのなかをおさんぽしていてとらたちにくつもうわぎもズボンもかさもみんなとられてしまったおとこのこ「ちびくろサンボ」バンナーマン原作；名木田恵子文；福田隆義絵　講談社（講談社のおともだち絵本11）　1976年6月

サンボ
ジャングルへさんぽにでかけてとらたちにあたらしいようふくやくつやかさをとられたかわいらしいおとこのこ「ちびくろ・サンボ」井江春代画；天神しずえ文　ひかりのくに（世界名作えほん全集19）　1966年1月

【し】

シー
うみにすむかわったかたちのさかなでおすのホーとなかよしになってたまごをうんだおんなのこのたつのおとしご 「たつのおとしご」 ロバート・A.モリス文；アーノルド・ローベル絵；杉浦宏訳　文化出版局　1976年3月

ジアワ
ななし山のいちばん高くまでのぼって労働というおくりものをもってかえりジュバ族の長となったわかもの 「三つめのおくりもの」 ジャン・カルー文；レオ・ディロン，ダイアン・ディロン絵；山口房子訳　ほるぷ出版　1984年10月

しあわせくん
しあわせのくににすんでいたふっくらとしていてしあわせそのものの子 「しあわせくん」 ロジャー・ハーグレーヴス作；たむらりゅういち訳　評論社（みすた・ぶっくす1）　1980年1月

しあわせの王子（王子）　しあわせのおうじ（おうじ）
町の広場の高い台の上にそびえていた「しあわせの王子」とひとびとからよばれていた王子さまのどうぞう 「しあわせのおうじ」 オスカー・ワイルド原作；水沢泱絵；槇晧志文　フレーベル館（キンダーおはなしえほん傑作選24）　1978年4月

じいさん
あらしをふかせてむぎのほをおとしたかぜのかみをとっちめてごちそうのでるテーブルかけをもらったじいさん 「ごちそうのでるテーブルかけ－ロシア民話」 宮川やすえ再話；田島征彦絵　文研出版（ジョイフルえほん傑作集17）　1979年11月

じいさん
うみのそばにすんでいてあるひじびきあみでとった口をきくきんのさかなをうみへにがしてやっておれいにほしいものはなんでもあげるといわれたじいさん 「きんのさかなのものがたり」 プーシキン作；コナシェヴィチ絵；いじゅういんとしたか訳　新読書社　1983年3月

じいさん
うみのそばのこやにすみあるひあみにはいったきんのさかなをうみにはなしてやっておれいにほしいものはなんでもさしあげますといわれたじいさん 「きんのさかな」 アレクサンドル・プーシキン作；ヴェー・コナシェビチ画；宮川やすえ訳　ほるぷ出版　1979年3月

じいさん
おおきなおおきなかぶらをぬこうとしたじいさん 「おおきなかぶら」 トルストイ作；宮川やすえ訳；かみやしん絵　小学館（世界のメルヘン絵本4）　1978年1月

じいさん
からだをあたためてくれたおひさまとみちをあかるくてらしてくれたおつきさまとむぎつぶをひろってくれたおおがらすに三人のむすめをよめにやったじいさん 「およめにいった三人のむすめ」 マブリナ絵；ブラートフ再話；宮川やすえ訳　岩崎書店（ファミリーえほん14）　1978年11月

しいさ

じいさんとばあさん
こどもがいなくてさみしくてゆきのたまをころがしておおきくまるめてゆきのむすめをつくったじいさんとばあさん 「ゆきむすめ」 宮川やすえ訳・文；岩本康之亮絵 ひさかたチャイルド（ひさかた絵本館10） 1982年1月

じいさんとばあさん
子どもがいないのをさびしがって雪でゆきむすめを作ったじいさんとばあさん 「ゆきむすめ」 I.カルナウーホワ再話；田中かな子訳；土方重巳絵 小学館（世界のメルヘン絵本23） 1980年2月

ジェイク
海賊船くろぶた号をとっとろうとした海賊船ならずもの号の船長 「海賊ブルモドキくろぶた号の反乱」 ジョン・ライアン作；渡辺茂男訳 国土社 1984年7月

ジェイク（のどきりジェイク）
海賊ブルモドキの船くろぶた号のかそうパーティーにのりこんできた悪人どものかしら 「海賊ブルモドキどんちゃかパーティー」 ジョン・ライアン作；渡辺茂男訳 国土社 1984年8月

ジェイン
あかいれんがでできたたいへんきれいなにんぎょうのいえにすんでいたにんぎょう 「2ひきのわるいねずみのおはなし」 ビアトリクス・ポター作・絵；いしいももこ訳 福音館書店（ピーターラビットの絵本7） 1972年5月

ジェイン
サリーのいもうと 「海べのあさ」 マックロスキー文・絵；石井桃子訳 岩波書店 1978年7月

ジェコブ
おかあさんはしたでおねえさんはがっこうでひとりぼっちでとおりをみおろすへやにいたおとこのこ 「まどのむこう」 チャールズ・キーピング絵・文；いのくまようこ訳 らくだ出版 1971年11月

ジエ族　じえぞく
アフリカの部族の人びと 「絵本アフリカの人びと-26部族のくらし」 レオ・ディロン；ダイアン・ディロン絵；マーガレット・マスグローブ文；西江雅之訳 偕成社 1982年1月

ジェニー
はつめいのてんさいねずみのティモシーのつま 「ねずみのティモシー」 マルチーヌ・ブラン作・絵；矢川澄子訳 偕成社 1975年8月

ジェニー
小学生のサラーのまだおちびさんのいもうと 「サラーのおへや」 D.オーゲル作；M.センダック画；藤沢房俊訳 小学館（世界の創作童話2） 1979年5月

ジェニー王女　じぇにーおうじょ
うさぎのティンカーとかばのタンカーをけっこんしきにしょうたいした円卓のくにの王女 「ティンカーとタンカーえんたくのくにへ」 リチャード・スカーリー作；小野和子訳 評論社（ティンカーとタンカーの絵本4） 1978年11月

ジェニファー
のらねこのジョセフィーヌのともだちでくずてつおきばにおかれていたおんぼろじどうしゃ 「のらねことぽんこつじどうしゃ」 ビル・ピート作・絵；山下明生訳　佼成出版社（ピートの絵本シリーズ2）　1981年10月

ジェームス
マーガレットがじぶんのなまえがついたおふねのマギーBにいっしょにのせたおとうと 「わたしのおふねマギーB」 アイリーン・ハース作・絵；うちだりさこ訳　福音館書店　1976年7月

ジェームズ
いつもなかよしだったジョンとけんかしてぜっこうしたおとこのこ 「きみなんかだいきらいさ」 ジャニス・メイ・ユードリー文；モーリス・センダック絵；小玉知子訳　冨山房　1975年5月

ジェームズ
うぬぼれやでよくもめごとをおこすやっかいな三だいの機関車の一だい 「やっかいな機関車」 ウィルバート・オードリー作；レジナルド・ドールビー絵；桑原三郎；清水周裕訳　ポプラ社（汽車のえほん5）　1973年12月

ジェームズ
からだのぐあいがわるかったがあたらしい鉄のブレーキとぴかぴかの赤いコートをもらってすっかりげんきになった機関車 「赤い機関車ジェームズ」 ウィルバート・オードリー作；レジナルド・ドールビー絵；桑原三郎；清水周裕訳　ポプラ社（汽車のえほん3）　1973年11月

ジェームズ
ぷんぷんしてらんぼうに貨物列車をひいてじこをおこした赤い機関車 「機関車トービーのかつやく」 ウィルバート・オードリー作；レジナルド・ドールビー絵；桑原三郎；清水周裕訳　ポプラ社（汽車のえほん7）　1974年4月

ジェームズ
島からイギリス本島につれていかれてみんなにみせられた八だいの機関車の一だい 「八だいの機関車」 ウィルバート・オードリー作；ジョン・ケニー絵；桑原三郎；清水周裕訳　ポプラ社（汽車のえほん12）　1974年8月

ジェラルディン
だいどころでみつけたおおきなチーズのなかからフルートをふくねずみのちょうぞうがあらわれてそれからはよごとにチーズのねずみがふくフルートのおんがくをきくようになったねずみ 「おんがくねずみジェラルディン」 レオ・レオニ作；谷川俊太郎訳　好学社　1979年1月

ジェラルディン
バレエもはたおりもちょうこくもにがてだけれどもどんぐりのおてだまがじょうずなふくろねずみのおんなの子 「これならおとくいジェラルディン」 エレン・コンフォード文；ジョン・ラレック絵；岸田衿子訳　国土社　1980年11月

ジェラルディン
ふくろねずみのおとこの子ユージンのねえさん 「ゆうかんになったユージン」 エレン・コンフォード文；ジョン・ラレック絵；矢川澄子訳　国土社　1980年12月

ジェラルディン
ふくろねずみのおとこの子ランドルフのねえさん 「やればできるよランドルフ」 エレン・コンフォード文；ローズマリー・ウエルズ絵；前田三恵子訳　国土社　1980年11月

しえら

ジェラルド
サンタといっしょにシルベスターさんのうちにやってきたこびと 「ドタバタ・クリスマス」 スティーヴン・クロール作;トミー・デ・パオラ絵;岸田衿子訳 佑学社 1981年12月

ジェレミ
ちいさないえでどうぶつたちとくらしていていえさがしをしていたもぐらたちをよんでくれたおじいさん 「もぐらくんがんばる」 マリー・ジョゼ・サクレ作・.絵;面谷哲郎文 学習研究社(国際版せかいのえほん20) 1985年1月

ジェレミー
じてんしゃでもサッカーボールでもなんでもサムにじまんする男の子 「どうだ いかすだろ!」 アンソニー・ブラウン作・絵;山下明生訳 あかね書房(あかねせかいの本11) 1985年3月

ジェレミー
まほうつかいになるべんきょうをしていたトマスという少年のともだちのひきがえる 「きりの中のまほう」 マーガレット・M.キンメル作;トリナ・S.ハイマン絵;三木卓訳 偕成社 1980年8月

ジェレミー・フィッシャー
さかなをつりにいっておおきなマスにたべられそうになったかえる 「ジェレミー・フィッシャーどんのおはなし」 ビアトリクス・ポター作・絵;いしいももこ訳 福音館書店(ピーターラビットの絵本17) 1983年6月

ジェーン
もりのなかですてられていたみどりいろのバスをみつけてスティーブンといっしょにすてきなおうちにつくりかえたおんなのこ 「みどりいろのバス」 ジョン・シャロン作;小玉友子訳 ほるぷ出版 1979年3月

シオドア
あるひものをいうあおいきのこをみつけてもりのなかまたちをだますことをおもいついたねずみ 「シオドアとものいうきのこ」 レオ・レオニ作;谷川俊太郎訳 ペンギン社 1977年9月

しか
あるひおんなのこといつもえをかいているおじいちゃんのふたりでつくったえほんのおはなしにでてくるこじか 「ロザリンドとこじか」 エルサ・ベスコフ作・絵;石井登志子訳 フレーベル館 1984年8月

しか
グリスタンというくにのきんのすきな王さまが森のなかでみつけていけどろうとしたきんいろのしか 「きんいろのしか-バングラデシュの昔話」 ジャラール・アーメド案;石井桃子再話;秋野不矩画 福音館書店 1968年12月

しか
サンドヒルのおかにすむかしこくうつくしいおすじか 「サンドヒルのおじか」 シートン原作;小林清之介文;清水勝絵 チャイルド本社(チャイルド絵本館・シートン動物記11) 1985年2月

しか
じぶんのつのはすばらしいのにあしはたよりにならないとおもっていたしか 「イソップものがたり」 ハイジ・ホルダー絵;三田村信行文 偕成社 1983年11月

しか
じぶんのつのがりっぱなのにあしはたよりないとおもっていたしか 「いそっぷのおはなし」 中川正文訳;長新太絵 福音館書店 1963年11月

しか
りょうしのヤンがさんど・ひるというところでみつけたおうさまじか 「おうさまじかのものがたり」 シートン原作;内山賢次訳;関英雄案;松下紀久雄画 福音館書店 1956年1月

シカ
たいしょうをえらぼうとしたゾウとサルとトリにだれをたいしょうにきめればいいのかをおしえてやったちえのあるシカ 「だれがいちばんとしがうえ？-スリランカの仏教説話」 スマナ・ディサーナーヤカー絵;ティローカスンダリ・カーリヤワサム再話;のぐちただし訳 ほるぷ出版 1983年11月

シカ
ゆきがふったひにだれかがいえにおいていってくれたかぶをうさぎのいえにもっていってあげたこじか 「しんせつなともだち」 フアン・イーチュン作;君島久子訳;村山知義画 福音館書店 1965年4月

鹿(オオヅノ) しか(おおずの)
プリデインの国からぬすまれた白ぶたヘン・ウェンをおって死の国へいった男コルをたすけた雄鹿 「コルと白ぶた」 ロイド・アリグザンダー作;エバリン・ネス絵;神宮輝夫訳 評論社(児童図書館・絵本の部屋) 1980年1月

しか(トペル)
もりのなかにあそびにいったうまれたばかりのこじか 「子じかのトペル」 ルド・モリッツ作;ヨゼフ・バラーシュ絵;柏木美津訳 佑学社(チェコスロバキアの創作絵本シリーズ2) 1978年11月

しか(へらじか)
くまさんとわしさんがけんかをしていしやえだをなげはじめたのでいえのまわりにおちてきたきぎれやいしころをつんで大きなけんちくをはじめたへらじか 「へいわなへらじか」 マイケル・フォアマン作;せたていじ訳 評論社(児童図書館・絵本の部屋) 1977年12月

シギ
ヒタキにじぶんのくちばしのじまんをしたとり 「くちばし」 ビアンキ作;田中かな子訳;薮内正幸絵 福音館書店 1965年10月

ジーク
いつもくよくよととりこしぐろうばかりしていたむらの三人のおひゃくしょうの一人 「ふうがわりなたまご-三人のおひゃくしょうのはなし2」 ソニア・レヴィティン作;ジョン・ラレック絵;清水真砂子訳 佑学社(アメリカ創作絵本シリーズ8) 1979年12月

ジーク
そらの月をみて月はじぶんのだといいあらそいをはじめた三人のおひゃくしょうの一人 「月はだれのもの-三人のおひゃくしょうのはなし1」 ソニア・レヴィティン作;ジョン・ラレック絵;清水真砂子訳 佑学社(アメリカ創作絵本シリーズ7) 1979年12月

しく

ジーク
父さんと母さんにかわいがられてそだった五さいの男の子 「家族の歌」エイミイ・アーリック作;ロバート・アンドルー・パーカー絵;今江祥智訳 偕成社 1983年8月

ジーグフリード
森で魔法使いに白鳥にかえられてしまった美しい少女オデットにであって恋をした王子 「白鳥の湖-ドイツ民話」ルドゥミラ・イジンツォバー絵;竹村美智子訳 佑学社(名作バレー物語シリーズ) 1978年11月

じけんみつけ
クモのアナンシの6ぴきのむすこたちの1ばんめのむすこ 「アナンシと6ぴきのむすこ-アフリカ民話より」ジェラルド・マクダーモット作;代田昇訳 ほるぷ出版 1980年11月

シーコ
動物たちの学校時代の同窓写真にうつったかめ 「ぼくたちを忘れないで」フリーデル・シュミット;ヴァルトラウト・ランケ作;森村桂訳 CBS・ソニー出版 1978年8月

シジュ
森のなかでたまたまちょっとみにくいかおにうまれた二わの鳥たちの一わのシジュ 「シジュとふくろう-キューバ」ミゲール・バーネット・ランツァ文;エンリケ・マルチネス・ブランコ絵;しげいしみほ訳 蝸牛社(かたつむり文庫) 1984年12月

しずく
いけにういていたさかなをたすけていけのおおそうじをしてきれいなあめをふらせてやったしずくたち 「しずくとさかな」ボフダン・ブテンコ絵;うちだりさこ訳 福音館書店(福音館のペーパーバック絵本) 1982年6月

しずく
おとこのこがすてていったりんごのしんをつちにうめてあめをふらせてもらったしずく 「しずくとりんご」ボフダン・ブテンコ絵;うちだりさこ訳 福音館書店(福音館のペーパーバック絵本) 1981年6月

しずく
かじのひをけすためにあまぐもにのったしょうぼうたいをよんだしずく 「しずくとかじ」ボフダン・ブテンコ絵;うちだりさこ訳 福音館書店(福音館のペーパーバック絵本) 1982年3月

しずく
はじめはくものなかにすんでいてあめやゆきになっておっこちてくさがめをだしはなをさかせるおてつだいをするみずのしずく 「わたしはしずく」サンチェス;パチェーコ作;バルソーラ絵;中山知子;菊池亘訳 文研出版(文研世界の絵本 科学の絵本) 1976年3月

シスター
ビジータウンのこねこ、ハックルのいもうと 「サンタさんのいそがしい1にち」リチャード・スキャリー作;國眼隆一訳 ブック・ローン出版(スキャリーおじさんのどうぶつえほん15) 1984年8月

シスター
ビジータウンのねこのこども、ハックルのいもうと 「ふしぎなふしぎなくうきのはなし」リチャード・スキャリー作;國眼隆一訳 ブック・ローン出版(スキャリーおじさんのどうぶつえほん14) 1984年8月

したて屋　したてや
テーブルのはえをきれでいちどに七ひきもたたきころしたのでいっぱつで七ごろしとししゅうをしたベルトをつけて運だめしのたびにでたしたて屋「いっぱつで七ごろし-グリムどうわより」ヴィクター・アンブラス作・絵；きくしまいくえ訳　らくだ出版　1983年11月

仕たて屋　したてや
グロースターの町にひとりですんでいたまずしい仕たて屋「グロースターの仕たて屋」ビアトリクス・ポター作・絵；いしいももこ訳　福音館書店（ピーターラビットの絵本15）1974年2月

仕立屋　したてや
ある日のことイスラムの高い塔でオオワシにつかまえられて砂ばくや海をこえてお金のいらないふしぎな町につれていかれた貧乏な仕立屋「お金のいらない町」ファード・カーウード文；ファード・アルファティーフ絵；黒柳恒男訳　ほるぷ出版　1985年12月

仕立屋　したてや
ひとうちで七ひきもはえをやっつけた自分のいさましさを世界じゅうに知らせようと世の中へでていったちびの仕立屋「ゆうかんなちびの仕立屋さん-グリム童話より」スベン・オットー絵；矢川澄子訳　評論社（児童図書館・絵本の部屋）1982年4月

七にんのこども　しちにんのこども
おかあさんがやいてくれたがそとへころころところがってにげだしたホットケーキをおいかけた七にんのこども「おおきなホットケーキ」ベラ・サウスゲイト再話；ロバート・ラムレイ絵；秋晴二；敷地松二郎訳編　アドアンゲン　1974年6月

7にんのこども　しちにんのこども
かあさんがやいていたなべからとびだしてにげていったパンケーキをおいかけた7にんのこども「パンケーキのはなし-ノルウェーのはなし」山室静文；福田岩緒絵　コーキ出版（絵本ファンタジア4）1977年4月

七ひきのこやぎ（やぎ）　しちひきのこやぎ（やぎ）
おかあさんのやぎにるすのあいだはおおかみをいえにいれないようにいわれた七ひきのこやぎ「七ひきの子やぎ」若菜珪画；深沢邦朗文　ひかりのくに（世界名作えほん全集7）1966年1月

しちめんちょう
そらがおちてきたことをめんどりたちといっしょにおうさまにしらせにいったしちめんちょう「たいへんたいへん-イギリス昔話」渡辺茂男訳；長新太絵　福音館書店　1968年4月

しちめんちょう（ターキー・ラーキーおじさん）
そらがおちてきたのをおうさまにしらせにいくといったひよこのひよっこちゃんたちについていってあげたしちめんちょう「そらがおちる!?どうぶつむらはおおさわぎ」リチャード・スキャリー作；吉田純子訳　ブック・ローン出版（スキャリーおじさんのどうぶつえほん2）1979年5月

しちょうさん
ひとりのろうじんがかついでいたふくろのなかをのぞいてまちじゅうのひとがなきだすことになったみやこのしちょうさん「なみだのこうずい」ペーター・ブレンナー作；アダム・ヴュルツ絵；山室静訳　佑学社　1978年5月

しちょ

市長さん　しちょうさん
フランスのロアール川の岸べにあり橋がなくて困っていたボージャンシーという町の市長さん　「猫と悪魔」ジェイムズ・ジョイス作；ジェラルド・ローズ画；丸谷才一訳　小学館　1976年5月

じっさま
アメリカのかたいなかテネシーのふかーい大きな森で三びきのいぬといっしょにくらしていたじっさま　「しりっぽおばけ」ジョアンナ・ガルドン再話；ポール・ガルドン絵；代田昇訳　岩崎書店（新・創作絵本9）1979年9月

ジップ
たびげいにんのみかづきざでたいこをたたいているいぬ　「みかづきいちざのものがたり」アイリーン・ハース作・絵；うちだりさこ訳　福音館書店（世界傑作絵本シリーズ・アメリカの絵本）1981年11月

ジップくん
いろんなものをきてうんてんしゅやうちゅうひこうしやいろんなものになったおとこのこ　「ジップくんこんどはなにになるの」シルビア・ケイブニー作；サイモン・スターン絵；乾侑美子訳　評論社（児童図書館・絵本の部屋）1979年10月

ジップくん
おいしそうなケーキを10こくるまにのせてどうぶつえんへいったというおはなしをつくったおとこのこ　「ジップくんどうぶつえんへゆく」シルビア・ケイブニー作；サイモン・スターン絵；乾侑美子訳　評論社（児童図書館・絵本の部屋）1979年10月

ジッポ
おおがねもちのアリザールというしょうにんがおおがねもちのむすめのパガイナへのおくりものにしようとしたしろいこうま　「白いこうま」ラジスラフ・ドゥボルスキー文；赤松倭久子訳；カレル・フランタ絵　岩崎書店（世界の絵本6）1976年1月

シドウィック
虫のビングルやブングルどりやキツツキたちをじぶんのつのにのせてやったおひとよしのオオシカ　「おひとよしのオオシカ」ドクタースース作；渡辺茂男訳　偕成社　1985年4月；日本パブリッシング　1969年1月

じどうしゃ
うんてんしゅさんのいうことをきかずにひとりでおかをかけおりはじめたちいさなふるいじどうしゃ　「ちいさなふるいじどうしゃ」マリー・ホール・エッツ作；田辺五十鈴訳　冨山房　1976年1月

じどうしゃ
スモールさんごじまんのちいさいあかいじどうしゃ　「ちいさいじどうしゃ」ロイス・レンスキー文・絵；わたなべしげお訳　福音館書店（世界傑作絵本シリーズ）1971年5月

シドニーちゃん
あかいぼうしのおんなのこエミリーちゃんのいとこのおんなのこ　「エミリーちゃんとちょうちょ」ドミティーユ・ドゥ・プレサンセ作；箕浦万里子訳　偕成社　1976年10月

シドニーちゃん
エミリーちゃんのおうちにとまりにいったいとこのおんなのこ 「エミリーちゃんとシドニーちゃん」ドミティーユ・ドゥ・プレサンセ作；箕浦万里子訳 偕成社 1976年10月

シドニー・ヒーバー
青い機関車エドワードの機関士チャーリーの助手 「青い機関車エドワード」ウィルバート・オードリー作；レジナルド・ドールビー絵；桑原三郎；清水周裕訳 ポプラ社（汽車のえほん9） 1974年4月

シートン
アメリカの大平原カランポーでまいばんぼくじょうのめうしをころしていたおおかみおうのロボをたいじしようとした男 「おおかみおうロボ」シートン原作；小林清之介文；日隈泉絵 チャイルド本社（チャイルド絵本館・シートン動物記2） 1984年4月

ジニー
アメリカのどうぶつえんでらんぼうなさるとしていくがかりたちからきらわれていたさる 「あばれざるジニー」シートン原作；小林清之介文；小林与志絵 チャイルド本社（チャイルド絵本館・シートン動物記Ⅱ-7） 1985年10月

ジーノ
いちごがたべたくてとおいもりへいきおおかみにあったひよこ 「ひよことおおかみ」アッティリオ・カッシネリ絵；カレン・グントルプ作；岸田衿子訳 ひかりのくに（アッティリオとカレンのえほん） 1972年1月

シーバースさん
ルイスのなかよしでとしょかんではたらいているおばさん 「ふしぎなオタマジャクシ」スティーブン・ケロッグ作；鈴木昌子訳 ほるぷ出版 1980年3月

シバの女王　しばのじょおう
エデンの園を出されたアダムが天使からおくられたいのちの木がシロアム川の橋にされていたのがわかり聖なる木をおがんだアラビアの女王 「十字架ものがたり」ブライアン・ワイルドスミス作・絵；わたなべひさよ訳 らくだ出版 1983年11月

ジープ
カエル沼におちたときにカエルのチイおばさんたちにすくいあげてもらったチュルルタン村のこどものこびと 「こびとの村のカエルじけん」A.シャープトン文；G.ミューラー絵；岸田今日子訳 文化出版局 1984年3月

ジプシーかあさん
マドレーヌたち12にんのおんなのこがとなりのやしきのペピートとみにいったサーカスのジプシーのかあさん 「マドレーヌとジプシー」ルドウィッヒ・ベーメルマンス作・画；瀬田貞二訳 福音館書店（世界傑作絵本シリーズ・アメリカの絵本） 1973年5月

ジプシーの若者(若者)　じぷしーのわかもの(わかもの)
王さまにめいじられてたいようの国にあるというたいようの木のえだをとりにいったかた目のジプシーの若者 「たいようの木のえだ－ジプシーの昔話」フィツォフスキ再話；内田莉莎子訳；堀内誠一画 福音館書店 1985年11月

しぶり

シプリヤン
ぞうのおうさまババールたちをとりのしまへまねいたとりのくにのおうさま 「ババールとりのしまへ」 ロラン・ド・ブリュノフ作;矢川澄子訳 評論社(評論社の児童図書館・絵本の部屋 ぞうのババール7) 1975年10月

しまい
あるところにいたほんとにいもうとおもいのねえさんといもうとのふたりのしまい 「ねえさんといもうと」 シャーロット・ゾロトウ作;マーサ・アレキサンダー絵;やがわすみこ訳 福音館書店(世界傑作絵本シリーズ・アメリカの絵本) 1974年3月

ジマイマ
おくさんのあひる 「こねこのトムのおはなし」 ビアトリクス・ポター作・絵;いしいももこ訳 福音館書店(ピーターラビットの絵本4) 1971年11月

ジマイマ・パトルダック
じぶんのたまごはじぶんでかえしたいとおもってばしょをさがしにいったあひる 「あひるのジマイマのおはなし」 ビアトリクス・ポター作・絵;いしいももこ訳 福音館書店(ピーターラビットの絵本11) 1973年1月

しまうま(ツィツィ)
動物たちの学校時代の同窓写真にうつったしまうま 「ぼくたちを忘れないで」 フリーデル・シュミット;ヴァルトラウト・ランケ作;森村桂訳 CBS・ソニー出版 1978年8月

シマくん
仲間たちが頂上目指して登っている毛虫でできた柱を登っている途中で黄色の毛虫のキーちゃんに会ったしまの毛虫 「もっと、なにかが…」 トリーナ・パウルス絵・文;片山厚;宮沢邦子訳 篠崎書林 1983年2月

シマシマくん
ザラザラくんとバラバラくんのなかま 「これ、なあに?」 バージニア・A.イエンセン;ドーカス・W.ハラー作;くまがいいくえ訳 偕成社 1979年1月

シマシマくん
ザラザラくんとバラバラくんのなかま 「ザラザラくん、どうしたの?」 バージニア・A.イエンセン作;きくしまいくえ訳 偕成社 1983年1月

しまのせびろをきたしんし(しんし)
くだものやにうりつけられたプラスチックのあおいりんごをひにあててうれさせようとしてまどべにおいたしまのせびろをきたしんし 「きえたりんご」 ヤン・レーフ作;渡辺茂男訳 講談社(講談社のピクチュアブック10) 1979年11月

ジミー
ありがとうっていうのがつまらなくなってどういたしましてっていってみたくなったおとこのこ 「ありがとう…どういたしまして」 ルイス・スロボトキン作;渡辺茂男訳 偕成社 1969年12月

ジミー
おたんじょうびにいぬをもらったいぬのだいきらいなおとこのこ 「あっちへいけよ」 ヌッドセット作;ボンサル絵;岡本浜江訳 偕成社 1977年6月

シム
むかしあるところに目のみえないお父さんとすんでいていつもお父さんの目がみえるようになるようにと天におねがいをしていた娘「竜宮城へいった娘-韓国」エドワード・アダムス文；チョイ・ドン・ホー絵；小林孝子訳　蝸牛社（かたつむり文庫）1984年12月

ジム
あるあさまどのそとにはえていたおそろしくのっぽの木をのぼっていってくものうえにたつおしろで大男にあった男の子「ジムとまめの木」レイモンド・ブリッグズ作；矢川澄子訳　評論社（児童図書館・絵本の部屋）1978年8月

ジム
サリーとどうぶつえんにきておじさんがどうぶつたちにおひるごはんをたべさせるところをみたおとこのこ「さあたべようね」H.A.レイ作；石竹光江訳　文化出版局（じぶんでひらく絵本2）1970年10月

ジム
ちいさなきかんしゃちゅうちゅうをうごかしていたきかんし「いたずらきかんしゃちゅうちゅう」バージニア・リー・バートン文・絵；むらおかはなこ訳　福音館書店（世界傑作絵本シリーズ・アメリカの絵本）1961年8月

ジム
もりへはいったままかえってこなくなったとしよりのおとうさんをさがしにいったこいぬ「ちいさないぬのゆめ…でした」ルース・ボーンスタイン作；奥田継夫訳　ほるぷ出版　1981年8月

ジム
街の安アパートに住んでいる若い夫妻の夫「賢者のおくりもの」オー・ヘンリー文；リスベート・ツヴェルガー画；矢川澄子訳　冨山房　1983年12月

ジム
核戦争が起こってシェルターに避難した夫婦の夫「風が吹くとき」レイモンド・ブリッグズ作；小林忠夫訳　篠崎書林　1982年7月

シメ
ヒタキにじぶんのくちばしのじまんをしたとり「くちばし」ビアンキ作；田中かな子訳；藪内正幸絵　福音館書店　1965年10月

シモーヌばあさん
ロザリーヌがつけた口紅のおかげでよみがえった大理石像の天使のアンジェロを家において学校にかよわせてやったおばあさん「アンジェロとロザリーヌ」ベッティーナ作；矢川澄子訳　文化出版局　1978年5月

ジャイアント
にわにまよいこんできたふたりの子どもをつかまえてゆうはんのごちそうにしようとした巨人「巨人（ジャイアント）にきをつけろ！」エリック・カール作；森比左志訳　偕成社　1982年12月

ジャイアント・ハンマーさん（ハンマーさん）
くにのおうさまみたいなひと「イギリスりょこう」バッティル・アルムクビスト絵・文；やまのうちきよこ訳　徳間書店（げんしじんヘーデンホスシリーズ8）1974年11月

しやい

シャイラ
動物たちの学校時代の同窓写真にうつったへび「ぼくたちを忘れないで」フリーデル・シュミット;ヴァルトラウト・ランケ作;森村桂訳 CBS・ソニー出版 1978年8月

シャウン
ロンドンのあるまちにじいちゃんとすんでいてとなりのうまやにいたにぐるまひきのひめこといううまだいのなかよしだったおとこのこ「となりのうまとおとこのこ」チャールズ・キーピング絵・文;せたていじ訳 らくだ出版 1971年11月

シャオアル
河におちたのをすくってあげた老人からまほうの小さな紙の船をもらった心のやさしいはたらき者の少年「まほうの船」ラオ・ショ文;チェン・インチン絵;君島久子訳 ほるぷ出版 1981年7月

ジャガー
畑をたがやしてくれたものにはおれいにお牛をいっとうやろうといってうさぎに仕事をやらせたジャガー「ジャガーにはなぜもようがあるの?-ブラジルの民話」アンナ・マリア・マチャード再話;ジアン・カルビ絵;ふくいしげき訳 ほるぷ出版 1983年8月

じゃがいもくん
あるときこどもがじゃがいものきれはしにえのぐをつけてかみのうえにぺたぺたおしてつくったおとこのこ「じゃがいもくん」ポリー・ピンダー作;井出弘子訳 偕成社 1977年12月

シヤカン
インドのジャングルにいたおそろしいとら「ジャングル・ブック」キップリング原作;林陽子文;清水勝絵 世界出版社(ABCブック) 1969年9月

ジャクソンさん
いけがきの根もとのほりのなかにすんでいてぬれたからだでねずみのチュウチュウおくさんのいえにはいってくるかえる「のねずみチュウチュウおくさんのおはなし」ビアトリクス・ポター作・絵;いしいももこ訳 福音館書店(ピーターラビットの絵本8) 1972年5月

しゃくとりむし
こまどりのしっぽやフラミンゴのくびやいろんなもののながさをはかったちいさなしゃくとりむし「ひとあしひとあし」レオ・レオニ作;谷川俊太郎訳 好学社 1975年1月

ジャコウネズミ
ふねからじょうりくしてきていぬのタウザーのかわのほとりのいえをとりあげようとしたジャコウネズミたち「タウザーのなつやすみだいすき」トニー・ロス作;山脇恭訳 ペンタン(タウザーの本) 1985年10月

ジャコウネズミ(ハービー)
森の中にトンネルをほってひみつのかくれがをつくったジャコウネズミのおとこのこ「ハービーのかくれが」ラッセル・ホーバン作;リリアン・ホーバン絵;谷口由美子訳 あかね書房 1979年5月

ジャコウネズミ(ミルドレッド)
ジャコウネズミのおとこのこハービーのおねえさん「ハービーのかくれが」ラッセル・ホーバン作;リリアン・ホーバン絵;谷口由美子訳 あかね書房 1979年5月

しゃつ

ジャスマンさん
はるになってはたけにどれもみんなおおきいジャンボやさいができてびっくりぎょうてんしたはたらきもののおひゃくしょう 「ジャスマンさんのジャンボやさい」 ダニエル・ドゥブリッキ作；マルゴザータ・ジェルジャフスカ絵；福原洋子訳　フレーベル館　1985年9月

ジャスミン
はなやはねかざりのいっぱいついたぼうしをかぶったパンプキンのうじょうのめうし 「めうしのジャスミン」 ロジャー・デュボアザン作・絵；乾侑美子訳　佑学社　1979年1月

ジャッカル（エイブ）
動物たちの最後の楽園ないない谷のエチオピアジャッカルの巡査 「ないない谷の物語1 ようこそないない谷へ」 インマ・ドロス；ハリー・ギーレン文；マイケル・ジュップ絵；舟崎克彦訳　ブック・ローン出版　1982年11月

ジャッキー
あしのはやいジャックうさぎのなかでもとくにあしのはやいうさぎでおそろしいドッグ・レースにだされてもけっしていぬにはつかまらなかったうさぎ 「はやあしうさぎ」 シートン原作；小林清之介文；若菜等絵　チャイルド本社（チャイルド絵本館・シートン動物記Ⅱ-8）　1984年11月

ジャック
ある日市場へうりにいったミルキー・ホワイトというめ牛をおじいさんがもっていた魔法のマメつぶととりかえた男の子 「ジャックとマメの木」 ジョセフ・ジェイコブス作；ヤン・ピアンコフスキー絵；内海宜子訳　ほるぷ出版（ふぇありい・ぶっく）　1985年11月

ジャック
いえをたてたおとこ 「ジャックはいえをたてたとさ」 ポール・ガルドン絵；大庭みな子訳　佑学社（ポール・ガルドン昔話シリーズ3）　1979年11月

ジャック
いちばへうしをうりにいくとちゅうであったおじいさんとうしとてんまでのびるまほうのまめをとりかえっこしたおとこのこ 「ジャックとまめのき－せかいのはなし（イギリス）」 山主敏子文；近藤薫美子絵　コーキ出版（絵本ファンタジア33）　1978年6月

ジャック
いちばへうしをうりにいくとちゅうであったにくやとうしとまほうのまめをとりかえてしまったしょうねん 「ジャックとまめのき」 ベラ・サウスゲイト再話；エリック・ウインター絵；秋晴二；敷地松二郎訳編　アドアンゲン　1974年6月

ジャック
いちばへめうしをうりにいってとちゅうのみちでおじいさんにこえをかけられてうしをまほうのまめととりかえてしまった男の子 「ジャックと豆の木－イギリスむかし話」 間所ひさこ文；山下芳郎絵　講談社（講談社の絵本21）　1979年8月

ジャック
いちばへめ牛をうりにでかけて道であったにくやとめ牛とまめをとりかえてしまったおとこのこ 「ジャックとまめのき」 武井武雄絵；柴野民三文　フレーベル館（キンダーおはなしえほん傑作選22）　1978年4月

しやつ

ジャック
うしをうりにでかけていくとちゅうであったにくやとうしとまめをとりかえてしまったのんきなしょうねん 「ジャックと豆の木」石田武雄画；新谷峰子文 ひかりのくに（世界名作えほん全集1） 1966年1月

ジャック
おとうさんとおかあさんがなくなりあまりやさしくしてはくれなかったおじさんとおばさんとすんでいてある日やねうらべやでまほうの本をみつけた男の子 「もしもまほうがつかえたら」モーリス・センダック画；ロバート・グレイブズ文；原もと子訳 冨山房 1984年4月

ジャック
かあさんにいぬをかってはだめといわれたのでいぬにふくをきせてともだちのフレッドだといってうちにいれたうさぎの子 「ぼくがほんとにほしいもの」バイロン・バートン作・絵；海輪聡訳 ポプラ社（世界のほんやくえほん2） 1976年10月

ジャック
とてもいい子なんですがあたまにはくうそうしかないゆめみるおとこの子 「ゆめみくん」ロジャー・ハーグレーヴス作；たむらりゅういち訳 評論社（みすた・ぶっくす3） 1980年1月

ジャック
ゆめのなかでジョンというおとこの子になってジョンのへやでボートをつくってへやに水道の水をいっぱいだしておぼれそうになったカラス 「カラスのジャック」ディーター・シューベルト作；田村隆一訳 ほるぷ出版 1985年9月

ジャック
よるのおもちゃやからそとにでてこどもたちをさがしてひとばんじゅうあるきまわったピエロのにんぎょう 「きみとあそびだいな」ニコライ・ストヤノフ作・.絵；山元護久文 学習研究社（国際版せかいのえほん7） 1985年1月

ジャック
りょうしにそだてられさまざまなけいけんをへてタラクやまのくまおうとよばれるようになったはいいろぐま 「タラクやまのくまおう」シートン原作；小林清之介文；清水勝絵 チャイルド本社（チャイルド絵本館・シートン動物記Ⅱ-12） 1986年3月

ジャック
市場へめ牛を売りに行って会ったおじいさんとふしぎな魔法の豆とめ牛をとりかえっこした男の子 「ジャックと豆の木—イギリス民話」しらいしあい著 集英社 1983年4月

ジャック
市場へ牛を売りに行ってであったろう人がポケットから出したまほうの豆と牛をとりかえた男の子 「ジャックと豆の木」ジェイコブズ作；乾侑美子訳；菊池貞雄絵 小学館（世界のメルヘン絵本22） 1979年11月

ジャック（けちんぼジャック）
リトルボロの村はずれにすんでいたものすごいけちんぼのかじ屋である夜に実は聖ペテロだというおじいさんを家にいれてやった男 「けちんぼジャックとあくま」エドナ・バース文；ポール・ガルドン絵；湯浅フミエ訳 ほるぷ出版 1979年3月

ジャック・トロッター
いちばへ牛を売りに行って道で出あったおしゃれな男とまほうのまめと牛をとりかえっこした男の子 「ジャックとまめのつる」 トニー・ロス作;田村隆一訳 文化出版局 1981年7月

ジャック・ラティ(ラティ)
ロンドンのふるいアパートのちかしつにすみがらくたをあつめてうっていたぎょうしょうにん 「エミリーさんとまぼろしの鳥」 チャールズ・キーピング作;八木田宜子訳 ほるぷ出版 1979年5月

シャーリー
おとうさんとおかあさんといっしょにうみへでかけたおんなのこ 「なみにきをつけて、シャーリー」 ジョン・バーニンガム作;辺見まさなお訳 ほるぷ出版 1978年9月

シャルロット
きつねのパンクラスとかけっこをすることになったかめ 「かめのシャルロット」 アラン・グレ文;ルイ・カン絵;しょうじかずこ訳 DEMPAペンタン(ナターンのもりのなかまたち6) 1986年4月

シャーロット
あまのがわというなまえのしろいうまをかっているおんなのこ 「シャーロットとしろいうま」 ルース・クラウス文;モーリス・センダック絵;小玉知子訳 冨山房 1978年11月

シャーロット
ねずみのティモシーとジェニーのふたりにうまれた5にんのこどものおんなのこ 「ねずみのティモシー」 マルチーヌ・ブラン作・絵;矢川澄子訳 偕成社 1975年8月

シャーロット
ロンドンというおおきなまちのなかにあるしあわせどおりのことりやのみせのそばでまいにちなかよしのチャーリーというおとこのことあそんでいたおんなのこ 「しあわせどおりのカナリヤ」 チャールズ・キーピング絵・文;よごひろこ訳 らくだ出版 1971年1月

ジャン
あさおきてからまどをおおきくあけてにわとりのこえやきかんしゃのおとやきょうかいのかねのおとなどいろんなおとをきいたおとこのこ 「ジャンがきいたあさのおと」 アラン・グレ作・絵;黒木義典訳;板谷和雄文 ブックローン出版(ファランドールえほん11) 1984年1月

ジャン
ジーグフリード王子の忠実な友 「白鳥の湖-ドイツ民話」 ルドゥミラ・イジンツォバー絵;竹村美智子訳 佑学社(名作バレー物語シリーズ) 1978年11月

ジャン
しっぱいばかりしていたよめさんがどろぼうにわたしてしまったぎんかのふくろをさがしにでかけたおひゃくしょう 「こんどはうまくいくさ-民話より」 ポール・ガルドン絵;中山知子訳 佑学社(ポール・ガルドン昔話シリーズ7) 1979年7月

ジャン
マルチーヌのおとうと 「マルチーヌれっしゃでりょこう」 ジルベール・ドラエイ作;マルセル・マルリエ絵;黒木義典訳;板谷和雄文 ブック・ローン出版(ファランドールえほん23) 1981年1月

しやん

ジャン
ゆきがつもったひににわにくるすずめたちやもりのことりたちにパンをあげたおとこのこ 「ゆきのふったあさ」 ソフィ・ジャンヌ作；エリザベト・イバノブスキ絵；黒木義典訳；板谷和雄文 ブック・ローン出版（ファランドールえほん14） 1981年1月

ジャン
月が大すきでながいはしごをのぼってあいにいき月をなでて月のかけらを手にくっつけてかえってきた小さな男の子 「月へいった小さなジャン」 エレーヌ・テルサック文；ルナート・マニエ絵；小海永二訳 草土文化 1980年11月

ジャンボ
ちいさなおとこのこのちびくろサンボのおとうさん 「ちびくろサンボのぼうけん」 バンナーマン原作；神宮輝夫文；瀬川康男絵 偕成社 1966年7月

ジャンル
なかよしのソフィとふたりでいなかのもりやはやしでいろんなとりをみつけたおとこのこ 「のうえんのジャンルとソフィ」 マルセル・マルリエ作・絵；黒木義典訳；板谷和雄文 ブックローン出版（ファランドールえほん24） 1984年1月

ジャンル
なかよしのソフィとふたりでかわにすむとりをさがしにいったおとこのこ 「かわのジャンルとソフィ」 マルセル・マルリエ作・絵；黒木義典訳；板谷和雄文 ブックローン出版（ファランドールえほん26） 1984年1月

ジャンル
なかよしのソフィとふたりでにわにいるいろんなどうぶつをさがしにいったおとこのこ 「にわのジャンルとソフィ」 マルセル・マルリエ作・絵；黒木義典訳；板谷和雄文 ブックローン出版（ファランドールえほん23） 1984年1月

ジャンル
なかよしのソフィとふたりでもりへいろんなとりやどうぶつをさがしにいったおとこのこ 「もりのジャンルとソフィ」 マルセル・マルリエ作・絵；黒木義典訳；板谷和雄文 ブックローン出版（ファランドールえほん25） 1984年1月

ジャンル
なかよしのソフィとやすみをヨーロッパアルプスのやますごすことになったおとこのこ 「やまのジャンルとソフィ」 マルセル・マルリエ作・絵；黒木義典訳；板谷和雄文 ブックローン出版（ファランドールえほん27） 1984年1月

ジャンル
なかよしのソフィとロビンソン・クルーソーのほんをよんでともだちといっしょにもりでこやをつくったおとのこ 「こやをたてるジャンルとソフィ」 マルセル・マルリエ作・絵；黒木義典訳；板谷和雄文 ブックローン出版（ファランドールえほん28） 1984年1月

ジャンル
なつやすみになかよしのソフィとふたりでうみへいったおとこのこ 「うみのジャンルとソフィ」 マルセル・マルリエ作・絵；黒木義典訳；板谷和雄文 ブックローン出版（ファランドールえほん22） 1984年1月

ジュアン
海のそばにあったカピストラノという小さな村の教会に春になるとやってくるツバメをかわいがっていた男の子 「ツバメの歌」 レオ・ポリティ文・絵；石井桃子訳　岩波書店（岩波の子どもの本）　1954年12月

秀才　しゅうさい
背丈が30センチくらいの青い肌をした森の精スマーフの中で自分がいちばんアタマがいいと思っているスマーフ 「100人めのスマーフ」 ペヨ作；村松定史訳；小川悦子編　セーラー出版（スマーフ物語6）　1985年10月

秀才　しゅうさい
背丈が30センチくらいの青い肌をした森の精スマーフの中で自分がいちばんアタマがいいと思っているスマーフ 「オリンピックスマーフ」 ペヨ作；村松定史訳；小川悦子編　セーラー出版（スマーフ物語14）　1986年10月

秀才　しゅうさい
背丈が30センチくらいの青い肌をした森の精スマーフの中で自分がいちばんアタマがいいと思っているスマーフ 「キングスマーフ」 ペヨ作；村松定史訳；小川悦子編　セーラー出版（スマーフ物語2）　1985年10月

秀才　しゅうさい
背丈が30センチくらいの青い肌をした森の精スマーフの中で自分がいちばんアタマがいいと思っているスマーフ 「コスモスマーフ」 ペヨ作；村松定史訳；小川悦子編　セーラー出版（スマーフ物語9）　1986年4月

秀才　しゅうさい
背丈が30センチくらいの青い肌をした森の精スマーフの中で自分がいちばんアタマがいいと思っているスマーフ 「さすらいのスマーフ」 ペヨ作；村松定史訳；小川悦子編　セーラー出版（スマーフ物語8）　1986年4月

秀才　しゅうさい
背丈が30センチくらいの青い肌をした森の精スマーフの中で自分がいちばんアタマがいいと思っているスマーフ 「スマーフコント集」 ペヨ作；村松定史訳；小川悦子編　セーラー出版（スマーフ物語11）　1986年6月

秀才　しゅうさい
背丈が30センチくらいの青い肌をした森の精スマーフの中で自分がいちばんアタマがいいと思っているスマーフ 「スマーフシンフォニー」 ペヨ作；村松定史訳；小川悦子編　セーラー出版（スマーフ物語5）　1985年10月

秀才　しゅうさい
背丈が30センチくらいの青い肌をした森の精スマーフの中で自分がいちばんアタマがいいと思っているスマーフ 「スマーフスープと大男」 ペヨ作；村松定史訳；小川悦子編　セーラー出版（スマーフ物語13）　1986年8月

秀才　しゅうさい
背丈が30センチくらいの青い肌をした森の精スマーフの中で自分がいちばんアタマがいいと思っているスマーフ 「スマーフと不思議なタマゴ」 ペヨ作；村松定史訳；小川悦子編　セーラー出版（スマーフ物語4）　1985年12月

秀才　しゅうさい
背丈が30センチくらいの青い肌をした森の精スマーフの中で自分がいちばんアタマがいいと思っているスマーフ　「スマーフ語戦争」　ペヨ作；村松定史訳；小川悦子編　セーラー出版（スマーフ物語12）　1986年8月

秀才　しゅうさい
背丈が30センチくらいの青い肌をした森の精スマーフの中で自分がいちばんアタマがいいと思っているスマーフ　「ベビースマーフ」　ペヨ作；村松定史訳；小川悦子編　セーラー出版（スマーフ物語15）　1986年10月

秀才　しゅうさい
背丈が30センチくらいの青い肌をした森の精スマーフの中で自分がいちばんアタマがいいと思っているスマーフ　「怪鳥クラッカラス」　ペヨ作；村松定史訳；小川悦子編　セーラー出版（スマーフ物語7）　1986年2月

秀才　しゅうさい
背丈が30センチくらいの青い肌をした森の精スマーフの中で自分がいちばんアタマがいいと思っているスマーフ　「見習いスマーフ」　ペヨ作；村松定史訳；小川悦子編　セーラー出版（スマーフ物語10）　1986年6月

秀才　しゅうさい
背丈が30センチくらいの青い肌をした森の精スマーフの中で自分がいちばんアタマがいいと思っているスマーフ　「黒いスマーフ」　ペヨ作；村松定史訳；小川悦子編　セーラー出版（スマーフ物語1）　1985年10月

秀才　しゅうさい
背丈が30センチくらいの青い肌をした森の精スマーフの中で自分がいちばんアタマがいいと思っているスマーフ　「恋人スマーフェット」　ペヨ作；村松定史訳；小川悦子編　セーラー出版（スマーフ物語3）　1985年10月

十字軍の子供（子供）　じゅうじぐんのこども（こども）
1939年ポーランドにあった戦争のあと両親をなくして隊伍をくんで街道を下っていった五十人のドイツ人やポーランド人やユダヤ人の子供たち　「子供の十字軍」　ベルトルト・ブレヒト作；長谷川四郎訳；高頭祥八画　リブロポート　1986年1月

十二月　じゅうにがつ
黒いしまもようの白いオーバーをきて黒いふちどり白いぼうしをかぶった十二月の月のおじいさん　「森は生きている 12月のものがたり」　マルシャーク作；エリョーミナ絵；斎藤公子編　青木書店（斎藤公子の保育絵本）　1986年12月

じゅうににんのつきのきょうだい
まふゆにままははにいいつけられてもりへまつゆきそうをとりにいったおんなのこがあったじゅうににんのつきのきょうだい　「じゅうにのつき（ロシア民話）」　マルシャーク再話；宮川やすえ訳・文；上野紀子絵　ひさかたチャイルド（ひさかた絵本館9）　1981年12月

12のつき　じゅうにのつき
さむいふゆのひにいえをおいだされてもりへいかされたマルーシカがであった1がつから12がつまでの12にんのつきのせいたち　「12のつきのおくりもの−スロバキア民話」　内田莉莎子再話；丸木俊画　福音館書店　1971年12月

10人ぐみの子ども(子ども)　じゅうにんぐみのこども(こども)
10人そろってゆめをみた10人ぐみの子どもたち　「10人の子どもたち」B.ブンツェル作・画；桂芳樹訳　小学館(世界の創作童話8)　1979年9月

ジューク
サミーくんにいぬやでかわれていなかのうちへつれてってもらいはじめて土の上をはしったいぬ　「あなほりいちばん」アル・パーキンス作；エリック・ガーニー絵；飯沢匡文　日本パブリッシング(ビギナーブックシリーズ)　1968年1月

シュゼット
とうさんかあさんとちいさなあかちゃんのおとうとといっしょにしあわせにくらしているきょうだいのいもうと　「ジュゼットとニコラーおにわで」市川里美作；矢川澄子訳　冨山房　1978年6月

シュチーナさん
スイスのたかい山のなかの村にすんでいるやさしいおばあさんでヤギかいの少年マウルスに三びきのヤギをあずけているおばあさん　「マウルスと三びきのヤギ」アロワ・カリジェ文・絵；大塚勇三訳　岩波書店　1969年11月

シュッペ
おばあちゃんがあんでくれたけいとのつばさでそらをとんでおつきさまのところまでいったあかいサカナのぼうや　「けいとのつばさ」キキ・ラドヴィッツ作；ヘルメ・ハイネ絵；矢川澄子訳　佑学社(ヨーロッパ創作絵本シリーズ35)　1980年7月

ジュディ
くまのパディントンといっしょにくらすブラウンさんいっかのこども　「パディントンのにわつくり」マイケル・ボンド作；フレッド・バンベリー絵；中村妙子訳　偕成社(パディントン絵本2)　1973年11月

ジュディ
木の下に置いてあったジャングル探険ゲーム「ジュディ」を弟のピーターと二人でやってみて異様な冒険をすることになった女の子　「ジュマンジ」クリス・バン・オールスバーグ作；辺見まさなお訳　ほるぷ出版　1984年7月

シュテッフェル
まんげつのよるこどもべやのまどのまえにとまったほらふききかんしゃにグレーテルとふたりでのってでかけたおとこのこ　「ほらふききかんしゃ」ハインリッヒ・マリア・デンネボルク作；ホルスト・レムケ絵；おおしまかおり訳　佑学社　1978年3月

シュテパンじいさん
まちからずーっとはなれたかわのそばにたっていたこなひきごやのおじいさん　「しまうまになったマルコ」イヴァン・ガンチェフ作・絵；佐々木元訳　フレーベル館　1982年10月

シュテファン
あるばんグレーテルとゆめのふねにのってなまけもののくににやってきたおとこのこ　「なまけもののくに　たんけん」ハインリッヒ・マリア・デンネボルク作；ホルスト・レムケ絵；柏木美津訳　佑学社　1978年3月

しゆぬ

シュヌー
ひとざとはなれたふかいゆきのなかのいえにクリストルというおんなのこといっしょにすんでいたこねこ「クリストルのこねこ」マルタ・コチ絵;ヘルマン・ハスリンガー文;楠田枝里子訳 ほるぷ出版 1980年1月

ジュヌビエーヌ
あるひかわにおちたマドレーヌをたすけたいぬ「マドレーヌといぬ」ルドウィッヒ・ベーメルマンス作・画;瀬田貞二訳 福音館書店(世界傑作絵本シリーズ・アメリカの絵本) 1973年5月

シュヌール
村のまずしいわかものイワンが命をたすけていっしょに家にすむようになったオスネコ「魔法のゆびわ―ロシア民話」ミハル・ロンベルグ絵;柏木美津訳 佑学社(世界の名作童話シリーズ) 1979年1月

シュピティ
動物たちの学校時代の同窓写真にうつったくも「ぼくたちを忘れないで」フリーデル・シュミット;ヴァルトラウト・ランケ作;森村桂訳 CBS・ソニー出版 1978年8月

シューベルト
ウィーンの町に住んでいた作曲家の若者「リトルシューベルト」M.B.ゴフスタイン作・絵;落合恵子訳 アテネ書房 1980年4月

ジュリー
まちのそらが15にちもくろいあまぐもでおおわれていたのでくもにいろをぬろうとかんがえてペンキやさんへいった3にんきょうだいのおんなのこ「くもにいろをぬったこどもたち」ミシェル・ババレル作;ルイース・カンプス絵;川口志保子訳 ブックローン出版(ファランドールコレクション) 1982年5月

ジュリアス
サーカスにでるどうぶつをさがしにおとうさんとアフリカにきたデイビーとともだちになってアメリカへいくことになったゴリラ「ゴリラのジュリアス」シド・ホフ作;乾侑美子訳 文化出版局 1983年12月

ジュリアス
ライオンのヘンリーたちとみんなでジャングルをでてりょこうをしてさばくのオアシスまでいったトラ「しんせつなラクダのハンフリー」ダイアン・エルスン文・絵;河津千代訳 アリス館牧新社 1975年12月

ジュリアス
ワニのようにみどりいろになってジャングルのなかでいちばんうつくしいどうぶつになりたいとおもっていたトラ「みどりいろのトラ」ダイアン・エルスン文・絵;河津千代訳 アリス館牧新社 1975年12月

ジュリアン
まちのそらが15にちもくろいあまぐもでおおわれていたのでくもにいろをぬろうとかんがえてペンキやさんへいった3にんきょうだいのおとこのこ「くもにいろをぬったこどもたち」ミシェル・ババレル作;ルイース・カンプス絵;川口志保子訳 ブックローン出版(ファランドールコレクション) 1982年5月

ジュリアン
真夜中に家のむかいの国際情報処理センターの中にあるコンピュータを見たくなって建物の中に入りこんだ男の子 「ジュリアンにきいてごらん」 レジス;アルディ作;ジュルジュ;ルモワンヌ絵;鶴見圭訳 CBS・ソニー出版 1979年11月

ジュリアンおじいさん
海のそばにあったカピストラノという小さな村の教会のかねをならす人 「ツバメの歌」 レオ・ポリティ文・絵;石井桃子訳 岩波書店(岩波の子どもの本) 1954年12月

シューリク
なつにおじいさんのうちにいっておにいさんとつりざおのとりあいをしてまけた弟 「シューリクのまほう」 エヌ・ノーソフ作;イ・セミョーノフ絵;福井研介訳 新読書社 1982年1月

シュリメイゼル
運をつかさどるふたりの妖精のひとりで不運といういみの名の老人の妖精 「メイゼルとシュリメイゼル-運をつかさどる妖精たちの話」 アイザック・B.シンガー文;マーゴット・ツェマック画;木庭茂夫訳 冨山房 1976年11月

ジュール
まちのそらが15にちもくろいあまぐもでおおわれていたのでくもにいろをぬろうとかんがえてペンキやさんへいった3にんきょうだいのおとこのこ 「くもにいろをぬったこどもたち」 ミシェル・ババレル作;ルイース・カンプス絵;川口志保子訳 ブックローン出版(ファランドールコレクション) 1982年5月

ジュルルジュスト一世　じゅるるじゅすといっせい
女流前衛画家のキリンのジルダ嬢に肖像画を描いてもらおうとしたある王国の動物たちの大王 「ジュルルジュスト王国で起きた不思議な出来事」 マックス・ギャバン作;遠藤周作訳 エイプリル・ミュージック 1978年6月

シュン・ユー
中国の皇帝がつくるあたらしいこよみのために12しゅるいのどうぶつをえらんだはんぶん神さまではんぶんにんげんの男 「ね、うし、とら……十二支のはなし-中国民話より」 ドロシー・バン・ウォアコム文;エロール・ル・カイン絵;辺見まさなお訳 ほるぷ出版 1978年12

ジョー
アメリカのニュー・メキシコしゅうのそうげんをじゆうにはしるくろうまをおいつづけるカウボーイ 「はしれ!くろうま」 シートン原作;小林清之介文;清水勝絵 チャイルド本社(チャイルド絵本館・シートン動物記Ⅱ-4) 1985年7月

ジョー
あるひかばのベロニカたちがすんでいるジャングルにきかいにのってやってきたにんげんたちのかんとく 「ひとりぼっちのベロニカ」 ロジャー・デュボアザン作・絵;神宮輝夫訳 佑学社(かばのベロニカシリーズ3) 1978年11月

ジョー
かりうどにおいかけられていたのをライオンくんにたすけてもらったうさぎ 「うさぎがいっぱい」 ルイーゼ・ファティオ作;ロジャー・デュボアザン絵;今江祥智;遠藤育枝訳 佑学社(ごきげんなライオン8) 1979年5月

しょ

ジョー
のらねこのピックルズをしょうぼうしょにつれていったしょうぼうし 「しょうぼうねこ」エスター・アベリル作；藤田圭雄訳　文化出版局　1974年10月

ジョーイじいさん
チムがかんぱんいんにやとってもらったちいさなきせんのふなだいくのおじいさん 「チムのさいごのこうかい」エドワード・アーディゾーニ作・絵；渡辺茂男訳　瑞木書房　1981年5月

ジョイス
ハイヒールをはいて生まれてきた赤ちゃんのディヴァインちゃんをたずねていった町の下宿屋にすむもと漫談師のご婦人 「ベビー・ディヴァインの冒険」ベット・ミドラー作；トッド・スコル絵；松田聖子訳　河出書房新社　1985年11月

しょうがパンこぞう
かまどからとびだしてそとににげていったちいさなにんぎょうのかたちをしたパン 「しょうがパンこぞう」リチャード・スキャナー作；吉田純子訳　ブック・ローン出版（スキャリーおじさんのどうぶつえほん8）　1984年8月

しょうじょ
あるひのこともりでおばあさんからおなかがすいたときめいれいするといつでもおかゆをつくるふしぎななべをもらったびんぼうなしょうじょ 「まほうのかゆなべ」ベラ・サウスゲイト再話；ロバート・ラムレイ絵；秋晴二，敷地松二郎訳編　アドアンゲン　1974年6月

しょうじょ
もりのなかのちいさなうちにすんでいた三びきのくまがさんぽにでたときにうちのなかへはいってみたしょうじょ 「しょうじょと三びきのくま」ベラ・サウスゲイト再話；エリック・ウインター絵；秋晴二，敷地松二郎訳編　アドアンゲン　1974年6月

少女　しょうじょ
かわいがっていたうまがあかちゃんをうむのにたちあった少女 「わたしのデイジーがあかちゃんをうんだの」サンディ・ラビノビッツ作・絵；箕浦万里子訳　偕成社　1982年5月

少女　しょうじょ
だいすきな村のひとたちといっしょにくらすために天の家をでて白い星の花のすがたになってみずうみにすむことにきめた星の少女 「星の少女」パトリシア・ロビンズ文；シャーリー・デイ絵；河津千代訳　アリス館牧新社　1976年7月

少女　しょうじょ
たんじょうしたときからずっとおじいちゃんにかわいがられた少女 「おじいちゃんといっしょに」アリキ作・絵；代田昇訳　佑学社（アメリカ創作絵本シリーズ13）　1981年2月

少女　しょうじょ
寒い寒い大みそかの夕方にはだしのままで通りを歩いてマッチを売っていた少女 「マッチ売りの少女」H.C.アンデルセン作；G.ルモワーヌ絵；吉原幸子訳　文化出版局　1980年12月

じょうすけ
おたまじゃくしのたまーらとともだちになったどじょう 「おたまじゃくしのたまーら」マイケル・バナード作；吉田新一訳；竹山博絵　福音館書店　1982年6月

しょうにん
シベリアでもいちばんさむいまちでなんでもかっちんかっちんにこおってしまうアルハンゲリスクにすんでいたよくばりなしょうにん 「うたうこおり-ロシアのはなし」 石堂清倫文；長谷川京平絵 コーキ出版（絵本ファンタジア7） 1977年10月

しょうねん
うつくしいふえをふくサーカスのしょうねん 「にげだしたライオン」 ゲーテ作；前川康男文；田名網敬一絵 偕成社（世界おはなし絵本10） 1972年1月

しょうねん
サーカスのもうじゅうつかいになりたいとおもっているこころのやさしいしょうねん 「たよりないもうじゅうつかい」 ツウィフェロフ原作；宮川やすえ訳・文；かみやしん絵 国土社（やっちゃん絵本1） 1982年7月

しょうねん
そらにあげたおおきなたこにつかまってしらないひろいせかいにたびだっていったしょうねん 「たことしょうねん」 マックス・ベルジュイス作；楠田枝里子訳 ほるぷ出版 1980年12月

しょうねん
むかしあるところにりっぱないえとひろいぼくじょうをもっていたおとこのいえにいたひつじかいのしょうねん 「あるふゆのものがたり」 マックス・ボリガー作；ベアトリックス・シェーレン絵；藤田圭雄訳 フレーベル館 1981年12月

少年　しょうねん
小さな漁村にいたヨットの操縦の上手い少年で嵐がくるという日に西風号というヨットに乗って外海に出た男の子 「西風号の遭難」 クリス・ヴァン・オールズバーグ絵・文；村上春樹訳 河出書房新社 1985年9月

少年　しょうねん
森を散歩するのがすきで木の国へ旅することを思いついた男の子 「木の国の旅」 ル・クレジオ作；H.ギャルロン絵；大岡信訳 文化出版局 1981年7月

少年　しょうねん
船の守り神だった木の人形のマリアンを海にもどしてやった少年 「マリアンの海」 フランス・ファン・アンローイ文；ヤープ・トゥル絵；奥田継夫訳 アリス館 1986年3月

しょうねん（おとこのこ）
チェコのイゼラがわのかわなかじまビーストルチカにすんでいてふゆになってかわにこおりがはるとつばさをつけてがっこうへとんでいったしょうねん 「そらとぶしょうねん」 ミロスラフ・ヤーグル作・絵；千野栄一訳 フレーベル館 1985年1月

しょうぼうしょちょうさん
かじをしらせたこいぬのくんくんにごほうびをくれたしょうぼうしょちょうさん 「くんくんとかじ」 ディック・ブルーナ文・絵；松岡享子訳 福音館書店 1972年2月

精霊さま　しょうりょうさま
おおむかしのこと若くて自由気ままにしていた太陽をさばいてつばさをとりあげた精霊さま 「太陽の子どもたち」 ジャン・カルー文；レオ・ディロン；ダイアン・ディロン画；渡辺茂男訳 ほるぷ出版 1982年2月

しょお

女王　じょおう
お城の14さいの女王さま「森は生きている 12月のものがたり」マルシャーク作;エリョーミナ絵;斎藤公子編　青木書店(斎藤公子の保育絵本)　1986年12月

ショクチュウショクブツ(ガブリエリザちゃん)
ショクブツがくしゃのホワイトはかせにつかまえられてけんきゅうしつにうえかえられたおにくがこうぶつのショクチュウショクブツ「ガブリエリザちゃん」H.A.レイ作;今江祥智訳　文化出版局　1982年11月

じょーじ
あふりかできいろいぼうしをかぶったおじさんにつかまえられてふねにのせられたしりたがりやのこざる「ひとまねこざるときいろいぼうし」H.A.レイ文・絵;光吉夏弥訳　岩波書店　1983年9月;岩波書店(岩波の子どもの本)　1966年11月

じょーじ
どうぶつえんのそとへにげだしてめんどうをおこしたしりたがりやのこざる「ひとまねこざる」H.A.レイ文・絵;光吉夏弥訳　岩波書店　1983年9月;岩波書店(岩波の子どもの本)　1954年12月

じょーじ
なかよしのきいろいぼうしのおじさんといっしょにくらしているとてもしりたがりやのこざるでおじさんにじてんしゃをかってもらったさる「じてんしゃにのるひとまねこざる」H.A.レイ文・絵;光吉夏弥訳　岩波書店　1983年9月;岩波書店(岩波の子どもの本)　1956年1月

じょーじ
なかよしのきいろいぼうしのおじさんのはめえのかけらをのみこんでびょういんににゅういんしたしりたがりやのこざる「ひとまねこざるびょういんへいく」マーガレット・レイ文;H.A.レイ絵;光吉夏弥訳　岩波書店　1984年3月;岩波書店(岩波の子どもの本)　1968年12月

じょーじ
わいずまんはかせのじっけんのてつだいでちいさなうちゅうろけっとにのりこんだしりたがりやのこざる「ろけっとこざる」H.A.レイ文・絵;光吉夏弥訳　岩波書店(岩波の子どもの本)　1984年3月;岩波書店(岩波の子どもの本)　1959年12月

ジョージ
こくじんのどれいのトムがはたらいていたシェルビーさんのいえのぼっちゃん「トムじいやのこや」ストウ夫人原作;角田光男文;村岡登絵　世界出版社(ABCブック)　1970年1月

ジョージ
もりの木がきられてしまったのでおかあさんとすむところをみつけにでかけた8ひきのこざるたちのなかのとてもりこうでしりたがりやのこざる「きりんのセシリーと9ひきのさるたち」H.A.レイ文・絵;光吉夏弥訳　メルヘン社　1981年8月

ジョージ
線路にそった道路をひろげるこうじではたらくじょうきローラー「ゆうかんな機関車」ウィルバート・オードリー作;ジョン・ケニー絵;桑原三郎;清水周裕訳　ポプラ社(汽車のえほん17)　1980年8月

ジョージー
ニューイングランドのちいさなむらにあったホイッティカーさんのいえにすんでいたちいさなおばけ「おばけのジョージー」ロバート・ブライト作・絵；光吉夏弥訳　福音館書店（世界傑作絵本シリーズ・アメリカの絵本）1978年6月

ジョーじいさん
ふなのりになりたいチムがボーイとしてのりこんだマクフェせんちょうのきせんのコックのおじいさん「チムともだちをたすける」エドワード・アーディゾーニ文・絵；瀬田貞二訳　福音館書店（世界傑作絵本シリーズ・イギリスの絵本）1979年6月

ジョージさん
なにひとつまともにできないメチャクチャくんとはふるいつきあいのりょうし「メチャクチャくん」ロジャー・ハーグレーヴス作；おのかずこ訳　評論社（みすた・ぶっくす15）1985年12

ジョシュアくん
かぞくでひっこしてきた東88番通りのあき家に前からいたワニのライルといっしょにくらすことにしたプリムさん一家の男の子「ワニのライルがやってきた」バーナード・ウェーバー作；小杉佐恵子訳　大日本図書（ワニのライルのおはなし1）1984年7月

ジョシュアくん
やさしいワニのライルといっしょにくらしていたプリムさん一家の男の子「ワニのライル、動物園をにげだす」バーナード・ウェーバー作；小杉佐恵子訳　大日本図書（ワニのライルのおはなし2）1984年7月

ジョシュアくん
ワニのライルがいっしょにくらしているプリムさん一家の男の子「ワニのライルとたんじょうパーティー」バーナード・ウェーバー作；小杉佐恵子訳　大日本図書（ワニのライルのおはなし3）1984年8月

ジョシュアくん
ワニのライルといっしょにくらしているプリムさん一家の男の子「ワニのライル、おかあさんをみつける」バーナード・ウェーバー作；小杉佐恵子訳　大日本図書（ワニのライルのおはなし5）1984年9月

ジョシュアくん
ワニのライルといっしょにくらしているプリムさん一家の男の子「ワニのライルとなぞの手紙」バーナード・ウェーバー作；小杉佐恵子訳　大日本図書（ワニのライルのおはなし4）1984年8月

ジョジョ
たびげいにんのみかづきざでうたをうたっているおんなのこ「みかづきいちざのものがたり」アイリーン・ハース作・絵；うちだりさこ訳　福音館書店（世界傑作絵本シリーズ・アメリカの絵本）1981年11月

ジョゼフ
あるひのことくずやのおじさんにさびたかなものをもっていったかわりにもらったなえぎをいっぽんうらにわにうえたおとこのこ「ジョゼフのにわ」チャールズ・キーピング文・絵；いのくまようこ訳　らくだ出版　1971年11月

しよせ

ジョセフィーヌ
くずてつおきばにおかれていたおんぼろじどうしゃのジェニファーをじぶんのうちにしていたやせっぽちののらねこ 「のらねことぽんこつじどうしゃ」 ビル・ピート作・絵;山下明生訳 佼成出版社(ピートの絵本シリーズ2) 1981年10月

ジョセフィーヌ
クレマンチーヌとセレスタンが夏休みをすごした浜べの村の娘さん 「あたらしい友だち」 ビショニエ文;ロバン;オトレオー絵;山口智子訳 文化出版局(クレマンチーヌとセレスタン) 1983年7月

ジョセフィーヌ
クレマンチーヌとセレスタンの友だちの女の人 「山小屋の冬休み」 ビショニエ文;ロバン;オトレオー絵;山口智子訳 文化出版局(クレマンチーヌとセレスタン) 1983年11月

ジョセフィーヌ
クレマンチーヌとセレスタンの友だちの娘さん 「森の中のピクニック」 ビショニエ文;ロバン;オトレオー絵;山口智子訳 文化出版局(クレマンチーヌとセレスタン) 1983年11月

ジョセフィン
コーギ犬のカレブがコーギビルむらのやぎレースにしゅつじょうさせるためにくんれんしていたやぎ 「コーギビルのむらまつり」 タシャ・テューダー作;渡辺茂男訳 冨山房 1976年7月

ジョセフおじいさん
ふゆがきていけにこおりがはったのでこねこのフォレとこいぬのピックをスケートあそびにつれていったおじいさん 「はじめてのふゆをむかえるフォレ」 リュシェンヌ・エールビル作;マルセル・マルリエ絵;黒木義典訳;板谷和雄文 ブックローン出版(ファランドールえほん2) 1984年1月

ショーティさん
ちいさいきかんしゃのきかんじょし 「ちいさいきかんしゃ」 ロイス・レンスキー文・絵;わたなべしげお訳 福音館書店(世界傑作絵本シリーズ・アメリカの絵本) 1971年1月

ジョナサン
おとうさんにピクニックにつれていってもらったねこのおとこのこ 「おとうさんねこのおくりもの」 メアリー・チャルマーズ作・絵;まつのまさこ訳 福音館書店(世界傑作絵本シリーズ・アメリカの絵本) 1980年8月

ジョナサン
くまのパディントンといっしょにくらすブラウンさんいっかのこども 「パディントンのにわつくり」 マイケル・ボンド作;フレッド・バンベリー絵;中村妙子訳 偕成社(パディントン絵本2) 1973年11月

ジョニー
のうじょうでいつもともだちのおんどりのフランツとぶたのヴァルデマールといっしょにあそんでいるねずみ 「ぼくたちともだち」 ヘルメ・ハイネ作・絵;大島かおり訳 佑学社 1984年9月

ジョニー
やさいかごにはいってまちへきたねずみのチミーをもてなしたまちねずみ 「まちねずみジョニーのおはなし」 ビアトリクス・ポター作・絵；いしいももこ訳　福音館書店（ピーターラビットの絵本9）　1972年5月

ジョニー・オーチャードくん
もりのおくにいたこぐまにかえでさとうのかたまりをやってうちののうじょうにつれてかえってきたおとこのこ 「おおきくなりすぎたくま」 リンド・ワード文・画　渡辺茂男訳　ほるぷ出版1985年1月；福音館書店　1969年10月

ジョバンニ
イタリアのソレントにいたなんでも空中になげあげてじょうずにまわすことができた子でたびげいにんのなかまにはいって道化師になった男の子 「神の道化師」 トミー・デ・パオラ作；湯浅フミエ訳　ほるぷ出版　1980年11月

ジョバンニさん
イタリアのピエトラビアンカの町にある美術館の守衛さんでロザリーヌがつけた口紅のおかげでよみがえった大理石像の天使のアンジェロをうちへつれて帰ったひと 「アンジェロとロザリーヌ」 ベッティーナ作；矢川澄子訳　文化出版局　1978年5月

ジョビスカおばさん
あしゆびのないポブルのおばさん 「あしゆびのないポブル」 エドワード・リア文；ケビン・マディソン絵；にいくらとしかず訳　篠崎書林　1978年7月

ショピノさん
マジョルカとうのやまにすみおんがくでトラをてなずけているおんがくのまじゅつし 「マジョルカりょこう」 バッティル・アルムクビスト絵・文；やまのうちきよこ訳　徳間書店（げんしじんヘーデンホスシリーズ7）　1974年11月

ジョリー
テレビのなかからかおをだしたピエロのディンキーによばれてテレビのなかのにんぎょうのくににいったおとこのこ 「にんぎょうのくに」 ドン・フリーマン作・絵；西園寺祥子訳　偕成社　1979年4月

ショルシ
動物たちの学校時代の同窓写真にうつったかたつむり 「ぼくたちを忘れないで」 フリーデル・シュミット；ヴァルトラウト・ランケ作　森村桂訳　CBS・ソニー出版　1978年8月

ジョン
あついなつの日にうみにでかけたテディベアのくま 「うみへいこうよ」 スザンナ・グレッツ作・絵；各務三郎訳　岩崎書店（テディベアのえほん1）　1984年8月

ジョン
いつもなかよしだったジェームズとけんかしてぜっこうしたおとこのこ 「きみなんかだいきらいさ」 ジャニス・メイ・ユードリー文；モーリス・センダック絵；小玉知子訳　冨山房　1975年5月

しょん

ジョン
おかあさんとすんでいたまほうのもりをでておしろではたらくことになったそれはそれはおおきなおとこのこ 「おおきなジョン」 アーノルド・ローベル原作・画;ウエザヒル翻訳委員会訳 ウエザヒル出版社 1966年5月

ジョン
おひゃくしょうのいえではたらいた三ねんぶんのきゅうりょうのどうか三まいをもらってあるいていったおひとよしのわかもの 「うかれバイオリン」 滝原章助画;中村美佐子文 ひかりのくに(世界名作えほん全集18) 1966年1月

ジョン
かいものリストをかいてスーパーマーケットにいったテディベアのくま 「かいものいっぱい」 スザンナ・グレッツ作・絵;各務三郎訳 岩崎書店(テディベアのえほん4) 1984年10月

ジョン
かぜをひいたウィリアムのせわをしてあげたテディベアのくま 「かぜひいちゃった」 スザンナ・グレッツ作・絵;各務三郎訳 岩崎書店(テディベアのえほん8) 1985年3月

ジョン
たんじょうびにおんなのこからプレゼントをもらったおとこのこ 「ジョンのたんじょうび」 ヘレン・オクセンバリー作・絵;なかむらくみこ訳 ほるぷ出版 1983年11月

ジョン
みどり通りのあたらしいうちにひっこしたテディベアのくま 「ひっこしおおさわぎ」 スザンナ・グレッツ作・絵;各務三郎訳 岩崎書店(テディベアのえほん2) 1984年10月

ジョン
雨の日にうちのなかでうちゅう船ごっこをしたテディベアのくま 「雨の日のうちゅうせんごっこ」 スザンナ・グレッツ作・絵;各務三郎訳 岩崎書店(テディベアのえほん3) 1984年10月

ジョン
漁師の父さんが嵐の夜に海におとしてきた大切なスピリット(勇気ある魂)をお月さまといっしょに探しにいった男の子 「ジョンのお月さま」 カルム・ソーレ・バンドレル文・絵;熊井明子訳 集英社 1983年5月

ジョン・ギルピン
ロンドンにすむりちぎなしょうにんでけっこんきねん日に急な仕事をすませてからおくさんや子どもたちがまつレストランへ馬にのってでかけた男 「ジョン・ギルピンのゆかいなお話」 ウィリアム・クーパー文;ランドルフ・コルデコット絵;吉田新一訳 ほるぷ出版 1985年9月

ジョーンズせんせい
みみがよくきこえないベンというおとこのこのところにきてききかたやはなしかたをおしえてくれるせんせい 「ぼくのだいじなあおいふね」 ディック・ブルーナ絵;ピーター・ジョーンズ文;中川健蔵訳 偕成社 1986年11月

ジョン・ニー
両親が死んでしまったのでしゃべる猫モリイと一緒に叔父さんが住むロンドンの街へ行くことになった男の子 「おしゃべり猫モリイ」 ルドウィック・アシュケナージー作;ディーター・ウィズミュラー絵;中山千夏訳 CBS・ソニー出版 1979年1月

しらゆ

ジョン・ブラウン
だいすきなローズおばあさんとふたりでくらしていたいえのそとにいたまっくろけのネコをなかにいれてやろうとしなかったイヌ 「まっくろけのまよなかネコよおはいり」J.ワグナー文；R.ブルックス絵；大岡信訳　岩波書店　1978年11月

しらないひと
あるひへいわなくににやってきたみたこともきいたこともないしらないひと 「しらないひと」チェル・リンギィ作・絵；山下明生訳　あかね書房（あかねせかいの本9）1984年11月

しらゆきひめ
あるおしろにうまれたうつくしいおひめさまでかおがゆきのようにしろいので「しらゆきひめ」というなまえがつけられたおひめさま 「しらゆきひめ」谷真介文；赤坂三好絵　あかね書房（えほんせかいのめいさく3）1977年5月

しらゆきひめ
あるくにのおきさきにうまれたゆきのようにいろがしろかったおんなのこ 「しらゆきひめ」与田準一文；岡田嘉夫絵　フレーベル館（せかいむかしばなし3）1985年7月

しらゆきひめ
あるときおしろのおきさきがうみましたいろがゆきのようにしろいおんなのこ 「しらゆきひめ（グリム童話）」大石真文；深沢邦朗絵　ひさかたチャイルド（ひさかた絵本館3）1981年9

しらゆきひめ
おきさきさまがねがいどおりうんだゆきのようにまっしろなそれはそれはうつくしいおひめさま 「しらゆき姫」駒宮録郎画；中村美佐子文　ひかりのくに（世界名作えほん全集4）1966年1月

しらゆきひめ
おしろのおきさきがかみさまにおねがいしてうまれたゆきのようにしろいはだのおんなのこ 「しらゆきひめ」グリム作；立原えりか文；いわさきちひろ絵　小学館（いわさきちひろ・おはなしえほん4）1984年9月

しらゆきひめ
お城のおきさきからうまれたゆきのように色がしろいおひめさま 「しらゆきひめ-グリム童話」ヤン・ピアンコフスキー絵；内海宜子訳　ほるぷ出版（ふぇありい・ぶっく）1985年11月

白雪ひめ　しらゆきひめ
おきさきに生まれた雪のように白い美しいおひめさま 「白雪ひめと七人のこびと-グリム童話より」スベン・オットー絵；矢川澄子訳　評論社（児童図書館・絵本の部屋）1979年9月

白雪姫　しらゆきひめ
七年ごとに七人の小人を雪あらしの中たずねてくる白雪姫 「ふゆのはなし」エルンスト・クライドルフ文・絵；おおつかゆうぞう訳　福音館書店（世界傑作絵本シリーズ・スイスの絵本）1971年3月

白雪姫　しらゆきひめ
雪のように白くとても美しい姫 「白雪姫と七人の小人たち-グリム」ナンシー・エコーム・バーカート画；八木田宜子訳　冨山房　1975年6月

しる

ジル
くる日もくる日もソファにすわってばかりいるのでお父さんとお母さんが部屋に一枚の絵をかけてあげた女の子「ちいさなジルはどこへいったの?」ファム・エクマン作;ビヤネール多美子訳 偕成社 1980年12月

ジルダ
動物たちの大王ジュルルジュスト一世の肖像画を描くことになった女流前衛画家のキリン「ジュルルジュスト王国で起きた不思議な出来事」マックス・ギャバン作;遠藤周作訳 エイプリル・ミュージック 1978年6月

シルベスター
ある日のぞみがかなうまほうの石を見つけたのにライオンにたまげて自分が岩になってしまったロバの男の子「ロバのシルベスターとまほうのこいし」ウィリアム・スタイグ作;せたていじ訳 評論社(児童図書館・絵本の部屋) 1975年10月

シルベットちゃん
ライオンのこどもがだいすきでときどきどうぶつえんへみにくるおんなのこ「三びきのちびっこライオン」ポール・ブクジル文;ジョゼフ・ウィルコン絵;那須辰造訳 講談社(講談社の翻訳絵本) 1984年5月;講談社(世界の絵本フランス) 1971年2月

ジルベルト
とぐちでかぜがよんでいるのがきこえたのでふうせんをもってでていったおとこのこ「ジルベルトとかぜ」マリー・ホール・エッツ作;田辺五十鈴訳 冨山房 1975年8月

ジルベルト
北の国の浜辺の集落に立派な橇に乗ってやってきたかわいらしい猫「雪国の豹オレッグ」ジャン=クロード・ブリスビル文;ダニエル・ブール絵;串田孫一訳 集英社 1980年12月

シレソレちゃん
だれそれむらのまだふたつにもならないおんなのこ「いじわるグリンチのクリスマス」ドクタースース作;渡辺茂男訳 日本パブリッシング 1971年1月

しろ
ひつじかいのわかものスーホーとなかのよいともだちのようなはくば「そうげんにひびくこと-モンゴルのはなし」百田弥栄子文;畑農照雄絵 コーキ出版(絵本ファンタジア6) 1977年7月

シロ
スイスのたかい山のなかの村でヤギかいの少年マウルスがシュチーナおばあさんからあずかっているヤギ「マウルスと三びきのヤギ」アロワ・カリジェ文・絵;大塚勇三訳 岩波書店 1969年11月

白あり しろあり
もりの中でひとりぼっちだったりっぱな木にとりついてどこうとしなかった白ありたち「木はいつもだめといった」レオ・プライス作・絵;むらかみひろこ文 女子パウロ会 1982年7月

しろいうさぎ
ひろいもりのなかでくろいうさぎといちにちじゅうたのしくあそんでいたしろいうさぎ「しろいうさぎとくろいうさぎ」ガース・ウイリアムズ文・絵;まつおかきょうこ訳 福音館書店(世界傑作絵本シリーズ・アメリカの絵本) 1965年6月

しろいうさぎ（うさぎ）
はるになってあたらしいいえをさがしていたちゃいろのうさぎをつちのなかのいえにいれてあげたしろいうさぎ 「ちゃいろうさぎとしろいうさぎ いっしょにすもうね」 マーガレット・W.ブラウン文；ガース・ウィリアムズ絵；中川健蔵訳 文化出版局 1984年10月

白馬　しろうま
モンゴルのまずしいひつじかいの少年スーホが生まれたばかりのときにひろってそだてたりっぱな白馬 「スーホの白い馬－モンゴル民話」 大塚勇三再話；赤羽末吉画 福音館書店 1967年10月

しろうま（うま）
みちばたにすてられていたのをやさしいせんにょにひろってもらったおもちゃのしろいこうま 「うまにのったお人形」 アイヒンガー絵；ボリガー文；矢川澄子訳 メルヘン社 1981年9月

しろくま
きれいないろになりたいなとおもってくじらとかめとわにといっしょにきれいなどうぶつたちのいるくにへたびにでたしろくまのこ 「どうぶつたちのおめしかえ」 パスカル・アラモン作；矢川澄子訳 福武書店 1982年3月

白熊（イヴァール）　しろくま（いばーる）
猟師の罠にかかって傷を負った豹のオレッグを介抱してやった白熊 「雪国の豹オレッグ」 ジャン＝クロード・ブリスビル文；ダニエル・ブール絵；串田孫一訳 集英社 1980年12月

しろひげ
ワーリャというむすめにたのまれていじわるおうにとらえられているあきのめがみのマーシャをたすけるしごとをした四にんのこびとのひとり 「四人のこびと」 パウストフスキー作；サゾーノフ絵；宮川やすえ訳 岩崎書店（母と子の絵本36） 1977年4月

白ひめ　しろひめ
ウリュー山のクマ王の三人のむすめのすえむすめ 「ほしになったりゅうのきば－中国民話」 君島久子再話；赤羽末吉画 福音館書店 1963年11月

シロベエ
動物たちの最後の楽園ないない谷にくらしているシロサイ 「ないない谷の物語1 ようこそないない谷へ」 インマ・ドロス；ハリー・ギーレン文；マイケル・ジュップ絵；舟崎克彦訳 ブック・ローン出版 1982年11月

しろへび（へび）
モンゴルにいたハイリブというかりゅうどにいのちをたすけてもらったしろへびでじつはりゅうおうのむすめだったへび 「いしになったかりゅうど－モンゴル民話」 大塚勇三再話；赤羽末吉画 福音館書店 1970年12月

ジンギス
もりばんのかぞくのしょうねんミンカがそだてたやせいのうまタルパーンのははのないこうま 「しょうねんとやせいのうま」 ヨゼフ・ヴィルコン作；木村光一訳 図書文化 1978年7月

しんし
くだものやにうりつけられたプラスチックのあおいりんごをひにあててうれさせようとしてまどべにおいたしまのせびろをきたしんし 「きえたりんご」 ヤン・レーフ作；渡辺茂男訳 講談社（講談社のピクチャアブック10） 1979年11月

しんし

紳士　しんし
クリスマスイブにタクシーをつかまえて乗った紳士　「おかしなおかしなクリスマス」プレヴェール作；E.アンリケ絵；宗左近訳　文化出版局　1981年6月

ジンジャー
あたらしいふねクラリベルごうにチムとふたりでのせてもらってのりくみいんとおなじようにはたらかされたおとこのこ　「チムふねをすくう」エドワード・アーディゾーニ作・絵；渡辺茂男訳　瑞木書房　1982年8月

ジンジャー
いぬのベンジーがのったうみのじょおうというおおきなふねをじぶんのふねだとおもっていたねこ　「ベンジーのふねのたび」マーガレット・ブロイ・グレアム作；渡辺茂男訳　福音館書店（世界傑作絵本シリーズ・アメリカの絵本）　1980年4月

ジンジャー
チムがのりこんだマクフェせんちょうのふねでボーイをしていたなまけもののおとこのこ　「チムともだちをたすける」エドワード・アーディゾーニ文・絵；瀬田貞二訳　福音館書店（世界傑作絵本シリーズ・イギリスの絵本）　1979年6月

ジンジャー
チムとふたりでちいさなきせんのかんぱんいんにやとってもらったともだちのおとこのこ　「チムのさいごのこうかい」エドワード・アーディゾーニ作・絵；渡辺茂男訳　瑞木書房　1981年5月

ジンジャー
小さいかわいらしいざっかやのおみせをやっていたきいろいおすねこ　「「ジンジャーとピクルズや」のおはなし」ビアトリクス・ポター作・絵；いしいももこ訳　福音館書店（ピーターラビットの絵本12）　1973年1月

シンディ
ゆかいななかまと「長ぐつ号」にのりこんでぼうけんのたびへと出発した六ぴきの動物たちの一ぴき　「長ぐつ号の大ぼうけん-シンガポール」キャサリン・チャパード文；チュア・アイ・ミー絵；崎岡真紀子，荒川豊子訳　蝸牛社（かたつむり文庫）　1984年12月

シンデレラ
あたらしいおかあさんにあさからばんまではたらかされていつもよごれていてシンデレラ（はいだらけのきたないこ）というあだなをつけられたおんなのこ　「シンデレラひめ」谷真介文；赤坂三好絵　あかね書房（えほんせかいのめいさく4）　1977年12月

シンデレラ
ふたりのいじわるなねえさんにいいつけられていつもそまつなふくをきてはたらきつづけたやさしいむすめ　「シンデレラ姫」西田静二画；新谷峰子文　ひかりのくに（世界名作えほん全集12）　1966年1月

シンデレラ
ふたりのおねえさんからめしつかいのようにこきつかわれていたうつくしいしょうじょ　「シンデレラ」ベラ・サウスゲイト再話；エリック・ウインター絵；秋晴二，敷地松二郎訳編　アドアンゲン　1974年6月

すいみ

シンデレラ
ままかあさんにいえの中のつらいしごとをみんなやらされていたすなおでやさしいむすめ 「シンデレラ」シャルル・ペロー文；ヤン・ピアンコフスキー絵；内海宜子訳 ほるぷ出版（ふぇありぃ・ぶっく） 1985年11月

シンデレラ
まま母さんに朝から晩までこきつかわれて夜はかまどの灰のなかでねてシンデレラ（灰まみれ）とよばれるようになったむすめ 「シンデレラ」グリム原作；ノニー・ホグローギアン文・絵；矢川澄子訳 佑学社（アメリカ創作絵本シリーズ28） 1984年3月

シンドバッド
わかかったころともだちのしょうにんたちとおかねもうけのたびにでかけたぼうけんのすきなしょうにん 「シンドバッドの冒険」石田武雄画；新谷峰子文 ひかりのくに（世界名作えほん全集16） 1966年1月

シンプ
だれもひきとってくれないみっともないこいぬでサーカスのピエロにひろわれてきょくげいのたいほうだまになったいぬ 「たいほうだまシンプ」ジョン・バーニンガム作；大川弘子訳 ほるぷ出版 1978年3月

シンプキン
まずしい仕たて屋といっしょにすんでいたねこ 「グロースターの仕たて屋」ビアトリクス・ポター作・絵；いしいももこ訳 福音館書店（ピーターラビットの絵本15） 1974年2月

【す】

スー
くつのなかにすんでいたねずみのかぞくのおんなのこ 「くつのなかのねずみ」ロドニー・ペッペ作・絵；小沢正訳 フレーベル館 1984年9月

スー
くつのなかにすんでかごつくりをしごとにしていたねずみのかぞくのおんなのこ 「そらとぶバスケット」ロドニー・ペッペ作・絵；小沢正訳 フレーベル館 1985年9月

スイートピーさん
みんなとなかよくやっていきたいワニのクロッカスがかくれがにしたなやのもちぬしのおひゃくしょうのごふさい 「ボクはワニのクロッカス」ロジャー・デュボアザン作・絵；今江祥智訳 佑学社（アメリカ創作絵本シリーズ14） 1980年6月

スイートピーさん
ワニのクロッカスやあひるのバーサたちがくらすのうじょうのもちぬしのふさい 「ワニのクロッカスおおよわり」ロジャー・デュボアザン作・絵；今江祥智；島武子訳 佑学社（アメリカ創作絵本シリーズ15） 1980年8月

スイミー
ひろいうみにくらしていたちいさなさかなのきょうだいたちのなかでみんなあかいのに一ぴきだけまっくろなかしこいさかな 「スイミー」レオ・レオニ作；谷川俊太郎訳 好学社 1969年1月

すえつ

すえっ子(カラバ侯爵)　すえっこ(からばこうしゃく)
粉屋がしぬとネコいっぴきだけをのこされた3人のむすこのすえっ子、「カラバ侯爵」はネコがすえっ子をよぶことにした名前　「ながぐつをはいたネコ」ヤン・ピアンコフスキー絵；内海宜子訳　ほるぷ出版(ふぇありぃ・ぶっく)　1985年11月

すえっこむすこ(カラバこうしゃく)
こなやのおじさんがしんでねこ一ぴきをのこされた三ばんめのすえっこむすこ、カラバこうしゃくはねこがしゅじんにつけたかったなまえ　「ながぐつをはいたねこ」稲田宰子文；赤坂三好絵　フレーベル館(せかいむかしばなし9)　1986年1月

すえのむすこ(カラバこうしゃく)
びんぼうなこなひきのおとうさんがしんだときにねこをもらったすえのむすこ、カラバこうしゃくはねこがしゅじんにつけたなまえ　「ながぐつをはいたねこ」ペロー作；辻昶文；三好碩也絵　偕成社(世界おはなし絵本17)　1972年10月

スカーロイ
森のなかのみずうみにつうじている小さな鉄道をはしるふるい機関車　「四だいの小さな機関車」ウィルバート・オードリー作；レジナルド・ドールビー絵；桑原三郎；清水周裕訳　ポプラ社(汽車のえほん10)　1974年7月

スカーローイ
機関車こうじょうから小さな鉄道にかえってきたとしより機関車　「小さなふるい機関車」ウィルバート・オードリー作；ジョン・ケニー絵；桑原三郎；清水周裕訳　ポプラ社(汽車のえほん14)　1974年10月

スカーローイ
小さな鉄道で百さいをむかえた二だいの機関車の一だい　「100さいの機関車」ウィルバート・オードリー作；ガンバー・エドワーズ；ピーター・エドワーズ絵；桑原三郎；清水周裕訳　ポプラ社(汽車のえほん20)　1980年10月

スカーローイ
森のなかのみずうみにつうじている小さな鉄道をはしる小さな機関車　「ゆうかんな機関車」ウィルバート・オードリー作；ジョン・ケニー絵；桑原三郎；清水周裕訳　ポプラ社(汽車のえほん17)　1980年8月

スカンク
しずかもりにくらしていたアライグマじいさんのなかまのスカンク　「アライグマじいさんと15ひきのなかまたち」ビル・ピート作・絵；山下明生訳　佼成出版社(ピートの絵本シリーズ1)　1981年9月

スカンク
まえむきになってあるくちびのざりがにといっしょにくさいにおいをだすのをやめてあるきだしたスカンク　「ちびのざりがに」セレスティーノ・ピアッティ；ウルズラ・ピアッティ作・絵；おかもとはまえ訳　佑学社(ヨーロッパ創作絵本シリーズ6)　1978年4月

スガンさん
いままでにもう六ぴきのやぎにやまのなかへにげられてしまったのに七ひきめのやぎをかってブランケットとなづけたおとこのひと　「スガンさんのやぎ」ドーデー原作；岸田衿子文；中谷千代子絵　偕成社　1966年12月

すきれ

すーきー
まいごになってこいぬのくんくんにみつけてもらったおんなのこ 「こいぬのくんくん」 ディック・ブルーナ文・絵；松岡享子訳　福音館書店（子どもがはじめてであう絵本）　1972年7月

スキレル
もりのはずれの小さな家にはいいろうさぎのグレー・ラビットといっしょにすんでいたりす 「グレー・ラビットいたちにつかまる」　アリスン・アトリー作；マーガレット・テンペスト絵；神宮輝夫；河野純三訳　評論社（児童図書館・絵本の部屋　グレー・ラビット4）　1979年11月

スキレル
もりのはずれの小さな家にはいいろうさぎのグレー・ラビットといっしょにすんでいたりす 「グレー・ラビットスケートにゆく」　アリスン・アトリー作；マーガレット・テンペスト絵；神宮輝夫；河野純三訳　評論社（児童図書館・絵本の部屋　グレー・ラビット1）　1978年12月

スキレル
もりのはずれの小さな家にはいいろうさぎのグレー・ラビットといっしょにすんでいたりす 「グレー・ラビットと旅のはりねずみ」　アリスン・アトリー作；マーガレット・テンペスト絵；河野純三訳　評論社（児童図書館・絵本の部屋　グレー・ラビット8）　1981年5月

スキレル
もりのはずれの小さな家にはいいろうさぎのグレー・ラビットといっしょにすんでいたりす 「グレー・ラビットのおたんじょうび」　アリスン・アトリー作；マーガレット・テンペスト絵；河野純三訳　評論社（児童図書館・絵本の部屋　グレー・ラビット7）　1982年9月

スキレル
もりのはずれの小さな家にはいいろうさぎのグレー・ラビットといっしょにすんでいたりす 「グレー・ラビットのクリスマス」　アリスン・アトリー作；マーガレット・テンペスト絵；河野純三訳　評論社（児童図書館・絵本の部屋　グレー・ラビット5）　1982年11月

スキレル
もりのはずれの小さな家にはいいろうさぎのグレー・ラビットといっしょにすんでいたりす 「グレー・ラビットのスケッチ・ブック」　アリスン・アトリー作；マーガレット・テンペスト絵；河野純三訳　評論社（児童図書館・絵本の部屋　グレー・ラビット10）　1982年11月

スキレル
もりのはずれの小さな家にはいいろうさぎのグレー・ラビットといっしょにすんでいたりす 「グレー・ラビットパーティをひらく」　アリスン・アトリー作；マーガレット・テンペスト絵；神宮輝夫；河野純三訳　評論社（児童図書館・絵本の部屋　グレー・ラビット2）　1978年12月

スキレル
もりのはずれの小さな家にはいいろうさぎのグレー・ラビットといっしょにすんでいたりす 「グレー・ラビットパンケーキをやく」　アリスン・アトリー作；マーガレット・テンペスト絵；河野純三訳　評論社（児童図書館・絵本の部屋　グレー・ラビット12）　1983年3月

スキレル
もりのはずれの小さな家にはいいろうさぎのグレー・ラビットといっしょにすんでいたりす 「もぐらのモールディのおはなし」　アリスン・アトリー作；マーガレット・テンペスト絵；河野純三訳　評論社（児童図書館・絵本の部屋　グレー・ラビット6）　1982年9月

すきれ

スキレル
もりのはずれの小さな家にはいいろうさぎのグレー・ラビットといっしょにすんでいたりす「大うさぎのヘアーかいものにゆく」アリスン・アトリー作；マーガレット・テンペスト絵；河野純三訳 評論社（児童図書館・絵本の部屋 グレー・ラビット11） 1981年5月

スキレル
もりのはずれの小さな家にはいいろうさぎのグレー・ラビットといっしょにすんでいたりす「大うさぎのヘアーとイースターのたまご」アリスン・アトリー作；マーガレット・テンペスト絵；河野純三訳 評論社（児童図書館・絵本の部屋 グレー・ラビット9） 1983年3月

スキレル
もりのはずれの小さな家にはいいろうさぎのグレーラビットといっしょにすんでいたりす「ねずみのラットのやっかいなしっぽ」アリスン・アトリー作；マーガレット・テンペスト絵；神宮輝夫；河野純三訳 評論社（児童図書館・絵本の部屋 グレー・ラビット3） 1979年11月

スキントさん
オークアプルの森のはたねずみのグラント大佐のかげろうやしきにお茶によばれたもぐらのくつやさん「はたねずみのグラント大佐」ジェニー・パートリッジ作；神宮輝夫訳 ティビーエス・ブリタニカ（オークアプルの森のおはなし2） 1982年7月

スキントさん
オークアプルの森のもぐらのくつやのおじさん「もぐらのスキントさん」ジェニー・パートリッジ作；神宮輝夫訳 ティビーエス・ブリタニカ（オークアプルの森のおはなし1） 1982年7月

スク
アフリカのおくちのむらにすむおとこのこでみつりょうしゃのわなにかかっていたあかんぼゾウのトトをたすけてやったしょうねん「ちびぞうトト」M.D.モスキン作；R.ネグリ絵；おのかずこ訳 評論社（児童図書館・絵本の部屋） 1978年6月

スクィンジ夫人　すくぃんじふじん
かばにすかれるようになったロバートにかばがついてこなくなるくすりをくれた魔女「ロバートのふしぎなともだち」マーガレット・マヒー文；スティーブン・ケロッグ絵；内田莉莎子訳 ほるぷ出版 1978年11月

スクルット
さびしがりやのトロールの男の子クニットがなぐさめにいったとてもちっちゃなトロールの女の子「さびしがりやのクニット」トーベ・ヤンソン作；山室静訳 講談社（世界の絵本フィンランド） 1971年2月

すくるーびやすぴっぷ（ぴっぷ）
魚か虫かそれとも鳥なのか正体がわからない人物「すくるーびやす ぴっぷ」エドワード・リア作；ナンシー・バーカート絵；畑正憲訳 CBS・ソニー出版 1979年4月

スコット
ボニーとばしゃごっこしてあそんだあかんぼのおとうと「だれかあたしとあそんで」マーサ・アレクサンダー作・絵；岸田衿子訳 偕成社 1980年4月

スコットランド急行　すこっとらんどきゅうこう
イギリスのいなかの駅からにげ出してまいごになっていたちびきかんしゃを家までおして
いってくれた有名なスコットランド急行の列車「小さなきかんしゃ」グレアム・グリーン文；エ
ドワード・アーディゾーニ絵；阿川弘之訳　文化出版局（グレアム・グリーンの乗りもの絵本）
　1975年11月

すごみやスチンカー（スチンカー）
西部の山のなかのほらあなをかくれがにしているあっかん一味のいやしいおとこ「名馬
キャリコ」バージニア・リー・バートン絵・文；せたていじ訳　岩波書店（岩波の子どもの本）
1979年11月

スーザン
ちいさな女の子「窓の下で」ケイト・グリーナウェイ絵・詩；岸田理生訳　新書館　1976年12
月

スザン
ある日ほうきやぼろきれでかいじゅうにへんそうして「魔女の庭」にしのびこんだ七人の子ど
もたちのひとりの女の子「魔女の庭」リディア・ポストマ作；熊倉美康訳　偕成社　1983年4
月

スザンナ
おとなになったきれいなちょうちょうをかくえかきさんになりたい女の子「おとなになったら
…」イワン・ガンチェフ作・.絵；間所ひさこ文　学習研究社（国際版せかいのえほん11）
1985年1月

スザンナ
原っぱの草の上でひろった新しいめがねをかけてムーミン谷へふしぎな旅をした女の子
「ムーミン谷へのふしぎな旅」トーベ・ヤンソン作；小野寺百合子訳　講談社　1980年4月

スザンネ
ゲオルクという男の子のうちでしばらくあずかることになった小さな女の子「かわいいスザン
ネ」ハナ・ゼリノバー作；ラディスラフ・ネッセルマン絵；柏木美津訳　佑学社（チェコスロバ
キアの創作絵本シリーズ4）　1978年9月

スージー
こどもたちににんぎょうしばいをみせたおんなのひと「にんぎょうしばい」エズラ・ジャック・
キーツ作・画；木島始訳　偕成社　1977年7月

スージー
ピーターのいもうと「いきものくらべ！」エズラ・ジャック・キーツ作・画；木島始訳　偕成社
（キーツの絵本）　1979年7月

スーシオ
ヒキガエルそっくりのかえるひめの名づけ親の妖精「青い小鳥」マリー・ドォルノワ作；ミル
コ・ハナーク絵；乾侑美子訳　佑学社（世界の名作童話シリーズ）　1978年2月

すずき
こぐまのぺちたちがつくったボートにのせてもらったすずきのおやこ「すずきのおやこ」カ
ルラ・ハンセン；ウィルヘルム・ハンセン原作；水木しげる訳　フレーベル館（こぐまのぺちの
絵本3）　1972年8月

すずの

すずの兵隊　すずのへいたい
小さな坊やがおたんじょう日のプレゼントにもらった25人のすずの兵隊の中にいた足が1本しかない兵隊「すずの兵隊」ハンス・クリスチャン・アンデルセン作；モニカ・レイムグルーバー絵；木村由利子訳　ほるぷ出版　1978年9月

すずのへいたいさん
たんじょう日のおいわいに男の子がいただいた二十五人のすずのへいたいさんたちの中にいた足が一本しかなかったへいたいさん「しっかりもののすずのへいたい」アンデルセン作；山室静訳；中谷千代子絵　小学館（世界のメルヘン絵本16）1978年11月

すずめ
あるひおかあさんすずめにとびかたをおしえてもらいすのなかからとびたっておくまでとんでいってしまったこすずめ「こすずめのぼうけん」ルース・エインズワース作；石井桃子訳；堀内誠一画　福音館書店　1976年4月

すずめ
とおいところへいきたかったマーチンといっしょにとおいところへいこうとしたイギリスうまれのすずめ「とおいところへいきたいな」モーリス・センダック作；神宮輝夫訳　冨山房　1978年11月

すずめ
やまうずらにこむぎをかしてあげないハムスターにまほうをかけたすずめ「すずめのまほう」ニクレビチョーバ作；内田莉莎子文；山中冬児絵　偕成社（世界おはなし絵本20）1971年1月

スズメ
足が1本しかないのにすにちかづいたオコジョをこうげきしたゆうかんなスズメ「ねずみのマウスキンとゆうかんなスズメ」エドナ・ミラー作；今泉吉晴訳　さ・え・ら書房　1980年3月

すずめ（エーリッヒ）
ゆきのひにぴったりとよりそってきにとまっていた三ばのすずめの一わ「三ばのすずめ」スージー・ボーダル絵；クリスティアン・モルゲンシュテルン詩；虎頭恵美子訳　偕成社　1977年1月

すずめ（チック）
ひとつになったたんじょう日にかの女のチリカとけっこんして一しょにくらすことにしたあたまの赤い若もののすずめ「わんぱくすずめのチック」ビアンキ作；チャルーシン絵；おちあいかこ；あさひみちこ訳　新読書社　1983年12月

すずめ（チリカ）
若ものすずめのチックとけっこんしてたまごをうんだすずめ「わんぱくすずめのチック」ビアンキ作；チャルーシン絵；おちあいかこ；あさひみちこ訳　新読書社　1983年12月

すずめ（ハンス）
ゆきのひにぴったりとよりそってきにとまっていた三ばのすずめの一わ「三ばのすずめ」スージー・ボーダル絵；クリスティアン・モルゲンシュテルン詩；虎頭恵美子訳　偕成社　1977年1月

すずめ（フランツ）
ゆきのひにぴったりとよりそってきにとまっていた三ばのすずめの一わ 「三ばのすずめ」 スージー・ボーダル絵；クリスティアン・モルゲンシュテルン詩；虎頭恵美子訳 偕成社 1977年1月

スタンレイ
ねずみのきょうだいのおにいちゃん 「スタンレイとローダ」 ローズマリー・ウエルズ作；大庭みな子訳 文化出版局 1979年12月

スチュアート
山くずれがおこってゆくえふめいになったデュークとむかしいっしょにはたらいていてほっそりじゅうやくの鉄道にきてあたらしいなまえをもらった機関車 「きえた機関車」 ウィルバート・オードリー作；ガンバー・エドワーズ；ピーター・エドワーズ絵；桑原三郎；清水周裕訳 ポプラ社（汽車のえほん25） 1981年2月

スチンカー
西部の山のなかのほらあなをかくれがにしているあっかん一味のいやしいおとこ 「名馬キャリコ」 バージニア・リー・バートン絵・文；せたていじ訳 岩波書店（岩波の子どもの本） 1979年11月

スティーブン
もりのなかですてられていたみどりいろのバスをみつけてジェーンといっしょにすてきなおうちにつくりかえたおとこのこ 「みどりいろのバス」 ジョン・シャロン作；小玉友子訳 ほるぷ出版 1979年3月

ステップニー
イングランドのブルーベル鉄道からやってきた機関車 「がんばりやの機関車」 ウィルバート・オードリー作；ガンバー・エドワーズ；ピーター・エドワーズ絵；桑原三郎；清水周裕訳 ポプラ社（汽車のえほん18） 1980年9月

ステファニー
ねずみのティモシーとジェニーのふたりにうまれた5にんのこどものおんなのこ 「ねずみのティモシー」 マルチーヌ・ブラン作・絵；矢川澄子訳 偕成社 1975年8月

ステファン
あかいぼうしのおんなのこエミリーちゃんのおにいさん 「エミリーちゃんとちょうちょ」 ドミティーユ・ドゥ・プレサンセ作；箕浦万里子訳 偕成社 1976年10月

ステラ
魔法の山でくる日もくる日ももう何百万年もの間ただ星をみがいて夜になると夜空に星をちりばめてきた星のつかいのおばあさん 「星つかいのステラ」 ゲイル・ラドリー文；ジョン・ウオルナー絵；友近百合枝訳 ほるぷ出版 1981年6月

ステラーカイギュウ
ベーリング海にすんでいた人魚のようなカイギュウで絶滅してしまった動物 「ドードーを知っていますか―わすれられた動物たち」 ショーン・ライス絵；ポール・ライス；ピーター・メイリー文；斉藤たける訳 福武書店 1982年10月

すてん

ステーン
あざらしのかわでふねをつくってイギリスりょこうをしたスウェーデンのげんしじんへーデンホスおやこのむすこ 「イギリスりょこう」 バッティル・アルムクビスト絵・文；やまのうちきよこ訳 徳間書店（げんしじんへーデンホスシリーズ8） 1974年11月

ステーン
いかだにのってアメリカりょこうをしたスウェーデンのげんしじんへーデンホスおやこのむすこ 「アメリカりょこう」 バッティル・アルムクビスト絵・文；やまのうちきよこ訳 徳間書店（げんしじんへーデンホスシリーズ5） 1974年10月

ステーン
うちゅうせんをつくってうちゅうりょこうをしたスウェーデンのげんしじんへーデンホスおやこのむすこ 「うちゅうりょこう」 バッティル・アルムクビスト絵・文；やまのうちきよこ訳 徳間書店（げんしじんへーデンホスシリーズ6） 1974年8月

ステーン
エジプトのおかねもちナイルソンさんのふねにのってエジプトりょこうをしたスウェーデンのげんしじんへーデンホスおやこのむすこ 「エジプトりょこう」 バッティル・アルムクビスト絵・文；やまのうちきよこ訳 徳間書店（げんしじんへーデンホスシリーズ2） 1974年9月

ステーン
バナナボートにのってカナリアしょとうにいったスウェーデンのげんしじんへーデンホスおやこのむすこ 「バナナボート」 バッティル・アルムクビスト絵・文；やまのうちきよこ訳 徳間書店（げんしじんへーデンホスシリーズ4） 1974年10月

ステーン
ひこうきにのってマジョルカりょこうをしたスウェーデンのげんしじんへーデンホスおやこのむすこ 「マジョルカりょこう」 バッティル・アルムクビスト絵・文；やまのうちきよこ訳 徳間書店（げんしじんへーデンホスシリーズ7） 1974年11月

ステーン
むかしスウェーデンのみずうみのほとりにすんでいたげんしじんへーデンホスおやこのむすこ 「げんしじんへーデンホスおやこ」 バッティル・アルムクビスト絵・文；やまのうちきよこ訳 徳間書店（げんしじんへーデンホスシリーズ1） 1974年8月

ストーカー
テムズがわのかわしもにあるとおりにやってきてふるぼけたちくおんきでレコードをかけておかねをもらっていたバンティじいさんのいぬ 「アルフィーとフェリーボート」 チャールズ・キーピング絵・文；じんぐうてるお訳 らくだ出版 1971年11月

スト族　すとぞく
アフリカの部族の人びと 「絵本アフリカの人びと－26部族のくらし」 レオ・ディロン；ダイアン・ディロン絵；マーガレット・マスグローブ文；西江雅之訳 偕成社 1982年1月

ストロー
パンプキンさんの農場にいたうま 「みんなのベロニカ」 ロジャー・デュボアザン作・絵；神宮輝夫訳 佑学社（かばのベロニカシリーズ2） 1978年1月

スナウト少佐　すなうとしょうさ
オークアプルの森のかげろうやしきにくらしているはたねずみのグラント大佐の親友　「いたちのドミニクさん」ジェニー・パートリッジ作；神宮輝夫訳　ティビーエス・ブリタニカ(オークアプルの森のおはなし5)　1982年8月

すな売り　すなうり
さばくのまんなかの町へこどもたちがすなあそびをするためのすなを売りにいこうとしたすな売り　「かなしいすな売り」レヴェイエ作；R.サバティエ絵；なだいなだ訳　文化出版局(フランスの傑作絵本)　1981年12月

すなっぴい
おかあさんのけいとだまをころがしていっておんなのこのすにっぴいとほしぐさばたけのむこうのにんげんのうちまでいったねずみのおとこのこ　「すにっぴいとすなっぴい」ワンダ・ガーグ文・絵；わたなべしげお訳　岩波書店(岩波の子どもの本)　1979年11月

スナップくん
りんごの木にすんでいるこびとさんのかぞくの子どもでふたごのボタンくんと冬のおうちをさがしに町へいったおとこの子　「ボタンくんとスナップくん」オイリ・タンニネン絵・文；渡部翠訳　講談社(世界の絵本フィンランド)　1971年6月

スナッフルおばあさん
オークアプルの森にくらすかしこいはりねずみのおばあさん　「うさぎのロップイアさん」ジェニー・パートリッジ作；神宮輝夫訳　ティビーエス・ブリタニカ(オークアプルの森のおはなし7)　1982年8月

スナッフルおばあさん
オークアプルの森に春がきてぼうしに花をつけて町へでかけたはりねずみのおばあさん　「はりねずみのスナッフルおばあさん」ジェニー・パートリッジ作；神宮輝夫訳　ティビーエス・ブリタニカ(オークアプルの森のおはなし6)　1982年8月

スナッフルおばあさん
オークアプルの森のはたねずみのグラント大佐のかげろうやしきにお茶によばれたはりねずみのおばあさん　「はたねずみのグラント大佐」ジェニー・パートリッジ作；神宮輝夫訳　ティビーエス・ブリタニカ(オークアプルの森のおはなし2)　1982年7月

すにっぴい
おかあさんのけいとだまをころがしていっておとこのこのすなっぴいとほしぐさばたけのむこうのにんげんのうちまでいったねずみのおんなのこ　「すにっぴいとすなっぴい」ワンダ・ガーグ文・絵；わたなべしげお訳　岩波書店(岩波の子どもの本)　1979年11月

スニーロックじいさん
モリス・マックガークとなかよしのみせのおじいさん　「ぼくがサーカスやったなら」ドクタースース作；渡辺茂男訳　日本パブリッシング　1970年1月

スノーイ・ラッフ
ぎんぎつねのドミノのおよめさんになったかわいいめすぎつね　「ぎんぎつねものがたり(前編)」シートン原作；小林清之介文；日隈泉絵　チャイルド本社(チャイルド絵本館・シートン動物記9)　1984年12月

すのい

スノーイ・ラッフ
ぎんぎつねのドミノのやさしいおよめさん 「ぎんぎつねものがたり（後編）」 シートン原作；小林清之介文；日隈泉絵 チャイルド本社（チャイルド絵本館・シートン動物記10） 1985年1月

スノーウィ
少年ルポライターのタンタンの愛犬 「ふしぎな流れ星」 エルジェ作；川口恵子訳 福音館書店（タンタンの冒険旅行2） 1983年4月

スノーウィ
少年ルポライターのタンタンの愛犬 「黒い島のひみつ」 エルジェ作；川口恵子訳 福音館書店（タンタンの冒険旅行1） 1983年4月

スノーウィ
少年ルポライターの愛犬 「なぞのユニコーン号」 エルジェ作；川口恵子訳 福音館書店（タンタンの冒険旅行3） 1983年10月

スノーウィ
少年記者タンタンの愛犬 「タンタンチベットをゆく」 エルジェ作；川口恵子訳 福音館書店（タンタンの冒険旅行5） 1983年11月

スノーウィ
少年記者タンタンの愛犬 「ななつの水晶球」 エルジェ作；川口恵子訳 福音館書店（タンタンの冒険旅行6） 1985年10月

スノーウィ
少年記者タンタンの愛犬 「レッド・ラッカムの宝」 エルジェ作；川口恵子訳 福音館書店（タンタンの冒険旅行4） 1983年10月

スノーウィ
少年記者タンタンの愛犬 「太陽の神殿」 エルジェ作；川口恵子訳 福音館書店（タンタンの冒険旅行7） 1985年10月

スノズル
ピックル＝パイが大すきな王さまの国のはずれにある大きな大きな森のなかでピックル＝パイをつくっていた三つのはなのあるいきもの 「王さまのすきなピックル＝パイ」 ジョリー・ロジャー・ブラッドフィールド文；飯沢匡訳 講談社（世界の絵本アメリカ） 1971年4月

スパークリー
ゆきをみにやってきてゆきにうもれてしまった光のくにのようせいぼうや 「靴屋のカーリーと大雪の日」 マーガレット・テンペスト作；寺岡恂訳 ほるぷ出版 1982年10月

スパッカトット大佐　すぱっかとっとたいさ
「船乗り新聞」の特派員のバチッチャと同じ船でアフリカへ行った恐怖のハンター 「バチッチャのふしぎなアフリカ探険」 エルマンノ・リベンツィ文；アデルキ・ガッローニ絵；河島英昭訳 ほるぷ出版 1975年10月

スパルタコさん
おおきいビルのあいだにぽつんといっけんあったちいさいいえにねこのメオといっしょにすんでいたおじいさん 「スパルタコさんのちいさなき」 ピエロ・ヴェントゥーラ作・絵;櫻井しづか訳 フレーベル館 1981年7月

スパルタコさん
さかなつりにいったみずうみでであったみたこともないどうぶつをいえにつれてかえったおじいさん 「スパルタコさんのふしぎなともだち」 ピエロ・ヴェントゥーラ作・絵;櫻井しづか訳 フレーベル館 1981年7月

スパルタコさん
ゆうびんやさんがいえにまちがえてはいたつしたとおもわれるこづつみをとどけてあげようとしたおじいさん 「スパルタコさんのまいごのこづつみ」 ピエロ・ヴェントゥーラ作・絵;櫻井しづか訳 フレーベル館 1984年3月

スバンス氏　すばんすし
どんぐり坊やのオッケとピレリルの家がある大きなかしの木のあき部屋をかりにきたりす 「どんぐりのぼうけん」 エルサ・ベスコフ作;石井登志子訳 文化出版局 1983年8月

スピール
きょうだいのマリエットといっしょにゆきだるまをつくったくまのおとこのこ 「ゆきだるまさんだいすき－マリエットとスピール」 イレーヌ・シュバルツ文;フレデリック・ステール絵;いしづちひろ訳 文化出版局 1985年11月

スピール
きょうだいのマリエットとブルーベリーつみにいったくまのおとこのこ 「ブルーベリーつみならまかせて」 イレーヌ・シュバルツ文;フレデリック・ステール絵;いしづちひろ訳 文化出版局 1985年9月

スピロス
ギリシアのいなかの山のなかでまい朝力づよく時をつげるオンドリのニコにおこされていたひとりぐらしの農夫 「朝をよぶ声」 アムライ・フェッヒナー作;マックス・クルーゼ絵;矢川澄子訳 メルヘン社 1980年12月

スプーンおばさん
あるあさ目をさますとティースプーンくらいにちいさくなっていたけどそうじやせんたくをうまくやってしまったおばさん 「スプーンおばさんちいさくなる」 アルフ・プリョイセン作;ビョーン・ベルイ絵;大塚勇三訳 偕成社 1979年11月

スプーンおばさん
ティースプーンくらいにちいさくなってしまったのでごていしゅのリュックのポケットにはいりこんで村のいちばにクリスマスのかいものにでかけたおばさん 「スプーンおばさんのクリスマス」 アルフ・プリョイセン作;ビョーン・ベルイ絵;大塚勇三訳 偕成社 1979年11月

スペックルおばさん
農場のめんどりのおばさん 「グレー・ラビットいたちにつかまる」 アリスン・アトリー作;マーガレット・テンペスト絵;神宮輝夫・河野純三訳 評論社(児童図書館・絵本の部屋 グレー・ラビット4) 1979年11月

すぺつ

スペックルおばさん
農場のめんどりのおばさん 「ねずみのラットのやっかいなしっぽ」アリスン・アトリー作；マーガレット・テンペスト絵；神宮輝夫；河野純三訳 評論社（児童図書館・絵本の部屋 グレー・ラビット3） 1979年11月

スーホ
モンゴルの草原にいたまずしいひつじかいの少年 「スーホの白い馬-モンゴル民話」大塚勇三再話；赤羽末吉画 福音館書店 1967年10月

スーホー
もうこのチャハルそうげんにいたひつじかいのわかものでおうさまがひらいたけいばたいかいになかのよいともだちのようなはくばとでたおとこ 「そうげんにひびくこと-モンゴルのはなし」百田弥栄子文；畑農照雄絵 コーキ出版（絵本ファンタジア6） 1977年7月

スホ
ひろい草げんで母おやとふたりまずしいけれど元気にひつじをかっていたモンゴルの子 「モンゴルのしろいうま」水沢泱絵；槇晧志文 フレーベル館（キンダーおはなしえほん傑作選28） 1978年4月

スポッティ
まっしろなうさぎのこどもたちのなかでひとりだけからだじゅうにちゃいろのもようがあってあおいめをしたうさぎ 「おかえりなさいスポッティ」マーグレット・E.レイ文；H.A.レイ絵；中川健蔵訳 文化出版局 1984年9月

スマイスのおくさん
むすこのチャールズといぬのビクトリアをつれてこうえんにさんぽにいったおくさん 「こうえんのさんぽ」アンソニー・ブラウン作・絵；谷川俊太郎訳 佑学社（ヨーロッパ創作絵本シリーズ34） 1980年2月

スマッジ
スミスにつれられていぬのアルバートといっしょにこうえんにさんぽにいった女の子 「こうえんのさんぽ」アンソニー・ブラウン作・絵；谷川俊太郎訳 佑学社（ヨーロッパ創作絵本シリーズ34） 1980年2月

スマッシャー
サーカスだんにはいるぼうけんのたびにでたベンさんとともだちになった大きくて力もちの男の人 「ピエロになったベン」デイビッド・マッキー文・絵；安西徹雄訳 アリス館 1982年12月

スマッシャー
ベンさんがはいってしまったろうやにいたろうやのボス 「123456789のベン」デイビッド・マッキー文・絵；こうのゆうこ訳 アリス館牧新社 1976年9月

スマーフェット
背丈が30センチくらいの青い肌をした森の精スマーフのたった1人の女の子スマーフ 「100人めのスマーフ」ペヨ作；村松定史訳；小川悦子編 セーラー出版（スマーフ物語6） 1985年10月

スマーフェット
背丈が30センチくらいの青い肌をした森の精スマーフのたった1人の女の子スマーフ 「オリンピックスマーフ」 ペヨ作;村松定史訳;小川悦子編 セーラー出版(スマーフ物語14) 1986年10月

スマーフェット
背丈が30センチくらいの青い肌をした森の精スマーフのたった1人の女の子スマーフ 「キングスマーフ」 ペヨ作;村松定史訳;小川悦子編 セーラー出版(スマーフ物語2) 1985年10月

スマーフェット
背丈が30センチくらいの青い肌をした森の精スマーフのたった1人の女の子スマーフ 「コスモスマーフ」 ペヨ作;村松定史訳;小川悦子編 セーラー出版(スマーフ物語9) 1986年4月

スマーフェット
背丈が30センチくらいの青い肌をした森の精スマーフのたった1人の女の子スマーフ 「さすらいのスマーフ」 ペヨ作;村松定史訳;小川悦子編 セーラー出版(スマーフ物語8) 1986年4月

スマーフェット
背丈が30センチくらいの青い肌をした森の精スマーフのたった1人の女の子スマーフ 「スマーフコント集」 ペヨ作;村松定史訳;小川悦子編 セーラー出版(スマーフ物語11) 1986年6月

スマーフェット
背丈が30センチくらいの青い肌をした森の精スマーフのたった1人の女の子スマーフ 「スマーフシンフォニー」 ペヨ作;村松定史訳;小川悦子編 セーラー出版(スマーフ物語5) 1985年10月

スマーフェット
背丈が30センチくらいの青い肌をした森の精スマーフのたった1人の女の子スマーフ 「スマーフスープと大男」 ペヨ作;村松定史訳;小川悦子編 セーラー出版(スマーフ物語13) 1986年8月

スマーフェット
背丈が30センチくらいの青い肌をした森の精スマーフのたった1人の女の子スマーフ 「スマーフと不思議なタマゴ」 ペヨ作;村松定史訳;小川悦子編 セーラー出版(スマーフ物語4) 1985年12月

スマーフェット
背丈が30センチくらいの青い肌をした森の精スマーフのたった1人の女の子スマーフ 「スマーフ語戦争」 ペヨ作;村松定史訳;小川悦子編 セーラー出版(スマーフ物語12) 1986年8月

スマーフェット
背丈が30センチくらいの青い肌をした森の精スマーフのたった1人の女の子スマーフ 「ベビースマーフ」 ペヨ作;村松定史訳;小川悦子編 セーラー出版(スマーフ物語15) 1986年10月

すまふ

スマーフェット
背丈が30センチくらいの青い肌をした森の精スマーフのたった1人の女の子スマーフ 「怪鳥クラッカラス」 ペヨ作;村松定史訳;小川悦子編 セーラー出版(スマーフ物語7) 1986年2月

スマーフェット
背丈が30センチくらいの青い肌をした森の精スマーフのたった1人の女の子スマーフ 「見習いスマーフ」 ペヨ作;村松定史訳;小川悦子編 セーラー出版(スマーフ物語10) 1986年6月

スマーフェット
背丈が30センチくらいの青い肌をした森の精スマーフのたった1人の女の子スマーフ 「黒いスマーフ」 ペヨ作;村松定史訳;小川悦子編 セーラー出版(スマーフ物語1) 1985年10月

スマーフェット
背丈が30センチくらいの青い肌をした森の精スマーフのたった1人の女の子スマーフ 「恋人スマーフェット」 ペヨ作;村松定史訳;小川悦子編 セーラー出版(スマーフ物語3) 1985年10月

スミスさん
むすめのスマッジといぬのアルバートをつれてこうえんにさんぽにいった男の人 「こうえんのさんぽ」 アンソニー・ブラウン作・絵;谷川俊太郎訳 佑学社(ヨーロッパ創作絵本シリーズ34) 1980年2月

スメリーせんせい
いぬのタウザーのあっかんべえびょうのしんさつをしてくれたおいしゃさん 「タウザーのあっかんべえ!」 トニー・ロス作;山脇恭訳 ペンタン(タウザーの本) 1985年10月

スモールさん
あさはやくおきてかちくごややぼくじょうやはたけでくらくなるまではたらいているおひゃくしょう 「スモールさんののうじょう」 ロイス・レンスキー文・絵;わたなべしげお訳 福音館書店(世界傑作絵本シリーズ) 1971年5月

スモールさん
おかのうえのおおきなうちにすんでいるスモールさんのかぞくのおとうさん 「スモールさんはおとうさん」 ロイス・レンスキー文・絵;わたなべしげお訳 福音館書店(世界傑作絵本シリーズ) 1971年10月

スモールさん
こいぬのティンカーをつれてちいさいヨットにのりにでかけたせんちょうさん 「ちいさいヨット」 ロイス・レンスキー文・絵;わたなべしげお訳 福音館書店(世界傑作絵本シリーズ) 1971年7月

スモールさん
ごじまんのちいさいあかいじどうしゃでドライブにでかけた男の人 「ちいさいじどうしゃ」 ロイス・レンスキー文・絵;わたなべしげお訳 福音館書店(世界傑作絵本シリーズ) 1971年5月

するそ

スモールさん
スモールぼくじょうでうまにのってうしのむれをかりあつめるカウボーイ 「カウボーイのスモールさん」 ロイス・レンスキー文・絵；わたなべしげお訳 福音館書店（世界傑作絵本シリーズ） 1971年10月

スモールさん
ちいさいきかんしゃのきかんし 「ちいさいきかんしゃ」 ロイス・レンスキー文・絵；わたなべしげお訳 福音館書店（世界傑作絵本シリーズ・アメリカの絵本） 1971年1月

スモールさん
ちいさいしょうぼうじどうしゃをうんてんするしょうぼうし 「ちいさいしょうぼうじどうしゃ」 ロイス・レンスキー文・絵；わたなべしげお訳 福音館書店（世界傑作絵本シリーズ・アメリカの絵本） 1970年11月

スモールさん
ちいさいひこうきにのってそらをとぶパイロット 「ちいさいひこうき」 ロイス・レンスキー文・絵；わたなべしげお訳 福音館書店（世界傑作絵本シリーズ） 1971年7月

すやすやひめ
まどろみ国の王女でこわいゆめをみるのでよくねむれなくなってしまったおひめさま 「ゆめくい小人」 ミヒャエル・エンデ作；アンネゲルト・フックスフーバー絵；佐藤真理子訳 偕成社 1981年11月

スリッパぼうや（おとこのこ）
だれかにじぶんのすがたをみてほしいとおもいいちばでうられていたおおきなスリッパをはいてあるきだしたちいさなとうめいにんげんのおとこのこ 「ちいさなスリッパぼうや」 マンフレッド・キーバー文；モニカ・レイムグルーバー絵；楠田枝里子訳 ほるぷ出版 1976年9月

スリュム
巨人たちの土地ヨツンヘイムすみたたかいの神ソールのハンマーをぬすんだ巨人の王さま 「はなよめになった神さま-アイスランド・エッダより」 シーグルズル・ブリニョウルフソン絵；すがわらくにしろ訳 ほるぷ出版 1982年11月

ズールさん
なつやすみにカタリンちゃんがいなかにいっていっしょにあそんださんにんのひとり 「カタリンのなつやすみ」 ヘルメ・ハイネ作・絵；矢川澄子訳 佑学社（ヨーロッパ創作絵本シリーズ36） 1980年8月

スルースふじん
ちいさなエリックとみどりのはだのミドリノ・ミドリーナをつれておおおとこがすむというにんげんとうへボートでいこうとしたふじん 「大男の島のおおきなたからもの」 テエ・チョンキン作・絵；西内ミナミ文 エミール館 1979年11月

ズル族　ずるぞく
アフリカの部族の人びと 「絵本アフリカの人びと-26部族のくらし」 レオ・ディロン；ダイアン・ディロン絵；マーガレット・マスグローブ文；西江雅之訳 偕成社 1982年1月

【せ】

せあら

セアラ・ジェーン
クリスマス・イブのばんに目をさましてとなりにいた人形のペギーといっしょにあそびはじめた木の人形 「二つのオランダ人形の冒険」 フローレンス・K.アプトン絵；バーサ・H.アプトン文；百々佑利子訳　ほるぷ出版　1985年12月

生物　せいぶつ
地球じょうにうまれたいきもの 「せいめいのれきし」 バージニア・リー・バートン文・絵；いしいももこ訳　岩波書店　1964年12月

聖ペテロ　せいぺてろ
リトルボロの村はずれにすむものすごいけちんぼのかじ屋のジャックの家にいれてもらったかわりに3つののぞみをかなえてやろうといったおじいさん 「けちんぼジャックとあくま」 エドナ・バース文；ポール・ガルドン絵；湯浅フミエ訳　ほるぷ出版　1979年3月

セイヤーくん
おもちゃのくまのビーディーくんとなかよしのおとこのこ 「くまのビーディーくん」 ドン・フリーマン作；松岡享子訳　偕成社　1976年2月

セイラ
あくたれねこのラルフのかいぬしのおんなのこ 「あくたれラルフ」 ジャック・ガントス作；ニコール・ルーベル絵；いしいももこ訳　福音館書店 (世界傑作絵本シリーズ・アメリカの絵本)　1982年3月

せぐろ
おそろしいにんげんのてからこどもたちをまもるためにたたかうコヨーテのおとうさん 「コヨーテのティトオ」 シートン原作；小林清之介文；建石修志絵　チャイルド本社 (チャイルド絵本館・シートン動物記Ⅱ-9)　1985年12月

セシ
大きくなったのでポサダというクリスマスのときのとくべつのパーティーをしてもらえるようになったおんなのこ 「セシのポサダの日-メキシコのものがたり」 マリー・ホール・エッツ；アウロラ・ラバスティダ作；マリー・ホール・エッツ画；田辺五十鈴訳　冨山房　1974年12月

セシリー
うちのものもともだちもみんなとおいくにのどうぶつえんへつれられていってしまいひとりぼっちになったときに9ひきのさるたちにあったきりん 「きりんのセシリーと9ひきのさるたち」 H.A.レイ文・絵；光吉夏弥訳　メルヘン社　1981年8月

せっけんばあさん
ひとりきたならしいいぬとすんでいたおばあさんでみんなが「せっけんばあさん」とよんでいたおばあさん 「まどのむこう」 チャールズ・キーピング絵・文；いのくまようこ訳　らくだ出版　1971年11月

ゼッピー
マリアンちゃんのつくったおもちゃのようなふねにのってかわをくだってちいさいしまにいったやぎ 「ピクニックにいかない？」 マグリット・ヘイマン作・絵；関根栄一文　エミール館　1979年11月

セト
文明をつくりあげたみどりの神でエジプトの王オシリスのけものの頭をもつ腹黒い弟神 「オシリスの旅-エジプトの神話」 ジェラルド・マクダーモット作;神宮輝夫訳 ほるぷ出版 1978年10月

ゼド
4ひきのかいぶつをたいじするしごとをひきうけたなまけものだがめっぽうあたまのいい男の子 「ゼドとかいぶつのちえくらべ」 ペギー・パリッシュ文;ポール・ガルドン絵;谷本誠剛訳 国土社 1981年11月

セバスチャン
たびまわりのかしゅになったぶたのローランドをきゅうでんへつれていってあげようといってだましたきつね 「ぶたのめいかしゅローランド」 ウィリアム・スタイグ作;瀬田貞二訳 評論社(児童図書館・絵本の部屋) 1975年10月

セピア
おくさんをなくしてかなしみのあまりなかまたちのむれからとびだしてとおいたびにでたたこ 「ひとりぼっちのセピア」 M.ツェルーニ=ザルベルグ文;イングリット・オルデン絵;清藤四郎訳 ほるぷ出版 1979年8月

セピョリ
朝鮮の東海岸にあるつづみ村のチェチギじいさんの三人のむすこのすえでクリョン山のおくふかくにあるというにじ色のばちをとりにいった少年 「天馬とにじのばち」 蔡峻絵;梁裕子文 朝鮮青年社 1985年10月

ぜひーる
ぞうのばばーるおうさまのともだちのさる 「王さまババール」 ジャン・ド・ブリューノフ原作;那須辰造訳 講談社(フランス生まれのババール絵本2) 1965年11月

ぜひーる
ぞうのばばーるの3びきのこどもたちといっしょにぴくにっくにいったさる 「ババールのピクニック」 ローランド・ド・ブリューノフ原作;那須辰造訳 講談社(フランス生まれのババール絵本6) 1966年1月

ゼフィランせんせい
三びきのちびっこライオンのせんせいのおこりんぼのひひ 「三びきのちびっこライオン」 ポール・ブクジル文;ジョゼフ・ウィルコン絵;那須辰造訳 講談社(講談社の翻訳絵本) 1984年5月;講談社(世界の絵本フランス) 1971年2月

ゼフィール
ぞうのおうさまババールのともだちのさる 「ババールのひっこし」 ロラン・ド・ブリュノフ作;矢川澄子訳 評論社(評論社の児童図書館・絵本の部屋 ぞうのババール10) 1975年10月

ゼフィール
ぞうのくににやってきたさる 「ババールくるまでピクニック」 L.ド・ブリュノフ作;しまづさとし訳;おのかずこ文 評論社(ミニ・ババール7) 1976年3月

ゼフィール
ぞうのくににやってきたさる 「ババールのおんがくかい」 L.ド・ブリュノフ作;しまづさとし訳;おのかずこ文 評論社(ミニ・ババール2) 1975年12月

せふい

ゼフィール
ぞうのババール王さまのともだちのさる 「ババール王さまのかんむり」 ロラン・ド・ブリュノフ作・絵;渡辺茂男文 日本パブリッシング(ビギナーブックシリーズ) 1969年1月

ゼフィール
ぞうのまちセレストビルにすむぞうのおうさまババールのなかよしのさる 「こんにちはババールいっか」 ローラン・ド・ブリュノフ作;久米穣訳 講談社(講談社のピクチュアブック5) 1979年7月

ゼペットじいさん
あやつりにんぎょうのピノッキオを木をけずってこしらえたおじいさん 「ピノッキオ」 コッロウディ原作;神沢利子文;三好碩也絵 世界出版社(ABCブック) 1969年12月

ゼペットじいさん
きであやつりにんぎょうをつくってなまえをピノキオとつけたおじいさん 「ピノキオ」 若菜珪画;天神しずえ文 ひかりのくに(世界名作えほん全集3) 1966年1月

せみ
ありたちがふゆのしたくをしてはたらいていたなつのあいだじゅううたってあそんでいたせみ 「せみとあり」 エブ・タルレ作・絵;間所ひさこ文 学習研究社(国際版せかいのえほん3) 1984年1月

セム
ノアの3にんのむすこたちのひとり 「ノアのはこぶね」 クリフォード・ウェッブ文・絵;松居直訳 福音館書店(世界傑作絵本シリーズ・イギリスの絵本) 1973年12月

せむしのこうま(うま)
ばかでのんきものイワンがじぶんのうちのはたけをあらしていたしろいうまをゆるしてやったかわりにもらったせむしのこうま 「せむしのこうま」 ラズーチン原作;たかしよいち文;瀬川康男絵 世界出版社(ABCブック) 1970年1月

せむしのこうま(うま)
ふたりのにいさんに「ばかのイワン」とよばれていたわかものがもっていたせむしのこうま 「せむしのこうま」 石部正信画;新谷峰子文 ひかりのくに(世界名作えほん全集4) 1966年1月

せむしの小馬(馬) せむしのこうま(うま)
3人兄弟のすえのむすこのイワンが手に入れた魔法のせむしの小馬 「せむしの小馬」 エルショフ作;コチェルギン絵;福井研介訳 新読書社(ソビエトの子どもの本) 1986年11月

セーラ
かいものリストをかいてスーパーマーケットにいったテディベアのくまのおんなの子 「かいものいっぱい」 スザンナ・グレッツ作・絵;各務三郎訳 岩崎書店(テディベアのえほん4) 1984年10月

セーラ
かぜをひいたウィリアムのせわをしてあげたテディベアのくまのおんなの子 「かぜひいちゃった」 スザンナ・グレッツ作・絵;各務三郎訳 岩崎書店(テディベアのえほん8) 1985年3月

せれす

セーラ
みどり通りのあたらしいうちにひっこしたテディベアのくまのおんなの子 「ひっこしおおさわぎ」 スザンナ・グレッツ作・絵；各務三郎訳　岩崎書店(テディベアのえほん2)　1984年10月

セーラ
雨の日にうちのなかでうちゅう船ごっこをしたテディベアのくまのおんなの子 「雨の日のうちゅうせんごっこ」 スザンナ・グレッツ作・絵；各務三郎訳　岩崎書店(テディベアのえほん3)　1984年10月

セラファン
ひとりぼっちでパリでそだちなかよしのプリムとハムスターのヘラクレスとくらす工作が大すきな少年 「セラファンの大けっさく」 アラン・グレー文；フィリップ・フィックス絵；弥永みち代訳；大伴昌司文　講談社(世界の絵本フランス)　1971年12月

セラファン
気球にのってパリの町からにげだしてとなりの国へいった工作が大すきな少年 「しらないくにのセラファン」 アラン・グレー文；フィリップ・フィックス絵；弥永みち代訳；大伴昌司文　講談社(世界の絵本フランス)　1972年1月

セラファン
友だちのプリムとハムスターのヘラクレスといっしょにたびをしている工作のとくいな男の子 「セラファンとにせのセラファン」 アラン・グレー文；フィリップ・フィックス絵；弥永みち代訳；大伴昌司文　講談社(世界の絵本フランス)　1971年12月

セラフィーヌ
おばあちゃんのベッドフォード公爵夫人とくらす女の子 「ベッドフォード公爵夫人のいたずらおばけワンセスラス」 ルイ・ブール構成；ダニエル・ブール絵；岸田今日子訳　集英社　1980年12月

ゼラルダ
腹ぺこで死にそうになって岩から足をすべらせてのびてしまった人喰い鬼においしいお料理をつくってあげたお百姓さんの娘 「ゼラルダと人喰い鬼」 トミー・ウンゲラー作；たむらりゅういち,あそうくみ訳　評論社(児童図書館・絵本の部屋)　1977年9月

セリーナ
ある日へやのかべにあいていたあなからでてきたねずみにプンパーニッケルというなまえをつけたおんなのこ 「ねことわたしのねずみさん」 スージー・ボーダル作；佐々木田鶴子訳　偕成社　1983年10月

セレスタン
クレマンチーヌといっしょにスイスのアナトールの山小屋へスキーをしにいった男の子 「山小屋の冬休み」 ビショニエ文；ロバン；オトレオー絵；山口智子訳　文化出版局(クレマンチーヌとセレスタン)　1983年11月

セレスタン
クレマンチーヌといっしょに夏休みをすごした浜べの家でアナトールという男の人と友だちになった男の子 「あたらしい友だち」 ビショニエ文；ロバン；オトレオー絵；山口智子訳　文化出版局(クレマンチーヌとセレスタン)　1983年7月

せれす

セレスタン
クレマンチーヌといっしょに春休みを田舎のポムおばさんの家ですごした男の子 「ポムおばさんの家」 ビショニエ文；ロバン；オトレオー絵；山口智子訳 文化出版局（クレマンチーヌとセレスタン） 1983年7月

セレスタン
クレマンチーヌといっしょに友だちのアナトールたちと田舎のポムおばさんの家に泊まりにいった男の子 「森の中のピクニック」 ビショニエ文；ロバン；オトレオー絵；山口智子訳 文化出版局（クレマンチーヌとセレスタン） 1983年11月

セレスティーヌ
いいドレスにきがえてくまのアーネストといっしょにしゃしんやへいったねずみのおんなのこ 「ふたりでしゃしんを」 ガブリエル・バンサン作；森比左志訳 ブック・ローン出版（くまのアーネストおじさんシリーズ） 1983年3月

セレスティーヌ
おともだちをよんでうちでクリスマス・パーティーをしようとしたねずみのおんなのこ 「セレスティーヌのクリスマス」 ガブリエル・バンサン作；森比左志訳 ブックローン出版（くまのアーネストおじさんシリーズ） 1983年11月

セレスティーヌ
くまのアーネストおじさんといっしょにくらしているねずみのおんなのこ 「かえってきたおにんぎょう」 ガブリエル・バンサン作；森比左志訳 ブックローン出版（くまのアーネストおじさん） 1983年3月

セレスティーヌ
くまのアーネストおじさんとくらすねずみのおんなのこ 「ふたりのおきゃくさま」 ガブリエル・バンサン作；森比左志訳 ブックローン出版（くまのアーネストおじさんシリーズ） 1985年11月

セレスティーヌ
くまのアーネストについていったびじゅつかんでまいごになってしまったねずみのおんなのこ 「まいごになったセレスティーヌ」 ガブリエル・バンサン作；森比左志訳 ブックローン出版（くまのアーネストおじさんシリーズ） 1985年11月

セレスティーヌ
どしゃぶりのあめのひでもくまのアーネストおじさんといっしょにおべんとうをもってピクニックにでかけたねずみのおんなのこ 「あめのひのピクニック」 ガブリエル・バンサン作；森比左志訳 ブック・ローン出版（くまのアーネストおじさん） 1983年5月

セレスティーヌ
やねのあまもりをなおすおかねをつくるためにまちかどでくまのアーネストがひくバイオリンにあわせてうたったねずみのおんなのこ 「ふたりはまちのおんがくか」 ガブリエル・バンサン作；森比左志訳 ブック・ローン出版（くまのアーネストおじさんシリーズ） 1983年3月

せれすと
おおきなもりからぞうのばばーるがくらすにんげんたちのまちへやってきたいとこのぞう 「ぞうさんばばーる」 ジャン・ド・ブリューノフ原作；鈴木力衛訳 岩波書店（岩波の子どもの本） 1956年12月

せれすと
ぞうのばばーるおうさまのおうひさま 「ババールと子どもたち」 ジャン・ド・ブリューノフ原作;那須辰造訳　講談社(フランス生まれのババール絵本5)　1966年1月

せれすと
ぞうのばばーるおうさまのおうひさま 「ババールの旅行」 ジャン・ド・ブリューノフ原作;那須辰造訳　講談社(フランス生まれのババール絵本3)　1965年12月

せれすと
まちでくらすことになったぞうのばばーるのところへやってきたいとこのぞうのおんなのこ 「ぞうさんババール」 ジャン・ド・ブリューノフ原作;那須辰造訳　講談社(フランス生まれのババール絵本1)　1965年11月

セレスト
おおきなもりをでてぞうのババールのいるまちへいったいとこのぞう 「ぞうのババール」 ジャン・ド・ブリュノフ作;矢川澄子訳　評論社(評論社の児童図書館・絵本の部屋)　1974年10月

セレスト
ぞうのおうさまババールのおきさき 「ババールくるまでピクニック」 L.ド・ブリュノフ作;しまづさとし訳;おのかずこ文　評論社(ミニ・ババール7)　1976年3月

セレスト
ぞうのおうさまババールのおきさき 「ババールのおにわ」 L.ド・ブリュノフ作;しまづさとし訳;おのかずこ文　評論社(ミニ・ババール6)　1976年3月

セレスト
ぞうのババール王さまの王ひさま 「ババール王さまのかんむり」 ロラン・ド・ブリュノフ作・絵;渡辺茂男文　日本パブリッシング(ビギナーブックシリーズ)　1969年1月

セレスト
ぞうのまちセレストビルにすむぞうのおうさまババールのおくさん 「こんにちはババールいっか」 ローラン・ド・ブリュノフ作;久米穣訳　講談社(講談社のピクチュアブック5)　1979年7月

センゲ
チベットの少年ドルジェといっしょにラサまでのじゅんれいのたびをした犬 「ドルジェのたび-チベットの少年のはなし」 ペマ・ギャルポ話;金田卓也文・絵　偕成社　1985年5月

せんちょう
おおきなききんにおそわれたみやこからたからをとりにでていったふねのせんちょうでおいおいなきながらみやこにもどってきたろうじん 「なみだのこうずい」 ペーター・ブレンナー作;アダム・ヴュルツ絵;山室静訳　佑学社　1978年5月

せんちょう
ふなのりになりたかったチムがあるひかくれてのりこんだおおきなきせんのせんちょう 「チムとゆうかんなせんちょうさん」 エドワード・アーディゾーニ文・絵;せたていじ訳　福音館書店(世界傑作絵本シリーズ・イギリスの絵本)　1963年6月

船長　せんちょう
海のむこうの新大陸をめざしてでかけたサクラソウ号という名の船の船長「海へびサイラスくんがんばる」ビル・ピート作;今江祥智訳　ほるぷ出版　1976年9月

船長おじいさん（おじいさん）　せんちょうおじいさん（おじいさん）
ザビーネとペーターの船のりをしていたおじいさん「船長おじいさんこんにちは」K.ゼール作・画;稲野強訳　小学館（世界の創作童話1）1979年5月

セントバーナード
あかいボールでフットボールをしようとしていた三びきのこいぬたちをあいてにしてやったおおきなおおきなセントバーナード「ボールさんどこへいったの」竹田裕子文;ヨゼフ・パレチェック絵　岩崎書店（世界の絵本）1976年1月

せんにょ
しろいやまのむこうのくものやかたにすみこどもたちにすてられたおもちゃをひろってきてだいじにしてあげたやさしいせんにょ「うまにのったお人形」アイヒンガー絵;ボリガー文;矢川澄子訳　メルヘン社　1981年9月

せんにょ
もりのいずみでおんなのこがみずをくもうとしているところへみすぼらしいせんにょのすがたになってやってきたせんにょ「せんにょのおくりもの-ペロー（フランス）のはなし」小出正吾文;安久利徳絵　コーキ出版（絵本ファンタジア14）1977年10月

仙女　せんにょ
三人のむすこのおかあさんがおりあげたうつくしい錦をもっていった太陽山の仙女たち「錦のなかの仙女-中国民話」斎藤公子編;斎藤博之絵　青木書店（斎藤公子の保育絵本）1985年6月

せんにょさま
ピノッキオをたすけてくれたやさしいせんにょさま「ピノッキオ」コッロウディ原作;神沢利子文;三好碩也絵　世界出版社（ABCブック）1969年12月

【そ】

ぞう
どうぶつえんでうまれてジャングルがどうしてもわすれられなかったアフリカぞう「わたしはぞう」サンチェス;パチェーコ作;アルカーサル絵;中山知子;菊池亘訳　文研出版（文研世界の絵本　科学の絵本）1976年2月

ぞう
ほかのおおきいぞうたちとはちがうちいさいちいさいみどりいろのぞうで海のむこうにあるというふるさとをさがしにいったぞう「ちいさいちいさいぞうのゆめ…です」ルース・ボーンスタイン作;奥田継夫訳　ほるぷ出版　1979年8月

ぞう
むかしせかいじゅうのぞうはくろいぞうとしろいぞうだけでどうしたことにくみあうようになってわかれてくらすようになりたたかいをはじめたぞう「じろりじろり」デイビッド・マッキー文・絵;はらしょう訳　アリス館　1986年2月

ぞう
めずらしがりやでたいへんなしりたがりやでまだみたことのないわにをさがしにでかけたぞうのこ「ぞうのはなはなぜながい」 キップリング作;鶴見正夫文;村上豊絵 ひさかたチャイルド(ひさかた絵本館15) 1982年12月

ゾウ
おろかなオロカさんにしつもんしたかしこいゾウ「オロカさん」 ロジャー・ハーグレーヴス作;おのかずこ訳 評論社(みすた・ぶっくす16) 1985年12月

ゾウ
なかよしともだちのサルとトリとでだれかをたいしょうにえらぼうとしてもだれにきめればいいのかわからなかったゾウ「だれがいちばんとしうえ？ースリランカの仏教説話」 スマナ・ディサーナーヤカ絵;ティローカスンダリ・カーリヤワサム再話;のぐちただし訳 ほるぷ出版 1983年11月

ゾウ
ベンさんがぼうけんにいったジャングルでもうじゅうがりにうたれるのがこわくてふるえていたゾウたち「ジャングルにいったベン」 デイビッド・マッキー文・絵;安西徹雄訳 アリス館 1983年1月

ゾウ
古い鉄の門をあけてふしぎな庭へはいっていった5人組の男の子たちがであった5とうのゾウ「ふしぎな庭」 イージー・トゥルンカ作;井出弘子訳 ほるぷ出版 1979年2月

ゾウ
自分の家でばんをすごしていたゾウとそのむすこ「ローベルおじさんのどうぶつものがたり」 アーノルド・ローベル作;三木卓訳 文化出版局 1981年5月

象　ぞう
犬に鼻をかまれた象「ルック・アット・ザ・ウィンドウ」 ウィルヘルム・シュローテ作;マリ・クリスチーヌ訳 エイプリル・ミュージック 1978年11月

ぞう(アプー)
もりのなかでおとうさんとくらすラジュというおとこのこのともだちのぞう「ぼくとアプー」 ジャグデシュ・ジョシー作;渡辺茂男訳 講談社 1984年5月

ぞう(あるちゅーる)
おおきなもりからぞうのばばーるがくらすにんげんたちのまちへやってきたいとこのぞう「ぞうさんばばーる」 ジャン・ド・ブリューノフ原作;鈴木力衛訳 岩波書店(岩波の子どもの本) 1956年12月

ぞう(アルチュール)
おおきなもりをでてぞうのババールのいるまちへいったいとこのぞう「ぞうのババール」 ジャン・ド・ブリュノフ作;矢川澄子訳 評論社(評論社の児童図書館・絵本の部屋) 1974年10月

ぞう(アルチュール)
ぞうのおうさまババールとでかけたうみべのまちのひこうじょうからひこうきにのってしまったぞうのこども「ババールといたずらアルチュール」 ロラン・ド・ブリュノフ作;矢川澄子訳 評論社(評論社の児童図書館・絵本の部屋 ぞうのババール6) 1975年6月

そう

ぞう(アルチュール)
ぞうのおうさまババールのいとこ 「ババールくるまでピクニック」 L.ド・ブリュノフ作;しまづさとし訳;おのかずこ文 評論社(ミニ・ババール7) 1976年3月

ぞう(アルチュール)
ぞうのおうさまババールのいとこ 「ババールとりのしまへ」 ロラン・ド・ブリュノフ作;矢川澄子訳 評論社(評論社の児童図書館・絵本の部屋 ぞうのババール7) 1975年10月

ぞう(アルチュール)
ぞうのおうさまババールのいとこ 「ババールのにわ」 L.ド・ブリュノフ作;しまづさとし訳;おのかずこ文 評論社(ミニ・ババール6) 1976年3月

ぞう(アルチュール)
ぞうのおうさまババールのいとこ 「ババールのおんがくかい」 L.ド・ブリュノフ作;しまづさとし訳;おのかずこ文 評論社(ミニ・ババール2) 1975年12月

ぞう(アルチュール)
ぞうのおうさまババールのいとこ 「ババールのひっこし」 ロラン・ド・ブリュノフ作;矢川澄子訳 評論社(評論社の児童図書館・絵本の部屋 ぞうのババール10) 1975年10月

ぞう(あるちゅーる)
ぞうのばばーるおうさまのいとこ 「ババールと子どもたち」 ジャン・ド・ブリューノフ原作;那須辰造訳 講談社(フランス生まれのババール絵本5) 1966年1月

ぞう(あるちゅーる)
ぞうのばばーるおうさまのいとこ 「ババールの旅行」 ジャン・ド・ブリューノフ原作;那須辰造訳 講談社(フランス生まれのババール絵本3) 1965年12月

ぞう(あるちゅーる)
ぞうのばばーるおうさまのいとこ 「王さまババール」 ジャン・ド・ブリューノフ原作;那須辰造訳 講談社(フランス生まれのババール絵本2) 1965年11月

ぞう(あるちゅーる)
ぞうのばばーるの3びきのこどもたちといっしょにぴくにっくにいったぞう 「ババールのピクニック」 ローランド・ド・ブリューノフ原作;那須辰造訳 講談社(フランス生まれのババール絵本6) 1966年1月

ぞう(アルチュール)
ぞうのババールのいとこ 「ババールひこうきにのる」 L.ド・ブリュノフ作;しまづさとし訳;おのかずこ文 評論社(ミニ・ババール12) 1976年4月

ぞう(アルチュール)
ぞうのババール王さまのいとこ 「ババール王さまのかんむり」 ロラン・ド・ブリュノフ作・絵;渡辺茂男文 日本パブリッシング(ビギナーブックシリーズ) 1969年1月

ぞう(アルチュール)
ぞうのまちセレストビルにすむぞうのおうさまババールのいとこ 「こんにちはババールいっか」 ローラン・ド・ブリュノフ作;久米穣訳 講談社(講談社のピクチュアブック5) 1979年7月

ぞう（あるちゅーる）
まちでくらすことになったぞうのばばーるのところへやってきたいとこのぞうのおとこのこ「ぞうさんババール」ジャン・ド・ブリューノフ原作；那須辰造訳　講談社（フランス生まれのババール絵本1）　1965年11月

ぞう（アレクサンドル）
ぞうのおうさまババールといっしょにとりのしまへいった3にんのこどもたちのひとり「ババールとりのしまへ」ロラン・ド・ブリュノフ作；矢川澄子訳　評論社（評論社の児童図書館・絵本の部屋　ぞうのババール7）　1975年10月

ぞう（アレクサンドル）
ぞうのおうさまババールといっしょにボンヌトロップじょうへひっこした3にんのこどもたちのひとり「ババールのひっこし」ロラン・ド・ブリュノフ作；矢川澄子訳　評論社（評論社の児童図書館・絵本の部屋　ぞうのババール10）　1975年10月

ぞう（アレクサンドル）
ぞうのおうさまババールのみつごのこどものひとり「ババールくるまでピクニック」L.ド・ブリュノフ作；しまづさとし訳；おのかずこ文　評論社（ミニ・ババール7）　1976年3月

ぞう（アレクサンドル）
ぞうのおうさまババールのみつごのこどものひとり「ババールのおにわ」L.ド・ブリュノフ作；しまづさとし訳；おのかずこ文　評論社（ミニ・ババール6）　1976年3月

ぞう（アレクサンドル）
ぞうのくにでだれもしらなかったほらあなをみつけたぞうのおうさまババールのこども「ババールとグリファトンきょうじゅ」ロラン・ド・ブリュノフ作；矢川澄子訳　評論社（評論社の児童図書館・絵本の部屋　ぞうのババール9）　1975年10月

ぞう（アレクサンドル）
ぞうのババールとスキーへいったみつごのこどものひとり「ババールスキーじょうへ」L.ド・ブリュノフ作；しまづさとし訳；おのかずこ文　評論社（ミニ・ババール4）　1975年12月

ぞう（アレクサンドル）
ぞうのババールのはしかにかかったみつごのこどものひとり「ババールとおいしゃさん」L.ド・ブリュノフ作；しまづさとし訳；おのかずこ文　評論社（ミニ・ババール1）　1975年12月

ぞう（アレクサンドル）
ぞうのババール王さまのこども「ババール王さまのかんむり」ロラン・ド・ブリュノフ作・絵；渡辺茂男文　日本パブリッシング（ビギナーブックシリーズ）　1969年1月

ぞう（アレクサンドル）
なつやすみにうみべへでかけたぞうのおうさまババールの3にんのこどもたちのひとり「ババールといたずらアルチュール」ロラン・ド・ブリュノフ作；矢川澄子訳　評論社（評論社の児童図書館・絵本の部屋　ぞうのババール6）　1975年6月

ぞう（アレクサンドル）
はくらんかいでほかのけものたちとなかよくなったぞうのおうさまババールのこども「ババールのはくらんかい」ロラン・ド・ブリュノフ作；矢川澄子訳　評論社（評論社の児童図書館・絵本の部屋　ぞうのババール8）　1975年10月

そう

ぞう（あれくさんどる）
ぴくにっくにいったぞうのばばーるの3びきのこどもたちの1ぴき 「ババールのピクニック」 ローランド・ド・ブリューノフ原作；那須辰造訳 講談社（フランス生まれのババール絵本6） 1966年1月

ぞう（ウンフ）
あかいサドルの3りんしゃをもっていたまどそうじやのぞう 「まどそうじやのぞうのウンフ」 アン・ホープ作；エリザベス・ハモンド絵；いしいももこ訳 福音館書店（世界傑作絵本シリーズ・イギリスの絵本） 1979年11月

ぞう（エルマー）
ぞうのむれのなかでみんなとちがってつぎはぎのまだらのいろをしていたのでいつもみんなにわらわれていたぞう 「ぞうのエルマー」 デイビッド・マッキー文・絵；安西徹雄訳 アリス館 1985年4月

ぞう（エルマー）
ぞうをみんなまだらいろにぬったいたずらずきのまだらいろのぞう 「またまたぞうのエルマー」 デイビッド・マッキー文・絵；安西徹雄訳 アリス館牧新社 1977年3月

ぞう（エルマー）
動物たちの学校時代の同窓写真にうつったぞう 「ぼくたちを忘れないで」 フリーデル・シュミット；ヴァルトラウト・ランケ作；森村桂訳 CBS・ソニー出版 1978年8月

ゾウ（オスカー）
なにかといっては戦争をはじめる人間に腹をたて子どもたちのために動物たちで会議をひらいたゾウ 「どうぶつ会議」 エーリヒ・ケストナー文；ワルター・トリヤー絵；光吉夏弥訳 岩波書店（岩波の子どもの本） 1954年12月

ぞう（カイト）
うたをうたうのがすきなぞうのぼうや 「うたのすきなぞう」 ギーナ・ルック=ポーケ文；モニカ・レイムグルーバー絵；藤田圭雄訳 ほるぷ出版 1985年2月

象（カリフラワー）　ぞう（かりふらわー）
豹の王子オレッグの父王の親友だった老哲学者の象 「王子オレッグ故郷に帰る」 ジャン=クロード・ブリスビル文；ダニエル・ブール絵；篠沢秀夫訳 集英社 1982年12月

ぞう（カルロ）
みんなのからだはあおいのにひとりだけあかいのでなかまはずれにされたちびっこぞう 「ちびっこぞうのカルロ」 G.ヘルツ作；エーベルハルト；エルフリーデ画；渡辺和雄訳 小学館（世界の創作童話20） 1983年7月

ぞう（コルネリウス）
ぞうのおうさまになったババールがそうりだいじんにしたとしよりのぞう 「ぞうのババール」 ジャン・ド・ブリュノフ作；矢川澄子訳 評論社（評論社の児童図書館・絵本の部屋） 1974年10月

ぞう（こるねりゅうす）
にんげんたちのまちからおおきなもりへかえってきたぞうのばばーるをあたらしいおうさまにえらんだとしよりのぞう 「ぞうさんばばーる」 ジャン・ド・ブリューノフ原作；鈴木力衛訳 岩波書店（岩波の子どもの本） 1956年12月

ぞう(こるねりゆーす)
まちからもりへかえってきたぞうのばばーるをおうさまにえらんだとしよりのぞう 「ぞうさんババール」 ジャン・ド・ブリューノフ原作；那須辰造訳 講談社(フランス生まれのババール絵本1) 1965年11月

ぞう(こるねりゆす)
ぞうのくにでいちばんちえのあるとしよりのぞう 「王さまババール」 ジャン・ド・ブリューノフ原作；那須辰造訳 講談社(フランス生まれのババール絵本2) 1965年11月

ぞう(こるねりゆす)
ぞうのばばーるおうさまのだいじん 「ババールと子どもたち」 ジャン・ド・ブリューノフ原作；那須辰造訳 講談社(フランス生まれのババール絵本5) 1966年1月

ぞう(こるねりゆす)
ぞうのばばーるおうさまのだいじん 「ババールの旅行」 ジャン・ド・ブリューノフ原作；那須辰造訳 講談社(フランス生まれのババール絵本3) 1965年12月

ぞう(せれすと)
おおきなもりからぞうのばばーるがくらすにんげんたちのまちへやってきたいとこのぞう 「ぞうさんばばーる」 ジャン・ド・ブリューノフ原作；鈴木力衛訳 岩波書店(岩波の子どもの本) 1956年12月

ぞう(セレスト)
おおきなもりをでてぞうのババールのいるまちへいったいとこのぞう 「ぞうのババール」 ジャン・ド・ブリュノフ作；矢川澄子訳 評論社(評論社の児童図書館・絵本の部屋) 1974年10月

ぞう(セレスト)
ぞうのおうさまババールのおきさき 「ババールくるまでピクニック」 L.ド・ブリュノフ作；しまづさとし訳；おのかずこ文 評論社(ミニ・ババール7) 1976年3月

ぞう(セレスト)
ぞうのおうさまババールのおきさき 「ババールのおにわ」 L.ド・ブリュノフ作；しまづさとし訳；おのかずこ文 評論社(ミニ・ババール6) 1976年3月

ぞう(せれすと)
ぞうのばばーるおうさまのおうひさま 「ババールと子どもたち」 ジャン・ド・ブリューノフ原作；那須辰造訳 講談社(フランス生まれのババール絵本5) 1966年1月

ぞう(せれすと)
ぞうのばばーるおうさまのおうひさま 「ババールの旅行」 ジャン・ド・ブリューノフ原作；那須辰造訳 講談社(フランス生まれのババール絵本3) 1965年12月

ぞう(セレスト)
ぞうのババール王さまの王ひさま 「ババール王さまのかんむり」 ロラン・ド・ブリュノフ作・絵；渡辺茂男文 日本パブリッシング(ビギナーブックシリーズ) 1969年1月

そう

ぞう(セレスト)
ぞうのまちセレストビルにすむぞうのおうさまババールのおくさん 「こんにちはババールいっか」ローラン・ド・ブリュノフ作；久米穣訳　講談社(講談社のピクチュアブック5)　1979年7月

ぞう(せれすと)
まちでくらすことになったぞうのばばーるのところへやってきたいとこのぞうのおんなのこ「ぞうさんババール」ジャン・ド・ブリューノフ原作；那須辰造訳　講談社(フランス生まれのババール絵本1)　1965年11月

ゾウ(トト)
むれをはなれてそうげんをかこむおかのむこうがわにいってみようとしてみつりょうしゃのわなにかかってしまったあかんぼゾウ「ちびぞうトト」M.D.モスキン作；R.ネグリ絵；おのかずこ訳　評論社(児童図書館・絵本の部屋)　1978年6月

ぞう(とびー)
おかあさんのいうことをきかないでまいごになったふたごのぞう「まいごのふたご」アイネス・ホーガン文；石井桃子訳；野口彌太郎絵　岩波書店(岩波の子どもの本)　1954年4月

ぞう(トビアス)
ふつうのぞうとちがっていてたくさんのながーい毛がはえていた子ぞう「毛ながのぞうトビアス」ベルナデッテ・ワッツ作；友近百合枝訳　ほるぷ出版　1980年4月

ぞう(とみー)
おかあさんのいうことをきかないでまいごになったふたごのぞう「まいごのふたご」アイネス・ホーガン文；石井桃子訳；野口彌太郎絵　岩波書店(岩波の子どもの本)　1954年4月

ぞう(ばばーる)
3びきのこどもたちとさるのぜひーるたちをぴくにっくにいかせたぞうのおうさま「ババールのピクニック」ローランド・ド・ブリューノフ原作；那須辰造訳　講談社(フランス生まれのババール絵本6)　1966年1月

ぞう(ババール)
いとこのアルチュールとひこうきにのったぞうのおうさま「ババールひこうきにのる」L.ド・ブリュノフ作；しまづさとし訳；おのかずこ文　評論社(ミニ・ババール12)　1976年4月

ぞう(ばばーる)
おおきなみずうみのきしのけしきのいいばしょにせれすとまちというなまえのまちをつくったぞうのくにのおうさま「王さまババール」ジャン・ド・ブリューノフ原作；那須辰造訳　講談社(フランス生まれのババール絵本2)　1965年11月

ぞう(ババール)
おおきなもみのきをうちにもってかえったぞうのおうさま「ババールのクリスマスツリー」L.ド・ブリュノフ作；しまづさとし訳；おのかずこ文　評論社(ミニ・ババール3)　1975年12月

ぞう(ばばーる)
おかあさんがりょうしにうたれたのでおおきなもりからでてまちへいきまちででまちででであったおばさんのいえでくらすことになったぞう「ぞうさんババール」ジャン・ド・ブリューノフ原作；那須辰造訳　講談社(フランス生まれのババール絵本1)　1965年11月

ぞう（ばばーる）
おかあさんをてっぽうでうったかりうどからにげだしてにんげんのすむまちへいったぞう「ぞうさんばばーる」ジャン・ド・ブリューノフ原作；鈴木力衛訳　岩波書店（岩波の子どもの本）1956年12月

ぞう（ババール）
おきさきのセレストのたんじょうびにケーキをつくることにしたぞうのおうさま「ババールケーキをつくります」L.ド・ブリュノフ作；しまづさとし訳；おのかずこ文　評論社（ミニ・ババール10）1976年4月

ぞう（ババール）
かぞくをつれてパリへいき小さな赤いかばんにいれたかんむりをなくしてしまったぞうの王さま「ババール王さまのかんむり」ロラン・ド・ブリュノフ作・絵；渡辺茂男文　日本パブリッシング（ビギナーブックシリーズ）1969年1月

ぞう（ババール）
かりゅうどからにげてまちへいきおおがねもちのおばさんにふくやじどうしゃをかってもらってくらしていたぞう「ぞうのババール」ジャン・ド・ブリュノフ作；矢川澄子訳　評論社（評論社の児童図書館・絵本の部屋）1974年10月

ぞう（ババール）
くるまでピクニックにでかけたぞうのおうさま「ババールくるまでピクニック」L.ド・ブリュノフ作；しまづさとし訳；おのかずこ文　評論社（ミニ・ババール7）1976年3月

ぞう（ババール）
こどもたちとスキーへいったぞうのおうさま「ババールスキーじょうへ」L.ド・ブリュノフ作；しまづさとし訳；おのかずこ文　評論社（ミニ・ババール4）1975年12月

ぞう（ばばーる）
さんたくろーすのおじさんをさがしによーろっぱへいったぞうのおうさま「ババールとサンタクロース」ジャン・ド・ブリューノフ原作；那須辰造訳　講談社（フランス生まれのババール絵本4）1965年12月

ぞう（ばばーる）
せれすとおうひさまとしんこんりょこうにでかけたぞうのおうさま「ババールの旅行」ジャン・ド・ブリューノフ原作；那須辰造訳　講談社（フランス生まれのババール絵本3）1965年12月

ぞう（ばばーる）
ぞうのくにのおうさま「ババールと子どもたち」ジャン・ド・ブリューノフ原作；那須辰造訳　講談社（フランス生まれのババール絵本5）1966年1月

ぞう（ババール）
ぞうのくにのおうさま「ババールのおにわ」L.ド・ブリュノフ作；しまづさとし訳；おのかずこ文　評論社（ミニ・ババール6）1976年3月

ぞう（ババール）
ぞうのくにのみやこセレストビルのそうりつきねんにせいだいなはくらんかいをひらくことにしたぞうのおうさま「ババールのはくらんかい」ロラン・ド・ブリュノフ作；矢川澄子訳　評論社（評論社の児童図書館・絵本の部屋　ぞうのババール8）1975年10月

そう

ぞう(ババール)
ぞうのまちセレストビルにすむぞうのおうさま 「こんにちはババールいっか」 ローラン・ド・ブリュノフ作;久米穣訳 講談社(講談社のピクチュアブック5) 1979年7月

ぞう(ババール)
たんじょうびにもらったえのぐでえをかいたぞうのおうさま 「ババールのえかきさん」 L.ド・ブリュノフ作;しまづさとし訳;おのかずこ文 評論社(ミニ・ババール5) 1979年4月

ぞう(ババール)
ちちおやうんどうかいにでるためにトレーニングをはじめたぞうのおうさま 「ババールとスポーツ」 L.ド・ブリュノフ作;しまづさとし訳;おのかずこ文 評論社(ミニ・ババール11) 1976年4月

ぞう(ババール)
トランペットをふいておんがくかいをしようとしたぞうのおうさま 「ババールのおんがくかい」 L.ド・ブリュノフ作;しまづさとし訳;おのかずこ文 評論社(ミニ・ババール2) 1975年12月

ぞう(ババール)
とりのくにのおうさまシプリヤンからおまねきをうけてとりのしまへいったぞうのおうさま 「ババールとりのしまへ」 ロラン・ド・ブリュノフ作;矢川澄子訳 評論社(評論社の児童図書館・絵本の部屋 ぞうのババール7) 1975年10月

ぞう(ババール)
なかよしのおばあさんのにいさんのグリファトンきょうじゅといっしょにどうくつたんけんをしたぞうのおうさま 「ババールとグリファトンきょうじゅ」 ロラン・ド・ブリュノフ作;矢川澄子訳 評論社(評論社の児童図書館・絵本の部屋 ぞうのババール9) 1975年10月

ぞう(ババール)
なつやすみにおきさきのセレストとこどもたちをつれてうみべへでかけたぞうのおうさま 「ババールといたずらアルチュール」 ロラン・ド・ブリュノフ作;矢川澄子訳 評論社(評論社の児童図書館・絵本の部屋 ぞうのババール6) 1975年6月

ぞう(ババール)
ボンヌトロンプじょうへひっこしをしたぞうのくにのおうさま 「ババールのひっこし」 ロラン・ド・ブリュノフ作;矢川澄子訳 評論社(評論社の児童図書館・絵本の部屋 ぞうのババール10) 1975年10月

ぞう(ババール)
みんなでうみへいったぞうのおうさま 「ババールうみへいく」 L.ド・ブリュノフ作;しまづさとし訳;おのかずこ文 評論社(ミニ・ババール9) 1979年4月

ぞう(ババール)
みんなをつれてキャンプにでかけたぞうのおうさま 「ババールのキャンピング」 L.ド・ブリュノフ作;しまづさとし訳;おのかずこ文 評論社(ミニ・ババール8) 1976年3月

象(ヒダエモン) ぞう(ひだえもん)
インドの密林のまんなかに住んでいたたいそう年よりで知恵のある象でいつも謙虚に思索にふけっていた象 「森の賢者ヒダエモン」 ミヒャエル・エンデ作;クリストフ・ヘッセル絵;矢川澄子訳 河出書房新社 1984年1月

そう

ぞう（フローラ）
ぞうのおうさまババールといっしょにとりのしまへいった3にんのこどもたちのひとり「ババールとりのしまへ」ロラン・ド・ブリュノフ作；矢川澄子訳　評論社（評論社の児童図書館・絵本の部屋　ぞうのババール7）　1975年10月

ぞう（フローラ）
ぞうのおうさまババールといっしょにボンヌトロンプじょうへひっこした3にんのこどもたちのひとり「ババールのひっこし」ロラン・ド・ブリュノフ作；矢川澄子訳　評論社（評論社の児童図書館・絵本の部屋　ぞうのババール10）　1975年10月

ぞう（フローラ）
ぞうのおうさまババールのみつごのこどものひとり「ババールくるまでピクニック」L.ド・ブリュノフ作；しまづさとし訳；おのかずこ文　評論社（ミニ・ババール7）　1976年3月

ぞう（フローラ）
ぞうのおうさまババールのみつごのこどものひとり「ババールのおにわ」L.ド・ブリュノフ作；しまづさとし訳；おのかずこ文　評論社（ミニ・ババール6）　1976年3月

ぞう（フローラ）
ぞうのくにでだれもしらなかったほらあなをみつけたぞうのおうさまババールのこども「ババールとグリファトンきょうじゅ」ロラン・ド・ブリュノフ作；矢川澄子訳　評論社（評論社の児童図書館・絵本の部屋　ぞうのババール9）　1975年10月

ぞう（ふろーら）
ぞうのばばーるおうさまとせれすとおうひにうまれた3びきのこどもの1ぴきのおんなのあかちゃん「ババールと子どもたち」ジャン・ド・ブリューノフ原作；那須辰造訳　講談社（フランス生まれのババール絵本5）　1966年1月

ぞう（フローラ）
ぞうのババールとスキーへいったみつごのこどものひとり「ババールスキーじょうへ」L.ド・ブリュノフ作；しまづさとし訳；おのかずこ文　評論社（ミニ・ババール4）　1975年12月

ぞう（フローラ）
ぞうのババールのはしかにかかったみつごのこどものひとり「ババールとおいしゃさん」L.ド・ブリュノフ作；しまづさとし訳；おのかずこ文　評論社（ミニ・ババール1）　1975年12月

ぞう（フローラ）
ぞうのババール王さまのこども「ババール王さまのかんむり」ロラン・ド・ブリュノフ作・絵；渡辺茂男文　日本パブリッシング（ビギナーブックシリーズ）　1969年1月

ぞう（フローラ）
なつやすみにうみべへでかけたぞうのおうさまババールの3にんのこどもたちのひとり「ババールといたずらアルチュール」ロラン・ド・ブリュノフ作；矢川澄子訳　評論社（評論社の児童図書館・絵本の部屋　ぞうのババール6）　1975年6月

ぞう（フローラ）
はくらんかいでほかのけものたちとなかよくなったぞうのおうさまババールのこども「ババールのはくらんかい」ロラン・ド・ブリュノフ作；矢川澄子訳　評論社（評論社の児童図書館・絵本の部屋　ぞうのババール8）　1975年10月

そう

ぞう(ふろーら)
ぴくにっくにいったぞうのばばーるの3びきのこどもたちの1ぴき 「ババールのピクニック」 ローランド・ド・ブリューノフ原作；那須辰造訳　講談社(フランス生まれのババール絵本6) 1966年1月

ぞう(ホートン)
ジャングルヌールのいけで水あびをしていて小さいほこりの上にこびとがたすけをよんでいるようなこえをきいたぞう 「ぞうのホートンひとだすけ」 ドクター・スース作・絵；ホルスト・レムケ絵；渡辺茂男訳　偕成社　1985年4月

ぞう(ホートン)
なまけどりのメイジーにたのまれて357日のあいだかわりにたまごをあたためつづけたしょうじきもののぞう 「ぞうのホートンたまごをかえす」 ドクター・スース作・絵；白木茂訳　偕成社　1968年8月

ぞう(ポム)
ぞうのおうさまババールといっしょにとりのしまへいった3にんのこどもたちのひとり 「ババールとりのしまへ」 ロラン・ド・ブリュノフ作；矢川澄子訳　評論社(評論社の児童図書館・絵本の部屋　ぞうのババール7)　1975年10月

ぞう(ポム)
ぞうのおうさまババールといっしょにボンヌトロンプじょうへひっこした3にんのこどもたちのひとり 「ババールのひっこし」 ロラン・ド・ブリュノフ作；矢川澄子訳　評論社(評論社の児童図書館・絵本の部屋　ぞうのババール10)　1975年10月

ぞう(ポム)
ぞうのおうさまババールのみつごのこどものひとり 「ババールくるまでピクニック」 L.ド・ブリュノフ作；しまづさとし訳；おのかずこ文　評論社(ミニ・ババール7)　1976年3月

ぞう(ポム)
ぞうのおうさまババールのみつごのこどものひとり 「ババールのおにわ」 L.ド・ブリュノフ作；しまづさとし訳；おのかずこ文　評論社(ミニ・ババール6)　1976年3月

ぞう(ポム)
ぞうのくにでだれもしらなかったほらあなをみつけたぞうのおうさまババールのこども 「ババールとグリファトンきょうじゅ」 ロラン・ド・ブリュノフ作；矢川澄子訳　評論社(評論社の児童図書館・絵本の部屋　ぞうのババール9)　1975年10月

ぞう(ポム)
ぞうのババールとスキーへいったみつごのこどものひとり 「ババールスキーじょうへ」 L.ド・ブリュノフ作；しまづさとし訳；おのかずこ文　評論社(ミニ・ババール4)　1975年12月

ぞう(ポム)
ぞうのババールのはしかにかかったみつごのこどものひとり 「ババールとおいしゃさん」 L.ド・ブリュノフ作；しまづさとし訳；おのかずこ文　評論社(ミニ・ババール1)　1975年12月

ぞう(ポム)
ぞうのババール王さまのこども 「ババール王さまのかんむり」 ロラン・ド・ブリュノフ作・絵；渡辺茂男文　日本パブリッシング(ビギナーブックシリーズ)　1969年1月

ぞう(ポム)
なつやすみにうみべへでかけたぞうのおうさまババールの3にんのこどもたちのひとり 「ババールといたずらアルチュール」 ロラン・ド・ブリュノフ作;矢川澄子訳 評論社(評論社の児童図書館・絵本の部屋 ぞうのババール6) 1975年6月

ぞう(ポム)
はくらんかいでほかのけものたちとなかよくなったぞうのおうさまババールのこども 「ババールのはくらんかい」 ロラン・ド・ブリュノフ作;矢川澄子訳 評論社(評論社の児童図書館・絵本の部屋 ぞうのババール8) 1975年10月

ぞう(ぽむ)
ぴくにっくにいったぞうのばばーるの3びきのこどもたちの1ぴき 「ババールのピクニック」 ローランド・ド・ブリューノフ原作;那須辰造訳 講談社(フランス生まれのババール絵本6) 1966年1月

ぞう(マリーゴールド)
ふさふさの毛がはえていた子ぞうのトビアスがジャングルのそとであったおんなの子のぞう 「毛ながのぞうトビアス」 ベルナデッテ・ワッツ作;友近百合枝訳 ほるぷ出版 1980年4月

象(モチ) ぞう(もち)
インドの小さな村に住む男の子アルーンと大のなかよしの大きなゾウ 「村にダムができる」 クレーヤ・ロードン文;ジョージ・ロードン絵;光吉夏弥訳 岩波書店(岩波の子どもの本) 1954年9月

ぞう(モリス)
りょうしがやってくるのでかくれようとしてもかくればしょがなくてこまってしまったぞう 「かくれんぼぞうさん」 デービッド・マクフェイル作・絵;中川健蔵訳 トモ企画 1983年1月

ぞう(レレブム)
なかまとちがってしっぽのさきまでまっさおなのがいやでみどりのものばかりたべてはいろのふつうのぞうになろうとしたぞう 「ぞうさんレレブム」 ビネッテ・シュレーダー文・絵;矢川澄子訳 岩波書店(岩波の子どもの本) 1978年9月

ゾウガメ(ロンサム・ジョージ)
動物たちの最後の楽園ないない谷にくらしているガラパゴスゾウガメ 「ないない谷の物語1 ようこそないない谷へ」 インマ・ドロス;ハリー・ギーレン文;マイケル・ジュップ絵;舟崎克彦訳 ブック・ローン出版 1982年11月

ぞうさん
ものほしのつなをはなにまいてさんぽしていていどにおちたちいさいぞうさん 「いどにおちたぞうさん」 マリー・ホール・エッツ作;田辺五十鈴訳 冨山房 1978年2月

ぞうさん
ゆめのくにの村のかねつきのぞうさん 「ゆめのくにへいく」 カルラ・ハンセン;ウィルヘルム・ハンセン原作;水木しげる訳 フレーベル館(こぐまのぺちの絵本4) 1972年8月

ぞうさん
わんぱくちびをせなかにのせてまちにでかけていったぞうさん 「ちょうだい!」 エルフリーダ・ヴァイポント作;レイモンド・ブリッグズ絵;こばやしただお訳 篠崎書林 1977年9月

そうさ

ゾウさん
かわのなかのかれきのえだにつかまっていたアリくんをぶじつれもどしてやったゾウさん 「アリくんとゾウさん」ビル・ピート作・絵；山下明生訳 佼成出版社(ピートの絵本シリーズ5) 1982年1月

象さん ぞうさん
朝から夕方まで草を食べ葉っぱを食べて大きな丸いおだんごを作った象さん 「ぞうさんのおだんご」ヘルメ・ハイネ作；北杜夫訳 エイプリル・ミュージック 1978年6月

ぞうのおじさん
かあさんととうさんがふねにのってたびにでてひとりぼっちになってしまったぞうのおとこのこのへやにやってきたおじさん 「ぼくのおじさん」アーノルド・ローベル作；三木卓訳 文化出版局 1982年6月

ソクラート
浜辺の集落の首領の年をとった海豹 「雪国の豹オレッグ」ジャン＝クロード・ブリスビル文；ダニエル・ブール絵；串田孫一訳 集英社 1980年12月

ゾーシャ
こぐまのミーシャのともだちの女の子 「かえってきたミーシャ」チェスワフ・ヤンチャルスキ文；ズビグニエフ・ルイフリツキ絵；坂倉千鶴訳 ほるぷ出版 1985年5月

ゾーシャ
だれもかってくれないのでおもちゃやからおもてへでてぬいぐるみのこぐまのミーシャをうちにつれていってくれた女の子 「ミーシャのぼうけん」チェスワフ・ヤンチャルスキ文；ズビグニエフ・ルィフリツキ絵；坂倉千鶴訳 ほるぷ出版 1985年5月

ソーセージ
おんなのこのおとなりのいぬがうんだこいぬ 「こいぬがうまれるよ」ジョアンナ・コール文；ジェローム・ウェクスラー写真；つぼいいくみ訳 福音館書店 1982年11月

ソニア
よるいえのまえでたおれていたくまのバリエをかいほうしてにがしてあげたおんなのこ 「しっているのはソニアだけ」マリー・ジョゼ・サクレ作・.絵；寺村輝夫文 学習研究社(国際版せかいのえほん9) 1985年1月

そばかすくん
学校へ行くとちゅうで高い石のへいのむこうにあるふしぎな庭へはいっていった5人の男の子たちのひとり 「ふしぎな庭」イージー・トゥルンカ作；井出弘子訳 ほるぷ出版 1979年2月

ソーバン
えさをもとめてこやにあらわれたおおやまねこにねつびょうにかかったからだでひっしにたちむかったしょうねん 「しょうねんとおおやまねこ」シートン原作；小林清之介文；伊藤悌夫絵 チャイルド本社(チャイルド絵本館・シートン動物記12) 1985年3月

ソフィ
なかよしのジャンルとふたりでいなかのもりやはやしでいろんなとりをみつけたおんなのこ 「のうえんのジャンルとソフィ」マルセル・マルリエ作・絵；黒木義典訳；板谷和雄文 ブックローン出版(ファランドールえほん24) 1984年1月

ソフィ
なかよしのジャンルとふたりでかわにすむとりをさがしにいったおんなのこ 「かわのジャンルとソフィ」 マルセル・マルリエ作・絵;黒木義典訳;板谷和雄文 ブックローン出版(ファランドールえほん26) 1984年1月

ソフィ
なかよしのジャンルとふたりでにわにいるいろんなどうぶつをさがしにいったおんなのこ 「にわのジャンルとソフィ」 マルセル・マルリエ作・絵;黒木義典訳;板谷和雄文 ブックローン出版(ファランドールえほん23) 1984年1月

ソフィ
なかよしのジャンルとふたりでもりへいろんなとりやどうぶつをさがしにいったおんなのこ 「もりのジャンルとソフィ」 マルセル・マルリエ作・絵;黒木義典訳;板谷和雄文 ブックローン出版(ファランドールえほん25) 1984年1月

ソフィ
なかよしのジャンルとやすみをヨーロッパアルプスのやまですごすことになったおんなのこ 「やまのジャンルとソフィ」 マルセル・マルリエ作・絵;黒木義典訳;板谷和雄文 ブックローン出版(ファランドールえほん27) 1984年1月

ソフィ
なかよしのジャンルとロビンソン・クルーソーのほんをよんでともだちといっしょにもりでこやをつくったおんなのこ 「こやをたてるジャンルとソフィ」 マルセル・マルリエ作・絵;黒木義典訳;板谷和雄文 ブックローン出版(ファランドールえほん28) 1984年1月

ソフィ
なつやすみになかよしのジャンルとふたりでうみへいったおんなのこ 「うみのジャンルとソフィ」 マルセル・マルリエ作・絵;黒木義典訳;板谷和雄文 ブックローン出版(ファランドールえほん22) 1984年1月

ソフィア
村のかそうパーティーの日に赤いロバのロゼットにのってでかけていったかわいい少女 「ロゼット」 ドロテー・ドゥンツェ絵;ジャネット・B.フロー作;ウィルヘルム・きくえ訳 太平社 1985年5月

ソフィーさん
ナイルからはるばるパリまでやってきたわににひとのみにされてしまったわにのかわのしなものをうるみせのうりこさん 「わにくん」 ペーター・ニクル作;ビネッテ・シュレーダー絵;やがわすみこ訳 偕成社 1980年1月

ソフィさん
ミミというおんなのこにミルクをのませるためにやぎのビケットをきしゃにのせておくったおんなのひと 「しろいやぎビケット」 フランソワーズ絵・文;曽野綾子訳 講談社(世界の絵本アメリカ) 1971年7月

ソープニイさん
おんなのこのうちにママとおしごとのはなしをするためにきたおきゃくさま 「おきゃくさま」 ヘレン・オクセンバリー作・絵;なかむらくみこ訳 ほるぷ出版(はじめてのえほん8) 1985年3月

そめも

そめものや
むかしビルマの国の大きな川がながれるそばのある町に友だちのやきものやとふたりなかよくすんでいたそめものや 「ゾウをいれるつぼ-ビルマの昔話」 木島始訳；山内亮絵 小学館（世界のメルヘン絵本14） 1978年9月

ソール
たいせつなたからのハンマー・ミョルニルを巨人にうばわれたたたかいの神、オージンのむすこ 「はなよめになった神さま-アイスランド・エッダより」 シーグルズル・ブリニョウルフソン絵；すがわらくにしろ訳 ほるぷ出版 1982年11月

ソレル
ぶたのピッグさんのうちにやってきたあやしいベビーシッターのおばさんのウルフをつかまえたこぶた 「こぶたのおるすばん」 メアリー・レイナー作・絵；岡本浜江訳 偕成社 1979年12月

そんごくう
てんじくにおきょうをうけとりにいくえらいおぼうさんのさんぞうほうしのでしになったさる 「さいゆうき」 ごしょうおん作；奥野信太郎文；渡辺学絵 世界出版社（ABCブック） 1969年11月

そんちょうさん
ぞうのホートンの目についた小さいほこりの上にあったこびとのむらのそんちょうさん 「ぞうのホートンひとだすけ」 ドクター・スース作・絵；ホルスト・レムケ絵；渡辺茂男訳 偕成社 1985年4月

ソンドラック
おうさまおかかえのまほうつかいメルリックをおいだそうとしてやってきたわるいまほうつかい 「まほうつかいのまほうくらべ」 デイビッド・マッキー文・絵；安西徹雄訳 アリス館牧新社 1978年4月

ソンドラック
まほうつかいのメルリックがつかえるおうさまのペットのどうぶつたちをぬすんだわるいまほうつかい 「まほうつかいとペットどろぼう」 デイビッド・マッキー文・絵；安西徹雄訳 アリス館牧新社 1979年8月

【た】

たいしょう
デュモレさんののうじょうにいたにわとりのむれのなかでちからがつよくてとてもいばっていたおおきなおんどり 「ちゃぼのバンタム」 ルイーゼ・ファティオ作；ロジャー・デュボアザン絵；乾侑美子訳 佑学社 1979年1月

ダイダロス
イカロスのとうさん 「イカロスのぼうけん-ギリシア神話」 三木卓再話；井上悟画 福音館書店 1971年9月

たいよう
アフリカのむらびとたちがあつくて「たいようがいなければいいのになあ」といったのをきいておこってきたのくにへいったたいよう 「マブウとたいよう」 三浦幸子絵；レスリー・ゲルティンガー作　福武書店　1983年10月

たいよう
お月さまがまだいちどもみたことがないというしたのせかいをあんないしてみせてじまんしたたいよう 「お月さまのさんぽ」 ブライアン・ワイルドスミス文・絵；わたなべひさよ訳　らくだ出版　1983年11月

たいよう
きたかぜとふたりでたびびとがきているコートをどちらがぬがせることができるかためしてみたたいよう 「きたかぜとたいよう」 ラ・フォンテーヌ文；ブライアン・ワイルドスミス絵；わたなべしげお訳　らくだ出版　1969年1月

たいよう
そらいっぱいにかがやくほしたちのなかでちきゅうがいっとうすきなたいよう 「わたしはたいよう」 サンチェス；パチェーコ作；シュベルト絵；中山知子；菊池亘訳　文研出版（文研世界の絵本　科学の絵本）1976年2月

たいよう
にんげんたちがじぶんをうやまうためにまいにち山にのぼってたき火をしなくなったのでがたをあらわすのをやめてしまったたいよう 「いなくなったたいよう」 シュチェパーン・ザブジェル作・絵；おおしまかおり訳　佑学社（ヨーロッパ創作絵本シリーズ1）1978年3月

たいよう
むかしはつきときょうだいでいっしょにくらしてこどもがいっぱいいたたいよう 「つきとたいよう-トーゴのはなし」 山室静文；川里哲也絵　コーキ出版（絵本ファンタジア5）1977年9月

たいよう
むかしむかしはじめんのうえにすんでいておおきないえをたててなかよしのみずをむかえようとしたたいよう 「たいようとつきはなぜそらにあるの？」 エルフィンストーン・デイレル文；ブレア・レント絵；岸野淳子訳　ほるぷ出版　1976年9月

太陽　たいよう
おおむかしのこときめられた空のとおり道をはなれて美しい女ティオーナにちかづいていったむこうみずでらんぼうだった若者の太陽 「太陽の子どもたち」 ジャン・カルー文；レオ・ディロン；ダイアン・ディロン画；渡辺茂男訳　ほるぷ出版　1982年2月

たいようの王さま　たいようのおうさま
たいようの国の王さま 「たいようの木のえだ-ジプシーの昔話」 フィツォフスキ再話；内田莉莎子訳；堀内誠一画　福音館書店　1985年11月

たいようのかみ
いのちのちからをやにかえてだいちにむかってとばしたたいようのかみ 「太陽へとぶ矢」 ジェラルド・マクダーモット作；神宮輝夫訳　ほるぷ出版　1975年11月

たいら

タイラー先生　たいらーせんせい
学校で二年生のロナルド・モーガンをおこってばかりいた先生「ついてないねロナルドくん」パトリシア・R.・ギフ作；スザンナ・ナティ絵；舟崎克彦訳　あかね書房（あかねせかいの本5）1981年3月

ダーウィン王さま（王さま）　だーうぃんおうさま（おうさま）
じぶんの国の空から雨でもゆきのようでもないウーベタベタをふらせようとしたディッド王こくの王さま「ふしぎなウーベタベタ」ドクタースース作；渡辺茂男訳　日本パブリッシング　1969年1月

ダウォコ
マナヒラン国のある村の村人たちをおびやかしていた悪いおに「ビモのおにたいじ―ジャワの影絵しばい」ヌロールスティッヒサーリン・スラムット再話；ノノ・スグルノ絵；松本亮訳　ほるぷ出版　1985年3月

タウザー
おうさまにたのまれてかいぶつガブラをくにからおいだしたいぬ「タウザーのかいぶつたいじ」トニー・ロス作；山脇恭訳　ペンタン（タウザーの本）1985年10月

タウザー
おばけやしきといわれるふるいいえにはいっていったいぬ「タウザーのおばけだぞー！」トニー・ロス作；山脇恭訳　ペンタン　1985年10月

タウザー
かわのほとりのいえにふねからじょうりくしてきたジャコウネズミたちをおいはらったいぬ「タウザーのなつやすみだいすき」トニー・ロス作；山脇恭訳　ペンタン（タウザーの本）1985年10月

タウザー
だれにもかれにもあっかんべえをしていたのでばちがあたってかおがあっかんべえをしたままになってしまったいぬ「タウザーのあっかんべえ！」トニー・ロス作；山脇恭訳　ペンタン（タウザーの本）1985年10月

タウザー
ねこのにゃんこにおたんじょうびのプレゼントにおつきさまがほしいといわれたいぬ「タウザーのおくりもの」トニー・ロス作；山脇恭訳　ペンタン（タウザーの本）1985年10月

タウザー
まじょをきからたすけおろしてあげてまほうのりんごをもらったいぬ「タウザーとまほうのりんご」トニー・ロス作；山脇恭訳　ペンタン（タウザーの本）1985年10月

タエテナシ
タエマナシ王子の乳母で力ある魔女「ばらになった王子」クレメンス・ブレンターノ文；リスベート・ツヴェルガー画；池田香代子訳　冨山房　1983年4月

タエマナシ王子　たえまなしおうじ
ロスミタル公爵のいもうとで美しいおひめさまのロザリーナに結婚をもうしこんだ王子「ばらになった王子」クレメンス・ブレンターノ文；リスベート・ツヴェルガー画；池田香代子訳　冨山房　1983年4月

たか
ミッションノビの村人たちのにわとりをとっていく大てきの一わのたか 「ねずみのたたかい-アメリカの昔話」 亀井俊介訳;エムナマエ絵 小学館(世界のメルヘン絵本20) 1979年3月

たきぎ男　たきぎおとこ
冒険のたびにでてたばかむすこの空とぶ船にのりこんだ七人の仲間たちの一人 「空とぶ船と世界一のばか-ロシアのむかしばなし」 アーサー・ランサム文;ユリー・シュルヴィッツ絵;神宮輝夫訳　岩波書店　1970年11月

ターキー・ラーキーおじさん
そらがおちてきたのをおうさまにしらせにいくといったひよこのひよっこちゃんたちについていってあげたしちめんちょう 「そらがおちる!?どうぶつむらはおおさわぎ」 リチャード・スキャリー作;吉田純子訳 ブック・ローン出版(スキャリーおじさんのどうぶつえほん2) 1979年5月

ダグラス
イングランドの鉄道でスクラップにされるところをにげだした機関車オリバーをたすけた機関車 「機関車のぼうけん」 ウィルバート・オードリー作;ガンバー・エドワーズ;ピーター・エドワーズ絵;桑原三郎;清水周裕訳 ポプラ社(汽車のえほん23) 1980年11月

ダグラス
ふとっちょのきょくちょうがスコットランドに貨物ようの機関車を一だいちゅうもんしたら二だいもやってきたふたごの機関車の一だい 「ふたごの機関車」 ウィルバート・オードリー作;ジョン・ケニー絵;桑原三郎;清水周裕訳 ポプラ社(汽車のえほん15) 1974年11月

ダグラス
港までつうじている支線をひきうけることになったダックをてつだっている機関車 「機関車オリバー」 ウィルバート・オードリー作;ガンバー・エドワーズ;ピーター・エドワーズ絵;桑原三郎;清水周裕訳 ポプラ社(汽車のえほん24) 1980年12月

たけむすめ
中国の金沙江のほとりにあった村で楠竹を育てていたまずしい親子のむすこのランパが美しい竹をさいてみると中にいたかわいい女の子 「たけむすめ-中国の昔話」 君島久子訳;丸木俊絵　小学館(世界のメルヘン絵本30) 1981年4月

たこ
しらないひろいせかいにいきたいとおもったしょうねんがつくったおおきなたこ 「たことしょうねん」 マックス・ベルジュイス作;楠田枝里子訳 ほるぷ出版 1980年12月

たこ(エミール)
うみにもぐっていたサモせんちょうをたすけてあげてせんちょうのいえでくらすことになったしんせつなたこ 「たことせんちょう」 トミー・ウンゲラー原作・画;ウエザヒル翻訳委員会訳 ウエザヒル出版社 1966年6月

たこ(エミール)
うみのそこでさめにおそわれていたサモファせんちょうをたすけてせんちょうのうちでいっしょにくらすことになったたこ 「エミールくんがんばる」 トミー・ウンゲラー作;今江祥智訳 文化出版局 1975年6月

たこ

たこ（オクト）
すみかにしていたいわあながふさがれてしまったのであたらしいすみかをさがしにでかけたたこ 「たこのオクト」 エブリン・ショー文；ラルフ・カーペンティア絵；杉浦宏訳 文化出版局 1978年4月

たこ（セピア）
おくさんをなくしてかなしみのあまりなかまたちのむれからとびだしてとおいたびにでたたこ 「ひとりぼっちのセピア」 M.ツェルーニ＝ザルベルグ文；イングリット・オルデン絵；清藤四郎訳 ほるぷ出版 1979年8月

ダスティ・ダッグウッド
のばらの村の小川のしもてにある粉ひき小屋ではたらく粉屋のねずみ 「小川のほとりで」 ジル・バークレム作；岸田衿子訳 講談社（のばらの村のものがたり） 1981年5月

タチアナ姫　たちあなひめ
ダドーン王のひとりむすこのイゴール王子がおきさきにむかえることになったお姫さま 「金のニワトリ」 エレーン・ポガニー文；ウイリー・ポガニー絵；光吉夏弥訳 岩波書店（岩波の子どもの本） 1954年4月

ターちゃん
うみべのすなはまにキャンプをしにきてさかなとりのめいじんのペリカンにあったおとこのこ 「ターちゃんとペリカン」 ドン・フリーマン作；西園寺祥子訳 ほるぷ出版 1975年10月

ダチョウ
日曜日に公園で見たわかいおじょうさんに恋をしたダチョウ 「ローベルおじさんのどうぶつものがたり」 アーノルド・ローベル作；三木卓訳 文化出版局 1981年5月

だちょう（フルフル）
豹の王子オレッグのいとこで乱暴ものの王アモクを誘惑した美人だちょう 「王子オレッグ故郷に帰る」 ジャン＝クロード・ブリスビル文；ダニエル・ブール絵；篠沢秀夫訳 集英社 1982年12月

ダッキー・ラッキーくん
そらがおちてきたのをおうさまにしらせにいくといったひよこのひよっこちゃんについていってあげたあひる 「そらがおちる!?どうぶつむらはおおさわぎ」 リチャード・スキャリー作；吉田純子訳 ブック・ローン出版（スキャリーおじさんのどうぶつえほん2） 1979年5月

ダック
あたらしく鉄道にやってきたディーゼル機関車にさんざんな目にあわされた機関車 「ダックとディーゼル機関車」 ウィルバート・オードリー作；ジョン・ケニー絵；桑原三郎；清水周裕訳 ポプラ社（汽車のえほん13） 1974年10月

ダック
大きなふねがでいりする港までつうじている支線をひきうけることになった機関車 「機関車オリバー」 ウィルバート・オードリー作；ガンバー・エドワーズ；ピーター・エドワーズ絵；桑原三郎；清水周裕訳 ポプラ社（汽車のえほん24） 1980年12月

ダック
大きな駅のそう車じょうにきたあたらしい機関車 「ちびっこ機関車パーシー」 ウィルバート・オードリー作;レジナルド・ドールビー絵;桑原三郎;清水周裕訳 ポプラ社(汽車のえほん11) 1974年7月

ダッコッコ
パパとママがニンジンとりにでかけたのでおにいさんうさぎといっしょにおるすばんをしたいもうとうさぎ 「ぼくとちいさなダッコッコ」 ウルフ・ニルソン作;エヴァ・エリクソン絵;掛川恭子訳 佑学社 1984年10月

タッソー
ギリシャのうみべのまちでいもうとのアテナとしょくどうではたらいてりょうしのおとうさんをたすけていたおとこのこ 「うみべのまちのタッソー」 ウイリアム・パパズ絵・文;バートン・サプリー作;じんぐうてるお訳 らくだ出版 1971年11月

ダッド
どんなむずかしいじけんでもねこのサムとふたりですぐにかいけつするめいたんてい 「スーパーマーケットじけん」 リチャード・スカーリー作・画;稲岡達子訳 偕成社(スカーリーおじさんのたんてい絵本) 1973年12月

たつのおとしご(シー)
うみにすむかわったかたちのさかなでおすのホーとなかよしになってたまごをうんだおんなのこのたつのおとしご 「たつのおとしご」 ロバート・A.モリス文;アーノルド・ローベル絵;杉浦宏訳 文化出版局 1976年3月

たつのおとしご(ホー)
うみにすむかわったかたちのさかなでおんなのこのシーとなかよしになってうまれたたまごをそだてたおすのたつのおとしご 「たつのおとしご」 ロバート・A.モリス文;アーノルド・ローベル絵;杉浦宏訳 文化出版局 1976年3月

たっぷすさん
ろんどんからやってきたいえのもちぬしのおいにながいあいだいっしょにくらしてきたいぬとあひるとぶたといえからおいだされることになったおばあさん 「もりのおばあさん」 ヒュウ・ロフティング文;光吉夏弥訳;横山隆一絵 岩波書店(岩波の子どもの本) 1954年9月

ダドレー
ぶたのピッグさんのけっこんのおいわいのプレゼントをまもるためにきせんのサリーごうにのりこんだゆうめいなたんていのぶた 「めいたんていサムとダドレー」 リチャード・スカリー作;渡辺茂男訳 講談社(講談社のピクチュアブック7) 1979年9月

ダドーン王　だどーんおう
むかしある国にいたもう年をとってのらりくらりとくらしていた名だかい王さま 「金のニワトリ」 エレーン・ポガニー文;ウイリー・ポガニー絵;光吉夏弥訳 岩波書店(岩波の子どもの本) 1954年4月

だにー
おかあさんのたんじょう日にあげるものをみつけにでかけたおとこのこ 「おかあさんだいすき」 マージョリー・フラック文・絵;大沢昌助絵;光吉夏弥訳 岩波書店(岩波の子どもの本) 1954年4月

たに

ダニー
ある島にくらす男の子でヴィオリンをひいてみたいと夢みていたクリスと大のなかよしの年下の男の子 「ヴァイオリン」 R.T.アレン文;G.パスティック写真;藤原義久;藤原千鶴子訳 評論社(児童図書館・絵本の部屋) 1981年6月

ダニー
おかあさんのたんじょうびにあげるものをさがしにでかけたおとこのこ 「くまさんにきいてごらん」 M.フラック作;木島始訳;おのかほる画 福音館書店 1958年5月

ダニー
はくぶつかんにいたいきたきょうりゅうにのってそとへあそびにいったおとこのこ 「きょうりゅうくんとさんぽ」 シド・ホフ作;乾侑美子訳 ペンギン社 1980年5月

タニウチュカ
森の王さまの大グマが村へ出かけたときにサーカス小屋で見て恋をした綱わたりの少女 「大グマと綱わたりの少女」 ジャン=クロード・ブリスビル文;ダニエル・ブール絵;新庄嘉章訳 集英社 1980年12月

ダニエレ
あるさむいあさこおったおがわでころんでやまのしたまでおがわのうえをすべりおちていったりす 「りすとこおり」 アッティリオ・カッシネリ絵;カレン・グントルプ作;岸田衿子訳 ひかりのくに(アッティリオとカレンのえほん) 1972年1月

ターニャ
とうさんとかあさんのいうことをきかずにワーニャとふたりでアフリカへいったこども 「おおわるもののバルマレイ」 コルネイ・チュコフスキー作;マイ・ミトウリッチ絵;宮川やすえ訳 らくだ出版 1974年12月

ダニーロ
3人兄弟のすえのむすこのイワンの兄さん 「せむしの小馬」 エルショフ作;コチェルギン絵;福井研介訳 新読書社(ソビエトの子どもの本) 1986年11月

たぬき(グリンバルト)
わるいことばかりしているきつねのライネケのおいのたぬき 「きつねのさいばん」 ゲーテ原作;二反長半文;山田三郎絵 世界出版社(ABCブック) 1970年1月

タビタ・トウィチット
こねこのトムとモペットとミトンのおかあさんねこ 「ひげのサムエルのおはなし」 ビアトリクス・ポター作・絵;いしいももこ訳 福音館書店(ピーターラビットの絵本14) 1974年2月

ダフィ
トローヴの郷士のラヴェルさんにやとわれて邸で編んだり紡いだりすることになったなまけものの娘 「ダフィと小鬼」 ハーヴ・ツェマック文;マーゴット・ツェマック画;木庭茂夫訳 冨山房 1977年10月

ダブダブ
ドリトル先生のおとものあひる 「ドリトル先生とかいぞく」 ヒュー・ロフティング;アル・パーキンス作;フィリップ・ウェンド絵;滑川道夫文 日本パブリッシング(ビギナーブックシリーズ) 1969年1月

ダフネ
ゆかいななかまと「長ぐつ号」にのりこんでぼうけんのたびへと出発した六ぴきの動物たちの一ぴき 「長ぐつ号の大ぼうけん-シンガポール」 キャサリン・チャパード文；チュア・アイ・ミー絵；崎岡真紀子；荒川豊子訳 蝸牛社(かたつむり文庫) 1984年12月

たまご
おんどりやあひるやざりがにやねこやいぬとりょこうにでかけたがちょうのたまご 「がちょうのたまごのぼうけん」 エバ・ザレンビーナ作；内田莉莎子訳；太田大八画 福音館書店 1985年4月

玉ねぎさん　たまねぎさん
雪の中でこごえていたサーカスの男の子をひきとった村の修道院の料理係のブラザー 「天国のサーカスぼうや」 ジョバンニ・ボネット作；ジーノ・ガビオリ絵；えびなひろ文 女子パウロ会 1981年1月

たまーら
ともだちになったどじょうのじょうすけからあるひあしのあるものはきらいだよといわれたおたまじゃくしのおんなのこ 「おたまじゃくしのたまーら」 マイケル・バナード作；吉田新一訳；竹山博絵 福音館書店 1982年6月

タム
運をつかさどるふたりの妖精のひとりのメイゼルがしあわせをもっていってやった村いちばんの貧乏な家の若者 「メイゼルとシュリメイゼル-運をつかさどる妖精たちの話」 アイザック・B.シンガー文；マーゴット・ツェマック画；木庭茂夫訳 冨山房 1976年11月

タラウェイ
トローヴの郷士ラヴェルさんにやとわれたなまけものの娘ダフィによばれてかわりに羊毛を編んだり紡いだりしてあげた小鬼 「ダフィと小鬼」 ハーヴ・ツェマック文；マーゴット・ツェマック画；木庭茂夫訳 冨山房 1977年10月

タルーク
ツンドラの子アツークがかりうどのおとうさんからもらったこいぬ 「アツーク-ツンドラの子」 ミッシャ・ダムヤン作；ジャン・カスティ絵；尾崎賢治訳 ペンギン社 1978年2月

タルケ
ヒマラヤで墜落した飛行機に乗っていた中国人のチャンを探しに行ったタンタンを案内したカトマンズで一番のシェルパ 「タンタンチベットをゆく」 エルジェ作；川口恵子訳 福音館書店(タンタンの冒険旅行5) 1983年11月

ダルベン
プリデイン国の第一の予言者 「コルと白ぶた」 ロイド・アリグザンダー作；エバリン・ネス絵；神宮輝夫訳 評論社(児童図書館・絵本の部屋) 1980年1月

タレッシュ
インドのボヌールというまちのちかくのおちゃばたけばかりのちゃつみぶらくにいたとくべつのなまけものでとうといえからおいだされたおとこのこ 「なまけもののタレッシュ」 ウイリアム・パパズ絵・文；じんぐうてるお訳 らくだ出版(オックスフォードえほんシリーズ10) 1971年11月

たん

だん
なみがあらいひにふねにのりうみになげだされたおとこのこ 「だん ふねにのる」 ディック・ブルーナ文・絵;石井桃子訳 福音館書店(子どもがはじめてであう絵本) 1985年1月

ダーン
ある日ほうきやぼろきれでかいじゅうにへんそうして「魔女の庭」にしのびこんだ七人の子どもたちのひとりの男の子 「魔女の庭」 リディア・ポストマ作;熊倉美康訳 偕成社 1983年4月

ダン
じぶんがはたらくえいがかんにやってきたやどなしねずみのマーサとともだちになったおとこのひと 「やどなしねずみのマーサ」 アーノルド・ローベル作;三木卓訳 文化出版局 1975年7月

タンカー
ともだちのちゃいろうさぎのティンカーとふたりでくるまにのってしごとさがしのたびにでたかば 「やってきたティンカーとタンカー」 リチャード・スカーリー作;小野和子訳 評論社(児童図書館・絵本の部屋) 1975年12月

タンカー
なかよしのうさぎのティンカーとふたりでアフリカへめずらしいちょうちょうをさがしにいったかば 「ティンカーとタンカーアフリカへ」 リチャード・スカーリー作;小野和子訳 評論社(ティンカーとタンカーの絵本6) 1978年11月

タンカー
なかよしのうさぎのティンカーとふたりでうちゅうせんをつくってつきりょこうをすることにしたかば 「ティンカーとタンカーのうちゅうせん」 リチャード・スカーリー作;小野和子訳 評論社(ティンカーとタンカーの絵本3) 1975年12月

タンカー
なかよしのうさぎのティンカーとふたり王女のけっこんしきにしょうたいされて円卓のくにへいったかば 「ティンカーとタンカーえんたくのくにへ」 リチャード・スカーリー作;小野和子訳 評論社(ティンカーとタンカーの絵本4) 1978年11月

タンカー
なかよしのちゃいろうさぎのティンカーとふたりでせいぶへたびをしたかば 「ティンカーとタンカーせいぶをゆく」 リチャード・スカーリー作;小野和子訳 評論社(ティンカーとタンカーの絵本2) 1975年12月

ダンカン
まえはこうじょうではたらいていたやたらにはねまわるぎょうぎのわるい機関車 「小さなふるい機関車」 ウィルバート・オードリー作;ジョン・ケニー絵;桑原三郎;清水周裕訳 ポプラ社(汽車のえほん14) 1974年10月

ダンカン
森のなかのみずうみにつうじている小さな鉄道をはしるふへいやの機関車 「ゆうかんな機関車」 ウィルバート・オードリー作;ジョン・ケニー絵;桑原三郎;清水周裕訳 ポプラ社(汽車のえほん17) 1980年8月

ダンコ
シルデックの町にいたいつもいっしょにあそぶ五人のなかよしの子どもたちの一人 「いたずらっ子とおまわりさん」 P.バイスマン作;D.ズイラッフ画;桂芳樹訳 小学館(世界の創作童話5) 1979年7月

たんじょう日どり(とり) たんじょうびどり(とり)
カトルーこくでたんじょう日がくるととんできてなんでもしてくれるりこうでげいたっしゃなとり 「おたんじょう日おめでとう」 ドクタースース作;渡辺茂男訳 日本パブリッシング 1971年1月

タンタン
インカ帝国の墓を調査した学者たちが謎の奇病にかかる事件を調べる少年記者 「ななつの水晶球」 エルジェ作;川口恵子訳 福音館書店(タンタンの冒険旅行6) 1985年10月

タンタン
スコットランドのキルトッホ沖の黒島へ行き国際的なニセ札偽造団のアジトを見つけた少年ルポライター 「黒い島のひみつ」 エルジェ作;川口恵子訳 福音館書店(タンタンの冒険旅行1) 1983年4月

タンタン
トロール船に乗って軍艦ユニコーン号とともに沈んだ海賊レッド・ラッカムの宝を探しに行った少年記者 「レッド・ラッカムの宝」 エルジェ作;川口恵子訳 福音館書店(タンタンの冒険旅行4) 1983年10月

タンタン
ハドック船長の先祖アドック卿が乗っていたフランス海軍の軍艦ユニコーン号の模型を手に入れた少年ルポライター 「なぞのユニコーン号」 エルジェ作;川口恵子訳 福音館書店(タンタンの冒険旅行3) 1983年10月

タンタン
ヒマラヤで墜落した飛行機に乗っていた中国人の友だちチャンを探しに行った少年記者 「タンタンチベットをゆく」 エルジェ作;川口恵子訳 福音館書店(タンタンの冒険旅行5) 1983年11月

タンタン
北極海に落ちた隕石のかけらを手に入れるため調査隊の船オーロラ号に乗った少年ルポライター 「ふしぎな流れ星」 エルジェ作;川口恵子訳 福音館書店(タンタンの冒険旅行2) 1983年4月

タンタン
誘拐されたビーカー教授を追ってペルーを訪れた少年記者 「太陽の神殿」 エルジェ作;川口恵子訳 福音館書店(タンタンの冒険旅行7) 1985年10月

【ち】

チイおばさん
こびとのチュルルタン村のそばのカエル沼にすむカエルのおばさん 「こびとの村のカエルじけん」 A.シャープトン文;G.ミューラー絵;岸田今日子訳 文化出版局 1984年3月

ちいさいおうち
いんかのしずかなところにしっかりじょうぶにたてられたちいさいきれいなうちでまわりがまちになってしまってもそこにたっていたおうち 「ちいさいおうち」 バージニア・リー・バートン文・絵；いしいももこ訳　岩波書店　1965年12月

小さい男の子（男の子）　ちいさいおとこのこ（おとこのこ）
道ばたのみぞでぼうしをひろった小さい男の子 「三月のかぜ」 イネス・ライス文；ブラディミール・ボブリ絵；神宮輝夫訳　講談社（世界の絵本アメリカ）　1972年3月

小さな帽子の男　ちいさなぼうしのおとこ
都にのりこんできた六人組の一人で帽子をまっすぐかぶるとあたりをいっぺんに冷たくする男 「天下無敵六人組」 グリム作；C.ラポワント絵；宗左近訳　文化出版局　1980年12月

小さなムック（ムック）　ちいさなむっく（むっく）
ニケアの町にひとりぼっちで住んでいたこびとで頭が人なみはずれて大きかったので<小さなムック>とよばれてよく子どもたちからからかわれていた男 「小さなムックの物語」 ウィルヘルム・ハウフ作；ウラジミール・マッハイ絵；小林佳代子訳　佑学社（世界の名作童話シリーズ）　1978年7月

チェチギじいさん
朝鮮の東海岸にあるつづみ村でふしぎな力をもつにじ色のばちを村のたからものとしてまもっていたおじいさん 「天馬とにじのばち」 蔡峻絵；梁裕子文　朝鮮青年社　1985年10月

チカラ
まま母にじゃま者あつかいにされていた男の子のなかよしのおうし 「男の子とチカラ—グルジアの民話」 かんざわとしお訳；小宮山量平編　理論社　1973年4月

ちからもち
イ族の村にすんでいたとしよりのふうふが池のほとりにあらわれた白いかみの老人からさずかった九人の子どもの一人 「王さまと九人のきょうだい—中国の民話」 君島久子訳；赤羽末吉絵　岩波書店　1969年11月

力持ち　ちからもち
背丈が30センチくらいの青い肌をした森の精スマーフの力持ちのスマーフ 「100人めのスマーフ」 ペヨ作；村松定史訳；小川悦子編　セーラー出版（スマーフ物語6）　1985年10月

力持ち　ちからもち
背丈が30センチくらいの青い肌をした森の精スマーフの力持ちのスマーフ 「キングスマーフ」 ペヨ作；村松定史訳；小川悦子編　セーラー出版（スマーフ物語2）　1985年10月

力持ち　ちからもち
背丈が30センチくらいの青い肌をした森の精スマーフの力持ちのスマーフ 「コスモスマーフ」 ペヨ作；村松定史訳；小川悦子編　セーラー出版（スマーフ物語9）　1986年4月

力持ち　ちからもち
背丈が30センチくらいの青い肌をした森の精スマーフの力持ちのスマーフ 「さすらいのスマーフ」 ペヨ作；村松定史訳；小川悦子編　セーラー出版（スマーフ物語8）　1986年4月

力持ち　ちからもち
背丈が30センチくらいの青い肌をした森の精スマーフの力持ちのスマーフ「スマーフシンフォニー」ペヨ作；村松定史訳；小川悦子編　セーラー出版（スマーフ物語5）1985年10月

力持ち　ちからもち
背丈が30センチくらいの青い肌をした森の精スマーフの力持ちのスマーフ「怪鳥クラッカラス」ペヨ作；村松定史訳；小川悦子編　セーラー出版（スマーフ物語7）1986年2月

力持ち　ちからもち
背丈が30センチくらいの青い肌をした森の精スマーフの力持ちのスマーフ「見習いスマーフ」ペヨ作；村松定史訳；小川悦子編　セーラー出版（スマーフ物語10）1986年6月

チカラモチさん
せかいでもっともちからのつよいひと「チカラモチさん」ロジャー・ハーグレーヴス作；たむらりゅういち訳　評論社（みすた・ぶっくす17）1985年12月

チキート
インカ帝国最後の子孫でペルーのインディオ・ケチュア族の男「太陽の神殿」エルジェ作；川口恵子訳　福音館書店（タンタンの冒険旅行7）1985年10月

チギレグモ
いもうとのカガヤクヒトミとおかのたんけんにでかけ道にまよってハイイロオオカミのすみかのほらあなにはいりこんだインディアンのしょうねん「オオカミのうた」ポール・ゴーブル；ドロシー・ゴーブル作；大中弥生子訳　ほるぷ出版　1981年3月

チチとチッチイ
スイスの山おくのカンテルドンという村にすむビトリンとバベティンの家のうしろのメギの木に巣をつくったちいさいウグイスたち「ナシの木とシラカバとメギの木」アロイス・カリジェ文・絵；大塚勇三訳　岩波書店　1970年11月

チック
ひとつになったたんじょう日にかの女のチリカとけっこんして一しょにくらすことにしたあたまの赤い若ものすずめ「わんぱくすずめのチック」ビアンキ作；チャルーシン絵；おちあいかこ；あさひみちこ訳　新読書社　1983年12月

ちっぽけなおばあさん（おばあさん）
森の中のいっけん家にともにくらしていた三びきのくまがさんぽしているまに家にやってきたちっぽけなおばあさん「三びきのくま」ジェイコブズ文；鈴木佐知子訳；岩村和朗絵　小学館（世界のメルヘン絵本11）1978年6月

チッポケ・マチアス（マチアス）
ちいさくて雪のようにまっしろなおじょうさん機関車をつくったちびの発明家「ラ・タ・タ・タム－ちいさな機関車のふしぎな物語」ペーター・ニクル文；ビネッテ・シュレーダー絵；矢川澄子文　岩波書店　1975年7月

チネルフェ
スウェーデンのげんしじんヘーデンホスおやこをじぶんのくにカナリアしょとうへさそったぼうたかとびのせんせい「バナナボート」バッティル・アルムクビスト絵・文；やまのうちきよこ訳　徳間書店（げんしじんヘーデンホスシリーズ4）1974年10月

チビ
おひゃくしょうさんが目のまえでころそうとしたのをお父さんと女の子と男の子の3人がもらってマンションにつれてかえったこぶた 「かわいいこぶた」 ウルフ・ニルソン作；エヴァ・エリクソン絵；木村由利子訳 佑学社 1984年9月

チビ
スイスのたかい山のなかの村でヤギかいの少年マウルスがシュチーナおばあさんからあずかっているヤギ 「マウルスと三びきのヤギ」 アロワ・カリジェ文・絵；大塚勇三訳 岩波書店 1969年11月

ちび（おとこのこ）
ぞうさんのせなかにのってまちにでかけていったわんぱくちび 「ちょうだい！」 エルフリーダ・ヴァイポント作；レイモンド・ブリッグズ絵；こばやしただお訳 篠崎書林 1977年9月

ちびうさぎ（うさぎ）
肉屋行きのうさぎをふとらせているうさぎ工場から逃げだしてはい色うさぎといっしょに外へ出たちびうさぎ 「うさぎのぼうけん」 イェルク・ミュラー絵；イェルク・シュタイナー文；佐々木元訳 すばる書房 1978年5月

ちびおに
おとこのこをこわがっていたさんびきのちいさなわるもののいっぴき 「こわーいおはなし」 トーネ・ジョンストン作；トミー・デ・パオラ絵；三木卓訳 佑学社（アメリカ創作絵本シリーズ20） 1981年3月

ちびかたつむり
せかいいちおおきなうちがほしいなとおもってうちをどんどんおおきくしておとぎのおしろみたいにしてしまったかたつむり 「せかいいちおおきなうち」 レオ・レオニ作；谷川俊太郎訳 好学社 1978年1月

ちびきかんしゃ
イギリスのいなかのリトル・スノーリング村のきかん庫で生まれてある朝支線からにげ出してぼうけんをはじめたちびきかんしゃ 「小さなきかんしゃ」 グレアム・グリーン文；エドワード・アーディゾーニ絵；阿川弘之訳 文化出版局（グレアム・グリーンの乗りもの絵本） 1975年11月

ちびくま
おおきなきのみきをくりぬいてつくったいえにすんでいたくまさんいつかのおとこのこ 「くまさんいつかあかちゃんうまれる」 スタン・ベレンスタイン；ジャン・ベレンスタイン作；渡辺茂男訳 講談社（講談社のピクチュアブック2） 1979年5月

ちびくまくん
なかよしのちびとらくんとふたりであこがれのくにパナマへたびだったちびのくま 「パナマってすてきだな」 ヤーノシュ作・絵；矢川澄子訳 あかね書房（あかねせかいの本3） 1979年9月

ちびくろ・サンボ（サンボ）
ジャングルへさんぽにでかけてとらたちにあたらしいようふくやくつやかさをとられたかわいらしいおとこのこ 「ちびくろ・サンボ」 井江春代画；天神しずえ文 ひかりのくに（世界名作えほん全集19） 1966年1月

ちびくろ・さんぽ（さんぽ）
じゃんぐるへさんぽにでかけてとらたちにきれいなきものやかさをとられてしまったおとこの子　「ちびくろ・さんぽ」　へれん・ばんなーまん文；ふらんく・どびあす絵；光吉夏弥訳　岩波書店（岩波の子どもの本）　1953年12月

ちびくろサンボ（サンボ）
あたらしいふくをきてジャングルへさんぽにでかけたちいさなおとこのこ　「ちびくろサンボのぼうけん」　バンナーマン原作；神宮輝夫文；瀬川康男絵　偕成社　1966年7月

ちびくん
おじいちゃんとおばあちゃんとおさんぽにいっていろんなものをみたおとこのこ　「わんぱくちびくん　みてみて」　インゲル・サンドベルイ；ラッセ・サンドベルイ作；木村由利子訳　講談社（講談社の幼児えほん）　1985年11月

ちびくん
からだがちょうどピンのたかさのとてもちびな子　「ちびくん」　ロジャー・ハーグレーヴス作；たむらりゅういち訳　評論社（みすた・ぶっくす5）　1976年6月

ちびくん
だいどころでおじいちゃんがパンケーキをやくおてつだいをしたおとこのこ　「わんぱくちびくん　おてつだい」　インゲル・サンドベルイ；ラッセ・サンドベルイ作；木村由利子訳　講談社（講談社の幼児えほん）　1985年11月

ちびくん
学校へ行くとちゅうで高い石のへいのむこうにあるふしぎな庭へはいっていった5人の男の子たちのひとり　「ふしぎな庭」　イージー・トゥルンカ作；井出弘子訳　ほるぷ出版　1979年2月

ちび三郎　ちびさぶろう
子どもをたべてその骨をかきねにする魔女がすむという森へあそびにいった3人きょうだいのいちばん下の子　「ちび三郎と魔女-トルコむかしばなし」　バーバラ・ウォーカー文；マイケル・フォアマン絵；瀬田貞二訳　評論社（児童図書館・絵本の部屋）　1979年10月

ちびさん
あるばんベッドからとびだしていけにいってきつねにつかまったがちょうのこ　「おつきさんどうしたの」　E.M.プレストン文；B.クーニー絵；岸田衿子訳　岩波書店（岩波の子どもの本）　1979年9月

ちびしょうぼうしゃ
イギリスのリトル・スノーリング村で年とったしょうぼう夫のサムじいさんと仕事をしていた小さなしょうぼうしゃ　「小さなしょうぼうしゃ」　グレアム・グリーン文；エドワード・アーディゾーニ絵；阿川弘之訳　チャイルド本社　1975年11月

ちびちび
かわいくてみんなからすかれていたちいさなゴリラ　「ちびゴリラのちびちび」　ルース・ボーンスタイン作；岩田みみ訳　ほるぷ出版　1978年8月

ちびちゃん
とりのでかさんにとびかたをおしえてやるといわれてだまされてきのうのうえのすになげこまれたむし 「ともだちばんざい」 ロバート・タロン文・絵；山本けい子訳 ぬぷん児童図書出版（でかとちび1） 1983年11月

ちびっこ（おとこのこ）
おおきなりんごのきとなかよしになったちびっこ 「おおきな木」 シエル・シルヴァスタイン作・絵；ほんだきんいちろう訳 篠崎書林 1976年11月

ちびっ子（女の子）　ちびっこ（おんなのこ）
綱わたりの少女に恋をした大グマが自分からはいったサーカス団にいた親のない子供で大グマとなかよしになった女の子 「大グマと綱わたりの少女」 ジャン=クロード・ブリスビル文；ダニエル・ブール絵；新庄嘉章訳 集英社 1980年12月

ちびっこかえる（かえる）
ぬまのなかのたまごからうまれてかあさんもとうさんもしらないのでとうさんやかあさんがほしくてたまらないちびっこかえる 「ちびっこかえる」 ツウィフェロフ原作；宮川やすえ訳・文；かみやしん絵 国土社（やっちゃん絵本5） 1983年5月

ちびとら
魚つりにでかけた友だちのこぐまにむこうからてがみをちょうだいといったちびとら 「とらくんへのてがみ」 ヤーノシュ作；野口純江訳 文化出版局 1982年9月

ちびとらくん
なかよしのちびくまくんとふたりであこがれのくにパナマへたびだったちびのとら 「パナマってすてきだな」 ヤーノシュ作・絵；矢川澄子訳 あかね書房（あかねせかいの本3） 1979年9月

チビのしたてや
ひとうちではえを七つやっつけたとおおいばりでちからくらべのたびにでたチビのしたてや 「いさましいチビのしたてや」 グリム原作；清水三枝子文；赤星亮衛絵 世界出版社（ABCブック） 1969年12月

ちびの仕立屋（仕立屋）　ちびのしたてや（したてや）
ひとうちで七ひきもはえをやっつけた自分のいさましさを世界じゅうに知らせようと世の中へでていったちびの仕立屋 「ゆうかんなちびの仕立屋さん－グリム童話より」 スベン・オットー絵；矢川澄子訳 評論社（児童図書館・絵本の部屋） 1982年4月

チビムーロン
こびとの村のチュルルタン村のまじゅつしのこびと 「こびとの村のクリスマス」 A.シャプートン文；G.ミューラー絵；岸田今日子訳 文化出版局 1984年11月

チビムーロン
ペチャクチャ谷にすむこびとチュルルタンたちのなかでもとくべつ小さいまじゅつしのおとこのこ 「こびとの村のおひさまワイン」 A.シャプートン文；G.ミューラー絵；岸田今日子訳 文化出版局 1984年3月

ちむ

チビムーロン
ペチャクチャ谷にすむこびとのチュルルタンたちのなかでもとくべつ小さいまじゅつしのおとこのこ 「こびとの村のひっこしさわぎ」 A.シャプートン文；G.ミューラー絵；岸田今日子訳 文化出版局 1985年4月

ちびやぎ（やぎ）
アルプスのまきばでやぎかいのしごとをするヤンコのおきにいりのきかんぼのちびやぎ 「おおかみとちびやぎ」 ミッシャ・ダムヤン作；マックス・ヴェルジュイス絵；芦野あき訳 佑学社 1986年9月

ちびローラー
クリスマス・イブの朝にロンドン空港に着いたみつゆ団の男キングをやっつけた小さなじょう気ローラー 「小さなローラー」 グレアム・グリーン文；エドワード・アーディゾーニ絵；阿川弘之訳 文化出版局（グレアム・グリーンの乗りもの絵本） 1976年3月

ちびわにくん
ほかのどうぶつをたべたりなんかしないいつもゆかいなわにだったのでかわをでてイグラウのどうぶつえんへいこうとおもったちいさなわに 「わにくんイグラウへいく」 ヤーノシュ作；楠田枝里子訳 文化出版局 1979年6月

チミー・ウィリー
やさいをまちへはこぶかごにはいってにばしゃにのせられてまちへいったねずみ 「まちねずみジョニーのおはなし」 ビアトリクス・ポター作・絵；いしいももこ訳 福音館書店（ピーターラビットの絵本9） 1972年5月

チム
あたらしいふねクラリベルごうにともだちのジンジャーとのせてもらってのりくみいんとおなじようにはたらいたおとこのこ 「チムふねをすくう」 エドワード・アーディゾーニ作・絵；渡辺茂男訳 瑞木書房 1982年8月

チム
くつのなかにすんでいたねずみのかぞくのおとこのこ 「くつのなかのねずみ」 ロドニー・ペッペ作・絵；小沢正訳 フレーベル館 1984年9月

チム
くつのなかにすんでかごつくりをしごとにしていたねずみのかぞくのおとこのこ 「そらとぶバスケット」 ロドニー・ペッペ作・絵；小沢正訳 フレーベル館 1985年9月

チム
たんじょうびのまえのひにおかしなしるしがかかれているふしぎなてがみをみつけたおとこのこ 「たんじょうびのふしぎなてがみ」 エリック・カール作・絵；もりひさし訳 偕成社 1978年11月

チム
ともだちのジンジャーとふたりでちいさなきせんのかんぱんいんにやとってもらったおとこのこ 「チムのさいごのこうかい」 エドワード・アーディゾーニ作・絵；渡辺茂男訳 瑞木書房 1981年5月

チム
なかよしのマクフェせんちょうがのるおおきなきせんのボーイになってうみにでたおとこのこ「チムともだちをたすける」エドワード・アーディゾーニ文・絵;瀬田貞二訳 福音館書店（世界傑作絵本シリーズ・イギリスの絵本）1979年6月

チム
ふなのりになりたくてたまらなかったおとこのこ「チムとゆうかんなせんちょうさん」エドワード・アーディゾーニ文・絵;せたていじ訳 福音館書店（世界傑作絵本シリーズ・イギリスの絵本）1963年6月

チム
ぼうけんずきのファンファン少年の友だちのうさぎ「ファンファンとこうのとり」ピエール・プロブスト文・絵;那須辰造訳 講談社（世界の絵本フランス）1971年5月

チム
ぼうけんずきのファンファン少年の友だちのうさぎ「ファンファンとみどりのさる」ピエール・プロブスト文・絵;那須辰造訳 講談社（世界の絵本フランス）1971年3月

チム
ぼうけんずきのファンファン少年の友だちのうさぎ「ファンファンとやぎ」ピエール・プロブスト文・絵;那須辰造訳 講談社（世界の絵本フランス）1971年6月

チム
ぼうけんずきのファンファン少年の友だちのうさぎ「ファンファンとやまかじ」ピエール・プロブスト文・絵;那須辰造訳 講談社（世界の絵本フランス）1971年7月

チム
ぼうけんずきの少年ファンファンの友だちのうさぎ「ファンファンとおおかみ」ピエール・プロブスト文・絵;那須辰造訳 講談社（世界の絵本フランス）1971年8月

チム
ぼうけんずきの少年ファンファンの友だちのうさぎ「ファンファンとふね」ピエール・プロブスト文・絵;那須辰造訳 講談社（世界の絵本フランス）1971年3月

チモレオン
世界りょこうをしてアジアへ行ったウサギ「チモレオン アジアへ行く」ジャック・ガラン絵;ダニエル・フランソワ文;久米みのる訳 金の星社（チモレオンの世界りょこう2）1974年11月

チモレオン
世界りょこうをしてアフリカへ行ったウサギ「チモレオン アフリカへ行く」ジャック・ガラン絵;ダニエル・フランソワ文;久米みのる訳 金の星社（チモレオンの世界りょこう1）1974年10月

チモレオン
世界りょこうをしてアメリカへ行ったウサギ「チモレオン アメリカへ行く」ジャック・ガラン絵;ダニエル・フランソワ文;久米みのる訳 金の星社（チモレオンの世界りょこう3）1974年11月

チモレオン
世界りょこうをしてオーストラリアへ行ったウサギ 「チモレオン オセアニアへ行く」 ジャック・ガラン絵;ダニエル・フランソワ文;久米みのる訳 金の星社(チモレオンの世界りょこう4) 1974年12月

チモレオン
世界りょこうをしてヨーロッパへ行ったウサギ 「チモレオン ヨーロッパへ行く」 ジャック・ガラン絵;ダニエル・フランソワ文;久米みのる訳 金の星社(チモレオンの世界りょこう5) 1974年12月

茶色うさぎ(うさぎ)　ちゃいろうさぎ(うさぎ)
ある日のこと外からうさぎ工場に送りこまれてきた小さな茶色うさぎ 「うさぎの島」 イエルク・シュタイナー文;イエルク・ミュラー絵;大島かおり訳 ほるぷ出版 1984年12月

ちゃいろのうさぎ(うさぎ)
はるになったのであたらしいいえをさがしはじめたちゃいろのうさぎ 「ちゃいろうさぎとしろいうさぎ いっしょにすもうね」 マーガレット・W.ブラウン文;ガース・ウィリアムズ絵;中川健蔵訳 文化出版局 1984年10月

チャガ族　ちゃがぞく
アフリカの部族の人びと 「絵本アフリカの人びと-26部族のくらし」 レオ・ディロン;ダイアン・ディロン絵;マーガレット・マスグローブ文;西江雅之訳 偕成社 1982年1月

チャーフカ
よるになってもねむれなくてへやのそとへでてきたマーシャにいぬごやをかしてあげるよといったいぬ 「マーシャよるのおさんぽ」 ガリーナ・レーベジェワ作;みやしたひろこ訳 新読書社 1983年12月

ちゃぼ(バンタム)
デュモレさんののうじょうにいたにわとりのむれのなかでたった1わめだってからだのちいさなちゃぼ 「ちゃぼのバンタム」 ルイーゼ・ファティオ作;ロジャー・デュボアザン絵;乾侑美子訳 佑学社 1979年1月

チャマコ
メキシコのミステカとよばれる村にすみうまや牛のせわをしていた6さいのおとこのこ 「チャマコとみつあみのうま-メキシコ・ミステカ族のお話」 竹田鎮三郎作・絵 福音館書店 1986年11月

チャーリー
ロンドンというおおきなまちのなかにあるしあわせどおりのことりやのみせのそばでまいにちなかよしのシャーロットというおんなのことあそんでいたおとこのこ 「しあわせどおりのカナリヤ」 チャールズ・キーピング絵・文;よごひろこ訳 らくだ出版 1971年1月

チャーリー
人びとへのほどこしをやめようとしなかったのでチェットドン王国からついほうされたプラウェートサンドーン王につれられてヒマラヤの森へいった王子 「おしゃかさまものがたり-タイの民話」 パニヤ・チャイヤカム絵;いわきゆうじろう訳 ほるぷ出版 1982年11月

チャーリー・サンド
青い機関車エドワードの機関士「青い機関車エドワード」ウィルバート・オードリー作;レジナルド・ドールビー絵;桑原三郎;清水周裕訳　ポプラ社（汽車のえほん9）　1974年4月

チャールズ
あついなつの日にうみにでかけたテディベアのくま「うみへいこうよ」スザンナ・グレッツ作・絵;各務三郎訳　岩崎書店（テディベアのえほん1）　1984年8月

チャールズ
かいものリストをかいてスーパーマーケットにいったテディベアのくま「かいものいっぱい」スザンナ・グレッツ作・絵;各務三郎訳　岩崎書店（テディベアのえほん4）　1984年10月

チャールズ
かぜをひいたウィリアムのせわをしてあげたテディベアのくま「かぜひいちゃった」スザンナ・グレッツ作・絵;各務三郎訳　岩崎書店（テディベアのえほん8）　1985年3月

チャールズ
がちょうのおじょうさんのペチューニアがだいすきなかわむこうのウインディのうじょうのおすがちょう「ペチューニアのクリスマス」ロジャー・デュボアザン作・絵;乾侑美子訳　佑学社（がちょうのペチューニアシリーズ7）　1978年12月

チャールズ
スマイスのおくさんにつれられていぬのビクトリアといっしょにこうえんにさんぽにいった男の子「こうえんのさんぽ」アンソニー・ブラウン作・絵;谷川俊太郎訳　佑学社（ヨーロッパ創作絵本シリーズ34）　1980年2月

チャールズ
みどり通りのあたらしいうちにひっこしたテディベアのくま「ひっこしおおさわぎ」スザンナ・グレッツ作・絵;各務三郎訳　岩崎書店（テディベアのえほん2）　1984年10月

チャールズ
雨の日にうちのなかでうちゅう船ごっこをしたテディベアのくま「雨の日のうちゅうせんごっこ」スザンナ・グレッツ作・絵;各務三郎訳　岩崎書店（テディベアのえほん3）　1984年10月

チャン
シャオアル少年が老人からもらったまほうの小さな紙の船を皇帝にさしだして宰相になった男「まほうの船」ラオ・ショ文;チェン・インチン絵;君島久子訳　ほるぷ出版　1981年7月

チャン
タンタンの中国人の友だちでヒマラヤで墜落した飛行機に乗っていた少年「タンタンチベットをゆく」エルジェ作;川口恵子訳　福音館書店（タンタンの冒険旅行5）　1983年11月

張 三　ちゃん・さん
かあさんとふたりあばらやにすんでいた王小のとなり村の地主のむすこ「たからのふね－中国の昔話」君島久子訳;井上洋介絵　小学館（世界のメルヘン絵本19）　1979年2月

チャンティクリア
ある谷間の森の近くにあった小さな家にかわれていたにわとりで悪がしこいきつねのおせじにのせられてさらわれたおんどり「チャンティクリアときつね」バーバラ・クーニー文・絵;平野敬一訳　ほるぷ出版　1975年10月

チャンパ
ネパールにいたプンクマインチャというおんなのこのいじわるなままははのむすめ「プンクマインチャーネパール民話」大塚勇三再話；秋野亥左牟画　福音館書店　1968年2月

チャンプサン（チャン）
シャオアル少年が老人からもらったまほうの小さな紙の船を皇帝にさしだして宰相になった男「まほうの船」ラオ・ショ文；チェン・インチン絵；君島久子訳　ほるぷ出版　1981年7月

ちゅうこさん
ひとりぼっちでくらしているねずみのちゅうたくんにてがみをかいたねずみのおんなのこ「さみしがりやのちゅうたくん」リチャード・スキャリー作；國眼隆一訳　ブックローン出版（スキャリーおじさんのどうぶつえほん5）　1984年8月

ちゅうたくん
ひとりぼっちでくらしているのがさみしくてねずみのちゅうこさんのいえをさがしにでかけたねずみ「さみしがりやのちゅうたくん」リチャード・スキャリー作；國眼隆一訳　ブックローン出版（スキャリーおじさんのどうぶつえほん5）　1984年8月

ちゅうちゅう
あるひおもいきゃくしゃをひくのをやめてひとりではやくはしってみようとしたちいさなきかんしゃ「いたずらきかんしゃちゅうちゅう」バージニア・リー・バートン文・絵；むらおかはなこ訳　福音館書店（世界傑作絵本シリーズ・アメリカの絵本）　1961年8月

チュウチュウおくさん
いけがきのしたのどてのあなのなかにすんでいたきれいずきなやかましやのねずみ「のねずみチュウチュウおくさんのおはなし」ビアトリクス・ポター作・絵；いしいももこ訳　福音館書店（ピーターラビットの絵本8）　1972年5月

チュークチューク
とおい昔オーストラリアのケープヨークで山犬ガイヤをつかって人間をつかまえていたエルジンばあさんのちかくにやってきた兄弟「大きな悪魔のディンゴ」ディック・ラウジィ作・絵；白石かずこ訳　集英社　1980年12月

チューコさん
ぶたさんかぞくのドライブにあとからついてきたしゅうりやのねずみ「ピックルのじどうしゃりょこう」リチャード・スキャリー作；國眼隆一訳　ブックローン出版（スキャリーおじさんのどうぶつえほん10）　1984年8月

ちゅーたくん
かわいいねずみのぴちこちゃんにけっこんをもうしこんだねずみ「ぴちこちゃんのけっこん」ベラ・ヘルド原作；木島始文；桂ゆき画　福音館書店　1971年3月

チューチョック
人びとへのほどこしをやめようとしないプラウェートサンドーン王からチャーリー王子とカンハー王女をもらってめしつかいにしようとしたバラモン僧「おしゃかさまものがたり－タイの民話」パニヤ・チャイヤカム絵；いわきゆうじろう訳　ほるぷ出版　1982年11月

チュッパ
まだまだことりをつかまえることができないぶきっちょなこねこ「子ねこのチュッパが、とりをねらわないわけ」チャルーシン文・絵；松谷さやか訳　新読書社　1981年11月

ちゆり

チューリップ
春になって地面の下でもそもそ動きはじめる知りたがりやのチューリップの子どもたち 「鳥のうたにみみをすませば」オタ・ヤネチェック絵；フランチシェック・ネピル文；金山美莎子訳　佑学社（おはなし画集シリーズ4）1980年9月

チュルルタン（こびと）
こびとのチュルルタン村にすむこびとたち 「こびとの村のカエルじけん」A.シャープトン文；G.ミューラー絵；岸田今日子訳　文化出版局　1984年3月

チュルルタン（こびと）
ペチャクチャ谷のチュルルタン村にすむこびとたち 「こびとの村のおひさまワイン」A.シャプートン文；G.ミューラー絵；岸田今日子訳　文化出版局　1984年3月

チュルルタン（こびと）
ペチャクチャ谷のチュルルタン村にすむこびとたち 「こびとの村のひっこしさわぎ」A.シャプートン文；G.ミューラー絵；岸田今日子訳　文化出版局　1985年4月

チュルルタン（こびと）
森の中の大きなもみの木の下にあつまってクリスマスのおまつりをしたチュルルタン村のこびとたち 「こびとの村のクリスマス」A.シャプートン文；G.ミューラー絵；岸田今日子訳　文化出版局　1984年11月

チョウチョ（フレッド）
動物たちの最後の楽園ないない谷にくらしているうるわしの翅のオオベニシジミ 「ないない谷の物語1 ようこそないない谷へ」インマ・ドロス；ハリー・ギーレン文；マイケル・ジュップ絵；舟崎克彦訳　ブック・ローン出版　1982年11月

ちょうちょ（フローリアン）
リージンカというおんなのこにあみにかけられてあみからだしてもらったちょうちょ 「チョウさんさようなら」ミレナ・ルケショバー文；竹田裕子訳；ヤン・クドゥラーチェク絵　岩崎書店（世界の絵本3）1976年1月

ちょうちょう
あめがふったときにどうしているのかわからないちょうちょう 「あめがふるときちょうちょうはどこへ」メイ・ゲアリック作；レナード・ワイスガード絵；岡部うた子訳　金の星社（世界の絵本ライブラリー）1974年8月

ちょうちょう
ダンスのできないおひめさまのためにくつやがつくったくつのりぼんになってあげた二ひきのちょうちょう 「ダンスのできないおひめさま」ツウィフェロフ原作；宮川やすえ訳・文；かみやしん絵　国土社（やっちゃん絵本4）1982年11月

チョコねずみ
ケーキやさんでふとったおばさんにさとうがしのこぶたとふたりかわれたがたべられたくなくておさらからふたりでにげだしたチョコレートのねずみ 「たべられたくなかったチョコねずみとさとうがしのブーのぼうけん」イリーナ・ヘイル作・絵；熊谷伊久栄訳　偕成社　1981年9月

チョコレート・ムース
カナダのもりのおくふかくにすんでいたチョコレートのだいすきなムース(オオジカ)のふうふからうまれたチョコレートからできたムース 「チョコレート・ムース」 S.マスコウィッツ作;舟崎克彦訳 角川書店 1984年5月

ちょはっかい
てんじくにおきょうをうけとりにいくえらいおぼうさんのさんぞうほうしのでしになったぶたのばけもの 「さいゆうき」 ごしょうおん作;奥野信太郎文;渡辺学絵 世界出版社(ABCブック) 1969年11月

チョーンシィ
クリスマスのあくる日あたらしいおもちゃとひきかえにごみすてばにすてられていたくまのテディとにんぎょうのアニーをじぶんのうちへつれていってやったのら犬 「クリスマスのあたらしいおともだち」 ジェイムズ・スティーブンソン文・絵;谷本誠剛訳 国土社 1982年11月

チラノ
ロボットのくにをとおってシーランドにいこうとしたおとこのコレンをせなかにのせてくれたおおきなトカゲあたまのどうぶつ 「ロボットのくに」 フィリップ・ケレン作・絵;土屋政雄訳 エミール館 1981年1月

チリカ
若ものすずめのチックとけっこんしてたまごをうんだすずめ 「わんぱくすずめのチック」 ビアンキ作;チャルーシン絵;おちあいかこ;あさひみちこ訳 新読書社 1983年12月

チルチル
あおいとりをさがしにいった木こりのふたりの子どものおにいちゃん 「メーテルリンクのあおいとり」 ブライアン・ワイルドスミス文・絵;きくしまいくえ訳 らくだ出版 1982年12月

チルチル
しあわせのあおいとりをさがしにいったまずしいきこりのうちのふたりのこどものおとこのこ 「あおいとり」 メーテルリンク原作;富盛菊枝文;牧村慶子絵 世界出版社(ABCブック) 1970年1月

チルチル
しあわせの青いとりをさがすたびにでたまずしいきこりのふたりの子どものおにいさん 「青い鳥」 メーテルリンク原作;中村真一郎文;久保田あつ子絵 講談社(講談社の絵本1) 1978年11月

チルチル
幸せの青い鳥をさがす旅にでたまずしい木こりのふたりの子どもの兄 「青い鳥」 メーテルリンク原作;太刀掛秀子著 集英社 1983年4月

チン・クワル(クワル)
金庫山のふもとにすむおじいさんとおばあさんのはたけにみのった金いろの瓜の中からでてきたはたらきものの男の子 「金の瓜と銀の豆」 チャオ・エンイ文;ホー・ミン絵;君島久子訳 ほるぷ出版 1980年8月

ちんぱ

チンパンジー(アーサー)
いもうとのバイオレットをつれてまんがのざっし"スーパーコミックス"のセールスマンになろうとしたチンパンジー「アーサーといもうと」リリアン・ホーバン作；光吉夏弥訳 文化出版局 1979年12月

チンパンジー(バイオレット)
チンパンジーのアーサーのほんをよむのがすきないもうと「アーサーといもうと」リリアン・ホーバン作；光吉夏弥訳 文化出版局 1979年12月

【つ】

ツィツィ
動物たちの学校時代の同窓写真にうつったしまうま「ぼくたちを忘れないで」フリーデル・シュミット；ヴァルトラウト・ランケ作；森村桂訳 CBS・ソニー出版 1978年8月

つき
あるなつのよるのことむらのおんなのこラポウィンザにわるぐちをいわれておこってラポウィンザをさらったつき「おこったつき」ウィリアム・スリーター文；ブレア・レント画；多田ひろみ訳 冨山房 1975年8月

つき
むかしはたいようときょうだいでいっしょにくらしてこどもがいっぱいいたつき「つきとたいよう—トーゴのはなし」山室静文；川里哲也絵 コーキ出版(絵本ファンタジア5) 1977年9月

つき
むかしむかしはじめんのうえにすんでいたたいようのおくさん「たいようとつきはなぜそらにあるの？」エルフィンストーン・デイレル文；ブレア・レント絵；岸野淳子訳 ほるぷ出版 1976年9月

月おとこ　つきおとこ
お月さまのなかにすわっているのがいやになってながれ星をつかんで地球にきたのにろうやにいれられてしまった青白い月おとこ「月おとこ」トミー・ウンゲラー作；たむらりゅういち；あそうくみ訳 評論社(児童図書館・絵本の部屋) 1978年7月

月のこども　つきのこども
ちっちゃな女の子マリオンがきいろいえのぐで大きな紙にかいたお月さまのこどもでかべにはった絵からころげおちてあるいていった月のこども「お月さまのかお」ゲルダ・マリー・シャイドル文；アントニー・ボラチンスキー絵；神品友子訳 ほるぷ出版 1976年9月

つきのぼうや
おつきさまにたのまれていけのなかにいるもうひとりのおつきさまをつれてかえるためにしたへおりていったおとこのこ「つきのぼうや」イブ・スパング・オルセン作・絵；やまのうちきよこ訳 福音館書店(世界傑作絵本シリーズ・デンマークの絵本) 1975年10月

つきのむすめ
イワンがおうさまにいいつけられてつかまえてきたおつきさまのむすめ「せむしのこうま」ラズーチン原作；たかしよいち文；瀬川康男絵 世界出版社(ABCブック) 1970年1月

ツグミヒゲ王さま　つぐみひげおうさま
つぐみのくちばしみたいにあごがちょっとまがっていた王さま　「つぐみのひげの王さま-グリム童話」　フェリックス・ホフマン絵；大塚勇三訳　ペンギン社　1978年10月

ツッキー
フランスの小学生の女の子バランティヌがデパートでみつけてツッキーという名前をつけたのら犬　「バランティヌと小犬のツッキー」　ボリス・モアサール文；ミシェル・ゲイ絵；末松氷海子訳　文化出版局　1981年12月

ツッキー
フランスの小学生の女の子バランティヌのうちでかっている犬　「バランティヌの夏休み」　ボリス・モアサール文；ミシェル・ゲイ絵；末松氷海子訳　文化出版局　1983年5月

ツノトカゲ（フレッド）
おじいさんやいとこや大おばさんやいろんなしんるいたちにたずねてこられたツノトカゲ　「いちばんうれしいおきゃくさま」　ロバート・クェッケンブッシュ作・絵；中野完二訳　佑学社（アメリカ創作絵本シリーズ5）　1979年11月

つばめ
あるあきのゆうがたこうふくのおうじとよばれていたぞうのあしもとにとまったいちわのつばめ　「こうふくなおうじ」　ワイルド原作；松谷みよ子文；安井淡絵　世界出版社（ABCブック）　1970年1月

つばめ
ある秋の夕方「しあわせの王子」とよばれていたどうぞうがたっている高い台にとびおりた一わのつばめ　「しあわせのおうじ」　オスカー・ワイルド原作；水沢泱絵；槇晧志文　フレーベル館（キンダーおはなしえほん傑作選24）　1978年4月

ツビーベル
まちはずれのがらくたがすてられているみどりのはらっぱでクノフとゆめのくにごっこをしてあそんだおんなのこ　「とべとりとべ」　ヤーノシュ作；楠田枝里子訳　文化出版局　1979年8月

つぼ
つぼづくりのめいじんゴメスさんがやいたのにひびがいっていたのでにわのすみにおしやられてしまったつぼ　「クリスマスのつぼ」　ジャック・ケント作・絵；清水真砂子訳　ポプラ社（世界のほんやくえほん9）　1977年11月

つぼみひめ
王さまのなくなったお妃のむすめでばらのつぼみのようにきよらかでうつくしいおひめさま　「青い小鳥」　マリー・ドォルノワ作；ミルコ・ハナーク絵；乾侑美子訳　佑学社（世界の名作童話シリーズ）　1978年2月

強い男　つよいおとこ
都にのりこんできた六人組の一人で片手で木を引きぬける強い男　「天下無敵六人組」　グリム作；C.ラポワント絵；宗左近訳　文化出版局　1980年12月

つる

つる
ひゃくさいのたんじょうびにがまがえるとうさぎときつねにしょうたいじょうをだしわすれたつる 「がまがえるのちえ-朝鮮の寓話」チョ・チオ文;チョン・チョル絵;リ・クムオク訳 朝鮮青年社 1976年8月

ツル
ペリカンをお茶にまねいたツル 「ローベルおじさんのどうぶつものがたり」アーノルド・ローベル作;三木卓訳 文化出版局 1981年5月

ツルツルくん
ザラザラくんとバラバラくんのなかま 「これ、なあに？」バージニア・A.イエンセン;ドーカス・W.ハラー作;くまがいいくえ訳 偕成社 1979年1月

ツントさん
金持ちの商人の3人のむすめの上のむすめでよくばりで見栄っぱりなむすめ 「美女と野獣」ローズマリー・ハリス再話;エロール・ル・カイン絵;矢川澄子訳 ほるぷ出版 1984年10月

【て】

ティアック
おおきなひこうきにのっていてゆきのうえにふじちゃくしたサーカスのいちだんをひょうざんにのせてむらへつれていったエスキモーのおとこのこ 「ティアックのぼうけん」ミシェル・マリオネット絵;藤田圭雄文 至光社(ブッククラブ国際版絵本) 1971年1月

ティオーナ
ポタロ川の岸べでねむっているときに太陽にだきしめられてふたごのピアとマクナイマをみごもった美しいむすめ 「太陽の子どもたち」ジャン・カルー文;レオ・ディロン;ダイアン・ディロン画;渡辺茂男訳 ほるぷ出版 1982年2月

ティギー・ウィンクル
やまのなかのいわのなかにすんでいたハリネズミのせんたくやのおばさん 「ティギーおばさんのおはなし」ビアトリクス・ポター作・絵;いしいももこ訳 福音館書店(ピーターラビットの絵本16) 1983年6月

ディコン
イギリスのヨークシャーのおじさまの古い大きな屋敷にひきとられたメアリーと友だちになった少年、お手伝いのマーサのおとうと 「ひみつの花園」バーネット原作;市川ジュン著 集英社(ファンタジー・メルヘン) 1983年7月

デイジー
うまごやのなかであかちゃんをうんだ「わたし」のうま 「わたしのデイジーがあかちゃんをうんだの」サンディ・ラビノビッツ作・絵;箕浦万里子訳 偕成社 1982年5月

デイジー
支線でめんどうをひきおこしたトーマスのかわりにやってきたディーゼル車 「機関車トーマスのしっぱい」ウィルバート・オードリー作;ジョン・ケニー絵;桑原三郎;清水周裕訳 ポプラ社(汽車のえほん16) 1980年8月

てぃむ

ディーゼル
あたらしく鉄道にやってきたやっかいもののディーゼル機関車 「ダックとディーゼル機関車」 ウィルバート・オードリー作;ジョン・ケニー絵;桑原三郎;清水周裕訳 ポプラ社(汽車のえほん13) 1974年10月

ティッチ
にいさんのピートやねえさんのメアリからもらったズボンやセーターがみんなぶかぶかだったちいさなおとこの子 「ぶかぶかティッチ」 パット・ハッチンス作・画;石井桃子訳 福音館書店 1984年7月

ティッチ
にいさんのピートやねえさんのメアリのようにおおきなものをもっていなかったちいさなおとこの子 「ティッチ」 パット・ハッチンス作・画;石井桃子訳 福音館書店 1975年4月

ティトオ
おそろしいにんげんのてからこどもたちをまもるためにたたかうコヨーテのおかあさん 「コヨーテのティトオ」 シートン原作;小林清之介文;建石修志絵 チャイルド本社(チャイルド絵本館・シートン動物記Ⅱ-9) 1985年12月

ディヴァインちゃん
上品なディヴァイン夫妻の家に生まれた足にはハイヒール髪は赤毛でうずまきスタイルの赤ちゃん 「ベビー・ディヴァインの冒険」 ベット・ミドラー作;トッド・スコル絵;松田聖子訳 河出書房新社 1985年11月

デイビー
サーカスにでるどうぶつをさがしにおとうさんとアフリカへいってゴリラのジュリアスとともだちになったおとこのこ 「ゴリラのジュリアス」 シド・ホフ作;乾侑美子訳 文化出版局 1983年12月

デイブ
ぬいぐるみのワンちゃんが大のおきにいりでどこにでもつれていってたおとこのこ 「ぼくのワンちゃん」 シャリー・ヒューズ作;新井有子訳 偕成社 1981年12月

ティファニーちゃん
どろぼうのさんにんぐみにかくれがにつれていかれたみなしごのおんなのこ 「すてきな三にんぐみ」 トミー・アンゲラー作;今江祥智訳 偕成社 1969年12月

ディミトリ
かわのむこうぎしにすむテオというおとこのことなかよしになってふたりでむらのあいだをながれているかわにはしをかけようとしたおとこのこ 「テオとディミトリとはし」 ラルフ・ステッドマン作・絵;いけもとさえこ訳 佑学社(ヨーロッパ創作絵本シリーズ8) 1978年5月

ティム
おひゃくしょうさんがむぎをかりだしたのでむぎばたけからにげられなくなったかやねずみのかぞくをひこうせんにのせてたすけてやったはつかねずみ 「ティムとひこうせん」 ジュディ・ブルック作;牧田松子訳 冨山房 1979年8月

ティム
どぶねずみギャングにつかまったかえるのウィリーをたすけてやったはつかねずみ 「ティムといかだのきゅうじょたい」 ジュディ・ブルック作;牧田松子訳 冨山房 1979年8月

ていむ

ティム
はつかねずみのヘレンとけっこんしたはつかねずみ 「ティムのおよめさん」 ジュディ・ブルック作;牧田松子訳 冨山房 1980年11月

ティム
ミルクがのみたいといったはりねずみのブラウンさんを六ぴきのめうしのいるバーレビンズのうえんにつれていったはつかねずみ 「ティムとめうしのおおさわぎ」 ジュディ・ブルック作;牧田松子訳 冨山房 1980年9月

ティム
ゆきのあさひいらぎのきのしたにおちていたケーキのかざりのサンタクロースをうちにつれていったはつかねずみ 「ティムとサンタクロース」 ジュディ・ブルック作;牧田松子訳 冨山房 1980年12月

ティム
食りょう品店のポッターおじさんの店の店員の配たつこぞう 「小さな乗合い馬車」 グレアム・グリーン文;エドワード・アーディゾーニ絵;阿川弘之訳 文化出版局(グレアム・グリーンの乗りもの絵本) 1976年3月

ティム(トロル)
森がとぎれて岩がもこもこあるほらあなにすんでいたトロルの一家の子であそびともだちがほしいとおもっていたおとこの子 「ティムとトリーネ」 スベン・オットー絵;奥田継夫;木村由利子訳 評論社(児童図書館・絵本の部屋) 1979年9月

ティムおじさん
スイスの山の村でヤギのせわをしているマウルスのおじさんで町でちいさいむすめのマドライナと花と果物の店をひらいている人 「マウルスとマドライナ」 アロワ・カリジェ文・絵;大塚勇三訳 岩波書店 1976年5月

ティモシー
いろんなはなしをしてくれるおじいちゃんがいてあまりがっこうがすきではなかったおとこの子 「ティモシーとおじいちゃん」 ロン・ブルックス作;村松定史訳 偕成社 1981年8月

ティモシー
つまのジェニーのためにりょうりきかいをつくったのをはじめにいろいろなきかいをはつめいしたてんさいねずみ 「ねずみのティモシー」 マルチーヌ・ブラン作・絵;矢川澄子訳 偕成社 1975年8月

ディラン
おおきなしまにひとりですんでいてしまのふかいもりのおくにふしぎなみずうみをみつけたりょうしのおとこ 「ディランよディラン」 ジェイン・ヨーレン作;フリソー・ヘンストラ絵;安西徹雄訳 アリス館牧新社 1980年5月

ティリー
ハイヒールをはいて生まれてきた赤ちゃんのディヴァインちゃんをたずねていった町の下宿屋にすむもと踊り手のご婦人 「ベビー・ディヴァインの冒険」 ベット・ミドラー作;トッド・スコル絵;松田聖子訳 河出書房新社 1985年11月

ティンカー
しょうぼうしのスモールさんといっしょにちいさいしょうぼうじどうしゃにのるいぬ 「ちいさいしょうぼうじどうしゃ」 ロイス・レンスキー 文・絵；わたなべしげお訳 福音館書店 (世界傑作絵本シリーズ・アメリカの絵本) 1970年11月

ティンカー
ともだちのかばのタンカーとふたりでくるまにのってしごとさがしのたびにでたちゃいろうさぎ 「やってきたティンカーとタンカー」 リチャード・スカーリー作；小野和子訳 評論社 (児童図書館・絵本の部屋) 1975年12月

ティンカー
なかよしのかばのタンカーとふたりでアフリカへめずらしいちょうちょうをさがしにいったうさぎ 「ティンカーとタンカーアフリカへ」 リチャード・スカーリー作；小野和子訳 評論社 (ティンカーとタンカーの絵本6) 1978年11月

ティンカー
なかよしのかばのタンカーとふたりでうちゅうせんをつくってつきりょこうをすることにしたうさぎ 「ティンカーとタンカーのうちゅうせん」 リチャード・スカーリー作；小野和子訳 評論社 (ティンカーとタンカーの絵本3) 1975年12月

ティンカー
なかよしのかばのタンカーとふたりでせいぶへたびをしたちゃいろうさぎ 「ティンカーとタンカーせいぶをゆく」 リチャード・スカーリー作；小野和子訳 評論社 (ティンカーとタンカーの絵本2) 1975年12月

ティンカー
なかよしのかばのタンカーとふたり王女のけっこんしきにしょうたいされて円卓のくにへいったうさぎ 「ティンカーとタンカーえんたくのくにへ」 リチャード・スカーリー作；小野和子訳 評論社 (ティンカーとタンカーの絵本4) 1978年11月

ディンキー
テレビのなかからかおをだしてジョリーをテレビのなかのにんぎょうのくににつれていったピエロのにんぎょう 「にんぎょうのくに」 ドン・フリーマン作・絵；西園寺祥子訳 偕成社 1979年4月

ティンクル
とってもきれいなママレード色のねこオーランドーのこどもの石炭みたいに黒いこねこ 「ねこのオーランドー」 キャスリーン・ヘイル作・画；脇明子訳 福音館書店 (世界傑作絵本シリーズ・イギリスの絵本) 1982年7月

ディンゴ
じどうしゃがだいすきでいつもじどうしゃにのっているいぬ 「ディンゴはじどうしゃがだいすき」 リチャード・スカーリー作；國眼隆一訳 ブックローン出版 (スキャリーおじさんのどうぶつえほん13) 1982年5月

ディンゴ
じどうしゃがだいすきでいつもじどうしゃにのっているいぬ 「ゆかいなゆかいなあわてんぼう」 リチャード・スカーリー作；國眼隆一訳 ブックローン出版 (スキャリーおじさんのどうぶつえほん7) 1980年1月

てぃん

ディンゴ
らんぼうなうんてんをするぼうそうぞくのいぬ 「ピックルのじどうしゃりょこう」 リチャード・スキャリー作；國眼隆一訳 ブックローン出版 (スキャリーおじさんのどうぶつえほん10) 1984年8月

テオ
いつものようにがっこうへきてともだちみんなとべんきょうやたいそうをしたおとこのこ 「テオとがっこう」 ビオレタ・デノウ絵・文；小西マリ子訳 青玄社 (テオくんのぼうけんシリーズ4) 1985年2月

テオ
うんてんしゅのルイスおじさんにたのんでかぞくみんなとふるいきしゃにのせてもらったおとこのこ 「テオときしゃ」 ビオレタ・デノウ絵・文；小西マリ子訳 青玄社 (テオくんのぼうけんシリーズ3) 1984年12月

テオ
おかあさんとロサおばさんにつれられてまちへかいものにいったおとこのこ 「テオとかいもの」 ビオレタ・デノウ絵・文；こにしまりこ訳 青玄社 (テオくんのぼうけんシリーズ8) 1982年11月

テオ
おじいさんとおばあさんのいえへかぞくとクリスマスをすごしにいったおとこのこ 「テオとかぞく」 ビオレタ・デノウ絵・文；小西マリ子訳 青玄社 (テオくんのぼうけんシリーズ1) 1984年12月

テオ
がっこうのせんせいとともだちとはじめてスキーにでかけたおとこのこ 「テオとゆき」 ビオレタ・デノウ絵・文；小西マリ子訳 青玄社 (テオくんのぼうけんシリーズ2) 1984年12月

テオ
かわのむこうぎしにすむディミトリというおとこのことなかよしになってふたりでむらのあいだをながれているかわにはしをかけようとしたおとこのこ 「テオとディミトリとはし」 ラルフ・ステッドマン作・絵；いけもとさえこ訳 佑学社 (ヨーロッパ創作絵本シリーズ8) 1978年5月

テオ
はじめてひこうきにのってインドへいったおとこのこ 「テオとひこうき」 ビオレタ・デノウ絵・文；小西マリ子訳 青玄社 (テオくんのぼうけんシリーズ5) 1985年4月

テオ
はじめてふねにのってパルメラスとうにあそびにいったおとこのこ 「テオとふね」 ビオレタ・デノウ絵・文；小西マリ子訳 青玄社 (テオくんのぼうけんシリーズ6) 1985年7月

テオ
ロサおばさんとどうぶつえんへいったおとこのこ 「テオとどうぶつえん」 ビオレタ・デノウ絵・文；小西マリ子訳 青玄社 (テオくんのぼうけんシリーズ7) 1985年10月

テオドール
サーカスだんをでてじぶんたちだけでサーカスをはじめた六にんのはんらんぐみの一ぴきのろば 「ごうじょっぱりのピエロ」 ミッシャ・ダムヤン作；ギアン・カスティ絵；山室静訳 佑学社 (ヨーロッパ創作絵本シリーズ5) 1978年4月

でかさん
とびかたをおしえてやるといってむしのちびちゃんをだましてきのうえのすになげこんで
かいとり「ともだちばんざい」ロバート・タロン文・絵；山本けい子訳　ぬぷん児童図書出版
（でかとちび1）　1983年11月

デキナイさん
なんでもできるひと「デキナイさん」ロジャー・ハーグレーヴス作；おのかずこ訳　評論社
（みすた・ぶっくす14）　1985年12月

てじなし
クモのアナンシの6ぴきのむすこたちの4ばんめのむすこ「アナンシと6ぴきのむすこ-アフリ
カ民話より」ジェラルド・マクダーモット作；代田昇訳　ほるぷ出版　1980年11月

デック
りょうしんがしんでしまっていなかのむらからロンドンにでておかねもちのうちではたらくこと
になったしょうねん「デックとねこ」ベラ・サウスゲイト再話；エリック・ウインター絵；秋晴二；
敷地松二郎訳編　アドアンゲン　1974年6月

デッタ
ちっちゃな女の子「フィッツェブッツェ」パウラ・デーメル；リヒャルト・デーメル文；エルンス
ト・クライドルフ絵；若林ひとみ訳　ほるぷ出版（ほるぷクラシック絵本）　1986年12月

テッド
くまにあきちゃってにんげんになりたいなととしよりぐまのオーガストいったこぐま「にんげ
んってたいへんだね」フィリップ・レスナー文；クロスビー・ボンサル絵；べっくさだのり訳　ア
リス館　1978年4月

テッド
でかいいぬのフレッドのおともだちのちびいぬ「でかワン・ちびワンものがたり」P.D.イー
ストマン作；久米穣訳　講談社（講談社のピュクチュアブック1）　1979年5月

鉄砲男　てっぽうおとこ
都にのりこんできた六人組の一人でどこまでも目のとどく鉄砲男「天下無敵六人組」グリ
ム作；C.ラポワント絵；宗左近訳　文化出版局　1980年12月

てっぽうのうまいおとこ
六にんのごうけつのひとりでめのいいてっぽうのうまいおとこ「六にんのごうけつ」滝原章
助画；中村美佐子文　ひかりのくに（世界名作えほん全集11）　1966年1月

鉄砲の名人　てっぽうのめいじん
冒険のたびにでてたばかむすこの空とぶ船にのりこんだ七人の仲間たちの一人「空とぶ船
と世界一のばか-ロシアのむかしばなし」アーサー・ランサム文；ユリー・シュルヴィッツ絵；
神宮輝夫訳　岩波書店　1970年11月

テディ
クリスマスのあくる日あたらしいおもちゃとひきかえにごみすてばにすてられてにんぎょうの
女の子アニーとあったにんぎょうのくま「クリスマスのあたらしいおともだち」ジェイムズ・ス
ティーブンスン文・絵；谷本誠剛訳　国土社　1982年11月

ててい

デディ
動物たちの最後の楽園ないない谷にくらしているゴルフ狂のドードー 「ないない谷の物語1 ようこそないない谷へ」 インマ・ドロス;ハリー・ギーレン文;マイケル・ジュップ絵;舟崎克彦訳 ブック・ローン出版 1982年11月

デヴァキ
インドのマドラという国の暴君カムサ王の妹でひとびとにしあわせをもたらす神クリシュナをうんだ女 「クリシュナ物語」 パンドパダヤイ・ラマナンダ文・絵;若林千鶴子訳 蝸牛社(かたつむり文庫) 1984年12月

デビー
クリスマスのプレゼントにこうさぎをいっぴきほしかったおとこのこ 「クリスマスのうさぎさん」 ウィル;ニコラス作・絵;わたなべしげお訳 福音館書店(世界傑作絵本シリーズ・アメリカの絵本) 1985年9月

デビー
わすれんぼうのねこモグをかっているトーマスさんのいえのおんなのこ 「モグのクリスマス」 ジュディス・ケル文・絵;わだよしおみ訳 大日本絵画(かいがのえほん) 1979年1月

デビー
わすれんぼうのねこモグをかっているトーマスさんのいえのおんなのこ 「わすれんぼうのねこモグ」 ジュディス・ケル文・絵;わだよしおみ訳 大日本絵画(かいがのえほん) 1979年1月

でぶ王　でぶおう
たべものがなくなったライオン王のくにのとなりぐにでたべものがありあまっているくにのふとった王 「せんそうとへいわ」 マイケル・フォアマン作;せたていじ訳 評論社(児童図書館・絵本の部屋) 1985年8月

デブキ
インドのビシュヌのかみさまにえらばれてひとびとをすくうクリシュナというこどもをうんだおんなのひと 「クリシュナのつるぎ-インドの説話」 秋野巨矢文;秋野不矩絵 岩崎書店(ものがたり絵本14) 1969年1月

デメトリ
ギリシャのかいがんのちいさなまちでみずたんくをつんだにばしゃでまいにちまちまでのみみずをはこぶしごとをしていたネロさんのともだち 「ネロさんのはなし」 テオドール・パパズ文;ウイリアム・パパズ絵;じんぐうてるお訳 らくだ出版(オックスフォードえほんシリーズ8) 1971年1月

デューク(おじいちゃんポッポ)
ずっとむかし小さな鉄道の車庫でくらしていたが山くずれがおこってゆくえふめいになっていた小さな機関車 「きえた機関車」 ウィルバート・オードリー作;ガンバー・エドワーズ;ピーター・エドワーズ絵;桑原三郎;清水周裕訳 ポプラ社(汽車のえほん25) 1981年2月

でゅっく
さんたくろーすをさがすぞうのばばーるについていったちいさないぬ 「ババールとサンタクロース」 ジャン・ド・ブリューノフ原作;那須辰造訳 講談社(フランス生まれのババール絵本4) 1965年12月

テュルラ
女王の道化師 「白鳥の湖-ドイツ民話」 ルドゥミラ・イジンツォバー絵；竹村美智子訳 佑学社（名作バレー物語シリーズ） 1978年11月

デラ
街の安アパートに住んでいる若い夫妻の妻 「賢者のおくりもの」 オー・ヘンリー文；リスベート・ツヴェルガー画；矢川澄子訳 冨山房 1983年12月

テリー
あるひのことママがかようびにおそろしいことがおきるとでんわではなしているのをきいたおとこのこ 「おそろしいかようび」 ヘーゼル・タウンソン作；トニー・ロス絵；小沢正訳 フレーベル館 1986年10月

テル
むかしスイスというくにのおおきなみずうみのそばにすんでいたゆみのじょうずなかりうど 「ウィリアム・テル」 シラー原作；村山知義文；永井潔絵 世界出版社（ABCブック） 1970年2月

デルク
ある日ほうきやぼろきれでかいじゅうにへんそうして「魔女の庭」にしのびこんだ七人の子どもたちのひとりのちび 「魔女の庭」 リディア・ポストマ作；熊倉美康訳 偕成社 1983年4月

テレサ
クリスマスにおやまのなかのおじいさんのうちへあそびにいったみつごのおてんばむすめのひとり 「みつごのおてんばむすめ もうすぐクリスマス」 メルセ・コンパニュ文；ルゼ・カプデヴィラ絵；辻昶；竹田篤司訳 DEMPAペンタン 1986年11月

テレサ
クリスマスのおやすみにおやまのなかのおじいさんのうちへあそびにいったみつごのおてんばむすめのひとり 「みつごのおてんばむすめ もうすぐクリスマス」 メルセ・コンパニュ文；ルゼ・カプデヴィラ絵；辻昶；竹田篤司訳 ペンタン 1985年11月

テレサ
こどもたちでオーケストラをつくろうとしたみつごのおてんばむすめのひとり 「みつごのおてんばむすめ ちびっこオーケストラ」 メルセ・コンパニュ文；ルゼ・カプデヴィラ絵；辻昶；竹田篤司訳 DEMPAペンタン 1986年11月

テレサ
なつやすみにいとこのマルタとルイスのうちへいったみつごのおてんばむすめのひとり 「みつごのおてんばむすめ すてきないろのまち」 メルセ・コンパニュ文；ルゼ・カプデヴィラ絵；辻昶；竹田篤司訳 DEMPAペンタン 1986年11月

テレサ
なつやすみにいとこのマルタとルイスのうちへいったみつごのおてんばむすめのひとり 「みつごのおてんばむすめ すてきないろのまち」 メルセ・コンパニュ文；ルゼ・カプデヴィラ絵；辻昶；竹田篤司訳 ペンタン 1985年11月

てれさ

テレザ
じぶんにつりあうりっぱなおむこさんをえらぼうとしておおかみのおよめさんになるといったやぎの娘 「森と牧場のものがたり」 ヨセフ・ラダ絵；ヴィエラ・プロヴァズニコヴァー文；さくまゆみこ訳 佑学社（おはなし画集シリーズ2） 1980年6月

てんこちゃん
おうさまがいちばんすばらしいたまごをうんだものをじょおうにすることにした3わのにわとりの1わ 「せかいいちのたまご」 ヘルメ・ハイネ作・絵；佐々木元訳 フレーベル館 1984年6月

てんとうむし
はちからくじらまであさからゆうがたまでにであったみんなにけんかをふっかけたいばりんぼうのてんとうむし 「ごきげんななめのてんとうむし」 エリック・カール作；森比左志訳 偕成社 1980年10月

テントウムシ
ライオンの王さまが自分の王国を歩いていると道ばたにいた小さなテントウムシ 「ローベルおじさんのどうぶつものがたり」 アーノルド・ローベル作；三木卓訳 文化出版局 1981年5月

てんとうむし（アデリ）
はるがきてはなよめさんをさがしにでかけたてんとうむし 「はるをむかえたてんとうむしのアデリ」 マルセル・ベリテ作；C.H.サランビエ絵；黒木義典訳；板谷和雄文 ブックローン出版（ファランドールえほん13） 1984年1月

天馬　てんま
クリョン山へにじ色のばちをとりにいった少年セピョリをたすけた一とびで千里も走るという天馬 「天馬とにじのばち」 蔡峻絵；梁裕子文 朝鮮青年社 1985年10月

【と】

トアレグ族　とあれぐぞく
アフリカの部族の人びと 「絵本アフリカの人びと-26部族のくらし」 レオ・ディロン；ダイアン・ディロン絵；マーガレット・マスグローブ文；西江雅之訳 偕成社 1982年1月

トインクルベリ
りすのナトキンのいとこのりす 「りすのナトキンのおはなし」 ビアトリクス・ポター作・絵；いしいももこ訳 福音館書店（ピーターラビットの絵本10） 1973年1月

どうけし
サーカスのどうけし 「サーカスをみよう」 H.A.レイ作；石竹光江訳 文化出版局（じぶんでひらく絵本4） 1970年10月

とうさん
いちねんかんにうちじゅうみんなでつくったりそだてたりしたものを10月ににぐるまにつんでポーツマスのいちばへうりにいったとうさん 「にぐるまひいて」 ドナルド・ホール文；バーバラ・クーニー絵；もきかずこ訳 ほるぷ出版 1980年10月

とうさん
うちじゅうのものがみんな大すきな「ぼく」のとうさん 「父さんは王さまだ」ヤーノッシュ作；A.ローゼ画；志賀朝子訳 小学館（世界の創作童話4） 1979年5月

とうぞく
たくさんのひをふいてまちじゅうにでんきをおくっていたやさしいかいじゅうをよこどりしてやろうとしたとうぞくたち 「ぬすまれたかいじゅうくん」マックス・ベルジュイス作；楠田枝里子訳 ほるぷ出版 1978年8月

どうつぶ
やまおくにすみとりやどうぶつたちにたべものをやっていたボボじいさんのところにあるひやってきたどうつぶというなのへんなどうぶつ 「へんなどうつぶ」ワンダ・ガーグ文・絵；わたなべしげお訳 岩波書店（岩波の子どもの本） 1978年11月

どうぶつ
あかちゃんのうばぐるまにのせてもらったもりのどうぶつたち 「おせおせうばぐるま」ミッシェル・ゲ作・絵；かわぐちけいこ訳 福音館書店（世界傑作絵本シリーズ・フランスの絵本） 1985年11月

どうぶつ
おじいさんがもりをあるいていておとしたてぶくろにやってきてもぐりこんだどうぶつたち 「てぶくろ-ウクライナ民話」エウゲーニー・M.ラチョフ絵；うちだりさこ訳 福音館書店（世界傑作絵本シリーズ・ソビエトの絵本） 1965年11月

どうぶつ
おひゃくしょうがおとしたつぼのなかにはいっていっていっしょにくらしはじめたどうぶつたち 「つぼのおうち-ロシアのどうぶつ民話集」ラチョフ画；松谷さやか訳 新読書社 1982年11月

どうぶつ
おひるごはんをたべるどうぶつえんのどうぶつたち 「さあたべようね」H.A.レイ作；石竹光江訳 文化出版局（じぶんでひらく絵本2） 1970年10月

どうぶつ
おほしさまのうたにみちびかれてイエスさまがうまれたベツレヘムまでいわいにいったとみんちゅうのどうぶつたち 「どうぶつたちのクリスマス」ノーマ・ファーバー作；バーバラ・クーニー絵；太田愛人訳 佑学社 1981年12月

どうぶつ
おんがくかのようにうたっている森のどうぶつたち 「こえのないおんがくかい」ビアンキ原作；小沢良吉絵；稲垣敏行文 フレーベル館（世界のお話絵本選集・ソビエト編） 1970年1月

どうぶつ
かみのぼうしをかぶりらっぱをもってもりへさんぽにいったおとこのこについてきたどうぶつたち 「もりのなか」マリー・ホール・エッツ文・絵；まさきるりこ訳 福音館書店（世界傑作絵本シリーズ・アメリカの絵本） 1963年12月

とうふ

どうぶつ
クリスマスイブにまちへいくとちゅうでねむってしまったサンタおじさんのかわりにプレゼントをくばってあげたもりのどうぶつたち 「サンタおじさんのいねむり」 ルイーズ・ファチオ作；前田三恵子文；柿本幸造絵　偕成社　1969年12月

どうぶつ
しいくがかりのマスターさんにうみへつれていってもらったあとゆうえんちであそんだどうぶつえんのどうぶつたち 「どうぶつえんのピクニック」 アーノルド・ロベル文・絵；舟崎克彦訳　岩波書店　1978年11月

どうぶつ
じかんがすぎるとしんでいってまたあたらしくうまれかわるいきもの 「みんなわけがあるんだよ-子供といっしょに自然を考える絵本」 アンネ・ヴァン・デァ・エッセン作；エティエンヌ・ドゥルセール絵；いしずかひでき訳　篠崎書林　1978年5月

どうぶつ
せなかにくさがのびたボサロバやまるたそっくりのマルタザメなどへんてこりんなどうぶつたち 「こんなどうぶつうそほんと?!」 ビル・ピート作・絵；山下明生訳　佼成出版社(ピートの絵本シリーズ11)　1984年8月

どうぶつ
せわをしてくれるひとがいなくなってこまってしまいそうだんしてどうぶつえんをにげだしてまちへいったどうぶつたち 「ちいさなまちはおおさわぎ」 クリスチーヌ・アートスン作・絵；保富康午文　学習研究社(国際版せかいのえほん16)　1985年1月

どうぶつ
せんそうばかりしているにんげんにはらをたててこどもたちをまもるためにかいぎをひらいたどうぶつたち 「どうぶつかいぎ」 ケストナー原作；佐藤義美文；若菜珪絵　世界出版社(ABCブック)　1968年12月

どうぶつ
だれにもこもりうたをうたってもらえないどうぶつのこどもたち 「みんなのこもりうた」 トルード・アルベルチ文；なかたにちよこ絵；いしいももこ訳　福音館書店　1966年9月

どうぶつ
テレビのコマーシャルにでるのをやめてじぶんたちのテレビばんぐみをつくろうとしたどうぶつたち 「どうぶつたちのテレビきょく」 U.グライベ作；H.アルテンブルガー画；志賀朝子訳　小学館(世界の創作童話6)　1979年9月

どうぶつ
どうぶつえんにいったのにおいだされてしまった水たまをつかうげいとうができるどうぶつ 「どうぶつえんにすみたいな」 ロバート・ロプシャー作・絵；飯沢匡文　日本パブリッシング(ビギナーブックシリーズ)　1968年1月

どうぶつ
ノアがかみさまのいいつけどおりにつくったおおきなはこぶねにいれられたどうぶつたち 「ノアのはこぶね-きゅうやくせいしょより」 山室静文；小林与志絵　世界出版社(ABCブック)　1970年1月

どうぶつ
ノアがこうずいから生きのびるためにはこ舟にのるようによびかけたどうぶつたち 「ノアのはこ舟のものがたり」 エルマー・ボイド・スミス作；大庭みな子訳 ほるぷ出版 1986年3月

どうぶつ
ノアのはこぶねからおりてちじょうのあちこちにくらすことになったどうぶつたち 「ノアのはこぶね」 アンドレ・エレ文・絵；ほりうちせいいち訳 福音館書店 1985年10月

どうぶつ
はらぺこへびにだまされてみんなでかくしげいのパーティーをはじめたジャングルのどうぶつたち 「へびくんはらぺこ」 ブライアン・ワイルドスミス作；すぎやまじゅんこ訳 らくだ出版 1976年5月

どうぶつ
ほろぼされようとしている森をでてノアはかせのつくったうちゅうせんにのりこんだどうぶつたち 「うちゅうせんノア号」 ブライアン・ワイルドスミス文・絵；きくしまいくえ訳 らくだ出版 1983年11月

どうぶつ
もりのおくのちいさいいえにすみあるひようふくをきてにんげんのせかいにでかけていったさんびきのちいさいどうぶつ 「さんびきのちいさいどうぶつ」 マーガレット・ワイズ・ブラウン作；ガース・ウイリアムズ絵；乾侑美子訳 ペンギン社 1977年9月

どうぶつ
もりのびょうきになったりんごのきをたすけようとあつまってかいぎをひらいたどうぶつたち 「もりのどうぶつかいぎ」 ホフマン作；山主敏子文；柿本幸造絵 偕成社 1966年12月

どうぶつ
よるになってみなねむたいどうぶつたち 「おやすみなさいのほん」 マーガレット・ワイズ・ブラウン文；ジャン・シャロー絵；いしいももこ訳 福音館書店（世界傑作絵本シリーズ・アメリカの絵本） 1962年1月

どうぶつ
森の木のうろにつぎつぎにやってきておうちにしたどうぶつたち 「おうち」 ビアンキ原作；網野菊文；川上四郎絵 フレーベル館（キンダーおはなしえほん傑作選26） 1978年4月

動物　どうぶつ
イギリスの農場で暮らす動物たち 「まっ四角な動物絵本」 アーサー・ウォー文；ウィリアム・ニコルソン絵；由良君美訳 ほるぷ出版 1986年8月

動物　どうぶつ
なにかといっては戦争をはじめる人間に腹をたて子どもたちのために会議をひらいた動物たち 「どうぶつ会議」 エーリヒ・ケストナー文；ワルター・トリヤー絵；光吉夏弥訳 岩波書店（岩波の子どもの本） 1954年12月

どうぶつ（グルン）
スパルタコさんがさかなつりにいったみずうみででああたみたこともないグルングルンとなくどうぶつ 「スパルタコさんのふしぎなともだち」 ピエロ・ヴェントゥーラ作・絵；櫻井しづか訳 フレーベル館 1981年7月

とうろ

どうろつくり
クモのアナンシの6ぴきのむすこたちの2ばんめのむすこ 「アナンシと6ぴきのむすこ-アフリカ民話より」 ジェラルド・マクダーモット作;代田昇訳 ほるぷ出版 1980年11月

ドエンデ
メキシコのミステカとよばれる村にきてこどもとあそぼうとするみつあみのばけもの 「チャマコとみつあみのうま-メキシコ・ミステカ族のお話」 竹田鎮三郎作・絵 福音館書店 1986年11月

トオル
金庫山のふもとにすむおじいさんとおばあさんのはたけにみのった銀の豆からでてきたはたらきものの女の子 「金の瓜と銀の豆」 チャオ・エンイ文;ホー・ミン絵;君島久子訳 ほるぷ出版 1980年8月

トキ（ニッポン嬢）　とき（にっぽんじょう）
動物たちの最後の楽園ないない谷の図書館の司書をしているトキ 「ないない谷の物語1 ようこそないない谷へ」 インマ・ドロス;ハリー・ギーレン文;マイケル・ジュップ絵;舟崎克彦訳 ブック・ローン出版 1982年11月

ドクターせんせい
びょういんのうさぎのおいしゃさん 「ニッキーおいしゃさんへ」 リチャード・スキャリー作;吉田純子訳 ブック・ローン出版（スキャリーおじさんのどうぶつえほん4） 1984年8月

ドクトル・バン・デル・ダンケル
地球にきた月おとこにげていった森の中のお城の主で月へ行くための宇宙船の研究をしていたとしよりの科学者 「月おとこ」 トミー・ウンゲラー作;たむらりゅういち;あそうくみ訳 評論社（児童図書館・絵本の部屋） 1978年7月

ドケッチさん
ねずみのいっかがつくったかごをおかねにかえてくれるけちねずみ 「そらとぶバスケット」 ロドニー・ペッペ作・絵;小沢正訳 フレーベル館 1985年9月

トケビ
バウィというむらのしょうねんがすもうでゆうしょうしてもらったこうしをとりあげようとしたおおきなトケビ 「トケビにかったバウイ-朝鮮民話」 きむやんき再話;呉炳学画 福音館書店 1974年12月

とこや
ミダスおうのみみがロバのみみそっくりのかたちをしていることをくちどめをされたとこや 「おうさまのみみはロバのみみ」 山室静文;おぼまこと絵 フレーベル館（せかいむかしばなし4） 1985年8月

ドゴン族　どごんぞく
アフリカの部族の人びと 「絵本アフリカの人びと-26部族のくらし」 レオ・ディロン;ダイアン・ディロン絵;マーガレット・マスグローブ文;西江雅之訳 偕成社 1982年1月

とさかちゃん
おうさまがいちばんすばらしいたまごをうんだものをじょおうにすることにした3わのにわとりの1わ 「せかいいちのたまご」 ヘルメ・ハイネ作・絵;佐々木元訳 フレーベル館 1984年6月

としがみさま
毎年春になるとまちへお正月をもってやってくる赤いかみの毛と赤いひげのとしがみさま 「赤ひげのとしがみさま」 ファリード・ファルジャーム；ミーム・アザード再話；ファルシード・メスガーリ絵；桜田方子；猪熊葉子訳 ほるぷ出版 1984年9月

どじょう（じょうすけ）
おたまじゃくしのたまーらとともだちになったどじょう 「おたまじゃくしのたまーら」 マイケル・バナード作；吉田新一訳；竹山博絵 福音館書店 1982年6月

ドスンくん
どういうわけかやたらにちいさなじこばかりおこすひと 「ドスンくん」 ロジャー・ハーグレーヴス作；たむらりゅういち訳 評論社（みすた・ぶっくす7） 1976年7月

トッド
いつもちいさいこのまえでいばるいじわるなおとこのこ 「ふたごのピッピとプップ」 マルシャーク作；西郷竹彦文；中谷千代子絵 偕成社（世界おはなし絵本4） 1966年1月

ドーテちゃん
よるはベッドでなかよしのおもちゃたちとおやすみするおんなのこ 「よるのおはなし」 ヘアツ作；クランテ絵；木村由利子訳 偕成社（くまくんえほん） 1978年12月

トト
シュゼットとニコラのきょうだいのあかちゃんのおとうと 「ジュゼットとニコラーおにわで」 市川里美作；矢川澄子訳 冨山房 1978年6月

トト
むれをはなれてそうげんをかこむおかのむこうがわにいってみようとしてみつりょうしゃのわなにかかってしまったあかんぼゾウ 「ちびぞうトト」 M.D.モスキン作；R.ネグリ絵；おのかずこ訳 評論社（児童図書館・絵本の部屋） 1978年6月

トード
イングランドの鉄道にいたときスクラップにされそうになったオリバーといっしょににげだしてきたブレーキ車 「機関車オリバー」 ウィルバート・オードリー作；ガンバー・エドワーズ；ピーター・エドワーズ絵；桑原三郎；清水周裕訳 ポプラ社（汽車のえほん24） 1980年12月

ドードー
インド洋のモーリシャス島にすんでいた七面鳥よりすこし大きな鳥で絶滅してしまった動物 「ドードーを知っていますか—わすれられた動物たち」 ショーン・ライス絵；ポール・ライス；ピーター・メイリー文；斉藤たける訳 福武書店 1982年10月

ドードー（デディ）
動物たちの最後の楽園ないない谷にくらしているゴルフ狂のドードー 「ないない谷の物語1 ようこそないない谷へ」 インマ・ドロス；ハリー・ギーレン文；マイケル・ジュップ絵；舟崎克彦訳 ブック・ローン出版 1982年11月

ドナルド
ふとっちょのきょくちょうがスコットランドに貨物ようの機関車を一だいちゅうもんしたら二だいもやってきたふたごの機関車の一だい 「ふたごの機関車」 ウィルバート・オードリー作；ジョン・ケニー絵；桑原三郎；清水周裕訳 ポプラ社（汽車のえほん15） 1974年11月

となる

ドナルド
港までつうじている支線をひきうけることになったダックをてつだっている機関車 「機関車オリバー」 ウィルバート・オードリー作;ガンバー・エドワーズ;ピーター・エドワーズ絵;桑原三郎;清水周裕訳 ポプラ社(汽車のえほん24) 1980年12月

トーニオ
ある日黄色い国から戦艦に乗ってきた兵隊たちに侵入された小さいみどりの国の漁師の子 「みどりの国」 C.ブリフ作;G.トードゥラ絵;十文字惠子訳 女子パウロ会 1981年6月

トニーク
きからおちてみえなくなったせいようなしをいぬのブロチェックとねことねずみといっしょにさがしたおとこのこ 「おっこちたせいようなし」 エドゥアルト・ペチシュカ作;千野栄一訳;森茂子絵 福音館書店 1984年10月

トニーノ
まだいったことのないまちへいってみたねずみ 「むぎばたけのねずみ」 アッティリオ・カッシネリ絵;カレン・グントルプ作;岸田衿子訳 ひかりのくに(アッティリオとカレンのえほん) 1972年1月

とびー
おかあさんのいうことをきかないでまいごになったふたごのぞう 「まいごのふたご」 アイネス・ホーガン文;石井桃子訳;野口彌太郎絵 岩波書店(岩波の子どもの本) 1954年4月

トービー
ゆうれいのまねをしてなまいきなトーマスをおどかしてやろうというパーシーの手をかすことになった機関車 「わんぱく機関車」 ウィルバート・オードリー作;ガンバー・エドワーズ;ピーター・エドワーズ絵;桑原三郎;清水周裕訳 ポプラ社(汽車のえほん26) 1981年2月

トービー
支線ではたらく牛よけとわきいたがついた路面機関車 「機関車トーマスのしっぱい」 ウィルバート・オードリー作;ジョン・ケニー絵;桑原三郎;清水周裕訳 ポプラ社(汽車のえほん16) 1980年8月

トービー
支線によばれることになったはたらきもののおかしなかっこうの小さな機関車 「機関車トービーのかつやく」 ウィルバート・オードリー作;レジナルド・ドールビー絵;桑原三郎;清水周裕訳 ポプラ社(汽車のえほん7) 1974年4月

トービー
島からイギリス本島につれていかれてみんなにみせられた八だいの機関車の一だい 「八だいの機関車」 ウィルバート・オードリー作;ジョン・ケニー絵;桑原三郎;清水周裕訳 ポプラ社(汽車のえほん12) 1974年8月

トビー
イギリスのリトル・スノーリング村で年とったしょうぼう夫のサムじいさんの小さなしょうぼうしゃを引いていた小馬 「小さなしょうぼうしゃ」 グレアム・グリーン文;エドワード・アーディゾーニ絵;阿川弘之訳 チャイルド本社 1975年11月

トビアス
ふつうのぞうとちがっていてたくさんのながーい毛がはえていた子ぞう 「毛ながのぞうトビアス」 ベルナデッテ・ワッツ作；友近百合枝訳 ほるぷ出版 1980年4月

トビアス
むかしとおいくにのおおきなまちでかみさまのことばのかいてあるまきものをうつすしごとをしてまずしいくらしをたてていたひと 「どれいになったエリア」 シンガー文；フラスコーニ絵；いのくまようこ訳 福音館書店（世界傑作絵本シリーズ） 1971年12月

トフスラン
スザンナと友だちになった思いがけない人たちのひとりの小さい人 「ムーミン谷へのふしぎな旅」 トーベ・ヤンソン作；小野寺百合子訳 講談社 1980年4月

トペル
もりのなかにあそびにいったうまれたばかりのこじか 「子じかのトペル」 ルド・モリッツ作；ヨゼフ・バラーシュ絵；柏木美津訳 佑学社（チェコスロバキアの創作絵本シリーズ2） 1978年11月

トマ
熱病のために夜ひとりになると太陽の輝く美しい島へ旅をして亡霊のモーリスと話をするようになった男の子 「トマと無限」 ミシェル・デオン作；エティエンヌ・ドゥルセール絵；塚原亮一訳 篠崎書林 1979年3月

トーマス
じぶんのうけもちの支線が大へんじまんだった機関車 「がんばれ機関車トーマス」 ウィルバート・オードリー作；レジナルド・ドールビー絵；桑原三郎；清水周裕訳 ポプラ社（汽車のえほん4） 1973年12月

トーマス
しんにゅうきんしのひきこみ線にはいっていってあなにちんぼつしたわんぱく機関車 「大きな機関車ゴードン」 ウィルバート・オードリー作；レジナルド・ドールビー絵；桑原三郎；清水周裕訳 ポプラ社（汽車のえほん8） 1974年4月

トーマス
トラのジュリアスたちとみんなでジャングルをでてりょこうをしてさばくのオアシスまでいったカメ 「しんせつなラクダのハンフリー」 ダイアン・エルソン文・絵；河津千代訳 アリス館牧新社 1975年12月

トーマス
ながいこと支線ではたらいてきてちょうしにのってめんどうをひきおこした機関車 「機関車トーマスのしっぱい」 ウィルバート・オードリー作；ジョン・ケニー絵；桑原三郎；清水周裕訳 ポプラ社（汽車のえほん16） 1980年8月

トーマス
パーシーにゆうれい列車なんてこわくなんかないやといったなまいきな機関車 「わんぱく機関車」 ウィルバート・オードリー作；ガンバー・エドワーズ；ピーター・エドワーズ絵；桑原三郎；清水周裕訳 ポプラ社（汽車のえほん26） 1981年2月

とます

トーマス
へんてこりんなはなしばかりしている女の子サムのいうことなら何でも信じる男の子 「へんてこりんなサムとねこ」 エヴァリン・ネス作・絵；猪熊葉子訳 佑学社（アメリカ創作絵本シリーズ24） 1981年10月

トーマス
むらにあたらしくきたおまわりさんともめごとをおこしたあわてものの機関車 「機関車トービーのかつやく」 ウィルバート・オードリー作；レジナルド・ドールビー絵；桑原三郎；清水周裕訳 ポプラ社（汽車のえほん7） 1974年4月

トーマス
大きな駅のこうないではたらいていたなまいきなちびっこ機関車 「機関車トーマス」 ウィルバート・オードリー作；レジナルド・ドールビー絵；桑原三郎；清水周裕訳 ポプラ社（汽車のえほん2） 1973年11月

トーマス
島からイギリス本島につれていかれてみんなにみせられた八だいの機関車の一だい 「八だいの機関車」 ウィルバート・オードリー作；ジョン・ケニー絵；桑原三郎；清水周裕訳 ポプラ社（汽車のえほん12） 1974年8月

トマス
イギリスの西ウェールズにあるそまつな小屋にすみまほうつかいになるべんきょうをしていた少年 「きりの中のまほう」 マーガレット・M.キンメル作；トリナ・S.ハイマン絵；三木卓訳 偕成社 1980年8月

とみー
おかあさんのいうことをきかないでまいごになったふたごのぞう 「まいごのふたご」 アイネス・ホーガン文；石井桃子訳；野口彌太郎絵 岩波書店（岩波の子どもの本） 1954年4月

トミー
うちゅうからきたはらぺこのかいじゅうにたべられそうになったおとこのこ 「おまえをたべちゃうぞーっ！」 トニー・ロス作・絵；神鳥統夫訳 岩崎書店（えほん・ワンダーランド6） 1986年5月

トミー
おいしゃさんにいってよぼうちゅうしゃをしたおとこのこ 「おいしゃさんへ」 グニラ・ボルデ作；たかむらきみこ訳 偕成社（トミーちゃんシリーズ） 1976年1月

トミー
おおきなはこにはいっていたものをみんなきておばあさんみたいになったおとこのこ 「ぼくたちおばあちゃん」 グニラ・ボルデ作；たかむらきみこ訳 偕成社（トミーちゃんシリーズ） 1976年1月

トミー
おばあちゃんのうちのねことあそんだおとこのこ 「ねこちゃんあそぼうよ」 グニラ・ボルデ作；たかむらきみこ訳 偕成社（トミーちゃんシリーズ） 1976年1月

トミー
さむいゆきのひにそとへいってあそびたくてしたくをしたおとこのこ 「おしたくできたよ」 グニラ・ボルデ作；たかむらきみこ訳 偕成社（トミーちゃんシリーズ） 1976年1月

トミー
じぶんでけーきをつくったおとこのこ 「けーきをつくる」 グニラ・ボルデ作;たかむらきみこ訳 偕成社(トミーちゃんシリーズ) 1976年1月

トミー
すなあそびをしてどろだらけになっておふろにはいったおとこのこ 「おふろにはいる」 グニラ・ボルデ作;たかむらきみこ訳 偕成社(トミーちゃんシリーズ) 1976年1月

トミー
だいくさんのどうぐをつかっておうちをつくったおとこのこ 「おうちをつくろう」 グニラ・ボルデ作;たかむらきみこ訳 偕成社(トミーちゃんシリーズ) 1976年1月

トミー
だいすきなくまくんとあそんでいっしょにねむったおとこのこ 「ぼくちいさくないよ」 グニラ・ボルデ作;たかむらきみこ訳 偕成社(トミーちゃんシリーズ) 1976年1月

トミー
たくさんのおもちゃのなかからくまくんをさがしたおとこのこ 「くまくんどこ?」 グニラ・ボルデ作;たかむらきみこ訳 偕成社(トミーちゃんシリーズ) 1976年1月

トミー
ちいさな坊や 「窓の下で」 ケイト・グリーナウェイ絵・詩;岸田理生訳 新書館 1976年12月

トミー
なつやすみにりょこうするきんじょのひとたちのはちうえをあずかることにしたおとこのこ 「はちうえはぼくにまかせて」 ジーン・ジオン作;マーガレット・ブロイ・グレアム絵;森比左志訳 ペンギン社 1981年8月

トミー
マリーちゃんとなんでもおんなじなのにはだかんぼうになるとちょっとちがっていたおとこのこ 「マリーちゃんとぼく」 グニラ・ボルデ作;たかむらきみこ訳 偕成社(トミーちゃんシリーズ) 1976年1月

トミー・ナマケンボ
あさ自動的にうごきだすベッドもふろおけも自動きがえ装置も電気食事機もある電気じかけのいえにすんでいた男の子 「ものぐさトミー」 ペーン・デュボア文・絵;松岡享子訳 岩波書店(岩波の子どもの本) 1977年6月

ドミニク
オークアプルの森にやってきたいたちの旅音楽師 「いたちのドミニクさん」 ジェニー・パートリッジ作;神宮輝夫訳 ティビーエス・ブリタニカ(オークアプルの森のおはなし5) 1982年8月

ドミニク
南フランスのプロバンスの村の女の子でローヌ川をのぼってきたりゅうにやさしく話しかけてやって村の人たちとなかよくさせたむすめ 「アビニョンのりゅう」 ユルゲン・タムヒーナ文;ハイドルン・ペトリーデス絵;宮下啓三訳 講談社(世界の絵本スイス) 1971年2月

とみの

ドミノ
カナダのやまのなかでつよくたくましくそだってゆきののはらでかわいいめすぎつねにであったぎんぎつね 「ぎんぎつねものがたり(前編)」 シートン原作;小林清之介文;日隈泉絵 チャイルド本社(チャイルド絵本館・シートン動物記9) 1984年12月

ドミノ
カナダのやまのなかでやさしいおよめさんといっしょにしあわせにくらしていたぎんぎつね 「ぎんぎつねものがたり(後編)」 シートン原作;小林清之介文;日隈泉絵 チャイルド本社(チャイルド絵本館・シートン動物記10) 1985年1月

トミー・フリッタ
ドイツ占領下のチェコスロバキアでまだ一歳のあかちゃんのときにお父さんとお母さんといっしょにテレジンの収容所へ送りこまれたユダヤ人の男の子 「トミーが三歳になった日」 ミース・バウハウス文;ベジュリフ・フリッタ絵;横山和子訳 ほるぷ出版 1982年10月

トム
アメリカで牛や馬のようにうりかいされていたこくじんのどれい 「トムじいやのこや」 ストウ夫人原作;角田光男文;村岡登絵 世界出版社(ABCブック) 1970年1月

トム
いつもひとりぼっちでしゃぼんだまであそんでいたマリーとともだちになったおとこのこ 「きえないでしゃぼんだま」 ルーク・コープマン作・絵;わたりむつこ文 エミール館 1979年11月

トム
おかあさんねこタビタ・トウィチットさんのいうことをきかないむすこのねこ 「こねこのトムのおはなし」 ビアトリクス・ポター作・絵;いしいももこ訳 福音館書店(ピーターラビットの絵本4) 1971年11月

トム
おとなりのサムとだいのなかよしだったのにまちいちばんのにわをつくろうとしてサムとはりあうようになったおとこ 「トムとサム」 パット・ハッチンス作;木村由利子訳 ほるぷ出版 1976年9月

トム
かいぬしのおとこのことだいのなかよしのおおきいいぬ 「ぼくのいぬトム」 アルセア作;ニタ・スーター絵 偕成社 1978年9月

トム
こどものなかったおとうさんとおかあさんがかみさまにおねがいしてやっとできたおとなのおやゆびほどのおおきさのこども 「おやゆびトム」 若菜珪画;中村美佐子文 ひかりのくに(世界名作えほん全集17) 1966年1月

トム
ねこさんかぞくのおとこのこ 「ディンゴはじどうしゃがだいすき」 リチャード・スキャリー作;國眼隆一訳 ブックローン出版(スキャリーおじさんのどうぶつえほん13) 1982年5月

トム
ねこさんかぞくのおとこのこ 「ねこあかちゃんのたんじょうび」 リチャード・スキャリー作;國眼隆一訳 ブックローン出版(スキャリーおじさんのどうぶつえほん12) 1984年8月

とむち

トム
ねこさんかぞくのおとこのこ 「ゆかいなゆかいなあわてんぼう」 リチャード・スキャリー作；國眼隆一訳 ブックローン出版(スキャリーおじさんのどうぶつえほん7) 1980年1月

トム
ばかばかしいことがだいきらいなトンカチーン・トテモジャナイおばさんとくらしていたばかばかしいことがだいすきなおとこのこ 「さすがのナジョーク船長もトムには手も足もでなかったこと」 ラッセル・ホーバン文；クェンティン・ブレイク絵；乾侑美子訳 評論社(児童図書館・絵本の部屋) 1980年5月

トム
ひげのサムエルという大ねずみにつかまえられてねこまきだんごにされそうになったこねこ 「ひげのサムエルのおはなし」 ビアトリクス・ポター作・絵；いしいももこ訳 福音館書店(ピーターラビットの絵本14) 1974年2月

トム
まいにちがっこうのいきかえりにみんなとワニのモンティーのせなかにのせてもらって川をわたっていたウサギの男の子 「モンティー」 ジェイムズ・スティーブンソン作；麻生九美訳 評論社(児童図書館・絵本の部屋) 1980年6月

トム
まずしい木こり夫婦の七人のむすこの末のむすこでうまれたときに父さんのおやゆびほどだったので〈おやゆびトム〉とよばれていた男の子 「おやゆびトム—ペロー童話」 リディア・ポストマ文・絵；矢川澄子訳 福音館書店(世界傑作絵本シリーズ・オランダの絵本) 1984年4月

トム
よなかにともだちをさがしにきたふくろうのリトルアウルにおこされたおとこのこ 「リトルアウルはきょうもおねぼう」 マーカス・フィスター作・絵；唐沢則幸訳 フレーベル館 1986年11月

トム
海賊プルモドキの船くろぶた号ではたらくボーイの少年 「海賊ブルモドキどんちゃかパーティー」 ジョン・ライアン作；渡辺茂男訳 国土社 1984年8月

トム
海賊船くろぶた号の船長ブルモドキをたすける船長室のボーイであたまのいい少年 「海賊ブルモドキくろぶた号の反乱」 ジョン・ライアン作；渡辺茂男訳 国土社 1984年7月

トム・サム
おかみさんのハンカ・マンカといっしょににんぎょうのルシンダとジェインがすむにんぎょうのいえにはいっていったねずみ 「2ひきのわるいねずみのおはなし」 ビアトリクス・ポター作・絵；いしいももこ訳 福音館書店(ピーターラビットの絵本7) 1972年5月

トム・チット・トット
黒いこおに 「トム・チット・トット」 ジェイコブズ文；吉田新一訳；鈴木康司絵 小学館(世界のメルヘン絵本10) 1978年4月

とむて

トムテ
おなかがすいてのうじょうのとりごやにやってきたきつねにちかづいてきたこびと 「きつねとトムテ」 カール=エリック・フォーシュルンド詩；ハラルド・ウィーベリ絵；山内清子訳 偕成社 1981年4月

トムテ
なやのやねうらにながねんひとりでくらしてのうじょうのよばんをしているこびと 「トムテ」 ヴィクトール・リードベリ作；ハラルド・ウィーベリ絵；山内清子訳 偕成社 1979年10月

トムテン
クリスマスにいえいえにプレゼントをくばってあるくこびとのおじいさん 「クリスマス・トムテン ースウェーデンのサンタクロース」 ヴィクトール・リュードベリ作；ハーラルド・ヴィベリ絵；岡本浜江訳 佑学社 1982年12月

トム猫　とむねこ
イギリスの海賊船アルセスティスに乗っていた船乗り猫でスペイン船との戦いにやぶれ船底につながれた猫 「女王陛下の船乗り猫」 リチャード・アダムズ文；アラン・オルドリッジ絵；田中未知訳　角川書店 1961年5月

トーヤ
ガーナのアクラにちかいりょうし村の子どもでじぶんの小さなカヌーをつくって海にうかべた男の子 「トーヤ海へいく」 メシャック・エイサー作；代田昇訳 ほるぷ出版 1976年9月

トュンヒェおじさん
ある朝オッコー・トロイミエという男の子が空からおちたうつくしい島にひとりですんでいたおじさん 「オッコーと魔法のカモメ」 ベッティーナ・アンゾルゲ作；とおやまあきこ訳 福武書店 1984年5月

とら
あたらしいふくをきてジャングルへさんぽにでかけたちびくろサンボのもちものをほしがってけんかをはじめたとらたち 「ちびくろサンボのぼうけん」 バンナーマン原作；神宮輝夫文；瀬川康男絵 偕成社 1966年7月

とら
カメラをぶらさげジャングルにやってきたファクシミリさんをたべようとしたひとくいとら 「ファクシミリさんととら」 アニタ・ヒューエット文；ロバート・ブルームフィールド絵；清水真砂子訳 ほるぷ出版 1975年9月

とら
じゃんぐるにさんぽにきたちびくろ・さんぼというなまえのおとこの子のきれいなきものやかさをとったとらたち 「ちびくろ・さんぼ」 へれん・ばんなーまん文；ふらんく・どびあす絵；光吉夏弥訳 岩波書店(岩波の子どもの本) 1953年12月

とら
ジャングルのなかをおさんぽしていたサンボのくつもうわぎもズボンもかさもみんなとってしまったとらたち 「ちびくろサンボ」 バンナーマン原作；名木田恵子文；福田隆義絵 講談社(講談社のおともだち絵本11) 1976年6月

とら
ジャングルへさんぽにでかけたちびくろ・サンボのあたらしいようふくやくつやかさをとりあげたとらたち 「ちびくろ・サンボ」 井江春代画；天神しずえ文 ひかりのくに（世界名作えほん全集19） 1966年1月

とら
もとはちいさいねずみだったがインドのぎょうじゃにまほうでおおきなとらにかえられてもりのなかでいばりちらすようになったとら 「あるひねずみが…」 マーシャ・ブラウン作；八木田宜子訳 冨山房 1975年8月

とら
やまみちでマトウというわかものがもぐりこんだほらあなにきてないしょばなしをはじめた3びきのけものたちの1ぴきのとら 「けものたちのないしょばなし－アフガニスタンのはなし」 君島久子文；谷川彰絵 コーキ出版（絵本ファンタジア2） 1977年4月

トラ
おさないあねとおとうとのおかあさんをたべてしまいふたりがるすばんをしているやまおくの一けんやにやってきたトラ 「ヘンニムとタルニム」 チョン・スクヒャン絵；いとうみを訳 鶏林館書店 1978年6月

トラ
ライオンといぬとあたまのうえにりんごをなんこのせられるかきょうそうしたトラ 「あたまのうえにりんごがいくつ？」 セオ・レスィーグ作；ロイ・マッキー絵；田村隆一訳 ペンギン社 1977年9月

トラ
ライオンといぬとりんごを十こあたまのうえにのせてあそんだトラ 「みんなのあたまにりんごが十こ」 セオ・レスィーグ作；ロイ・マッキー絵；坂西志保文 日本パブリッシング（ビギナーブック） 1968年1月

トラー
カンガの子どものルーと木にのぼったトラ 「トラー木にのぼる」 A.A.ミルン文；E.H.シェパード絵；石井桃子訳 岩波書店（クマのプーさんえほん11） 1983年2月

トラー
クマのプーの森の友だちのトラ 「ウサギまいごになる」 A.A.ミルン文；E.H.シェパード絵；石井桃子訳 岩波書店（クマのプーさんえほん13） 1983年2月

トラー
夜にクマのプーの家にやってきたトラ 「トラーのあさごはん」 A.A.ミルン文；E.H.シェパード絵；石井桃子訳 岩波書店（クマのプーさんえほん10） 1982年9月

とら（エゼキエル・ダブ）
ボートをかいこんでむすこのラファエルとうみにのりだしぼうけんのたびをしたとら 「とらくんうみをわたる」 リチャード・アダムス文；ニコラ・ベーリー絵；由良君美訳 ほるぷ出版 1978年2月

とら（シヤカン）
インドのジャングルにいたおそろしいとら 「ジャングル・ブック」 キップリング原作；林陽子文；清水勝絵 世界出版社（ABCブック） 1969年9月

とら

トラ(ジュリアス)
ライオンのヘンリーたちとみんなでジャングルをでてりょこうをしてさばくのオアシスまでいったトラ「しんせつなラクダのハンフリー」ダイアン・エルスン文・絵;河津千代訳 アリス館牧新社 1975年12月

トラ(ジュリアス)
ワニのようにみどりいろになってジャングルのなかでいちばんうつくしいどうぶつになりたいとおもっていたトラ「みどりいろのトラ」ダイアン・エルスン文・絵;河津千代訳 アリス館牧新社 1975年12月

とら(ちびとら)
魚つりにでかけた友だちのこぐまにむこうからてがみをちょうだいといったちびとら「とらくんへのてがみ」ヤーノシュ作;野口純江訳 文化出版局 1982年9月

とら(ちびとらくん)
なかよしのちびくまくんとふたりであこがれのくにパナマへたびだったちびのとら「パナマってすてきだな」ヤーノシュ作・絵;矢川澄子訳 あかね書房(あかねせかいの本3) 1979年9月

トラ(トラー)
カンガの子どものルーと木にのぼったトラ「トラー木にのぼる」A.A.ミルン文;E.H.シェパード絵;石井桃子訳 岩波書店(クマのプーさんえほん11) 1983年2月

トラ(トラー)
クマのプーの森の友だちのトラ「ウサギまいごになる」A.A.ミルン文;E.H.シェパード絵;石井桃子訳 岩波書店(クマのプーさんえほん13) 1983年2月

トラ(トラー)
夜にクマのプーの家にやってきたトラ「トラーのあさごはん」A.A.ミルン文;E.H.シェパード絵;石井桃子訳 岩波書店(クマのプーさんえほん10) 1982年9月

とら(ボーンさん)
ぎょせんのせんちょうさんのとら「ディンゴはじどうしゃがだいすき」リチャード・スキャリー作;國眼隆一訳 ブックローン出版(スキャリーおじさんのどうぶつえほん13) 1982年5月

とら(ボーンさん)
ぎょせんのせんちょうさんのとら「ねこあかちゃんのたんじょうび」リチャード・スキャリー作;國眼隆一訳 ブックローン出版(スキャリーおじさんのどうぶつえほん12) 1984年8月

とら(ボーンさん)
ぎょせんのせんちょうさんのとら「ゆかいなゆかいなあわてんぼう」リチャード・スキャリー作;國眼隆一訳 ブックローン出版(スキャリーおじさんのどうぶつえほん7) 1980年1月

とら(ラファエル・ダブ)
ボートをかいこんでむすこのちちおやのエゼキエルとうみにのりだしぼうけんのたびをしたとら「とらくんうみをわたる」リチャード・アダムス文;ニコラ・ベーリー絵;由良君美訳 ほるぷ出版 1978年2月

ドーラおばさん
シューシュコの町でねずみのウーさんたちとくらすくつやのおじさんの家におうむのポリーアンドリューをつれてやってきたおねえさん 「ねずみのウーくん」 マリー・ホール・エッツ作；田辺五十鈴訳 冨山房 1983年11月

ドラゴン
「わたし」が小さかったころうちにやってきたまっかな目をしたあかちゃんドラゴン 「赤い目のドラゴン」 リンドグレーン文；ヴィークランド絵；ヤンソン由実子訳 岩波書店 1986年12月

ドラゴン
ビリィのへやにこねこくらいのおおきさであらわれていえのなかからとびだすほどのおおきさになっていったドラゴン 「びっくりドラゴンおおそうどう！」 ジャック・ケント文・絵；中川健蔵訳 好学社 1984年7月

ドラゴン
人間のおひめさまをさらってみんなをびっくりさせようとしたのにおひめさまに見られて顔がまっかになってしまったはずかしがり屋のドラゴン 「はずかしがりやのドラゴン」 シンドラ・シュトルナート文；マリー・ジョゼ・サクレ絵；佐々木元訳 文化出版局 1985年5月

ドラヒム
もりからでてきてモリッツとクリスタのペットになったさいごのきょうりゅうドラヒンがあるひであったもういっぴきのきょうりゅう 「ドラヒンのおもいでばなし」 アッヒム・ブレーガー文；ギゼーラ・カロー絵；古川柳子訳 文化出版局 1981年12月

ドラヒン
おしろづきのきょうりゅうだったのにべつのにんげんたちがやってきてまちができてからはもりにみをかくしさいごのいっぴきになってしまったきょうりゅう 「ドラヒンのおもいでばなし」 アッヒム・ブレーガー文；ギゼーラ・カロー絵；古川柳子訳 文化出版局 1981年12月

トラブロフ
ヨーロッパのいなかにあるやどやのさかばのはめいたのうしろににすんでいたねずみいっかのこどもでおんがくがすきでバラライカをひくねずみ 「バラライカねずみのトラブロフ」 ジョン・バーニンガム作；瀬田貞二訳 ほるぷ出版 1976年9月

トランキラ
いだいなどうぶつの王さまレオ28世のけっこんしきにひるもよるもあるきつづけていったかめ 「がんばりやのかめトランキラ」 ミヒャエル・エンデ文；マリー＝ルイーゼ・プリッケン絵；虎頭恵美子訳 ほるぷ出版 1979年3月

とり
あさになってもきのえだでねむっていたふくろうをおこそうとしたにわのことり 「ふくろうとことり」 エッダ・ラインル絵；野呂昶文 かど創房 1981年3月

とり
あつまってだれをおうさまにするかというそうだんをしたとりたち 「いそっぷのおはなし」 中川正文訳；長新太絵 福音館書店 1963年11月

とり

とり
ある島でいつも列をつくっておなじほうをむいてきちんとならんであるいていたあるきどりたち 「一わだけはんたいにあるいたら……」グンナル・ベーレフェルト作・絵;ビヤネール多美子訳 偕成社 1984年7月

とり
おおきなかぬーをつくるためにラタというわかものがきりたおしたもりのおおきなきをよるのうちにもとどおりにしようとしたとりたち 「おおきなかぬー(ポリネシア)」大塚勇三再話;土方久功絵 福音館書店 1963年1月

とり
おおきなからだにものをいわせてひとのものをぬすむいじのわるいくろどり 「ちいさな青いとり」竹田裕子文;ヨゼフ・フラバチ絵 岩崎書店(世界の絵本4) 1976年1月

とり
カトルーこくでたんじょう日がくるととんできてなんでもしてくれるりこうでげいたっしゃなとり 「おたんじょう日おめでとう」ドクタースース作;渡辺茂男訳 日本パブリッシング 1971年1月

とり
かなしんでいるひとをたのしくしてあげられるというふしぎなちからがあったあおいはねのちいさいことり 「ちいさな青いとり」竹田裕子文;ヨゼフ・フラバチ絵 岩崎書店(世界の絵本4) 1976年1月

とり
けものたちとせんそうをはじめたとりたち 「イソップのおはなし」イソップ作;山中恒文;佐藤忠良絵 偕成社(世界おはなし絵本28) 1972年1月

とり
しあわせにくらすふくろうのふうふのすぐちかくにあるひゃくしょうやにかわれていてけんかばかりしてくらしていたにわとりやいろいろなとりたち 「しあわせなふくろう-オランダ民話」ホイテーマ文;チェレスチーノ・ピヤッチ絵;おおつかゆうぞう訳 福音館書店 1966年8月

とり
たまごからでてきてすぐに木からおちてしまっておかあさんをさがしにいったことり 「おかあさんはどこ?」ピー・ディー・イーストマン作・絵;渡辺茂男文 日本パブリッシング(ビギナーブック) 1968年1月

とり
てんからふってきたでっかいたまごにみんなでかわるがわるのっかってたまごをかえすことにしたとりたち 「てんからふってきたたまごのはなし」チャペック作;三好碩也文・画 福音館書店 1962年12月

とり
ともだちのピーターとおおかみをつかまえたことり 「ピーターとおおかみ-セルゲイ・プロコフィエフの音楽童話より」エルナ・フォークト絵;山本太郎訳 佑学社 1984年7月

とり

とり
のはらでしんでいたのをこどもたちにみつけられてもりのなかにうめられたとり 「ちいさなとりよ」 M.W.ブラウン文；R.シャーリップ絵；与田準一訳 岩波書店(岩波の子どもの本) 1978年11月

とり
ピーターとふたりでおおかみをつかまえたなかよしのことり 「ピーターとおおかみ」 プロコフィエフ作；内田莉莎子文；三好碩也絵 偕成社 1966年8月

とり
びんぼうなえかきさんがかいたえのなかのきれいなとりでえをかったおかねもちのおやしきのまどからとびたっていったことり 「えかきさんとことり」 マックス・ベルジュイス作；長谷川四郎訳 ほるぷ出版 1979年4月

とり
まっくろくろのちいさいいぬのいるぼくじょうへあそびにいったきいろいことり 「きいろいことり」 ディック・ブルーナ文・絵；いしいももこ訳 福音館書店(子どもがはじめてであう絵本) 1964年6月

とり
みんなで王さまをえらぶことになりわしを王さまにしたとりたち 「はねはねはれのはねかざり」 ミッシャ・ダムヤン作；スージー・ボーダル絵；中山知子訳 佑学社(ヨーロッパ創作絵本シリーズ12) 1978年7月

トリ
お月さまをかじってみたくなったクマくんがロケットをつくるのをてつだった友だちのコトリ 「かじってみたいな、お月さま」 フランク・アッシュ絵・文；山口文生訳 評論社(児童図書館・絵本の部屋) 1985年7月

トリ
くり林に遠足に行ってくりの実からはりねずみが生まれるのだとおもった小鳥の学校の先生と生徒たち 「鳥のうたにみみをすませば」 オタ・ヤネチェック絵；フランチシェック・ネピル文；金山美莎子訳 佑学社(おはなし画集シリーズ4) 1980年9月

トリ
なかよしともだちのゾウとサルとでだれかをたいしょうにえらぼうとしてもだれにきめればいいのかわからなかったトリ 「だれがいちばんとしがうえ？-スリランカの仏教説話」 スマナ・ディサーナーヤカー絵；ティローカスンダリ・カーリヤワサム再話；のぐちただし訳 ほるぷ出版 1983年11月

トリ
朝鮮の東海岸にあるつづみ村のチェチギじいさんの三人のむすこの二ばん目でクリョン山のおくふかくにあるというにじ色のばちをとりにいった少年 「天馬とにじのばち」 蔡峻絵；梁裕子文 朝鮮青年社 1985年10月

鳥　とり
おしゃべりな鳥 「ルック・アット・ザ・ウィンドウ」 ウィルヘルム・シュローテ作；マリ・クリスチーヌ訳 エイプリル・ミュージック 1978年11月

とり

鳥　とり
ピーターとおおかみをつかまえた小鳥「ピーターとおおかみ」セルゲイ・プロコフィエフ作;アラン・ハワード絵;小倉朗訳　岩波書店　1975年11月

鳥　とり
小鳥のお医者さんに食べすぎだとおこられた巣ごもりちゅうの小鳥のおくさん　「鳥のうたにみみをすませば」オタ・ヤネチェック絵;フランチシェック・ネピル文;金山美莎子訳　佑学社(おはなし画集シリーズ4)　1980年9月

鳥　とり
墓地の墓石の下のたましいから一羽一羽生まれて飛びたっていく鳥　「鳥のうたにみみをすませば」オタ・ヤネチェック絵;フランチシェック・ネピル文;金山美莎子訳　佑学社(おはなし画集シリーズ4)　1980年9月

鳥(アーマ)　とり(あーま)
フローリアンにたのまれて風の子リーニの鈴をぬすんだフクロウのムーダをさがしにいった大きな鳥　「風の子リーニ」ベッティーナ・アンゾルゲ作;とおやまあきこ訳　福武書店　1985年9月

とり(アーリー・バード)
ともだちになってくれるくねくねむしをさがしにでかけたはやおきどりのこども　「アーリー・バードとくねくねむし」リチャード・スキャリー作;國眼隆一訳　ブックローン出版(スキャリーおじさんのどうぶつえほん6)　1984年8月

鳥(ウグイス)　とり(うぐいす)
シャムの王さまの末のお姫さまの九月姫が死んでしまったオウムのかわりにかった歌がじょうずなウグイス　「九月姫とウグイス」サマセット・モーム文;光吉夏弥訳;武井武雄絵　岩波書店(岩波の子どもの本)　1954年12月

とり(ウルズラ)
ぞうのおうさまババールたちをとりのしまへまねいたとりのくにのおきさき　「ババールとりのしまへ」ロラン・ド・ブリュノフ作;矢川澄子訳　評論社(評論社の児童図書館・絵本の部屋　ぞうのババール7)　1975年10月

とり(オデット)
こうえんのきのうえのすからおちてちかてつのかいだんをおりようとしていたおじいさんのぼうしのうえにおちたことり　「ことりのオデット」ケイ・フェンダー文;フィリップ・デュマ画;山口智子訳　冨山房　1984年10月

とり(キビタン)
さがしているものをすぐにみつけだすことができるとってもよいめをしたことり　「キビタン-かくれんぼ絵本」ジタ・ユッカー絵;クルト・バウマン作;ウィルヘルム・きくえ訳　太平社　1984年5月

とり(ケッカ)
じぶんのこどもたちといっしょにすのなかにいたかっこうのこもとべるようになるまでそだててあげたことり　「かっこうのこども」アッティリオ・カッシネリ絵;カレン・グントルプ作;岸田衿子訳　ひかりのくに(アッティリオとカレンのえほん)　1973年1月

とり(シプリヤン)
ぞうのおうさまババールたちをとりのしまへまねいたとりのくにのおうさま 「ババールとりのしまへ」 ロラン・ド・ブリュノフ作；矢川澄子訳 評論社(評論社の児童図書館・絵本の部屋 ぞうのババール7) 1975年10月

とり(でかさん)
とびかたをおしえてやるといってむしのちびちゃんをだましてきのうえのすになげこんだでかいとり 「ともだちばんざい」 ロバート・タロン文・絵；山本けい子訳 ぬぷん児童図書出版(でかとちび1) 1983年11月

とり(トリオくん)
おくさんのトリコさんがふるいうちはいやだといったのでいっしょにあたらしいうちをさがしにいったとり 「すてきなうちはないかしら？」 ピー・ディー・イーストマン作・絵；松野正子文 日本パブリッシング(ビギナーブックシリーズ) 1969年1月

とり(トリコおくさん)
ふるくさいうちがいやになってだんなさんのトリオくんとあたらしいうちをさがしにいったとりのおくさん 「すてきなうちはないかしら？」 ピー・ディー・イーストマン作・絵；松野正子文 日本パブリッシング(ビギナーブックシリーズ) 1969年1月

とり(ネポムーク)
ひとりぼっちでおしろにとりのこされたフーバク王さまのためにあたらしいけらいをみつけてあげようとしたことり 「おしろレストラン」 クルト・バウマン文；マリー・ジョゼ・サクレ絵；いけだかよこ訳 文化出版局 1982年12月

とり(ぴるり)
たべもののさがしをてつだってやっているともだちのことり 「くまのもっくはおなかがぺこぺこ」 イワン・ガンチェフ作；やまわききょう訳 DEMPA/ペンタン 1986年7月

とり(フィリップ)
ひとりでいるよりほかのこといっしょにあそぶほうがおもしろいのにとおもっていたとりのこども 「いっしょにあそぼうよ」 フリードリヒ・カール・ヴェヒター文・絵；尾崎賢治訳 アリス館 1978年4月

とり(フィリップ)
もりにほかのこどもがいないのでこざかなのハラルドとこぶたのインゲと3にんであそんだとりくん 「いっしょにあそぼうよ」 フリードリヒ・カール・ヴェヒター文・絵；尾崎賢治訳 アリス館 1983年3月

とり(まっくろネリノ)
あんまりまっくろだからいろんないろしたきれいなにいさんたちにあそんでもらえないことり 「まっくろネリノ」 ヘルガ・ガルラー作；矢川澄子訳 偕成社 1973年7月

とり(みそさざい)
もりのおおかみとくまにばかにされてからかわれたちいさなみそさざい 「ことりにまけたくまーグリム」 グリム原作；浜田廣介文；山田三郎絵 偕成社(ひろすけ絵本7) 1965年11月

とり

とり(メイジー)
たまごをあたためるのにあきてしまってしょうじきもののぞうのホートンにかわってくれるようにたのんだなまけどり「ぞうのホートンたまごをかえす」ドクター・スース作・絵；白木茂訳 偕成社 1968年8月

とり(ろびん)
くいしんぼうでたべすぎてぼーるみたいにふとってしまいそらをとべなくなってみなみのくにへあるいていくことにしたことり「まんまるろびん」ジャック・ケント作；石沢泰子訳 ペンタン 1985年9月

鳥(ロベルト) とり(ろべると)
きれいな花ぞのにすむルピナスさんとなかよしの鳥「お友だちのほしかったルピナスさん」ビネッテ・シュレーダー文・絵；矢川澄子訳 岩波書店 1976年12月

トリオくん
おくさんのトリコさんがふるいうちはいやだといったのでいっしょにあたらしいうちをさがしにいったとり「すてきなうちはないかしら？」ピー・ディー・イーストマン作・絵；松野正子文 日本パブリッシング（ビギナーブックシリーズ） 1969年1月

トリコおくさん
ふるくさいうちがいやになってだんなさんのトリオくんとあたらしいうちをさがしにいったとりのおくさん「すてきなうちはないかしら？」ピー・ディー・イーストマン作・絵；松野正子文 日本パブリッシング（ビギナーブックシリーズ） 1969年1月

ドリス
まいにちがっこうのいきかえりにみんなとワニのモンティーのせなかにのせてもらって川をわたっていたアヒルの女の子「モンティー」ジェイムズ・スティーブンソン作；麻生九美訳 評論社（児童図書館・絵本の部屋） 1980年6月

ドリトル先生 どりとるせんせい
おとものどうぶつたちとふねにのってアフリカからうちへかえるとちゅうでかいぞくせんにおいかけられた先生「ドリトル先生とかいぞく」ヒュー・ロフティング；アル・パーキンス作；フィリップ・ウェンド絵；滑川道夫文 日本パブリッシング（ビギナーブックシリーズ） 1969年1月

トリーネ
トロルの子のティムにさそわれてトロル一家のすむ山へあそびにいった女の子「ティムとトリーネ」スベン・オットー絵；奥田継夫；木村由利子訳 評論社（児童図書館・絵本の部屋） 1979年9月

トーリン
むかしある村に住んでいた若者でまいにち山へいきだんだん畑をつくっていた男「あかりの花-中国苗族民話」肖甘牛採話；君島久子再話；赤羽末吉画 福音館書店 1985年1月

ドール
ある日ほうきやぼろきれでかいじゅうにへんそうして「魔女の庭」にしのびこんだ七人の子どもたちのひとりのちび「魔女の庭」リディア・ポストマ作；熊倉美康訳 偕成社 1983年4月

ドール
むかし月なんてなかったときにワイのまちでカシの木にぶらさげてあったランプをどろぼうした4人きょうだいの4ばんめのおとこ 「月はどうしてできたか-グリム童話より」 ジェームズ・リーブズ文；エドワード・アーディゾーニ絵；矢川澄子訳 評論社（児童図書館・絵本の部屋） 1979年4月

ドルジェ
愛犬のセンゲをつれておじさんといっしょにラサまでじゅんれいのたびをしたチベットの少年 「ドルジェのたび-チベットの少年のはなし」 ペマ・ギャルポ話；金田卓也文・絵 偕成社 1985年5月

トルース
ねこのプルフがかわれているのうじょうのにわとりをとろうとしていたきつね 「はりねずみポワンチュのおてがら」 J.ボダル作；CH.サランビエ絵；黒木義典訳；板谷和雄文 ブック・ローン出版（ファランドールえほん8） 1981年1月

ドルーンきょう
ビン王こくのバートラム王さまがたった一つの楽しみにしていた竹うまあそびをやめさせようとして竹うまをぬすみだした男 「王さまの竹うま」 ドクター・スース作・絵；渡辺茂男訳 偕成社 1983年8月

ドレイク
スペイン船との戦いにまけたイギリス船の生き残りの乗組員たちと船乗り猫のトム猫を助けた海賊 「女王陛下の船乗り猫」 リチャード・アダムズ文；アラン・オルドリッジ絵；田中未知訳 角川書店 1961年5月

ドレーク・パドルダック
おすのあひる 「こねこのトムのおはなし」 ビアトリクス・ポター作・絵；いしいももこ訳 福音館書店（ピーターラビットの絵本4） 1971年11月

トレシーかあさん
おなかのなかにあかちゃんがいるおかあさん 「あかちゃんでておいで！」 マヌシュキン作；ヒムラー絵；松永ふみ子訳 偕成社 1977年1月

トレバー
エドワードの駅のちかくにあったスクラップおきばにいたけんいん車 「青い機関車エドワード」 ウィルバート・オードリー作；レジナルド・ドールビー絵；桑原三郎；清水周裕訳 ポプラ社（汽車のえほん9） 1974年4月

ドレーリア
オークアプルの森にくらしている色のきれいな大きなとんぼ 「もりねずみのピーターキン」 ジェニー・パートリッジ作；神宮輝夫訳 ティビーエス・ブリタニカ（オークアプルの森のおはなし4） 1982年7月

ドロセルマイアおじさん
クリスマスにまい年子どもたちに手づくりのおもちゃをプレゼントしてくれるおじさん 「くるみわり人形」 ホフマン原作；ダグマル・ベルコバー絵；高橋ひろゆき文 佑学社（名作バレー物語シリーズ） 1978年11月

とろつ

ドロッセルマイエルおじさん
にんぎょうづくりのじょうずなおじさん 「くるみわりにんぎょう」 ホフマン原作;金山美穂子文;司修絵 世界出版社(ABCブック) 1970年1月

トロットおばさん
ねことくらしているおばさん 「トロットおばさんとねこ」 ポール・ガルドン文・絵;岸田衿子訳 佑学社(ポール・ガルドン昔話シリーズ5) 1979年10月

どろにんぎょう(にんぎょう)
おじいさんがどろつちでつくったにんぎょうでたちあがっておじいさんとおばあさんとふたりのむすめたちをつきつぎにのみこんでいったどろにんぎょう 「どろにんぎょう-北欧民話」 内田莉莎子文;井上洋介画 福音館書店 1985年10月

どろぼう
サンタ・クロースをそりごとぬすもうというどろぼう大さくせんをたてた大どろぼうたち 「そりぬすみ大さくせん」 マイケル・フォアマン作;せたていじ訳 評論社(児童図書館・絵本の部屋) 1978年6月

どろぼう
トルコのアダナというまちでメルコンというなのまずしいおとこのこからやきあがったおんどりをぬすんだ三人のどろぼう 「どろぼうとおんどりこぞう」 ナニー・ホグロギアン文・絵;はらしょう訳 アリス館牧新社 1976年3月

どろぼう
まちいちばんのかねもちのいえにおしいろうとしてかねもちにいっぱいくわされたおおどろぼう 「だまされたおおどろぼう」 ハロルド・バースン文・絵;清水真砂子訳 アリス館牧新社 1975年12月

どろぼう
山のてっぺんにある村から空にはしごをたてかけて星をぜんぶとってかくしてしまったどろぼう 「星どろぼう」 アンドレア・ディノト文;アーノルド・ローベル画;八木田宜子訳 ほるぷ出版 1978年5月

ドロミテの王子　どろみてのおうじ
北イタリアのドロミテの山やまのふもとにある国の王子で月の王国のルシアひめに恋をした若もの 「ドロミテの王子」 トミー・デ・パオラ作;湯浅フミエ訳 ほるぷ出版 1985年6月

トロール
むかしノルウェーのこけむした山やまに暮らしていたひとつ頭や3つ頭や12頭のトロールたち 「トロールものがたり」 エドガー・パリン・ダウレア;イングリ・モルテンソン・ダウレア作;辺見まさなお訳 ほるぷ出版 1976年9月

トロル
くらいもりのなかにはいってきたエルシーというおんなのこにだまされてにげられてしまったトロル 「トロルのもり」 エドワード・マーシャル作;ジェイムズ・マーシャル絵;ももゆりこ訳 さ・え・ら書房 1983年6月

トロル
まずしいおじいさんとおばあさんがかっていためうしのブーコトラをさらってほらあなのてんじょうのはりにしばりつけていたおんなトロル 「めうしのブーコトラ-アイスランドの民話」 フリングル・ヨウハンネソン絵;すがわらくにしろ訳　ほるぷ出版　1981年5月

トロル
メールユーセのもりにすみあるひもりででであったにんげんのおとこのこをみんなでのみこんだ5ひきのトロルのきょうだい 「5ひきのトロル」 ハルフダン・ラスムッセン作;イブ・スパング・オルセン絵;山内清子訳　ほるぷ出版　1984年10月

トロル
もぐらのモールといっしょに森の木をきってクリスマスツリーをかざったようせい 「ふたりのクリスマスツリー」 トーニ・ジョンストン文;ウォーレス・トリップ絵;中山知子訳　国土社　1980年11月

トロル
三びきのやぎのがらがらどんがやまへのぼっていくとちゅうのたにがわのはしのしたにすんでいたきみのわるいおおきなトロル 「三びきのやぎのがらがらどん-北欧民話」 マーシャ・ブラウン絵;せたていじ訳　福音館書店　1965年7月

トロル
森がとぎれて岩がもこもあるほらあなにすんでいたトロルの一家の子であそびともだちがほしいとおもっていたおとこの子 「ティムとトリーネ」 スベン・オットー絵;奥田継夫;木村由利子訳　評論社(児童図書館・絵本の部屋)　1979年9月

トロル
森にやってきたイエスパーとユリのきょうだいがトロルのいることをしんじていたのでうれしくなった三びきのトロル 「三びきのかなしいトロル」 マリー・ブランド作・絵;奥田継夫;木村由利子訳　岩崎書店(新・創作絵本24)　1981年8月

どん
おもくてじゃまなからからぬけだしてだいすきなきのこをたべにいったかたつむり 「ああよかった」 イレナ・ラチェック作・絵;鈴木悦夫文　学習研究社(国際版せかいのえほん13)　1985年1月

ドン・アロンゾ
悪名高い海賊のウンギオーネ船長とたたかったスペインのガレー船の船長 「ロビンと海賊」 エルマンノ・リベンツィ文;アデルキ・ガッローニ絵;河島英昭訳　ほるぷ出版　1979年3

トンカチーン・トテモジャナイおばさん
ばかばかしいことがだいすきなおとこのことムとくらしていたばかばかしいことがだいきらいなひとりもののおばさん 「さすがのナジョーク船長もトムには手も足もでなかったこと」 ラッセル・ホーバン文;クェンティン・ブレイク絵;乾侑美子訳　評論社(児童図書館・絵本の部屋)　1980年5月

ドーン・チョーレチャ
いつもおなかをすかせていたプンクマインチャにあたまのつのからパンとスープをだしてくれたふたつあたまのふしぎなめすのやぎ 「プンクマインチャ-ネパール民話」 大塚勇三再話;秋野亥左牟画　福音館書店　1968年2月

トントゥ
むかしはフィンランドのどこの家にもすんでいたいろんな年よりのまもりがみたち「フィンランドのこびとたち トントゥ」マウリ・クンナス作;稲垣美晴訳 文化出版局 1982年6月

どん・ぺどろ
ぱぶろというまずしいおとこの子のうちのきんじょにすんでいたおそろしいねこ「ねずみとおうさま」コロマ神父文;石井桃子訳;土方重巳絵 岩波書店(岩波の子どもの本) 1953年12月

とんぼ(ドレーリア)
オークアプルの森にくらしている色のきれいな大きなとんぼ「もりねずみのピーターキン」ジェニー・パートリッジ作;神宮輝夫訳 ティビーエス・ブリタニカ(オークアプルの森のおはなし4) 1982年7月

とんまくん
木の葉はあかいしくさはそらいろのほんとにおかしなくに"へんてこりんこく"にすんでいたひと「とんまくん」ロジャー・ハーグレーヴス作;たむらりゅういち訳 評論社(みすた・ぶっくす4) 1976年6月

【な】

ナイチンゲール
世界でもっとも有名な看護婦のイギリス人女性「フローレンス・ナイチンゲール」L.D.ピーチ作;ジョン・ケニイ絵;敷地松二郎訳 アドアンゲン 1974年11月

ナイチンゲール
昔中国の皇帝の世界一立派な宮殿のお庭にすんでいた一羽のナイチンゲール「中国皇帝のナイチンゲール」H.C.アンデルセン作;G.ルモワーヌ絵;なだいなだ訳 文化出版局(フランスの傑作絵本) 1980年12月

ナイチンゲールさん
うさぎのおいしゃさんドクターせんせいのびょういんのかんごふさん「ニッキーおいしゃさんへ」リチャード・スキャリー作;吉田純子訳 ブック・ローン出版(スキャリーおじさんのどうぶつえほん4) 1984年8月

ナイルソンさん
ステーンとフリーサをふねにのせてエジプトりょこうにつれていったエジプトのおかねもちのいっか「エジプトりょこう」バッティル・アルムクビスト絵・文;やまのうちきよこ訳 徳間書店(げんしじんヘーデンホスシリーズ2) 1974年9月

なおして・なおしたせんせい
もりのどうぶつたちのびょうきをなおすやさしいおいしゃさん「なおしてなおしたせんせい」コルネイ・チュコフスキー作;マイヤ・カルマ絵;佐伯靖子訳 フレーベル館 1985年6月

ながすね
イ族の村にすんでいたとしよりのふうふが池のほとりにあらわれた白いかみの老人からさずかった九人の子どもの一人「王さまと九人のきょうだい-中国の民話」君島久子訳;赤羽末吉絵 岩波書店 1969年11月

ながながぼうず
あるばんウサギのいえのなかにはいってドアをしめたながながぼうずだといういやーなやつ 「ウサギのいえにいるのはだれだ？-アフリカ・マサイ族民話より」 ヴェルナ・アールデマ文；レオ・ディロン；ダイアン・ディロン絵；八木田宜子訳　ほるぷ出版　1980年5月

ながれぼし
みんなにみてもらいたくてよぞらからちきゅうにおりてきたながれぼし 「ながれぼし」 エリザベス・スパイアズ作；カルロ・ミッチェリーニ絵　DEMPA/ペンタン　1986年10月

ナクロ
マナヒラン国のある村にやってきたアスティノ国のパンダワ5王子のふたごの王子 「ビモのおにたいじ-ジャワの影絵しばい」 ヌロールスティッヒサーリン・スラムット再話；ノノ・スグルノー絵；松本亮訳　ほるぷ出版　1985年3月

ナゲル
いつもくよくよととりこしぐろうばかりしていたむらの三人のおひゃくしょうの一人 「ふうがわりなたまご-三人のおひゃくしょうのはなし2」 ソニア・レヴィティン作；ジョン・ラレック絵；清水真砂子訳　佑学社（アメリカ創作絵本シリーズ8）　1979年12月

ナゲル
そらの月をみて月はじぶんのだといいあらそいをはじめた三人のおひゃくしょうの一人 「月はだれのもの-三人のおひゃくしょうのはなし1」 ソニア・レヴィティン作；ジョン・ラレック絵；清水真砂子訳　佑学社（アメリカ創作絵本シリーズ7）　1979年12月

ナジョーク船長　なじょーくせんちょう
トムとくらすトンカチーンおばさんがばかばかしいことばかりするトムをこらしめるためによんだこわい船長 「さすがのナジョーク船長もトムには手も足もでなかったこと」 ラッセル・ホーバン文；クェンティン・ブレイク絵；乾侑美子訳　評論社（児童図書館・絵本の部屋）　1980年5月

ナスターシャ・ペトローブナ
もりのなかにあったいえにすんでいた3びきのくまの1ぴきのおかあさんぐま 「3びきのくま」 トルストイ作；バスネツォフ絵；おがさわらとよき訳　福音館書店（世界の傑作絵本シリーズ・ソビエトの絵本）　1962年5月

ナスレディン
トルコのある村にいたとんちのあるにんきもののおじいさん 「ホジャどんのしっぺがえし-トルコ民話」 ギュンセリ・オズギュル再話・絵；ながたまちこ訳　ほるぷ出版　1983年6月

ナーゾオ
リーヂン（李靖）大将軍のむすこでふしぎな力をもっていた少年 「ふしぎな少年ナーゾオ」 ルー・ピン文；ティ・シーファ絵；森住和弘訳　ほるぷ出版　1980年9月

ナップ
しっぽのさきがしろいウインクルといっしょににわでほりだしたいっぽんのほねをじぶんのほねだといったはなのあたまがしろいいぬ 「ナップとウインクル」 ウィリアム・リプキンド；ニコラス・モードヴィノフ作；河津千代訳　アリス館牧新社　1976年11月

なとき

ナトキン
みずうみのそばの森にすんでいたしりきれしっぽのあかりす 「りすのナトキンのおはなし」 ビアトリクス・ポター作・絵;いしいももこ訳 福音館書店(ピーターラビットの絵本10) 1973年1月

七ひきのこやぎ(こやぎ)　ななひきのこやぎ(こやぎ)
かあさんやぎがおつかいにいくときおおかみにきをつけるようにといわれた七ひきのこやぎ 「おおかみと七ひきのこやぎ」 稲田宰子文;花之内雅吉絵　フレーベル館(せかいむかしばなし6) 1985年10月

七ひきのこやぎ(こやぎ)　ななひきのこやぎ(こやぎ)
むかしあるところにいたおかあさんやぎがどのおかあさんにもまけないくらいかわいがっていた七ひきのこやぎたち 「おおかみと七ひきのこやぎ-グリム童話」 フェリクス・ホフマン絵;せたていじ訳　福音館書店(世界傑作絵本シリーズ・スイスの絵本) 1967年4月

七ひきの子やぎ(子やぎ)　ななひきのこやぎ(こやぎ)
年とっためやぎがまるで人間のおかあさんそっくりにかわいがっていた七ひきの子やぎ 「おおかみと七ひきの子やぎ-グリム童話より」 スベン・オットー絵;矢川澄子訳　評論社(児童図書館・絵本の部屋) 1980年2月

ナナブシュ
でっかいちょうざめをしとめようとみずうみにカヌーをこぎだしてちょうざめにのみこまれてしまったインディアンのわかもの 「ちょうざめにのまれたナナブシュ-アメリカインディアンのはなし」 皆河宗一文;藤川秀之絵　コーキ出版(絵本ファンタジア16) 1977年6月

ナネット
デュモレさんののうじょうにいたにわとりのむれのなかでたった1わめだってからだのちいさなちゃぼのバンタムがだいすきなめんどり 「ちゃぼのバンタム」 ルイーゼ・ファティオ作;ロジャー・デュボアザン絵;乾侑美子訳　佑学社 1979年1月

ナバー
中の森にあるはちのすをどうしても手にいれたくてよるの森にはいっていったこぐま 「はちみつはちみつ」 ウィリアム・リプキンド作;ロジャー・デュボアザン絵;掛川恭子訳　佑学社(アメリカ創作絵本シリーズ17) 1980年11月

なまいきくん
たいへんなおかねもちでだれにだってしつれいなことをするとてもいやなやつ 「なまいきくん」 ロジャー・ハーグレーヴス作;たむらりゅういち訳　評論社(みすた・ぶっくす9) 1976年7月

なまけもの
背丈が30センチくらいの青い肌をした森の精スマーフのなまけもののスマーフ 「100人めのスマーフ」 ペヨ作;村松定史訳;小川悦子編　セーラー出版(スマーフ物語6) 1985年10月

なまけもの
背丈が30センチくらいの青い肌をした森の精スマーフのなまけもののスマーフ 「オリンピックスマーフ」 ペヨ作;村松定史訳;小川悦子編　セーラー出版(スマーフ物語14) 1986年10月

なまけ

なまけもの
背丈が30センチくらいの青い肌をした森の精スマーフのなまけもののスマーフ 「キングスマーフ」 ペヨ作；村松定史訳；小川悦子編　セーラー出版（スマーフ物語2）1985年10月

なまけもの
背丈が30センチくらいの青い肌をした森の精スマーフのなまけもののスマーフ 「コスモスマーフ」 ペヨ作；村松定史訳；小川悦子編　セーラー出版（スマーフ物語9）1986年4月

なまけもの
背丈が30センチくらいの青い肌をした森の精スマーフのなまけもののスマーフ 「さすらいのスマーフ」 ペヨ作；村松定史訳；小川悦子編　セーラー出版（スマーフ物語8）1986年4月

なまけもの
背丈が30センチくらいの青い肌をした森の精スマーフのなまけもののスマーフ 「スマーフコント集」 ペヨ作；村松定史訳；小川悦子編　セーラー出版（スマーフ物語11）1986年6月

なまけもの
背丈が30センチくらいの青い肌をした森の精スマーフのなまけもののスマーフ 「スマーフシンフォニー」 ペヨ作；村松定史訳；小川悦子編　セーラー出版（スマーフ物語5）1985年10月

なまけもの
背丈が30センチくらいの青い肌をした森の精スマーフのなまけもののスマーフ 「スマーフスープと大男」 ペヨ作；村松定史訳；小川悦子編　セーラー出版（スマーフ物語13）1986年8月

なまけもの
背丈が30センチくらいの青い肌をした森の精スマーフのなまけもののスマーフ 「スマーフと不思議なタマゴ」 ペヨ作；村松定史訳；小川悦子編　セーラー出版（スマーフ物語4）1985年12月

なまけもの
背丈が30センチくらいの青い肌をした森の精スマーフのなまけもののスマーフ 「スマーフ語戦争」 ペヨ作；村松定史訳；小川悦子編　セーラー出版（スマーフ物語12）1986年8月

なまけもの
背丈が30センチくらいの青い肌をした森の精スマーフのなまけもののスマーフ 「ベビースマーフ」 ペヨ作；村松定史訳；小川悦子編　セーラー出版（スマーフ物語15）1986年10月

なまけもの
背丈が30センチくらいの青い肌をした森の精スマーフのなまけもののスマーフ 「怪鳥クラッカラス」 ペヨ作；村松定史訳；小川悦子編　セーラー出版（スマーフ物語7）1986年2月

なまけもの
背丈が30センチくらいの青い肌をした森の精スマーフのなまけもののスマーフ 「見習いスマーフ」 ペヨ作；村松定史訳；小川悦子編　セーラー出版（スマーフ物語10）1986年6月

なまけ

なまけもの
背丈が30センチくらいの青い肌をした森の精スマーフのなまけもののスマーフ 「黒いスマーフ」ペヨ作;村松定史訳;小川悦子編 セーラー出版(スマーフ物語1) 1985年10月

なまけもの
背丈が30センチくらいの青い肌をした森の精スマーフのなまけもののスマーフ 「恋人スマーフェット」ペヨ作;村松定史訳;小川悦子編 セーラー出版(スマーフ物語3) 1985年10月

ナマリの兵隊 なまりのへいたい
一本の古いさじから生まれたナマリの兵隊たちのなかでひとつだけ一本足だった兵隊 「ナマリの兵隊」ハンス・アンデルセン文;マーシア・ブラウン絵;光吉夏弥訳 岩波書店(岩波の子どもの本) 1954年4月

ナーヤ
グリーンランドのイカミウットの町に住む男の子マスの妹 「マスとミラリクーグリーンランドの絵本」スベン・オットー作;奥田継夫;木村由利子訳 評論社(児童図書館・絵本の部屋) 1979年12月

ナラちゃん
きょうからようちえんにいったおんなのこのおともだち 「ようちえん」ヘレン・オクセンバリー作・絵;なかむらくみこ訳 ほるぷ出版(はじめてのえほん4) 1983年12月

ナルシス
ナターンのもりのなかまでけいさつけんになりたかったいぬ 「いぬのナルシス」アラン・グレ文;ルイ・カン絵;しょうじかずこ訳 DEMPAペンタン(ナターンのもりのなかまたち7) 1986年4月

【に】

にーお
たーしーざんのふもとにすんでいたはたおりじょうずでゆみのめいじんのやーらのためにじぶんのかみのけでおおきいじょうぶなあみをあんだおんな 「つきをいる-中国民話」君島久子訳;瀬川康男画 福音館書店 1962年10月

ニコ
ギリシアの山のなかでひとりでくらす農夫スピロスの家でまい朝力づよく時をつげていたオンドリ 「朝をよぶ声」アムライ・フェッヒナー作;マックス・クルーゼ絵;矢川澄子訳 メルヘン社 1980年12月

ニコラ
くまのヌーヌーといっしょに友だちのポールのうちのあるいなかへいった男の子 「くまのヌーヌーいなかへいく」クロード・レイデュ文;ポール・デュラン絵;木村庄三郎訳 講談社(世界の絵本フランス) 1971年10月

ニコラ
くまのヌーヌーとマリーと友だちのポールといっしょに海へいった男の子 「くまのヌーヌー海へいく」 クロード・レイデュ文;ポール・デュラン絵;木村庄三郎訳 講談社(世界の絵本フランス) 1971年10月

ニコラ
とうさんかあさんとちいさなあかちゃんのおとうとといっしょにしあわせにくらしているきょうだいのおにいさん 「ジュゼットとニコラ-おにわで」 市川里美作;矢川澄子訳 冨山房 1978年6月

ニコラ
ねむりのかみさまのおてつだいをして空からおりてきたくまのヌーヌーととこやさんごっこをした子ども 「くまのヌーヌーとこやへいく」 クロード・レイデュ文;ポール・デュラン絵;木村庄三郎訳 講談社(世界の絵本フランス) 1971年10月

ニコライ
あるあさものすごいいびきをかいてねていておきてもいつまでもうとうとしていたおとこの子 「おねぼうニコライ」 マリー・ブランド作・絵;奥田継夫;木村由利子訳 岩崎書店(新・創作絵本29) 1982年11月

ニコライ
いつも陽気に歌いながら旅をつづけている風来坊 「ニコライのゆかいなたび」 イェアン・クレヴィン絵・文;木村由利子訳 講談社(世界の絵本デンマーク) 1972年4月

ニコラス
とってもどうぶつずきな子でおたんじょうびのプレゼントに生きものがほしいなとおもった男の子 「ニコラスのペット」 インゲル・サンドベルイ文;ラッセ・サンドベルイ絵;たなかみちお訳 講談社(世界の絵本スウェーデン) 1971年2月

ニコラス
らんぼうものぞろいの船のなかまとちがって心のやさしい発明ずきなかいぞくのおとこのこ 「ちっちゃなかいぞく」 デニス・トレ;アレイン・トレ絵・文;麻生九美訳 評論社(児童図書館・絵本の部屋) 1979年10月

ニコレット
たびげいにんのみかづきざでタンバリンをならしているねこ 「みかづきいちざのものがたり」 アイリーン・ハース作・絵;うちだりさこ訳 福音館書店(世界傑作絵本シリーズ・アメリカの絵本) 1981年11月

ニコロ
馬売りのおじさんのところでかわいいロバの子に会ったサーカスのピエロの子ども 「ニコロ」 ペレナ・パポーニ絵・文;中山知子訳 西村書店 1986年3月

西の人びと　にしのひとびと
川のほとりのウインロックとよばれるちいさな村で川の東と西にわかれてすんでいた人びとで東の人びとといがみあってばかりいた西の人びと 「川をはさんでおおさわぎ」 ジョーン・オッペンハイム文;アリキ・ブランデンバーグ絵;ひがしはじめ訳 アリス館 1981年5月

にっき

ニッキー
おいしゃさんのドクターせんせいのびょういんへいったうさぎのおとこのこ 「ニッキーおいしゃさんへ」 リチャード・スキャリー作；吉田純子訳 ブック・ローン出版（スキャリーおじさんのどうぶつえほん4） 1984年8月

ニッキー
わすれんぼうのねこモグをかっているトーマスさんのいえのおとこのこ 「モグのクリスマス」 ジュディス・ケル文・絵；わだよしおみ訳 大日本絵画（かいがのえほん） 1979年1月

ニッキー
わすれんぼうのねこモグをかっているトーマスさんのいえのおとこのこ 「わすれんぼうのねこモグ」 ジュディス・ケル文・絵；わだよしおみ訳 大日本絵画（かいがのえほん） 1979年1月

にっこう
インドのボヌールというまちのちかくのおちゃばたけばかりのちゃつみぶらくにいたなまけもののタレッシュのうし 「なまけもののタレッシュ」 ウイリアム・パパズ絵・文；じんぐうてるお訳 らくだ出版（オックスフォードえほんシリーズ10） 1971年11月

ニッポン嬢　にっぽんじょう
動物たちの最後の楽園ないない谷の図書館の司書をしているトキ 「ないない谷の物語1 ようこそないない谷へ」 インマ・ドロス；ハリー・ギーレン文；マイケル・ジュップ絵；舟崎克彦訳 ブック・ローン出版 1982年11月

ニーナ
エミーとおなじほいくえんにきているなかよしのおんなのこ 「たのしいほいくえん」 グニラ・ボルデ作；たかむらきみこ訳 偕成社（エミーちゃんシリーズ） 1977年1月

ニーナ
おおきくなりたいとおもっていたらあるひふいにおとうさんやおかあさんがおちびさんみたいにみえるほどおおきくなってしまったちいさなおんなのこ 「ニーナはおちびさん」 ジャック・ケント作；中川健蔵訳 好学社 1982年11月

ニーナ
どうぶつえんのおりにいれられたペンギンのヘクターをせなかにのせてもりへつれてかえろうとしたいぬ 「ヘクターとクリスティナ」 ルイーゼ・ファティオ作；ロジャー・デュボアザン絵；岡本浜江訳 佑学社 1978年6月

ニャコロン
猫のヤーコプの子猫 「猫のヤーコプ魔法と子ねこ」 トーマス・ヘルトナー作；スヴェン・ハルトマン絵；犬養智子訳 CBSソニー出版 1982年4月

ニヤメ
むかしむかしじぶんのいすのそばにこがねの箱をおいてその中にお話をぜんぶしまいこんでおった空の王者 「おはなし おはなし-アフリカ民話より」 ゲイル・E.ヘイリー作；芦野あき訳 ほるぷ出版 1976年9月

にゃんこ
いぬのタウザーのともだちのねこ 「タウザーのおばけだぞー！」 トニー・ロス作；山脇恭訳 ペンタン 1985年10月

にわと

にゃんこ
いぬのタウザーのともだちのねこのおんなのこ 「タウザーとまほうのりんご」 トニー・ロス作；山脇恭訳 ペンタン（タウザーの本） 1985年10月

にゃんこ
いぬのタウザーのともだちのねこのおんなのこ 「タウザーのあっかんべえ！」 トニー・ロス作；山脇恭訳 ペンタン（タウザーの本） 1985年10月

にゃんこ
いぬのタウザーのともだちのねこのおんなのこ 「タウザーのおくりもの」 トニー・ロス作；山脇恭訳 ペンタン（タウザーの本） 1985年10月

にゃんぼう
がちょうのたまごとほかのどうぶつたちとりょこうにでかけたねこ 「がちょうのたまごのぼうけん」 エバ・ザレンビーナ作；内田莉莎子訳；太田大八画 福音館書店 1985年4月

ニョロロン
たったひとりで森の中にすんでいてはじめてほかのきょうりゅうをみた首の長いきょうりゅう 「ニョロロンとガラゴロン」 ヘレン・ピアス作；マイケル・フォアマン絵；河野一郎訳 講談社（講談社の翻訳絵本） 1984年10月

にわとり
あるひうさぎのこやにやってきてうさぎをうちからおいだしたきつねをおっぱらってやったおんどり 「うさぎのいえ-ロシア民話」 内田莉莎子再話；丸木俊画 福音館書店 1969年2月

にわとり
いけにうかんでいたまるいものをあたためようとしたしりたがりやのこいぬをみてわらっためんどり 「しりたがりやのこいぬのたまご」 イバ・ヘルツィーコバー作；ズデネック・ミレル絵；千野栄一訳 偕成社 1976年7月

にわとり
いごこちのいいちいさないえにねこといぬとねずみといっしょにすんでいたおとなしいあかいめんどり 「おとなしいめんどり」 ポール・ガルドン作；谷川俊太郎訳 瑞木書房 1980年8月

にわとり
いぬが二ひきかかってもくまがかかってももおいだせなかったきつねをうさぎのいえからおいだしてやったおんどり 「うさぎとおんどりときつね」 レーベデフ文・絵；うちだりさこ訳 岩波書店（岩波の子どもの本） 1977年11月

にわとり
いぬとたびにでてきのうえにとまってやすむことにしたおんどり 「いそっぷのおはなし」 中川正文訳；長新太絵 福音館書店 1963年11月

にわとり
おばさんがかっているにわとり 「ひよこのかずはかぞえるな」 イングリ・ドーレア；エドガー・パーリン・ドーレア作；せたていじ訳 福音館書店（世界傑作絵本シリーズ・アメリカの絵本） 1978年2月

にわと

にわとり
おひゃくしょうさんのにわにすんでいてあるひはたけのなかでむぎのつぶをみつけた一わのめんどり「めんどりとむぎ」ベラ・サウスゲイト再話;ロバート・ラムレイ絵;秋晴二;敷地松二郎訳編 アドアンゲン 1974年6月

にわとり
がちょうといっしょにいえをでてへいのうえとくさちではどっちがいいばしょ?とどうぶつたちにきいてまわったおんどり「ねぇ、キティおしえてよ」ミラ・ギンズバーグ作;ロジャー・デュボアザン絵;新井有子訳 ペンギン社 1979年2月

にわとり
こむぎのつぶをみつけてたねをまきできたこむぎでパンをやいたちいさなあかいめんどり「パンをたべるのはだれですか?」ジャニナ・ドマンスカ作;岩田みみ訳 ほるぷ出版 1979年10月

にわとり
サーカスにいれてもらっておおきなたまごをぽんぽんとうんでみせたとさかのおおきなめんどりさん「たまご ぽん!」ルース・ヒュルリマン作・絵;佐藤裕子文 学習研究社(国際版せかいのえほん15) 1985年1月

にわとり
そらがおちてきたことをめんどりといっしょにおうさまにしらせにいったおんどり「たいへんたいへん-イギリス昔話」渡辺茂男訳;長新太絵 福音館書店 1968年4月

にわとり
たいへんりこうだったのでずるいきつねにはけっしてつかまらなかった一わのめんどり「ずるいきつねとめんどり」ベラ・サウスゲイト再話;ロバート・ラムレイ絵;秋晴二;敷地松二郎訳編 アドアンゲン 1974年6月

にわとり
なにかがあたまのうえにおちてきたのをそらがおちてきたのだとおもいおうさまにしらせにいっためんどり「たいへんたいへん-イギリス昔話」渡辺茂男訳;長新太絵 福音館書店 1968年4月

にわとり
にわのどうぶつたちにじぶんがこけこっこーとなくからおひさまがのぼるんだといっていばっていたおんどり「ちいさなピープ」ジャック・ケント作;石沢泰子訳 ペンタン 1985年9月

にわとり
のはらにおちていたまっしろいたまごをじぶんのだといっためんどりとおんどり「ふしぎなたまご」ディック・ブルーナ文・絵;石井桃子訳 福音館書店(子どもがはじめてであう絵本) 1964年6月

にわとり
ブレーメンの町の楽隊の四ひきの動物たちの一ぴき「ブレーメンの楽隊-グリム童話」スベン・オットー絵;矢川澄子訳 評論社(児童図書館・絵本の部屋) 1978年12月

にわとり
まいにちときのこえをあげてあさのたいようをおこしていたうつくしいおんどり「おんどりとぬすっと」アーノルド・ローベル作;アニータ・ローベル絵;うちだりさこ訳 偕成社 1982年8月

にわとり
むかしもりのはずれのちいさないえにたった1わですんでいたかわいいめんどり「かわいいめんどり-イギリスとタジクの民話から」木島始作;羽根節子絵 福音館書店 1967年7月

にわとり
もりのなかにねことすんでいたおんどり「ねことおんどりときつね」ブラートフ再話;ユーリ・ヴァスネッツオフ絵;松谷さやか訳 らくだ出版(世界の絵本シリーズ ソ連編1) 1975年1月

にわとり
やねのうえまでとんでみたそのよるにきょうかいのとうのうえにたつきんいろのとりになるゆめをみたおんどり「コケコッコー」ラインホルト・エーアハルト文;ベルナデッテ・ワッツ絵;長谷川四郎訳 ほるぷ出版 1976年9月

にわとり
ろばといぬとねこといっしょにブレーメンのまちのおんがくたいにやとってもらおうとでかけたおんどり「ブレーメンのおんがくたい-グリム童話」ハンス・フィッシャー絵;せたていじ訳 福音館書店 1964年4月

にわとり
ろばといぬとねこといっしょにブレーメンのまちへいっておんがくたいをつくろうとしたおんどり「ブレーメンの音楽隊」若菜珪画;中村美佐子文 ひかりのくに(世界名作えほん全集10) 1966年1月

にわとり
ろばといぬとねことブレーメンに行って町のがくたいにはいろうと思ったおんどり「ブレーメンのまちのがくたい」グリム文;中村浩三訳;赤星亮衛絵 小学館(世界のメルヘン絵本13) 1978年8月

にわとり
ろばといぬとねこと四ひきでブレーメンのまちへいっておんがくたいにはいろうとしたおんどり「ブレーメンのおんがくたい」三越左千夫文;小沢良吉絵 フレーベル館(せかいむかしばなし8) 1985年12月

にわとり
ろばといぬとねこの四にんでブレーメンへいっておんがくたいにはいるつもりだったにわとり「ブレーメンのおんがくたい-グリム童話より」ポール・ガルドン絵;大庭みな子訳 佑学社 1979年6月

にわとり
川のそばにおばあさんとまごのマーシャとすんでいためんどり「りんごころりん-ロシア民話」パホーモフ絵;宮川やすえ再話 岩崎書店(母と子の絵本4) 1973年3月

にわとり
土のなかにうまっていた大きなダイヤをほりだしたおんどり「イソップものがたり」ハイジ・ホルダー絵;三田村信行文 偕成社 1983年11月

にわと

ニワトリ
10月のある日うら庭に昨日まではえてなかった1本のリンゴの木を見たメンドリ 「ローベルおじさんのどうぶつものがたり」 アーノルド・ローベル作；三木卓訳 文化出版局 1981年5月

ニワトリ
お城の塔のてっぺんにとまらせておけば国じゅうの見はりをする金のニワトリ 「金のニワトリ」 エレーン・ポガニー文；ウイリー・ポガニー絵；光吉夏弥訳 岩波書店（岩波の子どもの本） 1954年4月

ニワトリ
父親がしんでこれから農場で朝のお日さまをよぶしごとをすることになったわかいオンドリ 「ローベルおじさんのどうぶつものがたり」 アーノルド・ローベル作；三木卓訳 文化出版局 1981年5月

にわとり（アイダ）
パンプキンのうじょうのめんどり 「めうしのジャスミン」 ロジャー・デュボアザン作・絵；乾侑美子訳 佑学社 1979年1月

にわとり（青しっぽ）　にわとり（あおしっぽ）
青い目の男の子のペサラクが父さんにねだって買ってもらったおんどり 「青い目のペサラク」 ジャヴァード・モジャービー作；ファルシード・メスガーリ絵；桜田方子；猪熊葉子訳 ほるぷ出版 1984年11月

にわとり（アルビナ）
ひよこのときにピエリノというおとこのこにかわれておおきくなっていなかへいくことになっためんどり 「げんきかい？アルビナ」 アントネラ・ボリゲール＝サベリ作；友近百合枝訳 ほるぷ出版 1979年3月

にわとり（エッタ）
エミリー・パーカーがかっていたペットのめんどり 「わたしのかわいいめんどり」 アリス・プロペンセン；マーチン・プロペンセン作；岸田衿子訳 ほるぷ出版 1976年9月

にわとり（こけっこう）
がちょうのたまごやほかのどうぶつたちとりょこうにでかけたおんどり 「がちょうのたまごのぼうけん」 エバ・ザレンビーナ作；内田莉莎子訳；太田大八画 福音館書店 1985年4月

にわとり（コッキィ）
こぐまのミーシャのともだちのにわとり 「かえってきたミーシャ」 チェスワフ・ヤンチャルスキ文；ズビグニエフ・ルイフリツキ絵；坂倉千鶴訳 ほるぷ出版 1985年5月

にわとり（コッキィ）
ぬいぐるみのこぐまのミーシャがいったヤツェクとゾーシャのうちの赤毛のおんどり 「ミーシャのぼうけん」 チェスワフ・ヤンチャルスキ文；ズビグニエフ・ルイフリツキ絵；坂倉千鶴訳 ほるぷ出版 1985年5月

にわとり（スペックルおばさん）
農場のめんどりのおばさん 「グレー・ラビットいたちにつかまる」 アリスン・アトリー作；マーガレット・テンペスト絵；神宮輝夫；河野純三訳 評論社（児童図書館・絵本の部屋 グレー・ラビット4） 1979年11月

にわとり（スペックルおばさん）
農場のめんどりのおばさん 「ねずみのラットのやっかいなしっぽ」 アリスン・アトリー作；マーガレット・テンペスト絵；神宮輝夫；河野純三訳 評論社（児童図書館・絵本の部屋 グレー・ラビット3） 1979年11月

にわとり（たいしょう）
デュモレさんののうじょうにいたにわとりのむれのなかでちからがつよくてとてもいばっていたおおきなおんどり 「ちゃぼのバンタム」 ルイーゼ・ファティオ作；ロジャー・デュボアザン絵；乾侑美子訳 佑学社 1979年1月

にわとり（チャンティクリア）
ある谷間の森の近くにあった小さな家にかわれていたにわとりで悪がしこいきつねのおせじにのせられてさらわれたおんどり 「チャンティクリアときつね」 バーバラ・クーニー文・絵；平野敬一訳 ほるぷ出版 1975年10月

にわとり（てんこちゃん）
おうさまがいちばんすばらしいたまごをうんだものをじょおうにすることにした3わのにわとりの1わ 「せかいいちのたまご」 ヘルメ・ハイネ作・絵；佐々木元訳 フレーベル館 1984年6月

にわとり（とさかちゃん）
おうさまがいちばんすばらしいたまごをうんだものをじょおうにすることにした3わのにわとりの1わ 「せかいいちのたまご」 ヘルメ・ハイネ作・絵；佐々木元訳 フレーベル館 1984年6月

にわとり（ナネット）
デュモレさんののうじょうにいたにわとりのむれのなかでたった1わめだってからだのちいさなちゃぼのバンタムがだいすきなめんどり 「ちゃぼのバンタム」 ルイーゼ・ファティオ作；ロジャー・デュボアザン絵；乾侑美子訳 佑学社 1979年1月

ニワトリ（ニコ）
ギリシアの山のなかでひとりでくらす農夫スピロスの家でまい朝力づよく時をつげていたオンドリ 「朝をよぶ声」 アムライ・フェッヒナー作；マックス・クルーゼ絵；矢川澄子訳 メルヘン社 1980年12月

にわとり（のっぽちゃん）
おうさまがいちばんすばらしいたまごをうんだものをじょおうにすることにした3わのにわとりの1わ 「せかいいちのたまご」 ヘルメ・ハイネ作・絵；佐々木元訳 フレーベル館 1984年6月

にわとり（パートレット）
ある谷間の森の近くにあった小さな家におんどりのチャンティクリアといっしょにかわれていたかしこくてやさしいめんどり 「チャンティクリアときつね」 バーバラ・クーニー文・絵；平野敬一訳 ほるぷ出版 1975年10月

にわとり（バン）
マリアンちゃんのつくったおもちゃのようなふねにのってかわをくだってちいさいしまにいったにわとり 「ピクニックにいかない？」 マグリット・ヘイマン作・絵；関根栄一文 エミール館 1979年11月

にわと

にわとり(ひよこ)
こわいゆめをみたかあさんにわとりとさんわのひよこ 「おがわをわたろう」 ナンシー・タフリ絵;ミラ・ギンズバーグ文;宗方あゆむ訳 福武書店 1983年12月

にわとり(フランツ)
のうじょうでいつもともだちのぶたのヴァルデマールとねずみのジョニーといっしょにあそんでいるおんどり 「ぼくたちともだち」 ヘルメ・ハイネ作・絵;大島かおり訳 佑学社 1984年9月

にわとり(フランツ)
はじめてよなかの12じまでおきていたムレワップむらのなかよし3にんぐみのにわとり 「ぼくたちなかよし めざましどけい」 ヘルメ・ハイネ作・絵;佐々木元訳 フレーベル館 1985年11月

にわとり(フランツ)
ムレワップむらのいたずらずきのなかよし3にんぐみのにわとり 「ぼくたちなかよし にぐるま」 ヘルメ・ハイネ作・絵;佐々木元訳 フレーベル館 1985年11月

にわとり(フランツ)
ムレワップむらのすごーくなかよしの3にんぐみのにわとり 「ぼくたちなかよし おきゃくさま」 ヘルメ・ハイネ作・絵;佐々木元訳 フレーベル館 1985年11月

にわとり(ヘニー・ペニーおばさん)
そらがおちてきたのをおうさまにしらせにいくといったひよこのひよっこちゃんについていってあげためんどり 「そらがおちる!?どうぶつむらはおおさわぎ」 リチャード・スキャリー作;吉田純子訳 ブック・ローン出版(スキャリーおじさんのどうぶつえほん2) 1979年5月

にわとり(めんどりかあさん)
ひとりでこむぎをはたけにまいてみのらせてぱんをやいためんどりかあさん 「めんどりとこむぎつぶ-イギリス民話」 安泰絵;小出正吾文 フレーベル館(キンダーおはなしえほん傑作選21) 1978年4月

人魚(コーラ)　にんぎょ(こーら)
ふかいふかい海のそこにすんでいたうたがひどくへたな3人のちいさな人魚のひとり 「3人のちいさな人魚」 デニス・トレ;アレイン・トレ絵・文;麻生九美訳 評論社(児童図書館・絵本の部屋) 1979年9月

人魚(フローラ)　にんぎょ(ふろーら)
ふかいふかい海のそこにすんでいたうたがひどくへたな3人のちいさな人魚のひとり 「3人のちいさな人魚」 デニス・トレ;アレイン・トレ絵・文;麻生九美訳 評論社(児童図書館・絵本の部屋) 1979年9月

人魚(ベラ)　にんぎょ(べら)
ふかいふかい海のそこにすんでいたうたがひどくへたな3人のちいさな人魚のひとり 「3人のちいさな人魚」 デニス・トレ;アレイン・トレ絵・文;麻生九美訳 評論社(児童図書館・絵本の部屋) 1979年9月

にんぎょう
おじいさんがどろつっちでつくったにんぎょうでたちあがっておじいさんとおばあさんとふたり
のむすめたちをつきつぎにのみこんでいったどろにんぎょう「どろにんぎょう-北欧民話」
内田莉莎子文；井上洋介画　福音館書店　1985年10月

にんぎょう
かいがんにわすれていかれたのをやさしいせんにょひろってもらったおにんぎょう「うまに
のったお人形」アイヒンガー絵；ボリガー文；矢川澄子訳　メルヘン社　1981年9月

にんぎょう
もちぬしのおんなの子はポケットにつっこんだとおもったがスーパーの冷凍庫のはこのあい
だにおとしたちいさいおにんぎょう「まいごになったおにんぎょう」A.アーディゾーニ文；E.
アーディゾーニ絵；石井桃子訳　岩波書店（岩波の子どもの本）　1983年11月

人形　にんぎょう
回転木馬にのったおんどりや牛やトナカイなどのロシアの土人形「回転木馬」エヌ・カル
パコーヴァ作；タチャーナ・マーヴリナ絵；田中泰子訳　ほるぷ出版　1984年12月

にんぎょひめ
ふかいうみのそこにあったにんぎょのおしろのいちばんしたのひめであらしのばんにおうじ
をたすけたむすめ「にんぎょひめ」立原えりか文；牧野鈴子絵　チャイルド本社（チャイル
ド絵本館-アンデルセン童話5）　1986年8月

にんぎょひめ
ふかいうみのそこにあったにんぎょのおしろのいちばん小さなひめであらしのうみから王子
さまをたすけたむすめ「にんぎょひめ」アンデルセン原作；立原えりか文；沢田重隆絵
講談社（講談社の絵本23）　1979年9月

にんぎょひめ
ふかいうみのそこにあるおしろにすんでいたにんぎょのおうさまのいちばんとし下のひめで
あらしのうみからおうじをたすけたひめ「にんぎょひめ」森山京文；岡田嘉夫絵　フレーベ
ル館（アンデルセンのえほん1）　1986年7月

にんぎょひめ
ふかい海のそこにたっていたおしろのにんぎょの王さまのいちばん下のひめで王子さまを
あらしの海からたすけだしたひめ「にんぎょひめ」アンデルセン原作；初山滋絵；与田準
一文　フレーベル館（キンダーおはなしえほん傑作選25）　1978年4月

人魚姫　にんぎょひめ
海のいちばん深いところにあった人魚の王さまのお城にいた6人の姫の末の姫であらしで
海に投げだされた王子を助けた人魚「人魚姫」アンデルセン原作；津雲むつみ著　集英
社　1983年4月

人魚姫　にんぎょひめ
海のいちばん深いところにたっていたお城にすんでいた人魚の王さまのすえの姫「人魚
姫」ハンス・クリスチャン・アンデルセン原作；マーガレット・マローニー再話；ラズロ・ガル
絵；桂宥子訳　ほるぷ出版　1985年8月

にんげん
たいようをうやまうためにまいにち山にのぼってたき火をしていたのをやめてたいようをなくしてしまったにんげん 「いなくなったたいよう」 シュチェパーン・ザブジェル作・絵；おおしまかおり訳 佑学社（ヨーロッパ創作絵本シリーズ1） 1978年3月

ニンニクガエル（ルイ）
動物たちの最後の楽園ないない谷にくらしているけんか早いニンニクガエル 「ないない谷の物語1 ようこそないない谷へ」 インマ・ドロス；ハリー・ギーレン文；マイケル・ジュップ絵；舟崎克彦訳 ブック・ローン出版 1982年11月

【ぬ】

ヌース
でんしゃのなかにわすれられてしまったぬいぐるみのこぐまのバンスとともだちになったうさぎのぬいぐるみ 「バンセスのともだち」 ヤン・モーエセン作・絵；矢崎節夫訳 フレーベル館 1985年1月

ぬすっと
あるくらいよるおんどりがねむっているなやにしのびこんだひとりのぬすっと 「おんどりとぬすっと」 アーノルド・ローベル作；アニータ・ローベル絵；うちだりさこ訳 偕成社 1982年8月

ヌッタ
どんぐり坊やのオッケとピレリルのなかよしのはしばみの坊や 「どんぐりのぼうけん」 エルサ・ベスコフ作；石井登志子訳 文化出版局 1983年8月

ヌーヌー
ニコラとマリーといっしょにいなかへいったくま 「くまのヌーヌーいなかへいく」 クロード・レイデュ文；ポール・デュラン絵；木村庄三郎訳 講談社（世界の絵本フランス） 1971年10月

ヌーヌー
ニコラとマリーとポールといっしょに海へいったくま 「くまのヌーヌー海へいく」 クロード・レイデュ文；ポール・デュラン絵；木村庄三郎訳 講談社（世界の絵本フランス） 1971年10月

ヌーヌー
ねむりのかみさまのおてつだいをしてニコラとマリーのいえに空からおりてきたくま 「くまのヌーヌーとこやへいく」 クロード・レイデュ文；ポール・デュラン絵；木村庄三郎訳 講談社（世界の絵本フランス） 1971年10月

ぬまこぞう
ぬまちにすんでいるぬまばばさまのかぞく 「ぬまばばさまのさけづくり」 イブ・スパング・オルセン作・絵；きむらゆりこ訳 福音館書店（世界傑作絵本シリーズ・デンマークの絵本） 1981年7月

ぬまじじさま
ぬまちにすんでいるぬまばばさまのかぞく 「ぬまばばさまのさけづくり」 イブ・スパング・オルセン作・絵；きむらゆりこ訳 福音館書店（世界傑作絵本シリーズ・デンマークの絵本） 1981年7月

ぬまばばさま
なつのゆうぐれどきにじめんのなかからぬまちにでてきてさけをつくるばばさま 「ぬまばばさまのさけづくり」 イブ・スパング・オルセン作・絵;きむらゆりこ訳 福音館書店(世界傑作絵本シリーズ・デンマークの絵本) 1981年7月

ぬまむすめ
ぬまちにすんでいるぬまばばさまのかぞく 「ぬまばばさまのさけづくり」 イブ・スパング・オルセン作・絵;きむらゆりこ訳 福音館書店(世界傑作絵本シリーズ・デンマークの絵本) 1981年7月

ぬりえさん
雪の中でこごえていたサーカスの男の子をひきとった村の修道院の絵かきさんのブラザー 「天国のサーカスぼうや」 ジョバンニ・ボネット作;ジーノ・ガビオリ絵;えびなひろ文 女子パウロ会 1981年1月

ヌング
アフリカの真ん中にある小さな村のまわりを流れていた川の水を飲み干してしまった大きなカバのマダム・ヒッポを捜しに行った少年 「ヌング少年とマダムヒッポのお話」 バベット・コール作;兼高かおる訳 CBS・ソニー出版 1979年4月

ヌングワマ
大むかし中国にいた生身の人のからだが好物だったおそろしいばけもの 「怪物ヌングワマをたいじしたむすめの話−中国の昔話」 エド・ヤング再話・絵;渡辺茂男訳 偕成社 1982年1月

【ね】

ねえさんといもうと(しまい)
あるところにいたほんとにいもうとおもいのねえさんといもうとのふたりのしまい 「ねえさんといもうと」 シャーロット・ゾロトウ作;マーサ・アレキサンダー絵;やがわすみこ訳 福音館書店(世界傑作絵本シリーズ・アメリカの絵本) 1974年3月

ねこ
あひるといいあいっている小鳥をねらったねこ 「ピーターとおおかみ」 セルゲイ・プロコフィエフ作;アラン・ハワード絵;小倉朗訳 岩波書店 1975年11月

ねこ
あめがふりしきりみずびたしになってひっくりかえったきのうえにのってただよっていきとちゅうでであったどうぶつたちもつぎつぎにのせてやったねこ 「みんなおいで」 ミラ・ローベ作;アンゲリカ・カウフマン絵;楠田枝里子訳 好学社 1980年11月

ねこ
あるこなひきがしんで三人の子どもの一番下の弟にざいさんとして分けられたねこ 「長ぐつをはいたねこ」 ペロー作;榊原晃三訳;村上勉絵 小学館(世界のメルヘン絵本2) 1978年1月

ねこ

ねこ
あるひとなりのにわをさんぽしているかめをはじめてみてちかづいたいたずらこねこ 「いたずらこねこ」 バーナディン・クック文；レミイ・シャーリップ絵；まさきるりこ訳 福音館書店（世界傑作絵本シリーズ・アメリカの絵本） 1964年11月

ねこ
いえのなかからそとへでていったくろとはいいろとしろの3びきのこねこ 「3びきのこねこ」 V.ステーエフ文；ジュリオ・マエストロ絵；八木田宜子訳 ほるぷ出版 1979年8月

ねこ
いけにおちてちいさくちぢんでびしょびしょになったけいとのねこ 「ねことねずみ」 ウイルフリート・ボリゲル文；アントネラ・ボリゲル＝サヴェルリ絵；河津千代訳 アリス館牧新社 1976年3月

ねこ
いごこちのいいちいさないえにおとなしいあかいめんどりといぬとねずみといっしょにすんでいたねこ 「おとなしいめんどり」 ポール・ガルドン作；谷川俊太郎訳 瑞木書房 1980年8月

ねこ
いなかのむらからロンドンにでたしょうねんデックがいちばでかってかわいがっていたねこ 「デックとねこ」 ベラ・サウスゲイト再話；エリック・ウインター絵；秋晴二；敷地松二郎訳編 アドアンゲン 1974年6月

ねこ
いぬがひとねむりしているあいだにほねをこっそりひきだしへかくしてにげだしたねこ 「ねこはどこ？」 エレイン・リバモア作；湯浅フミエ訳 ほるぷ出版 1980年10月

ねこ
おかのうえにあるふるい風車のしゅじんのこなやにかわれていたとらねこで風車であそぶねずみたちにからかわれていたねこ 「りこうねずみとよわむしねこ」 ジョン・ヨーマン作；クェンティン・ブレイク絵；神鳥統夫訳 岩崎書店（えほん・ドリームランド29） 1984年11月

ねこ
おじいさんがおばあさんにねこが一ぴきほしいといわれてさがしにいきねこでいっぱいになっているおかからぞろぞろつれてかえったひゃくまんびきのねこ 「100まんびきのねこ」 ワンダ・ガアグ文・絵；いしいももこ訳 福音館書店（世界傑作絵本シリーズ・アメリカの絵本） 1961年1月

ねこ
くちげんかにむちゅうのことりとかもにそっとちかづいてきたねこ 「ピーターとおおかみ－セルゲイ・プロコフィエフの音楽童話より」 エルナ・フォークト絵；山本太郎訳 佑学社 1984年7月

ねこ
こいぬといっしょにあそんだこねこたち 「きみこねこだろ？」 エズラ・J.キーツ作；西園寺祥子訳 ほるぷ出版 1976年3月

ねこ

ねこ
こなひきがしんでさんにんのむすこのいちばんしたのむすこにざいさんとしてのこされたいっぴきのねこ 「ながぐつをはいたねこ」 ペロー原作;三木卓文;井上洋介絵 世界出版社(ABCブック) 1969年12月

ねこ
こなやのおじさんがしんで三にんのむすこの三ばんめのすえっこにのこしたねこ 「ながぐつをはいたねこ」 稗田宰子文;赤坂三好絵 フレーベル館(せかいむかしばなし9) 1986年1月

ねこ
こなやのおとうさんがしんだときに3にんのむすこの3ばんめのむすこがそれしかもらえなかった1ぴきのねこ 「ながぐつをはいたねこ-フランスのはなし」 一色義子文;村田恵理子絵 コーキ出版(絵本ファンタジア49) 1982年10月

ねこ
こなやのおとうさんがなくなってさんにんのむすこのいちばんしたのわかものにのこったいっぴきのねこ 「ながぐつをはいたねこ」 ペロー作;高橋克雄写真・文 小学館(メルヘンおはなし絵本8) 1983年7月

ねこ
こねこたちにビスケットをやいてやったねこ 「おかしのくに」 タチアーナ・アレクセーブナ・マブリナ文・絵;みやかわやすえ訳 福音館書店(世界傑作絵本シリーズ) 1971年9月

ねこ
こねずみをたべたねことこねずみににげられたねこ 「ねずみのぼうや」 サムイル・マルシャーク作;V.レーベジェフ絵;北畑静子訳 理論社(ソビエト絵本傑作シリーズ) 1976年1

ねこ
スコッチ・テリアのこいぬのアンガスにおいかけられてうちのそとへにげだしたこねこ 「アンガスとねこ」 マージョリー・フラック作・絵;瀬田貞二訳 福音館書店(世界傑作絵本シリーズ・アメリカの絵本) 1974年10月

ねこ
セリーナがかわいがっていたねずみのプンパーニッケルをねらってセリーナにとびかかってきたねこ 「ねことわたしのねずみさん」 スージー・ボーダル作;佐々木田鶴子訳 偕成社 1983年10月

ねこ
たかいまどからしたにおちてしまったぬいぐるみのこぐまのバンセスをたすけてくれたねこ 「バンセスきをつけて」 ヤン・モーエセン作・絵;矢崎節夫訳 フレーベル館 1985年2月

ねこ
とおいところへいきたかったマーチンとうまとすずめをまちのたてもののちかしつにつれていったねこ 「とおいところへいきたいな」 モーリス・センダック作;神宮輝夫訳 冨山房 1978年11月

ねこ

ねこ
とらやひょうやライオンたちのなかまにいれてもらおうとおもってどうぶつえんにやってきたくろねこ 「やってきましたどうぶつえん」 ヨゼフ・ウイルコン絵;佐久間彪訳 至光社(ブッククラブ国際版絵本) 1975年1月

ねこ
トロットおばさんとくらしているねこ 「トロットおばさんとねこ」 ポール・ガルドン文・絵;岸田衿子訳 佑学社(ポール・ガルドン昔話シリーズ5) 1979年10月

ねこ
にわとりがびょうきらしいときいておいしゃさまにばけてでかけていったねこ 「いそっぷのおはなし」 中川正文訳;長新太絵 福音館書店 1963年11月

ねこ
ねずみやかえるをおいかけながらこなやすすでしろくなったりくろくなったりした3びきのこねこ 「3びきのこねこ」 V.ステーエフ文;ジュリオ・マエストロ絵;八木田宜子訳 ほるぷ出版 1976年9月

ねこ
のはらにおちていたまっしろいたまごをじぶんのだといったねこ 「ふしぎなたまご」 ディック・ブルーナ文・絵;石井桃子訳 福音館書店(子どもがはじめてであう絵本) 1964年6月

ねこ
ばくがをかじったねずみをたべたねこ 「ジャックはいえをたてたとさ」 ポール・ガルドン絵;大庭みな子訳 佑学社(ポール・ガルドン昔話シリーズ3) 1979年11月

ねこ
びんぼうなこなやがしんだときに三にんのむすこの三ばんめのむすこがもらった一ぴきのねこ 「ながぐつをはいたねこ」 ベラ・サウスゲイト再話;エリック・ウインター絵;秋晴二;敷地松二郎訳編 アドアンゲン 1974年6月

ねこ
びんぼうなこなやのおとうさんがしんで三にんのむすこのすえっこがわけてもらったねこ 「ながぐつをはいたねこ」 石部虎二画;新谷峰子文 ひかりのくに(世界名作えほん全集13) 1966年1月

ねこ
フランスにすんでいたびんぼうなこなひきのおとうさんがしんだときに三にんのむすこたちのすえのむすこがもらったねこ 「ながぐつをはいたねこ」 ペロー作;辻昶文;三好碩也絵 偕成社(世界おはなし絵本17) 1972年10月

ねこ
ブレーメンの町の楽隊の四ひきの動物たちの一ぴき 「ブレーメンの楽隊-グリム童話」 スベン・オットー絵;矢川澄子訳 評論社(児童図書館・絵本の部屋) 1978年12月

ねこ
ぼくがねこじゃなくてほっきょくぐまだったらとおもったねこ 「ほっきょくぐま ねこ」 ニコラ・ベーリー作;やぎたよしこ訳 ほるぷ出版(5ひきのねこのゆめ) 1985年11月

ねこ

ねこ　まずしいこなひきのおとうさんがなくなってさんにんのきょうだいのおとうとにのこされたいっぴきのねこ「ながぐつをはいたねこ」香山美子文;佐野洋子絵　ひさかたチャイルド(ひさかた絵本館7)　1981年10月

ねこ　まだねこをしらないこいぬにニャーンというこえをきかせたきじねこ「ニャーンといったのはだーれ」ウラジミール・ステーエフ作;西郷竹彦訳　偕成社　1969年6月

ねこ　まちじゅうのねこたちがあつまるちいさないちばのあるたかだいにやってきたおかあさんねこがうんだ5ひきのこねこ「五ひきの子ねこ」イオン・ドルツェ作;アレクサーンドル・フメリニツキー絵;岸田泰政;岸田かつ子訳　理論社(ソビエト絵本傑作シリーズ)　1976年1月

ねこ　まちじゅうのねこたちがあつまるちいさないちばのあるたかだいにやってきて5ひきのこねこをうんだおかあさんねこ「五ひきの子ねこ」イオン・ドルツェ作;アレクサーンドル・フメリニツキー絵;岸田泰政;岸田かつ子訳　理論社(ソビエト絵本傑作シリーズ)　1976年1月

ねこ　もうねずみをつかまえるのはやめたからまいばんみんなでチーズをたべにいらっしゃいとねずみたちにいったねこ「ねことねずみ」マイケル・ローゼン作;ウィリアム・ラッシュトン絵;小沢正訳　フレーベル館　1985年8月

ねこ　もりのなかにおんどりとすんでいたねこ「ねことおんどりときつね」ブラートフ再話;ユーリ・ヴァスネッツオフ絵;松谷さやか訳　らくだ出版(世界の絵本シリーズ ソ連編1)　1975年1月

ねこ　ろばといぬとおんどりといっしょにブレーメンのまちのおんがくたいにやとってもらおうとでかけたねこ「ブレーメンのおんがくたい-グリム童話」ハンス・フィッシャー絵;せたていじ訳　福音館書店　1964年4月

ねこ　ろばといぬとおんどりといっしょにブレーメンのまちへいっておんがくたいをつくろうとしたねこ「ブレーメンの音楽隊」若菜珪画;中村美佐子文　ひかりのくに(世界名作えほん全集10)　1966年1月

ねこ　ろばといぬとおんどりとブレーメンに行って町のがくたいにはいろうと思ったねこ「ブレーメンのまちのがくたい」グリム文;中村浩三訳;赤星亮衛絵　小学館(世界のメルヘン絵本13)　1978年8月

ねこ　ろばといぬとおんどりと四ひきでブレーメンのまちへいっておんがくたいにはいろうとしたねこ「ブレーメンのおんがくたい」三越左千夫文;小沢良吉絵　フレーベル館(せかいむかしばなし8)　1985年12月

403

ねこ

ねこ
ろばといぬとにわとりの四にんでブレーメンへいっておんがくたいにはいるつもりだったねこ 「ブレーメンのおんがくたい-グリム童話より」 ポール・ガルドン絵;大庭みな子訳 佑学社 1979年6月

ねこ
粉屋が死ぬと三人のむすこたちの末っ子に遺産としてわけられた一ぴきのおすねこ 「長ぐつをはいたねこ-グリム童話より」 スベン・オットー絵;矢川澄子訳 評論社(児童図書館・絵本の部屋) 1980年12月

ネコ
あるところに3人のむすことくらしていた粉屋がしぬとすえっ子にのこされたいっぴきのネコ 「ながぐつをはいたネコ」 ヤン・ピアンコフスキー絵;内海宜子訳 ほるぷ出版(ふぇありい・ぶっく) 1985年11月

ネコ
いつもすずめのチックとチリカの巣をねらってたまごやひなを食べようとしたおすネコ 「わんぱくすずめのチック」 ビアンキ作;チャルーシン絵;おちあいかこ;あさひみちこ訳 新読書社 1983年12月

ネコ
いりえのほとりのみどりのカシの木につながれておとぎばなしをはなすものしりネコ 「いりえのほとり」 A.C.プーシキン作;タチアーナ・マーヴリナ絵;内田莉莎子訳 ほるぷ出版 1984年10月

ネコ
森の中へいくのがすきなマリーという女の子が毎日あうようになった森にすむネコ 「マリーと森のねこ」 ダニエル・ブール絵;ジャック・シェセックス文;山口智子訳 メルヘン社 1980年12月

ネコ
粉屋が死んで3にんのむすこの末っ子にわけられたいさんの1ぴきのおすネコ 「長ぐつをはいたネコ」 ハンス・フィッシャー文・絵;矢川澄子訳 福音館書店(世界傑作絵本シリーズ・スイスの絵本) 1980年5月

ネコ
目の前にごちそうを思いうかべながら川岸で1時間も魚をつっていたネコ 「ローベルおじさんのどうぶつものがたり」 アーノルド・ローベル作;三木卓訳 文化出版局 1981年5月

猫　ねこ
じゃれすぎた猫 「ルック・アット・ザ・ウィンドウ」 ウィルヘルム・シュローテ作;マリ・クリスチーヌ訳 エイプリル・ミュージック 1978年11月

猫　ねこ
フランスのロアール川の岸べにあるボージャンシーという町で悪魔がたった一晩でかけた石の橋を一番はじめに渡らされた猫 「猫と悪魔」 ジェイムズ・ジョイス作;ジェラルド・ローズ画;丸谷才一訳 小学館 1976年5月

猫　ねこ
大きな農家にいた猫たちの中で一番チビでいつもお腹をすかせていたのである日北のほうからやってきた鳥に羽根をもらってアフリカへ飛んでいこうとおもった黒猫「空を飛んだ黒猫」エミール・ゾフィ文;レベッカ・ベルリンガー絵;富野養二郎訳　みみずくぷれす　1982年12月

ねこ(あかずきんちゃん)
ずきんつきのあかいマントをきていたちっちゃなねこのおんなのこ「こねこのあかずきんちゃん」リチャード・スキャナー作;吉田純子訳　ブック・ローン出版(スキャリーおじさんのどうぶつえほん7)　1984年8月

ねこ(あかひげスタコラ)
ジョビスカおばさんのきにいりのねこ「あしゆびのないポブル」エドワード・リア文;ケビン・マディソン絵;にいくらとしかず訳　篠崎書林　1978年7月

ねこ(アーサー)
まちのきょうかいにすんでいたねずみのアーサーと大のなかよしだったきょうかいねこ「ねずみのアーサーとなかまたち」グレアム・オークリー作・絵;亀山龍樹訳　ポプラ社(世界のほんやくえほん4)　1976年11月

ねこ(アリス)
あかとあおときいろの3しょくのえのぐをつかっていろんないろのはなのえをかいたねこ「アリスとパトー　えのコンクール」エリザベス・ミラー;ジェイン・コーエン文;ヴィクトリア・チェス絵;西園寺知子訳　文化出版局　1982年9月

ねこ(アリス)
あめがふりつづいてかべがたおれたぶたのロジーヌのいえをもとどおりにするのをてつだったねこ「アリスとパトー　あたらしいいえづくり」エリザベス・ミラー;ジェイン・コーエン文;ヴィクトリア・チェス絵;西園寺知子訳　文化出版局　1982年9月

ねこ(アリス)
ともだちのいぬのパトーとふたりだけでくらすのにすこしたいくつしてパーティーをひらくことにしたねこ「アリスとパトー　めちゃくちゃパーティ」エリザベス・ミラー;ジェイン・コーエン文;ヴィクトリア・チェス絵;西園寺知子訳　文化出版局　1982年9月

ねこ(アリス)
へんとうせんのしゅじゅつをしていっしゅうかんびょういんにいることになったねこのおんなのこ「アリスとパトー　アリスのびょうき」エリザベス・ミラー;ジェイン・コーエン文;ヴィクトリア・チェス絵;西園寺知子訳　文化出版局　1982年9月

ねこ(アンガス)
パリにいってモナ・リザどろぼうをつかまえたとびきりこうなねこ「アンガスとモナ・リザ」ジャクリーン・クーパー作・絵;恩地三保子訳　佑学社　1982年5月

ねこ(アントワネット)
ねこのアンガスのまたいとこでパリのねこ通りにすむとびきり頭のいいねこ「アンガスとモナ・リザ」ジャクリーン・クーパー作・絵;恩地三保子訳　佑学社　1982年5月

ねこ

ねこ(エイブ)
ビジータウンのいたずらっこのふたごのこねこ 「サンタさんのいそがしい1にち」 リチャード・スキャリー作;國眼隆一訳 ブック・ローン出版(スキャリーおじさんのどうぶつえほん15) 1984年8月

ねこ(エドガー・トムキャット)
コーギビルのむらまつりのやぎレースにでるじぶんのやぎがどんなにすごいかということをむらじゅうにふれまわっていたねこ 「コーギビルのむらまつり」 タシャ・テューダー作;渡辺茂男訳 冨山房 1976年7月

ねこ(エドワード)
いつもよりはやくでかけていってからっぽのがっこうについたねこのおとこのこ 「きょうはおやすみだよ」 フランツ・ブランデンバーグ作;アリキ・ブランデンバーグ絵;かつおきんや訳 アリス館牧新社 1976年3月

ねこ(エドワード)
だいすきなおばあちゃんのたんじょうびにおいわいのうたをつくってあげたねこのおとこのこ 「おばあちゃんのたんじょうび」 フランツ・ブランデンバーグ作;アリキ・ブランデンバーグ絵;かつおきんや訳 アリス館 1975年12月

ねこ(エドワード)
ねこのエリザベスのきょうだいでびょうきになったねこのおとこのこ 「あたしもびょうきになりたいな!」 フランツ・ブランデンベルク作;アリキ・ブランデンベルク絵;福本友美子訳 偕成社 1983年7月

ねこ(エドワード)
まよなかにめをさましてあいているベッドでだれかがねているおとをきいたこねこ 「どろぼうだ どろぼうよ」 フランツ・ブランデンバーグ文;アリキ絵;かつおきんや訳 アリス館牧新社 1976年10月

ねこ(エリザベス)
いつもよりはやくでかけていってからっぽのがっこうについたねこのおんなのこ 「きょうはおやすみだよ」 フランツ・ブランデンバーグ作;アリキ・ブランデンバーグ絵;かつおきんや訳 アリス館牧新社 1976年3月

ねこ(エリザベス)
だいすきなおばあちゃんのたんじょうびにプレゼントをつくってあげたねこのおんなのこ 「おばあちゃんのたんじょうび」 フランツ・ブランデンバーグ作;アリキ・ブランデンバーグ絵;かつおきんや訳 アリス館 1975年12月

ねこ(エリザベス)
びょうきになってベッドでごはんをたべたりおばあちゃんに本をよんでもらったりしているエドワードがうらやましくなったねこのおんなのこ 「あたしもびょうきになりたいな!」 フランツ・ブランデンベルク作;アリキ・ブランデンベルク絵;福本友美子訳 偕成社 1983年7月

ねこ(エリザベス)
まよなかにめをさましてあいているベッドでだれかがねているおとをきいたこねこ 「どろぼうだ どろぼうよ」 フランツ・ブランデンバーグ文;アリキ絵;かつおきんや訳 アリス館牧新社 1976年10月

ねこ

ねこ(おひげちゃん)
4つの女の子のうちにいたはいいろのしまもようのこねこ 「こねこのおひげちゃん」 マルシャーク文;レーベデフ絵;うちだりさこ訳 岩波書店(岩波の子どもの本) 1978年9月

ねこ(オーランドー)
おくさんのグレイスと三びきのこねこをつれてキャンプにいったとってもきれいなママレード色のねこ 「ねこのオーランドー」 キャスリーン・ヘイル作・画;脇明子訳 福音館書店(世界傑作絵本シリーズ・イギリスの絵本) 1982年7月

ねこ(ガズラー)
あるところにいたとびきりのおおぐいのぶちねこでくってもくってもはらいっぱいにならなったためしがないねこ 「はらぺこガズラー」 ハアコン・ビョルクリット作;掛川恭子訳 ほるぷ出版 1978年6月

ねこ(カプリス)
ぼうけんずきのファンファン少年の友だちのねこ 「ファンファンとこうのとり」 ピエール・プロブスト文・絵;那須辰造訳 講談社(世界の絵本フランス) 1971年5月

ねこ(カプリス)
ぼうけんずきのファンファン少年の友だちのねこ 「ファンファンとみどりのさる」 ピエール・プロブスト文・絵;那須辰造訳 講談社(世界の絵本フランス) 1971年3月

ねこ(カプリス)
ぼうけんずきのファンファン少年の友だちのねこ 「ファンファンとやぎ」 ピエール・プロブスト文・絵;那須辰造訳 講談社(世界の絵本フランス) 1971年6月

ねこ(カプリス)
ぼうけんずきのファンファン少年の友だちのねこ 「ファンファンとやまかじ」 ピエール・プロブスト文・絵;那須辰造訳 講談社(世界の絵本フランス) 1971年7月

ねこ(カプリス)
ぼうけんずきの少年ファンファンの友だちのねこ 「ファンファンとおおかみ」 ピエール・プロブスト文・絵;那須辰造訳 講談社(世界の絵本フランス) 1971年8月

ねこ(カプリス)
ぼうけんずきの少年ファンファンの友だちのねこ 「ファンファンとふね」 ピエール・プロブスト文・絵;那須辰造訳 講談社(世界の絵本フランス) 1971年3月

ねこ(カーリン)
動物たちの学校時代の同窓写真にうつったねこ 「ぼくたちを忘れないで」 フリーデル・シュミット;ヴァルトラウト・ランケ作;森村桂訳 CBS・ソニー出版 1978年8月

ねこ(キティ)
ねこさんかぞくのおんなのこ 「ディンゴはじどうしゃがだいすき」 リチャード・スキャリー作;國眼隆一訳 ブックローン出版(スキャリーおじさんのどうぶつえほん13) 1982年5月

ねこ(キティ)
ねこさんかぞくのおんなのこ 「ねこあかちゃんのたんじょうび」 リチャード・スキャリー作;國眼隆一訳 ブックローン出版(スキャリーおじさんのどうぶつえほん12) 1984年8月

ねこ

ねこ(キティ)
ねこさんかぞくのおんなのこ 「ゆかいなゆかいなあわてんぼう」 リチャード・スキャリー作;國眼隆一訳 ブックローン出版(スキャリーおじさんのどうぶつえほん7) 1980年1月

ねこ(キティー)
とおくはなれたうまれこきょうのニューヨークのうらまちをめざしてあるきつづけたねこ 「のらねこキティー」 シートン原作;小林清之介文;太田大八絵 チャイルド本社(チャイルド絵本館・シートン動物記7) 1984年10月

ねこ(キャンディ)
アップルグリーンさんのトラックからにげだしてまよいこんだパンプキンさんののうじょうでかばのベロニカにあったこねこ 「ベロニカとバースデープレゼント」 ロジャー・デュボアザン作・絵;神宮輝夫訳 佑学社(かばのベロニカシリーズ5) 1979年5月

ねこ(クリストファー)
あるなつのあさとても早くおきて日の出を見にいったきょうだいについていったねこ 「ぼくたちとたいよう」 アリス・E.グッディ文;アドリエンヌ・アダムズ絵;友田早苗訳 文化出版局 1982年7月

ねこ(クレア)
自分自身のすみかをみつけようとしてすんでいた酪農場から車にもぐりこんでロンドンにでていった子ねこ 「郵便局員ねこ」 ゲイル・E.ヘイリー作;芦野あき訳 ほるぷ出版 1979年12月

ねこ(グレイス)
とってもきれいなママレード色のねこオーランドーのおくさんのねこ 「ねこのオーランドー」 キャスリーン・ヘイル作・画;脇明子訳 福音館書店(世界傑作絵本シリーズ・イギリスの絵本) 1982年7月

ねこ(ケイト)
マーヤというおんなのこのなかよしでひよこのピーコがきてからあそんでもらえなくなったくろねこ 「ピーコはすてきなおともだち」 メルセ・C.ゴンザレス作;アグスティ・A.サウリ絵;浜祥子文 学習研究社(国際版せかいのえほん22) 1985年1月

ねこ(コットン)
パンプキンさんの農場にいたねこ 「みんなのベロニカ」 ロジャー・デュボアザン作・絵;神宮輝夫訳 佑学社(かばのベロニカシリーズ2) 1978年1月

ねこ(ごんた)
いけからでてそとがみたいとおもっていたちいさいさかなのきいちゃんをだましてそとにつれだしたどらねこ 「おさかなのかち」 ロバート・タロン文・絵;山本けい子訳 ぬぷん児童図書出版(でかとちび3) 1984年4月

ねこ(サム)
どんなむずかしいじけんでもぶたのダッドとふたりですぐにかいけつするめいたんてい 「スーパーマーケットじけん」 リチャード・スカーリー作・画;稲岡達子訳 偕成社(スカーリーおじさんのたんてい絵本) 1973年12月

ねこ(サム)
ぶたのピッグさんのけっこんのおいわいのプレゼントをまもるためにきせんのサリーごうにのりこんだゆうめいなたんていのねこ「めいたんていサムとダドレー」リチャード・スカリー作;渡辺茂男訳 講談社(講談社のピクチュアブック7) 1979年9月

ねこ(サムソン)
かがくしゃにつかまえられて月へいくうちゅうカプセルのなかにいれられたねずみのアーサーとハンフリーをたすけにでたねこ「ねずみのアーサー月へいく?」グレアム・オークリー作・絵;亀山龍樹訳 ポプラ社(世界のほんやくえほん6) 1977年6月

ねこ(サムソン)
ねずみたちといっしょにすんでいたきょうかいのものおきべやのやねをなおすためにはいゆうになることにしたねこ「ねこのサムソンみなみのしまへ」グレアム・オークリー作・絵;亀山龍樹訳 ポプラ社(世界のほんやくえほん5) 1976年12月

ねこ(サムソン)
まちのせいかつがいやになっていなかでしゅうまつをすごすことにしたねずみたちをまもるためにいっしょにでかけたねこ「ねずみのアーサーそらをとぶ」グレアム・オークリー作・絵;亀山龍樹訳 ポプラ社(世界のほんやくえほん7) 1977年9月

猫(サラ) ねこ(さら)
猫のヤーコプの子猫「猫のヤーコプ魔法と子ねこ」トーマス・ヘルトナー作;スヴェン・ハルトマン絵;犬養智子訳 CBSソニー出版 1982年4月

ねこ(シスター)
ビジータウンのこねこ、ハックルのいもうと「サンタさんのいそがしい1にち」リチャード・スキャリー作;國眼隆一訳 ブック・ローン出版(スキャリーおじさんのどうぶつえほん15) 1984年8月

ねこ(シスター)
ビジータウンのねこのこども、ハックルのいもうと「ふしぎなふしぎなくうきのはなし」リチャード・スキャリー作;國眼隆一訳 ブック・ローン出版(スキャリーおじさんのどうぶつえほん14) 1984年8月

ねこ(シュヌー)
ひとざとはなれたふかいゆきのなかのいえにクリストルというおんなのこいっしょにすんでいたこねこ「クリストルのこねこ」マルタ・コチ絵;ヘルマン・ハスリンガー文;楠田枝里子訳 ほるぷ出版 1980年1月

ネコ(シュヌール)
村のまずしいわかものイワンが命をたすけていっしょに家にすむようになったオスネコ「魔法のゆびわ―ロシア民話」ミハル・ロンベルグ絵;柏木美津訳 佑学社(世界の名作童話シリーズ) 1979年1月

ねこ(ジョセフィーヌ)
くずてつおきばにおかれていたおんぼろじどうしゃのジェニファーをじぶんのうちにしていたやせっぽちののらねこ「のらねことぽんこつじどうしゃ」ビル・ピート作・絵;山下明生訳 佼成出版社(ピートの絵本シリーズ2) 1981年10月

ねこ

ねこ(ジョナサン)
おとうさんにピクニックにつれていってもらったねこのおとこのこ 「おとうさんねこのおくりもの」 メアリー・チャルマーズ作・絵;まつのまさこ訳 福音館書店(世界傑作絵本シリーズ・アメリカの絵本) 1980年8月

猫(ジルベルト)　ねこ(じるべると)
北の国の浜辺の集落に立派な橇に乗ってやってきたかわいらしい猫 「雪国の豹オレッグ」 ジャン=クロード・ブリスビル文;ダニエル・ブール絵;串田孫一訳 集英社 1980年12月

ねこ(ジンジャー)
いぬのベンジーがのったうみのじょおうというおおきなふねをじぶんのふねだとおもっていたねこ 「ベンジーのふねのたび」 マーガレット・ブロイ・グレアム作;渡辺茂男訳 福音館書店(世界傑作絵本シリーズ・アメリカの絵本) 1980年4月

ねこ(ジンジャー)
小さいかわいらしいざっかやのおみせをやっていたきいろいおすねこ 「「ジンジャーとピクルズや」のおはなし」 ビアトリクス・ポター作・絵;いしいももこ訳 福音館書店(ピーターラビットの絵本12) 1973年1月

ねこ(シンディ)
ゆかいななかまと「長ぐつ号」にのりこんでぼうけんのたびへと出発した六ぴきの動物たちの一ぴき 「長ぐつ号の大ぼうけん-シンガポール」 キャサリン・チャパード文;チュア・アイ・ミー絵;崎岡真紀子、荒川豊子訳 蝸牛社(かたつむり文庫) 1984年12月

ねこ(シンプキン)
まずしい仕立て屋といっしょにすんでいたねこ 「グロースターの仕たて屋」 ビアトリクス・ポター作・絵;いしいももこ訳 福音館書店(ピーターラビットの絵本15) 1974年2月

ねこ(タビタ・トウィチット)
こねこのトムとモペットとミトンのおかあさんねこ 「ひげのサムエルのおはなし」 ビアトリクス・ポター作・絵;いしいももこ訳 福音館書店(ピーターラビットの絵本14) 1974年2月

ねこ(チュッパ)
まだまだことりをつかまえることができないぶきっちょなこねこ 「子ねこのチュッパが、とりをねらわないわけ」 チャルーシン文・絵;松谷さやか訳 新読書社 1981年11月

ねこ(ティンクル)
とってもきれいなママレード色のねこオーランドーのこどもの石炭みたいに黒いこねこ 「ねこのオーランドー」 キャスリーン・ヘイル作・画;脇明子訳 福音館書店(世界傑作絵本シリーズ・イギリスの絵本) 1982年7月

ねこ(トム)
おかあさんねこタビタ・トウィチットさんのいうことをきかないむすこのねこ 「こねこのトムのおはなし」 ビアトリクス・ポター作・絵;いしいももこ訳 福音館書店(ピーターラビットの絵本4) 1971年11月

ねこ(トム)
ねこさんかぞくのおとこのこ 「ディンゴはじどうしゃがだいすき」 リチャード・スキャリー作;國眼隆一訳 ブックローン出版(スキャリーおじさんのどうぶつえほん13) 1982年5月

ねこ(トム)
ねこさんかぞくのおとこのこ 「ねこあかちゃんのたんじょうび」 リチャード・スキャリー作；國眼隆一訳 ブックローン出版(スキャリーおじさんのどうぶつえほん12) 1984年8月

ねこ(トム)
ねこさんかぞくのおとこのこ 「ゆかいなゆかいなあわてんぼう」 リチャード・スキャリー作；國眼隆一訳 ブックローン出版(スキャリーおじさんのどうぶつえほん7) 1980年1月

ねこ(トム)
ひげのサムエルという大ねずみにつかまえられてねこまきだんごにされそうになったこねこ 「ひげのサムエルのおはなし」 ビアトリクス・ポター作・絵；いしいももこ訳 福音館書店(ピーターラビットの絵本14) 1974年2月

猫(トム猫)　ねこ(とむねこ)
イギリスの海賊船アルセスティスに乗っていた船乗り猫でスペイン船との戦いにやぶれ船底につながれた猫 「女王陛下の船乗り猫」 リチャード・アダムズ文；アラン・オルドリッジ絵；田中未知訳　角川書店 1961年5月

ねこ(どん・ぺどろ)
ぱぶろというまずしいおとこの子のうちのきんじょにすんでいたおそろしいねこ 「ねずみとおうさま」 コロマ神父文；石井桃子訳；土方重巳絵　岩波書店(岩波の子どもの本) 1953年12月

ねこ(ニコレット)
たびげいにんのみかづきざでタンバリンをならしているねこ 「みかづきいちざのものがたり」 アイリーン・ハース作・絵；うちだりさこ訳 福音館書店(世界傑作絵本シリーズ・アメリカの絵本) 1981年11月

猫(ニャコロン)　ねこ(にゃころん)
猫のヤーコプの子猫 「猫のヤーコプ魔法と子ねこ」 トーマス・ヘルトナー作；スヴェン・ハルトマン絵；犬養智子訳 CBSソニー出版 1982年4月

ねこ(にゃんこ)
いぬのタウザーのともだちのねこ 「タウザーのおばけだぞー！」 トニー・ロス作；山脇恭訳 ペンタン 1985年10月

ねこ(にゃんこ)
いぬのタウザーのともだちのねこのおんなのこ 「タウザーとまほうのりんご」 トニー・ロス作；山脇恭訳 ペンタン(タウザーの本) 1985年10月

ねこ(にゃんこ)
いぬのタウザーのともだちのねこのおんなのこ 「タウザーのあっかんべえ！」 トニー・ロス作；山脇恭訳 ペンタン(タウザーの本) 1985年10月

ねこ(にゃんこ)
いぬのタウザーのともだちのねこのおんなのこ 「タウザーのおくりもの」 トニー・ロス作；山脇恭訳 ペンタン(タウザーの本) 1985年10月

ねこ

ねこ(にゃんぼう)
がちょうのたまごとほかのどうぶつたちとりょこうにでかけたねこ「がちょうのたまごのぼうけん」エバ・ザレンビーナ作;内田莉莎子訳;太田大八画 福音館書店 1985年4月

ねこ(ねる)
いんであんになりたくてさかなのせなかにのせてもらっていんであんのおじさんのいるくにへいったこねこ「こねこのねる」ディック・ブルーナ文・絵;石井桃子訳 福音館書店(子どもがはじめてであう絵本) 1968年11月

ねこ(パイパー・ポー)
ポーかあさんにこどもあつかいされてキスされるのがだいきらいなねこの男の子「キスなんてだいきらい」トミー・ウンゲラー作;矢川澄子訳 文化出版局 1974年3月

ねこ(パジャ)
おはなしのすきなおとこのこジップくんのねこ「ジップくんどうぶつえんへゆく」シルビア・ケイブニー作;サイモン・スターン絵;乾侑美子訳 評論社(児童図書館・絵本の部屋) 1979年10月

ねこ(パジャ)
ジップくんというおとこのこのいえのねこ「ジップくんこんどはなにになるの」シルビア・ケイブニー作;サイモン・スターン絵;乾侑美子訳 評論社(児童図書館・絵本の部屋) 1979年10月

ねこ(ハックル)
ビジータウンのこねこ、シスターのあに「サンタさんのいそがしい1にち」リチャード・スキャリー作;國眼隆一訳 ブック・ローン出版(スキャリーおじさんのどうぶつえほん15) 1984年8月

ねこ(ハックル)
ビジータウンのねこのこども「おしゃべりおばけパン」リチャード・スキャリー作;國眼隆一訳 ブック・ローン出版(スキャリーおじさんのどうぶつえほん13) 1984年8月

ねこ(ハックル)
ビジータウンのねこのこども「しっぱいしっぱいまたしっぱい」リチャード・スキャリー作;國眼隆一訳 ブック・ローン出版(スキャリーおじさんのどうぶつえほん8) 1980年1月

ねこ(ハックル)
ビジータウンのねこのこども「ふしぎなふしぎなくうきのはなし」リチャード・スキャリー作;國眼隆一訳 ブック・ローン出版(スキャリーおじさんのどうぶつえほん14) 1984年8月

ねこ(ハックル)
みみずのローリーとけいかんのマーフィーをたすけてこうつうせいりをしたねこ「スカーリーおじさんの はたらく人たち」リチャード・スカーリー文;稲垣達朗訳 評論社(児童図書館・絵本の部屋) 1982年6月

ねこ(バーニー)
おとこのこがだいすきだったのにしんじゃったねこ「ぼくはねこのバーニーがだいすきだった」ジュディス・ボースト作;エリック・ブレグバッド絵;中村妙子訳 偕成社 1979年4月

ねこ(ハーマン)
ちいさなおばけのジョージーがすんでいたホイッティカーさんのいえのねこ 「おばけのジョージー」 ロバート・ブライト作・絵；光吉夏弥訳 福音館書店(世界傑作絵本シリーズ・アメリカの絵本) 1978年6月

ねこ(バレンティン)
リーザという女の子と草はらにかこまれたいえにすんでいたねこでいろいろなどうぶつたちのことばをはなすことができたねこ 「ねこのバレンティン」 スージー・ボーダル作；与田静訳 偕成社 1978年12月

ねこ(バングス)
へんてこりんなはなしばかりしている女の子サムの家にいるかしこい年よりねこ 「へんてこりんなサムとねこ」 エヴァリン・ネス作・絵；猪熊葉子訳 佑学社(アメリカ創作絵本シリーズ24) 1981年10月

ねこ(パンジー)
とってもきれいなママレード色のねこオーランドーのこどもの三毛のこねこ 「ねこのオーランドー」 キャスリーン・ヘイル作・画；脇明子訳 福音館書店(世界傑作絵本シリーズ・イギリスの絵本) 1982年7月

ねこ(パンプキン)
おきにいりのいすのうえでねむりながらいろんなところへいってねむるゆめをみたねこ 「パンプキンのゆめのたび」 ショーン・ライス絵；ポール・ライス文；斉藤たける訳 福武書店 1984年12月

ねこ(ピックルズ)
まえあしのすごいパンチでなにかをやりたがっていたきいろいのらねこでしょうぼうしょにつれていかれたねこ 「しょうぼうねこ」 エスター・アベリル作；藤田圭雄訳 文化出版局 1974年10月

ねこ(ぴっち)
りぜっとおばあさんのうちのねこでおんどりややぎやあひるやうさぎのようになりたいとおもったねこ 「こねこのぴっち」 ハンス・フィッシャー文・絵；石井桃子訳 岩波書店(岩波の子どもの本) 1954年12月

ねこ(ビディ)
おとこのこのうちののうじょうでかわれているねこ 「あるあさ、ぼくは…」 マリー・ホール・エッツ作；間崎ルリ子訳 ペンギン社 1981年4月

ねこ(ヒルダ)
うちの人たちがでかけてしまって山のいえに二日かんひとりでくらすことになりおなかをすかせて鳥をつかまえようとしたねこ 「るすばんねこのぼうけん」 メリー・カルホーン作；スーザン・ボナーズ絵；猪熊葉子訳 佑学社(アメリカ創作絵本シリーズ26) 1982年3月

ねこ(ピン)
マリアンちゃんのつくったおもちゃのようなふねにのってちいさいしまにいったねこ 「ピクニックにいかない？」 マグリット・ヘイマン作・絵；関根栄一文 エミール館 1979年11月

ねこ

ねこ（ファジィ）
アガサがどうぶつのおいしゃさんをしているおばあちゃんからもらったこねこ 「うちにパンダがきたら……」ルース・オーバック作；益田慎；東一哉訳 アリス館牧新社 1981年4月

ねこ（フォレ）
ふゆがきていけにこおりがはったのでジョセフおじいさんにスケートあそびにつれていってもらったこねこ 「はじめてのふゆをむかえるフォレ」リュシェンヌ・エールビル作；マルセル・マルリエ絵；黒木義典訳；板谷和雄文 ブックローン出版（ファランドールえほん2） 1984年1月

ねこ（プス）
こなやの3にんむすこのいちばんしたのむすこがいさんとしてもらったねこ 「ながぐつをはいたねこ」ポール・ガルドン作；寺岡恂訳 ほるぷ出版 1978年10月

ねこ（ブランシュ）
とってもきれいなママレード色のねこオーランドーのこどもの雪のようにまっしろなこねこ 「ねこのオーランドー」キャスリーン・ヘイル作・画；脇明子訳 福音館書店（世界傑作絵本シリーズ・イギリスの絵本） 1982年7月

ねこ（プルフ）
にわとりをねらっていたきつねのトルースのわるだくみをふせいだのうじょうのねこ 「はりねずみポワンチュのおてがら」J.ボダル作；CH.サランビエ絵；黒木義典訳；板谷和雄文 ブック・ローン出版（ファランドールえほん8） 1981年1月

ねこ（ベイブ）
ビジータウンのいたずらっこのふたごのこねこ 「サンタさんのいそがしい1にち」リチャード・スキャリー作；國眼隆一訳 ブック・ローン出版（スキャリーおじさんのどうぶつえほん15） 1984年8月

猫（ペサ）　ねこ（ぺさ）
猫のヤーコプの子猫 「猫のヤーコプ魔法と子ねこ」トーマス・ヘルトナー作；スヴェン・ハルトマン絵；犬養智子訳 CBSソニー出版 1982年4月

ねこ（ペリクレ）
あさごはんにさかなをたべたくてかわへつかまえにいったねこ 「あさごはんのさかな」アッティリオ・カッシネリ絵；カレン・グントルプ作；岸田衿子訳 ひかりのくに（アッティリオとカレンのえほん） 1972年1月

ねこ（ヘンリー）
うちの人たちに山ごやにおいていかれたおとこの子がつくってくれたスキーをはいてあとをおっかけたねこ 「スキーをはいたねこのヘンリー」メリー・カルホーン作；エリック・イングラハム絵；猪熊葉子訳 佑学社（アメリカ創作絵本シリーズ12） 1980年3月

ねこ（ヘンリー）
ひとりでききゅうにのったねこ 「とびねこヘンリー」メリー・カルホーン作；エリック・イングラハム絵；猪熊葉子訳 佑学社 1983年8月

ねこ（ポーかあさん）
むすこのパイパーをこどもあつかいしてひとまえでもなんでもキスをするかあさんねこ 「キスなんてだいきらい」トミー・ウンゲラー作；矢川澄子訳 文化出版局 1974年3月

ねこ(ボジャ)
ジャックの家のねこ 「ジャックとまめのつる」 トニー・ロス作；田村隆一訳　文化出版局　1981年7月

ねこ(マウリ)
リゼッテおばあちゃんがかっていたどうぶつたちのなかの一ぴきのねこ 「たんじょうび」 ハンス・フィッシャー文・絵；おおつかゆうぞう訳　福音館書店(世界傑作絵本シリーズ・スイスの絵本)　1965年10月

ねこ(マック)
イグナといっしょにもりへさんぽにでかけたねこ 「あしたはわたしのたんじょうび」 ガンチェフ作・絵；佐々木田鶴子訳　偕成社　1982年6月

ネコ(まよなかネコ)
ローズおばあさんとイヌのジョン・ブラウンがふたりでくらすいえのそとにくるようになったまっくろけのネコ 「まっくろけのまよなかネコよおはいり」 J.ワグナー文；R.ブルックス絵；大岡信訳　岩波書店　1978年11月

ねこ(ミーオラ)
シューシュコの町のくつやのおじさんの家にねずみのウーさんと犬のロディゴといっしょにくらしていたねこ 「ねずみのウーくん」 マリー・ホール・エッツ作；田辺五十鈴訳　冨山房　1983年11月

ねこ(ミス・キャット)
きれいなめギツネのフォックスおくさまのうちではたらくおしゃれなメイドさんのねこ 「フォックスおくさまのむこえらび」 コリン夫妻文；エロール・ル・カイン絵；矢川澄子訳　ほるぷ出版　1983年6月

ねこ(ミッセ)
レーナのせかいじゅうでいちばんたいせつなねこ 「もう、めちゃめちゃにおこってんだから！」 エークホルム夫妻作・絵；ビヤネール多美子訳　偕成社　1979年8月

ねこ(みどり)
いなかののうじょうでうまれてもうすぐいっさいになるしろねこ 「ぼくのたんじょうび」 バーンバウム絵・文；松本理子訳　福武書店　1982年3月

ねこ(ミトン)
おかあさんねこタビタ・トウィチットさんのむすめのねこ 「こねこのトムのおはなし」 ビアトリクス・ポター作・絵；いしいももこ訳　福音館書店(ピーターラビットの絵本4)　1971年11月

ねこ(ミトン)
おかあさんねこタビタ・トウィチットさんのむすめのねこ 「ひげのサムエルのおはなし」 ビアトリクス・ポター作・絵；いしいももこ訳　福音館書店(ピーターラビットの絵本14)　1974年2月

ねこ(ミミー)
みみずくさんとふたりでみどりのふねにのってうみへでてついたところのみどりのこじまでけっこんしきをあげたねこ 「みみずくとねこのミミー」 エドワード・リア文；バーバラ・クーニー絵；くどうゆきお訳　ほるぷ出版　1976年9月

ねこ

猫（ミム）　ねこ（みむ）
猫のヤーコプの子猫「猫のヤーコプ魔法と子ねこ」トーマス・ヘルトナー作；スヴェン・ハルトマン絵；犬養智子訳　CBSソニー出版　1982年4月

ねこ（ミュー）
エミリーたちがりょうこにいくことになったのでおとなりのジョリーおばさんにあずけられることになったねこ「ねこのミューとブラン」メグ・ラザーフォード作・絵；矢崎節夫訳　フレーベル館　1986年1月

ねこ（ミュウ）
ひろいひろいのはらのむこうにあったちいさなうちにおばあさんとアニーちゃんといっしょにくらしていたこねこ「なべなべ　おかゆをにておくれ」ルットミラ・コーバ作・絵；西内ミナミ文　学習研究社（国際版せかいのえほん6）　1984年1月

ねこ（ムスティ）
あるひにわとりさんのうちへおつかいにいったこねこ「ムスティとにわとりさん」レイ・ゴッセンス作；渡辺和雄訳；上崎美恵子文　小学館（ムスティおはなし絵本1）　1981年11月

ねこ（ムスティ）
パパがおにわにくみたててくれたブランコにのったこねこ「ムスティとブランコ」レイ・ゴッセンス作；渡辺和雄訳；上崎美恵子文　小学館（ムスティおはなし絵本3）　1981年11月

ねこ（ムスティ）
パパといっしょにサーカスにいったこねこ「ムスティサーカスにいく」レイ・ゴッセンス作；渡辺和雄訳；上崎美恵子文　小学館（ムスティおはなし絵本8）　1982年6月

ねこ（ムスティ）
パパにおもちゃのひこうきをかってもらったこねこ「ムスティとひこうき」レイ・ゴッセンス作；渡辺和雄訳；上崎美恵子文　小学館（ムスティおはなし絵本7）　1982年5月

ねこ（ムスティ）
もりへあそびにいってかめのおばさんにあったこねこ「ムスティとかめのおばさん」レイ・ゴッセンス作；渡辺和雄訳；上崎美恵子文　小学館（ムスティおはなし絵本5）　1982年2月

ねこ（メオ）
おじいさんのスパルタコさんといっしょにすんでいるねこ「スパルタコさんのちいさなき」ピエロ・ヴェントゥーラ作・絵；櫻井しづか訳　フレーベル館　1981年7月

ねこ（メオ）
おじいさんのスパルタコさんといっしょにすんでいるねこ「スパルタコさんのまいごのこづつみ」ピエロ・ヴェントゥーラ作・絵；櫻井しづか訳　フレーベル館　1984年3月

ねこ（モグ）
クリスマスのひにうちのひとやおきゃくさんにあそんでもらえなくてやねのうえにのぼったねこ「モグのクリスマス」ジュディス・ケル文・絵；わだよしおみ訳　大日本絵画（かいがのえほん）　1979年1月

ねこ(モグ)
トーマスさんのいえにかわれてどじねことよばれているわすれんぼうのねこ 「わすれんぼうのねこモグ」 ジュディス・ケル文・絵;わだよしおみ訳　大日本絵画(かいがのえほん) 1979年1月

ねこ(モード)
おとうさんにピクニックにつれていってもらったねこのおんなのこ 「おとうさんねこのおくりもの」 メアリー・チャルマーズ作・絵;まつのまさこ訳　福音館書店(世界傑作絵本シリーズ・アメリカの絵本) 1980年8月

ねこ(モペット)
おかあさんねこタビタ・トウィチットさんのむすめのねこ 「こねこのトムのおはなし」 ビアトリクス・ポター作・絵;いしいももこ訳　福音館書店(ピーターラビットの絵本4) 1971年11月

ねこ(モペット)
おかあさんねこタビタ・トウィチットさんのむすめのねこ 「ひげのサムエルのおはなし」 ビアトリクス・ポター作・絵;いしいももこ訳　福音館書店(ピーターラビットの絵本14) 1974年2月

ねこ(モペットちゃん)
ねずみにからかわれたこねこ 「モペットちゃんのおはなし」 ビアトリクス・ポター作・絵;いしいももこ訳　福音館書店(ピーターラビットの絵本5) 1971年11月

猫(モリイ)　ねこ(もりい)
両親をなくしたジョン・ニーという男の子と一緒に叔父さんが住むというロンドンへ行くことになったしゃべる猫 「おしゃべり猫モリイ」 ルドウィック・アシュケナージー作;ディーター・ウィズミュラー絵;中山千夏訳　CBS・ソニー出版 1979年1月

猫(ヤーコプ)　ねこ(やーこぷ)
人間の「あいつ」と一緒に暮らしている猫 「猫のヤーコプのすてきな冒険」 トーマス・ヘルトナー作;スヴェン・ハルトマン絵;犬養智子訳　CBS・ソニー出版 1984年10月

猫(ヤーコプ)　ねこ(やーこぷ)
人間の「あいつ」と一緒に暮らしている猫 「猫のヤーコプの誕生」 トーマス・ヘルトナー作;スヴェン・ハルトマン絵;犬養智子訳　CBS・ソニー出版 1984年10月

猫(ヤーコプ)　ねこ(やーこぷ)
人間の主人の「あいつ」とくらしている猫 「猫のヤーコプの恋」 トーマス・ヘルトナー作;スヴェン・ハルトマン絵;犬養智子訳　CBSソニー出版 1978年10月

猫(ヤーコプ)　ねこ(やーこぷ)
人間の主人の「あいつ」とくらしている猫 「猫のヤーコプ魔法と子ねこ」 トーマス・ヘルトナー作;スヴェン・ハルトマン絵;犬養智子訳　CBSソニー出版 1982年4月

猫(ヤーコプ)　ねこ(やーこぷ)
人間の主人の「あいつ」と暮らしている猫 「猫のヤーコプ」 トーマス・ヘルトナー文;スヴェン・ハルトマン絵;犬養智子訳　エイプリル・ミュージック 1978年6月

猫(ヤーコプ)　ねこ(やーこぷ)
人間の主人の「あいつ」と暮らしている猫 「猫のヤーコプのすてきな世界」 トーマス・ヘルトナー文;スヴェン・ハルトマン絵;犬養智子訳　エイプリル・ミュージック 1978年7月

ねこ

ねこ(ラルフ)
セイラのうちのあくたれねこ 「あくたれラルフ」 ジャック・ガントス作;ニコール・ルーベル絵;いしいももこ訳 福音館書店(世界傑作絵本シリーズ・アメリカの絵本) 1982年3月

ねこ(リジンカ)
近所のはずかしがりやの犬ユリクを好きになったねこのおじょうさん 「森と牧場のものがたり」 ヨセフ・ラダ絵;ヴィエラ・プロヴァズニコヴァー文;さくまゆみこ訳 佑学社(おはなし画集シリーズ2) 1980年6月

ねこ(リトル・グレイ)
おとうさんにピクニックにつれていってもらったねこのおとこのこ 「おとうさんねこのおくりもの」 メアリー・チャルマーズ作・絵;まつのまさこ訳 福音館書店(世界傑作絵本シリーズ・アメリカの絵本) 1980年8月

ねこ(リリ)
どんなものにもきれいないろがついているのがきにいらなくてまほうのちからでいろのないくにへいったねこ 「いろのないくにへいったねこ」 ルイス・ボルフガンク・ノイパー作;エッダ・ラインル絵;かしわぎみつ訳 佑学社 1978年4月

ねこ(ルリ)
リゼッテおばあちゃんがかっていたどうぶつたちのなかの一ぴきのねこ 「たんじょうび」 ハンス・フィッシャー文・絵;おおつかゆうぞう訳 福音館書店(世界傑作絵本シリーズ・スイスの絵本) 1965年10月

ねこ(ロレッタ)
ワニのライルといっしょにくらすプリムさん一家のきんじょのグランプスさんにかわれているおくびょうなねこ 「ワニのライル、動物園をにげだす」 バーナード・ウェーバー作;小杉佐恵子訳 大日本図書(ワニのライルのおはなし2) 1984年7月

ねこ(ワーシカ)
たんすからすべりおちてきたぼうしが上にかぶさってすがたがみえなくなってしまった子ねこ 「いきているぼうし」 エヌ・ノーソフ作;イ・セミョーノフ絵;福井研介訳 新読書社 1981年11月

ネコじい
5人組の男の子たちが古い鉄の門をあけてはいっていったふしぎな庭の中にいたネコのじいさん 「ふしぎな庭」 イージー・トゥルンカ作;井出弘子訳 ほるぷ出版 1979年2月

ネシカ
王さまのたったひとりの子どもでそのうつくしさが外国にもしれわたっていた王女 「メイゼルとシュリメイゼル-運をつかさどる妖精たちの話」 アイザック・B.シンガー文;マーゴット・ツェマック画;木庭茂夫訳 冨山房 1976年11月

ねずお
ひとりぼっちでしょんぼりしていたがあるひのことかわいいめすねずみのねずこにあってちゃんとねずみらしくやろうとおもったこねずみ 「ひとりぼっちのこねずみ」 エゴン・マチーセン作・絵;大塚勇三訳 福音館書店(世界傑作絵本シリーズ・デンマークの絵本) 1986年10月

ネズくん
ヘンリーくんという男の子が入院していた夜の病院でかべの下についたドアからでてきて朝まで病院を占領したお医者と看護婦さんと患者のネズミたち「ぼくが病院で会った仲間たち」バーナード・ストーン文;ラルフ・ステッドマン絵;植草甚一訳 CBS・ソニー出版 1980年9月

ねずこ
ひとりぼっちでしょんぼりしていたこねずみのねずおがあるひのことあったかわいくてやさしいめすねずみ「ひとりぼっちのこねずみ」エゴン・マチーセン作・絵;大塚勇三訳 福音館書店(世界傑作絵本シリーズ・デンマークの絵本) 1986年10月

ねずみ
「ぼくのともだちにならないかい?」といろんなどうぶつにきいたひとりぼっちのこねずみ「おともだちのほしかったこねずみ」エリック・カール作;もりひさし訳 メルヘン社 1981年8月

ねずみ
あちこちさがしていいいえをみつけたねずみ「ねずみのいえさがし」ヘレン・ピアス作;まつおかきょうこ訳 童話屋(ねずみのほん1) 1984年11月

ねずみ
あちこちさがしておなじねずみのともだちをみつけたねずみ「ねずみのともだちさがし」ヘレン・ピアス作;まつおかきょうこ訳 童話屋(ねずみのほん2) 1984年11月

ねずみ
いごこちのいいちいさないえにおとなしいあかいめんどりとねこといぬといっしょにすんでいたねずみ「おとなしいめんどり」ポール・ガルドン作;谷川俊太郎訳 瑞木書房 1980年8月

ねずみ
いつもじぶんたちをたべようとしていた白いふくろうがサーカスにうられたのをしってたすけてあげようとした青いはつかねずみ「白いふくろうと青いねずみ」ジャン・ジュベール文;ミッシェル・ゲー絵;榊原晃三訳 国土社 1980年10月

ねずみ
インドのぎょうじゃにからすからたすけてもらってつぎつぎにおおきなどうぶつにかえられていきとらにまでかえられてしまったねずみ「あるひねずみが…」マーシャ・ブラウン作;八木田宜子訳 冨山房 1975年8月

ねずみ
ウィルシャーのもりのおくにすみあるひまちねずみからきいたマルディ・グラのおまつりをやろうとしておそろしいけだもののかめんをつけたのねずみたち「みどりのしっぽのねずみ」レオ・レオニ作;谷川俊太郎訳 好学社 1973年1月

ねずみ
エルウッドさんのじまんのローラースケートのなかにはいってのっていってしまったねずみ「にげだしたローラー・スケート」ジョン・ヴァーノン・ロード文・絵;安西徹雄訳 アリス館牧新社 1976年7月

ねずみ

ねずみ
おかのうえにあるふるい風車が大すきであそびばにしていてこなやをおこらせたなんびゃくぴきというねずみたち 「りこうねずみとよわむしねこ」 ジョン・ヨーマン作；クェンティン・ブレイク絵；神鳥統夫訳 岩崎書店（えほん・ドリームランド29） 1984年11月

ねずみ
おしろからながれてきたおいしそうなチーズのにおいをかぎつけてくにじゅうからおしろにやってきたねずみ 「王さまとチーズとねずみ」 ナンシー・ガーニー；エリック・ガーニー作・絵；渡辺茂男訳 ペンギン社 1984年1月

ねずみ
グロースターの仕たて屋にきれの裁ちくずでチョッキをつくってもらっていたねずみたち 「グロースターの仕たて屋」 ビアトリクス・ポター作・絵；いしいももこ訳 福音館書店（ピーターラビットの絵本15） 1974年2月

ねずみ
しずかなところでおともだちとおはなしがしたいねずみ 「しずかにしてよ！」 アンネ・ヴァン・デア・エッセン作；エティエンヌ・ドゥルセール絵；いしづかひでき訳 篠崎書林 1978年6

ねずみ
しっそなくらしをしているいなかねずみと友だちの町ねずみ 「イソップものがたり」 ハイジ・ホルダー絵；三田村信行文 偕成社 1983年11月

ねずみ
じめんをほってすあなをつくりきつねからにげたねずみ 「きつねとねずみ」 ビアンキ作；内田莉莎子訳；山田三郎画 福音館書店 1967年3月

ねずみ
ジャックのいえのばくがをかじったねずみ 「ジャックはいえをたてたとさ」 ポール・ガルドン絵；大庭みな子訳 佑学社（ポール・ガルドン昔話シリーズ3） 1979年11月

ねずみ
たべるものをさがしにでかけた二ひきのねずみ 「よかったねねずみさん」 ヘレン・ピアス作；まつおかきょうこ訳 童話屋（ねずみのほん3） 1984年11月

ねずみ
なにがなんでもライオンよりおおきくなってしかえしをしたいとおもったねずみ 「おおきなりすとちいさなさい」 ミッシャ・ダムヤン作；ラルフ・ステッドマン絵；大島かおり訳 佑学社（ヨーロッパ創作絵本シリーズ29） 1979年3月

ねずみ
ねこがもうねずみをつかまえるのをやめたというのでまいばんみんなでねこのところヘチーズをたべにいったねずみたち 「ねことねずみ」 マイケル・ローゼン作；ウィリアム・ラッシュトン絵；小沢正訳 フレーベル館 1985年8月

ねずみ
ねこにたべられたばかなこねずみとねこからにげだしたかしこいこねずみ 「ねずみのぼうや」 サムイル・マルシャーク作；V.レーベジェフ絵；北畑静子訳 理論社（ソビエト絵本傑作シリーズ） 1976年1月

ねずみ

ねずみ
びしょぬれになってちいさくちぢんだけいとのねこをしぼってよくかわくところにつれていってあげたねずみ 「ねことねずみ」 ウイルフリート・ボリゲル文；アントネラ・ボリゲル＝サヴェルリ絵；河津千代訳　アリス館牧新社　1976年3月

ねずみ
ベッドにはいってからとうさんねずみにひとりに一つずつぜんぶで七つのおはなしをしてもらったたびねずみたち 「とうさんおはなしして」 アーノルド・ローベル作；三木卓訳　文化出版局　1973年5月

ねずみ
ボーバのつくえのうえにすんでいた一ぽんのえんぴつをじぶんのあなにひっぱっていこうとしたこねずみ 「こねずみとえんぴつ」 ステーエフ作・絵；松谷さやか訳　福音館書店（世界傑作童話シリーズ）　1982年9月

ねずみ
ミションノビの村人たちのにわとりをとっていくたかをたいじしてあげるとしゅう長に申しでた一ぴきの野ねずみ 「ねずみのたたかい－アメリカの昔話」 亀井俊介訳；エムナマエ絵　小学館（世界のメルヘン絵本20）　1979年3月

ねずみ
めんどりかあさんがこむぎをはたけにまくのをてつだおうとはしなかったねずみ 「めんどりとこむぎつぶ－イギリス民話」 安泰絵；小出正吾文　フレーベル館（キンダーおはなしえほん傑作選21）　1978年4月

ねずみ
ライオンがじぶんをたべないでたすけてくれたおれいにあみにかかってしまったライオンをたすけてやったねずみ 「ライオンとねずみ－イソップ童話」 エド・ヤング絵；田中とき子訳　岩崎書店（えほん・ドリームランド10）　1981年10月

ねずみ
わなにかかったこうさぎからたすけてほしいとたのまれたのねずみ 「すずめのまほう」 ニクレビチョーバ作；内田莉莎子文；山中冬児絵　偕成社（世界おはなし絵本20）　1971年1月

ねずみ
雪がふかくつもった日にアイスホールで雪のぶとう会をもよおしたのばらの村のねずみたち 「雪の日のパーティー」 ジル・バークレム作；岸田衿子訳　講談社（のばらの村のものがたり）　1981年5月

ねずみ
中国のあたらしいこよみのためにえらばれた12しゅるいのどうぶつのなかではじめのどうぶつになろうとしたねずみ 「ね、うし、とら……十二支のはなし－中国民話より」 ドロシー・バン・ウォアコム文；エロール・ル・カイン絵；辺見まさなお訳　ほるぷ出版　1978年12月

ネズミ
あるひばったりであったのっぽのキリンとどっちがえらいかのだいろんそうをはじめたネズミ 「のっぽとちび」 バーバラ・ブレナー文；トミー・ウンゲラー絵；山根瑞世訳　ほるぷ出版　1978年12月

ねすみ

ネズミ
あるひライオンのあしのあいだをあるいてしまったがきずつけられずににがしてもらったおんがえしにライオンをわなからたすけたネズミ 「ライオンとネズミ」 ラ・フォンテーヌ文；ブライアン・ワイルドスミス絵；わたなべしげお訳 らくだ出版 1969年1月

ネズミ
ハツカネズミにじっけんしつからだしてもらって2ひきでふねにのってみなみのくにまでいった白ネズミ 「ネズミのぼうけん」 イリアン・ロールス作・画；小田英智文 偕成社（どうぶつのくらし4おはなし編）1980年3月

ネズミ
ライオンに命を助けてもらったお礼にあみをもった人間につかまったライオンをすくってあげた小ネズミ 「ライオンとねずみ－古代エジプトの物語」 リーセ・マニケ文・絵；大塚勇三絵 岩波書店 1984年10月

ネズミ
海べまでたびをする決心をした1ぴきのネズミ 「ローベルおじさんのどうぶつものがたり」 アーノルド・ローベル作；三木卓訳 文化出版局 1981年5月

ねずみ（アクティル）
いとこのアーニィとサイクリングにでかけたねずみ 「ロケットじてんしゃのぼうけん」 インガ・モーア作・絵；すぎもとよしこ訳 らくだ出版 1983年11月

ねずみ（アーサー）
かがくしゃにつかまえられて月へいくうちゅうカプセルのなかにいれられたねずみ 「ねずみのアーサー月へいく？」 グレアム・オークリー作・絵；亀山龍樹訳 ポプラ社（世界のほんやくえほん6）1977年6月

ねずみ（アーサー）
そうぞうしいまちのせいかつがいやになってなかまたちといなかでしゅうまつをすごすことにしたねずみ 「ねずみのアーサーそらをとぶ」 グレアム・オークリー作・絵；亀山龍樹訳 ポプラ社（世界のほんやくえほん7）1977年9月

ねずみ（アーサー）
なかまたちとすんでいたきょうかいのものおきべやのやねをなおすためにはいゆうになることにしたねずみ 「ねこのサムソンみなみのしまへ」 グレアム・オークリー作・絵；亀山龍樹訳 ポプラ社（世界のほんやくえほん5）1976年12月

ねずみ（アーサー）
まちのきょうかいにすんでいてほかにねずみが1ぴきもいなかったのでさびしかったねずみ 「ねずみのアーサーとなかまたち」 グレアム・オークリー作・絵；亀山龍樹訳 ポプラ社（世界のほんやくえほん4）1976年11月

ねずみ（アーチー）
ねずみのティモシーとジェニーのふたりにうまれた5にんのこどものおとこのこ 「ねずみのティモシー」 マルチーヌ・ブラン作・絵；矢川澄子訳 偕成社 1975年8月

ねずみ（アップルおじさん）
ねずみの男の子ウィルフレドをつれて山登りをしたねずみのおじさん 「ウィルフレドの山登り」 ジル・バークレム作；岸田衿子訳 講談社（のばらの村のものがたり）1986年1月

ねずみ(アップルおじさん)
のばらの村のりんごの木の家にすむねずみ、村の食べ物をしまうきりかぶぐらの番人 「春のピクニック」 ジル・バークレム作;岸田衿子訳 講談社(のばらの村のものがたり) 1981年5月

ねずみ(アナ・マライア)
大ねずみのサムエルのおかみさんのばあさんねずみ 「ひげのサムエルのおはなし」 ビアトリクス・ポター作・絵;いしいももこ訳 福音館書店(ピーターラビットの絵本14) 1974年2月

ねずみ(アーニィ)
いとこのアクティルとサイクリングにでかけたねずみ 「ロケットじてんしゃのぼうけん」 インガ・モーア作・絵;すぎもとよしこ訳 らくだ出版 1983年11月

ねずみ(アン)
くつのなかにすんでいたねずみのかぞくのおんなのこ 「くつのなかのねずみ」 ロドニー・ペッペ作・絵;小沢正訳 フレーベル館 1984年9月

ねずみ(アン)
くつのなかにすんでかごつくりをしごとにしていたねずみのかぞくのおんなのこ 「そらとぶバスケット」 ロドニー・ペッペ作・絵;小沢正訳 フレーベル館 1985年9月

ねずみ(アンジェリーナ)
いとこのヘンリーをつれておまつりにいったバレエのすきなねずみのおんなのこ 「アンジェリーナとおまつり」 ヘレン・クレイグ絵;キャサリン・ホラバード文 大日本絵画(かいがのえほん) 1985年1月

ねずみ(アンジェリーナ)
バレエがすきでバレエがっこうにいれてもらいゆうめいなバレリーナになったねずみのおんなのこ 「バレエのすきなアンジェリーナ」 ヘレン・クレイグ絵;キャサリン・ホラバード文 大日本絵画(かいがのえほん) 1985年1月

ねずみ(アンジェリーナ)
バレエがっこうにいっているねずみのおんなのこ 「アンジェリーナのクリスマス」 ヘレン・クレイグ絵;キャサリン・ホラバード文;きたむらまさお訳 大日本絵画(かいがのえほん) 1986年1月

ねずみ(アンジェリーナ)
リリーバレエがっこうでおうじょさまをおまねきしてひらくはっぴょうかいのしゅやくになりたかったねずみのおんなのこ 「アンジェリーナとおうじょさま」 ヘレン・クレイグ絵;キャサリン・ホラバード文 大日本絵画(かいがのえほん) 1986年1月

ねずみ(アンソニー・ウーさん)
シューシュコの町のくつやのおじさんの家にねこのミーオラと犬のロディゴといっしょにくらしていたねずみ 「ねずみのウーくん」 マリー・ホール・エッツ作;田辺五十鈴訳 冨山房 1983年11月

ねずみ(ウィルフレッド)
アップルおじさんたちといっしょにのばらの村のむこうの山ハイ・ヒルズに行ったねずみの男の子 「ウィルフレッドの山登り」 ジル・バークレム作;岸田衿子訳 講談社(のばらの村のものがたり) 1986年1月

ねずみ

ねずみ（ウィルフレッド）
のばらの村のしでの木の家のねずみの男の子 「春のピクニック」 ジル・バークレム作；岸田衿子訳 講談社（のばらの村のものがたり） 1981年5月

ねずみ（ウィルフレッド）
もりねずみだんしゃくのかしの木やかたの上のほうにひみつの屋根うら部屋をみつけたねずみの男の子 「ひみつのかいだん」 ジル・バークレム作；岸田衿子訳 講談社（のばらの村のものがたり） 1983年11月

ねずみ（ウォーター）
とてもおしゃれなかわねずみ 「グレー・ラビットスケートにゆく」 アリスン・アトリー作；マーガレット・テンペスト絵；神宮輝夫；河野純三訳 評論社（児童図書館・絵本の部屋 グレー・ラビット1） 1978年12月

ねずみ（ウォーター）
とてもおしゃれなかわねずみ 「グレー・ラビットのスケッチ・ブック」 アリスン・アトリー作；マーガレット・テンペスト絵；河野純三訳 評論社（児童図書館・絵本の部屋 グレー・ラビット10） 1982年11月

ねずみ（エイミィ）
オークアプルの森のいたずらっ子のふたごのねずみ 「りすのハリエットさん」 ジェニー・パートリッジ作；神宮輝夫訳 ティビーエス・ブリタニカ（オークアプルの森のおはなし8） 1982年8月

ねずみ（エイミィ）
オークアプルの森のふたごの子ねずみ 「はりねずみのスナッフルおばあさん」 ジェニー・パートリッジ作；神宮輝夫訳 ティビーエス・ブリタニカ（オークアプルの森のおはなし6） 1982年8月

ねずみ（エイミィ）
オークアプルの森のもりねずみのふたごの子ねずみ 「かえるのホップさん」 ジェニー・パートリッジ作；神宮輝夫訳 ティビーエス・ブリタニカ（オークアプルの森のおはなし3） 1982年7月

ねずみ（エドゥアルド）
ねずみのレオポルドのむすめのユリンカをおよめにほしいといったねずみ 「ねずみのレオポルド」 リブシエ・パレチコバー文；ヨゼフ・パレチェック絵；千野栄一訳 フレーベル館 1981年7月

ねずみ（エーモス）
ふねからおちてうみにういているときにたすけてくれたくじらのボーリスといちばんのしんゆうになったねずみ 「ねずみとくじら」 ウィリアム・スタイグ作；せたていじ訳 評論社（児童図書館・絵本の部屋） 1976年12月

ねずみ（エロイーズさん）
もりのどうぶつたちにすみたいおうちをつくってあげるてんさいねずみ 「だれのおうちかな？」 ジョージ・メンドーサ作；ドリス・スミス絵；福原洋子訳 フレーベル館 1983年1月

ねずみ

ねずみ(がくしゃねずみ)
まちのきょうかいにすんでいたねずみのアーサーといっしょにくらすことになったねずみたちの1ぴき 「ねずみのアーサーとなかまたち」 グレアム・オークリー作・絵;亀山龍樹訳 ポプラ社(世界のほんやくえほん4) 1976年11月

ねずみ(カーリー)
森のどうぶつたちのくつをなおしてやっているちいさな茶ねずみ 「靴屋のカーリーとハッピー・リターン号」 マーガレット・テンペスト作;寺岡襄訳 ほるぷ出版 1982年10月

ねずみ(カーリー)
森のどうぶつたちのくつをなおしてやっているちいさな茶ねずみ 「靴屋のカーリーとロビン夫妻」 マーガレット・テンペスト作;寺岡襄訳 ほるぷ出版 1982年10月

ねずみ(カーリー)
森のどうぶつたちのくつをなおしてやっているちいさな茶ねずみ 「靴屋のカーリーと大雪の日」 マーガレット・テンペスト作;寺岡襄訳 ほるぷ出版 1982年10月

ねずみ(カーリー)
森のどうぶつたちのくつをなおしてやっているちいさな茶ねずみ 「靴屋のカーリーと妖精の靴」 マーガレット・テンペスト作;寺岡襄訳 ほるぷ出版 1982年10月

ねずみ(ガリガリ)
おひゃくしょうがおっことしたつぼへはしってきてはえとかといっしょにくらしはじめたねずみ 「ちいさなお城」 A.トルストイ再話;E.ラチョフ絵;宮川やすえ訳 岩崎書店(えほん・ドリームランド14) 1982年2月

ねずみ(ザドック)
町じゅうのねずみたちを力で支配していたねずみの国の王 「風のうた-ニュージーランド」 シェリル・ジョーダン文・絵;片山和子;平野東海子訳 蝸牛社(かたつむり文庫) 1984年12月

ねずみ(サムエル)
こねこのトムをつかまえてねこまきだんごをつくろうとしたひげの大ねずみ 「ひげのサムエルのおはなし」 ビアトリクス・ポター作・絵;いしいももこ訳 福音館書店(ピーターラビットの絵本14) 1974年2月

ねずみ(ジェニー)
はつめいのてんさいねずみのティモシーのつま 「ねずみのティモシー」 マルチーヌ・ブラン作・絵;矢川澄子訳 偕成社 1975年8月

ねずみ(ジェラルディン)
だいどころでみつけたおおきなチーズのなかからフルートをふくねずみのちょうぞうがあらわれてそれからはよごとにチーズのねずみがふくフルートのおんがくをきくようになったねずみ 「おんがくねずみジェラルディン」 レオ・レオニ作;谷川俊太郎訳 好学社 1979年1月

ねずみ(シオドア)
あるひものをいうあおいきのこをみつけてもりのなかまたちをだますことをおもいついたねずみ 「シオドアとものいうきのこ」 レオ・レオニ作;谷川俊太郎訳 ペンギン社 1977年9月

ねずみ

ねずみ（シャーロット）
ねずみのティモシーとジェニーのふたりにうまれた5にんのこどものおんなのこ 「ねずみのティモシー」 マルチーヌ・ブラン作・絵；矢川澄子訳 偕成社 1975年8月

ねずみ（ジョニー）
のうじょうでいつもともだちのおんどりのフランツとぶたのヴァルデマールといっしょにあそんでいるねずみ 「ぼくたちともだち」 ヘルメ・ハイネ作・絵；大島かおり訳 佑学社 1984年9月

ねずみ（ジョニー）
やさいかごにはいってまちへきたねずみのチミーをもてなしたまちねずみ 「まちねずみジョニーのおはなし」 ビアトリクス・ポター作・絵；いしいももこ訳 福音館書店（ピーターラビットの絵本9） 1972年5月

ねずみ（スー）
くつのなかにすんでいたねずみのかぞくのおんなのこ 「くつのなかのねずみ」 ロドニー・ペッペ作・絵；小沢正訳 フレーベル館 1984年9月

ねずみ（スー）
くつのなかにすんでかごつくりをしごとにしていたねずみのかぞくのおんなのこ 「そらとぶバスケット」 ロドニー・ペッペ作・絵；小沢正訳 フレーベル館 1985年9月

ねずみ（スタンレイ）
ねずみのきょうだいのおにいちゃん 「スタンレイとローダ」 ローズマリー・ウエルズ作；大庭みな子訳 文化出版局 1979年12月

ねずみ（ステファニー）
ねずみのティモシーとジェニーのふたりにうまれた5にんのこどものおんなのこ 「ねずみのティモシー」 マルチーヌ・ブラン作・絵；矢川澄子訳 偕成社 1975年8月

ねずみ（すなっぴい）
おかあさんのけいとだまをころがしていっておんなのこのすにっぴいとほしぐさばたけのむこうのにんげんのうちまでいったねずみのおとこのこ 「すにっぴいとすなっぴい」 ワンダ・ガーグ文・絵；わたなべしげお訳 岩波書店（岩波の子どもの本） 1979年11月

ねずみ（すにっぴい）
おかあさんのけいとだまをころがしていっておとこのこのすなっぴいとほしぐさばたけのむこうのにんげんのうちまでいったねずみのおんなのこ 「すにっぴいとすなっぴい」 ワンダ・ガーグ文・絵；わたなべしげお訳 岩波書店（岩波の子どもの本） 1979年11月

ねずみ（セレスティーヌ）
いいドレスにきがえてくまのアーネストといっしょにしゃしんやへいったねずみのおんなのこ 「ふたりでしゃしんを」 ガブリエル・バンサン作；森比左志訳 ブック・ローン出版（くまのアーネストおじさんシリーズ） 1983年3月

ねずみ（セレスティーヌ）
おともだちをよんでうちでクリスマス・パーティーをしようとしたねずみのおんなのこ 「セレスティーヌのクリスマス」 ガブリエル・バンサン作；森比左志訳 ブックローン出版（くまのアーネストおじさんシリーズ） 1983年11月

ねずみ（セレスティーヌ）
くまのアーネストおじさんといっしょにくらしているねずみのおんなのこ「かえってきたおにんぎょう」ガブリエル・バンサン作;森比左志訳　ブックローン出版（くまのアーネストおじさん）1983年3月

ねずみ（セレスティーヌ）
くまのアーネストおじさんとくらすねずみのおんなのこ「ふたりのおきゃくさま」ガブリエル・バンサン作;森比左志訳　ブックローン出版（くまのアーネストおじさんシリーズ）1985年11月

ねずみ（セレスティーヌ）
くまのアーネストについていったびじゅつかんでまいごになってしまったねずみのおんなのこ「まいごになったセレスティーヌ」ガブリエル・バンサン作;森比左志訳　ブックローン出版（くまのアーネストおじさんシリーズ）1985年11月

ねずみ（セレスティーヌ）
どしゃぶりのあめのひでもくまのアーネストおじさんといっしょにおべんとうをもってピクニックにでかけたねずみのおんなのこ「あめのひのピクニック」ガブリエル・バンサン作;森比左志訳　ブック・ローン出版（くまのアーネストおじさん）1983年5月

ねずみ（セレスティーヌ）
やねのあまもりをなおすおかねをつくるためにまちかどでくまのアーネストがひくバイオリンにあわせてうたったねずみのおんなのこ「ふたりはまちのおんがくか」ガブリエル・バンサン作;森比左志訳　ブック・ローン出版（くまのアーネストおじさんシリーズ）1983年3月

ねずみ（ダスティ・ダッグウッド）
のばらの村の小川のしもてにある粉ひき小屋ではたらく粉屋のねずみ「小川のほとりで」ジル・バークレム作;岸田衿子訳　講談社（のばらの村のものがたり）1981年5月

ねずみ（チミー・ウィリー）
やさいをまちへはこぶかごにはいってにばしゃにのせられてまちへいったねずみ「まちねずみジョニーのおはなし」ビアトリクス・ポター作・絵;いしいももこ訳　福音館書店（ピーターラビットの絵本9）1972年5月

ねずみ（チム）
くつのなかにすんでいたねずみのかぞくのおとこのこ「くつのなかのねずみ」ロドニー・ペッペ作・絵;小沢正訳　フレーベル館　1984年9月

ねずみ（チム）
くつのなかにすんでかごつくりをしごとにしていたねずみのかぞくのおとこのこ「そらとぶバスケット」ロドニー・ペッペ作・絵;小沢正訳　フレーベル館　1985年9月

ねずみ（ちゅうこさん）
ひとりぼっちでくらしているねずみのちゅうたくんにてがみをかいたねずみのおんなのこ「さみしがりやのちゅうたくん」リチャード・スキャリー作;國眼隆一訳　ブックローン出版（スキャリーおじさんのどうぶつえほん5）1984年8月

ねずみ

ねずみ（ちゅうたくん）
ひとりぼっちでくらしているのがさみしくてねずみのちゅうこさんのいえをさがしにでかけたねずみ　「さみしがりやのちゅうたくん」　リチャード・スキャリー作；國眼隆一訳　ブックローン出版（スキャリーおじさんのどうぶつえほん5）　1984年8月

ねずみ（チュウチュウおくさん）
いけがきのしたのどてのあなのなかにすんでいたきれいずきなやかましやのねずみ　「のねずみチュウチュウおくさんのおはなし」　ビアトリクス・ポター作・絵；いしいももこ訳　福音館書店（ピーターラビットの絵本8）　1972年5月

ねずみ（チューコさん）
ぶたさんかぞくのドライブにあとからついてきたしゅうりやのねずみ　「ピックルのじどうしゃりょこう」　リチャード・スキャリー作；國眼隆一訳　ブックローン出版（スキャリーおじさんのどうぶつえほん10）　1984年8月

ねずみ（ちゅーたくん）
かわいいねずみのぴちこちゃんにけっこんをもうしこんだねずみ　「ぴちこちゃんのけっこん」　ベラ・ヘルド原作；木島始文；桂ゆき画　福音館書店　1971年3月

ねずみ（チョコねずみ）
ケーキやさんでふとったおばさんにさとうがしのこぶたとふたりかわれたがたべられたくなくておさらからふたりでにげだしたチョコレートのねずみ　「たべられたくなかったチョコねずみとさとうがしのブーのぼうけん」　イリーナ・ヘイル作・絵；熊谷伊久栄訳　偕成社　1981年9月

ねずみ（ティモシー）
つまのジェニーのためにりょうりきかいをつくったのをてはじめにいろいろなきかいをはつめいしたてんさいねずみ　「ねずみのティモシー」　マルチーヌ・ブラン作・絵；矢川澄子訳　偕成社　1975年8月

ねずみ（ドケッチさん）
ねずみのいっかがつくったかごをおかねにかえてくれるけちねずみ　「そらとぶバスケット」　ロドニー・ペッペ作・絵；小沢正訳　フレーベル館　1985年9月

ねずみ（トニーノ）
まだいったことのないまちへいってみたねずみ　「むぎばたけのねずみ」　アッティリオ・カッシネリ絵；カレン・グントルプ作；岸田衿子訳　ひかりのくに（アッティリオとカレンのえほん）　1972年1月

ねずみ（トム・サム）
おかみさんのハンカ・マンカといっしょににんぎょうのルシンダとジェインがすむにんぎょうのいえにはいっていったねずみ　「2ひきのわるいねずみのおはなし」　ビアトリクス・ポター作・絵；いしいももこ訳　福音館書店（ピーターラビットの絵本7）　1972年5月

ねずみ（トラブロフ）
ヨーロッパのいなかにあるやどやのさかばのはめいたのうしろにすんでいたねずみいっかのこどもでおんがくがすきでバラライカをひくねずみ　「バラライカねずみのトラブロフ」　ジョン・バーニンガム作；瀬田貞二訳　ほるぷ出版　1976年9月

ねずみ(ねずお)
ひとりぼっちでしょんぼりしていたがあるひのことかわいいめすねずみのねずこにあってちゃんとねずみらしくやろうとおもったこねずみ 「ひとりぼっちのこねずみ」 エゴン・マチーセン作・絵;大塚勇三訳 福音館書店(世界傑作絵本シリーズ・デンマークの絵本) 1986年10月

ネズミ(ネズくん)
ヘンリーくんという男の子が入院していた夜の病院でかべの下についたドアからでてきて朝まで病院を占領したお医者と看護婦さんと患者のネズミたち 「ぼくが病院で会った仲間たち」 バーナード・ストーン文;ラルフ・ステッドマン絵;植草甚一訳 CBS・ソニー出版 1980年9月

ねずみ(ねずこ)
ひとりぼっちでしょんぼりしていたこねずみのねずおがあるひのことあったかわいくてやさしいめすねずみ 「ひとりぼっちのこねずみ」 エゴン・マチーセン作・絵;大塚勇三訳 福音館書店(世界傑作絵本シリーズ・デンマークの絵本) 1986年10月

ねずみ(ノラ)
おとうさんとおかあさんがおとうととおねえさんのあいてばかりしているのでつまんなくていえをでていこうとしたねずみのおんなのこ 「いたずらノラ」 ローズマリー・ウエルズ作;大庭みな子訳 文化出版局 1977年11月

ネズミ(ハツカネズミ)
やねうらのかくれがをぬけだしてじっけんしつにいた白ネズミをたすけて2ひきでふねにのってみなみのくにまでいったハツカネズミ 「ネズミのぼうけん」 イリアン・ロールス作・画;小田英智文 偕成社(どうぶつのくらし4おはなし編) 1980年3月

ねずみ(バルナバス)
古い城あとがのこる町のはずれから町へいって風のうたを町ねずみにおしえてやったねずみ 「風のうた-ニュージーランド」 シェリル・ジョーダン文・絵;片山和子;平野東海子訳 蝸牛社(かたつむり文庫) 1984年12月

ねずみ(ハンカ・マンカ)
にんぎょうのルシンダとジェインがすむにんぎょうのいえにはいっていったねずみのトム・サムのおかみさん 「2ひきのわるいねずみのおはなし」 ビアトリクス・ポター作・絵;いしいももこ訳 福音館書店(ピーターラビットの絵本7) 1972年5月

ねずみ(ハンフリー)
かがくしゃにつかまえられて月へいくうちゅうカプセルのなかにいれられたねずみ 「ねずみのアーサー月へいく?」 グレアム・オークリー作・絵;亀山龍樹訳 ポプラ社(世界のほんやくえほん6) 1977年6月

ねずみ(ハンフリー)
そうぞうしいまちのせいかつがいやになってなかまたちといなかでしゅうまつをすごすことにしたねずみ 「ねずみのアーサーそらをとぶ」 グレアム・オークリー作・絵;亀山龍樹訳 ポプラ社(世界のほんやくえほん7) 1977年9月

ねずみ

ねずみ（ハンフリー）
なかまたちとすんでいたきょうかいのものおきべやのやねをなおすためにはいゆうになることにしたねずみ「ねこのサムソンみなみのしまへ」グレアム・オークリー作・絵；亀山龍樹訳 ポプラ社（世界のほんやくえほん5）1976年12月

ねずみ（ピーターキン）
オークアプルの森で新聞配達をしているねずみの男の子「もりねずみのピーターキン」ジェニー・パートリッジ作；神宮輝夫訳 ティビーエス・ブリタニカ（オークアプルの森のおはなし4）1982年7月

ねずみ（ぴちこちゃん）
どうぶつたちみんなからけっこんしたいなあとおもわれていたすばらしくきれいでかわいいねずみ「ぴちこちゃんのけっこん」ベラ・ヘルド原作；木島始文；桂ゆき画 福音館書店 1971年3月

ねずみ（ピップ）
かわのそばにころがっていたやかんのそばでいつもおかあさんにかいぞくせんのおはなしをよんでもらっていたねずみのおとこのこ「やかんかいぞくせん」ロドニー・ペッペ作・絵；小沢正訳 フレーベル館 1984年9月

ねずみ（ピップ）
くつのなかにすんでいたねずみのかぞくのおとこのこ「くつのなかのねずみ」ロドニー・ペッペ作・絵；小沢正訳 フレーベル館 1984年9月

ねずみ（ピップ）
くつのなかにすんでかごつくりをしごとにしていたねずみのかぞくのおとこのこ「そらとぶバスケット」ロドニー・ペッペ作・絵；小沢正訳 フレーベル館 1985年9月

ねずみ（ピピン）
オークアプルの森のいたずらっ子のふたごのねずみ「りすのハリエットさん」ジェニー・パートリッジ作；神宮輝夫訳 ティビーエス・ブリタニカ（オークアプルの森のおはなし8）1982年8月

ねずみ（ピピン）
オークアプルの森のふたごの子ねずみ「はりねずみのスナッフルおばあさん」ジェニー・パートリッジ作；神宮輝夫訳 ティビーエス・ブリタニカ（オークアプルの森のおはなし6）1982年8月

ねずみ（ピピン）
オークアプルの森のもりねずみのふたごの子ねずみ「かえるのホップさん」ジェニー・パートリッジ作；神宮輝夫訳 ティビーエス・ブリタニカ（オークアプルの森のおはなし3）1982年7月

ねずみ（ピピンちゃん）
おかあさんとまちへかいものにでかけてまいごになったねずみのおんなのこ「ピピンちゃんとポッドくん」ミッチェル・カートリッジ作；石沢泰子訳 偕成社 1981年11月

ねずみ（ヒューゴ）
フェアリーのベリンダといろをぬすんだいろどろぼうをつかまえにいったねずみ「ヒューゴといろどろぼう」トニー・ロス作・絵；やまだよしこ訳 篠崎書林 1978年7月

ねずみ（ピンキー）
くつやの茶ねずみカーリーがすむ森でしょくりょうをうるみせのねずみ 「靴屋のカーリーと大雪の日」 マーガレット・テンペスト作；寺岡襄訳 ほるぷ出版 1982年10月

ねずみ（フラックス）
のばらの村のはたおりねずみ 「ウィルフレッドの山登り」 ジル・バークレム作；岸田衿子訳 講談社（のばらの村のものがたり） 1986年1月

ねずみ（プリムローズ）
のばらの村のまんなかにあるかしの木やかたにすんでいるもりねずみだんしゃくのむすめ 「木の実のなるころ」 ジル・バークレム作；岸田衿子訳 講談社（のばらの村のものがたり） 1981年5月

ねずみ（プリムローズ）
もりねずみだんしゃくのかしの木やかたの上のほうにひみつの屋根うら部屋をみつけたねずみの女の子 「ひみつのかいだん」 ジル・バークレム作；岸田衿子訳 講談社（のばらの村のものがたり） 1983年11月

ねずみ（フレデリック）
ふゆにそなえてなかまたちがはたらいているときにひとりだけじっとしていておひさまのひかりやいろやことばをあつめているといったのねずみ 「フレデリック」 レオ・レオニ作；谷川俊太郎訳 好学社 1969年1月

ねずみ（プンパーニッケル）
セリーナのへやのかべのあなからでてきてプンパーニッケルというなまえをつけられたねずみ 「ねことわたしのねずみさん」 スージー・ボーダル作；佐々木田鶴子訳 偕成社 1983年10月

ねずみ（ベルさん）
まちはずれのいえにひとりですんでいるねずみのおじいさん 「アンジェリーナのクリスマス」 ヘレン・クレイグ絵；キャサリン・ホラバード文；きたむらまさお訳 大日本絵画（かいがのえほん） 1986年1月

ねずみ（ぺれす）
むかしからすぺいんという国で子どものぬけたはをもらいにくることになっているねずみ 「ねずみとおうさま」 コロマ神父文；石井桃子訳；土方重巳絵 岩波書店（岩波の子どもの本） 1953年12月

ねずみ（ヘンリー）
しゃしんやさんをはじめてスタジオでとりをとばしおきゃくをたのしそうなかおにうつしてゆうめいになったねずみ 「ねずみのヘンリー」 マルチーヌ・ブラン作・絵；矢川澄子訳 偕成社 1980年9月

ねずみ（ヘンリー）
ねずみのおんなのこアンジェリーナのいとこ 「アンジェリーナのクリスマス」 ヘレン・クレイグ絵；キャサリン・ホラバード文；きたむらまさお訳 大日本絵画（かいがのえほん） 1986年1月

ねずみ

ねずみ（ヘンリー）
ねずみのティモシーとジェニーのふたりにうまれた5にんのこどものおとこのこ 「ねずみのティモシー」 マルチーヌ・ブラン作・絵；矢川澄子訳　偕成社　1975年8月

ねずみ（ヘンリー）
バレエのすきなアンジェリーナのいとこのねずみのおとこのこ 「アンジェリーナとおまつり」 ヘレン・クレイグ絵；キャサリン・ホラバード文　大日本絵画（かいがのえほん）　1985年1月

ねずみ（ポッドくん）
おかあさんとまちへかいものにでかけてまいごになったねずみのおとこのこ 「ピピンちゃんとポッドくん」 ミッチェル・カートリッジ作；石沢泰子訳　偕成社　1981年11月

ねずみ（ポピー・アイブライト）
のばらの村の小川の土手の上にあるチーズ小屋のしごとをしているねずみ 「小川のほとりで」 ジル・バークレム作；岸田衿子訳　講談社（のばらの村のものがたり）　1981年5月

ネズミ（マウスキン）
オコジョにつかまえられたところをゆうかんなスズメにたすけられたシロアシネズミ 「ねずみのマウスキンとゆうかんなスズメ」 エドナ・ミラー作；今泉吉晴訳　さ・え・ら書房　1980年3月

ネズミ（マウスキン）
すからにげだすとちゅうでおかあさんネズミやほかの子ネズミたちからとりのこされてしまったシロアシネズミの子 「ねずみのマウスキンと森のたんじょう日」 エドナ・ミラー作；今泉吉晴訳　さ・え・ら書房　1980年3月

ネズミ（マウスキン）
つよいかぜがふいてリンゴの木の上のいえからゆきの上におちてしまったシロアシネズミ 「ねずみのマウスキンとふゆのぼうけん」 エドナ・ミラー作；今泉吉晴訳　さ・え・ら書房　1980年2月

ネズミ（マウスキン）
ハロウィーンのおまつりのあとですてられていたカボチャちょうちんをねどこにした小さなシロアンネズミ 「ねずみのマウスキンときんいろのいえ」 エドナ・ミラー作；今泉吉晴訳　さ・え・ら書房　1980年1月

ねずみ（マーサ）
まちのごみすてばをでてきらきらひかるえいがかんにかけこみそこではたらくダンというひととともだちになったねずみ 「やどなしねずみのマーサ」 アーノルド・ローベル作；三木卓訳　文化出版局　1975年7月

ねずみ（マックス）
ねずみのおんなのこセレスティーヌのうちのクリスマス・パーティーによばれてきたいとこのねずみ 「セレスティーヌのクリスマス」 ガブリエル・バンサン作；森比左志訳　ブックローン出版（くまのアーネストおじさんシリーズ）　1983年11月

ねずみ（マンフレッド）
動物たちの学校時代の同窓写真にうつったねずみ 「ぼくたちを忘れないで」 フリーデル・シュミット；ヴァルトラウト・ランケ作；森村桂訳　CBS・ソニー出版　1978年8月

ねずみ

ネズミ(ミーちゃん)
なやのなかでおとこのこにひろわれてかわれることになったノネズミのあかちゃん 「てのりノネズミ」 フェイス・マックナルティ作;マーク・サイモント絵;きじまはじめ文 さ・え・ら書房 1981年11月

ねずみ(ミック)
くつのなかにすんでいたねずみのかぞくのおとこのこ 「くつのなかのねずみ」 ロドニー・ペッペ作・絵;小沢正訳 フレーベル館 1984年9月

ねずみ(ミック)
くつのなかにすんでかごつくりをしごとにしていたねずみのかぞくのおとこのこ 「そらとぶバスケット」 ロドニー・ペッペ作・絵;小沢正訳 フレーベル館 1985年9月

ねずみ(メアリー)
くつのなかにすんでいたねずみのかぞくのおんなのこ 「くつのなかのねずみ」 ロドニー・ペッペ作・絵;小沢正訳 フレーベル館 1984年9月

ねずみ(メアリー)
くつのなかにすんでかごつくりをしごとにしていたねずみのかぞくのおんなのこ 「そらとぶバスケット」 ロドニー・ペッペ作・絵;小沢正訳 フレーベル館 1985年9月

ねずみ(メリッサ)
森のはずれのかわいい家にすみひと月にいちどなかにてがみがはいっているまほうのとだなをもっていたねずみ 「メリッサと12のてがみ」 マリア・クラレット文・絵;岸田今日子訳 文化出版局 1985年9月

ねずみ(もじゃもじゃベン)
ねずみのかいぞくたちにしまにおきざりにされたじいさんねずみ 「やかんかいぞくせん」 ロドニー・ペッペ作・絵;小沢正訳 フレーベル館 1984年9月

ねずみ(もりねずみだんしゃく)
のばらの村のまんなかにあるかしの木やかたにすんでいるねずみ 「春のピクニック」 ジル・バークレム作;岸田衿子訳 講談社(のばらの村のものがたり) 1981年5月

ねずみ(もりねずみだんしゃく)
のばらの村のまんなかにあるかしの木やかたにすんでいるねずみ 「木の実のなるころ」 ジル・バークレム作;岸田衿子訳 講談社(のばらの村のものがたり) 1981年5月

ねずみ(ユージェニー)
しゃしんやさんをはじめたねずみのヘンリーがだいすきなねずみ 「ねずみのヘンリー」 マルチーヌ・ブラン作・絵;矢川澄子訳 偕成社 1980年9月

ねずみ(ユリンカ)
おとうさんのレオポルドにこのよでいちばんつよいもののよめになれといわれたむすめのねずみ 「ねずみのレオポルド」 リブシエ・パレチコバー文;ヨゼフ・パレチェック絵;千野栄一訳 フレーベル館 1981年7月

ねすみ

ねずみ(ヨーニー)
はじめてよなかの12じまでおきていたムレワップむらのなかよし3にんぐみのねずみ 「ぼくたちなかよし めざましどけい」 ヘルメ・ハイネ作・絵;佐々木元訳 フレーベル館 1985年11月

ねずみ(ヨーニー)
ムレワップむらのいたずらずきのなかよし3にんぐみのねずみ 「ぼくたちなかよし にぐるま」 ヘルメ・ハイネ作・絵;佐々木元訳 フレーベル館 1985年11月

ねずみ(ヨーニー)
ムレワップむらのすごーくなかよしの3にんぐみのねずみ 「ぼくたちなかよし おきゃくさま」 ヘルメ・ハイネ作・絵;佐々木元訳 フレーベル館 1985年11月

ねずみ(ラスプーチン)
ちび雲のコロンビーヌのうえにのせてもらって雲をしたにおろしてあげた子ねずみ 「ちいさな雲とねずみ君」 ポール・アレン作;ミリアム・デュルゥ絵;三間由紀子訳 ジー・シー・プレス 1985年9月

ねずみ(ラット)
グレー・ラビットのところでたべものをぬすんでりすのスキレルにしっぽをだんごにされてしまったねずみ 「ねずみのラットのやっかいなしっぽ」 アリスン・アトリー作;マーガレット・テンペスト絵;神宮輝夫;河野純三訳 評論社(児童図書館・絵本の部屋 グレー・ラビット3) 1979年11月

ねずみ(リリィ)
のばらの村のはたおりねずみ 「ウィルフレッドの山登り」 ジル・バークレム作;岸田衿子訳 講談社(のばらの村のものがたり) 1986年1月

ねずみ(ルーシー)
ねずみのティモシーとジェニーのふたりにうまれた5にんのこどものおんなのこ 「ねずみのティモシー」 マルチーヌ・ブラン作・絵;矢川澄子訳 偕成社 1975年8月

ねずみ(レオポルド)
むすめのユリンカをこのよでいちばんつよいもののよめにしようとしたねずみ 「ねずみのレオポルド」 リブシエ・パレチコバー文;ヨゼフ・パレチェック絵;千野栄一訳 フレーベル館 1981年7月

ねずみ(ローダ)
ねずみのきょうだいのいもうと 「スタンレイとローダ」 ローズマリー・ウエルズ作;大庭みな子訳 文化出版局 1979年12月

ねずみくん
いろんなものにとりつくばいきんにがまんできないねずみ 「もうがまんできないぞ!-子供といっしょに自然を考える絵本」 アンネ・ヴァン・デア・エッセン作;エティエンヌ・ドゥルセール絵;いしずかひでき訳 篠崎書林 1978年5月

ねずみくん
とりさんにどうしてちょうちょうをたべたのかってきいたねずみ 「みんなわけがあるんだよ-子供といっしょに自然を考える絵本」 アンネ・ヴァン・デア・エッセン作;エティエンヌ・ドゥルセール絵;いしずかひでき訳 篠崎書林 1978年5月

ねずみくん
むかしはたべもののしんぱいがなくてよかったがいまはむかしのようにはたべられないねずみくん 「なんとかしなくちゃ―子供といっしょに自然を考える絵本」 アンネ・ヴァン・デア・エッセン作;エティエンヌ・ドゥルセール絵;いしずかひでき訳 篠崎書林 1978年6月

ねずみせんせい
ぞうさんやかばさんやねこなどいろいろなどうぶつたちをたすけてやっているねずみびょういんのねずみせんせい 「ねずみせんせいのしんさつじかん」 イングリット・オルデン作;長谷川四郎訳 ほるぷ出版 1980年6月

ねずみのかいぞく
やかんをかいぞくせんにしたふねにのっていたねずみのかいぞくたち 「やかんかいぞくせん」 ロドニー・ペッペ作・絵;小沢正訳 フレーベル館 1984年9月

ねっこぼっこ
春がきて大地のおくでめをさましたこどもたち 「ねっこぼっこ」 ジビュレ・フォン・オルファース作;生野幸吉訳 福武書店 1982年9月

ネッシー
スコットランドの湖の底にすんでゐたのにほんとにゐるとも思われないのがかなしくて湖を出てゆきロンドンめざして出発した怪獣 「ネス湖のネッシー大あばれ」 テッド・ヒューズ作;ジェラルド・ローズ絵;丸谷才一訳 小学館 1980年12月

ネッドくん
びっくりパーティーのしょうたいじょうをもらったのでともだちにひこうきをかりてとおいとおいいなかまでいこうとしたおとこのこ 「よかったねネッドくん」 レミー・チャーリップ文・絵;八木田宜子訳 偕成社 1969年8月

ネディ
エミリーのペットのめんどりのエッタからうまれたかわいいひよこ 「わたしのかわいいめんどり」 アリス・プロベンセン;マーチン・プロベンセン作;岸田衿子訳 ほるぷ出版 1976年9月

ネポムーク
ひとりぼっちでおしろにとりのこされたフーバク王さまのためにあたらしいけらいをみつけてあげようとしたことり 「おしろレストラン」 クルト・バウマン文;マリー・ジョゼ・サクレ絵;いけだかよこ訳 文化出版局 1982年12月

ねむりひめ（おうじょ）
いじわるなとしよりのようせいにのろいをかけられてもりのなかのおしろで百ねんもねむりつづけていたおうじょ 「ねむりひめ」 ベラ・サウスゲイト再話;エリック・ウインター絵;秋晴二;敷地松二郎訳編 アドアンゲン 1974年6月

ねむりひめ（おひめさま）
いばらのいけがきのむこうにあるしろに100ねんのあいだねむっているこのうえなくうつくしいおひめさま 「ねむりひめ―グリム童話」 フェリクス・ホフマン絵;せたていじ訳 福音館書店（世界傑作絵本シリーズ・スイスの絵本） 1963年10月

ねむりひめ（おひめさま）
いばらのもりのおくにあったおしろに百ねんものあいだねむりつづけているおひめさま 「ねむりひめ」 オーウィック・ハットン文・絵;大島かおり訳 偕成社 1982年11月

ねむり

ねむりひめ（おひめさま）
まじょにまほうをかけられていばらにかこまれたふるいおしろのなかでねむりつづけているうつくしいおひめさま「ねむりのもりのひめ」グリム作；佐藤義美文；佐藤忠良絵　偕成社（世界おはなし絵本11）1971年1月

ねむりひめ（おひめさま）
魔女にのろいをかけられていばらの垣根のむこうにあるお城に100年ものあいだねむっているうつくしいおひめさま「ねむりひめ－グリム童話」ヤン・ピアンコフスキー絵；内海宜子訳　ほるぷ出版（ふぇありぃ・ぶっく）1985年11月

ネーモ船長　ねーもせんちょう
カリブ海の小さな島にいた難破者のロビンソン・クルーソーの知りあいで潜水艦ノーチラス号の船長「ロビンと海賊」エルマンノ・リベンツィ文；アデルキ・ガッローニ絵；河島英昭訳　ほるぷ出版　1979年3月

ねる
いんであんになりたくてさかなのせなかにのせてもらっていんであんのおじさんのいるくにへいったこねこ「こねこのねる」ディック・ブルーナ文・絵；石井桃子訳　福音館書店（子どもがはじめてであう絵本）1968年11月

ネル
まがったことがだいきらいでまじないひとつでやっつけるせっかちでせいぎのみかたのまじょ「せっかちまじょのネル」モーリン・ロッフィ絵；矢川澄子詞　評論社（児童図書館・絵本の部屋）1980年8月

ネルロ
おじいさんとふたりぼっちだったがフランダースの夏のお祭りの日に死にそうになっていた老犬をひろった男の子「フランダースの犬」ウィーダ原作；立原あゆみ著　集英社（ファンタジーメルヘン）1983年7月

ネルロ
フランダースのいなかにおじいさんとふたりでくらしていたえがだいすきだったおとこのこ「フランダースのいぬ」ウィーダ原作；有馬志津子文；辰巳まさえ絵　世界出版社（ABCブック）1970年1月

ネロ
夜がくると夕ぐれ色のカーテンをおろし朝になるとカーテンをまきあげていた夜のつかい「星つかいのステラ」ゲイル・ラドリー文；ジョン・ウオルナー絵；友近百合枝訳　ほるぷ出版　1981年6月

ネロさん
ギリシャのかいがんのちいさなまちでみずたんくをつんだにばしゃでまいにちまちまでのみみずをはこぶしごとをしていたひと「ネロさんのはなし」テオドール・パパズ文；ウイリアム・パパズ絵；じんぐうてるお訳　らくだ出版（オックスフォードえほんシリーズ8）1971年1月

【の】

ノア
あるばんのことかみさまから大水がおそってくるのではこぶねをつくっていきものたちのなかからおすとめすを一ぴきずつえらんでふねにのせなさいといわれた人 「ノアのはこぶね」 ゲトルート・フッセネガー作；アネゲルト・フックスフーバー絵；松居友訳　女子パウロ会　1984年2月

ノア
だいこうずいがおこるだろうとしんじてかぞくみんなでおおきいはこぶねをつくってどうぶつたちをのせてあげたかしこいひと 「ノアのはこぶね」 クリフォード・ウェッブ文・絵；松居直訳　福音館書店（世界傑作絵本シリーズ・イギリスの絵本）　1973年12月

ノア
洪水をおこしてにんげんをほろぼそうとおもったかみさまからはこぶねをつくるようにいわれたよいにんげん 「ノアのはこぶね」 オーウィック・ハットン文・絵；岩崎京子訳　偕成社　1982年4月

ノア
神さまからちかいうちに大雨がふり大こうずいになるというおつげをうけてはこ舟をつくったりっぱな長老 「ノアのはこ舟のものがたり」 エルマー・ボイド・スミス作；大庭みな子訳　ほるぷ出版　1986年3月

ノア
大こうずいをおこしてにんげんをみんなほろぼすことにしたかみさまからおおきなはこぶねをつくるようにいわれたしょうじきなおじいさん 「ノアのはこぶね-きゅうやくせいしょより」 山室静文；小林与志絵　世界出版社（ABCブック）　1970年1月

ノアはかせ
くうきがよごれてしまったちきゅうとはちがう星へいくために大きなうちゅうせんをつくり森のどうぶつたちをのせてたびにでたはかせ 「うちゅうせんノア号」 ブライアン・ワイルドスミス文・絵；きくしまいくえ訳　らくだ出版　1983年11月

ノイジー
がちょうのペチューニアのいるのうじょうのなかまのいぬ 「ペチューニアごようじん」 ロジャー・デュボアザン作・絵；松岡享子訳　佑学社（がちょうのペチューニアシリーズ2）　1978年11月

ノウジョウさん
ワスレナグサそうのごしゅじんワスレルさんのちかくのいえのひと 「ワスレルさん」 ロジャー・ハーグレーヴス作；おのかずこ訳　評論社（みすた・ぶっくす13）　1985年12月

のこぎり
としをとったかんなにたのまれてもりへいきあとつぎをつくるための木をきってきたいもうとののこぎり 「アイスクリーム かんながかんなをつくったはなし」 マルシャーク文；レーベデフ絵；うちだりさこ訳　岩波書店　1978年4月

ノック
おねぼうなおとこの子ニコライが目をさますのをてつだってやった黒犬 「おねぼうニコライ」 マリー・ブランド作・絵；奥田継夫；木村由利子訳　岩崎書店（新・創作絵本29）　1982年11月

のっぽ

のっぽくん
学校へ行くとちゅうで高い石のへいのむこうにあるふしぎな庭へはいっていった5人の男の子たちのひとり「ふしぎな庭」イージー・トゥルンカ作；井出弘子訳 ほるぷ出版 1979年2月

のっぽちゃん
おうさまがいちばんすばらしいたまごをうんだものをじょおうにすることにした3わのにわとりの1わ「せかいいちのたまご」ヘルメ・ハイネ作・絵；佐々木元訳 フレーベル館 1984年6月

のどきりジェイク
海賊プルモドキの船くろぶた号のかそうパーティーにのりこんできた悪人どものかしら「海賊ブルモドキどんちゃかパーティー」ジョン・ライアン作；渡辺茂男訳 国土社 1984年8月

のねずみ
ゆきのなかでめをさましてはなをくんくんさせたのねずみ「はなをくんくん」ルース・クラウス文；マーク・サイモント絵；きじまはじめ訳 福音館書店(世界傑作絵本シリーズ・アメリカの絵本) 1967年3月

ノネズミ
しずかもりにくらしていたアライグマじいさんのなかまのふうふのノネズミ「アライグマじいさんと15ひきのなかまたち」ビル・ピート作・絵；山下明生訳 佼成出版社(ピートの絵本シリーズ1) 1981年9月

のねずみ(ねずみ)
わなにかかったこうさぎからたすけてほしいとたのまれたのねずみ「すずめのまほう」ニクレビチョーバ作；内田莉莎子文；山中冬児絵 偕成社(世界おはなし絵本20) 1971年1月

ノーバディ
動物たちの最後の楽園ないない谷の市長のジャイアントパンダ「ないない谷の物語1 ようこそないない谷へ」インマ・ドロス；ハリー・ギーレン文；マイケル・ジュップ絵；舟崎克彦訳 ブック・ローン出版 1982年11月

のばら
おかにはえていたはっぱのかれたおばあさんののばらでとまりにきたほたるをすきになったのばら「ほたるとのばら-ベネズエラの民話から」フレイ・セサレオ・デ・アルメリャーダ再話；クルサ・ウリベ文；アメリエ・アレコ絵；柳谷圭子訳 ほるぷ出版 1982年10月

ノーベル
どうぶつのくにのおうさまらいおん「きつねのさいばん」ゲーテ原作；二反長半文；山田三郎絵 世界出版社(ABCブック) 1970年1月

のみ
あっちへいきたいといっていろいろなどうぶつにとびうつっていったのみとここにいたいといいながらそののみについていったのみ「ここにいたい！あっちへいきたい！」レオ・レオニ作；谷川俊太郎訳 好学社 1978年1月

のみ（ぴょんた）
おくさんのぴんことけがふさふさしたばんけんのうちにひっこしてよわむしのばんけんをたすけてどろぼうをやっつけたのみ 「のみさんおおてがら」 ロバート・タロン文・絵；山本けい子訳　ぬぷん児童図書出版（でかとちび2）　1984年3月

のみ（ぴんこ）
のみのぴょんたとけがふさふさしたばんけんのうちにひっこしてよわむしのばんけんをたすけてどろぼうをやっつけたおくさんののみ 「のみさんおおてがら」 ロバート・タロン文・絵；山本けい子訳　ぬぷん児童図書出版（でかとちび2）　1984年3月

ノラ
おとうさんとおかあさんがおとうととおねえさんのあいてばかりしているのでつまんなくていえをでていこうとしたねずみのおんなのこ 「いたずらノラ」 ローズマリー・ウエルズ作；大庭みな子訳　文化出版局　1977年11月

乗合い馬車　のりあいばしゃ
馬車を引く小馬のブランディを走らせてどろぼうたちを追いかけたポッターおじさんの店の小さな乗合い馬車 「小さな乗合い馬車」 グレアム・グリーン文；エドワード・アーディゾーニ絵；阿川弘之訳　文化出版局（グレアム・グリーンの乗りもの絵本）　1976年3月

ノルじいさん
クリョン山へにじ色のばちをとりにいこうとした少年セピョリにはねのはえた天馬をかしてやったおじいさん 「天馬とにじのばち」 蔡峻絵；梁裕子文　朝鮮青年社　1985年10月

ノルブ
あるむらにすんでいたふたりのきょうだいのおにいさんでいじわるでゆうめいだったひと 「コンブとノルブ」 韓丘庸文；金正愛絵　朝鮮青年社（朝鮮名作絵本シリーズ2）　1985年2月

ノルベルト
動物たちの学校時代の同窓写真にうつったサイ 「ぼくたちを忘れないで」 フリーデル・シュミット；ヴァルトラウト・ランケ作；森村桂訳　CBS・ソニー出版　1978年8月

のんきはかせ
りんごの木のおうちをでて冬のおうちをさがしにいったふたごのこびとのボタンくんとスナップくんが町であったはかせ 「ボタンくんとスナップくん」 オイリ・タンニネン絵・文；渡部翠訳　講談社（世界の絵本フィンランド）　1971年6月

ノンノン
ジークぼうやの家でかうことになった犬 「家族の歌」 エイミイ・アーリック作；ロバート・アンドルー・パーカー絵；今江祥智訳　偕成社　1983年8月

【は】

ばあさん
いぬとくらしていたばあさん 「トンチンカンばあさん」 レンナルト・ヘルシング再話；イブ・スパング・オルセン絵；奥田継夫訳　ほるぷ出版　1984年9月

はいい

はい色うさぎ（うさぎ）　はいいろうさぎ（うさぎ）
肉屋行きのうさぎをふとらせているうさぎ工場から逃げだしてちびうさぎといっしょに外へ出た大きなはい色のうさぎ「うさぎのぼうけん」イェルク・ミュラー絵；イェルク・シュタイナー文；佐々木元訳　すばる書房　1978年5月

灰色うさぎ（うさぎ）　はいいろうさぎ（うさぎ）
うさぎ工場でもう長いことくらしている年とった大きな灰色うさぎ「うさぎの島」イェルク・シュタイナー文；イェルク・ミュラー絵；大島かおり訳　ほるぷ出版　1984年12月

バイオリン弾き　ばいおりんひき
アーヘンという古い街に住んでいた背中に大きなこぶがあり姿はみにくいものだったが気だてのいい男だったせむしのバイオリン弾き「せむしのバイオリン弾き」ジャン・クラブリー絵；松代洋一訳　ペンタン（ルートヴィヒ・ベヒシュタインの童話）1986年3月

バイオレット
チンパンジーのアーサーのほんをよむのがすきないもうと「アーサーといもうと」リリアン・ホーバン作；光吉夏弥訳　文化出版局　1979年12月

灰かぶり　はいかぶり
まま母さんに朝から晩までこきつかわれていつも灰まみれだったので灰かぶりとよばれるようになったむすめ「灰かぶり-グリム童話より」スベン・オットー絵；矢川澄子訳　評論社（児童図書館・絵本の部屋）1980年12月

ばいきん
いろんなものにとりつくばいきん「もうがまんできないぞ！-子供といっしょに自然を考える絵本」アンネ・ヴァン・デア・エッセン作；エティエンヌ・ドゥルセール絵；いしずかひでき訳　篠崎書林　1978年5月

ハイジ
お父さんもお母さんも亡くなっておばさんに育てられたがアルプスにいるおじいさんにあずけられることになった明るくやさしい女の子「アルプスの少女」スピリ原作；沖倉利津子著　集英社（ファンタジーメルヘン）1983年6月

ヴァイ族　ばいぞく
アフリカの部族の人びと「絵本アフリカの人びと-26部族のくらし」レオ・ディロン；ダイアン・ディロン絵；マーガレット・マスグローブ文；西江雅之訳　偕成社　1982年1月

パイパー・ポー
ポーかあさんにこどもあつかいされてキスされるのがだいきらいなねこの男の子「キスなんてだいきらい」トミー・ウンゲラー作；矢川澄子訳　文化出版局　1974年3月

ハイリブ
モンゴルにいたかりゅうどでりゅうおうのむすめをたすけたおれいにとりやけもののことばがなんでもわかるたからのたまをもらったわかもの「いしになったかりゅうど-モンゴル民話」大塚勇三再話；赤羽末吉画　福音館書店　1970年12月

ハインリッヒ
ボートにのって川をくだってうみにでて大きなクジラにあったおじいさん「クジラくん！」ブローガー作；カーロウ絵；よだしずか訳　偕成社　1975年12月

バウアーさん
サーカスのだんちょうさん 「ライオンたちはコチコチびょう」 ビル・ピート作・絵；山下明生訳 佼成出版社（ピートの絵本シリーズ10） 1982年6月

バウィ
むかしあるむらにいたとてもりこうですもうのすきなしょうねん 「トケビにかったバウイ-朝鮮民話」 きむやんき再話；呉炳学画 福音館書店 1974年12月

パウィ
朝鮮の東海岸にあるつつづみ村のチェチギじいさんの三人のむすこの一ばん上でクリョン山のおくふかくにあるというにじ色のばちをとりにいった少年 「天馬とにじのばち」 蔡峻絵；梁裕子文 朝鮮青年社 1985年10月

ハウサ族　はうさぞく
アフリカの部族の人びと 「絵本アフリカの人びと-26部族のくらし」 レオ・ディロン；ダイアン・ディロン絵；マーガレット・マスグローブ文；西江雅之訳 偕成社 1982年1月

パウル
あさベッドのなかでうとうとしているときにまどからはいってきたカバをみたこども 「きょうはカバがほしいな」 ヴィルヘルム・シュローテ絵；エリザベス・ボルヒャース文；武井直紀訳 偕成社 1980年3月

パウル
カスパー・シュリッヒじいさんに池に投げこまれた子犬をペーターとふたりでたすけてポシャンとポトムという名前をつけて家につれてかえった男の子 「いたずら子犬ポシャンとポトム」 ヴィルヘルム・ブッシュ文・絵；上田真而子訳 岩波書店 1986年4月

バウレ族　ばうれぞく
アフリカの部族の人びと 「絵本アフリカの人びと-26部族のくらし」 レオ・ディロン；ダイアン・ディロン絵；マーガレット・マスグローブ文；西江雅之訳 偕成社 1982年1月

ハエ
たいそう年よりで知恵のある象ヒダエモンがいたインドの密林の河辺にあった大きなごみ山の住民で自分たちは世界一えらいとおもっていた大集団のハエたち 「森の賢者ヒダエモン」 ミヒャエル・エンデ作；クリストフ・ヘッセル絵；矢川澄子訳 河出書房新社 1984年1月

はえ（ぶーんぶん）
おひゃくしょうがおっことしたつぼへとんできてくらしはじめたはえ 「ちいさなお城」 A.トルストイ再話；E.ラチョフ絵；宮川やすえ訳 岩崎書店（えほん・ドリームランド14） 1982年2月

パオリーノ
さんりんしゃにのってまちのそとまでいってくらくなるとおつきさまにもらったおほしさまをハンドルにつけてかえってきたおとこのこ 「ぼくのさんりんしゃ」 トラウテ・ジーモンス作；スージー・ボーダル絵；佐々木田鶴子訳 偕成社 1982年5月

パガイナ
おおがねもちのしょうにんアリザールをだましてしろいこうまジッポをてにいれたおおがねもちのむすめ 「白いこうま」 ラジスラフ・ドゥボルスキー文；赤松倭久子訳；カレル・フランタ絵 岩崎書店（世界の絵本6） 1976年1月

はかせ

博士　はかせ
お城の14さいの女王さまに勉強を教えている博士「森は生きている 12月のものがたり」マルシャーク作;エリョーミナ絵;斎藤公子編　青木書店(斎藤公子の保育絵本)　1986年12月

ばかむすこ(わかもの)
ある村のとしよりふうふにあった三人むすこの三番めの世界一ばかだといわれていたむすこで冒険のたびにでたわかもの「空とぶ船と世界一のばか-ロシアのむかしばなし」アーサー・ランサム文;ユリー・シュルヴィッツ絵;神宮輝夫訳　岩波書店　1970年11月

バギーラ
インドのジャングルでおおかみにそだてられたにんげんのこモーグリをかわいがってくれたひょう「ジャングル・ブック」キップリング原作;林陽子文;清水勝絵　世界出版社(ABCブック)　1969年9月

伯爵　はくしゃく
粉屋が死ぬと一ぴきのねこを遺産としてわけられた三人むすこの末っ子、伯爵はねこがあるじをでっちあげたよび名「長ぐつをはいたねこ-グリム童話より」スベン・オットー絵;矢川澄子訳　評論社(児童図書館・絵本の部屋)　1980年12月

ハクションくん
ほっきょくのちかくにあるおおさむこくにすんでいてあさからばんまでハクションばかりしている子「ハクションくん」ロジャー・ハーグレーヴス作;たむらりゅういち訳　評論社(みすた・ぶっくす12)　1985年12月

白鳥　はくちょう
グビドン公が海でたすけてあげた人間のことばをはなす白鳥「サルタン王ものがたり」プーシキン作;ゾートフ絵;斎藤公子編　青木書店(斎藤公子の保育絵本)　1985年5月

白鳥(オデット)　はくちょう(おでっと)
ジーグフリード王子が森でであって恋をした美しい少女で赤ヒゲとよばれる魔法使いに白鳥にかえられてしまった少女「白鳥の湖-ドイツ民話」ルドゥミラ・イジンツォバー絵;竹村美智子訳　佑学社(名作バレー物語シリーズ)　1978年11月

白馬　はくば
おやにはぐれてモンゴルのひつじかいの子スホにせわしてもらった白馬「モンゴルのしろいうま」水沢泱絵;槇晧志文　フレーベル館(キンダーおはなしえほん傑作選28)　1978年4月

ぱくんぱくん
スペインのやまのなかのむらにあったひるでもくらいもりにすんでいたくいしんぼうのおおおとこ「つきよのぱくんぱくん」ウリセス・ウェンセル絵;わたりむつこ文　学習研究社(国際版せかいのえほん8)　1985年1月

ハゲタカ(ベラ)
ジャッカルにおそわれたのをライオンのイーライじいさんにたすけられたおばあさんのハゲタカ「イーライじいさんのすてきなともだち」ビル・ピート作・絵;山下明生訳　佼成出版社(ピートの絵本シリーズ13)　1986年2月

パコ
ふるぼけたバスを家にしているマギーという女の子のともだち 「マギーとかいぞく」 エズラ・ジャック・キーツ作；木島始訳 ほるぷ出版 1982年9月

バーサ
スイートピーさんふさいののうじょうにすむあひるでワニのクロッカスのともだち 「ワニのクロッカスおおよわり」 ロジャー・デュボアザン作・絵；今江祥智，島武子訳 佑学社（アメリカ創作絵本シリーズ15） 1980年8月

バーサ
ともだちになったワニのクロッカスをおひゃくしょうのスイートピーさんのいえのなやにかくれてすめるようにしてやったあひる 「ボクはワニのクロッカス」 ロジャー・デュボアザン作・絵；今江祥智訳 佑学社（アメリカ創作絵本シリーズ14） 1980年6月

はさみ
えんぴつといっしょにかみをつかってにひきのうさぎをつくったはさみ 「うさぎをつくろう」 レオ・レオニ作；谷川俊太郎訳 好学社 1982年7月

はさみさん
雪の中でこごえていたサーカスの男の子をひきとった村の修道院ではりしごとをしているブラザー 「天国のサーカスぼうや」 ジョバンニ・ボネット作；ジーノ・ガビオリ絵；えびなひろ文 女子パウロ会 1981年1月

パーシー
さむいあさにさぎょういんたちがマフラーをしているのをみてじぶんのえんとつにもマフラーがほしくなったちびっこ機関車 「みどりの機関車ヘンリー」 ウィルバート・オードリー作；レジナルド・ドールビー絵；桑原三郎；清水周裕訳 ポプラ社（汽車のえほん6） 1973年12月

パーシー
そう車じょうで貨車にのりあげたちびっこ機関車 「機関車トーマスのしっぱい」 ウィルバート・オードリー作；ジョン・ケニー絵；桑原三郎；清水周裕訳 ポプラ社（汽車のえほん16） 1980年8月

パーシー
ふとっちょのきょくちょうが機関車こうじょうからつれてきた小さなみどりいろの機関車 「やっかいな機関車」 ウィルバート・オードリー作；レジナルド・ドールビー絵；桑原三郎；清水周裕訳 ポプラ社（汽車のえほん5） 1973年12月

パーシー
ゆうれいのまねをしてなまいきなトーマスをおどかしてやった機関車 「わんぱく機関車」 ウィルバート・オードリー作；ガンバー・エドワーズ；ピーター・エドワーズ絵；桑原三郎；清水周裕訳 ポプラ社（汽車のえほん26） 1981年2月

パーシー
大きな駅のそう車じょうではたらいているいたずらが大すきなみどりいろのちびっこ機関車 「ちびっこ機関車パーシー」 ウィルバート・オードリー作；レジナルド・ドールビー絵；桑原三郎；清水周裕訳 ポプラ社（汽車のえほん11） 1974年7月

ぱし

パーシー
大きな駅のそう車じょうではたらくこころのやさしい小さな機関車 「がんばりやの機関車」 ウィルバート・オードリー作;ガンバー・エドワーズ;ピーター・エドワーズ絵;桑原三郎;清水周裕訳 ポプラ社(汽車のえほん18) 1980年9月

パーシー
島からイギリス本島につれていかれてみんなにみせられた八だいの機関車の一だい 「八だいの機関車」 ウィルバート・オードリー作;ジョン・ケニー絵;桑原三郎;清水周裕訳 ポプラ社(汽車のえほん12) 1974年8月

バーシム
せんせいからさかなをかいてごらんといわれてそらをおよいでいるさかなをえがいたおとこのこ 「さかなはおよぐ」 ヒルミー・トウニイ絵;ハサン・アブダッラー文;ぬたはらのぶあき訳 すばる書房 1983年1月

パジャ
おはなしのすきなおとこのこジップくんのねこ 「ジップくんどうぶつえんへゆく」 シルビア・ケイブニー作;サイモン・スターン絵;乾侑美子訳 評論社(児童図書館・絵本の部屋) 1979年10月

パジャ
ジップくんというおとこのこのいえのねこ 「ジップくんこんどはなにになるの」 シルビア・ケイブニー作;サイモン・スターン絵;乾侑美子訳 評論社(児童図書館・絵本の部屋) 1979年10月

はしりおとこ
六にんのごうけつのひとりで二ほんあしではしるととりよりはやいおとこ 「六にんのごうけつ」 滝原章助画;中村美佐子文 ひかりのくに(世界名作えほん全集11) 1966年1月

走り男 はしりおとこ
都にのりこんできた六人組の一人で風より速く走る男 「天下無敵六人組」 グリム作;C.ラポワント絵;宗左近訳 文化出版局 1980年12月

バジル・ブラッシュ
としよりをたすけたり子どもたちのせわをしたりみんなのためによくつくしたのでくんしょうをもらうことになったせわずきなきつね 「ゆかいなバジル くんしょうをもらう」 ピーター・ファーミン作・絵;黒沢ひろし訳 金の星社 1980年3月

バジル・ブラッシュ
ともだちのもぐらのハリーとインドのジャングルへいったはたらきもののきつね 「ゆかいなバジル ジャングルへいく」 ピーター・ファーミン作・絵;黒沢ひろし訳 金の星社 1979年2月

バジル・ブラッシュ
ともだちのもぐらのハリーと海でたからさがしをしたゆかいなきつね 「ゆかいなバジル たからさがし」 ピーター・ファーミン作・絵;黒沢ひろし訳 金の星社 1979年6月

バジル・ブラッシュ
ともだちのもぐらのハリーと海へいったはたらきもののきつね 「ゆかいなバジル うみへいく」 ピーター・ファーミン作・絵;黒沢ひろし訳 金の星社 1980年2月

バジル・ブラッシュ
ともだちのもぐらのハリーにいえをたててあげたしんせつなきつね 「ゆかいなバジル いえをたてる」 ピーター・ファーミン作・絵;黒沢ひろし訳　金の星社　1979年9月

バジル・ブラッシュ
ともだちのもぐらのハリーをけらいにして犬のアルフレッドにのってドラゴンたいじにでかけたかしこいきつね 「ゆかいなバジル ドラゴンたいじ」 ピーター・ファーミン作・絵;黒沢ひろし訳　金の星社　1980年6月

バジルブラッシュ
ともだちのもぐらのハリーと川のそばでキャンプをしようとふねででかけたおしゃれなきつね 「ゆかいなバジル ふねをこぐ」 ピーター・ファーミン作・絵;黒沢ひろし訳　金の星社　1980年2月

バス
アメリカにしかいがんのサンフランシスコの町をはしっている大きなバス 「ちいさいケーブルカーのメーベル」 バージニア・リー・バートン作;桂宥子;石井桃子訳　ペンギン社　1980年2月

バス
としをとってくたびれていたのでうんてんしゅとしゃしょうにもりのなかにすてられてしまったみどりいろのバス 「みどりいろのバス」 ジョン・シャロン作;小玉友子訳　ほるぷ出版　1979年3月

バスティ
七つのたんじょうびにおじいさんから雨がふったらほんもののじどうしゃくらいにふくらむふしぎなじどうしゃをもらった男の子 「ふしぎなじどうしゃ」 ヤーノシュ作・画;志賀朝子訳　小学館(世界の創作童話15)　1980年8月

バーソロミュー・カビンズ
ディッド王こくの王さまのおつきのおとこの子 「ふしぎなウーベタベタ」 ドクタースース作;渡辺茂男訳　日本パブリッシング　1969年1月

はたお
おやがいないのでもりのなかでじぶんのちからだけでくらしていかなければならないこりす 「はたおりすのぼうけん」 シートン原作;小林清之介文;若菜等絵　チャイルド本社(チャイルド絵本館・シートン動物記1)　1984年5月

はたおり女　はたおりおんな
サルタン王のおきさきになった妹をねたんだ宮殿のはたおり女の姉さん 「サルタン王ものがたり」 プーシキン作;ゾートフ絵;斎藤公子編　青木書店(斎藤公子の保育絵本)　1985年5月

パタコトン氏　ぱたことんし
ルピナスさんのすむ花ぞのにやってきたお友だち 「お友だちのほしかったルピナスさん」 ビネッテ・シュレーダー文・絵;矢川澄子訳　岩波書店　1976年12月

はたね

はたねずみ（グラント大佐）　はたねずみ（ぐらんとたいさ）
オークアプルの森のかげろうやしきにくらしているはたねずみの大佐「いたちのドミニクさん」ジェニー・パートリッジ作；神宮輝夫訳　ティビーエス・ブリタニカ（オークアプルの森のおはなし5）　1982年8月

はたねずみ（グラント大佐）　はたねずみ（ぐらんとたいさ）
オークアプルの森のかげろうやしきにくらすはたねずみの大佐「はたねずみのグラント大佐」ジェニー・パートリッジ作；神宮輝夫訳　ティビーエス・ブリタニカ（オークアプルの森のおはなし2）　1982年7月

はたねずみ（スナウト少佐）　はたねずみ（すなうとしょうさ）
オークアプルの森のかげろうやしきにくらしているはたねずみのグラント大佐の親友「いたちのドミニクさん」ジェニー・パートリッジ作；神宮輝夫訳　ティビーエス・ブリタニカ（オークアプルの森のおはなし5）　1982年8月

はたねずみ（ベリティ）
オークアプルの森のはたねずみの女の子「かえるのホップさん」ジェニー・パートリッジ作；神宮輝夫訳　ティビーエス・ブリタニカ（オークアプルの森のおはなし3）　1982年7月

はたねずみ（ベリティ）
オークアプルの森のもぐらのくつやのスキントさんのお店にやってきたはたねずみの女の子「もぐらのスキントさん」ジェニー・パートリッジ作；神宮輝夫訳　ティビーエス・ブリタニカ（オークアプルの森のおはなし1）　1982年7月

はたねずみ（ベリティ）
オークアプルの森の学校にかようはたねずみの女の子「うさぎのロップイアさん」ジェニー・パートリッジ作；神宮輝夫訳　ティビーエス・ブリタニカ（オークアプルの森のおはなし7）　1982年8月

パタプフ
マルチーヌがかっているいぬ「マルチーヌひこうきでりょこう」ジルベール・ドラエイ作；マルセル・マルリエ絵；黒木義典訳；板谷和雄文　ブック・ローン出版（ファランドールえほん22）　1981年1月

パタプフ
マルチーヌがかっているいぬ「マルチーヌれっしゃでりょこう」ジルベール・ドラエイ作；マルセル・マルリエ絵；黒木義典訳；板谷和雄文　ブック・ローン出版（ファランドールえほん23）　1981年1月

ぱたぽん
まりーちゃんとなかよしのひつじ「まりーちゃんとおおあめ」フランソワーズ文・絵；木島始訳　福音館書店（世界傑作絵本シリーズ・アメリカの絵本）　1968年6月

ぱたぽん
まりーちゃんとなかよしのひつじ「まりーちゃんとひつじ」フランソワーズ文・絵；与田凖一訳　岩波書店（岩波の子どもの本）　1956年12月

ぱたぽん
まりーちゃんとなかよしのひつじ「まりーちゃんのくりすます」フランソワーズ文・絵；与田凖一訳　岩波書店（岩波の子どもの本）　1975年11月

はち
ねんにいちどのいちの日がせまったよるにバンジョーをひきながらうたうぐうたらラバにおこされたおひゃくしょうのはち「どじだよバンジョーラバ」ライオネル・ウィルソン文;ハロルド・バースン絵;清水真砂子訳　アリス館牧新社　1979年4月

ハチ
チクチクむらにとんできてジャイアント・ジャム・サンドのわなにかかった4ひゃくまんびきのたいぐんのハチ「ジャイアント・ジャム・サンド」ジョン・ヴァーノン・ロード文・絵;安西徹雄訳　アリス館　1976年4月

バチッチャ・パローディ
ザンジバルのざんにんな王さまの写真をとるためにアフリカへ行った「船乗り新聞」の特派員「バチッチャのふしぎなアフリカ探険」エルマンノ・リベンツィ文;アデルキ・ガッローニ絵;河島英昭訳　ほるぷ出版　1975年10月

ハツカネズミ
やねうらのかくれがをぬけだしてじっけんしつにいた白ネズミをたすけて2ひきでふねにのってみなみのくにまでいったハツカネズミ「ネズミのぼうけん」イリアン・ロールス作・画;小田英智文　偕成社(どうぶつのくらし4おはなし編)　1980年3月

はつかねずみ(ティム)
おひゃくしょうさんがむぎをかりだしたのでむぎばたけからにげられなくなったかやねずみのかぞくをひこうせんにのせてたすけてやったはつかねずみ「ティムとひこうせん」ジュディ・ブルック作;牧田松子訳　冨山房　1979年8月

はつかねずみ(ティム)
どぶねずみギャングにつかまったかえるのウィリーをたすけてやったはつかねずみ「ティムといかだのきゅうじょたい」ジュディ・ブルック作;牧田松子訳　冨山房　1979年8月

はつかねずみ(ティム)
はつかねずみのヘレンとけっこんしたはつかねずみ「ティムのおよめさん」ジュディ・ブルック作;牧田松子訳　冨山房　1980年11月

はつかねずみ(ティム)
ミルクがのみたいといったはりねずみのブラウンさんを六ぴきのめうしのいるバーレビンズのうえんにつれていったはつかねずみ「ティムとめうしのおおさわぎ」ジュディ・ブルック作;牧田松子訳　冨山房　1980年9月

はつかねずみ(ティム)
ゆきのあさひいらぎのきのしたにおちていたケーキのかざりのサンタクロースをうちにつれていったはつかねずみ「ティムとサンタクロース」ジュディ・ブルック作;牧田松子訳　冨山房　1980年12月

ハツカネズミ(ハーベイ)
フォックスウッドのむらにすむなかよし3にんぐみのハツカネズミのおとこのこ「いっとうしょうはだあれ」シンシア・パターソン;ブライアン・パターソン作・絵;三木卓訳　金の星社(フォックスウッドものがたり3)　1986年12月

はつか

ハツカネズミ（ハーベイ）
フォックスウッドのむらにすむなかよし3にんぐみのハツカネズミのおとこのこ 「つきよのぼうけん」 シンシア・パターソン；ブライアン・パターソン作・絵；三木卓訳　金の星社（フォックスウッドものがたり2）　1986年7月

ハツカネズミ（ハーベイ）
フォックスウッドのむらにすむなかよし3にんぐみのハツカネズミのおとこのこ 「レモネードはいかが」 シンシア・パターソン；ブライアン・パターソン作・絵；三木卓訳　金の星社（フォックスウッドものがたり1）　1986年7月

はつかねずみ（ヘレン）
あるひきれいなドレスをみてからじぶんでドレスをつくるのにむちゅうになってしまったはつかねずみのティムのおよめさん 「ティムのおよめさん」 ジュディ・ブルック作；牧田松子訳　冨山房　1980年11月

ハックル
ビジータウンのこねこ、シスターのあに 「サンタさんのいそがしい1にち」 リチャード・スキャリー作；國眼隆一訳　ブック・ローン出版（スキャリーおじさんのどうぶつえほん15）　1984年8月

ハックル
ビジータウンのねこのこども 「おしゃべりおばけパン」 リチャード・スキャリー作；國眼隆一訳　ブック・ローン出版（スキャリーおじさんのどうぶつえほん13）　1984年8月

ハックル
ビジータウンのねこのこども 「しっぱいしっぱいまたしっぱい」 リチャード・スキャリー作；國眼隆一訳　ブック・ローン出版（スキャリーおじさんのどうぶつえほん8）　1980年1月

ハックル
ビジータウンのねこのこども 「ふしぎなふしぎなくうきのはなし」 リチャード・スキャリー作；國眼隆一訳　ブック・ローン出版（スキャリーおじさんのどうぶつえほん14）　1984年8月

ハックル
みみずのローリーとけいかんのマーフィーをたすけてこうつうせいりをしたねこ 「スカーリーおじさんの はたらく人たち」 リチャード・スカーリー文；稲垣達朗訳　評論社（児童図書館・絵本の部屋）　1982年6月

ハッサン
ひつじのミューデューリューをいつもおなじいちじくのきにつないでかっていたびんぼうな男 「ひとりぼっちのひつじ」 アンゲリカ・カウフマン作・絵；おおしまかおり訳　佑学社（オーストリア・創作絵本シリーズ2）　1978年7月

ばった
おおきなもりのむこうのほうにくさはらのこびとたちといっしょにすんでいたばったたち 「くさはらのこびと」 エルンスト・クライドルフ文・絵；おおつかゆうぞう訳　福音館書店（世界傑作絵本シリーズ・スイスの絵本）　1970年9月

はつめ

ばった
女王ばちの結婚式で馬車を引くやくめをおおせつかりていてつをつけてくれるかじ屋をさがしまわったばった 「森と牧場のものがたり」 ヨセフ・ラダ絵；ヴィエラ・プロヴァズニコヴァー文；さくまゆみこ訳 佑学社(おはなし画集シリーズ2) 1980年6月

バッタ
ちびっこかえるがとうさんになってあげたバッタ 「ちびっこかえる」 ツウィフェロフ原作；宮川やすえ訳・文；かみやしん絵 国土社(やっちゃん絵本5) 1983年5月

バッタのエルジン
とおい昔オーストラリアでガイヤという大きな山犬をつかっては人間をつかまえてたべていたおばあさん 「大きな悪魔のディンゴ」 ディック・ラウジィ作・絵；白石かずこ訳 集英社 1980年12月

バッチイじん
バッチイぼしからワンプのほしにやってきたちいさないきもののたいぐん 「ワンプのほし」 ビル・ピート作・絵；代田昇訳 佼成出版社(ピートの絵本シリーズ12) 1985年10月

パッチワーク・キバキバ・フィッシュ
すいそうのなかにいたとりわけでっかいつぎはぎうお 「パッチワーク・フィッシュ」 S.マスコウィッツ作；舟崎克彦訳 角川書店 1984年7月

パットくん
ロバのロバちゃんのおともだちのうま 「ロバのロバちゃん」 ロジャー・デュボアザン文・絵；厨川圭子訳 偕成社 1969年5月

バッバ
しごとがだいきらいななまけものでいっしょにくらすくまのブッバといつもけんかをしているくま 「なまけもののくまさん-ロシア民話より」 マリア・ポリューシュキン再話；ディアン・ド・グロート絵；河津千代訳 アリス館牧新社 1977年4月

発明家　はつめいか
背丈が30センチくらいの青い肌をした森の精スマーフの発明家のスマーフ 「100人めのスマーフ」 ペヨ作；村松定史訳；小川悦子編 セーラー出版(スマーフ物語6) 1985年10月

発明家　はつめいか
背丈が30センチくらいの青い肌をした森の精スマーフの発明家のスマーフ 「オリンピックスマーフ」 ペヨ作；村松定史訳；小川悦子編 セーラー出版(スマーフ物語14) 1986年10月

発明家　はつめいか
背丈が30センチくらいの青い肌をした森の精スマーフの発明家のスマーフ 「キングスマーフ」 ペヨ作；村松定史訳；小川悦子編 セーラー出版(スマーフ物語2) 1985年10月

発明家　はつめいか
背丈が30センチくらいの青い肌をした森の精スマーフの発明家のスマーフ 「コスモスマーフ」 ペヨ作；村松定史訳；小川悦子編 セーラー出版(スマーフ物語9) 1986年4月

発明家　はつめいか
背丈が30センチくらいの青い肌をした森の精スマーフの発明家のスマーフ 「さすらいのスマーフ」 ペヨ作；村松定史訳；小川悦子編 セーラー出版(スマーフ物語8) 1986年4月

はつめ

発明家　はつめいか
背丈が30センチくらいの青い肌をした森の精スマーフの発明家のスマーフ 「スマーフコント集」ペヨ作;村松定史訳;小川悦子編　セーラー出版(スマーフ物語11) 1986年6月

発明家　はつめいか
背丈が30センチくらいの青い肌をした森の精スマーフの発明家のスマーフ 「スマーフシンフォニー」ペヨ作;村松定史訳;小川悦子編　セーラー出版(スマーフ物語5) 1985年10月

発明家　はつめいか
背丈が30センチくらいの青い肌をした森の精スマーフの発明家のスマーフ 「スマーフスープと大男」ペヨ作;村松定史訳;小川悦子編　セーラー出版(スマーフ物語13) 1986年8月

発明家　はつめいか
背丈が30センチくらいの青い肌をした森の精スマーフの発明家のスマーフ 「スマーフと不思議なタマゴ」ペヨ作;村松定史訳;小川悦子編　セーラー出版(スマーフ物語4) 1985年12月

発明家　はつめいか
背丈が30センチくらいの青い肌をした森の精スマーフの発明家のスマーフ 「スマーフ語戦争」ペヨ作;村松定史訳;小川悦子編　セーラー出版(スマーフ物語12) 1986年8月

発明家　はつめいか
背丈が30センチくらいの青い肌をした森の精スマーフの発明家のスマーフ 「ベビースマーフ」ペヨ作;村松定史訳;小川悦子編　セーラー出版(スマーフ物語15) 1986年10月

発明家　はつめいか
背丈が30センチくらいの青い肌をした森の精スマーフの発明家のスマーフ 「怪鳥クラッカラス」ペヨ作;村松定史訳;小川悦子編　セーラー出版(スマーフ物語7) 1986年2月

発明家　はつめいか
背丈が30センチくらいの青い肌をした森の精スマーフの発明家のスマーフ 「見習いスマーフ」ペヨ作;村松定史訳;小川悦子編　セーラー出版(スマーフ物語10) 1986年6月

発明家　はつめいか
背丈が30センチくらいの青い肌をした森の精スマーフの発明家のスマーフ 「黒いスマーフ」ペヨ作;村松定史訳;小川悦子編　セーラー出版(スマーフ物語1) 1985年10月

発明家　はつめいか
背丈が30センチくらいの青い肌をした森の精スマーフの発明家のスマーフ 「恋人スマーフェット」ペヨ作;村松定史訳;小川悦子編　セーラー出版(スマーフ物語3) 1985年10月

バーティー
お客をのせてエドワードをおいかけたバス 「青い機関車エドワード」ウィルバート・オードリー作;レジナルド・ドールビー絵;桑原三郎;清水周裕訳　ポプラ社(汽車のえほん9) 1974年4月

パティ
両親をなくしてロンドンまできたジョン・ニーとしゃべる猫モリイを家に住ませてくれた船乗りのユリシーズ・モリソンの娘 「おしゃべり猫モリイ」 ルドウィック・アシュケナージー作；ディーター・ウィズミュラー絵；中山千夏訳　CBS・ソニー出版　1979年1月

パディントン
ウインザーガーデンズ32ばんちのにわのあるうちにブラウンさんいっかとすんでいるくま 「パディントンのにわつくり」 マイケル・ボンド作；フレッド・バンベリー絵；中村妙子訳　偕成社（パディントン絵本2）　1973年11月

パディントン
うまれてはじめてサーカスをみにいったくま 「パディントン サーカスへ」 マイケル・ボンド作；フレッド・バンベリー絵；中村妙子訳　偕成社（パディントン絵本3）　1973年12月

パディントン
こうえんのやがいてんらんかいをみてからにわでえをかきはじめたくま 「パディントンのてんらんかい」 マイケル・ボンド文；デイビッド・マッキー絵；かんどりのぶお訳　アリス館（えほんくまのパディントン3）　1985年11月

パディントン
どうぶつえんにサンドイッチをもっていったくま 「パディントンとどうぶつえん」 マイケル・ボンド文；デイビッド・マッキー絵；かんどりのぶお訳　アリス館（えほんくまのパディントン2）　1985年10月

パディントン
ブラウンさんいっかとゆうえんちへいったくま 「パディントンとゆうえんち」 マイケル・ボンド文；デイビッド・マッキー絵；かんどりのぶお訳　アリス館（えほんくまのパディントン4）　1985年11月

パディントン
ブラウンさんのかぞくとうみべへあそびにいってなないろのアイスクリームをたべたくま 「パディントンのアイスクリーム」 マイケル・ボンド文；デイビッド・マッキー絵；かんどりのぶお訳　アリス館（えほんくまのパディントン1）　1985年10月

パディントン
ペルーのやまおくからふなぞこにかくれてきてパディントンえきについたくま 「くまのパディントン」 マイケル・ボンド作；フレッド・バンベリー絵；中村妙子訳　偕成社（パディントン絵本1）　1973年11月

パディントン
ロンドンのスーパーへかいものにいったくま 「パディントンのかいもの」 マイケル・ボンド作；フレッド・バンベリー絵；中村妙子訳　偕成社（パディントン絵本4）　1973年12月

バーテク
ポーランドの山の中にだいじなともだちのあひるとくらしていたまずしいきこりのわかもの 「きこりとあひる」 クリスティナ・トゥルスカ作・絵；遠藤育枝訳　佑学社（ヨーロッパ創作絵本シリーズ26）　1979年3月

はと
- はと
たかいまどからしたにおちてしまったぬいぐるみのこぐまのバンセスをたすけてくれたはと「バンセスきをつけて」ヤン・モーエセン作・絵;矢崎節夫訳 フレーベル館 1985年2月
- はと
てっぽうでねらいをつけたきこりにうたなければなんでもほしいものをさしあげますといったはと「きこりとはと」マックス・ベルジュイス作・絵;佐々木元訳 フレーベル館 1981年4月
- はと
池のほとりで水あびをしていてへびにねらわれた一わのはと「イソップものがたり」ハイジ・ホルダー絵;三田村信行文 偕成社 1983年11月
- バート
ふるい鉱山からすてられたじゃりをはこぶちんまり鉄道の三だいの小さな機関車の一だい「小さな機関車たち」ウィルバート・オードリー作・ガンバー・エドワーズ;ピーター・エドワーズ絵;桑原三郎;清水周裕訳 ポプラ社(汽車のえほん22) 1980年11月
- パトー
あかとあおときいろの3しょくのえのぐをつかってえをかくのをやまあらしのエミリーにおしえてもらうことになったいぬ「アリスとパトー えのコンクール」エリザベス・ミラー;ジェイン・コーエン文;ヴィクトリア・チェス絵;西園寺知子訳 文化出版局 1982年9月
- パトー
あめがふりつづいてかべがたおれたぶたのロジーヌのいえをもとどおりにするのをてつだったいぬ「アリスとパトー あたらしいいえづくり」エリザベス・ミラー;ジェイン・コーエン文;ヴィクトリア・チェス絵;西園寺知子訳 文化出版局 1982年9月
- パトー
ともだちのねこのアリスとふたりだけでくらすのにすこしたいくつしてパーティーをひらくことにしたいぬ「アリスとパトー めちゃくちゃパーティ」エリザベス・ミラー;ジェイン・コーエン文;ヴィクトリア・チェス絵;西園寺知子訳 文化出版局 1982年9月
- パトー
ねこのアリスがいっしゅうかんびょういんにいることになってもいっしゅうかんてなんのことだかわからなかったいぬ「アリスとパトー アリスのびょうき」エリザベス・ミラー;ジェイン・コーエン文;ヴィクトリア・チェス絵;西園寺知子訳 文化出版局 1982年9月
- はと(アリグザンダー)
まちのたかいたてものにとじこめられたかばのベロニカをたすけてくれたはと「ひとりぼっちのベロニカ」ロジャー・デュボアザン作・絵;神宮輝夫訳 佑学社(かばのベロニカシリーズ3) 1978年11月
- はと(アルノー)
わがやへむかってだれよりもはやくだれよりもちからづよくとぶでんしょばと「でんしょばとアルノー」シートン原作;小林清之介文;たかはしきよし絵 チャイルド本社(チャイルド絵本館・シートン動物記5) 1984年8月

バート・ダウじいさん
海で突風にふかれたときにふるい舟といっしょにいっときだけくじらにのみこんでもらった年とった沖釣りの漁師 「沖釣り漁師のバート・ダウじいさん」 ロバート・マックロスキー作；渡辺茂男訳　ほるぷ出版　1976年9月

ハドック船長　はどっくせんちょう
タンタンといっしょに海底に沈む海賊レッド・ラッカムの宝を探しに行った船長 「レッド・ラッカムの宝」 エルジェ作；川口恵子訳　福音館書店（タンタンの冒険旅行4）　1983年10月

ハドック船長　はどっくせんちょう
ヒマラヤ山中に中国人の友だちチャンを探しに行くタンタンについていった船長 「タンタン チベットをゆく」 エルジェ作；川口恵子訳　福音館書店（タンタンの冒険旅行5）　1983年11月

ハドック船長　はどっくせんちょう
フランス海軍の軍艦ユニコーン号の総司令官をつとめたアドック卿の子孫の船長 「なぞのユニコーン号」 エルジェ作；川口恵子訳　福音館書店（タンタンの冒険旅行3）　1983年10月

ハドック船長　はどっくせんちょう
少年記者タンタンの友だちでムーランサール城に住むもと船長 「ななつの水晶球」 エルジェ作；川口恵子訳　福音館書店（タンタンの冒険旅行6）　1985年10月

ハドック船長　はどっくせんちょう
北極海に落ちた隕石のかけらを手に入れるための調査隊の船オーロラ号の船長 「ふしぎな流れ星」 エルジェ作；川口恵子訳　福音館書店（タンタンの冒険旅行2）　1983年4月

ハドック船長　はどっくせんちょう
誘拐されたビーカー教授を追ってペルーを訪れたもと船長 「太陽の神殿」 エルジェ作；川口恵子訳　福音館書店（タンタンの冒険旅行7）　1985年10月

パトラシェ
ネルロがおじいさんとふたりでみちばたにたおれていたのをたすけてあげたいぬ 「フランダースのいぬ」 ウィーダ原作；有馬志津子文；辰巳まさえ絵　世界出版社（ABCブック）　1970年1月

パトラシェ
ネルロがフランダースの夏のお祭りの日にひろった老犬 「フランダースの犬」 ウィーダ原作；立原あゆみ著　集英社（ファンタジーメルヘン）　1983年7月

バートラム王さま　ばーとらむおうさま
1日じゅうよくはたらいたあとで竹うまにのってあそぶのをたった一つの楽しみにしていたビン国こくの王さま 「王さまの竹うま」 ドクター・スース作・絵；渡辺茂男訳　偕成社　1983年8月

パトリック
まちのろてんでかったふしぎなバイオリンをひいていけのさかなをそらにとばせていたときにカスとミックというおんなのことおとこのこにあったわかもの 「ふしぎなバイオリン」 クェンティン・ブレイク文・絵；たにかわしゅんたろう訳　岩波書店（岩波の子どもの本）　1976年9月

ぱとれ

パートレット
ある谷間の森の近くにあった小さな家におんどりのチャンティクリアといっしょにかわれていたかしこくてやさしいめんどり 「チャンティクリアときつね」 バーバラ・クーニー文・絵；平野敬一訳 ほるぷ出版 1975年10月

ハナ
おとうさんにもらったおもちゃのゴリラといっしょにまよなかのどうぶつえんにいったおんなのこ 「すきですゴリラ」 アントニー・ブラウン作・絵；山下明生訳 あかね書房（あかねせかいの本12） 1985年12月

はないきのつよいおとこ
六にんのごうけつのひとりですごいいきおいではないきをふきだすおとこ 「六にんのごうけつ」 滝原章助画；中村美佐子文 ひかりのくに（世界名作えほん全集11） 1966年1月

花さくリラの仙女　はなさくりらのせんにょ
しあわせと幸運の仙女 「ねむれる森の美女」 ペロー原作；オタ・ヤネチェク絵；高橋ひろゆき文　佑学社（名作バレー物語シリーズ） 1978年11月

パナシ
森にすむりすのキックとルケットに生まれた四ひきの子りすの一ぴき 「りすのパナシ」 リダ文；ロジャンコフスキー絵；いしいももこ；わだゆういち訳　福音館書店（世界傑作絵本シリーズ22） 1964年10月

ハナジロ
プリデインの国からぬすまれた白ぶたヘン・ウェンをおって死の国へいった男コルをたすけたもぐら 「コルと白ぶた」 ロイド・アリグザンダー作；エバリン・ネス絵；神宮輝夫訳　評論社（児童図書館・絵本の部屋） 1980年1月

バーナード
にわにいたかいぶつにたべられてしまってもおとうさんとおかあさんにしらんかおされていたおとこのこ 「いまは だめ」 デイビッド・マッキー文・絵；はらしょう訳　アリス館 1983年3月

バーナード王子　ばーなーどおうじ
ピックル＝パイが大すきな王さまの国のおひめさまのけっこんあいてにえらばれた三人の王子さまのひとり 「王さまのすきなピックル＝パイ」 ジョリー・ロジャー・ブラッドフィールド文；飯沢匡訳　講談社（世界の絵本アメリカ） 1971年4月

バナナ・ゴリラ
やおやからバナナをぬすんだゴリラ 「スカーリーおじさんの はたらく人たち」 リチャード・スカーリー文；稲垣達朗訳　評論社（児童図書館・絵本の部屋） 1982年6月

バナナゴリラ
バナナどろぼうのゴリラ 「しっぱいしっぱいまたしっぱい」 リチャード・スキャリー作；國眼隆一訳　ブック・ローン出版（スキャリーおじさんのどうぶつえほん8） 1980年1月

バナナじいさん
カナリアしょとういきのバナナボートをもっているじいさん 「バナナボート」 バッティル・アルムクビスト絵・文；やまのうちきよこ訳　徳間書店（げんしじんヘーデンホスシリーズ4） 1974年10月

バーナビー・ジョーンズ
ホッケーのぼうとせんぷうきとつなぎコードとママのかさをくっつけて空とぶホッケー・スティックをはつめいした男の子「空とぶホッケー・スティック」ジョリー・ロジャー・ブラッドフィールド文・絵；飯沢匡訳　講談社（世界の絵本アメリカ）1971年4月

はなやかさん
雪の中でこごえていたサーカスの男の子をひきとった村の修道院の庭係のブラザー「天国のサーカスぼうや」ジョバンニ・ボネット作；ジーノ・ガビオリ絵；えびなひろ文　女子パウロ会　1981年1月

バーニー
おとこのこがだいすきだったのにしんじゃったねこ「ぼくはねこのバーニーがだいすきだった」ジュディス・ボースト作；エリック・ブレグバッド絵；中村妙子訳　偕成社　1979年4月

ハヌマン
かぜのかみワーユのむすこでおひさまをほしがったこども「おひさまをほしがったハヌマン－インドの大昔の物語「ラーマーヤナ」より」A.ラマチャンドラン文・絵；松居直訳　福音館書店　1973年6月

羽ペンさん　はねぺんさん
雪の中でこごえていたサーカスの男の子をひきとった村の修道院でせいしょを書きうつしているブラザー「天国のサーカスぼうや」ジョバンニ・ボネット作；ジーノ・ガビオリ絵；えびなひろ文　女子パウロ会　1981年1月

パパ
アルフォンスのやさしいパパ「おやすみアルフォンス！」グニッラ・ベリィストロム作；山内清子訳　偕成社（アルフォンスのえほん）1981年2月

パパ
アルフォンスのやさしいパパ「パパ、ちょっとまって！」グニッラ・ベリィストロム作；山内清子訳　偕成社（アルフォンスのえほん）1981年7月

パパ
アルフォンスのやさしいパパ「ひみつのともだちモルガン」グニッラ・ベリィストロム作；山内清子訳　偕成社（アルフォンスのえほん）1982年9月

パパ
まいしゅうどようびにむすめのウィンディをむかえにくるパパ「わたしのパパ」ジャネット・ケインズ文；ロナルド・ハイムラー絵；代田昇訳　岩崎書店（新・創作絵本5）1979年1月

パパ
五歳の女の子マルチーナのぜんぜん遊んでくれない作家のパパ「すばらしい日曜旅行」アロイス・シェプフ文；レギーネ・ダプラ絵；なだいなだ訳　CBS・ソニー出版　1979年5月

パパガヨ
よるのどうぶつたちをおそれさせていたつきをくういぬのおばけをおおごえでさけんでおっぱらってやったいたずらずきのおうむ「いたずらおうむパパガヨ」ジェラルド・マクダーモット作；辺見まさなお訳　ほるぷ出版　1985年7月

ははく

ハバククぼうや
あかちゃんがほしいなとおもったブンダーリッヒのぼうや 「ポッチリちゃん」 ハンナ・マンゴールト作;高橋洋子訳 リブロポート 1982年5月

パパぐまとママぐま
おおきなきのみきをくりぬいてつくったいえにすんでいたくまさんいっかのパパとママ 「くまさんいっかあかちゃんうまれる」 スタン・ベレンスタイン;ジャン・ベレンスタイン作;渡辺茂男訳 講談社(講談社のピクチュアブック2) 1979年5月

バーバズー
クリスマスにサンタクロースからたくさんのみなみのくにのとりたちをもらったおばけのバーバパパいっかのおとこのこ 「バーバパパのプレゼント」 アネット・チゾン;タラス・テイラー作;やましたはるお訳 講談社(講談社のバーバパパえほん6) 1982年11月

バーバズー
のはらでみつけたたまごをあたためてかえしてやろうとしたおばけのバーバパパいっかのおとこのこ 「バーバズーとまいごのたまご」 アネット・チゾン;タラス・テイラー作;山下明生訳 講談社(バーバパパ・ミニえほん9) 1977年4月

バーバズー
ひつじのむれをやまのうえのぼくじょうへつれていったおばけのバーバパパいっかのおとこのこ 「バーバズーのひつじかい」 アネット・チゾン;タラス・テイラー作;山下明生訳 講談社(バーバパパ・ミニえほん19) 1985年3月

パパスマーフ
背丈が30センチくらいの青い肌をした森の精スマーフのリーダー 「100人めのスマーフ」 ペヨ作;村松定史訳;小川悦子編 セーラー出版(スマーフ物語6) 1985年10月

パパスマーフ
背丈が30センチくらいの青い肌をした森の精スマーフのリーダー 「オリンピックスマーフ」 ペヨ作;村松定史訳;小川悦子編 セーラー出版(スマーフ物語14) 1986年10月

パパスマーフ
背丈が30センチくらいの青い肌をした森の精スマーフのリーダー 「キングスマーフ」 ペヨ作;村松定史訳;小川悦子編 セーラー出版(スマーフ物語2) 1985年10月

パパスマーフ
背丈が30センチくらいの青い肌をした森の精スマーフのリーダー 「コスモスマーフ」 ペヨ作;村松定史訳;小川悦子編 セーラー出版(スマーフ物語9) 1986年4月

パパスマーフ
背丈が30センチくらいの青い肌をした森の精スマーフのリーダー 「さすらいのスマーフ」 ペヨ作;村松定史訳;小川悦子編 セーラー出版(スマーフ物語8) 1986年4月

パパスマーフ
背丈が30センチくらいの青い肌をした森の精スマーフのリーダー 「スマーフコント集」 ペヨ作;村松定史訳;小川悦子編 セーラー出版(スマーフ物語11) 1986年6月

パパスマーフ
背丈が30センチくらいの青い肌をした森の精スマーフのリーダー 「スマーフシンフォニー」 ペヨ作;村松定史訳;小川悦子編 セーラー出版(スマーフ物語5) 1985年10月

パパスマーフ
背丈が30センチくらいの青い肌をした森の精スマーフのリーダー 「スマーフスープと大男」 ペヨ作;村松定史訳;小川悦子編 セーラー出版(スマーフ物語13) 1986年8月

パパスマーフ
背丈が30センチくらいの青い肌をした森の精スマーフのリーダー 「スマーフと不思議なタマゴ」 ペヨ作;村松定史訳;小川悦子編 セーラー出版(スマーフ物語4) 1985年12月

パパスマーフ
背丈が30センチくらいの青い肌をした森の精スマーフのリーダー 「スマーフ語戦争」 ペヨ作;村松定史訳;小川悦子編 セーラー出版(スマーフ物語12) 1986年8月

パパスマーフ
背丈が30センチくらいの青い肌をした森の精スマーフのリーダー 「ベビースマーフ」 ペヨ作;村松定史訳;小川悦子編 セーラー出版(スマーフ物語15) 1986年10月

パパスマーフ
背丈が30センチくらいの青い肌をした森の精スマーフのリーダー 「怪鳥クラッカラス」 ペヨ作;村松定史訳;小川悦子編 セーラー出版(スマーフ物語7) 1986年2月

パパスマーフ
背丈が30センチくらいの青い肌をした森の精スマーフのリーダー 「見習いスマーフ」 ペヨ作;村松定史訳;小川悦子編 セーラー出版(スマーフ物語10) 1986年6月

パパスマーフ
背丈が30センチくらいの青い肌をした森の精スマーフのリーダー 「黒いスマーフ」 ペヨ作;村松定史訳;小川悦子編 セーラー出版(スマーフ物語1) 1985年10月

パパスマーフ
背丈が30センチくらいの青い肌をした森の精スマーフのリーダー 「恋人スマーフェット」 ペヨ作;村松定史訳;小川悦子編 セーラー出版(スマーフ物語3) 1985年10月

ハバードおばさん
かわいがっているいぬのためにパンをかってやったりうわぎをかってきてやったりしたおばさん 「ハバートおばさんといぬ-マザー・グース」 アーノルド・ローベル絵;岸田衿子絵 文化出版局 1980年4月

ハバードばあさん
だいすきないぬのためにパンやさかなやビールをかいにいったおばあさん 「ハバードばあさんといぬ-マザーグースより」 ポール・ガルドン絵;中山知子訳 佑学社(ポール・ガルドン昔話シリーズ8) 1980年5月

バーバパパ
おりにいれられてかもつれっしゃにのせられていたどうぶつたちをたすけてアフリカにつれてかえったおばけのバーバパパいっかのパパ 「バーバパパのアフリカいき」 アネット・チゾン;タラス・テイラー作;山下明生訳 講談社(バーバパパ・ミニえほん1) 1980年9月

ははぱ

バーバパパ
かわのみずですいしゃをまわしていしうすをうごかしてかりいれたこむぎをこむぎこにしたおばけのバーバパパいっかのパパ「バーバパパのすいしゃごや」アネット・チゾン；タラス・テイラー作；山下明生訳　講談社（バーバパパ・ミニえほん17）1979年4月

バーバパパ
きれいなおかのうえにじぶんたちにぴったりのいえをつくったおばけのバーバパパいっかのパパ「バーバパパのいえさがし」アネット・チゾン；タラス・テイラー作；やましたはるお訳　講談社（講談社のバーバパパえほん2）1975年11月

バーバパパ
クリスマスツリーをさがしにでかけたけれどどうぶつたちがすんでいるきをきらないでかえってきたおばけのバーバパパいっかのパパ「バーバパパのクリスマス」アネット・チゾン；タラス・テイラー作；山下明生訳　講談社（バーバパパ・ミニえほん12）1977年5月

バーバパパ
こどもたちにぴったりのたのしいやりかたでべんきょうをおしえるがっこうをつくったおばけのバーバパパ「バーバパパのがっこう」アネット・チゾン；タラス・テイラー作；やましたはるお訳　講談社（講談社のバーバパパえほん4）1976年6月

バーバパパ
じぶんたちのからだのかたちをかえてがっきにしておんがくをえんそうしたおばけのバーバパパいっかのパパ「バーバパパのおんがくかい」アネット・チゾン；タラス・テイラー作；山下明生訳　講談社（バーバパパ・ミニえほん4）1980年2月

バーバパパ
しまめぐりにいってしまのうらがわではっけんしたかいぞくせんにのってかえってきたおばけのバーバパパいっかのパパ「バーバパパうみにでる」アネット・チゾン；タラス・テイラー作；山下明生訳　講談社（バーバパパ・ミニえほん5）1980年2月

バーバパパ
たんじょうびにバーバママにケーキをつくってもらったおばけのバーバパパいっかのパパ「バーバパパのたんじょうび」アネット・チゾン；タラス・テイラー作；山下明生訳　講談社（バーバパパ・ミニえほん11）1985年11月

バーバパパ
バーバママをさがすたびにでたおばけのバーバパパ「バーバパパたびにでる」アネット・チゾン；タラス・テイラー作；やましたはるお訳　講談社（講談社のバーバパパえほん1）1975年8月

バーバパパ
はたけでとりいれたフルーツでむかしのつくりかたでジュースをつくったおばけのバーバパパいっかのパパ「バーバパパのジュースづくり」アネット・チゾン；タラス・テイラー作；山下明生訳　講談社（バーバパパ・ミニえほん3）1980年8月

バーバパパ
びょうきのどうぶつやハンターたちにおわれてきたどうぶつたちをロケットのはこぶねにのせてちきゅうのほかのほしへいったバーバパパ「バーバパパのはこぶね」アネット・チゾン；タラス・テイラー作；やましたはるお訳　講談社（講談社のバーバパパえほん3）1975年11月

バーバパパ
まちのこどもたちのためにサーカスをつくったおばけのバーバパパとそのこどもたち 「バーバパパのだいサーカス」 アネット・チゾン;タラス・テイラー作;やましたはるお訳　講談社 (講談社のバーバパパえほん5)　1979年2月

バーバパパ
みんなであかちゃんのアリスのこもりをしたおばけのバーバパパいっかのパパ 「バーバパパのこもりうた」 アネット・チゾン;タラス・テイラー作;山下明生訳　講談社(バーバパパ・ミニえほん2)　1980年9月

バーバパパ
みんなでみなみのうみへしんじゅをとりにいったおばけのバーバパパいっかのパパ 「バーバパパのしんじゅとり」 アネット・チゾン;タラス・テイラー作;山下明生訳　講談社(バーバパパ・ミニえほん21)　1985年3月

バーバパパ
やまのてっぺんのわしのすにはこばれていったいぬくんをたすけてかえりはふうせんになってとんでおりてきたおばけのバーバパパいっかのパパ 「バーバパパのふうせんりょこう」 アネット・チゾン;タラス・テイラー作;山下明生訳　講談社(バーバパパ・ミニえほん7)　1977年4月

バーバピカリ
うえきをおおきくするくすりをはつめいしたおばけのバーバパパいっかのおとこのこ 「バーバズーのすてきなおんしつ」 アネット・チゾン;タラス・テイラー作;山下明生訳　講談社(バーバパパ・ミニえほん13)　1979年4月

バーバピカリ
バーバママがケーキをやくときにすぐこがしてしまうのでとけいをつくったおばけのバーバパパいっかのおとこのこ 「バーバピカリのとけいやさん」 アネット・チゾン;タラス・テイラー作;山下明生訳　講談社(バーバパパ・ミニえほん20)　1985年3月

バーバピカリ
ほんをつくるためにまちのいんさつじょへいっていんさつきかいのしくみをしらべたおばけのバーバパパいっかのおとこのこ 「バーバリブほんをつくる」 アネット・チゾン;タラス・テイラー作;山下明生訳　講談社(バーバパパ・ミニえほん15)　1979年4月

バーバブラボー
かじやさんのどうぐをかりてうまとろばのあしにていてつをつけてやろうとしたおばけのバーバパパいっかのおとこのこ 「バーバブラボーのかじやさん」 アネット・チゾン;タラス・テイラー作;山下明生訳　講談社(バーバパパ・ミニえほん16)　1979年4月

バーバベル
レースをあんでドレスをつくろうとしたおばけのバーバパパいっかのおんなのこ 「バーバベルのレースあみ」 アネット・チゾン;タラス・テイラー作;山下明生訳　講談社(バーバパパ・ミニえほん14)　1979年4月

バーバママ
いちばでかってきたこうしたちにミルクをあげようとしたおばけのバーバパパいっかのママ 「バーバママのかわいいこうし」 アネット・チゾン;タラス・テイラー作;山下明生訳　講談社(バーバパパ・ミニえほん10)　1977年5月

バーバママ
バーバパパがであってすきになったおばけ 「バーバパパたびにでる」 アネット・チゾン;タラス・テイラー作;やましたはるお訳 講談社(講談社のバーバパパえほん1) 1975年8月

バーバモジャ
いどのみずをはやくくみだすためにねんどをこねてたくさんのつぼをやいてつくったおばけのバーバパパいっかのおとこのこ 「バーバモジャのつぼづくり」 アネット・チゾン;タラス・テイラー作;山下明生訳 講談社(バーバパパ・ミニえほん18) 1979年4月

バーバモジャ
はりねずみにのみをうつされたのでバーバママにながいけをからられてしまったおばけのバーバパパいっかのおとこのこ 「バーバパパののみたいじ」 アネット・チゾン;タラス・テイラー作;山下明生訳 講談社(バーバパパ・ミニえほん6) 1982年5月

バーバモジャ
みだれたあたまをおねえさんたちになおされてしまったおばけのバーバパパいっかのおとこのこ 「バーバモジャのおしゃれ」 アネット・チゾン;タラス・テイラー作;山下明生訳 講談社(バーバパパ・ミニえほん8) 1977年4月

バーバ・ヤガー
ロシアの小さい女の子マルーシャが森をさまよっているうちに出くわしたおそろしいおばあさん 「バーバ・ヤガー」 アーネスト・スモール文;ブレア・レント画;小玉知子訳 冨山房 1975年12月

バーバ・ヤガー
森の中の草地に建っていた一軒の小屋に住んでいたロシアの山んば 「うるわしのワシリーサ―ロシアの昔話から」 イヴァン・ビリービン絵;田中泰子訳 ほるぷ出版 1986年5月

ババヤガー
もりのなかのにわとりのあしのうえにたったこやにすんでいたババヤガー 「ババヤガーのしろいとり―ロシア民話」 内田莉莎子再話;佐藤忠良画 福音館書店 1973年11月

ババリハばあさん
サルタン王のおきさきになった妹をねたんだ宮殿のはたおり女と料理女の姉さんのみうちのいじのわるいばあさん 「サルタン王ものがたり」 プーシキン作;ゾートフ絵;斎藤公子編 青木書店(斎藤公子の保育絵本) 1985年5月

バーバリブ
じぶんのおもいでをかきあげてほんにしたおばけのバーバパパいっかのおんなのこ 「バーバリブほんをつくる」 アネット・チゾン;タラス・テイラー作;山下明生訳 講談社(バーバパパ・ミニえほん15) 1979年4月

ばばーる
3びきのこどもたちとさるのぜひーるたちをぴくにっくにいかせたぞうのおうさま 「ババールのピクニック」 ローランド・ド・ブリューノフ原作;那須辰造訳 講談社(フランス生まれのババール絵本6) 1966年1月

ばばーる
おおきなみずうみのきしのけしきのいいばしょにせれすとまちというなまえのまちをつくったぞうのくにのおうさま「王さまババール」ジャン・ド・ブリューノフ原作；那須辰造訳　講談社（フランス生まれのババール絵本2）1965年11月

ばばーる
おかあさんがりょうしにうたれたのでおおきなもりからでてまちへいきまちででであったおばさんのいえでくらすことになったぞう「ぞうさんババール」ジャン・ド・ブリューノフ原作；那須辰造訳　講談社（フランス生まれのババール絵本1）1965年11月

ばばーる
おかあさんをてっぽうでうったかりうどからにげだしてにんげんのすむまちへいったぞう「ぞうさんばばーる」ジャン・ド・ブリューノフ原作；鈴木力衛訳　岩波書店（岩波の子どもの本）1956年12月

ばばーる
さんたくろーすのおじさんをさがしによーろっぱへいったぞうのおうさま「ババールとサンタクロース」ジャン・ド・ブリューノフ原作；那須辰造訳　講談社（フランス生まれのババール絵本4）1965年12月

ばばーる
せれすとおうひさまとしんこんりょこうにでかけたぞうのおうさま「ババールの旅行」ジャン・ド・ブリューノフ原作；那須辰造訳　講談社（フランス生まれのババール絵本3）1965年12月

ばばーる
ぞうのくにのおうさま「ババールと子どもたち」ジャン・ド・ブリューノフ原作；那須辰造訳　講談社（フランス生まれのババール絵本5）1966年1月

ババール
いとこのアルチュールとひこうきにのったぞうのおうさま「ババールひこうきにのる」L.ド・ブリュノフ作；しまづさとし訳；おのかずこ文　評論社（ミニ・ババール12）1976年4月

ババール
おおきなもみのきをうちにもってかえったぞうのおうさま「ババールのクリスマスツリー」L.ド・ブリュノフ作；しまづさとし訳；おのかずこ文　評論社（ミニ・ババール3）1975年12月

ババール
おきさきのセレストのたんじょうびにケーキをつくることにしたぞうのおうさま「ババールケーキをつくります」L.ド・ブリュノフ作；しまづさとし訳；おのかずこ文　評論社（ミニ・ババール10）1976年4月

ババール
かぞくをつれてパリへいき小さな赤いかばんにいれたかんむりをなくしてしまったぞうの王さま「ババール王さまのかんむり」ロラン・ド・ブリュノフ作・絵；渡辺茂男文　日本パブリッシング（ビギナーブックシリーズ）1969年1月

ババール
かりゅうどからにげてまちへいきおおがねもちのおばさんにふくやじどうしゃをかってもらってくらしていたぞう「ぞうのババール」ジャン・ド・ブリュノフ作；矢川澄子訳　評論社（評論社の児童図書館・絵本の部屋）1974年10月

はばる

ババール
くるまでピクニックにでかけたぞうのおうさま 「ババールくるまでピクニック」L.ド・ブリュノフ作;しまづさとし訳;おのかずこ文　評論社(ミニ・ババール7)　1976年3月

ババール
こどもたちとスキーへいったぞうのおうさま 「ババールスキーじょうへ」L.ド・ブリュノフ作;しまづさとし訳;おのかずこ文　評論社(ミニ・ババール4)　1975年12月

ババール
ぞうのくにのおうさま 「ババールのにわ」L.ド・ブリュノフ作;しまづさとし訳;おのかずこ文　評論社(ミニ・ババール6)　1976年3月

ババール
ぞうのくにのみやこセレストビルのそうりつきねんにせいだいなはくらんかいをひらくことにしたぞうのおうさま 「ババールのはくらんかい」ロラン・ド・ブリュノフ作;矢川澄子訳　評論社(評論社の児童図書館・絵本の部屋 ぞうのババール8)　1975年10月

ババール
ぞうのまちセレストビルにすむぞうのおうさま 「こんにちはババールいっか」ローラン・ド・ブリュノフ作;久米穣訳　講談社(講談社のピクチュアブック5)　1979年7月

ババール
たんじょうびにもらったえのぐでえをかいたぞうのおうさま 「ババールのえかきさん」L.ド・ブリュノフ作;しまづさとし訳;おのかずこ文　評論社(ミニ・ババール5)　1979年4月

ババール
ちちおやうんどうかいにでるためにトレーニングをはじめたぞうのおうさま 「ババールとスポーツ」L.ド・ブリュノフ作;しまづさとし訳;おのかずこ文　評論社(ミニ・ババール11)　1976年4月

ババール
トランペットをふいておんがくかいをしようとしたぞうのおうさま 「ババールのおんがくかい」L.ド・ブリュノフ作;しまづさとし訳;おのかずこ文　評論社(ミニ・ババール2)　1975年12月

ババール
とりのくにのおうさまシプリヤンからおまねきをうけてとりのしまへいったぞうのおうさま 「ババールとりのしまへ」ロラン・ド・ブリュノフ作;矢川澄子訳　評論社(評論社の児童図書館・絵本の部屋 ぞうのババール7)　1975年10月

ババール
なかよしのおばあさんのにいさんのグリファトンきょうじゅといっしょにどうくつたんけんをしたぞうのおうさま 「ババールとグリファトンきょうじゅ」ロラン・ド・ブリュノフ作;矢川澄子訳　評論社(評論社の児童図書館・絵本の部屋 ぞうのババール9)　1975年10月

ババール
なつやすみにおきさきのセレストとこどもたちをつれてうみべへでかけたぞうのおうさま 「ババールといたずらアルチュール」ロラン・ド・ブリュノフ作;矢川澄子訳　評論社(評論社の児童図書館・絵本の部屋 ぞうのババール6)　1975年6月

ババール
ボンヌトロンプじょうへひっこしをしたぞうのくにのおうさま 「ババールのひっこし」 ロラン・ド・ブリュノフ作;矢川澄子訳 評論社(評論社の児童図書館・絵本の部屋 ぞうのババール10) 1975年10月

ババール
みんなでうみへいったぞうのおうさま 「ババールうみへいく」 L.ド・ブリュノフ作;しまづさとし訳;おのかずこ文 評論社(ミニ・ババール9) 1979年4月

ババール
みんなをつれてキャンプにでかけたぞうのおうさま 「ババールのキャンピング」 L.ド・ブリュノフ作;しまづさとし訳;おのかずこ文 評論社(ミニ・ババール8) 1976年3月

ハービー
森の中にトンネルをほってひみつのかくれがをつくったジャコウネズミのおとこのこ 「ハービーのかくれが」 ラッセル・ホーバン作;リリアン・ホーバン絵;谷口由美子訳 あかね書房 1979年5月

ぱぶろ
むかしから子どものぬけたはをとりにいくことになっているねずみのぺれすがはをとりにいったまずしいおとこの子 「ねずみとおうさま」 コロマ神父文;石井桃子訳;土方重巳絵 岩波書店(岩波の子どもの本) 1953年12月

パブロ
テオのあかんぼうのおとうと 「テオとかいもの」 ビオレタ・デノウ絵・文;こにしまりこ訳 青玄社(テオくんのぼうけんシリーズ8) 1982年11月

パブロ
テオのおとうと 「テオとかぞく」 ビオレタ・デノウ絵・文;小西マリ子訳 青玄社(テオくんのぼうけんシリーズ1) 1984年12月

ハーベイ
フォックスウッドのむらにすむなかよし3にんぐみのハツカネズミのおとこのこ 「いっとうしょうはだあれ」 シンシア・パターソン;ブライアン・パターソン作・絵;三木卓訳 金の星社(フォックスウッドものがたり3) 1986年12月

ハーベイ
フォックスウッドのむらにすむなかよし3にんぐみのハツカネズミのおとこのこ 「つきよのぼうけん」 シンシア・パターソン;ブライアン・パターソン作・絵;三木卓訳 金の星社(フォックスウッドものがたり2) 1986年7月

ハーベイ
フォックスウッドのむらにすむなかよし3にんぐみのハツカネズミのおとこのこ 「レモネードはいかが」 シンシア・パターソン;ブライアン・パターソン作・絵;三木卓訳 金の星社(フォックスウッドものがたり1) 1986年7月

ババティン
スイスの山おくのカンテルドンという村にあるちっちゃな家にすんでいたぬいもののじょうずな女の子 「ナシの木とシラカバとメギの木」 アロイス・カリジェ文・絵;大塚勇三訳 岩波書店 1970年11月

パホーム
じぶんのとちをもってもよくばってもっともっとひろいとちがほしくなったおひゃくしょうさん 「ひとはどれだけのとちがいるか－トルストイ(ロシア)のはなし」 米川和夫文；水氣隆義絵 コーキ出版(絵本ファンタジア9) 1977年4月

パーマーさん
まちでやさいをうってかぞくへのおみやげをかいろばのエベネザーじいさんのひくばしゃにのってかえるとちゅうでいろいろなめにあったぶたのおひゃくしょうさん 「ばしゃでおつかいに」 ウィリアム・スタイグ作；せたていじ訳 評論社(児童図書館・絵本の部屋) 1976年12月

ハーマン
ちいさなおばけのジョージーがすんでいたホイッティカーさんのいえのねこ 「おばけのジョージー」 ロバート・ブライト作・絵；光吉夏弥訳 福音館書店(世界傑作絵本シリーズ・アメリカの絵本) 1978年6月

ハム
ノアの3にんのむすこたちのひとり 「ノアのはこぶね」 クリフォード・ウェッブ文・絵；松居直訳 福音館書店(世界傑作絵本シリーズ・イギリスの絵本) 1973年12月

ハムスター
なんとかしてはこをあけようとするハムスター 「ベンジャミンのはこ」 アラン・ベーカー作・絵；小長谷清実訳 偕成社 1981年7月

ハムスター
やまうずらからこむぎをかしてほしいとたのまれたハムスター 「すずめのまほう」 ニクレビチョーバ作；内田莉莎子文；山中冬児絵 偕成社(世界おはなし絵本20) 1971年1月

ハムスター(ヘラクレス)
ひとりぼっちでパリでそだったセラファン少年の友だちのハムスター 「しらないくにのセラファン」 アラン・グレー文；フィリップ・フィックス絵；弥永みち代訳；大伴昌司文 講談社(世界の絵本フランス) 1972年1月

ハムスター(ヘラクレス)
ひとりぼっちでパリでそだったセラファン少年の友だちのハムスター 「セラファンとにせのセラファン」 アラン・グレー文；フィリップ・フィックス絵；弥永みち代訳；大伴昌司文 講談社(世界の絵本フランス) 1971年12月

ハムスター(ヘラクレス)
ひとりぼっちでパリでそだったセラファン少年の友だちのハムスター 「セラファンの大けっさく」 アラン・グレー文；フィリップ・フィックス絵；弥永みち代訳；大伴昌司文 講談社(世界の絵本フランス) 1971年12月

はや足　はやあし
冒険のたびにでたばかむすこの空とぶ船にのりこんだ七人の仲間たちの一人 「空とぶ船と世界一のばか－ロシアのむかしばなし」 アーサー・ランサム文；ユリー・シュルヴィッツ絵；神宮輝夫訳 岩波書店 1970年11月

はらいっぱい
イ族の村にすんでいたとしよりのふうふが池のほとりにあらわれた白いかみの老人からさずかった九人の子どもの一人 「王さまと九人のきょうだい−中国の民話」 君島久子訳；赤羽末吉絵 岩波書店 1969年11月

バライロガモ
ガンジス川の北部にひろがる湿原にすんでいた鳥で絶滅してしまった動物 「ドードーを知っていますか−わすれられた動物たち」 ショーン・ライス絵；ポール・ライス；ピーター・メイリー文；斉藤たける訳 福武書店 1982年10月

バラバラくん
ザラザラくんとなかよしのおとこのこ 「ザラザラくん、どうしたの？」 バージニア・A.イエンセン作；きくしまいくえ訳 偕成社 1983年1月

バラバラくん
なかよしのザラザラくんとかくれんぼをしてあそんだおとこのこ 「これ、なあに？」 バージニア・A.イエンセン；ドーカス・W.ハラー作；くまがいいくえ訳 偕成社 1979年1月

ハラルド
いけにほかのこどもがいないのでこぶたのインゲとことりのフィリップと3にんであそんださかなくん 「いっしょにあそぼうよ」 フリードリヒ・カール・ヴェヒター文・絵；尾崎賢治訳 アリス館 1983年3月

ハラルド
ひとりでいるよりほかのこといっしょにあそぶほうがおもしろいのにとおもっていたさかなのこ 「いっしょにあそぼうよ」 フリードリヒ・カール・ヴェヒター文・絵；尾崎賢治訳 アリス館 1978年4月

バランティヌ
あかちゃんがうまれたのでお父さんとるすばんをしたフランスの小学生の女の子 「バランティヌとあかちゃん」 ボリス・モアサール文；ミシェル・ゲイ絵；末松氷海子訳 文化出版局 1983年1月

バランティヌ
いとこの3人組と草原にアシの屋根の小屋をつくってキャンプをしたフランスの小学生の女の子 「バランティヌの夏休み」 ボリス・モアサール文；ミシェル・ゲイ絵；末松氷海子訳 文化出版局 1983年5月

バランティヌ
お母さんとデパートへ行ってみつけたのら犬にツッキーという名前をつけたフランスの小学生の女の子 「バランティヌと小犬のツッキー」 ボリス・モアサール文；ミシェル・ゲイ絵；末松氷海子訳 文化出版局 1981年12月

バランティヌ
弟のいたずらでかみの毛がぜんぶくっついちゃったので美容院へ行ったフランスの小学生の女の子 「バランティヌのおしゃれ作戦」 ボリス・モアサール文；ミシェル・ゲイ絵；末松氷海子訳 文化出版局 1984年11月

はり

ハリー
うみでなみにまきこまれてかいそうがすっぽりかぶさってしまいうみのそこからでてきたおばけだとおもわれてしまったいぬ 「うみべのハリー」 ジーン・ジオン文;マーガレット・ブロイ・グレアム絵;わたなべしげお訳　福音館書店(世界傑作絵本シリーズ・アメリカの絵本)　1967年6月

ハリー
おおかみがきたといっておとなたちをだましておもしろがっていたおとこのこ 「おおかみがきた！」 イソップ原作;トニー・ロス絵;小沢正訳　フレーベル館　1986年9月

ハリー
おしゃれなきつねのバジルのともだちのもぐら 「ゆかいなバジル ふねをこぐ」 ピーター・ファーミン作・絵;黒沢ひろし訳　金の星社　1980年2月

ハリー
おたんじょうびのプレゼントにおばあちゃんからとどいたばらのもようのセーターがきにいらなかったいぬ 「ハリーのセーター」 ジーン・ジオン文;マーガレット・ブロイ・グレアム絵;わたなべしげお訳　福音館書店(世界傑作絵本シリーズ・アメリカの絵本)　1983年5月

ハリー
おとなりのおばさんがおおきなこえでうたうのをやめさせようといろいろなことをやってみたいぬ 「ハリーのだいかつやく」 ジーン・ジオン作;マーガレット・ブロイ・グレアム絵;森比左志訳　ペンギン社　1982年2月

ハリー
おふろにはいるのがだいきらいでそとへぬけだしてどろだらけになったいぬ 「どろんこハリー」 ジーン・ジオン文;マーガレット・ブロイ・グレアム絵;わたなべしげお訳　福音館書店(世界傑作絵本シリーズ・アメリカの絵本)　1964年3月

ハリー
かしこいきつねのバジルのともだちのもぐら 「ゆかいなバジル ドラゴンたいじ」 ピーター・ファーミン作・絵;黒沢ひろし訳　金の星社　1980年6月

ハリー
しんせつなきつねのバジルのともだちのもぐら 「ゆかいなバジル いえをたてる」 ピーター・ファーミン作・絵;黒沢ひろし訳　金の星社　1979年9月

ハリー
せわずきなきつねのバジルのともだちのもぐら 「ゆかいなバジル くんしょうをもらう」 ピーター・ファーミン作・絵;黒沢ひろし訳　金の星社　1980年3月

ハリー
はたらきもののきつねのバジルのともだちのもぐら 「ゆかいなバジル うみへいく」 ピーター・ファーミン作・絵;黒沢ひろし訳　金の星社　1980年2月

ハリー
はたらきもののきつねのバジルのともだちのもぐら 「ゆかいなバジル ジャングルへいく」 ピーター・ファーミン作・絵;黒沢ひろし訳　金の星社　1979年2月

ハリー
ゆかいなきつねのバジルのともだちのもぐら 「ゆかいなバジル たからさがし」 ピーター・ファーミン作・絵;黒沢ひろし訳 金の星社 1979年6月

バリエ
りょうしにうたれてソニアのいえのまえでたおれていたくま 「しっているのはソニアだけ」 マリー・ジョゼ・サクレ作・.絵;寺村輝夫文 学習研究社(国際版せかいのえほん9) 1985年1月

ハリエットおばさん
オークアプルの森に春がきてはりねずみのスナッフルおばあさんをさそいにきたりすのおばさん 「はりねずみのスナッフルおばあさん」 ジェニー・パートリッジ作;神宮輝夫訳 ティビーエス・ブリタニカ(オークアプルの森のおはなし6) 1982年8月

ハリエットさん
オークアプルの森であつめた山りんごでゼリーをつくったりすのおばさん 「りすのハリエットさん」 ジェニー・パートリッジ作;神宮輝夫訳 ティビーエス・ブリタニカ(オークアプルの森のおはなし8) 1982年8月

ハリーおじさん
てつどうがもうはしっていないたそがれえきにすんでいたなんにんかのとしよりでとてもびんぼうなひとたちのひとりのおじさん 「たそがれえきのひとびと」 チャールズ・キーピング文・絵;わたなべひさよ訳 らくだ出版 1983年11月

はりねずみ
はるになってじめんのなかからかおをだしたはりねずみ 「みんなめをさまして」 アッティリオ・カッシネリ絵;カレン・グントルプ作;岸田衿子訳 ひかりのくに(アッティリオとカレンのえほん) 1972年1月

はりねずみ
まよなかのくらいみちをかぞくそろってさんぽにでかけたとうさんとかあさんとぼうやのはりねずみ 「しずかなおはなし」 サムイル・マルシャーク文;ウラジミル・レーベデフ絵;うちだりさこ訳 福音館書店 1963年12月

はりねずみ
みっかかんもかくれたままのおひさまをさがすたびにでたひよこたちをおつきさまのうちまであんないしたはりねずみ 「そらにかえれたおひさま」 ミラ・ギンズバーグ文;ホセ・アルエーゴ;エーリアン・デューイ絵;さくまゆみこ訳 アリス館 1984年1月

はりねずみ
もりのようふくやにいた5にんのしょくにんのひとりでえりをぬうめいじんのはりねずみ 「もりのようふくや」 オクターフ・パンク=ヤシ文;エウゲーニー・M.ラチョフ絵;うちだりさこ訳 福音館書店 1962年5月

はりねずみ(アルチュール)
エミリーちゃんのうちにいるはりねずみ 「エミリーちゃん」 ドミティーユ・ドゥ・プレサンセ作;箕浦万里子訳 偕成社 1976年5月

はりね

はりねずみ(アルチュール)
エミリーちゃんのうちにいるはりねずみ 「エミリーちゃんとアルチュール」ドミティーユ・ドゥ・プレサンセ作;箕浦万里子訳 偕成社 1976年5月

はりねずみ(イジドーア)
動物たちの学校時代の同窓写真にうつったはりねずみ 「ぼくたちを忘れないで」フリーデル・シュミット;ヴァルトラウト・ランケ作;森村桂訳 CBS・ソニー出版 1978年8月

ハリネズミ(ウィリー)
フォックスウッドのむらにすむなかよし3にんぐみのハリネズミのおとこのこ 「いっとうしょうはだあれ」シンシア・パターソン;ブライアン・パターソン作・絵;三木卓訳 金の星社(フォックスウッドものがたり3) 1986年12月

ハリネズミ(ウィリー)
フォックスウッドのむらにすむなかよし3にんぐみのハリネズミのおとこのこ 「つきよのぼうけん」シンシア・パターソン;ブライアン・パターソン作・絵;三木卓訳 金の星社(フォックスウッドものがたり2) 1986年7月

ハリネズミ(ウィリー)
フォックスウッドのむらにすむなかよし3にんぐみのハリネズミのおとこのこ 「レモネードはいかが」シンシア・パターソン;ブライアン・パターソン作・絵;三木卓訳 金の星社(フォックスウッドものがたり1) 1986年7月

はりねずみ(クンクン)
もりのなかのいえがたきぎにされてしまってあたらしいいえをたてることになったはりねずみ 「がんばりやのクンクン」ダフネ・フォーンス=ブラウン作;フランセス・サッチャー絵;笹川真理子訳 フレーベル館 1982年8月

はりねずみ(スナッフルおばあさん)
オークアプルの森にくらすかしこいはりねずみのおばあさん 「うさぎのロップイアさん」ジェニー・パートリッジ作;神宮輝夫訳 ティビーエス・ブリタニカ(オークアプルの森のおはなし7) 1982年8月

はりねずみ(スナッフルおばあさん)
オークアプルの森に春がきてぼうしに花をつけて町へでかけたはりねずみのおばあさん 「はりねずみのスナッフルおばあさん」ジェニー・パートリッジ作;神宮輝夫訳 ティビーエス・ブリタニカ(オークアプルの森のおはなし6) 1982年8月

はりねずみ(スナッフルおばあさん)
オークアプルの森のはたねずみのグラント大佐のかげろうやしきにお茶によばれたはりねずみのおばあさん 「はたねずみのグラント大佐」ジェニー・パートリッジ作;神宮輝夫訳 ティビーエス・ブリタニカ(オークアプルの森のおはなし2) 1982年7月

ハリネズミ(ティギー・ウィンクル)
やまのなかのいわのなかにすんでいたハリネズミのせんたくやのおばさん 「ティギーおばさんのおはなし」ビアトリクス・ポター作・絵;いしいももこ訳 福音館書店(ピーターラビットの絵本16) 1983年6月

はりねずみ(ピッキー)
ナターンのもりにすむはりねずみ 「うさぎのロマラン」 アラン・グレ文；ルイ・カン絵；いはらじゅんこ訳 ペンタン(ナターンのもりのなかまたち3) 1984年10月

はりねずみ(ヒュー)
ひろい果樹園のすみっこにすんでいたはりねずみの一家のとうさん 「はりねずみのパーティ」 ロウエナ・ストット文；エディス・ホールデン絵；恩地三保子訳 文化出版局 1980年12月

はりねずみ(ヒルダ)
ひろい果樹園のすみっこにすんでいたはりねずみの一家のかあさん 「はりねずみのパーティ」 ロウエナ・ストット文；エディス・ホールデン絵；恩地三保子訳 文化出版局 1980年12月

はりねずみ(ファジペグ)
牛乳やのはりねずみのヘッジのむすこ 「グレー・ラビットスケートにゆく」 アリスン・アトリー作；マーガレット・テンペスト絵；神宮輝夫；河野純三訳 評論社(児童図書館・絵本の部屋 グレー・ラビット1) 1978年12月

はりねずみ(ファジペグ)
牛乳やのはりねずみのヘッジのむすこ 「グレー・ラビットのおたんじょうび」 アリスン・アトリー作；マーガレット・テンペスト絵；河野純三訳 評論社(児童図書館・絵本の部屋 グレー・ラビット7) 1982年9月

はりねずみ(ファジペグ)
牛乳やのはりねずみのヘッジのむすこ 「グレー・ラビットのクリスマス」 アリスン・アトリー作；マーガレット・テンペスト絵；河野純三訳 評論社(児童図書館・絵本の部屋 グレー・ラビット5) 1982年11月

はりねずみ(ファジペグ)
牛乳やのはりねずみのヘッジのむすこ 「グレー・ラビットパーティをひらく」 アリスン・アトリー作；マーガレット・テンペスト絵；神宮輝夫；河野純三訳 評論社(児童図書館・絵本の部屋 グレー・ラビット2) 1978年12月

はりねずみ(ファジペグ)
牛乳やのはりねずみのヘッジのむすこ 「グレー・ラビットパンケーキをやく」 アリスン・アトリー作；マーガレット・テンペスト絵；河野純三訳 評論社(児童図書館・絵本の部屋 グレー・ラビット12) 1983年3月

はりねずみ(ブラウンさん)
おいしいミルクがのみたくてはつかねずみのティムといっしょにバーレビンズのうえんにいったはりねずみ 「ティムとめうしのおおさわぎ」 ジュディ・ブルック作；牧田松子訳 冨山房 1980年9月

はりねずみ(ブラウンさん)
はつかねずみのティムのともだちのはりねずみ 「ティムといかだのきゅうじょたい」 ジュディ・ブルック作；牧田松子訳 冨山房 1979年8月

はりね

はりねずみ(ブラウンさん)
はつかねずみのティムのともだちのはりねずみ 「ティムとひこうせん」 ジュディ・ブルック作;牧田松子訳 冨山房 1979年8月

はりねずみ(ブラッシ)
世界を旅してまわっているはりねずみ 「グレー・ラビットと旅のはりねずみ」 アリスン・アトリー作;マーガレット・テンペスト絵;河野純三訳 評論社(児童図書館・絵本の部屋 グレー・ラビット8) 1981年5月

はりねずみ(ヘイゼル)
ひろい果樹園のすみっこにすんでいたはりねずみの一家のこども 「はりねずみのパーティ」 ロウエナ・ストット文;エディス・ホールデン絵;恩地三保子訳 文化出版局 1980年12

はりねずみ(ヘッジ)
もりの牛乳やのはりねずみ 「グレー・ラビットスケートにゆく」 アリスン・アトリー作;マーガレット・テンペスト絵;神宮輝夫;河野純三訳 評論社(児童図書館・絵本の部屋 グレー・ラビット1) 1978年12月

はりねずみ(ヘッジ)
もりの牛乳やのはりねずみ 「グレー・ラビットのおたんじょうび」 アリスン・アトリー作;マーガレット・テンペスト絵;河野純三訳 評論社(児童図書館・絵本の部屋 グレー・ラビット7) 1982年9月

はりねずみ(ヘッジ)
もりの牛乳やのはりねずみ 「グレー・ラビットのスケッチ・ブック」 アリスン・アトリー作;マーガレット・テンペスト絵;河野純三訳 評論社(児童図書館・絵本の部屋 グレー・ラビット10) 1982年11月

はりねずみ(ヘッジ)
もりの牛乳やのはりねずみ 「グレー・ラビットパーティをひらく」 アリスン・アトリー作;マーガレット・テンペスト絵;神宮輝夫;河野純三訳 評論社(児童図書館・絵本の部屋 グレー・ラビット2) 1978年12月

はりねずみ(ヘッジ)
もりの牛乳やのはりねずみ 「ねずみのラットのやっかいなしっぽ」 アリスン・アトリー作;マーガレット・テンペスト絵;神宮輝夫;河野純三訳 評論社(児童図書館・絵本の部屋 グレー・ラビット3) 1979年11月

はりねずみ(ヘンリイ)
ひろい果樹園のすみっこにすんでいたはりねずみの一家のこども 「はりねずみのパーティ」 ロウエナ・ストット文;エディス・ホールデン絵;恩地三保子訳 文化出版局 1980年12

はりねずみ(ホリイ)
ひろい果樹園のすみっこにすんでいたはりねずみの一家のこども 「はりねずみのパーティ」 ロウエナ・ストット文;エディス・ホールデン絵;恩地三保子訳 文化出版局 1980年12

はりねずみ(ポワンチュ)
のうじょうのにわとりをとろうとしてやってきたきつねのトルースをはりでさしてやっつけたはりねずみ 「はりねずみポワンチュのおてがら」 J.ボダル作;CH.サランビエ絵;黒木義典訳;板谷和雄文 ブック・ローン出版(ファランドールえほん8) 1981年1月

バルー
インドのジャングルでおおかみにそだてられたにんげんのこモーグリをかわいがってくれたくま「ジャングル・ブック」キップリング原作；林陽子文；清水勝絵　世界出版社（ABCブック）1969年9月

パール
あるひがっこうからかえるとちゅうのもりでまじょのかごからおっこちたものいうほねをひろったぶたのむすめ「ものいうほね」ウィリアム・スタイグ作；せたていじ訳　評論社（児童図書館・絵本の部屋）1978年6月

バルサザール
大きな星のひかりについてかみさまの子にあいにいった王さま、イレーヌスのおとうさま「クリスマスのおくりもの」コルネリス・ウィルクスハウス作；リタ・ヴァン・ビルゼン絵；高村喜美子訳　講談社　1978年11月

バルジー
いつも「鉄道はんたーい」とさけんでいる大きな赤いバス「機関車オリバー」ウィルバート・オードリー作；ガンバー・エドワーズ；ピーター・エドワーズ絵；桑原三郎；清水周裕訳　ポプラ社（汽車のえほん24）1980年12月

ヴァルデマール
のうじょうでいつもともだちのおんどりのフランツとねずみのジョニーといっしょにあそんでいるぶた「ぼくたちともだち」ヘルメ・ハイネ作・絵；大島かおり訳　佑学社　1984年9月

バルトーズ母さん　ばるとーずかあさん
赤ちゃんのアントレック坊やが泣いてばかりいるのでもの知りのおばあさんにいわれたとおりに古着から作った九つのぬいぐるみ人形を市場を通りかかる荷馬車の中へひとつひとつ投げこんでいった母さん「九つの泣きべそ人形-ポーランドの民話より」アン・ペロウスキー文；チャールス・ミコライカ絵；岩田みみ訳　ほるぷ出版　1982年11月

バルナバス
古い城あとがのこる町のはずれから町へいって風のうたを町ねずみにおしえてやったねずみ「風のうた-ニュージーランド」シェリル・ジョーダン文・絵；片山和子；平野東海子訳　蝸牛社（かたつむり文庫）1984年12月

バルバーロ
めいれいばかりしておもいのままにさかなたちをうごかすおやぶんさかな「おやぶんさかなバルバーロ」オタ・ヤネチェク絵；木島始詩　佑学社　1983年11月

バルマレイ
アフリカじゅうをかけまわりこどもたちをぱっくりたべるというおそろしいひとくいギャング「おおわるもののバルマレイ」コルネイ・チュコフスキー作；マイ・ミトウリッチ絵；宮川やすえ訳　らくだ出版　1974年12月

パルミーラ
にんげんのふくをきてまちへいったしりたがりやのどうぶつえんのきりん「パルミーラまちへいく」ロゼール・カプデビラ作・.絵；小沢正文　学習研究社（国際版せかいのえほん12）1985年1月

ぱれ

パーレ
あるあさめをさますとせかいでひとりっきりになっていたおとこのこ 「せかいにパーレただひとり」 シースゴール作;ウンガーマン絵;山野辺五十鈴訳 偕成社 1978年8月

パーレ
あるあさめをさますとだれもいなくなったせかいでひとりだけになっていたおとこのこ 「せかいにパーレただひとり」 シースゴール作;西郷竹彦文;太田大八絵 偕成社(世界おはなし絵本16) 1966年1月

ハーレィ
アメリカで牛や馬のようにこくじんのどれいをうりかいしていたしょうにん 「トムじいやのこや」 ストウ夫人原作;角田光男文;村岡登絵 世界出版社(ABCブック) 1970年1月

ハーレキン
カーニバルのおまつりのひにふぞろいなきれをいっぱいぬいつけたふうがわりなふくをきていたおとこのこ 「カーニバルのおくりもの」 レミイ・シャーリップ;バートン・サプリー作;レミイ・シャーリップ絵;内田莉莎子訳 福音館書店(世界傑作絵本シリーズ・アメリカの絵本) 1984年7月

バレンティさん
ワニのライルとむかしいっしょに舞台にでていた男の人 「ワニのライル、おかあさんをみつける」 バーナード・ウェーバー作;小杉佐恵子訳 大日本図書(ワニのライルのおはなし5) 1984年9月

バレンティさん
ワニのライルを子ワニのときからそだてて芸をおしえた舞台と映画のスターの男の人 「ワニのライルがやってきた」 バーナード・ウェーバー作;小杉佐恵子訳 大日本図書(ワニのライルのおはなし1) 1984年7月

バンティさん
ワニのライルとむかしいっしょに舞台にでていた男の人 「ワニのライル、動物園をにげだす」 バーナード・ウェーバー作;小杉佐恵子訳 大日本図書(ワニのライルのおはなし2) 1984年7月

バレンティン
いつまでもしおれずにいるきれいなものをあげてママをしあわせにしてあげようとおもったおとこのこ 「バレンティンのおくりもの」 マリー・ジョゼ・サクレ作・絵;長浜宏訳 佑学社(オーストリア創作絵本シリーズ5) 1978年4月

バレンティン
リーザという女の子と草はらにかこまれたいえにすんでいたねこでいろいろなどうぶつたちのことばをはなすことができたねこ 「ねこのバレンティン」 スージー・ボーダル作;与田静訳 偕成社 1978年12月

はろるど
あるばんふっとむらさきのくれよんといっしょにつきよのさんぽがしたくなったおとこのこ 「はろるどとむらさきのくれよん」 クロケット・ジョンソン作;岸田衿子訳 文化出版局 1972年6月

はろるど
あるばんべっどからぬけだしてむらさきいろのくれよんとつきといっしょにまほうのにわへさんぽにいったおとこのこ 「はろるどまほうのくにへ」 クロケット・ジョンソン作;岸田衿子訳 文化出版局 1972年6月

はろるど
むらさきいろのくれよんでかべにえをかきたくなったおとこのこ 「はろるどのふしぎなぼうけん」 クロケット・ジョンソン作;岸田衿子訳 文化出版局 1971年11月

ハロルド
ちっちゃいころからあしがにょきにょきのびだしてウシくらいおおきくなったでかウサギ 「ひとりぼっちのでかウサギ」 ビル・ピート作・絵;山下明生訳 佼成出版社(ピートの絵本シリーズ9) 1982年5月

ハロルド
みなとではたらいていたパーシーのあたまのうえをとんでいたうるさいヘリコプター 「ちびっこ機関車パーシー」 ウィルバート・オードリー作;レジナルド・ドールビー絵;桑原三郎;清水周裕訳 ポプラ社(汽車のえほん11) 1974年7月

ハワイオーオー
ハワイにすんでいた鳥で絶滅してしまった動物 「ドードーを知っていますか―わすれられた動物たち」 ショーン・ライス絵;ポール・ライス;ピーター・メイリー文;斉藤たける訳 福武書店 1982年10月

バン
マリアンちゃんのつくったおもちゃのようなふねにのってかわをくだってちいさいしまにいったにわとり 「ピクニックにいかない?」 マグリット・ヘイマン作・絵;関根栄一文 エミール館 1979年11月

パン
おじいさんとおばあさんのうちからころころころがってってひろいせけんへでていったパン 「パンはころころ―ロシアのものがたり」 マーシャ・ブラウン作;八木田宜子訳 冨山房 1976年12月

ハンカ・マンカ
にんぎょうのルシンダとジェインがすむにんぎょうのいえにはいっていったねずみのトム・サムのおかみさん 「2ひきのわるいねずみのおはなし」 ビアトリクス・ポター作・絵;いしいももこ訳 福音館書店(ピーターラビットの絵本7) 1972年5月

ハンク
西部のサボテン州にいたカウボーイで名馬キャリコの飼い主 「名馬キャリコ」 バージニア・リー・バートン絵・文;せたていじ訳 岩波書店(岩波の子どもの本) 1979年11月

ぱんく
たっぷすおばあさんとあひるのぽんくとぶたのぴんくといっしょにいえからおいだされることになったいぬ 「もりのおばあさん」 ヒュウ・ロフティング文;光吉夏弥訳;横山隆一絵 岩波書店(岩波の子どもの本) 1954年9月

はんく

バングス
へんてこりんなはなしばかりしている女の子サムの家にいるかしこい年よりねこ 「へんてこりんなサムとねこ」 エヴァリン・ネス作・絵；猪熊葉子訳 佑学社（アメリカ創作絵本シリーズ24） 1981年10月

パンクラス
かめのシャルロットとかけっこをすることになったきつね 「かめのシャルロット」 アラン・グレ文；ルイ・カン絵；しょうじかずこ訳 DEMPAペンタン（ナターンのもりのなかまたち6） 1986年4月

パンクラス
ナターンのもりにすむキツネ 「うさぎのロマラン」 アラン・グレ文；ルイ・カン絵；いはらじゅんこ訳 ペンタン（ナターンのもりのなかまたち3） 1984年10月

パンケーキ
かあさんがやいていたなべからとびだしてくいしんぼうの7にんのこどもたちからにげてきたパンケーキ 「パンケーキのはなし－ノルウェーのはなし」 山室静文；福田岩緒絵 コーキ出版（絵本ファンタジア4） 1977年4月

パンケーキ
じぶんでひっくりかえってフライパンのそとにでてころがってみちにでていったパンケーキ 「ころころパンケーキ－ノルウェー民話」 アスビヨルン；モー文；スヴェン・オットー絵；山内清子訳 偕成社 1983年12月

ばんけん（いぬ）
のみのぴょんたとぴんこのうちになりふたりにたすけられてどろぼうをやっつけたおくびょうなばんけん 「のみさんおおてがら」 ロバート・タロン文・絵；山本けい子訳 ぬぷん児童図書出版（でかとちび2） 1984年3月

バンコ
それはそれはおおむかしこのよがこんとんとしてまっくらやみでまるでおおきなたまごのようだったなかであるひのことたちあがっててんとちをつくったかみさま 「てんちをつくったバンコ（中国の神話）」 君島久子再話；宮本忠夫絵 フレーベル館（キンダーおはなしえほん） 1986年1月

パンジー
とってもきれいなママレード色のねこオーランドーのこどもの三毛のこねこ 「ねこのオーランドー」 キャスリーン・ヘイル作・画；脇明子訳 福音館書店（世界傑作絵本シリーズ・イギリスの絵本） 1982年7月

はんじさん
おそろしいものがだんだんちかづいてくるといった5にんのしゅうじんをみんなうそつきだといってろうやゆきにしたはんじさん 「はんじさん」 ハーヴ・ツェマック文；マーゴット・ツェマック絵；木庭茂夫訳 冨山房 1975年6月

ハンス
おむこさんさがしをしているおひめさまのはなしをきいておしろへいったおひゃくしょうさんのさんにんきょうだいのむすこたちのすえむすこ 「ハンスのみそっかす」 H.C.アンデルセン原作；ウルフ・ロフグレン絵；木村由利子訳 フレーベル館 1983年6月

ハンス
クッデルバッハの町でやさしい犬どろぼうのフーゴのてつだいをした男の子 「やさしい犬どろぼうのお話」 K.ブランドリ;B.シュタウファー作;H.アルテンブルガー画;渡辺和雄訳 小学館(世界の創作童話9) 1979年12月

ハンス
ちょっと目をはなすとむれからはなれていってしまう黒い羊にこまりはてていた羊かいのむすこ 「黒い羊のおくりもの」 ジタ・ユッカー絵;エリザベート・ヘック作;ウィルヘルム・きくえ訳 太平社 1985年11月

ハンス
フリッツという男の子がつかまえて家にもってかえったいたずらものの子ガラス 「いたずらカラスのハンス」 ヴィルヘルム・ブッシュ文・絵;上田真而子訳 岩波書店 1986年4月

ハンス
ほうこうしてしゅじんにもらったきんのかたまりをうまやめうしやぶたとつぎつぎととりかえてたびをつづけたわかもの 「しあわせハンス-グリム童話」 フェリクス・ホフマン絵;せたていじ訳 福音館書店(世界傑作絵本シリーズ・スイスの絵本) 1976年10月

ハンス
ゆきのひにぴったりとよりそってきにとまっていた三ばのすずめの一わ 「三ばのすずめ」 スージー・ボーダル絵;クリスティアン・モルゲンシュテルン詩;虎頭恵美子訳 偕成社 1977年1月

ハンス
風車小屋でひとりぼっちでくらしているのがさびしくて友だちをさがすために旅に出たこなひきの男 「ひとりぼっちのハンス」 バーナデット・ワッツ絵・文;宮下啓三訳 講談社(世界の絵本スイス) 1972年3月

ハンス(おとこのこ)
おまじないをとなえるとけむくじゃらのおおぐまになりみんなからこわがられてなんでもできるようになるおとこのこ 「ぼくはおおきなくまなんだ」 ヤーノシュ作;楠田枝里子訳 文化出版局 1979年8月

ハンス・カリポリカリ
ゆうめいになりたくてみんなとちがったことをすることにしたうさぎ 「スーパーうさぎ」 ヘルメ・ハイネ作・絵;矢川澄子訳 佑学社(ヨーロッパ創作絵本シリーズ31) 1979年6月

ハンス=ブンティング　はんすぶんていんぐ
ハーメルンの町にあらわれたまっ赤なマントをはおりながい羽のついた赤いぼうしをかぶった旅の楽士 「ハーメルンのふえふき-ドイツの伝説」 アンネゲルト・フックスフーバー絵;小澤俊夫文 偕成社 1985年12月

バンセス
たかいまどからしたにおちてしまったかわいいぬいぐるみのこぐま 「バンセスきをつけて」 ヤン・モーエセン作・絵;矢崎節夫訳 フレーベル館 1985年2月

バンセス
マリーがもっているかわいいぬいぐるみのこぐま 「バンセスのクリスマス」 ヤン・モーエセン作・絵;矢崎節夫訳 フレーベル館 1984年11月

バンセス
マリーにでんしゃのなかにわすれられてしまったかわいいぬいぐるみのこぐま 「バンセスのともだち」ヤン・モーエセン作・絵;矢崎節夫訳 フレーベル館 1985年1月

ハンダ
学校へいくのに馬がほしいといったむすこのケブラのために馬のたまごを買いにでかけた男 「馬のたまご―バングラデシュの民話」ビプラダス・バルア再話;アブル・ハシム・カーン絵;田島伸二訳 ほるぷ出版 1985年5月

パンダ
ちゅうごくのふかいやまのなかのもりでうまれたあかちゃんパンダ 「パンダ」スーザン・ボナーズ作・絵;やまぬしとしこ訳 佑学社 1984年1月

パンダ
山のなかにひとりぼっちですんでいてある日自分は白地のクマなのか黒地のクマなのかがきになって人間たちのすむ山すそへとくだっていったパンダの子 「パンダってなんだ―そこでパンダは旅にでた」マイケル・フォアマン作;麻生九美訳 評論社(児童図書館・絵本の部屋) 1979年10月

パンダ(ノーバディ)
動物たちの最後の楽園ないない谷の市長のジャイアントパンダ 「ないない谷の物語1 ようこそないない谷へ」インマ・ドロス;ハリー・ギーレン文;マイケル・ジュップ絵;舟崎克彦訳 ブック・ローン出版 1982年11月

パンダ(パンディ)
おいしゃさまになっておもちゃやかあさんをみてあげたパンダのおとこのこ 「パンディはおいしゃさま」トニー・ウルフ作;おかもとはまえ訳 ブック・ローン出版(パンダのパンディえほん10) 1982年6月

パンダ(パンディ)
おうちでたんけんかになってあそんだパンダのおとこのこ 「パンディはたんけんか」トニー・ウルフ作;おかもとはまえ訳 ブック・ローン出版(パンダのパンディえほん) 1982年5月

パンダ(パンディ)
おそとであそんでどろだらけになったパンダのおとこのこ 「パンディとどろんこ」トニー・ウルフ作;おかもとはまえ訳 ブック・ローン出版(パンダのパンディえほん) 1982年5月

パンダ(パンディ)
つもったゆきでゆきだるまやおうちをつくったパンダのおとこのこ 「パンディとゆき」トニー・ウルフ作;おかもとはまえ訳 ブック・ローン出版(パンダのパンディえほん6) 1982年6月

パンダ(パンディ)
はこにタイヤをかいてじどうしゃをつくってあそんだパンダのおとこのこ 「パンディはドライバー」トニー・ウルフ作;おかもとはまえ訳 ブック・ローン出版(パンダのパンディえほん) 1982年6月

パンダ(パンディ)
はこをつなげてきしゃをつくってきかんしさんになったパンダのおとこのこ 「パンディはきかんし」トニー・ウルフ作;おかもとはまえ訳 ブック・ローン出版(パンダのパンディえほん8) 1982年6月

パンダ（パンディ）
ふうせんのかいじゅうとたたかったパンダのおとこのこ 「パンディはつよいせんし」 トニー・ウルフ作；おかもとはまえ訳 ブック・ローン出版（パンダのパンディえほん） 1982年5月

パンダ（パンディ）
ふねでうみにでていったらどうなるだろうとおもったパンダのおとこのこ 「パンディとうみ」 トニー・ウルフ作；おかもとはまえ訳 ブック・ローン出版（パンダのパンディえほん） 1982年6月

パンダ（パンディ）
ボールであそんだパンダのおとこのこ 「パンディとボール」 トニー・ウルフ作；おかもとはまえ訳 ブック・ローン出版（パンダのパンディえほん） 1982年5月

パンダ（パンディ）
まほうつかいになったゆめをみたパンダのおとこのこ 「パンディはまほうつかい」 トニー・ウルフ作；おかもとはまえ訳 ブック・ローン出版（パンダのパンディえほん12） 1982年6月

パンダ（パンディ）
ゆきのひにえさがみつけられなかったすずめにパンくずをあげたパンダのおとこのこ 「パンディとすずめ」 トニー・ウルフ作；おかもとはまえ訳 ブック・ローン出版（パンダのパンディえほん3） 1982年5月

パンダ（パンディ）
わんくんやねこちゃんたちとサーカスをしたパンダのおとこのこ 「パンディのサーカス」 トニー・ウルフ作；おかもとはまえ訳 ブック・ローン出版（パンダのパンディえほん） 1982年6月

パンダぼうや
ながいひこうきのたびをしてちゅうごくからどうぶつえんにやってきたパンダのぼうや 「パンダくんこんにちは」 M.サザーランド文；J.ヒューズ絵；増井光子訳 冨山房 1980年4月

バンタム
デュモレさんののうじょうにいたにわとりのむれのなかでたった1わめだってからだのちいさなちゃぼ 「ちゃぼのバンタム」 ルイーゼ・ファティオ作；ロジャー・デュボアザン絵；乾侑美子訳 佑学社 1979年1月

ハンツ
ブルーノがかっているからす 「こづつみになってたびをしたブルーノのはなし」 アーヒム・ブローガー作；ギーゼラ・カーロウ絵；与田静訳 偕成社 1982年2月

バンティ
テムズがわのかわしもにあるとおりにやってきてふるぼけたちくおんきでレコードをかけておかねをもらっていたむかしはふなのりだったというおじいさん 「アルフィーとフェリーボート」 チャールズ・キーピング絵・文；じんぐうてるお訳 らくだ出版 1971年11月

パンディ
おいしゃさまになっておもちゃやかあさんをみてあげたパンダのおとこのこ 「パンディはおいしゃさま」 トニー・ウルフ作；おかもとはまえ訳 ブック・ローン出版（パンダのパンディえほん10） 1982年6月

ぱんて

パンディ
おうちでたんけんかになってあそんだパンダのおとこのこ 「パンディはたんけんか」 トニー・ウルフ作;おかもとはまえ訳 ブック・ローン出版(パンダのパンディえほん) 1982年5

パンディ
おそとであそんでどろだらけになったパンダのおとこのこ 「パンディとどろんこ」 トニー・ウルフ作;おかもとはまえ訳 ブック・ローン出版(パンダのパンディえほん) 1982年5月

パンディ
つもったゆきでゆきだるまやおうちをつくったパンダのおとこのこ 「パンディとゆき」 トニー・ウルフ作;おかもとはまえ訳 ブック・ローン出版(パンダのパンディえほん6) 1982年6月

パンディ
はこにタイヤをかいてじどうしゃをつくってあそんだパンダのおとこのこ 「パンディはドライバー」 トニー・ウルフ作;おかもとはまえ訳 ブック・ローン出版(パンダのパンディえほん) 1982年6月

パンディ
はこをつなげてきしゃをつくってきかんしさんになったパンダのおとこのこ 「パンディはきかんし」 トニー・ウルフ作;おかもとはまえ訳 ブック・ローン出版(パンダのパンディえほん8) 1982年6月

パンディ
ふうせんのかいじゅうとたたかったパンダのおとこのこ 「パンディはつよいせんし」 トニー・ウルフ作;おかもとはまえ訳 ブック・ローン出版(パンダのパンディえほん) 1982年5月

パンディ
ふねでうみにでていったらどうなるだろうとおもったパンダのおとこのこ 「パンディとうみ」 トニー・ウルフ作;おかもとはまえ訳 ブック・ローン出版(パンダのパンディえほん) 1982年6月

パンディ
ボールであそんだパンダのおとこのこ 「パンディとボール」 トニー・ウルフ作;おかもとはまえ訳 ブック・ローン出版(パンダのパンディえほん) 1982年5月

パンディ
まほうつかいになったゆめをみたパンダのおとこのこ 「パンディはまほうつかい」 トニー・ウルフ作;おかもとはまえ訳 ブック・ローン出版(パンダのパンディえほん12) 1982年6月

パンディ
ゆきのひにえさがみつけられなかったすずめにパンくずをあげたパンダのおとこのこ 「パンディとすずめ」 トニー・ウルフ作;おかもとはまえ訳 ブック・ローン出版(パンダのパンディえほん3) 1982年5月

パンディ
わんくんやねこちゃんたちとサーカスをしたパンダのおとこのこ 「パンディのサーカス」 トニー・ウルフ作;おかもとはまえ訳 ブック・ローン出版(パンダのパンディえほん) 1982年6

バンティングおばさん
村のお店のおばさん 「大うさぎのヘアーとイースターのたまご」 アリスン・アトリー作；マーガレット・テンペスト絵；河野純三訳 評論社（児童図書館・絵本の部屋 グレー・ラビット9） 1983年3月

パンプキン
おきにいりのいすのうえでねむりながらいろんなところへいってねむるゆめをみたねこ 「パンプキンのゆめのたび」 ショーン・ライス絵；ポール・ライス文；斉藤たける訳 福武書店 1984年12月

パンプキンさん
がちょうのおじょうさんのペチューニアをかっているのうじょうのおひゃくしょう 「ペチューニアのクリスマス」 ロジャー・デュボアザン作・絵；乾侑美子訳 佑学社（がちょうのペチューニアシリーズ7） 1978年12月

パンプキンさん
がちょうのペチューニアのうたをつくってうたっていたのうじょうのおとうさん 「ペチューニアのうた」 ロジャー・デュボアザン作・絵；乾侑美子訳 佑学社（がちょうのペチューニアシリーズ5） 1978年7月

パンプキンさん
たくさんのどうぶつをかっているのうじょうのおとこのひと 「ベロニカとバースデープレゼント」 ロジャー・デュボアザン作・絵；神宮輝夫訳 佑学社（かばのベロニカシリーズ5） 1979年5月

ハンフリー
かがくしゃにつかまえられて月へいくうちゅうカプセルのなかにいれられたねずみ 「ねずみのアーサー月へいく？」 グレアム・オークリー作・絵；亀山龍樹訳 ポプラ社（世界のほんやくえほん6） 1977年6月

ハンフリー
ジャングルをでてりょこうにいったトラのジュリアスたちがさばくのオアシスであったしんせつなラクダ 「しんせつなラクダのハンフリー」 ダイアン・エルスン文・絵；河津千代訳 アリス館牧新社 1975年12月

ハンフリー
そうぞうしいまちのせいかつがいやになってなかまたちといいなかでしゅうまつをすごすことにしたねずみ 「ねずみのアーサーそらをとぶ」 グレアム・オークリー作・絵；亀山龍樹訳 ポプラ社（世界のほんやくえほん7） 1977年9月

ハンフリー
なかまたちとすんでいたきょうかいのものおきべやのやねをなおすためにはいゆうになることにしたねずみ 「ねこのサムソンみなみのしまへ」 グレアム・オークリー作・絵；亀山龍樹訳 ポプラ社（世界のほんやくえほん5） 1976年12月

パンプルムーズ
もりの木がきられてしまったのですむところがなくなってしまった8ひきのこざるたちのおかあさん 「きりんのセシリーと9ひきのさるたち」 H.A.レイ文・絵；光吉夏弥訳 メルヘン社 1981年8月

はんふ

バンブレック
ケックのむらで大あくびをしたちび「ドクタースースのねむたい本」ドクタースース作；渡辺茂男訳 日本パブリッシング 1971年1月

ハンマーさん
くにのおうさまみたいなひと「イギリスりょこう」バッティル・アルムクビスト絵・文；やまのうちきよこ訳 徳間書店（げんしじんヘーデンホスシリーズ8） 1974年11月

パンやのおじさん
チクチクむらにとんできた4ひゃくまんびきのハチのたいぐんをおおきなジャム・サンドをつくってわなにかけようといったパンやのおじさん「ジャイアント・ジャム・サンド」ジョン・ヴァーノン・ロード文・絵；安西徹雄訳 アリス館 1976年4月

【ひ】

ひ
じぶんをにくんだりほめたりしてにんげんってまるっきりわからないひ「わたしはひ」サンチェス；パチェーコ作；ボイス絵；中山知子；菊池亘訳 文研出版（文研世界の絵本 科学の絵本） 1976年3月

ひ
ひつじかいからおおかみをなぐってくれないこんぼうをやいておくれよとたのまれたひ「ひつじかいとうさぎ-ラトビア民話」うちだりさこ再話；スズキコージ画 福音館書店 1975年9月

ピア
太陽にだきしめられてみごもったティオーナがうんだふたごのむすこのひとり「太陽の子どもたち」ジャン・カルー文；レオ・ディロン；ダイアン・ディロン画；渡辺茂男訳 ほるぷ出版 1982年2月

ヒアワーサ
四ひゃくねんまえのアメリカにいたインディアンのえいゆう「ヒアワーサものがたり-アメリカみんわ」小沢正文；水四澄子絵 世界出版社（ABCブック） 1970年1月

ぴいぴい
おひゃくしょうがおっことしたつぼへとんできてはえといっしょにくらしはじめたか「ちいさなお城」A.トルストイ再話；E.ラチョフ絵；宮川やすえ訳 岩崎書店（えほん・ドリームランド14） 1982年2月

ピエリノ
おじいさんにかってもらったひよこにアルビナとなづけてめんどりになるまでそだてたおとこのこ「げんきかい？アルビナ」アントネラ・ボリゲール=サベリ作；友近百合枝訳 ほるぷ出版 1979年3月

ピエール
ただひとつ「ぼく、しらない！」しかいわないおとこのこ「ピエールとライオン」モーリス・センダック作；神宮輝夫訳 冨山房 1986年8月

ピエロ
アメリカからいえにやってきたブランディというコンクールでなんどもゆうしょうしているかわいいいぬとともだちになったいぬ 「アメリカからきたいぬのブランディ」 マリアンヌ・サンクレール作;フィリップ・サランビエ絵;黒木義典訳;板谷和雄文 ブックローン出版(ファランドールえほん5) 1984年1月

ピエロ
かいぬしにすてられたみっともないこいぬのシンプをひろってくれたサーカスのピエロ 「たいほうだまシンプ」 ジョン・バーニンガム作;大川弘子訳 ほるぷ出版 1978年3月

火おとこ　ひおとこ
炎のようなまっ赤な上着に赤いとんがりぼうしのこびとで水をひあがらせてしまうおとこ 「雨ひめさまと火おとこ」 テオドール・シュトルム作;ヤン・クドゥラーチェク絵;塩屋竹男訳 佑学社(世界の名作童話シリーズ) 1978年10月

ビーカー教授　びーかーきょうじゅ
少年記者タンタンとハドック船長の友人の学者 「ななつの水晶球」 エルジェ作;川口恵子訳 福音館書店(タンタンの冒険旅行6) 1985年10月

ビーカー教授　びーかーきょうじゅ
宝さがしに出たタンタンたちの船に海底探検用の小型潜水艦をもって乗りこんできた教授 「レッド・ラッカムの宝」 エルジェ作;川口恵子訳 福音館書店(タンタンの冒険旅行4) 1983年10月

ビーカー教授　びーかーきょうじゅ
誘拐されてペルー行きの貨物船に乗せられた教授 「太陽の神殿」 エルジェ作;川口恵子訳 福音館書店(タンタンの冒険旅行7) 1985年10月

東の人びと　ひがしのひとびと
川のほとりのウインロックとよばれるちいさな村で川の東と西にわかれてすんでいた人びとで西の人びとといがみあってばかりいた東の人びと 「川をはさんでおおさわぎ」 ジョーン・オッペンハイム文;アリキ・ブランデンバーグ絵;ひがしはじめ訳 アリス館 1981年5月

ひかり
しあわせのあおいとりをさがしにいったチルチルとミチルにまほうつかいのおばあさんがつけてやったおとも 「あおいとり」 メーテルリンク原作;富盛菊枝文;牧村慶子絵 世界出版社(ABCブック) 1970年1月

ひかり
ふくろうのサムとそらにいろんなじをかいてあそんだいたずらほたる 「サムといたずらほたる」 ピー・ディー・イーストマン作・絵;小堀杏奴文 日本パブリッシング(ビギナーシリーズ) 1968年1月

光　ひかり
幸せの青い鳥をさがす旅にでたチルチルとミチルについてきた人間の姿をした光 「青い鳥」 メーテルリンク原作;太刀掛秀子著 集英社 1983年4月

ひかり

ひかりのせい
しあわせの青いとりをさがすたびにでたチルチルとミチルのみちあんないをしてくれたひかりのせい 「青い鳥」メーテルリンク原作；中村真一郎文；久保田あつ子絵 講談社（講談社の絵本1） 1978年11月

ピグウィグ
気ぐらいの高いぶたのマティルダに恋をして自分がばかじゃないことをわかってもらうためにりっぱなぼうしを作ってかぶってみせたぶた 「ぶたのピグウィグ」ジョン・ダイク作；八木田宜子訳 文化出版局 1980年12月

ビクター
うさぎのおんなのこモリスのおにいさん 「モリスのまほうのふくろ」ローズマリー・ウエルズ作；大庭みな子訳 文化出版局 1977年11月

ビクトリア
スマイスのおくさんとむすこのチャールズといっしょにこうえんにさんぽにいったいぬ 「こうえんのさんぽ」アンソニー・ブラウン作・絵；谷川俊太郎訳 佑学社（ヨーロッパ創作絵本シリーズ34） 1980年2月

ビクトール
アフリカのジャングルでうまれたかばでからだにちっちゃなはねがありそらをとぶことができるかば 「かばのビクトール」ギ・クーンハイエ作；マリー＝ジョゼ・サクレ絵；佐々木元訳 フレーベル館 1982年7月

ピクニク
コアラのにんぎょうをいっぱいつくってまちへうりにいったコアラのおとこのこ 「にんぎょういかが」ガブリエル・バンサン絵；森比左志文 ブックローン出版（ちいさなコアラシリーズ） 1984年11月

ピクニク
へいの下でかおをあらったりかみをとかしていたのをこどもたちにみられたコアラのおとこのこ 「ねえこっちむいて」ガブリエル・バンサン絵；森比左志訳 ブックローン出版（ちいさなコアラピクニクシリーズ） 1984年11月

ピクニク
ゆきのうえのあしあとをみながらロザリーおばあさんのうちまでてぶくろをとどけてあげたコアラのおとこのこ 「またきていい」ガブリエル・バンサン絵；森比左志訳 ブックローン出版（ちいさなコアラピクニクシリーズ） 1984年11月

ピクルズ
小さいかわいらしいざっかやのおみせをやっていたテリアしゅのりょう犬 「「ジンジャーとピクルズや」のおはなし」ビアトリクス・ポター作・絵；いしいももこ訳 福音館書店（ピーターラビットの絵本12） 1973年1月

ビケット
ミミというおんなのこのうちでかわれることになりきしゃにのってやってきたやぎ 「しろいやぎビケット」フランソワーズ絵・文；曽野綾子訳 講談社（世界の絵本アメリカ） 1971年7月

ひげはかせ
ふしぎなくるまムクムクといつもいっしょにでかけるはつめいか 「ふしぎなくるまムクムクーまいごのひこうきをすくえ」 ジョン・シェリダン文；マルコム・リビングストン画；久米みのる訳　金の星社　1981年12月

ひげはかせ
ふしぎなくるまムクムクとくらしているはつめいか 「ふしぎなくるまムクムクーうみをよごすのはだれだ」 ジョン・シェリダン文；マルコム・リビングストン画；久米みのる訳　金の星社　1981年9月

ひげはかせ
ふしぎなくるまワイルドカーのムクムクがともだちになったはつめいか 「ふしぎなくるまムクムクーまちはくるまでいっぱい」 ジョン・シェリダン文；マルコム・リビングストン画；久米みのる訳　金の星社　1981年8月

ピーコ
マーヤというおんなのこがおとうさんからおみやげにもらったおきにいりのひよこ 「ピーコはすてきなおともだち」 メルセ・C.ゴンザレス作；アグスティ・A.サウリ絵；浜祥子文　学習研究社（国際版せかいのえほん22）　1985年1月

ひこうき
パイロットのスモールさんにそうじゅうされてそらをとぶちいさいひこうき 「ちいさいひこうき」 ロイス・レンスキー文・絵；わたなべしげお訳　福音館書店（世界傑作絵本シリーズ）　1971年7月

ビースト（おうじ）
いじわるなようせいにまほうをかけられてけだもののすがたにされていたおうじ 「ビューティとビースト」 ベラ・サウスゲイト再話；エリック・ウインター絵；秋晴二；敷地松二郎訳編　アドアンゲン　1974年6月

ピゼッティさん
ジャングルの川をでてまちにきたかばのホレーショといっしょにえんそうをしてにんきものになったピアニスト 「まちへいったかばのホレーショ」 マイケル・フォアマン作・絵；竹村美智子訳　佑学社（ヨーロッパ創作絵本シリーズ3）　1978年3月

ピーター
6さいのたんじょう日に自転車をもらって牛乳屋さんやチーズ屋さんからむかしの自転車の話をきいた男の子 「ピーターの自転車」 ヴァージニア・アレン・イェンセン文；イブ・スパン・オルセン絵；木村由利子訳　文化出版局　1980年7月

ピーター
アーチーのともだちのおとこのこ 「いきものくらべ！」 エズラ・ジャック・キーツ作・画；木島始訳　偕成社（キーツの絵本）　1979年7月

ピーター
アーチーのともだちのおとこのこ 「やあ、ねこくん！」 エズラ・ジャック・キーツ作・画；木島始訳　偕成社（キーツの絵本）　1978年12月

ぴた

ピーター
あかちゃんのいもうとのレナなんかきらいだとおもったおとこのこ 「ぼくのあかちゃん」 リンドグレーン作;ヴィークランド絵;いしいみつる訳 ぬぷん児童図書出版(ぬぷん絵本シリーズ1) 1982年3月

ピーター
あきちでみつけたモーターバイクのかぜよけめがねをおおきなおとこのこたちにとりあげられそうになったおとこのこ 「ピーターのめがね」 エズラ・ジャック・キーツ作・画;木島始訳 偕成社(キーツの絵本) 1975年11月

ピーター
アナグマ・トミーにさらわれた子どもたちをさがしてキツネどんのいえにいってしまったうさぎ 「キツネどんのおはなし」 ビアトリクス・ポター作・絵;いしいももこ訳 福音館書店(ピーターラビットの絵本13) 1974年2月

ピーター
アムステルダムのうんがのほとりにたつおうちのなかであるひぬいものにつかうゆびぬきをかくしてあそぶことにしたさんにんきょうだいのおとこのこ 「ゆびぬきをさがして」 フィオナ・フレンチ文・絵;かたおかひかる訳 らくだ出版 1983年11月

ピーター
あるばんベッドのなかでふたごのきょうだいのポールともうじゅうがりのけいかくにむちゅうになったおとこのこ 「たんけんごっこ」 竹田裕子文;ルドルフ・ルケシュ絵 岩崎書店(世界の絵本2) 1976年1月

ピーター
いもうとのレナをがっこうへつれていった八さいのおにいちゃん 「わたしもがっこうへいきたいわ」 リンドグレーン作;ヴィークランド絵;いしいみつる訳 ぬぷん児童図書出版(ぬぷん絵本シリーズ2) 1982年6月

ピーター
エミーとなかよしのおないどしのおとこのこ 「ピーターとエミーはちがうよ」 グニラ・ボルデ作;たかむらきみこ訳 偕成社(エミーちゃんシリーズ) 1977年1月

ピーター
おかあさんときょうだいたちといっしょに大きなもみの木のしたにすんでいたいたずらっこのうさぎ 「ピーターラビットのおはなし」 ビアトリクス・ポター作・絵;いしいももこ訳 福音館書店(ピーターラビットの絵本1) 1971年11月

ピーター
おかあさんときょうだいといっしょに大きなもみの木のしたにすんでいたいたずらっこのうさぎ 「ベンジャミン・バニーのおはなし」 ビアトリクス・ポター作・絵;いしいももこ訳 福音館書店(ピーターラビットの絵本2) 1971年11月

ピーター
おとなになったらじょうききかんしゃのうんてんしゅになりたいおとこのこ 「おとなになったら…」 イワン・ガンチェフ作・.絵;間所ひさこ文 学習研究社(国際版せかいのえほん11) 1985年1月

ピーター
オランダのはたけのなかでくらしていたうしのヘンドリカに町の話をしたうま 「うんがにおちたうし」 フィリス・クラシロフスキー作；ピーター・スパイアー絵；みなみもとちか訳 ポプラ社 (世界のほんやくえほん3) 1967年2月

ピーター
おんなのこのエイミーをおたんじょうかいによぼうとはじめててがみをかいたおとこのこ 「ピーターのてがみ」 エズラ・ジャック・キーツ作・画；木島始訳 偕成社(キーツの絵本) 1974年7月

ピーター
くちぶえがふきたくていっぱいれんしゅうをしたおとこのこ 「ピーターのくちぶえ」 エズラ・ジャック・キーツ作・画；木島始訳 偕成社(キーツの絵本) 1974年2月

ピーター
じぶんのちっちゃいときにすわったいすをあかちゃんのいもうとのスージーのためにピンクにぬってあげたおとこのこ 「ピーターのいす」 エズラ・ジャック・キーツ作・画；木島始訳 偕成社(キーツの絵本) 1969年10月

ピーター
なかよしのことりとふたりでおおかみをつかまえてどうぶつえんへつれていったおとこのこ 「ピーターとおおかみ」 プロコフィエフ作；内田莉莎子文；三好碩也絵 偕成社 1966年8

ピーター
もりからでてきたおおかみをともだちのことりとつかまえたおとこのこ 「ピーターとおおかみ-セルゲイ・プロコフィエフの音楽童話より」 エルナ・フォークト絵；山本太郎訳 佑学社 1984年7月

ピーター
ゆきがふってつもったひにゆきのなかでたくさんあそんだおとこのこ 「ゆきのひ」 エズラ・ジャック・キーツ作；木島始訳 偕成社 1969年12月

ピーター
ロバートのなかよしだったのにひっこしてしまったおとの子 「ひっこしした子 してきた子」 アリキ文・絵；青木信義訳 ぬぷん児童図書出版(ぬぷん絵本シリーズ4) 1983年4月

ピーター
子どもたちだけでおじいちゃんのところへやきたてのチョコレートケーキをとどけるおつかいのたびにでたおとこのこ 「ねらわれたチョコレートケーキ」 デビッド・マクフェイル文・絵；吉田新一訳 国土社 1980年11月

ピーター
森のなかからでてきたおおかみを小鳥とつかまえたおとこのこ 「ピーターとおおかみ」 セルゲイ・プロコフィエフ作；アラン・ハワード絵；小倉朗訳 岩波書店 1975年11月

ピーター
冬のあいだ小鬼どもに次から次へといたずらをされた谷間の村の一家の男の子 「あくまっぱらい！」 ゲイル・E.ヘイリー作；芦野あき訳 ほるぷ出版 1980年5月

ぴた

ピーター
木の下に置いてあったジャングル探険ゲーム「ジュマンジ」を姉のジュディと二人でやってみて異様な冒険をすることになった男の子 「ジュマンジ」 クリス・バン・オールスバーグ作；辺見まさなお訳 ほるぷ出版 1984年7月

ヒダエモン
インドの密林のまんなかに住んでいたいそう年よりで知恵のある象でいつも謙虚に思索にふけっていた象 「森の賢者ヒダエモン」 ミヒャエル・エンデ作；クリストフ・ヘッセル絵；矢川澄子訳 河出書房新社 1984年1月

ヒタキ
いちにちじゅうハエやチョウをつかまえているくらしがいやになってほかのとりたちのくちばしがいいなとおもったとり 「くちばし」 ビアンキ作；田中かな子訳；藪内正幸絵 福音館書店 1965年10月

ピーターキン
オークアプルの森で新聞配達をしているねずみの男の子 「もりねずみのピーターキン」 ジェニー・パートリッジ作；神宮輝夫訳 ティビーエス・ブリタニカ(オークアプルの森のおはなし4) 1982年7月

ピーター・サム
スカーローイがしゅうりにだされていたあいだつらいしごとがふえてたいへんだった機関車 「小さなふるい機関車」 ウィルバート・オードリー作；ジョン・ケニー絵；桑原三郎；清水周裕訳 ポプラ社(汽車のえほん14) 1974年10月

ピーター・サム
森のなかのみずうみにつうじている小さな鉄道がかったあたらしい二だいの機関車の一だい 「四だいの小さな機関車」 ウィルバート・オードリー作；レジナルド・ドールビー絵；桑原三郎；清水周裕訳 ポプラ社(汽車のえほん10) 1974年7月

ピーター・サム
森のなかのみずうみにつうじている小さな鉄道をはしる小さな機関車 「ゆうかんな機関車」 ウィルバート・オードリー作；ジョン・ケニー絵；桑原三郎；清水周裕訳 ポプラ社(汽車のえほん17) 1980年8月

ピーター・サム(スチュアート)
山くずれがおこってゆくえふめいになったデュークとむかしいっしょにはたらいていてほっそりじゅうやくの鉄道にきてあたらしいなまえをもらった機関車 「きえた機関車」 ウィルバート・オードリー作；ガンバー・エドワーズ；ピーター・エドワーズ絵；桑原三郎；清水周裕訳 ポプラ社(汽車のえほん25) 1981年2月

ピーター・ティー・フーパー
めずらしいたまごでいりたまごをつくることにしたおとこのこ 「おばけたまごのいりたまご」 ドクタースース作；渡辺茂男訳 日本パブリッシング 1971年1月

ピーター・ペニー
イギリスの海軍にいたおどりがだれよりもうまかった水兵でおどりながら世界をひとまわりすることにした若者 「ピーター・ペニーのダンス」 ジャネット・クイン=ハーキン文；アニタ・ローベル絵；掛川恭子訳 ほるぷ出版 1980年2月

ぴちこちゃん
どうぶつたちみんなからけっこんしたいなあとおもわれていたすばらしくきれいでかわいいねずみ「ぴちこちゃんのけっこん」ベラ・ヘルド原作；木島始文；桂ゆき画　福音館書店　1971年3月

ピッキー
ナターンのもりにすむはりねずみ「うさぎのロマラン」アラン・グレ文；ルイ・カン絵；いはらじゅんこ訳　ペンタン（ナターンのもりのなかまたち3）　1984年10月

ピック
ふゆがきていけにこおりがはったのでジョセフおじいさんにスケートあそびにつれていってもらったこいぬ「はじめてのふゆをむかえるフォレ」リュシェンヌ・エールビル作；マルセル・マルリエ絵；黒木義典訳；板谷和雄文　ブックローン出版（ファランドールえほん2）　1984年1月

ピッグさん
こどもたちをるすばんのおばさんのウルフさんにあずけてでかけたぶたのおとうさんとおかあさん「こぶたのおるすばん」メアリー・レイナー作・絵；岡本浜江訳　偕成社　1979年12月

ピッグさん
ピッグおくさんとけっこんしておともだちをきせんのサリーごうのパーティーにしょうたいしたぶた「めいたんていサムとダドレー」リチャード・スカリー作；渡辺茂男訳　講談社（講談社のピクチュアブック7）　1979年9月

ビック・ビル（バス）
アメリカにしかいがんのサンフランシスコの町をはしっている大きなバス「ちいさいケーブルカーのメーベル」バージニア・リー・バートン作；桂宥子；石井桃子訳　ペンギン社　1980年2月

ピックル
ドライブにいったぶたさんかぞくのおとこのこ「ピックルのじどうしゃりょこう」リチャード・スキャリー作；國眼隆一訳　ブックローン出版（スキャリーおじさんのどうぶつえほん10）　1984年8月

ピックル
ビジータウンのぶたさんかぞくのこども「サンタさんのいそがしい1にち」リチャード・スキャリー作；國眼隆一訳　ブック・ローン出版（スキャリーおじさんのどうぶつえほん15）　1984年8月

ピックルズ
まえあしのすごいパンチでなにかをやりたがっていたきいろいのらねこでしょうぼうしょにつれていかれたねこ「しょうぼうねこ」エスター・アベリル作；藤田圭雄訳　文化出版局　1974年10月

ピッコロ
ぼうけんをしにでかけていったしりたがりやのひよこ「しりたがりやのひよこのピッコロ」ジルベール・ドラエイ作；マルセル・マルリエ絵；黒木義典訳；板谷和雄文　ブックローン出版（ファランドールえほん6）　1984年1月

ひつじ

ひつじ
ねんにいちどのいちの日がせまったよるにバンジョーをひきながらうたうぐうたらラバにおこされたおひゃくしょうのひつじ 「どじだよバンジョーラバ」 ライオネル・ウィルソン文；ハロルド・バースン絵；清水真砂子訳 アリス館牧新社 1979年4月

ひつじ
みんなはしろいのにじぶんだけくろいのがいやでむれからにげだしてもりのなかにかくれたくろいこひつじ 「くろいひつじ」 エレオノーレ・シュミット作・絵；大島かおり訳 佑学社（ヨーロッパ創作絵本シリーズ） 1978年5月

ひつじ
やまのおくにすんでいたくまにたべられそうになったちいさいのとちゅうくらいのとつののあるおおきな3びきのひつじ 「3びきのひつじとくま」 マルセル・ベリテ作；C.H.サランビエ絵；黒木義典訳；板谷和雄文 ブックローン出版（ファランドールえほん10） 1984年1月

羊　ひつじ
あしたはクリスマスという雪の夜にほらあなにいた生まれたばかりの赤ちゃんをふさふさした毛のはえたせなかにのせてあげた黒い羊 「黒い羊のおくりもの」 ジタ・ユッカー絵；エリザベート・ヘック作；ウィルヘルム・きくえ訳 太平社 1985年11月

ひつじ（クラッグ）
ガンダーみねのいわやまにすんでいたすばらしいまきづのをもったおおづのひつじ 「やまのおうじゃクラッグ」 シートン原作；小林清之介文；日隈泉絵 チャイルド本社（チャイルド絵本館・シートン動物記Ⅱ-10） 1986年1月

ひつじ（ぱたぽん）
まりーちゃんとなかよしのひつじ 「まりーちゃんとおおあめ」 フランソワーズ文・絵；木島始訳 福音館書店（世界傑作絵本シリーズ・アメリカの絵本） 1968年6月

ひつじ（ぱたぽん）
まりーちゃんとなかよしのひつじ 「まりーちゃんとひつじ」 フランソワーズ文・絵；与田準一訳 岩波書店（岩波の子どもの本） 1956年12月

ひつじ（ぱたぽん）
まりーちゃんとなかよしのひつじ 「まりーちゃんのくりすます」 フランソワーズ文・絵；与田準一訳 岩波書店（岩波の子どもの本） 1975年11月

羊（ビュフォード）　ひつじ（びゅふぉーど）
2本の角がグングンのびておしりのうしろからまがってきて前足の前までのびてしまったちびの羊 「子羊のぼうけん」 ビル・ピート文・絵；田村隆一訳 岩波書店 1974年12月

ひつじ（ボルケ）
ぶたのワルデマールのところにきたおきゃくさんのこひつじ 「ぼくたちなかよし おきゃくさま」 ヘルメ・ハイネ作・絵；佐々木元訳 フレーベル館 1985年11月

ひつじ（ミューデューリュー）
いつもいちじくのきになわでつながれているのがいやでらくだになわをかみきってもらってうみをみにいったひつじ 「ひとりぼっちのひつじ」 アンゲリカ・カウフマン作・絵；おおしまかおり訳 佑学社（オーストリア・創作絵本シリーズ2） 1978年7月

ひつじ(ムクゲのムクちゃん)
ロバのロバちゃんのおともだちのこひつじ 「ロバのロバちゃん」 ロジャー・デュボアザン文・絵;厨川圭子訳 偕成社 1969年5月

ひつじ(ローズ)
パンプキンのうじょうのひつじ 「めうしのジャスミン」 ロジャー・デュボアザン作・絵;乾侑美子訳 佑学社 1979年1月

ひつじ(ローチェスター)
わにのベオウルフの家に手紙をとどけてくれるゆうびんはいたつのひつじ 「わにのワーウィック」 アンダー・ホディア文;トミー・アンゲラー絵;平賀悦子訳 講談社(世界の絵本アメリカ) 1972年2月

ひつじかい
もうすぐすくいぬしがおいでになるとまごのおとこのこにいってきかせていたまっしろいひげのひつじかい 「ひつじかいのふえ-クリスマスえほん」 マックス・ボッリガー作;ステパン・ザヴィール絵;村上博文 女子パウロ会 1982年8月

ひつじかい
もりへにげていったうさぎをつかまえておくれよとおおかみにたのんだひつじかい 「ひつじかいとうさぎ-ラトビア民話」 うちだりさこ再話;スズキコージ画 福音館書店 1975年9月

羊かい　ひつじかい
ちょっと目をはなすとむれからはなれていってしまう黒い羊にこまりはてていた羊かい 「黒い羊のおくりもの」 ジタ・ユッカー絵;エリザベート・ヘック作;ウィルヘルム・きくえ訳 太平社 1985年11月

ヒツジちゃん
がけからおっこちて海にしずんでいったヒツジのにんぎょう 「もぐるぞもぐるぞどこまでも」 スミス夫妻作;今江祥智訳 ほるぷ出版 1985年10月

ヒツジちゃん
クマくんとサルくんとながいながいすべりだいをすべったヒツジのにんぎょう 「すべるぞすべるぞどこまでも」 スミス夫妻作;今江祥智訳 ほるぷ出版 1982年3月

ぴっち
りぜっとおばあさんのうちのねこでおんどりややぎやあひるやうさぎのようになりたいとおもったこねこ 「こねこのぴっち」 ハンス・フィッシャー文・絵;石井桃子訳 岩波書店(岩波の子どもの本) 1954年12月

ひっぱりおじさん
道ばたのみぞにはまってしまったクラシックカーのガムドロップ号をひっぱりあげてくれた七十さいのじょうきトラクター 「ガムドロップ号」 バル・ビロ絵・文;久米穣訳 講談社(世界の絵本イギリス) 1971年8月

ピッピ
いつもちいさいこのまえでいばるいじわるなトッドをだましたふたごのきょうだいのおとこのこ 「ふたごのピッピとプップ」 マルシャーク作;西郷竹彦文;中谷千代子絵 偕成社(世界おはなし絵本4) 1966年1月

ひっぷ

ビップ
フランスのまちパリでうまれてまじゅつしになることをゆめみていたがあるばんとつぜんつばさがはえててんしになりそらをとんだおとこ 「かえってきたビップ」 マルセル・マルソー作；谷川俊太郎訳　冨山房　1976年3月

ぴっぷ
魚か虫かそれとも鳥なのか正体がわからない人物 「すくるーびやす ぴっぷ」 エドワード・リア作；ナンシー・バーカート絵；畑正憲訳　CBS・ソニー出版　1979年4月

ピップ
かわのそばにころがっていたやかんのそばでいつもおかあさんにかいぞくせんのおはなしをよんでもらっていたねずみのおとこのこ 「やかんかいぞくせん」 ロドニー・ペッペ作・絵；小沢正訳　フレーベル館　1984年9月

ピップ
くつのなかにすんでいたねずみのかぞくのおとこのこ 「くつのなかのねずみ」 ロドニー・ペッペ作・絵；小沢正訳　フレーベル館　1984年9月

ピップ
くつのなかにすんでかごつくりをしごとにしていたねずみのかぞくのおとこのこ 「そらとぶバスケット」 ロドニー・ペッペ作・絵；小沢正訳　フレーベル館　1985年9月

ヒッポ
あるひおかあさんのそばをはなれていってわににしっぽをかみつかれたかばのこども 「ちいさなヒッポ」 マーシャ・ブラウン作；内田莉莎子訳　偕成社　1984年1月

ビディ
おとこのこのうちののうじょうでかわれているねこ 「あるあさ、ぼくは…」 マリー・ホール・エッツ作；間崎ルリ子訳　ペンギン社　1981年4月

ビーディーくん
セイヤーくんというおとこのこがもっていたおもちゃのくまであるひいえでしてそとのほらあなへいったくま 「くまのビーディーくん」 ドン・フリーマン作；松岡享子訳　偕成社　1976年2月

ビーテック
まだようちえんにいっていないちいさなおとこのこ 「わんぱくビーテック」 ボフミル・ジーハ作；イジー・トゥルンカ絵；千野栄一訳　ほるぷ出版　1984年9月

ピート
げんきなあらいぐまのこどもウェイ・アッチャをわなにかけたインディアン 「キルダーがわのあらいぐま」 シートン原作；小林清之介文；清水勝絵　チャイルド本社（チャイルド絵本館・シートン動物記4）　1984年7月

人喰い鬼（鬼）　ひとくいおに（おに）
腹ぺこのときにおいしいお料理をつくってくれたお百姓さんの娘のゼラルダをじぶんの住むお城につれていった人喰い鬼 「ゼラルダと人喰い鬼」 トミー・ウンゲラー作；たむらりゅういち；あそうくみ訳　評論社（児童図書館・絵本の部屋）　1977年9月

人食いオニ（オニ）　ひとくいおに（おに）
ジャックがふしぎな魔法の豆が芽を出してぐんぐんのびた豆の木をのぼって行くと空の上のお城にいた人食いオニ「ジャックと豆の木－イギリス民話」しらいしあい著　集英社　1983年4月

人食い鬼（鬼）　ひとくいおに（おに）
おやゆびトムたち七人の子どもが森で道にまよってゆきついた家にすんでいた人食い鬼「おやゆびトム－ペロー童話」リディア・ポストマ文・絵；矢川澄子訳　福音館書店（世界傑作絵本シリーズ・オランダの絵本）1984年4月

ピトシャン・ピトショ
オニのふくろのなかにいれられたがかつがれていくとちゅうでそとへにげだしてかわりにいしころをつめたりこうなこぞう「ふくろにいれられたおとこのこ－フランス民話」山口智子再話；堀内誠一画　福音館書店　1982年10月

ビトリン
スイスの山おくのカンテルドンという村にあるちっちゃな家にすんでいた小鳥のすきな男の子「ナシの木とシラカバとメギの木」アロイス・カリジェ文・絵；大塚勇三訳　岩波書店　1970年11月

ピノキオ
ゼペットじいさんがきでつくったあやつりにんぎょう「ピノキオ」若菜珪画；天神しずえ文　ひかりのくに（世界名作えほん全集3）1966年1月

ピノッキオ
ゼペットじいさんが木をけずってこしらえたあやつりにんぎょう「ピノッキオ」コッロウディ原作；神沢利子文；三好碩也絵　世界出版社（ABCブック）1969年12月

火の鳥　ひのとり
ベレンディ王の果樹園にやってきては金のリンゴをぬすんでいった火の鳥「火の鳥－ロシアの民話」I.イェルショフ；K.イェルショワ絵；坂本市郎訳　新読書社　1982年11月

ビーバー
かりうどのオージーグととてもなかよしだったどうぶつたちのなかのビーバー「なつをとりにいったかりうど－アメリカインディアンのはなし」光延哲郎文；中村有希絵　コーキ出版（絵本ファンタジア10）1977年6月

ビーバー
はるになってじめんのなかからかおをだしたビーバー「みんなめをさまして」アッティリオ・カッシネリ絵；カレン・グントルプ作；岸田衿子訳　ひかりのくに（アッティリオとカレンのえほん）1972年1月

ビーバー
まえむきになってあるくちびのざりがにたちといっしょにきゅうけいしてあるきだしたビーバー「ちびのざりがに」セレスティーノ・ピアッティ；ウルズラ・ピアッティ作・絵；おかもとはまえ訳　佑学社（ヨーロッパ創作絵本シリーズ6）1978年4月

ひは

ビーバー
もりいちばんのたからのカワシンジュガイをみつけてともだちのどうぶつたちが貝をさがしにくるゆめをみたビーバー 「ビーバのしんじゅ」 ヘルメ・ハイネ作・絵;大島かおり訳 佑学社 1985年7月

ビーバー
木をきって川の水をせきとめるダムをきずきちょすいちといえをつくってくらすビーバーたち 「ビーバーのくらし」 イリアン・ロールス作・画;小田英智文 偕成社(どうぶつのくらし5おはなし編) 1980年3月

ビーバー(アルフィー)
ナターンのもりにすむビーバー 「りすのピルエット」 アラン・グレ文;ルイ・カン絵;いはらじゅんこ訳 ペンタン(ナターンのもりのなかまたち1) 1984年10月

ビーバー(ブービー)
動物たちの学校時代の同窓写真にうつったビーバー 「ぼくたちを忘れないで」 フリーデル・シュミット;ヴァルトラウト・ランケ作;森村桂訳 CBS・ソニー出版 1978年8月

ひばり
まきばのくさのなかにすをつくったのにじめんをほりかえすもぐらをおいはらってほしいとおおかみにたのんだひばり 「くった のんだ わらった-ポーランド民話」 内田莉莎子再話;佐々木マキ画 福音館書店 1976年7月

ひばり
麦畑で種をあたためたり日の光を運んできたりして麦のせわをするひばり 「鳥のうたにみみをすませば」 オタ・ヤネチェック絵;フランチシェック・ネピル文;金山美莎子訳 佑学社(おはなし画集シリーズ4) 1980年9月

ヒヒ
ジャングルの中でいつものさんぽをしていてともだちのテナガザルに会ったヒヒ 「ローベルおじさんのどうぶつものがたり」 アーノルド・ローベル作;三木卓訳 文化出版局 1981年5月

ひひ(ゼフィランせんせい)
三びきのちびっこライオンのせんせいのおこりんぼのひひ 「三びきのちびっこライオン」 ポール・ブクジル文;ジョゼフ・ウィルコン絵;那須辰造訳 講談社(講談社の翻訳絵本) 1984年5月,講談社(世界の絵本フランス) 1971年2月

ピピン
オークアプルの森のいたずらっ子のふたごのねずみ 「りすのハリエットさん」 ジェニー・パートリッジ作;神宮輝夫訳 ティビーエス・ブリタニカ(オークアプルの森のおはなし8) 1982年8月

ピピン
オークアプルの森のふたごの子ねずみ 「はりねずみのスナッフルおばあさん」 ジェニー・パートリッジ作;神宮輝夫訳 ティビーエス・ブリタニカ(オークアプルの森のおはなし6) 1982年8月

ピピン
オークアプルの森のもりねずみのふたごの子ねずみ 「かえるのホップさん」 ジェニー・パートリッジ作;神宮輝夫訳 ティビーエス・ブリタニカ(オークアプルの森のおはなし3) 1982年7月

ピピンちゃん
おかあさんとまちへかいものにでかけてまいごになったねずみのおんなのこ 「ピピンちゃんとポッドくん」 ミッチェル・カートリッジ作;石沢泰子訳 偕成社 1981年11月

ピープ
こけこっこーとないていばっているおんどりみたいになりたいなあとおもったちいさなひよこ 「ちいさなピープ」 ジャック・ケント作;石沢泰子訳 ペンタン 1985年9月

ビフィックせんせい
まちのがっこうのこどもたちがみんなだいすきなせんせい 「しまうまになったマルコ」 イヴァン・ガンチェフ作・絵;佐々木元訳 フレーベル館 1982年10月

ビフスラン
スザンナと友だちになった思いがけない人たちのひとりの小さい人 「ムーミン谷へのふしぎな旅」 トーベ・ヤンソン作;小野寺百合子訳 講談社 1980年4月

ヒプルさん
ジョシュアくんのクラスに転校してきたクローバという女の子のワニぎらいのおかあさん 「ワニのライルとなぞの手紙」 バーナード・ウェーバー作;小杉佐恵子訳 大日本図書(ワニのライルのおはなし4) 1984年8月

ピーブルス
スコットランドのダンマウジーじょうにおきゃくとしてむかえられたマンモスときょうりゅうのせわをしたおとこ 「おしろのすきなかいじゅうたち」 ロビン・ワイルド;ジョセリン・ワイルド作・絵;あしのあき訳 佑学社(ヨーロッパ創作絵本シリーズ13) 1978年7月

ひめこ
ロンドンのあるまちにじいちゃんとすんでいたシャウンというおとこのこといちばんのなかよしだったとなりのにぐるまひきのうま 「となりのうまとおとこのこ」 チャールズ・キーピング絵・文;せたていじ訳 らくだ出版 1971年11月

ビモ
マナヒラン国のある村にやってきたアスティノ国のパンダワ5王子の2ばんめの王子で村人たちをおびやかしていたおにをたいじした若者 「ビモのおにたいじージャワの影絵しばい」 ヌロールスティッヒサーリン・スラムット再話;ノノ・スグルノ絵;松本亮訳 ほるぷ出版 1985年3月

ヒュー
ひろい果樹園のすみっこにすんでいたはりねずみの一家のとうさん 「はりねずみのパーティ」 ロウエナ・ストット文;エディス・ホールデン絵;恩地三保子訳 文化出版局 1980年12月

ヒューゴ
フェアリーのベリンダといろをぬすんだいろどろぼうをつかまえにいったねずみ 「ヒューゴといろどろぼう」 トニー・ロス作・絵;やまだよしこ訳 篠崎書林 1978年7月

ひゆて

ビューティ
おとうさんがけだものにいのちをたすけてもらったかわりにけだもののおしろへつれていかれることになったうつくしいむすめ「ビューティとビースト」ベラ・サウスゲイト再話；エリック・ウインター絵；秋晴二；敷地松二郎訳編 アドアンゲン 1974年6月

ビュフォード
2本の角がグングンのびておしりのうしろからまがってきて前足の前までのびてしまったちびの羊「子羊のぼうけん」ビル・ピート文・絵；田村隆一訳 岩波書店 1974年12月

豹（アモク） ひょう（あもく）
豹の王子オレッグがいない間に王を殺し王座についた性悪ないとこの豹「王子オレッグ故郷に帰る」ジャン=クロード・ブリスビル文；ダニエル・ブール絵；篠沢秀夫訳 集英社 1982年12月

豹（オレッグ） ひょう（おれっぐ）
北の国のきびしい寒さの中で猟師に追われ罠にかかって肩にひどい傷を負い逃げまわっていた豹「雪国の豹オレッグ」ジャン=クロード・ブリスビル文；ダニエル・ブール絵；串田孫一訳 集英社 1980年12月

豹（オレッグ） ひょう（おれっぐ）
毛皮の国での留学をおえて自分の王国に戻り性悪ないとこのアモクが王座にいることを知った豹の王子「王子オレッグ故郷に帰る」ジャン=クロード・ブリスビル文；ダニエル・ブール絵；篠沢秀夫訳 集英社 1982年12月

ひょう（バギーラ）
インドのジャングルでおおかみにそだてられたにんげんのこモーグリをかわいがってくれたひょう「ジャングル・ブック」キップリング原作；林陽子文；清水勝絵 世界出版社（ABCブック）1969年9月

ひょう（ペーター）
動物たちの学校時代の同窓写真にうつったひょう「ぼくたちを忘れないで」フリーデル・シュミット；ヴァルトラウト・ランケ作；森村桂訳 CBS・ソニー出版 1978年8月

ひよこ
「ぼく、うんとおおきいよ」ってとくいになってあたまをぐんとあげてあるいていたちっちゃいひよこ「ひよこちゃん」チュコフスキー作；小林純一文；二俣英五郎絵 いかだ社 1973年7月

ひよこ
あたまをうんともちあげてえらそうにあるいていたとてもちいさなひよこ「ひよこ」チュコフスキー作；宮川やすえ訳；岩本康之亮絵 ひさかたチャイルド 1986年12月

ひよこ
うさぎをおとうさんだとおもってどこまでもついていったのにある日ひとりぼっちであそび友だちをさがすことになったひよこ「ともだちできたかな？」M.W.ブラウン作；L.ワイスガード絵；各務三郎訳 岩崎書店（えほん・ドリームランド26）1984年7月

ひよこ
こわいゆめをみたかあさんにわとりとさんわのひよこ「おがわをわたろう」ナンシー・タフリ絵；ミラ・ギンズバーグ文；宗方あゆむ訳 福武書店 1983年12月

ひよこ
さんぽにいくあひるのこのあとからついていってなんでもまねしていたひよこ「ひよことあひるのこ」ミラ・ギンズバーグ文；ホセ・アルエーゴ；エーリアン・アルエーゴ絵；さとうとしお訳　アリス館　1983年4月

ひよこ
みっかかんもくれたままのおひさまをさがすたびにでたひよこたち「そらにかえれたおひさま」ミラ・ギンズバーグ文；ホセ・アルエーゴ；エーリアン・デューイ絵；さくまゆみこ訳　アリス館　1984年1月

ひよこ（ジーノ）
いちごがたべたくてとおいもりへいきおおかみにあったひよこ「ひよことおおかみ」アッティリオ・カッシネリ絵；カレン・グントルプ作；岸田衿子訳　ひかりのくに（アッティリオとカレンのえほん）　1972年1月

ひよこ（ネディ）
エミリーのペットのめんどりのエッタからうまれたかわいいひよこ「わたしのかわいいめんどり」アリス・プロペンセン；マーチン・プロペンセン作；岸田衿子訳　ほるぷ出版　1976年9月

ひよこ（ピーコ）
マーヤというおんなのこがおとうさんからおみやげにもらったおきにいりのひよこ「ピーコはすてきなおともだち」メルセ・C.ゴンザレス作；アグスティ・A.サウリ絵；浜祥子文　学習研究社（国際版せかいのえほん22）　1985年1月

ひよこ（ピッコロ）
ぼうけんをしにでかけていったしりたがりやのひよこ「しりたがりやのひよこのピッコロ」ジルベール・ドラエイ作；マルセル・マルリエ絵；黒木義典訳；板谷和雄文　ブックローン出版（ファランドールえほん6）　1984年1月

ひよこ（ピープ）
こけこっこーとないていばっているおんどりみたいになりたいなあとおもったちいさなひよこ「ちいさなピープ」ジャック・ケント作；石沢泰子訳　ペンタン　1985年9月

ひよこ（リキン）
あるひきのうえからおちたどんぐりがあたまにこつんとあたったのでそらがおちてきたぞとさけんではしりだしたひよこ「ひよこのリキン」ベラ・サウスゲイト再話；ロバート・ラムレイ絵；秋晴二；敷地松二郎訳　アドアンゲン　1974年6月

ひよこちゃん
うまれたばかりのあひるちゃんとならんでさんぽにいったにわとりのひよこ「あひるちゃんとひよこちゃん」ステーエフ作；小林純一文；二俣英五郎絵　いかだ社　1973年7月

ひよっこちゃん
たかいきのうえからどんぐりがおちてきたのをそらがおちてきたのだとおもっておうさまにしらせにいこうとしたひよこ「そらがおちる!?どうぶつむらはおおさわぎ」リチャード・スキャリー作；吉田純子訳　ブック・ローン出版（スキャリーおじさんのどうぶつえほん2）　1979年5月

ぴょん

ぴょん
かあさんにおるすばんをするようにいわれたのにもりにはいってまいごになってしまったうさぎのこ「もりでひとりぼっち」ボリスラフ・ストエフ作・.絵;高村喜美子文　学習研究社(国際版せかいのえほん24)　1985年1月

ぴょんた
おくさんのぴんことけがふさふさしたばんけんのうちにひっこしてよわむしのばんけんをたすけてどろぼうをやっつけたのみ「のみさんおおてがら」ロバート・タロン文・絵;山本けい子訳　ぬぷん児童図書出版(でかとちび2)　1984年3月

ピョンチェク
こぐまのミーシャのともだちのうさぎ「かえってきたミーシャ」チェスワフ・ヤンチャルスキ文;ズビグニエフ・ルイフリツキ絵;坂倉千鶴訳　ほるぷ出版　1985年5月

ピョンチェク
ぬいぐるみのこぐまのミーシャがいったヤツェクとゾーシャのうちのうさぎ「ミーシャのぼうけん」チェスワフ・ヤンチャルスキ文;ズビグニエフ・ルィフリツキ絵;坂倉千鶴訳　ほるぷ出版　1985年5月

ビリー
くまがりにつかわれるいぬのなかでいつもげんきないたずらっこのいぬ「わんぱくビリー」シートン原作;小林清之介文;若菜等絵　チャイルド本社(チャイルド絵本館・シートン動物記Ⅱ-3)　1985年6月

ビリー
じぶんのえがかきたかったのにあひるやいぬやぞうやみんながてつだってへんてこなえになったのでなきだしてしまったうさぎ「なにをかこうかな」マーグレット・レイ;H.A.レイ作;中川健蔵訳　文化出版局　1984年9月

ビリー
じぶんはブラーといういきものなんだとおもってブラーのえをたくさんかいておはなしをつくったおとこのこ「ぼくはブラーだ!」ジャック・ケント作・絵;舟崎克彦訳　佑学社(アメリカ創作絵本シリーズ3)　1979年8月

ビリー
ときどきよるねむれなくってふとんのなかでよるのものおとにじっとみみをすますおとこのこ「ほらきこえてくるでしょ」ラ・ヴァーン・ジョンソン文;マーサ・アレクサンダー絵;岸田衿子訳　偕成社(世界の新しい絵本)　1969年1月

ビリー
ゆかいななかまと「長ぐつ号」にのりこんでぼうけんのたびへと出発した六ぴきの動物たちの一ぴき「長ぐつ号の大ぼうけん-シンガポール」キャサリン・チャパード文;チュア・アイ・ミー絵;崎岡真紀子;荒川豊子訳　蝸牛社(かたつむり文庫)　1984年12月

ビリィ
あるあさめをさましてこねこくらいのかわいいドラゴンがへやのなかにいるのをみたおとこのこ「びっくりドラゴンおおそうどう!」ジャック・ケント文・絵;中川健蔵訳　好学社　1984年7月

びりい
たくさんたべてふとったのでおひゃくしょうにたべられそうになりかこいをやぶってにげだしたやぎ 「やぎのびりいとふとったなかまたち」 ノニー・ホグローギアン作;金井直訳 文化出版局 1973年10月

ビル
エドワードの支線がとおっている港にいるわるさのすぎるふたごの機関車 「大きな機関車たち」 ウィルバート・オードリー作;ガンバー・エドワーズ;ピーター・エドワーズ絵;桑原三郎;清水周裕訳 ポプラ社(汽車のえほん21) 1980年10月

ビル
たんじょうびにもらったたくさんのふうせんをベッドにむすびつけてそらをとぶふうせんりょこうにでかけたおとこのこ 「ビルのふうせんりょこう」 ライナー・チムニク文・絵;尾崎賢治訳 アリス館牧新社 1976年10月

ビル
とてもユニークな女の子ボッラのおにいちゃん 「ごきげんボッラはなぞ人間!?」 グニッラ・ベリィストロム文・絵;ビヤネール多美子訳 偕成社 1982年6月

ビル
なんにも理解できないただただラララとうたって笑うとくべつな妹ができた男の子 「ボッラはすごくごきげんだ!」 グニラ・ベリィストロム文・絵;ビヤネール多美子訳 偕成社 1981年6月

ビル
メリーといっしょにおばさんのいえにいくはずだったのにトランクにいれわすれられてしまったへいたいのにんぎょう 「かしこいビル」 ウィリアム・ニコルソン作;松岡享子;吉田新一訳 ペンギン社 1982年6月

ピルー
夢の中で猫になったりワニやくじらになったりした男の子 「日付のない夢」 ジャン・ジュベール文;アラン・ゴーチェ絵;朝吹由紀子訳 エイプリル・ミュージック 1978年7月

ピルエット
ともだちにたのまれたしごとがいそがしくてなつのあいだにたべものをたくわえておくひまがなかったしんせつなりす 「りすのピルエット」 アラン・グレ文;ルイ・カン絵;いはらじゅんこ訳 ペンタン(ナターンのもりのなかまたち1) 1984年10月

ビルエル
フィフィとなかよしのみみずく 「フィフィのみぎ・ひだり」 クリスティーナ・ビヨルク文;レーナ・アンダーソン絵;野花かほる訳 文化出版局 1981年3月

ビルおじさん
イギリスのある町にすみじまんのクラシックカーのガムドロップ号をうんてんしている男の人 「ガムドロップ号」 バル・ビロ絵・文;久米穣訳 講談社(世界の絵本イギリス) 1971年8月

ヒルダ
うちの人たちがでかけてしまって山のいえに二日かんひとりでくらすことになりおなかをすかせて鳥をつかまえようとしたねこ 「るすばんねこのぼうけん」 メリー・カルフーン作;スーザン・ボナーズ絵;猪熊葉子訳 佑学社(アメリカ創作絵本シリーズ26) 1982年3月

ひるた

ヒルダ
ひろい果樹園のすみっこにすんでいたはりねずみの一家のかあさん 「はりねずみのパーティ」ロウエナ・ストット文；エディス・ホールデン絵；恩地三保子訳 文化出版局 1980年12月

ヒルダ
核戦争が起こってシェルターに避難した夫婦の妻 「風が吹くとき」レイモンド・ブリッグズ作；小林忠夫訳 篠崎書林 1982年7月

ヒルダさん
おおきなからだのかば 「ディンゴはじどうしゃがだいすき」リチャード・スキャリー作；國眼隆一訳 ブックローン出版（スキャリーおじさんのどうぶつえほん13）1982年5月

ヒルダさん
おおきなからだのかば 「ゆかいなゆかいなあわてんぼう」リチャード・スキャリー作；國眼隆一訳 ブックローン出版（スキャリーおじさんのどうぶつえほん7）1980年1月

ヒルダさん
ビジーランドこくのおしろのりょうりにんのかば 「ペザントくんのかいじゅうたいじ」リチャード・スキャリー作；國眼隆一訳 ブック・ローン出版（スキャリーおじさんのどうぶつえほん9）1984年8月

ヒルダーブルツおばさん
シルデックの町の子どもたちがあそび場にしている広場のそばにすんでいたおばさん 「いたずらっ子とおまわりさん」P.バイスマン作；D.ズイラッフ画；桂芳樹訳 小学館（世界の創作童話5）1979年7月

ヒルディリドばあさん
ヘクサムのおかのうえにすんでいたばあさんでよるがきらいでよるをこやからはきだそうとしたりふくろにつめてすててやろうとしたばあさん 「よるのきらいなヒルディリド」チェリ・デュラン・ライアン文；アーノルド・ローベル絵；渡辺茂男訳 冨山房 1975年4月

ピールとっつあん
ロンドンのあるまちにじいちゃんとすんでいたシャウンというおとこのことだいのなかよしだったとなりのにぐるまひきのうまのひめこのかいぬし 「となりのうまとおとこのこ」チャールズ・キーピング絵・文；せたていじ訳 らくだ出版 1971年11月

ビルビル兄弟　びるびるきょうだい
虹色の大蛇グーリアラにのみこまれたふたりの少年 「大きなにじへび」ディック・ラウジィ作・絵；白石かずこ訳 集英社 1980年12月

ぴるり
たべものさがしをてつだってやっているともだちのことり 「くまのもっくはおなかがぺこぺこ」イワン・ガンチェフ作；やまわききょう訳 DEMPA/ペンタン 1986年7月

ピレリル
たかいかしの木のてっぺんにある小さな家でおかあさんとくらしているどんぐり坊や 「どんぐりのぼうけん」エルサ・ベスコフ作；石井登志子訳 文化出版局 1983年8月

ピロ
いえのすぐそばにすんでいたしょうぼうたいのたいちょうさんにしょうぼうたいにはいりたいとたのんだがまだちいさすぎるといわれたおとこのこ 「ピロとしょうぼうたい」 クルト・バウマン文；イジー・ベルナルド絵；楠田枝里子訳　文化出版局　1982年7月

ピン
マリアンちゃんのつくったおもちゃのようなふねにのってちいさいしまにいったねこ 「ピクニックにいかない？」 マグリット・ヘイマン作・絵；関根栄一文　エミール館　1979年11月

ピンキー
くつやの茶ねずみカーリーがすむ森でしょくりょうをうるみせのねずみ 「靴屋のカーリーと大雪の日」 マーガレット・テンペスト作；寺岡襄訳　ほるぷ出版　1982年10月

ピンキー・ブウ
かあさんぶたもこぶたもおやすみしているのにひとりであそびにいったいたずらこぶた 「たいへんたいへんピンキー・ブウ」 マルタ・コチ作・絵；保富康午文　学習研究社（国際版せかいのえほん1）　1984年10月

ピンキー・ブウ
ルンルン・ブウとふたりづれでそとにでかけてあなをあけたすいかのかわをかぶっておばけのかっこうになったピンクのいたずらこぶた 「おばけだ わいわいピンキー・ブウ」 マルタ・コチ作・絵；保富康午文　学習研究社（国際版せかいのえほん14）　1985年1月

ぴんく
たっぷすおばあさんといぬのぱんくとあひるのぼんくといっしょにいえからおいだされることになったぶた 「もりのおばあさん」 ヒュウ・ロフティング文；光吉夏弥訳；横山隆一絵　岩波書店（岩波の子どもの本）　1954年9月

ビングル
おひとよしのオオシカのシドウィックのつのにのせてもらった虫 「おひとよしのオオシカ」 ドクタースース作；渡辺茂男訳　偕成社　1985年4月；日本パブリッシング　1969年1月

ビンゴ
カナダのしぜんのなかできままにそだちやがてやせいてきないぬへとせいちょうしたいぬ 「めいけんビンゴ」 シートン原作；小林清之介文；伊藤悌夫絵　チャイルド本社（チャイルド絵本館・シートン動物記3）　1984年6月

ぴんこ
のみのぴょんたとけがふさふさしたばんけんのうちにひっこしてよわむしのばんけんをたすけてどろぼうをやっつけたおくさんののみ 「のみさんおおてがら」 ロバート・タロン文・絵；山本けい子訳　ぬぷん児童図書出版（でかとちび2）　1984年3月

ぴんご
ともだちのこぐまのぺちとペリカンのぺれたちといっしょにマリーごうという船をつくってせかいいっしゅうのたびにでたペンギン 「かめじまのぺち」 カルラ・ハンセン；ウィルヘルム・ハンセン原作；水木しげる訳　フレーベル館（こぐまのぺちの絵本6）　1972年8月

ぴんこ

ぴんご
ともだちのこぐまのぺちとペリカンのぺれたちといっしょにマリーごうという船をつくってせかいいっしゅうのたびにでたペンギン「くまのおうじょ」カルラ・ハンセン;ウィルヘルム・ハンセン原作;水木しげる訳　フレーベル館(こぐまのぺちの絵本2)　1972年8月

ぴんご
ともだちのこぐまのぺちとペリカンのぺれたちといっしょにマリーごうという船をつくってせかいいっしゅうのたびにでたペンギン「すずきのおやこ」カルラ・ハンセン;ウィルヘルム・ハンセン原作;水木しげる訳　フレーベル館(こぐまのぺちの絵本3)　1972年8月

ぴんご
ともだちのこぐまのぺちとペリカンのぺれたちといっしょにマリーごうという船をつくってせかいいっしゅうのたびにでたペンギン「とざんかぺち」カルラ・ハンセン;ウィルヘルム・ハンセン原作;水木しげる訳　フレーベル館(こぐまのぺちの絵本8)　1972年8月

ぴんご
ともだちのこぐまのぺちとペリカンのぺれたちといっしょにマリーごうという船をつくってせかいいっしゅうのたびにでたペンギン「ぺちとぴらみっど」カルラ・ハンセン;ウィルヘルム・ハンセン原作;水木しげる訳　フレーベル館(こぐまのぺちの絵本5)　1972年8月

ぴんご
ともだちのこぐまのぺちとペリカンのぺれたちといっしょにマリーごうという船をつくってせかいいっしゅうのたびにでたペンギン「ぺちのほっきょくたんけん」カルラ・ハンセン;ウィルヘルム・ハンセン原作;水木しげる訳　フレーベル館(こぐまのぺちの絵本7)　1972年8月

ぴんご
ともだちのこぐまのぺちとペリカンのぺれたちといっしょにマリーごうという船をつくってせかいいっしゅうのたびにでたペンギン「まりーごうのしんすい」カルラ・ハンセン;ウィルヘルム・ハンセン原作;水木しげる訳　フレーベル館(こぐまのぺちの絵本1)　1972年8月

ぴんご
ともだちのこぐまのぺちとペリカンのぺれたちといっしょにマリーごうという船をつくってせかいいっしゅうのたびにでたペンギン「ゆめのくにへいく」カルラ・ハンセン;ウィルヘルム・ハンセン原作;水木しげる訳　フレーベル館(こぐまのぺちの絵本4)　1972年8月

ぴーんちゃん
おたんじょうびのぱーてぃーをしてもらったふたごのおんなのこ「ぴーんちゃんとふぃーんちゃん」ディック・ブルーナ文・絵;石井桃子訳　福音館書店(子どもがはじめてであう絵本)　1968年11月

ヒンツ
ねむれない王女さまがいる国にすむ農夫の一ばんめの息子で王女さまを笛の音でねむらせようとした若者「ねむれない王女さま」ジタ・ユッカー絵;ウルスラ・フォン・ヴィーゼ作;ウィルヘルム・きくえ訳　太平社　1984年8月

ピンピー
うちにきた大きな犬にマルチパンというなまえをつけたぼうや「ピンピーとおくびょう犬」G.R.パウケット作;H.ランゲンファス画;桂芳樹訳　小学館(世界の創作童話16)　1980年11月

【ふ】

プー
ある日コブタとお茶をごちそうになるためにみんなに会いにいったクマのプー 「コブタのおてがら」 A.A.ミルン文;E.H.シェパード絵;石井桃子訳 岩波書店(クマのプーさんえほん14) 1983年2月

プー
ある日ほかになにもすることがないのでなにかしようとおもったクマのプー 「クマのプーさん」 A.A.ミルン文;E.H.シェパード絵;石井桃子訳 岩波書店 1968年12月

プー
ある日森のなかを歩いていて穴につまったクマのプー 「プーあなにつまる・ふしぎなあしあと」 A.A.ミルン文;E.H.シェパード絵;石井桃子訳 岩波書店(クマのプーさんえほん2) 1982年6月

プー
ウサギとコブタとカンガの子どものルー坊を捕獲する計画をたてたクマのプー 「カンガとルー森にくる」 A.A.ミルン文;E.H.シェパード絵;石井桃子訳 岩波書店(クマのプーさんえほん5) 1982年6月

プー
クリストファー・ロビンが見たというゾゾをつかまえる決心をしたクマのプー 「プーのゾゾがり」 A.A.ミルン文;E.H.シェパード絵;石井桃子訳 岩波書店(クマのプーさんえほん3) 1982年6月

プー
クリストファー・ロビンにお茶の会をひらいてもらったクマのプー 「プーのたのしいパーティー」 A.A.ミルン文;E.H.シェパード絵;石井桃子訳 岩波書店(クマのプーさんえほん8) 1982年9月

プー
クリストファー・ロビンのおとうさんにハチミツとりのはなしをしてもらったクマのプー 「プーのはちみつとり」 A.A.ミルン文;E.H.シェパード絵;石井桃子訳 岩波書店(クマのプーさんえほん1) 1982年6月

プー
コブタとウサギと三人でトラーを探検につれていったクマのプー 「ウサギまいごになる」 A.A.ミルン文;E.H.シェパード絵;石井桃子訳 岩波書店(クマのプーさんえほん13) 1983年2月

プー
みんなで北極を探検しにいったクマのプー 「プーのほっきょくたんけん」 A.A.ミルン文;E.H.シェパード絵;石井桃子訳 岩波書店(クマのプーさんえほん6) 1982年9月

プー
森のみんなとフクロのあたらしい家をさがしたクマのプー 「フクロのひっこし」 A.A.ミルン文;E.H.シェパード絵;石井桃子訳 岩波書店(クマのプーさんえほん15) 1983年2月

ぷ

プー
大洪水で水にかこまれてしまったコブタの救助にいったクマのプー 「コブタと大こうずい」 A.A.ミルン文;E.H.シェパード絵;石井桃子訳 岩波書店(クマのプーさんえほん7) 1982年9月

プー
年とった灰色ロバのイーヨーに家をたててやったクマのプー 「イーヨーのあたらしいうち」 A.A.ミルン文;E.H.シェパード絵;石井桃子訳 岩波書店(クマのプーさんえほん9) 1982年9月

プー
年とった灰色ロバのイーヨーのお誕生日のお祝いをしたクマのプー 「イーヨーのたんじょうび」 A.A.ミルン文;E.H.シェパード絵;石井桃子訳 岩波書店(クマのプーさんえほん4) 1982年6月

プー
木にのぼったトラーとルーとみんなでおろしたクマのプー 「トラー木にのぼる」 A.A.ミルン文;E.H.シェパード絵;石井桃子訳 岩波書店(クマのプーさんえほん11) 1983年2月

プー
夜にやってきたトラのトラーと朝ごはんをたべたクマのプー 「トラーのあさごはん」 A.A.ミルン文;E.H.シェパード絵;石井桃子訳 岩波書店(クマのプーさんえほん10) 1982年9月

ファクシミリさん
ひとくいとらのしゃしんをとろうとしてこうもりがさをもちカメラをぶらさげてジャングルにやってきたおとこのひと 「ファクシミリさんととら」 アニタ・ヒューエット文;ロバート・ブルームフィールド絵;清水真砂子訳 ほるぷ出版 1975年9月

ファジィ
アガサがどうぶつのおいしゃさんをしているおばあちゃんからもらったこねこ 「うちにパンダがきたら……」 ルース・オーバック作;益田慎;東一哉訳 アリス館牧新社 1981年4月

ファジペグ
牛乳やのはりねずみのヘッジのむすこ 「グレー・ラビットスケートにゆく」 アリスン・アトリー作;マーガレット・テンペスト絵;神宮輝夫;河野純三訳 評論社(児童図書館・絵本の部屋 グレー・ラビット1) 1978年12月

ファジペグ
牛乳やのはりねずみのヘッジのむすこ 「グレー・ラビットのおたんじょうび」 アリスン・アトリー作;マーガレット・テンペスト絵;河野純三訳 評論社(児童図書館・絵本の部屋 グレー・ラビット7) 1982年9月

ファジペグ
牛乳やのはりねずみのヘッジのむすこ 「グレー・ラビットのクリスマス」 アリスン・アトリー作;マーガレット・テンペスト絵;河野純三訳 評論社(児童図書館・絵本の部屋 グレー・ラビット5) 1982年11月

ファジペグ
牛乳やのはりねずみのヘッジのむすこ 「グレー・ラビットパーティをひらく」 アリソン・アトリー作；マーガレット・テンペスト絵；神宮輝夫；河野純三訳 評論社(児童図書館・絵本の部屋 グレー・ラビット2) 1978年12月

ファジペグ
牛乳やのはりねずみのヘッジのむすこ 「グレー・ラビットパンケーキをやく」 アリソン・アトリー作；マーガレット・テンペスト絵；河野純三訳 評論社(児童図書館・絵本の部屋 グレー・ラビット12) 1983年3月

ファニー
おじょうさんととてもなかよしのこいぬ 「ちいさなよるのおんがくかい」 リブシェ・パレチコバー作；ヨゼフ・パレチェック絵；竹下文子訳 フレーベル館 1981年11月

ファヌぼうや
はなをつみにいっててんとうむしのアデリをはなといっしょにいえにはこんだのうじょうのぼうや 「はるをむかえたてんとうむしのアデリ」 マルセル・ベリテ作；C.H.サランビエ絵；黒木義典訳；板谷和雄文 ブックローン出版(ファランドールえほん13) 1984年1月

ファリドンぼうや
おりからでてどうぶつえんをさんぽした三びきのちびっこライオンのきょうだいの一ぴき 「三びきのちびっこライオン」 ポール・ブクジル文；ジョゼフ・ウィルコン絵；那須辰造訳 講談社(講談社の翻訳絵本) 1984年5月；講談社(世界の絵本フランス) 1971年2月

ファリボルぼうや
おりからでてどうぶつえんをさんぽした三びきのちびっこライオンのきょうだいの一ぴき 「三びきのちびっこライオン」 ポール・ブクジル文；ジョゼフ・ウィルコン絵；那須辰造訳 講談社(講談社の翻訳絵本) 1984年5月；講談社(世界の絵本フランス) 1971年2月

ファンガスくん
地の底のじめじめと水のしたたるボギーの国の男の人 「いたずらボギーのファンガスくん」 レイモンド・ブリッグズ作；かたやまあつし訳 篠崎書林 1979年5月

ファンテ族　ふぁんてぞく
アフリカの部族の人びと 「絵本アフリカの人びと-26部族のくらし」 レオ・ディロン；ダイアン・ディロン絵；マーガレット・マスグローブ文；西江雅之訳 偕成社 1982年1月

ファンファン
ある村の家のえんとつのすにあったこうのとりの二つのたまごをあひるにたのんでかえしてもらったぼうけんずきの少年 「ファンファンとこうのとり」 ピエール・プロブスト文・絵；那須辰造訳 講談社(世界の絵本フランス) 1971年5月

ファンファン
おおかみたいじにいった村のかりゅうどのおじさんたちからおなかぺこぺこのおおかみをたすけてあげたぼうけんずきの少年 「ファンファンとおおかみ」 ピエール・プロブスト文・絵；那須辰造訳 講談社(世界の絵本フランス) 1971年8月

ふあん

ファンファン
夏休みに友だちのいぬのプムたちとひつじかいのおじさんの村へあそびにいったぼうけんずきの少年 「ファンファンとやぎ」 ピエール・プロブスト文・絵; 那須辰造訳 講談社 (世界の絵本フランス) 1971年6月

ファンファン
村がこうずいになっておぼれそうになったどうぶつたちみんなを船にのせてあげたぼうけんずきの少年 「ファンファンとふね」 ピエール・プロブスト文・絵; 那須辰造訳 講談社 (世界の絵本フランス) 1971年3月

ファンファン
友だちのいぬのプムたちと山かじから森の動物たちをたすけたぼうけんずきの少年 「ファンファンとやまかじ」 ピエール・プロブスト文・絵; 那須辰造訳 講談社 (世界の絵本フランス) 1971年7月

ファンファン
友だちのいぬのプムとうさぎのチムとねこのカプリスとどうぶつえんをにげだしたみどりのさるの四ひきでアフリカたんけんにいったぼうけんずきの少年 「ファンファンとみどりのさる」 ピエール・プロブスト文・絵; 那須辰造訳 講談社 (世界の絵本フランス) 1971年3月

フィクシットさん
しゅうりのめいじんのきつね 「ディンゴはじどうしゃがだいすき」 リチャード・スキャリー作; 國眼隆一訳 ブックローン出版 (スキャリーおじさんのどうぶつえほん13) 1982年5月

フィクシットさん
しゅうりのめいじんのきつね 「ゆかいなゆかいなあわてんぼう」 リチャード・スキャリー作; 國眼隆一訳 ブックローン出版 (スキャリーおじさんのどうぶつえほん7) 1980年1月

フィッツェブッツェ
帽子をなくした糸ひき人形 「フィッツェブッツェ」 パウラ・デーメル; リヒャルト・デーメル文; エルンスト・クライドルフ絵; 若林ひとみ訳 ほるぷ出版 (ほるぷクラシック絵本) 1986年12月

フィッティヒさん
むすこのパウルとペーターが家につれてかえったすて犬のポシャンとポトムが気にいらなかった父さん 「いたずら子犬ポシャンとポトム」 ヴィルヘルム・ブッシュ文・絵; 上田真而子訳 岩波書店 1986年4月

フィップス
おじさんからもらったネクタイにすずをつけてもらってとくいになったこいぬ 「こいぬのフィップス」 モルゲンシュテルン詩; ボーダル絵; 虎頭恵美子訳 偕成社 1977年1月

フィディプス
はらぺこライオンといっしょにおひめさまをたすけにいったおとこのひと 「フィディプスとはらぺこライオン」 アンネゲルト・フクスフーバー作・絵; さきおかよしみ訳 フレーベル館 1983年11月

フィデリン王　ふぃでりんおう
魔女アマラによって蛇にかえられたニルヴァーニエンの王さまの息子でけっして大きくならない魔法をかけられたチビの王 「小さな王さま」 フリッツ・フォン・オスティーニ文; ハンス・ペラル絵; 中川浩訳 ほるぷ出版 1986年6月

フィフィ
せんたくものがもうかわいたからとりこんだおんなのこ 「フィフィのみぎ・ひだり」 クリスティーナ・ビヨルク文；レーナ・アンダーソン絵；野花かほる訳 文化出版局 1981年3月

フィフィネラ
森でおとしたくつのかたほうを茶ねずみのカーリーにひろってもらったようせいのおんなのこ 「靴屋のカーリーと妖精の靴」 マーガレット・テンペスト作；寺岡恂訳 ほるぷ出版 1982年10月

フィフィネラ
森のくつやの茶ねずみカーリーとなかよしになったようせいのおんなのこ 「靴屋のカーリーとハッピー・リターン号」 マーガレット・テンペスト作；寺岡恂訳 ほるぷ出版 1982年10月

フィフィネラ
森のくつやの茶ねずみカーリーのなかよしのようせいのおんなのこ 「靴屋のカーリーとロビン夫妻」 マーガレット・テンペスト作；寺岡恂訳 ほるぷ出版 1982年10月

フィリップ
ひとりでいるよりほかのこといっしょにあそぶほうがおもしろいのにとおもっていたとりのこども 「いっしょにあそぼうよ」 フリードリヒ・カール・ヴェヒター文・絵；尾崎賢治訳 アリス館 1978年4月

フィリップ
もりにほかのこどもがいないのでこざかなのハラルドとこぶたのインゲと3にんであそんだとりくん 「いっしょにあそぼうよ」 フリードリヒ・カール・ヴェヒター文・絵；尾崎賢治訳 アリス館 1983年3月

フィリップぼうず
むらのこどもたちみんながいるがっこうへおかあさんにかくれていったまだちいさなおとこの子 「フィリップぼうず」 L.トルストイ作；A.パホーモフ画；樹下節訳 理論社（ソビエト絵本傑作シリーズ） 1977年3月；理論社 1973年1月

フィリポ
となりのいえのとしよりうまのポニーにこっそりとえさをやっていたおれいにたてがみでふでをつくるようにいわれたおとこのこ 「フィリポのまほうのふで」 ミッシヤ・ダムヤン作；ヤーノシュ絵；藤田圭雄訳 佑学社（ヨーロッパ創作絵本シリーズ21） 1978年12月

フィル
ナターンのもりにすむひどいなまけもののあらいぐま 「あらいぐまのフィル」 アラン・グレ文；ルイ・カン絵；つじとおる訳 DEMPAペンタン（ナターンのもりのなかまたち4） 1986年4

ふぃーんちゃん
おたんじょうびのぱーてぃーをしてもらったふたごのおんなのこ 「ぴーんちゃんとふぃーんちゃん」 ディック・ブルーナ文・絵；石井桃子訳 福音館書店（子どもがはじめてであう絵本） 1968年11月

ブウル
ま冬に森の穴のなかで生まれた子ぐま 「くまのブウル」 リダ文；ロジャンコフスキー絵；いしいももこ；おおむらゆりこ訳 福音館書店（世界傑作絵本シリーズ24） 1965年2月

ふえふ

ふえふき
ハーメルンというまちにやってきたきいろとあかのだんだらのながいマントをひきずったせいたかのっぽのふえふき「ハーメルンのふえふき男」村野四郎詩；鈴木義治絵　岩崎書店（ファミリーえほん27）1979年10月

笛ふき　ふえふき
ハメルンのまちにあらわれたあかときいろのそめわけもようのきみょうなふくをきた笛ふきのおとこ「ハメルンの笛ふき」ロバート・ブラウニング詩；ケート・グリーナウェイ絵；矢川澄子訳　文化出版局　1976年9月

ふえふきおとこ
あるひハーメルンのまちにやってきたねずみとりのめいじんのたびのふえふきおとこ「ハーメルンのふえふきおとこ―ドイツのはなし」杉山径一文；佐藤敬子絵　コーキ出版　1981年10月

笛ふき男　ふえふきおとこ
ドイツのまちハーメルンにやってきた赤と黄色のまだらの服を着たせいたかのっぽの笛ふき男「ハーメルンのふえふき」R.ブラウニング作；早乙女忠訳；赤坂三好絵　小学館（世界のメルヘン絵本27）1970年12月

フェリクス
むかし小さな村にすんでいたブラーケルさんという貴族夫妻のふたりの子どもの兄の男の子「ふしぎな子」E.T.A.ホフマン文；リスベート・ツヴェルガー画；矢川澄子訳　冨山房　1985年12月

ふぇるじなんど
まきばでしずかにはなのにおいをかいでいるのがすきだったのにもうぎゅうとまちがえられてすぺいんのまどりーどでとうぎゅうにだされたうし「はなのすきなうし」マンロー・リーフお話；ロバート・ローソン絵；光吉夏弥訳　岩波書店（岩波の子どもの本）1954年12月

フェルディナンド
いつもにわでねているおとこのひと「アルビンとそらとぶかさ」ウルフ・ロフグレン作・絵；木村由利子訳　フレーベル館　1982年5月

フェルディナンド
いつもにわでねているおとこのひと「アルビンとブンブンじてんしゃ」ウルフ・ロフグレン作・絵；木村由利子訳　フレーベル館　1982年5月

フェルディナンド
いなかへいくとちゅうであったトラクターやにぐるまをくるまにつなでしばってひっぱってやったちからもちのおとこ「ちからじまんのフェルディナント」ヤーノシュ作；木村光一訳　図書文化　1977年12月

フェルディナンド
サーカスだんをでてじぶんたちだけでサーカスをはじめた六にんのはんらんぐみの一ぴきのうま「ごうじょっぱりのピエロ」ミッシャ・ダムヤン作；ギアン・カスティ絵；山室静訳　佑学社（ヨーロッパ創作絵本シリーズ5）1978年4月

フォクシー・ロクシー
そらがおちてきたのをおうさまにしらせにいこうとしたひよこのひよっこちゃんやめんどりやあひるたちみんなをたべてしまったきつね 「そらがおちる!?どうぶつむらはおおさわぎ」 リチャード・スキャリー作;吉田純子訳 ブック・ローン出版(スキャリーおじさんのどうぶつえほん2) 1979年5月

フォックスおくさま
しっぽが九ほんもあってえんじのビロードみたいなけがわをきていただんなさんのフォックスさんがなくなったのでへやにこもってないていたきれいなめギツネ 「フォックスおくさまのむこえらび」 コリン夫妻文;エロール・ル・カイン絵;矢川澄子訳 ほるぷ出版 1983年6月

フォールコン
山くずれがおこってゆくえふめいになったデュークとむかしいっしょにはたらいていてほっそりじゅうやく鉄道にきてあたらしいなまえをもらった機関車 「きえた機関車」 ウィルバート・オードリー作;ガンバー・エドワーズ;ピーター・エドワーズ絵;桑原三郎;清水周裕訳 ポプラ社(汽車のえほん25) 1981年2月

フォレ
ふゆがきていけにこおりがはったのでジョセフおじいさんにスケートあそびにつれていってもらったこねこ 「はじめてのふゆをむかえるフォレ」 リュシェンヌ・エールビル作;マルセル・マルリエ絵;黒木義典訳;板谷和雄文 ブックローン出版(ファランドールえほん2) 1984年1月

フォレ
森にすむりすのキックとルケットに生まれた四ひきの子りすの一ぴき 「りすのパナシ」 リダ文;ロジャンコフスキー絵;いしいももこ;わだゆういち訳 福音館書店(世界傑作絵本シリーズ22) 1964年10月

ブキヨウさん
オーストラリアからはるばるやってきたキチョウメンさんのいとこ 「キチョウメンさん」 ロジャー・ハーグレーヴス作;おのかずこ訳 評論社(みすた・ぶっくす22) 1985年12月

フクロ
クマのプーの森の友だちのフクロウ 「コブタのおてがら」 A.A.ミルン文;E.H.シェパード絵;石井桃子訳 岩波書店(クマのプーさんえほん14) 1983年2月

フクロ
クマのプーの森の友だちのフクロウ 「プーのたのしいパーティー」 A.A.ミルン文;E.H.シェパード絵;石井桃子訳 岩波書店(クマのプーさんえほん8) 1982年9月

フクロ
クマのプーの森の友だちのフクロウ 「プーのほっきょくたんけん」 A.A.ミルン文;E.H.シェパード絵;石井桃子訳 岩波書店(クマのプーさんえほん6) 1982年9月

フクロ
クマのプーの森の友だちのフクロウ 「フクロのひっこし」 A.A.ミルン文;E.H.シェパード絵;石井桃子訳 岩波書店(クマのプーさんえほん15) 1983年2月

ふくろ

ふくろう
あるばんいたずらな青ねずみをおいかけていてよがあけてしまいつかまえられてサーカスにうられてしまった白いふくろう「白いふくろうと青いねずみ」ジャン・ジュベール文;ミッシェル・ゲー絵;榊原晃三訳 国土社 1980年10月

ふくろう
ある町のおおきい公園のまんなかにたつ将軍の鉄の像のうちがわにすんでいたかしこいふくろう「かしこいふくろう」ライナー・チムニク;ハンネ・アクスマン作・絵;大塚勇三訳 佑学社(ヨーロッパ創作絵本シリーズ27) 1979年2月

ふくろう
ひとりでいえにすみふゆのかぜやおつきさまとはなしをしているふくろう「ふくろうくん」アーノルド・ローベル作;三木卓訳 文化出版局 1976年11月

ふくろう
ふるくてくずれかかったいしのかべのなかにすみくるとしもくるとしもとてもしあわせにくらしていたふくろうのふうふ「しあわせなふくろう-オランダ民話」ホイテーマ文;チェレスチーノ・ピヤッチ絵;おおつかゆうぞう訳 福音館書店 1966年8月

ふくろう
もりのおくのきつつきのとなりの木にひっこしてきてきつつきのコツコツ木をつつくおとがやかましいといったふくろう「ふくろうときつつき」ブライアン・ワイルドスミス作・絵;さのまみこ訳 らくだ出版 1976年10月

ふくろう
よるになってぐっすりねむっていたにわのことりをおこそうとしたもりのふくろう「ふくろうとことり」エッダ・ラインル絵;野呂昶文 かど創房 1981年3月

ふくろう
よるの森にはちみつさがしにいったこぐまのナバーをてつだってやったふくろう「はちみつはちみつ」ウィリアム・リプキンド作;ロジャー・デュボアザン絵;掛川恭子訳 佑学社(アメリカ創作絵本シリーズ17) 1980年11月

ふくろう
森のなかでたまたまちょっとみにくいかおにうまれた二わの鳥たちの一わのふくろう「シジュとふくろう-キューバ」ミゲール・バーネット・ランツァ文;エンリケ・マルチネス・ブランコ絵;しげいしみほ訳 蝸牛社(かたつむり文庫) 1984年12月

フクロウ
あかんぼうをサルにころされたのがかなしくてまいにちおひさまをおこすやくめをやめてしまったかあさんフクロウ「どうして力はみみのそばでぶんぶんいうの?」ヴェルナ・アールデマ文;レオ・ディロン;ダイアン・ディロン絵;八木田宜子訳 ほるぷ出版 1977年10月

フクロウ(ウスズミ)
プリデインの国からぬすまれた白ぶたヘン・ウェンをおって死の国へいった男コルをたすけたフクロウ「コルと白ぶた」ロイド・アリグザンダー作;エバリン・ネス絵;神宮輝夫訳 評論社(児童図書館・絵本の部屋) 1980年1月

ふくろう(オリバー)
おしばいをするのがだいすきでおおきくなったらはいゆうになるだろうとママにいわれていたふくろうの子 「オリバーくん」 ロバート・クラウス文;J.アルエゴ;A.デュウェイ絵;長谷川四郎訳 ほるぷ出版 1977年12月

ふくろう(オリバー)
ちいさなおばけのジョージーがすんでいたホイッティカーさんのいえのふくろう 「おばけのジョージー」 ロバート・ブライト作・絵;光吉夏弥訳 福音館書店(世界傑作絵本シリーズ・アメリカの絵本) 1978年6月

ふくろう(サム)
いたずらほたるのひかりとそらにいろんなじをかいてあそんだふくろう 「サムといたずらほたる」 ピー・ディー・イーストマン作・絵;小堀杏奴文 日本パブリッシング(ビギナーシリーズ) 1968年1月

フクロウ(フクロ)
クマのプーの森の友だちのフクロウ 「コブタのおてがら」 A.A.ミルン文;E.H.シェパード絵;石井桃子訳 岩波書店(クマのプーさんえほん14) 1983年2月

フクロウ(フクロ)
クマのプーの森の友だちのフクロウ 「プーのたのしいパーティー」 A.A.ミルン文;E.H.シェパード絵;石井桃子訳 岩波書店(クマのプーさんえほん8) 1982年9月

フクロウ(フクロ)
クマのプーの森の友だちのフクロウ 「プーのほっきょくたんけん」 A.A.ミルン文;E.H.シェパード絵;石井桃子訳 岩波書店(クマのプーさんえほん6) 1982年9月

フクロウ(フクロ)
クマのプーの森の友だちのフクロウ 「フクロのひっこし」 A.A.ミルン文;E.H.シェパード絵;石井桃子訳 岩波書店(クマのプーさんえほん15) 1983年2月

ふくろう(ブラウンじいさま)
りすのナトキンたちがすむ森のそばのみずうみのふくろうじまにすむふくろう 「りすのナトキンのおはなし」 ビアトリクス・ポター作・絵;いしいももこ訳 福音館書店(ピーターラビットの絵本10) 1973年1月

フクロウ(ムーダ)
風の子リーニがもっていた人間からすがたを見られないようにするための小さな鈴をぬすんだフクロウ 「風の子リーニ」 ベッティーナ・アンゾルゲ作;とおやまあきこ訳 福武書店 1985年9月

ふくろう(リトルアウル)
なかまのみんなよりおそくおきたのであそぶともだちをさがしにいってトムのいえのまどをたたいたふくろう 「リトルアウルはきょうもおねぼう」 マーカス・フィスター作・絵;唐沢則幸訳 フレーベル館 1986年11月

フクロウはかせ
もりーばんのものしりのフクロウ 「グレー・ラビットいたちにつかまる」 アリスン・アトリー作;マーガレット・テンペスト絵;神宮輝夫;河野純三訳 評論社(児童図書館・絵本の部屋 グレー・ラビット4) 1979年11月

ふくろ

フクロウはかせ
もりーばんのものしりのフクロウ 「グレー・ラビットスケートにゆく」 アリスン・アトリー作；マーガレット・テンペスト絵；神宮輝夫；河野純三訳 評論社（児童図書館・絵本の部屋 グレー・ラビット1） 1978年12月

フクロウはかせ
もりーばんのものしりのフクロウ 「グレー・ラビットのスケッチ・ブック」 アリスン・アトリー作；マーガレット・テンペスト絵；河野純三訳 評論社（児童図書館・絵本の部屋 グレー・ラビット10） 1982年11月

フクロウはかせ
もりーばんのものしりのフクロウ 「グレー・ラビットパーティをひらく」 アリスン・アトリー作；マーガレット・テンペスト絵；神宮輝夫；河野純三訳 評論社（児童図書館・絵本の部屋 グレー・ラビット2） 1978年12月

フクロウはかせ
もりーばんのものしりのふくろう 「ねずみのラットのやっかいなしっぽ」 アリスン・アトリー作；マーガレット・テンペスト絵；神宮輝夫；河野純三訳 評論社（児童図書館・絵本の部屋 グレー・ラビット3） 1979年11月

フクロオオカミ
タスマニア島をすみかにしたオオカミで絶滅してしまったといわれる動物 「ドードーを知っていますかーわすれられた動物たち」 ショーン・ライス絵；ポール・ライス；ピーター・メイリー文；斉藤たける訳 福武書店 1982年10月

ふくろねずみ（ジェラルディン）
バレエもはたおりもちょうこくもにがてだけれどもどんぐりのおてだまがじょうずなふくろねずみのおんなの子 「これならおとくいジェラルディン」 エレン・コンフォード文；ジョン・ラレック絵；岸田衿子訳 国土社 1980年11月

ふくろねずみ（ジェラルディン）
ふくろねずみのおとこの子ユージンのねえさん 「ゆうかんになったユージン」 エレン・コンフォード文；ジョン・ラレック絵；矢川澄子訳 国土社 1980年12月

ふくろねずみ（ジェラルディン）
ふくろねずみのおとこの子ランドルフのねえさん 「やればできるよランドルフ」 エレン・コンフォード文；ローズマリー・ウエルズ絵；前田三恵子訳 国土社 1980年11月

ふくろねずみ（ユージン）
あるときふいにくらやみがこわくなってよるはたべものをとりにいけなくなったふくろねずみのおとこの子 「ゆうかんになったユージン」 エレン・コンフォード文；ジョン・ラレック絵；矢川澄子訳 国土社 1980年12月

ふくろねずみ（ユージン）
ふくろねずみのおとこの子ランドルフのおとうと 「やればできるよランドルフ」 エレン・コンフォード文；ローズマリー・ウエルズ絵；前田三恵子訳 国土社 1980年11月

ふくろねずみ（ユージン）
ふくろねずみのおんなのこジェラルディンの下のおとうと 「これならおとくいジェラルディン」 エレン・コンフォード文；ジョン・ラレック絵；岸田衿子訳 国土社 1980年11月

ふくろねずみ（ランドルフ）
しっぽを木のえだにまきつけてさかさまにぶらさがることができないふくろねずみのおとこの子「やればできるよランドルフ」エレン・コンフォード文；ローズマリー・ウエルズ絵；前田三恵子訳　国土社　1980年11月

ふくろねずみ（ランドルフ）
ふくろねずみのおんなのこジェラルディンのおとうと「これならおとくいジェラルディン」エレン・コンフォード文；ジョン・ラレック絵；岸田衿子訳　国土社　1980年11月

ブーくん
おかあさんぶたにみんなおおきくなったのでそれぞれいえをつくってべつべつにくらすようにいわれたこぶたのきょうだいの一ぴき「三びきのこぶた」岩本康之亮画；中村美佐子文　ひかりのくに（世界名作えほん全集8）1966年1月

ブーくん
おかあさんぶたにみんなおおきくなったのでそれぞれいえをつくってべつべつにくらすようにいわれたこぶたのきょうだいの一ぴき「三びきのこぶた」岩本康之亮画；中村美佐子文　ひかりのくに（世界名作えほん全集8）1966年1月

ブーコトラ
まずしいおじいさんとおばあさんにかわれていてトロルにさらわれてしまっためうし「めうしのブーコトラ―アイスランドの民話」フリングル・ヨウハンネソン絵；すがわらくにしろ訳　ほるぷ出版　1981年5月

フーゴ・ノットナーゲ
夜になるとかわいそうな犬のくさりをきってやり大きな森のおくの家につれていっていたので町の人たちから犬どろぼうとよばれていたやさしい男「やさしい犬どろぼうのお話」K.ブランドリ；B.シュタウファー作；H.アルテンブルガー画；渡辺和雄訳　小学館（世界の創作童話9）1979年12月

ふしあわせくん
しあわせそのもののしあわせくんそっくりだがしあわせくんとちがってちっともたのしそうじゃない子「しあわせくん」ロジャー・ハーグレーヴス作；たむらりゅういち訳　評論社（みすた・ぶっくす1）1980年1月

ふしぎな子　ふしぎなこ
フェリクスとクリストリープ兄妹が森であっていっしょにあそんだふしぎな子「ふしぎな子」E.T.A.ホフマン文；リスベート・ツヴェルガー画；矢川澄子訳　冨山房　1985年12月

プス
こなやの3にんむすこのいちばんしたのむすこがいさんとしてもらったねこ「ながぐつをはいたねこ」ポール・ガルドン作；寺岡㐮訳　ほるぷ出版　1978年10月

ぶた
あるときたべものがなくなっておばあさんぶたからめいめいじぶんのしあわせをみつけにさがしにいっとくれといわれた三びきのこぶた「三びきのこぶた」与田凖一文；赤星亮衛絵　フレーベル館（せかいむかしばなし2）1985年7月

ふた

ぶた
おおかみにこぶたをたべられそうになってなきながらいっしょうけんめいかんがえたぶたのかあさん 「すばらしいゆめをみたおおかみ」 アン・ロックウェル文・絵;こうのみつこ訳 アリス館牧新社 1976年7月

ぶた
おかあさんぶたからおおきくなったのでそとでじぶんたちのうちをつくりなさいといわれてうちをでた三びきのこぶた 「三びきのこぶた」 ベラ・サウスゲイト再話;ロバート・ラムレイ絵;秋晴二;敷地松二郎訳編 アドアンゲン 1974年6月

ぶた
おかあさんぶたからじぶんのちからでしあわせにくらしておくれといわれてうちをでることにした三びきのこぶた 「三びきのこぶた」 J.ジェイコブス原作;加藤輝男文;菊池貞雄;浦田又治絵 ポプラ社(オールカラー名作絵本6) 1983年11月

ぶた
おばあさんがいちばでかってうちへつれてかえるとちゅうですわりこんでさくをとびこえようとしないこぶた 「おばあさんとこぶた」 ベラ・サウスゲイト再話;ロバート・ラムレイ絵;秋晴二;敷地松二郎訳編 アドアンゲン 1974年6月

ぶた
かあさんがやいていたなべからとびだしてにげてきたパンケーキとあった1ぴきのこぶた 「パンケーキのはなし-ノルウェーのはなし」 山室静文;福田岩緒絵 コーキ出版(絵本ファンタジア4) 1977年4月

ぶた
かいぬしにおきざりにされてあてもなくのうじょうをでた三びきのおおきなぶた 「三びきのおおきなぶた」 メイナス・ピンクウォーター文・絵;河津千代訳 アリス館牧新社 1976年1月

ぶた
かいぬしにおきざりにされてのうじょうをでた三びきのぶたがもりであったけむくじゃらのきばのあるたくましいぶた 「三びきのおおきなぶた」 メイナス・ピンクウォーター文・絵;河津千代訳 アリス館牧新社 1976年1月

ぶた
こぶたをかいにいちばにでかけたおばあさんによばれてもしらんかおをしていたこぶた 「おばあさんとこぶた-民話より」 ポール・ガルドン絵;大庭みな子訳 佑学社(ポール・ガルドン昔話シリーズ2) 1979年6月

ぶた
めぶたにじぶんではたらいてたべていくようにといわれてよのなかへだしてもらった三びきのこぶた 「三びきのこぶた」 石井桃子訳;太田大八絵 福音館書店 1973年5月

ぶた
めんどりかあさんがこむぎをはたけにまくのをてつだおうとはしなかったぶた 「めんどりとこむぎつぶ-イギリス民話」 安泰絵;小出正吾文 フレーベル館(キンダーおはなしえほん傑作選21) 1978年4月

ふた

ぶた
やわらかいどろんこのなかにしずんでいくのがなによりもすきであるひおおきなまちでまだやわらかいせめんとのなかにしずんでいったこぶた 「どろんここぶた」 アーノルド・ローベル作;岸田衿子訳 文化出版局 1971年11月

ぶた
学校でリチャードが大のお気に入りだったきょうしつのとだなのなかにいれられたこぶたくん 「とだなのなかのこぶたくん」 ヘレン・E.バックレイ作;ロブ・ハワード絵;今江祥智訳 佑学社 1984年11月

ぶた
年をとったかあさんぶたにしあわせをさがしておいでと外へ出してもらった三びきのこぶた 「三びきのこぶた」 ジェイコブズ作;鈴木佐知子訳;小野かおる絵 小学館(世界のメルヘン絵本5) 1978年2月

ブタ
おろかなオロカさんにしつもんしたかしこいブタ 「オロカさん」 ロジャー・ハーグレーヴス作;おのかずこ訳 評論社(みすた・ぶっくす16) 1985年12月

ブタ
クマのプーさんの森の友だちのコブタ 「クマのプーさん」 A.A.ミルン文;E.H.シェパード絵;石井桃子訳 岩波書店 1968年12月

ブタ
クマのプーの森の友だちのコブタ 「イーヨーのあたらしいうち」 A.A.ミルン文;E.H.シェパード絵;石井桃子訳 岩波書店(クマのプーさんえほん9) 1982年9月

ブタ
クマのプーの森の友だちのコブタ 「イーヨーのたんじょうび」 A.A.ミルン文;E.H.シェパード絵;石井桃子訳 岩波書店(クマのプーさんえほん4) 1982年6月

ブタ
クマのプーの森の友だちのコブタ 「ウサギまいごになる」 A.A.ミルン文;E.H.シェパード絵;石井桃子訳 岩波書店(クマのプーさんえほん13) 1983年2月

ブタ
クマのプーの森の友だちのコブタ 「カンガとルー森にくる」 A.A.ミルン文;E.H.シェパード絵;石井桃子訳 岩波書店(クマのプーさんえほん5) 1982年6月

ブタ
クマのプーの森の友だちのコブタ 「コブタと大こうずい」 A.A.ミルン文;E.H.シェパード絵;石井桃子訳 岩波書店(クマのプーさんえほん7) 1982年9月

ブタ
クマのプーの森の友だちのコブタ 「コブタのおてがら」 A.A.ミルン文;E.H.シェパード絵;石井桃子訳 岩波書店(クマのプーさんえほん14) 1983年2月

ブタ
クマのプーの森の友だちのコブタ 「トラーのあさごはん」 A.A.ミルン文;E.H.シェパード絵;石井桃子訳 岩波書店(クマのプーさんえほん10) 1982年9月

ふた

ブタ
クマのプーの森の友だちのコブタ 「プーあなにつまる・ふしぎなあしあと」 A.A.ミルン文；E.H.シェパード絵；石井桃子訳　岩波書店(クマのプーさんえほん2) 1982年6月

ブタ
クマのプーの森の友だちのコブタ 「プーのたのしいパーティー」 A.A.ミルン文；E.H.シェパード絵；石井桃子訳　岩波書店(クマのプーさんえほん8) 1982年9月

ブタ
クマのプーの森の友だちのコブタ 「プーのほっきょくたんけん」 A.A.ミルン文；E.H.シェパード絵；石井桃子訳　岩波書店(クマのプーさんえほん6) 1982年9月

ブタ
クマのプーの森の友だちのコブタ 「フクロのひっこし」 A.A.ミルン文；E.H.シェパード絵；石井桃子訳　岩波書店(クマのプーさんえほん15) 1983年2月

ブタ
クマのプーの森の友だちの男の子 「プーのゾゾがり」 A.A.ミルン文；E.H.シェパード絵；石井桃子訳　岩波書店(クマのプーさんえほん3) 1982年6月

ブタ
一晩中キャンディーのゆめを見たブタ 「ローベルおじさんのどうぶつものがたり」 アーノルド・ローベル作；三木卓訳　文化出版局　1981年5月

ぶた（あぶくぼうや）
あかちゃんのときにリゼットというおんなのこにひろわれてそだてられおおきくなってもりへかえっていったのぶた 「あぶくぼうやのぼうけん」 シートン原作；小林清之介文；伊藤悌夫絵　チャイルド本社(チャイルド絵本館・シートン動物記Ⅱ-5) 1985年8月

ぶた（インゲ）
にわにほかのこどもがいないのでこざかなのハラルドとことりのフィリップと3にんであそんだこぶたちゃん 「いっしょにあそぼうよ」 フリードリヒ・カール・ヴェヒター文・絵；尾崎賢治訳　アリス館　1983年3月

ぶた（インゲ）
ひとりでいるよりほかのこといっしょにあそぶほうがおもしろいのにとおもっていたぶたのおんなのこ 「いっしょにあそぼうよ」 フリードリヒ・カール・ヴェヒター文・絵；尾崎賢治訳　アリス館　1978年4月

ぶた（ガブガブ）
ドリトル先生のおとものぶた 「ドリトル先生とかいぞく」 ヒュー・ロフティング；アル・パーキンス作；フィリップ・ウェンド絵；滑川道夫文　日本パブリッシング(ビギナーブックシリーズ) 1969年1月

ぶた（グルマンさん）
おおぐいのせかいチャンピオンのぶた 「ディンゴはじどうしゃがだいすき」 リチャード・スキャリー作；國眼隆一訳　ブックローン出版(スキャリーおじさんのどうぶつえほん13) 1982年5月

ぶた(グルマンさん)
おおぐいのせかいチャンピオンのぶた 「ゆかいなゆかいなあわてんぼう」 リチャード・スキャリー作;國眼隆一訳 ブックローン出版(スキャリーおじさんのどうぶつえほん7) 1980年1月

ぶた(さとうがしのブー)
ケーキやさんでふとったおばさんにチョコレートのねずみとふたりかわれたがたべられたくなくておさらからふたりでにげだしたさとうがしのこぶた 「たべられたくなかったチョコねずみとさとうがしのブーのぼうけん」 イリーナ・ヘイル作・絵;熊谷伊久栄訳 偕成社 1981年9月

ぶた(ソレル)
ぶたのピッグさんのうちにやってきたあやしいベビーシッターのおばさんのウルフをつかまえたこぶた 「こぶたのおるすばん」 メアリー・レイナー作・絵;岡本浜江訳 偕成社 1979年12月

ぶた(ダッド)
どんなむずかしいじけんでもねこのサムとふたりですぐにかいけつするめいたんてい 「スーパーマーケットじけん」 リチャード・スカーリー作・画;稲岡達子訳 偕成社(スカーリーおじさんのたんてい絵本) 1973年12月

ぶた(ダドレー)
ぶたのピッグさんのけっこんのおいわいのプレゼントをまもるためにきせんのサリーごうにのりこんだゆうめいなたんていのぶた 「めいたんていサムとダドレー」 リチャード・スカリー作;渡辺茂男訳 講談社(講談社のピクチュアブック7) 1979年9月

ぶた(チビ)
おひゃくしょうさんが目のまえでころそうとしたのをお父さんと女の子と男の子の3人がもらってマンションにつれてかえったこぶた 「かわいいこぶた」 ウルフ・ニルソン作;エヴァ・エリクソン絵;木村由利子訳 佑学社 1984年9月

ぶた(パーマーさん)
まちでやさいをうってかぞくへのおみやげをかいろばのエベネザーじいさんのひくばしゃにのってかえるとちゅうでいろいろなめにあったぶたのおひゃくしょうさん 「ばしゃでおつかいに」 ウィリアム・スタイグ作;せたていじ訳 評論社(児童図書館・絵本の部屋) 1976年12月

ぶた(パール)
あるひがっこうからかえるとちゅうのもりでまじょのかごからおっこちたものいうほねをひろったぶたのむすめ 「ものいうほね」 ウィリアム・スタイグ作;せたていじ訳 評論社(児童図書館・絵本の部屋) 1978年6月

ぶた(ヴァルデマール)
のうじょうでいつもともだちのおんどりのフランツとねずみのジョニーといっしょにあそんでいるぶた 「ぼくたちともだち」 ヘルメ・ハイネ作・絵;大島かおり訳 佑学社 1984年9月

ぶた(ピグウィグ)
気ぐらいの高いぶたのマティルダに恋をして自分がばかじゃないことをわかってもらうためにりっぱなぼうしを作ってかぶってみせたぶた 「ぶたのピグウィグ」 ジョン・ダイク作;八木田宜子訳 文化出版局 1980年12月

ふた

ぶた(ピッグさん)
こどもたちをるすばんのおばさんのウルフさんにあずけてでかけたぶたのおとうさんとおかあさん 「こぶたのおるすばん」 メアリー・レイナー作・絵;岡本浜江訳 偕成社 1979年12月

ぶた(ピッグさん)
ピッグおくさんとけっこんしておともだちをきせんのサリーごうのパーティーにしょうたいしたぶた 「めいたんていサムとダドレー」 リチャード・スカリー作;渡辺茂男訳 講談社(講談社のピクチュアブック7) 1979年9月

ぶた(ピックル)
ドライブにいったぶたさんかぞくのおとこのこ 「ピックルのじどうしゃりょこう」 リチャード・スキャリー作;國眼隆一訳 ブックローン出版(スキャリーおじさんのどうぶつえほん10) 1984年8月

ぶた(ピックル)
ビジータウンのぶたさんかぞくのこども 「サンタさんのいそがしい1にち」 リチャード・スキャリー作;國眼隆一訳 ブック・ローン出版(スキャリーおじさんのどうぶつえほん15) 1984年8月

ぶた(ピンキー・ブウ)
かあさんぶたもこぶたもおやすみしているのにひとりであそびにいったいたずらこぶた 「たいへんたいへんピンキー・ブウ」 マルタ・コチ作・絵;保富康午文 学習研究社(国際版せかいのえほん1) 1984年10月

ぶた(ピンキー・ブウ)
ルンルン・ブウとふたりづれでそとにでかけてあなをあけたすいかのかわをかぶっておばけのかっこうになったピンクのいたずらこぶた 「おばけだ わいわいピンキー・ブウ」 マルタ・コチ作・絵;保富康午文 学習研究社(国際版せかいのえほん14) 1985年1月

ぶた(ぴんく)
たっぷすおばあさんといぬのぱんくとあひるのぽんくといっしょにいえからおいだされることになったぶた 「もりのおばあさん」 ヒュウ・ロフティング文;光吉夏弥訳;横山隆一絵 岩波書店(岩波の子どもの本) 1954年9月

ぶた(ブーくん)
おかあさんぶたにみんなおおきくなったのでそれぞれいえをつくってべつべつにくらすようにいわれたこぶたのきょうだいの一ぴき 「三びきのこぶた」 岩本康之亮画;中村美佐子文 ひかりのくに(世界名作えほん全集8) 1966年1月

ぶた(プーくん)
おかあさんぶたにみんなおおきくなったのでそれぞれいえをつくってべつべつにくらすようにいわれたこぶたのきょうだいの一ぴき 「三びきのこぶた」 岩本康之亮画;中村美佐子文 ひかりのくに(世界名作えほん全集8) 1966年1月

ぶた(フランブルさん)
車でしごとにでかけたぶたのおじさん 「スカーリーおじさんの はたらく人たち」 リチャード・スカーリー文;稲垣達朗訳 評論社(児童図書館・絵本の部屋) 1982年6月

ぶた(フリッツ)
動物たちの学校時代の同窓写真にうつったぶた 「ぼくたちを忘れないで」 フリーデル・シュミット;ヴァルトラウト・ランケ作 森村桂訳 CBS・ソニー出版 1978年8月

ぶた(フロッシーちゃん)
パンやきをけんがくにきたこぶた 「おしゃべりおばけパン」 リチャード・スキャリー作;國眼隆一訳 ブック・ローン出版(スキャリーおじさんのどうぶつえほん13) 1984年8月

ぶた(ペザント)
ビジーランドこくのわかいおひゃくしょうさんのぶた 「ペザントくんのかいじゅうたいじ」 リチャード・スキャリー作;國眼隆一訳 ブック・ローン出版(スキャリーおじさんのどうぶつえほん9) 1984年8月

ぶた(ペニー)
ドライブにいったぶたさんかぞくのおんなのこ、こぶたのピックルのいもうと 「ピックルのじどうしゃりょこう」 リチャード・スキャリー作;國眼隆一訳 ブックローン出版(スキャリーおじさんのどうぶつえほん10) 1984年8月

ぶた(ペニー)
ビジータウンのぶたさんかぞくのこども 「サンタさんのいそがしい1にち」 リチャード・スキャリー作;國眼隆一訳 ブック・ローン出版(スキャリーおじさんのどうぶつえほん15) 1984年8月

ぶた(ベルタ)
のうえんでのくらしがいやになったあるひほうせきをほりだしてかねもちになったのでまちでくらすことにしたぶたのおくさん 「ぶたのしあわせ」 ヘレン・オクセンバリー作;矢川澄子訳 文化出版局 1974年4月

ぶた(ヘン・ウェン)
プリデイン国にすみはたけしごとばかりしていた男コルがだいじにしていた白ぶた 「コルと白ぶた」 ロイド・アリグザンダー作;エバリン・ネス絵;神宮輝夫訳 評論社(児童図書館・絵本の部屋) 1980年1月

ぶた(ポーくん)
おかあさんぶたにみんなおおきくなったのでそれぞれいえをつくってべつべつにくらすようにいわれたこぶたのきょうだいの一ぴき 「三びきのこぶた」 岩本康之亮画;中村美佐子文 ひかりのくに(世界名作えほん全集8) 1966年1月

ぶた(ボリス)
のうえんでのくらしがいやになったあるひほうせきをほりだしてかねもちになったのでまちでくらすことにしたぶたのだんなさん 「ぶたのしあわせ」 ヘレン・オクセンバリー作;矢川澄子訳 文化出版局 1974年4月

ぶた(マティルダ)
ブラウンさんの農場でくらしていたぶたのピグウィグが恋をした気ぐらいの高いぶた 「ぶたのピグウィグ」 ジョン・ダイク作;八木田宜子訳 文化出版局 1980年12月

ふた

ぶた（リリーひめ）
ビジーランドこくのおしろのぶたのおうじょ「ペザントくんのかいじゅうたいじ」リチャード・スキャリー作；國眼隆一訳 ブック・ローン出版（スキャリーおじさんのどうぶつえほん9） 1984年8月

ぶた（ルンルン・ブウ）
ピンキー・ブウとふたりづれでそとにでかけてあなをあけたすいかのかわをかぶっておばけのかっこうになったピンクのいたずらこぶた「おばけだ わいわい ピンキー・ブウ」マルタ・コチ作・絵；保富康午文 学習研究社（国際版せかいのえほん14） 1985年1月

ぶた（ローザおばさん）
ロバのロバちゃんがそうだんしてみようとおもったなんとなくたよりになるおかあさんぶた「ロバのロバちゃん」ロジャー・デュボアザン文・絵；厨川圭子訳 偕成社 1969年5月

ぶた（ロジーヌ）
あめがふりつづいてかべがたおれたいえをもとどおりにするのをみんなにてつだってもらったぶた「アリスとパトー あたらしいいえづくり」エリザベス・ミラー；ジェイン・コーエン文；ヴィクトリア・チェス絵；西園寺知子訳 文化出版局 1982年9月

ぶた（ローランド）
ともだちにギターをひきながらうたをきかせていたくらしをやめてあるひたびまわりのかしゅとしてひろいせけんにでかけていったぶた「ぶたのめいかしゅローランド」ウィリアム・スタイグ作；瀬田貞二訳 評論社（児童図書館・絵本の部屋） 1975年10月

ぶた（ワルデマール）
はじめてよなかの12じまでおきていたムレワップむらのなかよし3にんぐみのぶた「ぼくたちなかよし めざましどけい」ヘルメ・ハイネ作・絵；佐々木元訳 フレーベル館 1985年11月

ぶた（ワルデマール）
ムレワップむらのいたずらずきのなかよし3にんぐみのぶた「ぼくたちなかよし にぐるま」ヘルメ・ハイネ作・絵；佐々木元訳 フレーベル館 1985年11月

ぶた（ワルデマール）
ムレワップむらのすごーくなかよしの3にんぐみのぶた「ぼくたちなかよし おきゃくさま」ヘルメ・ハイネ作・絵；佐々木元訳 フレーベル館 1985年11月

プタナ
暴君カムサ王がクリシュナをころそうとしておくりこんだ鬼女「クリシュナ物語」パンドパダヤイ・ラマナンダ文・絵；若林千鶴子訳 蝸牛社（かたつむり文庫） 1984年12月

ふたりのおとこ
あるひおしろへやってきてじぶんたちはようふくやでばかものにはみえないようふくをつくってさしあげるといっておうさまをだましたふたりのおとこ「はだかの王さま」深沢邦朗画；天神しずえ文 ひかりのくに（世界名作えほん全集2） 1966年1月

ふたりのおとこ
ばかなひとにはみえないすてきなぬのをおるといっておうさまをだましたたびのはたおりのふたりのおとこ「はだかのおうさま」アンデルセン作；与田準一文；小野かおる絵 偕成社（世界おはなし絵本21） 1972年1月

プッシュミプルユー
ドリトル先生のおとものどうぶつ 「ドリトル先生とかいぞく」 ヒュー・ロフティング;アル・パーキンス作;フィリップ・ウェンド絵;滑川道夫文 日本パブリッシング(ビギナーブックシリーズ) 1969年1月

プッテ
ブルーベリーとこけももをつんでおかあさんのたんじょうびのおくりものにしたくてかごを二つさげてもりへいったおとこのこ 「ブルーベリーもりでのプッテのぼうけん」 エルサ・ベスコフ作・絵;ルゼ・カプデヴィラ絵;おのでらゆりこ訳 福音館書店(世界傑作絵本シリーズ・スウェーデンの絵本) 1977年5月

ぶってくれ
イ族の村にすんでいたとしよりのふうふが池のほとりにあらわれた白いかみの老人からさずかった九人の子どもの一人 「王さまと九人のきょうだい-中国の民話」 君島久子訳;赤羽末吉絵 岩波書店 1969年11月

ブッバ
しごとがだいきらいななまけものでいっしょにくらすくまのバッバといつもけんかをしているくま 「なまけもののくまさん-ロシア民話より」 マリア・ポリューシュキン再話;ディアン・ド・グロート絵;河津千代訳 アリス館牧新社 1977年4月

プップ
いつもちいさいこのまえでいばるいじわるなトッドをだましたふたごのきょうだいのおとこのこ 「ふたごのピッピとプップ」 マルシャーク作;西郷竹彦文;中谷千代子絵 偕成社(世界おはなし絵本4) 1966年1月

ふとっちょさん
まちでアイスクリームをうるおじいさんのはこぐるまにはいっていたアイスクリームをいちどにありったけたいらげたふとっちょのしんし 「アイスクリーム かんながかんなをつくったはなし」 マルシャーク文;レーベデフ絵;うちだりさこ訳 岩波書店 1978年4月

ふなのり
あたらしいふねにのってしゅっぱつしてえすきもーがすむりくちについたちいさなふなのり 「ちいさなふなのりのぼうけん」 ディック・ブルーナ文・絵;舟崎靖子訳 講談社(ブルーナの幼児えほん2) 1981年10月

船乗り　ふなのり
ヨット西風号が打ちあげられた浜辺の村にいた船乗りでヨットを宙に浮かせ空を飛ばせることができた男 「西風号の遭難」 クリス・ヴァン・オールズバーグ絵・文;村上春樹訳 河出書房新社 1985年9月

フーバク王さま　ふーばくおうさま
どんな小さなこともめいれいどおりにさせたがるのでけらいたちがみんなにげだしてたったひとりおしろにとりのこされた王さま 「おしろレストラン」 クルト・バウマン文;マリー・ジョゼ・サクレ絵;いけだかよこ訳 文化出版局 1982年12月

ブービー
動物たちの学校時代の同窓写真にうつったビーバー 「ぼくたちを忘れないで」 フリーデル・シュミット;ヴァルトラウト・ランケ作;森村桂訳 CBS・ソニー出版 1978年8月

ふひお

ぷびおうさま
むかしすぺいんという国にいたひとりのおうさまで「ねこはねずみをとってはいけない」というきそくをきめたこころのやさしいおうさま 「ねずみとおうさま」 コロマ神父文；石井桃子訳；土方重巳絵 岩波書店（岩波の子どもの本） 1953年12月

プム
ぼうけんずきのファンファン少年の友だちのいぬ 「ファンファンとこうのとり」 ピエール・プロブスト文・絵；那須辰造訳 講談社（世界の絵本フランス） 1971年5月

プム
ぼうけんずきのファンファン少年の友だちのいぬ 「ファンファンとみどりのさる」 ピエール・プロブスト文・絵；那須辰造訳 講談社（世界の絵本フランス） 1971年3月

プム
ぼうけんずきのファンファン少年の友だちのいぬ 「ファンファンとやぎ」 ピエール・プロブスト文・絵；那須辰造訳 講談社（世界の絵本フランス） 1971年6月

プム
ぼうけんずきのファンファン少年の友だちのいぬ 「ファンファンとやまかじ」 ピエール・プロブスト文・絵；那須辰造訳 講談社（世界の絵本フランス） 1971年7月

プム
ぼうけんずきの少年ファンファンの友だちのいぬ 「ファンファンとおおかみ」 ピエール・プロブスト文・絵；那須辰造訳 講談社（世界の絵本フランス） 1971年8月

プム
ぼうけんずきの少年ファンファンの友だちのいぬ 「ファンファンとふね」 ピエール・プロブスト文・絵；那須辰造訳 講談社（世界の絵本フランス） 1971年3月

冬　ふゆ
森をそめていく絵かきの秋にやきもちをやいている冬 「鳥のうたにみみをすませば」 オタ・ヤネチェック絵；フランチシェック・ネビル文；金山美莎子訳 佑学社（おはなし画集シリーズ4） 1980年9月

ぷよ
らいおんなんかすこしもこわがっていなかったいさましいぷよ 「いそっぷのおはなし」 中川正文訳；長新太絵 福音館書店 1963年11月

ぷよぷよ
むかしのおしろのなかでミハイルがみつけたおもいてつのたまにつながれたやさしいおばけのおんなのこ 「おばけちゃんのぷよぷよ」 メルセ・C.ゴンザレス作；アグスティ・A.サウリ絵；鈴木悦夫訳 学習研究社（国際版せかいのえほん2） 1984年1月

ブラー
ビリーというおとこのこがたくさんえにかいたブラーといういきもののおうさまやけらいたち 「ぼくはブラーだ！」 ジャック・ケント作・絵；舟崎克彦訳 佑学社（アメリカ創作絵本シリーズ3） 1979年8月

ふらけ

フライング・スコッツマン
ふとっちょきょくちょうがゴードンのためによんでくれた二だいの炭水車の一だい 「機関車のぼうけん」 ウィルバート・オードリー作;ガンバー・エドワーズ;ピーター・エドワーズ絵;桑原三郎;清水周裕訳 ポプラ社(汽車のえほん23) 1980年11月

プラウェートサンドーン(おしゃかさま)
チェットドンという国のサンチャイ王の子で人びとにほどこしをしてなんでもあげてしまうので王国からヒマラヤの森へついほうされた人でのちのおしゃかさま 「おしゃかさまものがたり-タイの民話」 パニヤ・チャイヤカム絵;いわきゆうじろう訳 ほるぷ出版 1982年11月

ブラウニー
たにまでたくましくいきるやまうずらのおやこのおかあさん 「やまうずらのレッド・ラッフ」 シートン原作;小林清之介文;滝波明生絵 チャイルド本社(チャイルド絵本館・シートン動物記Ⅱ-8) 1985年11月

ブラウン
どうぶつのくにのおうさまらいおんからきつねのライネケをひっぱってくるようにいわれたくま 「きつねのさいばん」 ゲーテ原作;二反長半文;山田三郎絵 世界出版社(ABCブック) 1970年1月

ブラウンさん
おいしいミルクがのみたくてはつかねずみのティムといっしょにバーレビンズのうえんにいったはりねずみ 「ティムとめうしのおおさわぎ」 ジュディ・ブルック作;牧田松子訳 冨山房 1980年9月

ブラウンさん
かぞくのなかでひとりだけからだじゅうにちゃいろのもようがあるのでいえをでたうさぎのスポッティがもりのなかであったちゃいろのもようのうさぎ 「おかえりなさいスポッティ」 マーグレット・E.レイ文;H.A.レイ絵;中川健蔵訳 文化出版局 1984年9月

ブラウンさん
はつかねずみのティムのともだちのはりねずみ 「ティムといかだのきゅうじょたい」 ジュディ・ブルック作;牧田松子訳 冨山房 1979年8月

ブラウンさん
はつかねずみのティムのともだちのはりねずみ 「ティムとひこうせん」 ジュディ・ブルック作;牧田松子訳 冨山房 1979年8月

ブラウンさん
パディントンえきにいたくまをうちにつれていった男の人 「くまのパディントン」 マイケル・ボンド作;フレッド・バンベリー絵;中村妙子訳 偕成社(パディントン絵本1) 1973年11月

ブラウンじいさま
りすのナトキンたちがすむ森のそばのみずうみのふくろうじまにすむふくろう 「りすのナトキンのおはなし」 ビアトリクス・ポター作・絵;いしいももこ訳 福音館書店(ピーターラビットの絵本10) 1973年1月

ブラーケル夫妻　ぶらーけるふさい
むかし小さな村にすんでいた貴族の夫妻でフェリクスとクリストリープ兄妹の両親 「ふしぎな子」 E.T.A.ホフマン文;リスベート・ツヴェルガー画;矢川澄子訳 冨山房 1985年12月

ふらつ

フラックス
のばらの村のはたおりねずみ 「ウィルフレッドの山登り」 ジル・バークレム作;岸田衿子訳 講談社(のばらの村のものがたり) 1986年1月

ブラッシ
世界を旅してまわっているはりねずみ 「グレー・ラビットと旅のはりねずみ」 アリスン・アトリー作;マーガレット・テンペスト絵;河野純三訳 評論社(児童図書館・絵本の部屋 グレー・ラビット8) 1981年5月

フラボーおやかた
ごきげんなライオンくんをサーカスにいれたくてどうぶつえんからつれだしたおやかた 「アフリカでびっくり」 ルイーゼ・ファティオ作;ロジャー・デュボアザン絵;今江祥智;遠藤育枝訳 佑学社(ごきげんなライオン1) 1978年12月

フラム
森にすむりすのキックとルケットに生まれた四ひきの子りすの一ぴき 「りすのパナシ」 リダ文;ロジャンコフスキー絵;いしいももこ;わだゆういち訳 福音館書店(世界傑作絵本シリーズ22) 1964年10月

ブラン
エミリーのうちのねこミューとなかよしのぬいぐるみでくるまからおちてはたけのかかしにされていたクマ 「ねこのミューとブラン」 メグ・ラザーフォード作・絵;矢崎節夫訳 フレーベル館 1986年1月

ブランカ
アメリカの大平原カランポーでいちばんつよくてかしこいおおかみおうロボのおくさんのしろいおおかみ 「おおかみおうロボ」 シートン原作;小林清之介文;日隈泉絵 チャイルド本社(チャイルド絵本館・シートン動物記2) 1984年4月

ブランケット
スガンさんのうちのにわからにげだしてやまのなかへいったやぎ 「スガンさんのやぎ」 ドーデー原作;岸田衿子文;中谷千代子絵 偕成社 1966年12月

フランシス
いもうとがうまれてうちのなかのいろんなことがおもうようにいかなくなったのでいえでをしようとおもったあなぐまのおんなのこ 「フランシスのいえで」 ラッセル・ホーバン作;リリアン・ホーバン絵;松岡享子訳 好学社 1972年1月

フランシス
いもうとのグローリアのおたんじょうびのプレゼントをするためにおかしやさんにいっておかしをかったあなぐまのおんなのこ 「フランシスとたんじょうび」 ラッセル・ホーバン作;リリアン・ホーバン絵;松岡享子訳 好学社 1972年1月

フランシス
いもうとのグロリアとあそんでやらずにともだちのアルバートとやきゅうをしようとおもったあなぐまのおんなのこ 「フランシスのおともだち」 ラッセル・ホーバン作;リリアン・ホーバン絵;松岡享子訳 好学社 1972年1月

フランシス
おかあさんがつくってくれたごはんやおべんとうをたべずにジャムをつけたパンばかりたべていたあなぐまのおんなのこ 「ジャムつきパンとフランシス」 ラッセル・ホーバン作；リリアン・ホーバン絵；松岡享子訳　好学社　1972年1月

フランシス
めをつむってもねむれなくてなにかがでてきたりするようなきがしてなんどもおとうさんやおかあさんのところにいったあなぐまのおんなのこ 「おやすみなさいフランシス」 ラッセル・ホーバン文；ガース・ウイリアムズ絵；松岡享子訳　福音館書店　1966年7月

フランシーヌ
どうぶつのおとこのこアーサーのともだちのおんなのこ 「アーサーのめがね」 マーク・ブラウン作・絵；上野瞭訳　佑学社　1981年4月

ブランシュ
とってもきれいなママレード色のねこオーランドーのこどもの雪のようにまっしろなこねこ 「ねこのオーランドー」 キャスリーン・ヘイル作・画；脇明子訳　福音館書店（世界傑作絵本シリーズ・イギリスの絵本）　1982年7月

フランソワ
バーバママをさがすたびにでたおばけのバーバパパについていったおとこのこ 「バーバパパたびにでる」 アネット・チゾン；タラス・テイラー作；やましたはるお訳　講談社（講談社のバーバパパえほん1）　1975年8月

フランソワ
フランスのまちのどうぶつえんのしいくがかりのむすこでいつもごきげんならいおんとなかよしのおとこのこ 「ごきげんならいおん」 ルイーズ・ファティオ文；ロジャー・デュボアザン絵；むらおかはなこ訳　福音館書店（世界傑作絵本シリーズ・アメリカの絵本）　1964年4月

フランソワくん
どうぶつえんのいしくがかりのむすこでライオンくんとなかよしのおとこのこ 「しっぽがふたつ」 ルイーゼ・ファティオ作；ロジャー・デュボアザン絵；今江祥智訳　佑学社（ごきげんなライオン2）　1978年9月

フランソワくん
どうぶつえんのしいくがかりのむすこでライオンくんとなかよしのおとこのこ 「アフリカでびっくり」 ルイーゼ・ファティオ作；ロジャー・デュボアザン絵；今江祥智；遠藤育枝訳　佑学社（ごきげんなライオン1）　1978年12月

フランソワくん
どうぶつえんのしいくがかりのむすこでライオンくんとなかよしのおとこのこ 「うさぎがいっぱい」 ルイーゼ・ファティオ作；ロジャー・デュボアザン絵；今江祥智；遠藤育枝訳　佑学社（ごきげんなライオン8）　1979年5月

フランソワくん
どうぶつえんのしいくがかりのむすこでライオンくんとなかよしのおとこのこ 「すてきなたからもの」 ルイーゼ・ファティオ作；ロジャー・デュボアザン絵；今江祥智；遠藤育枝訳　佑学社（ごきげんなライオン7）　1978年9月

ふらん

フランソワくん
どうぶつえんのしいくがかりのむすこでライオンくんとなかよしのおとこのこ 「たのしいそらのたび」 ルイーゼ・ファティオ作;ロジャー・デュボアザン絵;今江祥智;遠藤育枝訳 佑学社 (ごきげんなライオン6) 1979年4月

フランソワくん
どうぶつえんのしいくがかりのむすこでライオンくんとなかよしのおとこのこ 「ともだちさがしに」 ルイーゼ・ファティオ作;ロジャー・デュボアザン絵;今江祥智;遠藤育枝訳 佑学社 (ごきげんなライオン4) 1978年10月

フランソワくん
どうぶつえんのしいくがかりのむすこでライオンとなかよしのおとこのこ 「ぼうやで三びき」 ルイーゼ・ファティオ作;ロジャー・デュボアザン絵;今江祥智訳 佑学社 (ごきげんなライオン3) 1978年10月

フランソワぼうや
ライオンくんのこどもでしいくがかりのむすこのフランソワくんとおなじなまえがつけられたぼうや 「ぼうやで三びき」 ルイーゼ・ファティオ作;ロジャー・デュボアザン絵;今江祥智訳 佑学社 (ごきげんなライオン3) 1978年10月

フランツ
のうじょうでいつもともだちのぶたのヴァルデマールとねずみのジョニーといっしょにあそんでいるおんどり 「ぼくたちともだち」 ヘルメ・ハイネ作・絵;大島かおり訳 佑学社 1984年9月

フランツ
はじめてよなかの12じまでおきていたムレワップむらのなかよし3にんぐみのにわとり 「ぼくたちなかよし めざましどけい」 ヘルメ・ハイネ作・絵;佐々木元訳 フレーベル館 1985年11月

フランツ
ムレワップむらのいたずらずきのなかよし3にんぐみのにわとり 「ぼくたちなかよし にぐるま」 ヘルメ・ハイネ作・絵;佐々木元訳 フレーベル館 1985年11月

フランツ
ムレワップむらのすごーくなかよしの3にんぐみのにわとり 「ぼくたちなかよし おきゃくさま」 ヘルメ・ハイネ作・絵;佐々木元訳 フレーベル館 1985年11月

フランツ
ゆきのひにぴったりとよりそってきにとまっていた三ばのすずめの一わ 「三ばのすずめ」 スージー・ボーダル絵;クリスティアン・モルゲンシュテルン詩;虎頭恵美子訳 偕成社 1977年1月

フランツ
動物たちの学校時代の同窓写真にうつったかえる 「ぼくたちを忘れないで」 フリーデル・シュミット;ヴァルトラウト・ランケ作;森村桂訳 CBS・ソニー出版 1978年8月

ブランディ
いぬのピエロのいえにアメリカからやってきたコンクールでなんどもゆうしょうしているかわいいいぬ 「アメリカからきたいぬのブランディ」 マリアンヌ・サンクレール作；フィリップ・サランビエ絵；黒木義典訳；板谷和雄文　ブックローン出版（ファランドールえほん5）　1984年1月

ブランディ
食りょう品店のポッターおじさんの店でかわれていた小馬　「小さな乗合い馬車」　グレアム・グリーン文；エドワード・アーディゾーニ絵；阿川弘之訳　文化出版局（グレアム・グリーンの乗りもの絵本）　1976年3月

フランビーさん
オランウータンのウォーレスととてもなかよしのしいくがかりのおとこのひと 「ウォーレスはどこに？」 ヒラリー・ナイト絵・文；木島始訳　講談社（講談社の翻訳絵本）　1983年11月

フランブルさん
車でしごとにでかけたぶたのおじさん 「スカーリーおじさんの はたらく人たち」 リチャード・スカーリー文；稲垣達朗訳　評論社（児童図書館・絵本の部屋）　1982年6月

ブランブルズ
あまりおしゃれをしないいのしし 「ディンゴはじどうしゃがだいすき」 リチャード・スキャリー作；國眼隆一訳　ブックローン出版（スキャリーおじさんのどうぶつえほん13）　1982年5月

ブランブルズ
あまりおしゃれをしないいのしし 「ゆかいなゆかいなあわてんぼう」 リチャード・スキャリー作；國眼隆一訳　ブックローン出版（スキャリーおじさんのどうぶつえほん7）　1980年1月

プーリア
むかしペルシャ（いまのイラン）のホラサーン地方にある大きな町ホラズムにいた勇者のなかの勇者といわれた男 「勇者プーリア」 アリー・アクバル・サーデギー画；黒柳恒男訳　ほるぷ出版　1979年3月

フリーサ
あざらしのかわでふねをつくってイギリスりょこうをしたスウェーデンのげんしじんおやこのむすめ 「イギリスりょこう」 バッティル・アルムクビスト絵・文；やまのうちきよこ訳　徳間書店（げんしじんヘーデンホスシリーズ8）　1974年11月

フリーサ
いかだにのってアメリカりょこうをしたスウェーデンのげんしじんヘーデンホスおやこのむすめ 「アメリカりょこう」 バッティル・アルムクビスト絵・文；やまのうちきよこ訳　徳間書店（げんしじんヘーデンホスシリーズ5）　1974年10月

フリーサ
うちゅうせんをつくってうちゅうりょこうをしたスウェーデンのげんしじんヘーデンホスおやこのむすめ 「うちゅうりょこう」 バッティル・アルムクビスト絵・文；やまのうちきよこ訳　徳間書店（げんしじんヘーデンホスシリーズ6）　1974年8月

フリーサ
エジプトのおかねもちナイルソンさんのふねにのってエジプトりょこうをしたスウェーデンのげんしじんヘーデンホスおやこのむすめ 「エジプトりょこう」 バッティル・アルムクビスト絵・文；やまのうちきよこ訳　徳間書店（げんしじんヘーデンホスシリーズ2）　1974年9月

ふりさ

フリーサ
バナナボートにのってカナリアしょとうにいったスウェーデンのげんしじんヘーデンホスおやこのむすめ 「バナナボート」 バッティル・アルムクビスト絵・文;やまのうちきよこ訳 徳間書店(げんしじんヘーデンホスシリーズ4) 1974年10月

フリーサ
ひこうきにのってマジョルカりょこうをしたスウェーデンのげんしじんヘーデンホスおやこのむすめ 「マジョルカりょこう」 バッティル・アルムクビスト絵・文;やまのうちきよこ訳 徳間書店(げんしじんヘーデンホスシリーズ7) 1974年11月

フリーサ
むかしスウェーデンのみずうみのほとりにすんでいたげんしじんヘーデンホスおやこのむすめ 「げんしじんヘーデンホスおやこ」 バッティル・アルムクビスト絵・文;やまのうちきよこ訳 徳間書店(げんしじんヘーデンホスシリーズ1) 1974年8月

フリズリ
豹のオレッグのいるところを猟師に教えた臆病者の兎 「雪国の豹オレッグ」 ジャン=クロード・ブリスビル文;ダニエル・ブール絵;串田孫一訳 集英社 1980年12月

フリッカリー
ゆきをみにやってきてゆきにうもれてしまった光のくにのようせいぼうや 「靴屋のカーリーと大雪の日」 マーガレット・テンペスト作;寺岡襄訳 ほるぷ出版 1982年10月

フリック
カエル沼におちたときにカエルのチイおばさんたちにすくいあげてもらったチュルルタン村のこどものこびと 「こびとの村のカエルじけん」 A.シャープトン文;G.ミューラー絵;岸田今日子訳 文化出版局 1984年3月

フリック
村長の家ではたらいてもらったお金をぼろぼろのきものをきた大男にあげたかわりに三つのねがいをかなえてもらった少年 「ふしぎなバイオリン—ノルウェー昔話」 山内清子訳;小沢良吉絵 小学館(世界のメルヘン絵本15) 1978年10月

フリッツ
いたずらものの子ガラスのハンスをつかまえて家にもってかえった男の子 「いたずらカラスのハンス」 ヴィルヘルム・ブッシュ文・絵;上田真而子訳 岩波書店 1986年4月

フリッツ
マリーのおにいさん 「くるみわりにんぎょう」 ホフマン原作;金山美穂子文;司修絵 世界出版社(ABCブック) 1970年1月

フリッツ
犬が大きらいな魔術師のガザージ氏の邸宅の庭にはいっていったヘスター嬢の愛犬 「魔術師ガザージ氏の庭で」 クリス・バン・オールスバーグ作;辺見まさなお訳 ほるぷ出版 1981年2月

フリッツ
動物たちの学校時代の同窓写真にうつったぶた 「ぼくたちを忘れないで」 フリーデル・シュミット;ヴァルトラウト・ランケ作;森村桂訳 CBS・ソニー出版 1978年8月

フリドーリン
海辺にたつうつくしい庭のある家にすむマルビンヒェンという女の子といっしょに雲の風船にのって旅をしたウサギ 「空をとんだマルビンヒェン」 ベッティーナ・アンゾルゲ作;とおやまあきこ訳　福武書店　1986年5月

フリネック
ちゃいろがわのカバむらでたのしくくらしていたのにあるひみっともないすがたのカバにうまれたことがいやになったちびでぶカバくん 「ちびでぶカバくん」 リブシェ・パレチコバー作;ヨゼフ・パレチェック絵;千野栄一訳　フレーベル館　1981年9月

プリム
工作が大すきな少年セラファンの友だちで絵をかくことが大すきな男の子 「しらないくにのセラファン」 アラン・グレー文;フィリップ・フィックス絵;弥永みち代訳;大伴昌司文　講談社（世界の絵本フランス）　1972年1月

プリム
工作が大すきな少年セラファンの友だちで絵をかくことが大すきな男の子 「セラファンとにせのセラファン」 アラン・グレー文;フィリップ・フィックス絵;弥永みち代訳;大伴昌司文　講談社（世界の絵本フランス）　1971年12月

プリム
工作が大すきな少年セラファンの友だちで絵をかくことが大すきな男の子 「セラファンの大けっさく」 アラン・グレー文;フィリップ・フィックス絵;弥永みち代訳;大伴昌司文　講談社（世界の絵本フランス）　1971年12月

プリムさん
かぞくでひっこしてきた東88番通りのあき家に前からいたワニのライルといっしょにくらすことにしたプリムさん一家のごしゅじん 「ワニのライルがやってきた」 バーナード・ウェーバー作;小杉佐恵子訳　大日本図書（ワニのライルのおはなし1）　1984年7月

プリムさん
やさしいワニのライルといっしょにくらしていたプリムさん一家のごしゅじん 「ワニのライル、動物園をにげだす」 バーナード・ウェーバー作;小杉佐恵子訳　大日本図書（ワニのライルのおはなし2）　1984年7月

プリムさん
ワニのライルがいっしょにくらしているプリムさん一家のごしゅじん 「ワニのライルとたんじょうパーティー」 バーナード・ウェーバー作;小杉佐恵子訳　大日本図書（ワニのライルのおはなし3）　1984年8月

プリムさん
ワニのライルといっしょにくらしているプリムさん一家のごしゅじん 「ワニのライル、おかあさんをみつける」 バーナード・ウェーバー作;小杉佐恵子訳　大日本図書（ワニのライルのおはなし5）　1984年9月

プリムさん
ワニのライルといっしょにくらしているプリムさん一家のごしゅじん 「ワニのライルとなぞの手紙」 バーナード・ウェーバー作;小杉佐恵子訳　大日本図書（ワニのライルのおはなし4）　1984年8月

ぷりむ

プリムローズ
のばらの村のまんなかにあるかしの木やかたにすんでいるもりねずみだんしゃくのむすめ 「木の実のなるころ」ジル・バークレム作；岸田衿子訳 講談社（のばらの村のものがたり）1981年5月

プリムローズ
もりねずみだんしゃくのかしの木やかたの上のほうにひみつの屋根うら部屋をみつけたねずみの女の子 「ひみつのかいだん」ジル・バークレム作；岸田衿子訳 講談社（のばらの村のものがたり）1983年11月

ブリンジャマティ
ラモルのおくさん 「ヒマラヤのふえ」A.ラマチャンドラン作・絵；きじまはじめ訳 福音館書店（世界傑作絵本シリーズ・日本とインドの絵本）1976年11月

フルー
おとうさんはきつねにたべられておかあさんはおちちをのませてくれたあとでどこかへいってしまってひとりぼっちになってしまったのうさぎ 「のうさぎのフルー」リダ文；ロジャンコフスキー絵；いしいももこ；おおむらゆりこ訳 福音館書店（世界傑作絵本シリーズ21）1964年9月

ブルース
まじょのロキシーをおこらせたのでまほうにかけられてカエルみたいなちいさなクマになってしまったいたずらグマ 「まほうにかかったいたずらグマ」ビル・ピート作・絵；山下明生訳 佼成出版社（ピートの絵本シリーズ4）1981年4月

ブルたいしょう
よるのおもちゃやでドアのまえにたってみはりをしているブルドックのにんぎょう 「きみとあそびだいな」ニコライ・ストヤノフ作・.絵；山元護久文 学習研究社（国際版せかいのえほん7）1985年1月

フルダー・フラム
吟遊詩人の冒険ぐらしにあこがれて詩人の家へいき詩人の長からたてごとをもらって旅にでたプリデイン国の王さま 「フルダー・フラムとまことのたてごと」ロイド・アリグザンダー作；エブリン・ネス絵；神宮輝夫訳 評論社（児童図書館・絵本の部屋）1980年1月

プルッシュ
子ぐまのブウルとポルカのかあさんぐま 「くまのブウル」リダ文；ロジャンコフスキー絵；いしいももこ；おおむらゆりこ訳 福音館書店（世界傑作絵本シリーズ24）1965年2月

プルフ
かあさんがものプルメットに生まれた八わの子がもたちの一わ 「かものプルフ」リダ文；ロジャンコフスキー絵；いしいももこ；おおむらゆりこ訳 福音館書店（世界傑作絵本シリーズ23）1964年12月

フルディーネ
魔女アマラの息子と結婚させられたヘルツライデという名の女王の娘で祖母アマラによってよこしまな求婚者と結婚させられようとした姫 「小さな王さま」フリッツ・フォン・オスティーニ文；ハンス・ペラル絵；中川浩訳 ほるぷ出版 1986年6月

プルートン
バルサザール王の王子イレーヌスといちばんなかよしの子いぬ 「クリスマスのおくりもの」 コルネリス・ウィルクスハウス作;リタ・ヴァン・ビルゼン絵;高村喜美子訳 講談社 1978年11月

ブルーノー
しんゆうからいえにしょうたいされたがきしゃちんがなくて大きなボールばこにはいりこつづみになってたびをしたおとこ 「こづつみになってたびをしたブルーノーのはなし」 アーヒム・ブローガー作;ギーゼラ・カーロウ絵;与田静訳 偕成社 1982年2月

ブルーノおじさん
しまもようがすっかり気にいってつくえもベッドも車もなんでもかんでもペンキでしましまにぬったたおじさん 「しましまってすばらしい」 ポウル・マール作・画;志賀朝子訳 小学館(世界の創作童話17) 1981年4月

ブルビ
のうじょうのねこプルフのともだちのやさしいおおかみ 「はりねずみポワンチュのおてがら」 J.ボダル作;CH.サランビエ絵;黒木義典訳;板谷和雄文 ブック・ローン出版(ファランドールえほん8) 1981年1月

プルフ
にわとりをねらっていたきつねのトルースのわるだくみをふせいだのうじょうのねこ 「はりねずみポワンチュのおてがら」 J.ボダル作;CH.サランビエ絵;黒木義典訳;板谷和雄文 ブック・ローン出版(ファランドールえほん8) 1981年1月

フルフル
豹の王子オレッグのいとこで乱暴ものの王アモクを誘惑した美人だちょう 「王子オレッグ故郷に帰る」 ジャン=クロード・ブリスビル文;ダニエル・ブール絵;篠沢秀夫訳 集英社 1982年12月

ブルーベリーのとうさん
ブルーベリーもりのおうさまのこびとのおじいさん 「ブルーベリーもりでのプッテのぼうけん」 エルサ・ベスコフ作・絵;ルゼ・カプデヴィラ絵;おのでらゆりこ訳 福音館書店(世界傑作絵本シリーズ・スウェーデンの絵本) 1977年5月

ブルモドキ
海賊船くろぶた号の船長 「海賊ブルモドキくろぶた号の反乱」 ジョン・ライアン作;渡辺茂男訳 国土社 1984年7月

プルモドキ
イギリスの港にいかりをおろしたくろぶた号の船長で港町のおえらがたと金もちさんを船のパーティーにしょうたいしようとした海賊 「海賊ブルモドキどんちゃかパーティー」 ジョン・ライアン作;渡辺茂男訳 国土社 1984年8月

フルリーナ
スイスの山の子ウルスリのいもうとで夏に出かけた山の小屋で山の鳥のせわをしたむすめ 「アルプスのきょうだい」 ゼリーナ・ヘンツ文;アロワ・カリジェ絵;光吉夏弥訳 岩波書店(岩波の子どもの本) 1954年9月

ふるり

フルリーナ
高い山やまの谷まの村に夏がくるとおとうさんおかあさんとにいさんといっしょに生きものをつれて山の夏小屋へとのぼっていく山のむすめ 「フルリーナと山の鳥」 ゼリーナ・ヘンツ文;アロワ・カリジェ絵;大塚勇三訳 岩波書店 1974年12月

フルリーナ
子どものそり大会にでるそりをかざる毛糸のふさを手にいれるために雪のなかをとなりの村の糸屋の店にでかけた女の子 「大雪」 ゼリーナ・ヘンツ文;アロイス・カリジェ絵;生野幸吉訳 岩波書店 1965年12月

ブルン
シャベルやくまでやボールやバケツなどをいっぱいもってあそびにいったこぐま 「こぐまのブルン あそびにいく」 ダニエル・ブール作;たくまひがし訳 みみずくぷれす 1982年6月

ブルン
スキップもナイフできるのも靴ひもをむすぶのもできるようになったこぐま 「こぐまのブルン ぼくできるよ」 ダニエル・ブール作;たくまひがし訳 みみずくぷれす 1982年6月

ブルン
ひとりできがえをしたこぐま 「こぐまのブルン きがえ」 ダニエル・ブール作;たくまひがし訳 みみずくぷれす 1982年6月

ブルン
ペンキとチョコレートでよごれちゃっておふろにはいったこぐま 「こぐまのブルン おふろ」 ダニエル・ブール作;たくまひがし訳 みみずくぷれす 1982年6月

ブルン
ママといっしょにケーキをつくったこぐま 「こぐまのブルン ケーキづくり」 ダニエル・ブール作;たくまひがし訳 みみずくぷれす 1982年6月

ブルン
めがさめてさいしょにママをよんだこぐま 「こぐまのブルン あまえんぼ」 ダニエル・ブール作;たくまひがし訳 みみずくぷれす 1982年6月

フレイヤ
巨人の王さまスリュムがはなよめにほしいといった美人の女神 「はなよめになった神さま—アイスランド・エッダより」 シーグルズル・ブリニョウルフソン絵;すがわらくにしろ訳 ほるぷ出版 1982年11月

フレーシュ
子がものプルッフのきょうだい 「かものプルッフ」 リダ文;ロジャンコフスキー絵;いしいももこ;おおむらゆりこ訳 福音館書店(世界傑作絵本シリーズ23) 1964年12月

プレッツェル
せかいいちどうながのダックスフントでドッグショーでゆうしょうしたいぬ 「どうながのプレッツェル」 マーグレット・レイ文;H.A.レイ絵;わたなべしげお訳 福音館書店(世界傑作絵本シリーズ・アメリカの絵本) 1978年10月

フレッド
7ひきのテディベアのくまたちとくらすいぬ 「うみへいこうよ」 スザンナ・グレッツ作・絵;各務三郎訳 岩崎書店(テディベアのえほん1) 1984年8月

フレッド
7ひきのテディベアのくまたちとくらすいぬ 「かいものいっぱい」 スザンナ・グレッツ作・絵;各務三郎訳 岩崎書店(テディベアのえほん4) 1984年10月

フレッド
7ひきのテディベアのくまたちとくらすいぬ 「かぜひいちゃった」 スザンナ・グレッツ作・絵;各務三郎訳 岩崎書店(テディベアのえほん8) 1985年3月

フレッド
7ひきのテディベアのくまたちとくらすいぬ 「ひっこしおおさわぎ」 スザンナ・グレッツ作・絵;各務三郎訳 岩崎書店(テディベアのえほん2) 1984年10月

フレッド
7ひきのテディベアのくまたちとくらすいぬ 「雨の日のうちゅうせんごっこ」 スザンナ・グレッツ作・絵;各務三郎訳 岩崎書店(テディベアのえほん3) 1984年10月

フレッド
うさぎの子のジャックがふくをきせてともだちのフレッドだといってうちにいれたいぬ 「ぼくがほんとにほしいもの」 バイロン・バートン作・絵;海輪聡訳 ポプラ社(世界のほんやくえほん2) 1976年10月

フレッド
おじいさんやいとこや大おばさんやいろんなしんるいたちにたずねてこられたツノトカゲ 「いちばんうれしいおきゃくさま」 ロバート・クェッケンブッシュ作・絵;中野完二訳 佑学社(アメリカ創作絵本シリーズ5) 1979年11月

フレッド
おひゃくしょうさんのいえではたらいてもらったたった三まいのどうかをもってげんきいっぱいせかいりょこうへでかけた男 「うかれバイオリン－イギリスみんわ」 三上蕃文;池田龍雄絵 世界出版社(ABCブック) 1970年1月

フレッド
ちびいぬのテッドのおともだちのでかいいぬ 「でかワン・ちびワンものがたり」 P.D.イーストマン作;久米穣訳 講談社(講談社のピクチュアブック1) 1979年5月

フレッド
動物たちの最後の楽園ないない谷にくらしているうるわしの翅のオオベニシジミ 「ないない谷の物語1 ようこそないない谷へ」 インマ・ドロス;ハリー・ギーレン文;マイケル・ジュップ絵;舟崎克彦訳 ブック・ローン出版 1982年11月

フレデリック
お城にいるおひめさまのためにきんでできたにんぎょうの家をつくった村の木ぼり職人 「サリンカときんのことり」 アーサー・ショレイ文;ベルナデッテ・ワッツ絵;もきかずこ訳 ほるぷ出版 1979年11月

ふれて

フレデリック
クララのおにいさん 「くるみわり人形」 ホフマン原作;ダグマル・ベルコバー絵;高橋ひろゆき文 佑学社(名作バレー物語シリーズ) 1978年11月

フレデリック
ふゆにそなえてなかまたちがはたらいているときにひとりだけじっとしていておひさまのひかりやいろやことばをあつめているといったのねずみ 「フレデリック」 レオ・レオニ作;谷川俊太郎訳 好学社 1969年1月

ブレリオ・パパ(ルイ・ブレリオ)
フランスの町カンブレにやってきた飛行船をみて飛行機をつくろうとした人 「パパの大飛行」 アリス・プロヴェンセン;マーティン・プロヴェンセン作;脇明子訳 福音館書店(世界傑作絵本シリーズ・アメリカの絵本) 1986年2月

プロスペ
ナターンのもりにすむみみずく 「りすのピルエット」 アラン・グレ文;ルイ・カン絵;いはらじゅんこ訳 ペンタン(ナターンのもりのなかまたち1) 1984年10月

プロスペ
ナターンのもりのなかまでみんながねむっているよるもめをあけてばんをしているみみずく 「みみずくのプロスペ」 アラン・グレ文;ルイ・カン絵;つじとおる訳 DEMPAペンタン(ナターンのもりのなかまたち5) 1986年4月

ブロチェック
トニークというおとこのこといっしょにきからおちてみえなくなったせいようなしをさがしたいぬ 「おっこちたせいようなし」 エドゥアルト・ペチシュカ作;千野栄一訳;森茂子絵 福音館書店 1984年10月

フロッキー
風の子リーニと男の子フローリアンをのせてリーニがぬすまれたまほうの鈴をさがしにいったまっ白な子馬 「風の子リーニ」 ベッティーナ・アンゾルゲ作;とおやまあきこ訳 福武書店 1985年9月

ブロック
やさしいひのやまにみまもられてとりやどうぶつたちみんながしあわせにくらしていたしまにいたへそまがりのざりがに 「ひのやま」 イヴァン・ガンチェフ作・絵;佐々木元訳 フレーベル館 1981年8月

フロッシーさん
きつねのふじんけいかん 「ピックルのじどうしゃりょこう」 リチャード・スキャリー作;國眼隆一訳 ブックローン出版(スキャリーおじさんのどうぶつえほん10) 1984年8月

フロッシーちゃん
パンやきをけんがくにきたこぶた 「おしゃべりおばけパン」 リチャード・スキャリー作;國眼隆一訳 ブック・ローン出版(スキャリーおじさんのどうぶつえほん13) 1984年8月

フロプシー
こどもたちをおひゃくしょうのマグレガーさんにふくろにいれられてしまったうさぎ 「フロプシーのこどもたち」 ビアトリクス・ポター作・絵;いしいももこ訳 福音館書店(ピーターラビットの絵本3) 1971年11月

ブローボック
南アフリカにすんでいたヤギで絶滅してしまった動物 「ドードーを知っていますか－わすれられた動物たち」 ショーン・ライス絵；ポール・ライス；ピーター・メイリー文；斉藤たける訳　福武書店　1982年10月

ふろーら
ぞうのばばーるおうさまとせれすとおうひにうまれた3びきのこどもの1ぴきのおんなのあかちゃん 「ババールと子どもたち」 ジャン・ド・ブリューノフ原作；那須辰造訳　講談社（フランス生まれのババール絵本5）　1966年1月

ふろーら
ぴくにっくにいったぞうのばばーるの3びきのこどもたちの1ぴき 「ババールのピクニック」 ローランド・ド・ブリューノフ原作；那須辰造訳　講談社（フランス生まれのババール絵本6）　1966年1月

フローラ
ぞうのおうさまババールといっしょにとりのしまへいった3にんのこどもたちのひとり 「ババールとりのしまへ」 ロラン・ド・ブリュノフ作；矢川澄子訳　評論社（評論社の児童図書館・絵本の部屋 ぞうのババール7）　1975年10月

フローラ
ぞうのおうさまババールといっしょにボンヌトロンプじょうへひっこした3にんのこどもたちのひとり 「ババールのひっこし」 ロラン・ド・ブリュノフ作；矢川澄子訳　評論社（評論社の児童図書館・絵本の部屋 ぞうのババール10）　1975年10月

フローラ
ぞうのおうさまババールのみつごのこどものひとり 「ババールくるまでピクニック」 L.ド・ブリュノフ作；しまづさとし訳；おのかずこ文　評論社（ミニ・ババール7）　1976年3月

フローラ
ぞうのおうさまババールのみつごのこどものひとり 「ババールのおにわ」 L.ド・ブリュノフ作；しまづさとし訳；おのかずこ文　評論社（ミニ・ババール6）　1976年3月

フローラ
ぞうのくにでだれもしらなかったほらあなをみつけたぞうのおうさまババールのこども 「ババールとグリファトンきょうじゅ」 ロラン・ド・ブリュノフ作；矢川澄子訳　評論社（評論社の児童図書館・絵本の部屋 ぞうのババール9）　1975年10月

フローラ
ぞうのババールとスキーへいったみつごのこどものひとり 「ババールスキーじょうへ」 L.ド・ブリュノフ作；しまづさとし訳；おのかずこ文　評論社（ミニ・ババール4）　1975年12月

フローラ
ぞうのババールのはしかにかかったみつごのこどものひとり 「ババールとおいしゃさん」 L.ド・ブリュノフ作；しまづさとし訳；おのかずこ文　評論社（ミニ・ババール1）　1975年12月

フローラ
ぞうのババール王さまのこども 「ババール王さまのかんむり」 ロラン・ド・ブリュノフ作・絵；渡辺茂男文　日本パブリッシング（ビギナーブックシリーズ）　1969年1月

ふろら

フローラ
なつやすみにうみべへでかけたぞうのおうさまババールの3にんのこどもたちのひとり「ババールといたずらアルチュール」ロラン・ド・ブリュノフ作;矢川澄子訳　評論社(評論社の児童図書館・絵本の部屋　ぞうのババール6)　1975年6月

フローラ
はくらんかいでほかのけものたちとなかよくなったぞうのおうさまババールのこども「ババールのはくらんかい」ロラン・ド・ブリュノフ作;矢川澄子訳　評論社(評論社の児童図書館・絵本の部屋　ぞうのババール8)　1975年10月

フローラ
ふかいふかい海のそこにすんでいたうたがひどくへたな3人のちいさな人魚のひとり「3人のちいさな人魚」デニス・トレ;アレイン・トレ絵・文;麻生九美訳　評論社(児童図書館・絵本の部屋)　1979年9月

フローラ
ペトルががっこうのかえりみちにひろってフローラというなまえをつけたぬいぐるみのくま「ぼくのくまくんフローラ」デイジー・ムラースコバー作・絵;千野栄一訳　偕成社　1979年7

フローラちゃん
いつもあたまにはなをかざっているおんなのこ「ちいさなよるのおんがくかい」リブシェ・パレチコバー作;ヨゼフ・パレチェック絵;竹下文子訳　フレーベル館　1981年11月

フローリアン
ちからもちのフェルディナンドがくるまでトラクターやにぐるまをひっぱっていくのにつないでいたつなをぷつんときったらんぼうもののおとこのこ「ちからじまんのフェルディナント」ヤーノシュ作;木村光一訳　図書文化　1977年12月

フローリアン
リージンカというおんなのこにあみにかけられてあみからだしてもらったちょうちょ「チョウさんさようなら」ミレナ・ルケショバー文;竹田裕子訳;ヤン・クドゥラーチェク絵　岩崎書店(世界の絵本3)　1976年1月

フローリアン
人間にはすがたを見られないようにする小さな鈴をぬすまれてしまった風の子リーニと森であった男の子「風の子リーニ」ベッティーナ・アンゾルゲ作;とおやまあきこ訳　福武書店　1985年9月

フロリアン
百姓のクラースさんのいえにきたわかくて力もちのあかいトラクターのマクスとなかよしになりたかった年よりの馬「こんにちはトラクター・マクスくん」ビネッテ・シュレーダー文・絵;矢川澄子訳　岩波書店　1973年12月

フローリムンド
森の中へ狩りに出かけて美しいオーロラひめの夢を見た王子「ねむりひめ」フランチェスカ・クレスピー絵;リンダ・ジェニングス文;山川京子訳　西村書店　1986年3月

フローレンス・ナイチンゲール(ナイチンゲール)
世界でもっとも有名な看護婦のイギリス人女性「フローレンス・ナイチンゲール」L.D.ピーチ作;ジョン・ケニイ絵;敷地松二郎訳　アドアンゲン　1974年11月

ふわおくさん
かわいいあかちゃんにうさこちゃんとなをつけたうさぎのかあさん 「ちいさなうさこちゃん」 ディック・ブルーナ文・絵；石井桃子訳 福音館書店（子どもがはじめてであう絵本） 1964年6月

ふわふわくん
あかんぼうのときからともだちのアルフレッドがいっしょにあそんでくれなくなったのでおおきな木のたかいところまでのぼっていってしまったおもちゃのくま 「ふわふわくんとアルフレッド」 ドロシー・マリノ文・絵；石井桃子訳 岩波書店（岩波の子どもの本） 1977年6月

ふわふわさん
かわいいあかちゃんにうさこちゃんとなをつけたうさぎのとうさん 「ちいさなうさこちゃん」 ディック・ブルーナ文・絵；石井桃子訳 福音館書店（子どもがはじめてであう絵本） 1964年6月

プンクマインチャ
ネパールにいたおんなのこでいじわるなままははにいいつけられてまいにちやぎをつれてやまのまきばにでかけていたこ 「プンクマインチャーネパール民話」 大塚勇三再話；秋野亥左牟画 福音館書店 1968年2月

プントデウォ
マナヒラン国のある村にやってきたアスティノ国のパンダワ5王子のいちばん上の王子 「ビモのおにたいじージャワの影絵しばい」 ヌロールスティッヒサーリン・スラムット再話；ノノ・スグルノー絵；松本亮訳 ほるぷ出版 1985年3月

プンパーニッケル
セリーナのへやのかべのあなからでてきてプンパーニッケルというなまえをつけられたねずみ 「ねことわたしのねずみさん」 スージー・ボーダル作；佐々木田鶴子訳 偕成社 1983年10月

フンブ
あるむらにすんでいたふたりのきょうだいのおとうとでこころのやさしいひと 「コンブとノルブ」 韓丘庸文；金正愛絵 朝鮮青年社（朝鮮名作絵本シリーズ2） 1985年2月

ぶーんぶん
おひゃくしょうがおっことしたつぼへとんできてくらしはじめたはえ 「ちいさなお城」 A.トルストイ再話；E.ラチョフ絵；宮川やすえ訳 岩崎書店（えほん・ドリームランド14） 1982年2月

フンボルト
ライン川を見おろす城に住んでいた老魔術師の弟子のなまけぐせのある少年 「魔術師の弟子」 バーバラ・ヘイズン文；トミー・ウンゲラー絵；たむらりゅういち；あそうくみ訳 評論社（児童図書館・絵本の部屋） 1977年12月

【へ】

へあ

ヘアー
もりのはずれの小さな家にはいいろうさぎのグレー・ラビットといっしょにすんでいた大うさぎ
「グレー・ラビットいたちにつかまる」 アリスン・アトリー作;マーガレット・テンペスト絵;神宮
輝夫;河野純三訳 評論社(児童図書館・絵本の部屋 グレー・ラビット4) 1979年11月

ヘアー
もりのはずれの小さな家にはいいろうさぎのグレー・ラビットといっしょにすんでいた大うさぎ
「グレー・ラビットスケートにゆく」 アリスン・アトリー作;マーガレット・テンペスト絵;神宮輝
夫;河野純三訳 評論社(児童図書館・絵本の部屋 グレー・ラビット1) 1978年12月

ヘアー
もりのはずれの小さな家にはいいろうさぎのグレー・ラビットといっしょにすんでいた大うさぎ
「グレー・ラビットと旅のはりねずみ」 アリスン・アトリー作;マーガレット・テンペスト絵;河野
純三訳 評論社(児童図書館・絵本の部屋 グレー・ラビット8) 1981年5月

ヘアー
もりのはずれの小さな家にはいいろうさぎのグレー・ラビットといっしょにすんでいた大うさぎ
「グレー・ラビットのおたんじょうび」 アリスン・アトリー作;マーガレット・テンペスト絵;河野
純三訳 評論社(児童図書館・絵本の部屋 グレー・ラビット7) 1982年9月

ヘアー
もりのはずれの小さな家にはいいろうさぎのグレー・ラビットといっしょにすんでいた大うさぎ
「グレー・ラビットのクリスマス」 アリスン・アトリー作;マーガレット・テンペスト絵;河野純三
訳 評論社(児童図書館・絵本の部屋 グレー・ラビット5) 1982年11月

ヘアー
もりのはずれの小さな家にはいいろうさぎのグレー・ラビットといっしょにすんでいた大うさぎ
「グレー・ラビットのスケッチ・ブック」 アリスン・アトリー作;マーガレット・テンペスト絵;河野
純三訳 評論社(児童図書館・絵本の部屋 グレー・ラビット10) 1982年11月

ヘアー
もりのはずれの小さな家にはいいろうさぎのグレー・ラビットといっしょにすんでいた大うさぎ
「グレー・ラビットパーティをひらく」 アリスン・アトリー作;マーガレット・テンペスト絵;神宮輝
夫;河野純三訳 評論社(児童図書館・絵本の部屋 グレー・ラビット2) 1978年12月

ヘアー
もりのはずれの小さな家にはいいろうさぎのグレー・ラビットといっしょにすんでいた大うさぎ
「グレー・ラビットパンケーキをやく」 アリスン・アトリー作;マーガレット・テンペスト絵;河野
純三訳 評論社(児童図書館・絵本の部屋 グレー・ラビット12) 1983年3月

ヘアー
もりのはずれの小さな家にはいいろうさぎのグレー・ラビットといっしょにすんでいた大うさぎ
「ねずみのラットのやっかいなしっぽ」 アリスン・アトリー作;マーガレット・テンペスト絵;神
宮輝夫;河野純三訳 評論社(児童図書館・絵本の部屋 グレー・ラビット3) 1979年11月

ヘアー
もりのはずれの小さな家にはいいろうさぎのグレー・ラビットといっしょにすんでいた大うさぎ
「もぐらのモールディのおはなし」 アリスン・アトリー作;マーガレット・テンペスト絵;河野純
三訳 評論社(児童図書館・絵本の部屋 グレー・ラビット6) 1982年9月

ヘアー
もりのはずれの小さな家にはいいろうさぎのグレー・ラビットといっしょにすんでいた大うさぎ 「大うさぎのヘアーかいものにゆく」 アリスン・アトリー作；マーガレット・テンペスト絵；河野純三訳 評論社（児童図書館・絵本の部屋 グレー・ラビット11） 1981年5月

ヘアー
もりのはずれの小さな家にはいいろうさぎのグレー・ラビットといっしょにすんでいた大うさぎ 「大うさぎのヘアーとイースターのたまご」 アリスン・アトリー作；マーガレット・テンペスト絵；河野純三訳 評論社（児童図書館・絵本の部屋 グレー・ラビット9） 1983年3月

ベアくん
いいところをしっているというパパにつれられてピクニックにしゅっぱつしたこぐま 「ベアくんのピクニック」 スタン・ベレンスタイン；ジャン・ベレンスタイン作・絵；今江祥智文 日本パブリッシング 1969年1月

ベアくん
なつやすみにうみへいってパパにあんぜんをまもるきまりをおしえてもらったこぐま 「ベアくんのなつやすみ」 スタン・ベレンスタイン；ジャン・ベレンスタイン作・絵；緒方安雄文 日本パブリッシング 1969年1月

ベアくん
パパにおしえてもらってじてんしゃののりかたのべんきょうをしたこぐま 「ベアくんじてんしゃのけいこ」 スタン・ベレンスタイン；ジャン・ベレンスタイン作・絵；横山隆一文 日本パブリッシング 1968年1月

ベアくん
ボーイスカウトの本をもってパパとキャンプにいったこぐま 「ベアくんのボーイスカウト」 スタン・ベレンスタイン；ジャン・ベレンスタイン作・絵；小堀杏奴文 日本パブリッシング 1968年1月

ヘイゼル
ひろい果樹園のすみっこにすんでいたはりねずみの一家のこども 「はりねずみのパーティ」 ロウエナ・ストット文；エディス・ホールデン絵；恩地三保子訳 文化出版局 1980年12

へいたい
せんそうがおわりくにへかえるとちゅうでとおりかかった村でたべものをわけてもらおうとした3にんのはらぺこのへいたい 「せかい1おいしいスープ」 マーシャ・ブラウン再話・絵；渡辺茂男訳 ペンギン社 1979年10月

へいたい
まほうつかいのおばあさんからなんでもねがいをかなえてくれるまほうのひうちばこをとりあげたへいたい 「まほうのひうちばこ」 H.C.アンデルセン原作；ウルフ・ロフグレン絵；木村由利子訳 フレーベル館 1983年6月

兵隊　へいたい
黄色い国から小さいみどりの国に侵入してきた兵隊たちのなかの金色の髪の兵隊 「みどりの国」 C.ブリフ作；G.トードゥラ絵；十文字恵子訳 女子パウロ会 1981年6月

へいた

へいたい（くまおとこ）
あくまにクマのかわを七ねんのあいだぬがなかったらおおがねもちにしてやるといわれてやってみることにしたへいたい 「くまおとこ―グリムどうわより」 フェリクス・ホフマン画；酒寄進一訳 福武書店 1984年7月

ベイブ
ビジータウンのいたずらっこのふたごのこねこ 「サンタさんのいそがしい1にち」 リチャード・スキャリー作；國眼隆一訳 ブック・ローン出版（スキャリーおじさんのどうぶつえほん15） 1984年8月

ベオウルフ
おいのクロムウェルといっしょにくらしているおとなしくてよいわに 「わにのワーウィック」 アンダー・ホディア文；トミー・アンゲラー絵；平賀悦子訳 講談社（世界の絵本アメリカ） 1972年2月

ベオウルフ
甥のクロムウェルと丘の下に大きななべをおいて丘の上からソリすべりをしてくるかめのクレオパトラをスープにしてたべようとしたわに 「かめのスープはおいしいぞ」 アンドレ・オデール文；トミー・ウンゲラー絵；池内紀訳 ほるぷ出版 1985年5月

ペギー
へやのベッドのしたにいたワニといっしょにあそんだおんなのこ 「ベッドのしたにワニがいる！」 イングリッド・シューベルト；ディーター・シューベルト作・絵；うらべちえこ訳 佑学社 1984年10月

ペギー・ドイチュラント
クリスマス・イブのばんに目をさましてとなりにいた人形のセアラといっしょにあそびはじめた木の人形 「二つのオランダ人形の冒険」 フローレンス・K.アプトン絵；バーサ・H.アプトン文；百々佑利子訳 ほるぷ出版 1985年12月

ヘクター
トラックにのせられてほかのどうぶつえんにつれていかれるとちゅうでくるまからころがりおちてきがつくともりのはずれにいたペンギン 「ペンギンのヘクター」 ルイーゼ・ファティオ作；ロジャー・デュボアザン絵；岡本浜江訳 佑学社 1978年6月

ヘクター
ひっこしのとちゅうトラックからおちてすんでいたもりのぬまでにんげんにつかまってどうぶつえんにつれていかれるペンギン 「ヘクターとクリスティナ」 ルイーゼ・ファティオ作；ロジャー・デュボアザン絵；岡本浜江訳 佑学社 1978年6月

ヘクターくん
ロバのロバちゃんのおともだちのいぬ 「ロバのロバちゃん」 ロジャー・デュボアザン文・絵；厨川圭子訳 偕成社 1969年5月

ヘクター・プロテクター
みどりのふくをきせられておきさきさまのごきげんうかがいにいかされたおとこのこ 「ヘクター・プロテクター」 モーリス・センダック作；神宮輝夫訳 冨山房 1978年12月

ヘクラ
おそろしいりょうけん 「ぎんぎつねものがたり(後編)」 シートン原作;小林清之介文;日隈泉絵 チャイルド本社(チャイルド絵本館・シートン動物記10) 1985年1月

ヘクラ
おそろしいりょうけん 「ぎんぎつねものがたり(前編)」 シートン原作;小林清之介文;日隈泉絵 チャイルド本社(チャイルド絵本館・シートン動物記9) 1984年12月

ベーコンさん
ウルサイくんがかいものにいったにくやさん 「ウルサイくん」 ロジャー・ハーグレーヴス作;おのかずこ訳 評論社(みすた・ぶっくす23) 1985年12月

ペサ
猫のヤーコプの子猫 「猫のヤーコプ魔法と子ねこ」 トーマス・ヘルトナー作;スヴェン・ハルトマン絵;犬養智子訳 CBSソニー出版 1982年4月

ペサラク
青い目で生まれてきてなんでもが青くみえるので父さんに医者のところへつれていかれた男の子 「青い目のペサラク」 ジャヴァード・モジャービー作;ファルシード・メスガーリ絵;桜田方子・猪熊葉子訳 ほるぷ出版 1984年11月

ペザント
ビジーランドこくのわかいおひゃくしょうさんのぶた 「ペザントくんのかいじゅうたいじ」 リチャード・スキャリー作;國眼隆一訳 ブック・ローン出版(スキャリーおじさんのどうぶつえほん9) 1984年8月

ベジョーヌ
子がものプルッフのきょうだい 「かものプルッフ」 リダ文;ロジャンコフスキー絵;いしいももこ;おおむらゆりこ訳 福音館書店(世界傑作絵本シリーズ23) 1964年12月

ベース
マーヤというおんなのこのなかよしでひよこのピーコがきてからあそんでもらえなくなったいぬ 「ピーコはすてきなおともだち」 メルセ・C.ゴンザレス作;アグスティ・A.サウリ絵;浜祥子文 学習研究社(国際版せかいのえほん22) 1985年1月

ヘスター嬢　へすたーじょう
アラン・ミッツ少年に愛犬フリッツの散歩を頼んで出かけていった女の人 「魔術師ガザージ氏の庭で」 クリス・バン・オールスバーグ作;辺見まさなお訳 ほるぷ出版 1981年2月

へそまがり
背丈が30センチくらいの青い肌をした森の精スマーフのへそまがりのスマーフ 「100人めのスマーフ」 ペヨ作;村松定史訳;小川悦子編 セーラー出版(スマーフ物語6) 1985年10月

へそまがり
背丈が30センチくらいの青い肌をした森の精スマーフのへそまがりのスマーフ 「オリンピックスマーフ」 ペヨ作;村松定史訳;小川悦子編 セーラー出版(スマーフ物語14) 1986年10月

へそま

へそまがり
背丈が30センチくらいの青い肌をした森の精スマーフのへそまがりのスマーフ 「キングスマーフ」 ペヨ作；村松定史訳；小川悦子編 セーラー出版(スマーフ物語2) 1985年10月

へそまがり
背丈が30センチくらいの青い肌をした森の精スマーフのへそまがりのスマーフ 「コスモスマーフ」 ペヨ作；村松定史訳；小川悦子編 セーラー出版(スマーフ物語9) 1986年4月

へそまがり
背丈が30センチくらいの青い肌をした森の精スマーフのへそまがりのスマーフ 「さすらいのスマーフ」 ペヨ作；村松定史訳；小川悦子編 セーラー出版(スマーフ物語8) 1986年4月

へそまがり
背丈が30センチくらいの青い肌をした森の精スマーフのへそまがりのスマーフ 「スマーフコント集」 ペヨ作；村松定史訳；小川悦子編 セーラー出版(スマーフ物語11) 1986年6月

へそまがり
背丈が30センチくらいの青い肌をした森の精スマーフのへそまがりのスマーフ 「スマーフシンフォニー」 ペヨ作；村松定史訳；小川悦子編 セーラー出版(スマーフ物語5) 1985年10月

へそまがり
背丈が30センチくらいの青い肌をした森の精スマーフのへそまがりのスマーフ 「スマーフスープと大男」 ペヨ作；村松定史訳；小川悦子編 セーラー出版(スマーフ物語13) 1986年8月

へそまがり
背丈が30センチくらいの青い肌をした森の精スマーフのへそまがりのスマーフ 「スマーフと不思議なタマゴ」 ペヨ作；村松定史訳；小川悦子編 セーラー出版(スマーフ物語4) 1985年12月

へそまがり
背丈が30センチくらいの青い肌をした森の精スマーフのへそまがりのスマーフ 「スマーフ語戦争」 ペヨ作；村松定史訳；小川悦子編 セーラー出版(スマーフ物語12) 1986年8月

へそまがり
背丈が30センチくらいの青い肌をした森の精スマーフのへそまがりのスマーフ 「ベビースマーフ」 ペヨ作；村松定史訳；小川悦子編 セーラー出版(スマーフ物語15) 1986年10月

へそまがり
背丈が30センチくらいの青い肌をした森の精スマーフのへそまがりのスマーフ 「怪鳥クラッカラス」 ペヨ作；村松定史訳；小川悦子編 セーラー出版(スマーフ物語7) 1986年2月

へそまがり
背丈が30センチくらいの青い肌をした森の精スマーフのへそまがりのスマーフ 「見習いスマーフ」 ペヨ作；村松定史訳；小川悦子編 セーラー出版(スマーフ物語10) 1986年6月

へそまがり
背丈が30センチくらいの青い肌をした森の精スマーフのへそまがりのスマーフ 「黒いスマーフ」 ペヨ作;村松定史訳;小川悦子編　セーラー出版(スマーフ物語1)　1985年10月

へそまがり
背丈が30センチくらいの青い肌をした森の精スマーフのへそまがりのスマーフ 「恋人スマーフェット」 ペヨ作;村松定史訳;小川悦子編　セーラー出版(スマーフ物語3)　1985年10月

ペーター
アルプスの山であずかったやぎの世話をしている男の子 「アルプスの少女」 スピリ原作;沖倉利津子著　集英社(ファンタジーメルヘン)　1983年6月

ペーター
カスパー・シュリッヒじいさんに池に投げこまれた子犬をパウルとふたりでたすけてポシャンとポトムという名前をつけて家につれてかえった男の子 「いたずら子犬ポシャンとポトム」 ヴィルヘルム・ブッシュ文・絵;上田真而子訳　岩波書店　1986年4月

ペーター
ザビーネといっしょに港のかいがん通りにある船長だったおじいさんの家にいった男の子 「船長おじいさんこんにちは」 K.ゼール作・画;稲野強訳　小学館(世界の創作童話1)　1979年5月

ペーター
つめを1ねんもきらないでかみのけだってとかさないくさいおとこのこ 「もじゃもじゃペーター」 ハインリヒ・ホフマン作;矢川澄子訳　暁教育図書　1979年7月

ペーター
つめをいちねんにねんもきらせないでかみもぼうぼうのびたままのきたないこども 「ぼうぼうあたま」 ハインリッヒ・ホフマン作;伊藤庸二訳　教育出版センター　1980年10月

ペーター
りょうてのつめもかみものびほうだいのきたないおとこのこ 「もじゃもじゃペーター」 ハインリッヒ・ホフマン作;佐々木田鶴子訳　ほるぷ出版　1985年9月

ペーター
動物たちの学校時代の同窓写真にうつったひょう 「ぼくたちを忘れないで」 フリーデル・シュミット;ヴァルトラウト・ランケ作;森村桂訳　CBS・ソニー出版　1978年8月

ペーター・フリーゼ
おまじないをとなえるとけむくじゃらのおおぐまになるおとこのこハンスのともだちの1ねんせいのおとこのこ 「ぼくはおおきなくまなんだ」 ヤーノシュ作;楠田枝里子訳　文化出版局　1979年8月

ぺち
ともだちのペリカンのぺれとペンギンのぴんごたちといっしょにマリーごうという船をつくってせかいいっしゅうのたびにでたこぐま 「かめじまのぺち」 カルラ・ハンセン;ウィルヘルム・ハンセン原作;水木しげる訳　フレーベル館(こぐまのぺちの絵本6)　1972年8月

ぺち

ぺち
ともだちのペリカンのぺれとペンギンのぴんごたちといっしょにマリーごうという船をつくってせかいいっしゅうのたびにでたこぐま「くまのおうじょ」カルラ・ハンセン;ウィルヘルム・ハンセン原作;水木しげる訳 フレーベル館(こぐまのぺちの絵本2) 1972年8月

ぺち
ともだちのペリカンのぺれとペンギンのぴんごたちといっしょにマリーごうという船をつくってせかいいっしゅうのたびにでたこぐま「すずきのおやこ」カルラ・ハンセン;ウィルヘルム・ハンセン原作;水木しげる訳 フレーベル館(こぐまのぺちの絵本3) 1972年8月

ぺち
ともだちのペリカンのぺれとペンギンのぴんごたちといっしょにマリーごうという船をつくってせかいいっしゅうのたびにでたこぐま「とざんかぺち」カルラ・ハンセン;ウィルヘルム・ハンセン原作;水木しげる訳 フレーベル館(こぐまのぺちの絵本8) 1972年8月

ぺち
ともだちのペリカンのぺれとペンギンのぴんごたちといっしょにマリーごうという船をつくってせかいいっしゅうのたびにでたこぐま「ぺちとぴらみっど」カルラ・ハンセン;ウィルヘルム・ハンセン原作;水木しげる訳 フレーベル館(こぐまのぺちの絵本5) 1972年8月

ぺち
ともだちのペリカンのぺれとペンギンのぴんごたちといっしょにマリーごうという船をつくってせかいいっしゅうのたびにでたこぐま「ぺちのほっきょくたんけん」カルラ・ハンセン;ウィルヘルム・ハンセン原作;水木しげる訳 フレーベル館(こぐまのぺちの絵本7) 1972年8月

ぺち
ともだちのペリカンのぺれとペンギンのぴんごたちといっしょにマリーごうという船をつくってせかいいっしゅうのたびにでたこぐま「まりーごうのしんすい」カルラ・ハンセン;ウィルヘルム・ハンセン原作;水木しげる訳 フレーベル館(こぐまのぺちの絵本1) 1972年8月

ぺち
ともだちのペリカンのぺれとペンギンのぴんごたちといっしょにマリーごうという船をつくってせかいいっしゅうのたびにでたこぐま「ゆめのくにへいく」カルラ・ハンセン;ウィルヘルム・ハンセン原作;水木しげる訳 フレーベル館(こぐまのぺちの絵本4) 1972年8月

ペチューニア
あらいぐまにだまされていっしょにもりへさんぽにいったがちょう「ペチューニアすきだよ」ロジャー・デュボアザン作・絵;乾侑美子訳 佑学社(がちょうのペチューニアシリーズ4) 1978年6月

ペチューニア
かわむこうののうじょうのかなあみのなかにいただいすきなおすがちょうのチャールズをたすけようとしたがちょうのおじょうさん「ペチューニアのクリスマス」ロジャー・デュボアザン作・絵;乾侑美子訳 佑学社(がちょうのペチューニアシリーズ7) 1978年12月

ペチューニア
じぶんのところにないものばかりほしがってのうじょうのさくのむこうへでていったがちょう「ペチューニアごようじん」ロジャー・デュボアザン作・絵;松岡享子訳 佑学社(がちょうのペチューニアシリーズ2) 1978年11月

ペチューニア
そらをとんでいてくろいくもにまきこまれのうじょうのあるいなかからおおきなとかいまでいってしまったいってしまったがちょう 「ペチューニアのだいりょこう」 ロジャー・デュボアザン作・絵；松岡享子訳　佑学社（がちょうのペチューニアシリーズ3）　1978年7月

ペチューニア
パンプキンさんのうちのなかからペチューニアのことをうたっているきれいなうたごえをきいたがちょう 「ペチューニアのうた」 ロジャー・デュボアザン作・絵；乾侑美子訳　佑学社（がちょうのペチューニアシリーズ5）　1978年7月

ペチューニア
パンプキンさんの農場にいためすがちょう 「みんなのベロニカ」 ロジャー・デュボアザン作・絵；神宮輝夫訳　佑学社（かばのベロニカシリーズ2）　1978年1月

ペチューニア
ほんをもっているのでかしこいんだとおもいこみとくいになってくびがどんどんのびていったがちょう 「おばかさんのペチューニア」 ロジャー・デュボアザン作・絵；松岡享子訳　佑学社（がちょうのペチューニアシリーズ1）　1978年12月

ペチューニア
川のそこでたからのはこをみつけたといってパンプキン農場の動物たちからおねだりをされたがちょう 「ペチューニアのたからもの」 ロジャー・デュボアザン作・絵；乾侑美子訳　佑学社（がちょうのペチューニアシリーズ6）　1978年8月

ペチュラおばさん
くまのアーネストのうちにアメリカからやってきたおばさん 「ふたりのおきゃくさま」 ガブリエル・バンサン作；森比左志訳　ブックローン出版（くまのアーネストおじさんシリーズ）　1985年11月

ペツェッティーノ
ほかのみんなはおおきくていろいろなことができるのでじぶんはきっとだれかのぶぶんひんなんだとおもっていたちいさなもの 「ペツェッティーノ」 レオ・レオニ作；谷川俊太郎訳　好学社　1975年1月

ベック
いたずらっ子マクスとモーリツに川におとされて腹いたになった村の仕立屋 「マクスとモーリツのいたずら」 ヴィルヘルム・ブッシュ文・絵；上田真而子訳　岩波書店　1986年4月

ペッグ
ちいさな女の子 「窓の下で」 ケイト・グリーナウェイ絵・詩；岸田理生訳　新書館　1976年12月

ベックさん
いたずらっこのマックスとモーリッツにおがわにかかるはしからおとされたしたてや 「マックスとモーリッツ」 ヴィルヘルム・ブッシュ作；佐々木田鶴子訳　ほるぷ出版（ほるぷクラシック絵本）　1986年1月

へつし

ヘッジ
もりの牛乳やのはりねずみ 「グレー・ラビットスケートにゆく」 アリスン・アトリー作；マーガレット・テンペスト絵；神宮輝夫；河野純三訳 評論社(児童図書館・絵本の部屋 グレー・ラビット1) 1978年12月

ヘッジ
もりの牛乳やのはりねずみ 「グレー・ラビットのおたんじょうび」 アリスン・アトリー作；マーガレット・テンペスト絵；河野純三訳 評論社(児童図書館・絵本の部屋 グレー・ラビット7) 1982年9月

ヘッジ
もりの牛乳やのはりねずみ 「グレー・ラビットのスケッチ・ブック」 アリスン・アトリー作；マーガレット・テンペスト絵；河野純三訳 評論社(児童図書館・絵本の部屋 グレー・ラビット10) 1982年11月

ヘッジ
もりの牛乳やのはりねずみ 「グレー・ラビットパーティをひらく」 アリスン・アトリー作；マーガレット・テンペスト絵；神宮輝夫；河野純三訳 評論社(児童図書館・絵本の部屋 グレー・ラビット2) 1978年12月

ヘッジ
もりの牛乳やのはりねずみ 「ねずみのラットのやっかいなしっぽ」 アリスン・アトリー作；マーガレット・テンペスト絵；神宮輝夫；河野純三訳 評論社(児童図書館・絵本の部屋 グレー・ラビット3) 1979年11月

ベッドフォード公爵夫人　べっどふぉーどこうしゃくふじん
二人の女の子セラフィーヌとギャラードのおばあちゃん 「ベッドフォード公爵夫人のいたずらおばけワンセスラス」 ルイ・ブール構成；ダニエル・ブール絵；岸田今日子訳 集英社 1980年12月

ベティ
うさぎのおんなのこモリスのしたのおねえさん 「モリスのまほうのふくろ」 ローズマリー・ウエルズ作；大庭みな子訳 文化出版局 1977年11月

ベティ
ゆかいななかまと「長ぐつ号」にのりこんでぼうけんのたびへと出発した六ぴきの動物たちの一ぴき 「長ぐつ号の大ぼうけん―シンガポール」 キャサリン・チャパード文；チュア・アイ・ミー絵；崎岡真紀子；荒川豊子訳 蝸牛社(かたつむり文庫) 1984年12月

ベーてちゃん
みんなでそろってようちえんにでかけたこ 「ようちえん」 ディック・ブルーナ文・絵；いしいももこ訳 福音館書店(子どもがはじめてであう絵本) 1968年11月

ぺてんし
じぶんたちははたおりでばかなひとにはみえないふしぎなぬのをおるといっておうさまをだましたふたりのぺてんし 「はだかのおうさま」 H.C.アンデルセン原作；ウルフ・ロフグレン絵；木村由利子訳 フレーベル館(アンデルセンのおはなし1) 1983年6月

ぺてん師　ぺてんし
ある日のこと都へ来て自分たちは機織りと名のっておろか者の目には見えない衣装を作るといって王さまをだましたふたりのぺてん師「はだかの王さま」アンデルセン作；山室静訳；佐野洋子絵　小学館（世界のメルヘン絵本29）1970年12月

ペドリト
村のチャンビ家のひとりむすこで家にいたラマの一とうにうまれた赤ちゃんにカルイタというなまえをつけてそだてた少年「カルイタの伝説－ボリビア」アナ・マリア・デル・カルピオ文；デリオ・カルレス絵；金田直子訳　蝸牛社（かたつむり文庫）1984年12月

ペトル
プラハのまちのゆきみちでがっこうからかえるときにぬいぐるみのくまをみつけてうちへもってかえったおとこのこ「ぼくのくまくんフローラ」デイジー・ムラースコバー作・絵；千野栄一訳　偕成社　1979年7月

ペドロ
つぼづくりのめいじんのとうさんゴメスさんがつぼをやくのをてつだったおとこのこ「クリスマスのつぼ」ジャック・ケント作・絵；清水真砂子訳　ポプラ社（世界のほんやくえほん9）1977年11月

ペドロ
村からすこしはなれた谷間の部落にすんでいた八人家族のふたごのきょうだいの男の子「鳥たちの木－ドミニカ共和国」カンディド・ビド文・絵；山本真梨子訳　蝸牛社（かたつむり文庫）1984年12月

ペトロニウス
サーカスだんをでてじぶんたちだけでサーカスをはじめた六にんのはんらんぐみのひとりのピエロ「ごうじょっぱりのピエロ」ミッシャ・ダムヤン作；ギアン・カスティ絵；山室静訳　佑学社（ヨーロッパ創作絵本シリーズ5）1978年4月

へなへなおばけ
おとこのこをこわがっていたさんびきのちいさなわるもののいっぴき「こわーいおはなし」トーネ・ジョンストン作；トミー・デ・パオラ絵；三木卓訳　佑学社（アメリカ創作絵本シリーズ20）1981年3月

ペニー
ドライブにいったぶたさんかぞくのおんなのこ、こぶたのピックルのいもうと「ピックルのじどうしゃりょこう」リチャード・スキャリー作；國眼隆一訳　ブックローン出版（スキャリーおじさんのどうぶつえほん10）1984年8月

ペニー
ビジータウンのぶたさんかぞくのこども「サンタさんのいそがしい1にち」リチャード・スキャリー作；國眼隆一訳　ブック・ローン出版（スキャリーおじさんのどうぶつえほん15）1984年8月

ベニト・バドグリオ
ある日風にふきとばされたぼうしがはげ頭の上にぽんとちゃくりくしたいちもんなしの退役軍人「ぼうし」トミー・ウンゲラー作；たむらりゅういち；あそうくみ訳　評論社（児童図書館・絵本の部屋）1977年9月

ぺにな

ペニナ
かみさまのことばのかいてあるまきものをうつすしごとをしていたトビアスのおくさん 「どれいになったエリア」 シンガー文；フラスコーニ絵；いのくまようこ訳 福音館書店（世界傑作絵本シリーズ） 1971年12月

ヘニー・ペニーおばさん
そらがおちてきたのをおうさまにしらせにいくといったひよこのひよっこちゃんについていってあげためんどり 「そらがおちる!?どうぶつむらはおおさわぎ」 リチャード・スキャリー作；吉田純子訳 ブック・ローン出版（スキャリーおじさんのどうぶつえほん2） 1979年5月

ぺにろいやる
おうさまのしろにいたちいさいおとこのこでみんながこわがっているおにのところへでかけていったこども 「ぺにろいやるのおにたいじ」 吉田甲子太郎訳；山中春雄画 福音館書店 1957年6月

へび
うつくしいうさぎたちのにわにすむこうさぎたちのまえにあらわれてこうさぎとなかよしになったおおきなへび 「うさぎたちのにわ」 レオ・レオニ作；谷川俊太郎訳 好学社 1977年9月

へび
ジャングルのどうぶつたちになんにもしないからみんなでかくしげいのパーティーをやらないかといったはらぺこへび 「へびくんはらぺこ」 ブライアン・ワイルドスミス作；すぎやまじゅんこ訳 らくだ出版 1976年5月

へび
モンゴルにいたハイリブというかりゅうどにいのちをたすけてもらったしろへびでじつはりゅうおうのむすめだったへび 「いしになったかりゅうど―モンゴル民話」 大塚勇三再話；赤羽末吉画 福音館書店 1970年12月

へび
池のほとりで水あびをしていたはとをねらっていた一ぴきのへび 「イソップものがたり」 ハイジ・ホルダー絵；三田村信行文 偕成社 1983年11月

へび（カリヤ）
クリシュナをヤムナ川の底にまきこんでころそうとした毒へび 「クリシュナ物語」 パンドパダヤイ・ラマナンダ文・絵；若林千鶴子訳 蝸牛社（かたつむり文庫） 1984年12月

蛇（グーリアラ） へび（ぐーりあら）
とおい昔自分の仲間をみつけにオーストラリアを南から北へとよこぎって旅をつづけた虹色の大蛇 「大きなにじへび」 ディック・ラウジィ作・絵；白石かずこ訳 集英社 1980年12月

へび（クリクター）
フランスのちいさなまちにすむボドさんというふじんのうちにブラジルにいるむすこからたんじょうびのおいわいにおくられてきただいじゃのこども 「へびのクリクター」 トミー・ウンゲラー作；中野完二訳 文化出版局 1974年3月

へび（クリストフ）
なかよしのマングースのおんなの子のマリールイズとけんかをした水玉もようのみどりのへび 「マリールイズとクリストフ」 ナタリー・サヴェジ・カールソン作；ホセ・アルエゴ；アリアンヌ・デューイ絵；やましたはるお訳 佑学社（アメリカ創作絵本シリーズ1） 1979年6月

へび（クリストフ）
マングースのおんなの子マリールイズのともだちのいたずらっ子のへび「マリールイズ、ママきらい」ナタリー・サヴェジ・カールソン作；ホセ・アルエゴ；アリアンヌ・デューイ絵；たけむらみちこ訳　佑学社（アメリカ創作絵本シリーズ9）1979年9月

へび（シャイラ）
動物たちの学校時代の同窓写真にうつったへび「ぼくたちを忘れないで」フリーデル・シュミット；ヴァルトラウト・ランケ作；森村桂訳　CBS・ソニー出版　1978年8月

ペピート
マドレーヌたち12にんのおんなのこがくらしていたパリのふるいやしきのとなりにいたスペインたいしのこ「マドレーヌとジプシー」ルドウィッヒ・ベーメルマンス作・画；瀬田貞二訳　福音館書店（世界傑作絵本シリーズ・アメリカの絵本）1973年5月

ペピート
マドレーヌたち12にんのおんなのこがくらしていたふるいやしきのおとなりにひっこしてきたスペインたいしのぼっちゃん「マドレーヌといたずらっこ」ルドウィッヒ・ベーメルマンス作・画；瀬田貞二訳　福音館書店（世界傑作絵本シリーズ・アメリカの絵本）1973年5月

ヘビの王さま　へびのおうさま
村のまずしいわかものイワンに娘の命をたすけてもらったお礼に魔法のゆびわをくれたヘビの王さま「魔法のゆびわ－ロシア民話」ミハル・ロンベルグ絵；柏木美津訳　佑学社（世界の名作童話シリーズ）1979年1月

ペペ
サーカスのきょくげいしペレさんのいぬ「ちいさなよるのおんがくかい」リブシェ・パレチコバー作；ヨゼフ・パレチェック絵；竹下文子訳　フレーベル館　1981年11月

ペペ
大きならっぱをふいてきゅうのように大きなシャボン玉をつくったり風車を回したりしてあげた男の人「ぺぺと大きならっぱ」ポール・ストロイエル絵・文；たなかみちお訳　講談社（世界の絵本スウェーデン）1971年1月

ヘムレン
スザンナと友だちになった思いがけない人たちのひとりの大きい人「ムーミン谷へのふしぎな旅」トーベ・ヤンソン作；小野寺百合子訳　講談社　1980年4月

ベラ
ジャッカルにおそわれたのをライオンのイーライじいさんにたすけられたおばあさんのハゲタカ「イーライじいさんのすてきなともだち」ビル・ピート作・絵；山下明生訳　佼成出版社（ピートの絵本シリーズ13）1986年2月

ベラ
ぬいぐるみのワンちゃんが大のおきにいりのデイブのおねえちゃん「ぼくのワンちゃん」シャリー・ヒューズ作；新井有子訳　偕成社　1981年12月

ベラ
ふかいふかい海のそこにすんでいたうたがひどくへたな3人のちいさな人魚のひとり「3人のちいさな人魚」デニス・トレ；アレイン・トレ絵・文；麻生九美訳　評論社（児童図書館・絵本の部屋）1979年9月

へらく

ヘラクレス
ひとりぼっちでパリでそだったセラファン少年の友だちのハムスター 「しらないくにのセラファン」 アラン・グレー文;フィリップ・フィックス絵;弥永みち代訳;大伴昌司文 講談社(世界の絵本フランス) 1972年1月

ヘラクレス
ひとりぼっちでパリでそだったセラファン少年の友だちのハムスター 「セラファンとにせのセラファン」 アラン・グレー文;フィリップ・フィックス絵;弥永みち代訳;大伴昌司文 講談社(世界の絵本フランス) 1971年12月

ヘラクレス
ひとりぼっちでパリでそだったセラファン少年の友だちのハムスター 「セラファンの大けっさく」 アラン・グレー文;フィリップ・フィックス絵;弥永みち代訳;大伴昌司文 講談社(世界の絵本フランス) 1971年12月

へらじか
くまさんとわしさんがけんかをしていしやえだをなげはじめたのでいえのまわりにおちてきたきぎれやいしころをつんで大きなけんちくをはじめたへらじか 「へいわなへらじか」 マイケル・フォアマン作;せたていじ訳 評論社(児童図書館・絵本の部屋) 1977年12月

ペリカン
ツルがお茶にまねいたペリカン 「ローベルおじさんのどうぶつものがたり」 アーノルド・ローベル作;三木卓訳 文化出版局 1981年5月

ペリカン
ヒタキにじぶんのくちばしのじまんをしたとり 「くちばし」 ビアンキ作;田中かな子訳;薮内正幸絵 福音館書店 1965年10月

ペリカン
まいとしなつやすみになるとうみべにキャンプをしにくるターちゃんがきょねんもことしもあったとしとったペリカン 「ターちゃんとペリカン」 ドン・フリーマン作;西園寺祥子訳 ほるぷ出版 1975年10月

ペリカン(ぺれ)
ともだちのこぐまのぺちとペンギンのぴんごたちといっしょにマリーごうという船をつくってせかいいっしゅうのたびにでたペリカン 「かめじまのぺち」 カルラ・ハンセン;ウィルヘルム・ハンセン原作;水木しげる訳 フレーベル館(こぐまのぺちの絵本6) 1972年8月

ペリカン(ぺれ)
ともだちのこぐまのぺちとペンギンのぴんごたちといっしょにマリーごうという船をつくってせかいいっしゅうのたびにでたペリカン 「くまのおうじょ」 カルラ・ハンセン;ウィルヘルム・ハンセン原作;水木しげる訳 フレーベル館(こぐまのぺちの絵本2) 1972年8月

ペリカン(ぺれ)
ともだちのこぐまのぺちとペンギンのぴんごたちといっしょにマリーごうという船をつくってせかいいっしゅうのたびにでたペリカン 「すずきのおやこ」 カルラ・ハンセン;ウィルヘルム・ハンセン原作;水木しげる訳 フレーベル館(こぐまのぺちの絵本3) 1972年8月

ペリカン(ぺれ)
ともだちのこぐまのぺちとペンギンのぴんごたちといっしょにマリーごうという船をつくってせかいいっしゅうのたびにでたペリカン 「とざんかぺち」 カルラ・ハンセン;ウィルヘルム・ハンセン原作;水木しげる訳 フレーベル館 (こぐまのぺちの絵本8) 1972年8月

ペリカン(ぺれ)
ともだちのこぐまのぺちとペンギンのぴんごたちといっしょにマリーごうという船をつくってせかいいっしゅうのたびにでたペリカン 「ぺちとぴらみっど」 カルラ・ハンセン;ウィルヘルム・ハンセン原作;水木しげる訳 フレーベル館 (こぐまのぺちの絵本5) 1972年8月

ペリカン(ぺれ)
ともだちのこぐまのぺちとペンギンのぴんごたちといっしょにマリーごうという船をつくってせかいいっしゅうのたびにでたペリカン 「ぺちのほっきょくたんけん」 カルラ・ハンセン;ウィルヘルム・ハンセン原作;水木しげる訳 フレーベル館 (こぐまのぺちの絵本7) 1972年8月

ペリカン(ぺれ)
ともだちのこぐまのぺちとペンギンのぴんごたちといっしょにマリーごうという船をつくってせかいいっしゅうのたびにでたペリカン 「まりーごうのしんすい」 カルラ・ハンセン;ウィルヘルム・ハンセン原作;水木しげる訳 フレーベル館 (こぐまのぺちの絵本1) 1972年8月

ペリカン(ぺれ)
ともだちのこぐまのぺちとペンギンのぴんごたちといっしょにマリーごうという船をつくってせかいいっしゅうのたびにでたペリカン 「ゆめのくにへいく」 カルラ・ハンセン;ウィルヘルム・ハンセン原作;水木しげる訳 フレーベル館 (こぐまのぺちの絵本4) 1972年8月

ペリクレ
あさごはんにさかなをたべたくてかわへつかまえにいったねこ 「あさごはんのさかな」 アッティリオ・カッシネリ絵;カレン・グントルプ作;岸田衿子訳 ひかりのくに (アッティリオとカレンのえほん) 1972年1月

ベリティ
オークアプルの森のはたねずみの女の子 「かえるのホップさん」 ジェニー・パートリッジ作;神宮輝夫訳 ティビーエス・ブリタニカ (オークアプルの森のおはなし3) 1982年7月

ベリティ
オークアプルの森のもぐらのくつやのスキントさんのお店にやってきたはたねずみの女の子 「もぐらのスキントさん」 ジェニー・パートリッジ作;神宮輝夫訳 ティビーエス・ブリタニカ (オークアプルの森のおはなし1) 1982年7月

ベリティ
オークアプルの森の学校にかようはたねずみの女の子 「うさぎのロップイアさん」 ジェニー・パートリッジ作;神宮輝夫訳 ティビーエス・ブリタニカ (オークアプルの森のおはなし7) 1982年8月

ベリンダ
いろどろぼうにまほうの本のいろつきのじをけされてしまってまじょのすがたからもとにもどれなくなってしまったフェアリーの女の子 「ヒューゴといろどろぼう」 トニー・ロス作・絵;やまだよしこ訳 篠崎書林 1978年7月

へりん

ベリンダ
ピクニックにでかけてふうせんやさんからもらったふうせんをもちおねえさんのルーシーとたかいきのうえまでいったくまのおんなのこ 「ベリンダのふうせん」 エミリー・ブーン作・絵;こわせたまみ訳 フレーベル館 1986年5月

ベルイおばさん
ロッタちゃんのおとなりにすんでいるおばさん 「ロッタちゃんとクリスマスツリー」 アストリッド・リンドグレーン作;イロン・ヴィークランド絵;山室静訳 偕成社 1979年12月

ベルイおばさん
ロッタちゃんのおとなりにすんでいるおばさん 「ロッタちゃんとじてんしゃ」 アストリッド・リンドグレーン作;イロン・ヴィークランド絵;山室静訳 偕成社 1976年4月

ベルウッドおじいさん
家の中にあるいろんなものたちを外へつれだしてやって家出をされてしまったおじいさん 「いえのなかを外へつれだしたおじいさん」 アーノルド・ローベル作・絵;奥田継夫訳・文 アリス館牧新社 1976年7月

ヘルガ
ハンサムなラースから結婚をもうしこまれても持参金がなかったまずしいトロールのむすめ 「ヘルガの持参金」 トミー・デ・パオラ作;ゆあさふみえ訳 ほるぷ出版 1981年9月

ベルさん
まちはずれのいえにひとりですんでいるねずみのおじいさん 「アンジェリーナのクリスマス」 ヘレン・クレイグ絵;キャサリン・ホラバード文;きたむらまさお訳 大日本絵画 (かいがのえほん) 1986年1月

ペールさん
オーラをラップ人のところへつれていってくれたぎょうしょう人 「オーラのたび」 ドーレア夫妻作;吉田新一訳 福音館書店 (世界傑作絵本シリーズ・アメリカの絵本) 1983年3月

ベルタ
のうえんでのくらしがいやになったあるひほうせきをほりだしてかねもちになったのでまちでくらすことにしたぶたのおくさん 「ぶたのしあわせ」 ヘレン・オクセンバリー作;矢川澄子訳 文化出版局 1974年4月

ヘルツライデ
王さまの母で魔女のアマラに婚約者を蛇にかえられてアマラの息子のみにくい王と結婚させられた不幸な女王さま 「小さな王さま」 フリッツ・フォン・オスティーニ文;ハンス・ペラル絵;中川浩訳 ほるぷ出版 1986年6月

へるなんど
さーかすのゆうめいなどうぶつつかい 「ババールの旅行」 ジャン・ド・ブリューノフ原作;那須辰造訳 講談社 (フランス生まれのババール絵本3) 1965年12月

ベルはかせ
うみのなかにつくったのうじょうでおばけやさいやくだものをそだてていたはかせ 「ふしぎなくるまムクムクー うみをよごすのはだれだ」 ジョン・シェリダン文;マルコム・リビングストン画;久米みのる訳 金の星社 1981年9月

ヘルベルト
ブルーノーをいえにしょうたいしたしんゆう 「こづつみになってたびをしたブルーノーのはなし」 アーヒム・ブローガー作;ギーゼラ・カーロウ絵;与田静訳 偕成社 1982年2月

ヘルマン氏　へるまんし
動物たちの最後の楽園ないない谷にくらしているアラビアオリックスの詩人 「ないない谷の物語1 ようこそないない谷へ」 インマ・ドロス;ハリー・ギーレン文;マイケル・ジュップ絵;舟崎克彦訳 ブック・ローン出版 1982年11月

ぺれ
ともだちのこぐまのぺちとペンギンのぴんごたちといっしょにマリーごうという船をつくってせかいいっしゅうのたびにでたペリカン 「かめじまのぺち」 カルラ・ハンセン;ウィルヘルム・ハンセン原作;水木しげる訳 フレーベル館(こぐまのぺちの絵本6) 1972年8月

ぺれ
ともだちのこぐまのぺちとペンギンのぴんごたちといっしょにマリーごうという船をつくってせかいいっしゅうのたびにでたペリカン 「くまのおうじょ」 カルラ・ハンセン;ウィルヘルム・ハンセン原作;水木しげる訳 フレーベル館(こぐまのぺちの絵本2) 1972年8月

ぺれ
ともだちのこぐまのぺちとペンギンのぴんごたちといっしょにマリーごうという船をつくってせかいいっしゅうのたびにでたペリカン 「すずきのおやこ」 カルラ・ハンセン;ウィルヘルム・ハンセン原作;水木しげる訳 フレーベル館(こぐまのぺちの絵本3) 1972年8月

ぺれ
ともだちのこぐまのぺちとペンギンのぴんごたちといっしょにマリーごうという船をつくってせかいいっしゅうのたびにでたペリカン 「とざんかぺち」 カルラ・ハンセン;ウィルヘルム・ハンセン原作;水木しげる訳 フレーベル館(こぐまのぺちの絵本8) 1972年8月

ぺれ
ともだちのこぐまのぺちとペンギンのぴんごたちといっしょにマリーごうという船をつくってせかいいっしゅうのたびにでたペリカン 「ぺちとぴらみっど」 カルラ・ハンセン;ウィルヘルム・ハンセン原作;水木しげる訳 フレーベル館(こぐまのぺちの絵本5) 1972年8月

ぺれ
ともだちのこぐまのぺちとペンギンのぴんごたちといっしょにマリーごうという船をつくってせかいいっしゅうのたびにでたペリカン 「ぺちのほっきょくたんけん」 カルラ・ハンセン;ウィルヘルム・ハンセン原作;水木しげる訳 フレーベル館(こぐまのぺちの絵本7) 1972年8月

ぺれ
ともだちのこぐまのぺちとペンギンのぴんごたちといっしょにマリーごうという船をつくってせかいいっしゅうのたびにでたペリカン 「まりーごうのしんすい」 カルラ・ハンセン;ウィルヘルム・ハンセン原作;水木しげる訳 フレーベル館(こぐまのぺちの絵本1) 1972年8月

ぺれ
ともだちのこぐまのぺちとペンギンのぴんごたちといっしょにマリーごうという船をつくってせかいいっしゅうのたびにでたペリカン 「ゆめのくにへいく」 カルラ・ハンセン;ウィルヘルム・ハンセン原作;水木しげる訳 フレーベル館(こぐまのぺちの絵本4) 1972年8月

ぺれ

ペレ
おうさまやおうじょさまといっしょにもりへさんぽにいったいぬ 「おうじょさまのぼうけん」 エルサ・ベスコフ作・絵；石井登志子訳 フレーベル館 1985年4月

ペレ
じぶんでせわしたこひつじのけをかりとっておばあちゃんやしたてやのてつだいをしてひつじのけからあたらしいふくをつくってもらったおとこのこ 「ペレのあたらしいふく」 エルサ・ベスコフ作・絵；おのでらゆりこ訳 福音館書店（世界傑作絵本シリーズ・スウェーデンの絵本） 1976年2月

ペレさん
サーカスのきょくげいし 「ちいさなよるのおんがくかい」 リブシェ・パレチコバー作；ヨゼフ・パレチェック絵；竹下文子訳 フレーベル館 1981年11月

ぺれす
むかしからすぺいんという国で子どものぬけたはをもらいにくることになっているねずみ 「ねずみとおうさま」 コロマ神父文；石井桃子訳；土方重巳絵 岩波書店（岩波の子どもの本） 1953年12月

ヘレナ
キリスト教をしんじたコンスタンティヌス帝の母ぎみでイエスがはりつけにされたときの十字架をさがした人 「十字架ものがたり」 ブライアン・ワイルドスミス作・絵；わたなべひさよ訳 らくだ出版 1983年11月

ヘレネ
すごいくちばしやつのやつばさやあしをもったどうぶつになったゆめをみた子がも 「もしもかいぶつになれたら」 S.バウアークラムス作・画；森下研訳 小学館（世界の創作童話19） 1982年8月

ヘレン
あるひきれいなドレスをみてからじぶんでドレスをつくるのにむちゅうになってしまったはつかねずみのティムのおよめさん 「ティムのおよめさん」 ジュディ・ブルック作；牧田松子訳 冨山房 1980年11月

べろ
こねこのぴっちがかわれていたりぜっとおばあさんのうちのいぬ 「こねこのぴっち」 ハンス・フィッシャー文・絵；石井桃子訳 岩波書店（岩波の子どもの本） 1954年12月

ベロ
リゼッテおばあちゃんがかっていたどうぶつたちのなかの一ぴきのいぬ 「たんじょうび」 ハンス・フィッシャー文・絵；おおつかゆうぞう訳 福音館書店（世界傑作絵本シリーズ・スイスの絵本） 1965年10月

ヘロデ
ベツレヘムという町でおとめマリアから産まれた救い主イエスを殺そうとした王 「クリスマス物語」 ヤン・ピアンコフスキー絵；小畑進訳 講談社（講談社の翻訳絵本） 1985年11月

ヘロデ
救い主としてうまれたおさなごイエスをおそれころそうとしたユダヤの王 「クリスマスのものがたり」 フェリクス・ホフマン作;しょうのこうきち訳 福音館書店(世界傑作絵本シリーズ・日本とスイスの絵本) 1975年10月

ベロニカ
アップルグリーンさんのトラックからにげだしてきたこねこのキャンディとなかよしになったパンプキンさんののうじょうのかば 「ベロニカとバースデープレゼント」 ロジャー・デュボアザン作・絵;神宮輝夫訳 佑学社(かばのベロニカシリーズ5) 1979年5月

ベロニカ
あるひにんげんたちがジャングルにやってきてクレーンでつりあげられきせんにのせられてアメリカにやってきたかば 「ひとりぼっちのベロニカ」 ロジャー・デュボアザン作・絵;神宮輝夫訳 佑学社(かばのベロニカシリーズ3) 1978年11月

ベロニカ
きつねにおいかけられたうさぎやいたちにねらわれたきじのひなどりたちやみんなをたすけてやったパンプキンのうじょうのかば 「ベロニカはにんきもの」 ロジャー・デュボアザン作・絵;神宮輝夫訳 佑学社(かばのベロニカシリーズ4) 1979年4月

ベロニカ
パンプキンさんの農場にやってきたかば 「みんなのベロニカ」 ロジャー・デュボアザン作・絵;神宮輝夫訳 佑学社(かばのベロニカシリーズ2) 1978年1月

ベロニカ
みんなとちがうめだつかばになりたくてまちへいきやおやさんのやさいをぜんぶたべてろうやにいれられたかば 「かばのベロニカ」 ロジャー・デュボアザン作・絵;神宮輝夫訳 佑学社 1978年12月

ベン
あざらしのかわでふねをつくってイギリスりょこうをしたスウェーデンのげんしじんヘーデンホスおやこのパパ 「イギリスりょこう」 バッティル・アルムクビスト絵・文;やまのうちきよこ訳 徳間書店(げんしじんヘーデンホスシリーズ8) 1974年11月

ベン
いかだにのってアメリカりょこうをしたスウェーデンのげんしじんヘーデンホスおやこのパパ 「アメリカりょこう」 バッティル・アルムクビスト絵・文;やまのうちきよこ訳 徳間書店(げんしじんヘーデンホスシリーズ5) 1974年10月

ベン
うちゅうせんをつくってうちゅうりょこうをしたスウェーデンのげんしじんヘーデンホスおやこのパパ 「うちゅうりょこう」 バッティル・アルムクビスト絵・文;やまのうちきよこ訳 徳間書店(げんしじんヘーデンホスシリーズ6) 1974年8月

ベン
エドワードの支線がとおっている港にいるわるさのすぎるふたごの機関車 「大きな機関車たち」 ウィルバート・オードリー作;ガンバー・エドワーズ;ピーター・エドワーズ絵;桑原三郎;清水周裕訳 ポプラ社(汽車のえほん21) 1980年10月

へん

ベン
ジャズ・クラブのトランペッターにあこがれてかたちのないトランペットをふきならす貧しい黒人少年 「ベンのトランペット」 レイチェル・イザドラ作・絵;谷川俊太郎訳 あかね書房(あかねせかいの本7) 1981年11月

ベン
バナナボートにのってカナリアしょとうにいったスウェーデンのげんしじんヘーデンホスおやこのパパ 「バナナボート」 バッティル・アルムクビスト絵・文;やまのうちきよこ訳 徳間書店(げんしじんヘーデンホスシリーズ4) 1974年10月

ベン
ひこうきにのってマジョルカりょこうをしたスウェーデンのげんしじんヘーデンホスおやこのパパ 「マジョルカりょこう」 バッティル・アルムクビスト絵・文;やまのうちきよこ訳 徳間書店(げんしじんヘーデンホスシリーズ7) 1974年11月

ベン
みみがよくきこえないのでほちょうきをつけている四さいのおとこのこ 「ぼくのだいじなあおいふね」 ディック・ブルーナ絵;ピーター・ジョーンズ文;中川健蔵訳 偕成社 1986年11月

ベン
むかしスウェーデンのみずうみのほとりにすんでいたげんしじんヘーデンホスおやこのパパ 「げんしじんヘーデンホスおやこ」 バッティル・アルムクビスト絵・文;やまのうちきよこ訳 徳間書店(げんしじんヘーデンホスシリーズ1) 1974年8月

ベン
メアリーがひきとられたイギリスのヨークシャーのおじさまの古い大きな屋敷で庭の手入れをしているおじいさん 「ひみつの花園」 バーネット原作;市川ジュン著 集英社(ファンタジー・メルヘン) 1983年7月

ベン
ロンドンのひこう場でいつもはたらいている小さなじょう気ローラーの運転手のおじさん 「小さなローラー」 グレアム・グリーン文;エドワード・アーディゾーニ絵;阿川弘之訳 文化出版局(グレアム・グリーンの乗りもの絵本) 1976年3月

ベンアリ
アフリカからうちへかえるためにドリトル先生とおとものどうぶつたちがのったふねをとろうとしたかいぞくのかしら 「ドリトル先生とかいぞく」 ヒュー・ロフティング;アル・パーキンス作;フィリップ・ウェンド絵;滑川道夫文 日本パブリッシング(ビギナーブックシリーズ) 1969年1

ヘン・ウェン
プリデイン国にすみはたけしごとばかりしていた男コルがだいじにしていた白ぶた 「コルと白ぶた」 ロイド・アリグザンダー作;エバリン・ネス絵;神宮輝夫訳 評論社(児童図書館・絵本の部屋) 1980年1月

ペンギン(クリスティナ)
どうぶつえんのおりのなかでペンギンのヘクターといっしょにくらすことになったかわいいペンギン 「ヘクターとクリスティナ」 ルイーゼ・ファティオ作;ロジャー・デュボアザン絵;岡本浜江訳 佑学社 1978年6月

ペンギン(コウテイペンギン)
ふゆがくるとなんきょくたいりくにあつまってきてたまごをうみひなをそだててなつはうみにいってくらすコウテイペンギン 「なんきょくのペンギン」 イリアン・ロールス作・画；小田英智文　偕成社(どうぶつのくらし2おはなし編)　1980年3月

ペンギン(ぴんご)
ともだちのこぐまのぺちとペリカンのぺれたちといっしょにマリーごうという船をつくってせかいいっしゅうのたびにでたペンギン 「かめじまのぺち」 カルラ・ハンセン；ウィルヘルム・ハンセン原作；水木しげる訳　フレーベル館(こぐまのぺちの絵本6)　1972年8月

ペンギン(ぴんご)
ともだちのこぐまのぺちとペリカンのぺれたちといっしょにマリーごうという船をつくってせかいいっしゅうのたびにでたペンギン 「くまのおうじょ」 カルラ・ハンセン；ウィルヘルム・ハンセン原作；水木しげる訳　フレーベル館(こぐまのぺちの絵本2)　1972年8月

ペンギン(ぴんご)
ともだちのこぐまのぺちとペリカンのぺれたちといっしょにマリーごうという船をつくってせかいいっしゅうのたびにでたペンギン 「すずきのおやこ」 カルラ・ハンセン；ウィルヘルム・ハンセン原作；水木しげる訳　フレーベル館(こぐまのぺちの絵本3)　1972年8月

ペンギン(ぴんご)
ともだちのこぐまのぺちとペリカンのぺれたちといっしょにマリーごうという船をつくってせかいいっしゅうのたびにでたペンギン 「とざんかぺち」 カルラ・ハンセン；ウィルヘルム・ハンセン原作；水木しげる訳　フレーベル館(こぐまのぺちの絵本8)　1972年8月

ペンギン(ぴんご)
ともだちのこぐまのぺちとペリカンのぺれたちといっしょにマリーごうという船をつくってせかいいっしゅうのたびにでたペンギン 「ぺちとぴらみっど」 カルラ・ハンセン；ウィルヘルム・ハンセン原作；水木しげる訳　フレーベル館(こぐまのぺちの絵本5)　1972年8月

ペンギン(ぴんご)
ともだちのこぐまのぺちとペリカンのぺれたちといっしょにマリーごうという船をつくってせかいいっしゅうのたびにでたペンギン 「ぺちのほっきょくたんけん」 カルラ・ハンセン；ウィルヘルム・ハンセン原作；水木しげる訳　フレーベル館(こぐまのぺちの絵本7)　1972年8月

ペンギン(ぴんご)
ともだちのこぐまのぺちとペリカンのぺれたちといっしょにマリーごうという船をつくってせかいいっしゅうのたびにでたペンギン 「まりーごうのしんすい」 カルラ・ハンセン；ウィルヘルム・ハンセン原作；水木しげる訳　フレーベル館(こぐまのぺちの絵本1)　1972年8月

ペンギン(ぴんご)
ともだちのこぐまのぺちとペリカンのぺれたちといっしょにマリーごうという船をつくってせかいいっしゅうのたびにでたペンギン 「ゆめのくにへいく」 カルラ・ハンセン；ウィルヘルム・ハンセン原作；水木しげる訳　フレーベル館(こぐまのぺちの絵本4)　1972年8月

ペンギン(ヘクター)
トラックにのせられてほかのどうぶつえんにつれていかれるとちゅうでくるまからころがりおちてきがつくともりのはずれにいたペンギン 「ペンギンのヘクター」 ルイーゼ・ファティオ作；ロジャー・デュボアザン絵；岡本浜江訳　佑学社　1978年6月

ぺんき

ペンギン（ヘクター）
ひっこしのとちゅうトラックからおちてすんでいたもりのぬまでにんげんにつかまってどうぶつえんにつれていかれたペンギン 「ヘクターとクリスティナ」 ルイーゼ・ファティオ作；ロジャー・デュボアザン絵；岡本浜江訳 佑学社 1978年6月

ベンさん
ふしぎなみせでたんけんたいのようふくにきがえて「ぼうけんいりぐち」とかいてあるドアからジャングルへいってもうじゅうがりのおともをした男の人 「ジャングルにいったベン」 デイビッド・マッキー文・絵；安西徹雄訳 アリス館 1983年1月

ベンさん
ふしぎなみせでピエロのふくにきがえてサーカスだんにはいるぼうけんのたびにでた男の人 「ピエロになったベン」 デイビッド・マッキー文・絵；安西徹雄訳 アリス館 1982年12月

ベンさん
横町のふるどうぐやでしまのしゅうじんふくをきてドアをあけてみるとろうやにはいってしまっていた男の人 「123456789のベン」 デイビッド・マッキー文・絵；こうのゆうこ訳 アリス館牧新社 1976年9月

ベンジー
うちのひとたちがたびをするのにのっていったふねにそっくりなおおきなふねにのりこんでしまったいぬ 「ベンジーのふねのたび」 マーガレット・ブロイ・グレアム作；渡辺茂男訳 福音館書店（世界傑作絵本シリーズ・アメリカの絵本） 1980年4月

ベンジャミン
アナグマ・トミーにさらわれた子どもたちをさがしてキツネどんのいえにいってしまったうさぎ 「キツネどんのおはなし」 ビアトリクス・ポター作・絵；いしいももこ訳 福音館書店（ピーターラビットの絵本13） 1974年2月

ベンジャミン
まいにちまいにち1ねんに365かいもたんじょうびプレゼントのつつみをひらくことになったいぬ 「1ねんに365のたんじょう日-プレゼントをもらったベンジャミンのおはなし」 ジュディ・バレット作；ロン・バレット絵；松岡享子訳 偕成社 1978年8月

ベンジャミン・バニー
いたずらっこのうさぎピーターのいとこのうさぎ 「ベンジャミン・バニーのおはなし」 ビアトリクス・ポター作・絵；いしいももこ訳 福音館書店（ピーターラビットの絵本2） 1971年11月

ベンジャミン・バニー
おとなになっていとこのフロプシーとけっこんしたうさぎ 「フロプシーのこどもたち」 ビアトリクス・ポター作・絵；いしいももこ訳 福音館書店（ピーターラビットの絵本3） 1971年11月

ヘンゼル
ある大きな森のそばに住んでいた貧しいきこりのふたりの子どもの男の子 「ヘンゼルとグレーテル-グリム童話」 リスベス・ツヴェルガー絵；佐久間彪訳 かど創房 1981年3月

ヘンゼル
ある大きな森のはずれに暮らしていた貧しいきこりの一家の男の子 「ヘンゼルとグレーテル-グリム童話」 スーザン・ジェファーズ絵；大庭みな子訳 ほるぷ出版 1983年4月

ヘンゼル
ある大きな森の入り口にすんでいたまずしい木こりのふたりの子どもの男の子 「ヘンゼルとグレーテル」 グリム兄弟文;植田敏郎訳;安井淡絵 小学館(世界のメルヘン絵本1) 1978年1月

ヘンゼル
ある大きな森の入口にすんでいたまずしい木こりのふたりの子どもの男の子 「ヘンゼルとグレーテル」 バーナディット・ワッツ絵;相良守峯訳 岩波書店 1985年7月

ヘンゼル
おおきなもりのそばにすんでいたまずしいきこりのふたりのこどものおとこのこ 「ヘンゼルとグレーテル」 グリム作;高橋克雄写真・文 小学館(メルヘンおはなし絵本2) 1982年12月

ヘンゼル
おおきなもりのはずれにすんでいたまずしいきこりのふたりのこどもたちのあに 「ヘンゼルとグレーテル」 山室静文;松村太三郎絵 フレーベル館(せかいむかしばなし1) 1985年6月

ヘンゼル
大きな森のはずれにすんでいたびんぼうなきこりのふたりの子どもの男の子 「ヘンゼルとグレーテル」 ヤン・ピアンコフスキー絵;内海宜子訳 ほるぷ出版(ふぇありい・ぶっく) 1985年11月

ヘンドリカ
オランダのはたけのなかでくらしていためうしでまきばのうらをながれるうんがにういていた大きなはこにのって町へいったうし 「うんがにおちたうし」 フィリス・クラシロフスキー作;ピーター・スパイアー絵;みなみもとちか訳 ポプラ社(世界のほんやくえほん3) 1967年2

ヘンリー
うちの人たちに山ごやにおいていかれたおとこの子がつくってくれたスキーをはいてあとをおっかけたねこ 「スキーをはいたねこのヘンリー」 メリー・カルホーン作;エリック・イングラハム絵;猪熊葉子訳 佑学社(アメリカ創作絵本シリーズ12) 1980年3月

ヘンリー
うぬぼれやでよくもめごとをおこすやっかいな三だいの機関車の一だい 「やっかいな機関車」 ウィルバート・オードリー作;レジナルド・ドールビー絵;桑原三郎;清水周裕訳 ポプラ社(汽車のえほん5) 1973年12月

ヘンリー
こしょうしてうごけなくなった二だいのディーゼル機関車と列車をたすけたじょうき機関車 「機関車のぼうけん」 ウィルバート・オードリー作;ガンバー・エドワーズ;ピーター・エドワーズ絵;桑原三郎;清水周裕訳 ポプラ社(汽車のえほん23) 1980年11月

ヘンリー
しゃしんやさんをはじめてスタジオでとりをとばしおきゃくをたのしそうなかおにうつしてゆうめいになったねずみ 「ねずみのヘンリー」 マルチーヌ・ブラン作・絵;矢川澄子訳 偕成社 1980年9月

へんり

ヘンリー
トラのジュリアスたちとみんなでジャングルをでてりょこうをしてさばくのオアシスまでいったライオン 「しんせつなラクダのハンフリー」 ダイアン・エルスン文・絵;河津千代訳 アリス館牧新社 1975年12月

ヘンリー
なかまの五だいといっしょに車庫でくらしていた雨が大きらいな機関車 「三だいの機関車」 ウィルバート・オードリー作;レジナルド・ドールビー絵;桑原三郎;清水周裕訳 ポプラ社 (汽車のえほん1) 1973年11月

ヘンリー
にいちゃんのマーティンよりうーんと大きくなりたいとおもったおとうと 「マーティンより大きく」 スティーブン・ケロッグ作;内田莉莎子訳 ほるぷ出版 1979年6月

ヘンリー
ねずみのおんなのこアンジェリーナのいとこ 「アンジェリーナのクリスマス」 ヘレン・クレイグ絵;キャサリン・ホラバード文;きたむらまさお訳 大日本絵画(かいがのえほん) 1986年1月

ヘンリー
ねずみのティモシーとジェニーのふたりにうまれた5にんのこどものおとこのこ 「ねずみのティモシー」 マルチーヌ・ブラン作・絵;矢川澄子訳 偕成社 1975年8月

ヘンリー
バレエのすきなアンジェリーナのいとこのねずみのおとこのこ 「アンジェリーナとおまつり」 ヘレン・クレイグ絵;キャサリン・ホラバード文 大日本絵画(かいがのえほん) 1985年1月

ヘンリー
ひとりできゅうにのったねこ 「とびねこヘンリー」 メリー・カルホーン作;エリック・イングラハム絵;猪熊葉子訳 佑学社 1983年8月

ヘンリー
びょうきになってはたらけなくなったみどりの機関車 「みどりの機関車ヘンリー」 ウィルバート・オードリー作;レジナルド・ドールビー絵;桑原三郎;清水周裕訳 ポプラ社(汽車のえほん6) 1973年12月

ヘンリー
ペギーのへやのベッドのしたにいたワニ 「ベッドのしたにワニがいる!」 イングリッド・シューベルト;ディーター・シューベルト作・絵;うらべちえこ訳 佑学社 1984年10月

ヘンリー
ワニのようにみどりいろになってジャングルでいちばんうつくしいどうぶつになりたいとおもっていたトラのジュリアスをえのぐでみどりいろにぬってやったライオン 「みどりいろのトラ」 ダイアン・エルスン文・絵;河津千代訳 アリス館牧新社 1975年12月

ヘンリー
島からイギリス本島につれていかれてみんなにみせられた八だいの機関車の一だい 「八だいの機関車」 ウィルバート・オードリー作;ジョン・ケニー絵;桑原三郎;清水周裕訳 ポプラ社(汽車のえほん12) 1974年8月

ヘンリイ
ひろい果樹園のすみっこにすんでいたはりねずみの一家のこども 「はりねずみのパーティ」ロウエナ・ストット文;エディス・ホールデン絵;恩地三保子訳 文化出版局 1980年12

ヘンリエッタ
島からイギリス本島につれていかれてみんなにみせられた八だいの機関車の一だい 「八だいの機関車」ウィルバート・オードリー作;ジョン・ケニー絵;桑原三郎;清水周裕訳 ポプラ社(汽車のえほん12) 1974年8月

ヘンリーくん
夜の病院でかべの下についたドアからでてきたお医者と看護婦さんと患者のネズミたちが朝まで病院を占領したのをみた男の子 「ぼくが病院で会った仲間たち」バーナード・ストーン文;ラルフ・ステッドマン絵;植草甚一訳 CBS・ソニー出版 1980年9月

【ほ】

ホー
うみにすむかわったかたちのさかなでおんなのこのシーとなかよしになってうまれたたまごをそだてたおすのたつのおとしご 「たつのおとしご」ロバート・A.モリス文;アーノルド・ローベル絵;杉浦宏訳 文化出版局 1976年3月

ボーア
むかし月なんてなかったときにワイのまちでカシの木にぶらさげてあったランプをどろぼうした4人きょうだいの2ばんめのおとこ 「月はどうしてできたか―グリム童話より」ジェームズ・リーブズ文;エドワード・アーディゾーニ絵;矢川澄子訳 評論社(児童図書館・絵本の部屋) 1979年4月

ホイッティカーさん
ちいさなおばけのジョージーがすんでいたいえのあるじ 「おばけのジョージー」ロバート・ブライト作・絵;光吉夏弥訳 福音館書店(世界傑作絵本シリーズ・アメリカの絵本) 1978年6月

ぼうし
お金持ちの頭の上でしあわせにくらしていたがある日風にふきとばされてはげ頭の上にぽんとちゃくりくしたぼうし 「ぼうし」トミー・ウンゲラー作;たむらりゅういち,あそうくみ訳 評論社(児童図書館・絵本の部屋) 1977年9月

ぼうしうり
あたまのうえにぼうしをいくつものせたままおおきなきにもたれてねむってしまったぼうしのぎょうしょうにん 「おさるとぼうしうり」エズフィール・スロボドキーナ作・絵;まつおかきょうこ訳 福音館書店 1970年2月

ぼうしおとこ
六にんのごうけつのひとりであたりがさむくなってしまうふしぎなぼうしをかぶったおとこ 「六にんのごうけつ」滝原章助画;中村美佐子文 ひかりのくに(世界名作えほん全集11) 1966年1月

ぼうや

ぼうや
あぶないことがだいすきであるひだいどころのとだなからもちだしたはこをボートにしてうみにでようとおもったきかんぼぼうや 「きかんぼぼうやのうみのたび」 バルブロ・リンドグレン作；エヴァ・エリクソン絵；小野寺百合子訳 佑学社 1984年10月

ぼうや
あぶないことならなんでもだいすきでとってもやさしいママのこごとなんかいっこうにきかないきかんぼぼうや 「ママときかんぼぼうや」 バルブロ・リンドグレン作；エヴァ・エリクソン絵；小野寺百合子訳 佑学社 1981年5月

ぼうや（おとこのこ）
あるひわゴムのはしをベッドのわくにひっかけてへやのそとへでていってみたぼうや 「わゴムはどのくらいのびるかしら？」 マイク・サーラー文；ジェリー・ジョイナー絵；岸田衿子訳 ほるぷ出版 1976年9月

ぼうや（おとこのこ）
おきにいりのどうけもののにんぎょうがきゅうにつまらなくなってまどからほうりだしてしまったぼうや 「カスペルとぼうや」 ミヒャエル・エンデ文；ロスビータ・クォードフリーク画；矢川澄子訳 ほるぷ出版 1977年10月

ぼうや（こども）
おとうさんに「いいことってどんなこと?わるいことってどんなこと?」ってきいたぼうや 「いいってどんなこと？わるいってどんなこと？」 マヤコフスキー作；キリロフ・ヴェ絵；松谷さやか訳 新読書社（ソビエトの子どもの本） 1981年11月

ぼうやのきし
かいじゅうにさらわれたおひめさまをたすけようとかいじゅうのおしろへいったちいさなぼうやのきし 「かいじゅうなんかこわくない」 デニーズ・トレッツ文；アラン・トレッツ絵；田谷多枝子訳 偕成社 1969年12月

ポゥリー
ちいさな女の子 「窓の下で」 ケイト・グリーナウェイ絵・詩；岸田理生訳 新書館 1976年12月

ポウンくん
どこでもここでもぽうんぽうんととんでいくとってもちいさくてゴムまりみたいなひと 「ポウンくん」 ロジャー・ハーグレーヴス作；おのかずこ訳 評論社（みすた・ぶっくす19） 1985年12月

ホエミン姫　ほえみんひめ
中国のあるお城にすむ王さまのひとり娘で目がみえなかった姫 「ふしぎなつえ」 ヨーレン作；チャーリップ；マラスリス絵；きみしまひさこ訳 偕成社 1983年7月

ホオダレムクドリ
ニュージーランドの森にすんでいた鳥で絶滅してしまった動物 「ドードーを知っていますかーわすれられた動物たち」 ショーン・ライス絵；ポール・ライス；ピーター・メイリー文；斉藤たける訳 福武書店 1982年10月

ポーかあさん
むすこのパイパーをこどもあつかいしてひとまえでもなんでもキスをするかあさんねこ 「キスなんてだいきらい」 トミー・ウンゲラー作;矢川澄子訳　文化出版局　1974年3月

ポーくん
おかあさんぶたにみんなおおきくなったのでそれぞれいえをつくってべつべつにくらすようにいわれたこぶたのきょうだいの一ぴき 「三びきのこぶた」 岩本康之亮画;中村美佐子文　ひかりのくに(世界名作えほん全集8)　1966年1月

ボコ
支線をはしるエドワードのしりあいの機関車 「大きな機関車たち」 ウィルバート・オードリー作;ガンバー・エドワーズ,ピーター・エドワーズ絵;桑原三郎,清水周裕訳　ポプラ社(汽車のえほん21)　1980年10月

ポゴ
アフリカのむらびとたちにおこってきたのくにへいったたいようをおとこのこマブウとさがしにいったライオンのこ 「マブウとたいよう」 三浦幸子絵;レスリー・ゲルティンガー作　福武書店　1983年10月

ほしのあかちゃん
つきのうしろがわにすんでいたのにあるひほうきぼしにのってあそんでいてちきゅうのうみにおちてしまったほしのあかちゃん 「ほしのあかちゃん」 フランク・アッシュ作;戸澤京子訳　福武書店　1982年3月

星の子　ほしのこ
お星さまのすべり台で遊ぶ星の子たち 「鳥のうたにみみをすませば」 オタ・ヤネチェック絵;フランチシェック・ネピル文;金山美莎子訳　佑学社(おはなし画集シリーズ4)　1980年9月

星の子　ほしのこ
森で木こりにひろわれた子で女こじきの母さんをおっぱらったむくいでみにくいすがたになり母をたずねあるくことになった子 「星の子」 オスカー・ワイルド原作;ジェニファー・ウェストウッド文;フィオナ・フレンチ絵;矢川澄子訳　ほるぷ出版　1981年5月

星の少女(少女)　ほしのしょうじょ(しょうじょ)
だいすきな村のひとたちといっしょにくらすために天の家をでて白い星の花のすがたになってみずうみにすむことにきめた星の少女 「星の少女」 パトリシア・ロビンズ文;シャーリー・デイ絵;河津千代訳　アリス館牧新社　1976年7月

ボジャ
ジャックの家のねこ 「ジャックとまめのつる」 トニー・ロス作;田村隆一訳　文化出版局　1981年7月

ボジャー
山でひとりでキャンプをしようとしたクリストファーについてきたいぬ 「ひとりぼっちのキャンプ」 キャロル・カリック作;ドナルド・カリック絵;渡辺安佐子訳　岩崎書店(新・創作絵本19)　1980年12月

ほしや

ホジャどん(ナスレディン)
トルコのある村にいたとんちのあるにんきもののおじいさん 「ホジャどんのしっぺがえし-トルコ民話」 ギュンセリ・オズギュル再話・絵;ながたまちこ訳 ほるぷ出版 1983年6月

ポシャン
カスパー・シュリッヒじいさんに池に投げこまれたのをパウルとペーターのきょうだいにたすけられて家につれていってもらった子犬 「いたずら子犬ポシャンとポトム」 ヴィルヘルム・ブッシュ文・絵;上田真而子訳 岩波書店 1986年4月

ボス
こぐまのミーシャのともだちのいぬ 「かえってきたミーシャ」 チェスワフ・ヤンチャルスキ文;ズビグニエフ・ルイフリツキ絵;坂倉千鶴訳 ほるぷ出版 1985年5月

ボス
ぬいぐるみのこぐまのミーシャがいったヤツェクとゾーシャのうちの小犬 「ミーシャのぼうけん」 チェスワフ・ヤンチャルスキ文;ズビグニエフ・ルィフリツキ絵;坂倉千鶴訳 ほるぷ出版 1985年5月

ボス・レディ
鳥少年マイケルがくらすいなかをよごすくろいけむりをだしていたはちみつシロップ工場のもちぬしの女の人 「鳥少年マイケル」 トミー・デ・パオラ作;湯浅フミエ訳 ほるぷ出版 1983年9月

ホセン
グリスタンというくにの王さまのけらいにおわれてきたきんいろのしかをにがしてやって王さまのまえにひきたてられていったうしおいのおとこのこ 「きんいろのしか-バングラデシュの昔話」 ジャラール・アーメド案;石井桃子再話;秋野不矩画 福音館書店 1968年12月

ほたる
おかにはえていたはっぱのかれたおばあさんののばらのことをきらいだといったほたる 「ほたるとのばら-ベネズエラの民話から」 フレイ・セサレオ・デ・アルメリャーダ再話;クルサ;ウリベ文;アメリエ・アレコ絵;柳谷圭子訳 ほるぷ出版 1982年10月

ほたる(ひかり)
ふくろうのサムとそらにいろんなじをかいてあそんだいたずらほたる 「サムといたずらほたる」 ピー・ディー・イーストマン作・絵;小堀杏奴文 日本パブリッシング(ビギナーシリーズ) 1968年1月

ほたる(ミア)
ほたるの子ミオのいえのとなりのえにしだにすむほたるのいっかのむすめ 「ほたるの子ミオ」 トゥルンカ絵;ボリガー文;矢川澄子訳 メルヘン社 1981年8月

ほたる(ミオ)
とうみんからめをさましヨハネスさまのまつりのよるにはじめてランタンをもってそらをとんだほたるの子 「ほたるの子ミオ」 トゥルンカ絵;ボリガー文;矢川澄子訳 メルヘン社 1981年8月

ボタンくん
りんごの木にすんでいるこびとさんのかぞくの子どもでふたごのスナップくんと冬のおうちをさがしに町へいったおとこの子 「ボタンくんとスナップくん」 オイリ・タンニネン絵・文;渡部翠訳 講談社(世界の絵本フィンランド) 1971年6月

ポッターおじさん
そう庫でほこりだらけになっていた小さな乗合馬車をつかって配たつをしようとした食りょう品店のおじさん 「小さな乗合い馬車」 グレアム・グリーン文;エドワード・アーディゾーニ絵;阿川弘之訳 文化出版局(グレアム・グリーンの乗りもの絵本) 1976年3月

ポッチリちゃん
ブンダーリッヒさんのかぞくのママのおなかのなかにいたあかちゃん 「ポッチリちゃん」 ハンナ・マンゴールト作;高橋洋子訳 リブロポート 1982年5月

ボッツォ
シルデックの町にいたいつもいっしょにあそぶ五人のなかよしの子どもたちの一人 「いたずらっ子とおまわりさん」 P.バイスマン作;D.ズイラップ画;桂芳樹訳 小学館(世界の創作童話5) 1979年7月

ポッドくん
おかあさんとまちへかいものにでかけてまいごになったねずみのおとこのこ 「ピピンちゃんとポッドくん」 ミッチェル・カートリッジ作;石沢泰子訳 偕成社 1981年11月

ホットケーキ
七にんのこどもたちにたべられたくなくてそとへころころころがりでてにげだしたホットケーキ 「おおきなホットケーキ」 ベラ・サウスゲイト再話;ロバート・ラムレイ絵;秋晴二,敷地松二郎訳編 アドアンゲン 1974年6月

ホップさん
オークアプルの森のかえるのおじさん 「かえるのホップさん」 ジェニー・パートリッジ作;神宮輝夫訳 ティビーエス・ブリタニカ(オークアプルの森のおはなし3) 1982年7月

ポツポツちゃん
ザラザラくんとバラバラくんのなかま 「これ、なあに?」 バージニア・A.イエンセン;ドーカス・W.ハラー作;くまがいいくえ訳 偕成社 1979年1月

ポツポツちゃん
ザラザラくんとバラバラくんのなかま 「ザラザラくん、どうしたの?」 バージニア・A.イエンセン作;きくしまいくえ訳 偕成社 1983年1月

ボッラ
ビルにできたとくべつな妹でなんにも理解できないただただラララとうたって笑う女の子 「ボッラはすごくごきげんだ!」 グニラ・ベリィストロム文・絵;ビヤネール多美子訳 偕成社 1981年6月

ボッラ
ビルの妹でだれにも似てないとてもユニークな女の子 「ごきげんボッラはなぞ人間!?」 グニッラ・ベリィストロム文・絵;ビヤネール多美子訳 偕成社 1982年6月

ほてい

ボディル
キオスクおばさんと友達になった6人の子供たちのひとり 「キオスクおばさんのひみつ」 イブ・スパン・オルセン作；木村由利子訳 文化出版局 1979年1月

ボドさん
フランスのちいさなまちにすむふじんでブラジルにいるむすこからおくられてきただいじゃのこどもにクリクターというなまえをつけてかわいがった人 「へびのクリクター」 トミー・ウンゲラー作；中野完二訳 文化出版局 1974年3月

ボドニック
もりのおくにあったおおきなぬまにすんでいてきしにちかずくものはかったぱしからみずのなかにひきずりこんでいたかいぶつ 「ぬまのかいぶつボドニック」 シュテパン・ツァオレル作；藤田圭雄訳 ほるぷ出版 1978年7月

ポトム
カスパー・シュリッヒじいさんに池に投げこまれたのをパウルとペーターのきょうだいにたすけられて家につれていってもらった子犬 「いたずら子犬ポシャンとポトム」 ヴィルヘルム・ブッシュ文・絵；上田真而子訳 岩波書店 1986年4月

ホートン
ジャングルヌールのいけで水あびをしていて小さいほこりの上にこびとがたすけをよんでいるようなこえをきいたぞう 「ぞうのホートンひとだすけ」 ドクター・スース作・絵；ホルスト・レムケ絵；渡辺茂男訳 偕成社 1985年4月

ホートン
なまけどりのメイジーにたのまれて357日のあいだかわりにたまごをあたためつづけたしょうじきもののぞう 「ぞうのホートンたまごをかえす」 ドクター・スース作・絵；白木茂訳 偕成社 1968年8月

ボナミー
アメリカのどうぶつえんのしいくがかりちょうでこころのやさしいひと 「あばれざるジニー」 シートン原作；小林清之介文；小林与志絵 チャイルド本社 (チャイルド絵本館・シートン動物記Ⅱ-7) 1985年10月

ボニー
あかんぼなんかほしくなかったおとこのこのあかんぼのいもうと 「ぼくあかんぼなんかほしくなかったのに」 マーサ・アレクサンダー作・絵；岸田衿子訳 偕成社 1980年2月

ボニー
いばってばかりいるおにいちゃんのオリバーとあそぶのがいやになったおんなのこ 「だれかあたしとあそんで」 マーサ・アレクサンダー作・絵；岸田衿子訳 偕成社 1980年4月

ポニー
フィリポのいえのとなりのロザリアおばさんのところのかわいそうなとしよりうま 「フィリポのまほうのふで」 ミッシヤ・ダムヤン作；ヤーノシュ絵；藤田圭雄訳 佑学社 (ヨーロッパ創作絵本シリーズ21) 1978年12月

ほね
もりのなかでまじょのかごからおっこちてかわいいぶたのむすめのパールにはなしかけたものいうほね 「ものいうほね」 ウィリアム・スタイグ作；せたていじ訳 評論社（児童図書館・絵本の部屋） 1978年6月

ボーバ
子ねこのワーシカがぼうしの下にはいってはいまわっているのをぼうしがいきているのだとおもってこわがった男の子 「いきているぼうし」 エヌ・ノーソフ作；イ・セミョーノフ絵；福井研介訳 新読書社 1981年11月

ホピ
ともだちのくまのママヌルスおばさんのびょうきをなおすためにモーブのはなをとりにアンデスのやまにのぼっていったインディオのおとこのこ 「モーブのはなをさがすホピとカティ」 F.クレナル作；アンドリ絵；黒木義典訳；板谷和雄文 ブック・ローン出版（ファランドールえほん13） 1981年1月

ポピー・アイブライト
のばらの村の小川の土手の上にあるチーズ小屋のしごとをしているねずみ 「小川のほとりで」 ジル・バークレム作；岸田衿子訳 講談社（のばらの村のものがたり） 1981年5月

ポピティ
ちいさな女の子 「窓の下で」 ケイト・グリーナウェイ絵・詩；岸田理生訳 新書館 1976年12月

ボビーぼうや
あらしになってもりからでられなくなったのをかばのベロニカにたすけてもらったのうじょうのパンプキンさんのまごのぼうや 「ベロニカはにんきもの」 ロジャー・デュボアザン作・絵；神宮輝夫訳 佑学社（かばのベロニカシリーズ4） 1979年4月

ボブ
しらないいぬがもっていたきれいなボールをレタスばたけにかくしてしまったいぬ 「すてきなボール」 アッティリオ・カッシネリ絵；カレン・グントルプ作；岸田衿子訳 ひかりのくに（アッティリオとカレンのえほん） 1973年1月

ホプシー
山おくの森でリヤばあさんのかごのきのこのなかにおっこちてばあさんといっしょにくらすことになったちゃめのこりす 「こりすのホプシー」 ハンス・ペーター・ティール文；ペパール・オット絵；矢川澄子訳 講談社（世界の絵本ドイツ） 1971年9月

ホフストラおじさん
うしのヘンドリカのミルクをしぼるおひゃくしょう 「うんがにおちたうし」 フィリス・クラシロフスキー作；ピーター・スパイアー絵；みなみもとちか訳 ポプラ社（世界のほんやくえほん3） 1967年2月

ホブ・ノブ
どうぶつたちをのせてゆうえんちまでいったあかいきかんしゃ 「きかんしゃホブ・ノブ」 ルース・エインズワース作；上條由美子訳 安徳瑛画 福音館書店 1985年8月

ぽふる

ポブル
かいきょうをおよいでいてあしゆびをなくしたいきもの 「あしゆびのないポブル」 エドワード・リア文;ケビン・マディソン絵;にいくらとしかず訳 篠崎書林 1978年7月

ボボじいさん
やまおくにすみとりやどうぶつたちにたべものをやっていたやさしいおじいさんであるひそれまでいちどもみたことのないへんなどうぶつにあったおじいさん 「へんなどうつぶ」 ワンダ・ガーグ文・絵;わたなべしげお訳 岩波書店（岩波の子どもの本） 1978年11月

ぽむ
ぴくにっくにいったぞうのばばーるの3びきのこどもたちの1ぴき 「ババールのピクニック」 ローランド・ド・ブリューノフ原作;那須辰造訳 講談社（フランス生まれのババール絵本6） 1966年1月

ポム
ぞうのおうさまババールといっしょにとりのしまへいった3にんのこどもたちのひとり 「ババールとりのしまへ」 ロラン・ド・ブリュノフ作;矢川澄子訳 評論社（評論社の児童図書館・絵本の部屋 ぞうのババール7） 1975年10月

ポム
ぞうのおうさまババールといっしょにボンヌトロンプじょうへひっこした3にんのこどもたちのひとり 「ババールのひっこし」 ロラン・ド・ブリュノフ作;矢川澄子訳 評論社（評論社の児童図書館・絵本の部屋 ぞうのババール10） 1975年10月

ポム
ぞうのおうさまババールのみつごのこどものひとり 「ババールくるまでピクニック」 L.ド・ブリュノフ作;しまづさとし訳;おのかずこ文 評論社（ミニ・ババール7） 1976年3月

ポム
ぞうのおうさまババールのみつごのこどものひとり 「ババールのおにわ」 L.ド・ブリュノフ作;しまづさとし訳;おのかずこ文 評論社（ミニ・ババール6） 1976年3月

ポム
ぞうのくにでだれもしらなかったほらあなをみつけたぞうのおうさまババールのこども 「ババールとグリファトンきょうじゅ」 ロラン・ド・ブリュノフ作;矢川澄子訳 評論社（評論社の児童図書館・絵本の部屋 ぞうのババール9） 1975年10月

ポム
ぞうのババールとスキーへいったみつごのこどものひとり 「ババールスキーじょうへ」 L.ド・ブリュノフ作;しまづさとし訳;おのかずこ文 評論社（ミニ・ババール4） 1975年12月

ポム
ぞうのババールのはしかにかかったみつごのこどものひとり 「ババールとおいしゃさん」 L.ド・ブリュノフ作;しまづさとし訳;おのかずこ文 評論社（ミニ・ババール1） 1975年12月

ポム
ぞうのババール王さまのこども 「ババール王さまのかんむり」 ロラン・ド・ブリュノフ作・絵;渡辺茂男文 日本パブリッシング（ビギナーブックシリーズ） 1969年1月

ポム
なつやすみにうみべへでかけたぞうのおうさまババールの3にんのこどもたちのひとり 「ババールといたずらアルチュール」 ロラン・ド・ブリュノフ作 ; 矢川澄子訳 評論社(評論社の児童図書館・絵本の部屋 ぞうのババール6) 1975年6月

ポム
はくらんかいでほかのけものたちとなかよくなったぞうのおうさまババールのこども 「ババールのはくらんかい」 ロラン・ド・ブリュノフ作 ; 矢川澄子訳 評論社(評論社の児童図書館・絵本の部屋 ぞうのババール8) 1975年10月

ポムおばさん
クレマンチーヌとセレスタンの田舎の家にすむおばさん 「ポムおばさんの家」 ビショニエ文 ; ロバン ; オトレオー絵 ; 山口智子訳 文化出版局(クレマンチーヌとセレスタン) 1983年7月

ポラン
ふたごのにいさんのコランといっしょにあしのわるいおじいちゃんのためのきかいをつくってあげたのうさぎのこ 「のうさぎむらのコランとポラン」 アラン・ブリオ作・絵 ; 安藤美紀夫 ; 斎藤広信協力 岩崎書店(岩崎創作絵本6) 1983年12月

ポリーアンドリュー
シューシュコの町でねずみのウーさんたちとくらすくつやのおじさんの家にきたおねえさんのドーラおばさんがつれていたおうむ 「ねずみのウーくん」 マリー・ホール・エッツ作 ; 田辺五十鈴訳 冨山房 1983年11月

ホリイ
ひろい果樹園のすみっこにすんでいたはりねずみの一家のこども 「はりねずみのパーティ」 ロウエナ・ストット文 ; エディス・ホールデン絵 ; 恩地三保子訳 文化出版局 1980年12

ポリィ
ジャックのいもうと 「ジャックとまめのつる」 トニー・ロス作 ; 田村隆一訳 文化出版局 1981年7月

ボーリス
ふねからおちてうみにういていたねずみのエーモスをせなかにのせてアフリカのぞうげかいがんまではこんでやったくじら 「ねずみとくじら」 ウィリアム・スタイグ作 ; せたていじ訳 評論社(児童図書館・絵本の部屋) 1976年12月

ボリス
のうえんでのくらしがいやになったあるひほうせきをほりだしてかねもちになったのでまちでくらすことにしたぶたのだんなさん 「ぶたのしあわせ」 ヘレン・オクセンバリー作 ; 矢川澄子訳 文化出版局 1974年4月

ボリスおじさん
モグラのモードのたいくつしているおじさん 「モグラおじさんのたいくつたいじ」 マージョリー・ワインマン・シャーマット文 ; サミス・マックリーン絵 ; 池本佐恵子訳 国土社 1981年10

ぽる

ポール
あるばんベッドのなかでふたごのきょうだいのピーターともうじゅうがりのけいかくにむちゅうになったおとこのこ 「たんけんごっこ」 竹田裕子文;ルドルフ・ルケシュ絵 岩崎書店(世界の絵本2) 1976年1月

ポール
くまのヌーヌーやニコラとマリーの友だちでいなかの馬車のうちにすんでいる男の子 「くまのヌーヌーいなかへいく」 クロード・レイデュ文;ポール・デュラン絵;木村庄三郎訳 講談社(世界の絵本フランス) 1971年10月

ポール
くまのヌーヌーやニコラとマリーの友だちでいなかの馬車のうちにすんでいる男の子 「くまのヌーヌー海へいく」 クロード・レイデュ文;ポール・デュラン絵;木村庄三郎訳 講談社(世界の絵本フランス) 1971年10月

ポール
クリスマス・イブのたんじょうびにとびきりすてきなパーティーをひらいたおとこのこ 「ポールのクリスマス・イブ」 キャロル・キャリック作;ドナルド・キャリック絵;多田ひろみ訳 佑学社(アメリカ創作絵本シリーズ10) 1979年11月

ボルカ
ある日ふかい谷のそこにある月のみずうみをみつけ宝石をもちかえったひつじかいの少年 「月のみずうみ」 イワン・ガンチェフ作・絵;岡しのぶ訳 偕成社 1982年5月

ポルカ
ま冬に森の穴のなかで生まれた子ぐま 「くまのブウル」 リダ文;ロジャンコフスキー絵;いしいももこ、おおむらゆりこ訳 福音館書店(世界傑作絵本シリーズ24) 1965年2月

ボルケ
ぶたのワルデマールのところにきたおきゃくさんのこひつじ 「ぼくたちなかよし おきゃくさま」 ヘルメ・ハイネ作・絵;佐々木元訳 フレーベル館 1985年11月

ポルコ
シルデックの町のおまわりさん 「いたずらっ子とおまわりさん」 P.バイスマン作;D.ズイラッフ画;桂芳樹訳 小学館(世界の創作童話5) 1979年7月

ボルテおばさん
いたずらっこのマックスとモーリッツにニワトリをころされたおばさん 「マックスとモーリッツ」 ヴィルヘルム・ブッシュ作;佐々木田鶴子訳 ほるぷ出版(ほるぷクラシック絵本) 1986年1月

ボルテおばさん
いたずらっ子マクスとモーリツにかっていたニワトリたちを首つりにされたやもめぐらしのおばさん 「マクスとモーリツのいたずら」 ヴィルヘルム・ブッシュ文・絵;上田真而子訳 岩波書店 1986年4月

ホールファグレ
スウェーデンのげんしじんヘーデンホスおやこのうま 「エジプトりょこう」 バッティル・アルムクビスト絵・文;やまのうちきよこ訳 徳間書店(げんしじんヘーデンホスシリーズ2) 1974年9月

ホールファグレ
スウェーデンのげんしじんヘーデンホスおやこのうま「げんしじんヘーデンホスおやこ」バッティル・アルムクビスト絵・文;やまのうちきよこ訳 徳間書店(げんしじんヘーデンホスシリーズ1) 1974年8月

ホールファグレ
スウェーデンのげんしじんヘーデンホスおやこのうま「マジョルカりょこう」バッティル・アルムクビスト絵・文;やまのうちきよこ訳 徳間書店(げんしじんヘーデンホスシリーズ7) 1974年11月

ホールファグレカー
スウェーデンのげんしじんヘーデンホスおやこのうま「アメリカりょこう」バッティル・アルムクビスト絵・文;やまのうちきよこ訳 徳間書店(げんしじんヘーデンホスシリーズ5) 1974年10月

ホレイショ
ひとりぼっちでさびしくてみなみのくにからたずねてきたライオンのレオポルドとともだちになったおばけ「レオポルドおばけにあう」ラルス・トリアー絵・文;すぎやまじゅんこ訳 らくだ出版(デンマークのえほん1) 1977年5月

ホレイショ
ライオンのレオポルドといっしょにおんがくをきかせるたびをつづけてふるいおしろへいったおばけ「レオポルドたびにでる」ラルス・トリアー絵・文;すぎやまじゅんこ訳 らくだ出版(デンマークのえほん2) 1977年6月

ホレーショ
ジャングルの川をでてまちへいきピアニストのピゼッティさんといっしょにえんそうしてにんきものになったかば「まちへいったかばのホレーショ」マイケル・フォアマン作・絵;竹村美智子訳 佑学社(ヨーロッパ創作絵本シリーズ3) 1978年3月

ホレーナ
おっとをなくしたやもめのこどもでいもうとのマルーシカばかりはたらかせていちにちじゅうあそんでくらしていたみにくいむすめ「12のつきのおくりもの-スロバキア民話」内田莉莎子再話;丸木俊画 福音館書店 1971年12月

ホワイティ
ちゃいろのもようのうさぎのブラウンさんのこどもたちのなかでひとりだけまっしろだったこうさぎ「おかえりなさいスポッティ」マーグレット・E.レイ文;H.A.レイ絵;中川健蔵訳 文化出版局 1984年9月

ホワイトはかせ
おにくがこうぶつなショクチュウショクブツのガブリエリザちゃんをつかまえてもってかえったショクブツがくしゃ「ガブリエリザちゃん」H.A.レイ作;今江祥智訳 文化出版局 1982年11月

ポワンチュ
のうじょうのにわとりをとろうとしてやってきたきつねのトルースをはりでさしてやっつけたはりねずみ「はりねずみポワンチュのおてがら」J.ボダル作;CH.サランビエ絵;黒木義典訳;板谷和雄文 ブック・ローン出版(ファランドールえほん8) 1981年1月

ほんき

ホン・ギルドン（ギルドン）
朝鮮のくにがまだ李朝じだいとよばれていたなん百ねんもむかしにいたうまれつきふしぎなちからがそなわったおとこのこ「洪吉童（ほんぎるどん）」洪永佑文・絵　朝鮮青年社（朝鮮名作絵本シリーズ1）1982年10月

ぽんく
たっぷすおばあさんといぬのぱんくとぶたのぴんくといっしょにいえからおいだされることになったあひる「もりのおばあさん」ヒュウ・ロフティング文；光吉夏弥訳；横山隆一絵　岩波書店（岩波の子どもの本）1954年9月

ボーンさん
ぎょせんのせんちょうさんのとら「ディンゴはじどうしゃがだいすき」リチャード・スキャリー作；國眼隆一訳　ブックローン出版（スキャリーおじさんのどうぶつえほん13）1982年5月

ボーンさん
ぎょせんのせんちょうさんのとら「ねこあかちゃんのたんじょうび」リチャード・スキャリー作；國眼隆一訳　ブックローン出版（スキャリーおじさんのどうぶつえほん12）1984年8月

ボーンさん
ぎょせんのせんちょうさんのとら「ゆかいなゆかいなあわてんぼう」リチャード・スキャリー作；國眼隆一訳　ブックローン出版（スキャリーおじさんのどうぶつえほん7）1980年1月

ホンツァ
もりのおくのおおきなぬまのきしにあったすいしゃごやにすんでいたむすめのマンヤにけっこんをもうしこんだわかもの「ぬまのかいぶつボドニック」シュテパン・ツァオレル作；藤田圭雄訳　ほるぷ出版　1978年7月

ポンド族　ぽんどぞく
アフリカの部族の人びと「絵本アフリカの人びと-26部族のくらし」レオ・ディロン；ダイアン・ディロン絵；マーガレット・マスグローブ文；西江雅之訳　偕成社　1982年1月

ボンドラートシェクさん
イグラウのまちのどうぶつえんのえんちょうさんでちびわにくんをどうぶつえんのなかまにしてやったひと「わにくんイグラウへいく」ヤーノシュ作；楠田枝里子訳　文化出版局　1979年6月

【ま】

マイク
ふるい鉱山からすてられたじゃりをはこぶちんまり鉄道の三だいの小さな機関車の一だい「小さな機関車たち」ウィルバート・オードリー作；ガンバー・エドワーズ；ピーター・エドワーズ絵；桑原三郎；清水周裕訳　ポプラ社（汽車のえほん22）1980年11月

マイク・マリガン
きれいなあかいスチーム・ショベルのメアリ・アンをもっていたおとこのひと「マイク・マリガンとスチーム・ショベル」バージニア・リー・バートン文・絵；いしいももこ訳　福音館書店（世界傑作絵本シリーズ・アメリカの絵本）1978年4月

マイクル
シューシュコの町でねずみのウーさんと犬のロディゴとねこのミーオラといっしょにくらしていたくつやのおじさん 「ねずみのウーくん」 マリー・ホール・エッツ作;田辺五十鈴訳 冨山房 1983年11月

マイケル
毎日目をさますと鳥のかたちのふくをきてひとりでしずかないなかぐらしをしていた少年 「鳥少年マイケル」 トミー・デ・パオラ作;湯浅フミエ訳 ほるぷ出版 1983年9月

マイケルさん
ボストンのチャールズがわのきしからどうろをよこぎってまちのこうえんにいこうとしたかものマラードおくさんとこどもたちのためにじどうしゃをとめてあげたおまわりさん 「かもさんおとおり」 ロバート・マックロスキー文・絵;わたなべしげお訳 福音館書店 1965年5月

まいまいくん
えかきさんにたのんでじぶんのからにてんてんのもようをかいてもらったかたつむり 「もようをつけたかたつむり」 オルガ・プロセンク作・絵;寺村輝夫文 学習研究社(国際版せかいのえほん14) 1984年1月

まいまいくん
きれいなもようがついているちょうやてんとうむしがうらやましくてじぶんももようがほしいなあとおもったかたつむり 「もようをつけたかたつむり」 オルガ・プロセンク作・絵;寺村輝夫文 学習研究社(国際版せかいのえほん5) 1984年1月

マイロス
アニカのおとうさんとおかあさんがまきばでかっているめうし 「おりこうなアニカ」 エルサ・ベスコフ作・絵;いしいとしこ訳 福音館書店(世界傑作絵本シリーズ・スウェーデンの絵本) 1985年5月

マウスキン
オコジョにつかまえられたところをゆうかんなスズメにたすけられたシロアシネズミ 「ねずみのマウスキンとゆうかんなスズメ」 エドナ・ミラー作;今泉吉晴訳 さ・え・ら書房 1980年3月

マウスキン
すからにげだすとちゅうでおかあさんネズミやほかの子ネズミたちからとりのこされてしまったシロアシネズミの子 「ねずみのマウスキンと森のたんじょう日」 エドナ・ミラー作;今泉吉晴訳 さ・え・ら書房 1980年3月

マウスキン
つよいかぜがふいてリンゴの木の上のいえからゆきの上におちてしまったシロアシネズミ 「ねずみのマウスキンとふゆのぼうけん」 エドナ・ミラー作;今泉吉晴訳 さ・え・ら書房 1980年2月

マウスキン
ハロウィーンのおまつりのあとですてられていたカボチャちょうちんをねどこにした小さなシロアシネズミ 「ねずみのマウスキンときんいろのいえ」 エドナ・ミラー作;今泉吉晴訳 さ・え・ら書房 1980年1月

まうり

マウリ
リゼッテおばあちゃんがかっていたどうぶつたちのなかの一ぴきのねこ 「たんじょうび」 ハンス・フィッシャー文・絵；おおつかゆうぞう訳 福音館書店（世界傑作絵本シリーズ・スイスの絵本） 1965年10月

マウルス
スイスのたかい山のなかの村のヤギたちをあずかってまいあさ山の牧場へつれていくヤギかいの少年 「マウルスと三びきのヤギ」 アロワ・カリジェ文・絵；大塚勇三訳 岩波書店 1969年11月

マウルス
スイスの高い山のなかのベラヴァルダ村からいとこのマドライナのすむ大都会の町までひとりで大きい雪原をわたっていった男の子 「マウルスとマドライナ」 アロワ・カリジェ文・絵；大塚勇三訳 岩波書店 1976年5月

マーガレット・バーンステイブル
おほしさまにねがいをかなえてもらいじぶんのなまえがついたおふねマギーBにおとうとのジェームスをのせてうみにでたおんなのこ 「わたしのおふねマギーB」 アイリーン・ハース作・絵；うちだりさこ訳 福音館書店 1976年7月

マギー
ふるぼけたバスを家にしてママとパパと川べりにすみだいすきなコオロギのニキをかっていた女の子 「マギーとかいぞく」 エズラ・ジャック・キーツ作；木島始訳 ほるぷ出版 1982年9月

マクス
モーリツといっしょに村じゅうでいたずらばかりしていた子ども 「マクスとモーリツのいたずら」 ヴィルヘルム・ブッシュ文・絵；上田真而子訳 岩波書店 1986年4月

マクス
百姓のクラースさんのいえにやってきたのに年とった馬のフロリアンにしらんふりしていたわかくて力もちのあかいトラクター 「こんにちはトラクター・マクスくん」 ビネッテ・シュレーダー文・絵；矢川澄子訳 岩波書店 1973年12月

マクナイマ
太陽にだきしめられてみごもったティオーナがうんだふたごのむすこのひとり 「太陽の子どもたち」 ジャン・カルー文；レオ・ディロン；ダイアン・ディロン画；渡辺茂男訳 ほるぷ出版 1982年2月

マグノリアおじさん
くつがかたっぽしかないおじさん 「マグノリアおじさん」 クエンティン・ブレイク作・絵；谷川俊太郎詩 佑学社 1984年11月

マクハミッシュ
いたずらカメレオンのクロードがいる森にスコットランドからタータンチェックのふくをきてやってきたたんけんか 「いたずらクロードのへんしん」 エドワード・マクラクラン文・絵；谷本誠剛訳 国土社 1980年9月

マクフェせんちょう
チムとなかよしのせんちょう「チムとゆうかんなせんちょうさん」エドワード・アーディゾーニ文・絵;せたていじ訳　福音館書店(世界傑作絵本シリーズ・イギリスの絵本) 1963年6月

マクフェせんちょう
ふなのりになりたいチムをボーイにしてながいこうかいにつれていってくれたなかよしのせんちょう「チムともだちをたすける」エドワード・アーディゾーニ文・絵;瀬田貞二訳　福音館書店(世界傑作絵本シリーズ・イギリスの絵本) 1979年6月

マクブラッケンはくしゃくふさい
おしろにやってきたマンモスときょうりゅうをおきゃくにむかえたスコットランドのダンマウジーじょうのはくしゃくふさい「おしろのすきなかいじゅうたち」ロビン・ワイルド;ジョセリン・ワイルド作・絵;あしのあき訳　佑学社(ヨーロッパ創作絵本シリーズ13) 1978年7月

マグレガーさん
うさぎのピーターがやさいをたべにいくはたけをもっているおひゃくしょう「ピーターラビットのおはなし」ビアトリクス・ポター作・絵;いしいももこ訳　福音館書店(ピーターラビットの絵本1) 1971年11月

マグレガーさん
うさぎのピーターがやさいをたべにいくはたけをもっているおひゃくしょう「ベンジャミン・バニーのおはなし」ビアトリクス・ポター作・絵;いしいももこ訳　福音館書店(ピーターラビットの絵本2) 1971年11月

マグレガーさん
はたけでねむっていたフロプシーのこどものうさぎたちをふくろにいれたおひゃくしょう「フロプシーのこどもたち」ビアトリクス・ポター作・絵;いしいももこ訳　福音館書店(ピーターラビットの絵本3) 1971年11月

マーサ
まちのごみすてばをでてきらきらひかるえいがかんにかけこみそこではたらくダンというひととともだちになったねずみ「やどなしねずみのマーサ」アーノルド・ローベル作;三木卓訳　文化出版局 1975年7月

マーサ
メアリーがひきとられたイギリスのヨークシャーのおじさまの古い大きな屋敷で働いている若いお手伝い「ひみつの花園」バーネット原作;市川ジュン著　集英社(ファンタジー・メルヘン) 1983年7月

マサイ族　まさいぞく
アフリカの部族の人びと「絵本アフリカの人びと-26部族のくらし」レオ・ディロン;ダイアン・ディロン絵;マーガレット・マスグローブ文;西江雅之訳　偕成社 1982年1月

マーシャ
あるくににせめてきたいじわるおうにとらえられてろうやにいれられたあきのめがみのむすめ「四人のこびと」パウストフスキー作;サゾーノフ絵;宮川やすえ訳　岩崎書店(母と子の絵本36) 1977年4月

ましや

マーシャ
ねむれないよるにじぶんのベッドがいやになってへやのそとへでていっていぬごややとりごやでねようとしたおんなのこ「マーシャよるのおさんぽ」ガリーナ・レーベジェワ作；みやしたひろこ訳　新読書社　1983年12月

マーシャ
まっしろなとりたちにさらわれたおとうとのワーニャをさがしてババヤガーのうちまでいったむすめ「ババヤガーのしろいとり-ロシア民話」内田莉莎子再話；佐藤忠良画　福音館書店　1973年11月

マーシャ
むらのおんなのこたちともりへきのこやいちごをとりにいってくまにつかまってしまったおんなのこ「マーシャとくま」E.ラチョフ絵；M.ブラトフ再話；うちだりさこ訳　福音館書店（世界傑作絵本シリーズ・ソビエトの絵本）　1963年5月

マーシャ
川に水をくみにでかけたときに足もとにりんごがひとつころがっただけなのにおおかみにかみつかれたかとおもったおんなのこ「りんごころりん-ロシア民話」パホーモフ絵；宮川やすえ再話　岩崎書店（母と子の絵本4）　1973年3月

マシャボアヌさん
きんのつのをもったやぎのグリゼットやなかまのやぎたちのかいぬしののうじょうぬし「きんのつのをもったやぎ」アンリ・コルネリュス作；エリザベト・イバノブスキ絵；黒木義典訳；板谷和雄文　ブック・ローン出版（ファランドールえほん11）　1981年1月

マシュー
きしゃがすきなおとこのこでよるそっとおきてこしょうしたきしゃをなおそうとしたこ「ぼくのきしゃ」デーヴィッド・マクフェイル作・絵；三木卓訳　佑学社（アメリカ創作絵本シリーズ22）　1981年9月

魔術師　まじゅつし
むかしポーランドのクラコフにいたひとりのすぐれた魔術師「月へいった魔術師」クリスチーナ・トゥルスカ作；矢川澄子訳　評論社（児童図書館・絵本の部屋）　1978年12月

魔術師　まじゅつし
ライン川を見おろす城に住んでいた老魔術師「魔術師の弟子」バーバラ・ヘイズン文；トミー・ウンゲラー絵；たむらりゅういち；あそうくみ訳　評論社（児童図書館・絵本の部屋）　1977年12月

まじょ
てんかいちのきりょうよしのむすめのラプンツェルをもりのおくのとうにとじこめたまじょ「ながいかみのラプンツェル-グリム童話」フェリクス・ホフマン絵；せたていじ訳　福音館書店（世界傑作絵本シリーズ）　1970年4月

魔女　まじょ
うつくしい女の子ラプンツェルを森のなかの塔にとじこめた魔女「ラプンツェル」バーナディット・ワッツ絵；相良守峯訳　岩波書店　1985年7月

魔女　まじょ
まいばんみるおそろしい夢にくるしめられていた若者に悪魔からのがれるひみつをおしえてやった魔女　「夢になったわかもの」　ハーヴ・ツェマック文；マーゴット・ツェマック画；木庭茂夫訳　冨山房　1975年12月

魔女　まじょ
森のおくにすんでいてよるになるとつきやちきゅうへとんできた魔女たち　「魔女たちの朝」　エドリアン・アダムズ文・絵；奥田継夫訳　アリス館牧新社　1980年2月

魔女　まじょ
太郎と次郎とちび三郎の3人きょうだいがあそびにいった森のなかの小屋にすんでいた子どもをたべる魔女　「ちび三郎と魔女-トルコむかしばなし」　バーバラ・ウォーカー文；マイケル・フォアマン絵；瀬田貞二訳　評論社（児童図書館・絵本の部屋）　1979年10月

マス
グリーンランドのイカミウットの町に住む男の子で六歳の誕生日にそり犬の小犬をもらってミラリク（黒白半々）というなまえをつけた子　「マスとミラリク-グリーンランドの絵本」　スベン・オットー作；奥田継夫，木村由利子訳　評論社（児童図書館・絵本の部屋）　1979年12月

マスおじさん
イギリスのパグナムモスという村のゆうびんやさんでヘリコプターにのって空からゆうびんをはいたつしてまわるおじさん　「空とぶゆうびんやさん」　バイオレット・ドラモンド文・絵；白木茂訳　講談社（世界の絵本イギリス）　1972年6月

マスクマン
おじいちゃんのところへチョコレートケーキをとどけるおつかいのたびにでた子どもたちのまえにあらわれたごうとう　「ねらわれたチョコレートケーキ」　デビッド・マクフェイル文・絵；吉田新一訳　国土社　1980年11月

マスターさん
かぜがなおったどうぶつえんのどうぶつたちをバスにのせてうみへつれていってやったしいくがかりのおとこのひと　「どうぶつえんのピクニック」　アーノルド・ロベル文・絵；舟崎克彦訳　岩波書店　1978年11月

マセルボーム王子　ませるぼーむおうじ
ピックル＝パイが大すきな王さまの国のおひめさまのけっこんあいてにえらばれた三人の王子さまのひとり　「王さまのすきなピックル＝パイ」　ジョリー・ロジャー・ブラッドフィールド文；飯沢匡訳　講談社（世界の絵本アメリカ）　1971年4月

マダム・ヒッポ
アフリカの真ん中にある小さな村のまわりを流れていた川の水を飲み干してしまったという大きなカバ　「ヌング少年とマダムヒッポのお話」　バベット・コール作；兼高かおる訳　CBS・ソニー出版　1979年4月

マチアス
ちいさくて雪のようにまっしろなおじょうさん機関車をつくったちびの発明家　「ラ・タ・タ・タム-ちいさな機関車のふしぎな物語」　ペーター・ニクル文；ビネッテ・シュレーダー絵；矢川澄子文　岩波書店　1975年7月

まちる

マチルド
風が強い日に弟のマーチンと風がどこからくるのかさがしにいった女の子 「かぜ」イブン・スパン・オルセン作;木村由利子訳 文化出版局 1980年12月

マーチン
キオスクおばさんと友達になった6人の子供たちのひとり「キオスクおばさんのひみつ」イブ・スパン・オルセン作;木村由利子訳 文化出版局 1979年1月

マーチン
ネコがたくさんいる横丁のとなりのマンションにひっこしてきたきょうだいと友だちになった男の子 「ネコ横丁」イブ・スパン・オルセン作;木村由利子訳 文化出版局 1980年2月

マーチン
ママがあかちゃんにかかりっきりだったのでトランクににもつをつめてへんそうをしてとおいところへいきたかったおとこのこ 「とおいところへいきたいな」モーリス・センダック作;神宮輝夫訳 冨山房 1978年11月

マーチン
風が強い日に姉のマチルドと風がどこからくるのかさがしにいった男の子 「かぜ」イブン・スパン・オルセン作;木村由利子訳 文化出版局 1980年12月

マッチうりの少女(女の子) まっうりのしょうじょ(おんなのこ)
雪がふっていた大みそかの夕方にまちの通りをはだしで歩いていたマッチうりの小さな女の子 「マッチうりの少女」アンデルセン作;山室静訳;渡辺藤一絵 小学館(世界のメルヘン絵本6) 1978年2月

マック
イグナといっしょにもりへさんぽにでかけたねこ 「あしたはわたしのたんじょうび」ガンチェフ作・絵;佐々木田鶴子訳 偕成社 1982年6月

マックス
あるばんおおかみのぬいぐるみをきてふねにのってかいじゅうたちのいるところへいったおとこのこ 「かいじゅうたちのいるところ」モーリス・センダック作;神宮輝夫訳 冨山房 1975年12月

マックス
おふねにのっておばけのくにへいったぼうや 「いるいる おばけがすんでいる」モーリス・センダーク原作・画;ウエザヒル翻訳委員会訳 ウエザヒル出版社 1966年5月

マックス
きたのおかにすんでいためぎつねからうまれてひとりだちしたげんきもののきつね 「おおきくなれ きつねさん」マーガレット・レーン作;ケネス・リリー絵;高橋健文 学習研究社(学研の傑作絵本) 1983年7月

マックス
こいぬにだいすきなクッキーをとられてなきだしたおとこのこ 「マックスのクッキー」バルブロ・リンドグレン作;エヴァ・エリクソン絵;おのでらゆりこ訳 佑学社 1982年10月

マックス
ぬいぐるみのくまちゃんをおまるのなかにほうりなげたおとこのこ 「マックスのくまちゃん」 バルブロ・リンドグレン作；エヴァ・エリクソン絵；おのでらゆりこ訳　佑学社　1982年10月

マックス
ねずみのおんなのこセレスティーヌのうちのクリスマス・パーティーによばれてきたいとこのねずみ 「セレスティーヌのクリスマス」 ガブリエル・バンサン作；森比左志訳　ブックローン出版（くまのアーネストおじさんシリーズ）　1983年11月

マックス
モーリッツとふたりでむらのひとたちにしょっちゅうわるさをはたらいてはこまらせたいたずららっこ 「マックスとモーリッツ」 ヴィルヘルム・ブッシュ作；佐々木田鶴子訳　ほるぷ出版（ほるぷクラシック絵本）　1986年1月

マックス
リーザとおもちゃのじどうしゃのとりあいっこをしたおとこのこ 「マックスのじどうしゃ」 バルブロ・リンドグレン作；エヴァ・エリクソン絵；おのでらゆりこ訳　佑学社　1982年10月

マックフィーせんちょう
あたらしいふねクラリベルごうにチムとジンジャーをのせてくれたせんちょうさん 「チムふねをすくう」 エドワード・アーディゾーニ作・絵；渡辺茂男訳　瑞木書房　1982年8月

まっくろネリノ
あんまりまっくろだからいろんないろしたきれいなにいさんたちにあそんでもらえないことり 「まっくろネリノ」 ヘルガ・ガルラー作；矢川澄子訳　偕成社　1973年7月

マッチうりのしょうじょ（おんなのこ）
あしたはもうおしょうがつというばんにゆきがふっているというのにまちのとおりをはだしであるいていたマッチうりのおんなのこ 「マッチうりのしょうじょ」 アンデルセン原作；竹崎有斐案；初山滋画　福音館書店　1956年1月

マッチうりのしょうじょ（おんなのこ）
ゆきがふっている一ねんのいちばんおしまいのひにぼうしもかぶらないではだしであるいていたマッチうりのおんなのこ 「マッチうりのしょうじょ」 アンデルセン原作；馬場正男文；菊池貞雄；浦田又治絵　ポプラ社（オールカラー名作絵本8）　1983年2月

マッチ売りの少女（少女）　まっちうりのしょうじょ（しょうじょ）
寒い寒い大みそかの夕方にはだしのままで通りを歩いてマッチを売っていた少女 「マッチ売りの少女」 H.C.アンデルセン作；G.ルモワーヌ絵；吉原幸子訳　文化出版局　1980年12月

マット
ピーターのいもうとのレナのつぎにうまれたあかちゃんのおとうと 「ぼくのあかちゃん」 リンドグレーン作；ヴィークランド絵；いしいみつる訳　ぬぷん児童図書出版（ぬぷん絵本シリーズ1）　1982年3月

マットリー王妃　まっとりーおうひ
人びとへのほどこしをやめようとしなかったのでチェットドン王国からついほうされたプラウェートサンドーン王とともにヒマラヤの森へいった王妃 「おしゃかさまものがたり-タイの民話」 パニヤ・チャイヤカム絵；いわきゆうじろう訳　ほるぷ出版　1982年11月

まてい

マティアス
五つになりひとりですむおうちがほしくなってへやの中におうちをたてようとしてみんなにおこられた男の子 「ぼくのつくった家」 イングル・サンドベルイ文;ラッセ・サンドベルイ絵;鈴木徹郎訳 講談社(世界の絵本スウェーデン) 1972年2月

マティアス
大きいおにいさんとおねえさんがいるちっちゃな男の子で自動車を見たり自動車であそぶのが大すきな子 「ちびくんと100台の自動車」 イングル・サンドベルイ文;ラッセ・サンドベルイ絵;鈴木徹郎訳 講談社(世界の絵本スウェーデン) 1972年1月

マディケン
六月が丘の家にすむ女の子、リサベットのおねえさん 「マディケンとリサベット」 アストリッド・リンドグレーン作;イロン・ヴィークランド絵;いしいとしこ訳 篠崎書林 1986年1月

マティルダ
ブラウンさんの農場でくらしていたぶたのピグウィグが恋をした気ぐらいの高いぶた 「ぶたのピグウィグ」 ジョン・ダイク作;八木田宜子訳 文化出版局 1980年12月

マーティン
おとうとのヘンリーにばかみたいなあそびをむりにやらせたりしていばっているにいちゃん 「マーティンより大きく」 スティーブン・ケロッグ作;内田莉莎子訳 ほるぷ出版 1979年6月

マテオくん
ラッパふきになりたいとおもっていたちびのこ 「ちいさなよるのおんがくかい」 リブシェ・パレチコバー作;ヨゼフ・パレチェック絵;竹下文子訳 フレーベル館 1981年11月

マーテル
まほうつかいのメルリックのいもうとでもりのおくのじめんのしたにすんでいるまほうつかい 「まほうつかいとドラゴン」 デイビッド・マッキー文・絵;安西徹雄訳 アリス館牧新社 1981年2月

マーテル
まほうつかいのメルリックのいもうとでもりのおくのじめんのしたにすんでいるまほうつかい 「まほうつかいのまほうくらべ」 デイビッド・マッキー文・絵;安西徹雄訳 アリス館牧新社 1978年4月

マーテル
まほうつかいのメルリックのいもうとでもりのおくのじめんのしたにすんでいるまほうつかい 「まほうをわすれたまほうつかい」 デイビッド・マッキー文・絵;安西徹雄訳 アリス館牧新社 1976年11月

までろん
まりーちゃんとなかよしのあひる 「まりーちゃんとおおあめ」 フランソワーズ文・絵;木島始訳 福音館書店(世界傑作絵本シリーズ・アメリカの絵本) 1968年6月

マトウ
やまみちでたびびとにうまをとられてこまってしまってもぐりこんだほらあなで3びきのけものたちのないしょばなしをきいたわかもの 「けものたちのないしょばなし-アフガニスタンのはなし」 君島久子文;谷川彰絵 コーキ出版(絵本ファンタジア2) 1977年4月

マドライナ
スイスの高い山のなかのベラヴァルダ村でヤギたちのせわをしているマウルスという男の子を町によんだいとこの女の子 「マウルスとマドライナ」 アロワ・カリジェ文・絵;大塚勇三訳 岩波書店 1976年5月

マトリョーシカちゃん
さみしくなっておきゃくさんをよぶことにしたおにんぎょう 「マトリョーシカちゃん」 ヴェ・ヴィクトロフ;イ・ベロポーリスカヤ原作;加古里子文・絵 福音館書店 1984年12月

マドレーヌ
パリのふるいやしきにくらしていた12にんのおんなのこたちのなかでいちばんおちびさんのおんなのこ 「げんきなマドレーヌ」 ルドウィッヒ・ベーメルマンス作・画;瀬田貞二訳 福音館書店(世界傑作絵本シリーズ・アメリカの絵本) 1972年11月

マドレーヌ
パリのふるいやしきにくらしていた12にんのおんなのこのなかでいちばんおちびさんのおんなのこ 「マドレーヌといたずらっこ」 ルドウィッヒ・ベーメルマンス作・画;瀬田貞二訳 福音館書店(世界傑作絵本シリーズ・アメリカの絵本) 1973年5月

マドレーヌ
パリのふるいやしきにくらしていた12にんのおんなのこのなかでいちばんおちびさんのおんなのこ 「マドレーヌといぬ」 ルドウィッヒ・ベーメルマンス作・画;瀬田貞二訳 福音館書店(世界傑作絵本シリーズ・アメリカの絵本) 1973年5月

マドレーヌ
パリのふるいやしきにくらしていた12にんのおんなのこのなかでいちばんおちびさんのおんなのこ 「マドレーヌとジプシー」 ルドウィッヒ・ベーメルマンス作・画;瀬田貞二訳 福音館書店(世界傑作絵本シリーズ・アメリカの絵本) 1973年5月

マービ
しろいこうまのジッポをおおがねもちのむすめパガイナのところからにがしてやったやさしいうまばんのしょうねん 「白いこうま」 ラジスラフ・ドゥボルスキー文;赤松俊久子訳;カレル・フランタ絵 岩崎書店(世界の絵本6) 1976年1月

マーフィー
ビジー町のけいかんのいぬ 「スカーリーおじさんの はたらく人たち」 リチャード・スカーリー文;稲垣達朗訳 評論社(児童図書館・絵本の部屋) 1982年6月

マーフィじゅんさ
ビジータウンのいぬのじゅんさ 「おしゃべりおばけパン」 リチャード・スキャリー作;國眼隆一訳 ブック・ローン出版(スキャリーおじさんのどうぶつえほん13) 1984年8月

マーフィじゅんさ
ビジータウンのいぬのじゅんさ 「サンタさんのいそがしい1にち」 リチャード・スキャリー作;國眼隆一訳 ブック・ローン出版(スキャリーおじさんのどうぶつえほん15) 1984年8月

マーフィじゅんさ
ビジータウンのいぬのじゅんさ 「しっぱいしっぱいまたしっぱい」 リチャード・スキャリー作;國眼隆一訳 ブック・ローン出版(スキャリーおじさんのどうぶつえほん8) 1980年1月

まふう

マブウ
アフリカのむらびとたちにおこってきたのくにへいったたいようをライオンのこポゴとさがしにいったおとこのこ 「マブウとたいよう」 三浦幸子絵;レスリー・ゲルティンガー作 福武書店 1983年10月

まほうつかい
アラジンというこをだましてほらあなにはいらせてまほうのランプをとりにいかせたアラビアのまほうつかい 「アラジンとまほうのランプ」 山本忠敬画;新谷峰子文 ひかりのくに(世界名作えほん全集15) 1966年1月

まほうつかい
アラジンというわかものをだましてたにまのあなぐらのおくにまほうのランプをとりにいかせたわるいまほうつかい 「アラジンとまほうのランプ-アラビアン・ナイトより」 岩崎京子文;市川恒夫絵 世界出版社(ABCブック) 1967年1月

まほうつかい
アラジンをだましてほらあなのおくにあるまほうのランプをとりにいかせたアフリカのまほうつかい 「アラジンとまほうのランプーせかいのはなし(アラビア)」 山主敏子文;宇田川佑子絵 コーキ出版(絵本ファンタジア34) 1979年6月

まほうつかい
ある日ケチンボさんのいえにやってきたちょっとふとったまほうつかい 「ケチンボさん」 ロジャー・ハーグレーヴス作;たむらりゅういち訳 評論社(みすた・ぶっくす24) 1985年12月

まほうつかい
うつくしいしょうじょのラプンゼルをもりのなかのたかいとうにとじこめたまほうつかい 「ラプンゼル」 ベラ・サウスゲイト再話;エリック・ウインター絵;秋晴二,敷地松二郎訳編 アドアンゲン 1974年6月

まほうつかい
うつくしいラプンツェルをもりのおくの塔にとじこめたまほうつかいのおばあさん 「ラプンツェル」 グリム原作;バーナデット・ワッツ文・絵;大島かおり訳 佑学社(ヨーロッパ創作絵本シリーズ24) 1979年2月

まほうつかい
とってもしりたがりやのかめをせなかにのせてそらへつれていったあおさぎにばけたまほうつかい 「かめのこうらにはなぜひびがあるの-ブラジルのはなし」 石堂清倫文;赤星亮衛絵 コーキ出版(絵本ファンタジア3) 1977年8月

まほうつかい
むかしいろというものがなくほとんどがはいいろだったときにまほうのくすりをかきまぜてあおやきいろやいろんないろをつくったまほうつかい 「いろいろへんないろのはじまり」 アーノルド・ローベル作;牧田松子訳 冨山房 1975年3月

まほう使い　まほうつかい
ダドーン王の国のすぐとなりのくらやみ山にすんでいたとてもわるいまほう使い 「金のニワトリ」 エレーヌ・ポガニー文;ウイリー・ポガニー絵;光吉夏弥訳 岩波書店(岩波の子どもの本) 1954年4月

魔法つかい　まほうつかい
ねずみのアクティルとアーニィのじてんしゃをまじないでピッカピカのさいしんしきにしてくれた魔法つかい「ロケットじてんしゃのぼうけん」インガ・モーア作・絵;すぎもとよしこ訳　らくだ出版　1983年11月

魔法使い　まほうつかい
アラジンという貧乏なわかものをだまして地の底へおりていかせて魔法のランプを手にいれようとしたアフリカの魔法使い「アラジンと魔法のランプ」ルジェック・クビシタ再話;イージー・ビェホウネク絵;井口百合香訳　佑学社(世界の名作童話シリーズ)　1978年2月

魔法使い　まほうつかい
ちびの男の子オーレがオオカミの王様につれられていった青いガラスの家にいた魔法使いの老人「冬のオーレ」ベッティーナ・アンゾルゲ作;とおやまあきこ訳　福武書店　1983年10月

魔法使い　まほうつかい
美しい女の子ラプンツェルをいばらにかこまれた高い塔にとじこめた魔法使い「ラプンツェル-グリム童話より」バーバラ・ロガスキー再話;トリナ・シャート・ハイマン絵;大庭みな子訳　ほるぷ出版　1985年6月

まほうつかいのおじいさん
あさからばんまでハクションばかりしているハクションくんがあったまほうつかいのおじいさん「ハクションくん」ロジャー・ハーグレーヴス作;たむらりゅういち訳　評論社(みすた・ぶっくす12)　1985年12月

まほうつかいのおばあさん
へいたいになんでもねがいをかなえてくれるまほうのひうちばこをとりあげられたまほうつかいのおばあさん「まほうのひうちばこ」H.C.アンデルセン原作;ウルフ・ロフグレン絵;木村由利子訳　フレーベル館　1983年6月

マホメット
570年アラビアのメッカという町に生まれアラーの神の予言者としてイスラム教をひろめて王となった人「イスラムの王子」キャロル・バーカー作;宮副裕子訳　ほるぷ出版　1979年3月

ママ
うちのなかにいろんなおばけがいるというおとこのこにそんなものいるはずないっていうママ「おばけなんかいないってさ」ジュディス・ボースト作;ケイ・コラオ絵;いしいみつる訳　ぬぷん児童図書出版(ぬぷん絵本シリーズ3)　1982年11月

ママ
ふつうのおとこのこのふしぎなママ「ママがもんだい」バベット・コール作;南本史訳　あかね書房(あかねせかいの本14)　1986年3月

ママヌルスおばさん
インディオのこどものホピとカティのともだちのくまのおばさん「モーブのはなをさがすホピとカティ」F.クレナル作;アンドリ絵;黒木義典訳;板谷和雄文　ブック・ローン出版(ファランドールえほん13)　1981年1月

ままは

まま母　ままはは
森にたき木をひろいにきたままむすめの母さん 「森は生きている 12月のものがたり」 マルシャーク作;エリョーミナ絵;斎藤公子編　青木書店(斎藤公子の保育絵本) 1986年12月

ままむすめ
まま母にたき木をひろってくるようにいわれて冬の森にきたままむすめ 「森は生きている 12月のものがたり」 マルシャーク作;エリョーミナ絵;斎藤公子編　青木書店(斎藤公子の保育絵本) 1986年12月

マーヤ
おとうさんにひよこのピーコをもらってからくろねこのケイトといぬのベースとあそんであげなくなったおんなのこ 「ピーコはすてきなおともだち」 メルセ・C.ゴンザレス作;アグスティ・A.サウリ絵;浜祥子文　学習研究社(国際版せかいのえほん22) 1985年1月

まよなかネコ
ローズおばあさんとイヌのジョン・ブラウンがふたりでくらすいえのそとにくるようになったまっくろけのネコ 「まっくろけのまよなかネコよおはいり」 J.ワグナー文;R.ブルックス絵;大岡信訳　岩波書店 1978年11月

マラードさん
すをつくるばしょをさがしておくさんといっしょにボストンのまちのすてきないけがあるこうえんにまいおりたかも 「かもさんおとおり」 ロバート・マックロスキー文・絵;わたなべしげお訳　福音館書店 1965年5月

マリー
いつもひとりぼっちでこころのなかのともだちとしゃぼんだまであそんでいたおんなのこ 「きえないでしゃぼんだま」 ルーク・コープマン作・絵;わたりむつこ文　エミール館 1979年11月

マリー
おおきなはこにはいっていたものをみんなきておばあさんみたいになったおんなのこ 「ぼくたちおばあちゃん」 グニラ・ボルデ作;たかむらきみこ訳　偕成社(トミーちゃんシリーズ) 1976年1月

マリー
おとなになったらコックさんになりたいおんなのこ 「おとなになったら…」 イワン・ガンチェフ作・.絵;間所ひさこ文　学習研究社(国際版せかいのえほん11) 1985年1月

マリー
かわいいぬいぐるみのこぐまのバンセスのもちぬし 「バンセスのクリスマス」 ヤン・モーエセン作・絵;矢崎節夫訳　フレーベル館 1984年11月

マリー
くまのヌーヌーといっしょに友だちのポールのうちのあるいなかへいった女の子 「くまのヌーヌーいなかへいく」 クロード・レイデュ文;ポール・デュラン絵;木村庄三郎訳　講談社(世界の絵本フランス) 1971年10月

まりあ

マリー
くまのヌーヌーとニコラと友だちのポールといっしょに海へいった女の子 「くまのヌーヌー海へいく」 クロード・レイデュ文;ポール・デュラン絵;木村庄三郎訳 講談社(世界の絵本フランス) 1971年10月

マリー
クリスマス・イブにかたいくるみをかみわってくれるくるみわりにんぎょうをもらったおんなのこ 「くるみわりにんぎょう」 ホフマン原作;金山美穂子文;司修絵 世界出版社(ABCブック) 1970年1月

マリー
ねむりのかみさまのおてつだいをして空からおりてきたくまのヌーヌーととこやさんごっこをした子ども 「くまのヌーヌーとこやへいく」 クロード・レイデュ文;ポール・デュラン絵;木村庄三郎訳 講談社(世界の絵本フランス) 1971年10月

マリー
学校へいくよりも森の中へいくほうがたのしくてある日森であったネコと毎日あうようになった女の子 「マリーと森のねこ」 ダニエル・ブール絵;ジャック・シェセックス文;山口智子訳 メルヘン社 1980年12月

マリア
かみさまのつかいであるてんしからかみの子イエスをみもごったとつげられたむすめ 「クリスマスのはじまり」 レイチェル・ビリントン作;バーバラ・ブラウン絵;太田愛人訳 佑学社 1983年11月

マリア
スペインのやまのなかのむらではちをかっていたおばあさんとくらしていたさんにんのまごむすめのひとり 「つきよのぱくんぱくん」 ウリセス・ウェンセル絵;わたりむつこ文 学習研究社(国際版せかいのえほん8) 1985年1月

マリア
だいくのヨセフのもうすぐあかちゃんがうまれるおくさん 「きよしこのよる」 チェレスティーノ・ピアッティ絵 日本基督教団出版局 1979年8月

マリア
にわのすみにおしやられていたひびのいったつぼをクリスマス・ピニャータ(クリスマスのつぼ)にしたおんなのこ 「クリスマスのつぼ」 ジャック・ケント作・絵;清水真砂子訳 ポプラ社(世界のほんやくえほん9) 1977年11月

マリア
ベツレヘムのちいさなうまごやでうまれたかみさまのこどもイエスのはは 「クリスマスってなあに」 ディック・ブルーナ作;舟崎靖子訳 講談社 1982年10月

マリア
耳がよく聞こえないのでかたほうの耳のうしろに補聴器をつけている女の子 「どこかちがうマリア」 リセロッテ・セルピーターセン作;木村由利子訳 偕成社 1979年8月

マリア
神からつかわされた天使ガブリエルのお告げにより救い主イエスを産んだおとめ 「クリスマス物語」 ヤン・ピアンコフスキー絵;小畑進訳 講談社(講談社の翻訳絵本) 1985年11月

まりあ

マリア
冬のあいだ小鬼どもに次から次へといたずらをされた谷間の村の一家のむすめ、ピーターのねえさん 「あくまっぱらい！」 ゲイル・E.ヘイリー作；芦野あき訳 ほるぷ出版 1980年5月

マリア・シヌクァン
むかしルソン島の中央平野にあったアラヤト山といううつくしい山をおさめていた女の神さま 「アラヤト山の女神-フィリピンの民話」 ヴィルヒリオ・S.アルマリオ再話；アルベルト・E.ガモス絵；あおきひさこ訳 ほるぷ出版 1982年11月

マリアじょおう
三にんのいもうとをさがしにでかけたイワンおうじがたびのとちゅうであってけっこんしたうつくしいじょおう 「マリアじょおう」 アレクサンドラ・アファナーシェフ録話；タチアーナ・マヴリナ絵；宮川やすえ再話 らくだ出版(世界の絵本シリーズ ソ連編5) 1975年2月

マリアン
漁師の老人が彫りあげた木の人形で船の守り神として小船のへさきにとりつけられていた人形 「マリアンの海」 フランス・ファン・アンローイ文；ヤープ・トウル絵；奥田継夫訳 アリス館 1986年3月

マリアンちゃん
おもちゃのようなふねにいぬのヤンやねこのピンたちをのせてかわをくだってちいさいしまにいったおんなのこ 「ピクニックにいかない？」 マグリット・ヘイマン作・絵；関根栄一文 エミール館 1979年11月

マリエット
きょうだいのスピールとブルーベリーつみにいったくまのおんなのこ 「ブルーベリーつみならまかせて」 イレーヌ・シュバルツ文；フレデリック・ステール絵；いしづちひろ訳 文化出版局 1985年9月

マリエット
きょうだいのマリエットといっしょにゆきだるまをつくったくまのおんなのこ 「ゆきだるまさんだいすき-マリエットとスピール」 イレーヌ・シュバルツ文；フレデリック・ステール絵；いしづちひろ訳 文化出版局 1985年11月

マリオ
おとなになったらおおきなふねのせんちょうさんになりたいおとこのこ 「おとなになったら…」 イワン・ガンチェフ作・絵；間所ひさこ文 学習研究社(国際版せかいのえほん11) 1985年1月

マリオ
おもちゃのようなふねにのってかわをくだってきたマリアンちゃんとどうぶつたちがついたちいさいしまにいたおおかみ 「ピクニックにいかない？」 マグリット・ヘイマン作・絵；関根栄一文 エミール館 1979年11月

マリオ
くらくてさみしいまちにすんでいるのがかなしくてゆめのなかでおおきなうつくしい木ぎのせかいにりょこうをしたおとこのこ 「マリオのゆめのまち」 ルイス・ボルフガンク・ノイパー作；ミシェル・サンバン絵；松代洋一訳 佑学社 1978年4月

マリオン
ある日きいろいえのぐで大きな紙にお月さまのこどもをかいたちっちゃな女の子 「お月さまのかお」 ゲルダ・マリー・シャイドル文;アントニー・ボラチンスキー絵;神品友子訳 ほるぷ出版 1976年9月

マリオン
おにいさんのコランとふたりでおるすばんをしたよるにたずねてきたおおきなゆきにんぎょうとあそんだおんなのこ 「ゆきのよるのおるすばん」 マイレ作;フィリップ・サランビエ絵;川口志保子訳 ブック・ローン出版(ファランドールコレクション) 1982年5月

マリーゴールド
ふさふさの毛がはえていた子ぞうのトビアスがジャングルのそとであったおんなの子のぞう 「毛ながのぞうトビアス」 ベルナデッテ・ワッツ作;友近百合枝訳 ほるぷ出版 1980年4月

まりーちゃん
おおあめがふってあたりいちめんみずびたしになりおうちのみんなと2かいにあがったおんなのこ 「まりーちゃんとおおあめ」 フランソワーズ文・絵;木島始訳 福音館書店(世界傑作絵本シリーズ・アメリカの絵本) 1968年6月

まりーちゃん
ひつじのぱたぽんとなかよしのおんなのこ 「まりーちゃんとひつじ」 フランソワーズ文・絵;与田準一訳 岩波書店(岩波の子どもの本) 1956年12月

まりーちゃん
ひつじのぱたぽんとなかよしのおんなのこ 「まりーちゃんのくりすます」 フランソワーズ文・絵;与田準一訳 岩波書店(岩波の子どもの本) 1975年11月

マリーちゃん
トミーとなんでもおんなじなのにはだかんぼうになるとちょっとちがっていたおんなのこ 「マリーちゃんとぼく」 グニラ・ボルデ作;たかむらきみこ訳 偕成社(トミーちゃんシリーズ) 1976年1月

マリーナ
せんろをまもるみはりばんのおとうさんがいないクリスマスのよるにがけくずれがあってむちゅうでクリスマス・ツリーをもやしてきしゃにしらせたおんなのこ 「クリスマスれっしゃ」 イヴァン・ガンチェフ作・絵;佐々木元訳 フレーベル館 1984年11月

マリヤ
すえっ子のロッタちゃんのねえさん 「ロッタちゃんとクリスマスツリー」 アストリッド・リンドグレーン作;イロン・ヴィークランド絵;山室静訳 偕成社 1979年12月

マリヤ
すえっ子のロッタちゃんのねえさん 「ロッタちゃんとじてんしゃ」 アストリッド・リンドグレーン作;イロン・ヴィークランド絵;山室静訳 偕成社 1976年4月

マリヤ
だいくのヨセフのいいなずけで神のことばのとおりにひとびとの救い主となるおとこの子をうんだむすめ 「クリスマスのものがたり」 フェリクス・ホフマン作;しょうのこうきち訳 福音館書店(世界傑作絵本シリーズ・日本とスイスの絵本) 1975年10月

まりや

マリヤさん
てんのみつかいからかみのみこイエスさまのおかあさんになるといわれたナザレのむらのおんなのひと 「うまごやでうまれたイエスさま」 フィリス・ブランネン絵；いのちのことば社社会教育部編 いのちのことば社 1978年11月

マリヤさん
ベツレヘムのまちのうまごやでかみさまのこどもイエスさまをうんだ女の人 「クリスマスおめでとう」 トミー・デ・パオラ絵 聖文舎 1982年11月

マーリャン
ちゅうごくにいたえのじょうずなびんぼうなこどもであるばんせんにんからかくものがなんでもほんとうのものにかわるまほうのふでをもらったおとこのこ 「マーリャンとまほうのふで-中国のむかし話」 ホン・シュンタオ文；君島久子訳；若菜珪絵 偕成社 1966年8月

マーリャン
絵をかくのがすきで仙人から魔法の筆をもらった男の子 「魔法の筆」 ホン・シュンタオ文；ワン・レイミン絵；森住和弘訳 ほるぷ出版 1981年5月

マリールイズ
なかよしのみどりのへびのクリストフとけんかをしたマングースのおんなの子 「マリールイズとクリストフ」 ナタリー・サヴェジ・カールソン作；ホセ・アルエゴ；アリアンヌ・デューイ絵；やましたはるお訳 佑学社(アメリカ創作絵本シリーズ1) 1979年6月

マリールイズ
ひどいいたずらをしたのでママにおしりをぶたれていえでしたちゃいろいマングースのおんなの子 「マリールイズ、ママきらい」 ナタリー・サヴェジ・カールソン作；ホセ・アルエゴ；アリアンヌ・デューイ絵；たけむらみちこ訳 佑学社(アメリカ創作絵本シリーズ9) 1979年9月

マリールイズ
ふくろねずみのおばさんの5にんのちびたちとあそんであげたマングースのおんなのこ 「マリールイズ、きょうはごきげん！」 N.S.カールソン作；J.アルエゴ；A.デューイ絵；たけむらみちこ訳 佑学社(アメリカ創作絵本シリーズ6) 1979年7月

マーリン
わかいミラン王の名づけ親の大魔法使い 「青い小鳥」 マリー・ドォルノワ作；ミルコ・ハナーク絵；乾侑美子訳 佑学社(世界の名作童話シリーズ) 1978年2月

マリンカ
はらっぱであそんでいるうちにおおきなあかいボールをなくしてしまったおんなのこ 「ボールさんどこへいったの」 竹田裕子文；ヨゼフ・パレチェック絵 岩崎書店(世界の絵本) 1976年1月

マール
とかいのこうえんをでてビルディングよりもでっかいきがあるというせいぶへいってみたくなったリス 「ちいさなリスのだいりょこう」 ビル・ピート作・絵；山下明生訳 佼成出版社(ピートの絵本シリーズ7) 1982年3月

マルク
クリスマスにいなかのおばあさんのいえにいってたくさんのきれいな小とりたちがとまったふしぎなクリスマスツリーをみた男の子 「とりのクリスマスツリー」 フランス・ファン・アンロー文；ヤープ・トル絵；朝倉澄；岸田衿子訳 講談社（世界の絵本オランダ） 1971年2月

マルグリットおばさん
「わたし」のアルザスのおばあちゃんのいとこ 「アルザスのおばあさん」 プーパ・モントフィエ絵・文；末松氷海子訳 西村書店 1986年8月

マルゲリータ
とおくへいってみたくてうらにわからでていったあひるのこ 「あひるのぼうけん」 アッティリオ・カシネリ絵；カレン・グントルプ作；岸田衿子訳 ひかりのくに（アッティリオとカレンのえほん） 1973年1月

マルコ
まちからずーっとはなれたかわのそばにたっていたこなひきごやのシュテパンじいさんのろば 「しまうまになったマルコ」 イヴァン・ガンチェフ作・絵；佐々木元訳 フレーベル館 1982年10月

マルコ（おとこのこ）
がっこうへのいきかえりにとおるマルベリーどおりでおもしろいはなしをつくったおとこのこ 「マルベリーどおりのふしぎなできごと」 ドクタースース作；渡辺茂男訳 日本パブリッシング 1969年1月

マルーシカ
おっとをなくしたやもめのままこであさからばんまではたらかされていたうつくしいむすめ 「12のつきのおくりもの－スロバキア民話」 内田莉莎子再話；丸木俊画 福音館書店 1971年12月

マルーシャ
村までカブを買いにいくとちゅうでお金をおとしてしまい森をさまよっているうちにおそろしいバーバ・ヤガーに出くわした女の子 「バーバ・ヤガー」 アーネスト・スモール文；ブレア・レント画；小玉知子訳 冨山房 1975年12月

マルセル
クレマンチーヌとセレスタンといっしょにスイスのアナトールの山小屋でスキーをした男の子 「山小屋の冬休み」 ビショニエ文；ロバン；オトレオー絵；山口智子訳 文化出版局（クレマンチーヌとセレスタン） 1983年11月

マルセル
クレマンチーヌとセレスタンの友だちの男の子 「森の中のピクニック」 ビショニエ文；ロバン；オトレオー絵；山口智子訳 文化出版局（クレマンチーヌとセレスタン） 1983年11月

マルタ
みつごのおてんばむすめのいとこ 「みつごのおてんばむすめ すてきないろのまち」 メルセ・コンパニュ文；ルゼ・カプデヴィラ絵；辻昶；竹田篤司訳 ペンタン 1985年11月

マルタ
空からうつくしい島におちてきたオッコー・トロイミエという男の子に魔法の国をみせてくれた魔法のカモメ 「オッコーと魔法のカモメ」 ベッティーナ・アンゾルゲ作;とおやまあきこ訳 福武書店 1984年5月

マルタン
小さな谷間にすみついたかわせみ 「かわせみのマルタン」 リダ文;ロジャンコフスキー絵;いしいももこ;おおむらゆりこ訳 福音館書店(世界傑作絵本シリーズ25) 1965年4月

マルチーナ
ぜんぜん遊んでくれない作家のパパと日曜旅行をした五歳の女の子 「すばらしい日曜旅行」 アロイス・シェプフ文;レギーネ・ダプラ絵;なだいなだ訳 CBS・ソニー出版 1979年5月

マルチーヌ
あしのほねをおってしまったとなりのジュリアンじいさんのかわりにろばのカディションのせわをしてあげたおんなのこ 「マルチーヌとさびしがりやのろば」 ジルベール・ドラエイ作;マルセル・マルリエ絵;曽我四郎訳 ブック・ローン出版(ファランドールコレクション) 1982年5月

マルチーヌ
おかあさんにおしえてもらってじぶんでりょうりがつくれるようになったおんなのこ 「マルチーヌりょうりのべんきょう」 ジルベール・ドラエイ作;マルセル・マルリエ絵;黒木義典訳;板谷和雄文 ブックローン出版(ファランドールえほん19) 1984年1月

マルチーヌ
おとうとのジャンとどうぶつえんにいきたくさんのどうぶつやとりをみたおんなのこ 「マルチーヌどうぶつえんへ」 ジルベール・ドラエイ作;マルセル・マルリエ絵;黒木義典訳;板谷和雄文 ブックローン出版(ファランドールえほん16) 1984年1月

マルチーヌ
おとうとのジャンとふたりだけでいぬのパタプフをつれてれっしゃにのったおんなのこ 「マルチーヌれっしゃでりょこう」 ジルベール・ドラエイ作;マルセル・マルリエ絵;黒木義典訳;板谷和雄文 ブック・ローン出版(ファランドールえほん23) 1981年1月

マルチーヌ
かぜをひいてがっこうへいけなくなりまいにちがたいくつになったおんなのこ 「マルチーヌかぜをひく」 ジルベール・ドラエイ作;マルセル・マルリエ絵;黒木義典訳;板谷和雄文 ブックローン出版(ファランドールえほん17) 1984年1月

マルチーヌ
かわせみのマルタンのつま 「かわせみのマルタン」 リダ文;ロジャンコフスキー絵;いしいももこ;おおむらゆりこ訳 福音館書店(世界傑作絵本シリーズ25) 1965年4月

マルチーヌ
じてんしゃをかってもらってのりかたをおぼえたおんなのこ 「マルチーヌはじめてのじてんしゃ」 ジルベール・ドラエイ作;マルセル・マルリエ絵;黒木義典訳;板谷和雄文 ブックローン出版(ファランドールえほん15) 1984年1月

マルチーヌ
スイミング・スクールにいってすいえいをならった7つのおんなのこ 「マルチーヌおよぎをならう」 ジルベール・ドラエイ作;マルセル・マルリエ絵;黒木義典訳;板谷和雄文 ブック・ローン出版(ファランドールえほん20) 1981年1月

マルチーヌ
なつやすみにひこうきにのってイタリアへりょこうにいったおんなのこ 「マルチーヌひこうきでりょこう」 ジルベール・ドラエイ作;マルセル・マルリエ絵;黒木義典訳;板谷和雄文 ブック・ローン出版(ファランドールえほん22) 1981年1月

マルチーヌ
はるやすみにいなかのルシおばさんのいえへあそびにいったおんなのこ 「マルチーヌおばさんのいえへ」 ジルベール・ドラエイ作;マルセル・マルリエ絵;黒木義典訳;板谷和雄文 ブック・ローン出版(ファランドールえほん18) 1980年9月

マルチパン
ピンピーぼうやのうちにやってきた大きいのにおくびょうな犬 「ピンピーとおくびょう犬」 G.R.パウケット作;H.ランゲンファス画;桂芳樹訳 小学館(世界の創作童話16) 1980年11月

マルチン
もりでおとうさんがきのしたにおきわすれたナイフをこいぬといっしょにさがしにいったおとこのこ 「マルチンとナイフ」 エドアルド・ペチシカ文;ヘレナ・ズマトリーコバー絵;うちだりさこ訳 福音館書店(世界傑作絵本シリーズ・チェコの絵本) 1981年6月

マルチン
ゆきのにわにぼうのようにたっていたりんごのきをあきにあかいみがなるまでずっとみていたおとこのこ 「りんごのき」 エドアルド・ペチシカ文;ヘレナ・ズマトリーコバー絵;うちだりさこ訳 福音館書店 1972年3月

マルティネス
だいじな巣を馬にふみつぶされてアラヤト山の上にある女神の法廷にやってきたむく鳥 「アラヤト山の女神-フィリピンの民話」 ヴィルヒリオ・S.アルマリオ再話;アルベルト・E.ガモス絵;あおきひさこ訳 ほるぷ出版 1982年11月

マルティン
アンナのなかまで「いばらひめ」の劇で王子さまの役をやることになった男の子 「劇をしようよ」 モニカ・レイムグルーパー作;大島かおり訳 ほるぷ出版 1981年12月

マルテさん
いぬのピエロのかいぬし 「アメリカからきたいぬのブランディ」 マリアンヌ・サンクレール作;フィリップ・サランビエ絵;黒木義典訳;板谷和雄文 ブックローン出版(ファランドールえほん5) 1984年1月

マルビンヒェン
海辺にたつうつくしい庭のある家にすみある日雲の風船にのって絵の中の風景に旅をした女の子 「空をとんだマルビンヒェン」 ベッティーナ・アンゾルゲ作;とおやまあきこ訳 福武書店 1986年5月

まれん

マーレン
地主のお百姓のむすめ、アンドレースの小さいときからの友だち 「雨ひめさまと火おとこ」 テオドール・シュトルム作;ヤン・クドゥラーチェク絵;塩屋竹男訳　佑学社(世界の名作童話シリーズ)　1978年10月

マングース(マリールイズ)
なかよしのみどりのへびのクリストフとけんかをしたマングースのおんなの子 「マリールイズとクリストフ」 ナタリー・サヴェジ・カールソン作;ホセ・アルエゴ;アリアンヌ・デューイ絵;やましたはるお訳　佑学社(アメリカ創作絵本シリーズ1)　1979年6月

マングース(マリールイズ)
ひどいいたずらをしたのでママにおしりをぶたれていえでしたちゃいろいマングースのおんなの子 「マリールイズ、ママきらい」 ナタリー・サヴェジ・カールソン作;ホセ・アルエゴ;アリアンヌ・デューイ絵;たけむらみちこ訳　佑学社(アメリカ創作絵本シリーズ9)　1979年9月

マングース(マリールイズ)
ふくろねずみのおばさんの5にんのちびたちとあそんであげたマングースのおんなのこ 「マリールイズ、きょうはごきげん！」 N.S.カールソン作;J.アルエゴ;A.デューイ絵;たけむらみちこ訳　佑学社(アメリカ創作絵本シリーズ6)　1979年7月

マンフレッド
動物たちの学校時代の同窓写真にうつったねずみ 「ぼくたちを忘れないで」 フリーデル・シュミット;ヴァルトラウト・ランケ作;森村桂訳　CBS・ソニー出版　1978年8月

マンボ
ちいさなおとこのこのちびくろサンボのおかあさん 「ちびくろサンボのぼうけん」 バンナーマン原作;神宮輝夫文;瀬川康男絵　偕成社　1966年7月

マンモス
スコットランドのあれののほらあなにきょうりゅうといっしょになんまんねんもくらしあるヒダンマウジーのおしろにひっこそうとしていったマンモス 「おしろのすきなかいじゅうたち」 ロビン・ワイルド;ジョセリン・ワイルド作・絵;あしのあき訳　佑学社(ヨーロッパ創作絵本シリーズ13)　1978年7月

マンヤ
もりのおくにあったおおきなぬまにすんでいたかいぶつのボドニックがどうしてもけっこんしたくなったすいしゃごやのむすめ 「ぬまのかいぶつボドニック」 シュテパン・ツァオレル作;藤田圭雄訳　ほるぷ出版　1978年7月

【み】

ミア
ほたるの子ミオのいえのとなりのえにしだにすむほたるのいっかのむすめ 「ほたるの子ミオ」 トゥルンカ絵;ボリガー文;矢川澄子訳　メルヘン社　1981年8月

ミイロコンゴウ
オウム科の鳥で絶滅してしまった動物 「ドードーを知っていますかーわすれられた動物たち」 ショーン・ライス絵;ポール・ライス;ピーター・メイリー文;斉藤たける訳 福武書店 1982年10月

ミオ
とうみんからめをさましヨハネスさまのまつりのよるにはじめてランタンをもってそらをとんだほたるの子 「ほたるの子ミオ」 トゥルンカ絵;ボリガー文;矢川澄子訳 メルヘン社 1981年8月

ミーオラ
シューシュコの町のくつやのおじさんの家にねずみのウーさんと犬のロディゴといっしょにくらしていたねこ 「ねずみのウーくん」 マリー・ホール・エッツ作;田辺五十鈴訳 冨山房 1983年11月

ミキ
ひつじをよびもどしたいひつじかいやきいちごをさがすこどもたちのためにふえをふきならしてあげたおとこのこ 「よろこびのふえ」 フリニイ・ベルツキ作・絵;立原えりか文 学習研究社(国際版せかいのえほん4) 1984年1月

ミグー(イエティ)
ヒマラヤで墜落した飛行機に乗っていた少年チャンがほらあなの中でであった雪男 「タンタンチベットをゆく」 エルジェ作;川口恵子訳 福音館書店(タンタンの冒険旅行5) 1983年11月

ミシェル
いぬのピエロのかいぬしのマルテさんのこども 「アメリカからきたいぬのブランディ」 マリアンヌ・サンクレール作;フィリップ・サランビエ絵;黒木義典訳;板谷和雄文 ブックローン出版(ファランドールえほん5) 1984年1月

ミシェル・モラン
パパもママもいなくておつきさまがそらにひかっていさえすればうれしがっていたのでおつきさまのこともよばれていたさびしそうなかおのおとこのこ 「つきのオペラ」 ジャック・プレベール作;ジャクリーヌ・デュエム絵;内藤濯訳 至光社(ブッククラブ国際版絵本) 1980年1月

ミーシカ
おじいさんにおしえてもらったバイオリンひきでゆうめいになろうとむらをでてサーカスのいちざにはいったおとこのこ 「バイオリンひきのミーシカ」 ヴィクター・アンブラス文・絵;かたおかひかる訳 らくだ出版 1983年11月

ミーシカ
ばかのイワンのむすこ 「きんのたまご」 ソコロフきょうだい原作;中村融文;センバ・太郎絵 世界出版社(ABCブック) 1970年2月

ミーシャ
だれもかってくれないのでおもちゃやのたなにずうっといてしんぱいで右の耳がたれさがってしまったぬいぐるみのこぐま 「ミーシャのぼうけん」 チェスワフ・ヤンチャルスキ文;ズビグニエフ・ルイフリツキ絵;坂倉千鶴訳 ほるぷ出版 1985年5月

みしや

ミーシャ
とうさんになんといわれてもまけずにさらをあらうのをてつだうのはいやだといったおとこのこ 「てつだいなんてするものか」 クルト・バウマン作；マイケル・フォアマン絵；矢川澄子訳 佑学社(ヨーロッパ創作絵本シリーズ22) 1979年1月

ミーシャ
大きな町をでてゾーシャとヤツェクのうちへかえってきたこぐま 「かえってきたミーシャ」 チェスワフ・ヤンチャルスキ文；ズビグニエフ・ルイフリツキ絵；坂倉千鶴訳 ほるぷ出版 1985年5月

ミシュートカ
もりのなかにあったいえにすんでいた3びきのくまの1ぴきのちいさなくまのこ 「3びきのくま」 トルストイ作；バスネツオフ絵；おがさわらとよき訳 福音館書店(世界の傑作絵本シリーズ・ソビエトの絵本) 1962年5月

みず
むかしむかしはじめにすんでいたたいようのともだちでおおぜいのかぞくをつれてたいようのうちへいったみず 「たいようとつきはなぜそらにあるの？」 エルフィンストーン・デイル文；ブレア・レント絵；岸野淳子訳 ほるぷ出版 1976年9月

みずうみのせい
もりのみずうみのなかからでてきてアイノにいっしょにあそびませんかといったうつくしいおひめさま 「おさかなになったおんなのこ-せかいのはなし(フィンランド)」 森本ヤス子文；伊藤悌夫絵 コーキ出版(絵本ファンタジア36) 1977年6月

ミス・キャット
きれいなめギツネのフォックスおくさまのうちではたらくおしゃれなメイドさんのねこ 「フォックスおくさまのむこえらび」 コリン夫妻文；エロール・ル・カイン絵；矢川澄子訳 ほるぷ出版 1983年6月

みずくぐり
イ族の村にすんでいたとしよりのふうふが池のほとりにあらわれた白いかみの老人からさずかった九人の子どもの一人 「王さまと九人のきょうだい-中国の民話」 君島久子訳；赤羽末吉絵 岩波書店 1969年11月

ミス・クラベル
マドレーヌたち12にんのおんなのこがくらしていたパリのふるいやしきのせんせい 「げんきなマドレーヌ」 ルドウィッヒ・ベーメルマンス作・画；瀬田貞二訳 福音館書店(世界傑作絵本シリーズ・アメリカの絵本) 1972年11月

ミス・クラベル
マドレーヌたち12にんのおんなのこがくらしていたパリのふるいやしきのせんせい 「マドレーヌといたずらっこ」 ルドウィッヒ・ベーメルマンス作・画；瀬田貞二訳 福音館書店(世界傑作絵本シリーズ・アメリカの絵本) 1973年5月

ミス・クラベル
マドレーヌたち12にんのおんなのこがくらしていたパリのふるいやしきのせんせい 「マドレーヌといぬ」 ルドウィッヒ・ベーメルマンス作・画；瀬田貞二訳 福音館書店(世界傑作絵本シリーズ・アメリカの絵本) 1973年5月

ミス・クラベル
マドレーヌたち12にんのおんなのこがくらしていたパリのふるいやしきのせんせい 「マドレーヌとジプシー」 ルドウィッヒ・ベーメルマンス作・画；瀬田貞二訳 福音館書店（世界傑作絵本シリーズ・アメリカの絵本） 1973年5月

ミスター・ハンバーガー
マンモスときょうりゅうのすむスコットランドのダンマウジーじょうをぶんかいしてカリフォルニアにもっていったひゃくまんちょうじゃ 「おしろのすきなかいじゅうたち」 ロビン・ワイルド；ジョセリン・ワイルド作・絵；あしのあき訳 佑学社（ヨーロッパ創作絵本シリーズ13） 1978年7

ミスタ・ハンプティ・ダンプティ
ルピナスさんのすむ花ぞのにやってきたお友だち 「お友だちのほしかったルピナスさん」 ビネッテ・シュレーダー文・絵；矢川澄子訳 岩波書店 1976年12月

みずのしずく（しずく）
はじめはくものなかにすんでいてあめやゆきになっておっこちてくさがめをだしはなをさかせるおてつだいをするみずのしずく 「わたしはしずく」 サンチェス；パチェーコ作；バルソーラ絵；中山知子；菊池亘訳 文研出版（文研世界の絵本 科学の絵本） 1976年3月

みそさざい
もりのおおかみとくまにばかにされてからかわれたちいさなみそさざい 「ことりにまけたくま−グリム」 グリム原作；浜田廣介文；山田三郎絵 偕成社（ひろすけ絵本7） 1965年11月

ミダスおう
おんがくのかみアポロンのいかりをかいみみをロバのみみそっくりかたちにされてしまったおうさま 「おうさまのみみはロバのみみ」 山室静文；おぼまこと絵 フレーベル館（せかいむかしばなし4） 1985年8月

ミチ
シルデックの町にいたいつもいっしょにあそぶ五人のなかよしの子どもたちの一人 「いたずらっ子とおまわりさん」 P.バイスマン作；D.ズイラッフ画；桂芳樹訳 小学館（世界の創作童話5） 1979年7月

ミーちゃん
なやのなかでおとこのこにひろわれてかわれることになったノネズミのあかちゃん 「てのりノネズミ」 フェイス・マックナルティ作；マーク・サイモント絵；きじまはじめ文 さ・え・ら書房 1981年11月

ミチル
あおいとりをさがしにいった木こりのふたりの子どものいもうと 「メーテルリンクのあおいとり」 ブライアン・ワイルドスミス文・絵；きくしまいくえ訳 らくだ出版 1982年12月

ミチル
しあわせのあおいとりをさがしにいったまずしいきこりのうちのふたりのこどものおんなのこ 「あおいとり」 メーテルリンク原作；富盛菊枝文；牧村慶子絵 世界出版社（ABCブック） 1970年1月

ミチル
しあわせの青いとりをさがすたびにでたまずしいきこりのふたりの子どものいもうと 「青い鳥」 メーテルリンク原作;中村真一郎文;久保田あつ子絵 講談社(講談社の絵本1) 1978年11月

ミチル
幸せの青い鳥をさがす旅にでたまずしい木こりのふたりの子どもの妹 「青い鳥」 メーテルリンク原作;太刀掛秀子著 集英社 1983年4月

ミッキー
いぬときょうそうするドッグ・レースでいつもかっていたにんきもののはやあしうさぎジャッキーのせわがかりのおとこ 「はやあしうさぎ」 シートン原作;小林清之介文;若菜等絵 チャイルド本社(チャイルド絵本館・シートン動物記Ⅱ-8) 1984年11月

ミッキー
まよなかにくらやみにおっこちてはだかになっちゃっておりたあかるいまよなかのだいどころでパンやさんたちにこなといっしょにかきまぜられたおとこのこ 「まよなかのだいどころ」 モーリス・センダック作;神宮輝夫訳 冨山房 1982年9月

ミック
くつのなかにすんでいたねずみのかぞくのおとこのこ 「くつのなかのねずみ」 ロドニー・ペッペ作・絵;小沢正訳 フレーベル館 1984年9月

ミック
くつのなかにすんでかごつくりをしごとにしていたねずみのかぞくのおとこのこ 「そらとぶバスケット」 ロドニー・ペッペ作・絵;小沢正訳 フレーベル館 1985年9月

ミック
ふしぎなバイオリンをひくパトリックというわかものといっしょにみちをあるいていったおとこのこ 「ふしぎなバイオリン」 クェンティン・ブレイク文・絵;たにかわしゅんたろう訳 岩波書店(岩波の子どもの本) 1976年9月

ミッセ
レーナのせかいじゅうでいちばんたいせつなねこ 「もう、めちゃめちゃにおこってんだから!」 エークホルム夫妻作・絵;ビヤネール多美子訳 偕成社 1979年8月

ミッチー
春になってあたたかい南風にゆりおこされて家をたてたみつばちのこ 「みつばちのミッチー」 エレナ・チェプチェコバー作;リュバ・コンチェコバー=ベセラー絵;柏木美津訳 佑学社(チェコスロバキアの創作絵本シリーズ1) 1978年9月

みつばち
おうしをちくりとさしてはねまわらせたみつばち 「ぶんぶんぶるるん」 バイロン・バートン作;手島悠介訳 ほるぷ出版 1975年10月

みつばち
すばこにはいりこんではちみつをひきだしてたべたしりたがりやのこいぬをおいかけてさしたみつばち 「しりたがりやのこいぬとみつばち」 イバ・ヘルツィーコバー作;ズデネック・ミレル絵;千野栄一訳 偕成社 1974年12月

ミツバチ
すばこのなかに1ぴきのじょおうバチとおすバチたちとめすのはたらきバチたちとでくらしているミツバチ 「ミツバチのくに」 イリアン・ロールス作・画;小田英智文 偕成社(どうぶつのくらし1おはなし編) 1980年3月

みつばち(アデリーヌ)
ナターンのもりにすむケーキづくりのめいじんのみつばち 「みつばちのアデリーヌ」 アラン・グレ文;ルイ・カン絵;いはらじゅんこ訳 ペンタン(ナターンのもりのなかまたち2) 1984年10月

みつばち(ビリー)
ゆかいななかまと「長ぐつ号」にのりこんでぼうけんのたびへと出発した六ぴきの動物たちの一ぴき 「長ぐつ号の大ぼうけん-シンガポール」 キャサリン・チャパード文;チュア・アイ・ミー絵;崎岡真紀子;荒川豊子訳 蝸牛社(かたつむり文庫) 1984年12月

みつばち(ミッチー)
春になってあたたかい南風にゆりおこされて家をたてたみつばちのこ 「みつばちのミッチー」 エレナ・チェプチェコバー作;リュバ・コンチェコバー=ベセラー絵;柏木美津訳 佑学社(チェコスロバキアの創作絵本シリーズ1) 1978年9月

みどり
いなかののうじょうでうまれてもうすぐいっさいになるしろねこ 「ぼくのたんじょうび」 バーンバウム絵・文;松本理子訳 福武書店 1982年3月

みどりいろのバス(バス)
としをとってくたびれていたのでうんてんしゅとしゃしょうにもりのなかにすてられてしまったみどりいろのバス 「みどりいろのバス」 ジョン・シャロン作;小玉友子訳 ほるぷ出版 1979年3月

みどりのさる(さる)
どうぶつえんをにげだしてファンファン少年と三びきの友だちといっしょにアフリカたんけんにいったみどり色の小さなおながざる 「ファンファンとみどりのさる」 ピエール・プロブスト文・絵;那須辰造訳 講談社(世界の絵本フランス) 1971年3月

ミドリノ・ミドリーナ
おおおとこがすむというにんげんとうへむかうスルースふじんとちいさなエリックのためにちいさなボートをこがされたみどりのはだにみどりのふくをきたおんなのひと 「大男の島のおおきなたからもの」 テエ・チョンキン作・絵;西内ミナミ文 エミール館 1979年11月

ミトン
おかあさんねこタビタ・トウィチットさんのむすめのねこ 「こねこのトムのおはなし」 ビアトリクス・ポター作・絵;いしいももこ訳 福音館書店(ピーターラビットの絵本4) 1971年11月

ミトン
おかあさんねこタビタ・トウィチットさんのむすめのねこ 「ひげのサムエルのおはなし」 ビアトリクス・ポター作・絵;いしいももこ訳 福音館書店(ピーターラビットの絵本14) 1974年2月

みな

ミーナ
おじいさんにおこられていえをでていってであっただれかにすきになってもらおうとしたさびしがりやのいぬ 「さびしがりやのミーナ」 ハンス・ペーターソン文；エレーナ・エルムクヴィスト絵；たせまり訳 文化出版局 1982年8月

ミーニィおじさんとおばさん
てつどうがもうはしっていないたそがれえきにすんでいたなんにんかのとしよりでとてもびんぼうなひとたちのひとくみのおじさんとおばさん 「たそがれえきのひとびと」 チャールズ・キーピング文・絵；わたなべひさよ訳 らくだ出版 1983年11月

ミハイル
むかしのおしろのなかでおもいてつのたまにつながれていたおばけのぷよぷよをたすけてあげたおとこのこ 「おばけちゃんのぷよぷよ」 メルセ・C.ゴンザレス作；アグスティ・A.サウリ絵；鈴木悦夫訳 学習研究社（国際版せかいのえほん2） 1984年1月

ミハイル・イワノビッチ
もりのなかにあったいえにすんでいた3びきのくまの1ぴきのおとうさんぐま 「3びきのくま」 トルストイ作；バスネツォフ絵；おがさわらとよき訳 福音館書店（世界の傑作絵本シリーズ・ソビエトの絵本） 1962年5月

ミハーリおじさん
なつやすみにカタリンちゃんがいなかにいっていっしょにあそんださんにんのひとり 「カタリンのなつやすみ」 ヘルメ・ハイネ作・絵；矢川澄子訳 佑学社（ヨーロッパ創作絵本シリーズ36） 1980年8月

ミヒル
うらにわのようせいたちにつれられてふしぎなこやにまよいこみりゅうにかがみをぬすまれてわらいをわすれた人びとをみた男の子 「ぬすまれたかがみ」 リディア・ポストマ作；熊倉美康訳 偕成社 1982年4月

みふうずら（うずら）
すのうえをかけてたまごをわったうまのところにわけをききにいったみふうずらのとうさんとかあさん 「われたたまご—フィリピン民話」 小野かおる再話・絵 福音館書店 1972年8月

ミミ
じょうぶになるためにやぎのミルクをのむようにとおいしゃさまにいわれたおんなのこ 「しろいやぎビケット」 フランソワーズ絵・文；曽野綾子訳 講談社（世界の絵本アメリカ） 1971年7月

ミミー
みみずくさんとふたりでみどりのふねにのってうみへでてついたところのみどりのこじまでけっこんしきをあげたねこ 「みみずくとねこのミミー」 エドワード・リア文；バーバラ・クーニー絵；くどうゆきお訳 ほるぷ出版 1976年9月

みみお
たべものさがしをてつだってやっているともだちのうさぎ 「くまのもっくはおなかがぺこぺこ」 イワン・ガンチェフ作；やまわききょう訳 DEMPA／ペンタン 1986年7月

みみず

みみず(ローリー)
ねこのハックルとけいかんのマーフィーをたすけてこうつうせいりをしたみみず 「スカーリーおじさんの はたらく人たち」 リチャード・スカーリー文；稲垣達朗訳 評論社(児童図書館・絵本の部屋) 1982年6月

みみず(ローリー)
ビジータウンのみみずのこども 「おしゃべりおばけパン」 リチャード・スキャリー作；國眼隆一訳 ブック・ローン出版(スキャリーおじさんのどうぶつえほん13) 1984年8月

みみず(ローリー)
ビジータウンのみみずのこども 「サンタさんのいそがしい1にち」 リチャード・スキャリー作；國眼隆一訳 ブック・ローン出版(スキャリーおじさんのどうぶつえほん15) 1984年8月

みみず(ローリー)
ビジータウンのみみずのこども 「しっぱいしっぱいまたしっぱい」 リチャード・スキャリー作；國眼隆一訳 ブック・ローン出版(スキャリーおじさんのどうぶつえほん8) 1980年1月

みみず(ローリー)
ビジータウンのみみずのこども 「ふしぎなふしぎなくうきのはなし」 リチャード・スキャリー作；國眼隆一訳 ブック・ローン出版(スキャリーおじさんのどうぶつえほん14) 1984年8月

みみず(ローリー)
ビジーランドこくのみみず、わかいおひゃくしょうさんのぶたのペザントのなかよし 「ペザントくんのかいじゅうたいじ」 リチャード・スキャリー作；國眼隆一訳 ブック・ローン出版(スキャリーおじさんのどうぶつえほん9) 1984年8月

みみずく
ひるのあいだはちやりすやほかのとりたちがうるさくてねむれなかったみみずく 「おやすみみみずく」 パット・ハッチンス作・画；渡辺茂男訳 偕成社 1977年1月

みみずく(ビルエル)
フィフィとなかよしのみみずく 「フィフィのみぎ・ひだり」 クリスティーナ・ビヨルク文；レーナ・アンダーソン絵；野花かほる訳 文化出版局 1981年3月

みみずく(プロスペ)
ナターンのもりにすむみみずく 「りすのピルエット」 アラン・グレ文；ルイ・カン絵；いはらじゅんこ訳 ペンタン(ナターンのもりのなかまたち1) 1984年10月

みみずく(プロスペ)
ナターンのもりのなかまでみんながねむっているよるもめをあけてばんをしているみみずく 「みみずくのプロスペ」 アラン・グレ文；ルイ・カン絵；つじとおる訳 DEMPAペンタン(ナターンのもりのなかまたち5) 1986年4月

みみずくさん
ねこのミミーとふたりでみどりのおふねにのってうみへでてついたところのみどりのこじまでけっこんしきをあげたみみずく 「みみずくとねこのミミー」 エドワード・リア文；バーバラ・クーニー絵；くどうゆきお訳 ほるぷ出版 1976年9月

みむ

ミム
猫のヤーコブの子猫 「猫のヤーコブ魔法と子ねこ」トーマス・ヘルトナー作;スヴェン・ハルトマン絵;犬養智子訳 CBSソニー出版 1982年4月

ミヤマガラス
まいとしおなじ木にむれをなしていきるミヤマガラス 「カラスの四季」デボラ・キング作・絵;串田孫一訳 佑学社(ヨーロッパ創作絵本シリーズ40) 1981年5月

ミュー
エミリーたちがりょこうにいくことになったのでおとなりのジョリーおばさんにあずけられることになったねこ 「ねこのミューとブラン」メグ・ラザーフォード作・絵;矢崎節夫訳 フレーベル館 1986年1月

ミュウ
ひろいひろいのはらのむこうにあったちいさなうちにおばあさんとアニーちゃんといっしょにくらしていたこねこ 「なべなべ おかゆをにておくれ」ルットミラ・コーバ作・絵;西内ミナミ文 学習研究社(国際版せかいのえほん6) 1984年1月

ミューデューリュー
いつもいちじくのきになわでつながれているのがいやでらくだになわをかみきってもらってうみをみにいったひつじ 「ひとりぼっちのひつじ」アンゲリカ・カウフマン作・絵;おおしまかおり訳 佑学社(オーストリア・創作絵本シリーズ2) 1978年7月

ミュンヒハウゼン
わざと冬のさなかをえらんでロシアへの旅にでたほらふき男爵 「ほらふき男爵の冒険」ペーター・ニクル再話;ビネッテ・シュレーダー画;矢川澄子訳 福音館書店 1982年2月

ミラ
神さまからいわれて三人のはかせにうまれたばかりのイエスさまをさがす道をしめしてあげた星 「三つのクリスマス」ナリニ・ジャヤスリヤ作;竹中正夫訳 日本基督教団出版局 1982年8月

ミラベルちゃん
おりからでてどうぶつえんをさんぽした三びきのちびっこライオンのきょうだいの一ぴき 「三びきのちびっこライオン」ポール・ブクジル文;ジョゼフ・ウィルコン絵;那須辰造訳 講談社(講談社の翻訳絵本) 1984年5月;講談社(世界の絵本フランス) 1971年2月

ミラリク
グリーンランドのイカミウットの町に住むマスという男の子が六歳の誕生日にもらったそり犬の小犬 「マスとミラリク-グリーンランドの絵本」スベン・オットー作;奥田継夫;木村由利子訳 評論社(児童図書館・絵本の部屋) 1979年12月

ミラン王　みらんおう
つぼみひめのお城をおとずれた春の太陽のようにさわやかでりりしいわかい王さま 「青い小鳥」マリー・ドォルノワ作;ミルコ・ハナーク絵;乾侑美子訳 佑学社(世界の名作童話シリーズ) 1978年2月

ミリィ
どこかべつのところへいきたくてのはらをでていきサーカスのショーをみせてもらっためうし 「めうしとサーカス」 アッティリオ・カッシネリ絵;カレン・グントルプ作;岸田衿子訳 ひかりのくに(アッティリオとカレンのえほん) 1973年1月

ミリイ
まきばのめうし 「あさごはんのさかな」 アッティリオ・カッシネリ絵;カレン・グントルプ作;岸田衿子訳 ひかりのくに(アッティリオとカレンのえほん) 1972年1月

ミルドレッド
ジャコウネズミのおとこのこハービーのおねえさん 「ハービーのかくれが」 ラッセル・ホーバン作;リリアン・ホーバン絵;谷口由美子訳 あかね書房 1979年5月

ミンカ
ポーランドのマズーレちほうのもりのはずれにすんでいたもりばんのかぞくのひとりっこでやせいのうまタルパーンのははのないこうまをそだてたしょうねん 「しょうねんとやせいのうま」 ヨゼフ・ヴィルコン作;木村光一訳 図書文化 1978年7月

ミンキー
ゆかいななかまと「長ぐつ号」にのりこんでぼうけんのたびへと出発した六ぴきの動物たちの一ぴき 「長ぐつ号の大ぼうけん-シンガポール」 キャサリン・チャパード文;チュア・アイ・ミー絵;崎岡真紀子;荒川豊子訳 蝸牛社(かたつむり文庫) 1984年12月

ミンミ
楽しい夢をみたこいぬ 「ナイト・ブック-夜、おきていたら…？」 マウリ・クンナス作;稲垣美晴訳 偕成社 1985年1月

【む】

むかで(サイアラス)
森のくつやの茶ねずみカーリーにくつをちゅうもんしたむかで 「靴屋のカーリーとハッピー・リターン号」 マーガレット・テンペスト作;寺岡恂訳 ほるぷ出版 1982年10月

ムクゲのムクちゃん
ロバのロバちゃんのおともだちのこひつじ 「ロバのロバちゃん」 ロジャー・デュボアザン文・絵;厨川圭子訳 偕成社 1969年5月

むく鳥(マルティネス)　むくどり(まるてぃねす)
だいじな巣を馬にふみつぶされてアラヤト山の上にある女神の法廷にやってきたむく鳥 「アラヤト山の女神-フィリピンの民話」 ヴィルヒリオ・S.アルマリオ再話;アルベルト・E.ガモス絵;あおきひさこ訳 ほるぷ出版 1982年11月

ムクムク
おおきなほらあなにまよいこんでいたひこうきたちをたすけてあげたふしぎなくるま 「ふしぎなくるまムクムク-まいごのひこうきをすくえ」 ジョン・シェリダン文;マルコム・リビングストン画;久米みのる訳 金の星社 1981年12月

むくむ

ムクムク
はつめいかのひげはかせとききゅうにのってぼうけんにでたふしぎなくるま「ふしぎなくるまムクムクーうみをよごすのはだれだ」ジョン・シェリダン文;マルコム・リビングストン画;久米みのる訳　金の星社　1981年9月

ムクムク
ひろいのはらにはえているせきゆきのこをたべながらじゆうにたびしているふしぎなくるまワイルドカー「ふしぎなくるまムクムクーまちはくるまでいっぱい」ジョン・シェリダン文;マルコム・リビングストン画;久米みのる訳　金の星社　1981年8月

むし
はやおきどりのこどもアーリー・バードのともだちになったくねくねしたむし「アーリー・バードとくねくねむし」リチャード・スキャリー作;國眼隆一訳　ブックローン出版(スキャリーおじさんのどうぶつえほん6)　1984年8月

むし(ちびちゃん)
とりのでかさんにとびかたをおしえてやるといわれてだまされてきのうえのすになげこまれたむし「ともだちばんざい」ロバート・タロン文・絵;山本けい子訳　ぬぷん児童図書出版(でかとちび1)　1983年11月

虫(ビングル)　むし(びんぐる)
おひとよしのオオシカのシドウィックのつのにのせてもらった虫「おひとよしのオオシカ」ドクタースース作;渡辺茂男訳　偕成社　1985年4月;日本パブリッシング　1969年1月

ムース(チョコレート・ムース)
カナダのもりのおくふかくにすんでいたチョコレートのだいすきなムース(オオジカ)のふうふからうまれたチョコレートからできたムース「チョコレート・ムース」S.マスコウィッツ作;舟崎克彦訳　角川書店　1984年5月

むすこ
とうもろこしばたけにはいったどろぼうをつかまえにいったおかねもちのおひゃくしょうさんのさんにんのむすこ「とうもろこしどろぼう-メキシコ民話」西本鶏介文;武井武雄絵　フレーベル館(キンダーおはなしえほん傑作選17)　1978年2月

むすこ(カラバこうしゃく)
こなひきがしんでねこいっぴきをざいさんとしてもらったいちばんしたのむすこ、カラバこうしゃくはねこがむすこにつけたなまえ「ながぐつをはいたねこ」ペロー原作;三木卓文;井上洋介絵　世界出版社(ABCブック)　1969年12月

むすこ(カラバこうしゃく)
こなやのおとうさんがしんだときにねこ1ぴきしかもらえなかった3ばんめのむすこ、カラバこうしゃくはねこがしゅじんにつけたなまえ「ながぐつをはいたねこ-フランスのはなし」一色義子文;村田恵理子絵　コーキ出版(絵本ファンタジア49)　1982年10月

ムスタファ
40人のおそろしいとうぞくどものかしら「アリババと40人のとうぞく」ロバート・マン文;エマニュエル・ルザッティ絵;湯浅フミエ訳　ほるぷ出版　1979年2月

ムスティ
あるひにわとりさんのうちへおつかいにいったこねこ 「ムスティとにわとりさん」 レイ・ゴッセンス作；渡辺和雄訳；上崎美恵子文 小学館(ムスティおはなし絵本1) 1981年11月

ムスティ
パパがおにわにくみたててくれたブランコにのったこねこ 「ムスティとブランコ」 レイ・ゴッセンス作；渡辺和雄訳；上崎美恵子文 小学館(ムスティおはなし絵本3) 1981年11月

ムスティ
パパといっしょにサーカスにいったこねこ 「ムスティサーカスにいく」 レイ・ゴッセンス作；渡辺和雄訳；上崎美恵子文 小学館(ムスティおはなし絵本8) 1982年6月

ムスティ
パパにおもちゃのひこうきをかってもらったこねこ 「ムスティとひこうき」 レイ・ゴッセンス作；渡辺和雄訳；上崎美恵子文 小学館(ムスティおはなし絵本7) 1982年5月

ムスティ
もりへあそびにいってかめのおばさんにあったこねこ 「ムスティとかめのおばさん」 レイ・ゴッセンス作；渡辺和雄訳；上崎美恵子文 小学館(ムスティおはなし絵本5) 1982年2月

むすめ
うまをかいバッファローをおってくらすアメリカ・インディアンの村にいたうまがだいすきなむすめ 「野うまになったむすめ」 ポール・ゴーブル作；神宮輝夫訳 ほるぷ出版 1980年7月

むすめ
おうさまがきにいっておきさきにすることにしただいじんのりこうなむすめ 「りこうなおきさき」 ガスター原作；いわさきちひろ絵；立原えりか文 講談社(いわさきちひろ・おはなしえほん3) 1984年9月

むすめ
おうさまからあしたのあさまでにわらをつむいできんのいとをつくるようにいわれたこなやのむすめ 「ランペルスティルトスキン」 ベラ・サウスゲイト再話；エリック・ウインター絵；秋晴二；敷地松二郎訳編 アドアンゲン 1974年6月

むすめ
おうさまとちえくらべをしてとうとうおきさきになったとてもかしこいだいじんのむすめ 「りこうなおきさき」 ガスター原作；光吉夏弥文；岩崎ちひろ絵 世界出版社(ABCブック) 1970年1月

むすめ
じいさんにいわれておひさまとおつきさまとおおがらすのよめさんになった三人のむすめ 「およめにいった三人のむすめ」 マブリナ絵；ブラートフ再話；宮川やすえ訳 岩崎書店(ファミリーえほん14) 1978年11月

むすめ
びょうきのおかあさんにみずをのませてあげようとしてきのひしゃくをもっていえをでたむすめ 「ななつのほし」 アンナ・ツスソウバ作・絵；高村喜美子文 学習研究社(国際版せかいのえほん21) 1985年1月

むすめ

むすめ
十五夜の晩にトーリンがあかりの下で竹かごをあんでいるとあかりの花の中からあらわれた美しいむすめ 「あかりの花-中国苗族民話」 肖甘牛採話;君島久子再話;赤羽末吉画 福音館書店 1985年1月

むすめ
年とった父母にかしをとどけるとちゅうの道であったおそろしいばけもののヌングワマをたいじしたむすめ 「怪物ヌングワマをたいじしたむすめの話-中国の昔話」 エド・ヤング再話・絵;渡辺茂男訳 偕成社 1982年1月

娘　むすめ
第12次世界大戦で世界の文明が崩壊したのちのある日地球に残された最後の一輪の花をみつけた娘 「そして、一輪の花のほかは…」 ジェイムズ・サーバー作;高木誠一郎訳 篠崎書林 1983年5月

むすめ（おきさき）
王さまのおきさきにむかえられて毎日五かせずつ糸をつむぐようめいじられたなまけもののむすめ 「トム・チット・トット」 ジェイコブズ文;吉田新一訳;鈴木康司絵 小学館（世界のメルヘン絵本10） 1978年4月

むすめ（おんなのこ）
とうさんとかあさんをはやくなくしてすむいえもからだをやすめるねどこもなかったちいさなむすめ 「ほしのぎんか」 グリム作;坂本知恵子絵;酒寄進一訳 福武書店 1986年1月

ムーダ
風の子リーニがもっていた人間からすがたを見られないようにするための小さな鈴をぬすんだフクロウ 「風の子リーニ」 ベッティーナ・アンゾルゲ作;とおやまあきこ訳 福武書店 1985年9月

むちゃくちゃさん
くずてつおきばにおかれていたおんぼろじどうしゃのジェニファーをかってむちゃくちゃにぶっとばしていったおおおとこ 「のらねことぽんこつじどうしゃ」 ビル・ピート作・絵;山下明生訳 佼成出版社（ピートの絵本シリーズ2） 1981年10月

ムック
あるときおとうさんが不慮の事故で死んでしまい大きなターバンをかぶりダマスコ剣をさげて幸運をさがしに町の門をでていったちびの男の子 「ちびのムック」 ヴィルヘルム・ハウフ文;モニカ・レイムグルーバー絵;大島かおり訳 ほるぷ出版 1979年10月

ムック
ニケアの町にひとりぼっちで住んでいたこびとで頭が人なみはずれて大きかったので小さなムック>とよばれてよく子どもたちからからかわれていた男 「小さなムックの物語」 ヴィルヘルム・ハウフ作;ウラジミール・マッハイ絵;小林佳代子訳 佑学社（世界の名作童話シリーズ） 1978年7月

ムッシュー・ラクルート
うちもおやもなくてマッチをうってくらしていたアルメットという少女をみせのまえからおいたてたかしやの男 「マッチ売りの少女アルメット」 トミー・アンゲラー文・絵;谷川俊太郎訳 集英社 1982年12月

ムーラ
スウェーデンのげんしじんヘーデンホスおやこのうし「アメリカりょこう」バッティル・アルムクビスト絵・文;やまのうちきよこ訳　徳間書店(げんしじんヘーデンホスシリーズ5)　1974年10月

ムーラ
スウェーデンのげんしじんヘーデンホスおやこのうし「マジョルカりょこう」バッティル・アルムクビスト絵・文;やまのうちきよこ訳　徳間書店(げんしじんヘーデンホスシリーズ7)　1974年11月

村びと　むらびと
はらぺこのへいたいが3にんやってきたのでいそいでたべものをかくした村びとたち「せかい1おいしいスープ」マーシャ・ブラウン再話・絵;渡辺茂男訳　ペンギン社　1979年10月

村人　むらびと
星どろぼうをつかまえようとして月にわなをかけた山のてっぺんの村の村人たち「星どろぼう」アンドレア・ディノト文;アーノルド・ローベル画;八木田宜子訳　ほるぷ出版　1978年5月

【め】

メアリー
くつのなかにすんでいたねずみのかぞくのおんなのこ「くつのなかのねずみ」ロドニー・ペッペ作・絵;小沢正訳　フレーベル館　1984年9月

メアリー
くつのなかにすんでかごつくりをしごとにしていたねずみのかぞくのおんなのこ「そらとぶバスケット」ロドニー・ペッペ作・絵;小沢正訳　フレーベル館　1985年9月

メアリー・アリス
かぜをひいてでんわでじこくをしらせるしごとをやすんだあひるのおじょうさん「メアリー・アリス　いまなんじ？」ジェフリー・アレン作;ジェームズ・マーシャル絵;小沢正訳　あかね書房(あかねせかいの本4)　1981年2月

メアリ・アン
マイク・マリガンがもっていたきれいなあかいスチーム・ショベル「マイク・マリガンとスチーム・ショベル」バージニア・リー・バートン文・絵;いしいももこ訳　福音館書店(世界傑作絵本シリーズ・アメリカの絵本)　1978年4月

メアリー・アン
よるねるときにベッドのしたになにかいるとおもっておじいちゃんをよびにいったおんなのこ「ベッドのまわりはおばけがいっぱい」ジェイムズ・スティーブンソン作・絵;岡本浜江訳　佑学社　1984年1月

メアリーアン
いつもおんなじことしかいわないおじいちゃんがおもしろいはなしをしたのでよろこんだおんなのこ「それでいいのだ！」ジェイムズ・スティーブンソン作;麻生九美訳　評論社(児童図書館・絵本の部屋)　1979年11月

めあり

メアリー・レノックス
インドで両親が亡くなったのでイギリスのヨークシャーのおじさまのもとにひきとられてきた女の子「ひみつの花園」バーネット原作;市川ジュン著 集英社(ファンタジー・メルヘン) 1983年7月

メイジー
たまごをあたためるのにあきてしまってしょうじきもののぞうのホートンにかわってくれるようにたのんだなまけどり「ぞうのホートンたまごをかえす」ドクター・スース作・絵;白木茂訳 偕成社 1968年8月

メイゼル
運をつかさどるふたりの妖精のひとりで幸運といういみの名のわかい妖精「メイゼルとシュリメイゼル-運をつかさどる妖精たちの話」アイザック・B.シンガー文;マーゴット・ツェマック画;木庭茂夫訳 冨山房 1976年11月

メイビス
しゅうてんの駅の採石会社の側線で貨車のいれかえをしてはたらいているディーゼル機関車「わんぱく機関車」ウィルバート・オードリー作;ガンバー・エドワーズ;ピーター・エドワーズ絵;桑原三郎;清水周裕訳 ポプラ社(汽車のえほん26) 1981年2月

めうし
ねんにいちどのいちの日がせまったよるにバンジョーをひきながらうたうぐうたらラバにおこされたおひゃくしょうのめうし「どじだよバンジョーラバ」ライオネル・ウィルソン文;ハロルド・バーソン絵;清水真砂子訳 アリス館牧新社 1979年4月

めうし(うし)
ねこをおどしたいぬをひとつきしためうし「ジャックはいえをたてたとさ」ポール・ガルドン絵;大庭みな子訳 佑学社(ポール・ガルドン昔話シリーズ3) 1979年11月

メオ
おじいさんのスパルタコさんといっしょにすんでいるねこ「スパルタコさんのちいさなき」ピエロ・ヴェントゥーラ作・絵;櫻井しづか訳 フレーベル館 1981年7月

メオ
おじいさんのスパルタコさんといっしょにすんでいるねこ「スパルタコさんのまいごのこづつみ」ピエロ・ヴェントゥーラ作・絵;櫻井しづか訳 フレーベル館 1984年3月

メオール兄弟　めおーるきょうだい
マレーシアのペラ州モンタバレーの村カンポンでゴム園をもつ家の男の子ラットのあそびともだちだった三人兄弟「カンポンのガキ大将」ラット作;荻島早苗;末吉美栄子訳 晶文社 1984年12月

メガネウ
ベーリング海にすんでいた目のまわりが白い輪になっていた鳥で絶滅してしまった動物「ドードーを知っていますか-わすれられた動物たち」ショーン・ライス絵;ポール・ライス;ピーター・メイリー文;斉藤たける訳 福武書店 1982年10月

女神（マリア・シヌクァン）　めがみ（まりあしぬくぁん）
むかしルソン島の中央平野にあったアラヤト山といううつくしい山をおさめていた女の神さま　「アラヤト山の女神-フィリピンの民話」ヴィルヒリオ・S.アルマリオ再話；アルベルト・E.ガモス絵；あおきひさこ訳　ほるぷ出版　1982年11月

めがみさま
あやつりにんぎょうのピノキオをたすけてくれためがみさま　「ピノキオ」若菜珪画；天神しずえ文　ひかりのくに（世界名作えほん全集3）　1966年1月

メソメソ
スザンナと友だちになった思いがけない人たちのなかのひとりヘムレンの犬　「ムーミン谷へのふしぎな旅」トーベ・ヤンソン作；小野寺百合子訳　講談社　1980年4月

めちゃいぬ
こころをいれかえておりこうさんになろうとおもってうちのアリをたいじしてやることにきめためちゃいぬ　「やったぜめちゃいぬ」フランク・ミュール作；ジョーゼフ・ライト絵；舟崎克彦訳　佑学社（ヨーロッパ創作絵本シリーズ37）　1980年9月

めちゃいぬ
みんなにめちゃいぬというよびかたをやめさせてほんとうのなまえのプリンスとしてあつかってもらいたいとかんがえたこいぬ　「めちゃいぬおうじ」フランク・ミュール作；ジョーゼフ・ライト絵；舟崎克彦訳　佑学社（ヨーロッパ創作絵本シリーズ38）　1981年5月

めちゃ犬　めちゃいぬ
うつくしいアフガン犬のかあさんとはちがってめちゃくちゃなことばかりしている小犬　「ぼくはめちゃ犬」フランク・ミュール作；ジョーゼフ・ライト絵；舟崎克彦訳　佑学社（ヨーロッパ創作絵本シリーズ23）　1979年1月

メチャクチャくん
なにひとつまともにできないやることなすことはなすことみんなめちゃくちゃな子　「メチャクチャくん」ロジャー・ハーグレーヴス作；おのかずこ訳　評論社（みすた・ぶっくす15）　1985年12月

メディシンマン
アメリカたいりくの北の森の中にひとりですみインディアンの人びとにふりかかるびょうきやさいなんをうちまかす力をもっていた人　「ムースの大だいこ-カナダ・インディアンのおはなし」秋野和子再話；秋野亥左牟画　福音館書店　1986年3月

メドロック
メアリーがひきとられたイギリスのヨークシャーのおじさまの古い大きな屋敷の家政婦　「ひみつの花園」バーネット原作；市川ジュン著　集英社（ファンタジー・メルヘン）　1983年7月

メーベル（ケーブルカー）
アメリカにしかいがんのサンフランシスコの町のさかみちをはしっている小さなケーブルカー　「ちいさいケーブルカーのメーベル」バージニア・リー・バートン作；桂宥子；石井桃子訳　ペンギン社　1980年2月

メリー
おばさんのいえにいくときにもつトランクのなかにへいたいのにんぎょうのビルをいれわすれてしまったおんなのこ 「かしこいビル」 ウィリアム・ニコルソン作；松岡享子；吉田新一訳 ペンギン社 1982年6月

メリッサ
森のはずれのかわいい家にすみひと月にいちどなかにてがみがはいっているまほうのとだなをもっていたねずみ 「メリッサと12のてがみ」 マリア・クラレット文・絵；岸田今日子訳 文化出版局 1985年9月

メリーナ
うみべのちいさなむらのこであるひうみであったいるかのせなかにのせてもらってうみにもぐったおんなのこ 「いるかのうみ」 ティツィアーノ・チペレッティ作；ミシェル・サンバン絵；安藤美紀夫訳 佑学社（ヨーロッパ創作絵本シリーズ32） 1979年9月

メルコン
トルコのアダナというまちで三人のどろぼうたちにやけたおんどりをぬすまれたおとこのこ 「どろぼうとおんどりこぞう」 ナニー・ホグロギアン文・絵；はらしょう訳 アリス館牧新社 1976年3月

メルリック
まほうのむだづかいをしてまほうのちからがなくなってしまったおうさまおかかえのまほうつかい 「まほうつかいとドラゴン」 デイビッド・マッキー文・絵；安西徹雄訳 アリス館牧新社 1981年2月

メルリック
まほうのむだづかいをしてまほうのちからがなくなってしまったおうさまおかかえのまほうつかい 「まほうつかいとペットどろぼう」 デイビッド・マッキー文・絵；安西徹雄訳 アリス館牧新社 1979年8月

メルリック
まほうのむだづかいをしてまほうのちからがなくなってしまったおうさまおかかえのまほうつかい 「まほうをわすれたまほうつかい」 デイビッド・マッキー文・絵；安西徹雄訳 アリス館牧新社 1976年11月

メルリック
わるいまほうつかいのソンドラックとたたかったおうさまおかかえのまほうつかい 「まほうつかいのまほうくらべ」 デイビッド・マッキー文・絵；安西徹雄訳 アリス館牧新社 1978年4月

めんどり
ねんにいちどのいちの日がせまったよるにバンジョーをひきながらうたうぐうたらラバにおこされたおひゃくしょうのめんどり 「どじだよバンジョーラバ」 ライオネル・ウィルソン文；ハロルド・バースン絵；清水真砂子訳 アリス館牧新社 1979年4月

めんどり（にわとり）
いけにうかんでいたまるいものをあたためようとしたしりたがりやのこいぬをみてわらっためんどり 「しりたがりやのこいぬとたまご」 イバ・ヘルツィーコバー作；ズデネック・ミレル絵；千野栄一訳 偕成社 1976年7月

めんどり(にわとり)
いごこちのいいちいさないえにねこといぬとねずみといっしょにすんでいたおとなしいあかいめんどり 「おとなしいめんどり」 ポール・ガルドン作;谷川俊太郎訳 瑞木書房 1980年8月

めんどり(にわとり)
おひゃくしょうさんのにわにすんでいてあるひはたけのなかでむぎのつぶをみつけた一わのめんどり 「めんどりとむぎ」 ベラ・サウスゲイト再話;ロバート・ラムレイ絵;秋晴二,敷地松二郎訳編 アドアンゲン 1974年6月

めんどり(にわとり)
サーカスにいれてもらっておおきなたまごをぽんぽんとうんでみせたとさかのおおきなめんどりさん 「たまご ぽん!」 ルース・ヒュルリマン作・絵;佐藤裕子文 学習研究社(国際版せかいのえほん15) 1985年1月

めんどり(にわとり)
たいへんりこうだったのでずるいきつねにはけっしてつかまらなかった一わのめんどり 「ずるいきつねとめんどり」 ベラ・サウスゲイト再話;ロバート・ラムレイ絵;秋晴二;敷地松二郎訳編 アドアンゲン 1974年6月

めんどり(にわとり)
なにかがあたまのうえにおちてきたのをそらがおちてきたのだとおもいおうさまにしらせにいっためんどり 「たいへんたいへん-イギリス昔話」 渡辺茂男訳;長新太絵 福音館書店 1968年4月

めんどり(にわとり)
むかしもりのはずれのちいさないえにたった1わですんでいたかわいいめんどり 「かわいいめんどり-イギリスとタジクの民話から」 木島始作;羽根節子絵 福音館書店 1967年7月

めんどり(にわとり)
川のそばにおばあさんとまごのマーシャとすんでいためんどり 「りんごころりん-ロシア民話」 パホーモフ絵;宮川やすえ再話 岩崎書店(母と子の絵本4) 1973年3月

メンドリ(ニワトリ)
10月のある日うら庭に昨日まではえてなかった1本のリンゴの木を見たメンドリ 「ローベルおじさんのどうぶつものがたり」 アーノルド・ローベル作;三木卓訳 文化出版局 1981年5月

めんどりかあさん
ひとりでこむぎをはたけにまいてみのらせてぱんをやいためんどりかあさん 「めんどりとこむぎつぶ-イギリス民話」 安泰絵;小出正吾文 フレーベル館(キンダーおはなしえほん傑作選21) 1978年4月

めんどりコッコ(にわとり)
こむぎのつぶをみつけてたねをまきできたこむぎこでパンをやいたちいさなあかいめんどり 「パンをたべるのはだれですか?」 ジャニナ・ドマンスカ作;岩田みみ訳 ほるぷ出版 1979年10月

めんと

めんどり社長　めんどりしゃちょう
あひるのメアリー・アリスがはたらいているでんわサービス会社の社長のめんどり「メアリー・アリス いまなんじ？」ジェフリー・アレン作；ジェームズ・マーシャル絵；小沢正訳　あかね書房(あかねせかいの本4)　1981年2月

めんどりとおんどり(にわとり)
のはらにおちていたまっしろいたまごをじぶんのだといっためんどりとおんどり「ふしぎなたまご」ディック・ブルーナ文・絵；石井桃子訳　福音館書店(子どもがはじめてであう絵本)　1964年6月

【も】

モーガン船長　もーがんせんちょう
大西洋の港ポルト・ロッソから燈台守のロビンや村人たちをさらっていったイギリスの軍艦無敵号の船長「ロビンと海賊」エルマンノ・リベンツィ文；アデルキ・ガッローニ絵；河島英昭訳　ほるぷ出版　1979年3月

モグ
クリスマスのひにうちのひとやおきゃくさんにあそんでもらえなくてやねのうえにのぼったねこ「モグのクリスマス」ジュディス・ケル文・絵；わだよしおみ訳　大日本絵画(かいがのえほん)　1979年1月

モグ
トーマスさんのいえにかわれてどじねことよばれているわすれんぼうのねこ「わすれんぼうのねこモグ」ジュディス・ケル文・絵；わだよしおみ訳　大日本絵画(かいがのえほん)　1979年1月

モクモク
むかしからずっときしゃのたまりばでかもつれっしゃをいれかえるしごとをやっているおんぼろきかんしゃ「おんぼろきかんしゃモクモク」ビル・ピート作・絵；山下明生訳　佼成出版社(ピートの絵本シリーズ3)　1981年11月

もぐら
おおきなぽけっとのついたずぼんがほしくなりあまのくきをぬいてきれをつくったもぐら「もぐらとずぼん」エドアルド・ペチシカ文；ズデネック・ミレル絵；うちだりさこ訳　福音館書店(世界傑作絵本シリーズ・チェコの絵本)　1967年12月

もぐら
コランさんのはたけからおいだされてジェレミというおじいさんのいえのにわにすませてもらうことになったもぐらたち「もぐらくんがんばる」マリー・ジョゼ・サクレ作・.絵；面谷哲郎文　学習研究社(国際版せかいのえほん20)　1985年1月

もぐら
とおりをはしるじどうしゃをみてじぶんでもいろんなぶひんをみつけてじどうしゃをくみたてたもぐら「もぐらとじどうしゃ」エドアルド・ペチシカ文；ズデネック・ミレル絵；うちだりさこ訳　福音館書店(世界傑作絵本シリーズ・チェコの絵本)　1969年5月

もぐら(グラボー)
まちはずれのはらっぱにやってきたパワーショベルにつかみあげられてなげおとされてにげだしたもぐら 「もぐらのグラボー」 ルイズ・ムルシェツ作・絵；山室静訳 実業之日本社(せかいのえほんスイス) 1972年1月

もぐら(スキントさん)
オークアプルの森のはたねずみのグラント大佐のかげろうやしきにお茶によばれたもぐらのくつやさん 「はたねずみのグラント大佐」 ジェニー・パートリッジ作；神宮輝夫訳 ティビーエス・ブリタニカ(オークアプルの森のおはなし2) 1982年7月

もぐら(スキントさん)
オークアプルの森のもぐらのくつやのおじさん 「もぐらのスキントさん」 ジェニー・パートリッジ作；神宮輝夫訳 ティビーエス・ブリタニカ(オークアプルの森のおはなし1) 1982年7月

もぐら(ハナジロ)
プリデインの国からぬすまれた白ぶたヘン・ウェンをおって死の国へいった男コルをたすけたもぐら 「コルと白ぶた」 ロイド・アリグザンダー作；エバリン・ネス絵；神宮輝夫訳 評論社(児童図書館・絵本の部屋) 1980年1月

もぐら(ハリー)
おしゃれなきつねのバジルのともだちのもぐら 「ゆかいなバジル ふねをこぐ」 ピーター・ファーミン作・絵；黒沢ひろし訳 金の星社 1980年2月

もぐら(ハリー)
かしこいきつねのバジルのともだちのもぐら 「ゆかいなバジル ドラゴンたいじ」 ピーター・ファーミン作・絵；黒沢ひろし訳 金の星社 1980年6月

もぐら(ハリー)
しんせつなきつねのバジルのともだちのもぐら 「ゆかいなバジル いえをたてる」 ピーター・ファーミン作・絵；黒沢ひろし訳 金の星社 1979年9月

もぐら(ハリー)
せわずきなきつねのバジルのともだちのもぐら 「ゆかいなバジル くんしょうをもらう」 ピーター・ファーミン作・絵；黒沢ひろし訳 金の星社 1980年3月

もぐら(ハリー)
はたらきもののきつねのバジルのともだちのもぐら 「ゆかいなバジル うみへいく」 ピーター・ファーミン作・絵；黒沢ひろし訳 金の星社 1980年2月

もぐら(ハリー)
はたらきもののきつねのバジルのともだちのもぐら 「ゆかいなバジル ジャングルへいく」 ピーター・ファーミン作・絵；黒沢ひろし訳 金の星社 1979年2月

もぐら(ハリー)
ゆかいなきつねのバジルのともだちのもぐら 「ゆかいなバジル たからさがし」 ピーター・ファーミン作・絵；黒沢ひろし訳 金の星社 1979年6月

モグラ(ボリスおじさん)
モグラのモードのたいくつしているおじさん 「モグラおじさんのたいくつたいじ」 マージョリー・ワインマン・シャーマット文；サミス・マックリーン絵；池本佐恵子訳 国土社 1981年10

もくら

モグラ(モード)
たいくつしているボリスおじさんをたすけてあげようとしたモグラのおんなのこ 「モグラおじさんのたいくつたいじ」 マージョリー・ワインマン・シャーマット文；サミス・マックリーン絵；池本佐恵子訳 国土社 1981年10月

もぐら(モール)
ようせいのトロルといっしょに森の木をきってクリスマスツリーをかざったもぐら 「ふたりのクリスマスツリー」 トーニ・ジョンストン文；ウォーレス・トリップ絵；中山知子訳 国土社 1980年11月

もぐら(モールディ)
心やさしき紳士のもぐら 「グレー・ラビットスケートにゆく」 アリスン・アトリー作；マーガレット・テンペスト絵；神宮輝夫；河野純三訳 評論社 (児童図書館・絵本の部屋 グレー・ラビット1) 1978年12月

もぐら(モールディ)
心やさしき紳士のもぐら 「グレー・ラビットのクリスマス」 アリスン・アトリー作；マーガレット・テンペスト絵；河野純三訳 評論社 (児童図書館・絵本の部屋 グレー・ラビット5) 1982年11月

もぐら(モールディ)
心やさしき紳士のもぐら 「グレー・ラビットのスケッチ・ブック」 アリスン・アトリー作；マーガレット・テンペスト絵；河野純三訳 評論社 (児童図書館・絵本の部屋 グレー・ラビット10) 1982年11月

もぐら(モールディ)
心やさしき紳士のもぐら 「グレー・ラビットパーティをひらく」 アリスン・アトリー作；マーガレット・テンペスト絵；神宮輝夫；河野純三訳 評論社 (児童図書館・絵本の部屋 グレー・ラビット2) 1978年12月

もぐら(モールディ)
心やさしき紳士のもぐら 「グレー・ラビットパンケーキをやく」 アリスン・アトリー作；マーガレット・テンペスト絵；河野純三訳 評論社 (児童図書館・絵本の部屋 グレー・ラビット12) 1983年3月

もぐら(モールディ)
心やさしき紳士のもぐら 「もぐらのモールディのおはなし」 アリスン・アトリー作；マーガレット・テンペスト絵；河野純三訳 評論社 (児童図書館・絵本の部屋 グレー・ラビット6) 1982年9月

もぐら(モールディ)
心やさしき紳士のもぐら 「大うさぎのヘアーとイースターのたまご」 アリスン・アトリー作；マーガレット・テンペスト絵；河野純三訳 評論社 (児童図書館・絵本の部屋 グレー・ラビット9) 1983年3月

もぐら(ラウラ)
いぬのボブがレタスばたけにかくしたボールをじめんのしたのうちにもってかえったもぐら 「すてきなボール」 アッティリオ・カッシネリ絵；カレン・グントルプ作；岸田衿子訳 ひかりのくに(アッティリオとカレンのえほん) 1973年1月

もぐら(ラウラ)
はるになってじめんのなかからかおをだしたもぐら 「みんなめをさまして」 アッティリオ・カッシネリ絵;カレン・グントルプ作;岸田衿子訳 ひかりのくに(アッティリオとカレンのえほん) 1972年1月

モーグリ
インドのジャングルでおおかみにそだてられたにんげんのこ 「ジャングル・ブック」 キップリング原作;林陽子文;清水勝絵 世界出版社(ABCブック) 1969年9月

もじ
あいうえおのきとよばれたきのはっぱのうえでちらばってくらしていたもじたち 「あいうえおのき」 レオ・レオニ作;谷川俊太郎訳 好学社 1975年1月

モジャ
クッデルバッハの町でハンスといっしょにやさしい犬どろぼうのフーゴのてつだいをしたけむくじゃらの犬 「やさしい犬どろぼうのお話」 K.ブランドリ;B.シュタウファー作;H.アルテンブルガー画;渡辺和雄訳 小学館(世界の創作童話9) 1979年12月

もじゃもじゃベン
ねずみのかいぞくたちにしまにおきざりにされたじいさんねずみ 「やかんかいぞくせん」 ロドニー・ペッペ作・絵;小沢正訳 フレーベル館 1984年9月

モズの兄弟(チュークチューク)　もずのきょうだい(ちゅーくちゅーく)
とおい昔オーストラリアのケープヨークで山犬ガイヤをつかって人間をつかまえていたエルジンばあさんのちかくにやってきた兄弟 「大きな悪魔のディンゴ」 ディック・ラウジィ作・絵;白石かずこ訳 集英社 1980年12月

モチ
インドの小さな村に住む男の子アルーンと大のなかよしの大きなゾウ 「村にダムができる」 クレーヤ・ロードン文;ジョージ・ロードン絵;光吉夏弥訳 岩波書店(岩波の子どもの本) 1954年9月

もっく
たべものさがしがとってもへたなくま 「くまのもっくはおなかがぺこぺこ」 イワン・ガンチェフ作;やまわききょう訳 DEMPA/ペンタン 1986年7月

モード
おとうさんにピクニックにつれていってもらったねこのおんなのこ 「おとうさんねこのおくりもの」 メアリー・チャルマーズ作・絵;まつのまさこ訳 福音館書店(世界傑作絵本シリーズ・アメリカの絵本) 1980年8月

モード
たいくつしているボリスおじさんをたすけてあげようとしたモグラのおんなのこ 「モグラおじさんのたいくつたいじ」 マージョリー・ワインマン・シャーマット文;サミス・マックリーン絵;池本佐恵子訳 国土社 1981年10月

ものしりさん
雪の中でこごえていたサーカスの男の子をひきとった村の修道院のものしりのブラザー 「天国のサーカスぼうや」 ジョバンニ・ボネット作;ジーノ・ガビオリ絵;えびなひろ文 女子パウロ会 1981年1月

もはと

モバート
ビジーランドこくのぶたのリリーひめをさらったどろぼうのおやぶんのおおかみ 「ペザントくんのかいじゅうたいじ」 リチャード・スキャリー作;國眼隆一訳 ブック・ローン出版(スキャリーおじさんのどうぶつえほん9) 1984年8月

モービー・ディク
エイハブ船長の帆船に追いかけられてロビン少年が乗った幽霊船のかげにかくれた白い鯨 「ロビンと海賊」 エルマンノ・リベンツィ文;アデルキ・ガッローニ絵;河島英昭訳 ほるぷ出版 1979年3月

モペット
おかあさんねこタビタ・トウィチットさんのむすめのねこ 「こねこのトムのおはなし」 ビアトリクス・ポター作・絵;いしいももこ訳 福音館書店(ピーターラビットの絵本4) 1971年11月

モペット
おかあさんねこタビタ・トウィチットさんのむすめのねこ 「ひげのサムエルのおはなし」 ビアトリクス・ポター作・絵;いしいももこ訳 福音館書店(ピーターラビットの絵本14) 1974年2月

モペットちゃん
ねずみにからかわれたこねこ 「モペットちゃんのおはなし」 ビアトリクス・ポター作・絵;いしいももこ訳 福音館書店(ピーターラビットの絵本5) 1971年11月

もみの木　もみのき
森のなかではやくおとなになりたくていらいらしていた小さなもみの木 「もみの木」 ハンス・クリスチャン・アンデルセン作;スベン・オットー・S.絵;木村由利子訳 ほるぷ出版 1984年7月

モモ
子どもたちといっしょにおじいちゃんのところへやきたてのチョコレートケーキをとどけるおつかいのたびにでた子うま 「ねらわれたチョコレートケーキ」 デビッド・マクフェイル文・絵;吉田新一訳 国土社 1980年11月

モリイ
両親をなくしたジョン・ニーという男の子と一緒に叔父さんが住むというロンドンへ行くことになったしゃべる猫 「おしゃべり猫モリイ」 ルドウィック・アシュケナージー作;ディーター・ウィズミュラー絵;中山千夏訳 CBS・ソニー出版 1979年1月

モーリス
熱病の男の子トマの家にすみついている亡霊で夜になるとトマが飛んでいく美しい島でトマと話をしてくれるおじいさん 「トマと無限」 ミシェル・デオン作;エティエンヌ・ドゥルセール絵;塚原亮一訳 篠崎書林 1979年3月

モリス
クリスマスツリーのしたにふしぎなふくろのはいったプレゼントのはこをみつけたうさぎのおんなのこ 「モリスのまほうのふくろ」 ローズマリー・ウエルズ作;大庭みな子訳 文化出版局 1977年11月

モリス
りょうしがやってくるのでかくれようとしてもかくればしょがなくてこまってしまったぞう 「かくれんぼぞうさん」 デービッド・マクフェイル作・絵;中川健蔵訳 トモ企画 1983年1月

モリス・マックガーク
スニーロックじいさんのみせのうしろのあきちでサーカスをやってみたいとおもっているちびのおとのこ 「ぼくがサーカスやったなら」 ドクタースース作;渡辺茂男訳 日本パブリッシング 1970年1月

モーリツ
マクスといっしょに村じゅうでいたずらばかりしていた子ども 「マクスとモーリツのいたずら」 ヴィルヘルム・ブッシュ文・絵;上田真而子訳 岩波書店 1986年4月

モーリッツ
マックスとふたりでむらのひとたちにしょっちゅうわるさをはたらいてはこまらせたいたずらっこ 「マックスとモーリッツ」 ヴィルヘルム・ブッシュ作;佐々木田鶴子訳 ほるぷ出版(ほるぷクラシック絵本) 1986年1月

モリッツ
もりのなかからまちにでてきたさいごのいっぴきのきょうりゅうドラヒンをペットにしたおとこのこ 「ドラヒンのおもいでばなし」 アッヒム・ブレーガー文;ギゼーラ・カロー絵;古川柳子訳 文化出版局 1981年12月

もりねずみだんしゃく
のばらの村のまんなかにあるかしの木やかたにすんでいるねずみ 「春のピクニック」 ジル・バークレム作;岸田衿子訳 講談社(のばらの村のものがたり) 1981年5月

もりねずみだんしゃく
のばらの村のまんなかにあるかしの木やかたにすんでいるねずみ 「木の実のなるころ」 ジル・バークレム作;岸田衿子訳 講談社(のばらの村のものがたり) 1981年5月

モール
ようせいのトロルといっしょに森の木をきってクリスマスツリーをかざったもぐら 「ふたりのクリスマスツリー」 トーニ・ジョンストン文;ウォーレス・トリップ絵;中山知子訳 国土社 1980年11月

モールしんぷさん
オーストリアの小さな村オーバンドルフの教会のしんぷさんでクリスマスのうた「きよしこの夜」のことばをかいた人 「クリスマスのうた-きよしこの夜」 ジーノ・ガビオリ絵;リーノ・ランジオ作;わきたあきこ文 女子パウロ会 1978年9月

モールディ
心やさしき紳士のもぐら 「グレー・ラビットスケートにゆく」 アリスン・アトリー作;マーガレット・テンペスト絵;神宮輝夫;河野純三訳 評論社(児童図書館・絵本の部屋 グレー・ラビット1) 1978年12月

モールディ
心やさしき紳士のもぐら 「グレー・ラビットのクリスマス」 アリスン・アトリー作;マーガレット・テンペスト絵;河野純三訳 評論社(児童図書館・絵本の部屋 グレー・ラビット5) 1982年11月

もるて

モールディ
心やさしき紳士のもぐら 「グレー・ラビットのスケッチ・ブック」 アリスン・アトリー作；マーガレット・テンペスト絵；河野純三訳 評論社（児童図書館・絵本の部屋 グレー・ラビット10） 1982年11月

モールディ
心やさしき紳士のもぐら 「グレー・ラビットパーティをひらく」 アリスン・アトリー作；マーガレット・テンペスト絵；神宮輝夫；河野純三訳 評論社（児童図書館・絵本の部屋 グレー・ラビット2） 1978年12月

モールディ
心やさしき紳士のもぐら 「グレー・ラビットパンケーキをやく」 アリスン・アトリー作；マーガレット・テンペスト絵；河野純三訳 評論社（児童図書館・絵本の部屋 グレー・ラビット12） 1983年3月

モールディ
心やさしき紳士のもぐら 「もぐらのモールディのおはなし」 アリスン・アトリー作；マーガレット・テンペスト絵；河野純三訳 評論社（児童図書館・絵本の部屋 グレー・ラビット6） 1982年9月

モールディ
心やさしき紳士のもぐら 「大うさぎのヘアーとイースターのたまご」 アリスン・アトリー作；マーガレット・テンペスト絵；河野純三訳 評論社（児童図書館・絵本の部屋 グレー・ラビット9） 1983年3月

モンダミン
かみさまのいいつけでインディアンのむらにヒアワーサとちからくらべにやってきたわかもの 「ヒアワーサものがたり-アメリカみんわ」 小沢正文；水四澄子絵 世界出版社（ABCブック） 1970年1月

モンティー
がっこうへいくウサギのトムたちをまいあさせなかにのせて川をわたっていたのにあるひなつやすみをとってしまったワニ 「モンティー」 ジェイムズ・スティーブンソン作；麻生九美訳 評論社（児童図書館・絵本の部屋） 1980年6月

モンヤ
イスラム帝国のカリフのアブドラ・アル-マモンの妃でオマル王子の母 「イスラムの王子」 キャロル・バーカー作；宮副裕子訳 ほるぷ出版 1979年3月

【や】

やぎ
アルプスのまきばでやぎかいのしごとをするヤンコのおきにいりのきかんぼのちびやぎ 「おおかみとちびやぎ」 ミッシャ・ダムヤン作；マックス・ヴェルジュイス絵；芦野あき訳 佑学社 1986年9月

やぎ
おおかみにつかまったこやぎ 「イソップのおはなし」 イソップ作;山中恒文;佐藤忠良絵 偕成社(世界おはなし絵本28) 1972年1月

やぎ
おかあさんがとめたのにもりへでかけたわがままこやぎ 「わがままこやぎ」 ミハルコフ作;宮川やすえ訳・文;小沢良吉絵 ひさかたチャイルド(ひさかたメルヘン25) 1982年9月

やぎ
おかあさんのやぎにるすのあいだはおおかみをいえにいれないようにいわれた七ひきのこやぎ 「七ひきの子やぎ」 若菜珪画;深沢邦朗文 ひかりのくに(世界名作えほん全集7) 1966年1月

やぎ
おかあさんのやぎのいうことをきかないでもりにいったこやぎ 「もりはおおさわぎ」 ミハルコフ作;浜田廣介文;佐藤忠良絵 偕成社(ひろすけ絵本10) 1965年12月

やぎ
お母さんのいうことをきかないでさんぽにでかけたきかんきの子やぎ 「やぎさんなかないで」 ミハルコフ作;ボラティンスキー絵;岡上理穂訳 福武書店 1986年7月

やぎ
かわのむこうにはえているおいしそうなくさをたべたくておにがすんでいるはしをわたってみた三びきのやぎ 「三びきのやぎ」 ベラ・サウスゲイト再話;ロバート・ラムレイ絵;秋晴二;敷地松二郎訳編 アドアンゲン 1974年6月

やぎ
まちはずれのあきちにすみとなりのじどうしゃすてばをうろつくばんけんにひるもよるもおびえていためすのこやぎ 「めすのこやぎとおそろしいいぬ」 チャールズ・キーピング作;渡辺茂男訳 ほるぷ出版 1976年9月

やぎ
ゆきがふったひにだれかがいえにおいていってくれたかぶをこじかのいえにもっていってあげたこやぎ 「しんせつなともだち」 フアン・イーチュン作;君島久子訳;村山知義画 福音館書店 1965年4月

ヤギ
おばあさんのむぎばたけにはいりこんででていかないガラスめだまときんのつのがあるヤギ 「ガラスめだまときんのつののヤギ―白ロシア民話」 田中かな子訳;スズキコージ画 福音館書店 1985年1月

ヤギ(アカ)
スイスのたかい山のなかの村でヤギかいの少年マウルスがシュチーナおばあさんからあずかっているヤギ 「マウルスと三びきのヤギ」 アロワ・カリジェ文・絵;大塚勇三訳 岩波書店 1969年11月

やぎ(アリーヌ)
夏休みにひつじかいのおじさんの村へあそびにいったファンファン少年たちが山のぼくじょうへつれていったひつじたちのなかにいた子やぎ 「ファンファンとやぎ」 ピエール・プロブスト文・絵;那須辰造訳 講談社(世界の絵本フランス) 1971年6月

やき

やぎ（がらがらどん）
やまのくさばでふとろうとやまへのぼっていくとちゅうにたにがわのはしでおおきなトロルにたべられそうになった三びきのやぎ 「三びきのやぎのがらがらどん－北欧民話」 マーシャ・ブラウン絵；せたていじ訳　福音館書店　1965年7月

やぎ（グリゼット）
きんのつのをもっているのがじまんでサーカスへいってにんきものになろうとしためすのやぎ 「きんのつのをもったやぎ」 アンリ・コルネリュス作；エリザベト・イバノブスキ絵；黒木義典訳；板谷和雄文　ブック・ローン出版（ファランドールえほん11）　1981年1月

やぎ（ジョセフィン）
コーギ犬のカレブがコーギビルむらのやぎレースにしゅつじょうさせるためにくんれんしていたやぎ 「コーギビルのむらまつり」 タシャ・テューダー作；渡辺茂男訳　冨山房　1976年7月

ヤギ（シロ）
スイスのたかい山のなかの村でヤギかいの少年マウルスがシュチーナおばあさんからあずかっているヤギ 「マウルスと三びきのヤギ」 アロワ・カリジェ文・絵；大塚勇三訳　岩波書店　1969年11月

やぎ（ゼッピー）
マリアンちゃんのつくったおもちゃのようなふねにのってかわをくだってちいさいしまにいったやぎ 「ピクニックにいかない？」 マグリット・ヘイマン作・絵；関根栄一文　エミール館　1979年11月

ヤギ（チビ）
スイスのたかい山のなかの村でヤギかいの少年マウルスがシュチーナおばあさんからあずかっているヤギ 「マウルスと三びきのヤギ」 アロワ・カリジェ文・絵；大塚勇三訳　岩波書店　1969年11月

やぎ（テレザ）
じぶんにつりあうりっぱなおむこさんをえらぼうとしておおかみのおよめさんになるといったやぎの娘 「森と牧場のものがたり」 ヨセフ・ラダ絵；ヴィエラ・プロヴァズニコヴァー文；さくまゆみこ訳　佑学社（おはなし画集シリーズ2）　1980年6月

やぎ（ドーン・チョーレチャ）
いつもおなかをすかせていたプンクマインチャにあたまのつのからパンとスープをだしてくれたふたつあたまのふしぎなめすのやぎ 「プンクマインチャーネパール民話」 大塚勇三再話；秋野亥左牟画　福音館書店　1968年2月

やぎ（ピケット）
ミミというおんなのこのうちでかわれることになりきしゃにのってやってきたやぎ 「しろいやぎピケット」 フランソワーズ絵・文；曽野綾子訳　講談社（世界の絵本アメリカ）　1971年7月

やぎ（びりい）
たくさんたべてふとったのでおひゃくしょうにたべられそうになりかこいをやぶってにげだしたやぎ 「やぎのびりいとふとったなかまたち」 ノニー・ホグローギアン作；金井直訳　文化出版局　1973年10月

やぎ(ブランケット)
スガンさんのうちのにわからにげだしてやまのなかへいったやぎ 「スガンさんのやぎ」ドーデー原作;岸田衿子文;中谷千代子絵 偕成社 1966年12月

やきにくぞく
ステーンとフリーサをさらったどうぶつのにくをこのむものたち 「イギリスりょこう」 バッティル・アルムクビスト絵・文;やまのうちきよこ訳 徳間書店(げんじんヘーデンホスシリーズ8) 1974年11月

やきものや
むかしビルマの国の大きな川がながれるそばのある町に友だちのそめものやとふたりなかよくすんでいたやきものや 「ゾウをいれるつぼ―ビルマの昔話」 木島始訳;山内亮絵 小学館(世界のメルヘン絵本14) 1978年9月

ヤクブ
むらのおんなのことゆきだるまをつくってあそんだおとこのこ 「ゆきのおうま」 ミレナ・ルケショバー文;ヤン・クドゥラーチェク絵;千野栄一訳 ほるぷ出版 1984年4月

ヤーコブ
もりでみちにまよってしまいおなかがすいてけちんぼのカトリンのいえにいったおとこのひと 「かなづちスープ」 ユルゲン・ヴルフ作・絵;楠田枝里子訳 佑学社 1979年4月

ヤコブ
ある日ほうきやぼろきれでかいじゅうにへんそうして「魔女の庭」にしのびこんだ七人の子どもたちのいちばん年上の子 「魔女の庭」 リディア・ポストマ作;熊倉美康訳 偕成社 1983年4月

ヤコブ
みなみのくにでふゆをすごすためにおかあさんとはじめてのながいたびをしたこうのとりのぼうや 「こうのとりぼうや はじめてのたび」 イワン・ガンチェフ作;佐々木田鶴子訳 偕成社 1985年5月

ヤコブ
大きな森のはずれにあった小さないえにすんでいたどうぶつがすきなきょうだいのおとこの子 「ヤコブとリザのもり」 マルタ・コッチ作・絵;長浜宏訳 佑学社(ヨーロッパ創作絵本シリーズ28) 1979年3月

ヤーコプ
人間の「あいつ」と一緒に暮らしている猫 「猫のヤーコプのすてきな冒険」 トーマス・ヘルトナー作;スヴェン・ハルトマン絵;犬養智子訳 CBS・ソニー出版 1984年10月

ヤーコプ
人間の「あいつ」と一緒に暮らしている猫 「猫のヤーコプの誕生」 トーマス・ヘルトナー作;スヴェン・ハルトマン絵;犬養智子訳 CBS・ソニー出版 1984年10月

ヤーコプ
人間の主人の「あいつ」とくらしている猫 「猫のヤーコプの恋」 トーマス・ヘルトナー作;スヴェン・ハルトマン絵;犬養智子訳 CBSソニー出版 1978年10月

やこぷ

ヤーコプ
人間の主人の「あいつ」とくらしている猫 「猫のヤーコプ魔法と子ねこ」トーマス・ヘルトナー作;スヴェン・ハルトマン絵;犬養智子訳 CBSソニー出版 1982年4月

ヤーコプ
人間の主人の「あいつ」と暮らしている猫 「猫のヤーコプ」トーマス・ヘルトナー文;スヴェン・ハルトマン絵;犬養智子訳 エイプリル・ミュージック 1978年6月

ヤーコプ
人間の主人の「あいつ」と暮らしている猫 「猫のヤーコプのすてきな世界」トーマス・ヘルトナー文;スヴェン・ハルトマン絵;犬養智子訳 エイプリル・ミュージック 1978年7月

ヤソダ
ひとびとにしあわせをもたらす神クリシュナをそだてた母 「クリシュナ物語」パンドパダヤイ・ラマナンダ文・絵;若林千鶴子訳 蝸牛社(かたつむり文庫) 1984年12月

ヤチ
ブラジルの大きなもりのおくにすみとうもろこしでつくったクルミンというなまえのにんぎょうをとてもかわいがっていたおんなのこ 「ヤチのおにんぎょう－ブラジル民話より」C.センドレラ文;グロリア・カラスサン・バイベ絵;長谷川四郎訳 ほるぷ出版 1976年9月

ヤツェク
こぐまのミーシャのともだちの男の子 「かえってきたミーシャ」チェスワフ・ヤンチャルスキ文;ズビグニエフ・ルイフリツキ絵;坂倉千鶴訳 ほるぷ出版 1985年5月

ヤツェク
だれもかってくれないのでおもちゃやからおもてへでたぬいぐるみのこぐまのミーシャをうちにつれていってくれた男の子 「ミーシャのぼうけん」チェスワフ・ヤンチャルスキ文;ズビグニエフ・ルィフリツキ絵;坂倉千鶴訳 ほるぷ出版 1985年5月

やどやのしゅじん
じいさんがかぜのかみからもらったごちそうのでるテーブルかけをぬすんだやどやのしゅじん 「ごちそうのでるテーブルかけ－ロシア民話」宮川やすえ再話;田島征彦絵 文研出版(ジョイフルえほん傑作集17) 1979年11月

やにゅう
ちからのつよいこどものおれまーいとおおげんかをしたおに 「おによりつよいおれまーい－サトワヌ島民話」土方久功再話・画 福音館書店 1975年7月

ヤペテ
ノアの3にんのむすこたちのひとり 「ノアのはこぶね」クリフォード・ウェッブ文・絵;松居直訳 福音館書店(世界傑作絵本シリーズ・イギリスの絵本) 1973年12月

やまあらし
クリスマスのげきにでたいとおもったのにほかのどうぶつのこどもたちからいやがられてやくがもらえなかったやまあらしのこども 「クリスマスのほし」ジョセフ・スレイト文;フェリシア・ボンド絵 聖文舎 1983年10月

やまあらし(エミリー)
あかとあおときいろの3しょくのえのぐをつかってえをかくのをいぬのパトーにおしえることになったやまあらし 「アリスとパトー えのコンクール」エリザベス・ミラー；ジェイン・コーエン文；ヴィクトリア・チェス絵；西園寺知子訳 文化出版局 1982年9月

山犬(ガイヤ)　やまいぬ(がいや)
とおい昔のオーストラリアで主人のエルジンばあさんにつかわれて人間をつかまえていた悪魔のように大きい山犬ディンゴ 「大きな悪魔のディンゴ」ディック・ラウジィ作・絵；白石かずこ訳 集英社 1980年12月

やまうずら
のねずみからてがみをかくほねをいっぽんくれないかとたのまれたやまうずら 「すずめのまほう」ニクレビチョーバ作；内田莉莎子文；山中冬児絵 偕成社(世界おはなし絵本20) 1971年1月

やまうずら(ブラウニー)
たにまでたくましくいきるやまうずらのおやこのおかあさん 「やまうずらのレッド・ラッフ」シートン原作；小林清之介文；滝波明生絵 チャイルド本社(チャイルド絵本館・シートン動物記Ⅱ-8) 1985年11月

やまうずら(レッド・ラッフ)
たにまでたくましくいきるやまうずらのおやこのおとうさん 「やまうずらのレッド・ラッフ」シートン原作；小林清之介文；滝波明生絵 チャイルド本社(チャイルド絵本館・シートン動物記Ⅱ-8) 1985年11月

ヤマタカボウさん
オシャベリさんにみせでよるまでしゃべりまくられてしょうばいにならなかったぼうしやのごしゅじん 「オシャベリさん」ロジャー・ハーグレーヴス作；おのかずこ訳 評論社(みすた・ぶっくす20) 1985年12月

やまねこ
かりうどのオージーグととてもなかよしだったどうぶつたちのなかのやまねこ 「なつをとりにいったかりうど—アメリカインディアンのはなし」光延哲郎文；中村有希絵 コーキ出版(絵本ファンタジア10) 1977年6月

やまねこ
こどもたちのえさをもとめてもりのこやにあらわれたおおやまねこ 「しょうねんとおおやまねこ」シートン原作；小林清之介文；伊藤悌夫絵 チャイルド本社(チャイルド絵本館・シートン動物記12) 1985年3月

やまねずみ
ゆきのなかでめをさましてはなをくんくんさせたやまねずみ 「はなをくんくん」ルース・クラウス文；マーク・サイモント絵；きじまはじめ訳 福音館書店(世界傑作絵本シリーズ・アメリカの絵本) 1967年3月

やーら
おおむかしのことたーしーざんのふもとにすんでいたゆみのめいじんであるばんそらにあらわれたぎらぎらもえるつきをいとしてひとびとをたすけてあげたおとこ 「つきをいる—中国民話」君島久子訳；瀬川康男画 福音館書店 1962年10月

やん

やん
はたけにまいたたねをとりたちにたべられないようにかかしをつくったおひゃくしょう「おひゃくしょうのやん」ディック・ブルーナ文・絵;石井桃子訳 福音館書店(子どもがはじめてであう絵本) 1984年1月

ヤン
かんむりのようなつのをもっているというさんど・ひるのおうさましかをつかまえてやろうとしたりょうし「おうさましかのものがたり」シートン原作;内山賢次訳;関英雄案;松下紀久雄画 福音館書店 1956年1月

ヤン
サンドヒルのおかにすむうつくしいおすじかをおいつづけるわかいかりゅうど「サンドヒルのおじか」シートン原作;小林清之介文;清水勝絵 チャイルド本社(チャイルド絵本館・シートン動物記11) 1985年2月

ヤン
マリアンちゃんのつくったおもちゃのようなふねにのってかわをくだってちいさいしまにいったいぬ「ピクニックにいかない?」マグリット・ヘイマン作・絵;関根栄一文 エミール館 1979年11月

ヤンコ
アルプスのまきばでやぎのせわをするやぎかいのおとこのこ「おおかみとちびやぎ」ミッシャ・ダムヤン作;マックス・ヴェルジュイス絵;芦野あき訳 佑学社 1986年9月

ヤンシー
くまがりのめいじんでかりにつかういぬをたくさんかっていたひと「わんぱくビリー」シートン原作;小林清之介文;若菜等絵 チャイルド本社(チャイルド絵本館・シートン動物記Ⅱ-3) 1985年6月

【ゆ】

ユアン
カにちをすわれるのがいやでかやをつったおとこのこ「われたたまご-フィリピン民話」小野かおる再話・絵 福音館書店 1972年8月

勇者 ゆうしゃ
ペルシャの町ホラズムにいた名高い勇者プーリアとしあいをしようとしてシースタン地方からやってきたわかい勇者「勇者プーリア」アリー・アクバル・サーデギー画;黒柳恒男訳 ほるぷ出版 1979年3月

ゆきだるま
リーザにあついおちゃをのませてもらいあたたかくなってにわからあるきだしたゆきだるま「あるきだしたゆきだるま」ミラ・ローベ作;ヴィンフリート・オプゲノールト絵;佐々木田鶴子訳 偕成社 1984年11月

ゆきのじょおう
いちねんじゅうゆきとこおりにとざされたほっきょくのちかくのしろにいたゆきのじょおう「ゆきのじょおう-デンマークのはなし」三田村信行文；高木真知子絵　コーキ出版（絵本ファンタジア45）1981年12月

雪の女王　ゆきのじょおう
北極のちかくにあるお城に暮らしていた氷のように冷たい白い貴婦人「雪の女王」ハンス・C.アンデルセン原作；ナオミ・ルイス文；エロール・ル・カイン絵；内海宜子訳　ほるぷ出版　1981年1月

ゆきむすめ
こどもがなかったじいさんとばあさんがゆきのたまをころがしておおきくまるめてつくったゆきのむすめ「ゆきむすめ」宮川やすえ訳・文；岩本康之亮絵　ひさかたチャイルド（ひさかた絵本館10）1982年1月

ゆきむすめ
子どものいないじいさんとばあさんが雪で作った女の子「ゆきむすめ」I.カルナウーホワ再話；田中かな子訳；土方重巳絵　小学館（世界のメルヘン絵本23）1980年2月

ユージェニ
豹のオレッグを好きになった鯨「雪国の豹オレッグ」ジャン=クロード・ブリスビル文；ダニエル・ブール絵；串田孫一訳　集英社　1980年12月

ユージェニー
しゃしんやさんをはじめたねずみのヘンリーがだいすきなねずみ「ねずみのヘンリー」マルチーヌ・ブラン作・絵；矢川澄子訳　偕成社　1980年9月

ユージン
あるときふいにくらやみがこわくなってよるはたべものをとりにいけなくなったふくろねずみのおとこの子「ゆうかんになったユージン」エレン・コンフォード文；ジョン・ラレック絵；矢川澄子訳　国土社　1980年12月

ユージン
ふくろねずみのおとこの子ランドルフのおとうと「やればできるよランドルフ」エレン・コンフォード文；ローズマリー・ウエルズ絵；前田三恵子訳　国土社　1980年11月

ユージン
ふくろねずみのおんなのこジェラルディンの下のおとうと「これならおとくいジェラルディン」エレン・コンフォード文；ジョン・ラレック絵；岸田衿子訳　国土社　1980年11月

ユダ
キリスト教をしんじたコンスタンティヌス帝の母ぎみヘレナにイエスがはりつけにされた十字架のありかをしっているといった男「十字架ものがたり」ブライアン・ワイルドスミス作・絵；わたなべひさよ訳　らくだ出版　1983年11月

ゆめうりおじさん
あたまのぼうしのうえにハトをのせてはこのなかからゆめをとりだして「ぼく」のてにわたしたおじさん「ゆめうりおじさん」リーゼロッテ・シュヴァルツ作；矢川澄子訳　冨山房　1978年12月

ゆめく

ゆめくい小人（小人）　ゆめくいこびと（こびと）
子どもをおどかすこわいゆめをたべるという月の光ににた小人「ゆめくい小人」ミヒャエル・エンデ作；アンネゲルト・フックスフーバー絵；佐藤真理子訳　偕成社　1981年11月

ゆめみくん
ゆめみるおとこの子ジャックをれきしのじゅぎょうちゅうにぼうけんにつれていったくもみたいな子「ゆめみくん」ロジャー・ハーグレーヴス作；たむらりゅういち訳　評論社（みすた・ぶっくす3）　1980年1月

ユリ
森でトロルのいることをしんじてトロルのことばかりしゃべっていたので三びきのトロルをよろこばせたきょうだいのいもうと「三びきのかなしいトロル」マリー・ブランド作・絵；奥田継夫；木村由利子訳　岩崎書店（新・創作絵本24）　1981年8月

ユーリア
ひとりぼっちでおしろにとりのこされたフーバク王さまのためにあたらしいけらいをみつけてあげようとしたことりのネポムークがであった小さな女の子「おしろレストラン」クルト・バウマン文；マリー・ジョゼ・サクレ絵；いけだかよこ訳　文化出版局　1982年12月

ユリアさん
しまもようのすきなブルーノおじさんが町であったおなじしまもようのすきな女の人「しましまってすばらしい」ポウル・マール作・画；志賀朝子訳　小学館（世界の創作童話17）　1981年4月

ユリク
年頃のねこリジンカが好きになった近所のはずかしがりやの犬「森と牧場のものがたり」ヨセフ・ラダ絵；ヴィエラ・プロヴァズニコヴァー文；さくまゆみこ訳　佑学社（おはなし画集シリーズ2）　1980年6月

ユリシーズ・モリソン（キャプテン）
ロンドンの街をさまよい歩いていたジョン・ニーという男の子としゃべる猫モリイを家に住ませてくれた船乗りの男「おしゃべり猫モリイ」ルドウィック・アシュケナージー作；ディーター・ウィズミュラー絵；中山千夏訳　CBS・ソニー出版　1979年1月

ユリンカ
おとうさんのレオポルドにこのよでいちばんつよいもののよめになれといわれたむすめのねずみ「ねずみのレオポルド」リブシエ・パレチコバー文；ヨゼフ・パレチェック絵；千野栄一訳　フレーベル館　1981年7月

【よ】

ヨアヒム
いらなくなったものがいえからあふれだしごみの山になった町にやってきてごみをかたづけがらくたをくみあわせておしろをつくったおとこ「どうろそうじふのヨアヒム」クルト・バウマン作；デヴィッド・マッキー絵；松代洋一訳　佑学社（ヨーロッパ創作絵本シリーズ18）　1978年9月

ヨアヒム
まわりを山でかこまれたちいさなくにのこっきょうけいびにんで王さまにおっかけられてきたいぬをにがしてやってろうやにいれられたおとこ 「こっきょうけいびにんのヨアヒム」 クルト・バウマン作；デヴィッド・マッキー絵；松代洋一訳 佑学社（ヨーロッパ創作絵本シリーズ19） 1978年10月

ヨアヒム・キレイズキ
とってもきそくただしいはたらきものだったのにあるひきゅうにかわってしまったおまわりさん 「おまわりさんのヨアヒム」 クルト・バウマン作；デヴィッド・マッキー絵；松代洋一訳 佑学社（ヨーロッパ創作絵本シリーズ17） 1978年9月

ようせい
スコットランドのようせいのおかにすみあるひかじやのむすこをつれていったようせい 「かじやとようせい―スコットランドの昔話」 三宅忠明再話；荻太郎画 福音館書店 1978年12月

ようせい
チルチルとミチルといっしょにあおいとりをさがしたようせい 「メーテルリンクのあおいとり」 ブライアン・ワイルドスミス文・絵；きくしまいくえ訳 らくだ出版 1982年12月

ようせい
ミヒルの家のうらにわにすんでいたともだちのようせいたち 「ぬすまれたかがみ」 リディア・ポストマ作；熊倉美康訳 偕成社 1982年4月

妖精　ようせい
野山に棲んでいる妖精たち 「妖精たち小人たち」 エルンスト・クライドルフ作；矢川澄子訳 童話屋 1982年11月

妖精　ようせい
野山の花に棲んでいる妖精たち 「花を棲みかに」 エルンスト・クライドルフ作；矢川澄子訳 童話屋 1983年11月

ようせい（フィフィネラ）
森でおとしたくつのかたほうを茶ねずみのカーリーにひろってもらったようせいのおんなのこ 「靴屋のカーリーと妖精の靴」 マーガレット・テンペスト作；寺岡恂訳 ほるぷ出版 1982年10月

ヨーザ
炭やきのエロミールのちびでよわむしのむすこで友だちの鳥からなんでも大きくできるまほうのバイオリンをもらった男の子 「ヨーザとまほうのバイオリン」 ヤーノシュ作；矢川澄子訳 偕成社 1981年5月

ヨセフ
かみの子イエスをみごったマリアというむすめとけっこんすることになっていたわかもの 「クリスマスのはじまり」 レイチェル・ビリントン作；バーバラ・ブラウン絵；太田愛人訳 佑学社 1983年11月

ヨセフ
ベツレヘムのちいさなうまごやでうまれたかみさまのこどもイエスのちち 「クリスマスってなあに」 ディック・ブルーナ作；舟崎靖子訳 講談社 1982年10月

よせふ

ヨセフ
もうすぐあかちゃんがうまれるマリアのだんなさんのだいく 「きよしこのよる」 チェレスティーノ・ピアッティ絵　日本基督教団出版局　1979年8月

ヨセフ
ユダヤのくにのナザレのまちにいたマリヤというむすめのいいなずけのだいく 「クリスマスのものがたり」 フェリクス・ホフマン作;しょうのこうきち訳　福音館書店(世界傑作絵本シリーズ・日本とスイスの絵本)　1975年10月

ヨセフ
救い主イエスの母マリアの夫 「クリスマス物語」 ヤン・ピアンコフスキー絵;小畑進訳　講談社(講談社の翻訳絵本)　1985年11月

ヨセフさん
かみさまのあかちゃんをうむことになっていたマリヤさんをつれてナザレからうまれたまちのベツレヘムへかえってきた男の人 「クリスマスおめでとう」 トミー・デ・パオラ絵　聖文舎　1982年11月

ヨセフさん
てんのみつかいからかみのみこイエスさまのおかあさんになるといわれたマリヤさんをおよめさんにしたおとこのひと 「うまごやでうまれたイエスさま」 フィリス・ブランネン絵;いのちのことば社社会教育部編　いのちのことば社　1978年11月

ヨタカ
ヒタキにじぶんのくちばしのじまんをしたとり 「くちばし」 ビアンキ作;田中かな子訳;薮内正幸絵　福音館書店　1965年10月

ヨナ
かみのことばにさからってふねにのってにげるとちゅうであらしにあったよげんしゃ 「さかなにのまれたヨナのはなし」 栗原マサ子再話;W.ハットン絵　すぐ書房　1985年12月

ヨナ
神のことばにしたがわないで船にのりこみあらしをよびよせたヘブライ人 「大きな魚にのまれたヨナ」 C.ブッラ文;アイヒンガー絵;生野幸吉訳　岩波書店　1977年12月

ヨナス
あっというまに麦を刈りとるコンバインという機械をもっていたのに干草熱にかかってしまって麦のとりいれがおわってから村にやってきた大男 「むぎうちヨナス」 クルト・バウマン文;マルタ・コチー絵;大塚勇三訳　文化出版局　1982年11月

ヨナス
すえっ子のロッタちゃんのにいさん 「ロッタちゃんとクリスマスツリー」 アストリッド・リンドグレーン作;イロン・ヴィークランド絵;山室静訳　偕成社　1979年12月

ヨナス
すえっ子のロッタちゃんのにいさん 「ロッタちゃんとじてんしゃ」 アストリッド・リンドグレーン作;イロン・ヴィークランド絵;山室静訳　偕成社　1976年4月

ヨーニー
はじめてよなかの12じまでおきていたムレワップむらのなかよし3にんぐみのねずみ 「ぼくたちなかよし めざましどけい」 ヘルメ・ハイネ作・絵;佐々木元訳 フレーベル館 1985年11月

ヨーニー
ムレワップむらのいたずらずきのなかよし3にんぐみのねずみ 「ぼくたちなかよし にぐるま」 ヘルメ・ハイネ作・絵;佐々木元訳 フレーベル館 1985年11月

ヨーニー
ムレワップむらのすごーくなかよしの3にんぐみのねずみ 「ぼくたちなかよし おきゃくさま」 ヘルメ・ハイネ作・絵;佐々木元訳 フレーベル館 1985年11月

四人きょうだい(きょうだい)　よにんきょうだい(きょうだい)
おとうさんにわかれをつげて町をでていってそれぞれしごとのうでをみがいた四人きょうだい 「うできき四人きょうだい-グリム童話」 フェリクス・ホフマン画;寺岡寿子訳 福音館書店 1983年8月

4にんのこども(こども)　よにんのこども(こども)
クリスマスのばんのまよなかにねむれなくてベッドをぬけだしてクリスマス・ツリーのあるへやへおりていった4にんのこどもたち 「クリスマス・イブ」 マーガレット・W.ブラウン文;ベニ・モントレソール絵;矢川澄子訳 ほるぷ出版 1976年9月

ヨリンゲル
わかいむすめのヨリンデともうすぐ結婚することになっていた恋人 「ヨリンデとヨリンゲル-グリム童話」 ベルナデッテ・ワッツ絵;若木ひとみ訳 ほるぷ出版 1982年4月

ヨリンデ
恋人のヨリンゲルもうすぐ結婚することになっていたむすめ 「ヨリンデとヨリンゲル-グリム童話」 ベルナデッテ・ワッツ絵;若木ひとみ訳 ほるぷ出版 1982年4月

ヨルバ族　よるばぞく
アフリカの部族の人びと 「絵本アフリカの人びと-26部族のくらし」 レオ・ディロン;ダイアン・ディロン絵;マーガレット・マスグローブ文;西江雅之訳 偕成社 1982年1月

よろこびくん
雪の中でこごえていたところを助けだされて村の修道院にひきとられたサーカスの曲芸師の男の子 「天国のサーカスぼうや」 ジョバンニ・ボネット作;ジーノ・ガビオリ絵;えびなひろ文　女子パウロ会 1981年1月

【ら】

らいおん
あるあさラチというよわむしのおとこのこのベッドのそばにいてラチをつよいこどもにしてくれたちいさなあかいらいおん 「ラチとらいおん」 マレーク・ベロニカ文・絵;とくながやすもと訳　福音館書店(世界傑作絵本シリーズ・ハンガリーの絵本) 1965年7月

らいお

らいおん
アンディががっこうへいくとちゅうであったサーカスからにげだしたらいおん 「アンディとらいおん」 ジェームズ・ドーハーティ文・絵;村岡花子訳 福音館書店(世界傑作絵本シリーズ・アメリカの絵本) 1961年8月

らいおん
ピエールのところにやってきたはらぺこらいおん 「ピエールとライオン」 モーリス・センダック作;神宮輝夫訳 冨山房 1986年8月

らいおん
フランスのまちにすみどうぶつえんにいえをもっていたいつもごきげんならいおん 「ごきげんならいおん」 ルイーズ・ファティオ文;ロジャー・デュボアザン絵;むらおかはなこ訳 福音館書店(世界傑作絵本シリーズ・アメリカの絵本) 1964年4月

ライオン
あるひじぶんのあしのあいだをあるいたネズミをきずつけずににがしてやったおんがえしにわなからたすけてもらったライオン 「ライオンとネズミ」 ラ・フォンテーヌ文;ブライアン・ワイルドスミス絵;わたなべしげお訳 らくだ出版 1969年1月

ライオン
あるひなにもかもがさかさまになってちっぽけなライオンになりいばっていたことをこうかいしたライオン 「おおきなりすとちいさなさい」 ミッシャ・ダムヤン作;ラルフ・ステッドマン絵;大島かおり訳 佑学社(ヨーロッパ創作絵本シリーズ29) 1979年3月

ライオン
いぬとトラとあたまのうえにりんごをなんこのせられるかきょうそうしたライオン 「あたまのうえにりんごがいくつ?」 セオ・レスィーグ作;ロイ・マッキー絵;田村隆一訳 ペンギン社 1977年9月

ライオン
いぬとトラとりんごを十こあたまのうえにのせてあそんだライオン 「みんなのあたまにりんごが十二」 セオ・レスィーグ作;ロイ・マッキー絵;坂西志保文 日本パブリッシング(ビギナーブック) 1968年1月

ライオン
かじがおきてサーカスからにげだしたライオン 「にげだしたライオン」 ゲーテ作;前川康男文;田名網敬一絵 偕成社(世界おはなし絵本10) 1972年1月

ライオン
たいへんなおおごえのもちぬしでほかのどうぶつたちがにげだしてしまうのがさびしくてともだちをさがしにでかけたライオン 「ライオンくんはひとりぼっち」 ジョン・アストロップ作・絵;舟崎克彦訳 ポプラ社(世界のほんやくえほん13) 1979年9月

ライオン
ねずみをたべないでたすけてやったおれいにりょうしのあみにかかってしまったときにねずみにたすけてもらったライオン 「ライオンとねずみ—イソップ童話」 エド・ヤング絵;田中とき子訳 岩崎書店(えほん・ドリームランド10) 1981年10月

ライオン
フィディプスといっしょにおひめさまをたすけにいったはらぺこライオン 「フィディプスとはらぺこライオン」 アンネゲルト・フクスフーバー作・絵;さきおかよしみ訳 フレーベル館 1983年11月

ライオン
ライオンつかいのめいじんのランディさんとサーカスにでていた5とうのライオンでぶたいにでるとこちんこちんにあがってしまうコチコチびょうのライオンたち 「ライオンたちはコチコチびょう」 ビル・ピート作・絵;山下明生訳 佼成出版社(ピートの絵本シリーズ10) 1982年6月

ライオン
自分の王国の道を歩いていると道ばたに小さなテントウムシを見たライオンの王さま 「ローベルおじさんのどうぶつものがたり」 アーノルド・ローベル作;三木卓訳 文化出版局 1981年5月

ライオン
小ネズミの命を助けてあげたお礼にあみをもった人間につかまった災難からネズミにすくってもらったライオン 「ライオンとねずみ−古代エジプトの物語」 リーセ・マニケ文・絵;大塚勇三絵 岩波書店 1984年10月

ライオン
森がほろぼされようとしてすむところもなくなってきたどうぶつたちをつれてノアはかせにあいにいった森の王者のライオン 「うちゅうせんノア号」 ブライアン・ワイルドスミス文・絵;きくしまいくえ訳 らくだ出版 1983年11月

ライオン(アロイス)
なにかといっては戦争をはじめる人間に腹をたて子どもたちのために動物たちで会議をひらいたライオン 「どうぶつ会議」 エーリヒ・ケストナー文;ワルター・トリヤー絵;光吉夏弥訳 岩波書店(岩波の子どもの本) 1954年12月

ライオン(イーライ)
としをとっておくびょうになりのこりかすのほねをハゲタカどもといっしょにしゃぶるありさまになったライオン 「イーライじいさんのすてきなともだち」 ビル・ピート作・絵;山下明生訳 佼成出版社(ピートの絵本シリーズ13) 1986年2月

ライオン(グスタフ)
サーカスだんをでてじぶんたちだけでサーカスをはじめた六にんのはんらんぐみの一ぴきのライオン 「ごうじょっぱりのピエロ」 ミッシャ・ダムヤン作;ギアン・カスティ絵;山室静訳 佑学社(ヨーロッパ創作絵本シリーズ5) 1978年4月

らいおん(ノーベル)
どうぶつのくにのおうさまらいおん 「きつねのさいばん」 ゲーテ原作;二反長半文;山田三郎絵 世界出版社(ABCブック) 1970年1月

ライオン(ファリドンぼうや)
おりからでてどうぶつえんをさんぽした三びきのちびっこライオンのきょうだいの一ぴき 「三びきのちびっこライオン」 ポール・ブクジル文;ジョゼフ・ウィルコン絵 那須辰造訳 講談社 (講談社の翻訳絵本) 1984年5月;講談社(世界の絵本フランス) 1971年2月

ライオン（ファリボルぼうや）
おりからでてどうぶつえんをさんぽした三びきのちびっこライオンのきょうだいの一ぴき 「三びきのちびっこライオン」 ポール・ブクジル文；ジョゼフ・ウィルコン絵；那須辰造訳　講談社（講談社の翻訳絵本）　1984年5月；講談社（世界の絵本フランス）　1971年2月

ライオン（フランソワぼうや）
ライオンくんのこどもでしいくがかりのむすこのフランソワくんとおなじなまえがつけられたぼうや 「ぼうやで三びき」 ルイーゼ・ファティオ作；ロジャー・デュボアザン絵；今江祥智訳　佑学社（ごきげんなライオン3）　1978年10月

ライオン（ヘンリー）
トラのジュリアスたちとみんなでジャングルをでてりょこうをしてさばくのオアシスまでいったライオン 「しんせつなラクダのハンフリー」 ダイアン・エルソン文・絵；河津千代訳　アリス館牧新社　1975年12月

ライオン（ヘンリー）
ワニのようにみどりいろになってジャングルでいちばんうつくしいどうぶつになりたいとおもっていたトラのジュリアスをえのぐでみどりいろにぬってやったライオン 「みどりいろのトラ」 ダイアン・エルソン文・絵；河津千代訳　アリス館牧新社　1975年12月

ライオン（ポゴ）
アフリカのむらびとたちにおこってきたのくにへいったたいようをおとこのこマブウとさがしにいったライオンのこ 「マブウとたいよう」 三浦幸子絵；レスリー・ゲルティンガー作　福武書店　1983年10月

ライオン（ミラベルちゃん）
おりからでてどうぶつえんをさんぽした三びきのちびっこライオンのきょうだいの一ぴき 「三びきのちびっこライオン」 ポール・ブクジル文；ジョゼフ・ウィルコン絵；那須辰造訳　講談社（講談社の翻訳絵本）　1984年5月；講談社（世界の絵本フランス）　1971年2月

ライオン（ラオ）
むちゅうでちょうをおいかけているうちにもりのなかへはいってしまいかえりみちがわからなくなってしまったライオンの子 「ラオのぼうけん」 ルネ・ギヨ文；中谷千代子絵・訳　講談社　1984年11月

ライオン（レオポルト）
動物たちの学校時代の同窓写真にうつったライオン 「ぼくたちを忘れないで」 フリーデル・シュミット；ヴァルトラウト・ランケ作；森村桂訳　CBS・ソニー出版　1978年8月

ライオン（レオポルド）
おばけのホレイショといっしょにおんがくをきかせるたびをつづけてふるいおしろへいったライオン 「レオポルドたびにでる」 ラルス・トリアー絵・文；すぎやまじゅんこ訳　らくだ出版（デンマークのえほん2）　1977年6月

ライオン（レオポルド）
ともだちをさがしてみなみのくにからあるいていっておばけのホレイショのうちまでいったライオン 「レオポルドおばけにあう」 ラルス・トリアー絵・文；すぎやまじゅんこ訳　らくだ出版（デンマークのえほん1）　1977年5月

ライオン王　らいおんおう
じぶんのくにのじめんになにもみのらなくなったのでたべもの大じんをつれてとなりぐにににでかけていった王　「せんそうとへいわ」マイケル・フォアマン作；せたていじ訳　評論社（児童図書館・絵本の部屋）1985年8月

ライオンくん
あるひさんぽにいってたすけたうさぎのジョーほかのこうさぎたちをうちにいれてやったライオンくん　「うさぎがいっぱい」ルイーゼ・ファティオ作；ロジャー・デュボアザン絵；今江祥智；遠藤育枝訳　佑学社（ごきげんなライオン8）1979年5月

ライオンくん
サーカスのフラボーおやかたにどうぶつえんからつれだされふねにのってアフリカへいったライオンくん　「アフリカでびっくり」ルイーゼ・ファティオ作；ロジャー・デュボアザン絵；今江祥智；遠藤育枝訳　佑学社（ごきげんなライオン1）1978年12月

ライオンくん
ざいさんをともだちにあげるためにゆいごんじょうをかこうとしたライオンくん　「すてきなたからもの」ルイーゼ・ファティオ作；ロジャー・デュボアザン絵；今江祥智；遠藤育枝訳　佑学社（ごきげんなライオン7）1978年9月

ライオンくん
どうぶつえんでおくさんをもらってこどもができたライオンくん　「ぼうやで三びき」ルイーゼ・ファティオ作；ロジャー・デュボアザン絵；今江祥智訳　佑学社（ごきげんなライオン3）1978年10月

ライオンくん
どうぶつえんのくまのおりにあたらしくやってきたくまくんとほえてうなりあったライオンくん　「ともだちはくまくん」ルイーゼ・ファティオ作；ロジャー・デュボアザン絵；今江祥智；遠藤育枝訳　佑学社（ごきげんなライオン5）1979年5月

ライオンくん
どうぶつえんのしいくがかりのむすこのフランソワくんとはまべにでかけるとちゅうでおまわりさんにおいかけられて大ききゅうにのりこんだライオンくん　「たのしいそらのたび」ルイーゼ・ファティオ作；ロジャー・デュボアザン絵；今江祥智；遠藤育枝訳　佑学社（ごきげんなライオン6）1979年4月

ライオンくん
どうぶつえんをにげだしてなかよしのフランソワくんにあいにいったライオンくん　「ともだちさがしに」ルイーゼ・ファティオ作；ロジャー・デュボアザン絵；今江祥智；遠藤育枝訳　佑学社（ごきげんなライオン4）1978年10月

ライオンくん
まちにやってきたサーカスのうつくしいライオンの王女さまをつれだしてじぶんのいえにかくしたライオンくん　「しっぽがふたつ」ルイーゼ・ファティオ作；ロジャー・デュボアザン絵；今江祥智訳　佑学社（ごきげんなライオン2）1978年9月

ライオンのおうさま
もりのなかでぶたのかしゅローランドのうたをききゅうでんへつれてかえったライオンのおうさま　「ぶたのめいかしゅローランド」ウィリアム・スタイグ作；瀬田貞二訳　評論社（児童図書館・絵本の部屋）1975年10月

らいね

ライネケ
どうぶつのくにのみんなにわるいことばかりしていてさいばんにかけられることになったきつね 「きつねのさいばん」 ゲーテ原作;二反長半文;山田三郎絵 世界出版社(ABCブック) 1970年1月

ライル
いっしょにくらしているプリムさん一家のジョシュアくんのたんじょうパーティーがうらやましくてげんきをなくしてしまったワニ 「ワニのライルとたんじょうパーティー」 バーナード・ウェーバー作;小杉佐恵子訳 大日本図書(ワニのライルのおはなし3) 1984年8月

ライル
プリムさん一家といっしょにくらしていてどんな人にもすかれていたのにある日ひどい手紙をもらったワニ 「ワニのライルとなぞの手紙」 バーナード・ウェーバー作;小杉佐恵子訳 大日本図書(ワニのライルのおはなし4) 1984年8月

ライル
むかしいっしょに舞台にでていたバレンティさんとおかあさんさがしのたびにでることにしたワニ 「ワニのライル、おかあさんをみつける」 バーナード・ウェーバー作;小杉佐恵子訳 大日本図書(ワニのライルのおはなし5) 1984年9月

ライル
東88番通りにひっこしてきたプリムさん一家のあき家に前からいた芸のできるきだてのよいクロコダイル・ワニ 「ワニのライルがやってきた」 バーナード・ウェーバー作;小杉佐恵子訳 大日本図書(ワニのライルのおはなし1) 1984年7月

ライル
東88番通りのプリムさんの家にすんでいたワニできんじょのグランプスさんのうちのねこのロレッタにこわがられていたワニ 「ワニのライル、動物園をにげだす」 バーナード・ウェーバー作;小杉佐恵子訳 大日本図書(ワニのライルのおはなし2) 1984年7月

ラウラ
いぬのボブがレタスばたけにかくしたボールをじめんのしたのうちにもってかえったもぐら 「すてきなボール」 アッティリオ・カッシネリ絵;カレン・グントルプ作;岸田衿子訳 ひかりのくに(アッティリオとカレンのえほん) 1973年1月

ラウラ
ネコがたくさんいる横丁のとなりのマンションにひっこしてきたきょうだいのおねえさん 「ネコ横丁」 イブ・スパン・オルセン作;木村由利子訳 文化出版局 1980年2月

ラウラ
はるになってじめんのなかからかおをだしたもぐら 「みんなめをさまして」 アッティリオ・カッシネリ絵;カレン・グントルプ作;岸田衿子訳 ひかりのくに(アッティリオとカレンのえほん) 1972年1月

ラオ
むちゅうでちょうをおいかけているうちにもりのなかへはいってしまいかえりみちがわからなくなってしまったライオンの子 「ラオのぼうけん」 ルネ・ギヨ文;中谷千代子絵・訳 講談社 1984年11月

らくだ
あるひのことひつじのミューデューリューがいつもつながれているいちじくのきのしたにやってきた三びきのらくだ 「ひとりぼっちのひつじ」 アンゲリカ・カウフマン作・絵;おおしまかおり訳 佑学社(オーストリア・創作絵本シリーズ2) 1978年7月

ラクダ
あるひきばつなことをおもいつきとりやさるたちにてつだってもらってけものたちみんなとどうぶつえんをでていったラクダの子 「どうぶつえんをぬけだしたラクダ」 パスカル・アラモン作;せたていじ訳 評論社(児童図書館・絵本の部屋) 1980年3月

ラクダ
バレリーナになろうと心をきめたラクダ 「ローベルおじさんのどうぶつものがたり」 アーノルド・ローベル作;三木卓訳 文化出版局 1981年5月

らくだ(クーニベルト)
動物たちの学校時代の同窓写真にうつったらくだ 「ぼくたちを忘れないで」 フリーデル・シュミット;ヴァルトラウト・ランケ作 森村桂訳 CBS・ソニー出版 1978年8月

ラクダ(ハンフリー)
ジャングルをでてりょこうにいったトラのジュリアスたちがさばくのオアシスであったしんせつなラクダ 「しんせつなラクダのハンフリー」 ダイアン・エルスン文・絵;河津千代訳 アリス館牧新社 1975年12月

ラクーン
なまけもののくまのブッバとバッバのともだちのラクーン 「なまけもののくまさん-ロシア民話より」 マリア・ポリューシュキン再話;ディアン・ド・グロート絵;河津千代訳 アリス館牧新社 1977年4月

ラゴプス・スコティカス
ロッホナガーの湖の底に落ちて行ったおじいさんがあった水の神さま 「ロッホナガーのおじいさん」 チャールズ英皇太子殿下作;サー・ヒューキャッソン英王立美術院院長;宮本昭三郎訳 サンケイ出版 1981年7月

ラシーヌさん
庭の梨の木になる梨をとっていたへんな動物をつかまえてともだちになり世にもめずらしい動物としてパリへつれていった老人 「ラシーヌおじさんとふしぎな動物」 トミー・ウンゲラー作;たむらりゅういち;あそうくみ訳 評論社(児童図書館・絵本の部屋) 1977年11月

ラジュ
もりのなかでおとうさんとくらしぞうのアプーをともだちにしていたおとこのこ 「ぼくとアプー」 ジャグデシュ・ジョシー作;渡辺茂男訳 講談社 1984年5月

ラース
まずしいむすめのヘルガと結婚せずに金持ちのむすめでおへちゃのインジと結婚することにしたハンサムなトロールの男 「ヘルガの持参金」 トミー・デ・パオラ作;ゆあさふみえ訳 ほるぷ出版 1981年9月

らすぷ

ラスプーチン
ちび雲のコロンビーヌのうえにのせてもらって雲をしたにおろしてあげた子ねずみ 「ちいさな雲とねずみ君」 ポール・アレン作;ミリアム・デュルゥ絵;三間由紀子訳 ジー・シー・プレス 1985年9月

ラタ
とおいみなみのしまにいたわかものでおとうさんのなきがらをはこびりっぱなかぬーをつくるためにもりのすばらしいきをきりたおしたおとこ 「おおきなかぬー(ポリネシア)」 大塚勇三再話;土方久功絵 福音館書店 1963年1月

らたくせ
いじわるなさい 「ババールの旅行」 ジャン・ド・ブリューノフ原作;那須辰造訳 講談社(フランス生まれのババール絵本3) 1965年12月

ラチ
あるあさベッドのそばにいたちいさなあかいらいおんにつよいこどもにしてもらったよわむしのおとこのこ 「ラチとらいおん」 マレーク・ベロニカ文・絵;とくながやすもと訳 福音館書店(世界傑作絵本シリーズ・ハンガリーの絵本) 1965年7月

ラッセ
ネコがたくさんいる横丁のとなりのマンションにひっこしてきたきょうだいのおとうと 「ネコ横丁」 イブ・スパン・オルセン作;木村由利子訳 文化出版局 1980年2月

ラット
グレー・ラビットのところでたべものをぬすんでりすのスキレルにしっぽをだんごにされてしまったねずみ 「ねずみのラットのやっかいなしっぽ」 アリスン・アトリー作;マーガレット・テンペスト絵;神宮輝夫;河野純三訳 評論社(児童図書館・絵本の部屋 グレー・ラビット3) 1979年11月

ラット
マレーシアにあるスズの採鉱地区のどまんなかペラ州モンタバレーの村カンポンでゴム園をもつ家の男の子 「カンポンのガキ大将」 ラット作;荻島早苗;末吉美栄子訳 晶文社 1984年12月

ラティ
ロンドンのふるいアパートのちかしつにすみがらくたをあつめてうっていたぎょうしょうにん 「エミリーさんとまぼろしの鳥」 チャールズ・キーピング作;八木田宜子訳 ほるぷ出版 1979年5月

ラ・ディケラディじいさん
アフリカの小さな村のまわりを流れていた川の水をカバが飲み干してしまった昔話をヌングに少年に聞かせたおじいさん 「ヌング少年とマダムヒッポのお話」 バベット・コール作;兼高かおる訳 CBS・ソニー出版 1979年4月

ラニー
むかしガンダーラとよばれたパキスタンの小さな町にすみ遠くで働くおとうさんをまっていた女の子 「ラニーのねがい-ガンダーラの少女のはなし」 アズラー;アービダ話;金田卓也文;金田常代絵 偕成社 1984年6月

ラバ
ねんにいちどのいちの日がちかづいてもバンジョーをひきながらうたっていたぐうたらラバ「どじだよバンジョーラバ」ライオネル・ウィルソン文;ハロルド・バースン絵;清水真砂子訳 アリス館牧新社 1979年4月

ラビ
小さな家に6にんのこどもたちとすんでいるのががまんできなくなったまずしい不幸な男がちえをかりにいったラビ「ありがたいこってす」マーゴット・ツェマック作;渡辺茂男訳 ほるぷ出版 1980年4月

ラピー
かぞくおおすぎるのでひとりになったらすきなことができてたのしいだろうなとおもってひとりではやしのなかへでかけたこうさぎ「ひとりぼっちになりたかったうさぎ」ソフィ・ジャンヌ作;C.H.サランビエ絵;黒木義典訳;板谷和雄文 ブックローン出版(ファランドールえほん3) 1984年1月

ラファエル・ダブ
ボートをかいこんでむすこのちちおやのエゼキエルとうみにのりだしぼうけんのたびをしたとら「とらくんうみをわたる」リチャード・アダムス文;ニコラ・ベーリー絵;由良君美訳 ほるぷ出版 1978年2月

ラプンゼル
まほうつかいにもりのなかのたかいとうにとじこめられてしまったうつくしいしょうじょ「ラプンゼル」ベラ・サウスゲイト再話;エリック・ウインター絵;秋晴二,敷地松二郎訳編 アドアンゲン 1974年6月

ラプンツェル
まじょにもりのおくのとうにとじこめられたてんかいちのきりょうよしのむすめ「ながいかみのラプンツェル-グリム童話」フェリクス・ホフマン絵;せたていじ訳 福音館書店(世界傑作絵本シリーズ) 1970年4月

ラプンツェル
まほうつかいのおばあさんにもりのおくの塔にとじこめられたうつくしいむすめ「ラプンツェル」グリム原作;バーナデット・ワッツ文・絵;大島かおり訳 佑学社(ヨーロッパ創作絵本シリーズ24) 1979年2月

ラプンツェル
魔女に森のなかの塔にとじこめられたうつくしい女の子「ラプンツェル」バーナディット・ワッツ絵;相良守峯訳 岩波書店 1985年7月

ラプンツェル
魔法使いにいばらにかこまれた高い塔のなかにとじこめられた美しい女の子「ラプンツェル-グリム童話より」バーバラ・ロガスキー再話;トリナ・シャート・ハイマン絵;大庭みな子訳 ほるぷ出版 1985年6月

ラヴェルさん
年とった女中にかわって編んだり紡いだりする仕事をやってくれる娘ダフィをやとったトローヴの郷士さん「ダフィと小鬼」ハーヴ・ツェマック文;マーゴット・ツェマック画;木庭茂夫訳 冨山房 1977年10月

らぽう

ラポウィンザ
あるなつのよるのことつきのわるぐちをいっておこったつきにさらわれたむらのおんなのこ「おこったつき」ウィリアム・スリーター文；ブレア・レント画；多田ひろみ訳　冨山房　1975年8月

ラマ（カルイタ）
村のチャンビ家のひとりむすこペドリトがカルイタというなまえをつけてそだてたつよくかしこいラマ「カルイタの伝説−ボリビア」アナ・マリア・デル・カルピオ文；デリオ・カルレス絵；金田直子訳　蝸牛社（かたつむり文庫）　1984年12月

ラモック
かにのアリマンゴにしかえしをするために刀をふりまわしてアラヤト山の平和をみだした蚊「アラヤト山の女神−フィリピンの民話」ヴィルヒリオ・S.アルマリオ再話；アルベルト・E.ガモス絵；あおきひさこ訳　ほるぷ出版　1982年11月

ラモル
むかしヒマラヤのたにあいにおくさんとふたりすんでいたあるばんのことこやにあらわれたおじいさんをひとばんとめてあげてたけのふえをもらったひと「ヒマラヤのふえ」A.ラマチャンドラン作・絵；きじまはじめ訳　福音館書店（世界傑作絵本シリーズ・日本とインドの絵本）　1976年11月

ラルフ
セイラのうちのあくたれねこ「あくたれラルフ」ジャック・ガントス作；ニコール・ルーベル絵；いしいももこ訳　福音館書店（世界傑作絵本シリーズ・アメリカの絵本）　1982年3月

ラン
タラクやまでいけどりにしたはいいろぐまのこジャックをそだてたりょうし「タラクやまのくまおう」シートン原作；小林清之介文；清水勝絵　チャイルド本社（チャイルド絵本館・シートン動物記Ⅱ-12）　1986年3月

ランコー
スコットランドのキルトッホ沖の黒島で国際的なニセ札偽造団のアジトで飼われていたゴリラ「黒い島のひみつ」エルジェ作；川口恵子訳　福音館書店（タンタンの冒険旅行1）　1983年4月

ランチーユさん
ごきげんなライオンくんがアフリカであったともだちのどうぶつしゃしんか「アフリカでびっくり」ルイーゼ・ファティオ作；ロジャー・デュボアザン絵；今江祥智；遠藤育枝訳　佑学社（ごきげんなライオン1）　1978年12月

ランディさん
5とうのもじゃもじゃライオンたちとサーカスにでていたライオンつかいのめいじん「ライオンたちはコチコチびょう」ビル・ピート作・絵；山下明生訳　佼成出版社（ピートの絵本シリーズ10）　1982年6月

ランドルフ
しっぽを木のえだにまきつけてさかさまにぶらさがることができないふくろねずみのおとこの子「やればできるよランドルフ」エレン・コンフォード文；ローズマリー・ウエルズ絵；前田三恵子訳　国土社　1980年11月

ランドルフ
ちゃいろうさぎのティンカーのおじさん 「ティンカーとタンカーせいぶをゆく」 リチャード・スカーリー作;小野和子訳 評論社(ティンカーとタンカーの絵本2) 1975年12月

ランドルフ
ふくろねずみのおんなのこジェラルディンのおとうと 「これならおとくいジェラルディン」 エレン・コンフォード文;ジョン・ラレック絵;岸田衿子訳 国土社 1980年11月

ランパ
中国の金沙江のほとりにあった村で楠竹を育てていたまずしい親子のむすこ 「たけむすめ-中国の昔話」 君島久子訳;丸木俊絵 小学館(世界のメルヘン絵本30) 1981年4月

ランフー
おつきよのばんにやまへくさかりにいってみちいっぱいにならべられたきんかにであったわかもの 「やまいっぱいのきんか-中国むかし話」 君島久子文;太田大八絵 偕成社 1969年7月

ランペ
わるいことばかりしているきつねのライネケをうったえたうさぎ 「きつねのさいばん」 ゲーテ原作;二反長半文;山田三郎絵 世界出版社(ABCブック) 1970年1月

ランペルスティルトスキン
おうさまからきんのいとをつむぐようにいわれたこなやのむすめのまえにあらわれたこびと 「ランペルスティルトスキン」 ベラ・サウスゲイト再話;エリック・ウインター絵;秋晴二;敷地松二郎訳編 アドアンゲン 1974年6月

【り】

リー
すばらしいまきづのをもったおおづのひつじのクラッグをねらってどこまでもおいつづけるりょうし 「やまのおうじゃクラッグ」 シートン原作;小林清之介文;日隈泉絵 チャイルド本社(チャイルド絵本館・シートン動物記Ⅱ-10) 1986年1月

リアおう
むかしイギリスのくににいたたいそうわがままなおうさま 「リアおう」 シェークスピア原作;小津次郎文;箕田源二郎絵 世界出版社(ABCブック) 1969年11月

リアグ
いさましいほっきょくぎつねのカタグとけっこんしためすぎつね 「ほっきょくぎつねものがたり」 シートン原作;小林清之介文;藤岡奈保子絵 チャイルド本社(チャイルド絵本館・シートン動物記Ⅱ-11) 1986年2月

リーガン
リアおうがくにをゆずることにした三にんのおうじょのふたりめのむすめ 「リアおう」 シェークスピア原作;小津次郎文;箕田源二郎絵 世界出版社(ABCブック) 1969年11月

りきん

リキン
あるひきのうえからおちたどんぐりがあたまにこつんとあたったのでそらがおちてきたぞとさけんではしりだしたひよこ 「ひよこのリキン」 ベラ・サウスゲイト再話;ロバート・ラムレイ絵;秋晴二;敷地松二郎訳 アドアンゲン 1974年6月

リーサ
森のはずれの庭にはきれいな花だんや野菜畑がある小さな家におばあちゃんとすんでいた女の子 「リーサの庭のはなまつり」 エルサ・ベスコフ作;石井登志子訳 文化出版局 1982年6月

リサ
にんぎょうのくまのコーちゃんをつれてせんたくやさんにいったおんなのこ 「コーちゃんのポケット」 ドン・フリーマン作;西園寺祥子訳 ほるぷ出版 1982年10月

リサ
ピーターの妹 「ピーターの自転車」 ヴァージニア・アレン・イェンセン文;イブ・スパン・オルセン絵;木村由利子訳 文化出版局 1980年7月

リサ
牧場主のバーネル家の三姉妹と同じ学校にかよう女の子でまずしくてのけものにされている姉妹の姉 「人形の家」 キャサリン・マンスフィールド原作;藤沢友一絵・反案 岩崎書店 (新・創作絵本25) 1981年8月

リーザ
ねこのバレンティンと草はらにかこまれたいえにいっしょにすんでいた女の子 「ねこのバレンティン」 スージー・ボーダル作;与田静訳 偕成社 1978年12月

リーザ
マックスとおもちゃのじどうしゃのとりあいっこをしたおんなのこ 「マックスのじどうしゃ」 バルブロ・リンドグレン作;エヴァ・エリクソン絵;おのでらゆりこ訳 佑学社 1982年10月

リーザ
ゆきだるまがにわにさむそうにたっていたのであついおちゃをのませてあげたおんなのこ 「あるきだしたゆきだるま」 ミラ・ローベ作;ヴィンフリート・オプゲノールト絵;佐々木田鶴子訳 偕成社 1984年11月

リザ
大きな森のはずれにあった小さないえにすんでいたどうぶつがすきなきょうだいのおんなの子 「ヤコブとリザのもり」 マルタ・コッチ作・絵;長浜宏訳 佑学社(ヨーロッパ創作絵本シリーズ28) 1979年3月

リサベット
町へいった日にうまぞりのうしろにとびのってしまい雪のふる森の中までいってしまった女の子 「マディケンとリサベット」 アストリッド・リンドグレーン作;イロン・ヴィークランド絵;いしいとしこ訳 篠崎書林 1986年1月

リージンカ
つかまえたちょうちょのフローリアンをあみからだしてやってフローリアンがとぶのといっしょにはしったおんなのこ 「チョウさんさようなら」 ミレナ・ルケショバー文;竹田裕子訳;ヤン・クドゥラーチェク絵 岩崎書店(世界の絵本3) 1976年1月

リジンカ
近所のはずかしがりやの犬ユリクを好きになったねこのおじょうさん 「森と牧場のものがたり」ヨセフ・ラダ絵;ヴィエラ・プロヴァズニコヴァー文;さくまゆみこ訳 佑学社(おはなし画集シリーズ2) 1980年6月

りす
あらいぐまのリトル・ラクーンがおかあさんがシマリスおばさんとおでかけしているあいだおもりをたのまれた二ひきのこりす 「おかあさんはおでかけ」リリアン・ムーア作;ジョーヤ・フィアメンギ絵;神宮輝夫訳 偕成社(創作こども文庫14) 1977年8月

りす
クリスマス・ツリーのまうえにでていたぎんいろのほしがきえてしまったのでさがしにでかけたりす 「ぎんいろのクリスマスツリー」パット・ハッチンス作;渡辺茂男訳 偕成社(世界の新しい絵本) 1975年11月

りす
たかいまどからしたにおちてしまったぬいぐるみのこぐまのバンセスをたすけてくれたりす 「バンセスきをつけて」ヤン・モーエセン作・絵;矢崎節夫訳 フレーベル館 1985年2月

りす
なにがなんでもさいよりおおきくなってしかえしをしたいとおもったりす 「おおきなりすとちいさなさい」ミッシャ・ダムヤン作;ラルフ・ステッドマン絵;大島かおり訳 佑学社(ヨーロッパ創作絵本シリーズ29) 1979年3月

りす
もりのなかにあるふるいきのあなのおうちにすんでいるわんぱくりすたち 「りすのはなし」ブライアン・ワイルドスミス作・絵;はぎようこ訳 らくだ出版 1976年5月

りす
ゆきのなかでめをさましてはなをくんくんさせたりす 「はなをくんくん」ルース・クラウス文;マーク・サイモント絵;きじまはじめ訳 福音館書店(世界傑作絵本シリーズ・アメリカの絵本) 1967年3月

りす
木の上できつつきとおしゃべりをしたりす 「鳥のうたにみみをすませば」オタ・ヤネチェック絵;フランチシェック・ネピル文;金山美莎子訳 佑学社(おはなし画集シリーズ4) 1980年9月

リス
冬の森の雪の原っぱにあらわれたリス 「森は生きている 12月のものがたり」マルシャーク作;エリョーミナ絵;斎藤公子編 青木書店(斎藤公子の保育絵本) 1986年12月

リス(カルアシ・カアチャン)
クルミを木のうろにためこんでいたハイイロリスのカルアシ・チミーのおくさん 「カルアシ・チミーのおはなし」ビアトリクス・ポター作・絵;いしいももこ訳 福音館書店(ピーターラビットの絵本18) 1983年6月

りす

リス(カルアシ・チミー)
クルミを木のうろにためこんでいたふとったハイイロリス 「カルアシ・チミーのおはなし」 ビアトリクス・ポター作・絵;いしいももこ訳 福音館書店(ピーターラビットの絵本18) 1983年6月

りす(ぎんねず)
りすのはたおといっしょにくらすことになっためすのりす 「はたおりすのぼうけん」 シートン原作;小林清之介文;若菜等絵 チャイルド本社(チャイルド絵本館・シートン動物記1) 1984年5月

りす(グリグリ)
あるはやしのなかににいさんのクロクノワとすんでいたあそぶのがだいすきなりす 「りすのきょうだい クロクノワとグリグリ」 マドレーヌ・ラーヨン作;フィリップ・サランビエ絵;黒木義典訳;板谷和雄文 ブックローン出版(ファランドールえほん9) 1984年1月

りす(クロクノワ)
あるはやしのなかにおとうとのグリグリとすんでいたはたらくことがすきなりす 「りすのきょうだい クロクノワとグリグリ」 マドレーヌ・ラーヨン作;フィリップ・サランビエ絵;黒木義典訳;板谷和雄文 ブックローン出版(ファランドールえほん9) 1984年1月

りす(スキレル)
もりのはずれの小さな家にはいいろうさぎのグレー・ラビットといっしょにすんでいたりす 「グレー・ラビットいたちにつかまる」 アリスン・アトリー作;マーガレット・テンペスト絵;神宮輝夫;河野純三訳 評論社(児童図書館・絵本の部屋 グレー・ラビット4) 1979年11月

りす(スキレル)
もりのはずれの小さな家にはいいろうさぎのグレー・ラビットといっしょにすんでいたりす 「グレー・ラビットスケートにゆく」 アリスン・アトリー作;マーガレット・テンペスト絵;神宮輝夫;河野純三訳 評論社(児童図書館・絵本の部屋 グレー・ラビット1) 1978年12月

りす(スキレル)
もりのはずれの小さな家にはいいろうさぎのグレー・ラビットといっしょにすんでいたりす 「グレー・ラビットと旅のはりねずみ」 アリスン・アトリー作;マーガレット・テンペスト絵;河野純三訳 評論社(児童図書館・絵本の部屋 グレー・ラビット8) 1981年5月

りす(スキレル)
もりのはずれの小さな家にはいいろうさぎのグレー・ラビットといっしょにすんでいたりす 「グレー・ラビットのおたんじょうび」 アリスン・アトリー作;マーガレット・テンペスト絵;河野純三訳 評論社(児童図書館・絵本の部屋 グレー・ラビット7) 1982年9月

りす(スキレル)
もりのはずれの小さな家にはいいろうさぎのグレー・ラビットといっしょにすんでいたりす 「グレー・ラビットのクリスマス」 アリスン・アトリー作;マーガレット・テンペスト絵;河野純三訳 評論社(児童図書館・絵本の部屋 グレー・ラビット5) 1982年11月

りす(スキレル)
もりのはずれの小さな家にはいいろうさぎのグレー・ラビットといっしょにすんでいたりす 「グレー・ラビットのスケッチ・ブック」 アリスン・アトリー作;マーガレット・テンペスト絵;河野純三訳 評論社(児童図書館・絵本の部屋 グレー・ラビット10) 1982年11月

りす

りす（スキレル）
もりのはずれの小さな家にはいいろうさぎのグレー・ラビットといっしょにすんでいたりす 「グレー・ラビットパーティをひらく」 アリスン・アトリー作；マーガレット・テンペスト絵；神宮輝夫；河野純三訳　評論社（児童図書館・絵本の部屋　グレー・ラビット2）　1978年12月

りす（スキレル）
もりのはずれの小さな家にはいいろうさぎのグレー・ラビットといっしょにすんでいたりす 「グレー・ラビットパンケーキをやく」 アリスン・アトリー作；マーガレット・テンペスト絵；河野純三訳　評論社（児童図書館・絵本の部屋　グレー・ラビット12）　1983年3月

りす（スキレル）
もりのはずれの小さな家にはいいろうさぎのグレー・ラビットといっしょにすんでいたりす 「もぐらのモールディのおはなし」 アリスン・アトリー作；マーガレット・テンペスト絵；河野純三訳　評論社（児童図書館・絵本の部屋　グレー・ラビット6）　1982年9月

りす（スキレル）
もりのはずれの小さな家にはいいろうさぎのグレー・ラビットといっしょにすんでいたりす 「大うさぎのヘアーかいものにゆく」 アリスン・アトリー作；マーガレット・テンペスト絵；河野純三訳　評論社（児童図書館・絵本の部屋　グレー・ラビット11）　1981年5月

りす（スキレル）
もりのはずれの小さな家にはいいろうさぎのグレー・ラビットといっしょにすんでいたりす 「大うさぎのヘアーとイースターのたまご」 アリスン・アトリー作；マーガレット・テンペスト絵；河野純三訳　評論社（児童図書館・絵本の部屋　グレー・ラビット9）　1983年3月

りす（スキレル）
もりのはずれの小さな家にはいいろうさぎのグレーラビットといっしょにすんでいたりす 「ねずみのラットのやっかいなしっぽ」 アリスン・アトリー作；マーガレット・テンペスト絵；神宮輝夫；河野純三訳　評論社（児童図書館・絵本の部屋　グレー・ラビット3）　1979年11月

りす（スバンス氏）　りす（すばんすし）
どんぐり坊やのオッケとピレリルの家がある大きなかしの木のあき部屋をかりにきたりす 「どんぐりのぼうけん」 エルサ・ベスコフ作；石井登志子訳　文化出版局　1983年8月

りす（ダニエレ）
あるさむいあさこおったおがわでころんでやまのしたまでおがわのうえをすべりおちていったりす 「りすとこおり」 アッティリオ・カッシネリ絵；カレン・グントルプ作；岸田衿子訳　ひかりのくに（アッティリオとカレンのえほん）　1972年1月

りす（トインクルベリ）
りすのナトキンのいとこのりす 「りすのナトキンのおはなし」 ビアトリクス・ポター作・絵；いしいももこ訳　福音館書店（ピーターラビットの絵本10）　1973年1月

りす（ナトキン）
みずうみのそばの森にすんでいたしりきれしっぽのあかりす 「りすのナトキンのおはなし」 ビアトリクス・ポター作・絵；いしいももこ訳　福音館書店（ピーターラビットの絵本10）　1973年1月

りす

りす（はたお）
おやがいないのでもりのなかでじぶんのちからだけでくらしていかなければならないこりす「はたおりすのぼうけん」シートン原作;小林清之介文;若菜等絵　チャイルド本社（チャイルド絵本館・シートン動物記1）　1984年5月

りす（パナシ）
森にすむりすのキックとルケットに生まれた四ひきの子りすの一ぴき「りすのパナシ」リダ文;ロジャンコフスキー絵;いしいももこ;わだゆういち訳　福音館書店（世界傑作絵本シリーズ22）　1964年10月

りす（ハリエットおばさん）
オークアプルの森に春がきてはりねずみのスナッフルおばあさんをさそいにきたりすのおばさん「はりねずみのスナッフルおばあさん」ジェニー・パートリッジ作;神宮輝夫訳　ティビーエス・ブリタニカ（オークアプルの森のおはなし6）　1982年8月

りす（ハリエットさん）
オークアプルの森であつめた山りんごでゼリーをつくったりすのおばさん「りすのハリエットさん」ジェニー・パートリッジ作;神宮輝夫訳　ティビーエス・ブリタニカ（オークアプルの森のおはなし8）　1982年8月

りす（ピルエット）
ともだちにたのまれたしごとがいそがしくてなつのあいだにたべものをたくわえておくひまがなかったしんせつなりす「りすのピルエット」アラン・グレ文;ルイ・カン絵;いはらじゅんこ訳　ペンタン（ナターンのもりのなかまたち1）　1984年10月

りす（フォレ）
森にすむりすのキックとルケットに生まれた四ひきの子りすの一ぴき「りすのパナシ」リダ文;ロジャンコフスキー絵;いしいももこ;わだゆういち訳　福音館書店（世界傑作絵本シリーズ22）　1964年10月

りす（フラム）
森にすむりすのキックとルケットに生まれた四ひきの子りすの一ぴき「りすのパナシ」リダ文;ロジャンコフスキー絵;いしいももこ;わだゆういち訳　福音館書店（世界傑作絵本シリーズ22）　1964年10月

りす（ホプシー）
山おくの森でリヤばあさんのかごのきのこのなかにおっこちてばあさんといっしょにくらすことになったちゃめのこりす「こりすのホプシー」ハンス・ペーター・ティール文;ペパール・オット絵;矢川澄子訳　講談社（世界の絵本ドイツ）　1971年9月

リス（マール）
とかいのこうえんをでてビルディングよりもでっかいきがあるというせいぶへいってみたくなったリス「ちいさなリスのだいりょこう」ビル・ピート作・絵;山下明生訳　佼成出版社（ピートの絵本シリーズ7）　1982年3月

りす（ルタン）
森にすむりすのキックとルケットに生まれた四ひきの子りすの一ぴき「りすのパナシ」リダ文;ロジャンコフスキー絵;いしいももこ;わだゆういち訳　福音館書店（世界傑作絵本シリーズ22）　1964年10月

リースヒェン
ちびの男の子オーレがはちみつボンボンをあげてたすけてあげようとしたどもる病気の女の子 「冬のオーレ」 ベッティーナ・アンゾルゲ作；とおやまあきこ訳　福武書店　1983年10月

リーゼ
町はずれの住宅地に並んでいた小さな庭のある家の一軒に住んでいたマイヤーという名字の家族の二人の娘の下の娘 「トマニ式の生き方」 クリスチーネ・ネストリンガー作；ヘルメ・ハイネ絵；星新一訳　CBS・ソニー出版　1978年10月

リゼッテおばあちゃん
もりのそばにおったいえでかっていたねこやいぬやほかのどうぶつたちにたんじょうびのおいわいをしてもらったおばあちゃん 「たんじょうび」 ハンス・フィッシャー文・絵；おおつかゆうぞう訳　福音館書店（世界傑作絵本シリーズ・スイスの絵本）　1965年10月

リゼット
くろくまにおかあさんをころされたのぶたのあかちゃんにあぶくぼうやというなまえをつけてそだててやったおんなのこ 「あぶくぼうやのぼうけん」 シートン原作；小林清之介文；伊藤悌夫絵　チャイルド本社（チャイルド絵本館・シートン動物記Ⅱ-5）　1985年8月

りぜっとおばあさん
こねこのぴっちのかいぬしでほかにもいろいろなどうぶつをかっていたやさしいおばあさん 「こねこのぴっち」 ハンス・フィッシャー文・絵；石井桃子訳　岩波書店（岩波の子どもの本）　1954年12月

リタ
おとなになったらサーカスだんのだんちょうさんになりたいおんなのこ 「おとなになったら…」 イワン・ガンチェフ作・.絵；間所ひさこ文　学習研究社（国際版せかいのえほん11）　1985年1月

リチャード
ビリーのクレヨンをふみつぶしてもしらんぷりしていったにいさん 「ぼくはブラーだ！」 ジャック・ケント作・絵；舟崎克彦訳　佑学社（アメリカ創作絵本シリーズ3）　1979年8月

リチャード
学校のきょうしつのとだなのなかにいれられたこぶたくんが大のお気に入りだった男の子 「とだなのなかのこぶたくん」 ヘレン・E.バックレイ作；ロブ・ハワード絵；今江祥智訳　佑学社　1984年11月

リッポ
うみべのちいさなむらのこであるひうみであったいるかのせなかにのせてもらってうみにもぐったおとこのこ 「いるかのうみ」 ティツィアーノ・チペレッティ作；ミシェル・サンバン絵；安藤美紀夫訳　佑学社（ヨーロッパ創作絵本シリーズ32）　1979年9月

リドゥシュカ
おうさまをきんやぎんどころかしおよりもあいしているといったのでしおをひとにぎりもたされておしろからおいだされたおうじょ 「しおとおひめさま」 シュチェパーン・ザブジェル作・絵；しおやたけお訳　佑学社（ヨーロッパ創作絵本シリーズ9）　1978年5月

りとる

リトルアウル
なかまのみんなよりおそくおきたのであそぶともだちをさがしにいってトムのいえのまどをたたいたふくろう「リトルアウルはきょうもおねぼう」マーカス・フィスター作・絵;唐沢則幸訳 フレーベル館 1986年11月

リトル・グレイ
おとうさんにピクニックにつれていってもらったねこのおとこのこ「おとうさんねこのおくりもの」メアリー・チャルマーズ作・絵;まつのまさこ訳 福音館書店(世界傑作絵本シリーズ・アメリカの絵本) 1980年8月

リトル・ラクーン
おかあさんがシマリスおばさんといっしょにおでかけしているあいだ二ひきのこりすのおもりをたのまれたあらいぐま「おかあさんはおでかけ」リリアン・ムーア作;ジョーヤ・フィアメンギ絵;神宮輝夫訳 偕成社(創作こども文庫14) 1977年8月

リトル・ラクーン
まんげつのよるにひとりでおがわまでざりがにをとりにいった小さなあらいぐま「ぼく、ひとりでいけるよ」リリアン・ムーア作;ジョーヤ・フィアメンギ絵;神宮輝夫訳 偕成社(創作こども文庫) 1976年6月

リトル・ラクーン
もりのむこうにあるというひろいせかいをみにいってにんげんのうちのなかにはいっていったあらいぐまのこども「もりのむこうになにがあるの?」リリアン・ムーア作;ジョーヤ・フィアメンギ絵;神宮輝夫訳 偕成社(創作こども文庫) 1980年7月

リーナ
いたずらがだいすきでのうじょうへいってどうぶつたちをからかったきつね「きつねのいたずら」アッティリオ・カッシネリ絵;カレン・グントルプ作;岸田衿子訳 ひかりのくに(アッティリオとカレンのえほん) 1972年1月

リナ
森にひとりですんでいるおじいちゃんのところへいったおんなのこ「おじいちゃんにあいに」ハンス・ピーターソン文;スベン・オットー絵;奥田継夫;木村由利子訳 アリス館牧新社 1976年11月

リーニ
人間にはすがたを見られないようにする小さな鈴をぬすまれてしまった風の子「風の子リーニ」ベッティーナ・アンゾルゲ作;とやまあきこ訳 福武書店 1985年9月

リーニアス
小さな鉄道で百さいをむかえた二だいの機関車の一だい「100さいの機関車」ウィルバート・オードリー作;ガンバー・エドワーズ;ピーター・エドワーズ絵;桑原三郎;清水周裕訳 ポプラ社(汽車のえほん20) 1980年10月

リーニアス
森のなかのみずうみにつうじている小さな鉄道をすくったゆうかんな機関車「ゆうかんな機関車」ウィルバート・オードリー作;ジョン・ケニー絵;桑原三郎;清水周裕訳 ポプラ社(汽車のえほん17) 1980年8月

リーニアス
森のなかのみずうみにつうじている小さな鉄道をはしるふるい機関車 「四だいの小さな機関車」 ウィルバート・オードリー作;レジナルド・ドールビー絵;桑原三郎;清水周裕訳 ポプラ社(汽車のえほん10) 1974年7月

リヒムート・フォン・アンドホト
むかしケルンにいた市長でとつぜんの事故で亡くなった奥さんがお墓で生き返った人 「雪の夜の魔法」 ジャン・クラブリー絵;松代洋一訳 ペンタン(ルートヴィヒ・ベヒシュタインの童話) 1986年3月

リヒャルト
自分の力をためす冒険の旅にでて世界でいちばん強いカラスになったカラス 「カラスのリヒャルト」 ヘルメ・ハイネ作;北杜夫訳 CBS・ソニー出版 1979年4月

リヤばあさん
ちゃめのこりすホプシーがいっしょにくらすことになったのんきなばあさん 「こりすのホプシー」 ハンス・ペーター・ティール文;ペパール・オット絵;矢川澄子訳 講談社(世界の絵本ドイツ) 1971年9月

りゅう
あたらしいすみかをみつけるためにまほうつかいのメルリックのいるくににやってきたこどものりゅう 「まほうつかいとドラゴン」 デイビッド・マッキー文・絵;安西徹雄訳 アリス館牧新社 1981年2月

りゅう
まほうつかいになるべんきょうをしていたトマスという少年がある日きりのなかでみつけた小さなりゅう 「きりの中のまほう」 マーガレット・M.キンメル作;トリナ・S.ハイマン絵;三木卓訳 偕成社 1980年8月

りゅう
まよなかに王さまのおしろにやってきてリンゴの木になっていたあかい大きなリンゴをぬすんでいたりゅう 「王さまのリンゴの木-ギリシャの民話」 ソフィア・ザランボウカ再話・絵;いけざわなつき訳 ほるぷ出版 1982年11月

りゅう
人びとのかがみをぬすんだおそろしいりゅう 「ぬすまれたかがみ」 リディア・ポストマ作;熊倉美康訳 偕成社 1982年4月

りゅう
南フランスのプロバンスでローヌ川をのぼってやってきて村の人たちをこわがらせた大きなかいぶつ 「アビニョンのりゅう」 ユルゲン・タムヒーナ文;ハイドルン・ペトリーデス絵;宮下啓三訳 講談社(世界の絵本スイス) 1971年2月

りゅうおう
モンゴルにいたハイリブというかりゅうどにむすめのいのちをたすけてもらったおれいにたからものをあげようとしたりゅうおう 「いしになったかりゅうど-モンゴル民話」 大塚勇三再話;赤羽末吉画 福音館書店 1970年12月

りゅう

龍王　りゅうおう
東海の水晶宮にすんでいた龍王「ふしぎな少年ナーゾオ」ルー・ピン文；ティ・シーファ絵；森住和弘訳　ほるぷ出版　1980年9月

リューリャ
むかしせかいが海ばかりでけものも鳥もみんな水の上にすんでいたときしまをつくるために海のそこから土をとってきたもぐりの名人のカイツブリ「ちびっこリューリャ」ビアンキ原作；小沢良吉絵；稲垣敏行文　フレーベル館（世界のお話絵本選集・ソビエト編）1970年1月

漁師　りょうし
海のちかくの大きなわれがめにおかみさんと住んでいてある日のこと口のきけるかれいをつりあげたが水にはなしてやった漁師「漁師とおかみさん－グリム童話」モニカ・レイムグルーバー絵；寺岡襄訳　ほるぷ出版　1985年2月

漁師のおじいさん（おじいさん）　りょうしのおじいさん（おじいさん）
中国の河のほとりにすんでいた漁師で網の中に子どもの漁師が彫りこまれた白玉の皿をひきあげたおじいさん「ふしぎな皿の小さな漁師」チャン・スージエ文；ワン・ジファ絵；漆原寿美子訳　ほるぷ出版　1981年6月

料理女　りょうりおんな
サルタン王のおきさきになった妹をねたんだ宮殿の料理女の姉さん「サルタン王ものがたり」プーシキン作；ゾートフ絵；斎藤公子編　青木書店（斎藤公子の保育絵本）1985年5月

リョコウバト
北アメリカにすんでいた鳥で絶滅してしまった動物「ドードーを知っていますか－わすれられた動物たち」ショーン・ライス絵；ポール・ライス；ピーター・メイリー文；斉藤たける訳　福武書店　1982年10月

リョーリおばさん
なつやすみにカタリンちゃんがいなかにいっていっしょにあそんださんにんのひとり「カタリンのなつやすみ」ヘルメ・ハイネ作・絵；矢川澄子訳　佑学社（ヨーロッパ創作絵本シリーズ36）1980年8月

リーラちゃん
すいかのたねをのみこんでにいさんにおなかのなかにすいかがなるぞといわれたおんなのこ「リーラちゃんとすいか」マリリン・ハーシュ文・絵；マヤ・ナラヤン絵；岡部うた子訳　ほるぷ出版　1976年9月

リラの精　りらのせい
オーロラひめが生まれたおいわいの日にお城によばれた6人の妖精たちの1人のリラの花の精「ねむりひめ」フランチェスカ・クレスピー絵；リンダ・ジェニングス文；山川京子訳　西村書店　1986年3月

リラベル
森のくつやの茶ねずみカーリーのなかよしのようせいのおんなのこ「靴屋のカーリーとロビン夫妻」マーガレット・テンペスト作；寺岡襄訳　ほるぷ出版　1982年10月

リリ
どんなものにもきれいないろがついているのがきにいらなくてまほうのちからでいろのないくにへいったねこ 「いろのないくにへいったねこ」 ルイス・ボルフガンク・ノイパー作；エッダ・ラインル絵；かしわぎみつ訳　佑学社　1978年4月

リリー
ハイヒールをはいて生まれてきた赤ちゃんのディヴァインちゃんをたずねていった町の下宿屋にすむもと歌手のご婦人 「ベビー・ディヴァインの冒険」 ベット・ミドラー作；トッド・スコル絵；松田聖子訳　河出書房新社　1985年11月

リリィ
のばらの村のはたおりねずみ 「ウィルフレッドの山登り」 ジル・バークレム作；岸田衿子訳　講談社(のばらの村のものがたり)　1986年1月

リリーひめ
ビジーランドこくのおしろのぶたのおうじょ 「ペザントくんのかいじゅうたいじ」 リチャード・スキャリー作；國眼隆一訳　ブック・ローン出版(スキャリーおじさんのどうぶつえほん9)　1984年8月

りんごのき(き)
かわいいちびっことなかよしになったおおきなりんごのき 「おおきな木」 シエル・シルヴァスタイン作・絵；ほんだきんいちろう訳　篠崎書林　1976年11月

【る】

ルー
あたらしい家にひっこす日に大しんゆうのくまのぬいぐるみのテディーをすてられてしまったうさぎのおとこの子 「おひっこしとぬいぐるみ」 ナタリー・ナッツ文；モニック・フェリ絵；なだいなだ訳　講談社(うさぎのルー絵本3)　1985年5月

ルー
あるばんへやにかいぶつがはいってきたとおもってパパとママのへやへにげていったうさぎのおとこのこ 「こわーいゆめ」 ナタリー・ナッツ文；モニック・フェリ絵；なだいなだ訳　講談社(うさぎのルー絵本5)　1985年6月

ルー
いつのまにか森にやってきたカンガルー親子の坊や 「カンガとルー森にくる」 A.A.ミルン文；E.H.シェパード絵；石井桃子訳　岩波書店(クマのプーさんえほん5)　1982年6月

ルー
トラのトラーと木にのぼったカンガの子ども 「トラー木にのぼる」 A.A.ミルン文；E.H.シェパード絵；石井桃子訳　岩波書店(クマのプーさんえほん11)　1983年2月

ルー
なかよしのエロディーの家におとまりすることになったうさぎの男の子 「はじめてのおとまり」 ナタリー・ナッツ文；モニック・フェリ絵；なだいなだ訳　講談社(うさぎのルー絵本6)　1985年6月

る

ルー
パパやママがむちゅうになってじぶんのこともわすれてしまうでんわが大きらいなあまえんぼうのうさぎの男の子 「でんわなんか大きらい」 ナタリー・ナッツ文；モニック・フェリ絵；なだいなだ訳　講談社(うさぎのルー絵本4) 1985年6月

ルー
フォックスウッドのむらにすむなかよし3にんぐみのウサギのおとこのこ 「いっとうしょうはだあれ」 シンシア・パターソン；ブライアン・パターソン作・絵；三木卓訳　金の星社(フォックスウッドものがたり3) 1986年12月

ルー
フォックスウッドのむらにすむなかよし3にんぐみのウサギのおとこのこ 「つきよのぼうけん」 シンシア・パターソン；ブライアン・パターソン作・絵；三木卓訳　金の星社(フォックスウッドものがたり2) 1986年7月

ルー
フォックスウッドのむらにすむなかよし3にんぐみのウサギのおとこのこ 「レモネードはいかが」 シンシア・パターソン；ブライアン・パターソン作・絵；三木卓訳　金の星社(フォックスウッドものがたり1) 1986年7月

ルー
音楽ずきのパパにピアノをかってもらい町いちばんの先生のレッスンをうけることになったうさぎの男の子 「ピアノのおけいこ」 ナタリー・ナッツ文；モニック・フェリ絵；なだいなだ訳　講談社(うさぎのルー絵本1) 1985年5月

ルー
学校にひとりいじめっ子がいておひるになるたびにおべんとうをとられてしまううさぎの男の子 「いじめっ子なんかこわくない」 ナタリー・ナッツ文；モニック・フェリ絵；なだいなだ訳　講談社(うさぎのルー絵本2) 1985年5月

ルイ
あたらしいところにひっこしてきてともだちがいないのであきばこでのぞきばこをつくりこのなかをとぶひこうきにのってあそんだおとこのこ 「ルイのひこうき」 エズラ・ジャック・キーツ作・画；木島始訳　偕成社(キーツの絵本) 1981年2月

ルイ
いつもおんなじことしかいわないおじいちゃんがおもしろいはなしをしたのでよろこんだおとこのこ 「それでいいのだ！」 ジェイムズ・スティーブンソン作；麻生九美訳　評論社(児童図書館・絵本の部屋) 1979年11月

ルイ
にんぎょうしばいのにんぎょうのガッシーちゃんにむちゅうになってしまってともだちになったおとこのこ 「にんぎょうしばい」 エズラ・ジャック・キーツ作・画；木島始訳　偕成社 1977年7月

ルイ
動物たちの最後の楽園ないない谷にくらしているけんか早いニンニクガエル 「ないない谷の物語1 ようこそないない谷へ」 インマ・ドロス；ハリー・ギーレン文；マイケル・ジュップ絵；舟崎克彦訳　ブック・ローン出版 1982年11月

ルーイ
よるねるときにベッドのしたになにかいるとおもっておじいちゃんをよびにいったおとこのこ「ベッドのまわりはおばけがいっぱい」ジェイムズ・スティーブンソン作・絵;岡本浜江訳 佑学社 1984年1月

ルイス
うちのおふろにはいっていたみどりの大きなかいじゅうとなかよしになったおとこのこ「かいじゅうがおふろにいるよ」キャスリーン・スティーブンス作;レイ・ボーラー絵;各務三郎訳 岩崎書店(えほん・ドリームランド19) 1982年8月

ルイス
たんじょうびにスコットランドにすんでいるおじさんからふしぎなオタマジャクシをおくってもらったおとこのこ「ふしぎなオタマジャクシ」スティーブン・ケロッグ作;鈴木昌子訳 ほるぷ出版 1980年3月

ルイス
みつごのおてんばむすめのいとこ「みつごのおてんばむすめ すてきないろのまち」メルセ・コンパニュ文;ルゼ・カプデヴィラ絵;辻昶;竹田篤司訳 ペンタン 1985年11月

ルイーズ
かいものリストをかいてスーパーマーケットにいったテディベアのくまのおんなの子「かいものいっぱい」スザンナ・グレッツ作・絵;各務三郎訳 岩崎書店(テディベアのえほん4) 1984年10月

ルイーズ
かぜをひいたウィリアムのせわをしてあげたテディベアのくまのおんなの子「かぜひいちゃった」スザンナ・グレッツ作・絵;各務三郎訳 岩崎書店(テディベアのえほん8) 1985年3月

ルイーズ
みどり通りのあたらしいうちにひっこしたテディベアのくまのおんなの子「ひっこしおおさわぎ」スザンナ・グレッツ作・絵;各務三郎訳 岩崎書店(テディベアのえほん2) 1984年10月

ルイーズ
雨の日にうちのなかでうちゅう船ごっこをしたテディベアのくまのおんなの子「雨の日のうちゅうせんごっこ」スザンナ・グレッツ作・絵;各務三郎訳 岩崎書店(テディベアのえほん3) 1984年10月

ルイスおじさん
きしゃのうんてんしゅのおじさん「テオときしゃ」ビオレタ・デノウ絵・文;小西マリ子訳 青玄社(テオくんのぼうけんシリーズ3) 1984年12月

ルイーゼ
サーカスだんをでてじぶんたちだけでサーカスをはじめた六にんのはんらんぐみの一ぴきのきりん「ごうじょっぱりのピエロ」ミッシャ・ダムヤン作;ギアン・カスティ絵;山室静訳 佑学社(ヨーロッパ創作絵本シリーズ5) 1978年4月

るいせ

ルイゼ
町はずれの住宅地に並んでいた小さな庭のある家の一軒に住んでいたマイヤーという名字の家族の二人の娘の上の娘「トマニ式の生き方」クリスチーネ・ネストリンガー作；ヘルメ・ハイネ絵；星新一訳　CBS・ソニー出版　1978年10月

ルイ・ブレリオ
フランスの町カンブレにやってきた飛行船をみて飛行機をつくろうとした人「パパの大飛行」アリス・プロヴェンセン；マーティン・プロヴェンセン作；脇明子訳　福音館書店（世界傑作絵本シリーズ・アメリカの絵本）　1986年2月

ルーシー
エミリーのおにんぎょう「くまくんのおともだち」E.H.ミナリック文；モーリス・センダック絵；まつおかきょうこ訳　福音館書店（はじめてよむどうわ3）　1972年6月

ルーシー
ねずみのティモシーとジェニーのふたりにうまれた5にんのこどものおんなのこ「ねずみのティモシー」マルチーヌ・ブラン作・絵；矢川澄子訳　偕成社　1975年8月

ルーシー
ハンケチをなくしてさがしにいったやまでハリネズミのせんたくやのおばさんにあった農家のおんなの子「ティギーおばさんのおはなし」ビアトリクス・ポター作・絵；いしいももこ訳　福音館書店（ピーターラビットの絵本16）　1983年6月

ルーシー
ピクニックにでかけてふうせんやさんからもらったふうせんをもちいもうとのベリンダとたかいきのうえまでいったくまのおんなのこ「ベリンダのふうせん」エミリー・ブーン作・絵；こわせたまみ訳　フレーベル館　1986年5月

ルーシー
みみがよくきこえないベンというおとこのこのおねえさん「ぼくのだいじなあおいふね」ディック・ブルーナ絵；ピーター・ジョーンズ文；中川健蔵訳　偕成社　1986年11月

ルーシー
学校のバザーにだすために石のぶんちんやいろいろなものをつくったくまの女の子「こぐまの学校のバザー」ミシェル・カートリッジ作；せなあつこ訳　偕成社　1982年8月

ルシアひめ
北イタリアのドロミテ・アルプスのいちばん高い山から月の王国へやってきた王子と結婚し地上へおりてきた月の国のひめ「ドロミテの王子」トミー・デ・パオラ作；湯浅フミエ訳　ほるぷ出版　1985年6月

ルーシー・ブラウン
おとうさんもおかあさんもいなくておばさんとくらしあそびあいてがなくひとりぼっちだったおんなの子「ルーシーのしあわせ」エドワード・アーディゾーニ作；多田ひろみ訳　冨山房　1976年2月

ルシール
はたけしごとでどろだらけなのにあきてまちへいったひにおひゃくしょうさんのおくさんにぼうしやくつやドレスをかってもらったうま「ルシールはうま」アーノルド・ローベル作；岸田衿子訳　文化出版局　1974年10月

ルシンダ
あかいれんがでできたたいへんきれいなにんぎょうのいえにすんでいたにんぎょう 「2ひきのわるいねずみのおはなし」 ビアトリクス・ポター作・絵 ; いしいももこ訳　福音館書店(ピーターラビットの絵本7)　1972年5月

るーた
おたまじゃくしからかえるになったたまーらがともだちになったわかいおすのとのさまがえる 「おたまじゃくしのたまーら」 マイケル・バナード作 ; 吉田新一訳 ; 竹山博絵　福音館書店　1982年6月

ルタン
森にすむりすのキックとルケットに生まれた四ひきの子りすの一ぴき 「りすのパナシ」 リダ文 ; ロジャンコフスキー絵 ; いしいももこ ; わだゆういち訳　福音館書店(世界傑作絵本シリーズ22)　1964年10月

ルッツ
ねむれない王女さまがいる国にすむ農夫の三ばんめの息子でいっしょうけんめいはたらいて夜になるとすぐにねむってしまう若者 「ねむれない王女さま」 ジタ・ユッカー絵 ; ウルスラ・フォン・ヴィーゼ作 ; ウィルヘルム・きくえ訳　太平社　1984年8月

ルドビックおじさん
すてきなブンブンじてんしゃにのったおじさん 「アルビンとそらとぶかさ」 ウルフ・ロフグレン作・絵 ; 木村由利子訳　フレーベル館　1982年5月

ルドビックおじさん
ペダルをふまなくてもかってにうごくブンブンじてんしゃにのったおじさん 「アルビンとブンブンじてんしゃ」 ウルフ・ロフグレン作・絵 ; 木村由利子訳　フレーベル館　1982年5月

ルーパン
あるなつのよるのこと つきのわるぐちをいっておこったつきにさらわれたともだちのラポウィンザをさがしにいったむらのおとこのこ 「おこったつき」 ウィリアム・スリーター文 ; ブレア・レント画 ; 多田ひろみ訳　冨山房　1975年8月

ルピナスさん
まちはずれにあったきれいな花ぞのにひとりぼっちですんでいるおんなのひと 「お友だちのほしかったルピナスさん」 ビネッテ・シュレーダー文・絵 ; 矢川澄子訳　岩波書店　1976年12月

ルリ
リゼッテおばあちゃんがかっていたどうぶつたちのなかの一ぴきのねこ 「たんじょうび」 ハンス・フィッシャー文・絵 ; おおつかゆうぞう訳　福音館書店(世界傑作絵本シリーズ・スイスの絵本)　1965年10月

ルールー
ふたりで森の中へにげていこうとしたマリーという女の子と森のネコをとめたかしこいキツネ 「マリーと森のねこ」 ダニエル・ブール絵 ; ジャック・シェセックス文 ; 山口智子訳　メルヘン社　1980年12月

るんる

ルンルン・ブウ
ピンキー・ブウとふたりづれでそとにでかけてあなをあけたすいかのかわをかぶっておばけのかっこうになったピンクのいたずらこぶた 「おばけだ わいわいピンキー・ブウ」 マルタ・コチ作・絵;保富康午文　学習研究社(国際版せかいのえほん14)　1985年1月

【れ】

レア
木をきりたおし森をほろぼしてしまった町でにわにいろんなしゅるいのこどもの木をうえて町をたすけたおんなの子 「さいごの木」 シュチェパーン・ザブジェル作・絵;柏木美津訳　佑学社(ヨーロッパ創作絵本シリーズ16)　1978年8月

レイチェル
車いすで学校にかよっている女の子 「車いすのレイチェル」 エリザベス・ファンショー作;マイケル・チャールトン絵;邑田晶子訳　偕成社　1979年8月

レオナール
わたりどりがおとしていったきのみからでてきたちいさなめをかわいがってそだててやったおとこのこ 「レオナールのき」 マリ・トナーユ作;シュザンヌ・ボラン絵;黒木義典訳;板谷和雄文　ブックローン出版(ファランドールえほん14)　1984年1月

レオポルト
なにかといっては戦争をはじめる人間に腹をたて子どもたちのために動物たちで会議をひらいたキリン 「どうぶつ会議」 エーリヒ・ケストナー文;ワルター・トリヤー絵;光吉夏弥訳　岩波書店(岩波の子どもの本)　1954年12月

レオポルト
動物たちの学校時代の同窓写真にうつったライオン 「ぼくたちを忘れないで」 フリーデル・シュミット;ヴァルトラウト・ランケ作;森村桂訳　CBS・ソニー出版　1978年8月

レオポルド
おばけのホレイショといっしょにおんがくをきかせるたびをつづけてふるいおしろへいったライオン 「レオポルドたびにでる」 ラルス・トリアー絵・文;すぎやまじゅんこ訳　らくだ出版(デンマークのえほん2)　1977年6月

レオポルド
ともだちをさがしてみなみのくにからあるいていっておばけのホレイショのうちまでいったライオン 「レオポルドおばけにあう」 ラルス・トリアー絵・文;すぎやまじゅんこ訳　らくだ出版(デンマークのえほん1)　1977年5月

レオポルド
むすめのユリンカをこのよでいちばんつよいもののよめにしようとしたねずみ 「ねずみのレオポルド」 リブシエ・パレチコバー文;ヨゼフ・パレチェック絵;千野栄一訳　フレーベル館　1981年7月

レキシス
真夜中に家のむかいの国際情報処理センターの建物の中に入りこんだジュリアンに声をかけてきたコンピュータ 「ジュリアンにきいてごらん」 レジス；アルディ作；ジュルジュ；ルモワンヌ絵；鶴見圭訳 CBS・ソニー出版 1979年11月

レグリィ
こくじんのどれいのトムをかったひどくらんぼうなおとこ 「トムじいやのこや」 ストウ夫人原作；角田光男文；村岡登絵 世界出版社（ABCブック） 1970年1月

レックス
ふるい鉱山からすてられたじゃりをはこぶちんまり鉄道の三だいの小さな機関車の一だい 「小さな機関車たち」 ウィルバート・オードリー作；ガンバー・エドワーズ；ピーター・エドワーズ絵；桑原三郎；清水周裕訳 ポプラ社（汽車のえほん22） 1980年11月

レッド・フォックス
あたらしいおおきなさかなつりのカヌーをみずにうかべてこいでいったインディアンのおとこのこ 「カヌーはまんいん」 ナサニエル・ベンチリー文；アーノルド・ローベル絵；三木卓訳 文化出版局 1978年12月

レッド・ラッカム
フランス海軍の船ユニコーン号を乗っ取って宝物を積みこんだ海賊の首領 「なぞのユニコーン号」 エルジェ作；川口恵子訳 福音館書店（タンタンの冒険旅行3） 1983年10月

レッド・ラッフ
たにまでたくましくいきるやまうずらのおやこのおとうさん 「やまうずらのレッド・ラッフ」 シートン原作；小林清之介文；滝波明生絵 チャイルド本社（チャイルド絵本館・シートン動物記Ⅱ-8） 1985年11月

レーナ
ともだちのカーリンやおとなたちにめちゃめちゃにおこっている女の子 「もう、めちゃめちゃにおこってんだから！」 エークホルム夫妻作・絵；ビヤネール多美子訳 偕成社 1979年8月

レナ
おにいちゃんのピーターにがっこうへつれていってもらったおんなのこ 「わたしもがっこうへいきたいわ」 リンドグレーン作；ヴィークランド絵；いしいみつる訳 ぬぷん児童図書出版（ぬぷん絵本シリーズ2） 1982年6月

レナ
ピーターのあかちゃんのいもうと 「ぼくのあかちゃん」 リンドグレーン作；ヴィークランド絵；いしいみつる訳 ぬぷん児童図書出版（ぬぷん絵本シリーズ1） 1982年3月

レノーア
こうえんのかもたちとなかよしになったおんなのこ 「かもさんどんぐりとシチューをおあがり」 ルース・オーバック作・絵；厨川圭子訳 偕成社 1978年12月

レベッカ
おくさんのあひる 「こねこのトムのおはなし」 ビアトリクス・ポター作・絵；いしいももこ訳 福音館書店（ピーターラビットの絵本4） 1971年11月

れむぺ

レムペル先生　れむぺるせんせい
いたずらっ子マクスとモーリツに長いパイプの中に火薬をつめこむいたずらをされた村の老先生「マクスとモーリツのいたずら」ヴィルヘルム・ブッシュ文・絵;上田真而子訳　岩波書店　1986年4月

レモネードぼうや
テレビのコマーシャルのなかでレモネードをおいしそうにのんでいた男の子「どうぶつたちのテレビきょく」U.グライベ作;H.アルテンブルガー画;志賀朝子訳　小学館(世界の創作童話6)　1979年9月

レレブム
なかまとちがってしっぽのさきまでまっさおなのがいやでみどりのものばかりたべてはいろのふつうのぞうになろうとしたぞう「ぞうさんレレブム」ビネッテ・シュレーダー文・絵;矢川澄子訳　岩波書店(岩波の子どもの本)　1978年9月

レンディレ族　れんでぃれぞく
アフリカの部族の人びと「絵本アフリカの人びと-26部族のくらし」レオ・ディロン;ダイアン・ディロン絵;マーガレット・マスグローブ文;西江雅之訳　偕成社　1982年1月

レンペルせんせい
いたずらっこのマックスとモーリッツにぱいぷにかやくをしかけられておおけがをさせられたせんせい「マックスとモーリッツ」ヴィルヘルム・ブッシュ作;佐々木田鶴子訳　ほるぷ出版(ほるぷクラシック絵本)　1986年1月

【ろ】

老人　ろうじん
目のみえないホエミン姫がいる中国のあるお城にながい木のつえとちょうこくをする小刀をもってやってきた老人「ふしぎなつえ」ヨーレン作;チャーリップ;マラスリス絵;きみしまひさこ訳　偕成社　1983年7月

ろうそくさん
雪の中でこごえていたサーカスの男の子をひきとった村の修道院のかねつき係のブラザー「天国のサーカスぼうや」ジョバンニ・ボネット作;ジーノ・ガビオリ絵;えびなひろ文　女子パウロ会　1981年1月

老兵士　ろうへいし
お城の女王さまのモミの木を切りに森にきた老兵士「森は生きている 12月のものがたり」マルシャーク作;エリョーミナ絵;斎藤公子編　青木書店(斎藤公子の保育絵本)　1986年12月

ロキシー
クマのブルースのいたずらにおこってクマをちいさくするまほうをかけたまじょ「まほうにかかったいたずらグマ」ビル・ピート作・絵;山下明生訳　佼成出版社(ピートの絵本シリーズ4)　1981年4月

六人の男たち（男たち）　ろくにんのおとこたち（おとこたち）
よくこえた土地にすみつきかねもちになって六にんの兵隊をやとった六にんの男たち「六にんの男たち」デイビッド・マッキー作；中村浩三訳　偕成社　1975年9月

ロサおばさん
テオをどうぶつえんへつれていったおばさん「テオとどうぶつえん」ビオレタ・デノウ絵・文；小西マリ子訳　青玄社（テオくんのぼうけんシリーズ7）　1985年10月

ローザおばさん
ロバのロバちゃんがそうだんしてみようとおもったなんとなくたよりになるおかあさんぶた「ロバのロバちゃん」ロジャー・デュボアザン文・絵；厨川圭子訳　偕成社　1969年5月

ロザリアおばさん
フィリポのとなりのいえのやおやのおかみさんでかわいそうなとしよりうまのポニーをほっぽらかしていたおばさん「フィリポのまほうのふで」ミッシヤ・ダムヤン作；ヤーノシュ絵；藤田圭雄訳　佑学社（ヨーロッパ創作絵本シリーズ21）　1978年12月

ロザリーおばあさん
ゆきのうえのあしあとをみながらコアラのおとこのこピクニックがうちまでてぶくろをとどけてあげたおばあさん「またきていい」ガブリエル・バンサン絵；森比左志訳　ブックローン出版（ちいさなコアラピクニックシリーズ）　1984年11月

ロザリーナ
ロスミタル公爵のいもうとでばらの花が大すきで美しいかみがじまんのおひめさま「ばらになった王子」クレメンス・ブレンターノ文；リスベート・ツヴェルガー画；池田香代子訳　冨山房　1983年4月

ロザリーヌ
イタリアのピエトラビアンカの町にある美術館の庭園にあった天使の男の子の大理石像に口紅をつけてやってよみがえらせた女の子「アンジェロとロザリーヌ」ベッティーナ作；矢川澄子訳　文化出版局　1978年5月

ロザリンド
あるひおんなのこいつもえをかいているおじいちゃんのふたりでつくったえほんのこじかのおはなしにでてくるおんなのこ「ロザリンドとこじか」エルサ・ベスコフ作・絵；石井登志子訳　フレーベル館　1984年8月

ロージー
きょうだいのなかでひとりだけからだじゅうにちゃいろのもようがあるスポッティのことがだいすきなしろいこうさぎ「おかえりなさいスポッティ」マーグレット・E.レイ文；H.A.レイ絵；中川健蔵訳　文化出版局　1984年9月

ロージー
シルデックの町にいたいつもいっしょにあそぶ五人のなかよしの子どもたちの一人「いたずらっ子とおまわりさん」P.バイスマン作；D.ズイラッフ画；桂芳樹訳　小学館（世界の創作童話5）　1979年7月

ロジ族　ろじぞく
アフリカの部族の人びと「絵本アフリカの人びと-26部族のくらし」レオ・ディロン；ダイアン・ディロン絵；マーグレット・マスグローブ文；西江雅之訳　偕成社　1982年1月

ろしぬ

ロジーヌ
あめがふりつづいてかべがたおれたいえをもとどおりにするのをみんなにてつだってもらったぶた 「アリスとパトー あたらしいいえづくり」 エリザベス・ミラー;ジェイン・コーエン文;ヴィクトリア・チェス絵;西園寺知子訳 文化出版局 1982年9月

ろじゃー
やまのうえにあったおうさまのしろからたにのまんなかにあったおにのしろへおにをやっつけにいったおうじ 「ぺにろいやるのおにたいじ」 吉田甲子太郎訳;山中春雄画 福音館書店 1957年6月

ローズ
うさぎのおんなのこモリスのおねえさん 「モリスのまほうのふくろ」 ローズマリー・ウエルズ作;大庭みな子訳 文化出版局 1977年11月

ローズ
パンプキンのうじょうのひつじ 「めうしのジャスミン」 ロジャー・デュボアザン作・絵;乾侑美子訳 佑学社 1979年1月

ローズ
王さまが開く謎ときコンクールに参加するために旅をしてきたさすらいの詩人ローランドに心をひかれた宿屋の娘 「スノウローズ」 サンドラ・ラロッシュ絵;ミシェル・ラロッシュ文;中山知子訳 西村書店 1986年3月

ローズおばあさん
イヌのジョン・ブラウンとふたりでしあわせにくらしていたあるばんまどのそとにまっくろけのネコがいるのをみつけたおばあさん 「まっくろけのまよなかネコよおはいり」 J.ワグナー文;R.ブルックス絵;大岡信訳 岩波書店 1978年11月

ロスミタル公爵　ろすみたるこうしゃく
美しいおひめさまロザリーナの兄さんの公爵 「ばらになった王子」 クレメンス・ブレンターノ文;リスベート・ツヴェルガー画;池田香代子訳 冨山房 1983年4月

ロゼット
ほかのロバとはちがって夕日のように赤い毛をしていたのでだれからもあざわらわれていたロバ 「ロゼット」 ドロテー・ドゥンツェ絵;ジャネット・B.フロー作;ウィルヘルム・きくえ訳 太平社 1985年5月

ローダ
ねずみのきょうだいのいもうと 「スタンレイとローダ」 ローズマリー・ウエルズ作;大庭みな子訳 文化出版局 1979年12月

ロチ
町にすむおばちゃまから大きな人形の家をおくってもらった大牧場主のバーネル家の三人姉妹の一人 「人形の家」 キャサリン・マンスフィールド原作;藤沢友一絵・反案 岩崎書店 (新・創作絵本25) 1981年8月

ローチェスター
わにのベオウルフの家に手紙をとどけてくれるゆうびんはいたつのひつじ 「わにのワーウィック」 アンダー・ホディア文;トミー・アンゲラー絵;平賀悦子訳 講談社(世界の絵本アメリカ) 1972年2月

ロック
みぎあしとひだりあしのおおきさがちがうのでみずのなかでぐるぐるおよぐことしかできなくてみんなからわらわれていたこがも 「かものこぐるぐる」 ブライアン・ワイルドスミス作・絵；すぎやまじゅんこ訳 らくだ出版（オックスフォードえほんシリーズ25） 1976年5月

ロッタちゃん
クリスマスツリーにするもみの木が町じゅうで一本のこらずうりきれてしまったときにもみの木を手にいれることができたおんなのこ 「ロッタちゃんとクリスマスツリー」 アストリッド・リンドグレーン作；イロン・ヴィークランド絵；山室静訳 偕成社 1979年12月

ロッタちゃん
ヨナスにいちゃんとマリヤねえちゃんのようにじてんしゃにのれるようになりたいとおもった五さいのおんなのこ 「ロッタちゃんとじてんしゃ」 アストリッド・リンドグレーン作；イロン・ヴィークランド絵；山室静訳 偕成社 1976年4月

ロッテンマイアさん
ゼーゼマン氏の大きなお屋敷の家事の監督をしている人 「アルプスの少女」 スピリ原作；沖倉利津子著 集英社（ファンタジーメルヘン） 1983年6月

ロップイアおじさん
オークアプルの森の品評会にだす畑のキャベツをイモムシにたべられたたれみみうさぎのおじさん 「うさぎのロップイアさん」 ジェニー・パートリッジ作；神宮輝夫訳 ティビーエス・ブリタニカ（オークアプルの森のおはなし7） 1982年8月

ロディゴ
シューシュコの町のくつやのおじさんの家にねずみのウーさんとねこのミーオラといっしょにくらしていた犬 「ねずみのウーくん」 マリー・ホール・エッツ作；田辺五十鈴訳 冨山房 1983年11月

ロトイオ
おかあさんがおりあげたがつよい風にふきとばされてしまったうつくしい錦をさがしにいった三にんのむすこの二ばんめのむすこ 「錦のなかの仙女-中国民話」 斎藤公子編；斎藤博之絵 青木書店（斎藤公子の保育絵本） 1985年6月

ロード・ハリー
山にのぼる鉄道にやってきたあたらしい機関車の一だい 「山にのぼる機関車」 ウィルバート・オードリー作；ガンバー・エドワーズ；ピーター・エドワーズ絵；桑原三郎；清水周裕訳 ポプラ社（汽車のえほん19） 1980年9月

ロナルド・モーガン
学校でタイラー先生におこられてばかりいた二年生の男の子 「ついてないねロナルドくん」 パトリシア・R・ギフ作；スザンナ・ナティ絵；舟崎克彦訳 あかね書房（あかねせかいの本5） 1981年3月

ろば
あるひまきばでくさをたべていたところへあらわれたおおかみにびっこをひいてみせたろば 「おおかみとろば ほか3ぺん-イソップ（ギリシャ）のはなし」 前田豊美文；門口達美絵 コーキ出版（絵本ファンタジア15） 1977年11月

ろは

ろば
いぬとねことおんどりといっしょにブレーメンのまちのおんがくたいにやとってもらおうとでかけたろば 「ブレーメンのおんがくたい-グリム童話」 ハンス・フィッシャー絵;せたていじ訳 福音館書店 1964年4月

ろば
いぬとねことおんどりといっしょにブレーメンのまちへいっておんがくたいをつくろうとしたろば 「ブレーメンの音楽隊」 若菜珪画;中村美佐子文 ひかりのくに(世界名作えほん全集10) 1966年1月

ろば
いぬとねことおんどりとブレーメンに行って町のがくたいにはいろうと思ったろば 「ブレーメンのまちのがくたい」 グリム文;中村浩三訳;赤星亮衛絵 小学館(世界のメルヘン絵本13) 1978年8月

ろば
いぬとねことおんどりと四ひきでブレーメンのまちへいっておんがたいにはいろうとしたろば 「ブレーメンのおんがくたい」 三越左千夫文;小沢良吉絵 フレーベル館(せかいむかしばなし8) 1985年12月

ろば
いぬとねことにわとりの四にんでブレーメンへいっておんがたいにはいるつもりだったろば 「ブレーメンのおんがくたい-グリム童話より」 ポール・ガルドン絵;大庭みな子訳 佑学社 1979年6月

ろば
クリスマス・イブのよるにあしをいためたトナカイのかわりにサンタ・クロースのそりをひくてつだいをしたひとりぼっちのちいさなろば 「ちいさなろば」 ルース・エインワース作;石井桃子訳;酒井信義画 福音館書店 1979年12月

ろば
こなやのおとうさんがこどものをのせてうりにいったろば 「イソップのおはなし」 イソップ作;山中恒文;佐藤忠良絵 偕成社(世界おはなし絵本28) 1972年1月

ろば
だれかじぶんにのってくれるひとはいないかなとしょんぼりまっていたろば 「さみしがりやのろば」 クリストファー・グレゴロスキー作;キャロリン・ブラウン絵;矢崎節夫訳 フレーベル館 1981年4月

ろば
ブレーメンの町の楽隊の四ひきの動物たちの一ぴき 「ブレーメンの楽隊-グリム童話」 スベン・オットー絵;矢川澄子訳 評論社(児童図書館・絵本の部屋) 1978年12月

ろば
ゆきがふったひにだれかがいえにおいていってくれたかぶをやぎのいえにもっていってあげたろば 「しんせつなともだち」 フアン・イーチュン作;君島久子訳;村山知義画 福音館書店 1965年4月

ろば
馬に荷物をぜんぶもたされて主人といっしょにたびをしていたろば 「イソップものがたり」 ハイジ・ホルダー絵；三田村信行文 偕成社 1983年11月

ロバ（イーヨー）
クマのプーさんの森の友だちのロバ 「クマのプーさん」 A.A.ミルン文；E.H.シェパード絵；石井桃子訳 岩波書店 1968年12月

ロバ（イーヨー）
クマのプーの森の友だちの灰色ロバ 「イーヨーのあたらしいうち」 A.A.ミルン文；E.H.シェパード絵；石井桃子訳 岩波書店（クマのプーさんえほん9） 1982年9月

ロバ（イーヨー）
クマのプーの森の友だちの灰色ロバ 「イーヨーのたんじょうび」 A.A.ミルン文；E.H.シェパード絵；石井桃子訳 岩波書店（クマのプーさんえほん4） 1982年6月

ロバ（イーヨー）
クマのプーの森の友だちの灰色ロバ 「トラー木にのぼる」 A.A.ミルン文；E.H.シェパード絵；石井桃子訳 岩波書店（クマのプーさんえほん11） 1983年2月

ロバ（イーヨー）
クマのプーの森の友だちの灰色ロバ 「プーのたのしいパーティー」 A.A.ミルン文；E.H.シェパード絵；石井桃子訳 岩波書店（クマのプーさんえほん8） 1982年9月

ロバ（イーヨー）
クマのプーの森の友だちの灰色ロバ 「フクロのひっこし」 A.A.ミルン文；E.H.シェパード絵；石井桃子訳 岩波書店（クマのプーさんえほん15） 1983年2月

ろば（ウインドミル）
クレタ島の高台の村ではたらいていたちからもちのろばで風がぱったりとやんでうごかなくなった風車をつよいいきのちからでまわしたのでウインドミル（風車）とよばれるようになったろば 「ろばのウインドミル」 マイケル・ボンド作；トニー・カッタネオ絵；代田昇訳 ほるぷ出版 1976年3月

ろば（エドワール）
飼い主で楽士のアンジェロ・デュパ老人が死んでしまったので耳をすっぽりぼうしでかくして町へいったろば 「ろばくん一代記」 フィリップ・デュマ作；矢川澄子訳 文化出版局 1981年2月

ろば（エベネザーじいさん）
ぶたのおひゃくしょうのパーマーさんのやといでばしゃをひいているろばのじいさん 「ばしゃでおつかいに」 ウィリアム・スタイグ作；せたていじ訳 評論社（児童図書館・絵本の部屋） 1976年12月

ろば（カディション）
マルチーヌのとなりにすむジュリアンじいさんがかわいがっているろば 「マルチーヌとさびしがりやのろば」 ジルベール・ドラエイ作；マルセル・マルリエ絵；曽我四郎訳 ブック・ローン出版（ファランドールコレクション） 1982年5月

ろは

ロバ(シルベスター)
ある日のぞみがかなうまほうの石を見つけたのにライオンにたまげて自分が岩になってしまったロバの男の子 「ロバのシルベスターとまほうのこいし」 ウィリアム・スタイグ作;せたていじ訳 評論社(児童図書館・絵本の部屋) 1975年10月

ろば(テオドール)
サーカスだんをでてじぶんたちだけでサーカスをはじめた六にんのはんらんぐみの一ぴきのろば 「ごうじょっぱりのピエロ」 ミッシャ・ダムヤン作;ギアン・カスティ絵;山室静訳 佑学社(ヨーロッパ創作絵本シリーズ5) 1978年4月

ろば(マルコ)
まちからずーっとはなれたかわのそばにたっていたこなひきごやのシュテパンじいさんのろば 「しまうまになったマルコ」 イヴァン・ガンチェフ作・絵;佐々木元訳 フレーベル館 1982年10月

ロバ(ロゼット)
ほかのロバとはちがって夕日のように赤い毛をしていたのでだれからもあざわらわれていたロバ 「ロゼット」 ドロテー・ドゥンツェ絵;ジャネット・B.フロー作;ウィルヘルム・きくえ訳 太平社 1985年5月

ロバちゃん
あるひのことおがわでみずをのんでいてみずにうつったじぶんのみみがながくてばかみたいでとてもかなしくなったロバ 「ロバのロバちゃん」 ロジャー・デュボアザン文・絵;厨川圭子訳 偕成社 1969年5月

ロバート
あついなつの日にうみにでかけたテディベアのくま 「うみへいこうよ」 スザンナ・グレッツ作・絵;各務三郎訳 岩崎書店(テディベアのえほん1) 1984年8月

ロバート
ある日がっこうからかえるとちゅうに1ぴきのかばにうちまでついてこられた小さいふつうのおとこの子 「ロバートのふしぎなともだち」 マーガレット・マヒー文;スティーブン・ケロッグ絵;内田莉莎子訳 ほるぷ出版 1978年11月

ロバート
かいものリストをかいてスーパーマーケットにいったテディベアのくま 「かいものいっぱい」 スザンナ・グレッツ作・絵;各務三郎訳 岩崎書店(テディベアのえほん4) 1984年10月

ロバート
かぜをひいたウィリアムのせわをしてあげたテディベアのくま 「かぜひいちゃった」 スザンナ・グレッツ作・絵;各務三郎訳 岩崎書店(テディベアのえほん8) 1985年3月

ロバート
なかよしのピーターがひっこしてしまってあそびたい子がいなくなったおとこの子 「ひっこしした子 してきた子」 アリキ文・絵;青木信義訳 ぬぷん児童図書出版(ぬぷん絵本シリーズ4) 1983年4月

ロバート
ばらのはなのにおいをかぐとくしゃみがでるのでのうじょうをでてまちへしごとをさがしにいったこうま 「ロバートのはなとばらのはな」 ジョーン・ハイルブロナー作；ピー・ディー・イーストマン絵；神宮輝夫訳　日本パブリッシング（ビギナーシリーズ）　1969年1月

ロバート
みどり通りのあたらしいうちにひっこしたテディベアのくま 「ひっこしおおさわぎ」 スザンナ・グレッツ作・絵；各務三郎訳　岩崎書店（テディベアのえほん2）　1984年10月

ロバート
雨の日にうちのなかでうちゅう船ごっこをしたテディベアのくま 「雨の日のうちゅうせんごっこ」 スザンナ・グレッツ作・絵；各務三郎訳　岩崎書店（テディベアのえほん3）　1984年10月

ロバのおうじ
おうさまとおきさきさまにうまれたロバそっくりのすがたかたちをしていたおうじさま 「ロバのおうじ―グリム童話より」 M.ジーン・クレイグ再話；バーバラ・クーニー絵；もきかずこ訳　ほるぷ出版　1979年6月

ろびん
くいしんぼうでたべすぎてぼーるみたいにふとってしまいそらをとべなくなってみなみのくにへあるいていくことにしたことり 「まんまるろびん」 ジャック・ケント作；石沢泰子訳　ペンタン　1985年9月

ロビン
大西洋の荒波がくだける崖の上にあったふるい燈台でおじいさんといっしょに燈台守をしていた少年 「ロビンと海賊」 エルマンノ・リベンツィ文；アデルキ・ガッローニ絵；河島英昭訳　ほるぷ出版　1979年3月

ロビンさん
はつかねずみのティムがのったひこうせんをひっぱってくれたこまどり 「ティムとひこうせん」 ジュディ・ブルック作；牧田松子訳　冨山房　1979年8月

ロビンソン・クルーソー
海賊のウンギオーネ船長の船がうちあげられたカリブの島にいた難破者 「ロビンと海賊」 エルマンノ・リベンツィ文；アデルキ・ガッローニ絵；河島英昭訳　ほるぷ出版　1979年3月

ロビンソンさん
からだがちょうどピンのたかさのちびくんがしごとをみつけようとそうだんにいったひと 「ちびくん」 ロジャー・ハーグレーヴス作；たむらりゅういち訳　評論社（みすた・ぶっくす5）　1976年6月

ロビンふさい
森のくつやの茶ねずみカーリーにひなのペクシーの皮のゆりかごをつくってもらったこまどりのふさい 「靴屋のカーリーとロビン夫妻」 マーガレット・テンペスト作；寺岡襄訳　ほるぷ出版　1982年10月

ロベルト
アーチーのともだちのおとこのこ 「いきものくらべ！」 エズラ・ジャック・キーツ作・画；木島始訳　偕成社（キーツの絵本）　1979年7月

ろへる

ロベルト
かみでつくったかみねずみがよるまどべからおっこちていくときにおおきなかげになっていぬをおどかすのをみたおとこのこ 「ゆめ」 エズラ・ジャック・キーツ作・画;木島始訳 偕成社 1976年9月

ロベルト
きれいな花ぞのにすむルピナスさんとなかよしの鳥 「お友だちのほしかったルピナスさん」 ビネッテ・シュレーダー文・絵;矢川澄子訳 岩波書店 1976年12月

ロベルト
こどもたちににんぎょうしばいをみせたおとこのひと 「にんぎょうしばい」 エズラ・ジャック・キーツ作・画;木島始訳 偕成社 1977年7月

ロボ
アメリカの大平原カランポーで5ひきのけらいをつれてまいばんぼくじょうのめうしをころしていたおおかみおう 「おおかみおうロボ」 シートン原作、小林清之介文;日隈泉絵 チャイルド本社(チャイルド絵本館・シートン動物記2) 1984年4月

ロボー
メキシコのくにの北のほうにあったカランポーとよばれていたこうげんにすんでいたりっぱな王さまおおかみ 「おおかみおうロボー」 シートン原作;西沢正太郎文;武部本一郎絵 世界出版社(ABCブック) 1969年12月

ロマラン
キツネにつかまらないようにすみかのつちのなかにたくさんのとおりみちをつくっておいたつちをほるめいじんのうさぎ 「うさぎのロマラン」 アラン・グレ文;ルイ・カン絵;いはらじゅんこ訳 ペンタン(ナターンのもりのなかまたち3) 1984年10月

ロモ
おかあさんがおりあげたがつよい風にふきとばされてしまったうつくしい錦をさがしにいった三にんのむすこのいーばんめのむすこ 「錦のなかの仙女−中国民話」 斎藤公子編;斎藤博之絵 青木書店(斎藤公子の保育絵本) 1985年6月

ローラ
アリスがたんじょう日のプレゼントにもらったまっくろな毛糸だまみたいな子犬できゅうに大きくなったニューファンドランド種の犬 「まっくろローラ−海のぼうけん」 フィリップ・デュマ文・絵;末松氷海子訳 国土社(ローラのぼうけんえほん1) 1980年6月

ローラ
アリスとエミールと三人だけの汽車のたびをしてパリのおじいちゃんのところへいった大きなしろい犬 「まっくろローラ−おふろのぼうけん」 フィリップ・デュマ文・絵;末松氷海子訳 国土社(ローラのぼうけんえほん4) 1982年6月

ローラ
アリスとエミールのおもりをしてふたりをパリまでつれていった大きくてくろいニューファンドランド犬 「まっくろローラ−パリへのたび」 フィリップ・デュマ文・絵;末松氷海子訳 国土社(ローラのぼうけんえほん2) 1980年6月

ローラ
アリス一家のかい犬でピクニックにいった海でほらあなにいたどろぼうだんをつかまえた大きな犬 「まっくろローラーどろぼうたいじ」 フィリップ・デュマ文・絵;末松氷海子訳 国土社 (ローラのぼうけんえほん3) 1980年7月

ローラ
トレシーかあさんのおなかにいるあかちゃんのおねえさん 「あかちゃんでておいで！」 マヌシュキン作;ヒムラー絵;松永ふみ子訳 偕成社 1977年1月

ローランド
ともだちにギターをひきながらうたをきかせていたくらしをやめてあるひたびまわりのかしゅとしてひろいせけんにでかけていったぶた 「ぶたのめいかしゅローランド」 ウィリアム・スタイグ作;瀬田貞二訳 評論社(児童図書館・絵本の部屋) 1975年10月

ローランド
王さまが開く謎ときコンクールに参加して優勝するためにお城まで旅をしてきた美しい詩人の若者 「スノウローズ」 サンドラ・ラロッシュ絵;ミシェル・ラロッシュ文;中山知子訳 西村書店 1986年3月

ローリー
ねこのハックルとけいかんのマーフィーをたすけてこうつうせいりをしたみみず 「スカーリーおじさんの はたらく人たち」 リチャード・スカーリー文;稲垣達朗訳 評論社(児童図書館・絵本の部屋) 1982年6月

ローリー
ビジータウンのみみずのこども 「おしゃべりおばけパン」 リチャード・スキャリー作;國眼隆一訳 ブック・ローン出版(スキャリーおじさんのどうぶつえほん13) 1984年8月

ローリー
ビジータウンのみみずのこども 「サンタさんのいそがしい1にち」 リチャード・スキャリー作;國眼隆一訳 ブック・ローン出版(スキャリーおじさんのどうぶつえほん15) 1984年8月

ローリー
ビジータウンのみみずのこども 「しっぱいしっぱいまたしっぱい」 リチャード・スキャリー作;國眼隆一訳 ブック・ローン出版(スキャリーおじさんのどうぶつえほん8) 1980年1月

ローリー
ビジータウンのみみずのこども 「ふしぎなふしぎなくうきのはなし」 リチャード・スキャリー作;國眼隆一訳 ブック・ローン出版(スキャリーおじさんのどうぶつえほん14) 1984年8月

ローリー
ビジーランドこくのみみず、わかいおひゃくしょうさんのぶたのペザントのなかよし 「ペザントくんのかいじゅうたいじ」 リチャード・スキャリー作;國眼隆一訳 ブック・ローン出版(スキャリーおじさんのどうぶつえほん9) 1984年8月

ローリー王子　ろーりーおうじ
円卓のくにのジェニー王女とけっこんしきをあげる王子 「ティンカーとタンカーえんたくのくにへ」 リチャード・スカーリー作;小野和子訳 評論社(ティンカーとタンカーの絵本4) 1978年11月

ろる

ロール
カエル沼におちたときにカエルのチイおばさんたちにすくいあげてもらったチュルルタン村のこどものこびと 「こびとの村のカエルじけん」 A.シャープトン文；G.ミューラー絵；岸田今日子訳 文化出版局 1984年3月

ロレッタ
ワニのライルといっしょにくらすプリムさん一家のきんじょのグランプスさんにかわれているおくびょうなねこ 「ワニのライル、動物園をにげだす」 バーナード・ウェーバー作；小杉佐恵子訳 大日本図書(ワニのライルのおはなし2) 1984年7月

ロロ
おかあさんがおりあげたがつよい風にふきとばされてしまったうつくしい錦をさがしにいった三にんのむすこの三ばんめのむすこ 「錦のなかの仙女－中国民話」 斎藤公子編；斎藤博之絵 青木書店(斎藤公子の保育絵本) 1985年6月

ロロ王さま　ろろおうさま
おしろでまほうつかいとくらす王さま 「ロロ王さまとあそぼうよ」 デービッド・マッキー絵・文；山口文生訳 評論社(児童図書館・絵本の部屋) 1985年8月

ロンサム・ジョージ
動物たちの最後の楽園ないない谷にくらしているガラパゴスゾウガメ 「ないない谷の物語1 ようこそないない谷へ」 インマ・ドロス；ハリー・ギーレン文；マイケル・ジュップ絵；舟崎克彦訳 ブック・ローン出版 1982年11月

【わ】

わいずまんはかせ
うちゅうろけっとにのるじっけんのてつだいをこざるのじょーじにたのんだかがくはくぶつかんちょうのはかせ 「ろけっとこざる」 H.A.レイ文・絵；光吉夏弥訳 岩波書店(岩波の子どもの本) 1984年3月；岩波書店(岩波の子どもの本) 1959年12月

ワーウィック
おとなしくてよいわにのベオウルフとクロムウェルの家にスコットランドからあそびにきたわがままなわに 「わにのワーウィック」 アンダー・ホディア文；トミー・アンゲラー絵；平賀悦子訳 講談社(世界の絵本アメリカ) 1972年2月

わかもの
ある村のとしよりふうふにあった三人むすこの三番めの世界一ばかだといわれていたむすこで冒険のたびにでたわかもの 「空とぶ船と世界一のばか－ロシアのむかしばなし」 アーサー・ランサム文；ユリー・シュルヴィッツ絵；神宮輝夫訳 岩波書店 1970年11月

わかもの
こころのうつくしいひとがやってくるとひとりでになりだすふしぎなオルガンをつくるひとりのわかもの 「ふしぎなオルガン」 レアンダー原作；稲垣昌子文；池田浩彰絵 世界出版社(ABCブック) 1969年12月

わかもの
六にんのごうけつのひとりでとてもちえのあるわかもの 「六にんのごうけつ」滝原章助画；中村美佐子文　ひかりのくに（世界名作えほん全集11）1966年1月

若者　わかもの
まいばんみるおそろしい夢からのがれるひみつを魔女におしえてもらった若者 「夢になったわかもの」ハーヴ・ツェマック文；マーゴット・ツェマック画；木庭茂夫訳　冨山房　1975年12月

若者　わかもの
王さまからむすめがほしかったらあくまのあたまから金のかみの毛を三本ひきぬいてもってこいといわれた若者 「あくまの三本の金のかみの毛-グリム童話」ナニー・ホグロギアン再話・絵；芦野あき訳　ほるぷ出版　1985年5月

若者　わかもの
王さまにめいじられてたいようの国にあるというたいようの木のえだをとりにいったかた目のジプシーの若者 「たいようの木のえだ-ジプシーの昔話」フィツォフスキ再話；内田莉莎子訳；堀内誠一画　福音館書店　1985年11月

若者　わかもの
第12次世界大戦で世界の文明が崩壊したのちのある日地球に残された最後の一輪の花をみつけた娘と力を合わせて花の世話をした若者 「そして、一輪の花のほかは…」ジェイムズ・サーバー作；高木誠一郎訳　篠崎書林　1983年5月

わかもの（カラバこうしゃく）
こなやのおとうさんがなくなってねこいっぴきだけがのこったさんにんむすこのいちばんしたのわかもの、カラバこうしゃくはねこがしゅじんをよんだなまえ 「ながぐつをはいたねこ」ペロー作；高橋克雄写真・文　小学館（メルヘンおはなし絵本8）1983年7月

ワゲニア族　わげにあぞく
アフリカの部族の人びと 「絵本アフリカの人びと-26部族のくらし」レオ・ディロン；ダイアン・ディロン絵；マーガレット・マスグローブ文；西江雅之訳　偕成社　1982年1月

わし
たかい空をとべるのでとりたちから王さまにえらばれたわし 「はねはねはれのはねかざり」ミッシャ・ダムヤン作；スージー・ボーダル絵；中山知子訳　佑学社（ヨーロッパ創作絵本シリーズ12）1978年7月

ワシ
たいようの王さまの使いワシ 「たいようの木のえだ-ジプシーの昔話」フィツォフスキ再話；内田莉莎子訳；堀内誠一画　福音館書店　1985年11月

ワーシカ
たんすからすべりおちてきたぼうしが上にかぶさってすがたがみえなくなってしまった子ねこ 「いきているぼうし」エヌ・ノーソフ作；イ・セミョーノフ絵；福井研介訳　新読書社　1981年11月

わしく

ワージク
子ねこのワーシカがぼうしの下にはいってはいまわっているのをぼうしがいきているのだとおもってこわがった男の子 「いきているぼうし」 エヌ・ノーソフ作;イ・セミョーノフ絵;福井研介訳 新読書社 1981年11月

わしさん
もりにすむくまさんととなりあいをはじめしずかにくらすへらじかくんのうちのまわりをさわがせたわし 「へいわなへらじか」 マイケル・フォアマン作;せたていじ訳 評論社(児童図書館・絵本の部屋) 1977年12月

ワシリーサ
ある王国の3人の王子のいちばんしたのイワン王子がおきさきにしたかえるの皮をかぶったかしこい王女 「かえるの王女-ロシアのむかしばなし」 タチャーナ・マーヴリナ作・絵;松谷さやか訳 ほるぷ出版 1984年11月

ワシリーサ
イワン王子が生まれおちたその日から花よめにするようにさだめられた美しいお姫さま 「火の鳥」 ルジェック・マニャーセック絵;高橋ひろゆき文 佑学社(名作バレー物語シリーズ) 1978年12月

ワシリーサ
八つのときやさしいお母さんが死んでしまっていじのわるい継母とその娘たちのもとで暮らすことになった村一番美しい娘 「うるわしのワシリーサ-ロシアの昔話から」 イヴァン・ビリービン絵;田中泰子訳 ほるぷ出版 1986年5月

ワスレルさん
ワスレナグサそうのごしゅじんでいつだってなにもかもきれいにわすれるひと 「ワスレルさん」 ロジャー・ハーグレーヴス作;おのかずこ訳 評論社(みすた・ぶっくす13) 1985年12月

ワダイ族　わだいぞく
アフリカの部族の人びと 「絵本アフリカの人びと-26部族のくらし」 レオ・ディロン;ダイアン・ディロン絵;マーガレット・マスグローブ文;西江雅之訳 偕成社 1982年1月

わたげちゃん
ふわふわのわたげみたいなかるさでうまれてきてやがてつばさをもってにんげんのこではなくなったおんなのこ 「わたげちゃん」 ポール・エリュアール作;ジャクリーヌ・デュエム絵;薩摩忠訳 至光社(ブッククラブ国際版絵本) 1982年1月

わに
あるひなにもかもがさかさまになってちっぽけなわににないばっていたことをこうかいしたわに 「おおきなりすとちいさなさい」 ミッシャ・ダムヤン作;ラルフ・ステッドマン絵;大島かおり訳 佑学社(ヨーロッパ創作絵本シリーズ29) 1979年3月

わに
うそなきするわに 「わにのなみだ」 アンドレ・フランソワ作;巌谷国士訳 ほるぷ出版 1979年3月

わに
きれいないろになりたくてしろくまとくじらとかめといっしょにきれいなどうぶつたちのいるくにへたびにでたわに 「どうぶつたちのおめしかえ」 パスカル・アラモン作;矢川澄子訳 福武書店 1982年3月

わに
さるをだましてせなかにのせてたべてやろうとおもったわに 「さるとわに」 ポール・ガルドン作;北村順治訳 ほるぷ出版 1976年9月

わに
しりたがりやのぞうのこにたべるものをきかれてぞうのこのはなをがぶっとくわえたわに 「ぞうのはなはなぜながい」 キップリング作;鶴見正夫文;村上豊絵 ひさかたチャイルド(ひさかた絵本館15) 1982年12月

わに
スフィンクスのひかげにやってきたごふじんたちからきいたわにのみせにいってみようとナイルをとおくはなれてパリまでたびをしたわに 「わにくん」 ペーター・ニクル作;ビネッテ・シュレーダー絵;やがわすみこ訳 偕成社 1980年1月

わに
そらをさんぽしていたおひさまをぱっくりのみこんでしまったくいしんぼうのわに 「ぬすまれたおひさま」 コルネイ・チュコフスキー作;ユーリ・ヴァスネッツオフ絵;松谷さやか訳 らくだ出版(世界の絵本シリーズ ソ連編2) 1975年1月

わに
どうぶつたちがなにをしてもびくともしなかったたまごからうまれてきたちびっこわに 「なんだこりゃ たまご」 ジェラルド・ローズ作;若木ひとみ訳 ほるぷ出版 1980年3月

ワニ
ワニのようにみどりいろになってきれいになりたいとおもっていたおしゃれなトラのジュリアスにうんざりしていたワニ 「みどりいろのトラ」 ダイアン・エルスン文・絵;河津千代訳 アリス館牧新社 1975年12月

ワニ
自分のベッドルームのかべ紙の花もようがすきになってしまった1頭のワニ 「ローベルおじさんのどうぶつものがたり」 アーノルド・ローベル作;三木卓訳 文化出版局 1981年5月

わに(キッド)
3にんのギャングたちのおやぶんのわに 「ティンカーとタンカー せいぶをゆく」 リチャード・スカーリー作;小野和子訳 評論社(ティンカーとタンカーの絵本2) 1975年12月

ワニ(クロカジール)
アフリカのナイルがわのむこうからゴリラにつれられてやってきてひとくいギャングのバルマレイをぱくりとのみこんだワニ 「おおわるもののバルマレイ」 コルネイ・チュコフスキー作;マイ・ミトウリッチ絵;宮川やすえ訳 らくだ出版 1974年12月

ワニ(クロッカス)
あひるのバーサとともだちになりおひゃくしょうのスィートピーさんのいえのなやにかくれてすむことになったワニ 「ボクはワニのクロッカス」 ロジャー・デュボアザン作・絵;今江祥智訳 佑学社(アメリカ創作絵本シリーズ14) 1980年6月

わに

ワニ（クロッカス）
スイートピーさんふさいののうじょうにすむワニで口じゅうむしばだらけになってしまったワニ「ワニのクロッカスおおよわり」ロジャー・デュボアザン作・絵；今江祥智・島武子訳　佑学社（アメリカ創作絵本シリーズ15）1980年8月

わに（クロムウェル）
おじさんのベオウルフといっしょにくらしているおとなしくてよいわに「わにのワーウィック」アンダー・ホディア文；トミー・アンゲラー絵；平賀悦子訳　講談社（世界の絵本アメリカ）1972年2月

わに（クロムウェル）
叔父のベオウルフと丘の下に大きななべをおいて丘の上からソリすべりをしてくるかめのクレオパトラをスープにしてたべようとしたわに「かめのスープはおいしいぞ」アンドレ・オデール文；トミー・ウンゲラー絵；池内紀訳　ほるぷ出版　1985年5月

わに（コーネリアス）
ほかのわにたちのようにはわずにたってあるきであったさるにさかだちとしっぽでぶらさがるのもおしえてもらったわに「コーネリアス」レオ・レオニ作；谷川俊太郎訳　好学社　1983年9月

わに（ちびわにくん）
ほかのどうぶつをたべたりなんかしないいいつもゆかいなわにだったのでかわをでてイグラウのどうぶつえんへいこうとおもったちいさなわに「わにくんイグラウへいく」ヤーノシュ作；楠田枝里子訳　文化出版局　1979年6月

わに（ベオウルフ）
おいのクロムウェルといっしょにくらしているおとなしくてよいわに「わにのワーウィック」アンダー・ホディア文；トミー・アンゲラー絵；平賀悦子訳　講談社（世界の絵本アメリカ）1972年2月

わに（ベオウルフ）
甥のクロムウェルと丘の下に大きななべをおいて丘の上からソリすべりをしてくるかめのクレオパトラをスープにしてたべようとしたわに「かめのスープはおいしいぞ」アンドレ・オデール文；トミー・ウンゲラー絵；池内紀訳　ほるぷ出版　1985年5月

ワニ（ヘンリー）
ペギーのへやのベッドのしたにいたワニ「ベッドのしたにワニがいる！」イングリッド・シューベルト；ディーター・シューベルト作・絵；うらべちえこ訳　佑学社　1984年10月

ワニ（モンティー）
がっこうへいくウサギのトムたちをまいあさせなかにのせて川をわたっていたのにあるひなつやすみをとってしまったワニ「モンティー」ジェイムズ・スティーブンソン作；麻生九美訳　評論社（児童図書館・絵本の部屋）1980年6月

ワニ（ライル）
いっしょにくらしているプリムさん一家のジョシュアくんのたんじょうパーティーがうらやましくてげんきをなくしてしまったワニ「ワニのライルとたんじょうパーティー」バーナード・ウェーバー作；小杉佐恵子訳　大日本図書（ワニのライルのおはなし3）1984年8月

ワニ(ライル)
プリムさん一家といっしょにくらしていてどんな人にもすかれていたのにある日ひどい手紙をもらったワニ 「ワニのライルとなぞの手紙」 バーナード・ウェーバー作;小杉佐恵子訳 大日本図書(ワニのライルのおはなし4) 1984年8月

ワニ(ライル)
むかしいっしょに舞台にでていたバレンティさんとおかあさんさがしのたびにでることにしたワニ 「ワニのライル、おかあさんをみつける」 バーナード・ウェーバー作;小杉佐恵子訳 大日本図書(ワニのライルのおはなし5) 1984年9月

ワニ(ライル)
東88番通りにひっこしてきたプリムさん一家のあき家に前からいた芸のできるきだてのよいクロコダイル・ワニ 「ワニのライルがやってきた」 バーナード・ウェーバー作;小杉佐恵子訳 大日本図書(ワニのライルのおはなし1) 1984年7月

ワニ(ライル)
東88番通りのプリムさんの家にすんでいたワニできんじょのグランプスさんのうちのねこのロレッタにこわがられていたワニ 「ワニのライル、動物園をにげだす」 バーナード・ウェーバー作;小杉佐恵子訳 大日本図書(ワニのライルのおはなし2) 1984年7月

わに(ワーウィック)
おとなしくてよいわにのベオウルフとクロムウェルの家にスコットランドからあそびにきたわがままなわに 「わにのワーウィック」 アンダー・ホディア文;トミー・アンゲラー絵;平賀悦子訳 講談社(世界の絵本アメリカ) 1972年2月

わに(ワーニ・ワニーイッチ・ワンスキー)
アフリカのナイル川からペトログラードのまちにひょっこりやってきてこいぬもおまわりさんものみこんだわに 「わにがまちにやってきた」 チュコフスキー作;内田莉莎子訳;瀬川康男絵 岩波書店 1968年12月

ワニさん
おふろぎらいのおとこのこのなかよしワニさん 「おふろおばけ」 チュコフスキー作;メシュコーワ絵;ばばともこ訳 新読書社 1983年3月

ワーニャ
とうさんとかあさんのいうことをきかずにターニャとふたりでアフリカへいったこども 「おおわるもののバルマレイ」 コルネイ・チュコフスキー作;マイ・ミトウリッチ絵;宮川やすえ訳 らくだ出版 1974年12月

ワーニャ
まっしろなとりたちにさらわれてもりのなかのババヤガーのうちへつれていかれたおとこのこ 「ババヤガーのしろいとり-ロシア民話」 内田莉莎子再話;佐藤忠良画 福音館書店 1973年11月

ワーニャ・ワシリョーク
アフリカのナイル川からペトログラードのまちにやってきたわにのワーニ・ワニーイッチにおもちゃのかたなをふりあげたいさましいぼうや 「わにがまちにやってきた」 チュコフスキー作;内田莉莎子訳;瀬川康男絵 岩波書店 1968年12月

わにわ

ワーニ・ワニーイッチ・ワンスキー
アフリカのナイル川からペトログラードのまちにひょっこりやってきてこいぬもおまわりさんものみこんだわに「わにがまちにやってきた」チュコフスキー作;内田莉莎子訳;瀬川康男絵 岩波書店 1968年12月

ワーブ
はいいろぐまのかあさんもきょうだいたちもころされてひとりぼっちでいきていかなければならないこぐま「はいいろぐまワーブ」シートン原作;小林清之介文;滝波明生絵 チャイルド本社(チャイルド絵本館・シートン動物記Ⅱ-2) 1985年5月

ワーユ
ハヌマンのちちおやのかぜのかみ「おひさまをほしがったハヌマン−インドの大昔の物語「ラーマーヤナ」より」A.ラマチャンドラン文・絵;松居直訳 福音館書店 1973年6月

ワラ=クリスタラさん わらくりすたらさん
ある日七人の子どもたちがしのびこんだ「魔女の庭」にあらわれたおばあさんの家にすむこびと「魔女の庭」リディア・ポストマ作;熊倉美康訳 偕成社 1983年4月

わらのうし(うし)
びんぼうなくらしのおじいがおばあにたのまれてつくったわらのうし「わらのうし−ウクライナ民話より」A.ネチャーエフ再話;田中かな子訳;小沢良吉絵 フレーベル館(キンダーおはなしえほん傑作選19) 1978年2月

ワラの男 わらのおとこ
冒険のたびにでたばかむすこの空とぶ船にのりこんだ七人の仲間たちの一人「空とぶ船と世界一のばか−ロシアのむかしばなし」アーサー・ランサム文;ユリー・シュルヴィッツ絵;神宮輝夫訳 岩波書店 1970年11月

ワーリャ
もりからやってきた四にんのきこりのこびとにいじわるおうにとらえられているあきのめがみのマーシャをたすけるしごとをたのんだおんなのこ「四人のこびと」パウストフスキー作;サゾーノフ絵;宮川やすえ訳 岩崎書店(母と子の絵本36) 1977年4月

ワルター
まだひとつもみがなったことがないじぶんのうちのいっぽんのリンゴのきにおばけリンゴがなったびんぼうなおとこのひと「おばけリンゴ」ヤーノシュ作;やがわすみこ訳 福音館書店(世界傑作絵本シリーズ・ドイツの絵本) 1969年3月

ワルター
ゆみのじょうずなかりうどウィリアム・テルのこども「ウィリアム・テル」シラー原作;村山知義文;永井潔絵 世界出版社(ABCブック) 1970年2月

ワルデマール
はじめてよなかの12じまでおきていたムレワップむらのなかよし3にんぐみのぶた「ぼくたちなかよし めざましどけい」ヘルメ・ハイネ作・絵;佐々木元訳 フレーベル館 1985年11月

ワルデマール
ムレワップむらのいたずらずきのなかよし3にんぐみのぶた「ぼくたちなかよし にぐるま」ヘルメ・ハイネ作・絵;佐々木元訳 フレーベル館 1985年11月

ワルデマール
ムレワップむらのすごーくなかよしの3にんぐみのぶた 「ぼくたちなかよし おきゃくさま」 ヘルメ・ハイネ作・絵；佐々木元訳 フレーベル館 1985年11月

わんきち
がちょうのたまごとほかのどうぶつたちとりょうこうにでかけたいぬ 「がちょうのたまごのぼうけん」 エバ・ザレンビーナ作；内田莉莎子訳；太田大八画 福音館書店 1985年4月

ワングー兄弟　わんぐーきょうだい
虹色の大蛇グーリアラにのみこまれたビルビル兄弟というふたりの少年をたすけにいった兄弟 「大きなにじへび」 ディック・ラウジィ作・絵；白石かずこ訳 集英社 1980年12月

王 小　わん・しゃお
ある朝のことはしで足をすべらし川の中におちてしまった年よりをたすけてあげたおれいにたからのふねをもらった男 「たからのふね-中国の昔話」 君島久子訳；井上洋介絵 小学館（世界のメルヘン絵本19） 1979年2月

ワン・シャオアル（シャオアル）
河におちたのをすくってあげた老人からまほうの小さな紙の船をもらった心のやさしいはたらき者の少年 「まほうの船」 ラオ・ショ文；チェン・インチン絵；君島久子訳 ほるぷ出版 1981年7月

ワンセスラス
おばあちゃんのベッドフォード公爵夫人とくらすセラフィーヌとギャラードの仲よしのいたずらおばけ 「ベッドフォード公爵夫人のいたずらおばけワンセスラス」 ルイ・ブール構成；ダニエル・ブール絵；岸田今日子訳 集英社 1980年12月

ワンちゃん
デイブというおとこのこが大のおきにいりのぬいぐるみの犬 「ぼくのワンちゃん」 シャリー・ヒューズ作；新井有子訳 偕成社 1981年12月

わんぱくおに
おとこのこをこわがっていたさんびきのちいさなわるもののいっぴき 「こわーいおはなし」 トーネ・ジョンストン作；トミー・デ・パオラ絵；三木卓訳 佑学社（アメリカ創作絵本シリーズ20） 1981年3月

ワンプ
ちきゅうよりずっとずっとちいさいほしにすんでいたとてもきだてのよいそうしょくどうぶつたち 「ワンプのほし」 ビル・ピート作・絵；代田昇訳 佼成出版社（ピートの絵本シリーズ12） 1985年10月

【ん】

ンダカ族　んだかぞく
アフリカの部族の人びと 「絵本アフリカの人びと-26部族のくらし」 レオ・ディロン；ダイアン・ディロン絵；マーガレット・マスグローブ文；西江雅之訳 偕成社 1982年1月

世界の物語・お話絵本登場人物索引 1953-1986(ロングセラー絵本ほか)

2009年2月25日 初版第一刷発行

発行者/河西雄二

編集・発行/株式会社DBジャパン

〒221-0052 神奈川県横浜市神奈川区栄町13-11-203

電話(045)453-1335　FAX(045)453-1347

http://www.db-japan.co.jp/

E-mail:dbjapan@cello.ocn.ne.jp

表紙デザイン/中村丈夫

電算漢字処理/DBジャパン

印刷・製本/株式会社平河工業社

不許複製・禁無断転載《日本板紙(株)中性紙琥珀使用》

〈落丁・乱丁本はお取替えいたします〉

ISBN978-4-86140-012-4　Printed in Japan,2009